鸟山居士◎著

ZHE CAI SHI SAN GUO

这才是三国

[上册]

中国文史出版社

图书在版编目（CIP）数据

这才是三国 / 鸟山居士著. -- 北京：中国文史出
版社，2022.1
ISBN 978-7-5205-3413-0

Ⅰ.①这… Ⅱ.①鸟… Ⅲ.①中国历史－三国时代－
通俗读物 Ⅳ.①K236.092

中国版本图书馆CIP数据核字(2021)第246698号

责任编辑：刘　夏
装帧设计：欧阳春晓

出版发行：中国文史出版社
网　　址：www.wenshipress.com
社　　址：北京市海淀区西八里庄路69号　　邮编：100036
电　　话：010-81136606　81136602　81136603（发行部）
传　　真：010-81136655
印　　装：北京温林源印刷有限公司
经　　销：全国新华书店
开　　本：1/16
印　　张：55.5　　字　数：932千字
版　　次：2022年8月北京第1版
印　　次：2022年8月第1次印刷
定　　价：138.00元（上下册）

序

公元184年，东汉中平元年，在一片广袤的平原上，数万身穿红黑铠甲的汉军将士正陈兵列阵。而坐镇于中央的汉军统帅正在马上用手中的马鞭有节奏地敲打着自己的手心，看着对面，他的眼神中满满都是轻蔑。

而对面，无数身穿破衣、头裹黄巾的农民兵正跪在高台之下，用虔诚无比的眼神看着高台上的"神人"。

那神人什么都没有说，只是用手轻轻地点了一下碗中的露水，然后向下一洒。

紧接着，台下无数的农民兵全都浑身颤抖，满眼泪水地对台上的神人叩首，一边叩首一边嘴里还嘶吼着"大贤良师"。

见此，大贤良师满意地一笑，然后将双手轻轻抬起。

咚咚咚咚，鼓声震天而响，那些农民兵瞬时之间便站了起来，转身面对对面的汉朝正规军。

而这个时候，他们的眼中哪里还有半点儿泪水，有的，只是无尽的凶狠和坚毅。

"苍天已死，黄天当立。岁在甲子，天下大吉。苍天已死，黄天当立。岁在甲子，天下大吉……"

这些农民兵口中不断地嘶吼着同一句话，如同中了邪一般向汉军就这么冲了过去。

他们冲锋的时候没有一点儿章法，根本毫无顾忌，就这么让体力白白流失（古时战阵，入箭矢射程之前都要缓步上前，以此节省体力）。

见此，那汉军统帅更是轻蔑一笑，显露对对面那群"门外汉"满满的鄙视。不一会儿，见那群"门外汉"即将进入自军的射程，汉军统帅轻轻一摆手。

顿时，四方旗帜挥动，然后就听刺啦，砰的一声巨响，无数箭矢如乌云压顶一般冲那些农民兵飞驰而去。

无数的农民兵中箭倒地，农民兵阵营顿时血雾弥漫。可那些没有中箭的农民兵却没有半点儿畏惧，甚至或许连半点儿心理波动都没有，只是不停地叫喊着"苍天已死，黄天当立。岁在甲子，天下大吉"，然后往前奋力冲杀。

而那些被箭矢射中的农民兵，只要是没被射中头部的，依然坚持着站起来，继续向汉军方面冲杀过去。

见此，汉军统帅冷笑渐止，再次轻轻一挥手。

咚！战鼓一响，汉军战旗挥动，开始变阵。弓箭手开始向后移动，大盾兵走到最前列。

轰！随着一声暴响，群盾卒于最前列结阵，筑成一条超长壁垒。长枪兵则在盾卒结阵以后立于盾卒之后，将长枪架在大盾前特有的豁口之上！

最后，一群手持首环刀的汉军士卒立于后排，等待那群门外汉力疲气弱之后进行生命的收割。

砰！随着一阵巨大而又怪异的声音响起，一众农民兵已经杀到汉军大阵之前，汉军盾卒死死地用自己的身体挡着大盾，而后排的长枪手则不停地突刺。

噗噗噗噗，无数的农民兵被扎得鲜血直流，可他们就如同末日丧尸一般，将已经突出来的肠子塞了回去，迎着大盾就这么向上爬。

一时之间，整个战场喊杀声震天，残肢遍地。

一开始，有恃无恐的汉军士卒还冷笑着残杀那些冲上来的农民兵。可随着时间的流逝，这些汉军士兵开始慌了，因为他们撑不住了。

那些农民兵一个个好像打了兴奋剂一般。他们体力无限，悍不畏死，只要头颅不被削下来，哪怕只剩下一只手了，也要和汉军肉搏。

在这种不要命的冲击之下，汉军铁阵终于被突破。

见此，准备执行收割生命任务的首环刀队只能硬着头皮冲杀上去，两军就这样进入了惨烈的白刃战。

战场西面，一名汉军士兵一刀斩断了一名农民兵的右手，然后挥刀刺进了他的小腹。抽出首环刀，此汉军士兵也不看这农民兵，转身便冲下一个农民兵而去。

可就在这时，那名农民兵不顾已经散落出来的肠子、内脏，用尽他最后一点力气跳到那汉军士兵的身上，用牙齿狠狠地咬断了那汉军士兵的动脉。两人同归于尽。

战场东面，一名汉军士卒一刀削掉了一农民兵的头颅，可那无头农民兵竟在无头的状态下向前一扑，正好抱住了这名汉军士卒，而后面的农民兵则趁此机会一枪下去，那汉兵顿时亡命归天。

以上的情景在整个战场几乎随处可见，那些东汉士兵何时见过如此凶悍的阵势？汉军顿时士气大跌，出现崩溃的苗头。而此时的汉军统帅再也没有了之前的从容，他冷哼一声，然后双手挥出。

顿时，传令对远方挥旗，咚咚咚的鼓声大作。然后轰隆隆的响声震慑大地，从汉军两侧后方突然冲出两队骑兵部队，目标直指农民军侧翼。

骑兵，尤其是冲锋骑兵，在冷兵器时代那就是坦克一般的存在，汉时之冲锋骑兵虽然没有达到南北朝时期的凶悍程度，但依然不是农民兵所能抵挡的。一般的农民兵不要说一触即溃，哪怕见到这些"庞然大物"也会吓得四散奔逃。

可这些头戴黄巾的农民兵面对这些恐怖的骑兵却没有半分畏惧，而是迎着他们就冲了上去。

冲在最前面的农民兵手持长枪迎着疾奔而来的战马便冲了过去，在长枪扎进战马身体的同时自己也被撞得命丧黄泉。而后面的农民兵则在第一时间冲向了掉落马下的汉军骑兵，将其乱刀分尸。

就这样，在这些农民兵同归于尽的战法之下，两翼骑兵很快便被消灭。而本就处在崩溃边缘的汉军士卒见骑兵如此轻易便被歼灭，当即崩溃，进而四散奔逃。

汉军将领虽拼了命地组织再战，但依然挡不住兵败如山的溃势，最终只能带着有限的几个心腹狼狈而逃。

目 录 Contents

引

时光荏苒，川流不息，它就像一个无情的戏子，柔情地看你一眼便挥袖而去，从此不会和你再有半分交集。

涿鹿之战以后，所谓之"天下"归于华夏联盟，之后夏、商、西周、春秋、战国。

尤其是春秋、战国时期，我华夏子民遭受了五百余年的战乱折磨。

终于，时至公元前221年，秦国一统了天下，这天下终于得到了安宁。

可二世胡亥昏庸无道，用非人一般的法制来折磨贫苦大众，再加上当时一众诸侯国刚刚为秦国所并，人心不附，所以趁着这个机会再行反叛。

于是，在陈胜的带领下，这天下再次大乱。

之后楚汉争雄，流氓天子得到了整个天下。

汉朝，一个超级雄伟的王朝诞生了。

高祖、惠帝、文帝、景帝、武帝、昭帝、宣帝，此"西汉七帝"使得汉朝空前强大，老百姓对生活极度满足，小心翼翼地不敢犯罪，生怕进了牢房，丢掉已有的幸福生活。

四方异族在汉朝绝强的军事力量下（军事制度、军事技艺、军队人数、单兵作战能力集体领先于异族）匍匐于汉朝羽翼下。

曾经整个世界最强大的轻骑兵战斗集团——匈奴，最终臣服于汉朝之膝下。

曾经嚣张不已的卫氏朝鲜为汉朝所灭，其领地被划归汉朝的版图。

曾经敢和汉朝讨价还价的南越被汉军荡平，从此归入汉朝。

曾经有胆量偷袭汉朝的西南夷诸方国在汉朝的血腥打击下全部叩首投降。

版图巨大，城邦国众多的西域诸国亦统统向汉朝称臣纳贡！

那时候的汉朝天下无敌，无一人、一国敢与其争锋。

但自宣帝以后，汉朝诸帝开始重用外戚。

最终，外戚王莽通过种种高超骗术篡夺了大汉的天下，建立了新朝。

可不管是新朝的名声还是王莽所创立的制度都得不到天下百姓的认同，所以天下再次大乱，无数的豪族英杰横空出世，去争夺那光辉耀眼的至尊之位。

最终，还是能力与气运都超高的位面之子——光武帝刘秀成功击败群雄而登顶至尊。

汉朝光复以后，因为刘秀将国都定为洛阳，所以史家们都习惯称呼这之后的汉朝为东汉，这之前的汉朝为西汉（都城长安）。

这之后，光武帝、汉明帝、汉章帝、汉和帝、汉安帝，东汉在他们的治理之下虽然没有西汉那么彪悍，但也算比较强大。可到了汉顺帝以后，东汉算是彻底废了。

因为那汉顺帝是靠着宦官的帮助才成功上位的，所以非常纵容宦官，可以说是有求必应。而那些宦官仗着汉顺帝的宠爱，没有下限地收受贿赂，推荐那些垃圾官员上任地方首长，使得东汉皇朝腐败昏暗。

这还不算。汉顺帝还提拔外戚梁冀，貌似想用梁冀来和宦官保持一定的平衡。可梁冀之凶狠残暴更胜宦官，为了能给自己谋利，可谓是手段尽出。所以当时上自朝中大员，下到县官小吏，最少百分之六十都是出自宦官和梁冀的推荐。东汉皇朝那时候可谓是满朝皆贪了。

到桓、灵二帝之时，梁冀虽死，但宦官之权力更大，汉朝之腐败更甚！

自此，擎天大厦即将倒塌，数不尽的妖魔恶鬼即将祸乱于华夏九州，这天下从此非威武不可克，不强势无以治。曾经的忠孝礼义成为虚无。只有手中的力量才是根本。综观天下，凡为雄者，皆巨兵在握。除此以外，皆为猪吼狗叫。所以滚滚长江东逝水，浪花淘尽英雄，却淘不尽那诡谋恶徒纵横天下！

正义？

邪恶？

谁胜？

谁败？

不过废话而已！

第一部

HAN MO QUN XIONG ZHI

汉末群雄志

第一章　黄巾之乱

1.1 造反之端

某年某月某一天，一个叫张角的年轻人在一个偶然的情况下认识了一个叫于吉的神棍，大概是志趣相投，抑或都有神棍天赋，总之两个人"一见钟情"，当即"私定终身"，于吉更是将自己的至宝——《太平清领书》送给了张角。

这《太平清领书》中到底写的是什么史无记载，但绝对是一本拥有相当的宗教观念和特殊社会政治思想的书。

那张角学得此中内容以后便开始带着两个弟弟（张梁、张宝）前往各个地方传教。

公元168年，正是张角刚刚开始传教之时，而那时候汉桓帝新死，汉灵帝继位，正是东汉王朝最为昏暗的时期，这时候的东汉王朝已经腐败到了骨子里，皇帝和官府不作为，天灾人祸不断，所以民不聊生，有的地方甚至易子而食，白骨多见于野。

在这种"得天独厚"的背景下，张角和自己的两个弟弟四处传教，为自己的太平道宣传招人。他们宣扬德政，免费治病，声称整个天下的人都应该被平等对待，不分贵贱。

在这种笼罩着仁德光环的造势之下，太平道的信徒人数呈几何式蹿升，不出半年便有数万之众。

张角见势大好，遂派遣自己的八个得意弟子前往各个地方去宣扬太平道。结果，只十余年的时间，太平道的信徒便已遍及青（今山东省一带）、徐（今江苏省一带）、幽（今河北省、辽宁省、内蒙古自治区部分土地）、冀（今河北省一带）、荆（今湖北省、湖南省）、扬（今江苏省、安徽省部分土地）、兖（今河南省、河北省部分土地）、豫（今河南省大部）八州，人数达到了数十万之众。

当时，身为朝廷司徒（东汉三公之一，协助皇帝处理政务，职能和丞相相近，却无兵权）的杨赐看出了张角势力的可怕，于是上奏汉灵帝，请求将张角抓捕归案，尽早将这股叛乱的势头消灭在萌芽之中。

可汉灵帝根本就没拿这些"老百姓"当回事儿，认为太平道和朝廷不冲突，没有可能对汉朝造成威胁，所以也就听之任之了。

张角因此更加肆无忌惮，将太平道的信徒按照地区分为三十六方，每大方有众一万余人,每小方亦有众六七千人。

同时,张角还提出"苍天已死,黄天当立。岁在甲子,天下大吉"的口号来造势,为自己博得舆论上的支持,然后和心腹秘密商定,于公元184年的三月五日,三十六方在全国各地同时造反,瞬间推翻汉朝的统治,以此改朝换代。

可就在公元184年正月,距离起义时间还有两个月之时,张角的得意弟子,济南人周唐却突然叛变,将张角的种种谋划全都上报给了朝廷。

于是,朝廷逮捕了身在洛阳的太平道首领马元义,将其车裂。

同时,汉灵帝还下令三公(掌土木工程的司空、掌民政的司徒、掌军事的太尉)和司隶校尉(权力很大的官员,拥有自己的武装部队,主管整个司隶部的治安并监督官员)在司隶地区大规模搜捕太平道成员,不管他是普通的百姓还是京城官吏,只要是信太平道的,清一色处死,谁求情都没用。

于是,整个司隶地区人头滚落,只数日之间便斩杀了一千多太平道信徒。

张角见大势不妙,只能临时改变计划。他当即派出可靠心腹,以八百里加急之速星夜赶往各个地区,命令各方首领提前举事。

同时,为了区分自己的部队以免误伤,张角还让太平道徒在起义之时头戴黄巾。所以爱戴张角的人都称呼这些太平道徒为黄巾军,而朝廷则称呼这些太平道徒为黄巾贼。

同年二月,张角自称天公将军,封张宝为地公将军,张梁为人公将军,宣布从此太平道开始反抗汉朝的统治。

一时之间,太平道三十六方信徒在同一时间起兵叛乱,全国烽火遍地,因为中原诸郡国都没有郡国兵,所以黄巾军无往不利,只一个月的时间便占据寇掠全国多地,使得京师震动。

(郡国兵制度为西汉之制,按照郡县的大小及地理位置的重要性给予正规军事编制,平均下来一个郡要三千正规军左右。光武帝平天下以后畏惧郡国兵强大的军事实力,再加上郡国兵开销巨大,乃废除郡国兵制度,使得全国郡县武装处于裸奔之状,直到被四面八方的异族接二连三地痛击,光武帝才意识到郡国兵的重要性,遂于边境等比较重要的地方重新设置郡国兵,但中原等郡县依然没有安置郡国兵,这就使得黄巾军发展得异常迅速。——笔者注)

三月,汉灵帝任命外戚何进为大将军,总统京城防范(何进,出身屠户,因同父异母的妹妹为汉灵帝所宠爱,所以一朝升天)。

何进上位以后，立即率领左、右羽林军及屯骑、步兵、越骑、长水、射声五营特种兵驻扎都亭，守卫国都洛阳的安全。还在洛阳周围设置了函谷关、太谷关、广成关、伊阙关、镮辕关、旋门关、孟津关、小平津关八关都尉，分别护卫京都洛阳的外围。

那么到这有的同学大概不懂了，什么叫五营特种兵呢？

西汉武帝时期对于特种部队的培养非常上心，汉武帝更是创造出了八校尉，专用于保护自己及在大军交战的过程中充当奇兵之用。

他们分别是中垒校尉、屯骑校尉、步兵校尉、越骑校尉、长水校尉、胡骑校尉、射声校尉、虎贲校尉。

八校尉的统帅皆两千石之高官，有丞和司马，每校共七百人。

1.中垒校尉所部：士兵从长安北军中挑选最精锐者充之。

2.屯骑校尉所部：士兵从长安南、北军中挑选出最擅长骑马作战的骑兵充之（一说是从全国选拔）。

3.步兵校尉所部：士兵从长安西郊上林苑的驻兵中选取最精锐士兵充之。

4.越骑校尉所部：这个历来争议最大，一般有三种说法。

（1）士兵从归降越族的骑兵中抽取（主流说法）。

（2）士兵从全国战斗技能最优越的骑兵中抽取（包括各少数民族）。

（3）士兵全都是从官二代或者极有钱的子弟中选取，装备都是自己配备，清一色精炼首环刀，两千多精致鱼鳞战甲，选做特种部队只不过是他们以后升迁的一个跳板而已。

5.长水校尉所部：士兵从长水和宣曲胡人骑兵中最精者选取。

6.胡骑校尉所部：这个有两种说法。

（1）士兵从池阳里的胡人骑兵中选取最精锐者（主流说法）。

（2）士兵从全国优秀骑兵中选拔，战马清一色为胡人上供来或者汉人抢夺来的优秀胡马，因为随着汉匈之间关系的不断变化，所以此马时有时无，胡骑校尉也就不常置了。

7.射声校尉所部：士兵都是从全国最优越的弓弩手中选拔，他们普遍具备一个能力，那便是听声断位，不用指挥官指挥便能知道敌军现在是不是在有效杀伤射程。

8.虎贲校尉所部：士兵都是从南北军中挑选出来最擅长战车搏击的优秀士兵。

而随着时间的推移，这八校特种兵也在不断地变换。直到东汉末期，原来的八校只剩下之前的五校而已，虽然部队的人数上涨数倍有余，但精练程度比较武帝时期不能同日而语。

我们言归正传。

本节参《资治通鉴》《后汉书》《中国历代战争史》

1.2 曹老板的前半生

可单单设置了京城的保护措施那是治标不治本的，最重要的还是将黄巾军消灭，那才能永除大患。

针对于此，汉灵帝紧急召开廷议，商讨如何才能彻底地平灭黄巾之乱。

北地郡太守皇甫嵩（汉末三帅皇甫规的侄子B⁺级将帅）提出，朝廷应该解除禁止党人做官的禁令（党人：大多是反对宦官的清流之士，因为得罪宦官而被迫害，或死，或关，或永远不准做官），并拿出皇帝私库中的金银来赏赐出征的将士，这样既能得到天下人心，还能极大地提高部队士气。

这话说完，场中的官员谁都没有作声，有的人甚至无奈地摇了摇头。为什么会这样呢？因为现在的皇帝，也就是汉灵帝，这是一个很不靠谱的人，是一个能说出"张让（宦官）是我爹，赵忠（宦官）是我妈"的昏君。

同时，这昏君头子还酷爱金钱，为了给自己的小金库攒点儿钱，他竟然专门创建了一个部门来卖爵卖官（注意，这里面不但有爵，还有官）。

你说就这么一个人，他怎么可能会将自己的小金库拿出来以充国用呢？他怎么可能放出宦官的仇人来做大官呢？

所以，堂下众多大臣这才无奈地摇了摇头。

可出乎他们意料的是，汉灵帝并没有如他们所想的那样当即拒绝，反倒是犹豫再三以后询问了吕强（东汉少有忠于国家的宦官，凡事都以国家利益为考量，非常难得）的意见。

吕强组织了一下语言以后对汉灵帝道："陛下，您对党人的打压已经有一段时间了，现在越来越多的百姓都对此表示了不满，如果您再不赦免他们，恐怕那些不满的百姓将会和黄巾军联合。到时候，陛下您定将后悔莫及。所以臣觉得，现在最紧要的便是处置几个贪赃枉法最严重的官员，然后大赦党人。如此，这天下的乱子才有可能会得到平息。"

对于震动天下的黄巾之乱，汉灵帝现在是真的怕了，所以当即批准了皇甫嵩和吕强的建议，赦免了天下所有党人。

与此同时，汉灵帝还允许各个地方自行组织义兵，同时征调全国各地精兵，命北中郎将卢植（东汉名士，文武皆能达到B级的优秀人才）带领一部攻击张角本部，用左中郎将皇甫嵩和右中郎将朱儁（东汉B$^+$级名将，好义轻财，忠勇可嘉）分别讨伐在颍川地区活动的黄巾军。因为只要将这两个地方的黄巾军尽数消灭，那么黄巾部众必定彻底瓦解。

但问题的关键是这两个地方能不能够成功平定。要知道，黄巾军的核心力量可都在此两处啊。

同年四月，颍川黄巾军统帅波才听闻朝廷军前来讨伐，乃亲率主力部队迎击皇甫嵩所部。

皇甫嵩深知波才所部黄巾军人数数倍于己方，所以不敢力敌，便建营筑垒，准备打防守反击之战。

可那波才也是一个知兵之人，深知本方境内不宜主动攻坚（不管多么忠诚的部队，在本地境内攻坚不成都有溃散的危险，至于原因就一句话，他们认识回家的路），所以并不对皇甫嵩所带领的汉军发动攻击（保证己方士气的高昂），而是将皇甫嵩的营垒团团围住，意图断其粮道，将其活活饿死。

而皇甫嵩那边暂时也没有什么很好的办法，在实力相差悬殊的情况下总不能就这么贸贸然地出击，所以双方就这样僵持了起来，局势对于朝廷军越发不利。

同年五月，当汉灵帝得知皇甫嵩已经被波才团团围住以后大为惊慌，竟然在朝堂之上手足无措，不知如何是好。

可就在这时，一不知名的官员默默地走了出来，他对汉灵帝深深一拜，然后语重心长地道："陛下，臣推荐一人，只要陛下派其前往救援，定可救皇甫将军于水火，说不定还能反败为胜。"

一听这话，汉灵帝如同抓住了一根救命的稻草，慌忙便问："谁？"

官员："曹操。"

曹操，字孟德，政S、军S$^-$、谋S$^-$，属3S级妖孽天骄，沛国谯县（今安徽省亳州市）人，《三国志》说其为大汉丞相曹参的后代，《阿满传》说其为夏侯氏一族，历代史官们也因此争论不休，从来没有停止过。

可2013年复旦大学通过研究曹操的叔祖父曹鼎的DNA以后，断定曹操既不是曹参的后代，也不是夏侯氏一族。那么他究竟是什么身份呢？他又是哪位大拿的后代呢？

我觉得，除了曹操的亲人以外，整个三国中最了解他的大概就是袁绍了，毕竟二人早年相交莫逆。

然而袁绍在以后和曹操开战之前曾经发檄文咒骂过他，其中有一句话说得很清楚："曹操，乞丐所养。"

另外，在《三国志》上也写过一句说明曹操他爹曹嵩的话，那就是在大宦官曹腾收养曹嵩以前"莫能审其生出本末"。

什么意思？就是曹操他爹曹嵩到底是谁生的，生下来以后到太尉之前又经历了什么，这都不得而知。

再加上汉朝有宦官收养养子的习惯，所以我个人粗浅认为，曹嵩应该是生活在一个很普通的人家，不知何故被曹腾看中收为养子而已。至于所谓的"乞丐"，在身为名门望族的袁绍眼中，这等普通家庭和乞丐大概也没有什么区别了。

那曹操从小便聪明机智，读书过目不忘，却好飞鹰走狗，游戏无度，所交的朋友也仅是一些"豪侠"式人物。他的叔父看着不爽，便屡次向曹嵩状告曹操，曹操怕久而久之被曹嵩厌恶，进而动摇自己身为长子所应得的财产，便想了一个对付叔父的办法。

一日，曹操在外游玩，见叔父正向自己走来，立即抽搐在地，嘴㖞眼斜，装作中风的模样。

叔父见此吓了一大跳，赶紧跑到曹嵩面前将此事告诉了他。曹嵩也慌了，便找到了曹操。可当他见到曹操的时候，人家正在之乎者也，背书背得不亦乐乎，哪里有半点儿中风的样子？

曹嵩很是奇怪，便走到曹操的面前道："你叔父刚才和为父说你中风了，可为父并未见你中风，真是奇了怪了，难道你叔父看错了？"

话毕，曹操微微一笑，将手中的书本放下以后轻声道："父亲有所不知，叔父从小便看儿不顺，心中巴不得儿中风，这才会看错的。"

这话一说，曹嵩顿时对曹操的叔父起了疑心，又想当初每次提到曹操，他的叔父都会横眉竖眼，便更加确认曹操的叔父对曹操有成见，所以自此以后，曹操的叔父再向他说什么他都不肯相信了。曹操得以肆意而为。

本节参《资治通鉴》《后汉书》《三国志・魏书》《阿满传》《世说新语》

1.3　最狠的补刀

曹操长大以后，总是想做出一番事业，胸中虽有成竹，却无名声在身，所以便想弄一些事儿出来让自己出名，也好为以后的求官之路打下一个基础。

当时在汝南有一个叫许劭的人，十分善于评价别人。据说，凡是被许劭看中并评价的人，最终都走上了仕途，并一路坦荡。

于是，曹操便准备了丰厚的礼物前去拜访许劭，希望他能给自己评价一二。

可当许劭看到曹操以后却像见了鬼一样，说什么都不给曹操评价。曹操因此大怒，就用了一些卑劣的手段来威胁许劭（史料没有记载到底用了什么手段）。

许劭无奈，只能当着曹操的面冷冷地道："汝行事卑劣，面目如恶鬼豺狼，清平盛世必是天下奸邪，乱世之时也是奸雄无疑！"

这明晃晃的就是辱骂曹操了，可当曹操听闻"乱世奸雄"这四个字以后非但没有半点儿不悦，反倒是哈哈大笑着离去了。曹操，真妙人也！

一段时间以后，曹操当上了洛阳北部尉，负责洛阳四门的保卫和安全。洛阳是什么地方？那是汉朝的首都，是整个天下达官贵人的聚集地，所以有很多仗势欺人、不守王法的"贵人"出入。

以往的守城军官根本不敢管制这些"贵人"，以免给自己招来杀身之祸。可曹操管，为了严明法度，他专门制作了五色棍，专打那些出入城门不守规矩的奸恶之徒。史料是这么记载的："太祖初入尉廨，缮治四门，造五色棒。县门左右各十余枚，有犯禁者，不避豪强，皆棒杀之。"

各位仔细看了，这可不是光打两下就完事儿的呀，那是真活活打死啊！

更狠的是，曹操还因为蹇硕的叔父不守法度而将其棍棒杀之！

蹇硕那是什么人？那可是汉灵帝身边最红的几个宦官之一！而宦官在东汉末期有多大的能量我不说大家也知道。于是，从这次事件以后，曹操的霉运来了。

蹇硕在叔父被打死以后勾结了一群小打诬陷曹操，汉灵帝偏听偏信，遂将曹操罢官，贬到顿丘（今河南省濮阳市清丰县）去当了县令。

那曹操到了顿丘以后，极力打压贪官污吏，带头促进农业发展，顿丘在曹操的治理下只短短一年的时间便成大治，朝中少数清流有感曹操之才能，便上书汉灵帝，请求将曹操召回宫中。

汉灵帝遂任曹操为议郎，让其回京。

年轻的曹操，虽然对于许劭的评价"非常满意"，却是一心匡扶汉室，见汉室昏庸，他不止一次上表汉灵帝，提出了很多对国家有益的提议，但汉灵帝没有一次听取他的建议。久而久之，对汉灵帝失望至极的曹操便不再上表，从此沉默寡言。

直到中平元年，公元184年五月，黄巾之乱暴起，皇甫嵩被波才所部包围，汉灵帝这才在相关官员的推荐下封曹操为骑都尉，率领洛阳精锐骑兵前往救援。

此时，颍川战线，皇甫嵩营垒之中。众人见粮食一天天地减少，每个人都非常惊慌，只有皇甫嵩，还是那么老神在在地坐在帅位之上闭目养神。

其手下副将实在看不过去了，便和皇甫嵩道："将军！我方被黄巾贼包围已有一月之多，黄巾贼人现已军心松懈，正是和其决战的最佳时机，怎可等一个不知何时会来的大风而贻误战机呢？将军总是说等风等风，可这风要是不来，将军您难道就不打算出击了吗？要知道，现在我军的粮草可是所剩无几了！"

副将说得义愤难当，可皇甫嵩呢？根本就不搭理他。这可将那副将气得抓耳挠腮。

而就在那副将即将暴走之际，营外军旗却突然迎风而动。几息以后，呼呼的风声开始作响，沙尘一片。

见此，皇甫嵩突然睁开双眼！狂笑道："老天助我！黄巾贼的末日到了！来人！"

传令官："在！"

皇甫嵩："给我传令下去，让士兵们登上壁垒，每人手持苇草，但见火光，便给我点火呼应！"

传令官："是！"

皇甫嵩："副将何在？"

副将："末将在！"

皇甫嵩："你给我亲自率领一部敢死之士偷偷越过黄巾贼的包围网，在这些贼人身后点火烧草，只要成功，本将军算你大功一件！"

副将："是！"

就这样，借着大风卷起的漫天尘沙，又因为已经一月有余，黄巾军放松了警惕，那副将遂率部成功穿越了包围网，然后急速在黄巾军后方点燃了草场。

在狂风的"协助"之下，那星星之火迅速演变成了燎原之大炎，皇甫嵩营寨的汉军也在此时点火。

一时之间，漫天大火前后呼应，后方的火势甚至烧到了黄巾军的大营之中。黄巾军以为官军对自己形成了合围，又为大火所烧，所以顿时乱作一团。

皇甫嵩见战机已现，遂在第一时间率全部汉军杀出，直奔黄巾军大营而去。

黄巾军大乱，一触即溃，不敢有半点儿抵抗，慌忙便向后奔逃。

可就在这时候，忽听杀声四起，马蹄声轰隆隆地响动起来，紧接着，数千精锐骑兵在一个中年将领的带领下杀奔过来，直杀得这些黄巾军人仰马翻，尸横遍野。

这中年将领不是别人，正是曹操。

原来，此时的曹操已经到达了战场，可就在曹操思考怎么杀进包围圈的时候，却见前方火光冲天，熟读兵书的曹操见火光位置，断定乃官兵所为，这才在第一时间赶到了战场，狠狠地补了黄巾军一刀。

与此同时，朱儁方面的朝廷军也异常顺利，成功剿灭了抵抗自己的黄巾军。

于是，皇甫嵩、朱儁、曹操三部兵马携着数场胜利成功会师，然后合兵一处一起向前方推进。

本节参《后汉书》《三国志·魏书》《阿瞒传》《资治通鉴》

1.4　董贼出场

公元184年六月，皇甫嵩、朱儁、曹操联军连连胜利，不但将颍川的黄巾军全部消灭，还平定了陈国和汝南的黄巾之乱，只用短短三个月的时间便将三郡的黄巾之贼全部平定。

而皇甫嵩也不居功,上书汇报战况的时候将功劳全归到朱儁的身上。朝廷因此封朱儁为西乡侯,并提升他为镇贼中郎将,让其率本部兵马讨伐南阳的黄巾军,皇甫嵩则继续带领本部和曹操所部前往讨伐东郡的黄巾军。

再看卢植方面。

话说卢植自从向张角主力进军以后便连战连捷,前后斩杀了一万多黄巾军,张角抵挡不住,只能率主力退守广宗(今河北省邢台市东部),和卢植的朝廷军打守城战,意图以防守反击的方式反败卢植(防守反击:泛指通过防御城池或壁垒来消磨敌方士气,等敌军颓废之时再一鼓作气冲杀而上)。

卢植,东汉末期朝廷中少有的上等之才,怎会被张角这样一个军雏给算计成功?遂率众将广宗城团团围住。

他并不着急攻城,而是命军中后勤军修建大型攻城器械,然后挖掘壕沟,断绝城内交通,将黄巾军的粮道彻底断掉,意图将其饿死。

如此,张角便成瓮中之鳖,广宗城陷落已是指日可待。

可就在这时,朝廷内部却出了事端。

汉灵帝见卢植围住广宗以后迟迟没有动手,心存疑惑,便遣心腹宦官左丰到卢植军中视察。

宦官,这个卑贱至极的职业在西汉的时候就是跑龙套的存在,没有一个皇帝会正眼去看他们,可到了东汉末期,这个职业已经成为能够左右朝政的存在。所以卢植手下的那些将官一听左丰要来视察,都劝卢植给左丰一笔钱,将他的贱嘴给堵住,不求有功,但求无过便可。

可卢植却坚决不肯,非但如此,他甚至连见左丰一面的兴趣都欠奉。左丰因此怀恨在心,便在回到洛阳以后诬陷卢植,说凭借广宗现在的状态,生擒张角已经是板上钉钉,可卢植只是让部队躲在营垒之内休息,根本不对广宗发动进攻,为的就是凭借张角来制衡汉灵帝。

大脑缺氧又昏庸的汉灵帝偏听偏信,当即派出官员前往广宗将卢植给抓回来了,然后另派一个叫董卓的代替卢植来统率身处广宗的朝廷军。

董卓,字仲颖,B级将帅,有小聪明,是陇西临洮(今甘肃省中部)人,年轻时喜欢行侠仗义,经常游历于羌人所居住的地区(羌分东西两大族,种部无数,西汉时被朝廷打得服服帖帖,东汉时崛起,时常侵扰边境,给汉朝造成了相当惨重的损失,最后被段颎血腥镇压,遂再次从属于汉朝)并和羌族的那些大人物都有很深的交往。

据《三国志·吴书》和《英雄记》所载，董卓其人非常勇猛，在飞奔的战马上能够做到左右开弓，曾率领郡国兵无数次地消灭胡人的入侵（在汉人口中，凡是北方的少数民族皆被称为胡人，并不单单指东胡人），所以那些羌族人才会对董卓尊敬有加。

也因此，董卓被东汉末期朝廷中最狠的将领段颎相中，推荐其成为羽林郎（宫中诸多禁卫之一，主管宿卫和禁卫中的侍从）。

再后来，董卓又成为军司马，跟随张奂讨伐叛乱的时候又立下大功，被任命为郎中，赏赐细绢九千匹。

可董卓呢？几乎将所有的赏赐都转赐给了手下的将士们。因此，全军上下皆愿为董卓效死命。

之后，董卓的封官之路开启，相继被封为了广武县令、蜀郡北部都尉、西域戊己校尉。

可在西域戊己校尉的职位上，这董卓不知道犯了什么错被免去了官职。直到卢植为宦官所诬陷，进而抓捕到监狱以后，董卓这才接替卢植成为新任统帅。

按说，接替了卢植，这下董卓的第二春应该是来到了吧。看似这样，但事实并非如此。

卢植是怎么被抓进去的？

第一当然是不肯贿赂宦官才导致的。

可第二，也是最重要的，那就是因为汉灵帝不知兵，想要早点儿消灭张角。

所以董卓必须对广宗发动猛攻，这才能打消汉灵帝的疑虑，得以让自己活命。

基于此，这个看似很轻松很美妙的差事实际上并不是那么轻松的。要知道，广宗现在还有数万黄巾军精锐之士守护，城防也坚固，怎么可能轻轻松松就攻破呢？但董卓没有办法，只能硬着头皮猛攻。

结果，不出意料的，董卓率军狂攻十数日仍没有半点儿建树，反倒被张角率领黄巾军反扑，将已经被广宗包围的朝廷军打退数十里，使得卢植好不容易建立的战略主动全部丧失。战局又恢复到了朝廷军击败张角之前的僵持状态。

不过，这却正是董卓想要的。原因很简单，广宗我攻了，我尽力了，可就是没攻下来，你朝廷自己看着办。

怎么办？还能怎么办？这回汉灵帝也老实了，就这么任由董卓和张角之间相互僵持。

本节参《资治通鉴》《三国志·吴书》《英雄记》《后汉书》《范书》《三国志·魏书·董卓传》

1.5　平定黄巾

交州，覆盖现在越南北部土地和整个广州的土地。

这地方盛产珍珠等宝物，是一个虽未开发却值得拥有的好地方。

东汉末期，朝廷昏庸，贪官污吏遍布全国，清官比例约等于百分之十，交州地方的官员更是不必说，基本每一任都是大贪之辈，他们每个到任都是疯狂地搜刮财物，等搜刮够了，便通过关系调任，甩甩手走人，所以交州的下层官员和百姓都愤恨而不堪忍受，但碍于东汉朝廷的强大不敢惹事罢了。

如今，黄巾乱起，天下豪杰层出不穷，正是天下大乱之前兆。于是，再也忍受不了汉朝统治的交州人民奋勇起义。其首领自称为柱天将军，带领着贫苦的百姓抢夺官府的财物，然后隐藏在山川大泽之间，和官府进行游击战。

以往，交州这个地界是无数官员走后门都想过来的。可如今，交州大乱，朝中再无人对此地有什么想法，以往的香饽饽瞬时之间变成了茅坑里的石头。汉灵帝本想出兵讨伐，可现在军力全都用在了讨伐黄巾军上，实在腾不出手对其他反叛势力进行武力讨伐。

无奈，汉灵帝只能让朝中官员们推荐其他官员往交州担任刺史。

这回，那些平时嚣张跋扈的宦官们都没有动静了，那些靠着买官买爵走关系上来的官员们也没动静了，只有朝中仅剩下的那几个清流向汉灵帝推荐了一个名叫贾琮的官员。

汉灵帝现在也没招，只能死马当作活马医，遂遣贾琮前往交州担任刺史。

贾琮到了交州以后，第一步做的便是整顿吏治，将各个郡县的贪官污吏全都清扫了出去，之后颁布了很多有利于百姓的政策，最后命各个郡县严防死守，始终警惕那个什么劳什子的柱天将军的侵袭。

　　结果不到一年的时间，交州便为贾琮所大治，老百姓的生活也越来越好，这令跟随柱天将军造反的百姓大为羡慕，做梦都想重新回到自己的家乡生活。

　　针对于此，贾琮四处张贴告示，声明除了那个柱天将军以外，所有的"流民"都可以重返家乡生活，朝廷可以赦免他们。

　　结果只旬月之间，柱天将军的叛乱便被平定，整个交州欢声一片。

　　当时交州的大街小巷都能听到百姓们夸赞贾琮的歌声：

　　"贾父来晚，使我先反；今见清平，吏不敢犯。"

　　好了，到此交州的事情就算是暂时完结了。交州百姓的运气好，碰到了一个合格的父母官。可这腐朽的大汉却已经没救了，其他地方的百姓依然在遭受着非人的折磨。

　　同月，巴郡人张衡用所谓的"法术"为病人治病，痊愈后只收病人五斗米，所以得到了广大百姓的爱戴，被称作五斗米师。

　　张衡见天下大乱，自己又得巴地民心，便趁此天赐良机起兵造反，于西蜀创立五斗米教，然后攻掠郡县。朝廷不能治，只能愤愤地称呼其为米贼，过过嘴瘾罢了。

　　八月，就在黄巾军和朝廷军相互征战不休的时候，黄巾军内部突然传来了一个噩耗！什么噩耗？天公将军、大贤良师张角竟然于本月病死了！

　　张角是什么人？那是黄巾军的精神支柱，是神一般的存在。

　　所以此消息传出，黄巾军士气大跌，战斗力被极大削弱。

　　汉灵帝听闻此消息以后立即罢免了董卓，同时命表现优异的皇甫嵩率本部兵马前往广宗指挥大军。

　　十月，皇甫嵩到了广宗，和广宗方面军会师以后，对黄巾军发动了凶猛的攻击。

　　本以为现在的黄巾军已经不堪一击，可出乎皇甫嵩意料的是，黄巾军在人公将军张梁的带领下拼死反击，竟然让皇甫嵩持续一天的猛攻毫无建树。

　　见此，皇甫嵩料定，这拨黄巾军依然无法用武力彻底降服。

　　于是，老奸巨猾的皇甫嵩决定再次用计。

　　第二日，皇甫嵩停止了对黄巾军的进攻，并下令部队好好休整几日。

　　张梁见此，断定这几日汉军都不会再行攻击自己，于是放松了警惕。

　　结果，次日拂晓之时，皇甫嵩竟率所有的汉军对黄巾军发动了决战式攻击。

　　一是拂晓之时为一个人一天睡得最沉的时候；二是黄巾军已经先入为主，认定皇甫嵩不会在这几天攻击自己（起码当日绝不可能），所以放松警惕，对汉军全无防备。

于是，汉军在交锋初始便掌握了绝对的主动。

参照以往的战役，在这种情况下，要是一般的部队早就狼狈而逃了。可广宗的黄巾军不愧是黄巾军中的中坚力量。哪怕是在这种情况下，他们依然在张梁的带领下和朝廷军进行惨烈的搏杀，并且一直从拂晓抵抗到傍晚。

不过前期极尽的劣势并不是那么轻易就能扳回来的，尤其是张梁面对的还是现在朝廷中屈指可数的良将。

所以，在黄巾军拼死抵抗到傍晚之时，他们终于被皇甫嵩给击败了。

本次战役，黄巾军被朝廷军斩杀八万多人，余众相继溃逃，广宗这颗钉子终于被皇甫嵩拔掉！

这之后，皇甫嵩派人掘开了张角的棺材，将其尸体切成肉末，只将头颅保存完整，上交到洛阳去了。

十一月，皇甫嵩再接再厉，又带着胜利之师攻下曲阳（今河北省晋州市鼓城村附近）的张宝所部。

张宝虽然人数众多，但其麾下的黄巾军单兵作战能力根本无法和广宗的黄巾军相提并论，所以根本不是皇甫嵩的对手，只不到一个月便被打得大败亏输，其麾下十余万黄巾军全都向皇甫嵩投降了。

至此，黄巾军主力被讨伐殆尽，其他地区的零散黄巾军自知成不了气候，或降或逃，全部解散了。

于是东汉最大规模的农民起义——黄巾之乱，终是被朝廷讨平。

这之后，汉灵帝论功行赏，皇甫嵩功劳最大，被封为了左车骑将军、冀州牧、槐里侯。其余的人也皆有赏赐，这里就不一一写出了，只重点提两个人，他们便是孙坚和刘备。

本节参《资治通鉴》《后汉书》

第二章 崩塌的前奏曲

2.1　孙坚和刘备

孙坚，字文台，S⁻级统帅，吴郡富春县人（今浙江省杭州市富阳区），自称是孙武（孙子）的后人。历代史家不敢断定，便听之任之。

孙坚年少之时，在县里做了一名小吏，十七岁那年，和父亲一起乘船去钱塘，正巧碰到海贼胡玉一伙人刚刚抢完商船正在岸边分赃。

孙坚一看就来劲了，转身便和父亲激动地道："父亲在此稍等，儿去去就回。"

见自己儿子这三疯子德行，孙父一把便抓住了他，厉声道："你小子要干什么去？"

孙坚道："路见不平拔刀相助，这伙恶人必须得到应有的惩罚。"

一听这话，孙父吓得不轻，赶紧道："你小子别耍虎，这事儿不是你能管得了的，听为父的，不要多管闲事！"

好似怕自己的父亲担心，孙坚没有再往前冲，而是拔出了佩刀，对着身后的百姓们一顿比比画画，好像是要指挥百姓包围那些海贼一般。

那伙海贼一看孙坚的动作吓了一大跳，竟然连财物都不要了，转身便四散奔逃。

孙坚狂笑一声，没等自己的父亲反应过来，提着大刀便冲了过去。

孙坚是什么人？那是以后的江东猛虎，脚程岂是孙父能追得上的？无奈，孙父只能捶胸顿足地在原地等候孙坚，心中害怕得不行。

可一会儿以后，让众人目瞪口呆的一幕出现了。只见孙坚提着一个海贼头领的人头大摇大摆地回来了，走到孙父面前，一把将那海贼的人头扔到地上，嘴里还骂骂咧咧："要不是这群懦夫四散而逃，我能把他们全都宰了！"

自此以后，孙坚算是在江东一带出了名，官府因此特意召见了孙坚，并试用其为代理郡尉（郡尉：掌一郡之兵，专门负责处理郡内的危险分子）。

一年以后，会稽妖贼许昌（人名）在句章（今浙江省宁波市一带）作乱，自称阳明皇帝，追随他的贫苦大众竟然达到数万之众。当时周边官府都被这股恐怖的势力吓得颤抖不已，只有孙坚，这货不知道是没长心还是有虎胆，竟然强制带领一千余郡国兵对许昌展开了游击作战。

在军界，绝大部分优秀的将军都是从一场一场小规模作战中积累经验，进而成为能够独当一面的大将的。可也有一些人天生就擅长率军作战，并且无往不利，这种人我们通常称之为天才！就好像西汉初期的韩信，以及东汉末期的孙坚、曹操。

在孙坚一千多人的游击作战下，许昌所部竟然连连吃瘪，从主动慢慢变成了被动。周边郡县的郡尉见孙坚如此彪悍，纷纷带领本军士卒前往投奔。而孙坚也没有让这些人失望，他见人数已够，便带着这些士卒对许昌发动了决战式进攻。

最后，许昌硬生生为孙坚所灭，这场大型叛变被彻底平息。孙坚也因此升为了下邳县丞（县丞：辅助县令或县长总统一县文事）。

直到黄巾之乱开始，朝廷征召天下精兵，并任命卢植、皇甫嵩和朱儁分别讨伐地方黄巾军。

可就在出兵以前，那朱儁却上表汉灵帝，请求无论如何都要让下邳县丞孙坚来当他的左右手。于是孙坚征调部曲一千多人前往朱儁所部助战。

据《三国志》所载，孙坚所部在战场上极为彪悍凶猛，朱儁给他的战阵任务都能超额完成，所到之处无人敢与之抗衡，哪怕是不怕死的黄巾军，在能选择的情况下都不愿意和孙坚带领的部队正面交锋。

就这样，朱儁麾下的孙坚和皇甫嵩麾下的曹操在年轻一辈的将官之中隐隐成了领军人物。

在孙坚的辅助配合之下，朱儁势如破竹，连败诸地黄巾军，在攻打宛城之时，孙坚更是独当一面，第一个登上城楼，拔下了黄巾军的大旗，真勇不可当也！

所以，在平定了黄巾之乱以后，孙坚被朝廷升为别部司马（千石大官），属大将军何进直管，并扩大了部曲的编制。

刘备，字玄德，性情刚烈易怒，政、军双A级大才，涿郡涿县人（今河北省涿州市一带），是西汉景帝之子、中山靖王刘胜的后代。

这一脉本是声名显赫，可到刘备这一代却是家道中落，连温饱都成问题。

刘备早年丧父，家中唯一的依靠也没有了。刘备无奈，只能和自己的母亲靠贩卖草鞋凉席为生。

刘备的家中有一棵五丈多的大桑树，远远望去就好像是枝叶重叠的小车盖一般，来往的行人都奇怪这棵大树长得不一般，更有人预言这家住户里必出贵人。

刘备幼年的时候曾经和同宗的小朋友在这棵树下玩,玩高兴了以后指着这棵大树就道:"呔!你看好了,我刘备长大以后必定乘坐类似这种形状、以羽毛装饰的马车出行!(翠羽装饰为皇车)"

刘备的叔父刘子敬这时候正在和刘备的父亲刘弘吃酒,一听这话,吓得一个趔趄,赶紧跑出来,照着刘备的屁股就是一下,然后非常愤怒地道:"小子竟胡说,你就不怕被灭门吗!"

揉了揉屁股,又看了看自己的叔父,刘备嬉皮笑脸一下,转身便跑了。

可谁又能想到,这小小的孩童竟一语成谶,多年以后竟真的坐上了这样的马车。

刘备十五岁的时候,老母不忍心看着这么一个聪明的孩子从此废在家中,便不准刘备留在家中,无论如何都要他外出游学。

一是刘备耗不过自己的老娘,二是刘备心中也确实有志气,所以辞别了老娘,和同族刘德然、辽西人公孙瓒一同拜在卢植的门下学习文武。(公孙瓒,A⁺级统帅,相当强悍)

刘备,穷人也,虽然顶着个汉室宗亲的光环,但生活水准和刘德然及公孙瓒根本无法相提并论,所以刘德然的父亲刘元便经常资助刘备,甚至将他和刘德然同等看待。

刘元的妻子因此大为不爽,颇有怨言地道:"各有各的家,各家管各家的事,怎么能总是支援别人家的孩子呢?"

刘元不以为意地道:"呵呵,妇人之见。我告诉你,我们族中的这个孩子绝对不是一般人,以后必成大器,也许咱们的儿子最后还要仰仗玄德而活呢。"

不得不说,这世界上有一些人看人是真的准啊,西汉时有刘邦的老丈人,东汉末期则有刘元这个伯乐。

可就是这样,刘备和刘德然的感情依然不是最好的,那和刘备感情最好的是谁呢?辽西公孙瓒!

至于原因,很简单。对于刘德然,刘备自然是要感谢的,可这小子只不过是一个庸人而已,对刘备没有任何价值,所以只尽到同宗的心意便好。可公孙瓒就不一样了。

第一,公孙瓒是辽西太守的女婿,有了这层关系,这公孙瓒以后的机会就绝对少不了。

第二，这公孙瓒极有能力，对行军打仗之事有非常独特的见解，而现在天下昏暗，乱世降临只在旦夕之间，凭借公孙瓒的能力，在以后的乱世绝对吃得开。

综合以上，这公孙瓒早晚会出人头地。所以刘备必然要和公孙瓒搞好关系，为以后留一条后路。而公孙瓒也很欣赏刘备的才能，便和刘备结成了莫逆之交。

多年以后，刘备、公孙瓒和刘德然等人出师，各回各家各找各妈。公孙瓒继续走了仕途，可刘备却没有那个关系，所以只能暂时赋闲在家。

那刘备从外表来看极为纨绔。他不喜欢读书，只喜欢斗狗骑马，还钟爱音乐，喜爱穿着漂亮时尚的衣服。据《三国志》所载，刘备身高七尺五寸（1.8米左右），他的两臂特别长，下垂的时候都要过到膝盖。他的耳朵也特别大，大到一回头都能看到自己的耳朵，配上那华丽的衣服，简直是要多纨绔有多纨绔。

可让人无法理解的是，这么一个家道没落却不知省钱的纨绔之辈，却得到了周围无数人的赞赏。

周边郡县的俊杰豪侠争相归附他，中山张世平、苏双等大商更是出钱赞助刘备发展自己的势力（也不排除他们是花钱买平安）。

而在这时，更有猛人关羽、张飞两兄弟投靠刘备，使得刘备声势大振，成为地方一个非常有名望的"特色"吧。

（注：关羽和张飞是兄弟这事应该是准的了，就是不知道以后有没有刘备加入，反正我翻遍所有典籍也没发现三人结拜的证据。按说，先主刘备结拜这档子大事要是有的话其他史书一定都会有所记载，可这些史料中却没有什么详细的记载。）

直到184年，黄巾之乱爆发，朝廷允许地方组织义兵讨伐黄巾军，刘备便抓住了这千载难逢的机会，带领自己的部队配合朝廷军讨伐叛乱。

在一些"名人"和"演义"的舆论引导下，世人皆相信刘备在平定这次黄巾之乱中是立了大功劳的，可事实真的是这样吗？我不知道。因为史料上没有详细记载，我只知道现的刘备很弱，按他当时所拥有的力量，是绝对拿不到什么大功劳的。

黄巾之乱平定以后，朝廷论功行赏，刘备被封为了安喜县（属今河北省定州市）令。

终于出头了，终于成了一县之长，刘备喜不自胜。可这好日子没过多长时间便到头了。

一日，郡中督邮因公事路过安喜县（督邮：协助郡太守督察各县诸事）。

按说这本不是什么大事，可当时朝廷中传出了一则消息，说朝廷要淘汰那些因为军功而当上地方长官的人。而刘备正是因为军功才当上的安喜县令，所以他非常害怕，便带着厚礼前往求见督邮，意图让督邮给自己疏通。

可不巧的是，那督邮却是一个清廉之官，知道刘备要来贿赂他，所以坚决不肯见刘备。

刘备见督邮不肯召见自己，断定自己一县老爷的日子是要到头了，再想想以往的生活，于是一股邪火上来，竟然直接带关羽、张飞等心腹闯进了督邮的住处，拽着他的头发就是一顿毒打。

可打了一会儿，冷静下来的刘备就感觉要坏事，于是扔下督邮便想逃走。

但就在临走的时候，刘备感觉还没打够，愤怒的他便挟持着督邮往郡外逃走。

等到了州郡边界之时，怒不可遏的刘备将督邮绑在一棵树上，将印绶挂在督邮的脖子上以后，拿起马鞭便是一顿狂抽。

此时，这清廉的督邮已经被刘备打得奄奄一息，只剩下一口气而已。刘备见状，抽出宝剑便打算一不做二不休地刺死这督邮。

见此，督邮是真的害怕了，这刘备明显就是个疯子，如果再这么嘴硬下去，自己的小命今儿个就得交待在这儿。

鉴于此，督邮死命地求饶，刘备见督邮服软，有了台阶，又恐怕杀了督邮以后会遭到无尽的追杀，这才饶过督邮一命，带着关羽、张飞等心腹逃走了。

以上，便是对刘备和孙坚的介绍，我们继续正文。

本节参《三国志》《越绝书》《华阳国志》《续汉志·舆服志》《典略》

2.2　黑山张燕

公元184年十一月，朝廷成功将黄巾之乱平定，可还未等汉灵帝坐下来休息一下，新的乱子又来了。

本月，西北羌族诸种见汉朝乱得没有边际，便奉北宫伯玉和李文侯为主（二人皆羌族人士），共同向汉朝西北边境发动了攻击。

护羌校尉泠徵见诸羌来犯，遂带领西北郡国兵前往征伐，却被北宫伯玉大败，死于乱军之中。

虽然开局顺利，但北宫伯玉和李文侯没有被冲昏头脑。因为他们知道，想要在汉朝的土地上占据一席之地，光靠他们这些异族人绝对不好使！

因此，他们将西州负有盛名的边章和韩遂骗到了驻地（边章和韩遂皆为西北边将，在西北拥有一定的声望），以武力的方式威胁他们和自己共同反叛汉朝，以此来让他们从异族叛军变成"叛军"。

韩遂和边章不敢违抗，只能从命，帮助北宫伯玉和李文侯处理一些军事和宣传上的事务。

此举果然奏效，自边章和韩遂投靠羌军以后，羌军连连获胜，占领了一座又一座县邑，并且因为边章和韩遂都在羌军中主持工作，所以西北的汉人对他们也没有什么太大的抵触，北宫伯玉和李文侯率领的叛军在汉朝的土地上落脚。

但西北叛乱还不是最可怕的，最可怕的是同时兴起的黑山贼！这才是能够毁灭汉朝的超可怕力量。

黑山贼统帅的名字叫张燕。

张燕，常山真定（今河北省正定县）人，B级将帅，本名褚燕。

黄巾之乱开始以后，天下大乱，无数的平民百姓跟着黄巾之乱的节奏聚集在一起抢夺官府和富户的粮食，这褚燕便是其中之一。

褚燕武艺非常高强，聚集了一伙年轻人以后便开始攻击汉朝郡县，抢劫之后便躲藏在山林沼泽之中游击作战，如同暗夜中的幽灵一般，让人无从下手。只短短几个月的时间部队就发展到了万人以上（由此可见，现在的汉朝是多么不得人心）。

当时，河北起义的部队是整个天下最多的，除了张燕的军队以外，还有张牛角军、白波军、黄龙军、左校军、五鹿军、羝根军、苦蝤军、刘石军、平汉军、大洪军、司隶军、缘城军、罗市军、雷公军、浮云军、白爵军、杨凤军、于毒军等等。

这些起义军规模大的有两三万人，哪怕是规模最小的也有数千之众，其中以张牛角的军队最为庞大。

褚燕感觉自己势单力孤，难以成事，便率军归属了张牛角。

而张牛角也十分喜爱褚燕，总是将褚燕带在身边，跟随自己一起决断大事。两人遂结为了莫逆之交。

可好景不长。在一次作战中，张牛角被流矢射中，进而导致破伤风，生命垂危。在临死时，张牛角将首领的位置传给了褚燕便驾鹤西游了。

褚燕为了感激张牛角的信任，遂将自己的姓改为张，从此便以张燕为姓名。

那张燕自从做了首领以后，带领部队四处出击，逢战必冲锋在前，攻掠了无数的县邑。周边的那些起义势力见张燕如此彪悍，也都纷纷投奔。

于是，张燕的部众迅速蹿升至百万之多（这里大多为手无缚鸡之力的百姓，实际上能战斗的最多也就二十余万，不过这也不是一个小数目了）！

因此，张燕将自己的部队定名为黑山军，汉朝政府根本无力制止。

直到黄巾之乱被平定，张燕不想被朝廷集中打击，这才上表汉灵帝，请求归顺，不过却有一个条件，那便是自己之前攻下来的地方一定要有自治权，朝廷不得干预。只要答应了，他便不会再对汉朝有所行动。

昏庸的汉灵帝见此高兴得不行，当即答应了张燕的请求，并封张燕为平难中郎将。如此，才使得京都暂时安定。

张燕，真高智商反贼也！

本节参《三国志》《资治通鉴》《九州春秋》《典略》

2.3 曹孟德还乡避死祸，汉灵帝无道建宫殿

公元185年正月，此时的曹老板以协助皇甫嵩平定黄巾之乱的关系被朝廷封为了济南国相。

当时的济南国和天下其他的郡县基本上没有区别，官员们贪污成性，撺掇在一起互相包庇，形成了一股非常庞大的阴影势力。别说是州刺史和洛阳最大的那个领导不想管，就是想管，又有几个人能管得了？

可曹操不一样，他一直心装汉室，容不得这些贪官污吏横征暴敛。

于是，曹操在成为济南国相的第一天开始便整顿吏治，严查、严惩那些贪官污吏！

那曹操带兵打仗无与伦比，治国安邦也是很牛，在曹操雷厉风行的作风下，济南国的那些贪官污吏或死、或逃、或被抓，总之没有一个能逃脱曹操的"魔

爪"！整个济南国在瞬时之间便被曹操弄得政教大行，一片清平（以上和后面的政绩都是《魏书》所载，不免掺杂水分，但也有限）。

当初西汉之时，城阳王刘章因为剿灭吕氏有大功，所以为其建立祠堂，青州地方官员们为了博得刘章和朝廷的赞赏，便争相效仿。其中济南国尤盛，祠堂竟多至六百余座！

那些贪官污吏便因此下手，强征民脂民膏，以祭祀刘章为名中饱私囊。因为这些贪官污吏占了"大义"，所以历代长史都没有谁敢于废除这个制度。

可曹操不管你那个，清除贪官污吏以后便派人将所有的祠堂全都给砸了，并且禁止济南百姓再花钱到鬼神之上（祭拜祠堂鬼神，这里不单单指刘章）。

由此，百姓的生活一天比一天好，哪怕是那些穷苦大众也能吃得饱穿得暖。济南因此大治。

可曹操以上的举动却得罪死了朝中的宦官们。

为什么？

因为那些贪污腐败的官员全都是这帮宦官推荐上去的！可你曹操一上任就敢动我们的人，毁我们的财路，你这是要和我们往死里斗呗？

于是，宦官们齐齐以莫须有的罪名向汉灵帝诬陷曹操，意图置其于死地。

那汉灵帝虽然第一时间并没有对曹操有所动作，但那无形的杀意已经飘浮在济南国的上空。曹操相信，凭汉灵帝的揍性，自己距离末日已经不远了。

没错，曹操是心系汉室，但自己的命更重要！为了一个即将崩塌的大厦而赔了自己的性命，他曹操还没有那么高尚。

基于此，曹操以疾病缠身为由向洛阳提交了辞呈，请汉灵帝允许自己还乡。汉灵帝当即批准，曹操从此赋闲在家，过上了闲云野鹤的生活。

与此同时，洛阳，宣德殿。

汉灵帝他"爹"张让和汉灵帝他"妈"赵忠正围绕在汉灵帝身边，忽悠汉灵帝对全国的耕地多征收十钱的田税，用以修建宫殿和铸造铜人。

汉灵帝闻听大喜，当即依此下令，并令各个地方的长官贡献本地优质木材运往洛阳，用作建造宫殿。

乐安郡太守陆康听闻此事以后极力劝阻，并举了很多的例子说明汉灵帝此举完全是动摇国本的行为。

结果，在张让和赵忠带领下，宫廷宦官集体攻击陆康，说他犯了大不敬之罪。陆康因此被汉灵帝罢免回家。

各个州郡的长官见此哪里还敢有半点儿废话？当即加收十钱的田税，并动员民夫砍伐优质木材送往洛阳。

可到了洛阳以后，那些宦官在验收木材的时候却百般挑剔，说什么都不允许这些木材入库。

完不成朝廷的任务是要受重罚的，因此那些运送木材的官员急得原地跳脚。

见此，验货的宦官相视一笑，然后走出一个宦官和这些官员道："嗯哼！你们这些木材虽然拙劣，但也勉强能够达成标准，这样吧，朝廷就出原来价格的一成将你们这些木材给收了，其他的钱你们自己想办法吧。"

一听这话，送木材的官员大怒，但也知道这些宦官是什么德行（什么木材不合格，不就是想把多余的预算揣到自己的兜里去吗），所以没有一个人敢吱声，只能打碎了牙往肚子里面咽，就这样将木材白白"送"给了这些宦官。

而等到下一批官员前来运送木材的时候，这些宦官依然百般挑剔，非但以原价十分之一的价格收购了木材，还将自己库存的木材以全价卖给了这些官员，让他们以此完成朝廷的任务。

这些官员不敢违抗，只能忍着肉疼交钱而去。

就这样几经反复，宦官们贪得满兜满身都是黄白之物，可朝廷的宫殿却迟迟修建不起来，各州郡的刺史、太守更是以此增加百姓的各种赋税，致使天下民不聊生。

那昏庸无道的汉灵帝见自己的宫殿迟迟修建不起来，还以为是地方政府不卖力，便派出西园皇家卫士到各个州郡去催促采购。

这些宫廷卫士更是如豺狼虎豹，到处收受贿赂，有胆敢不给的，便会遭到这些卫士的诬陷和暴力。

这还不算。当时，有刺史、太守及茂才、孝廉升迁的，都要向朝廷缴纳"助军"和"修宫"钱，一般做大郡的太守需要缴三千万钱，其余的依照官职大小而多少不等。

一个官员，上哪去弄这么多钱？要知道，当初段颎花了三年多的时间平定东西两羌也才花了五十四个亿的军费啊。这不是摆明了要让那些官员搞贪污腐败吗？

有清廉的官员出不起这个钱，又不愿意搜刮民脂民膏，便上书辞职，打算赋闲在家。可就是这样，汉灵帝也依然逼迫其上任！还要他们一分不少地将所有的钱财统统交上。

当时有一个叫司马直的被提拔为钜鹿（今河北省巨鹿县）太守，因为这司马直是出了名的清廉，所以汉灵帝"特赦"他只需要缴纳三百万钱就可以上任。

司马直接到诏书后不无悲叹地道："我司马直身为百姓的父母官，却要剥削百姓去迎合如此弊政，我要是真这么干还算得上是个人吗？"便上书请求辞职，但未能获得朝廷的批准。

于是，司马直在上任的途中上书直言现在朝廷的各种弊政以及危急的局势，然后便服毒自杀了，他宁可去死也不愿意剥削百姓。

诏书和司马直的死讯传到汉灵帝那边以后，汉灵帝极为震撼，这才停止了征收修官的钱财。

本节参《三国志·魏书》《资治通鉴》《后汉书》

2.4　皇甫嵩的悲歌

公元185年三月，羌族北宫伯玉和李文侯开始向三辅地区发动攻击（西京长安一带的京兆、左冯翊、右扶风），此消息令京师大震，汉灵帝紧急召集廷议，商议如何才能抵挡羌族的入侵。

这时候司徒崔烈（幽州名士，不过书生而已）站出来道："陛下，我大汉经过了之前的黄巾之乱，国库已经捉襟见肘，如果这时候再对北宫伯玉等羌贼用兵的话，势必伤筋动骨。所以臣建议陛下放弃凉州，等我大汉缓过气来再……"

"放屁！陛下应该立即处死司徒，这样天下才会安宁！"

没等崔烈说完，议郎傅燮（性格刚烈，有才华，有谋略，能随机应变）便站出来指着崔烈狂骂。

尚书见傅燮如此粗鲁，当即便站出来指着傅燮骂："傅燮，你算个什么东西？一个小小的议郎也敢如此羞辱三公大臣！你的修养在哪里？你置朝廷纲纪！置陛下于何地？陛下，臣建议立即处死这个没有修养的小人！"

话毕，此尚书就这样等着汉灵帝的答复，可汉灵帝却没有回应他，反倒是和傅燮道："你敢辱骂三公大臣，胆子不小，不过我还是想听听你为什么要这么说。"

傅燮对汉灵帝深深一拜，然后道："凉州，乃我大汉西北的交通要地，西控西域，北镇异族！是我大汉的西北门户！同时是我大汉精锐骑兵的主要输入源之一（西北、东北二地为精锐骑兵的主要产地）。武威、张掖、酒泉、敦煌更是切断骑马民族和西域之间联系的关键！如果我大汉放弃了西北，势必让骑马民族和西域诸国连接起来。如此，我大汉还有什么安全可言？还有什么脸面存于天地之间？而崔烈身为三公之一，竟然公然劝陛下放弃西北！这简直是荒谬！是不忠！所以臣才会建议陛下处死崔烈！"

汉灵帝经过再三思考，觉得傅燮这话说得很有道理，便命皇甫嵩为主帅，带领中央野战军前往长安（今陕西省西安市），讨伐北宫伯玉、李文侯、韩遂、边章等一众羌族叛军。

按说，凭皇甫嵩的才能，凭大汉雄兵的作战能力，哪怕是不能消灭叛羌也绝对可以将他们赶跑的。可不管西汉还是东汉，它们之所以灭亡，都不在于军事力量不够强大，而是自己把自己玩儿死的。

话说当初皇甫嵩征讨张角的时候，曾途经邺城，看到中常侍赵忠在邺城的住宅超过了法定的规格，便上奏朝廷，建议将赵忠的府宅没收。

另外，当初在皇甫嵩升迁的时候张让曾暗示皇甫嵩，希望皇甫嵩贿赂他五千万钱。可皇甫嵩理都没理张让。

基于以上，不管是张让还是赵忠都对皇甫嵩恨得牙根痒痒。如果这次再让皇甫嵩成功平定羌患，那以后自己就再也没机会报仇了。

于是，这两个巨宦便勾结了一堆小狗诬陷皇甫嵩，说皇甫嵩在征讨的过程中一点都不积极，企图用这些羌人来制衡朝廷，其陷害手法和当初对待卢植基本相同。

汉灵帝因此将皇甫嵩召回洛阳，罢免了他左车骑将军的官职，并削减封邑六千户。

本节参《三国志》《资治通鉴》《后汉书》

2.5 庸帅彪将

公元185年八月，罢免皇甫嵩以后，汉灵帝另命司空张温为车骑将军，执金吾袁滂为副将，率朝廷军前往征伐反叛羌军。

为了确保本次征伐能够万无一失，汉灵帝还任命在羌人中很有威信的董卓为破虏将军，与荡寇将军周慎一道归张温指挥，协同朝廷主力军作战。

九月，张温率十万大军已经抵达美阳（今陕西省武功县西北），诏令董卓前来布置作战。

可董卓接到指令以后却迟迟不来张温处报到，直到半个月以后，架子大得吓人的董卓才姗姗来迟，可来了以后不但没有半点儿歉意，反倒是对张温大呼小叫，没有半分尊敬（原因：张温是走宦官门路被提拔的，没什么军事才能，所以被董卓鄙视）。

非但如此，董卓还大言不惭，声称对待羌人要以德服人，对其实施武力不会有半点儿作用。

见此，参军孙坚极为愤恨，当即站起身来对张温道："将军，末将有要事相报，还请将军移驾内室详谈。"

张温不明所以，但深知孙坚厉害的他还是跟着孙坚前往了内室。

可到了内室，孙坚的一席话却将张温吓得连连颤抖。

只见孙坚满脸杀气地道："将军，董卓这厮嚣张跋扈，悍不畏罪，以后定是一大祸害！不如以军法为名将其就地正法！"

一听这话，张温吓了一大跳，连连摆手道："不行不行，董卓在西北一带很有威望，如将其诛杀，我们就会失去征伐西北的依靠。"

这话一说，孙坚恨得咬牙切齿，恨铁不成钢地道："将军！您乃是西征军的最高统帅，威名远播全国，何必依靠董卓？我观察董卓言行，发现他傲慢无礼，根本就不拿将军您当回事儿。这种人最后一定会拖全军的后腿。最重要的是，边章、韩遂和北宫伯玉那帮贼人横行西北多时，早就应该讨伐了。可董卓那厮竟公然和朝廷唱反调，阻止我们西征，使得众人产生种种疑惑，以致士气大跌！这种害群之马难道不应该立即诛杀吗？将军啊！古时名将率众出征没有一个不是杀伐果断之辈。他们为什么要这样做？他们天生就好杀吗？不！因为只有这样才能让手下正视其威严，令大军协调统一，所以才有司马穰苴斩庄贾、魏绛杀杨干之事！"

话毕，张温又是思考再三，然后果断地拒绝了孙坚的提议。

孙坚大急，想再劝张温，可张温却制止了孙坚，并转身道："不要再说了，我是不会斩杀董卓的。快走吧，不然董卓该怀疑了。"

话毕，张温根本不给孙坚再劝的机会，转身便去了。

孙坚无奈，只能叹息一声，跟随张温而去。

十一月，边章、韩遂见朝廷军入驻美阳以后便再无动静，遂主动率军攻击美阳，意图将朝廷军消灭。

按说，张温有十多万的中央正规军，还是采取的守势，抵挡住韩遂和边章的攻击应该不是问题。可那张温却是个"军雏"，丝毫不懂统军作战之法，哪怕有孙坚这个悍将在一旁参谋也白搭，所以朝廷军被边章和韩遂打得连连倒退，真是丢人丢到姥姥家。

幸好在这时候，董卓突然率本部兵马从右扶风出击，绕道袭击了韩遂和边章的后部，这才令叛军溃散败退往榆中（今甘肃省中部）。

张温见状大喜，立即命周慎率三万人前往追击边章和韩遂，同时命董卓率三万人主动攻击先零羌。

我们先来看周慎这一路。

就在大军出发之前，孙坚毛遂自荐地找到了周慎，并对其建议道："将军，据末将所知，叛军据守的城池缺少军粮，所以必须从外部运输。将军可给末将一万人马，末将保证断去敌军粮道，这样便会让敌军感到恐慌，进而带着部队撤往羌族领地。到时你我两路夹攻，西凉叛军便可在瞬息之间被平定。"

孙坚，江东猛虎也！现在也有了很高的声望（不然朱儁和张温也不可能在出征以前一定要让孙坚作为参军），所以他的建议一定是要细细考虑的。

可不知道周慎是嫉妒孙坚还是认为孙坚的办法不行，反正他老人家根本没采用孙坚的办法，而是带着部队直接往榆中而去了，意图一举拔下这颗钉子。其做法简单、粗暴。

然而，就在周慎到了榆中以后，他傻眼了。为什么呢？因为边章和韩遂在退入榆中之前，断定张温一定会派遣大军前来追杀，所以分别派遣部队屯驻于葵园峡，反断了朝廷军的粮道。

周慎听说粮道被断，吓得魂不附体，当即扔下辎重，率领部队败退而逃了。这废物，真是没有半点儿节操。

再看董卓方面。

话说北宫伯玉和李文侯听说董卓即将来征讨他们的消息以后非常重视，当即齐聚全族精锐前往迎击。

史书没说北宫伯玉和李文侯到底动用了多少士兵，不过据本人在后面的战斗过程中分析，其人数绝对不会少于九万。

董卓见敌军数量如此庞大，不敢决战，便背着河水修营筑垒，准备和当初的韩信一样，用背水营和羌军打一场防守反击之战。

不过现在的羌族可不是西汉那时候的羌族喽！和汉朝交手百年的他们早就学会了如何打仗。

北宫伯玉等人见董卓如此布置，只瞬间便洞悉了董卓的想法。这些狡猾的羌军也不攻，只是将董卓的大营三面合围，意图将其活活困死。

可董卓的鬼主意却是要比羌人还多。他见羌人和自己玩儿起了这种战术，只是冷冷一笑，便命人在后背的大河之上修建堤坝，做出要打鱼的态势。

羌人也不疑有他，毕竟自己现在已经断去了董卓军的粮道，人家借水打鱼也是正常之举。

可他们却忽略了董卓的狡猾。因为就在大坝建成以后，董卓却于夜色中借着大坝的掩护，带领部队悄悄地过河逃回右扶风了。并且在过河以后将大坝毁去，使得河水暴涨，让那些羌人无法对董卓进行追击。

见此，北宫伯玉气得大骂董卓无耻，原来人家根本就没打算和自己死磕，而自己呢？还美美不自知呢。

当时，汉军进攻诸羌和西凉反贼的部队一共有六支（其他四路史料没有记载），结果全部落败，只有董卓的部队得以完好无损地逃回右扶风，所以得到了朝廷的认可，封其为前将军（两千石大官，在军界，除了大将军、骠骑将军和车骑将军以外，就数卫将军和前后左右四将军最大）、并州牧（并州：郡治晋阳，州的范围为今山西大部，今内蒙古自治区一部，今宁夏、陕西小部。所辖郡国为上党郡、太原郡、上郡、西河郡、五原郡、云中郡、定襄郡、雁门郡、朔方郡）。

至此，汉军和西北叛军便处于一种相持状态，谁也不主动出击了。

然而，就在朝廷军和西北叛军对峙的时候，全国各地的叛乱一个接一个地蹿了出来，那简直如同过江之鲫一般，让人不忍直视。

本节参《资治通鉴》《三国志》《后汉书》

2.6 凉州沦陷

公元186年二月，江夏赵慈反汉，杀南阳太守秦颉，最后被荆州刺史率郡国兵击败。

十月，武陵蛮反叛，起兵攻击汉朝南部诸郡，旋为本郡郡国兵所灭。

十二月，鲜卑亦开始攻击汉朝东北的幽、并二州。州郡不能治。

（鲜卑，东胡种，东胡为匈奴所灭以后，这一脉便迁居于鲜卑山生活，所以世人皆称之为鲜卑。鲜卑作战以骑兵为主，尤其是轻骑兵作战，战斗力更是不在巅峰时匈奴之下，羌族骑兵亦有所不如。最开始的鲜卑并没有多么强大，只能在汉朝的膝下唯唯诺诺地求生存，可东汉以后，鲜卑趁着南匈奴疲软，北匈奴西迁之时，一举占据了广袤的北方草原，使得其部族开始强大，这之后便一直和东汉龃龉不断，一有机会便会寇掠汉朝边境。）

公元187年三月，趁着边章、北宫伯玉和李文侯都在警戒汉军之时，韩遂突然反叛，以雷霆之势叛杀此三人，并且将他们共十余万人的部队全数并到自己的麾下。

这之后，已经成为西凉最大恶霸的韩遂开始攻击陇西郡。陇西太守李相如不敢和兵力数倍于自己的韩遂硬抗，遂向韩遂投降，使得韩遂的势力进一步加强。

与此同时，凉州刺史耿鄙手下的得力悍将马腾亦于此时反叛，并和韩遂结成联盟，共同攻击西凉诸郡县。

耿鄙因此大怒，遂聚集士兵，准备率六郡军队征讨韩遂和马腾。可汉阳太守傅燮（因为得罪宦官和众多大员而被外放为汉阳太守）听闻此事以后却大为惊慌，赶紧致信耿鄙：

"刺史大人，您到任时间很短，凉州人民还没能完全地接受您，所以在民心上根本不占优势。可韩遂在叛军中却拥有相当高的声望，所以万众一心，众人都愿意为其效死命。同时，我军是由六郡士兵新近组成，相互之间还不熟悉，上下将卒也不和睦。这种情况最容易发生叛变，所以请恕下官直言，在如此情况下，我军获胜的机会实在渺茫。不如暂时采取守势，让部队休整，培养统帅的威信，做到赏罚分明。在增强部队战斗力的同时也会让叛军误认为我军胆怯，马腾和韩遂之间便会争权夺利，离心离德。到时候大人您再率军出击，必一战而定之！"

傅燮此提议满满是干货（主要原因是韩遂和马腾刚刚结盟，双方的信任还不够），可这时候耿鄙已经被愤怒冲昏了头脑，根本不采纳傅燮的建议，硬是率六郡士兵直奔韩遂、马腾而去。

结果，正像傅燮所说的那样，就在耿鄙的部队陈兵列阵，即将和韩遂、马腾的联军决战之时，耿鄙军突然有一部临阵叛变。

此突发事件猝不及防，只一瞬间便使得耿鄙军大乱。

韩遂和马腾当然不会放过这个天赐良机，于是一声令下，联军全军出击。

这时候的耿鄙军哪里还有半点儿抵抗的想法？见敌军冲杀而来，扔掉手中的兵器便落荒而逃了。

而主帅耿鄙呢？逃之不及，被斩于乱军之中。

到此，整个凉州再没有能够抵抗韩遂和马腾的力量。各个大郡的太守畏惧死亡，争相向二人投降，只有汉阳傅燮没有投降于二人，而是率残部（应该只有千人左右）死守汉阳。

当时，在叛军阵营之中，有数千骑兵都是北地郡的胡人，他们怀念当初傅燮的恩德，便齐齐下马，在城墙之下给城墙之上的傅燮下跪叩头，请求傅燮放弃汉阳，他们对天发誓会将傅燮平平安安地送回北地老家。

傅燮的儿子，只有十三岁的傅干也哭着对傅燮道："父亲，国家政治腐败昏暗，致使您在朝中无法容身。如今汉阳兵少将寡，根本无法坚守，不如就听从了他们的意见回乡隐居吧，等以后汉朝出现了圣明的天子您再出山辅佐不迟。"

话毕，傅干就那么看着自己的父亲，可傅燮却微笑着摇了摇头，然后坚定地道："孩子，圣人舍生取义，坚守节操，我傅燮自比不是什么圣人，但也绝对不会弃汉朝城池于不顾，所以我必须死！而你则不必和我去死，你还有大好的年华，凭借你的才干，以后必有所为，所以待我死后，你就跟着主簿杨会走吧，他就是我的程婴（赵氏孤儿中的程婴），会照顾好你的。"

话毕，不等傅干回话，傅燮便带着几个心腹，冲着数千倍于自己的叛军冲杀而去。

汉阳，陷落！

至此，整个凉州皆归于韩遂、马腾等叛军，而现在驻扎三辅的张温在干什么呢？呵呵，眼睁睁看着凉州陷落而没有半点儿援助，只想保命而已。

本节参《资治通鉴》《三国志》《范书》《三国志·魏书·董卓传》

2.7　江东恶虎

公元187年五月，因太尉张温眼睁睁看着凉州陷落而毫无动静，使得汉灵帝对其非常失望，遂罢免其官，另任司徒崔烈为太尉，主持三辅防御。

同月，就在西北韩遂和马腾闹得沸沸扬扬的时候，身在肥如（今河北省卢龙县西北）的张纯又揭竿而起，并闹出了相当大的乱子。

最初，在张温前往平叛之前，曾征发乌桓三千冲击骑兵跟随自己征讨凉州叛军。（乌桓也叫乌丸，和鲜卑一样，都是东胡的一个分支，虽然骑兵作战能力不比鲜卑骑兵差，但综合国力实无法和鲜卑相提并论。）

当时的中山国相、渔阳人张纯请求统率这些骑兵上阵立功，可张温素知这张纯没有什么能耐，便没有答应他的请求，而是让更会指挥骑兵作战的涿县县令公孙瓒来带领这支骑兵部队。

可就在这支精锐骑兵到达蓟城（北京古称）的时候，朝廷却不知何故，迟迟不发粮饷。所以这些精锐骑兵纷纷脱离公孙瓒的掌控，逃回了各自的部落。张纯也因为没有让他来当统帅而怀恨在心，从此有了反心。

直到本年五月，见天下越来越乱，西北汉军还连连战败，张纯便勾结了同郡人、前泰山太守张举及乌桓酋长丘力居组成联军，共同攻打汉朝东北边境。

因为事发突然，再加上三方联军的实力十分强大，所以边境诸地不敌，纷纷陷落，张纯等人的势力因此迅速扩大，不到一年的时间便有十余万众！

这之后，张举自称为皇帝，张纯则称弥天将军、安定王。

他们还发布公告通知各州、郡，宣称张举即将取代东汉的政权，要求汉灵帝退位，并命公卿百官前来迎奉张举。

因为张举和张纯的举动极度恶劣，在当时造成了相当严重的影响，所以汉灵帝第一时间做出反应，下诏命东北各个郡县可自行征兵讨伐。

因此，整个东北郡县全都在征召士兵，演兵讲武，大战一触即发。

同年十月，南部长沙亦有一叫区星的贼人聚众造反。他自称将军，攻掠郡县，所击之地无人能挡。部队在旬月之间便扩张到一万余人。

朝廷有意挑选一个新的长沙太守前往平叛，可朝廷中那些废物却没有一人敢于赴任，而已经回洛阳的孙坚听闻此事以后却眼前一亮。

孙坚认为，自己现在虽然在京城为官，但能力始终得不到发挥，不如前往长沙，这样还能展现自己的抱负，让整个天下都知他孙坚大名！（不知此时的孙坚有没有自立一方的想法。）

于是，孙坚毛遂自荐，请朝廷任命自己为长沙太守，前往平叛。汉灵帝没有丝毫犹豫，当即批准。于是，孙坚就这样单枪匹马地前往了长沙。

到了长沙以后，孙坚整顿吏治，建立更加完善的军规法度，功必重赏，过必重罚，一点情面都不讲。所以长沙的士兵人人奋勇，精神面貌焕然一新。

见时机已到，孙坚即率数千郡国兵主动攻击区星。区星的兵力虽数倍于孙坚（还是士气爆棚常胜之师），但根本不是孙坚的对手（史料并未记载详细过程），屡屡被孙坚精妙的手段玩弄于股掌之中。

结果只一个月的时间，嚣张一时的区星之乱便被孙坚彻底平定。

当时，零陵起义军周朝和桂阳起义军郭石都有相当强悍的实力，并且和区星是莫逆之交，所以一听说区星被朝廷军讨伐，便率军前往支援。

岂料区星败得太快，没等他们前往战场便被孙坚平定了。二人无奈，只能率众返回。可当孙坚听闻此事以后却笑了："想走？晚了！"

那孙坚英勇无敌，听闻此消息以后直接率众前往追击，打得周朝和郭石狼狈而逃，并且疯狂更胜段疯子（段颎），竟然越界对周朝和郭石展开疯狂追击。

结果，无论怎么逃都逃不出孙坚追击的周朝和郭石被相继消灭。孙坚只用月余时间便将长沙、零陵、桂阳三郡之乱全部平定！

孙坚，真江东恶虎也！

本节参《资治通鉴》《三国志》《后汉书》

2.8 不听曹操言，吃亏在眼前

就在孙坚于南部搅动风起云涌之时，就在大汉四方大乱之际，中原地区又是暗流汹涌。

一天，已故太傅陈蕃的儿子陈逸和法术家襄楷一起前往冀州刺史王芬的府中拜见。

双方客气一番后襄楷便直奔主题。他见四方无人，便阴狠狠地对王芬道："大人，小人昨日夜观天象，发现中星错乱，妖星暗淡，此天象极不利于那些宦官，如果大人能在此时动手铲除宦官，必会成功，进而功名千秋！"

王芬："好啊，如果能够成功消灭宦官，我王芬愿意充当马前卒，却苦无机会，我总不能带兵去东京强杀那些宦官吧。"

陈逸一笑道："大人多虑，我们这次来找大人正是因为有一个天赐良机摆在眼前！就看大人您敢不敢干了！"

王芬："愿闻其详。"

陈逸："据可靠消息，陛下最近一段时间要同张让、赵忠等一众宦官前往河间旧居，大人到时候可突然杀出，挟持陛下，杀掉那些为祸天下的宦官，然后废掉陛下，新立贤德的君主为帝！"

王芬一听这话，当即拍案称善，然后便开始联系各地豪杰准备起事，更用重礼聘请负有盛名的曹操和陶丘洪前来担任他的参谋。

可出乎他意料的是，这两个人都拒绝了。

先说陶丘洪。一开始，陶丘洪本来是想答应王芬的请求的，可就在他打算动身之时，他的好朋友华歆却找到了他，并语重心长地道："废立皇帝，乃是天下最大的事，就连伊尹、霍光那样杰出的英才都会感到困难，更何况王芬性情疏阔，又缺乏威武的气概，行动一定会以失败告终，所以我奉劝你最好不要前去，否则不但不能成事，还会白白丢了性命。"

华歆，字子鱼，平原高唐（今山东省禹城市西南四十里）人，B级政治家、谋略家，在本地很有名望，同邴原、管宁三人有三人一龙之美赞，他说的话含金量非常高。所以陶丘拒绝了王芬的建议，没有前去投靠。

再说曹操，曹操要比陶丘洪讲究多了，他虽然没去赴任，但好心地警告了王芬，并且说明的理由要比华歆更加透彻，举出了种种例子证明此次行动必将失败。

可一是王芬已经箭在弦上不得不发，二是他此时已经被冲动冲昏了头脑，所以根本没有听取曹操的意见，还是按照原计划行事。

结果，事情果然如曹操和华歆所猜想的那样失败了。不过失败的原因既不是王芬的才能不够，也不是王芬不够果断决绝，而是，哎呀太狗血了，我甚至都怀疑史书中写的到底是不是真的。

话说就在汉灵帝打算北行的前三天入夜之时，北方天空突然出现了一道赤气。

这赤气从东到西，横贯天际（不知道你信不信，反正我是没见过如此奇景），负责观测天象的太史因此上书汉灵帝，声称北方正有阴谋酝酿中，希望汉灵帝不要再往北行。

汉灵帝于是取消了三天后北行的打算，并且派人前往北方进行调查。

结果这一查之下还真就查出王芬这档子事儿了，于是汉灵帝便召王芬入洛阳对质。

此时的王芬已知道消息泄露，哪里还敢再往洛阳？便扔下自己的官印逃走了。

可当他逃到平原以后，却见不管哪里都张贴着通缉自己的告示，王芬预感必死无疑，便直接在平原自杀了。此次酝酿已久的大型反叛活动也就这么虎头蛇尾地失败了。

这可真是不听曹操言、吃亏在眼前哪。

本节参《九州春秋》《三国志・魏书》《资治通鉴》《魏略》

2.9 刘焉进益州

公元188年二月，黄巾余孽见这天下越发混乱，遂再次反叛，攻击汉朝郡县。

益州马相就是其中最为活跃的一员。他自称是黄巾后裔，聚集了一万多人攻击益州郡县。

朝廷见益州混乱，再加上益州刺史郤俭不得民心，便打算从京城再派一名官员前往任益州牧，总统战局，而这官员是谁呢？便是刘焉了。

刘焉，字君郎，汉室宗亲，江夏竟陵（今湖北省天门市）人，西汉鲁恭王的后代。

刘焉年轻的时候便在州郡做官，凭借汉室宗亲的身份被授予中郎之职，后因为老师祝公去世，而辞去官职专门守丧。

（注：受春秋孔子等辈的影响，无论战国、秦、汉都有父、母、师者死而守孝三年的说法，这种礼仪虽然不是强制的，但在汉代时，尤其是当官的，如果有谁胆敢不遵从这种礼仪的话，便会被冠以不忠不孝之名，从此丢掉仕途。直到文帝时期，这个英明的皇帝觉得此种礼仪实在是太过荒谬，严重损害了朝廷的办事效率，便将其废除，不准官员守孝如此长的时间，所以朝廷工作效率得以突飞猛进。但到东汉以后，这个制度被重新摆上台面，官员们心中虽然暗恨，但表面上还要装作一副举双手赞成的样子。）

守丧过后，刘焉被地方举荐为孝廉，因此再次进入仕途，先后做过洛阳令、冀州刺史、南阳太守、宗正、太常等官职。

直到公元188年，刘焉见天下大乱，烽火不断，料定大汉灭亡只在旦夕之间，于是暗中使路子，贿赂张让、赵忠等辈，希望能通过他们的能量将自己外放到一方为州牧，意图在外拥兵自重，构建一方势力。

那么这天下哪个州最适合割据发展呢？我只能说，益州没毛病。

此时的大汉一共有十二州一司隶，其中以益州的地盘最为广阔，发展空间最为庞大。

农业上，益州土地肥沃，有天府之国的称号。更盛产水果蔬菜，所以很难发生饥荒。

气候上，益州四季如春，极为养人。

经济上，虽然比不上中原那些出了名的大州，但靠着出售蜀锦等独有的益州特产，益州也绝对不算是穷州。

地理上，益州更是得天独厚。拥有进可攻退可守的强大优势，毕竟"蜀道难难于上青天"不是白说的。

基于以上，刘焉第一个相中的便是益州。

正巧这时候马相在益州叛乱，益州刺史又不得民心，汉灵帝遂在赵忠和张让的忽悠下同意刘焉前往任职了。

可还没等刘焉进入益州，益州方面却捷报传来。

怎么回事儿呢？原来这一段时间马相势如破竹，攻占了一个又一个郡县，消灭了一拨又一拨官军，甚至连益州刺史都被马相斩于马下。

可就在这时，益州从事贾龙却突然率一千余官军对马相发动了突然袭击，史料中没有记载贾龙是如何打败十倍于自己兵力的马相的，反正他就是那么打败了。

这之后，马相逃走，益州之乱在数日之间便被贾龙平定。贾龙大名因此威震益州。

而这时候，刘焉也即将进入益州境内。贾龙一听新任州牧要来就任，便非常恭敬地选派官军亲自迎接刘焉。

刘焉对于贾龙的恭敬在外表上也十分欢喜，可心中却恨得暴起。

他刘焉来益州干什么来了？那是要干自己的事业，成为一方霸主来的！可自己刚刚到益州，就出来一个猛人，在益州还有如此声望。最要命的是这贾龙对汉朝忠心耿耿，要是他知道自己的意图，还不得把自己的皮给扒了？

基于此，刘焉心中十分窝火。同时他也知道，如果想实现心中的抱负，就必须先杀了贾龙，但这个时候自己刚刚到益州，还不得民心、军心，想杀掉贾龙根本就是痴心妄想。

所以，刘焉不得不对贾龙笑脸相迎，暂时隐忍，积攒实力，等实力强大以后再行消灭贾龙。

不过距离刘焉彻底和贾龙撕破脸还要等一段时间，我们两年以后再说。

本节参《资治通鉴》《三国志》《汉书》《后汉书》

2.10　先胜后败

公元188年三月，也就是刘焉到益州任职的一个月以后，汉灵帝见东北郡县没有足够的实力对张举、张纯发动攻击，遂下诏匈奴，让匈奴单于羌渠派兵前往刘虞手下听命。准备用刘虞去消灭张举、张纯。

（注：匈奴，一说夏禹后代，西汉初期为其实力顶峰时期，在冒顿单于的带领下平定了整个北方草原，曾经是世界上最强大的轻骑兵战斗集团，但和汉朝的百年战争以后，匈奴被打得千疮百孔，又内乱不断，所以分裂为南北匈奴。再后来，北匈奴的郅支单于为西汉陈汤所灭，北匈奴遂消失在历史的长河中。南匈奴便被重新称呼为匈奴。东汉以后，匈奴再次因为内斗分裂为南北匈奴，最后在东汉大将军

窦宪的带领下，北匈奴被打得西迁，再后来又被汉朝不断攻击，无奈往欧洲方面迁徙，从此再没有回到东方，所以归顺汉朝的南匈奴再次被称为匈奴本名，可这个时候的匈奴，已经再也不复当初的强大。）

羌渠单于不敢违背大汉皇帝之命，便准备遣左贤王率领骑兵前去幽州听候差遣。

可匈奴人了解东汉皇帝的性格，再加上现在东汉已经乱得没有边际，匈奴人普遍害怕以后汉朝对他们征用不断，所以一些部落首领便建议羌渠单于不要给汉朝支援。

但这羌渠单于害怕汉朝害怕到了骨子里，所以拒绝了手下的提议，坚持要派左贤王前往幽州。

于是，匈奴大乱，多个部落的首领带领共计十余万的匈奴人背叛羌渠单于，并将其斩杀，然后匈奴人共立了羌渠单于的儿子，右贤王于扶罗为新任单于。

至此，匈奴亦同汉朝断绝了从属关系。

同月，张举见州郡朝廷军迟迟没有动静，又听说匈奴内部出了乱子，大喜！遂遣张纯和丘力居率领联军四面出击，同时攻击青、徐、幽、冀四州。

汉灵帝因此大急，也不管公孙瓒手上有没有那个兵力，便紧急下令公孙瓒率本部兵马前往迎击张纯所部，并下死命令，无论如何都要打退张纯的侵袭。

公孙瓒无奈，只能率本部精骑前往石门山进行讨伐。

可让公孙瓒万万没想到的是，他竟严重高估了对手的实力。

张纯手下虽然人多势众，但论单兵作战能力根本无法和公孙瓒手下的骑兵相提并论，竟被公孙瓒一冲而散。

张纯见势不妙，赶紧往大本营肥如而逃。可公孙瓒岂会给他这个机会？见张纯要逃，赶紧命副将率一部骑兵绕到张纯归路之上，将他堵得死死的。

张纯那废物吓蒙了，见归路被堵，忙不迭便往塞外乌桓方向奔逃，企图用乌桓的力量打退公孙瓒的追兵。

而公孙瓒呢？先不说兵法谋略比不比得上孙坚，起码他比孙坚还要疯。人家孙坚只不过是跨郡作战。可公孙瓒呢？直接跨越国境线作战。

身在肥如的张举听说此事以后也是高度重视，当即召回了丘力居的部队，并让他前往塞外，攻击公孙瓒骑兵团的背后。

再看公孙瓒。

现在的公孙瓒可是意气风发了，不但击败了兵力数倍于自己的张纯，还追得张纯如丧家之犬一般。可就在公孙瓒追出塞外的时候，却遭到了乌桓本土骑兵的强力阻击，这些来自乌桓的骑兵可不是张纯手下的那些废物，他们一个个战斗力彪悍，较之公孙瓒的精骑也只强不弱。

公孙瓒见敌军强大异常，事不可再为，便撤军而回了。

可就在公孙瓒退至辽西管子城的时候，前方突现尘烟，数之不尽的乌桓骑兵正直冲公孙瓒而来。来人不必说，正是丘力居的主力乌桓骑兵了。

因为两方的战力实在悬殊，所以公孙瓒不敢力敌，只能率众撤到管子城内屯守。

丘力居深知汉人打守城战的恐怖，所以根本不攻城，而是和北面的追兵会师以后将管子城团团围住，打算困死公孙瓒。

公孙瓒虽然看出了丘力居的意图，但没有办法，毕竟管子乃一小城，根本没有多少粮食供自己长期死守，所以只能率军突围而逃。

在逃跑的过程中，丘力居给予了公孙瓒最凶猛的打击，所以公孙瓒的部队在这场逃亡战中损失惨重，十不存四（骑兵被追杀得十不存四，这已经很严重了）。

此战之后，张举则声势更盛，一副要吞并北方的架势。

本节参《资治通鉴》《三国志》

2.11　结梁子

现在这汉朝天下，西北有韩遂、马腾，东北有张举、张纯，正北有鲜卑祸乱，南方有诸蛮、诸夷，内部更有百姓的起义和黄巾残部不断烧杀掠夺，所以汉灵帝在这段时间有一种极度不安全感。

为了保证自己的人身安全，汉灵帝于公元188年八月设置了西园八校尉，士兵皆从精锐中挑选，专门负责保卫自己的安全。

并且，为了八校尉所部都能发挥最大的战力，汉灵帝还不准别人推荐校尉，每个校尉都要汉灵帝亲自挑选，选的几乎都是当时名声最盛的人，甚至连隐居的曹操都被强扒了出来。

此八校尉名单如下：

蹇硕为上军校尉，负责总统八校尉，袁绍为中军校尉、鲍鸿为下军校尉、曹操为典军校尉、赵融为助军左校尉、冯方为助军右校尉、夏牟为左校尉、淳于琼为右校尉。

这八个人我就不向各位一一介绍了，因为介绍也没有什么价值，只有袁绍，因为以后还要多次提到，所以详细介绍一下。

袁绍，字本初，汝南郡汝阳县（今河南省商水县附近）人，B级君主，从其高祖父袁安开始，四世皆为三公重臣（袁安官至司徒，然后袁敞司空、袁阳太尉，最后袁逢、袁隗皆为三公），并且都是对朝廷忠心耿耿的清流之士，所以袁氏一族在大汉声名极旺，势力雄厚。

可袁绍比较可怜，不但是袁氏庶出之子，还在出生的时候就死了父亲，所以不管从哪方面来讲，袁绍以后都是绝对没有机会触及家主之位的，混一个旁支末端就算是不错了。

可袁绍却非常有能力，不管是作为文官还是武官都能超额完成任务。并且，袁绍天生自带"贵族光环"，一走一过皆有浑然天成的贵族之气，一点不显摆不做作，所以无数人争相投靠，使得袁绍声名大噪，在家族中的地位扶摇直上。

更甚至大将军何进都听说过袁绍的大名，出重礼邀请，所以袁绍便在那个时候投奔了何进。

直到本年，汉灵帝亲点袁绍列入西园八校尉，袁绍便和曹操成了同事。

十一月，本来就混乱不堪的西部又发生了王国之乱。这王国起义以后部队发展非常迅速，瞬间便有数万之众，并且和韩遂、马腾结为联盟，四面攻城略地，现今已经开始围攻陈仓，准备南下攻蜀。

汉灵帝不想让西部继续乱下去了，所以命皇甫嵩为左将军，统率四万中央军，携前将军董卓所部共同攻击王国叛军。

因为现在陈仓正遭受随时陷落的危机，所以当两位将军会师以后，董卓建议立即前往救援此地，但皇甫嵩连想都没想便断然拒绝道："不然！百战百胜不如不战而胜，陈仓虽小，但城墙坚固，守卫严密，很不容易被攻破，王国兵力虽强，但攻击陈仓并不是人多就能攻下来的，所以本将军料定，他王国短时间必拿不下陈仓。如此拖延日久，敌军的士气便会丧尽，人马必定疲惫，到时候我军再突然杀出，定能将王国之乱一举而定！"

董卓对于皇甫嵩的办法不怎么感冒，但因为人家皇甫嵩真是一刀一枪拼出来的将军，所以也不敢像对张温那样肆无忌惮，便阴着脸离去了。

直到公元189年二月，陈仓已经顶住了王国九十多天的攻势，皇甫嵩感觉时机已到，便率军急速往陈仓而去。

那边正在进攻陈仓的王国听说皇甫嵩大军即将抵达，吓得不行，认定凭现在的疲惫之军一定不是朝廷军的对手，于是没有丝毫犹豫，当即解除了对陈仓的包围，并率众撤退了。

可就在王国所部刚刚撤退还不到半天的时候，皇甫嵩和董卓的部队也抵达了陈仓，听说王国撤退以后，皇甫嵩挥军便要追击，可董卓却在这时候拉着皇甫嵩的手道："将军不可，兵法上说穷寇勿迫，归众勿追，现在王国已经成了穷寇和归众，是不能追击的，不然很容易被反扑啊。"

皇甫嵩愣了一下，然后怒极而笑，推开董卓的手无不鄙视地道："你小子懂不懂兵法？之前我之所以不进攻就是为了磨灭敌人的锐气，而现在正是敌人士气最低的时候，他们已经是丧失斗志的疲惫之师，而不是什么'归众'，也不是什么'穷寇'，既然你这么害怕的话，那你就给我率领本部兵马在部队的最后面做后援吧，本将军亲自出马斩杀敌军！"

就这样，皇甫嵩抛弃了董卓，直接带着本部兵马前往追击王国所部。

结果，正如皇甫嵩所言，王国的部队已经没有半点战心，所以一战即溃，王国虽成功逃走，但所带来的部队几乎被全灭。王国之乱就这么被皇甫嵩轻轻松松地平定了。

而身在后军的董卓呢？除了贡献几次全都不对的计谋以外没有半点儿作用和功劳。因此，董卓开始恨起了皇甫嵩，二人从此结下了梁子。

本节参《后汉书》、《资治通鉴》、《三国志·魏书》、华峤《汉书》、《英雄记》

2.12　卑劣的公孙瓒

公元189年二月，王国狼狈地逃回了自己的驻地。可就在此时，韩遂和马腾之军却突然杀到，并以无能为名废掉了王国的首领之位，然后另立洛阳人阎忠担任首领。

可没过多久，阎忠却病死了（天知道是不是病死的），其所辖之地盘、部队皆无人统领。

韩遂、马腾等西北叛军首领便使用各种手段来侵吞这些士兵和地盘。

于是，西北叛军龃龉不断，相互之间钩心斗角，再难做到团结一心，势力逐渐衰弱。

同月，见东北边境无人可治张举，汉灵帝遂任刘虞为幽州牧，前往幽州平定叛乱。

刘虞，字伯安，东海郯（今山东省郯城县）人，A级政治家，积善用仁政治理一方的汉室宗亲。刘虞的祖父刘嘉曾经担任过光禄勋，父亲刘舒也担任过丹阳太守，所以他不仅仅是汉室宗亲，还是官宦世家。

刘虞因为通晓五经（《诗经》《尚书》《礼记》《周易》《春秋》），又因为本身的身份背景，所以在加冠之后被封为郡县小吏。因为经常能圆满地完成上司布置的任务，所以被升为郡吏。再后来又因为政绩卓著而越过了太守，直接被提升为幽州刺史。

刘虞在担任幽州刺史期间，同鲜卑、乌桓、夫馀、濊貊等少数民族处得相当融洽，所以这些少数民族在刘虞担任幽州刺史期间从来不侵犯幽州，时不时还带一些土特产来献给刘虞，于是那时候的幽州免于战火涂炭，百姓的生活十分美满幸福。

可后来不知道这刘虞得罪了朝中的哪位"大人"，竟然被免去官职，赋闲在家。直到黄巾之乱平定以后，天下百废待兴，所以汉灵帝重新任命刘虞为甘陵国相，前去安抚那些被战乱和天灾折磨得不成样子的百姓。

不久，刘虞就因为圆满完成了朝廷的任务而被提拔为宗正（九卿之一，掌汉室宗亲和外戚事务的大员），再次进入了大汉的政治舞台。

直到公元189年，汉灵帝见东北诸郡县无一人能治张举等辈，便命熟悉东北事务的刘虞前往幽州任州牧。

可刘虞一到幽州便和幽州拥有最强大骑兵集团的公孙瓒产生了分歧。

公孙瓒认为，对于张举这等叛贼和丘力居这等异族就应该用最血腥暴力的方式才能将他们彻底铲除。

刘虞和公孙瓒的想法却正好相反。

刘虞认为，对于现在幽州的局势完全可以不战而屈人之兵，只要用自己的仁德降服乌桓，那么张举就会失去最大的倚仗，到时候便会不战而逃。

事实证明，在政治上，不管内政还是外政，刘虞确实要比公孙瓒更有远见。当刘虞正式成为幽州牧以后，立即派遣使者往各个异族首领处结交，希望能够开启边市，像以前一样互通有无。

异族为什么要抢夺汉朝边境的财物？还不是因为汉朝有的他们没有吗？可历届幽州牧中除了刘虞等少数几人以外，再没有哪个州牧真心和他们做买卖，全都用各种卑劣的手段来欺骗坑害他们，所以这些异族才会一而再再而三地对汉朝边境展开寇掠行动。

如今，刘虞回来了，他们当然乐意继续和这个慈祥诚信的汉朝大员建交。

所以一时之间，北方诸骑马民族皆停止了对幽州用武，丘力居更是决绝，竟在第一时间将所有的部队撤出了幽州，把张举和张纯坑得一脸蒙。

这两个反贼都是废物，能够嚣张到现在完全是以有乌桓骑兵的缘故，如今这最大的倚仗走了，他们当然没有胆子继续造反。但这时候收手已经来不及了，你就是向朝廷投降了，最后也必是惨死的下场。

为什么？因为你张举不是普通的造反，而是要改朝换代啊！

基于此，张举和张纯解散了部队，只带少数心腹往塞外而逃。

张纯没等跑到地方便为自己的门客所杀，张举则从此消失在历史的长河中，再无消息。

至此，只用不到一个月的时间，刘虞便平定了祸害东北一年之多的张举之乱。

反观公孙瓒，这之前一直都是被动的局面，和刘虞形成了鲜明的对比，所以公孙瓒疯狂地羡慕嫉妒恨，甚至还派遣刺客去刺杀胡人的使者，意图以自己卑劣的手段嫁祸刘虞，让北方再次陷入混乱，这样自己便有了用武之地。

可这些胡人使者不知从哪里得来了消息，提前得知了公孙瓒的意图，乃绕道而行，躲过了公孙瓒的暗杀，并将此事原原本本地告诉了刘虞。

刘虞听闻此事以后大为光火，当即上奏朝廷，将公孙瓒安排到右北平守边去了。公孙瓒因此大恨，和刘虞从此结下了不共戴天的仇恨。

本节参《资治通鉴》《三国志》《后汉书》

第三章　董卓进京，大汉崩塌

3.1 权倾天下

公元189年四月，祸害了大汉整整22年的汉灵帝终于去世。

按说汉灵帝这个昏君死了，众多大臣应该举手欢庆才是道理，可现在朝中诸多大臣却没有一个有这种想法，反倒是有种想哭的冲动。为什么？因为缺德的汉灵帝在位22年都没有立过太子，如今他自己蹬蹬腿走人了，可他死了谁当皇帝？这要是弄不好可非常容易闹出宫廷政变的，所以一众大臣皆忧心忡忡。

当时，汉灵帝一共有两个儿子。他们分别是何皇后所生之长子刘辩，十四岁。老二为王美人所生之刘协，九岁（出生后便送汉灵帝老母董太后处抚养，所以也称董侯）。

按照古制，继承大统的应该是长子刘辩。可汉灵帝觉得刘辩太像自己，不但为人轻佻，还没有半点儿威严。汉灵帝昏庸无道，却有自知之明，知道汉朝要是再赶上一个他这样的皇帝就一点儿生还的希望都没有了，所以迟迟没有立刘辩为太子，反倒在临死前将刘协托付给心腹宦官蹇硕，意图让蹇硕在自己死去以后用手中的力量（西园八校尉头子）扶立刘协上位（真是一丁点儿的担当都没有）。

所以汉灵帝那边一死，蹇硕便想干死何进，然后立刘协为新任汉皇。

于是，他埋伏刀斧手于宫廷各处，然后以商议立新君为名，派使者去请何进进宫。何进万万没想到蹇硕的胆子大到了如此地步，竟然敢在宫中行刺自己，所以全无防备，就这么往宫中而去。

可就在车队到达宫门外，即将入宫之时，军司马潘隐却在大门口疯狂地对何进"暗送秋波"（潘隐是何进安排在蹇硕身边的奸细），何进要是还不知道怎么回事儿就真的说不过去了。

基于此，何进立即掉转车头，抄近道跑回了自己控制的军营，并率军入驻各郡国在京城之中的官邸，同时称病，不再入宫，不过却坚持刘辩应继承大位。

蹇硕失去了唯一的杀掉何进的机会，所以投鼠忌器，再不敢有违何进的指令（西园八校尉的兵力不及何进的一半）。于是，皇子刘辩成功地继承了大统。

同月，刘辩尊何皇后为太后，并请求何太后主持朝政（刘辩此时还未加冠）。

本月下旬，何太后大赦天下，改年号光熹，封刘辩之弟刘协为渤海王，任袁隗为太傅，和大将军何进一起主持尚书事务。

当做完这一切以后，何进已经大权在握，一人之下万人之上。可每当想起之前蹇硕想要暗害自己的事情便火冒三丈，总想置蹇硕于死地。

聪明的袁绍看出了何进的想法，便趁机向何进献计，请何进在诛杀蹇硕的过程中直接将所有的宦官杀掉，以铲除祸害天下的根源。

袁绍，四世三公之家，很有能力，和其堂弟袁术又威名海内，得四方豪杰归附，所以何进非常信任他，便从其建议，准备诛杀朝中所有宦官。

再看蹇硕。

这厮见大将军府中频繁调动，每天都有闻名天下的将军和谋士出入，所以心中不安，料定早晚会和何进有生死之搏，遂写信联系张让等宫中巨宦，希望和他们联合，共同诛杀何进。

张让等宦官别看平时威风八面、鼻孔朝天，可一旦有危险他们比谁尿得都快。这不，见何进现在的实力远胜蹇硕，张让等宦官便直接将蹇硕给他们的信转交何进了。

何进见此信大喜，当即以此信为口实，命黄门令逮捕了蹇硕，并将其诛杀。

这之后，何进亦吞并蹇硕的部队归自己所有。

至此，大将军何进已完全掌握宫廷内外的兵权，可谓权倾天下了。

可就是现在何进手中拥有这等实权，却依然有不怕死的敢于挑战何进的权威。

本节参《三国志》《资治通鉴》

3.2　四方入京

骠骑将军董重乃是董太后的侄子，在汉灵帝活着的时候便和何进钩心斗角，争权夺利。可如今汉灵帝死了，何进已经大权在握，那不知死活的董重依然想尽办法去削弱何进手中的权柄。何进因此而恼怒，总想找机会干掉董重，只不过暂时苦无借口罢了。

可就在这个时候，不太精明的董太后却给何进找到了非杀董重不可的理由。

之前提到，渤海王刘协是董太后辛辛苦苦养大的，所以老太太非常希望刘协能够继承大统，可最后却让刘辩成功夺位，这令老太太非常郁闷。所以整日沉着个脸。

而此时的何太后可谓意气风发，春风满面，每天都穿梭在后宫之中不亦乐乎。董太后是看在眼里气在心中。

同时，因为董太后是后宫中资格最老的存在，所以总是想对朝政指点一二，可每一次都被何太后横加阻拦，这就更令董太后愤恨不已。

终于，在何太后再一次示威般地路过董太后的门口时，董太后控制不住积攒心中多日的怒火，爆发了。

只见董太后疯狂地冲出门外，指着还未走远的何太后便是怒声痛骂："何氏！你算个什么东西？只不过是屠户之后罢了！要不是仗着你的哥哥，你岂有今天的地位？我告诉你，我侄子骠骑将军董重要砍下你哥哥的首级就好像探囊取物一般，我劝你还是不要太过嚣张，以免给自己引来杀身之祸。"

说完，老太太转身便走了。

本来，董太后只是想撒撒心中积攒多时的怒火，她也知道，凭自己侄子的能耐绝对弄不过何进。可有的时候，话真的不能乱说，祸从口出不是没有道理的。

何太后听了董太后的"威胁"以后是又怒又怕，于是便将这些话原封不动地告诉了何进，并催促何进早日收拾董氏之人。

于是，何进对董太后动手了。

五月初一，何进勾结三公诬陷董太后，将老太太强制迁回封国。

六日，何进带兵包围了董重的府邸，将其逮捕，并免除了他的职务。董重愤恨无比，在监狱中自杀。

六月七日，董太后不知何故突然死去，世人皆言此为何进所为，所以从这时候开始，何进便失去了民心。

七月初一，何皇后迁刘协为陈留王，准备过一段时间将他赶走。

六日，袁绍再向何进进言："大将军，从前窦武他们想要消灭宦官反而被宦官杀害，这只不过是因为他们手中没有绝对的实力罢了，可如今大将军您统率宫廷内外天下兵马，手下将帅也皆为天下英豪，这可是绝无仅有的良机，所以将军您应该立即出击，杀掉那些为祸朝廷的宦官，事后必留名青史！"

话毕，何进被袁绍鼓动，遂前往宫中拜见何太后，请求诛杀朝廷一众宦官。

可这些宦官们将何太后伺候得舒舒服服，又是何太后制衡宫中大员的一把好牌，同时这些宦官在灵帝时期还救过何太后，何太后怎么会允许何进杀掉他们呢？便以一种官方的口吻回复道："这可不行。哥哥，不是小妹不给你这个面子，而是从古至今，后宫之事都是由宦官们来管理的，如果他们不在了，那这后宫不就乱了吗？更何况先帝刚刚去世，我又怎能如此大动干戈呢？"

何进劝不动何太后，只能窝窝囊囊地回到大将军府。

袁绍见何进失败也不放弃，遂再次找到了何进，并继续献计，献了一个被当时人嘲笑、被后人痛骂千年的愚蠢之计。

只见袁绍义正词严地道："大将军，宦官为当世之毒瘤，不能不除，谁能除掉宦官谁就是这天下的救星，谁就能名垂千古！如果大将军实在不想违背太后旨意的话，我这边还有一个办法，不知可行不可行？"

何进："你说！"

袁绍："大将军可立即下诏，命天下驻防四方的将领急速率精锐返回洛阳，以兵压太后！到时大军压境，还有谁敢说半个不字！"

何进贪图名声，闻听袁绍此提议连连称善，便即发诏书传布四方，请各方将领往洛阳而来。

可当谋士陈琳听说此事以后却吓得不行，连忙找到何进问道："下官听闻大将军您要汇集天下军队前来威逼太后，以达到诛杀宦官的目的，不知是真是假？"

何进："此事当真，怎么？难道有什么不妥？"

陈琳："如果当真如此，那就大大不妥了！《周易》上有'即鹿无虞'的说法，民间也有'掩目捉雀'的谚语，这类微小的事情尚且不能用欺诈的办法达到目的，更何况是国家大事呢？现在大将军您总揽皇权，掌握天下军队，龙腾虎步，高下随心所欲。凭借您现在的威势，只需挑选一些精锐之士，发雷霆之威，越过太后直接对宦官发动攻击便能够成事。虽然这违反常规，但合乎道义，绝对会得到天下百姓的支持。您却反而放弃了有利的条件，转而另求于他人！到时候大军压境，强者称雄，这就是所谓的手持剑刃、把权柄交给别人来打自己。如此一来，您的布局绝对不会成功，反倒会成为祸乱的根源，还请大将军三思啊！"

陈琳说这话对不对？对极了，可何进却不听，坚持用袁绍的办法来对付朝中宦官。

这之后，皇甫嵩等人也劝过何进，可没有一个劝谏成功的，我也不知道何进怎么就那么听袁绍的话。

与此同时，典军校尉曹操的府中，当他听同僚说了何进的举动之后先是愣了一会儿，好似不敢相信自己的耳朵。沉默片刻，曹操这才哈哈大笑和同僚道："袁绍、何进皆千古蠢猪。阉宦之官，古今皆有，不可缺少，只不过是历代先皇过度骄纵才会导致如今的局面罢了。如今的局面，只需要将十常侍等首恶诛灭便可，怎用全杀？就算是全杀，凭现在宦官的实力，只不过一个狱吏便可成事，何用如此劳师动众？如此，大事必提前泄露，这就给了宦官准备的时间，我料何进必败无疑！不信你就看着吧！"

本节参《资治通鉴》《三国志·魏书》《九州春秋》

3.3 何进之死

公元189年八月初，四方诸侯皆往洛阳而来，其中最快的便是董卓。

董卓这厮接到命令以后率三千西凉精锐骑兵如疯了一般疾奔往洛阳，众人皆不知他为何要如此着急。

只有侍御史郑泰见此心知不妙，急劝何进让董卓撤兵回去，可何进并未听从，依然没有阻止董卓的念头。

直到董卓兵进渑池（距离洛阳只有八十余里），越来越多的人开始警告何进，何进这才开始害怕，于是遣人拿着诏书前去董卓处，命董卓急速撤军。

可一向"乖巧"的董卓这时候却根本不理何进的命令，赶走使者后，以更加疯狂的速度向洛阳挺进。

几日以后，董卓大军已抵达洛阳城下，何进大恐，一边布置城防一边遣种邵带着皇帝的诏书前去命令董卓撤离。

岂料那董卓见圣旨以后没有半点儿下跪的意思，还冷笑着道："我怀疑现在宫中已经发生变故，尔等奸邪之辈难道是想趁此时机遣走我的士兵后夺权吗？来人！"

董卓副将："在！"

董卓："给我将这奸邪之辈绑了！"

副将："是！"

一群如同虎狼一般的大兵在董卓的命令下直冲种邵走了过去，可种邵见此非但没有一丁点儿的害怕，反倒是在这群西凉兵即将捆他的时候一声怒喝："我看你们谁敢！"

这一生爆吼将那些见惯了生死搏杀的西凉兵吓得一愣，一时之间竟不知所措。而不等董卓催促他们，种邵便将皇帝的诏书高高举过头顶，声嘶力竭道："我种邵是奉了皇帝的命令前来命董卓退兵的，这上面有皇帝的印信，无可造假，你们竟然敢对我这个朝廷使者刀兵相向，难道你们都是叛贼吗？难道你们都想步入黄泉吗？不怕死的，就过来绑我试试！看看你们，还有你们的家人有没有一个能活！"

这话一说，周边的士兵你看看我我看看你，全都害怕了，慌忙撤到一边。

董卓这个生气，正要上前制止，可就在这时候，种邵又冲到了董卓的身前，那嘴好像机关枪一样，给董卓一顿突突，各种大义如雨点一般疯狂砸下。

董卓说不过种邵，又见自己所部兵马被种邵整得没了战心，便只能暂时退兵夕阳亭（在今河南省洛阳市西郊），观察时势以后再行动作。

与此同时，大将军府。

此时的袁绍正在言辞激动地道："大将军，现在军势已经形成，不管这样做会有什么后果，您都必须急速斩杀众宦，如果事情拖得太久了，就会发生变化，难道大将军您还想重演当初窦武的悲剧吗？"

话毕，何进好似又下定了决心，乃任袁绍为司隶校尉，拥有不请示便可处决或抓捕犯人的权力。

袁绍于是再次紧密联系各方诸侯（包括董卓），随时准备在洛阳发动武装政变。

何太后因此大惧，遂将中常侍、小黄门等宦官全都罢免了，只留一些何进的亲信守在宫中而已。

那些平时嚣张跋扈的宦官这时候就好像狗一般，统统"爬"到了何进的府邸，这时候他们也不求别的了，只求何进能够放他们一马，让他们能够回到老家安度余生。

而何进呢？这就是一个意志极不坚定的主。他见宦官如此样子，认为不会再对他造成什么威胁，就这样答应了。

可他何进答应，有人不干！谁？自然是袁绍袁本初。

作为何进阵营的狼派头子，袁绍见何进又朝令夕改，气得不行，便急忙跑去找何进，反复强调宦官的危害，希望何进能将这些毒瘤彻底清除。

可这一次何进一反常态地并没有采纳袁绍的建议，而是坚持要放这些宦官回到老家。

要我说这袁绍啊，真是职业坑何进。之前瞎出主意，把董卓引过来了。现在何进要放了这些宦官（放了也就放了，一群没有兵权的宦官回到老家以后又能怎么样），将这档子事告一段落，可袁绍还要横插一杠，竟然在被何进拒绝以后恼羞成怒，进而伪造诏书，命令全国各地的官员将朝中宦官的家人全都抓起来了。

何进听闻此事以后气得直跳脚，大骂袁绍胆大包天，但现在木已成舟，还能怎么办？唉，只能将这些宦官杀了！

而那些宦官呢？听说了袁绍的布置以后也明确地知道了何进是绝不可能放过他们了，所以也在为自己的安全谋划着。

八月二十五日，何进再次进入皇宫，准备和何太后第三次商讨杀死宦官的事情。中常侍张让提前得到消息，便将十常侍和一些心腹宦官叫到一起，阴狠狠地和他们道："大将军何进自从上次蹇硕事件以后基本不进皇宫，但凡进了，商量的都是要怎么诛杀我们。如今再次入宫，这绝对是要彻底诛杀我们了。所以与其在这等死，还不如拼一把，给自己拼出一条活路。"

十常侍之一的段珪听罢疑惑地道："张大人，您的意思是……"

张让："我的意思，咱们这般这般……"

次日，大将军何进前往皇宫，和何太后商定了诛杀宦官的事情以后便打算回到自己的府邸。可就在何进即将走出皇宫之时，一名小宦官却忙不迭地跑来和何进道："大将军，太后说还有事情和您相商，请您到偏殿一叙。"

按说，凭现在何进和宦官之间的关系，但凡有点儿智商的都应该对这小宦官有所怀疑，可何进竟连丝毫怀疑都没有便和这小太监前往偏殿了。

就在何进到达偏殿门口的时候，身后那小宦官一个大飞脚将何进踹进偏殿，然后将大门从外锁得死死的。

何进怒极，起身便要拔剑。

可当他站起来以后，十多柄锋利的短剑却顶在他的身上。见最前面的便是张让，何进吓得面无人色，赶紧求饶道："张大人，您这是何意？咱们之间是不是有什么误会？您先把剑拿开，有什么话咱们……"

张让打断："少在那放屁！何进，你凭着良心说，这天下大乱只是我们宦官的罪过吗？不是！还有，你们何氏一族如果没有我们宦官的帮助还能有今天的威风八面？回想当初，先帝曾对你妹妹大怒，几乎废了她的皇后之位，要不是我们这些宦官流着眼泪去恳求先帝，个个都用礼物去走关系，你以为你们何氏还能有今天？我们为什么这样做？难道是因为你何进脑袋上长花了？你个臭屠户，你以为你是个什么东西，我们之所以这样做还不是想给自己留条后路，可你何进呢？得权以后却反过来要把我们全都弄死！你这个忘恩负义的豺狼，今天活该你去见阎王！"

话毕，也不等何进再行求饶。扑哧，张让的短剑直接插进了何进的胸膛，其他的宦官也在这之后轮番动手。

至此，权倾一时的大将军何进，死无全尸。

本节参《后汉书》《资治通鉴》

3.4　宦官时代的终结

何进死了，张让等人的目的顺利达成。可接下来的事情才是最难的。要知道，何进那些掌握兵权的心腹手下没有一个不想将这些宦官乱刃分尸，尤其是袁绍，这厮恨不得将这些人的皮生生扒掉。所以，如果认为斩杀何进就大功告成的话，那就大错特错了。

基于此，张让等人假冒何进的笔迹，提拔宦官的小狗，前太尉樊陵为司隶校尉，代替袁绍主管京城兵马，任命许相为河南尹，主管京畿地区的政务。

可何进那些手下一个比一个奸猾，岂是何进可比？他们见此诏书立马产生疑问，纷纷要求何进出来对质。

如果我是张让的话，一定会趁着这个僵持的空隙赶紧走后门出逃，因为你不会有半点儿机会。可张让不知道发的哪门子神经，竟然命人直接将何进的脑袋给扔了出去。

见何进人头在他们面前不断翻滚，一众呜嗷喊叫的大兵立即肃静。袁绍、袁术等大头子先是一惊，然后双眼之中竟爆射无尽的火热和阴冷。

几息以后，袁术率先反应过来，他对着身后的众人大声嘶吼："张让这阉狗造反了！皇帝陛下现在危在旦夕！众位都和我杀呀！"

话毕，拔出短刀就开始攻击大门。

袁绍见袁术比他快了一步，心中愤恨不已，于是也回身和支持自己的一众人吼道："正门就交给公路（袁术字公路），尔等随我攻击朱雀门！"

在临走那一刻，袁绍、袁术两兄弟几乎同一时间对了一下眼，好像在说："弟弟（哥哥），最大的蛋糕还是我的，你，不行。"

"你这个庶子，就凭你也配和我抢功劳，走着瞧吧。"

就这样，两兄弟分别带领众人同时攻击宫中的两个门户。张让见无法抵挡，眼睛一转，竟和赵忠等宦官道："你们先顶着，我带人去将皇帝和太后请来，这样我们便能不战而胜。"

赵忠信以为真，便任由张让率一众心腹狼狈逃到后宫。

这时候，何太后正在和刘辩、刘协身处一室，不知道相互说着什么，见张让等宦官浑身是血的样子，三人明显紧张起来。张让跑进室内以后装作慌张道："太……太后不好了，大将军何进造反，现在正带领着士兵们攻击宫中门户，快和我走吧。"

造反？自己的哥哥要造自己的反？还是在今日商定消灭宦官以后造自己的反？开什么国际玩笑，何太后根本不相信，所以说什么都不和张让共同离开。

见此，张让终是撕下了伪装，只见这老宦官抽出腰中短剑，指着何太后阴狠狠地道："赶紧跟老子走，不然老子现在就把你杀了！"

何太后被张让的真面目吓得两腿发软，哪里还有抵抗之心？便带着刘辩和刘协跟着张让进入天桥阁，准备越过天桥阁以后往北宫而逃。

可就在这时，尚书卢植突然带人杀到天桥阁附近（为皇甫嵩所救），遥遥指着张让等人便骂："贼人休走！现在放下太后我留你个全尸！"

正拉着太后往北宫逃的段珪闻言吓了一大跳，手不自觉便松了一下。何太后趁此天赐良机疯狂向后跑，竟一跃跳过了阁道的窗子，因此成功逃到了卢植那边。

张让大骂段珪废物，然后命几人把住天桥阁门户，留下阻挡卢植之人便继续带着刘辩和刘协往北宫而逃了。

再看袁绍那边，这庶子的能力确实要比他弟弟强了太多。就在袁术还在正门和一众宦官纠缠之时，袁绍早已杀掉赵忠，攻破了朱雀门，杀进了皇宫内部。

之后，袁绍将朱雀门紧锁，并下令一众大兵将皇宫中但凡没有胡子的男人全部诛杀，不论老少。

于是，本来灿烂辉煌的洛阳皇宫瞬时之间变成了惨烈无比的修罗地狱，遍布着惨叫声、求饶声。

结果只半天的工夫，袁绍所部便斩杀了两千多人！宫中宦官无一得活。

再看张让。

话说那张让逃到北宫以后便胁刘辩、刘协从北宫中的出谷门（北宫后门）狼狈而逃，可就在他们到达小平津（今河南省洛阳市孟津区），刚刚登上船只准备渡过黄河之时，尚书卢植却率军追杀而至。

他一边命士兵准备船只，一边对着不远处的张让大声吼道："张让！你这个狗贼，我卢植对天发誓，抓到你之后必将你五马分尸，让你受尽这天下最痛苦的折磨以后才会杀了你！"

听得卢植歇斯底里的叫喊声，张让吓得双腿颤抖。他知道，就凭自己手中那点儿实力，哪怕是有皇帝在手，这天下也无自己安身之地了。

于是，绝望至极的张让惨笑一声，然后在船上对刘辩下跪道："我们已经无法再活了，以后的路就要靠陛下您自己走下去了，请珍重！"

说完，就听扑通一声，张让投河自尽。

其他的宦官我看看你你看看我，也都不愿受那非人一般折磨，所以皆随张让而去。

如此，祸害了汉朝百年多的宦官乱政终于宣告终结，那么这大汉天下会因此而重新兴盛吗？我只能说，这只不过是大乱的开端而已。

本节参《后汉书》《典略》《资治通鉴》《汉纪》《三国志》《献帝春秋》

3.5　狡猾的董卓

刺啦，装载着刘辩和刘协的船只被卢植、闵贡等一众忠于汉室的官员拉上了岸，他们小心翼翼将这两个大宝贝从船上搀扶下来，然后往洛阳而去。

在回归洛阳的途中，陆续有前来勤王的官员迎接刘辩，也都十分客气恭敬。

　　可就在一行人即将到达洛阳之际，董卓亦率三千精骑赶到。刘辩从未见过如此有杀气的士兵，亦从未见过如此丑陋的将领，所以当即吓得号啕大哭。

　　一名臣子见董卓将刘辩给吓哭了，无不愤怒地道："董卓！你好大的胆子，觐见皇帝怎能以重兵压之？还不速速退去！"

　　话毕，这大臣就这么等着董卓退走。可董卓非但没有半点儿退去的想法，反而抠着手指，看都不看这大臣，只是蹦出"垃圾"二字。

　　那大臣大怒，正想再次训斥董卓。可董卓却在他之前以更加轻蔑的口吻道："你们这些所谓的国家大臣，上不能辅佐皇室，下不能安抚黎民，以至于皇帝现在流亡在外，你们不是垃圾谁是垃圾？就你们这样的垃圾还敢让我的军队后撤？真荒天下之大谬。"

　　说到这，董卓直接抽出腰中宝刀，指着那名官员厉声道："给本将军滚一边去，不然我现在就杀了你！"

　　望着满眼杀气的董卓，看着董卓后面那凶悍的西凉骑兵，这名官员不敢再说什么，唯唯诺诺地闪到一边去了。董卓就这样哈哈大笑着来到了刘辩身前，以极为嚣张的姿态拜见了刘辩。

　　这时候的刘辩早就吓傻了，看见董卓过来更是吓得哭叫连连。董卓试图和刘辩正常对话，可每次董卓稍一开口，那刘辩哭的声音就更加响亮，弄得董卓哭笑不得，真想一个大耳光扇过去让这小子闭嘴。

　　可就在董卓即将暴走之计，一个更加柔和稚嫩的声音却传到了董卓的耳中："我皇兄因为经受了连续的变动，所以现在很脆弱，还请董将军不要见怪，董将军要是有急事的话可以和我相商，那也是一样的。"

　　听得这话，董卓吃惊中一转头，迎面就看到了正在对他微笑的刘协。一个年仅九岁的孩子，面对着自己这么一个杀人无数的魔头，竟然脸不红心不跳，这小子有点儿意思。

　　于是，董卓不再搭理刘辩，转而和刘协开始讨论接下来要进行的相关事宜。

　　而刘协呢？面对着董卓的问题一一作答，从容稳妥，从始至终没有过半点儿疏漏。

　　于是，董卓看刘协大为顺眼。

　　同时，董卓一直自称董太后的亲戚，刘协更是董太后拉扯大的，所以董卓从这时候开始便有了废刘辩而立刘协的心思。

次日，刘辩成功回到了洛阳，并赏了董卓、丁原等护驾有功之辈。

与此同时，骑都尉鲍信也刚刚来到宫中，当他听完本次政变的前因后果以后立即找到了袁绍，并郑重地和他道："本初，董卓率强兵入京，恐怕有不轨之念，现在他的骑兵刚刚进入京城，还非常疲惫，所以必须立即下手，率本部兵马突袭此贼，把持朝中大权，不然必为此贼所胁，还请早做决断。"

讲真，谁不想挟天子以令诸侯？谁不想做那个一人之下万人之上的"真正"至尊？袁绍也很想斩杀董卓，可现在董卓大兵在洛阳，袁绍实无把握一举诛杀此贼，所以没有听从鲍信的请求，反而按兵不动。

那么就奇怪了，之前不是说过董卓里里外外也就三千骑兵，怎么就成大兵了？怎么就没有把握弄死他了？不算朝廷南北军，就算是西园八校尉也能轻轻松松地置董卓于死地了才对呀。

原来，董卓这狡猾的东西自打迎接刘辩和刘协以后便有了挟天子以令诸侯的想法，可就像之前说的，他只有三千骑兵，虽然这三千骑兵的单兵作战能力不弱，可只这点儿人是绝对不可能达成他的目标的。于是狡猾的董卓心生一计。

在董卓回到洛阳以后，他表面上将自己的部队安放在一处，可到了夜晚，便令这些骑兵悄悄出城，然后等白天再大张旗鼓地进入洛阳。如此反复，这就令别人以为董卓已经有数万大军进入了洛阳。别说是袁绍，在当时，甚至连更加狡猾的曹操都没能看出董卓的阴谋，所以董卓在一时之间成为洛阳势力最为庞大的存在。

在当时，如果袁绍能拼了命地袭击董卓，这事儿是铁定会成功的，历史也将会被改写。可袁绍没有，而没有这么做的后果就是当初何进手下的大部分部队全都让董卓吞并了，这就使得董卓真正地强大起来。

可现在虽然拥有洛阳最强大的实力，但董卓依然不敢随意行动。因为还有一个绊脚石，只有将他除掉，自己才算是真正的东京无敌！这个绊脚石是谁呢？便是执金吾丁原了！

本节参《英雄记》《三国志》《九州春秋》《资治通鉴》

3.6 袁绍的反抗

丁原，字建阳，兖州南城县（今山东省平邑县一带）人，被封执金吾之前为并州刺史（西北大军阀），虽然在表面上是并州牧董卓的下属，可他手下将领和士兵的战斗力却一丁点儿都不低于董卓，甚至将领的质量还要远远高于董卓。

那么丁原手下的将领都有谁呢？别人不知道，我就说两个，吕布和张辽。

吕布，字奉先，A级骁将，五原郡九原县人（今内蒙古自治区包头市九原区麻池镇西北），凭借着自己出类拔萃的勇武在并州任武职。

这之后，吕布被火眼金睛的丁原挖掘，一路提拔，直到成为丁原的主簿（贴身秘书，正好兼保镖了），受到丁原百分之百的信任。

张辽，字文远，S级骁将，A级统帅，雁门郡马邑县（属今山西省朔州市）人，为西汉民族英雄聂壹（引诱军臣单于往陷阱而去，事败被杀）的后代，所以张辽本名为聂辽。

聂辽从小就喜欢舞枪弄棒，两三个大人都近不了他的身。长大以后更是勇猛非常，喜好游侠之事。

可总在河边走哪有不湿鞋的？聂辽在一次和人打斗中不慎将一人打死，为躲避官府和仇家的追杀，他远走并州，并改姓为张，从此以张辽为姓名。

是金子总会发光，因为张辽的武艺极为出众，大名很快便传了出去。丁原最喜欢的就是似吕布、张辽这种骁将，所以第一时间便将张辽揽入了自己的阵营，给他一路升迁。

以上，便是对吕布和张辽的简单介绍。试想，丁原既有精锐骑兵在手，又有两大猛将在侧，怎能不对董卓形成威胁？所以，董卓现在首要考虑的便是如何能够杀了丁原，并将他的精锐骑兵全都并过来。

这个问题看似非常困难，可狡猾的董卓总是有办法。

既然不能从正面攻击，那就从内部瓦解他！

丁原最信任的人是谁？自然是心腹吕布！董卓相信，只要能将吕布收买，杀掉丁原就是分分钟的事情，而一旦丁原"非正常死亡"，那自己吞并丁原的部队简直就太容易了。所以董卓下血本收买吕布，但凡好东西都往吕布那边送。

吕布受不住金钱的诱惑，终是投了董卓，并在一个月黑风高之夜斩杀了丁原。

董卓在这之后顺利地接管了张辽等一众丁原心腹，将其部队全部并到自己麾下。至此，董卓巨兵在握，洛阳已经再没有一个人是董卓的对手。

于是，董卓开始一步步实现自己的野心。

八月十七日，董卓暗示刘辩，希望他能封自己为三公，刘辩不敢违抗，乃封董卓为司空。

二十日，董卓征召蔡邕，希望这个天下著名的清流能够投靠自己，以此给自己增加贤德的名声。

（注：蔡邕，字伯喈，东汉著名学者，大书法家，大清官，因为得罪权宦而远避江东，至此已在江东躲藏十余年。）

可蔡邕深知董卓的德行，所以坚决不奉召，董卓因此暗中写信威胁蔡邕，声称如果不遵从他的意志，便诛杀蔡邕满门。

为了一家老小的生命安全，无奈的蔡邕只能应召，前往洛阳听从董卓的安排。

岂料董卓极为尊敬蔡邕，不但待他以国士之礼，还连升蔡邕三级大官，最后直接被升为了侍中。

（注：侍中，直接供皇帝差遣的官职，亦为皇帝的参谋，有大量的机会和皇帝探讨天下大事，是一个前途无量的肥差。）

此招果然奏效，董卓重用蔡邕之后，天下诸多清流都对董卓另眼相看，民众也开始对其抱有期待，希望这个新任司空能够带着汉朝重回荣耀。可董卓接下来所做的事情，却让天下人看清了他的真面目，以至于董卓好不容易积攒的那点儿声望荡然无存。

本月下旬的一天，袁绍正在自己的府中独自喝着闷酒（此时袁绍已经得知董卓之前瞒天过海之计，所以整日郁闷），可就在这时，一名下人匆匆来到，并说董卓要召见自己。

袁绍虽说不愿，但现在董卓太过强大，所以也不想和董卓撕破脸面，便无奈而去。

见袁绍已到，董卓笑脸相迎，双方虚与委蛇片刻，董卓便直入主题："本初啊，我认为这天下的君主都应该由贤明的人来担任，先帝并不贤明，所以使得这个天下逐渐混乱，不知你对我的说法可有什么意见？"

袁绍不知道董卓葫芦里卖的什么药，只能点头应付。

见袁绍不敢反对自己的说法，董卓微微一笑，继续道："据我近日所观，现在的小皇帝根本不行，没一点儿明君的样子，所以不适合继续在这个位置上坐下去了，要不然只会让我大汉皇朝越发混乱。本初你觉得呢？"

袁绍："……"

董卓："呵呵，要我看那董侯（刘协）不错，有点儿小聪明，所以我打算立他为皇帝。不过嘛——这人光有点儿小聪明还是不够的，如果在大事上糊涂，那依然无法治理好一个如此庞大的帝国，所以我打算考察董侯一段时间，如果他实在没有办法胜任皇帝这个工作，我想汉朝也应该换一个姓氏来管理一下了。你觉得如何呢？"

一听这话，憋了半天的袁绍实在是再也不能忍受了。这什么意思？这不就是自己要当皇帝的节奏吗？于是，袁绍愤然起身，对董卓毫不客气地道："这话说得不对！我大汉统治天下快四百年了，恩德深厚，万民拥戴！如今皇帝年幼，并没有什么过失传布天下，怎能说废就废？还换一个姓氏来统治这个天下？换谁？换你董卓吗？"

见袁绍指着自己的鼻子大呼小叫，董卓怒不可遏，当即手按剑柄对袁绍大声道："小崽子，在我董卓面前你也敢如此放肆？我告诉你，现在这天下的事情全都由我董卓来做决定，我想要怎样，不服吗？你难道想试一试我董卓的刀锋不锋利吗？"

袁绍也不尿，直接将自己的佩刀横了过来，然后冷哼着道："董卓，你难道认为这天下的英雄只有你一个吗？失陪！"

话毕，袁绍转身便走。而董卓因为袁绍在京城之中还有一定的士兵，同时因为袁绍非常有名望，所以没有立即杀他，准备过后再找他算账。可袁绍这时候聪明得很，料定董卓过后必定杀他，所以根本没有回官邸，而是将官印挂在东门便逃亡渤海了（袁术亦在同时逃往南阳）。

本节参《三国志》《英雄记》《九州春秋》《资治通鉴》《献帝春秋》

3.7 宁我负人，无人负我

公元189年八月末，见袁绍和袁术全都逃离洛阳，董卓更加肆无忌惮，于是以自己的名义召集廷议，将京城之中的官员们全都聚集一处，然后大言不惭道："大者，天也！次者，君臣！所以为治！如今皇帝懦弱，没有能力管理这个天下，所以我董卓欲行伊尹、霍光故事，立陈留王（刘协）为新任皇帝，你们意下如何呀？"

话毕，董卓就那么盯着在场诸位官员，满满的威胁。可你还别说，真有不怕死的。董卓这话刚说完，就有一名叫盖勋的官员站出来怒声斥道："大胆董卓！伊尹、霍光皆忠于朝廷之辈，可就是这样，他们废立主君的事情依然为后世所诟病。你董卓算个什么东西？充其量一跳梁小丑罢了，拿什么和二人相提并论？我劝你还是消停点儿好，省得最后连个给你送终的都没有！"

这话一说，董卓气得满脸通红，当即怒吼道："别跟我说那没用的！我就明白地告诉你们！皇帝，我董卓是废定了！有再敢言论者，我董卓杀他全家！"

盖勋还想再骂，可就在这时，卢植拉住了他，然后代替其和董卓道："从前，太甲（商朝国君）继位后昏庸不明，昌邑王（西汉皇帝，刘贺，在位不足一个月即被废）有千条罪状，所以有废立之事发生。现在的皇帝年龄尚幼，也没有什么错误的举动，所以不能和之前相比，还请司空大人多多考虑，不要一时冲动而铸成大错！"

董卓："好！你们很好！来人！"

"在！"

董卓："给我将这两个不知死活的东西拖出去砍了！"

"是！"

"且慢！"

就在董卓即将斩杀盖勋和卢植之时，蔡邕及时站出来道："大人，盖勋和卢植皆为海内闻名之辈，如果将二人诛杀，势必令天下人寒心，对大人您的名声也会有负面的影响。所以，还请大人您千万冷静，不要诛杀二人。"

话毕，董卓沉默片刻，然后对盖勋和卢植冷冷地道："你们还杵在这里干什么？还不给我滚出去！"

二人冷哼一声，便甩袖而去。

等二人走出宫殿以后，董卓再次满含杀意地对众人道："现在我再问一遍，我想要废掉皇帝，立陈留王为帝，还有没有不认同的！嗯？"

场下之人噤若寒蝉，再无一人敢违背董卓的提议。

于是，公元189年九月初一，在一次朝会之中，董卓带领群臣威胁何太后下诏废掉刘辩。

何太后不敢不遵从，只能被动下诏。

诏书下达以后，董卓给袁隗使了一个眼色，袁隗无奈，只能瑟瑟地走到刘辩面前，将他身上的玉玺取下来，佩在刘协的身上，然后扶刘辩走下了主位。

当刘辩给刘协跪下，并宣誓向其效忠之时，坐在高处的何太后终于再也忍不住，号啕大哭起来。

殿下大臣虽然心中也是悲伤，却没有一个人敢站出来反对董卓了。

可这还没有完，远远没有。见何太后哭得没完没了，董卓不耐烦地道："行了太后大人，你就省省吧，你以为你就没事儿了？"

还在痛哭的何太后闻听此言，她那小心脏紧紧一绷，立即停止了哭声，不可思议地盯着董卓。

董卓没有理他，转身和众多大臣道："诸位，何太后曾经逼死董太后，违背了儿媳孝敬婆母的礼制。所以这种人没有资格做太后，更没有资格继续摄政，所以我建议将何氏迁到永安宫（打入冷宫），不知道在场各位有没有什么不同的见解？"

众人："……"

公元189年九月，董卓废刘辩，刘协上位，这便是汉朝最后一个皇帝，汉献帝了。

九月三日，董卓毒杀何氏，并强令京城所有人不得吊丧（次年正月杀刘辩）。

四日，董卓任命心腹为郎官，在宫殿伺候汉献帝，填补原来宦官的空缺。

十二日，董卓任刘虞为大司马，襄贲侯。董卓自己则担任太尉，统天下军事，并威胁汉献帝赐自己九锡，为以后自己称帝之路打下坚实的基础。

十三日，董卓任命太中大夫杨彪为司空。

二十一日，董卓任命黄琬为司徒。

诸位看好了，董卓上面任用的这些人皆为当时天下的清流忠臣，这是要干什么呢？很明显，是要复制西汉王莽的故事了。

这还不算，董卓还恢复了窦武等所谓朋党的名节，重用天下清流，甚至连曹操都要重用。

可曹操聪明无比，自知董卓最后必定失败，不想陪着董卓一起死，所以没有奉诏，逃离了洛阳。献七星刀刺杀董卓一事史书中也并未记载。

董卓听闻曹操逃走的消息以后非常愤怒，便全天下地发布通缉令捉捕曹操。曹操无奈，只得改名换姓，并走小路而逃。

当曹操逃到成皋（今河南省郑州市一带）之时，已是浑身恶臭。他不敢住店，不敢到公共场所购买吃食，已经饿得前胸贴后背。（曹操并没有被抓，陈宫也不是在这时候出现的。）

可就在这时，曹操忽然想起自己的好友吕伯奢家就在成皋，于是前往拜访，请求吕伯奢收容几日。

可吕伯奢那天正巧不在家中，只有他的五个儿子于家中看守。他们也认识曹操，知道曹操是自己父亲的好友，所以对曹操百般招待，并亲自下厨准备给曹操做一桌好菜。

也怪这些年轻人不够严谨，为了招待曹操，他们全都下厨忙活去了，就将曹操一人安置在正厅，也没个招待。这就让长期逃亡的曹操心中忐忑。要知道，曹操疑心极重，并且现在整个天下都在通缉自己，所以曹操更加敏感，见周边无人，这心中便有了警惕之意，于是自己悄悄往外走，想看看吕家人在干些什么。

可就在曹操至厨堂之时，却听厨房之中传来了磨刀之声，曹操断定这些人一定是要杀了自己到官府去请赏，于是大怒，拔出佩刀便冲进厨堂，对着那些准备杀猪宰羊招待他的小伙子们便是一顿猛砍狂刺。

等杀掉这些小伙子之后，稍微清醒的曹操才看到堂下被捆得严严实实的猪、羊。

一时之间，曹操如同五雷轰顶，大脑嗡地一下暴闪。

"杀错人了，我杀错人了，我把老友的孩子们全都给杀了。"

曹操如同傻了一般，就那么跪在原地，久久不能言语。可过了一会儿，曹操眼神猛地一闪，然后坚定地道："不行！我曹操是要干大事的人，我不能死！绝对不能！宁我负人，无人负我！"

这之后，曹操直接站了起来，然后取走了吕家的一些钱财和食物后便又落荒而逃了。

可现在全天下都在通缉曹操，他又能跑到哪里去。

果然，在曹操跑到中牟（今河南省郑州市一带）的时候，还真就被中牟的亭长给擒获了。

曹操自知必死，也不再说什么了，只等屠刀而已。

可就在这时，一不知名的郡县功曹却正好在中牟办公，听闻曹操被抓获以后立即前往觐见。

这期间不知道曹操和这功曹说了什么，只知道功曹和曹操一番对话以后便责令亭长将曹操放了，并亲自护送曹操，这才使曹操成功逃到了兖州陈留（今河南省开封市陈留镇）。

与此同时，身在长沙的太守孙坚也听说了董卓在洛阳的事情，于是叹息道："张公啊张公（张温），如果你当初肯听我孙坚的话，汉室哪还有如此大难！来人！"

"在！"

孙坚："给我传令下去，即日起，命三军多加练习，快快给我将战力提升上去！"

见此，孙坚的第一心腹程普疑惑地问："将军，现在南方无事，中原也甚是安稳，为什么还要加练士兵呢？"（注：程普，字德谋，从黄巾之乱开始便跟随孙坚征战四方，有勇有谋，果断刚勇，属B⁺级将帅。）

孙坚："唉，德谋你就等着吧，这天下，距离大乱不远了。"

那么孙坚说得对不对呢？我只能说，孙坚，真强人也！所料一点不差。

本节参《资治通鉴》《范书》《后汉书·盖勋传》《献帝起居注》《杂记》《三国志·魏书》《世说新语》《水经·渠水注》《江表传》

3.8　所谓联军

公元189年十月，汉朝发生了两起震惊天下的反董卓事件。他们分别是白波军之乱和臧洪的反董卓联盟。

我们先说白波之乱。

白波，并不是一个人的名字，而是一个起义军的名字，他们的首领是一个叫郭大的人。

郭大曾经率军归附过黑山张燕，不过因为不满张燕投奔朝廷，所以又从中分裂了出来，然后默默地发展自己的势力。

如今，汉朝让董卓弄得人心离散，郭大便抓住了这个千载良机，扩张势力，率兵攻击郡县。

这还不算，在攻击汉朝郡县的同时，郭大还派使者联系于扶罗单于，希望他能派出骑兵和自己共同攻击已经腐坏的朝廷。并且承诺，到时候必会给于扶罗相当庞大的财富。

于扶罗经不住郭大的诱惑，再加上现在的匈奴已经和汉朝翻脸，于是遣数千精锐骑兵前往归郭大管制。

有了匈奴骑兵，白波军的战斗力更加恐怖，于是郭大一路攻击，竟无一人能够阻拦。

董卓对于白波军的战斗力极为重视，没多久便命女婿牛辅率大军前往迎击（部队应不低于五万，因为白波军人数在十万以上）。

可牛辅那边刚刚前往征讨，东边又出事了。

什么事？就是上面和大家所说的臧洪反董卓联盟事件了。

臧洪，字子源，广陵郡射阳县（今江苏省射阳县）人。官二代，做过即丘县的县长。臧洪为官清廉，在即丘县民望极高。可灵帝末天下腐败，臧洪虽有救汉之心，却无匡扶之力，最后在万般悲痛之下只能辞官归隐。

再后来，臧洪受广陵太守张超的邀请前往投奔，遂为张超之心腹。

数年过后，灵帝驾崩，董卓随意废立皇帝，毒杀何太后。此举引得天下震怒，臧洪更是这些人中的激进分子。于是他找到了张超，以天时、地利、人和忽悠张超联合各郡太守共同讨伐董卓。

张超被臧洪说得热血沸腾，当即答应下来，并前往拜见自己的哥哥，也就是陈留太守张邈共商大事。

张邈素来就有反抗董卓的想法，所以立即答应了张超。不过他早就闻听自己的弟弟对一个叫臧洪的言听计从，便疑惑地和张超道："弟弟你身为一郡之守，凡事应该由自己拿主意才是道理。可为兄最近听说你不管是政事还是军事全都听信一个叫臧洪的，这是什么道理？"

张超："臧洪，奇士也！其才能胜弟十倍有余！所以弟不管做什么都会先行听取他的建议。哥哥你可知，但凡臧洪给我的意见，就没有一件事出过错的！"

张邈惊异地道："哦？果真如此？不知臧洪现身在何处？"

张超："臧洪现就在外等候，弟弟这就将他叫来。"

就这样，臧洪和张邈会面了。二人整整聊了一天一夜。

次日，张邈对臧洪已经是佩服得五体投地。遂引荐臧洪和其他郡的太守碰面，让臧洪用他那三寸不烂之舌忽悠这些太守和自己共同起事。

而臧洪也真是不白给，用自己的伶牙俐齿将那些太守忽悠得五迷三道、热血沸腾。

最终，兖州刺史刘岱、豫州刺史孔伷、陈留太守张邈、东郡太守桥瑁、广陵太守张超共同率本部兵马集合在一起，组织了一支相当庞大的反董联盟。

这还不算，一众大员还皆举双手推荐臧洪为联军的统帅。臧洪就这样成了联军首领，率领声势浩大的联军向洛阳方面推进。

臧洪，真三国第一辩才也！

这边董卓刚刚派出牛辅前往讨伐白波军，那边臧洪的反董卓联盟便冲了过来，这使得董卓大怒。

他真想亲自率兵前往讨伐联军。可现在主力部队已经被牛辅带走了，虽然洛阳还有军队，但京城怎能无兵防守？基于此，董卓只能采取被动的防守战，命令各个郡县的太守不得擅自出兵，务必等牛辅平定白波之乱以后再行反击。

可那边白波之乱还没有平定，这边声势浩大的反董卓联盟却崩溃了。

事情是这样的。

当联军向东推进到河南一带的时候，就谁当先锋发生了激烈的争执。毕竟先锋就等于是炮灰，在联军的角度上来看没人喜欢当这个炮灰，毕竟死的都是自家人。所以大家谁都不肯先行攻击，管他臧洪如何劝谏都没有半点儿效果。

董卓见联军好些时日都没有对自己发动攻击，断定是联军内部起了矛盾，便分出一支部队断去了联军的粮道，使得联军无粮可食，致使士气大跌。

于是，这支本就不怎么齐心的联军在顷刻之间便行瓦解。臧洪亦大为失望，因此投奔袁绍，继续忽悠袁绍组织联军攻击董卓。

本节参《三国志》《资治通鉴》

3.9 畜生行径

公元189年十一月，就在董卓击败联军的次月，他突然在洛阳办了数件不太明智的事情。

那么董卓究竟做了什么呢？

一、欺骗。

现在，东方的联军虽然被搞定，可正在北方和郭大搏杀的牛辅却没有半点儿进展，反倒是连连被郭大反扑，有失败的可能。

为了稳定住洛阳的军心、民心，董卓竟派出一支部队屠杀了洛阳附近的阳城县，将砍下的人头一车一车运回洛阳，声称北方牛辅大胜，这些人头都是贼军的人头。

这还不算，董卓还将阳城县的女人全都抢到了洛阳，将她们赏赐给士兵，以提升士兵的士气。

董卓虽然极力隐瞒真相，可此种天怒人怨的事情能瞒得住吗？着实可笑也。

二、残暴。

董卓屠杀阳城县的事情没过几天便传得满城皆知，当时整个洛阳不管是贵戚还是老百姓全都暗中痛骂董卓。

董卓听闻此事以后极为愤怒，当即给麾下将士三天的"自由时间"，在这三天之内，不管这些将士做什么，他董卓都不会去管。

于是，洛阳，这个闻名天下的东都，在三天之内成了大兵们的乐园，成了百姓和贵戚们的地狱。各种血腥、残暴遍布洛阳的各个角落。董卓此举也使得自己丢尽了民心。

三、淫乱。

董卓，色中恶鬼也，他整日在宫中游荡，只要看到有好看的女人，不管是宫女还是刘氏公主，无论年龄大小，他都不放过！

更有甚者，还要强迫皇甫规的妻子！

皇甫规，汉末三帅之一，皇甫嵩的叔叔，忠烈之士，死于174年，其妻当时已经有五十岁。

《列女传》上说皇甫氏到这时还是有些姿色，于是董卓便对她起了歹心。

可皇甫氏是什么人？和她的丈夫一样，性格极其刚烈，宁死不肯从董卓之请！

董卓大怒，竟亲自带卫队将其府邸包围。

而皇甫氏呢？从容不迫，就那么站在门前，用极为轻蔑的眼神看着董卓。

董卓被这种轻蔑的眼神看得火冒三丈，当即喝道："孤之威仪令四海颤抖，整个天下谁敢和我董卓说半个不字？你一个妇人而已，也敢拒绝我董卓？现在，我再给你一次机会，马上和我回皇宫去，不然，你皇甫氏一门休想好过！"

话毕，皇甫氏并没有丝毫害怕，而是哈哈大笑道："君，羌胡之杂种，跳梁小丑而已。妾之夫君为天下忠臣，清名飞扬海内，岂是你这等杂种所能配得上的？"

话毕，不等董卓发怒，皇甫氏直接冲到了一个正在行驶的马车下，就这么让自己碾死于车轮之下。

董卓何时见过如此烈女，本来怒极的心迅速冷却，不发一言，也没有再对皇甫家动手，就这么离去了。

以上种种恶行，使得天下人恨极了董卓，于是东郡太守桥瑁发檄文痛斥董卓。曹操在陈留已起兵。孙坚在长沙积极备战。袁绍亦在臧洪的撺掇下有了更大的野心。

本节参《三国志》《范书》《三国志·魏书·董卓传》《列女传》

第四章　群雄割据

4.1 反董卓联盟

公元190年正月，河内太守王匡、冀州牧韩馥、豫州刺史孔伷、兖州刺史刘岱、陈留太守张邈、广陵太守张超、东郡太守桥瑁、山阳太守袁遗、济北国相鲍信、南阳军阀袁术、长沙太守孙坚，还有曹操、刘备等不入流的等等等等关东（函谷关以东）势力皆拥立声名显赫的渤海太守袁绍为盟主，和其组成联军共同向董卓发兵。

袁绍当仁不让，遂自封为车骑将军，同时授诸路诸侯以官职，然后统一部署如下：

第一军为河内太守王匡率数万兵众于河内（今河南省武陟县西南），待主力大军攻击董卓之时从西北突袭洛阳北部诸港口，然后越过大河攻击孟津，再以孟津为根本奇袭洛阳。

第二军刘岱、张邈、张超、桥瑁、袁遗、鲍信、曹操率十余万主力屯驻酸枣（今河南省延津县北十五里），从正面攻击虎牢关，一旦虎牢关被攻破，便直袭洛阳。（注：曹操逃陈留后受孝廉卫兹等人散尽家财资助，所以有众五千。）

第三军孔伷屯兵颍川，协同主力军团共同作战，主要保证主力军团侧翼的安全，以免重复之前臧洪联军被断去粮道的危险。

第四军袁术率数万士卒屯兵鲁阳，等和孙坚完成会师以后便从南攻太谷、广成、伊阙。待将伊阙拿下之后便协同大军攻击洛阳南部。

第五军为韩馥数万士卒，主要任务为保障后勤工作，并负责掩护联军后方。

以上各州郡联军共二十余万，声势可谓相当浩大了。见此，董卓不敢有半点轻视，遂分兵部署：

一、令河南尹朱儁分精锐骑兵布置于洛阳郊外，以做游击骚扰之用。

二、命手下第一悍将，中郎将徐荣总统虎牢、荥阳、成皋、太谷之大防线，主抗联军主力的进攻。（注：徐荣，A级悍将，极擅统兵，作战刚猛，行军滴水不漏，当得大将之称。）

三、命东郡太守胡轸及骑都尉吕布屯守广成、伊阙等关卡，主抗袁术、孙坚之南部军。

四、命一不知名之心腹将领率军屯守孟津和小平津，以防西北王匡之奇袭。

与此同时，为避免京城内部出现策应之人，董卓还大规模清除异己，以确保洛阳之安全（袁绍全家五十余口在后来皆被董卓残杀）。

以上史料之中皆未说明当时的董卓具体有多少士兵，可不妨碍我们来进行推算。

董卓当初为中郎将讨伐边章、韩遂之时，有兵三万余。后迁并州牧，其兵最少增至五万。其后入据洛阳，又吞丁原、南北军和西园八校尉之兵，所以董卓的总兵力绝对不少于二十万！哪怕是派牛辅前去平定白波之乱，现在可供董卓驱使的部队绝对不会少于十万之数！并且联军是攻，众心还不能归一。董卓是守，调动指挥皆一人之令，所以胜败犹未可知也！甚至董卓的胜算还要大一些。

可在两个集团军就要开始全面战争之时，一个噩耗却突然传进了董卓的耳中。

原来，前去讨伐白波军的牛辅被郭大大败！而郭大打败牛辅以后并没有丝毫停留，而是趁着这千载难逢的时机一举渡过黄河，攻陷了河南不少郡县，其兵锋直指濮阳一带。

而董卓在设计防线的时候并没有料到牛辅会被郭大败得这么惨、这么快，所以根本没有对他的进军路线进行防备。所以一旦濮阳被白波军攻陷，那么洛阳根本没有能力抵抗他十多万大军的进攻。

更吓人的是，拥有庞大军队的张燕也在此时蠢蠢欲动，准备在董卓最疲软的时候狠狠补上一刀。

于是，实在扛不住重压的董卓只能采用一个当时对他来说最好的办法以作应对，那就是迁都，将战线收缩！

那么迁都到哪里才最合适呢？只有西京长安！

长安为关中坚城，左有崤山、函谷关，右有陇蜀山脉及连绵千里的肥沃土地，南有巴蜀的丰富资源，北有草原的畜牧利益，南北西三面都有险阻可守，所以只要在东面钳制住各路诸侯便能稳定天下大局，不会受到围攻之险。

还有，当初西汉吕后执政的时候，为了防止诸侯对她的反抗，以及匈奴对长安的侵袭，乃数次大规模坚固长安的城防，花费无以数计。所以长安在当时绝对是天下最坚固的几座城池之一。

基于此，再也没有任何地方比长安更加适合迁都了。

本节参《三国志》《三国志集解》《中国历代战争史》《资治通鉴》

4.2　迁都长安

于是，本月下旬，在一次朝会上，面对着朝中众臣，董卓信誓旦旦地道："诸位，当初高祖迁都关中，共历十一世；光武帝建都洛阳，到如今也应该是十一世了。按照《石包谶》的说法，现在就应该迁都长安，以上应天意，下顺民心。我意如此，不知各位意下如何呀？"

话毕，场内众臣默不作声，好像在害怕些什么，亦好像在犹豫着什么。

然而，就在董卓要拍板之时，司徒杨彪终是下定了决心，站出来说道："相国〔上年十一月，董卓自为相国，且赞拜不名（向皇帝奏事的时候不必传报姓名，只称其官职）、入朝不趋（趋，小步而行，表示恭敬。官员入朝，应"趋"，不趋则说明位高权重，不拘常礼）、剑履上殿（上殿时不用解佩剑、不脱鞋子）〕不可！迁都改制，乃是天下最重大的事情，殷商盘庚就因为迁都的事情丢失了天下民心，致使大事败亡。当初王莽祸乱天下，将关中破坏殆尽，所以光武皇帝才会建都洛阳，而非西京长安！到现在，洛阳为我大汉国都已经快二百年了。老百姓早已安居乐业，不喜迁动。现在您无缘无故便想将他们全都迁到长安去，我恐怕这之后民心将会浮动，天下即将大乱啊。《石包谶》本就是传谈妖邪的书籍，怎么能够作为根据呢？"

董卓冷哼一声，话音开始不善："你懂什么？关中地区土地肥沃，所以秦国能用它吞并天下。陇右地区出产优质木材，可以作为箭矢之用。杜陵也有武帝时候留下的陶瓷窑灶，本相国全力经营的话，很快便能使关中富起来，这对百姓有什么不好的？至于民心，哼哼，有我大军在后跟随，容不得他们有丝毫恋土情结，别说让他们搬到长安去，我就是让他们往大海里冲，他们又岂敢说个不字？"

杨彪："非也！动天下是很容易，相国硬要让百姓迁徙到长安也不是什么难事，但这之后相国你必失天下人心，到时候再想往回捞就难了，我朝恐怕灭亡也就在旦夕之间了。"

董卓大怒："大胆杨彪，我董卓决定的事情容不得你非议，你难道想死不成！"

杨彪正要反驳，可这时候太尉黄琬赶紧站出来道："相国大人，对于国家大事，杨公可比您要懂得多了，您还是好好思考一下吧，可别自我膨胀，最终铸成大错！"

这话说完，董卓整个人都不好了，就见他那大黑脸逐渐涨红，双眼渐渐变得赤红。司空荀爽见董卓即将发怒，生怕他一怒之下将杨彪和黄琬全都杀了，所以赶紧抢在董卓说话之前站出来怒声喝道："呔！两个短视之人，你们认为董相国就乐于如此吗？董相国这样做，还不是因为关东诸侯起兵造反，并不是短期能够平定的，这才要先行迁都，利用地形消灭他们以后再行计较。这和当初的秦朝以及我大汉初始阶段又有什么两样呢？相国请息怒，这两个家伙见识短，您不要和他们一般计较。"

与此同时，荀爽还用眼神一顿欸欸杨彪和黄琬，生怕他们继续犯傻。

杨彪和黄琬也不是傻子，沉默一瞬后也知晓了荀爽的好意，便默默地退回了原处。

如此，董卓的怒火才得以消散，杨彪和黄琬得以捡回了性命。可死罪可免活罪难逃。二月五日，董卓罢免了二人，并用赵谦和王允代替之。

同日，董卓还下令召盖勋和皇甫嵩回京。因为二人都驻大兵在外，且皆为忠于汉室之铁杆死忠，董卓信不过他们，这才决定将二人召回。

盖勋因此找到了皇甫嵩，劝他和自己共同投奔联军，在内部对董卓发动叛变，配合联军作战。

当时，皇甫嵩有三万正规军驻扎扶风地区（今陕西省宝鸡市境内），如果他反叛董卓，配合联军东西夹击董卓，董卓必陷入万劫不复的境地！

按公，董卓是天下奸贼，不臣之心已经暴露无遗！讨伐无误！

按私，董卓间接杀害了自己的叔母，羞辱了整个皇甫一族。讨伐无误！

所以不管是从哪方面出发都必须斩杀董卓才是正理。可皇甫嵩呢？却没有这样做，而是乖乖地听从董卓的命令回京了。

公元190年二月二十二日，董卓逼迫汉献帝西迁，并强制百万口民众随同汉献帝一起往长安迁徙。

之后，董卓一把大火将洛阳及周围二百里的村邑全都烧成了灰烬。

洛阳，这个有着近二百年光辉岁月的汉朝东京，就这样化成了灰烬。

但董卓并没有在第一时间随汉献帝全线撤退，而是亲自坐镇洛阳一带支援各部，然后让所有地方的驻军以非常缓慢的速度分批往长安撤离，不给联军痛打落水狗的机会，甚至还有反扑联军的心思。

本节参《三国志》、《英雄记》、《中国历代战争史》、《后汉书·魏志》《通鉴考异》、《范书》、《三国志·魏书·董卓传》、华峤《汉书》

4.3 心灰意冷，从此别汉

我们再看联军现在的情况。

所谓关东联军，自从集结开始到现在已经两个月有余了，袁绍也布置了比较得体的攻击战略，可各路诸侯直到现在都按兵不动，每日只知道饮酒作乐，相互吹嘘扯皮。曹操是看在眼里急在心中。可因为他在各路诸侯中的力量只属于三流（五千私兵），没有发言权，所以只能忍气吞声，默默观察局势。

然而，当董卓烧毁洛阳、迁都长安的消息传到联军以后，曹操心中却极为振奋！为什么？因为不管你董卓是怎么撤的，你是怎么布置的，撤军了就是撤军了，这就是一种屃的表现。

而一旦你屃了，不管你愿不愿意，双方的士气都会此消彼长。这是军事心理学的一个基础认知。所以曹操料定联军必会在这之后有所动作，乃命曹仁等军中心腹随时做好战斗的准备。

可当第二天一众诸侯集合的时候，曹操彻底傻了。为啥？因为这些诸侯还是和之前一样喝酒扯皮，没有半点儿进攻的意思。

至此，曹操终于忍无可忍！他快步走到一众诸侯的正中间，义正词严地道："诸位举义兵以诛董贼，如今大众已合，诸君还有何疑？之前董卓挟天子以令诸侯，并据两周之险要，你们谨慎也就算了。可现在，董贼烧掉洛阳，准备向长安而退。如此，敌我双方士气定然此消彼长！那些之前服从董卓的人也必会产生动摇。此为天亡董卓之绝佳战机！怎可弃之不顾？还请诸位能够即刻发兵进攻董卓，和其展开决战！以建立不世之功！"

曹操这话说得慷慨激昂，可在场这些诸侯呢？看了一眼曹操后只是冷漠一笑，然后继续喝酒扯皮。只有曹操的好友，陈留太守张邈一个人支持曹操，并承诺，只要曹操前往攻击董卓，自己便会派出一支部队归曹操统率。

曹操无奈，只能率本部兵马和张邈的一支部队（合共七千人左右）急速前往成皋，意图在徐荣反应过来之前将成皋攻陷，然后以此为据点抵抗董卓军的攻击，给联军打气，让联军踩着自己的肩膀往前冲。

可曹操的计划最终却泡汤了。因为就在他到达荥阳西北的汴水时，却正好碰到了兵力数倍于自己的徐荣。

那曹操为什么会碰到徐荣呢？难道是因为徐荣看出了曹操的计谋吗？当然不是。

话说自从联军主力部队横在虎牢以东的酸枣一带的时候，徐荣便开始时刻警戒，死死地观察联军的一举一动。可现在两个月已经过去了，联军却一丁点儿动静都没有。见此，徐荣料定，现在的联军铁定是龃龉不断，相互之间都不肯用命。

于是，徐荣便点齐三关精锐之士数万人向酸枣疾奔，准备在联军全无防备的情况下对其进行突然袭击，意图一举端掉酸枣的联军主力部队。

可就在徐荣到达汴水的时候，却碰上了有同样想法的曹操。

徐荣所部，皆西北精锐和京城的南北正规军，单兵作战能力没得说，兵力也是数倍于曹操。所以徐荣没有半点儿废话，一挥令旗，全军抄家伙就上。

我想，面对如此不利的局面，只要不是反应太慢的将领直接就弃军而逃了。可曹操没有！非但没有，他还逆势而上，迎着敌军震天的喊杀声和马蹄声就那么冲了过去。

那曹操对于行军作战之事极为强悍，曹仁、夏侯渊、夏侯惇、曹纯、曹休、曹洪等将领在曹操的指挥下带领麾下兵马更是奋勇作战，竟然死死顶住了徐荣军的进攻。

这还不算，曹操带领自己的卫队不断穿插于战场之间指挥作战，但凡有要崩溃的地方，都能被曹操的支援迅速巩固。

就这样，一个时辰、两个时辰，双方惨烈的肉搏战从早上一直打到中午还未分胜负。

此情此景令徐荣无比震撼，他领军作战一辈子，从来没见过哪个将领能将一堆民兵指挥得如此勇猛！而指挥小部队作战的那些将领也相当不错，在他们的作用下，这些民兵死死地顶着面前的正规军而不溃散。

基于此，徐荣加大了对曹操进攻的力度，竟然连后备军也派了出去！可曹操依然奋勇抵抗，没有半点儿撤退的念头。有的时候，甚至曹操自己都杀到了前线之中，带领卫队和徐荣的士兵们相互砍杀。

可定律就是定律，哪怕是曹操都无法违抗，他虽然能做到抵抗徐荣一段时间，但在这种遭遇战的情况下，他绝对赢不了徐荣。

终于，双方的战局在黄昏之时发生了决定性的突变！负责正面死扛的卫兹两千正规军（张邈的手下）实在扛不住徐荣的猛攻，所以被突破。卫兹死于乱军之中。

大阵中心部位为敌军所破,这令曹操的部队直接被断成两半,指挥系统失灵。精于战阵的徐荣自是不会放过这个千载良机的,遂在第一时间将已经断成两截的曹操军全面包围,然后开始了狠绝的围杀之战!

而直到这个时候,曹操还是不肯放弃,他打算亲自带领自己的卫队为中军,然后从万军之中打开一道缺口,重新组织布阵,再和徐荣行拉锯之战。

可就在这时,一拨箭雨飞来,箭矢无差别射击,正好射中了曹操的坐骑,甚至曹操本人的肩部都被射中了一箭。

伴随着马儿的嘶鸣声,曹操应声落地,肩膀上的血好像喷泉一样向外猛蹿。

与此同时,差不多已经是靠意念支撑的曹操军再也无法抵抗徐荣军潮水一般的攻势,眼见就要崩溃。

就在这时,一身是血的曹洪飞奔而来,他跳下战马后直奔曹操,将曹操扶起就往马上推。

曹操大怒,忍着疼痛用马鞭狠狠地抽打曹洪的手:"曹洪!你要干什么!快给我滚开!"

可曹洪却不动分毫,死死地抓着曹操不让他下来,然后眼神坚定地道:"哥哥,我知道你有能耐,但现在这种局势便是天神下凡也难以反转,难道你还指望我们能反败为胜吗?"

曹操:"我……"

曹洪怒吼:"你不要再说了!这天下可以没有我曹洪,但绝对不能没有哥哥你!你快给我走!"

话毕,曹洪用马鞭狠狠地抽了一下马屁股。

公元190年二月下旬,曹操被徐荣大败于汴水,几乎全军覆没。可徐荣通过这一战亦损失惨重,他本以为所谓联军都是酒囊饭袋(其实没错,大部分是这样的),一触便可将其击溃,可没想到联军的战力竟如此彪悍!一个区区七千人的部队就能将自己打成这个样子,那如果对面是十多万这种军队呢?

想到这,徐荣吓得浑身一紧,赶紧带着部队离开了。

次日,浑身是血、狼狈至极的曹操只带数十心腹逃回了酸枣。而此时的诸侯们却还在花天酒地。

曹操默默地走进了他们的会场,忍耐着心中那滔天怒火,强制冷静地道:"请诸君听吾一言,我曹操虽然在之前败给了徐荣军,却将他军队的实力摸得一清二楚！我可以很负责任地告诉大家，所谓的西北精骑，所谓的南北精锐，他们根本不可怕。我请求各位写信给袁渤海（袁绍），让他现在就引河内之众在洛阳北方攻击孟津，以分董卓之势，我们驻扎酸枣的主力大军便趁此时机攻占成皋，然后占据敖仓（有天下粮仓之称），全制险要。这样的话，南部就会出现空隙，袁术便可趁此时机攻入武关，从南部给予董卓致命的打击。如此，天下便可大定，我大汉也能重回往日之荣耀。可诸位如果再继续这样整日饮酒扯皮，恐怕后世史书都会唾弃你们，我曹操也羞于与你们为伍了。"

话毕，场中寂静了好一会儿。半炷香以后，这场宴会就这样不欢而散了。

可到了第二日，这些所谓联军主力的诸侯依然聚在一起狂饮豪吃，就没有半点儿进取的样子。

曹操因此痛心欲绝，就此离开了酸枣，前往扬州募兵。在费尽九牛二虎之力募得了一千多民兵以后前往河内投奔了袁绍，从此奉袁绍为主，靠袁绍为生。

本节参《三国志·魏书》《中国历代战争史》《资治通鉴》

4.4　一路杀伐

曹操的战斗是壮烈的，是值得歌颂的，是让人无法遗忘的。可遗憾的是，他在当时只是一个小人物，无法对整个战局造成什么影响。众多诸侯依然该吃吃该喝喝。

见酸枣一带的盟军如此德行，董卓那悬着的心也逐渐放了下来，遂将防御酸枣联盟军的兵力分出来好多布置在了北方和南方，开始对这两个地方的联军转守为攻。因为对比酸枣的那些废物，还是这两个地方的敌人最具威胁。

他们是谁？便是王匡和孙坚了。

我们先说王匡。

其实早在联军成立的时候，袁绍就已经和王匡一起驻扎河内，并第一时间夺取了洛阳北面大河以北的诸多港口。

这之后，他们建造船只，准备随时过江攻击孟津。

这还不算，袁绍还命韩馥的从事赵浮、程涣率万余弩兵、战船百余艘屯驻于孟津河之前，以防董卓渡河偷袭。

可这看似无懈可击的防御在董卓眼里却是小儿科。

公元190年二月末，董卓下令驻守孟津那不知名的将领假装准备在平阴津（今河南省孟津县东一公里）北渡，吸引联军注意力，然后急令一支万人的骑兵部队（一说此部队的首领便是张辽，但没有史料佐证）趁着夜色从小平津（孟津西北）偷偷北渡，在登上北岸以后对北岸诸港发动攻击。

这支部队其势如火，行动如疾风一般，只一夜间便将北岸诸港全部占领，而驻守孟津的将领也与此同时对赵浮和程涣发动了疯狂的决战式攻击。

赵浮和程涣无法抵挡敌军的进攻，只能落荒而逃。可当他们逃上北岸的时候，那支岸上的董卓军却如暗夜中的死神一般杀掠而至。

于是，这一万多联军士兵死的死降的降，不到一日便全军覆没。

此次大败极大地打击了联军的士气，袁绍和王匡不敢在这种士气下继续和敌军顽抗，所以只能退回河内，从进攻转变为防守。

而袁绍和王匡这次的失败也直接影响了身在酸枣的联军主力。本就对攻击董卓毫无热情的他们闻听袁绍失败的消息以后更加消极怠战。现在不要说曹操了，我想哪怕是袁大盟主亲身而至，这些诸侯也不会再向董卓发动进攻了吧。

而就在董卓击败河内王匡和袁绍的同时，他又派胡轸、吕布率大量精锐向南急速进击，因为一头来自南方的恶虎已经率数万大军和袁术完成了会师，随时准备以烈火之势焚烧董卓。董卓可以瞧不起任何人，甚至轻视任何人，但他绝对不敢对这个人有半点儿轻视。

非但不能轻视，董卓还要在他立足未稳之时将其消灭。因为这人就是从来没有败绩，被誉为汉末最会打仗的江东恶虎——孙坚。

那么到这儿问题来了，之前我不是说过孙坚的部队满打满算只有不到一万人吗？怎么等他到达鲁阳和袁术会师以后就有数万人之多了？这样，我们将时间再往前推到联军刚刚组建的时候。

那时，孙坚一接到袁绍召集的文书以后便第一时间亲率部队往北疾奔。

然，就在孙坚到达荆州之时，一个千载难逢的机会摆在了他的面前。

荆州刺史王睿，早先曾协助过孙坚打击区星等荆南之贼（主要负责后勤补给），可因为轻视孙坚这个刚出道不久的武官，所以言语中有诸多轻视傲慢之意，运送军粮也不是那么尽心尽力。孙坚心中极为恼火，但碍于官位不如人家大，所以也只能忍气吞声。

直到孙坚以极短的时间搞掉荆南三贼以后，王睿这才开始正视孙坚这头江东恶虎，但这时候想要再挽回关系已经晚了。并且当时的天下已经大乱，很多地方都有本地官府相互火并的事件发生。

为了防孙坚这头恶虎突袭他，王睿还将大兵屯集荆北南部，准备随时应对孙坚的攻击。孙坚因此更加痛恨王睿。

直到反董卓联盟起，孙坚和王睿都参加了联盟，王睿这才对孙坚稍加放心。然而王睿的仇敌还不止孙坚一个，对于孙坚，王睿只不过是惧怕，而对于武陵太守曹寅，王睿是真的恨之入骨（具体原因未知）。

所以，在加入袁绍的联军以后，王睿扬言必会先灭曹寅，再杀董卓。不知王睿是在吹牛还是真这么想的，反正曹寅是信了，并且被吓得不轻。为了除掉这个顶在自己头上的大患，曹寅只能兵行险招，派人冒充袁绍的手下至孙坚处，请孙坚在路过荆州的时候直接将王睿给弄了。

孙坚何等聪明，岂会看不出曹寅的小伎俩？可王睿手下士兵很多，如果将他的士兵全都并到自己的麾下，那么自己的力量必定大增！再加上王睿本就与孙坚有仇。

想到这，孙坚嘴角微微上扬，心中已经有了计较。

三日以后，孙坚全军来到了王睿所驻扎的汉寿（今湖南省常德市附近），王睿见孙坚军大军压城，心中惶恐不已，所以全城戒备。

可不一会儿，一队士兵独自来到了汉寿城下，好似并无敌意地喊道："敢问王刺史可在城中？"

王睿听罢沉默片刻，然后对身边的亲兵使了一个眼色。那亲兵会意，对着城下"小队长"喊道："我家刺史大人正在身旁，请问各位何事登门？"

小队长："请刺史大人不要误会，同是联盟中人，我们并没有敌意，只是我们长沙的部队久战劳苦，联盟军还没有送来衣物、吃食，所以希望刺史大人能施舍我们一些生活所需而已。"

一听这话，王睿笑了，这明显不就是来打秋风来了嘛。如果能利用这次机会一举化解和孙坚这头江东恶虎的冤仇，那自己不就不用每天都那么担惊受怕了嘛。

于是，自以为正中下怀的王睿亲自开城迎接这一小队的士兵，准备给他们丰富的用资。

可当王睿近距离看到那个带头的"小队长"却傻了。这哪里是什么士兵？明晃晃就是孙坚本人啊！

就见王睿又尴尬又惊异地对孙坚道："这，兵自求赏，孙使君何以在其中啊？"

孙坚冷笑一声，并没有回答王睿的问题，而是将所谓的檄文拿出来当着所有士兵的面吼道："在场诸位看好了，非是我孙坚公报私仇！而是盟主袁绍有令，让我亲自斩杀王睿！尔等如敢反抗，必会遭到联军无休止地追杀。"

听了这话，王睿更是吓得冷汗直流，他哆哆嗦嗦地道："这……这不可能！我有何罪？袁渤海为什么要杀我！"

孙坚轻蔑地看了王睿一眼，然后没有丝毫表情地道："你犯了什么罪？不好意思，我不知道，我只管杀你！"

话毕，未等王睿再有言论，孙坚忽地一动，然后银光一闪，王睿人头落地。

这之后，孙坚如法炮制，再次以袁绍为口实，将王睿的士兵全都并到了自己的麾下。

至此，孙坚不满万人的部队一下便多达数万人了！

这还不算，孙坚到达南阳以后又因为南阳太守张咨和自己扯皮，不诚心供给自己军粮，亦将其击杀，然后再无阻碍地到达了鲁阳，和袁术成功会师。

（注：孙坚杀了张咨以后整个南阳都没有人再敢和孙坚扯皮，吃用之物一车一车地往孙坚处运送，所以这时候的孙坚兵精粮足，士气高涨，战斗力可以说是奇高了。）

本节参《三国志》《中国历代战争史》《吴录》《吴历》《江表传》《英雄记》《献帝春秋》《资治通鉴》

4.5 一身是胆

成功会师以后，袁术这个眼高于顶的贵族也非常欣赏并微微有些惧怕孙坚（这人是真说杀就杀，全无顾忌），所以当即上表，请封孙坚为破虏将军，兼任豫州刺史，并将孙坚安排到鲁阳东部休整，军粮亦由自己全包。

安营扎寨以后，为在决战前提升士气，孙坚大宴全军，并祭祀鬼神激励三军。

当时，孙坚所有的将官都在其中专心致志地祭祀鬼神，然后饮酒作乐，每个人都喝得不亦乐乎。甚至连士兵们也允许在当天喝酒。可以说，这时候的孙坚军正处于一种最弱的状态，一旦这时候有敌军来袭，孙坚所部必死无疑！

可孙坚并没有将这种危险当回事儿，联军都已经驻扎这么长时间了双方都没有展开战斗。怎么着？自己刚到鲁阳一天敌军便来袭击了？那得多大雨点掉自己脑瓜子上。怎么可能如此点儿背？

呵呵，你还别说，这次孙坚还真就孟浪了。因为就在孙坚全军都在狂饮豪吃之时，轰隆隆的马蹄声突然暴响而至。

无他，胡轸的精锐骑兵已经到位，步兵也在后方向此地疾奔。

见此，孙坚所有的部下都慌了，可就在他们准备站起身来布置之时，孙坚却突然喊道："都给我坐那儿别动！"

这一声暴吼将所有将士已半站起来的身体重新吼了下去。然后，孙坚不慌不忙对手下传令道："给我传令下去，让三军立即停止吃食，陈兵列阵，给我摆好战斗姿态！"

"是！"

不一会儿，就见无数传令兵骑马飞奔于孙坚军中，那些大兵令行禁止，立即摆好了阵形，不过每个人都稍有惊慌，甚至有的士兵还在微醉状态，不过碍于孙坚严苛的军法，没有一个人敢晃动身形。所以远方的胡轸见此亦不敢轻举妄动，让麾下骑兵停住了步伐，准备待步兵主力到达之后再和孙坚进行决战。

见胡轸没有立即对自己发动攻击，故作沉稳，但实际上已经一手虚汗的孙坚重重地吐出了一口气，然后立即对程普道："德谋，你现在立即带弓弩手分批撤回大营布防，如果敌军进攻你就给我居高临下狠狠射击。"

程普："喏！"

就这样，程普悄悄带城外弓弩手缓缓撤回大营，进入大营以后立即抢占高点，准备随时应对前来攻击的胡轸。

而此时，胡轸还在犹豫，并没有对孙坚发动攻击。

见此，孙坚笑了，笑得非常灿烂。

这之后，孙坚令全军分批撤回大营布防。当全军都撤回大营以后，程普忙上来询问孙坚："大人，末将有一事不明，还请大人解惑。"

孙坚："你说。"

程普："之前董贼来兵，大人为什么不让我等起身布置？还有，刚刚正是我军最为薄弱之时，为什么董军不在此时对我军发动进攻呢？"

这话说完，孙坚手下一众将领全都齐刷刷地看向孙坚，这也是他们心中所好奇的事情。

孙坚微微一笑道："将者，三军之胆也！我身为主帅，如果在敌军突袭之时仓皇布置，定会令大军胆寒，进而大乱。如此，敌军可一举而灭我等。我们就是想进城都不可能咧。可如果我装作浑不在意的话，我军虽然心中多少会害怕，但见我如此淡定也就不至于混乱。而敌军反而会有所顾忌，进而止步观察。各位信不信，外面的那些贼兵今夜就会悄悄撤退呢。"

程普："这……这又是为何？"

孙坚："贼军本次疾奔而来一定是想打我孙坚一个措手不及，可见我已有准备，他们哪里还敢进攻？你当我孙坚的大名不是打出来的？"

众人："哈哈哈。"

事实果然如孙坚所料。那胡轸见孙坚营寨守得滴水不漏，遂绝了总攻孙坚之念，乃于当夜率军返回了。孙坚成功地复制了当初李广对付匈奴人的办法，真一身是胆之豪帅也！

本节参《三国志》《英雄记》《江表传》

4.6　新皇闹剧

时间：公元191年正月。

地点：河内郡府。

此时，袁绍、王匡及曹操等一些三流势力的首领皆在郡府之中。袁绍见来人已全，便清了清嗓子和众人道："嗯哼！各位，我大汉不幸，被董贼把持，小皇帝现远在长安，亦为董卓所控，我们这些诸侯虽然有强大的力量，却不像董卓那样有天子在手中，可以名正言顺地号令天下。同时，皇帝幼小，实在没有能够管理天下的才能。而刘幽州（刘虞）之仁德传遍四方。所以，我建议，共推刘幽州为大汉皇帝，这样既能让我们由被动变主动，还能使汉朝更加强大，此一举两得之计何乐而不为呢？所以还请诸……"

"这话说得不对！"

没等袁绍说完，曹操突然站出来打断道："大人！话不能乱说！我们这些人之所以成功聚在一起组成联盟，主要就在于我们的行为是正确的、是正义的。可如果您擅自改立皇帝，那和董卓还有什么区别？这样天下谁能接受？还请盟主大人收回成命！"

话毕，袁绍的脸明显黑了起来。因为曹操所说的都是大义，他无法驳斥，便只能耍起了无赖："曹孟德，现在正是我与各方诸侯详谈之时，哪里有你说话的地方？还不给我退下去。"

听得袁绍如此说法，曹操没有反驳，只是冷冷地和袁绍道："既如此，我也不便多劝，只说一句。如果大人您一定要立刘幽州的话，我曹操必向西而侍当今陛下，少陪！"

话毕，曹操转身而去，自此开始厌恶袁绍（太祖由是恶焉）。袁绍则冷笑一声，继续和其他众人商议另立刘虞之事。待在座所有人同意以后，袁绍这才向四方诸侯送信，请立刘虞之议。

当时，整个天下的诸侯几乎全都同意了袁绍的建议，只有袁术反对得非常激烈。

为什么呢？袁术不同于袁绍这个庶子，他可是袁氏一族中的嫡次子，在如今袁氏一族几乎被满门诛杀的情况下，他是名副其实的家主。

袁氏一族是什么等级？那是全天下最大的贵族，而在当今天下大乱的情况下，袁氏一族凭借着自己无与伦比的声望极有可能会改朝换代。所以，当时的袁术或多或少会生出一些自己当皇帝的心思。而刘虞是谁？那是天下有名的贤者。一旦让他当上皇帝，天下必定归心。

同时，袁绍和袁术表面上看是兄弟相亲相爱，但两个人之间的感情究竟怎么样相信只有他们自己才会知晓。而一旦让袁绍成为刘虞上位的第一功臣，自己以后一定会被袁绍压制。所以不管从哪个角度出发，袁术都不可能赞成袁绍的提议。

基于以上，他袁术便和曹操一样，以大义来拒绝了袁绍的提议。二人从此反目。

可哪怕是这样，袁绍依然不肯善罢甘休，因为现在天下一大半的诸侯全都力挺自己，所以袁绍坚决要将这件事做到底。

可倔强的袁绍在做这件事的时候却忽略了最重要的一点,那就是刘虞,这个主角到底愿不愿意做这个皇帝。

而事实证明,袁绍自始至终全都是自作多情,人家刘虞还真就不愿意做这个大汉天子。

因为就在刘虞听闻袁绍使者的来意以后,不但断然拒绝了袁绍的提议,还指着使者一顿痛骂:"如今天下四分五裂,皇帝在外蒙难,正是匡扶汉室,拯救天下黎民于水火之时。尔等怎能在这种时候行那不义之事来断绝我刘虞的名声!回去告诉袁盟主,他的提议我刘虞断不能接受,同时我奉劝他一句,不要将心思都用到歪门邪道上,赶紧消灭董卓,救出皇帝才是现在最需要做的事情。"

话毕,刘虞转身便走,再不多言。而袁绍呢?好心好意支持刘虞,却碰了满头的包,别提多郁闷了。

本节参《三国志·魏书》《资治通鉴》

4.7 恶虎的撕咬

公元191年二月,就在袁绍立刘虞闹剧刚刚结束,酸枣一众诸侯还在胡吃海喝之际,整备完毕的江东恶虎孙坚已经开始向北进击。

本月上旬,孙坚率本部兵马,以及新进招来的豫州诸郡兵马共十万人向梁县东(今河南省汝州市临汝镇东)进击,意图自太谷出辕辕直袭洛阳。

胡轸见孙坚军力庞大,手下将领又皆为虎狼,所以不敢力敌,遂求救于东面主防酸枣联军的徐荣。

徐荣深知孙坚的厉害,所以对胡轸的求救极为重视,第一时间便率心腹精锐疾奔至胡轸处救援。

而通过现在孙坚的行军路线,徐荣断定孙坚必会从梁县以东向洛阳进军,于是提前将部队埋伏于此地周边,只等孙坚到来。

数日后,不知前面正有无数敌军埋伏的孙坚傻傻进入了徐荣的包围圈。结果,徐荣一声令下,杀声四面而起。

徐荣军的并、凉精骑以极为彪悍的突击能力先行将孙坚的部队拦腰截断,然后四方步兵如下山猛虎一般直冲入孙坚阵中一顿砍瓜切菜。

孙坚军全无防备，顿时大乱奔逃。眼见兵溃于众的大势已成，孙坚自知必败，再无反转可能，于是便带着自己的心腹们落荒而逃。

可不管孙坚往哪个方向奔逃，总会有无数的敌军将其合围，令孙坚狼狈不堪。

就在这千钧一发之时，孙坚周围一名叫祖茂的将领却看出了端倪，乃对孙坚吼道："主公！您头上赤巾太过显眼，快快交予末将，末将帮你引开敌人。"

孙坚虽于心不忍，但也知道现在不是矫情的时候，所以深深地看了一眼祖茂，便将头上赤巾交给了他。

祖茂戴上赤巾以后朝孙坚相反的方向拍马便逃。

这之后，就听一众敌军高声喝道："戴赤巾的就是孙坚，众人给我杀呀！"

就这样，祖茂成功将敌人都吸引到了相反的方向，孙坚得以成功逃脱追击。

（注：后，祖茂逃至一片草丛之中，见草丛正中有一坟头，便将赤巾绑到坟头前用来祭祀先辈的石柱之上，然后自己躲藏在草丛之间。追击的骑兵队见'孙坚'人已不在，已经逃走了，便继续往前追击，祖茂因此逃过一劫。）

本次作战，孙坚之军近乎全军覆没。遥想当初之项羽，一生七十余战未有一场败绩，最后只一败便丧失锐气，引颈自杀。何其悲也！

再看隋时杨广，能力出众，一生顺风顺水，可就因为败在高句丽手上一次，整个人就变了，变得疯狂，最终丢失了整个江山。

而孙坚也和当初的项羽一般，在碰到徐荣以前，他一场失败都没有。那么这一次的惨败会让孙坚一蹶不振吗？

答案是没有！相反，孙坚反而是越挫越勇。

孙坚失败以后只是痛骂自己轻敌后便开始沿途寻找残部。最终，还真就让他重新组织了一支几万人的"残军"。

孙坚认为，东面酸枣联军虽然相互龃龉，但庞大的军事压力毕竟摆在那里，徐荣不可能每时每刻看着自己。如今自己被徐荣打得大败，这厮必认为自己短期之内不敢继续北上而转回东面。

同时，胡轸、吕布等人也必定有此种心思，如果在这时候杀一个回马枪，局势必发生根本性逆转。

基于此，孙坚不听手下将领的再三死谏，马不停蹄向北疾奔袭击。

胡轸万万没想到孙坚会突然杀一个回马枪，所以没有防备，多地在极短的时间皆为孙坚所克，孙坚势如破竹直奔洛阳。

而此时，身在洛阳一带的董卓听闻此事以后大为震惊，一边急令胡轸、吕布率本部兵马出击孙坚，一边令徐荣再往西面援助胡轸和吕布。

可这时候徐荣却是动不了了。为什么？因为酸枣联军这时候已经听说徐荣背着他们偷偷往西击败孙坚的事情。这群废物还算有那么一点儿廉耻之心，大概是感觉自己这些人实在太过丢人，所以派出了很多斥候日日蹲守于虎牢一带，但见大规模的军事调动便会做进军之状，所以徐荣投鼠忌器，不敢再轻易玩儿奔袭式救援。

所以，现在能对付孙坚的只有胡轸和吕布了。

话说胡轸接到董卓的命令以后在第一时间便率全部兵马（史载数万精锐）前往阻击孙坚。

可就在两军完成对峙，准备决战之时，贼军内部却出现了纷争，以至于胡轸、吕布的军队被孙坚一举而定。

怎么回事儿呢？

原来，胡轸和吕布积怨已久，彼此谁都看不上谁，所以吕布非常希望胡轸能败给孙坚，这样自己便能率领大军做独当一面的将军了。

基于此心理，就在双方布置完大营，准备在次日决战的前一天晚上，吕布突然率数千心腹于本军之中四处放火制造混乱，并大喊孙坚夜袭、主帅胡轸已经被斩杀等假消息。

胡轸军因此大乱，相互踩踏致死者不计其数。

孙坚见敌军阵营大乱，当然不会放过这个天赐良机，乃统全军杀向胡轸军的阵营。

结果，胡轸的乱军被杀得大败，不但军队被孙坚杀得全军覆没，甚至连心腹猛将华雄都死在了乱军之中。

而孙坚呢，趁着这大胜的势头一路疾进，竟然在数日内便端掉了太谷大关，稍微休整便向洛阳方向疾进了。

再看董卓，当他听闻孙坚现在的消息以后吓得亡魂皆冒，便想第一时间全线向西撤退。

可就在这时，董卓心腹之一的李傕却建议董卓收服孙坚，这样不但能将整个南方的乱局消于无形，还能反过来利用孙坚来击溃联军。

董卓听此建议连连称善，遂遣李傕往孙坚军营，企图和孙坚结为亲家，并许诺事成以后会给孙坚无尽的财物。

董卓以为，现在的自己权倾朝野，一人之下万人之上，他想要和一个诸侯结亲那绝对是对方高攀了，怎么可能不答应。

可孙坚这头江东恶虎志在天下，怎么可能会受董卓的节制。所以当即否决并痛声斥责："董贼逆天无道，意图颠覆我大汉皇朝。我孙坚不将董贼举族扒皮抽筋死不瞑目！怎么可能会和这等贼子结亲！汝要不是身为使者，我今日便斩尔狗头！给我滚，回洛阳告诉董卓，让他等着，我孙坚马上来取他狗头！"

李傕吓得不轻，仓皇而逃。

可就在李傕走后，孙坚却急忙叫来了程普，然后以一种极为阴狠并兼兴奋的口气道："德谋！董贼已经被我打怕了！我料他不日便会向西奔逃，你现在立即率本部兵马提前奔至新安、渑池，给我断去董贼西归之路，咱们来一个关门打狗！"

次日，李傕回到董卓处。董卓非常期待地道："结果如何？孙坚是不是答应了？"

李傕看了董卓一眼，低着头将孙坚的话原封不动地告诉了他。

可出乎李傕意料的是，董卓并没有生气，而是深深一叹，然后好像自言自语地道："所谓关东联军，不过一群猪狗无能之辈而已。只有这个孙坚，能打仗会用人，实为当世人杰！不能将他收为己用，真是我董卓的损失啊。我……"

"报——"

未等董卓感慨完毕，一名传令兵疯了一般跑来，气喘吁吁道："启……启禀相国！孙坚已率大军往我方疾进，照此速度，不过几日便能到达！另，据探子回报，孙坚出发之前已遣一军往渑池、新安方向，看……看似要断掉我军西去……"

砰！

没等传令兵说完，营中一器皿被董卓狠狠砸在地上，然后董卓暴怒嘶吼："孙坚小儿！汝欺人太甚！真以为我董卓怕了你？来人啊！"

"在！"

董卓："给我点齐本部兵马，我要让孙坚见识见识我西北骑兵的厉害！"

公元191年二月中下旬，董卓点齐兵马主动和孙坚决战，结果被孙坚大败（过程无记载）。董卓无奈，只能率军往西撤退。为了不被两面夹击，董卓在撤退之前还分吕布很多兵马，让他守住洛阳，死死地拖住孙坚。

可这根本没有什么用。

本月下旬，孙坚舍弃三门，只狂攻洛阳南门（宣阳门），吕布无法抵挡孙坚的猛攻，洛阳当天便为孙坚所破，吕布落荒而逃。

本节参《中国历代战争史》《三国志》《英雄记》《江表传》《山阳公载记》

4.8　猪狗二袁

进入洛阳以后，孙坚一边命军队休整养气（准备向西追击董卓），一边分出一些人修缮已经被烧成焦土的洛阳（收买天下人心）。

可就在众人开始动工之时，城南突然传出了喧哗之声。孙坚此时正和一众将领在巡视洛阳，见此也走了过去。可不看还好，一看之下，哪怕是见多识广的孙坚也吓了一大跳。

原来，在城南有一口枯井，也许是当天光线的原因，这枯井之中竟然微微发出光亮。因为古时候的人都信鬼信神，所以起初大家还以为有什么"不干净"的东西，不敢靠近。

要不说还是孙坚胆子大，他只犹豫了一会儿便下令遣散围观众人，然后命人往井下一探究竟。

一炷香的时间过后，下井的人终于上来了，手里还捧着一个了不得的东西。什么东西？传国玉玺！（注：传国玉玺为战国和氏璧雕刻而成，玉玺之下有'受命于天，既寿永昌'八个大字，从秦始皇开始便为历代统治者之印信，古时候谁称帝要是没有这个东西便会被讥讽为'白板天子'，不被世人百分之百地认可。）

孙坚没有见过传国玉玺，所以最开始拿在手中的时候也没怎么当回事儿。可当他看到玉玺下面那八个大字的时候，孙坚那小心脏可就开始怦怦怦地乱跳了。

这之后，孙坚迅速将传国玉玺收了起来，没有再和第二个人继续讨论这个事情。

好了，插曲就到这里，我们还是继续正文。

那孙坚在洛阳休整了几日之后便准备率领大军追击董卓，将其一举消灭。可就在这时，联军内部突然出现了异变！

话说，自从联军组建到现在已经一年有余了，可这期间除了孙坚以外，整个联军连一场像样的胜利都没有，河内联军还被董卓打得哭爹喊娘，可谓丢人丢到了家。所以身为盟主的袁绍极为嫉妒孙坚的功劳。

再之后，孙坚连破董卓、吕布，并修缮洛阳，大得人心，这就更使得袁绍对其嫉恨不已！要知道，现在的天下已经大乱，汉室完蛋已成定局，群雄割据已经成为必然趋势，如果继续任由孙坚这样发展下去的话，早晚会成为自己的心腹之患。

并且，那孙坚和袁术走得极近，而自己和袁术之间的关系如何，他袁绍心中如同明镜。基于以上，袁绍无论如何都不能让孙坚继续这样下去，乃罢去了孙坚豫州刺史的职务，另封心腹周昂为豫州刺史，并让其渡河袭击孙坚在豫州的治所阳城（今河南省登封市东），断去孙坚的粮道（《资治通鉴》载周昂之事是在五个月以后，和《中国历代战争史》有差，不过恕我直言，五个月以后董卓就是爬也爬到长安了，所以我个人坚持《中国历代战争史》的说法）。

与此同时，袁术亦为奸人言，不供给孙坚粮食。孙坚因此大怒，撤回了程普的部曲，然后率全军兵马向南攻击周昂。

如此，孙坚功败垂成，董卓得以成功逃至长安。

本月末，孙坚以无与伦比的速度和攻击力打退了周昂，重新夺回阳城，并占据鲁城，然后气势汹汹便奔南阳而去。（因孙坚在来时路上斩杀了南阳太守张咨，所以袁术在鲁阳没多长时间便回军将整个南阳都占领了。）

此时，南阳郡治宛城城中。袁术正在优哉游哉地品着茶，可就在这时，有下人来报，说豫州刺史孙坚前来拜会。

一听孙坚到来，袁术吓得杯中茶水都洒了出来，只见其惊慌地道："文……文台来了？多少人？"

"哦，没多少，就和几名随从一起来的。"

一听这话，袁术那颗悬着的心才微微放下一些："既如此，快，快请孙刺史入内。"

不一会儿，手持马鞭的孙坚气势汹汹便到了会客大厅。他也不和袁术多说，直接进入主题："袁大人！我孙坚之所以和董贼互拼，置生死于不顾，上是为了报效国家。这下，也是为了你们袁氏一族。我和他董贼有什么仇恨？我为什么要这样做难道您还不懂吗？"

袁术："孙刺史息怒，我懂，我真的懂。"

孙坚："呵呵，是吗？我可没看出来。"

说到这，孙坚双目圆睁，声音分贝更是不断加强：

"他董卓已经被我打得上天无路入地无门！眼看就要受死于渑、洛之间！可大人你和袁渤海倒是好！一个偷袭我，端了我的老巢；一个直接断了我的粮饷！你懂什么？你真的懂吗？"

眼见孙坚距离自己越来越近，手上的马鞭也有要举起来的架势，袁术是真的害怕了！于是马上正色道："文台兄放心！之前不过是有小人从中献媚，我被欺骗而已！从今日开始，文台兄的粮草我包了，绝对不会再出现这种事情。"

话毕，孙坚愣愣地看了袁术一眼，然后无不凄凉地狂笑："哈哈哈哈哈，我现在终于明白当初吴起和乐毅是何种心情了。粮食？不用大人操心了，我自己也不是没有，告辞。"

话毕，孙坚转身便走，从此入驻鲁阳，再不出兵攻击董卓了。

自此以后，联军中人再无一人攻击董卓，虽然没有谁宣布联军解散，但此时的联军已经和解散没有半点儿区别。（一段时间以后酸枣一带的联军亦因粮食食尽而解散。）

逼迫董卓西迁的首功之臣郭大在公元190年至191年间不知何场战役战死，这之后白波军群龙首，乃被众多盟军势力瓜分（史料上记载白波军的信息实在是太少太少，基本上可以忽略不计了）。

本节参《三国志·吴书》《江表传》《中国历代战争史》

4.9 半月定荆州

公元191年四月，董卓所部成功抵达长安，然后立即分兵布置，命心腹将领死死守住各个险要之地，以防联军对自己进行突袭。

可几日以后，别说是袁绍等一众联军了，甚至连英勇无敌的孙坚都没再有什么动作，董卓因此又开始嚣张，其自封为太师，宣称权力要在全天下诸侯之上。改朝换代的心思已逐渐明朗。

同月，为了在地方上能够拥有自己的势力，同时赚取民心，董卓乃命刘表为新任荆州刺史，代替已经死去的王睿（主流说法是在190年四月，各位自行取舍）。

刘表，字景升，山阳郡高平县（今山东省微山县）人，身高一米八五，身材相当魁梧，却没有走武科的路子，而是少时学文，长大以后更被冠以八俊之一的名号（党人的中坚分子）。

刘表官位最高之时曾至何进手下北军中候的位置。可自从何进死后，刘表便默默退出了政治舞台的中心，实明哲保身之策。

时至公元191年四月，董卓见刘表甚是乖巧，便任命其为荆州刺史，驻兵襄阳，算是给自己拉一个外援，同时是给天下人看他董卓多么会用人。

荆襄，为南方之宝地，不管是文化还是经济在当时的大汉诸州都可以排进前五，同时是战略要地，北可进南阳威胁中原，西可攻巴蜀直捣成都，向东更可以直攻江东，进而霸占整个南方，可以说是兵家必争之地了。

刘表平白得了一个荆州刺史，他应该高兴才对。可当刘表单枪匹马到达襄阳的时候（董卓并没有给予刘表丝毫兵力上的帮助），他是真心高兴不起来。因为在当时，这个荆州实在是太乱太危险了。

首先，荆州北面正是实力强横的南阳袁术，袁术和袁绍的野心不用我多说，但凡有机会便会扩张自己的地盘，更何况袁术身边还有孙坚这个强大而又"忠心"的江东恶虎。

其次，荆州内部也是异常混乱。

当时，苏代据长沙、贝羽据华容、荆南更是遍布宗贼（宗贼：各郡县宗族联合而作乱的武装集团），他们游击于荆南诸郡县，烧杀抢掠无恶不作。

所以当时的荆州对于人生地不熟的刘表来说真的很难治理。但刘表并没有因此而放弃，原因很简单，荆南当时虽然混乱，可荆北却异常安定，因为势力都在荆北大族蔡、蒯、黄三族手中把持！

而这三族并没有什么太大的野心，每一任荆州刺史都没有和他们发生过什么冲突。因此，刘表断定，只要和这三个大族交好，自己平定整个荆州必会在短时间完成。

于是，刘表亲自聘请三大族的中坚人物，蔡瑁、蒯良、蒯越及黄祖来做自己的心腹，并向他们询问计谋。

刘表："诸位，荆南宗贼甚盛，诸势力还割据一方，恶邻袁术还在我的北面虎视眈眈，我真是如履薄冰。本想以我微末的名声来募集士兵，但又怕集合不来，今后如何发展，还请诸位教我。"

蒯良："哎，主公不必将此事挂在心上。所谓众不附者，乃仁不足也。附而不治者，为义不足也。主公仁义无双，名满天下，何愁召集不到士兵呢？再者说，我蔡、蒯、黄三族在荆北也有些力量，主公可随意调动。但这都不是问题的关键，想要彻底平定荆南的祸患，不能单单靠武力，最重要的还是在这儿。"

话毕，蒯良指了指自己的脑袋。

还未等刘表发问，蒯越又接着道："是矣，治平者先仁义，治乱者必权谋。宗贼虽多，但都是乌合之众，且都是重利忘义之徒，主公只需用重利诱致其中主事之人，然后将其一举诛杀，宗贼则必定向主公您投降。到时候您兵力大增，什么苏代、贝羽之辈，还不是望风归降？至于袁术，呵呵，废物而已，手上就是有再多士兵又能如何？只需要注意他身边的猛虎（孙坚）便可。"

话毕，刘表大赞二蒯，遂按其谋划行事。

次日，刘表遣使往宗贼大本营，声称要和宗贼签订和平共处条约，并承诺，只要宗贼诸首领能够前往荆北和刘表签订条约，刘表到时候必会给这些贼人数之不尽的金银财宝。

诸宗贼首领信以为真，便皆带所部前往荆北和刘表签订条约。毕竟白花花的银子，谁不去才是真傻。

当天，刘表笑容可掬地在荆北大营亲自迎接宗贼诸首领。那些首领听过刘表的名声，又见刘表如此慈祥的笑容，遂将所有的疑心全部放下，和刘表共同进入大营。

可就在他们进入中军大帐入座之时，那刘表却突然不见了踪影。不等这些首领反应过来，忽然从外面冲进了数百刀斧手。他们见人就杀，毫不留情，手起刀落便是一条人命。

半炷香以后，刘表中军大帐已经被鲜血染红，五十五颗血淋淋的人头被挂在大营外面。

帐外众宗贼见自家首领全都被斩杀，没有了主心骨，一时之间陷入了极度恐慌和混乱。而就在这时，咚咚咚的鼓声擂动，蔡瑁、黄祖率蔡、蒯、黄三大氏族的部曲私兵冲杀而出，将诸多宗贼团团围住。

此时，这些宗贼再没有半点抵抗刘表的心思，当即扔下了手中的兵器，向刘表跪地求饶。刘表遂将其全部归为自己的部曲。

宗贼的归顺，使得刘表的实力大增。荆北大族的归顺，更使得荆州人心归一，这时候的刘表再也没有了当初的顾忌，遂遣使往苏代、贝羽处，让他们赶紧投降，不然大军一到，玉石俱焚。

苏代和贝羽不敢得罪现在的刘表，便只能向其投降。

至此，整个荆州皆为刘表所定，用时不过十五日！

而就在刘表吞并荆州之时，河北地区又发生了极大的变动。

本节参《三国志》《资治通鉴》《汉纪》《汉末名士录》《战略》

4.10　诈取冀州

公元191年五月，冀州刺史韩馥的心腹战将麹义（A⁻级将领，从小生活在羌地，深得羌人作战之精髓，更通晓对付轻装骑兵的办法，是一名不可多得的将才，但为人恃才傲物至极，不懂变通，人缘极差）反叛了韩馥，并割地自立。

韩馥听闻此事以后极为震怒，遂率大军前往征讨。

那韩馥的兵力虽然是麹义的数倍，可麹义用兵灵活多变，指挥作战的水平更不是韩馥所能比拟，再加上其手下多为精锐，所以韩馥在一时之间竟无法奈何麹义。

可麹义也知道，如果只靠着自己的力量是绝对无法长时间顶住韩馥的进攻的，毕竟久守必失。于是麹义便联系了身在河内的袁绍，表示自己愿意归顺他，只求袁绍能够消灭韩馥，拯救自己于水火。

而袁绍呢，现在虽然顶着一个盟主的大帽子，可自身却没有一州之地，只有一个小小的渤海根本不能让袁绍施展拳脚。

于是，袁绍便暗中答应了麹义的请求，并始终注意着韩馥的一举一动，准备一旦有好的时机便一举而定韩馥。

可那韩馥乃是一州之长，兵力要远远大于袁绍，袁绍最后哪怕是和麹义勾结在一起侥幸获胜了，那也是绝对的惨胜，这种代价不是现在的袁绍能负担得起的。

所以袁绍在准备对韩馥发动攻击的时候也在纠结，完全不复在何进手下之时的"果断"。

可就在袁绍不知该如何决断之时，其手下主要谋士逢纪却看出了袁绍心中所想，乃献计道："主公如果真想做大事的话，就必须有自己的地盘，如果您连一个州都没有，不要说天下，甚至连安稳地活命都是问题。"

袁绍："唉，不瞒你说，我现在看上了冀州这块肥沃富庶的土地，可如果不能一举而下，我袁绍以后就再也没有立足之处了。要知道，我军现在的粮草已经不多了。"

听了这话，逢纪的表情没有任何变化，只是轻蔑一笑："呵，韩馥？不过一蠢货而已，下官这有一法可令主公在瞬息之间得到冀州，就是不知主公您敢不敢用？"

话毕，袁绍眼前一亮，立即道："现在这种情况，只要能让我得到一州之地，我袁绍就没有什么不敢做的。有什么办法，你快快说来！"

逢纪："现在东北诸势力中，以右北平公孙瓒武力称冠（骑兵），战力彪悍无双，可也和主公有同样的困难，那就是地盘有限。主公可秘密联系公孙瓒，以盟主的名义唆恿他攻击冀州。公孙瓒早想发展势力，却没有口实。如今有主公您的首肯，他必会出动全军攻击韩馥。您认为，凭韩馥的能力，能挡得住公孙瓒的攻势吗？"

袁绍："嗯……不能！"

逢纪："没错！韩馥定然不是公孙瓒的对手，等韩馥见识了公孙瓒的力量以后，我们便可派能言善辩之士前往游说韩馥，韩馥必会将冀州之地拱手相让。那时主公您有了立身之本，还有谁能阻挡您的步伐？"

话毕，袁绍哈哈大笑并连连称是，之后便遣人往公孙瓒处，劝公孙瓒袭击韩馥。

而事情果如逢纪所料。公孙瓒听闻使者的来意以后高兴得不行，当即率全部精锐往冀州推进。

而当韩馥听闻公孙瓒来袭的消息以后大为惊恐，赶紧停止了对麹义的征伐，转为向北迎击公孙瓒。

咱先不说韩馥这个人领军打仗的水平怎么样。就说现在的韩馥军，这些士兵攻打麹义已经有一段时日了，早已疲惫不堪。

在这种状态下，他们怎么可能是公孙瓒精锐骑兵的对手？

这还不算，韩馥这时竟然不打防守反击战，而是在平原上硬抗公孙瓒的骑兵，也奠定了他的灭亡基石。

最终，韩馥果然在公孙瓒的手上吃了大败仗，仓皇逃回了邺城。

而就在这时，一群所谓的河北名士（辛评、荀谌、郭图等）亦来到了邺城，见面就开门见山地和韩馥道："大人，公孙瓒率燕、代骑兵南下攻您，各郡纷纷响应，军锋锐不可当，袁绍又开始率军从河内往东移动，意图不可估量，我们真是为大人您表示担心啊。"

一听袁绍的部队也开始往东行进，本来就惧怕不已的韩馥更加害怕，于是赶忙询问："那，诸位，我究竟应该怎么办呢？"

荀谌答道："这样，名公您自己判断一下，论名声显赫，宽厚仁义，四方豪杰归附，名公您可比得上袁本初？"

韩馥："这……不如。"

荀谌："遇事果断，临危不乱，智略武功，这几个方面您可比得上袁本初？"

韩馥："不如。"

荀谌："袁氏一族四世三公，布恩于天下，论家族声望您韩氏一族可比得上？"

韩馥："这更是不如。"

荀谌："这就对了，袁本初是这一代的人中豪杰，将军您以上三个方面哪一个都是不如他的，又长期在他之上，他必然不会屈居将军您之下。冀州，乃是天下物产最为丰富的宝地，名公您觉得就现在的局势您还能守得住吗？我恐怕名公您最后非但守不住，还会将性命交待在这里。"

这话一说，韩馥吓得浑身哆嗦，连忙问："那我应该怎么办？还请先生教我。"

荀谌微微一笑："好说，名公您是袁本初的老友，双方还都是反董卓联盟的一员，如果您将冀州转让给本初，他必会感谢您的恩德，让您一辈子衣食无忧，这种机会可是不多，给您的时间也所剩无几了，还请名公速速决断啊！"

韩馥这人生性软弱胆小，虽有能人在手也无法用之，所以荀谌只是微微一厥愿，他便决定将冀州献给袁绍。

荀谌等人满意而归了。可就在荀谌等人走后，韩馥的长史耿武、别驾闵纯、治中李历却找到了韩馥，然后试探性地问道："主公，刚才荀谌等人前来何事啊？"

韩馥将荀谌的来意说明以后，三人都吓了一大跳，耿武更是义愤填膺地道：

"主公万万不可！冀州为天下宝地！人口可集百万雄师，粮食更是可以维持十年之久。他袁绍是个什么东西，不过是一支靠我们养活的客军而已！就好像我们怀抱中的婴儿，只要给他断了奶，他立刻就会饿死！大人为什么要将权柄交给这种废物？"

韩馥："话不可以乱说，我韩馥本来就是袁氏一族的老部下，不能忘本，再者说，我的才能确实比不上袁绍，声望更是有所不如。退位让贤，也不失为人称赞，你们为什么要反对我青史留名呢？"

这之后，三人再三劝谏，可依然无法动摇韩馥退位让贤的心思，便只能作罢。

就这样，袁绍平白得了整个天下最强大的州。

那么为什么说冀州是这个天下最强大的州呢？

冀州刺史部，治所为邺城（之前为高邑），州的范围为今河北大部。管辖郡国为魏郡、钜鹿郡、常山国、中山国、安平国、河间国、清河国、渤海郡、赵国。

看到了吗？冀州所辖的这些郡国中，随便拿出一个都是当时天下闻名的地方，那是真的富得流油啊！并且河北的兵虽然不是天下最精锐的士兵，但也绝对可进十二州一司隶的前五，战斗力相当彪悍，所以说冀州是当时最为强大的州并没有多么夸张。

然而这还不算，韩馥无条件投降了袁绍以后，他那些优秀的将领和谋臣也全都一股脑地投降了袁绍，比如武将张郃，谋臣审配、田丰、沮授，这都是有真材实料的上等之才！

所以只一时之间，袁绍不但得了天下最强大的州，还收获了无数的人才。

不得不说，统观整个191年，袁绍当仁不让地成了最大的赢家。

本节参《三国志》《资治通鉴》

4.11　有一种文人叫"狂士"

公元191年五月，吞并了冀州的袁绍声名大噪，一举成为天下最强大的诸侯之一。当时，几乎全天下的人才皆往冀州投奔，意图辅助袁绍成就光武故事！

可也有少部分有识之士见过袁绍之后大失所望，遂转投他人，其中比较有代表性的便是荀彧和郭嘉了。

荀彧，字文若，S级政治家，A级谋士，颍川郡颍阴县（今河南省许昌市）人，官三代，从祖父到他这一代皆朝廷大员。

荀彧虽然世代为官，他本人却一点儿没有官宦子弟的臭毛病，从小便各种书籍不离手，且过目不忘，成人以后更是学富五车，在当地非常有名。

当时有一个叫何颙的名士，他和荀彧交谈过后认定这个年轻人拥有"王佐之才"，是当世不可多得的大才！（注：何颙，党人，闻名天下的清流，相人更是他的一绝。）荀彧因此声名大噪，遂被推荐至洛阳为官。

可这个年轻人在洛阳没待几年，董卓便进入了洛阳，成为整个天下最强大的存在。

荀彧在那个时候就断定董卓必定失败，乃用黄白之物走关系，被外放到亢父（今山东省济宁市城南五十里）担任县令，因此成功逃离了洛阳这个危险的地方。

荀彧，大能也！所以只到亢父短短的时间，这个地方便被荀彧大治。

可当反董卓联盟成立以后，荀彧见所谓的关东联军除曹操和孙坚以外皆龃龉不断，迟迟不肯对董卓发动进攻，遂料定这之后天下必将大乱，于是弃了亢父，逃至冀州安家。

直到袁绍诈取冀州以后，天下人才皆往投奔，荀谌（荀彧的弟弟）、辛评、郭图更是成了袁绍的心腹，荀谌便建议袁绍聘请荀彧，并宣称荀彧的才能胜自己十倍。

袁绍也听说过荀彧王佐之才的大名，便以上宾之礼接待荀彧。

可二人谈话以后，荀彧却对袁绍大失所望（不知道谈的什么，史料未载），拜谢袁绍后便投奔他处去了。

他投奔谁了？投了现在还无一郡之地，只是袁绍手下小官的曹操。

对于年仅二十九岁便闻名天下的荀彧，曹操自然是热情接待。但热情接待并不代表就要用荀彧，因为曹操只看一个人的能力，而不会去看他有多少名望。

于是，曹操便开始考起了荀彧，看看他到底是不是如传闻中一般拥有什么劳什子的王佐之才。

结果一番对话下来，曹操被荀彧的才能彻底折服。

因为荀彧不但将曹操提出的问题全都完美回答，还针对现在天下的局势给曹操提出了许多条发展道路，使得曹操茅塞顿开，有醍醐灌顶之感。

所以，在这次谈话结束以后，曹操长叹一声，语重心长地说了一句："文若，吾之子房（张良字子房）也！"

自此以后好一段时间，荀彧在曹操阵营中都担任谋主之位。

郭嘉，字奉孝，S⁻级谋士，颍川郡阳翟县（今河南省禹州市）人，小时便才华横溢，长大以后更是和荀彧一般学富五车。

可和荀彧的谦逊不同，这郭嘉极为狂傲，成天隐居家中不出门，不与所谓的俗人相交，不是当时天下著名的豪杰才子他根本见都不见，所以当时没有多少人认识他（袁绍诈取冀州的时候郭嘉二十七岁，比荀彧小两岁）。

直到袁绍诈取冀州以后，天下英豪皆争相投奔，郭嘉自然也在其中。

可和众人不同的是，那郭嘉在被袁绍会见以后，聊了没几句便借故起身离去了。

袁绍对郭嘉的这种举动非常不满，同时抱有疑惑，于是便让和郭嘉略有交情的郭图与辛评前去询问。

狂傲的郭嘉根本就不知道什么叫客气，直接硬生生地回复道："聪明的人能够衡量所侍奉的君主，所以百次行动都能够获得成功，进而建立功名。袁公这人虽效仿周公礼贤下士，但不过就是一空壳子，完全不得精髓，也不知道用人的道理。他外表看上去果断，可实际上却思虑较多，凡事抓不到要领。想和这样的人共同拯救天下的危难，创建霸王事业。呵呵，呵呵呵呵，难。"

话毕，看都不看郭图、辛评二人，转身便走！

这事过后，不只袁绍，连他的那些手下都被郭嘉气得青筋暴起。什么叫聪明的人会选择君主？什么叫空壳子？什么又叫抓不到要领？可以说，郭嘉的一席话将袁绍和他所有的手下得罪得干干净净。

可郭嘉他不在乎，在他心中，那些俗人就不配继续和自己结交。

没错，郭嘉就是这么狂傲。

好了，说完了郭嘉和荀彧，我们再来看看公孙瓒，看看他被袁绍骗了大头以后会有什么反应，然后再看看韩馥，看看他是不是真的平平安安地过了一辈子。

本节参《三国志·荀彧传》《范书》《傅子》

4.12　上山容易下山难

公孙瓒，又出钱又出力，拼死拼活击败了韩馥的主力军，最后竟然被袁绍将整个冀州平白夺取，其心中怒火不用多说。

而公孙瓒，从来不是那种吃了亏不还手的人。

公元191年六月，公孙瓒大军压至渤海，不到一个月的工夫便将渤海全部吞下。而袁绍则从始至终没有援助渤海，这大概便是他给公孙瓒的一种补偿吧。

可不管如何，袁绍是硬生生地大坑了公孙瓒一次，而公孙瓒也确确实实对袁绍亮了刀子，所以此二人从这时候开始便成了不死不休的生死大敌。两个势力的全面战争从此进入倒计时状态。

同月，韩馥为压力所逼，硬生生地选择了自杀而死，终是未得好报。

事情是这样的。

话说韩馥在投降袁绍之前，有一叫朱汉的手下，不知是因为出身还是自己的品德问题，总之这朱汉从来得不到韩馥的欣赏，反而经常被韩馥轻慢。

袁绍得到冀州以后，朱汉是第一个前去投诚的，所以袁绍便封了朱汉一个都官从事的职位。

朱汉认定袁绍心中是想要除掉韩馥的，所以自作主张，带兵将韩馥的府邸给包围了，并将腰中宝刀拔出，直接带人冲进了府内。

韩馥被朱汉这一动作吓蒙了，竟然跑到了屋顶，然后踹掉了梯子，将地门锁死，怎么也不下来。

朱汉见杀不了韩馥，便将韩馥的儿子抓了过来，对着屋顶的韩馥暴吼道："韩馥！你儿子现在就在我的手中，你出来我就饶他一命！你要是不下来，你信不信我硬生生折磨死他！"

这话说得极为凶狠，可现在的韩馥已经吓破了胆，说什么都不肯下来。于是就听咔嚓咔嚓两声瘆人的响声，紧接着又传出了一个年轻人声嘶力竭的叫声。

无他，韩馥儿子的两条腿硬生生被朱汉打断了。

而这时候的韩馥呢？却蹲在屋顶的角落瑟瑟发抖，根本不敢下来。

就这样，朱汉和韩馥僵持了起来。此消息很快便传到了袁绍的耳中，袁绍听闻此事以后气炸了！

没错，他确实是希望韩馥去死，却不能在这个时间！也不能以这种方式去死！不然全天下的人都会认为他袁绍是一个卸磨杀驴的人。这样的话，袁绍的名声就全毁了，以后还有谁会投奔袁绍？

于是，愤怒的袁绍亲自带领卫队前往了韩馥的府中，当即就把朱汉给砍了，然后好说歹说才将韩馥给劝下来。

不过这时候的韩馥已经再无胆量继续待在袁绍的身边了，所以请求袁绍无论如何放他出城，他韩馥以后也不用袁绍管，只要放他出城就行。

袁绍无奈，只得放了韩馥。韩馥遂投好友张邈，从此在张邈的保护下生存。

按说，这时候韩馥对袁绍就应该没有任何威胁了。可韩馥不死，袁绍心中始终不安。于是，韩馥的结局就这样被注定了。

本月末尾，袁绍的一个使者突然来到了张邈的地盘。张邈不敢怠慢，乃扫榻相迎。

当时，韩馥并不在现场，可那使者却一定要韩馥亲至才会和张邈进行会谈。

张邈以为要商量的事情也和韩馥有关，便将韩馥叫了过来。可双方进行交谈以后，使者所说的话题却和韩馥没有半点儿关系，还时不时地趴在张邈耳边窃窃私语。

这也就算了，窃窃私语的时候还用眼睛斜视韩馥，那感觉好像就是商量如何杀掉韩馥一般。

本来就胆小如鼠的韩馥再也受不了这种担惊受怕的日子，于是借尿遁离席，在茅房中用随身小刀抹了自己的脖子。

韩馥，这个胆小鬼，在他将大权交给袁绍的时候其实命运就已经注定了。因为他根本不知道，在乱世，任何人都不能相信。

本节参《三国志・袁绍传》《资治通鉴》《范书》《九州春秋》

4.13　三万破三十万

韩馥死了，虽然表面上看和袁绍一点关系都没有，但明眼人都能看出，韩馥就是被袁绍给逼死的。

所以，袁绍从此逐渐失去天下人心。济北国相鲍信更是对袁绍这种卸磨杀驴的手段恨得不行，乃致信袁绍手下的小吏曹操，声称袁绍必将是第二个董卓，希望曹操能够向南发展争取摆脱袁绍的控制，成就自己的一番事业。

曹操本就对袁绍有诸多不满，见济北国相鲍信又如此支持他，便决定按此建议来办。

正好这时候黑山首领张燕手下的于毒、白绕和眭固正率十余万军攻击东郡，而东郡太守王肱根本抵挡不住，曹操便率本部兵马前往东郡驰援。

曹操当时有多少人，我可以很负责任地说，满打满算不到三千人，而黑山贼有多少？十余万！所以曹操想胜过黑山贼是绝对不可能的。

这场战斗的细节我翻遍了所有史料都没能找到哪怕一丁点儿的线索，只知道结果是曹操大败十余万黑山贼，这可真是军事史上的奇迹。并且这些黑山贼最后大多投降了曹操，使得曹操力量大增。

而且，因此次奇迹一般的大胜，使得曹操声名大噪，整个东郡都唯曹操马首是瞻。袁绍更是做了个顺水人情，表曹操为东郡太守，使得曹操终于有了一郡之地。

自此，曹操的崛起之路正式开启！

公元191年十月，青、徐二州三十余万黄巾余孽突然涌入渤海，准备强占此地为根据地，再现黄巾荣耀。

公孙瓒闻听此事以后，即率步骑三万三千人（注意这多出来的三千人）主动迎击。双方在东光县以南（今河北省沧州市南）遭遇。

黄巾统帅见公孙瓒只有自己十分之一的部队，根本没将其放在眼里，遂下令全军直奔公孙瓒，意图将其围而杀之。

拥有多年战争经验的公孙瓒只一看便知黄巾军所图，遂对身边传令进行布置。

传令官听罢，立即挥旗，之后鼓声擂动，公孙瓒的步兵军团令行禁止，迅速组成一支铁桶般的方阵进行防守。

此方阵极为强悍，盾、枪、刀、弩俱全，且备兵数重，可来回交替防守，以补体力不足。

在这种毫无破绽的方阵之下，黄巾军虽数次突击都未能有所建树，反倒是体力和士气都下降得非常厉害。

公孙瓒见时机已到，亲自挥动令旗。

嗡……一时之间，公孙瓒军四方号角声起，几息的工夫，就听轰隆隆的剧烈声响，然后尘烟漫天，从公孙瓒方阵后方两翼突然出现了三千白马骑兵和万余冲击骑兵（每翼一千五百白马骑兵，五千冲击骑兵）。

尤其是这些白马骑兵，速度极为迅捷，没多一会儿便将冲击骑兵落在了身后，然后直奔后方黄巾军的弓箭手而去。

（注：此白马骑兵便是闻名天下的白马义从，为东汉末期最强大的轻骑兵战斗集团）

紧接着，这些白马义从开始在飞奔的战马上对这些弓箭手进行奔射。因为行动极为迅捷，所以那些黄巾弓箭手根本就抓不住白马义从的行进线路，也就无法对白马义从进行反击，只能被动挨射。

所谓的黄巾军，只不过一群农民所组成的队伍，根本没有多少战斗力。在张角还活着的时候，这些人奉张角为神，所以战斗不畏死亡，奋勇向前而不知退。

可自张角死后，这些宗教疯子便失去了信仰，战斗力甚至还不如普通的农民军。

所以，在遭受了白马义从再三的骑射以后，这些黄巾弓箭手崩溃了，出现混乱的兆头。

那些白马义从极为果断，见黄巾弓箭大队要崩溃，竟直接将弓箭放到马鞍上，然后抽出冲锋长枪直奔这些弓箭手便去。

这些弓箭手现在已经在崩溃的边缘，哪里还能受得起如此攻击，所以只瞬时之间便被白马义从杀得大溃奔逃。

与此同时，那些专职冲锋的骑兵也已冲杀至黄巾军主力的侧翼，配合方阵步兵正前方的攻击简直是无往不利。

于是，不到半天的工夫，来势汹汹的黄巾军便被公孙瓒杀溃。

那些黄巾军扔掉了兵器，扔掉了赖以生存的军粮，只为能够逃脱公孙瓒的屠刀。

而公孙瓒也不猛追，只是像玩儿猎物一样跟在这些黄巾军的后面。

公孙瓒手下的将领们对此都非常奇怪，纷纷表示不解。公孙瓒也不解释，只是微笑着对手下的将领们道："等着吧，好戏就要开始了。"

大概两个时辰后，黄巾逃兵逃到了一条河流边，此河虽然较宽，但是水流并没有多急，这时候也正是退潮之时，所以这些黄巾逃兵便个个入河，往对面死命奔逃。

而公孙瓒呢？只是冷笑着看着这些人逃亡，并没有下令攻击！

然而，就在这些黄巾军一半人逃到对岸以后，公孙瓒突然下令发动总攻。

于是，一场单方面的屠杀开始了……

战后，看着满地的黄巾军尸体，公孙瓒的那些手下非常疑惑地道："主公，您之前为什么不下令攻击，一定要等到敌军逃掉一半以后才发动进攻呢？"

公孙瓒："困兽犹斗，兔子急了还会咬人，更何况人？如果我在他们渡河以前便发动攻击，这些人面对着大河，一定会拼了命地反击，到时候背水一战，我军甚至还有输的可能。可放掉一半人以后，剩余的黄巾贼定再无战心！满脑子只会想如何逃亡才会活命，所以我们才会如此轻易便杀掉这些黄巾贼人。"

话毕，在场所有的将领对公孙瓒佩服得五体投地，再不敢有半句疑惑。无可否认，公孙瓒确实是一名强悍的军事统帅。

本次战役，公孙瓒以三万三千人斩杀了五万黄巾军，俘虏七万人，几乎消灭了这些黄巾军总数的一半。公孙瓒因此声名大噪，整个东北有无数的势力都在这以后投奔了公孙瓒。冀州更是首当其冲，许多郡县的豪族都在这以后背叛了袁绍投奔了公孙瓒，使得公孙瓒的实力稳压袁绍。

与此同时，南阳袁术亦在此时致信于公孙瓒，怂恿他主动对袁绍发动攻击（袁绍在之前和刘表结盟，并支持刘表攻击袁术，二袁皆用远交近攻之策）。

于是，公孙瓒便打算趁此士气正旺之时一举消灭袁绍，永除大患！

本节参《三国志》《资治通鉴》《中国历代战争史》

4.14　界桥之战

公元191年十月，公孙瓒一边在渤海积极整军备战，时刻关注袁绍，一边派遣心腹田楷统刘备等人前往青州攻伐，意图在和袁绍彻底开战之前夺下青州，到时便可从东北与正东钳击袁绍。

（注：刘备鞭打督邮以后辗转反侧，最终逃至扬州一带，没过多久，大将军

何进遣都尉毌丘毅前往扬州募兵，刘备就这样重新当了兵。之后刘备跟随毌丘毅在下邳讨伐黄巾余孽，因作战勇猛被提拔为下密县丞，之后高唐县尉——高唐县令，再之后被黄巾余孽击溃而弃高唐，待公孙瓒三万破三十万以后认定公孙瓒必会成就大事，所以投了公孙瓒）

袁绍，无论他多么卑鄙无耻，多么没有下限，都不能否认，他绝对是当世枭雄，是具备一定能力的一方诸侯，所以一眼便看穿了公孙瓒的图谋，乃命一将（不知名）率为数不少（史无记载，应在四万左右）的兵马前去和公孙瓒抢夺青州地盘。

公孙瓒见和袁绍的冲突已无法避免，乃于本月发檄文大骂袁绍，彻底和其宣战。于是，便发生了闻名天下的界桥之战。

公元191年，公孙瓒率主力大军开始对袁绍发动攻击，并且一路势如破竹，连战连胜，最终屯军于界桥（今河北省威县境内），准备在界桥休整完毕以后彻底消灭袁绍，全并冀州。

而袁绍当然不会让公孙瓒如意，其实这么长时间他之所以没阻击公孙瓒，就是在不断集结士兵。而就在公孙瓒于界桥休整之时，袁绍也终于集结完毕，遂引全军前往界桥阻击公孙瓒，势必要在界桥决出一个生死。

数日以后，袁绍大军临近界桥，公孙瓒闻讯，遂引主力大军前往迎战。当时，袁绍军的前锋是麹义率领的八百先登精锐（先登精锐是袁绍军中的特种兵，里面的士兵全都是当时军中战力最高的战士，所以弓马娴熟并极擅近战搏击），虽然人很少，却极为精锐。而公孙瓒呢？见敌军前锋人数如此之少，便打算消灭麹义所部，先声夺人，以此来大增军队的士气。所以，当他见到麹义所部以后便下令所有骑兵队向麹义发动攻击。

一时间，马蹄声震动大地，轰隆隆好像地震一般。可麹义却没有半分畏惧，而是命四百先登精锐拉成长排，一手持盾，一手持枪蹲伏原地，然后又命另外四百先登精锐手持强弩埋伏于两侧等待他的命令。

轰隆隆，随着地震般的巨响，公孙瓒的骑兵部队已经越来越近了。百米……五十米……十米！就在公孙瓒骑兵距离麹义军不到十米的时候，麹义突然一声令下，然后，那四百名蹲伏的先登精锐突然将长枪举起，冲公孙瓒的骑兵便向前猛跳。

一时间，战马嘶鸣声遍布战场，无数的战马被刺穿，鲜血遍布！而后面的骑兵受前方所阻，也失去了原本强悍的冲击之势，遂暂停于战场。而就在这时，麹义再次挥动令旗！紧接着，两翼早已准备好的持弩先登精锐对着公孙瓒骑兵部队的两翼就是一顿疯狂射击！

当时，白马义从皆在大军两翼，所以首当其冲，只一瞬之间便被射死大半！于是整个骑兵部队开始混乱、溃逃、大败！

骑兵，是公孙瓒军中的魂、胆！骑兵部队的覆没，使得整个公孙瓒军胆寒！于是后面的步兵也开始溃散逃亡，公孙瓒大军好像雪崩一般迅速崩溃。

麹义见状，直接率八百先登精锐对公孙瓒展开了疯狂的攻击。公孙瓒见败势已现，便只能率军退回了界桥，准备在界桥收集残卒，组成一支强大的部队再行反击。可麹义精通战事，岂能给公孙瓒再次喘息的机会？遂针对界桥展开了不间断的疯狂攻势。

而就在这时，袁绍的主力大军也即将到达，公孙瓒不敢继续打下去，只能率残军往渤海疾退。所以，本次界桥便要以袁绍的胜利而终结。除非……除非袁绍在这过程中死去，那么公孙瓒才有可能反败为胜。可这有可能吗？答案是——极有可能。

当时，袁绍听说麹义以八百先登大败公孙瓒的消息以后大喜，遂率军急速往战场奔进！可因为袁绍军中大多是步兵，速度很慢，而袁绍又着急要杀掉公孙瓒，所以让步兵跟进，自己则亲率仅有的骑兵前往追击。可就在距离界桥只十余里之时，却听说公孙瓒已经退去了，根本无法追上。袁绍见状，便只能命部队于原地休整。

可就在这时，前方突然冲过来两千多骑兵，并且这些骑兵清一色白马精弓，一看就是闻名天下的白马义从。

原来，前方战败以后，骑兵四散而逃，只有组织性比较强的白马义从集结在了一起，准备绕过战场后再逃回渤海。可就在行军之时，突然遇到了袁绍所部。这些白马义从并不知道里面有袁绍，不过是见敌人兵少，这才来收割一番。所以集体冲向袁绍，并对袁绍那堆人展开了不间断的骑射。

一时间，箭如雨下，惨叫声不断。袁绍之别驾田丰见状，赶紧拉着袁绍，想要带他先逃到一堵墙后。可袁绍却一把打开了田丰的手，并怒吼道："大丈夫死在战场是最高的荣耀，怎么能舍弃部众而独自躲藏，那我还算什么将军！"

这一番话将其手下的士兵血性激气掀起。于是，袁绍手下的那些士兵自发拿出弩箭，对着白马义从便回射回去。白马义从并不知道袁绍在这里面，所以只是象征性地射了一拨，如今见这帮人抵抗激烈，便不再纠缠，遂转身而去了。袁绍就这样捡回了一条性命。而界桥之战，也在这种戏剧性的结果下收场了，结果正是袁绍胜，公孙瓒败。

当然，虽说公孙瓒败了，但也并没有到伤筋动骨的程度，前后不过损失几千人，其主力大部溃逃，并没有被杀死或者俘虏。不过这一战以后，公孙瓒的威望确实降低了好多好多，冀州诸多豪族背叛袁绍的势头也得以停止。

好了，公孙瓒和袁绍的事情咱先告一段落，因为距离二人的大决战还要过好长时间，这期间我们还是将目光扫向其他地方，看看天下都发生了什么大事。

关于公孙瓒骂袁绍的檄文字数很多，这里仅将精彩的部分作个简单交代：

"车骑将军袁绍，畜生不如，天下之共贼！就我所知，他共犯十大天理不容之事！特此告知天下有识之士，看看这种畜生是不是一个你们值得效力的君主！

一、袁绍当初在做司隶校尉的时候，尽瞎出主意，结果引来了董卓，致使天下大乱！可以说，袁绍才是这个天下大乱的源头！

二、董卓进入洛阳以后挟天子以令诸侯，当时凭袁绍手中的兵力是有可能诛杀董贼的，可这厮胆小如鼠，猪狗不如，竟然连试探性的进攻都没有就跑了！各位看看，就这个德行也夸赞自己忠于汉室？

三、袁绍逃离至渤海以后积极整军备战，准备讨伐董卓，这本是一件好事，可你在讨伐之前能不能告诉你身在洛阳的家人一声？也让他们有个准备，能提前逃出洛阳。你想没想过一旦你造反，你的家人将会遭受什么样的对待？结果，就是因为你袁绍，袁氏满门忠良皆被董卓诛杀，就你这等极端不孝的畜生也配假装周公的孝顺仁义？咋这么不要脸！

四、袁绍因盗取祖宗名声而侥幸当上了关东联盟军的盟主，本应急速讨伐董贼，可他袁绍行尽是那偷鸡摸狗之事！就我所知，联盟军组建以后，袁绍从来不用自己的部曲去攻击董卓，生怕损害了自己的利益。联军组建两年，他袁绍就知道运用自己盟主的身份来培植私人势力。用其他诸侯的士兵来抢夺富户财物，剥夺百姓财产，以至于百姓愁苦、无不哀痛！

五、韩馥，不忘本之大善者也！就因为是你袁氏一族的老部下，便将整个冀州全都送给了你！对你的好简直更胜你的亲爹！可你呢？你个忘恩负义的东西，你敢说韩馥的死跟你没有关系？如此卸磨杀驴之人也配自称贤者？

六、袁绍曾用一叫崔巨业的神棍为心腹，不但给他巨额财产，还和他一起饮食，一起行动。事无巨细要先看看所谓的天象才会行动，包括什么时间攻打什么地方都要问过这个神棍。如此信奉鬼神，这难道是一个诸侯应该有的行为吗？

七、刘勋，袁绍的坚定拥护者，袁绍之所以能顺利成为盟主刘勋也是有大功的，可袁绍依然卸磨杀驴，觉得刘勋没用后便以种种借口将其斩杀了。袁绍，和畜生又有何异？

八、袁绍在为关东盟军盟主期间，无数次利用自己的身份向上谷太守高焉和甘陵相姚贡要钱。这二人没有凑够袁绍索要的数目，袁绍就残忍地将二人肢解。如此残暴，这和董卓又有何区别？

九、春秋大义，子以母贵，他袁绍是一个什么东西？贱婢所生庶子而已，可就是如此卑贱的身份，袁绍依然以袁氏族长自居，将嫡次子袁术不放在眼中，这种人也配当袁氏族长？也配成天吵嚷着给袁氏一族光大门楣？我呸！我告诉你袁绍，你就是袁氏一族的污点！

十、以上这些还都是轻的，最不是人的就是这第十罪！豫州刺史孙文台英勇无敌，连破董贼和他手下爪牙，眼看就要将董贼彻底诛杀，还天下一个朗朗乾坤。可这时候，袁绍这畜生却派周昂前去抄了孙文台的大后方，断了他的粮道，致使董卓能够顺利逃到长安，彻底断送了诸侯们好不容易创造的战果。袁绍，我想问问，你还算个人？我公孙瓒虽然不是什么圣人，但似袁绍这种不忠不义、不仁不孝的畜生我也必须将其斩杀！以上……"

这篇咒骂袁绍的檄文实在是太过激烈，激烈到全天下街坊邻居在茶余饭后都会聊这个话题，聊之后袁绍怎么发檄文回骂公孙瓒。

可结果呢？这些百姓失望了，因为袁绍一点点的回应都没有，只不过在不停地整军备战，仅此而已（并不是他袁绍有多么宽宏大量，而是他根本解释不了，越解释越显得他虚伪，所以只能打碎了牙往肚子里咽，因为这些事儿他确确实实都干过）。

本节参《三国志·魏书》《中国历代战争史》《资治通鉴》《英雄记》《典略》

4.15　官匪勾结，原形毕露

好了，袁绍和公孙瓒暂时就放这，我们目光转过，再来看看西南方向。因为西南刘焉现在已经崛起了，并且有一举拿下关中，进而定鼎天下的野心。

两年以前，刘焉老哥一人来到了益州。他人生地不熟，孤独又寂寞，在本地没有关系网，还有贾龙这等强势属下，所以野心很大的刘焉非常憋屈，只能以仁善的假面来应对益州的那些官人，那叫一个郁闷。

一天，刘焉还是如往常一般笑脸迎人，还是如往常一般勤奋工作。可就在这时候，来了一个非常漂亮的妇人。这妇人将一个纸条默默地交给刘焉，转身便走了。可当刘焉将这纸条打开以后冷汗却欻地一下流了下来。

紧接着，刘焉故作镇定地摆出不屑的表情将那个纸条烧了。不过当天夜里，刘焉却辗转难眠。

至于原因，便是出在那个美丽妇人所送的纸条上。那上面只有四个字——张鲁之母！

五斗米教之前我向大家介绍过，在汉中和益州都有为数不少的信徒，是一股相当庞大的势力。五斗米教天师张衡在众人心中更是拥有至高无上的地位。

可在这光芒万丈的荣耀之下，却埋藏着卑劣的阴谋。

张衡的儿子很多，其中有一个孩子正是叫张鲁。

这张鲁很有才能，年纪轻轻便成了五斗米教的中坚人物。但他只是庶出，根本没有继承五斗米教的资格。

可就在张鲁整日为了如何才能继承父业而愁眉不展之时，刘焉却来到了益州。

张鲁观察了这个新任益州刺史整整两年，发现他和自己有相反的苦恼（张鲁有实无名，刘焉有名无实），但最终的目的是一样的，便遣自己还有些姿色的母亲前去"试探"刘焉，看看能不能相互利用。

结果，只第一次试探，刘焉便心动了。

所以，当张母第二次来到刘焉的府中后，两个人暗中结成了同盟。

自此，张母成了刘焉和张鲁之间的秘密联络人，频繁现身（或者说献身）于刘焉府中，张鲁手中的五斗米教众也成了刘焉手中的私兵。

刘焉因此表张鲁为督义司马，并向张鲁承诺，只要等自己拥有足够的实力，张衡死后，五斗米教的继承人就是他张鲁。

这之后，刘焉和张鲁之间的配合越发默契。他们先是利用五斗米教众截断了益州和中原连接的栈道，断绝了朝廷和益州之间的联系，然后以莫须有的罪名连杀了十余个拥有兵权的官员和豪强，以增强自己的实力。

贾龙见刘焉和五斗米贼相互勾结得越发厉害，终是联络了犍为郡太守任岐和他一起攻击刘焉。

可到了现在这个阶段，刘焉已经不是他贾龙所能制衡的了。

最终，贾龙、任岐被刘焉所部及五斗米教众联合消灭，整个益州再也没有任何一个人或势力能够和刘焉相提并论，刘焉毫无疑问地成了益州之主。

这之后，刘焉开始肆无忌惮，所食所用皆参皇室规格，甚至连招摇过市的马车都是仿照的皇车。刘焉之野心到此已暴露无遗。

刘表听闻这件事以后非常愤怒，即刻上奏朝廷，希望董卓能够立即出兵讨伐刘焉，并将他在朝中为官的儿子全都给杀了。

当时，刘焉的四个儿子（刘范、刘诞、刘璋、刘瑁）中有三个都在朝中为官（刘范、刘诞、刘璋），如果将这三个儿子全都给杀了，对刘焉而言必定是一次毁灭性的打击。可董卓当时的重心全都集中在关东一众诸侯身上，准备在一个绝佳的时机重回中原，根本就不想搭理刘焉。

于是，董卓将刘焉其中一个叫刘璋的儿子放回了益州，让他好好劝劝自己的父亲，不要作死反叛。

可刘焉呢？根本就没搭理董卓，反而将刘璋留在了益州，再不放他回去了，其造反之心已暴露无遗！

这还不算，刘焉还秘密联系叛贼马腾，约他在本月于关西会师，组成联军以后突袭长安，并由自己的儿子刘范作为内应，在攻击长安之时于城内发动叛变，一举而定长安。

到时候，自己杀了董卓，大权在握，这个天下还不早晚是自己的？

呵呵，想得真好，这刘焉的理想倒是很丰满，可现实却又是如此骨感。因为就在马腾和刘焉即将会师之时，二人造反的消息却突然泄露。

董卓听闻此事以后极为愤怒，先是斩杀了刘范和刘诞，然后即遣大军前去关西袭击马腾。

马腾不是董卓的对手，只能仓皇退回凉州，而正在向关西行进的刘焉见马腾已败，心知此事再不可为，也只能无奈返回益州。

而董卓呢？说句实在话，他根本就没将刘焉放在眼里，他现在要做的只有一件事，那便是坐山观虎斗，等中原那些人相互之间拼个两败俱伤以后再行东进，一举而定天下。

至于刘焉，先让他活两天又能怎样？

基于此，董卓并没有对刘焉做出什么报复性举动。

而事实证明，董卓的这个决定是多么正确。因为哪怕是他不去攻击刘焉，刘焉也不会再对他形成任何威胁了。为啥呢？

话说就在刘焉率军返回益州以后，于次日夜里突然天降大火（《三国志》载：时焉被天火烧城），此大火极为邪门，竟然蔓延整个城池，刘焉在多人的掩护下这才狼狈地逃过一劫。

次日，刘焉当天便将州治所迁到成都，可到成都以后又发了大病，从此只能在床上呻吟，身体一天不如一天，眼看便要归西，所以这北伐之事也就无疾而终了。

本节参《三国志》

4.16 恶虎归天

公元192年正月，公孙瓒和袁绍之间的恶劣关系已越发白热化。袁绍怕这时候南阳袁术在自己的后面捅一刀，乃致信刘表，希望这个新崛起的荆州大佬能帮自己牵制袁术。

刘表本来就奉行着亲袁绍恶袁术的基本国策（地理必然性），所以当即答应了袁绍的请求，并不停派游击部队前往袭击南阳地区。

刘表这些龌龊的举动使得袁术大为光火，便命孙坚率本部兵马向南攻击刘表。意图用孙坚所部为炮灰，给他白白打下富庶的荆州。

袁术的行为是如此露骨，可孙坚闻听命令以后却没有半点儿意见，点齐兵马便向南征伐刘表了（孙坚的想法应该是打下荆州以后自己占领，所以答应得非常痛快）。

刘表听闻恶虎孙坚来袭，自然不敢大意，当天便命大将黄祖率早已准备好的部队于樊城和邓城之间（二城皆在襄阳西北）设置壁垒，准备打防守反击之战。

可黄祖这等二流将领怎么可能是孙坚这头恶虎的对手，这所谓的壁垒在孙坚面前好像纸糊的一般，不过几天便被毁得千疮百孔。

黄祖见实不是孙坚的对手，只能趁夜色弃壁垒而逃。

可孙坚用兵如神，黄祖后几步全都让他算了出来。他就料定这黄祖必会在当夜率军奔逃，所以早就做好准备，一等黄祖逃跑便开始疯狂地追击。

于是，黄祖一溃再溃，被孙坚打得如同丧家之犬，九死一生才逃回襄阳。

刘表见黄祖败得如此之快、如此之惨，那是又惊又怒，当时便想斩杀黄祖，要不是蒯越等文臣拼死求情，黄祖必死无疑。

三日后，如疾风般迅捷的孙坚已杀至襄阳城下，刘表着令全城闭门死守，日日警戒。

孙坚见襄阳城防布置得当，城高墙厚，所以没有强攻襄阳，而是将襄阳团团围住，然后日夜建造攻城器械，乒乒乓乓的修造之声日夜并传于野，弄得襄阳城内的士兵担惊受怕，士气每况愈下。

见此，刘表觉得必须有所动作，不然早晚被孙坚折磨死。

于是，他叫来黄祖，让他趁夜色偷偷出城，在襄阳一带县邑收拢士兵，等聚集到一定数量的士兵以后在孙坚的背后对其进攻攻击，到时候自己配合黄祖两面夹击孙坚，这样兴许还有胜算。

黄祖不敢违背刘表的命令，更不敢逃走（黄氏是荆襄豪族，一家老小尽在荆州，如果黄祖逃走，黄氏会被满门诛杀），只能趁夜色逃出包围圈，前去其他县邑募集士兵。

你还别说，不到一个月，这黄祖还真就募集了一支近万人的队伍。本来还可以募集得更多，但现在襄阳危在旦夕，如果襄阳被孙坚攻破，自己的家族也别想好，基于此，黄祖也不管那么多了，凑足了万人部队便往襄阳疾奔。

此时，襄阳郊外，孙坚军中。当孙坚听闻黄祖正率一支万人军队往襄阳而来以后根本没放在心上，只是冷笑，然后开始布置，围困襄阳之军顿时舍弃三门，所有的部队集中在了北门（防止被两面夹击），并布置防御壁垒。

这些都布置完以后，孙坚只率五千精锐便前往迎击黄祖。因为在孙坚眼中，黄祖那所谓的一万士卒全都是临时拼凑的，根本就不值得他认真对待，只五千精锐便可轻易将其击溃。

孙坚轻敌了吗？没有，他猜得一点儿没错。那黄祖军果然不是孙坚的对手，双方交锋以后就被孙坚所部击溃。

黄祖再次惨败于孙坚手中。这时候的黄祖都快哭了，他是真的打不过孙坚，不管是战场硬拼还是使用谋略，他都及不上孙坚的一半，所以……嗯？计谋？

正在惨遭孙坚追击的黄祖突然灵光一现！看了一眼距离襄阳不远，满山都是树丛的岘山，便即率军往岘山狂奔。

孙坚自然不可能放过黄祖这支败军，乃在其后狂追不止，不停砍杀黄祖的士兵。

可砍着砍着，孙坚就感觉事情有点儿不对了。因为自从进了襄阳附近的这个山头以后，树林草丛便逐渐增多。直到现在，不用说部队前后不能相望，就是百米之地也无法尽收眼底。

孙坚手下将领见此赶紧道："主公，此山树丛繁多！极适布置伏兵，变数颇多，不如尽早撤出此山，不然恐生变故啊。"

话毕，孙坚默默地点了点头，可就在孙坚打算撤出岘山之时，就听砰的一声爆响，然后无尽的箭矢直冲孙坚所部。

而孙坚这时候正在队伍的最前头，还一身红装，极为扎眼，所以首先被无数的箭矢招呼，瞬间便成了刺猬。

孙坚，这个汉末第一战将，年仅三十七岁的江东之虎，就这样死于乱军之中，甚至在死前都发不出一点声响，只是躺在地上，将一只手举起对着苍天，好像在诉说着自己的不甘与屈辱。

孙坚死了，这个第一统帅就这样死了，还在岘山上的士兵哪里还敢停留，赶紧撤回军营，将这件事告诉了副将程普。

程普听罢悲痛欲绝，但他知道，现在并不是哭的时候，自己最应该做的是将孙坚这些还活着的部下和士兵的命保住，这才是第一要务。

于是，程普亲率精锐殿后，然后直命大军以警戒之态缓缓向鲁阳方向撤退。

再看刘表，当他听说孙坚的死讯以后开心得不行，当即组织部队对孙坚残部进行追击。

可让刘表崩溃的是，孙坚军中不仅仅是孙坚会打仗，甚至他手下的那些战将一个个也是彪悍非常。尤其是断后的程普，在他的拼死搏杀下，挡住了刘表一拨又一拨的攻势，竟使士气已经跌落至谷底的孙坚军再次振奋。

见此，刘表哪里还敢再行追击，生怕被反转的他只能放孙坚军离去。

可就在程普费尽全力保着这些士兵回到鲁阳以后，他却惊异地发现，自己换主子了。

原来，身在南阳的袁术一听说孙坚的死讯便以一辈子都未曾有过的速度率军至鲁阳，将孙坚的地盘和士兵全都给夺了过去。

因为孙坚在表面上一直是袁术的部下，所以驻守鲁阳的那些官员也没多说些什么。最关键的是孙坚的四个儿子（孙策、孙权、孙翊、孙匡）这时候也都远在南方并未在鲁阳军中，所以哪怕是程普等军中宿将也是没有办法，只能暂且归于袁术，待以后再作计较。

那么孙氏一族到这就算是完了吗？

答案当然不是，因为在孙坚的四个儿子中，有一个不次于孙坚的存在，他将为孙氏一族打下一个铁桶江山，令天下惊叹。

他是谁？他便是孙坚的长子，孙策孙伯符（S⁻级统帅）。不过距离孙策席卷江东还要好一段时间，我们到时候再说，在这之前还是继续说袁术吧。

本节参《中国历代战争史》《典略》《三国志》《吴录》

4.17　因祸得福

话说孙坚被黄祖阴死以后，刘表极为振奋，因为他知道，袁术的那些手下除了孙坚以外没有任何一个人值得他注意，于是便开始肆无忌惮地攻击南阳边境。

袁术因此大怒，遂和刘表开始了不间断的斗争。

可打着打着，袁术悲哀地发现，自己根本就不是刘表的对手，孙坚的那些旧部在袁术的手上甚至连当初一半的战力都发挥不出来。

眼见这南阳接连被刘表蚕食，自己的部队一败再败，袁术不敢再和刘表交锋，便只能联系公孙瓒，向北攻击袁绍，希望自己在攻击袁绍的时候公孙瓒能从北面向南攻击，两方南北夹击之。

公孙瓒收到了袁术的信件以后极为振奋，当即表示同意，并整备大军，准备袁术北伐的时候同时向南攻击袁绍。

可就在大军准备向南之时，袁术战败的消息却传到了公孙瓒的耳中。

公孙瓒一时之间呆立当场。他实在不敢相信，拥有庞大军团的袁术能败得这么快、这么惨，这得多废物才能这么快就被袁绍击败啊。要知道，现在自己可正在袁绍头顶上盯着他呢，在这种情况下，袁绍根本就分不出兵力攻击袁术才是啊！

那这到底是怎么回事呢？其实这一切都是曹操的功劳。

话说曹操打败十余万黑山军以后不仅仅得到了东郡，兵力还狂增至数万，成为袁绍一大助力，为袁绍抵御南方之患。正巧这时候袁术北伐袁绍，这一下子就撞到了枪口。他袁术连刘表都打不过又怎是曹操的对手？我可以毫不夸张地说，论行军打仗，曹操之能绝不在孙坚之下！有些方面甚至还要强过孙坚！

所以，袁术被曹操毫无悬念地打败了，并且败得极为迅速，未等公孙瓒做出反应就败了。

本想夺取袁绍的地盘以作安身立命之地的袁术因此再一次成了孤独的流浪军。

而这一回袁术学乖了，他弃北转南，奔至寿春（属今安徽省淮南市），意图以寿春安身立命，再行夺取天下。

可寿春太守陈瑀却了解袁术的德行，死活不让袁术入城。袁术大怒，集结所部便开始对寿春发动了凶猛的攻势。

你还别说，这袁术对付曹操、刘表没啥能耐，欺负别人倒是一套一套的。那陈瑀根本不是袁术军团的对手，抵御袁术没多长时间便弃城而逃了。袁术因此顺利入驻寿春。

这还不算，袁术尝到甜头以后又亲率大军攻击九江郡，并杀死了扬州刺史陈温，攻占了九江。

这之后，袁术分兵略地，很快便攻占扬州大部，然后自领扬州牧，称霸整个扬州。

不得不说，袁术这一次也算是因祸得福了，势力不但照之前南阳太守时没有半分衰弱，还大大地增强了。

不过袁术这一次的行动虽然比较令人震撼，却不是本年最劲爆的新闻！因为就在袁术于扬州称王称霸之时，身在长安的董卓却意外身亡！致使天下格局迅速转变！

本节参《中国历代战争史》《资治通鉴》《三国志·魏书》

4.18 董卓之死

公元192年正月初一，黄门侍郎荀攸正在和议郎郑泰、何颙、侍中种辑、越骑校尉伍琼等几个好友在一起欢度新年。（荀攸，字公达，属今河南省许昌市人，荀彧之侄，S⁻级谋士，算无遗策，相当强悍）

本来哥几个喝得正来劲，可就在这时，黄门侍郎荀攸却突然放下酒杯，敲了敲几案，示意大家肃静。

当大家都停止言论看着荀攸之时，荀攸正色道："诸位认为董卓是一个什么样的人？"

众人："……"

荀攸："在座都是我荀攸最好的朋友，我觉得没有什么不好说的，既然你们不敢说，那我就替你们说！董贼为人没有任何道义可言，其残暴更胜夏桀、商纣！虽然他有大兵在握，可在我看来不过就一匹夫罢了！只要在座各位齐心布置，杀他并不是很难。"

话毕，众人陷入了久久的沉思，半晌没有话语。

大概半炷香以后，还是郑泰最先发言："公达，你且说说，在座各位都对董贼深恶痛绝，只要你说的办法行之有效，我们都会配合你的。"

见在座各位都点头称是，荀攸便接着道："很简单，各位手上都有可用的心腹之士。尤其是伍兄，手下的骑兵更是京中精锐。诸位可从明日开始聚集心腹之人，然后在三天后正午直接于宫中发动武装政变，杀了董贼！至于伍兄，你在董贼死后迅速率领你的兄弟们占据皇宫，不给贼子反扑的机会。到时候董贼一死，其心腹必乱，咱们便建议天子肃清关中，占据崤山、函谷关等险要。如此，外贼不能威胁长安，待天子稳固大权以后定会有越来越多的诸侯前来勤王。到时，大汉复兴，我等也会名留青史，受子孙万代敬仰！"

名声，尤其是后世对于自己的评价，这在这些古代士大夫心中是占有绝对的地位的。所以，伍琼、郑泰等人一听便答应了。

可两天后，就在众人准备就绪，打算在次日实行政变之时，消息却泄露了。

董卓因此大怒，遂以雷霆之势将众人逮捕。何颙惧怕这之后将遭受无休无止的侮辱，便在审讯开始之前自杀了。

其他的人虽然没有像何颙一样选择自杀，但也如坐针毡，怕得不行。只有荀攸这个没心没肺的，在监狱里哼着小曲儿，吃喝如常，一点儿都没有害怕的意思。

结果，这荀攸还真就没死，没过多长时间便大摇大摆地从监狱里走出来了。这是怎么回事儿呢？难道董卓的胸襟已经大到了能原谅要杀他之人的程度了吗？

非也，并不是董卓的胸襟有多大，而是他真的被杀死了，所以荀攸才能安然无恙地从大牢中走出来。

那杀他的人是谁呢？不是别人，正是董卓最信任的义子，吕布了。

话说那吕布投降董卓以后极受宠爱，先是被董卓认作义子，然后直接封中郎将、都亭侯，可谓一路升迁。

这还不算，因为董卓得罪过的人实在太多，所以非常担心有人会行刺他，便令武艺高强的吕布时常跟在自己身边，保护自己的人身安全，可谓相信到了骨子里。

可自董卓迁都长安以后，虽然依然信任吕布，可对他就不那么看得上眼了。

为什么？因为吕布不但耍心机搞败了胡轸（这种事情是瞒不住的），还被孙坚打得落花流水，所以从这时候开始董卓就顶顶看不上吕布。不管有什么不顺心的事都会拿吕布撒气。怒极的时候甚至还会抽出手戟投掷吕布，这便使吕布开始对董卓有了愤恨之情。

这还不算，吕布还在一次董卓不在的情况下精虫上脑，和董卓的爱姬有了私通之情（这爱姬并不是所谓的貂蝉，貂蝉只不过是演义中虚构的人物），如此，便使得吕布更加惧怕，生怕有一天董卓知道了这件事以后杀了自己，这便在潜意识中埋下了干掉董卓的种子。

然而，就在这个时候，一个人找到了吕布，使得吕布终于下定决心将董卓铲除。

这个人是谁呢？便是司徒王允了。

王允，字子师，太原郡祁县（今山西省祁县）人，官N代，从小全身上下就自带正义光环，不管走到哪里都是两袖清风，在东汉末期这个腐败透顶的时代独树一帜，凡任地方大员皆能使地方大治，所以很得百姓爱戴，在当时很有名望。可最后因为秉公办事得罪了张让等朝中巨宦，所以以莫须有的罪名冤屈入狱，要不是当时朝廷中的清流们舍身死谏相救，王允必死无疑。

王允出狱以后丢掉了自身的官职，从此以闲散之身游走于河内、陈留间。后来，灵帝驾崩，大将军何进掌握朝中大权，王允便被何进招纳至阵营中担任从郎。

再后来，董卓独霸朝纲，为了向天下展示自己的贤明，遂用天下清流之士为官。如此，王允便被连番提拔，最后竟升至司徒兼尚书令。

东汉时，尚书令和司徒都是文官系统中最牛的存在，由此便可以看出，董卓是多么器重王允。

可王允虽然在表面上对董卓言听计从，心中却是憎恨董卓到了骨子里。无时无刻不想把这个大魔头抽筋拔骨。尤其是董卓在洛阳一带滥杀无辜之时，王允更是差点儿没忍住，在那时候就要动手。要不是好友死命劝谏，王允估计已经失败了。

直到迁居长安以后，董卓见联军不再找自己的麻烦，便更加肆无忌惮，他首先自封为太师，宣布地位要在三公和天下诸侯之上，然后强令汉献帝称呼自己为尚父（复杂地说就是董卓让汉献帝以长辈之礼来对待自己，简单点说就是董卓让汉献帝管他叫爹，这样自己就能名正言顺地发布诏令了）。

之后，这家伙就开始总统朝政了。

董卓先是任命自己的弟弟董旻为左将军，然后连任诸多董氏族人入朝担任机要（从上到下掌控朝政）。之后各种杀人，各种莫名其妙的失败改革，如同狂魔一般将整个关中弄得乌烟瘴气。

大概是董卓也感觉自己不是搞政治的料，兼得罪的人实在太多了吧，他为了自己的人身安全，竟然不再入朝，而是在距离长安二百五十里的地方建了一个叫郿坞的巨型府邸。

与其说是巨型府邸，还不如说就是一个小型的城池！因为这郿坞光城墙就和长安的一样高，囤积的粮食更是够数万大军吃喝三十多年，所以董卓经常在众人面前夸赞道："哈哈哈，如果我董卓以后能真正地成就大事那固然好（统一天下），可成就不来也无所谓啊，我有郿坞在，足以安度一生。"

由此可见，这郿坞被建造得多么巨大、多么宏伟。

王允被董卓这一系列的事情气得七窍生烟，可他依然没有动手，因为凭自己手中那少得可怜的力量，他真的没有办法和董卓对抗，更别说现在的董卓还整天蜗居郿坞之中（朝中重要公文皆送至郿坞批阅），根本就不给他王允机会。

可就在王允百般苦恼之时，不知听谁所说，那董卓的心腹爱将吕布竟已经和董卓心生隔阂。

王允听闻此消息大喜，遂用重金打通郿坞关系，询问里面的真实情况。

而当真实情况传回来以后，王允更是喜上眉梢，乐得近乎癫狂："都拿手戟了还有什么说的！策反！"

公元192年二月某日，身在郿坞的吕布应王允之请来到了其府中。

酒席之上，王允连番敬酒，并偶对吕布进行轻微的试探。

吕布最开始并没有什么异常的举动，只不过装作没听懂，照常和王允吃喝。可等到酒过三巡，吕布喝高兴了以后，那一切就都不一样了。

王允："将军你勇冠三军，实为不可多得的良才，可最近我怎么听说董太师对你越来越冷淡，还扬言要把你驱除呢？"

吕布："温侯（王允在191年左右被封为温侯，所以现在的温侯并不是吕布）你有所不知，董……我义父他因为我前一段时间为孙坚所败，这才对我越发冷淡，我恨，恨啊！"

王允见吕布气得青筋暴起，越发愤怒，料定其早有反心，遂抓住此天赐之机和吕布道："如果我现在和将军说，想要诛杀董卓！不知道你敢不敢干？"

这话一说，本来愤怒如地狱修罗一般的吕布仓皇而起，拔出腰中宝刀指着王允便道："你！你怎可说此大逆不道之言！王允，难道你想死不成！"

王允并未畏惧，只是坚定地看着吕布道："没错，我王允就是要诛杀董卓！"

说到这，王允突然暴起，顶着吕布手举的宝刀便冲了上去。吕布吓了一跳，赶紧将宝刀收回，狼狈道："你……你到底想要干什么？"

王允冷笑，然后义正词严地道："苍天不公，毁我大汉！自董卓这恶徒出现以后，天下扰攘，民不聊生，我王允身为大汉臣子，有责任诛杀董卓，匡扶汉室，使我大汉重回荣耀！吕将军，你也是我大汉的子民，难道你就不想匡扶汉室，名留青史，从此受后世膜拜吗？"

话毕，吕布低着头想了好半天，这才犹犹豫豫地道："可……可是董卓是我的义父，我这样做实在是……"

"瞎说什么！"

未等吕布说完，王允直接打断道："吕将军，我请你考虑清楚不要自误，你姓吕，董贼姓董，你们两个没有半点儿血缘关系！他如果真当你是自己儿子的话，怎么会拿手戟掷你？好好想一想吧！"

说到这，吕布缓缓地坐了下去。这之后，他再也没有任何动静。直到半个时辰以后，吕布眼神一定，终于下定了决心："温侯说的是，除掉董卓也是为了汉室除害！我吕布答应你了！可要杀掉董卓就必须走合法的程序，还要陛下支持才能最终成功，不知温侯可能拿到陛下的诏令？"

此话刚刚说完，王允便微微一笑，然后从袖中抽出了汉献帝早已写好的诛董诏书。

见此，吕布再没有二话，拿起诏书转身便走。

公元192年四月，汉献帝"突然"身体不适，宣董卓进宫。

董卓以为汉献帝要将大汉皇位托付于他，高兴得不行，当天便准备出发。

可就在这时，一名董卓的心腹官员却跑到董卓身旁砰地一跪大声道："太师此次不可出行！"

董卓一听这话心情就不好了，阴阴地道："嗯？为什么这么说！"

官员："下官刚才偶遇一道人，他对下官说太师您今日必将遭受小人所害，只有屯于郿坞才能躲过一劫。"

董卓："哦？尽胡说八道，当今天下谁能害我？谁敢害我？"

那小官看了看吕布，然后犹犹豫豫地半天不肯说话。

董卓于是大怒："你盯着我儿奉先看什么！还能是他害我不成？你还有没有话说？没有话说就给我滚！滚得远远的！"

那小官又看了看吕布，最终好似下了什么决心，便将一张纸条交给了董卓，并同时道："启禀太师，那老道说就是这人要害死太师。"

可当董卓打开了纸条一看却哈哈大笑，然后毫不在意地将纸条交给了吕布，吕布看到纸条以后吓得面无人色，但只一瞬便恢复了正常的表情，还用一声冷笑来表达自己对这张纸条的不屑。

这张纸写的是什么呢？很简单，就是一个"吕"字，这很明显就是说要害董卓的不是别人，正是吕布。

基于此，董卓才哈哈大笑，然后浑不在意地道："哼！吕布为孤之义子！享尽天下荣华富贵，怎么可能暗害于孤？必是有奸诈小人嫉妒，这才用此没有水平的离间之计。"

说到这，董卓看了一眼那个小官，然后极为鄙视地道："要不是孤今日心情大好，必活烹了你！还不给我滚！"

小官："是，是。"

就这样，那名对董卓忠心耿耿的官员狼狈逃走了，而董卓呢，则继续往那无尽的深渊不断前行。

然而，就在董卓进入长安以后，见大街小巷的孩童们都在哼唱一首歌曲："千里草（草头+千+里=董），何青青（为何如此繁盛？暗指董卓现在的权势过大）。十日卜（卜+日+十=卓），尤不生（即将灭亡）。"

这首歌曲充分地表达了老百姓对于董卓的痛恨，以及早点盼望他死掉，暗中还有那么一丝丝警示。可拙笨的董卓根本没听清其中的意思（因为他根本不相信有人敢咒骂他），就这样大摇大摆地进入了皇宫。

可就在董卓和其卫队进入皇宫以后，就听砰的一声巨响！大门被紧紧地关闭。而皇宫之中也未见皇帝及大臣，董卓当时就知中计，可还未等他反应过来，吕布的心腹李肃便持戟冲杀而上，对着一身铁甲的董卓便是狠狠一刺。

可因为董卓全身皆为铁甲，再加上此贼也是久经战阵，所以反应很快，直接用手臂挡住了这夺命一刺。

这之后，董卓顺势一滚，脱离了李肃的刺击，然后四处求救，可令董卓绝望的是，此时所有的士兵见董卓都是双眼冷漠，没有半分感情（皆为吕布部曲）。

见此，董卓越发惊慌，如杀猪般嘶吼道："奉先！我儿奉先何在！"

结果这一叫，还真将吕布给叫出来了。

只见吕布拨开了打算继续对董卓下手的李肃，然后拿出了汉献帝的诏书，以极为冰冷的口吻道："我吕布奉皇帝诏令，今日便将你董卓诛杀。"

董卓顿时怒火中烧，指着吕布嘶吼："狗崽子！你胆敢这么对我，我……"

噗……未等董卓说完，吕布手中寒光一闪，一把钢枪死死地插进了董卓的胸口。

就这样，拳打关东联军，脚踹擎天大汉的董卓死了，死于吕布之手。

本节参《三国志》、《英雄记》、《资治通鉴》、谢承《汉书》

4.19 窝里斗

公元192年四月，董卓死于吕布之手，他留在郿坞的董氏一族，不论男女老少皆为原来的部下所杀，用以请朝廷之赏。权倾天下的董氏一族只一瞬之间便近乎绝种。

这消息传得非常快，转眼之间，整个长安的官民就全都知道了这件事。那些文官听闻此事以后当即跑出了府邸，跪在地上对着苍天连番叩首。男子们则在街道上争相唱歌跳舞以示庆祝。妇女们更是卖掉了珠宝首饰来买肉买酒，给自家的男人请客之用。

一时间，整个长安欢声雷动，街道被挤得水泄不通。汉献帝也是相当振奋，当即便赏赐王允无数的财宝，另封首功之臣吕布为奋威将军、假节，仪同三司，允许以武将的身份和王允共同主持朝政。

这还不算，汉献帝还下令将董卓的尸体拖到市区之中示众三天。

当时的长安，天气已较热，而董卓的身体非常肥胖，所以一经暴晒，恶心的油脂便流了一地。

看守尸体的官员也是好事，见董卓的油脂如此厚实，便做了一个大灯捻放在董卓的肚脐上点燃，看看能不能坚持三天。

结果到了第三日的时候，这灯捻依然烧得很旺。而长安的贫民百姓们，他们的心也极为炽热！

整整三天，从白天到晚上，他们都在原地吃喝拉撒，就是不肯离开董卓的尸体旁一步。

为什么？难道这些百姓有什么特殊的喜好，还是他们想看看这个大灯捻究竟能烧到什么时候？

都不是。这些百姓之所以在原地眼巴巴地看着董卓的尸体，就是想占一个好地方，不让别人……

三日以后，见午时已过，看守尸体的官员们踹了一脚董卓的尸体便离去了。

而就在这些官员离去以后。整个长安闹市陷入了死一般的宁静。所有人都在看着董卓的尸体，然后一点一点地靠近。当这些百姓真正摸到了董卓那还在流着油的肥肉以后，他们怒了，他们狂了，他们睁着那赤红色的双眼嘶吼着扑向了董卓的尸体。

有人拿着匕首不停地捅着这个尸身，有人狠狠地撕咬着董卓的肉身，然后吞他的肉，喝他的血……总之董卓就这样被"解"得荡然无存。直到夜晚之时，那个庞大的身躯早已消失不见，有的只是满地的碎肉，还有已经干枯的鲜血，只有那上了董卓之油的灯捻还在若隐若现地闪烁着。

董卓死后，天下是不是会因为董卓的死而重新安定呢？已经垂死的大汉王朝会不会死灰复燃呢？显然，这根本不可能了。

看吧，就在董卓刚刚死去，老百姓刚刚结束庆祝的时候，汉朝内部又开始杠上了！而主角不是别人，正是之前还把酒言欢的王允和吕布了。

话说那董卓死后，吕布和王允便开始共掌朝政。吕布虽说和王允齐名，但朝中的大事还是要由王允决定的，毕竟人家是司徒兼尚书令，占着正经位置。

而王允之前只不过是利用吕布而已。现在董卓已死，吕布便再也没有了继续利用的价值，所以他便想甩掉吕布，自己做那留名青史的伊尹、霍光。

这之后，但凡吕布有什么建议，不管是好的还是坏的，他王允都坚持不用。这不，在本月的一次朝会之中，这两个人又杠上了。

话说董卓在进入洛阳之前为并州州牧，之后又吞并了并州刺史丁原的部队，乃是名副其实的西北恶霸，所有心腹精锐都在长安以西及颍川一带。

可董卓死去以后，这些旧部顿时没有了主心骨，心中惶恐不已，便只能在原地屯驻，等待着朝廷的处置。

而这次朝会的议题便是如何安置这些西北战士。

吕布认为，董卓原来的那些心腹皆为并、凉骑兵，人种不一（汉、羌、胡、鲜卑），除董卓以外无人能协调统一，所以是一支拥有极不安定因素的军队，应该用计全部诛杀才能确保关中的安全。

可王允就俩字儿："不行。"

见此，吕布沉默片刻，然后又道："那这样，我们之前不是从郿坞缴获了不少董贼的财产吗（金三万斤、银九万斤、锦绮奇玩堆积如山）？我们就将这些财物全都赏赐给军中将士（亦包括董卓旧部），这样既能保证军队的忠诚，又能有效地抑制祸乱，岂不是两全其美的办法吗？"

吕布说的办法对不对？起码我认为是对的。可王允依然两字儿："不行！"

见此，吕布不再多言，可这心中却恨王允恨到了骨子里。

按说王允既然不打算杀董卓的那些旧部，就干脆直接赦免了他们呗，好几万的部队就这么晾着也不是办法不是。

可王允不，也不说杀他们，也不说赦免他们，就这么不理不睬。结果这时间一长，变故就来了。

见王允一连好几天都不宣布赦免自己这些人，董卓的那些旧部便开始恐惧躁动，他们都认为这样继续下去是不会有好事的，王允早晚会对自己动刀子。

于是，众董卓旧部皆开始对汉朝廷有造反之念。

吕布敏锐地察觉了这一点。他觉得，现在董氏一族已经被满门诛杀，有资格带领董卓残部的人唯有牛辅（董卓的女婿）一人。

于是，吕布没有经过王允批准（说了也不会批准）便令心腹李肃带领本部兵马前往诛杀牛辅了。

可这时候的董卓残部早就防着汉朝的军队，所以一听李肃军到，立马组织反击。大概是这时候的贼军士气太高，抑或因为李肃的能力实在不足。总之李肃被牛辅打得大败而逃。

当李肃逃回去以后，吕布盛怒，遂斩李肃，然后再次集结大军，准备亲自对牛辅发动攻击。

那边牛辅听闻此消息以后吓得不行，竟想舍弃军队自己逃回西凉，从此隐居生活。

他手下的那些心腹被牛辅这一表现气得不行，竟在一怒之下斩杀了牛辅。可人杀了，气出了，事儿也麻烦了。

牛辅死了，谁还能带领他们？谁？要知道，一支庞大的军队如果没有组织者的话必死无疑！

就在众人百思不得其解之际，负责出去执行警戒任务的李傕却在这时候返回了军中，因为李傕在董卓活着的时候便是其心腹之一，所以大家都有意让李傕来领导他们。

可李傕却不愿在此时接这个烫手的山芋，便对在场众人道："众位兄弟的好意我心领了，但我李傕实在是没有这个才能，还请兄弟们另想他人。"

众人："不行！这时候除了你还有谁能接过大任！你就别推辞了。"

李傕："不行，我肯定不行！不如这样吧！一会儿咱们一起联名往朝廷送去一个请愿书，请求朝廷下令将咱们这群人给赦免了，这样不就将一切都解决了吗？"

众人："你说得倒好，可如果朝廷不赦免我们呢？"

李傕："哦，如果不赦免，那咱们只能遣散大军，各奔东西去隐藏了。"

众人虽然有种吐血的冲动，但是现在时局已经到了这种地步，好像除了这个办法也没有什么太好的法子了。便只能从李傕之议，联名上书朝廷，请朝廷颁布诏令赦免他们。

结果呢？人家王允大人还是俩字儿：不行……

无奈，李傕等人只能按照之前的谋划，准备遣散部队各自回家乡躲藏。

"诸位！万万不能如此！"

就在这时，一个声音突然传到了李傕等人耳中，阻拦了他们准备撤退的计划，并改变了接下来的历史进程。这人不是别人，正是闻名东汉的阴谋大师——贾诩。

本节参《三国志·魏书》《资治通鉴》《中国历代战争史》《献帝纪》

4.20　东汉阴谋大师

贾诩，字文和，武威郡姑臧县（今甘肃省武威市凉州区）人。S⁻级谋士。

贾诩年轻的时候没有人看中他，没有人认识他，只有汉阳人阎忠认为这个年轻人拥有西汉陈平的才华（陈平，西汉阴谋大师），早晚会一飞冲天。

几年以后，贾诩被县里推荐为孝廉入京担任郎官。

当时，东汉朝政腐败，十个官员九个贪，贾诩因为没有门路，所以一直得不到升迁。因此，贾诩大恨汉朝，认为这个腐败的政权必定败亡，便以患病为由辞去了官职，西归老家。

可就在回家的时候却在途中遇到了叛乱的氐族人（氐：西部少数民族，和羌族异常友好，相爱相亲，所以有氐羌一说），那些氐族人看到贾诩便将其擒获，不由分说便要将其斩杀。

可贾诩并没有丝毫慌张，只是对着这些氐族人冷冷地笑道："呵呵，我是段颍的外孙，你们要是杀死我或者监禁我。我保证，你们氐族不出三日便会鸡犬不留。"

段颎，段疯子，汉末三将之一，论统兵作战水平可排在首位，论领兵打仗的疯狂程度，综观东西两汉亦少有人比拟。所以这些氐族人一听段颎之名就害怕了，再加上贾诩这个看似文弱书生的人见自己这群满脸杀气的叛军竟然毫无波动，这就使这些氐族叛军更加断定贾诩是段颎的外孙，便恭恭敬敬地将贾诩给送走了。

那么贾诩是不是段颎的外孙呢？当然不是了，这都是贾诩的骗术，只不过说明了贾诩强悍的应变能力罢了。

多年以后，董卓权霸天下，贾诩认为董卓有可能最终成为这个天下的主人，遂前往投奔，成了董卓阵营的一名小吏。

而在董卓军中，只要你是有真本事，便有机会得到重用。那贾诩有没有真本事呢？我想只要稍微熟悉些三国的人就会知道，我不必多说。

就这样，贾诩一路升迁，最终做到了讨虏校尉的官位，可直到董卓死前都没能成为董卓的心腹。我想，这就是董卓的悲哀吧。

董卓死后，贾诩一直跟随着西凉骑兵等待着朝廷赦免的诏令，可他心中却一直有其他的想法，不过碍于自己人微言轻，手上还没有多少兵力，便只能等待时机。

直到公元192年四月下旬某一天，这个时机终于来了。

当时，所有的凉、并部队都在收拾行装，准备各回各家。中军大帐的众将也是神情颓废，每个人都好像丢了魂一样。

可就在这时，贾诩突然闯了进去，当着众人的面怒吼道："我听说你们要遣散部队？诸位，这万万不可啊！"

众人一看过来怒吼的是平时没什么存在感的贾诩，当时就有些生气，李傕这个主张遣散部队的人更是怒声道："主意已定，你又有什么话说？"

贾诩："我当然有话说！李大人！郭大人！张大人！樊大人（李傕、郭汜、张济、樊稠）！你们都掌握着天下最精锐的骑兵，为什么连一搏的勇气都没有呢？"

众人："……那你有什么计划，说说看。"

贾诩："我在长安的细作说，现在满长安的大臣们都在商议怎么除掉我们这些董公生前的心腹，所以朝廷最后必杀我等！我们现在唯一能够依仗的便是手中的士兵，如果连这些士兵也舍弃了，那么最后，只一个亭长就能将我们全都绑起来送到长安斩杀！你们这些人还想逃回家乡隐姓埋名？我告诉你们，到时候天下之大，根本就没有你们落脚的地方，甚至逃到羌族都会被绑回来献给汉皇，你们信还是不信！"

"这……"

这话一说，在场所有的人都愣住了，尤其是李傕、郭汜、张济和樊稠这四个在军中兵力最多的，他们全都默默地低下了头。是啊，我们就这么走了，那不就等于将手上所有的筹码全都平白扔了吗？哪有这样白白便宜敌人的事情？

想到这，李傕和郭汜最先抬起头来，以亮晶晶的双眼疯狂地欷歔贾诩："文和你说下去，我们听你的便是！"

见此，贾诩微微一笑。为什么？因为体现他价值的机会来了！

贾诩："长安，取之如囊中之物。"

说完，贾诩扫视周围，却发现众人眼中皆为疑惑，有人眼中甚至还有严重的不屑。贾诩也不生气，而是依然慢吞吞地道："首先，长安虽有南北军及西园八校尉兵共十余万，但大汉腐败透顶，京中所谓的精锐早就不是光武时期的水平，所以大家根本不用畏惧。其次，我军现在虽然只有几万士卒，但在长安西部还有数万士兵，往西在长安的路上还有数万忠于董公的老部下，所以我敢保证，只要大人们敢向西攻击长安，等到达长安之时，兵力绝对不会少于十万之数！到那时，如果众位大人能够成功破长安，那必定是天下新主，哪怕攻不破也可以在那时候再遣散部队，回乡躲藏也为时不晚，为什么连努力都不努力就要撤退呢？"

李傕等人觉得贾诩这话说得极有道理，便听其所言，率四部兵马结为同盟，一路向西而去。东汉的历史就这样被贾诩改变。

有人说，贾诩是整个东汉最大的贼子，应该受后人痛骂。

有人说，贾诩只是为了实现自己的理想，体现自己的价值，不应该为后世所痛骂。

有人说，当时的东汉就是没有贾诩也必定灭亡，贾诩正是看到了这一点才会肆无忌惮。

对于贾诩，我不好评价，就让我们看看古时候的名人是怎么评价贾诩的吧。

南朝刘宋史学家裴松之："传称仁人之言，其利博哉！然则不仁之言，理必反是。夫仁功难者，而乱源易成，是故有祸机一发，而殃流百世者矣。当是时，元恶既枭，天地始开，致使历阶重结，大梗殷流，邦国遭殄悴之衰，黎民婴周余之酷，岂不由贾诩片言乎？诩之罪也，一何大哉！自古兆乱，未有如此之甚。"

清朝学者钱大昭："裴说诚是。然李傕、郭汜、樊稠、张济之流，皆董卓党羽。渠魁既伏其辜，余众方免死之不暇，敢有他志？自王允有一岁不可再赦之议，且欲尽诛凉州人，于是李傕等遂聚众蜂屯，至于败坏而不可收拾。卒之允既诛死，汉遂以亡。故吾谓汉室之亡，不亡于贾诩，而亡于王允之一言也。允虽有诛卓之功，实为汉室之最大罪人也！"

儒家学者梁章钜："贾诩为贼计，则忠矣。李傕、郭汜之乱，实贾诩造之；良、平之计岂出此乎！后傕等欲以功侯之，诩曰：'此救命之计，何功之有？'盖亦本心不昧矣。"

本节参《三国志·魏书》《资治通鉴》《献帝纪》

4.21　王允死，新祸起

公元192年四月末，李傕、郭汜等一众董卓余部向西往长安进发。

在行进的过程中，不断有凉、并余部前来投奔，到五月的时候，李傕、郭汜的联军已经发展到了将近十万。

吕布本来是想率军在野外歼灭这些"余孽"的。可野战，尤其是平原战最重要的是什么？骑兵！谁的骑兵多谁就能占据优势！而吕布呢？虽然手中有精锐骑兵，但大多兵种则是更善于山、林抑或守城作战的步兵。所以吕布考虑再三，最终还是没有主动出击，而是选择死守长安，待磨去敌军士气以后再行反击。

可令吕布万万没有想到的是，李傕和郭汜根本就没有按照吕布的剧本走。

六月初，李傕、郭汜十余万大军压向长安，将这座四百年坚城团团围住（断绝粮道）。

久经战阵的李傕和郭汜一见吕布的布置就知道吕布心中的小算盘，所以只四面将长安的大门堵死，根本不进攻长安（你吕布不是想耗吗？那咱们就耗到底吧）。因此，长安城中一片惊慌，那些所谓的"精锐"南北军和所谓的西园八校尉"特种兵"全都吓得要死，连吕布私人部曲一半的勇气都比不上。

吕布没想到，他真的没想到，平时吵嚷得比谁都厉害的中央大兵到这时候竟然如此不中用。

至此，吕布只能前去皇宫和所谓的救国功臣王允商议事情到底如何是好。

可王允不懂军事，在这种关键的时候竟然连一丁点儿建设性意见都拿不出来，统统让吕布做主。

无奈至极的吕布为了提升军队的士气，只能出了一个最差劲、最愚蠢、最幼稚但对于男人来说又是最为浪漫的主意——单挑。

次日，长安北门轰隆隆地打开，吕布率数十骑兵威风凛凛地杀奔出来，吕布飞将提起手中的大长枪，遥指对面郭汜暴吼道："郭汜狗贼，可敢和我吕奉先斗武单挑！"

按说，但凡一名合格的统帅都不会接受这等如同匹夫的挑衅，可郭汜呢？历来都不服吕布的他一听此挑衅当时就火了。都是西北狼，你吕布手上有蹿天猴，我郭汜手上也不是没有二踢脚，谁怕谁？干！

于是，郭汜同样带着数十骑兵冲杀而上。

当两方人马相聚大概百米左右，全都很有默契地停了下来，只有吕布和郭汜在这同时飞速杀出。

而结果呢？没有激烈的厮杀，也没有所谓的三百回合。就和欧洲骑士的对决一样，所谓的单挑就是一击决胜负。比的，就是谁更快、谁更准！

而郭汜，确确实实要比吕布慢了一点，在两骑交叉之时，郭汜躲闪不及，被吕布一枪刺中肩头，硬生生被挑落马下。而已将郭汜挑落马下的吕布见此大喜，遂掉转马头后扔掉长枪，抽出腰中首环刀便冲郭汜而去，意图斩掉郭汜的人头，以此提升城内官军士气。

可吕布想这样做，跟随郭汜而来的那些精锐骑兵却不允许。他们见自家首领要被斩杀，如同疯了一般向吕布冲杀而去。吕布不是项羽，没有那种一人杀百人的能力（别说百人，就是这么几十人他都对付不了），便只能放弃已经重伤的郭汜退回自己的骑兵队。

最后，郭汜狼狈地被手下们架起回了营中。而吕布呢，则如同英雄一般，在数万人的暴吼声中回归长安。

可这有用吗？

长安被围困三天以后，吕布好不容易振奋的士气又回到原点。

第四天，整个长安的守兵士气开始低落。

第六天，长安的守军开始恐慌，长安粮食即将耗尽的流言开始漫天飞，吕布虽多方辟谣,但没有一个人相信。

第八天,一批接一批的士兵开始逃出长安,他们或者回到家乡,或者逃奔叛军营中投降。总之,长安城内一片死灰之象。

这种士气,这种精神头儿,还打个什么仗!

第九天,长安城中出现叛徒,四门中的一门在夜间被打开。叛军早有准备,遂集体杀进城中。

吕布虽仓促率部曲进行抵挡,但败势已呈,根本不是吕布一人所能阻挡。无法,吕布只能率数百心腹突围而去,向南投奔袁术去了。

次日清晨,长安城中的喊杀之声已渐渐消失,但整个长安的街道遍布着老百姓和官兵的尸体,这些尸体中有老人、孩子、城中守军,还有那已经被扒得精光的身体,却很少有叛军的尸体。

此时,叛军已经入据皇宫,宫廷卫士全都投降,更有无数官员的尸体横陈于宫廷。而这时候的王允正和十多名忠心的卫士扶着汉献帝疯狂地向宫中高阁奔逃,并一边跑一边回头观察。因为后方,李傕、郭汜等叛军将领正带着无数的凉、并饿狼冲他们追来。

终于,王允成功将汉献帝带到了宫中高阁之上,可这又有什么用。不到半个时辰,近万的士兵就已经将高阁团团围住。李傕、郭汜更是在万众瞩目下跪于高阁下,以极为洪亮的嗓音吼道:"臣,李傕(郭汜),拜见陛下!"

汉献帝见实在无法再躲,便只能走出高阁,强作镇定地道:"你……你们放纵士兵掳掠京城,到底想要干什么?"

李傕:"陛下,臣等并无不敬之意,不过董公忠于陛下,却无故为吕布和王允所害,我们这些人只是要为董公报仇,并无其他想法,所以待此事了结以后,我等定会在第一时间向陛下请罪,到时随陛下处置。"

汉献帝:"我想你们是误会了,杀董公之人只有吕布,和王允没有半点儿关系,现在吕布已走,所以还请各位能够撤兵离去,不要再生事……"

李傕插话:"陛下!据臣等所知,整件事情都是王允一个人谋划的,吕布只不过是一个执行者而已,还请陛下将王允叫出来,如果整件事情真的和王允没有关系,我们必不会让陛下为难。"

话都已经说到这个地步,王允知道,如果自己不出去的话,这些贼子是一定不会撤退的了。所以,他只能迈步而去,前去和李傕、郭汜等人对质。

那李傕、郭汜一干人等见王允徒步走出，拔刀就要往上冲。

可就在这时，贾诩一把拉住二人并大吼一声："且慢！"

贾诩现在在这些叛军的眼中那就是神一般的存在，只要他说一句话，所有人的脑袋瓜都会如"小鸡啄米"。

所以，李傕、郭汜非但没有被贾诩的态度激怒，反而立即停住脚步，以聆听的态度来等待贾诩下文。

贾诩点了点头，然后柔声道："大人们，吕布杀掉董公以后，王允主生杀大权，在他当权的这段日子，任命了同郡人宋翼和王宏分别担任左冯翊和右扶风的长官，手上握有巨兵，所以，我们如果在这个时候杀掉王允，二人一定会在第一时间起兵叛乱，到时候局势难以估计，两位大人还会成为天下共贼，受天下诸侯口诛笔伐，这笔买卖可不划算。"

一听这话，李傕有些慌了："那……那该如何是好。"

贾诩："这事好办，大人可以暂时留王允一条性命，反正大军进京，皇帝已经在二位的控制之中。明日，大人您就这样这样……"

话毕，李傕大笑，连连称善，郭汜也是脸色好转，可王允此时已经出来，正面对着他们，便面有难色地道："可现在王允已经出来了，接下来怎么处置？"

贾诩："交给我就好了。"

话毕，贾诩望着王允恭声问道："对面可是王司徒？"

听得贾诩如此客气，王允先是一愣，之后也很客气地回道："正是王某。"

贾诩："司徒大人勿惊，我们没有恶意，只是想问司徒，董公的死到底是不是司徒大人策划的呢？"

王允："这……这王某确是不知。"

贾诩："既如此，我等告退，还请司徒大人不要怪罪。"

话毕，在李傕、郭汜等人的指挥下，军队有序地离开了。汉献帝和王允见此大奇，特别是王允，他简直不敢相信自己的眼睛，难道这些西北狼真的不打算杀掉自己了？

可等到当天晚上，他们算是明白了，哦不，应该是汉献帝首先明白了。

当日入夜，汉献帝正准备就寝。可就在这时，一名侍卫惊慌失措地闯了进来："陛……陛下，李将军和郭将军要求面见陛下。"

赤裸裸的蔑视，这个时候来见当今皇帝，这简直是赤裸裸的蔑视，这两个人到底有没有把自己放在眼中？

汉献帝心中愤怒，但想了一想，却长长地叹了一口气，然后无奈对那侍卫道："让他们进来吧。"

不多时，李傕和郭汜气势汹汹地过来了，他们在汉献帝的面前连跪都不跪，只是微微一欠身，算是给这个当今的汉皇行礼了。

汉献帝无奈地道："两位卿家此时来寻朕，不知有何要事？"

李傕轻蔑地道："也没什么大不了的，就想请陛下下诏，即刻让左冯翊和右扶风回京而已。"

汉献帝一听这话大惊，终于明白了这两个贼子的意图，可就在汉献帝要拒绝之时，郭汜却突然道："陛下想清楚再回答，不要自误。"

话毕，就那么阴狠狠地看着汉献帝。

汉献帝没有办法，只能在李傕和郭汜的监督下完成了这个满含他眼泪的诏书。

第二天，汉献帝的诏书分别送到了左冯翊宋翼和右扶风王宏的手中。王宏见此诏书就感觉大事不妙，遂快马往宋翼处，见宋翼正在收拾行装，便一把拽住宋翼道："你要干什么去？"

宋翼："干什么？当然是前往皇宫了，难道你没收到皇帝的诏书吗？"

王宏恨铁不成钢地道："宋兄，听我的，千万不要去长安，去之必死！"

宋翼："这话怎么说？"

王宏："李傕、郭汜因为我们两个人在外手握重兵，所以有所顾忌，不敢杀害王司徒。可如果我们今日入京，别说我们两家会被族诛，就是王司徒也必死无疑啊！"

宋翼："王宏！你怎能说此大逆不道之言！"

这一声怒吼给王宏干蒙了。啥玩意儿大逆不道？我说啥了？我只不过是提醒你不要去送死好吗？

见王宏愣在原地半天说不出一句话来，宋翼正气凛然地道："王宏！我告诉你！我们去皇宫福祸虽然无法预料，但皇帝的诏令是永远不能违抗的。谁违抗谁就是对不起老天，对不起祖宗！"

原来是这么回事儿，这话一说，王宏当时就怒了，他近乎嘶吼地对宋翼道："迂腐！迂腐！你是为了大汉江山，难道我王宏就不是吗？我留着性命并不是不想尽忠，而是想更好地报效国家！如果用我王宏的一条性命能重新换取大汉的繁荣，我一家死了都行！关键是，能吗？你听我说，关东联军之强大就好像腾飞的烈火，当初强如董卓都要退避三舍，更别提现在只不过是董卓的余孽，只要我们能拖住李、郭二贼，只等联军……"

"哈哈哈哈哈哈……"

未等王宏说完，宋翼哈哈大笑，那笑声中隐藏着无尽的无奈与悲凉。

笑完了，宋翼以极为不屑的口吻和王宏道："王兄，你是在和我开玩笑吗？联军？不过是鸡鸣狗盗的宵小之辈而已，靠他们？大汉必将灭亡。你不必再说了，我宋翼就是死也会死在长安，绝不与那偷鸡摸狗之辈为伍！告辞！"

话毕，宋翼转身便走，再不和王宏有一丁点儿的交流。

而王宏呢？兵力配备本来就比宋翼要少。如今，宋翼走了，他一个人难以成事，便也只能随宋翼共赴长安。

结果自是不必多说，二人皆被李傕和郭汜斩杀。尤其是王宏，在被斩杀之前看着宋翼愤恨嘶吼："宋翼！你这个百无一用的臭酸儒！我王宏这辈子最后悔的事情就是和你这头蠢猪商量天下大事！"

公元192年六月中旬，随着左冯翊宋翼和右扶风王宏的死，王允和其全族也在次日死于李傕和郭汜的屠刀之下，整个王氏一族只有两个年轻人以其他的原因成功逃脱，其中一个人，叫王凌。

王允死了，本来已经安稳的汉献帝再一次陷入魔爪，整个天下也即将进入一个新的时代，熟悉三国的人都习惯称呼这个时代为群雄割据时代。

本节参《三国志》《资治通鉴》《英雄记》

第五章　南北双雄

5.1　灭黄巾，魏武起

公元192年六月下旬，就在李傕和郭汜霸占关中以后，兖州又爆发了惊天的黄巾旋风。

这个月，几乎整个北方的黄巾余孽全都集中在了兖州一带（一百五十万人左右），并对这个富庶的中原大州展开了疯狂掠夺。

兖州刺史刘岱见此，便打算率本部兵马与这些黄巾军决战。可就在刘岱即将与一众黄巾军以命相搏之际，济北国相鲍信却死谏刘岱，称黄巾贼人数众多，但没有粮草，所以他们期待野战而惧怕拖延。如果这时候能够用坚壁清野的办法死守各个关卡要道来对付黄巾贼，绝对会得到意想不到的收获。

鲍信的这个建议在当时绝对是最行之有效的办法了，因为不管这些黄巾军的单兵作战能力有多么差劲，起码他们的人数在这摆着呢！也许有的人会说："你不是说'兵溃于众'吗？难道正规军就不能将这些'民兵'打退吗？"

是的，我是经常将"兵溃于众"这个词放在嘴边，但问题的关键是，这一百四五十万人，纯战力最多不会超过四十万！剩下的人则都是这些战力的家人。你想一想，后面的是你的父母、你的妻子、你的儿女、你的各种亲戚，你会丢弃他们自己逃跑吗？答案是几乎没有人会。所以对这支黄巾军来说，根本不存在"兵溃于众"的说法。

基于此，这支黄巾部队战斗力是超高的、是极为可怕的。所以说，鲍信的说法是完全站得住脚，也是当时最好的办法。

可刘岱，这个脑子被二踢脚崩过的莽夫，他根本不听鲍信的建议，毅然决然带着兖州的士兵前去和黄巾军决战了。

结果刘岱大败，近乎全军覆没，他这个兖州刺史也死于乱军之中。

如此，兖州在一瞬间便成了"空州"。

此消息很快传到了东郡，当时，东郡太守曹操正在和一众文臣武将商讨这次黄巾之乱的事宜，闻听刘岱之死，大家全都愣在当场。而最先反应过来的并不是有"王佐之才"的荀彧，反倒是一个名不见经传的文臣。

他的名字叫陈宫，是一个一点儿都不次于荀彧的存在！（注：陈宫，字公台，A级谋士，投奔曹操的具体时间未知。）

陈宫一听刘岱已死，双眼铿亮立即站起身来，以一种极为阴冷且果断的语气对曹操道："主公！此为天赐绝佳时机！万万要掌握在手中，切不可错失！"

曹操："你的意思是……"

陈宫："我意，现在刺史已死，州中实力最为强大的便是主公，主公可趁此时机全掌兖州，以此为根基成就天下大事！我会前去说服兖州诸太守，让他们服从主公！这之后，只要主公能将这些黄巾军驱除，那么兖州便是你的了！"

（兖州："据河济之会，控淮泗之交，北阻泰岱，东带琅邪，地大物博，民殷土沃。用以根柢三楚，囊括三齐；直走宋、卫，长驱陈、许，足以方行于中夏。"然实则四战之地，故占据其地者，"必悬权而动，所向无前，然后可以拊敌之项背，绝敌之咽喉；若坐拥数城，欲以俟敌之衰蔽，未有得免于覆亡者"。总的来说，兖州就是一个英雄所居之地，如果你是英雄的话，兖州足以让你称雄天下，可如果你只是个狗熊，那瞬间就会被消灭。而巧的是，曹操正是一个大能者。）

听完此言，曹操忽地站起，他看了看陈宫，又看了看荀彧等谋臣，发现并没有人提出反对意见，便默默对陈宫点了一下头。

这之后，陈宫奔走于四方，为曹操充当说客。

一是曹操的实力在兖州确实数一数二；二是陈宫的口才实属了得，在他的作用下，兖州所有地方太守全都答应奉曹操为兖州刺史。

于是，公元192年六月末，曹操集本部将近十万兵马前往寿张县，意图集中全部力量攻击黄巾军侧翼（注：击败刘岱以后，黄巾军已经补充了大量的粮食，所以现在已经不适合用坚壁清野的方式来对付他们），将他们的侧翼全部搅乱以后再扩散部队，一点一点将黄巾军消灭。

可黄巾军一众人的勇猛却完全出乎了曹操的意料。这些人为了保护自己的家人，悍不畏死，竟然和曹操训练有素的正规军拼得旗鼓相当。

而且，因为黄巾军贼众是曹操兵卒的数倍之多，所以曹操不能再和这些黄巾军继续消耗下去。

于是，曹操采用了另一种方式来对付这些黄巾军。

曹操认为，黄巾军之如此勇猛，最大的原因便是后方有他们的家人需要保护。可反过来看，这不也正是这些黄巾军的软肋吗？

基于此，曹操将麾下全部骑兵都分给了善于骑兵作战的曹仁、曹纯、夏侯惇及夏侯渊，让他们分别带领骑兵游击于黄巾军后方，不断骚扰袭击黄巾军的粮仓，以及那些缺少战斗力的老弱病残。至于直面黄巾的主力部队则由曹操亲自率领主力在正面纠缠。

曹操遣走骑兵以后便不再对黄巾军展开进攻，而是疯狂地修建防御壁垒，转攻为守。

一开始，这些黄巾军还不知道曹操这么做究竟是何意图。可当后方传来被曹仁等人袭击的消息以后，这些黄巾军便开始疯了一般向曹操的防御壁垒发动袭击，力图用绝对性的军事优势消灭曹操。

（注：直面敌军的时候最忌讳的就是临阵退兵，一旦撤退必会有极大空隙，特别是黄巾军面对的还是曹操这样一个"大魔王"，所以更加不能临阵退兵。）

可汉人在战争中最大的优势是什么？我已经无数次地说过了，那便是守城战！特别是指挥防御的还是曹操这个三国中数一数二的顶级统帅，所以黄巾军虽多次对曹操发动攻击，但无一例外的，都被曹操给顶回去了。

这还不算，在防守黄巾军的时候，曹操还谋略不断。

白天，曹操防守黄巾军的攻击。

晚上，曹操不断派出奇袭队袭击骚扰黄巾军，让黄巾军疲于奔命。

有的时候甚至还突然派出骑兵在黄巾大营前敲锣打鼓（损不损），搞得黄巾军精神失常。

而与此同时，曹仁、夏侯渊等四将还在这些黄巾军背后搞风搞雨，不但烧他们的粮食，还砍杀他们的家人。

所以，这些黄巾军受不了了，他们不想再面对曹操，面对这个如同恶魔一般的人物。

黄巾军的首领见军队已是如此士气，料定不可能打败曹操，便只能率众仓皇逃出兖州，意图到别的州郡去发展求活。

可他们走了，并不代表曹操打算放过他们。因为就在黄巾军撤出兖州之时，曹军的将领们打算凯旋东郡之际，曹操突然下令全军，让他们跟着这些黄巾军，不过始终保持五十里的距离。

曹操的将领们都不知道曹操为什么要这样做，所以纷纷询问，曹操微微一笑，然后恶趣味地道："等着吧，你们很快就会知道了。"

就这样，曹操的数万大军就这么跟着这些黄巾军一路而走，一直走出了兖州还在跟，好像要跟着这群黄巾兵到天涯海角一般。

最终，这支黄巾军的首领终于再也受不了曹操了，于是停下大军陈兵列阵，遣使往曹操阵营之中和曹操摊牌，到底是一战还是怎么的，希望曹操给划出一条道道。

这之后双方到底谈了什么就不得而知了，史料中没有一丝一毫的记载，我只知道，这之后，黄巾军使者不断穿梭于黄巾大营和曹操大营之间，好像是在商讨些什么。

直到本年十二月，震惊天下的大事发生了。

什么事？

黄巾男女老少一百余万，年轻战力三十余万，皆降于曹操，和曹操共同返回了东郡！

古时候最重要的是什么？人！人啊！那时候你要是有了人，就等于拥有无尽的粮食、财物、劳力！

那时候你要是有了人，就等于有了无尽的士兵可招募。

本次，曹操一次性便招纳了一百多万人！其中还有三十多万的青年精锐战力。

一下多了这么多士兵曹操当然养不起，所以只能以"三选一"的模式从中抽取最强悍者。

可哪怕是这样，曹操所抽取的士兵也绝不少于十万。

同时，因为这些黄巾兵大多数是来自青州的，为了更好地区分他们，也为了能让他们更具凝聚力（我严重怀疑这就是黄巾贼之所以投降曹操的条件之一），曹操便将他们编制在独立的一军，这便是历史闻名的"青州兵"了。

（注：青州兵耐力高，作战爆发力强，尤其是机动力，在整个东汉末期都是全天下步兵中最强的，可因为这些人都是丧失了信仰的兵，所以只能打顺风仗，在逆风仗下则会有"兵溃于众"的风险。另外，青州兵都是一群老兵油子，他们认为曹操会打仗，能打仗，在他的手下死亡的风险比较低，所以只服从曹操一个人的统率，换另外一个人来统率他们都不会用全力去打仗，所以是一支不怎么好控制的部队。）

由是，曹操之实力得到了极大的增强（尤其是军事上），保守估计，他现在所有的军队绝对不低于十五万（此时曹操的兵力已经超越了袁绍和公孙瓒）。

所以，史称此时之曹操为"魏武之强，由此而始"。

本节参《三国志·魏书》《资治通鉴》《读史方舆纪要》《世说新语》《中国历代战争史》

5.2　凶猛曹操

兄弟多了，地盘大了，在名义上也有一州的统治权了，所以曹操强大了，意气风发了。可相对地，强大了，防备他的人也就多了起来。

公元192年十二月，身在长安的李傕和郭汜听闻曹操强大以后大为恐惧（董卓旧部没几个不认识曹操和孙坚的），第一时间便遣金尚为兖州刺史，前往替换曹操，意图用他对曹操予以制衡。结果曹操的办法简单粗暴，直接派兵赶走了金尚，连见他一面的心情也欠奉。

李傕、郭汜，虽然有天子在手，虽然有重兵在握，可不过就是两个匹夫而已，成不了什么大事。真正危险的是后面这个人。

同月，袁绍听说曹操强大的消息以后亦是惊惧非常，便命曹操率本部兵马前往青州去攻击公孙瓒派系，帮他夺得整个青州，同时用以试探曹操到底是不是真心为他卖命。

曹操知道这是袁绍在试探他，同时知道现在还不是和袁绍撕破脸的时候，再说陶谦、刘备之流只不过是上不得档次的小打而已，消灭费不了多少的事，便前往对其进行攻击。

（注：徐州刺史陶谦在公孙瓒三万破三十万以后便在外交上投靠了公孙瓒，并出部分兵力助其在青州攻击袁绍。）

曹操觉得，在青州这些公孙瓒的势力中，最难对付的便是陶谦，毕竟人家是一州刺史，兵力在那里摆着，并不是什么劳什子的"万人敌"能比得了的。而如果想在损失很小的情况下将陶谦的部队消灭，那么就必须剪除外围的游散。

那么这些游散是谁呢？便是在外围的刘备、单经所部了。

基于此，曹操命曹仁总统黑山降部在正面拖延陶谦，自己则亲率数万青州兵奔袭刘备、单经。

在绝对兵力压制下，什么"一身是胆"，什么"万人敌"，什么"武圣"，那都是虚的，没有丝毫用处，再加上曹操用兵如神，临战指挥能力较之孙坚也是不相上下，所以刘备和单经根本不是对手，只短短三天便被曹操全部击破。

这之后，曹操兵不卸甲，将青州兵分成两部，然后绕道从左右两翼包抄陶谦军，从三个方向共同向陶谦发起打击。

兵力比不上曹操军，士兵质量比不上曹操军，统帅的指挥能力陶谦军将领较曹操更是相差十万八千里，再加上现在战术上又落了下乘，你要陶谦如何抵挡？

结果自是不言而喻，陶谦惨败，近乎全军覆没，其将领狼狈逃回徐州。本来还在和公孙瓒相持的袁绍军在曹操的作用下只旦夕之间便占据了主动。

不得不说，袁绍之所以能够最终消灭公孙瓒，曹操也是有一定功劳的。

本节参《三国志》《中国历代战争史》《资治通鉴》

5.3　血拼张燕

公元193年正月，因为曹操的作用，使得公孙瓒派系在青州完全被动。公孙瓒觉得只要有曹操在，自己这辈子都无法夺得青州，便只能将青州的部队全部撤回幽州，并遣使至袁绍处请求休战，准备铲除后顾之忧以后再和袁绍决战。

而袁绍呢？经过了这么长时间的战斗也急需休整，同时也有后顾之忧需要铲除，便答应了公孙瓒的请求。

于是，公孙瓒和袁绍暂时进入了休战状态，双方都在为最后的决战加快铲除后顾之忧的脚步。

那么这些所谓的后顾之忧都是谁呢？

我们先来看袁绍。

话说自从袁绍和公孙瓒交战以来，双方的战场就集中在东部的青州，可主力部队却都集中在前线相互牵制，就好像两个绝世高手在对峙一般，双方不管是谁，只要找到对方一个破绽便会全力击之！

而就在袁绍的部队被公孙瓒牵制在北部的时候，后方大本营邺却突然发生了异变。

公元192年某月，公孙瓒遣使暗中联系了黑山张燕，希望张燕能在袁绍不在的时候偷袭他的州治所——邺，并给了张燕许多的承诺。

那时候，在青州战场公孙瓒还是占据主动的，天下人也都认为公孙瓒最终会打败袁绍，所以张燕当时便答应了公孙瓒的要求，同时遣于毒率数万人进攻邺城。

邺城，那是袁绍的大本营，万不可丢的存在，可袁绍现在正在和公孙瓒对峙，只要他稍有异动，公孙瓒便会起三军击之！袁绍不敢赌，所以只能在前线看着苦苦支撑的邺城干着急而无法发力。

果然，没多长时间，邺城抵挡不住于毒的侵袭，被黑山军占据了，袁绍失去了自己的州治所。直到曹操帮助袁绍拿下青州以后，公孙瓒被迫请和，袁绍这才率全部兵马疾奔向邺。

于毒见袁绍来势汹汹，不敢力敌，遂放弃邺城（已经差不多将邺城搬空了），返回自己的大本营鹿肠山（今河南省鹤壁市一带）。

再看袁绍，当他回到邺城以后，看到满城狼藉。他怒了，真的怒了。袁绍这一辈子从来没有如此愤怒过，这一次，他怒火滔天，当时便在城中痛骂黑山军，并发誓与其不死不休。

基于此，袁绍只让部队在邺城休整三日，便亲率大军往鹿肠山而去！

于毒听闻此消息以后大为惊恐，便仓皇布置防御，意图用地形来防守反击。

可这根本没有什么用。袁绍大军压境以后，将鹿肠山团团围住，然后令身披重甲的大戟士为前锋（大戟士：袁绍手中最精锐的重步兵战斗集团，由悍将张郃率领，在许褚的虎士军和高顺的陷阵营出现以前，为东汉末期最强重步兵战斗集团），疯狂向鹿肠山冲锋。

那大戟士全身精致鱼鳞重甲，根本不惧来往箭矢，就这样如猛虎一般冲向了山顶。

而袁绍主力也在大戟士的带领下冲到了鹿肠山上，和于毒的部队展开了捉对厮杀。

可一是于毒的士兵没有袁绍的多；二是袁绍从始至终奉行的是精兵政策，士兵的单兵作战能力极强，所以于毒的士兵根本不是袁绍的对手，在盛怒的袁绍的狂攻之下，不到一天便被打得弃山而逃。

本次战役，于毒率众狼狈而逃，部众被袁绍军歼灭一万多人，袁绍可谓大大地出了一口恶气。可就在大家以为袁绍将要撤回邺城之际，袁绍却突然下达死命令，让大家继续往黑山方面推进，众人虽不知袁绍之意图，但也只能听其号令，一往无前。

这之后，袁绍的大军一路推进，连败黑山刘石、青牛角、黄龙左校、郭大贤、李大目、于氐根等部，共斩杀数万人！

可就是这样，袁绍依然没有半点儿要退去的念头，部队还是在向张燕的大本营不断前行着。

而直到这时候大家才发现，袁绍这一次的军事行动哪里是报仇那么简单，这货是要一举将张燕给灭了呀！

张燕是什么人？那是东汉末期天下第一悍匪！巅峰的时候手上有数十万匪军的狠角色。那时候的张燕跺一跺脚，就连身在洛阳的董卓都要颤上一颤。

后来，黑山军又是减编，又是为曹操所并，这才势力大减。不过哪怕是这样，张燕在当时也绝对是第一悍匪，是谁见到都要躲着走的狠角色。

而面对这样一个狠角色，袁绍却要一次性地灭了张燕，这怎能不让袁绍军惊异！

但惊异过后，这些精悍的战士眼中闪过的却是满满的杀气！毕竟，还是在战场上拿人头富得最快。

另外，当张燕得知袁绍这一次的主要目标竟然是自己以后极为愤怒。为了向袁绍表示自己的强大，他同样率全军最精锐的数万士兵前往迎击袁绍。

公元193年正月中旬，张燕和袁绍展开会战。

当时，不管是张燕还是袁绍，他们根本就没有二话，也不耍任何计谋，就是两军布阵以后相互砍杀，他们谁都不防守，谁都不肯后退半步。

一日、两日……十日！两军就这样丝毫没有间歇地狂拼了整整十日。双方皆损失惨重兼疲惫不堪。

史料没有记载最终是谁先服软的。总之在拼到第十日以后，双方各自罢兵。

而且，从这以后，张燕再也没有主动攻击过袁绍的领地。

本节参《三国志》《资治通鉴》

5.4 数百破十万

好了，说完了袁绍我们再来看看公孙瓒，看看他是怎么铲除他的后顾之忧的。

话说自从公孙瓒意图斩杀异族使者的事情暴露以后，刘虞和公孙瓒就算得上是彻底撕破脸了。可因为刘虞在汉室宗亲中名望极盛，公孙瓒也不好轻易对刘虞动手，双方就只能这么面和心不和地先"对付"一阵。

可当袁绍和公孙瓒开始全面战争以后，公孙瓒就真的不能再容刘虞了。

大家都知道，刘虞忠于汉室，不管做什么都是以汉室的安稳为第一要素。可公孙瓒对袁绍宣战以后，双方在青州展开了捉对厮杀，使得整个青州被战火摧残。史料更是载这时候的青州"州内一空，野无青草"。

见此，实在看不下去的刘虞便分别遣使往袁绍和公孙瓒处，请求双方罢兵。

袁绍不用说，那时候正有黑山军在邺城肆虐，他巴不得赶紧罢兵回救呢，所以当即答应了刘虞的请求。

可公孙瓒这时候正占据主动，怎么可能答应刘虞的请求，于是断然拒绝！

此种举动使得满心汉室的刘虞大为愤怒，从此以后便在公孙瓒的背后做各种小动作（克扣朝中每年给边郡的例行军粮，在施政上以幽州牧的名义给公孙瓒各种不便），并不断集结大军，有要讨伐公孙瓒之可能。

见此，公孙瓒自然不能再和袁绍交战，便只能暂时停战，将所有的注意力集中在刘虞这边。

可就在双方都停战以后，刘虞却消停了，一点儿都不克扣公孙瓒的粮食，也不给公孙瓒使绊子。

哎呀我去，这一出一出的给公孙瓒恶心得都要吐了。看着袁绍正在一点一滴地蚕食着黑山军的他，那真是看在眼里急在心中。

不行！绝不能再这么拖下去了，不然一旦等袁绍消灭了黑山军，再无后顾之忧，那自己就死定了。

由是，公孙瓒开始对刘虞找各种碴，希望刘虞能主动来攻击自己，这样也好合理地反击，不至于丢掉民心（注：刘虞在幽州民心太盛，如果公孙瓒率先对刘虞发动攻击，民心必定不附）。

可那刘虞呢？不管受到了多大的羞辱也不去攻击公孙瓒。公孙瓒都要被刘虞气疯了。

最后，实在是受不了的公孙瓒竟然在蓟城东南修筑了一个小城，只带几千士兵屯驻于此，意图让刘虞率军来攻击他。

这是在干什么？这是在赤裸裸地扇刘虞的耳光。为什么这么说呢？幽州的范围大概为现在的辽宁、河北一部，山西小部，以及朝鲜大部分土地。所辖郡国为涿郡、广阳郡、代郡、上谷郡、渔阳郡、右北平郡、辽西郡、辽东郡、玄菟郡、乐浪郡和辽东属国。而它的郡治在哪儿呢？就是在蓟！也就是说，蓟城是刘虞的大本营，是大军屯驻的地方。而公孙瓒竟然在蓟城附近修了一个小城，这不就是明晃晃没拿刘虞当回事儿吗？

刘虞手下的那些将领被公孙瓒此种目中无人的挑衅气得暴起，纷纷请求刘虞率全军对公孙瓒进行讨伐。我估计这时候是个老爷们都无法再忍耐公孙瓒的挑衅行为了。可刘虞呢，也不能说他没有担当，怎么说呢，反正就是这样也不对公孙瓒发动进攻。非但如此，他还一次、两次、三次地遣人往公孙瓒现在所居住的小城，请公孙瓒来蓟城一起商议大事，意图化干戈为玉帛。

公孙瓒简直被刘虞给恶心得吐血，你说我都这样了你怎么还磨磨叽叽的，你难道不知道有我公孙瓒就没你刘虞吗？

局势都已经到了这种地步，公孙瓒也不再和刘虞客气了。但凡刘虞派过来的使者，只要来一个，公孙瓒就找借口杀一个。到最后，刘虞的使者没有一个是活着回去的。

正所谓泥人还有三分火，现在，公孙瓒已经将事情做到这种地步，他刘虞也没什么好说的了。

公元193年正月中下旬，刘虞率全部兵马（十万大军）向公孙瓒所居住的小城挺进。

此时，蓟城东南的小城中，公孙瓒正在和众位将领商讨着什么。可就在这时，一传令兵由远而近的声音打断了众人的话语："报——报告主公，据探子来报，刘虞正率十万大军前来此处！不出意外，今夜便能抵达！"

听毕，公孙瓒狠狠地敲击了一下几案，猖狂大笑道："哈哈哈哈！好！好啊！刘虞这狗东西终于下定决心了！来人！"

××："在！"

公孙瓒："现在，马上给我部署部队向右北平撤退，另外再派出使者，让他们将所有的兵力都给我集中起来，我要一举灭掉刘虞！"

××："是！"

可就在公孙瓒要率军东撤之际，那传令犹犹豫豫地又道："主……主公……我方内线还有汇报，不知当说不当说。"

公孙瓒："有什么不当说的，说！"

传令："据报，刘虞在出征之前曾下令全军，说只要擒获主公一人便可，不能打搅城中百姓的日常生活。"

这话一说，公孙瓒如遭雷击，他听后木讷地道："你说什么？你再说一遍？"

传令于是重复了一遍。

公孙瓒："哈哈哈哈！刘虞，你这个迂腐的儒生，当此乱世还行那盛世之道，既如此，我也不必逃了，今夜便斩汝狗头！众将听令！"

众将："在！"

公孙瓒："今夜，汝等这般这般……"

当夜，伴随着轰隆隆如同地震一般的响声，刘虞的大军已经抵达了公孙瓒小城的近郊。因为双方军事力量相差太大，又因为刘虞没有什么军事经验，所以他断定旦夕之间就能将此城攻破，便在简单地扎了一下大营后便令全军攻城了，其间没有给士兵们半点儿休息的时间。

同时，因为战前刘虞就已经下令不能影响百姓的正常生活，所以刘虞的将领们投鼠忌器，不敢用火矢攻击小城，只能迎着公孙瓒守城军的火矢硬往里冲。

结果，大军狂攻了几个时辰都无法攻破此城。而这时眼看就要到了拂晓，即将进入人一天中最困的时候，再加上刘虞的大军还赶了一天的路，刘虞便下令大军撤回，好好休息一天以后再行进攻。

刘虞认为，自己十万大军对公孙瓒的几千人，如此大的差距，他公孙瓒不可能敢主动攻击自己，所以就没有太过警戒。

可就在刘虞军进入梦乡之时，此小城的城门却悄悄地打开了。

然后，就见公孙瓒亲率数百白马义从从城中突然杀出。他们如风一般杀到了刘虞的大营，然后各自将手中的火把扔到了大营的帐篷之中。

当天，北风呼呼地刮，这"星星之火"在北风的辅助下急速扩大，没多长时间便将刘虞主营全部覆盖。整个刘虞主营顿时大乱异常。

本来，公孙瓒只不过是烧了刘虞的主营。其他三门的军营并没有受到波及。如果士兵够精悍，将领够镇定的话，还是能够挽回败局的。可刘虞的士兵从来没有受到过专业的训练，可谓民兵中的民兵（《资治通鉴》："虞兵无部伍，不习战"），所以其他大营的士兵一见主营火光连天，当时就慌了，于是整个刘虞军不顾各部将领的劝阻疯狂逃窜，这就造成了"兵溃于众"的窘况。

而城中的数千公孙瓒军见此，更是疯狂杀出，一齐向刘虞的主营发动进攻。

没有过任何军事经验的刘虞见大势已去，也不敢继续逗留，便只能带少数精锐向北方居庸关而逃。

可战事已开，公孙瓒是无论如何都不可能放过刘虞了。

于是，在其主力部队前来和公孙瓒会师以后，公孙瓒直接带着大军前往居庸关。

三日后，守备薄弱的居庸关被公孙瓒攻破，刘虞连同其一家老小统统被公孙瓒残杀。

这之后，公孙瓒分兵略地，只数日之间便将整个幽州全部掌控于手中。

至此，公孙瓒也终于有了一州之地。

可刘虞在行幽州牧的时候为人宽厚、广施仁义，不管是幽州的百姓还是东北的异族都对刘虞极为爱戴。

如今，刘虞为公孙瓒所杀，公孙瓒虽然因此得到了整个幽州，却得不到幽州百姓的支持（哪怕是刘虞先打的公孙瓒），非但如此，他公孙瓒还因此得罪了东北异族。

这究竟是得是失，谁也说不准。

本节参《三国志》《资治通鉴》《中国历代战争史》

5.5　徐州攻防战

公元193年，就在公孙瓒和袁绍各自除掉了自己后顾之忧的同时，身在兖州的曹操又突然和徐州刺史陶谦爆发了激烈的战争，曹操"乱世奸雄"的名号也因为这一战被彻底坐实。

本年三月，曹操因为自己已经具备一定的实力，可以保障自己和家人的安全了，所以派人前往泰山华县（今山东省费县东二十公里）迎接自己的老父亲曹嵩到东郡享福。

可就在曹嵩的车队刚刚出发没多长时间，却突然从前方杀出数千人的部队，这些人极为凶残暴虐，不仅将曹嵩车队的财物全都抢了去，还将曹嵩一家老小赶尽杀绝！

此消息很快便传到了曹操那边。当曹操得知自己的老父被残杀以后，当场气昏了过去。

醒来以后，曹操如同疯了一般对下面的人嘶吼："查！查！给我查！这到底是谁干的！"

谁干的？陶谦干的。

话说自从曹操在青州将陶谦的部队全歼以后，这两股势力便成了不死不休的关系，陶谦恨曹操更是恨到了骨子里，可碍于曹操的强大，陶谦虽恨曹操，却一直没有动手。

直到陶谦听闻曹操迎老父往东郡以后，这才想出了这么一个丧尽天良的办法来恶心曹操。他以为自己的士兵伪装得很好，以为自己这次的事情做得滴水不漏，可这么大的事情，如果曹操真的想查，怎么可能查不出来。

（注：《资治通鉴》上说曹嵩一行人是在行至华阴的时候被陶谦的一个部将杀死的。《吴书》上说陶谦为了溜须现在日益强大的曹操，便遣将领张闿率二百人护送，中途因为张闿贪图曹嵩的财物，这才将曹嵩一家老少都给杀了。《世说新语》上说的就是我上面的说法。至于《三国志》则只有简简单单的五个大字'为陶谦所害'。各位熟知的说法应该都是《吴书》上所说的，可吴书是谁的呢？东吴的史官韦曜。试问一个国家的史官去写敌国的历史，有几分可信？再有，他曹操的聪明在整个东汉末期都是数一数二的，如果曹嵩真的是张闿所杀，曹操怎么可能在以后屠城？他又不是暴君，也不是蠢货，不可能不知道这样做会是什么下场。最后，陶谦的实力虽然不及曹操，但作为一州的刺史，实力也绝对弱不到哪里去，他也用不着如此下贱地去讨好曹操吧？更别说之前曹操还在青州几乎将他所有派出去的部队都给歼灭了。所以，我个人认为，只有《世说新语》和《三国志》的说法才能解释得通，便采纳之。）

公元193年五月，曹操经过多方查证，最终确定了杀死自己老父亲的正是陶谦这个杀千刀的，遂整顿精锐，率十余万青州兵向徐州方面急速压迫。

陶谦闻讯大怒，同样集全徐州之兵往彭城方面主动迎击曹操。

陶谦认为，上一次败给曹操完全是因为自己没亲自指挥。如今，自己亲率大军前来阻击曹操，必能将曹操打得屁滚尿流。

而陶谦，很快便会为自己的自大而尝到苦果。

公元193年秋季，曹操的大军和陶谦的大军在彭城西北的平原相遇。

正所谓仇人见面分外眼红，两军遭遇后都没有丝毫废话，撸起袖子就干。

最开始，曹操的战法一如既往，还是东汉传统的"一步两骑"战法（步兵正面硬磕，骑兵两翼侧击），可此战术早就被陶谦看破。

他见曹操阵营两翼尘烟滚滚，断定曹操这是要出骑兵，便遣出早已准备好的近战骑兵迂回至侧翼阻击曹操所部的冲骑部队。

此招果然奏效，有这些近战骑兵牵制，曹操的冲骑部队根本无法到达战场核心部位，陶谦也为自己的优秀指挥才能而得意非常。

可就在双方进入拉锯之时，战场却发生了异变。

只见在曹操阵营中突然杀出了一支千人的骑兵部队。这一千骑兵和其他骑兵有很大的不同，他们一身的精致鱼鳞战甲，手持加长型冲锋长枪，腰中还插百炼首环刀，胯下战马也是极为雄壮，一看便知道是那种从北方游牧民族进口的马种。

这支千人的部队行进极快，几乎只一瞬间便在冲骑的掩护下杀进了陶谦军主力的侧翼。

砰！

伴随着一声惊天巨响，陶谦侧翼被这些黑甲骑兵杀得残肢遍地，整个侧翼在瞬时之间被这些黑甲骑兵突成了凹形。

然而，这还不算完，这些黑甲骑兵在突入侧翼百米以后速度便开始缓缓下降。

此为突击骑兵的大忌，一旦没有在第一时间突围而走，他们便很有可能会被集体围歼。可这些黑甲骑兵并没有半分畏惧。在速度降下来以后，他们第一时间将加长型突击长枪放进了马鞍的枪袋里，然后抽出首环刀，在马上一边向北突围，一边不断猛砍。

这些士兵的杀人技术非常高超，首环刀在他们的手中就好像是一条银蛇一般上下翻飞，直杀得陶谦所部不敢靠近。

结果，大概半炷香都不到的时间，这群黑甲骑兵便从重重包围之中突出，然后他们放回首环刀，再次抽出突击长枪往回冲杀。

就这样，在这些战斗力极强的黑甲骑兵如此反复冲杀下，陶谦主力部队的后方越发混乱，而硬磕陶谦正面的青州兵见局势逐渐顺风，战斗力越发强悍。

基于此，陶谦所部逐渐后退溃败。

最后，陶谦见实在抵挡不住曹操，便只能率军仓皇向彭城撤退。

而曹操呢，当然不会放过这个机会，乃下令全军疾速追击陶谦。

陶谦且战且退，在损失了无数的殿后部队以后，这才狼狈逃回了彭城。而这时候，他的部队已经损失一半有余了。

（注：这支黑甲骑兵部队便是号称整个三国时期最为精锐的突骑部队——虎豹骑了。为什么说它是最为精锐的突骑部队呢？因为虎豹骑不仅装备是当时最好的，单兵作战能力也是最高的。《三国志》说虎豹骑的士兵全都是从全军挑选出最

为精悍的百夫长，所以一兵可抵一将。）

　　再看曹操，他几乎是在陶谦进入彭城以后便杀至彭城外郊。

　　这回曹操是动了真怒，他甚至连建造攻城器具的心情都欠奉，竟然在包围彭城的次日便对此城展开了凶猛绝伦的攻势。

　　一天、两天、三天……在曹操不间断地猛攻之下，陶谦终于顶不住了，于是便在第三天的夜晚弃城而逃。在撤退的同时分批派出使者前往徐州各部，下令他们将所有的士兵和粮食全都运往郯城，意图以郯城拖死曹操。

　　次日，曹操攻陷彭城，可当他听闻陶谦已经逃走的消息以后大怒异常，乃兵不卸甲，再次带领大军向郯城疾奔。

　　而在前往郯城的过程中，曹操也没有忘记分兵略地，到达郯城之前便一举拿下了十余座县邑。可让曹操万万没有想到的是，这些县邑几乎被陶谦搬空了。

　　"这个老匹夫！"

　　此时的曹操几乎快要被陶谦给恶心疯了。

　　由是，盛怒之下的曹操也不再去管其他的城池，而是命分兵略地的兵团全都往郯城会师。

　　公元193年九月，曹操各部兵团在郯城完成了集结，筑营完毕以后便开始对郯城发动了凶猛的攻击。

　　可现在的郯城集合整个徐州的残军和兵粮，数量不菲，根本不是无脑攻就能攻得下来的。所以曹操在攻击了郯城几天以后便下令停止进攻。

　　那么曹操在之后会采取什么办法来攻击郯城呢？呵呵，曹操撤退了。

　　因为曹操知道，现在的郯城兵多粮足，想要攻下此处，没有足够的时间是绝对不行的。而时间是需要什么来支撑的呢？答案呼之欲出，军粮。可以说，这一次曹操轻敌了。

　　曹操认为，陶谦之流不过是军事上的白痴，根本不是自己的对手，自己绝对可以在一年之内拿下陶谦，进而吞并整个徐州。所以他本次带的军粮满打满算也不到一年的份。而见识了郯城的防守以后，曹操觉得一年之内未必能拿得下郯城，而一旦郯城拿不下，军粮又不够，自己手下的那些青州兵很有可能会溃散。到时候别说拿不下陶谦，甚至就连自己也很有可能栽在徐州。

　　基于此，曹操才往兖州撤退，打算补充了军粮以后再彻底平定徐州。

　　可就在撤退的过程中，大概是为了泄愤、为了祭奠已经死去的父亲，抑或为了能将陶谦从郯城中引出来。曹操竟然将虑（今江苏省泗洪县东）、睢陵（今泗洪县东）、夏丘（今泗洪县东）三个县的数十万百姓，无论男女老少全都绑了起来，然后押往泗水，意图屠之。

曹操的将领们听得此决定后无不吓得身魂俱颤，全都劝曹操不要行此极端之事，不然定会遭后世唾骂。可曹操根本不在乎后世对自己的评价，毅然决然将这数十万百姓押往泗水。

公元193年十月，又宽又长又深的泗水，无数百姓哆哆嗦嗦地站在岸边，每个人都被捆绑得严严实实。男子们在疯狂地咒骂曹操，女子们已经吓得说不出话，小孩子则不断地哭着鼻子，不知道即将迎来的将是怎样一种灾难，老人们则看着苍天默默流泪。

午时，太阳当头，曹操轻轻地点了一下头，高地上的传令狠狠地挥动令旗。

岸边的青州军见令旗挥动，则手持长枪狠狠扎向最后排的百姓。

一众百姓别无他法，只能哭号着向那奔涌的泗水奔去。

这种残忍的驱赶行动整整持续了一天的时间，直到黄昏之时，整个泗水已遍布尸体。据史料所载，曹操本次杀男女百姓数十万之多，尸体堆积如山，泗水为之不流。

曹操，这个之前一直被天下百姓奉为英雄的人物，经此一次后则彻底变成奸雄，为天下人所痛骂，这也是曹操一生中很少有的失策之一，他也即将为这次的屠杀行动付出代价。

再看陶谦。他现在没有那么多时间去心疼三县的百姓了。因为他知道，曹操的撤退只不过是暂时的，不出两个月，曹操必会带着足够的粮草来袭击自己。所以，陶谦必须在曹操到来之前做好守备工作。

并且，通过这一次的战斗，使得陶谦充分地了解到了曹操军队的可怕，这种战斗力根本不是自己能够抵抗的。

基于此，陶谦急需请求援军来共同抵抗曹操的进攻。那么当今天下有谁能够对曹操形成威胁呢？

答案呼之欲出，西北有李傕、郭汜，北方有袁绍、公孙瓒，南方只有袁术和刘表能勉强和曹操一战。

西北的李傕、郭汜不用提，相距太远，支援不及。北方的袁绍和南方的刘表更不用提，只有公孙瓒和袁术有可能会帮助自己，所以陶谦便分别遣使往此二势力寻求援助。

结果却令陶谦大失所望。公孙瓒因为现在正在和袁绍准备决战，所以抽不出兵力来帮助自己，只能派田楷、刘备率几千人前来援助（已经很够意思了）。

袁术虽然没有什么外敌，但这人天生小肚鸡肠，目光短浅，没有绝对好处的事情他是不会干的。所以坚决拒绝了陶谦的请求。

至此，陶谦只能率本部兵马和刘备、田楷的几千士兵等待着曹军的驾临。

同年十二月，曹操倾巢而出，率近二十万大军逼向徐州，只留荀彧、程立守鄄城（今山东省西南，隶属菏泽市），陈宫守东郡，夏侯惇守濮阳，靠三人总镇兖州。

公元194年正月，曹操大军进入徐州，对陶谦展开全面攻击。

陶谦知道曹操此次兵精粮多，所以不敢以坚壁清野的方式对付曹操，便将所有的部队交给了手下第一大将曹豹，让他和刘备分别从正北和正南两个方向对曹操进行钳击，意图以此方式以少击多。

可曹操何许人也？我可以很负责任地说，论统兵打仗，曹操在东汉末期称第二，没人敢称第一！

刘备统兵作战的能力固然很强，但是和曹操相比，他还是要差上一些，更别提曹操手上还有数倍于刘备和曹豹的精锐部队。所以对于陶谦此次的钳击战术，曹操根本没放在眼中。

他将部队分为两部，分别迎击刘备和曹豹。结果刘备和曹豹被曹操打得大败（史无细节），落荒而逃。

身在郯城的陶谦听闻此消息以后大为恐惧，赶紧率众从郯城撤离至丹阳，意图用凶猛的丹阳兵来抵御曹操的进攻。（丹阳兵：陶谦手下的第一特种步兵，这地方出来的士兵极为凶猛，悍不畏死，陶谦之所以能将整个徐州镇得服服帖帖，丹阳兵的武力是功不可没的。）

四月，击败曹豹和刘备的曹操将部队会师于郯城，然后休整几日便打算攻破丹阳，彻底吞并徐州，再将陶谦肢解。

可就在曹操即将进行最后总决战的时候，其后院突然起火，所有的地盘几乎在旦夕之间被吞并，那么这个敢于吞并曹操地盘的人是谁呢？

吕布，吕奉先。

本节参《三国志·吴书》《资治通鉴》《世说新语》《中国历代战争史》

5.6　兖州争夺战

话说那吕布从长安逃走以后，第一站便去投奔了袁术。

吕布认为，自己诛杀了董卓，成了天下的英雄，理应得到袁术的厚待。可结果却令吕布大失所望，因为袁术觉得吕布先杀丁原，后杀董卓，是一个反复无常且养不熟的白眼狼，便拒绝接纳吕布，并毫不客气地将其赶出了自己的领地。

吕布很生气，非常生气，但同时，他又是无奈的，因为凭自己现在这点儿残军根本就不是袁术的对手，所以只能前往北方去投奔袁绍。

那时候的袁绍刚刚和公孙瓒休战，正准备讨伐黑山军，见吕布来投，正中下怀，便将其收纳。

这之后，吕布跟随袁绍转战黑山军各部，立下了汗马功劳，所以袁绍越发喜欢吕布，想要将他收为大将。

可就像袁术想的那样，吕布这个匹夫是一头养不熟的狼，逮谁咬谁。自从和黑山军休战以后，吕布便利用袁绍的名义不断扩充自己的士兵，还纵容自己的士兵在冀州境内抢劫，以此提升军队士气和增加部队资源。

袁绍听闻此事以后非常愤怒，这便有了斩杀吕布、吞掉他部队的心思。

可吕布却不知从哪个途径提前得知了这个消息，便奏请袁绍，希望他能放自己离去。

袁绍表面上虽微笑着答应，可心中却是冷笑连连（呵呵，你现在已经知道了我的图谋，我还会安心放你离去吗？放你离去干吗？等着以后我和公孙瓒决战的时候在背后捅我刀子？），便在一日入夜之时遣刺客进入吕布的府邸对其进行刺杀。

可吕布本身武艺高强，这个刺客非但没有行刺成功，还被吕布反杀。吕布料定这个刺客一定是袁绍派来刺杀自己的，便带领其部曲连夜向河内方向奔逃，意图投奔张杨。

事情已经到了这种地步，可以说吕布和袁绍两人已经是撕破脸了，袁绍就更不会这么放吕布离去，乃派一将携骑兵前往追击。

可就在这些骑兵眼看要追上吕布的时候，吕布却突然停下了行军的脚步，然后令全军掉转马头，陈兵列阵，直接迎向了那名将领，准备和其决战。

那将领之前也曾跟随袁绍攻击黑山军，见识过吕布的凶悍，所以对其极为畏惧，在吕布陈兵列阵之时便带兵逃走了。吕布因此得以成功抵达河内。

可就在吕布即将和张杨见面之时，一个人却找到了吕布，使得吕布改变初衷，遂掉转马头，从河内直扑向了兖州。

那么这个找到吕布的人是谁呢？便是曹操的挚友，陈留太守张邈了。

张邈，字孟卓，陈留太守，他不但是张超的哥哥，还是曹操和袁绍的挚友。可就在关东联盟军成立以后，本来很谦逊的袁绍却逐渐骄傲起来，张邈因此严词训斥了他。袁绍因此大怒，当时便想杀掉张邈。曹操听闻此事以后却找到了袁绍，并阻止道：“孟卓是我们最亲密的朋友，他不管是对还是错我们都应该宽容他，再加上现在天下还没有安定，我们就更不能内斗了。”

袁绍觉得曹操这话说得很对，因此没有杀掉张邈。

后来，张邈得知自己的命是曹操救的，便对曹操感激涕零，二人从此成了最要好的朋友。

这之后，曹操每一次出征重要的战役都会对自己的家人说：“如果我没有活着回来，你们就去投靠孟卓。”

没错，两个人的关系就是好到了可以托付家人的地步。

可这一切，在曹操屠杀三县百姓以后变了。

首先是曹操最重要的谋士之一陈宫。当他听说曹操以极为残忍的手段屠杀了三县百姓以后，心中悲愤异常，当时的他只有一个念头，那就是绝对不能让这个残忍无道的人得到天下，可因为当时曹操还有将近十万的精锐驻守兖州，所以陈宫并没有机会，只能暂时隐忍。

直到曹操二次出征徐州，将整个兖州的士兵全都带出去以后，陈宫料定时机已到，便前往张邈所处劝谏，希望张邈能够迎吕布进入兖州，将曹操的后路彻底断掉。

什么？找曹操最好的朋友去攻击曹操？这陈宫莫不是疯了？

没有，陈宫并没有疯，并且相当理智。因为张邈这人正义心爆棚，匡扶汉室之心除了已经死去的刘虞无人能比。最重要的是，吕布和张邈私交也是甚厚，所以令袁绍忌惮，袁绍曾因为这件事不止一次让曹操杀掉张邈，虽然曹操都没有遵从，但张邈还是害怕，害怕终有一天曹操顶不住袁绍的压力会来动他，再加上张邈也对曹操之前屠杀三县的举动十分不满，所以陈宫一忽悠，张邈便去寻找吕布，迎他进入兖州。

　　而吕布呢？寄人篱下也已经有好一段时间了，现在的他别说一个州，哪怕只有一个郡也相当满足了，所以当即答应了张邈的请求，全军前往陈留，然后得张邈之兵分兵略地（吕布攻濮阳，刘翊攻鄄城，陈宫攻东阿，氾嶷攻范县，等等）。

　　而这第一个攻击的地方便是由荀彧和程立把守的鄄城了。

　　公元194年三月，大概一万多人的部队进驻鄄城城下，他们声称是张邈的部队，准备前去帮助曹操攻击陶谦，所以希望荀彧打开城门让他们休整，并供给他们军粮。

　　此时的荀彧，既是曹操军中的谋主，又是曹操的大局策划人、推手，曹操不管施行什么计划都会预先和荀彧商议，而这所谓的援军荀彧根本听都没听过，所以料定张邈必定已经造反。

　　如果只有张邈一个的话，荀彧相信，他是无论如何不敢造反的。所以从以上种种信息推断，荀彧料定这时候的张邈一定勾结了外敌，准备对曹操的地盘进行全面鲸吞！而现在兖州的士兵满打满算不到一万，如果将士兵分散的话，整个兖州势必被全部占据。而一旦兖州被全面占据，曹操过后哪怕是想夺回都费劲了（因为没有立足之地）。

　　所以，荀彧当机立断，一边遣使往曹操处，声称兖州危机，一边致信于夏侯惇处，让他赶紧弃濮阳，率军前往鄄城。因为濮阳城大，四面开阔，不适合少量士兵防守，而鄄城城小墙厚，还有足够的粮食，只要万余士兵便足以抵挡十万大军数月。

　　那夏侯惇对于荀彧的本事是非常佩服的，所以见到荀彧的信件以后没有丝毫犹豫，当即便弃了濮阳，急速前往鄄城了。

　　本月中旬，事实验证了荀彧的判断果然没错，除了鄄城没有被刘翊攻破以外（刘翊在夏侯惇进入鄄城以后便仓皇撤退了），其他地方皆被吕布等人拿下。兖州诸势力见此，全都投降了吕布，现在还没有投降吕布的就只剩下鄄城、东阿（今山东省聊城市阿城镇）和范县（今范县东南二十里）了。

　　鄄城好说，那是自己亲自把守的地方，还有夏侯惇这个悍将坐镇，所以不可能出什么乱子。可东阿和范县就不是这样了。说句不好听的，它们现在都没有投降吕布就已经很不错了，所以两县县令现在的心态一定是摇摆不定的。而这两地和鄄城正好形成了一个三角形状，如果它们不投降吕布的话，自己就更有信心抵挡住吕布的攻势了。

所以，荀彧立即派程立前往二地说服县令，让他们无论如何不要投降吕布。可现在的局势已经相当恶劣了，这两个县令在如此被动的局势下能坚守本心不投降吕布吗？

这个任务对别人来说也许很难，或者说近乎无法完成，但对程立来说并不那么困难，因为程立不但是东阿本地响当当的人物，还确确实实是一大能人！

程立，字仲德，东郡东阿人，A⁺级谋士，他拥有非常漂亮的胡须，并有将近一米九的魁梧身材。

他力气很大，骁勇异常，不过这却不是他最大的优点，因为程立最大的优点是他的知识和谋略！

想当初黄巾起义之时，黄巾之火蔓延神州大地，张角的忠实信徒，东阿县丞王度也在城中响应，帮助东阿的黄巾军攻打官府，烧抢府库。

当时的县令完全无法应对这突发性的情况，便用绳索翻过城墙而走，根本不去管城中百姓的死活。而那些百姓失去了县令这个带领人，也都没有什么抵抗的欲望，便都逃出了东阿，往渠丘山躲藏而去。

可就在百姓皆往渠丘山迁徙的时候，人高马大的程立却骑马赶上。

他直接找到了这些百姓的领头人，也就是东阿的大姓族长薛房，劝他带领百姓回击东阿黄巾军，因为程立坚信，东阿的黄巾军只是一群打着黄巾名号而趁机发国难财的宵小，根本没有什么战斗力。

程立说得有理有据，不大一会儿便说服了薛房。于是，薛房带着自己的族人去动员逃亡的青壮百姓，希望他们跟随自己回击东阿。

可这些百姓都是一些贪生怕死之辈，如果不是被逼到绝路，他们是绝对不会拿自己的性命去拼的。

所以，这些百姓一口拒绝了薛房的提议，继续向渠丘山行进。

此举实属无奈，薛房也不敢用强，只能垂头丧气地去找程立说明。

本以为程立也会和自己一样沮丧，可程立非但没有，反而笑呵呵地道："呵呵，这结果已经在我的预料之中了，要不怎么说'愚民不可计事'呢。放心吧，我已经有了计较，保管他们到渠丘山以后一定会对我们言听计从。但前提是，薛兄你必须按照我的计划行事才行。"

薛房："仲德你但说无妨，我听你的便是。"

程立："如此，我们便这般这般……"

次日，东阿的百姓终于抵达了让他们魂牵梦萦的渠丘山。可当他们到山下以后却傻了。为什么？因为渠丘山上明晃晃地插着黄巾大旗（程立带领骑兵提前插上的）。

见此，薛房对下面的百姓暴吼：“诸位！这些黄巾贼已经占领了我们的家（东阿），把我们逼得要在山上居住过活。可现在，他们竟然连这么一丁点儿的地方都不给我们了，这是把我们往死里逼啊！我们还能继续忍耐吗？”

众人：“不能！我们杀上山去！”

薛房吓一哆嗦：“上，上个屁山！既然两面都已经被堵了，我们为什么不夺回我们本来的家，而要在这个破山上生活呢？诸位，随我重新攻下东阿！我们回家！”

就这样，薛房、程立带领着众多百姓往东阿而回，并且在回去的过程中，薛房还碰到了原东阿县令，那还有什么说的，县令大人，您就带着我们对东阿进行攻略吧。

而事实也确如程立所判断的一样，王度所率领的这些黄巾军皆为鸡鸣狗盗之徒，完全没有战斗力，见薛房和东阿县令率领声势浩大的百姓军回攻，竟然连抵抗都没有便弃城而逃了，使得薛房和东阿县令成功夺回东阿。

这之后，程立声名大噪，刘岱、袁绍、公孙瓒这些大人物都曾召唤过他，可他一个都没答应，还是隐居自己的草庐之中而观天下之事。

一直到曹操吞黑山、黄巾，得兖州之地以后，程立这才正式出山，前往投奔曹操。

当时很多人都对程立的举动感到不解，因为不管从哪个角度来看，投靠袁绍都要胜过曹操。可程立根本就没给他们半点儿解释，只是微笑一声便前往投奔了。

就这样，程立在曹操的手下当了一名县令，并在曹操二次讨伐陶谦的时候和荀彧一起驻守鄄城。直到吕布之兵席卷兖州，夏侯惇前往屯驻鄄城之时，荀彧找到了程立，并和其语重心长地道：“现在兖州绝大部分郡县已经背叛了主公，只有我鄄城、东阿和范县没有投降。而陈宫拥有重兵，据说现在正奔东阿而去！我担心一旦陈宫兵到，东阿和范县恐怕会投降，到时候，敌军一定会从四面八方向我鄄城奔袭而来。面对这种窘境，哪怕我荀彧有天神之能也不可能守住这个小城。一旦鄄城丢失，兖州将再无主公的立足之地，主公这些年辛辛苦苦打下来的基业就全都没了。仲德你在东阿一带声望极隆！当地豪强和县令都能听取你的意见，所以我想让你去说服两县，让他们无论如何不能投降吕布。如果范县实在无法说服，你哪怕说服东阿一县也行啊。我知道这次的任务十分艰难，但除了仲德你，我真再想不出有谁更适合了。所以，拜托了！"

话毕，荀彧对程立一躬到地。

见此，程立第一时间将荀彧拉起，并在同时对荀彧一揖，以极为坚定自信的口吻道："大人请放心，仲德必定完成任务。"

就这样，程立走了，带着荀彧无比的期望离去了。可程立却一点儿都没有紧张，因为他对自己的才能拥有绝对的自信。

程立最早到达的是范县，他见到范县县令靳允以后也不磨叽，开口便直入主题：

"靳大人，我听说吕布拘捕了你的母亲、弟弟和妻儿来威胁你，让你投降。这一定会使得你心生摇摆，这我都知道。但有些话我必须和你说，还望你能三思而后行。靳大人，现在天下大乱，英雄并起，民心皆不附汉，汉朝的终结已近在咫尺。而汉朝灭亡以后，一定会有一个新的朝代诞生在这天地间。而这新的天下之主会是谁呢？恕我直言，一定是现在群雄中的一人！所以我们这些做臣子的，一定要选好所要侍奉的君主！现在，兖州绝大部分的县邑投降了吕布，从表面上看，吕布好像会有所作为，但吕布是个什么玩意儿？狗一样的东西！他性情残暴而不能团结部下，武艺强横却不懂礼仪，只不过是一个仗着自己武勇的匹夫而已！而陈宫呢？这人虽然智计百出，却是一个心怀正义之人。这种人绝对不会尽心辅佐吕布，哪怕是尽心辅佐了，吕布也绝对不会完全听从他的安排，所以他们最后必会失败！曹公又是什么人？我不说你也知晓。现在兖州的局势虽然恶劣，可只要曹公大军回来，我保证会在旦夕之间将兖州重新平定！到时候，他会怎么对待投降了吕布的你呢？你觉得那个时候你的家人还能够保全吗？但如果你不投降吕布，你就会成为曹公的股肱之臣，到时候享不尽的荣华富贵根本不必多说。所以你一定要拼了命地坚守范县，千万不能投降！我则会带领东阿的军队策应你，和你一起配合荀大人完成战国田单之功！"

听毕，靳允犹豫片刻，然后双目含泪，对程立深深一拜："不敢有二心！"

然而，就在程立打算往东阿而去时，范县西北突然轰隆隆地暴响而起，没说的，氾嶷的大军压境而来。

见氾嶷数倍于自己的部队，靳允当时就慌了，可就在这时，程立眼冒凶光地找到了靳允。

靳允一看程立，惊异地道："你怎么还在我范县？现在大军压境我自会死守，你赶紧去东阿吧，不然陈宫大军一到，那就如何都来不及了。"

程立并没有在意靳允话中的不客气，只是阴狠狠地道："呵呵，氾嶷，一个废物而已，我有一计，可助你在一日之内将其破之！"

靳允："这……这这这怎么可能……"

程立："有什么不可能，现在氾嶷所部还未就位，你赶紧派百名骑兵埋伏在××，然后……"

数个时辰以后，氾嶷的部队已将范县团团围住，可就在他要攻击范县的时候，靳允的使者却突然来到，声称愿意投降氾嶷，只不过有些条件，希望氾嶷能亲自答应自己，双方会晤就在范县和氾嶷大营之间。

氾嶷听此言大喜过望，当即率十余名亲卫前往目的地和靳允相见。

可就在到达目的地之后，突然从周围林中杀出百余骑兵。结果不必多言，氾嶷寡不敌众，惨死于这些骑兵的屠刀之下。

氾嶷一死，三军无主，指挥系统顿时失灵，其他将领怕这时候敌军突然杀出无法应对，便带着军队撤离了。范县之围就这样在程立的计谋下轻轻松松地解除了。

这之后，程立疾奔回东阿。

那程立在东阿的名声是响当当的，不管是当地土豪还是东阿县令都对程立言听计从，所以程立只一到东阿，其县令便将所有的权力移交程立，听从他的指挥。

再之后，程立迅速遣骑兵断绝了仓津渡口，焚毁了所有船只，陈宫大军到达仓津渡口以后，见渡口已经被断绝，船只全部被焚毁，料定短时间无法渡河，又惧怕曹操回军来攻，便率军离去了。

至此，范县和东阿得以保全。我们再来看鄄城的情况。

话说自夏侯惇入驻鄄城以后，刘翊便因畏惧夏侯惇而退出了鄄城。

可吕布自然不会善罢甘休，乃致信于豫州刺史郭贡，请他帮助自己去攻击鄄城。

因为现在兖州的局势不管怎么看都是吕布占据绝对优势，所以郭贡惧怕吕布在全占兖州以后攻击自己，便带全部兵力往鄄城而去（数万）。

可当大军到了鄄城以后，郭贡又犹豫了，因为他了解曹操的为人，也知道现在曹操的主力大军不在兖州，所以不敢第一时间攻击鄄城，便遣使往鄄城，希望荀彧能出来和他一见，了解详情以后再作计较。

当时，大家都认为郭贡已经和吕布联合，以为荀彧一定不会去见郭贡，可没想到那荀彧根本连犹豫都没有，当即便答应了郭贡的使者。

最要命的是，那荀彧竟然一个人都不带，就打算老哥一个人前去会见郭贡。

见此，夏侯惇大惧，他拉着荀彧的手惊惧地道："文若！你现在是一州之主，负责主公的大事，怎么能如此草率？万一你有什么意外，兖州危矣！不行！我说什么都不会让你去的。"

荀彧轻轻地拉开了夏侯惇的手，然后微笑着和其道："元让你听我说，郭贡和吕布、张邈这些人在这之前从来没有交往，现在郭贡来得如此急迫，来了之后还不第一时间准备进攻，这便是主意未定的表现。这是千载难逢的机遇，只要现在我去见他，一定能说服他不去帮助吕布，哪怕最后不能让他为我所用，起码也会让他保持中立。可如果我现在不去见他，他最后一定会进攻我鄄城。到那时，就是想挽回也不可能了。元让，相信我，我能够做到。"

话毕，夏侯惇犹豫再三，最终还是选择相信荀彧，放他前去和郭贡会面了。

这次会面双方说了什么并无记载，但当荀彧再回到鄄城的时候，郭贡撤兵了，从此选择中立，两不相帮。

而此时的吕布也已经攻下了濮阳。他见郭贡选择了退去，便亲自带领大军前来攻击鄄城。

可鄄城让荀彧和夏侯惇守得如铁桶一般，吕布虽百般狂攻但都没有丝毫建树。而这时候又有传令来报，说曹操的大军已经从徐州急速往兖州而回，吕布不敢再行拖延，便率军撤回了濮阳。

公元194年四月初，曹操大军返回鄄城。当天，荀彧、程立、夏侯惇亲自迎接。曹操老远见到三人，直接跳下战马飞奔至三人前，他紧紧抓着三个人的手久久不能言语，那感动得是稀里哗啦。

半晌，曹操松开了荀彧和夏侯惇的手，只单单拽着程立的手道："仲德啊，你可知道，我曹操之所以现在还能站在兖州的土地上，这都是有你在，如果没有你的话，我曹操将再无立足之地啊！"

程立对曹操深深一拜："分内之事，岂敢言功！"

曹操正要再夸，荀彧却在这时候微笑道："主公有所不知，我这仲德兄可不是一般人物啊，之前他还做过一个梦，梦见自己拖着一个太阳冲向天际。这是什么意思呢？不就是说仲德要帮助主公您成就大事吗？"

一听这话，曹操惊异道："哦？还有这等事？既如此，我给仲德改名如何？"

程立："愿从主公之意。"

曹操："既然仲德梦到头顶大日，那么我便在仲德的立字上面加一个日字，从此，仲德你就叫程昱吧！"

程昱："谨遵吩咐。"

就这样，众人在欢乐的氛围中进入了鄄城。

这之后，荀彧凝重地将现在兖州的局势给曹操做了详细的说明，曹操听完以后却猖狂大笑："哈哈哈，吕布已得一州，如果能据东平，塞亢父、泰山之道，乘险拒我，我必无他法，可这厮竟然将所有的力量屯集濮阳，意图以一城之地拒我曹操，我已知其无能也！众位！"

众人："在！"

曹操："下令大军休整三日，三日后全军攻击濮阳！只要濮阳一下，吕布中坚力量就将全部丢失，到时候，整个兖州便可一举而回！"

众人："诺！"

四月中旬，曹操率全军向濮阳进逼。而身在濮阳的吕布也具备丰富的作战经验，知道孤守一城必死之理，遂命悍将张辽率一军屯驻濮阳西郊，以备游击骚扰之用。

曹操认为，想要攻陷濮阳，就必须先将濮阳团团围住，这样自己就能占据主动，想怎么玩儿就怎么玩儿。可如果不能将张辽所部消灭，自己就无法安心包围濮阳。

于是，曹操在抵达濮阳外郊以后，在当天夜里便亲率青州兵和部分正规军前往袭击了张辽的驻地。张辽虽拼死奋战，但一是曹操来得太过突然（扎营的当天夜里便来偷袭）；二是曹操的兵力胜自己好几倍，所以无法力敌，终是在坚持到清晨的时候被曹操击溃（能坚持到清晨已经很不错了）。

就在曹操打算撤退之时，吕布濮阳城中的主力援军却突然杀到。

那吕布一马当先，勇不可当，率领陷阵营直接冲入了一众青州兵中（陷阵营：总数七百，士兵皆为吕布老兵，弓马娴熟，由大将高顺、吕布分别都统，甲胄、武器皆为当时最高端的，他们可以充当重装步兵，亦可充当突击骑兵，战斗力极高，可谓整个东汉末期综合实力最强的兵种）。

这些青州兵全无准备，被吕布的凶猛突击突得血肉横飞。而且，这帮青州兵打顺风仗打惯了，从未见过如此凶猛的兵种，所以一时间被吓得屁滚尿流，再加上后面还有数万的士兵在向他们奔涌而来，这些青州兵便更是害怕，于是开始向后逃窜，濒临崩溃。曹操虽拼死指挥，但依然无法让这些青州兵重新振作。

就在这千钧一发之时，突然出现两个人力挽狂澜，终是将这极为不利的局面给扳了回来。

那么这两个人是谁呢？

于禁、典韦。

于禁，字文则，泰山郡钜平县（今山东省泰安市南）人，年轻时A级将帅，年老后B级左右。

黄巾起义时，鲍信招募兵众，于禁便在那个时候投奔了鲍信。可于禁在鲍信麾下时并未得到重用，所以在曹操夺得兖州以后投奔了曹操。

当时，于禁从属于王朗麾下，王朗在一次和于禁的闲聊中发现了他的才能，当时惊为天人，便向曹操推荐了于禁，并称于禁的才能足以充当大将军。

曹操因此接见了于禁，和他谈话以后认可了于禁的军事才能，便命于禁担任军司马。

在攻击徐州陶谦的时候，于禁表现非常突出，立了很多大功，于是曹操再升于禁为陷阵都尉，让他率领千名精锐骑兵。

直到攻击张辽之时，曹操更是让于禁率骑兵跟随大军侧翼，充当游击、掩护之作用。

典韦，字号不明，S⁻级猛将，陈留郡己吾县（今河南省宁陵县己吾村）人，他身材高大、雄壮，力大无穷，从小便有志气节操，经常行侠仗义，极讲义气。

当初，襄邑县的刘氏和睢阳县的李永结了仇怨，李永行事残忍，将刘氏一家全杀了。典韦看不惯，便想给刘氏报仇，可那李永原为富春县长，家中势力很大，防卫也是森严。典韦怕李永跑了，便怀揣短刀，手拿好酒好肉前往拜见李永，并对门卫声称自己是李永的故人，且顺手给了门卫一些好处。

那门卫收了好处，通报一声便放典韦进去了。结果典韦见到李永后，扔掉手中礼物，抄出短刀便将李永干死了。

这还不算，典韦还闯进后院，将李永的妻妾也全部斩杀。府中卫士见李永和其妻妾被杀，疯狂地冲向典韦，可典韦武艺极高，在一众卫士中横冲直撞，手中短刀上下翻飞，没一会儿便将李永的卫士们全都杀死了。

然后，一身是血的典韦手中提着短刀就这么嚣张离去了。睢阳县长听闻此事以后大怒，当即带数百官兵前往追击，可当众多士兵追上典韦以后，却见其壮硕如牛，一身是血，便没有一个人敢上前。

典韦见这些人如此之�">，便冷笑一声，然后继续往睢阳县外缓步行走。睢阳县令虽多次催促，但那些士兵依然不敢上前。

无奈，这睢阳县令只能带着士兵们跟着典韦。直到走出睢阳县以后，接应典韦的数十名江湖人士拍马赶到，典韦对他们哈哈一笑，然后手提短刀，转身便冲后面跟随的官兵而去。

那些官兵早就畏惧典韦，如今又见有如此多的江湖人士帮忙，当然不敢再动手，还未等交手便落荒而逃了。

从此，典韦之大名响彻睢阳。

后来黄巾乱起，各地诸侯招兵买马，典韦便投了张邈，成了张邈军中司马赵宠手下的一名士兵。

一次，张邈军营中的一面牙旗被狂风吹倒。因为这个牙旗实在太重，所以军中没有一个人能将其重新插好。可就在这时，路过的典韦看到了这一幕，他走上前去，只用一只手便将这巨大的牙旗举起，然后重新插好。

此举使得全军将士为之哑然，赵宠甚至惊得说不出话来，因为他从来没见过谁的力量能大到这种地步。

后来，不知道到底是什么原因（大概是得不到重用吧），典韦弃了张邈而投奔夏侯惇帐下。

最开始典韦也只是一名士兵，可每次作战他必冲锋在前，所以连番升官，到曹操攻击濮阳的时候已经升到了军中司马，拥有自己的步兵团队。

我们回归主线。

曹操的青州兵被吕布的陷阵营袭击以后，一众士兵开始畏惧，正巧这时候左军主帅夏侯惇的一只眼睛也为流矢所中，当时便失去了战斗能力，所以全军大乱，处于崩溃边缘。

就在这时，典韦提着一根又粗又长的大铁枪，带着一群膀大腰圆的壮汉扒拉开那群吓得屁滚尿流的青州兵，对着凶猛而来的陷阵营便走了过去。

当手下士兵列成横队以后，典韦让他们全都转过身去，背对着奔涌而来的陷阵营，并对一名士兵道："你给我盯着这些狗娘养的，当他们距离我们还有十步的时候再告诉我。"

轰隆隆，伴随着汹涌的马蹄声越来越近，那名士兵突然暴吼道："大人！已经十步了！"

典韦不慌不忙地道："还剩五步的时候再和我说。"

士兵："已经五步了！"

典韦暴吼："举枪！回身！"

话毕，众多士兵立即举枪回身，而那些已经冲杀到面前的陷阵营根本没想到敌军会有这一动作，所以全无防备。

顿时，陷阵营一众士兵被典韦所部扎得人仰马翻，后面的士兵也因此受到牵连，降低了冲锋的速度。

来势汹汹的陷阵营就这样被"定"在了原地，凶猛的冲击被彻底地卸了下来。那典韦勇猛无双，见已经卸掉了陷阵营的冲击，便扔掉了手中的长枪，从后背抽出两把手戟直接就上！

他如黑虎入羊群，那是见人就杀，精锐的陷阵营被典韦如同砍瓜切菜一般不断收割。而正在逃跑的青州兵见典韦如此勇猛，便止住了溃败的步伐，也随同他一起转身杀回！

而就在这时，战场的西南角又尘烟滚滚，突然冲出一千骑兵向后方跟随收割的吕布军冲杀而去。

这支部队正是于禁所率领的精锐骑兵队。

那于禁战场应变能力极为强悍，本来是打算阻击吕布的陷阵营的，可见陷阵营已为典韦所阻，便率领骑兵直接迂回到了吕布主力的侧翼，然后直接冲杀而去！

此骑兵团在于禁的指挥下于吕布主力兵团中横冲直撞，四处突击，只将吕布军突得残肢遍地。

见此，已经回军的青州兵更是勇猛对敌，双方就这样展开了惨烈的肉搏战。

此战一直从清晨打到了黄昏，吕布见天色已晚，只能鸣金收兵。

见此，曹操长长地舒了一口气，终是平安带领士兵返回了大营。

可就在当天夜里，一个百姓模样的人却从濮阳"悄悄"逃了出来，并直奔曹军大营。

（番外小贴士：夏侯惇被射瞎了一只眼睛以后，军中众人给他起了一个"盲夏侯"的外号，可夏侯惇并不像演义中那样满不在乎。相反，他还十分厌恶这个外号，每次照镜子的时候都因为眼部的伤疤而大发雷霆，一辈子不知道毁掉了多少镜子。）

这百姓模样的人对曹操说，自己是田氏一族的使者，田氏族长声称愿意在当晚帮助曹操打开濮阳的东门，希望曹操快些行动。

田氏，濮阳城中最大的氏族，曹操在管理濮阳的时候对这一族人也算不错，所以不疑有他，认定田氏族长一定是真心帮助自己，便在当晚再次聚集青州兵，以人衔枚马裹蹄的方式往濮阳东门悄然而去。

果然，当曹军到达东门之时，东门已经大敞，曹操便带领着士兵快步进入东门。

为了表示一战而定吕布的决心（主要是怕青州军逃跑），曹操在大军全部进入东门以后便将东门焚烧，可就在曹军进入濮阳中心之时，突然闻听一声爆响，然后杀声不断，吕布的士兵从四面八方向曹操奔袭而来。

曹操见此心知中计，大喊一声不好，正要布置军队且战且退，可那些不争气的青州兵根本就不给曹操这个机会，早就在第一时间四散而逃了。

曹操见败势已呈，哪里还敢继续逗留，同样弃军往南门而逃。

一时间，整个濮阳城都被喊杀声和哭爹喊娘声淹没，变成了人间炼狱。

乱军之中，曹操亦是亡命奔逃，现在他的身边已经没有任何护卫，只剩老哥一个而已。可就在曹操即将到达南门之际，却从左右两翼突然杀出两队骑兵，这些骑兵直接将曹操前路堵住。曹操不敢再逃，只能停留在原地作瑟瑟发抖状。

其中一名骑兵队长将剑抵在曹操的咽喉处，一脸不屑地道："废物，告诉我曹操往哪个方向逃了。"

曹操哆哆嗦嗦地道："启……启禀大人，我刚才看到曹操骑着一匹黄马往北门逃窜了。"

那骑兵队长怒骂一声，一脚踹翻了曹操，转身带领众人向北门而去。曹操就这样靠着自己的机智和如同影帝一般的演技逃过了一劫。

本次作战，曹操所率的青州兵几乎损失一半，成功逃回城东大营的残部也是个个带伤，士气低落得不行。

更重要的是，这些青州兵自知有罪（不顾曹操军令私自溃散逃跑），生怕曹操将他们全都杀了，所以流言四起，整个军营遍布着恐慌的情绪，随时有可能哗变。

见此，曹操当机立断，亲自到各个军营中稳定军心，并再三说明这次的失败完全是自己的原因，和其他人没有半点儿关系。

因此，全军重新安定。

这之后，曹操命大军原地休整，用一个月的时间制造攻城器具，然后开始对濮阳城展开了不间断的攻击。可濮阳城被吕布守得铁桶一般，曹操虽百般进攻都没有尺寸之功。

而直到这时候，曹操才真正地了解了吕布军的恐怖。

时间飞逝，很快便到了八月（双方已交战近百日）。

这个月，整个兖州暴发了百年难得一见的超级旱灾、蝗灾。那蝗虫铺天盖地而来，所过之处寸草不生，据史料所载，此时整个兖州的粮价已经狂飙至五十万钱一斛，逼得人们相互残杀吞食，白骨成堆。

同时，无论是曹操军中还是濮阳城中，粮食皆被食尽，所以无奈的曹操只能退兵，双方暂且罢兵。

时间很快到了十月，从四月曹操回军攻吕布一直到现在，已经过去将近二百天了。而曹操对吕布依然没有半点儿建树，曹操因此满面愁容。

而就在这时候，冀州袁绍却遣使拜会曹操，声称可以出兵帮曹操攻击吕布，不过条件只有一个，那便是曹操要将一家老小全都接到邺城居住。

这是什么意思？就是想要彻底收编曹操。

曹操心中是一万个不愿意，但这时候粮草又已见底，除了真正地投靠袁绍，曹操实在是再想不出什么办法了，这便准备答应袁绍。

可就在这时，程昱却急匆匆地来拜见曹操，见到曹操以后没有丝毫废话，直接进入主题："主公，我听他人说您将要彻底归顺袁绍，不知是真是假。"

曹操："是真的，因为现在……"

程昱打断："主公，昔日田横曾在齐地称王，据千里之地，拥百万之众，与天下诸侯并南称孤。可最后高祖夺得了天下，您认为田横会甘心吗？"

曹操："当然不甘心，这是一个君主一生中最大的耻辱了。"

程昱："呵呵，是吗？您也知道啊？人人都说田横实际上就是一个匹夫，但依我看，主公您还比不上田横这个匹夫！"

曹操："……"

程昱："田横，不过一齐地匹夫而已，就这样他还羞于臣服于高祖。而主公您英明神武，心怀大志，反而欲归于袁绍之下，我真是为您感到羞耻！"

曹操："那你的意思是……"

程昱："袁绍虽然现在占有燕赵之地，并有吞并天下的野心，可他心胸狭窄而目光短浅，绝对不能成就大事，这您应该比我更加清楚。您愿意做这样人的下属？"

曹操："……"

程昱："主公您拥有龙虎一般的威势，怎么可能做出像韩信、彭越那样臣服于人的事情呢？（话中有话，形容曹操到袁绍麾下以后必死无疑。）现在兖州虽然残破，但还有三城对主公您忠心耿耿。身体健康，还能战斗的士兵也有数万之众，又有优秀的武将和文臣辅佐。主公英勇无敌，怎就不能带领着这些人重新夺回兖州呢？请您好好考虑一下吧！"

话毕，曹操如醍醐灌顶（是啊，投靠袁绍我也早晚是个死，与其这样，还不如再和吕布作最后一搏），他对程昱深深一拜，然后真心地道："要不是先生提点，孟德险些坏了大事！"

就这样，曹操停止了投靠袁绍的举动，并一边休养生息，一边采用军屯之策来应对这次的饥荒。

不过距离曹操和吕布决战还有大半年之久，在这期间，我们再来看看天下又发生了什么其他的事情吧。

本节参《三国志·魏书》《英雄记》《资治通鉴》《典略》《中国历代战争史》

5.7　徐州新主（1）

公元194年十二月，益州牧刘焉因脓疮恶化而死，其子刘璋继位，成为益州新主。

刘璋虽然年岁已经不小了，但性格柔弱，优柔寡断，在益州口碑很差，所以张鲁便有取代刘璋而独统益州的想法。

基于此心理，张鲁日益骄纵，完全不将刘璋放在眼中。刘璋的谋士断定张鲁日后必会在益州反叛，所以希望刘璋能对张鲁发动突袭，占据主动以后一举而灭张鲁。

刘璋哼哈地答应了，可接下来办的事却让那个谋士跌破了眼镜！

人家谋士的意思明明是发动全军对张鲁展开突然袭击。可刘璋呢？派了一个小队，突然袭击了张鲁母亲的府邸（张鲁的母亲常住成都），将张母杀死以后才大造声势地聚集士兵，准备一举而定张鲁。

刘璋认为，张鲁只不过是一个庸才，所谓的五斗米众也不过是一群不中用的农民兵而已，就是让他们提前准备了又能怎么样？

可刘璋错了。

这之后，刘璋派遣心腹将领庞义多次对汉中地区发动进攻，但无一例外，皆为张鲁所败。而也就是从这时候开始，刘璋和张鲁真正地成了不死不休的关系。

再看徐州。

还是这个月，徐州刺史陶谦已奄奄一息，在临死之前，他上表刘备为徐州牧，然后对心腹糜竺道："徐州，这是一个四面皆敌的地方，非雄主不能治理。我的那些儿子没有这个能力，所以决定将徐州交给刘备，你们一定要用心地辅佐他，不要让徐州的百姓再次被曹操屠戮！"

糜竺："是！"

本月下旬，徐州刺史陶谦驾鹤西去，糜竺遵陶谦之言，前去小沛迎接刘备往下邳担任徐州牧一职。

糜竺，徐州第一巨商，家中奴仆过万，资产数亿，还经常出席于各种慈善活动，在徐州的声望无人能及，就是陶谦生前对其说话也是客客气气。由这么一个大腕儿亲自来迎接刘备，这件事情的真实性当然不必多说。

刘备心中非常兴奋，自己终于也要有那一州之地，所以当时便要冲往大厅。

可就在这时，一个人拉住了刘备，不让他前去会见糜竺。这个人是谁呢？便是陈群了。

陈群，字长文，祖父是陈寔，父亲是陈纪，叔父是陈谌，都非常有名望。而陈群的能力更胜他们，从小就显示了卓绝的天赋，陈寔曾经和宗族父老说："这孩子厉害！以后一定会让我们的宗族兴旺！"

鲁国的孔融是大圣人孔子的后代，有才华，并且极为高傲，认为一般人根本不配认识他。

孔融的年龄在陈纪和陈群之间。起初，孔融和陈纪的关系非常要好，一直以朋友相称。可自从孔融认识了陈群以后，便被其才华震惊，和其结成了好友，并从这以后称呼陈纪为长辈，以显自己对于陈群的重视，陈群因此声名大噪。

后来，刘备在青州和袁绍之间对决，听闻了陈群的名声以后便征召其为别驾。陈群因为刘备在民间风评甚好，所以也没有拒绝，便就这样投奔了刘备。

直到陶谦新死，糜竺前来迎接刘备为徐州新主，刘备正打算前往之时，陈群拉住了他，并语重心长地道："主公，你一会儿前去面见糜竺，一定不要答应他带领徐州，不然危矣！"

刘备皱眉道："为何？"

陈群："主公，扬州袁术现在势头正猛，他一向瞧不起主公，如果主公带领徐州的话，他铁定会攻击主公。而紧挨着徐州的是兖州，这地方现在虽然正在经历战争，但早晚会决出胜负，最终不管是曹操胜利还是吕布胜利，他们都必会在主公和袁术交战的时候攻击徐州的后背，到时候主公危矣！"

不当事后诸葛亮，身处当时刘备的环境，说实话，我真看不出陈群这话说得哪好，因为不管是曹操还是吕布，他们分出胜负以后铁定是两败俱伤，怎么还会有精力攻击自己呢？最关键的是，他刘备心中也有壮志，不想永远地寄人篱下。所以，刘备没有听从陈群的建议，毅然决然地当上了那个徐州新主。

陈群见此，料定刘备必定败亡，便离开了刘备，不久之后投奔了曹操。

而此时身在兖州的曹操听闻刘备不费一兵一卒便得到了徐州的消息以后愤怒已极，当时便要组织士兵前往攻击徐州，意图讨平徐州以后再行反攻兖州。不为别的，就为了一股气！

可曹操这一出却把一众文臣武将吓坏了，荀彧更是阴个老脸站出来道："当初高祖守关中，光武帝据河内，他们都是为了建立牢固的根基来控制天下。主公本来在兖州起兵，平定了关东祸乱，老百姓没有不对您心悦诚服的。所以您的民心在兖州！况且黄河、济水流域是天下要地，如今虽然残破，但还是容易据守自保的，这是将军的地利。徐州，有吗？我军现在已经成功度过了饥荒，粮食越来越多，士兵们的伤势也逐渐好转，战力正成倍向上蹿升，如果这时候调动部分兵力去攻打陈宫，陈宫必不敢支援吕布，那时主力和吕布决战，一发便可将其消灭！可如果放弃这大好的局面转而去攻击徐州，便会出现如下问题：如果我们多留士兵守城，那么进攻徐州的兵力就会不够。如果全军出动，吕布定会乘虚而入，将我们仅有的三城也全部夺取。况且，主公难道就认为您一定能拿下徐州吗？假如徐州攻略不下，兖州又全部丢失，试问主公还能到哪里去！况且刘备乃是一代枭雄，作战经验极为丰富，根本不是陶谦可以比拟的。我断定，刘备见我军到来，一定会坚壁清野，死命地防御我们。主公您认为您能攻得下刘备防御吗？"

曹操："我当然……"

荀彧："您不能！最初攻击徐州的时候您干了什么您难道不知道吗？"

曹操："……"

荀彧："现在徐州的百姓恨主公已经到了骨子里，他们听闻您前来攻击徐州，必会拼死守城，面对众志成城的百姓，您敢说您能在短期将徐州拿下吗？"

曹操："我……"

荀彧："您不敢！一旦您在短期拿不下徐州，我军粮草必定告竭，而那时候后无退路，前无希望，兵众必会弃主公而逃，到那时，呵呵，主公您就是想投袁绍也没有什么价值了！等待您的，只有死路一条！所以，我希望主公您能好好考虑一下到底是不是要攻击徐州！"

曹操："……好啦好啦，我只是开一个玩笑，我怎么可能会去攻击徐州呢？文若你别当真。"

就这样，曹操在荀彧的"训斥"下放弃了攻击徐州的想法，积极准备和吕布决一死战。

本节参《三国志》《资治通鉴》

5.8 关中之乱

公元195年二月，就在曹操积极备战，准备和吕布决一死战之际，关中长安突然发生了震惊天下的动乱，聚焦了四方目光。

话说自董卓旧部挟天子以令诸侯以后，这个庞大的军事集团便由李傕、郭汜、樊稠、张济四个人分别统治，张济还比较好说话，也没有什么野心，剩下三人却经常夸赞自己的功劳争权夺利，有好几次都差点儿爆发了武装冲突。可因为贾诩的劝谏，这些人最后还是没能打起来，却已经貌合神离。

公元194年，西凉马腾和韩遂以"惩恶扬善，匡扶汉室"为名发兵关中，兵锋直指长安。

李傕、郭汜和张济各分出万余兵马交给樊稠指挥，让他前往阻挡二人。

最终，樊稠率部将马腾和韩遂的联军击败，并率军一路追杀。直到追至陈仓之时，韩遂见实在甩不开樊稠的攻击，便遣使者至樊稠处，请求和其阵前对话。

因为韩遂和樊稠都是同州人，相互之间也存在一定的交情，所以答应了韩遂的要求，在阵前进行了一番交流。

这两人到底说了什么史无记载，只记载了一番交谈之后二人握手言和，然后罢兵而去。可自从这次事件以后，李傕就开始怀疑樊稠，并且对其越发忌惮。

为什么呢？因为在三人之中，樊稠是最会领兵打仗的，兵众的心也在樊稠这一边，所以李傕一直对樊稠抱有戒备。如今，听闻樊稠和韩遂有所牵连，李傕便更加害怕，始有杀樊稠之心！

直到公元195年二月，李傕在一次军事会议中突然杀死了樊稠，然后以迅雷一般的手段全并了樊稠的军队，使得自己成为董卓旧部之中最有实力的军阀。

而郭汜也是乖巧，见李傕开始强大，便以李傕马首是瞻，凡事听从李傕的调遣。

李傕见此，也当郭汜是自己的第一心腹，经常宴请郭汜，并留其在家中同床而卧。

相信如果事情继续这样下去的话，董卓旧部就将彻底地拧成一股绳。

可事情最后坏在一个女人的手中。

这个女人不是别人，正是郭汜的妻子。

因为李傕府中有很多很多的美丽侍女，郭氏怕郭汜给她领回来一个小的，便不想让郭汜再去李傕的府中。

于是，郭氏便将毒药放到了李傕送来的食物中，并拿给郭汜看。

因为李傕有残害同伙的前科（樊稠），所以郭汜不疑有他，当即宣布和李傕开战。于是双方各自部署部队开始相互攻击。

汉献帝见事情闹得越来越大，便遣侍中和尚书前往二人的军营进行调节。可二人没有一个愿意听从汉献帝的指令。

非但如此，郭汜还打算在三日以后劫持汉献帝，意图以"正义"为名攻击李傕。

可消息不慎走漏，李傕便赶在郭汜之前派侄子李暹率数千人将长安皇宫重重围困，然后直接便要将汉献帝以及一干朝中大臣"绑架"到自己的军营。

太尉杨彪见此大怒，指着李暹暴吼道："大胆狂徒！自古以来，帝王从来没有住在大臣家中的事情，你们这些人做事怎么能够如此狂妄无理？"

话说得义正词严，可李暹却当没听见，冷冷对杨彪道："这是我家将军制订好的计划，不可更改，有话你和他说去！"

话毕，不理会已经气得哆嗦的杨彪，李暹对汉献帝微微一拜，然后以一种非常冷淡的口吻道："陛下，我看你还是早些出发吧，不要逼末将做那些无礼的行为。"

事情已经到了这一步，汉献帝还能说什么？再敢继续说下去说不定就被强行擒到李傕军中了，所以只能带着朝中众臣老老实实往李傕大营。

而就在汉献帝离开长安皇宫以后，李暹这厮却纵容士兵们抢劫皇宫中的珍奇古玩和奸淫皇宫中的美丽宫女。

抢完了，玩儿完了，这些士兵还一把大火将皇宫给烧了。

就这样，拥有四百年历史的未央宫毁于一旦。

再看李傕军营。

汉献帝到了军营以后，提议派重臣前往郭汜营中协商，希望能就此罢去两家刀兵。李傕也不想和郭汜这样继续打下去，料想其中一定是有什么误会，便同意了汉献帝的请求，意图在罢兵以后双方会面将误会解除。

于是，汉献帝派太尉杨彪、司空张喜、尚书王隆、光禄勋刘渊、卫尉士孙端、太仆韩融、廷尉宣璠、大鸿胪荣郃、大司农朱儁、将作大匠梁邵、屯骑校尉姜宣一起前往郭汜军中请求停战。

这阵容几乎是整个朝廷所有的重臣了，汉献帝和李傕的心意不可谓不真。可郭汜这个白痴现在已经认定了李傕是要害他，所以根本不答应停战。这还不算，这蠢货还将这些大臣全都扣留在军营，待遇和战俘几乎没有区别。

纵横战场一生的朱儁不堪受辱，直接自杀在了军营。

四月，李傕秘密召集数千羌人和胡人战士，许诺他们，只要帮助自己对抗郭汜，便赏赐他们宫中的美女和财富。

这些羌、胡之人一想到宫中那些细皮嫩肉的美人，口水都忍不住流了下来，于是答应了李傕的提议，准备随他共同攻击郭汜。

可就在李傕谋划干掉郭汜之时，那郭汜也没有闲着，不知道他是通过什么途径，竟然说通了李傕的心腹——中郎将张苞，并和他谋定在自己进攻李傕的时候从内部策应，在里应外合之下消灭李傕。

本月二十五日的夜里，郭汜突然率军对李傕的大营发动了凶猛的突袭。

本次突袭极为迅捷，李傕军虽设防，但被郭汜层层突破，流矢甚至都已经射到了汉献帝的帷帐之中。李傕慌忙从睡梦中爬起，以极快的速度穿戴盔甲，然后率领自己的卫队出击迎战！

本来已经开始慌乱的李傕所部见李傕亲率部队前往迎击，一个个也都开始组织反击。

一时间，李傕军中杀声震天动地，双方都不肯后退半步，李傕更亲临前线来回冲杀指挥。

交战正酣之时，就听嗖的一声，一支流矢不偏不倚地射中了李傕的左耳，李傕疼得差点儿晕过去，可他知道，现在这种时候，一旦自己退出战线，大军必定崩溃，于是他重伤不下火线，依然奋勇冲杀指挥。

在李傕的带领下，士兵士气高涨，拼死反击，距离中军大营不远的东西二营此时也反应过来，无数的骑兵从二营杀出，准备从三方袭击郭汜之军。

郭汜久经战阵，深知被骑兵突击两翼后必死之理，便只能无奈率大军撤回本营，一边撤还一边大骂张苞。

要知道，他和张苞商量好的是自己袭击李傕的时候张苞在营中放火，进而制造混乱。郭汜相信，只要张苞的大火一成，本次的袭击行动必会圆满告终。

可从战斗开始一直到现在，郭汜一点儿火星子都没看到，这怎能不让他愤怒？

那么张苞是怎么回事儿呢？他难道是在放火的时候被发现了吗？答案是不！

这张苞是个废物，并且心理素质极差，他早在郭汜袭击中军的时候便已经率心腹在营中放火了。可咱也不知道这货是怎么放的火，放了半天，这火竟然没放着，而这时候，周围的士兵已经越来越多，张苞怕暴露，竟然带着手下的心腹们逃走了。

这次战役，李傕勉强打退了郭汜的进攻，为避免这样的事情再次发生，李傕大大加强了营中警戒，并将汉献帝的帷帐迁移到了北坞，断绝内外交通，每天供应的饭食也仅供汉献帝一个人而已。

汉献帝见左右都面有饥色，于心不忍，便请求李傕能给他五斗米，五具牛骨，以此来给自己身边的人充饥。

对于皇帝来讲，这个要求简直低得不能再低了，可李傕听罢却嗤笑一声，然后以极为冷漠的口吻对汉献帝派来的官员道："给皇帝的饭食每天早晚各两次，他还要米干什么？赏给你们这群没有用的废物吗？告诉他，我这不养闲人，想要饭，自己挖土吃去！"

众人大笑。

在众人的嘲笑声中，这个使者默默地退出了李傕的大帐，并在回到北坞以后将此事原封不动地汇报了汉献帝。

说实话，一个皇帝做到这种憋屈的地步，这在历代所有的皇帝中也绝不会超过五指之数。

忍忍忍，忍了董卓又来了李傕，汉献帝实在是忍受不了了，累积了数年的怨气在这时候一齐爆发。他站起身来大骂李傕，然后就要往帐外冲。

手下的官员见状急忙拉住了汉献帝，侍中杨琦更是道："陛下，陛下您这是干吗？您要做什么去？"

汉献帝近乎以一种哭腔吼道："我要去和李傕摊牌！我要问问他，他到底要做什么，到底什么时候是个头！有本事就杀了我！我刘协就是死，也不能看着你们这些人离我而去！"

杨琦紧紧地拽着汉献帝的衣服，哭着和汉献帝道："能得陛下如此赏识，我们这些人就是丢了性命也值了！可陛下，您现在一定不能去！李傕胆敢这么对您，那就说明他已经对您起了杀心，您是汉室复兴的希望，这个天下可以没有我们这些臣子，但绝对不能没有您，所以，还请陛下一定要忍耐！"

话毕，汉献帝颓废地坐在了地上，这才停止了将要进行的危险行径。

时间很快到了五月，经过这几个月的相互搏杀，李傕和郭汜已经损失了数万人，董卓旧部的总体实力已经大为减弱。

见此，汉献帝遣皇甫郦再次往郭汜和李傕处进行调解。

郭汜也不想继续这样相互残杀下去了，便答应了汉献帝的请求，准备和李傕和解。

这一次李傕却不干了，他在皇甫郦的面前高声痛骂："什么？让我和郭汜和解？笑话！那郭汜不过是一个养马贼出身，凭什么和我平起平坐！我之前给他脸他不要，现在想往回兜？晚了！再者说，我吞并了樊稠的部队以后实力大涨！难道还敌不过一个郭汜吗？还有，他郭汜丧心病狂，竟然敢劫持国家大臣为人质，他行为如此恶劣，难道你还要替他说话吗？"

皇甫郦淡定地道："不久以前，董卓势力有多强大，相信将军您是知道的，可最后他的结果是怎么样呢？为宠幸的吕布所杀。为什么会这样，因为这世上有很多事不是光靠力量就能解决的。再说郭汜劫持大臣这个事儿，他劫持了大臣固然大逆不道，可将军您劫持天子就有理了？谁的罪过更加严重？这问题我想就是一个老百姓也知道。现在，我听说张济已经和郭汜联合，难道将军还认为能够稳赢郭汜吗？"

（注：李傕、郭汜、樊稠、张济，这四人当初都是董卓旧部中最有力量的，虽然在这四人中张济的实力是最弱的，但好歹也是四人众之一，手下力量不可小视，有他帮助郭汜，郭汜足可与李傕对抗）

听毕，李傕怒不可遏，直接将皇甫郦赶走，然后加大了对郭汜的军事打击。

六月，李傕、郭汜双方经过了一个月的生死搏杀以后再次损失万余人之多，郭汜数次遣使请和，可那李傕就好像疯了一样，无论如何不答应郭汜的请和。

此种如同匹夫的行径使得李傕的手下都大为不满，连他们都知道，如果再这样继续下去，董卓的这些旧部就真的打没了，到时候随便来一个地方诸侯都能将他们灭了。

于是，李傕的士兵很多逃出了军营，返回了自己的故乡，李傕的势力逐渐衰弱。

见此，张济赶紧派出使者进行调解，而汉献帝也在这时候协助张济再次遣使往李傕处进行调解，李傕无奈，只能不情不愿地答应了二人。

如此，祸害关中大半年的郭、李之乱终于暂时性告一段落。

可这就完了吗？

没有。

八月二十三日，郭汜阴谋劫持汉献帝，并定都郿县，意图挟天子以令诸侯。

可消息提前泄露，不单单是李傕，关中及周边的一些军阀，例如杨定、董承、杨奉等辈也集结士兵，前往对郭汜进行讨伐。

郭汜见事情闹大了，不敢再回原来的领地，只能抛弃了自己的部队，带领一部分心腹躲藏在终南山中（数年后为部将所杀）。

从此，关中由李傕一家独大，但因为之前的损失，李傕也没有了原来的力量，距离灭亡亦不远矣！

本节参《三国志》、《资治通鉴》、《九州春秋》、《典略》、《中国历代战争史》、《献帝起居注》、华峤《汉书》

5.9　兖州争夺战（终）

好了，说完了关中的乱子，我们再回头看看兖州吧，看看曹操和吕布之间的争端，最后是谁获得了胜利。

公元195年春季，经过了大半年的休整，曹操已恢复元气，可谓兵精粮足，于是开始对吕布发动了凶猛的攻势。

而这第一个攻略的目标，便是巨野。

巨野，位于现在山东省菏泽市巨野县南部，其南邻定陶，东邻亢父，北接东平，西接乘氏，可谓攻取兖州的兵家必争之地。吕布对此地非常重视，所以遣心腹薛兰、李封率重兵驻扎于此。

可曹操悍然不畏，直接对此地展开了全面攻击。

曹操本次是有备而来，大型攻城器械不计其数，三军的士气更是高涨到了极点。见此，吕布料定薛兰和李封顶不住曹操的进攻，乃率主力部队前往驰援，并迂回到了曹军的背后，准备对曹操施以前后夹击。

可曹操的斥候系统何其精干！早在吕布出发之时便已将情报带到了曹操所处。曹操于是令夏侯惇率领所辖部曲堵住巨野，然后亲率主力兵团前往迎击吕布。

这一战的经过在史书中没有任何细节，但我知道的是，双方整整打了三个月之久！

三个月以后，吕布几乎全军覆没，只率数千精锐狼狈往东缗方面逃窜。而曹操呢？打败了吕布之后直接对巨野发动了总攻。

巨野的守备力量本就不够抵挡曹操，如今吕布亦被曹操击退，这就使得巨野的士气更加低迷。

于是，在本年五月，曹操成功地夺下了巨野，并斩杀了薛兰等人。

本来，曹操是想一举夺下东缗，斩下吕布首级的，但无奈经过了数月奋战，曹操的军粮又开始见底。

曹操无奈，只能暂时性停止了对吕布的侵袭，命大军往西收割小麦以后再行进攻。

可就在这时，陈宫却率所辖全部兵马（一万多人）偷偷从东平疾奔到了东缗，并和吕布道："将军，现在我方惨败，曹操新胜，其心必骄，定不会对我等有所防范！如果我们现在出动全军对曹操发动突袭，是有机会斩下曹操的人头的。而曹操军中以曹操为尊，一旦曹操有什么意外，大军必定溃散！"

吕布犹豫地道："可……可如果败了怎么办？"

陈宫："将军，经过之前的惨败，您认为我们现在不出奇计还有可能打败曹操吗？"

吕布："这……好吧，就按公台说的办！"

公元195年五月，吕布集合全部兵力（大概将近两万）由东缗向巨野发动突袭。而这时候曹操已经将所有的士兵都派出去收割小麦了，现在和曹操一起据守巨野的不过一千人左右（孙坚和曹操这俩人有一个算一个，怎么有时候用兵这么孟浪呢！就在大本营留一千士兵，这是拿自己的生命当儿戏吗），所以当巨野的士兵听闻吕布"数万"大军来临的消息以后全都蒙了！

可在场的这千名卫士全都是曹操军中最为精锐的虎豹骑，为曹操的忠实亲卫，所以他们没有什么别的心思，只是看着曹操，等着他的指令。

而曹操呢？最开始也是愣了一下。他知道，这次确实是自己孟浪了，而巨野这个地方绝不能丢，一旦放弃此地，很有可能会发生其他变故。

于是，曹操决定兵行险着，拼死一搏！

五月十六日，吕布近两万大军抵达巨野东郊。就在吕布到达此地之时，却被眼前的一切惊掉了下巴！因为此时的曹操正亲率五百士兵陈兵列阵，在他将近两万的大军正前面向他挑战。而东郊并没有树林等供人隐藏之地，所以吕布想都没想，当即便令大军集体向曹操展开疯狂攻击。

而曹操呢？据正史所载，他就这么带着五百来人直接冲吕布将近两万人的正规军冲了过去！

在经过了一轮搏杀之后，曹操率领这五百来虎豹骑硬生生从吕布的重重围困中杀了出来，然后直接朝城西方向亡命奔逃。

　　吕布怎能放过如此天赐良机，遂带领全军在后尾随曹操。可虎豹骑为整个三国时期最强悍的中装骑兵，岂是吕布军所能追得上的？

　　基于此，曹操顺利到达城西密林。

　　他看了一眼密林一带耸立的大坝，又看了一眼近在咫尺的吕布军，然后抽出腰中宝刀，对着后面的虎豹骑兵疯狂嘶吼："兄弟们！胜败就在此一举！不成功便成仁！我曹操随大家同生共死！随我杀将回去！杀！"

　　众人："杀！杀！杀！"

　　轰！伴随着一声惊天巨响，之前还亡命奔逃的虎豹骑踏着铁蹄，在曹操的带领下转身杀向数十倍于他们的吕布军！

　　不过这些凶悍的士兵们眼中没有任何惧意！有的，只是曹操那勇猛雄伟的背影！有的，只是想辅助这个伟大君主成就天下大事的坚定决心！

　　就这样，曹操率领这些虎豹勇士冲进了吕布的重重包围。

　　这一回，曹操不躲了，他和手下的这些虎豹战士们奋勇冲杀，来回猛砍，直砍得吕布士兵血肉横飞、残肢漫天。

　　可双方的人数差距实在是太过庞大，这样下去的话，曹操军早晚会被鲸吞，最终死于乱军之中。

　　可这都在曹操的计算之中，可以说，当曹操率军逃到城西密林之时，他的计策就已经成功一大半了。因为，就在曹操冲进吕布军中之时，另外五百虎豹骑兵也已经趁着密林的掩护爬上了大坝，然后在曹操和吕布相互交战之时突然从大坝之上往下冲杀，借着从上到下的惯性，又因为吕布军急于取下曹操的首级，完全没有防备侧翼，那五百勇士毫无阻碍便杀进了吕布军的侧翼，然后一顿猛砍猛杀。

　　瞬间，吕布侧翼大乱，完全没有了章法。

　　与此同时，咚咚咚的鼓声在密林之中一齐响起，然后无数的曹字军旗在密林之中瞬间竖立（虚张声势）。

　　吕布以为中了曹操的埋伏，仓皇便逃，吕布的士兵们更是被吓得面无人色，四处奔逃。

　　一时间，吕布军完全乱套了，他们疯狂逃窜，不管前方是不是自己人，所以相互踩踏致死者不计其数。

　　而曹操呢，当然不会放过这个痛打落水狗的机会，直接命之前冲杀下来的五百虎豹骑骑上战马，然后率已经不到一千的虎豹骑疯狂追击吕布军团，一顿追砍杀伐，并且一直杀到吕布逃回了自己的大营，曹操才率军猖狂大笑地撤回了巨野。

本次战役，史料未载曹操一共歼杀吕布多少士兵，但从吕布接下来的举动来看，所杀的人数应该不下一万之数（大部分应该都是相互踩踏而死的）！

吕布做了什么呢？竟然直接逃了，逃出了兖州，前往徐州投奔刘备去了。

本节参《中国历代战争史》《三国志》《资治通鉴》

5.10　独立

吕布逃了，曹操在兖州再无敌手，于是，他开始分兵略地，只十余日的时间便收复了兖州大半土地。

现在，他的对手只剩下一个了，那便是陈留太守张邈。

对于张邈，这个曾经最好的朋友，这个自己不止一次救过命的兄弟，现在的曹操对他只有无尽的恨意。

曹操实在想不明白，自己究竟哪里对不起张邈，为什么他要这么对待自己。要知道，如果没有这货的鼎力相助，吕布铁定拿不下兖州。而对于张邈的信任也是曹操为什么敢全军出征徐州的根本原因。

所以，恨极了张邈的曹操在平定兖州大部以后直接率军奔赴陈留，誓诛张邈全族！

结果却让曹操失望了。因为张邈早在吕布退出兖州以后便前往扬州向袁术借兵去了。

同时，在借兵之前，张邈还将所有的家人托付了弟弟张超，并让张超放弃陈留，将所有的士兵屯集在易守难攻的雍丘（今河南省杞县）。

张超从了哥哥的命令，但就是这样，他依然不放心。要知道，袁术的欺软怕硬和心胸狭窄早就传遍了天下，所以张超对于袁术前来救援自己并不抱任何信心。

基于此，张超在布置完雍丘的防御以后遣使往河北，请求至交臧洪派兵来救。如果袁术和臧洪的援军全都来救援的话，相信就是强如曹操也会有所顾忌吧。

公元195年七月，曹操大军兵临雍丘城下。这之后，曹操开始制造大型攻城器械，然后对雍丘展开了凶猛绝伦的攻势。

可因为雍丘易守难攻，还因为大家都认为袁术和臧洪会来救援自己，所以都拼死防守，使得曹操无法在短时间攻入城中。

八月，南方传来了噩耗，张邈向袁术求援失败了。

而且，跟随张邈的手下们见袁术不肯救援自己，料定张邈必败，便在途中杀死了张邈，然后提着张邈的人头至曹操处请功去了。

九月，曹操的攻势越发凶猛，雍丘危在旦夕，张超的那些手下都认为臧洪不可能再来救援，乃提议张超向曹操主动投降，说不定这样还有可能给张氏留下一个种。

张超却拒绝了手下们的提议，还义正词严地说："子源（臧洪字）乃是天下义士！绝对不会弃我于不顾，他一定会来！一定！"

十二月，雍丘城终被攻破，曹操将张氏全族屠杀，一个种都没有留下来。而这大半年的时间，臧洪都没有来援助张超。

难道名满天下的臧洪真的因为畏惧曹操而没有来援助张超吗？

答案当然不是。

臧洪大家还记得是谁吗？没错，就是最早组建反董卓联盟的那个人。

话说臧洪自从投奔袁绍以后便得到了袁绍的尊重和重用，在夺得青州以后更是任用臧洪为青州刺史，让他管理一州之地，由此可见，袁绍对臧洪信任到了什么地步。

可好景不长，到了本年，曹操围困雍丘，臧洪收到张超的求援信以后急得跺脚号哭，赶紧召集自己所辖部众，准备南下救援张超。

可就在臧洪将要行动之时，却被袁绍阻拦。

开玩笑呢？现在正是袁绍和公孙瓒准备决一死战之时，他怎么可能允许臧洪在这种关键的时候分去自己的兵力呢？

所以，袁绍严令青州各部，禁止他们随臧洪出击南下。臧洪虽百般恳求，但袁绍都是严词拒绝，没有一点儿余地。

直到张氏全族为曹操所屠，臧洪恨透了袁绍，便和他断绝了往来，在青州治所宣布独立。

那么臧洪以后的命运将会如何呢？我们到时候再说，现在还是先将目光瞄向公孙瓒和袁绍吧，因为这两个人终于决出了胜负，结果是袁绍胜过了公孙瓒。

这次的胜利没有精彩的决战，亦无钩心斗角的阴谋奇计。有的，只是一个穷兵黩武之人的灭亡记，仅此而已。

本节参《三国志》

5.11 公孙瓒，完了

自公孙瓒干掉刘虞以后，他虽然得到了整个幽州，却失去了整个北方的人心。

刘虞的旧部，鲜于辅、齐周、鲜于银等人更是积攒力量，伺机为刘虞报仇。

公元195年十二月，三人终于找到了机会。他们暗中联系了燕国广阳（今北京市附近）人阎柔，希望阎柔能代他们联系乌丸和鲜卑人，组成一支乌、鲜、汉三种联军，共同在公孙瓒背后对其发动攻击。

而阎柔这人呢，第一，他八面玲珑，一字千金，在北方很有些威信，所以能和这些少数民族说上话。

第二，不管是鲜卑还是乌丸，他们对于刘虞都是敬爱的，所以刘虞的死，也使得这些异族人恨死了公孙瓒，无不想生食其肉。

所以当阎柔前来以后，他们第一时间便答应了阎柔的请求，并派出了数千精锐骑兵前去帮助鲜于辅等人反抗公孙瓒。

十日，鲜于辅、鲜于银、齐周率数万联军突然在幽州西北发动了攻击，并大败渔阳太守邹丹。

公孙瓒见此大惊，赶忙率精锐前往救援。

一直盯着公孙瓒的袁绍怎么可能放过如此天赐良机，遂在公孙瓒前去攻击鲜于辅等人之际出动几乎全部力量猛攻幽州。

公孙瓒东西不能两全，所以投鼠忌器，被打得节节败退。

眼见公孙瓒一点一点地处于劣势，代郡、广阳、上谷、渤海等地皆背叛了公孙瓒，转而投降了袁绍。

公孙瓒见自己再也没有反扑的机会，便只能将所有的物资和士兵集中在了易县（今河北省雄县西北）。然后，他开始大面积布防，打算从此做一名快乐的"忍者神龟"。

首先，公孙瓒在易县四周挖掘了十道壕沟。

然后，在沟里修建了高大的土丘，每个土丘都有五六丈高（24米左右）。

这之后，他又在土丘之上建造楼台，将所有的部队屯集在楼台之中。而正中间沟里的土丘又格外高大，足有十丈之多（50米左右）。公孙瓒自己就住在这个土丘的阁楼之中，囤积的粮食竟然达到三百万斛，足够他的军队食用数年之久。

当这一切完毕，公孙瓒自豪地对手下将领道："过去，我认为天下很容易就能平定。可如今来看，并不是如此。兵书上说百尺高楼不能攻打，今天我的防御高台已经接近千尺之高，我想这天下任何一个诸侯都不可能攻得下来吧。等到我的粮食吃尽了，大概也能看出天下的形势了，是降还是战，到时候我就可以决定了。"

从这番话中我们就能看出来，公孙瓒是想用彻底的坚壁清野战术来龟缩了，不过这个办法真的好使吗？呵呵，从来没听说过。

公元195年十二月，袁绍对公孙瓒的"千尺防御"展开了四面围攻，可因为防御土丘实在太过高大，所以袁绍虽百般进攻都没有什么收效。

最后，无奈的袁绍只能让手下刀笔之吏陈琳写信给公孙瓒，劝他早早投降。

可公孙瓒对于自己建设的防备拥有绝对信心，所以坚决不向袁绍投降，袁绍因此大怒，便开始制造大型攻城器械，准备继续对公孙瓒展开攻击。

好了，北方的事就先写到这吧，毕竟公孙瓒的防御工事不是一时半会儿就能拿得下的。在这之前，我们还是将目光瞄向南方吧。因为就在袁绍积极进攻公孙瓒的同时，南方的孙家再次崛起了，而这次带领孙家崛起的不是别人，正是孙坚的长子，以后的江东霸王——孙策，孙伯符！

本节参《三国志》《英雄记》《汉晋春秋》

5.12　江东霸王

孙策，字伯符，S⁻级统师，孙坚长子，从小熟读兵书，练就一身武艺，极得孙坚喜爱。

长大以后，孙策更是英武非常，一身的腱子肉外加极度俊美的容颜（孙策之俊美可列三国前三）使得无数江南妹子为其神魂颠倒。

孙策还经常谈笑风生，善于听取身边人的意见，不管对谁都没有半点儿架子，所以但凡接触过孙策的人都被他的气度折服，甘愿拜在其门下。其中有一叫周瑜者更是和孙策意气相投，遂义结金兰，成为生死与共的兄弟。

（注1：刘备、关羽、张飞到底有没有结义史无所载，但周瑜和孙策确确实实是义结金兰的兄弟。注2：周瑜，字公瑾，和孙策一样俊美非常，更难能可贵的是，周瑜还是一个政、军、谋3A大才，可谓全才中的战斗机。）

最早，在孙坚起兵讨伐董卓的时候，孙策并没有跟随而去，而是和几个弟弟妹妹共同移居舒县（今安徽省舒城县）侍奉母亲。

孙坚死后，十七岁的孙策带着自己的母亲和弟弟妹妹们移居于徐州江都。意图询问一位智者以后的发展方略。

这智者是谁呢？便是张纮了。

张纮，字子纲，徐州广陵（今江苏省扬州市广陵区）人，和彭城（今江苏省徐州市）张昭素有二张之称，其学富五车，在徐州极有声望。

如今孙坚新死，旧部为袁术所夺，孙策心中不甘，便想拜访张纮，询问今后发展大路线。而正巧孙策到达江都之时，张纮老母新死，张纮正在服丧。孙策因此带了很多礼物前去为张纮老母吊丧。

孙策，当今之名士！气度非凡，手笔还如此之大，张纮当然要亲自迎接，摆宴吃食。

饭桌上，孙策先是对张纮死母表示哀悼，然后不无悲痛地道："现如今汉室衰退，天下扰攘，英雄俊杰各分兵略地，无有匡扶汉室者！先父破董卓，扫叛逆，创下不世之功，可功业未能完全达成便为黄祖所害。策心中不甘，想要继承父志，还天下一个朗朗乾坤，无奈兵微将寡，成不得大事，所以想去扬州请袁术将父亲的旧部还给我，然后占据吴会之地，进而夺取整个江东，消灭黄祖、刘表以后永为朝廷外藩，不知先生以为如何？"

张纮一听孙策这话，心中微微一动，但想了一想便将心中的躁动压了下去，微笑着和孙策道："呵呵，您真是太看得起我了。我张纮，不过一腐儒也，内无经天纬地之才，外无定鼎天下之勇，怎配得上和您探讨天下大事，我们还是用嘴吃饭吧。"

孙策直接站起，神情激动地道："君之才名声震海内！怎就成了腐儒？我孙策今日诚心前来求教，还望先生真心建言！请言！"

话毕，孙策对张纮浅浅一揖，当他抬起头来的时候已经是满眼的泪水，可表情却异常坚毅！没有半点儿柔软的样子。

看着眼前这个帅气到爆的年轻人有如此刚毅的表情，张纮再也忍不住心中的悸动，便也站起身来，对孙策深深一躬，真诚地道："既然如此！那纮也不再藏掖！君虽年轻，但骁勇贤能之名整个江南谁人不知？若得孙刺史旧部，再往丹阳收兵于吴会，定能取荆、扬其一！到时整个江南谁能阻挡？大仇可报矣！这之后，如君想匡扶汉室，功绩可比桓、文！岂是一外藩可以满足？如果君有别番心意，也可在全定江南以后安心发展，以观天下形势！所以君之前所说之计，纮完全赞同！"

这话一说，孙策高兴得眉飞色舞，当即将两手拍在张纮的肩膀上，然后语重心长地道："既如此，策便去也！可老母上了年纪，弟弟妹妹们又还年少，所以可否请子纲代为养之？（潜台词：从今往后可否作为我的部下）。"

张纮对孙策深深一拜，然后正色道："将军且去，纮定会将夫人作为亲母奉养。"

就这样，孙策安心前往寿春投奔了袁术，双方一见面孙策就哭得稀里哗啦，之后各种煽情，只求袁术能将自己父亲的旧部还给自己，也好为父报仇，同时充当马前卒，为袁术将荆州拿下。

袁术虽然为孙策奥斯卡级演技所折服，但当初他都信不过孙坚，现在就更不可能相信他的儿子了。

所以，袁术一丁点儿的兵都没还孙策，只和孙策推托扯皮："哎呀，贤侄啊，这个……虽然我是很想帮你，但现在我的士兵也不够用啊。这样吧，我之前曾用你的舅舅吴景担任丹阳太守，现在我再任命你为丹阳都尉。那丹阳是精兵之地，你可以在那里募集士兵，这样就能为文台报仇了。"

孙策虽心有不甘，但袁术已经将话说到了这个份儿上，他也不好再行拒绝，便只能从命。于是前去丹阳投奔了舅舅吴景，并募得了数百的丹阳精锐。

可就在孙策的势头逐渐变好之时，泾县（今安徽省泾县西）一带的大山贼头子祖郎却突然率万余部众袭击了孙策（一说祖郎这次的行动就是袁术在暗中怂恿的）。

那孙策虽然勇猛，丹阳兵虽然精悍，却也无法抵挡数倍于自己的力量。

最终，孙策在九死一生之下躲过了祖郎的攻击，再次投奔了袁术的帐下。

这一次，孙策也不要什么旧部了，只求袁术能够收留自己，自己愿意为袁术鞍前马后。

袁术见状，便收留了孙策。可一段时间以后，袁术惊奇地发现，这个叫孙策的帅小伙竟然是一个文武双全的大能之人，于是便将一千多孙坚的旧部还给了孙策，并让孙策帮他攻打四方。

孙策武艺极强，在战场上指挥作战的能力也是不逊于其父，所以凡战必胜，靠着自己的能力为袁术打出了极大的威风，甚至就连袁术手下的大将刘勋等人都对孙策这个年轻人服服帖帖，见面以后都以兄弟相称，一点不敢造次！

袁术，这个欺软怕硬的尿货，什么时候如此硬过？所以他经常对周围的属下感叹："唉……当今乱世，如果我的儿子也能像孙郎这样勇猛善战，我袁术就是死了，那又有什么不放心的呢？可惜，可惜啊！"

（注：袁术此话实际上就是暗示孙策，想让孙策来做自己的义子，可孙策每次都是揣着明白装糊涂，从不接袁术这一茬。）

由于孙策在袁术军中的突出表现，使得袁术越来越器重孙策，有一次在酒席上甚至直言要让孙策来做九江太守。

可各位也知道，男人在酒桌上的话根本无法信任，类似于袁术这种人在酒桌上的话就更不能信了。

果然，在清醒以后，袁术立即否决了这个提议，并改立陈纪为九江太守。

此举虽然在意料之中，可孙策难免开始对袁术有了不满的情绪。

这之后，袁术想要进攻徐州，便向庐江太守陆康索要三万斛粮食以作军用。可陆康根本不理袁术，坚决不予资助。

身为扬州霸主的袁术见此非常愤怒，便命一将率军攻击陆康，却被陆康反败。于是袁术找到了孙策，和其道："贤侄啊，之前我错用了陈纪为九江太守，现在心中非常悔恨。这一次，我想派贤侄去帮我攻击陆康，只要你能将陆康消灭，这一次我保证，一定让你当庐江太守！"

听了这话，孙策兴奋得不行，和个傻小子一样欢天喜地地去攻击陆康了。

那陆康根本不是孙策的对手，不到一个月便被孙策全夺庐江。

可就在孙策等着袁术任命自己为庐江太守的时候，袁术却又立了刘勋为庐江太守。

这一次，孙策算是对袁术失望透了，遂加快了独立的脚步。

在这之前，刘繇曾被所谓的中央任命为扬州刺史，治所就在寿春。可现在，袁术已经在扬州一家独大，寿春更是成为袁术的都城。为避免和袁术发生武装冲突，刘繇只能渡江而走，幸好当时的吴景和孙贲都非常尊敬刘繇，所以将其迎接过江，并给予了刘繇种种帮助，协助他将治所设在了曲阿。

可随着孙策攻破庐江，袁术的势力越来越大，刘繇怕袁术早晚对他动手，便突然袭击了吴景和孙贲，将他们赶出了长江，然后派大将樊能和于麋驻守横江（今安徽省和县东南，江南之采石，为津渡之处），张英守当利口（今和县东南大江中之浦渡口处），以大江而拒袁术。

袁术因此大怒！遂自命心腹惠衢为扬州刺史，然后以吴景为督军中郎将，和孙贲一起攻击张英等部。

可张英等隔江占据地利，吴景等虽百般进攻也未能如愿。

就在袁术百思不得破解之法的时候，孙策突然找到了袁术，并义正词严地道："主公，我孙家有旧恩在江东，声望很高，如果主公信得过末将，末将愿领父亲旧部替主公扫平江东。"

孙策这话说得漂亮，可袁术根本信不过他。要知道，自己已经两次坑骗孙策了，孙策是不可能再对自己忠心的，可袁术转头又一想，那孙策手上不过千名步兵，几十个骑兵而已，怎么可能成功渡江呢？哪怕最后成功了，那也是损失惨重，最后便宜还是会由自己得去，便答应了孙策的请求，并表孙策为折冲校尉，将当初孙坚的旧部程普、黄盖、韩当、朱治、吕范等全都交给了他。

（注：所谓玉玺早在孙坚还活着的时候就献给袁术了，所以演义中提到的孙策献玉玺给袁术的事情史料中并未见。）

自此，孙策真正开始了平定江东的伟大事业，整个江东即将刮起一阵疯狂的旋风。

不过在此之前，我们还是先了解一下现在江东的势力分布以及相关地方吧。

丹阳郡，治所为今安徽省宣城市。丹阳郡在春秋时属于吴国，后属越，战国属楚，秦时属鄣郡，汉时为丹阳郡，其地陪辅金陵，襟带杭歙，阻山控江，形势便利。诸侯据险而守，择利而动，可以纵横大江南北，乃江西之要地！其北当涂及历阳（今安徽省和县），控据江山，为江西交通之咽喉。自上游来者，则梁山当其要害；自横渡江者，则采石扼其咽喉。

梁山，在今安徽省当涂县及和县之间，分为东西二山。西梁山本名梁山，在和县南八十里处；东梁山本命博望山，在当涂县西南三十里。两山隔江对峙。

采石山在今采石，其石突入江中，自横江（和县南）堵者，必道采石趋金陵，此为最冲。孙策便是在此地渡的江。

吴郡，其治所在今江苏省苏州市姑苏区。春秋时属吴，后期属越，战国时属楚，秦时属会稽郡，汉朝时为荆国，后来单设吴郡。汉景帝时复为会稽郡，汉顺帝时自钱塘江以北分置吴郡。吴郡枕江而倚太湖，食海王之饶，拥土膏之利，为江东之首府。

丹徒，为现今江苏省镇江市，春秋时属吴，春秋后期属越，战国时属楚，秦时属会稽郡，东汉时属吴。其地势内控江湖，北扼淮泗，山川形胜，自吴越以来，即为用武之地。三国时吴国谓之为京口。杜佑（唐代政治家、史学家）曾说："京口因山为垒，缘江为境，建业（金陵）之有京口，犹洛阳之有孟津。"

曲阿，即今江苏省丹阳市，古曰云阳，秦改曰曲阿。便是刘繇治所所在。

五州山及高骊山，五州山在丹徒西三十里，高骊山在丹徒西南七十里，即今宝华山、汤山也。孙策即沿此山攻取丹阳、丹徒两县。

石城，在今安徽省池州市贵池区池西南，安庆市东。今之九华山、七井山诸山据其东南，故其城襟带江山，控扼肥皖，居金陵上游，当滨江之孔道，或自淮南而南指，或自鄱阳而北出，皆为必经之要地。故孙策先驱除诸山中太史慈势力，然后出此以袭皖城（今安徽省潜山市）而下豫章（今江西省南昌市）。

豫章郡：为今江西省南昌市。春秋战国时属楚，秦时属九江郡，汉时九江为淮南国，而分置豫章郡。其郡包络江湖，左右吴楚，为东南第一大都会。自汉建郡以来，常为控扼之地。许劭说刘繇曰："豫章北连豫壤，西接荆州……形胜之处也。"刘繇因此弃丹徒而下豫章。孙策因得豫章，遂下庐陵（今江西省吉安市），而控有江西省全境。

会稽郡：在今浙江省绍兴市一带，春秋时为越国国都，战国时属楚，秦时为会稽郡，东汉顺帝时，始改置会稽郡于此。其地襟海带江，为富贵之地，欲据江东，必取会稽、吴郡。盖自春秋以来，二郡为吴越之首府，故孙策渡江，即先取此二郡，遂霸江东。

以上，便是一个简单的江东地理的介绍。下面我们再来看看江东的各方势力。

1.扬州刺史刘繇据曲阿，以其上将樊能、于麋、张英等守横江、当利口拒吴景。

2.彭城相薛礼据秣陵（江苏省旧江宁县东南六十里秣陵桥东北）。下邳相笮融屯秣陵南，皆依附于刘繇。

3.会稽太守王朗与吴地强族严白虎等据会稽及其附近地区。

4.吴郡太守许贡占据吴郡。

5.江东还有山贼和越族，他们处处为屯，攻击汉人。（这些山越人皆为勾践之后代，因为躲避战乱而南移，开发江南，所以越族被逼入山，便有山越之称，其实他们的本名为越人）

公元195年十二月，东汉兴平二年，孙策带程普、黄盖、韩当、朱治等人，率步兵一千、骑兵十余往历阳而去。

可就在孙策刚到寿春郊外之时，远方将近一千人突然堵住了孙策的道路。

原来，这些人全都是寿春孙策的宾客，以及附近的青年百姓和贼人。

这些人崇拜孙策，认为他此次前往江东一定会大放异彩，所以前来投奔。

大家可不要小看这些人，因为在这些人里就有一些耳熟能详的名字，比如寿春蒋钦，下蔡周泰，以及庐江陈武。

这时候，孙策所部大概在两千人左右。

几日以后，就在孙策即将到达历阳之际，又一支数千人的部队突然堵在了孙策军的面前。孙策一开始还以为是敌人，所以让全军戒备，可当他看到对面那统兵将领之时，孙策竟高兴得跳了起来，二话不说便冲上前去，给这个统帅一个重重的熊抱。

这人不是别人，正是和孙策同样的帅小伙——周瑜。

原来，当周瑜听说孙策往南准备攻击刘繇以后，就料定孙策必会先到历阳，于是率所部前来投奔。

所以，当孙策到达历阳之后，他的部队已经疯长至五六千人之多了，所辖将领也皆为当世之虎狼之将。

这之后，孙策派吕范将老母、弟、妹全都接到了历阳，且收编了吴景、孙贲所部，之后将大军分多路，同时向樊能、于麋和张英发动了攻击（战争经过史无所载）。

要说这人和人是真的不能比较，之前吴景和孙贲不断攻击三人，却没有一次是成功的，可孙策一攻，三人皆被大败。而且登上南岸以后的孙策军损失甚至可以忽略不计，孙策，真天生将才！

成功登岸之后，孙策马不停蹄，将部队合并一处之后狂攻当利，之后又下丹阳。而攻下两地的孙策用了多长时间呢？不到三天！

这之后，孙策向北狂飙猛进，兵锋直指秣陵。笮融闻讯大惊，赶紧率全部兵马向南疾行，意图在孙策之前到达秣陵南部的山林之中，靠着地势阻击孙策。

可孙策的速度实在太快，那笮融刚刚到达此地，还没等构建防御壁垒，孙策所部便已经到达，并没有丝毫休息，直接对笮融发动了凶猛的攻势。

那笮融根本不是孙策的对手，交战没多长时间便被杀得大败亏输。

其见势不妙，当即收兵，遂率本部兵马仓皇北逃。

可孙策岂会放过这个痛打落水狗的机会？他好似九幽中杀出来的恶魔，紧咬着笮融军的尾部疯狂攻击。笮融好几次差点儿丧命。可最终，还是在九死一生的窘境下逃到了秣陵城中。

这之后，孙策所部兵压秣陵，布置营帐以后直接在城下向笮融挑战，希望笮融能和他在野外决一生死。

可笮融已经被疯狂的孙策打怕了，哪里还敢再和孙策野战？所以死活都不肯出来（秣陵太守薛礼早在孙策大破笮融的时候便弃城而逃了）。

孙策冷笑一声，便打算对秣陵展开攻势。可就在这时，探子来报，说樊能、于糜被击败以后收拾残部，又得近两万人，现在已经成功袭取了牛渚屯，准备在背后对孙策发动攻击。

听此，孙策没有半点儿慌张，而是放弃了笮融，直接携大军往南疾进。

拥有丰富军事经验的程普见状大恐，赶紧劝道："主公不可如此！我军现屯于秣陵城下，可谓腹背受敌，如果在攻击樊能、于糜之时被笮融从后背攻击，那就危险了，不如屯一部在秣陵城下，让笮融投鼠忌器，这样主公也能放心大胆地对樊能和于糜进行攻略。"

这话太对了！完全合乎兵法，可孙策这个猛男继承了孙坚那疯狂的血统，听得程普的建议以后非但没有半点儿遵从之意，还以极度器张的口吻道："哼，樊能、于糜，皆无脑匹夫而已！别说他们有两万人，就是有十万人！我孙策也能在一日之间将其尽数歼灭！我现在正愁那个胆小如鼠的笮融的龟缩战术呢，他要是敢出来，我就连他一锅端了！"

这话说得何其猖狂也，估计就是连当初的孙坚也不敢这么干，所以程普一时愣在当场，不知如何是好。他真弄不明白，这个少主究竟是真的有信心，还是一个莽夫。

　　而事实证明，孙策不但不是一个莽夫，其统兵作战的才能甚至可以和霸王项羽相提并论。

　　那孙策听得此消息以后，只令部队休整一日，便在次日收拾营帐向南急袭兵力两倍于自己的樊能和于麋。

　　而就在孙策南返的一日以后，笮融果如程普所料，率全部兵马悄悄地跟在孙策的后方，意图等孙策和樊能等交战正酣之时从后面杀出，一举灭掉孙策。

　　可笮融刚刚行军到一半之时，前方战场就传来了让他不可思议的消息。

　　什么消息？樊能和于麋被孙策打败了，不仅仅败了，他们所有的兵马还被孙策俘获。

　　所以，现在孙策麾下士兵在一瞬间就狂增至将近三万人！

　　笮融当时就蒙了（这才一天的时间，两万大军怎么可能就被击败了），他有点儿精神恍惚；可这还不算完，紧接着传来的消息简直让笮融崩溃。

　　按照兵法来说，新俘获的士兵要先混编插入，然后用相当的时间来培养归属感，这样才有可能不在交战之时反水。

　　可孙策呢？这个"莽夫"！他竟然连混编都懒得做，直接带领全部兵马向北直袭笮融。

　　为什么？因为孙策对自己拥有绝对的信心，他相信，只要是他带领的部队，那就铁定不会打逆风仗，而只要不打逆风仗，不管是俘虏还是新兵都不可能做那反水之举。

　　此种近乎疯狂的自信将笮融弄得几乎崩溃，他是真的怕了孙策，所以他想跑、他想逃！可那孙策不按常理出牌，他行军极为迅捷，好似不要命一般，一点儿都不管士兵能不能跟上（难道这就是传说中的二次元以战养战），就是玩儿了命地狂奔，在这种情况下，他笮融能逃到哪去？估计逃不到一半的路程就会被孙策追上。到时候一切都完了。

　　所以笮融当机立断，直接命大军在原地筑营建垒，意图用防守反击的办法给自己打出一条活路。

　　公元195年十二月中旬，孙策亲率将近三万人的部队对笮融的壁垒展开了疯狂的攻击。

　　从尧、舜时候的历史，到现在数千年，这数千年之中，几乎没见过一个统帅，在大军刚刚攻城的时候便冲在最前线，因为这种做法并不叫勇猛，那叫虎！

而孙策呢？就是这么一个虎人。

在攻击笮融壁垒的第一天，这莽夫就亲率大军冲击在最前线，意图用自己的血肉之躯提升部队的士气，在最短的时间消灭笮融。

可这种做法的直接后果是孙策在战阵之中被流矢射中了屁股。

当时，鲜血呼呼从孙策的屁股后面流下，使得孙策直接丧失了继续指挥战斗的能力。

他本想忍着伤痛，继续指挥战斗，可就在这时，聪明的孙策灵机一动，忽然想出了一个好点子。

大概半个时辰以后，本来还在猛攻笮融的孙策军突然撤退了。见此，笮融很是纳闷儿，以他对孙策的了解，那莽夫不把自己扒皮抽筋是绝对不会撤退的，怎么可能会在交战还不到一天就撤退了呢？

基于此疑问，笮融派军中细作前往打听。而打听到的结果是，孙策在交战之中为流矢所中，因为大出血所以才狼狈撤军。

哦，事情原来是这样。明白了事情的经过以后，笮融便打算率军返回秣陵。可就在这时，又有一传令突然来报："报……报告将军！细作来报，孙策在返回牛渚大营的时候因为大出血死在了途中！"

这话一说，笮融的心脏怦地一跳，兴奋得几乎颤抖："这！这是真的吗！"

传令："启禀将军，千真万确，现在整个孙策军中已哀号遍地，所有将领几乎都换上了素服！"

话毕，笮融这个激动，眼看就要倾全军突袭孙策军营，因为笮融相信，只要孙策一死，他的大军立马就会土崩瓦解。

可就在这时，笮融突然一个激灵："不对呀，如果孙策真的死了，他手下的将领应该悄悄撤退才是，怎么可能还会在军中给他举办葬礼呢？这有违常理。"

想到这，笮融放弃了带领全军前往袭击孙策军的想法，可就这样撤回去他还不甘心，万一孙策真的死了呢？万一是自己的判断失误了呢？那样岂不是会浪费一个大好的机会？

基于此，笮融准备试探一下孙策军的虚实，乃遣一将率千人袭击孙策大营，若所探得消息属实，自己立马率全军袭击孙策；若消息不实，他笮融立马便撤回秣陵。

结果证明，笮融的谨慎是必要的。因为这确实是孙策的计谋。

就在这一千多人对孙策的大营展开进攻以后，敌人突然从四面来袭，孙策更是在中军亲自指挥作战（屁股受伤，上不了前线了）。

最终，这些人尽数被歼灭，无一逃脱。所以，当笮融听闻此消息以后，第一时间便率军逃回了秣陵，并加紧屯粮驻防，准备抵挡孙策下一拨的猛攻。

几日以后，孙策大军屯驻秣陵外郊，然后立即对此城展开了进攻。

你还别说，这笮融还是有些本事的，连守三日让孙策不得寸进。孙策见秣陵一时难下，不想被这个破城耽误了自己的大事，便弃了此城，转兵南下，猛攻梅陵、丹阳、湖孰、江乘，且不到十日便将此四地全部攻克。

然而，孙策拿下了这么多地盘以后根本不去经营，只留下几个文官管制便率全军往西北曲阿而去，意图在最短的时间将刘繇擒杀。

孙策，这个既疯狂又有能力的年轻军事天才，现在已经威震江东，很多人私下里都称呼孙策是江东的小霸王（"小"，并不是说他不如项羽，而是孙策实在太过于年轻的缘故），所以刘繇不敢怠慢，赶紧布置大军，准备和孙策决战。

可就在这时，一身材魁梧的雄壮之男突然走到刘繇面前，对刘繇深深一躬道："如果主公能将大军的指挥权交给在下，在下一定将孙策狗头奉于主公！"

话毕，这雄壮之男便不再言语，只是那么直勾勾地看着刘繇，看得刘繇心里发慌。

那么这个口出狂言的家伙是谁呢？

他便是东莱太史慈了。

太史慈，字子义，东莱郡黄县（今山东省龙口市东黄城集）人，天生孔武有力，最长于战阵搏杀。

这还不算，太史慈还有一手相当凶悍的骑射功夫，在马上左右开弓根本就是小意思。按说，似太史慈这等人才就应该走"武"的路子才对，他却偏偏是一个不喜武而喜文的人，别人让他做武将，他从来是嗤之以鼻的。

太史慈年轻的时候曾在东莱郡担任奏曹史，适逢郡太守和州牧之间有仇怨，相互派人到朝廷参奏对方。

当时还未能分清谁是谁非，所以哪一方的使者先到洛阳，局势就对谁越有利。

因为州牧的文书已经先行送走，所以郡太守担心自己的文书要落在后面，就寻找骑术高超、可以快速送达文书的人。

这时候的太史慈二十一岁，年轻，有耐力，武艺高强，骑术更是郡中出了名的。所以太守便让太史慈拿着自己的文书前往洛阳。

太史慈接到命令以后日夜疾行，以最快的速度到达了洛阳，正好在皇宫门前看到了州牧的使者，看样子还没有将文书送达，所以太史慈装作官中官员的样子上去便问道："你要呈报文书吗？"

使者恭敬答道："是的。"

太史慈："嗯，文书在哪里？"

使者："启禀大人，就在我身后的马车上。"

太史慈："嗯，好，文书的签署、书写不会有错吧？拿来我看看。"

那使者哪里会想到有人敢冒充朝廷官员，所以不疑有他，直接将文书拿给了太史慈。

可文书刚一到太史慈手中，太史慈就直接将文书扔到了地上，然后抽出手中短刀，对着文书一顿猛砍，一个好好的文书瞬时间被太史慈砍得稀碎。

使者急得直跳脚，可见太史慈如此魁梧凶悍又不敢上前，只能疯了一般狂吼："来人呀！有人唔……唔……"

没等这使者喊完，太史慈一个箭步冲了上去，捂住他的嘴，像提小鸡崽一样将这个使者提到了马车上，然后阴狠狠地对他道："实话和你说了吧，我叫太史慈，是郡太守的文书使者，有些话我现在要和你说，你要是能保证不吵嚷，我马上松手。"

使者频频点头。

太史慈松开手以后道："你先冷静听我说，假如你不把文书交给我，我也无法将其破坏，所以你是有罪的。而我，冒充朝廷官员，私自损毁了你的文书，也是有罪的，我们现在是福祸相依，是一根绳上的蚂蚱。既然咱俩谁都不能善终，那为什么不能一起逃走呢？这样兴许还有一条活路。"

可怜的州牧使者就这样被太史慈给忽悠瘸了，当即便答应了太史慈的提议。可就在两个人都"逃"出洛阳以后，狡猾的太史慈又返回了洛阳，然后将郡太守的文书交给了朝廷。

结果，州牧被判定错误，郡太守胜诉。但令郡太守没有料到的是，人家州牧在朝中有人，这次虽然败了，但官位依然没有被撼动。

反观太史慈，他怕被州牧报复，便辞去了官职，逃到辽东。

北海国相孔融听说这件事以后认为太史慈这个人很不平凡，便在太史慈于辽东生活的这段时间替太史慈照顾他的老母亲。而孔融的这个举动，最终收获了成效。

多年以后，黄巾残党管亥在北海发动叛乱，并将北海治所都昌团团围住，孔融危在旦夕。正巧这时候，太史慈从辽东回到了老家，他的母亲对他说："你和孔北海从来没有见过面，可你离家之后，他对我的照顾超过了老朋友。现在他为贼人所困，我希望你能去帮助他度过这次危机，哪怕死在阵中，也算我们家的人没有忘恩负义。"

太史慈从母之命，只在家侍奉了老母三天，便毅然决然地前往都昌去了。

当时，管亥贼军对于都昌的围困还不是那么严密，所以太史慈能够趁夜色的掩护偷偷潜入城中。可见到孔融以后，太史慈的一句话却将孔融吓了一跳。

太史慈说了什么？和刘繇一样，上来就要当孔融的大将军，要带着孔融的部队出击管亥，将其一举歼灭。

开什么玩笑，孔融虽然看好太史慈，但那是因为太史慈的机智和勇敢，却从来没有在行军打仗方面认可太史慈。

其实这也不怪孔融，换位想一下，你是孔融的话，你也不敢用一个从来没有战绩的人来担任自己的元帅不是？（刘邦敢用韩信那是因为他身边有萧何，不然你以为他敢。）

所以，孔融拒绝了太史慈的提议。

见此，太史慈也就不再言语了，只退到一旁等候命令，大不了陪你孔融一起死罢了。

那么当时孔融究竟想要干什么呢？想等待别人来救他。因为自己在天下很有名望（毕竟让过大鸭梨），所以孔融相信，不出几日便会有义士前来相救。

可结果却令孔融大失所望，几日以后，义士没见着，反而是敌军的包围越来越紧迫。孔融无奈，只能向当时还是平原相的刘备请求援助。

可这时候管亥的部队围城很紧，孔融的使者根本冲不出去。见此，太史慈主动请缨，希望帮助孔融突围向刘备求救。

孔融见这样不会损失自己的士兵，便允许了太史慈的提议。

次日一早，都昌紧闭的城门逐渐开启，紧接着，太史慈带着两名骑兵飞奔而出。

见此，围城的黄巾军急忙站起，立即警戒。可太史慈接下来的举动让他们放下心来。

原来，太史慈出城以后并没有奔他们而来，而是将马匹拴好以后走到护城壕沟旁。待两名骑兵摆好了箭靶之后，太史慈便开始射箭，射完就径直回城了。

第二日，太史慈又和前一天一样出城"练箭"。

这一回，城外黄巾军就没有那么警戒了，大概只有几百人防备太史慈而已。直到第三天，再也没有人去防备太史慈了。

见此，太史慈对身旁的两名骑兵使了使眼色，两名骑兵会意点头，然后悄然而去。

与此同时，太史慈突然暴起！策马直冲黄巾贼。

那些黄巾贼毫无防范，见太史慈向自己冲杀过来，慌忙组织防备，可这种仓促间组织的防备怎么可能挡得住太史慈？分分钟便被太史慈突破。

管亥见此大怒，直接命令黄巾骑兵前往追击，誓要擒杀太史慈。

可太史慈的骑射功极其彪悍，较之西汉时期的匈奴射雕者也不遑多让，他竟然在急速行进的过程中转身背射（要知道，那时候可没有马镫啊），并且箭箭命中前来追击的黄巾骑兵。

那些骑兵见太史慈如此彪悍，吓得不敢再行追击，太史慈就这样有惊无险地到达了平原。

那刘备一听名满天下的孔融竟然请求自己的援助，高兴得不行（这可是一个博取名声的机会），立即派出三千兵马前往救援。管亥一见刘备军到，便撤军而走了。孔融因此逃过一劫。

事后，孔融不但感谢了刘备，还着重地感谢了太史慈，称其为"小友"，并且从这时候开始便有了用太史慈之心。

可孔融想用，人家太史慈这时候还不想投奔了呢。他婉拒了孔融的邀请，然后直接回到了家中向母亲复命。

太史慈的母亲见太史慈如此义气，自然开心，不过还是疑惑地问："我儿立下如此功劳，难道孔北海就没有想用我儿吗？"

太史慈："他倒是有这个想法，可这人顾虑太多，不能成就大事，咱们的同乡刘繇据说现在已经成为了扬州刺史，并且和袁术龃龉不断，相信早晚会爆发大战。他现在正是用人之际，所以儿打算前往投奔，拼出一番前程。"

就这样，太史慈孝顺母亲一段时间以后前往投奔了刘繇。

而这时候，正巧孙策前来攻打，所以对自己拥有同样自信的太史慈便请令求战，希望刘繇能将部队交给自己，让他前去迎击孙策。

刘繇，虽然和太史慈是同乡人，但和孔融一样，他刘繇也不敢用没有战绩的太史慈当统帅。

这可以理解，不过太史慈不管怎么说也是声名在外，不管是帮助郡太守还是帮助孔融，他都彰显了一名优秀将领所必需的果断和谋略，你就是不让他当三军统帅也要给他一个合适的职位吧？

刘繇呢？没有，他只让太史慈做一名斥候前去探查孙策军的虚实。

太史慈也是无语，怎么到哪都碰上这样的君主。行啊，你让我去探查敌情我就去吧，大不了从小兵一点儿一点儿往上干吧。

可令太史慈万万没有想到的是，就在他走到一半的时候，正巧碰上了同样来探查敌情的孙策！

一般战场之中，极少极少有主帅亲自充当斥候的，可孙策就这么干了，可谓彪悍到极点。

可那太史慈却要比孙策更加彪悍！当时，太史慈只有老哥一人，可孙策旁边的是谁？黄盖、韩当、宋谦、周泰等等，那可都是孙策军中首屈一指的猛将啊。可太史慈不管那个，他对自己的武力拥有绝对信心，提着一杆大长枪便直奔孙策杀了上去！

嘿呀！孙策打了这么长时间的仗，还从来没见谁敢单独寻他单挑的，当即就来了劲头。

他先是对黄盖等人道："我去会会这厮，你们谁都不许帮忙！"

然后直接就冲杀了上去。

这两个莽夫，真无可救药也！

那孙策本以为，凭自己的武艺，一回合就能拿下太史慈，岂料太史慈大大地出乎了他的意料。

就听砰的一声暴响，两人兵器相交，策马而过，谁也没能奈何得了谁。

"呦嗬！有点儿本事！"

孙策来了劲，掉转马头再奔太史慈冲杀而去，太史慈眼中亦迸射精光，同样折回马头，一声暴吼便冲向孙策。

然而，就在两人即将交兵之际，那孙策突然将身体一侧，在躲过太史慈长枪的同时突然将枪头转下，噗地一下扎进了太史慈胯下战马的身体。

噗……鲜血飞纵，战马应声倒地。

可就在战马即将倒地的一瞬间，那太史慈竟然扔掉了手中的长枪，纵身跃起，扑到了孙策的身体上。

孙策重心不稳，顿时从马上跌落而下，这两个莽夫几乎一齐掉落地上，然后扑上便扭打在一起。

砰！砰！砰！伴随着令人恐怖的声响，两个人的拳头不断招呼在对方的脸上、身上。看着已经被打得不成人样的孙策（太史慈也是一个样），黄盖一行人是看在眼里急在心中，可这又有什么办法，孙策军令如山，他已经下令不得插手，这些人哪里敢上去帮忙？只能看着双方不停地殴打对方。

然而，就在双方交战，黄盖等人干着急的时候，后方又是马蹄声响。

原来，是刘繇的斥候队过来了，人数同样是十多个。

见此，孙策和太史慈各退到一旁，孙策拿着从太史慈脖子上拽下来的小戟首饰对太史慈耀武扬威，而太史慈呢，同样拿着从孙策脑袋上薅下来的头盔比比画画。

看着如同小朋友一般的二人，双方人马都是无奈地摇了摇头。

次日，孙策率三军直接对刘繇发动了攻击。那刘繇也不尿，他可不玩儿什么坚壁清野，你孙策不是牛吗？好！那我就在你最擅长的领域（野战）击败你！

刘繇，你拥有这样的勇气固然令人敬佩，可你怎么不想一想，你有没有这样的实力呢？在当时的天下，孙策野战狂名已威震江东，除了曹操、袁绍等有限几人外，还有谁敢称能在野战上战胜孙策？

果然，两军交战不几日刘繇便被孙策大败！兵败后仓皇逃至丹徒。孙策遂毫无阻碍地攻克了曲阿。

当时，整个江东的人疯传孙策是一个战争疯子，这种人很有可能会像数百年前的项羽一样屠城，所以很多曲阿人非常害怕，直到刘繇被孙策打败以后，更是有多人放弃家园，潜藏于曲阿附近的山川大泽。

可让他们大跌眼镜的是，这孙策的部队却纪律严明，进入曲阿以后秋毫无犯。要知道，这种部队在战争时期是非常难得的，不能说没有，即使有也绝对是屈指可数。所以曲阿的民心大悦，百姓们竟争相拿出自家的牛肉和美酒来犒劳军队。

这还不算，为了提升军队的数量，孙策还向各县邑发布告示，表示欢迎刘繇的旧部来投，宣称只要有前来投奔的，不管之前是什么身份，一律按照本军士兵标准优待。

　　因此，四面大兵皆往曲阿云集，只旬日之间，孙策便得兵两万多。算上之前的，现在孙策的士兵总数已经超过了五万！

　　这是一个相当恐怖的数字，再加上统率这支军队的还是孙策这种悍将，试问现在的孙策，整个江东还有谁能拦他？

　　人数是多了，可新的问题又来了。什么问题呢？就是孙策的部队"种类"太多。

　　大家仔细看看，这里面有袁术的士兵，有孙策自己的部曲，有中途来投的贼人、樊能的士兵、张英的士兵、笮融的士兵，还有刘繇的士兵。

　　如此"多种"的部曲相互融合，难免造成纲纪不整等问题。如果放任这种问题不管，孙策的部队便会逐渐变为"匪军"。

　　针对于此，吕范乃建言于孙策曰："今主公事业日大，士众日盛，而纲纪犹有不整者，范虽不才，愿暂领都督一职，辅佐主公整顿纲纪！"

　　孙策现在正是大展拳脚横扫江东之时，自然不想在那些有的没的事上浪费时间和精力，所以在吕范说完以后便答应他的请求，暂时任命其为都督。

　　果然，吕范任都督一段时间以后，孙策军中整肃和睦，威禁大行，使得孙策军的战力、凝聚力都得到了很大的提升。

　　然而这还不算完，攻下曲阿之后，孙策一边休整，一边演兵讲武，一边搜罗人才。广陵秦松、陈端，以及江东二张皆在此段时间投奔了孙策。

　　在这些人中，孙策更是独爱张昭，几乎将文武之事皆委托其一人，使张昭一时间成为孙策军团炙手可热的人才！

　　至于周瑜，则替孙策镇守后方，以防某个臭不要脸的从背后捡便宜（各位都知道是谁吧）。

　　好，趁着孙策好不容易休息一会儿的时候我们赶紧看看刘繇，看看他现在在做些什么。

　　话说刘繇被孙策击败以后便狼狈逃至丹徒，可丹徒距离曲阿太近，孙策的兵威又太盛，刘繇惧怕孙策这个战争疯子没准儿哪一天又来一次突然袭击把自己给废了，所以便有撤往会稽，和王朗等合兵一处的想法。

　　可这想法刚刚提出便被好友许劭否决，他对刘繇道："会稽为江东最为富庶的地方，孙策小儿贪图此地已久，所以会稽必是其下一个打击目标，不可往也！不如去往豫章，它北连豫壤，西接荆州，若收合吏民，遣使贡献，必得天下人心。曹操和刘表，这二人都注重名声，必会相帮，虽然这中间有袁公路相隔，但其人如豺狼一般恶名满天下，必不能久！所以不必将其放在心上。"

许劭此言句句在理，直说到刘繇的心坎儿里，所以当即拍板，改行程往豫章。不过在前往豫章前，还是要先将这个地方给肃清才会安全。

在当时，袁术手下将领诸葛玄便在豫章屯驻（诸葛亮从父，照料诸葛瑾、诸葛亮、诸葛均三兄弟从小到大，犹如亲父），所以刘繇在向豫章行进的同时，亦遣朱皓为先头部队对其进行攻击。

诸葛玄见兵力不如朱皓，乃弃城往西城（今江西省南昌市西）方向，将防线收缩，集全部力量于一点死抗朱皓。

见此，刘繇又派笮融率本部兵马前往协助朱皓，希望两个人能够协同合作，在短时间肃清豫章。

可当许劭听闻此事以后却急寻刘繇，然后不可思议地问："我听说你让笮融去协助朱皓了？这事儿是真的吗？"

刘繇："是真的，咋了？"

许劭："糊涂！笮融这人不顾信义，不管行军打仗还是为人处世都追求时效性，为了成功可以不择手段。而朱文明（朱皓字文明）则喜欢以诚信待人，这两人的性格南辕北辙，最后铁定整不到一起去，你还是赶紧在出乱子以前把二人分开吧！"

听毕，刘繇嘴里虽然哼哈答应着，但实际上根本没往心里去。因为他认为许劭的担心实在是太过夸张。

夸张吗？呵呵，一丁点儿都不夸张。朱皓和笮融会师以后，两个人怎么看对方都不顺眼，朱皓更是处处对笮融设防。笮融遂在大怒之下擒杀朱皓，并了他的部队以后自称豫章太守，从此宣布独立。

见此，刘繇怒不可遏，便亲率大军前往对笮融进行征讨。

笮融的力量和刘繇差距很大，根本不是对手，所以战败后逃往山中，没过几天便为山民所杀。刘繇，终于有惊无险地夺取了豫章。

可本来就伤痕累累的他又经历了笮融的叛变，可谓伤上加伤，实力大减。刘繇，命不久矣。

好，刘繇就暂且说到这里，我们接下来再看看孙策。

公元196年八月（是时袁术已经在寿春称帝，孙策用书信和其绝交，曹操则在许地迎立汉献帝，这些事等说完孙策的事情以后回头详说），已经成为江东最强大诸侯的孙策经过了数月的休整后兵精粮足，遂开始东进取吴郡及会稽。而这第一个目标，便是许贡所镇守的吴郡了。

孙策这个人拥有近乎狂妄的自信，但同时，他对对手看得也是非常透彻。

对于孙策来讲，吴郡许贡根本是上不了台面的跳梁小丑，所以只遣朱治率本部兵马前往攻击，自己则率主力兵团逐渐往会稽而去。

而事实和孙策所想基本无差，许贡听闻朱治前来攻伐自己，乃率全军往由拳（今浙江省嘉兴市南）对其进行阻击，可许贡不懂兵法，根本不是朱治的对手，双方交战没多长时间便为朱治所破。

无奈，许贡只能南走而投严白虎，朱治得以进统吴郡。

但这不过是一个开头而已，朱治距离完全统治吴郡还有好长的一段路要走。为什么呢？因为在吴郡最难搞的并不是许贡这个官方的存在，而是严白虎这个地头蛇。

严白虎，吴郡第一"恶霸"，兵力过万，得许贡的投靠以后更是实力大增。为了让朱治无法顺利统治吴郡，严白虎将部队化整为零，处处聚屯，给朱治造成了不小的麻烦。有的部队甚至已经渗透到了会稽。

见此，孙策军中诸多将领都建议孙策先灭严白虎，然后再消灭会稽王朗。可孙策却笑道："诸位多心了，严白虎，充其量是吴郡的一个强盗而已，心中没有志向，所以我攻击王朗的时候他绝对不会前来援助。相反王朗则不同，这人饱读诗书，懂得大理，深知唇亡齿寒之道，所以在我攻击吴郡的时候一定会从背后偷袭我。到时候哪怕是我赢，也会付出相应的代价，所以只有先灭王朗，才能最快地平定江东。"

这话一说，众人再无疑虑，便随孙策往会稽而去。直到孙策兵临浙江（今富春江）之时，身在会稽的王朗亦整军完毕。

可就在王朗打算前去阻击孙策之时，却见其首席军师虞翻欲言又止，于是问道："仲翔（虞翻字）可是有话要说？"

虞翻对王朗一揖，然后语重心长地道："名公现在正要出征，恐怕这样说会影响士气，所以，还是不要说了吧。"

王朗："这话怎么说的，仲翔你是我的心腹，有什么话不能说？说！不管你说什么我都恕你无罪！"

虞翻又想了想，这才道："名公，据我所知，这孙策行军打仗英勇无敌，且受百姓爱戴，现在整个江东已经无人是其对手，不如……"

王朗："不如什么？"

虞翻："不如弃城远走，抑或、抑或投降于他，这样还能谋一个好的……"

"大胆虞翻！"

没等虞翻说完，王朗便痛声骂道："我王朗乃朝廷亲授重臣！孙策？他算个什么东西？不过是一宵小之贼而已，怎配让我侍奉！吾抵抗孙策之意已决，你不要再说了！"

就这样，王朗带着全部军队在固陵（今浙江省杭州市萧山区西二十里，春秋时范蠡筑固陵御吴于此）阻击孙策。

那固陵依江而建，地理位置极佳，再加上王朗主力皆屯驻于此，所以与其说固陵是一个难啃的骨头还不说它是一个难啃的石头更加合适。

基于此，孙策数次渡江对其发动攻击却都没有尺寸之功。

而就在孙策百思不得破敌之法时，其叔父孙静来献计了。

孙静认为，固陵地理位置太过易守难攻，如果强行攻下必会崩掉几颗大牙，不如偷袭查渎来得实在。

那查渎在固陵以东，也是隔江相望，但没有得到王朗的重视。如果将其攻破，孙策就能在此屯军，然后用陆军攻击固陵。到那时候，王朗就再也没有什么地利可用了。所以他绝不会放任孙策拿下查渎，一定会在第一时间派援军前来相救。到那时候，孙策便可以在野外歼灭王朗。如此，江东可一举而定。

此举正中孙策下怀，他没有丝毫迟疑，在当天夜里多燃火把为疑兵，然后亲率主力兵团渡江袭击查渎。

查渎守将万万没有想到孙策会玩儿这么一招，所以全无防备，查渎顿时陷入被动，岌岌可危。

身在固陵的王朗听说查渎危在旦夕的消息以后大为震惊，急遣大将周昕率主力兵团前往营救。

可孙策早就等着王朗的部队了，他之前在攻击查渎的时候便已经遣一大部士兵提前埋伏在固陵往查渎的必经之路。

结果，全无防备的周昕果然中伏，全军皆为孙策所灭。

这可倒好，不仅查渎为孙策所并，王朗亦损失惨重。

见此，王朗不敢再行抵抗，只能率军遁走东冶（今浙江省临海市东南一百五十里）。可孙策怎能轻易放过他？遂率军疯狂追击。

结果，王朗再败，只能和虞翻二人北逃（虞翻协助王朗逃走以后，算是还了王朗的恩情，然后就转而投奔孙策去了）。孙策因此顺利平定整个会稽。

不过这还不算完。平定会稽以后，孙策兵不卸甲，继续向吴郡方面奔袭，他将部队化整为零，分成多股小分队对严白虎的部队进行全面打击。严白虎的兵没孙策的精，亦没孙策的多，将领的素质和孙策的比又是天差地别，拿什么阻挡孙策？所以结果不必多说，大败没得商量。

至此，孙策已将整个江东收入囊中，从公元195年十二月至196年八月，用时仅仅九个月。

不过虽然将江东全定，但问题还是多多的，孙策想将江东真正巩固成"自己的"地盘还要很长时间。在这之前，我们还是回过头来看看中原都发生了什么大事吧。

本节参《三国志·魏书》《江表传》《吴历》《读史方舆纪要》《中国历代战争史》《吴录》

5.13　徐州新主（2）

公元196年六月，徐州之主刘备终于尝到了相信一头白眼狼的苦果，被吕布一脚踹回了解放前。

话说吕布被曹操击败以后，只率少量士兵狼狈逃到了徐州，希望能得到刘备的收容。当时的吕布，虽然被曹操打得狼狈不堪，可手下文武皆为当世虎狼，吕布更是勇不可当，所以刘备认为收容吕布能大大地提升自己的战力，便答应了吕布，并将其迎到了徐州（如果这样的话，袁术和袁绍为什么都不收容吕布？这时候的刘备还是太年轻）。

双方相见，刘备当然要尽地主之谊，于是设下大宴招待吕布。

酒席进行到一半的时候，刘备的脸色却没有那么好看了。

为什么？因为吕布开始酒后妄言了。

只见已经酒至半酣的吕布举起杯，以一种高姿态的口吻和刘备道："布与卿

（注意称呼）皆边地之人，本来很多想法就是一样的。今日一见，更恨不能早些相识！从此以后我就叫你贤弟好了。贤弟啊，我吕布是什么人？那是杀掉董卓的天下忠臣！本以为离开长安以后会得到诸侯的真心拥戴，岂料那袁术、袁绍皆自私自利之辈，满嘴匡扶汉室，心中打的却都是自己的小算盘。到最后来看，只有贤弟你才是真正地心系汉室啊。以后有我和老弟你在一起，还有谁是咱们的对手呢？啊？哈哈哈哈哈哈……"

这一番话说下来，刘备表面上虽哼哈答应着，心中却已经恨到了极点。本想吕布来投，自己战力会向上飙升，可现在一看，这来的哪里是一个手下？这是来了一个爹呀。

所以，当酒宴过后，刘备只将吕布安排到徐州的一个小地方（不知何地，史料未载），准备找个时机将其撵走。

由是，吕布开始恨上了刘备，料想刘备必会像之前袁绍一样来对付自己，便打算先下手为强，遂秘密遣使者往寿春，企图和袁术里应外合，共同夺得徐州。

这时候的袁术可谓意气风发。之前孙策在江东顺风顺水，夺取了许多的城池，而就在孙策准备往会稽和吴郡出兵之时，袁术却突然派人前去接收之前孙策打下来的江北诸城。孙策这时候正是最关键的时期，不想在大业完成之前得罪了袁术，便答应了袁术的无理要求，咬着牙将江北的地方都给了袁术。

袁术不费一兵一卒便得到了很多地盘，你说他能不意气风发吗？

而就在这时，吕布又送来了信。声称要和自己里应外合杀死刘备，所以袁术当时就动了心思。

可袁术这人自视太高，他既瞧不起刘备（袁术眼中的织席小儿），亦瞧不起吕布（袁术眼中的白眼儿狼、匹夫）。再加上如果和吕布合作的话，得到徐州也要分一半给吕布。他袁术就更不会这样做了。与其这样，还不如自己吞了徐州，一个织席小儿而已，他岂能抵挡得住自己的扬州大军？

基于此，袁术并没有回复吕布的请求，而是自率大军前往攻击徐州。

袁术，不管名声有多臭，那也是四世三公的家世，是扬州的第一恶霸，所以当刘备听得此消息以后高度重视，立即携关羽等一干将领前往迎击袁术，并留张飞镇守徐州。

而就在此时，曹操亦迎献帝于许都，所以见刘备和袁术开战以后又加了一把火，表刘备为镇东将军，宜城亭侯。

虽然现在汉室所谓的官位在天下诸侯心中已经屁都不是，但似袁绍、袁术这等名门中人还是打心眼里看中这个东西的。

所以，袁术更加愤怒，发誓不灭刘备势不回军。于是，两军在盱眙、淮阴一带展开了激烈的战斗。

可一个月以后，自视甚高的袁术惊异地发现，自己竟然奈何不得刘备，非但如此，甚至有可能被刘备反杀，自己竟然处于被动？

不行，绝对不行！他怎么可能输给一个织席小儿？他怎么能输给一个织席小儿？面子往哪里摆！

想到这儿，袁术迅速致信吕布，说了很多好话，请求在自己和刘备交战的时候吕布能在徐州内部发动攻击，并承诺，事后会给吕布二十万斛粮食。

吕布早就想对刘备动手了，现在又得袁术的力挺，遂整备兵众向下邳进发。

按说，吕布虽然勇猛，部众单兵作战能力虽然强悍，但他败给曹操以后残军不满万，如果张飞好好防守的话是一定能够将下邳守住的。

可天不佑刘备，就在吕布接近下邳之时，下邳城中突然窝里反了。

那曹豹（原陶谦手下大将）不知为什么得罪了张飞（史书未载，但绝不是演义中所谓的不喝酒得罪的张飞），使得张飞大怒，竟挥军对曹豹进行攻击。

曹豹因此带领自己的部曲在城中和张飞交战。

可双方兵力相差悬殊，曹豹挡不住张飞的进攻，便密遣使者往吕布处请求和吕布里应外合搞死张飞。

此提议正中吕布下怀，于是在当天率全军直逼至下邳城下（时间为拂晓）。

而事情果然像曹豹保证的那样。当吕布大军到达下邳城下之时，下邳的大门已经为吕布打开了。

这还有什么说的，杀！

吕布全军就这样毫无阻碍地进入了下邳。

此时拂晓，正是一天中人睡觉最沉的时候，所以张飞对这突发状况全无所知。

"咚咚咚……杀！"

突然，杀声震天，吕布军和早有准备的曹豹几乎在同时对张飞里外夹击。张飞全无准备，全军顿时大乱，那些着急忙慌从大营中跑出来的大兵要么被砍掉了脑袋，要么直接跪地投降。

张飞见大势不可挽回，只能率众狼狈而逃。刘备的家眷、物资等等悉数落于吕布之手。而此时整个徐州的士兵基本上被刘备带出去抵挡袁术了，深通兵法的吕布当然不会放过这个绝佳时机，于是分派大将袭击各处，在极短的时间便全定了徐州。

吕布，成为徐州新主！

可就在吕布已经赶走张飞，然后派遣将领分兵略地之时，下邳城中突然杀声震天。

本节参《三国志》《英雄记》

5.14 押宝

原来，在吕布将部队派出去攻取徐州各地以后，其手下将领郝萌突然叛变。郝萌带领自己的部队直接袭击了下邳的府衙，意图在瞬时间宰掉吕布。

可吕布岂是那么好宰的？

没错，现在吕布确实是将部队都派出去了，可别忘了，最精锐的陷阵营却在下邳城中。所以当吕布听闻此事以后，并没有太过慌张，而是命大将高顺率陷阵营前去迎击郝萌的部曲。

陷阵营的士兵极其彪悍，其战斗力足可以一敌三，郝萌根本不是对手，所以交战没多一会儿便被打得落荒而逃。

高顺自是不会放过郝萌，遂遣军疯狂追击，终是在下邳郊外将其追上。

郝萌的部将曹性见自军再无胜利的希望，怕军败以后自己会被斩杀，于是临阵反水，率本部兵马疯狂攻击郝萌。

曹性的突然反水是郝萌完全没有料到的，所以其部顿时陷入极度混乱，指挥系统完全失灵。高顺亦抓住此天赐良机，直突入郝萌军腹地，一刀斩掉了郝萌的人头。

主帅已死，其众更是无心抵抗，便都跪在地上，向高顺投降。

此时，下邳府衙正厅之中，吕布温和地询问跪在面前的曹性："你做得不错，本将军自会奖励，不过在这之前我有事要问你。"

曹性见状，重重地松了一口气，然后磕头如捣蒜："将军有话但说无妨，末将必知无不言。"

吕布："好，我且问你，郝萌对我从来是忠心耿耿，怎么突然就对我刀兵相向了呢？"

曹性："启禀主公，这都是袁术的阴谋，袁术在和主公秘密联合以后就联系了郝萌，让他在主公夺取徐州以后将主公斩杀，并且承诺郝萌，事成之后会分一半徐州地盘给郝萌。"

吕布嗤笑道："这个蠢货，到时候还有他什么事，袁术这个背信弃义的东西，我早晚取他狗头！说，除了郝萌以外，我军还有谁参与了此事？"

曹性："这……这……"

看了看周围，曹性欲言又止，吕布眼睛微眯地道："说！放心大胆地说出来，我向你保证，这里面没人能，也没人敢在事后害你。"

话毕，曹性好像下定了什么决心一样，他指着陈宫道："就是他，这里面还有陈宫的事，陈宫也向袁术承诺，到时候会在郝萌攻击您的时候里应外合干掉您！"

这话一说，全场之人皆看陈宫，吕布更是以一种不可思议的表情去审视陈宫。他真心不敢相信陈宫会背叛自己。可此时陈宫的表情已经出卖了他，只见陈宫脸颊涨红，却一字都不为自己申冤（"时宫在座上，面赤"）。这还有什么说的？这货百分百和袁术有所勾结。

当时，吕布想了很多，可以说，他确实对陈宫动了杀心，可最后不知想到了什么，他还是放过了陈宫，不仅没有对他实施极刑，还让他保持原有的官位。

陈宫深受感动，在心中发誓，从此要用自己的性命来回报吕布。可他不知道的是，从这时候开始，吕布不再那么信任他了。

好了，吕布的事情暂时说到这，我们再来看一看刘备那边。

当张飞逃到刘备的大营以后刘备就知道：徐州，完了。可就这样让刘备放弃徐州他是无论如何不甘心的。于是，刘备向全军隐瞒了这件事，然后率军于当夜撤退，兵锋直指下邳。

可这么大的事能瞒得住吗？当然瞒不住！就在刘备大军即将抵达下邳之际，整个徐州陷落的消息突然传到了士兵的耳中。那些士兵的家人全都在徐州各地，而现在徐州已经全部陷落，他们担心如果继续和刘备一起攻击吕布的话，自己的家人会被斩杀，于是叛离了刘备，各回各家，使得刘备庞大的军团在一夜之间便成了一支不到一千人的可怜流浪军。

刘备无奈，只能收拾散卒往广陵而去，因为据刘备得到的消息，现在整个徐州貌似只有广陵没有被吕布占领了。

可就在往广陵的途中，刘备所部又被袁术的游击部队赶上，于是刘备再败，至广陵之时部队仅剩百人。

见此，刘备不无哀叹地和关羽、张飞道："悔不听长文（陈群）之言，以致落到如此地步！"

关羽和张飞听此亦是无言，张飞更是羞愧地低下了头，毕竟这次徐州丢失事件，他老张是要负主要责任的。

可就在这自怨自艾也不是办法，现在自己就剩下数百名士兵，而吕布绝不会放过自己，早晚会来攻击。到那时，自己必死无疑！怎么办？这可怎么办？

就在刘备百思不得破解之法的时候，突然前线来报，说袁术现在正在屯集大军，准备对吕布发动攻击。

嗯？这是怎么回事儿？这俩货难道不是联合对付自己吗？

见此，刘备立即派心腹前往下邳一带打探消息。当他得知事情的经过以后大喜过望，遂遣使往下邳而去，表示自己愿意投降吕布，帮吕布防守小沛，成为抵挡袁术的第一道屏障。

刘备，当世之枭雄，统兵打仗经验丰富，手下将领更是当世虎狼。有他投奔，袁术不足虑也！更重要的是，刘备在徐州大得人心，较之当初幽州刘虞亦不遑多让，吕布可没有忘记公孙瓒是怎么败的。

基于此，吕布当即同意了刘备的请降，不仅将其家眷悉数归还，还将糜竺、孙乾等刘备旧部全部归还。

可几日以后，就在刘备成功抵达小沛之时，陈宫却急急忙忙地找到了吕布，急赤白脸便问："下官听闻将军受降了刘备，并将其安置于小沛，不知可有此事？"

吕布不咸不淡地道："嗯，是有此事，怎么？你有意见？"

陈宫："当然有意见！刘备，反复之小人！这是头养不熟的白眼儿狼！将军前些时日刚刚夺取徐州，他怎能不对将军有所憎恨？如果将军觉得刘备在徐州人望太高而不敢动他，那大可不必！当初刘虞在幽州多年，这才有百姓拼命维护。可刘备，他统治徐州才多长时间？仅仅一年出头，就这么短的时间，徐州的百姓怎么可能去玩儿命拥护刘备？难道之前刘备的溃军事件还不能证明问题吗！"

现在的吕布，对陈宫已经完全失去了信任，所以根本不听陈宫的建议，毅然决然用刘备来抵御即将攻击的袁术。他认为，现在的刘备已经再没有崛起的可能，其作用将永远是自己前线的炮灰、自己的一条狗。

陈宫没有办法，只能哀叹而去。

那么陈宫说的对吗？答案是：完全正确！

因为刘备几乎前脚到小沛，后脚便声势复振了。为什么呢？难道刘备在徐州的威信已经到了如此地步吗？

非也，刘备之所以可以声势复振，几乎全在于一个人。这人不是别人，正是陶谦旧部，徐州巨商——糜竺。

本节参《三国志》《英雄记》

5.15 辕门射戟

糜竺，徐州第一大商人，家中有家丁万人，资产数亿，在徐州极有声望，陶谦在位的时候对糜竺也是非常客气，从来是以先生相称。

刘备坐上徐州之主以后更是对糜竺宠赖有加，凡事皆与其商议。可吕布鲸吞徐州以后，对于糜竺这种巨商并不看在眼里。糜竺预感自己的家产早晚要被吕布这等虎狼吞并，所以干脆下狠押宝，在刘备最艰难的时候将自己的家丁和财产几乎全都交给了刘备，使得刘备声势复振。

刘备为了表达对糜竺的感激、信任之情，也迎娶了糜竺的妹妹，两人从此结为一家。

这之后，刘备用糜竺给自己的资金招兵买马，军力迅速蹿升至万人！不过这些人都是新兵蛋子，想要让他们拥有正规军的战斗力还要等好长时间。

有些人却不想等了，这人并不是吕布，而是袁术。

话说那袁术和吕布闹掰了以后便整顿军队，时刻准备对吕布发动进攻。可就在这时，刘备进入了小沛，成为抵挡袁术的屏障。袁术领教过刘备的厉害，不想让刘备继续坐大，便遣上将纪灵率三万大军前往小沛对刘备发动攻击，同时遣使往吕布处，声称这是自己和刘备的私人恩怨，叫吕布不要插手。

私人恩怨？你袁公路可拉倒吧！私人恩怨之后是不是就要对我吕布发动全面战争了？吕布才没有那么傻。

可同时，吕布也不想得罪势力强大的袁术（这时候吕布刚夺取徐州，民心还不稳，所以不想这么快和袁术开战），便想出了一个极好的办法。

公元196年六月下旬，吕布亲率陷阵营精锐至小沛郊外。

陷阵营，现在已经是名震天下的精锐之师，吕布更是勇冠三军的大将，所以纪灵赶紧撤去了围攻士兵。

可还没等纪灵遣使询问吕布来意，吕布却首先派使者到了纪灵营中，并邀请纪灵前去自己的大营赴宴。纪灵料定吕布不能拿自己怎么样，便应约前往。

可就在纪灵到达吕布大营之后，却见刘备亦坐于帐中。见此，纪灵眯着眼睛和吕布道："将军这是何意？"

吕布大笑着将纪灵拉入大帐，然后笑道："将军不要误会，玄德是我的弟弟，既然是我的弟弟，我就一定不会看着他灭亡。"

纪灵："听将军这意思，那就是要和我家主公开战了？"

吕布："呵呵，非也，世人皆言我吕布喜欢争斗，可他们看错我了。我吕布非但不喜欢与人争斗，反喜欢调解别人的争斗。来人！"

侍从："在！"

吕布："去，将我的宝戟立在大营门前。"

侍从："诺！"

几息以后，那侍从已经将宝戟立于大营门前，吕布站起身来和纪灵道："纪将军，我们现在的位置距离宝戟最少也有一百步了，如果我能在这个距离射中宝戟小支，你二人便罢兵回去如何？"

距离如此之远，目标又那么小，纪灵是无论如何不相信吕布能够射中的，便答应了吕布。岂料纪灵话音刚落，吕布便以极快的速度引弓拉箭，然后就听砰！的一声暴响，箭矢如奔雷一般正中宝戟小支。

当时，不仅仅是纪灵，在场所有人都被吕布的神技惊呆了。因为他们从没见过一个人的箭术能达到如此程度，甚至听都没听说过。

过后，反应过来的纪灵只能无奈地叹道："将军神威，末将服了，末将这就撤去兵众。"

就这样，纪灵撤退了，袁术攻击刘备的计划因此失败。可若就这样让袁术罢休他当然不会甘心，所以袁术又有了其他的想法。

什么想法呢？便是和吕布联姻。

那袁术自从在孙坚手中得到玉玺以后便认为自己是天命所归，遂有称帝之念。但恐怕称帝之后会受到四方围殴，所以一直没有实行。如今，袁术见攻徐州之事阻碍多多，便打算和吕布联姻。这样的话，自己称帝以后就会多一个帮手，到时候也不至于陷入四面为敌的窘境。

基于此，袁术遣韩胤为使，向吕布表达了自己想要称帝的想法，并希望吕布能将自己的女儿嫁到寿春来。

吕布最开始本是答应了的，甚至已经把自己的女儿送了出去，可最后在陈珪的阻挠下终于泡了汤。

陈珪，沛国相，官宦世家，下邳豪族族长。最开始辅佐陶谦，之后刘备，最后吕布。不管是谁当主，他都能得到重用，是一个八面玲珑的老家伙。

可陈珪真正看中的人既不是刘备也不是吕布，更加不是袁术。陈珪认为，最终获得这个天下的只可能是曹操一人。

他怕袁术和吕布联合会给曹操统一天下造成阻碍，便找到了吕布，和其道："曹公奉迎天子，占天下大义。将军如果和曹操合作的话，必能使自己稳如泰山。可如果您和袁术站在一起，那恕小人直言，将军您可就危险了。"

吕布："为什么这么说？"

陈珪："袁术，名为三公之后，实汉贼！其称帝之心小儿皆知。这个天下谁不骂他？我承认，现在的汉室已经不行了，但还远远没到灭亡的时候。谁要是敢在这时候第一个称帝，我敢保证，一定会受到天下打击。将军要是和他搅和在一起，最终一定会陷入四面为敌的危险境地！"

这话一说，吕布一个激灵，赶紧派高顺将自己的女儿追了回来，并将韩胤加上刑具送到了许昌，以此向曹操示好。

袁术，这是一个极好面子的人，所以当他听得此事以后气得暴跳如雷，当即便以张勋为大将，总统杨奉、韩暹等将领率步骑数万向徐州进发。

本节参《英雄记》《九州春秋》《范书》《三国志·吕布传》

5.16　袁术之败

此时，下邳府衙的大厅中，吕布阴狠狠地对陈珪道："今日招惹来袁术的大军，这都是你的错！你说说，该怎么办吧！"

面对吕布那如同要吃人的表情，陈珪这个瘦弱的小老头并没有半点儿畏惧，反倒是笑呵呵地和吕布道："将军莫慌，袁术这所谓的七路大军不过是一个摆设而已，只要将军你轻轻一拨，便即土崩瓦解。"

吕布嗤笑："呵，真是有趣，我吕布什么时候成神仙了。"

陈珪："非也，将军您并不是神仙，不过袁术军中有重大破绽罢了。"

吕布疑惑地道："什么重大的破绽？"

陈珪："这破绽便是韩暹和杨奉二人。此二人被曹操驱赶，新近投奔袁术没多长时间，只要将军一封书信便能将其收入帐下，令他们反攻袁术。"

吕布："还有这等好事？这书信当如何写得？"

陈珪微笑着从衣袖之中拿出了一封书信交给吕布："呵呵，下官早就给主公写好了，主公只要派人将此信送到杨奉和韩暹那里去就行了。"

公元196年七月上旬，杨奉、韩暹正细细地读着一封信件：

"二位将军曾助天子东逃，有大功于国。吕布我曾斩杀董卓，亦是天下之功臣。所以与二位将军皆为忠于汉室的大忠臣，怎么能够相互攻击呢？袁术，叛逆汉贼也！二位将军何不协助我共击袁术？如此，必会扬名天下，受万世景仰。吕布可在此向二位将军保证，事后，所抢夺的所有物资可以送给二位，吕布分毫不取！"

看过书信以后，杨奉和韩暹犹豫再三，最终还是下定了决心，悄悄给吕布回了一封信。

于是，本月中旬，吕布率全部兵马前往阻击张勋。张勋不敢大意，遂令杨奉率部曲为左军，韩暹率部曲为右军，自率主力为中军，以传统的三军阵型迎击吕布。

可就在战鼓敲响以后，左右二军突然反水，并以极快的速度插进了中军侧翼，中军顿时大乱！

吕布见此，当即率军从正面对张勋展开了猛攻。结果在三面夹击之下，张勋军急速溃散，张勋只能放弃部众落荒而逃。

本次战役，张勋大败，损失了十多名将领，兵众亦近乎全军覆没，粮草物资被抢夺一空。

可事情到这还不算完，大胜张勋以后，吕布兵不卸甲，和韩暹、杨奉一起向寿春方面进击，所过之处极尽掳掠，一直抢到了钟离（今安徽省凤阳县临淮关附近），这才率众满载而归。

撤退时，吕布还让俘虏给袁术捎去了一封书信，信的内容是这样的：

"袁术啊，你仗着自己兵多地广，经常吹牛，说自己猛将武士多如牛毛如何如何，我每次听你这么吹耳根子都疼。最近我实在是忍不了了，就想看看你的猛将们到底猛到什么地步。可我到淮南以后，你的那些所谓猛将就开始抱头鼠窜，没有一个人敢于抵抗我的进攻，所以我就想问问，你小子的猛将在哪呢？袁术啊，你这个人最大的毛病就是酷爱吹牛，可你怎么不想想，这天下从古至今，有哪个明主是靠吹牛得到天下的呢？你可长点儿心吧，行了，话就说到这，你的物资就权当我教育你的学费吧，奉先走也！"

看过以后，袁术将此书信撕得粉碎，他已经被吕布气疯了，完全丧失了理智，便打算亲自带领兵马前去攻击吕布。

可这时斥候来报，声称吕布已经向徐州撤退。

已经疯狂的袁术料想靠步兵一定追不上吕布，便亲率现有的全部骑兵（五千）疯狂追击吕布。

可当他追上吕布的时候，吕布已经渡过淮河，袁术气得直跳脚，指着河对岸的吕布高声痛骂："吕布贼子！我袁术不杀你誓不为人！"

看着对岸袁术手舞足蹈（听不到）的一顿比画，吕布无奈地耸了耸肩，对身旁众将道："看没看到？又开始吹牛了。"

众人："哈哈哈哈哈。"

袁术，真是充满了喜感的笑话。

好了，徐州一带的事情就先告一段落吧。我们再将目光转向曹操，看看他到底是怎么将汉献帝弄到许昌的。

本节参《九州春秋》《范书》《三国志·吕布传》

5.17 汉献帝的逃亡之路

公元195年七月，在杨奉、杨定、董承等人的帮助下，郭汜放弃了掳掠汉献帝的想法，逃进了终南山。

汉献帝不想再过这种如履薄冰的生活，所以请求董承等人带他逃回洛阳。

挟天子以令诸侯，这档子事儿谁不想做？杨奉等人二话不说，当即便答应了汉献帝的请求，遂携汉献帝往东而逃。

可就在逃亡的过程中，汉献帝这拨人内部又发生了问题。

宁辑将军段煨已经为汉献帝和众多大臣准备好了一切生活所需，想让汉献帝等一干大臣居住在他的大营。

但杨定和段煨相互仇视。而且，杨定也想成为汉献帝东逃洛阳的第一功臣，所以不管从哪个角度出发他都不会允许汉献帝到段煨的军营中去生活。

可自己又不能强拉着汉献帝在自己的营中，这可怎么办呢？

这办法就像挤牛奶，挤一挤总是会有的，"聪明"的杨定果然挤出了所谓的"好办法"。那就是找到汉献帝，并宣称段煨蓄意谋反，请求汉献帝下诏弄死段煨。

可段煨对汉献帝忠心耿耿，自从跟随汉献帝以来从没有半点儿逾越，怎么可能造汉献帝的反？所以汉献帝坚决不肯下诏。

杨定见汉献帝如此坚决，只能采取"霸王硬上弓"之法，在没有汉献帝诏书的情况下带董承和杨奉一起攻击段煨。

可这几个人太过废物，在兵力是段煨好几倍的情况都没能拿下段煨，十天下来反倒损兵折将，实力大减。

杨定等人当然不会因此罢休，可就在他们打算继续攻击段煨的时候，一个极其不好的消息传到了他们的耳中。

什么消息？李傕的追兵已经逐渐向他们逼近。

无奈，几人只能暂时停止了内讧，转而携汉献帝继续向东逃跑。

十二月，汉献帝一行到达弘农。可同时，李傕的部队也已经追上了他们。两军就这样在弘农展开激烈的厮杀。

结果，杨定所部惨败，他弃了军队，孤身一人逃往荆州。

同时，董承和杨奉的部队也被杀败，眼见局势无法挽回，便只能带着残部携汉献帝和少数重臣向东而逃。

奔逃中，负责殿后的射声校尉沮俊兵败，被李傕生擒。李傕拔出腰中宝刀，顶着沮俊的喉咙凶狠地道："说！天子现在何处！"

沮俊冲着李傕嘶吼："呸！你这狡猾凶残的逆贼，你不得好死，你……"

"去你的！"

噗！不等沮俊骂完，李傕一刀捅进了他的喉咙，然后继续向东追赶汉献帝。

十二月九日，汉献帝一行人抵达了曹阳（今河南省灵宝市东北），距离洛阳已经不远了，可李傕的追兵也距离他们不远了。

而这时候，正好有白波军旧部李乐、韩暹、胡才以及南匈奴右贤王去卑在这一带屯驻，杨奉便亲往这些势力的大营处，请求他们保汉献帝东逃洛阳。

白波军自从被各方诸侯瓜分以后便实力大减，现在李乐、韩暹、胡才联合后也不过几千人，他们一直想找一个靠山，可一直投靠无门。这下好了，当今天子竟然亲自来征召他们，一旦成功将天子带到洛阳，那以后升官发财还能少了自己？

基于此想法，这些人毫不犹豫便前往归顺。

而南匈奴右贤王，不管是以前还是现在，都是汉朝的忠实朋友，所以同样没有半点儿犹豫，亦率自己的轻骑兵团前往支援。

可就在这些人到达曹阳之时，李傕的大军也杀来了，双方在曹阳展开了新一轮的生死搏杀。

这一次，杨奉等人大胜李傕（李傕为了加快行军速度，将步兵主力都扔在了后面，只用骑兵追击，所以人数有限，因为他万万没有想到这种时候会有人支援汉献帝），斩杀数千人。

杨奉和董承认为，李傕这次大败后损失极重，是一定不敢再行攻击自己了，便放心大胆地在曹阳进行休整，整整十五天以后才继续向东行进。

可就在部队行军没多久，李傕的主力大军亦是杀到。双方再一次展开了激烈的厮杀。

结果，李傕将杨奉等人大败，击杀的士兵要比在弘农时还多。

右贤王去卑见事不可为，第一时间率部逃走。光禄勋邓渊、廷尉宣璠、少府田芬、大司农张义全都死于乱军之中。甚至连司徒赵温、太常王绛、卫尉周忠、司隶校尉管郃都被李傕生擒。

李乐见局势已经恶劣到了如此程度，便劝汉献帝和一众士兵先跑，至于大臣们的死活就不要管了。汉献帝却厉声对李乐道："我绝不能丢下百官自己逃走！要生一起生！要死一起死！"

见汉献帝如此决然，李乐也不好再劝，只能带本部兵马和李傕死拼，给汉献帝等一行人争取时间。

就这样，在李乐、韩暹的奋力搏杀下，汉献帝等人有惊无险地逃到了陕县（今河南省三门峡市西三公里）。

李乐、董承、韩暹、杨奉等人则是在进入陕县以后建造防御壁垒，死命地防守。

当时，因为接连的惨败，使得汉献帝一行人力量极为薄弱。虎贲、羽林武士不到一百，白波旧部也只剩下一两千人。更重要的是，因为李傕的部队十倍于己方，所以己方的士兵异常恐惧，如果任由这种情况持续，兵众早晚不战自溃。

李傕好像也看穿了这一点，所以并不进行攻击，只是在数里外围着，等待那传说中的不战而屈人之兵。

李乐因此感到恐惧，便提议让汉献帝趁着刚到陕县，敌人正放松警惕之时乘船沿黄河而下，经过砥柱，从孟津上岸。

现在，局势已经极尽恶劣，除了李乐此法以外还真就再没有什么其他的办法了。于是，当天夜里，李乐带本部兵马秘密至河岸码头，将所有的船只抢到手，然后举火把向汉献帝发送信号。

可就在这时，麻烦事又来了。

看到李乐已经发来了信号，汉献帝赶紧和众多大臣往码头跑，伏皇后的哥哥伏德更是一手牵着伏皇后，一手挟着十匹绢，就好像寻常逃亡的商人一般狼狈。

当时，几乎所有的人都往岸边亡命奔逃，人群相互拥挤，使得汉献帝那小体格子根本无法寸进。

毕竟，对于自己的命，别说是汉献帝这种过气的皇帝了，就是天王老子来了也得给我让道。

见此，董承怒了！他大跨步地走到汉献帝身前，然后抽出腰中首环刀，只要前面有敢阻碍道路的，他上去就是砍！

噗噗噗！就这样，董承为汉献帝开出了一条血腥的道路，鲜血甚至都洒在了汉献帝和伏皇后的身上。

在这种血腥开路下，汉献帝这才成功地走到岸边。可到这时候，麻烦又来了。

要知道，陕县的船只是有限的，而在场的人数绝对超过了这些船只所能承载的极限，所以众人争相往船上飞奔，生怕自己无法上船。

见此，李乐只能让士兵对这些往船上蜂拥的人拳打脚踢。

大概一炷香的时间以后，汉献帝终于成功登船。

又过了一炷香的时间，所有的船只都上满了，无法再行上人，李乐便下令开船。可军令下达半天，这些船只愣是没有动静。为什么？因为没上船的人实在太多，这些人因此死死地拽着船，不让船走。

李乐见此大怒，直接下令士兵挥刀去砍那些拽着船的人。

一时间，哭叫之声震怖荒野，待船队离去之时，整个甲板遍布着男人和女人的手指，多到蹲下一捞都能捞满手的程度。

而那些没能上船的人，下场没有一个好的。宫女不用说了，全都被抢了去，男人则被扒光衣服，供李傕的那些大兵残杀取乐。

写到这，我的双手都在发抖，我真的不了解这些人，难道虐杀真的那么有意思吗？这些人难道真的一点儿怜悯之心都没有吗？一群畜生！

十五日，汉献帝一行人成功抵达大阳，然后遣使者往弘农，请求李傕放过自己。大概李傕也感觉追不上汉献帝了，抑或怕再追会到其他诸侯的领地，便答应了汉献帝的请求，并释放了一部分宫女，还给了汉献帝一点点物资，然后便撤兵而去了。

那时候的汉献帝，住在荆棘为篱的房屋中，房间甚至连门都无法关上。举行朝会的时候，士兵们就趴在篱笆上观看，大臣们都挤在一个小院子中相互拥挤取乐。可汉献帝确实无比开心，好像从当上皇帝那一天开始，他就从来没有这么开心过。因为他终于自由了，终于不再受人操控了。汉献帝头一次体会到，原来自由的感觉是这么舒爽。

十九日，河内太守张杨从野王前来朝见汉献帝，计划带兵保护汉献帝返回洛阳。可李乐、杨奉、董承、韩暹等一行人却坚决抵制。

开玩笑，我们费尽千辛万苦，九死一生才将皇帝送到这里，你张杨算个什么东西？在这时候来捡便宜？

张杨见汉献帝周围的这些人如此德行，也懒得再管，于是便带兵回到了野王。

与此同时，邺城的议事大厅中。

袁绍手下谋士沮授为其献计道："主公现今已并冀、幽、青、并四州之地，资富兵强冠于天下诸侯，且与外族联盟通好，无后顾之忧！下官以为，现在河北与主公对敌者，不过公孙瓒而已，此人现在只有一隅之地，实不足为患！等其自动消亡便可。下官觉得，现在主公最应该做的便是用自己强大的实力向西迎接皇帝，占据大义！进而挟天子以令诸侯，然后迅速南下，灭曹操，平袁术，一统天下！"

"非也！"

不等袁绍答话，郭图便直接站出来道："汉室之灭，已是天意，试问谁能救之？汉室天子？呵呵，好可笑的一个称呼，我想问问沮先生，现在有谁还拿他当回事儿？不过一寻常百姓而已！如今天下英雄并起，各据州郡，连徒聚众，动辄万人。所谓秦失其鹿，先得者王！现在最重要的就是分兵略地，彻底平定河北以后再行南下讨伐！哪有时间去管那什么劳什子的汉家皇帝？这不是本末倒置吗？"

沮授："话怎么能这么说？简直目光短浅至极！我承认，如今的汉朝已经无药可救，可天子绝对不仅仅是一个路人！他是我们发动进攻、统一天下的口实啊！主公难道忘了，公孙瓒是为什么被我们灭亡的吗？"

郭图："你……"

袁绍插话："好了好了，都不要吵了，两位先生所言皆善，不过嘛——正像郭先生说的那样，现在的天子已经没有什么侍奉的必要了，凭我袁绍的势力，想要打谁难道还需要去看天子的脸色吗？所以嘛，天子就不要管了，当务之急便是如何消灭公孙瓒，就这样吧，大家都退去吧！"

话毕，不等众臣继续发表意见，袁绍直接退走了。

公元196年二月，汉献帝一行人休整完毕，便要往洛阳进发。可就在这时，军中又发生了内讧。

董承和张杨秘密勾结，意图回到洛阳以后弄死杨奉、李乐和韩暹，进而独霸朝纲。

杨奉等三人提前得知了二人的阴谋，乃率部对其发动了凶猛的进攻。

一时间，汉献帝阵营中喊杀声震天，士兵一个个地倒在血泊之中。

见此，汉献帝赶紧调解，这才将这些人不情不愿地"拉"了开来。

六月六日，汉献帝历经了整整一年的波折，终于回到了那令他魂牵梦萦的洛阳。可还没等汉献帝封赏一众大臣，张杨却提前和汉献帝辞行了。

为什么会这样呢？因为张杨觉得凭自己带过来的这些士兵根本搞不过杨奉，所以还不如识趣一点儿，干脆回自己的领地更好。

汉献帝也没有强留张杨，而是放他离去了。

这之后，杨奉率本部兵马驻军梁县，防守洛阳外围，韩暹和董承则留在洛阳，负责汉献帝的人身安全。

十日，汉献帝开始论功行赏，封张杨为大司马，杨奉为车骑将军，韩暹为大将军兼司隶校尉等等，反正跟随汉献帝一路走过来的人都得到了应有的奖赏。

可汉献帝这种"自由"的日子还能维持多长时间呢？

我只能说，很短。

本节参《三国志·魏书》《资治通鉴》《后汉书》《献帝春秋》

5.18　挟天子以令诸侯

时间：公元196年六月中旬。

地点：濮阳府衙议事大厅。

当天，曹操将所有的文臣武将叫到了议事大厅，所议题目便是到底去不去洛阳迎奉天子。

当时，几乎所有的文臣武将反对曹操奉迎天子。理由很简单，那便是关东还未平定，北方还有袁绍虎视眈眈，南方袁术和刘表亦会造成威胁。如果这时候迎奉天子，很有可能会遭周围诸侯嫉妒进而导致被围攻。最重要的是，现在汉献帝身边跟了一堆军阀，这些人辛辛苦苦才将汉献帝弄到洛阳，怎么可能会让曹操吃大头呢？

基于以上考虑，这些文臣武将才不想让曹操迎立天子。

听此，曹操的眉头拧成了"川"字形。说实话，这不是他想听到的声音。

可就在这时，曹操身边的"张子房"说话了。

只见荀彧慢慢悠悠地站出来道："诸位都说错了！主公，春秋晋文公迎接周襄王返回王城，所以诸侯们就像影子一样跟随他的步伐。汉高祖东征项羽，为义帝身穿素服，所以天下归心！我承认，现在的大汉确实不行了，可大汉朝毕竟已经将近四百年！如此伟大的皇朝，在人们心中的印象和影响是说消除就能消除的吗？我可以向在座诸位保证！这天下人最少有半数是心系大汉的！所以，一旦主公迎奉天子，那么天下民心就将为主公所得，四方英雄豪杰也必投奔于主公麾下！这难道不是最伟大的德行和谋略吗！"

说到这，荀彧的表情一瞬间变得轻蔑，他以一种极为不屑的口吻道："至于杨奉之流，不过匹夫而已，凭主公之英明神武，还不是手到擒来？"

听毕，曹操哈哈大笑，当即批准了荀彧的建议，然后命曹洪率一军为前部向洛阳进发，自己则亲领主力大军紧随其后。

可还没等到达洛阳，曹操的麻烦就来了。

原来，当杨奉等人听说曹操到来的消息以后便调集大军，死守洛阳附近的各个关卡，董承更是亲率所属部曲堵住虎牢关，封锁了曹洪的进路。

曹操倒是不惧这些军阀，可人家占据了地利，如果强攻的话，哪怕是胜利了，最后也必会伤筋动骨。

就像之前自己的那些手下说的，现在的曹操可谓四面皆敌，怎么可能允许在这种情况下损兵折将呢？

所以一时间，曹操愁眉不展，不知该如何处置。

可就在烦恼无比之时，一个和曹操八竿子打不着的人却为曹操完美地解决了这个难题，使曹操不费一兵一卒便得到了汉献帝这块宝玉。

那么这个人是谁呢？便是董昭了。

董昭，字公仁，济阴定陶（今山东省菏泽市定陶区）人，最早在袁绍帐下为官，因为行政能力极强，所以非常得袁绍的器重。

可因为董昭的弟弟在张邈手下工作，袁绍怀疑董昭是张邈的内应，便打算将董昭弄死。

董昭提前得到了消息，乃逃离袁绍的势力，打算往长安投奔汉献帝，做一个匡扶汉室的"三好学生"。

就在董昭到达河内的时候，却被张杨强行留下了。

董昭一开始对于张杨这种如同强盗一般的人非常不满。张杨却对董昭礼遇有加，从来不强让他去做什么。久而久之，董昭也就慢慢接受了这么一个人（怎么这么别扭）。

可接受并不代表忠心，董昭当时虽然身在张杨手下，但一直在观察天下英雄。直到曹操统一兖州以后，董昭便认为曹操将来有比较大的可能统一天下，便劝张杨不要投靠袁绍，反而要和曹操搞好关系。

后来，张杨保护汉献帝进入洛阳，怕受到杨奉等人的迫害，便带着士兵走了，却留下董昭在洛阳，时刻替自己关注中央动态。

直到曹洪被阻于虎牢关下，董昭就知道，他的机会来了。

于是，董昭直接给曹操写了一封书信，声称自己对曹操的崇拜如滔滔江水连绵不绝，并且在信中说自己可以帮助曹操夺得天子，不过只有一条，那就是允许自己以曹操的名义来做一些事情。

此时的曹操正为这事儿发愁，所以当即答应了董昭的提议，允许他以自己的名义在洛阳做任何事情。

于是，董昭冒用曹操之名给杨奉写了一封书信，其具体内容如下：

"吾与将军彼此仰慕，相互之间推心置腹、真诚相待。将军在艰难之中拯救了天子，使其安全返回东都，此功劳世上无人能及，您是多么了不起的伟人啊！当今，天下扰攘，战乱不已。这时候的天子格外重要，而如何才能成功保护天子的安全呢？我觉得，必须依靠强大的军事力量才能够成功！现在将军您有雄兵在手，而我则有无尽的粮食。如果我二人联手，这天下还有何人能敌？所以，我希望能和将军结盟，共同匡扶汉室，使伟大的汉朝重新屹立于天地间。"

现在，杨奉最缺的就是军粮，再加上"曹操"说话如此客气，所以杨奉选择相信曹操，并对一众属下下达了命令，不得阻碍曹操进入洛阳。

同时，杨奉还上奏汉献帝，表曹操为镇东将军，给了他合法的身份。

就这样，董承不敢再阻曹军，便将其放行。这还不算，董承对曹操还极尽溜须拍马，那态度，简直将曹操当爹供一样。

那董承为什么要这样做呢？因为他和韩暹、杨奉等人有仇。

董承觉得，曹操应该是一个很有野心的人，而杨奉、韩暹等辈又都是把住大权不放的货色，这两种人到一起早晚会翻脸。于是便溜须曹操，打算用曹操之手来除掉自己的仇敌。

韩暹为此感到害怕，所以不敢再留在洛阳，只能率本部兵马往梁地去投靠杨奉，曹操得以在毫发无损的情况下顺利抵达洛阳。

到了洛阳以后，曹操先是拜访了汉献帝，下朝以后急匆匆便去寻了董昭。两人落座以后，曹操也不客气（在董昭给曹操私信的时候就已经等同于投靠曹操了），直接便问董昭："现在我的军队已经进入了洛阳，下一步我应该怎么做？"

董昭："现在洛阳军阀众多，他们都有自己的打算，必定不会听从主公您的指挥！所以您想要在洛阳安家落户是绝对不可能的！那样后顾之忧太多太多！只有将天子迁往许县，这才是现在最好的办法！"

曹操微微点头："这也是我一直想要做的，可问题的关键是杨奉近在梁地，我听说他兵强马壮，能让我顺利将天子弄到许县去吗？"

董昭极其不屑地道："呵，杨奉，匹夫而已，他有什么智谋？主公您现在就派人去给杨奉多送礼物，然后和他说现在洛阳没有粮食，请他允许您将天子暂时弄到鲁阳休养。他收了您的礼物，必然不会怀疑。那鲁阳距离许县很近，到时候主公您直接进入许县，他杨奉又能拿您怎么样。"

听毕，曹操频频点头，遂依计而行。

公元196年六月中下旬，曹操成功骗过杨奉，携汉献帝越过鲁阳，抵达许县。并以许县为汉朝新都。

直到这时候，愚蠢的杨奉才知道自己被骗了，于是大怒，当即率军往许都而去。

可在野交战，他又怎是曹操的对手？基本上三下五除二就被打了回去（史料无细节）。

曹操，酷爱痛打落水狗。所以战胜了杨奉以后，他亲率大军对其展开追击，不灭杨奉誓不罢休。

杨奉见再无胜算，只能狼狈逃出中原，向扬州投奔袁术去了。而其他如董承之流，见无法阻止曹操，便也只能前往许都从了曹操。

至此，曹操完全将汉献帝掌控在了手中，得以挟天子以令诸侯。

而得到天子以后，好处便接踵而来。

首先，曹操被封为大将军，其身份地位得到了进一步提高（这玩意儿可不是虚的，你有一个皇帝亲封的官位，在当时绝对能站得住脚）。

之后，数之不尽的文武英才都来投奔曹操，比如荀攸、郭嘉、满宠、钟繇、李通等等，他们基本上是在这个时候投奔的曹操。尤其是狂人郭嘉，更是在出了曹操大帐以后哈哈大笑，声称自己终于碰到了梦寐以求的主人。

哦对了，还有一个人忘了说，北海郡太守孔融也是在这一时期投奔的曹操。

为什么呢？

呵呵，孔融这个人啊，以自己的才气出众而自负，经常号称自己能够平定天下祸乱。可平定天下能靠文章诗赋吗？

　　所以孔融一直没有成功。他不但不善于治理地方，亦不善任用官员。他所任用的官员基本上是那些文章诗赋突出的腐儒，且多数是好耍小聪明的轻浮之人。

　　近些年来，黄巾军的势力已经是越来越弱，在全国很多地方都难以看到他们的身影。只有北海，这个东部海滨之地，经常遭受黄巾余党的进攻。

　　这是因为什么呢？因为北海的军事力量在孔融的治理之下极弱。所以久而久之，孔融的地盘便越来越小。直到袁绍鲸吞幽、豫、青三州以后，便遣其长子袁谭率众进击孔融。

　　而孔融呢？根本就不管袁谭大军攻城，只将所有布防任务交给属下那些儒生后便自顾自地读书了。直到城中只剩下数百士兵，流矢已经在城中乱飞，孔融还是充耳不闻窗外事，一心只读圣贤书。

　　嚯，好一个镇定自若的孔融。我仿佛看到城池被攻破以后，孔融以那轻蔑的眼神看着袁谭自杀的情景。

　　可真当城池被攻破以后，孔融这厮，他却比谁都尿。什么老婆，什么孩子，什么老爹老妈，他全都不顾了，只要自己能逃出，就是全城的人死了又能怎么样。

　　所以，孔融抛弃了所有的人仓皇逃出了治所，家人则从老到小皆被袁谭生擒。

　　因为曹操和孔融曾经是很要好的朋友，不忍心看孔融如此悲惨，便将他引进许都，并任命其为将作大匠了。

　　好了，孔融就说到这里吧，我们继续正文。

　　七月，吕布在陈珪、陈登的忽悠下决定亲善曹操，乃遣陈登为使，前往许都拜访曹操，希望曹操能上表汉献帝封自己为合法徐州牧。

　　岂料陈登上来就把吕布卖了。他先是和曹操客气一番，然后直入主题："启禀名公，吕布刚并徐州，人心不在，这时候正是讨伐他的绝好时机，如果名公能出兵攻伐吕布，下官愿意在内部对吕布发动攻击，协助名公夺取徐州。"

　　起初，曹操被陈登这话给说蒙了，可不过几息之后，曹操哈哈大笑，然后搂着陈登的肩膀，以极其亲热的口吻和其道："吕布！狼子野心，确实不能久留。元龙（陈登字）你放心，不过多长时间我就会对其进行讨伐。而现在徐州除了你以外没有人支持我，所以我很倚重你啊！这样，以后东方的事情就拜托元龙了，到时候我必有重赏！"

　　这之后，曹操直接封陈登为广陵太守，让其一举成为一名两千石官员，以示对陈登的倚重。

可当陈登回到下邳以后，将吕布气坏了。

此时，徐州下邳府衙议事大厅，愤怒的吕布拿起宝戟，哐当一下将面前几案砍得粉碎，然后以近乎疯狂的表情指着陈登开骂："陈登！你和你爹都是大骗子！之前你爹劝我和曹操结好，我因此断绝了和袁术之间的关系，和他彻底地撕破了脸面。现在我让你去给我求一个徐州牧，你可倒好，给自己求了一个广陵太守！我啥也没得着，你把我吕布当傻子糊弄？"

说到这，吕布直接将宝戟顶在了陈登的脖子上，然后凶悍地道："你说！这次去许都，你和曹操到底说了什么！有一句让我不满意的，今天就宰了你！"

这要是别人，估计早就被吓蒙了吧。陈登却没有，非但没有，他还笑呵呵地拨开了吕布的宝戟，淡定从容地道："将军您先别急嘛，听我说。这次的事情可不怪我。我见到曹操以后第一时间就向他索要官职了。可曹操权衡再三以后却拒绝了我。我就开导曹操说：'大将军对待吕布应该像养虎一样，一定要让老虎吃饱了才行，不然他就该咬人了。'将军，我说这话您还不满意吗？我可是已经开始威胁曹操了啊。可您猜曹操说什么？"

听得陈登如此讲话，吕布的怒气也是消了不少，他把宝戟放到一边，然后疑惑地道："他说什么了？"

陈登："曹操和我说：'可不是像你说的那样，我觉得吕布就好像一头苍鹰，饿的时候才会为我所用，一旦让他吃饱了，那翅膀一张，就飞走了，所以我才不会这么轻易地满足他。'"

听得陈登如此说法，吕布才彻底地满意，进而放过了陈登。陈登凭借他过人的机智逃过了一劫。

这之后，陈登在广陵秘密圈养死士，时刻准备着实行和曹操制订的计划。那么陈登最后会不会成功呢？我们拭目以待，不过在这之前，还是继续关注中原动态吧。

本节参《三国志》《资治通鉴》《先贤行状》

5.19　为义而死

各位还记得臧洪吗？没错，就是那个为了兄弟义气而宣布独立的臧洪。

话说臧洪宣布独立以后，袁绍当即便给臧洪写了一封劝降书，希望他能投降自己，并向臧洪保证，只要臧洪愿意投降，他袁绍铁定既往不咎，还让臧洪能够官复原职。

臧洪因此给袁绍回了一封书信，书信洋洋洒洒好几千字，都是诉说着自己对袁绍的不满。

袁绍一看书信就知道了臧洪的决心，知道他再也不可能投降自己了，便对臧洪发动攻击。

可因为臧洪人缘实在太好，所以城中不管是官兵还是百姓都拼了命地帮臧洪守城，使得袁绍没有尺寸之功。

直到公元196年九月，攻击已经持续了整整十四个月。而就在第十四个月的月末，臧洪的兵粮终于用完了。

臧洪知道，自己已经再也没有胜利的可能，于是将全城的官兵和百姓都召集在了一起，然后和他们语重心长地道："袁氏大逆不道，不管袁绍还是袁术都是图谋不轨之徒，我为了大义不得不死，可诸位与此无关，何必白白遭受这个灾祸？算了吧，你们赶紧趁着城破以前带着家人离去吧。至于百姓，你们放心，他袁绍虽然是个小人，可也干不出屠城的事情。"

众人听臧洪这么说，无不留下了悲伤的眼泪，可是让他们就这么离开臧洪，他们做不到。城中三老激动地和臧洪道："名公您同袁氏本来没有仇恨，今日以张超的缘故为自己招来灾祸，这是为义。我们虽然是不懂事的小民，但也晓得义气二字，怎么会撇下您不顾？您不要再说了，我们一定会与您同生共死的。"

就这样，全城官民继续协助臧洪守城，打死不退、不逃。

就这样，一天、两天……

起初，城中的官民们还能挖掘出老鼠和皮革煮了吃。可后来，就是这些东西都没有了。主簿打开内厨，拿出了全城仅剩下的三斗米，请求分出一些为臧洪稍微煮点粥来充饥。

可臧洪死活不肯吃一粒米，坚持要将所有的米平均分配给城中每一位官民。

可这一点米又能当什么用？因此，臧洪一刀杀死了自己的妻子，含着眼泪将妻子剁碎，然后将妻子的肉分给了城中的官民们吃。

当时，在场的所有人流着眼泪，没有人能抬头仰望。

又是数日过去了，城中已经有八千多人相继饿死，臧洪不能再看着这些民众受罪，只能打开城门，投降了袁绍。

按说，对于臧洪，袁绍应该是恨极了的，应该是想要杀之而后快的，可袁绍并没有。

首先，袁绍喜欢臧洪，喜欢他的才能，喜欢他的忠贞。他相信，只要这个坎儿过去了，臧洪以后一定会诚心竭力地辅佐自己。

其次，臧洪的名声实在是太响了！尤其是在青州，他实在太得老百姓的爱戴。如果自己将臧洪杀了，青州百姓会怎么恨自己？天下人又会怎么看自己？这都是不能不考虑的。

所以，袁绍非但没有杀臧洪，还用华丽的帷帐来迎接他。

当天，袁绍亲自为臧洪解下了捆绑在他身上的绳子，然后语重心长地问道："子源啊，你为什么辜负我到这种程度呢？难道我哪里对你不好吗？"

袁绍的意图很明显，就是希望臧洪服个软，给他个台阶，这事儿也就过去了。可臧洪是那种能服软的人吗？

只见臧洪甩开了袁绍的双手，然后瞪大了眼睛，以极为亢奋的声音怒吼道："你袁氏一族世代在汉朝做官，四代中有五个人都被封为公爵，可以说是深受皇恩了。如今皇室衰弱，正是应该匡扶的时候。可你袁绍，拥有三州之地，手下兵强马壮，却没有半点儿匡扶汉室的意思，还想趁此时机达成自己的非分之想。你还配当一个汉人吗？我曾亲眼看到你拉着张邈的手亲切地叫他哥哥。如果这么说，那么张超也能算得上是你的弟弟了。可你干了什么？眼睁睁看着张超被消灭而没有半点儿动静！非但如此，你还阻止我去帮助张超，你袁绍还算是个人了？还我为什么辜负你？我告诉你袁绍，今天虽然只是我一个人，但以后还会有更多的……"

噗！没等臧洪说完，袁绍便抽出腰中宝刀，直接将臧洪弄死了。他实在是听不下去了。

可就在袁绍要班师回邺之时，又一个叫陈容（曾经跟随臧洪的人）的人突然蹿了出来，他指着袁绍的鼻子近乎嘶吼道："将军您经常对我们说要担负天下重任，为天下铲除暴虐，如今却先杀忠臣义士，这难道合乎天意？臧洪起兵完全是为了大义，你为什么要杀掉他？"

面对着陈容的质问，袁绍是真想辩解，可他现在是有苦说不出，他总不能说现在还不是真正的时机吧。所以，袁绍也不理会陈容，直接叫人将陈容给架了出去。

岂料那陈容不服，一边被往外架，一边对袁绍破口大骂。

袁绍是真的怒了，他叫停侍卫，对陈容吼道："陈容！你和臧洪并不是同党，为什么要和他一起去送死？"

这话的意思已经很明显了，那就是陈容要是再敢多说一句，他袁绍就要陈容去死。

可陈容凛然不惧，他哈哈大笑着道："哈哈哈哈！袁绍，就你这等卑鄙无耻的小人也配活在这世上？我今儿还真就告诉你了，我陈容宁愿和臧洪同一天死，也不愿和你这等小人同活一天！"

就这样，陈容也被袁绍杀死了。散场以后，袁绍的不少手下在背地里叹息道："一天死了两个有志之士，这难道是上天要亡袁氏吗？"

本节参《三国志》

5.20　治世之能臣

臧洪和陈容的死，使得袁绍声望下降得非常厉害（起码青州民心算是没了），而接下来发生的事情，更使得袁绍对之前自己的所作所为追悔莫及。

公元196年十月，汉献帝下诏给袁绍，称袁绍地广兵多，却专门结党营私，不知道勤王救驾，只知道擅自攻伐，给自己谋求利益。

此诏一下，更使得袁绍声望急剧下降。袁绍后悔了，真的后悔了，悔当初怎么就不听沮授之言奉迎天子。

基于此，袁绍立即行那亡羊补牢之事，遣使往许都谢罪，并诚心希望天子能够到邺，由他亲自侍奉。

开玩笑呢？曹操好不容易得到了汉献帝这块宝玉，怎么可能允许他到袁绍那里去？所以断然拒绝了袁绍的请求。

不过打一棒子还是要给一颗甜枣的，因为南部刘表、张绣都是袁绍的走狗，东边吕布也是一个专门乘人之危的猛虎，所以现在还不是和袁绍开战之时。

于是，曹操上表汉献帝，请袁绍为太尉，并封邺侯。

当册封使者来到邺城以后，袁绍却在使者面前大骂曹操："曹操这小子好几次都差点儿被人灭了，要不是我，他都不知道死了多少回！现在竟然敢挟天子来对我发号施令！我呸！他做梦！"

这之后，袁绍婉拒了汉献帝的册封，因为他耻于官位在曹操之下。

针对于此，曹操立即辞去了大将军的职位，将其让给袁绍。汉献帝无奈，只得封曹操为司空，代行车骑将军一职。

十月，曹操在许都召开廷议，面对满朝文武道："各位，自从灵帝中平年间以来，这天下就开始混乱分裂，百姓无法从事农业生产。现今，天下崩乱，群雄割据，不管哪一方势力，他们都没有一年的军粮储备，所以饥饿时便行抢劫，有战败的可能便分崩离析。这是非常可怕的。我如果问你们，现在天下谁是最富有的，大家大概都会说袁绍和袁术吧。可据我所知，河北袁绍有很多士兵是靠吃桑葚过活，扬州袁术的士兵更是靠吃蛤蚌过活（还能吃海鲜，这伙食也不错嘛）。有些地方的士兵甚至靠杀百姓，吃他们的肉来过活。这是不行的，我们这边的百姓现在虽然能吃上正常的粮食，但也不能不有所警惕。夫定国之术，这根本就在于四个字，'强兵粮足'！如此，战士才能用命杀敌，百姓才能安居乐业，国家才能国富民强。所以，秦人以急农耕战来吞并天下。武帝以军屯而定西域。此先代良策，正好适合如今的形势！我意，先在许都实行全面屯田之策，如收效甚好，那么便在全境推行，不知各位可有异议。"

异议？谁还能有什么异议？

公元196年十月中旬，曹操开始在许都实行屯田之策。

魏武之屯田，大致可以分为两种，一种是军屯；另一种是民屯。

军屯便是由士兵来种田耕地，战时上阵杀敌，闲时耕地种田，所种的粮食全都由他们自己吃食。

民屯便是免除种田的老百姓各种兵役、劳役，只不过收获的粮食要分给统治者一半。如果老百姓家中无牛，要借用官府的官牛的话，还要多加一成的税收。也就是四六分。

西汉巅峰的时候是三十税一，要是和那时候的汉朝比的话，说曹操是一个暴君也是不过分的。不过这也要分具体的时代和形势而言。

西汉三十税一是在文、景之时，那时候的汉朝天下太平，家家幸福，国库堆满了金银财宝，粮仓中的粮食甚至堆到发霉。

可现在，说实话，老百姓能有口饭吃就不错了。你别说四六分，就算是三七、二八他们也会兴高采烈地接受。

于是，许都的屯田政策取得了突破性进展，曹操次年竟得粮百万斛之多！

基于此，曹操开始在整个兖州颁行屯田制度。史载："此后太祖征伐四方，无运粮之劳，遂兼并天下群贼，克平天下。"

并且，四方百姓见兖州的百姓在曹操治理下吃得饱穿得暖，也都纷纷抛弃了家园，前来兖州求活（古时最重要的便是人口）。

当时，谁要是能有一个兖州的户口，那都是祖坟冒青烟了。所以可见，曹操的屯田政策取得了多么大的成功。

这还不算，曹操在用人方面亦是眼光独到，他所用的人都是经过精挑细选的，但凡到任都能迅速见成效。这些人我就不一一详述了，只说一些较为出色的。

第一人，许都令满宠。

满宠，字伯宁，山阳昌邑（今山东省巨野县）人，十八岁就任督邮。他行政能力很强，不过因为打击犯罪六亲不认，为朝廷所排斥，最终回乡隐居。

曹操得到兖州以后，第一时间便征召满宠，并任其为从事。等到曹操挟天子以后，更封满宠为许都令。

许都令，那可是京城的令，是一个拥有相当权力的位置。

由此可见，曹操对于满宠信任到了什么程度。

而事实证明，满宠也确实没有辜负曹操的信任。

成为许都令以后，满宠身份高涨，当时有很多人来溜须满宠，希望满宠能在一些事情上给予方便，可满宠不管你是一方豪族还是朝中大员之心腹，他统统不见，贿赂更是分文不收，一切以公平为第一准则。

曹洪，是曹操的弟弟，是曹操的绝对心腹，是曹操的救命恩人，所以在曹操阵营中身份地位极高。他的门客有一次在许都境内犯了罪，满宠没有惯着他，直接将此门客收监，准备秋后问斩。

曹洪因此写信给满宠，希望他能释放自己的门客。可满宠根本不理会曹洪，甚至连一封书信都没回。

曹洪没有办法，只能求到曹操，希望他能下令满宠释放此人。

曹操实在不好驳了曹洪的面子，便遣使召见满宠，表面上说要和他商量一些事情，实际上却是要让满宠将曹洪的门客放了。

满宠知道，等曹操向他要人的时候，他就是不想给也得给了。所以不顾手下众人劝阻，将那门客斩杀以后才去见的曹操。并且，满宠见到曹操以后大言不惭地道："人我杀了，主公您看着办吧。"

曹洪当时就急眼了，指着满不在乎的满宠半天说不出话来，然后气得结结巴巴和曹操道："大哥，你看他！太嚣张了！这种人难道不应该重重处罚吗？"

曹操却笑着道："行了子廉（曹洪字），这难道不是一个合格的官员所应该做的事吗？你就不要再揪着不放了。"

就这样，满宠大摇大摆地走回了居所，众人都感到惊叹。

又一段时间，原太尉杨彪得罪了曹操，曹操想要弄死他，荀彧等人虽百般劝谏都没有任何作用，便命满宠将其逮捕，明里暗里的意思都是希望满宠给杨彪弄出点儿罪名，自己好用"合法"的手段弄死杨彪。

当时，尚书令荀彧和少府孔融都致信于满宠处，嘱咐他千万不要对杨彪用刑，只要记录供词就行了，因为杨彪是天下名士，如果对他用刑，必会让曹操失去一些人心。

满宠却不在乎，不仅没有搭理荀彧、孔融这等名士，还按照相关法律法规对杨彪拷问。

几天后，满宠前往司空府，对曹操道："通过这几天拷问，下官确定杨彪并没有犯下什么罪行。而像判决杀头这种事情，必须先公布罪行以后才可以去做。这个人在全国上下都很有名望，如果在罪状不明的情况下就将其杀死的话，一定会令主公失去天下民心，该怎么办，主公您自己看着办吧。"

这话说得虽然生硬，却得曹操欢心，因为满宠已经尽心了（严刑拷打），关键是人家杨彪真的没有罪过，你又能拿人家怎么样？所以曹操只能释放了杨彪。

不止如此，因为这一次的事件，满宠还获得了荀彧、孔融等文官的青睐。

最早，当满宠不听荀彧等言，严刑拷打杨彪的时候，荀彧还非常生气，称呼满宠为"不懂事的酷吏"，可后来，经过满宠一席话，曹操将杨彪释放以后，荀彧才知道满宠是一个外冷内热，并且充满智慧的官员。

所以从这以后，荀彧等文官但凡见到满宠都是热情相迎，哪怕满宠的表情就好像荀彧等欠了他几百万一样，这些人依旧对满宠非常热情。

类似这样的事情还有很多，总之，许都在满宠的治理下，上自官员不敢贪污，下至百姓不敢犯罪，整个许都一片政治清明。

第二人，杜袭。

杜袭，字子绪，颍川定陵（今河南省襄城县）人，天下名士。战乱时曾经逃到荆州，刘表曾数次想要录用他，可杜袭看不起刘表，便前往长沙避难。直到曹操迎汉献帝往许都以后，杜袭回到了自己的家乡，从此隐居生活。

曹操久闻杜袭大名，因此用他为西鄂（今河南省南召县南）令。

当时，西鄂附近有很多贼人，县民们每天聚集在一起保护县城，所以没有办法从事生产，曹操的屯田制度在这个地方更是难以施展。

杜袭到了西鄂以后迅速布置，任年老体弱的百姓去种田耕地，年轻力壮的百姓则和他一起守卫城池。百姓都很高兴，便依言而行。

杜袭这个人对待百姓非常友好，看待百姓的生命如同自己的生命一般，所以但凡有贼人来袭，他都会率兵冲在最前线，为百姓开辟道路。百姓因此皆愿为杜袭效死命。

结果，在杜袭的带领下，西鄂只短短一年时间便打跑了贼人，并成功实行了曹操的屯田政策。

不过好景不长。当时的河北，因为袁绍还没能成功攻灭公孙瓒，所以不敢轻易和曹操发生战争，却不妨碍用别人去攻击曹操。

于是，袁绍致信于荆州刘表，希望他能够从南面攻击曹操，只要曹操一调兵去阻击，他便立即调集整个河北的部队前往支援，使得曹操无法动弹分毫。

首先，刘表从很长时间以前便是袁绍的小打，不敢得罪袁绍。

其次，有袁绍顶着曹操主力，他自己在后面白得地盘，傻子才不做，便派出一万多正规军前往攻击曹操。

而这第一个要打的地方，便是兖州最南部的西鄂了。

曹操本想率军支援，但就在这时，河北方面，大军不断作集结状，使得曹操不敢妄动，便只能看着西鄂干着急。

西鄂，一共就那么千八百人，打点儿山贼都费劲，就更别提刘表这一万多的正规军了。可杜袭全然不惧，就这样带领着城中的百姓阻击刘表。

结果，经过惨烈的战斗，杜袭失败了，西鄂被刘表攻陷。可杜袭依然没有放弃，带着几十个百姓到西鄂北面一带布置壁垒，准备死磕刘表。

而就在几天以后！数之不尽的百姓皆前来投奔杜袭，这些百姓中有男有女，还有老人和孩子。他们到了杜袭营中以后便开始协助杜袭修缮防御壁垒，一点儿都不惧刘表的一万多正规军。

原来，这些人都是西鄂的百姓，他们现在已经将杜袭看作自己的父母，无法离开他，所以前来投奔，誓与杜袭共存亡。

刘表被杜袭所拥有的民心震撼得无以复加。如果前路都是这样的民心，相信自己攻不了几个小地方就会损失惨重，进而为曹操所灭。

所以刘表赶紧下令撤回军队，再不敢攻击曹操了。曹操因此升杜袭为议郎，从此对其大加任用。

第三人，赵俨。

赵俨，字伯然，颍川阳翟（今河南省禹州市）人，东汉名士，最早和杜袭一起往南避难，直到曹操迎奉天子以后便行投奔，成了曹操的朗陵（今河南省确山县南部）县长。

在当时，朗陵县有很多不法豪强。他们手下兄弟众多，想做什么就做什么，历任县长怕家人受到牵连，所以从来不敢惩戒他们。

可赵俨不一样，为了天下的安宁，为了一方的太平，他根本不顾及自己的家人，刚到朗陵便将本地最强大的宗族屠杀殆尽，然后将所有有犯罪记录的宗族全都抓到了监狱中去。

可就在这大杀四方之时，赵俨又上奏曹操，声称若将这些人全部诛杀有伤天和，希望曹操能将他们放了，赵俨以自己的性命作保，这些人一定会从此洗心革面。

曹操很信任赵俨，当即便答应了他的请求。

于是，那些被释放的宗族对赵俨感恩戴德，从此以后尽心竭力去辅佐赵俨，于是赵俨成功地在朗陵颁布屯田之政，整个朗陵在赵俨的治理下地富民安，官员无一敢行那贪腐之事。

总之，曹操用人基本上如上述这样的，所以曹操能够迅速地强大，而魏武真正之强，我认为，是从这时候开始的。

本节参《三国志·魏书》《资治通鉴》《献帝春秋》《后汉书》

5.21　人心

时间：公元196年十一月。

地点：徐州。

话说自糜竺给予刘备庞大的资金和人力支援以后，刘备便重新崛起。直到这个月，他的士兵已经蹿升到了一万多人，并且这一万人不是什么新兵蛋子，而是经过了相当程度训练的正规军。

而刘备的崛起也使吕布有了相当的危机感。他可没有忘记是谁在刘备对抗袁术的过程中端了刘备的老巢。

刘备弱小的时候，吕布还可以用刘备来充当抵抗袁术的炮灰。可现在，他不敢了。因为吕布害怕，害怕刘备继续这样强大下去会给自己反戈一击。

所以，他决定先下手为强，遂于本月对刘备展开了全线进攻。

刘备现在的实力虽然复振不少，但仅凭一万士兵就想打过吕布是绝对不可能的。所以为了保存实力，他在和吕布交战没多长时间便带兵退走了。

可小沛丢失以后，徐州已再无刘备立足之地，刘备无奈，只能前往投奔曹操。

本月二十日，许都朝堂上。

此时，曹操手下的文臣武将们正陷入激烈的争论。程昱站出来对曹操深深一拜，然后道：“主公！刘备为当世枭雄，极擅拉拢人心，这种人是非常危险的。我观其相貌，绝不是那种甘心屈居人下之辈，不如趁此机会将其斩杀，也可消除一大祸患。”

程昱刚刚说完，郭嘉亦站出来道：“是也！刘备，有雄才，且深得民心。关、张二将皆万人敌。嘉亦觉备终不是甘于人下之人，其谋未可测也！古人有言：‘一日纵敌，数世之患’，所以应该早早将这个祸患除掉，以免将来发生什么不可测的危险。”

（注：以上为《傅子》所载，《魏书》则言郭嘉不赞同斩杀刘备。不过从郭嘉的性格，再加上以后刘备“出逃”后郭嘉的反应来看，我认为，还是《傅子》的记载更真实一些，所以采纳之。）

话毕，朝堂上的讨论之声更是激烈，不过大多数官员是赞同郭嘉和程昱的说法的。

可当时，正是曹操奉天子号令天下，广招英雄以明大信之时，曹操怕杀掉刘备以后会失去天下人心，导致有能力的人不来投奔，所以没有采纳郭嘉和程昱的意见，反表刘备为豫州牧，准备和其联合而攻击吕布。

不过这都是以后的事情，在此之前，我们还是先将目光瞄向关中地区吧。

公元197年正月，曹操命谒者仆射裴茂带兵前往关中地区，意图将整个关中归于掌中。

关中军阀不敢得罪曹操，皆派兵相助。

现在，就关中李傕那点儿实力根本不是曹操的对手，所以大败。李傕及其全族皆被斩杀。

郭汜也没能得好报，在这一年为部将所杀。

至于张济，他不敢硬撼"联军"，便率部曲逃至南阳一带从事抢劫活动。却在攻击宛城的时候被流矢射中身亡。其侄张绣因此带领张济的部众。

至此，关中亦掌握在了曹操的手中（这时候的关中已经被李傕弄得"荒无人烟"，所以天下诸侯没人去抢这个曾经华贵无比的地盘）。

再看张绣。

那张绣具有超越其叔父的才能，自带领部队以后，整个军队焕然一新，没过多长时间便攻取了宛城。

并且，就在张绣一路顺风顺水的时候，东汉的阴谋大师贾诩亦前来军中投奔，给张绣献上了当时最好的保命计谋。

话说李傕等"四人众"攻陷长安以后，他们全都对贾诩万分感激，并要给贾诩封侯。可贾诩知道，他为了实现自己的抱负，体现自己的价值，干了受天下人诟病的事情，他是不在乎后世史书对自己怎么评价的，可他在乎自己的前途。

贾诩认为，似李傕、郭汜、樊稠、张济这等人，以后是绝不可能有所作为的，跟着这群人混，当然可以体现自己的价值，让更多的雄主知道天下还有贾诩这么一号人，但如果随之而升官发财的话，那自己早晚会死无全尸。所以，贾诩说什么都不肯接受四人的封赏。

四人见贾诩如此坚决，也就不再多说什么。

这之后，贾诩不停为李傕、郭汜、樊稠、张济等人出谋划策，四人对贾诩又是喜爱又是畏惧，凡是贾诩所说的话，四人没有一次不是点头听从。由此可见，这时的贾诩在董卓旧部中谋主地位的稳固程度。

后来，汉献帝出逃，也许是想捞回点儿失去的名声，也许是真的心有愧疚，抑或想再一次让世人看到自己的才华。

总之，这一次贾诩竭尽全力助汉献帝脱逃，并且成功了。

就在汉献帝成功出逃以后，贾诩却离开了汉献帝。原因很简单，因为现在的汉献帝根本没有体现贾诩价值的能力。所以贾诩果断地离开了汉献帝，转而投奔别处去了。

那现在的贾诩能投到哪里去呢？关中肯定是不可能了，要是再回关中的话李傕等人非得撕了他不可。再说李傕这帮人就是一摊扶不上墙的烂泥，他回去又有什么用？正巧这时候同郡人段煨驻兵华阴（今山西省永济市），他便前往投奔。

段煨念及贾诩是自己的同郡人，又因为贾诩的名声实在太响，所以收容了贾诩。可贾诩的能力实在太过于强悍，进入段煨军中不久，段煨手下的那些大将便以贾诩马首是瞻，贾诩让他们往东，这些人没有一个敢往西。"东汉阴谋大师"，这个外号可不是白起的。

对于贾诩的谋诈之术，段煨是相当畏惧的（段煨根本没有驾驭贾诩的能力），所以从这时候开始，段煨便对贾诩处处提防，生怕贾诩夺了他的一切。

对于段煨的态度，贾诩是看得一清二楚。他知道，已经不能继续侍奉段煨了，不然早晚会要了自己的命。

正巧这时候，张济死于攻击宛城之役，其侄张绣继承了他的位置，而贾诩和张绣之间的关系非常不错，便打算投奔。

然而，就在贾诩即将出走之际，一名平时和贾诩关系不错的将领拉住了贾诩，并和其道："文和呀，段煨已经对你不错了，你为什么还要离开他呢？再者说，你的家人也在这边，你要是走了，就不怕段煨会杀你全家吗？"

贾诩微笑着摇头道："你有所不知，段煨外表宽厚，实际上却是多疑且心胸狭隘之辈。所以有能力的人无法对其长久依赖，因为时间一长，必会为其所谋害。就我所观，他现在已经对我产生了顾忌。所以我离开以后，他非但不会生气，还会非常高兴。因为凭我的能力，一定会投靠到一个强大的势力，可以成为他的外援，所以段煨一定会善待我的妻室儿女。"

这名将领一开始对贾诩的话还半信半疑，可当贾诩不告而别以后，段煨还真是按照贾诩所说，善待了贾诩的家人。所以那名将领不无佩服地道："贾诩，他了解人性已经到了这种程度吗？"

就这样，贾诩投靠了张绣，开启了他新的人生。

本节参《三国志·魏书》《资治通鉴》《傅子》

5.22 大意的少妇杀手

公元197年正月，张绣成功地夺下了宛城，终于有了自己的驻地。可他刚刚心中稍安，投靠他不久的贾诩便面色凝重地前来寻他。

见此，张绣不解地问："文和可有心事？"

贾诩："将军，难道您认为有了自己的城池以后就能放松了吗？"

张绣："这……难道不是吗？"

贾诩："我承认，宛城，从古至今是整个天下的重镇之一。可将军，这世间的一切事物都有阴阳，有好的就必定有坏的。宛城固然不错，但它南邻刘表，北邻曹操，试问这两个势力一旦对您动手，您能弄得过哪个？"

张绣："这……"

贾诩："哪个都弄不过，所以现在我们要做的事情只有一个，那就是从这两个势力中选取一个来结盟！"

张绣："那该选谁？您说，我听您的！"

贾诩："按说，光论两方实力，还是曹操比较强大，可这种事情还不能光看他们两个的实力。现在，袁绍据四州之地，力量之强冠绝天下，我虽然不认为他光靠这些就能打败曹操，可袁绍只要平定公孙瓒，便没有后顾之忧！反观曹操，南有刘表、袁术牵制，东有吕布虎视眈眈，西面的马腾和韩遂也不是省油的灯。最可怕的是，江东霸王孙策也不是甘于人下之人，我可以保证，一旦曹操和袁绍展开争夺，他必会有所行动！所以曹操必须四处设防，兵力无法集中。对于袁绍，如果曹操无法集中兵力，那胜算可就太小了。而刘表又是袁绍的铁杆死忠，所以我建议，将军和刘表结为同盟。"（注：袁绍和乌丸、鲜卑等北方少数民族处得相当不错，所以只要弄掉了公孙瓒，他就没有后顾之忧，起码暂时是这样的。）

董卓的那些旧部，不管大的还是小的，对于贾诩的信任近乎盲目，所以张绣根本连考虑都没有便遣使和刘表结为了同盟。

可令张绣甚至是贾诩都万万没有想到的是，曹操的行动会如此迅捷。

因为当曹操得知此张绣和刘表结盟的消息以后，竟然在当月便组织大军前往对其进行征讨。

曹操现在的实力，兵精粮足！说实话根本不次于袁绍，可就像之前贾诩说的，他所在的地理位置太差，需要顾虑的敌人太多，所以就更不能允许一个反对他的势力出现了，便在第一时间对张绣这个新生势力进行讨伐。

张绣和贾诩听闻此事以后大为惊恐，他们都未曾想到，这曹操做事竟然如此疯狂。要知道，曹操现在可是四面皆敌的状态，袁绍更是拿着一把尖刀始终架在曹操头上晃悠。

在这种情况下，他曹操怎么可能派兵攻击自己这么一个小势力，还是亲自率领大军团进行攻击，他难道就不怕被袁绍偷袭吗？

实际上，贾诩和张绣想多了，论对袁绍的了解，相信整个天下没几个人能得上曹操。

曹操认为，袁绍是一个强迫症患者，没有完成手头的工作他绝对不可能再去做别的事情的。而现在，袁绍正专心攻打公孙瓒，所以绝对不会攻击自己，便放心大胆地前来攻击张绣了。

曹操，兵精粮足，整体实力足以和袁绍肉搏，张绣这种新生势力铁定不是对手，所以在贾诩的建议下，立即遣使往荆州寻求刘表的帮助。

可刘表这个尿包，一听是曹操亲自领军，竟然连一个援军都不派。

极度无奈的张绣只能携贾诩等人向曹操投降。

本来事情到了这一步就应该是板上钉钉了，曹操也没有虐待张绣，张绣也不会没事儿闲的再反曹操。

可曹操，这个著名的少妇杀手，终是在女人身上坏了大事！

话说张济在生前有一个非常漂亮的小妾，张济死后，这小妾便由张绣奉养。可张绣投降了曹操以后，咱也不知道是曹操已久闻这女子的大名，还是因为演义里面的那把破琵琶，反正这一男一女就这么见着了。

曹操见到此女以后惊为天人，当天晚上就把她给办了。张绣听闻此事以后视为奇耻大辱，可哪怕是这样，张绣也是在反与不反中挣扎，并没有在第一时间反了曹操。

而曹操的下一步举动却真的让张绣铁了心地反了曹操。

话说张绣军中有一个叫胡车儿的将领，此人武艺高强，勇冠张绣全军。

而曹操呢？历来喜欢这样的猛将，所以赏了胡车儿很多的金银财宝。

张绣认定曹操一定是买通了胡车儿准备弄死他，所以决定造反。

但造反必须一击制胜，迅速斩掉曹操的头颅，不然让曹操逃走的话，那么自己就要迎来灾难了。而自己现在的军队又不够一击制胜，那该怎么办呢？别怕，因为在阴谋害人方面，张绣军中是有高手的，这人我不说大家也知道，正是贾诩了。

于是，张绣秘密召见贾诩，询问他如何才能百分之百地弄死曹操。

贾诩："将军莫慌，曹操兵多将广，如果是正对面抗衡的话，将军一定不是其对手，可如果将他的士兵减少了，事情就好办了。"

张绣："哦？该当如何？"

贾诩："曹操现在屯驻之地四通八达，适合大军长久驻扎。再往前却是一处高地。此高地面积很小，只够数百士兵屯驻，将军可想方设法将曹操骗至此地，然后在当夜率全军对此高地展开突袭。如此，曹操便是长了翅膀，也难以飞出将军的手掌心。而曹操一旦败死，其势力必定四分五裂。到那时，将军便可无忧矣。"

话毕，张绣连连称善，遂行部署。

不知道是曹操太信任张绣，还是张绣用了美人计，抑或又给曹操灌了什么迷魂汤，反正曹操就是信了张绣，并且将主营布置到了高地之上。

至此，张绣的计谋已经成功了一半！如果不出意外的话，明年的今日便是曹操的忌日！

可令张绣万万没有想到的是，本来毫无缺陷的计划最后功亏一篑！而破坏了他计划的是一个人，一个叫典韦的凶猛"恶来"！

本节参《三国志·魏书》《世说新语》《傅子》《三国志·吴书》《资治通鉴》

5.23　一夫当关

公元197年正月中下旬的一天夜里，张绣突然率军对身在高地的曹操发动了袭击，本来寂静的夜晚在一时间被喊杀声充斥。

此时，身为曹操护卫队长的典韦正在曹操营帐门口，瞪着他那两颗如铜铃一般的大眼睛四处警戒。

当他听到大营正门方向杀声此起彼伏，又见火光冲天，便知道大事不好。乃入曹操大帐，对着还在梦中的曹操直接便吼："主公快起！敌军来袭！"

典韦这一声如平地惊雷般的怒吼差点儿把曹操给吓死。可现在乃是千钧一发之际，典韦也没有那么多时间和曹操鬼扯，只大吼一句"主公快逃"，便提起他那一对八十斤重的双戟向大营正门疯狂冲去。

与此同时，典韦近卫队的队员们这时候也都冲了出来，跟随着典韦的步伐向正门狂奔。

当时，张绣的先头部队已经有一部分人冲进了曹操的大营，人数未知，但可以肯定的是，数量绝对要超过典韦的近卫队。

可那典韦根本没有半分惧色，不管对面有多少敌人，提着一双大戟便冲杀而上。

此时的典韦如虎入羊群，一双大戟让他舞得虎虎生风，但凡接近典韦的敌军，无不被典韦抡得粉身碎骨。其手下卫队成员见队长如此勇猛，无不士气大振，以一当十。已经冲进了曹操大营的士兵们竟然被典韦和其卫队成员硬生生顶了回去！

这之后，典韦率其卫队立于大营正门之前，如泰山一般纹丝不动，大有一夫当关万夫莫开之势！

张绣见此大怒，直接命弓箭手对正门的典韦展开射击！可典韦手下士兵皆为曹操军中最精锐的重步兵，除典韦以外，每人皆身披精致鱼鳞战甲，并有大盾护身。所以一见箭雨来袭，这些重装步兵便本能似的结成龟阵。

结果，箭雨一般的攻势没有造成一人伤亡。

张绣又急又怒，要知道，现在每一分每一秒都关乎着他的性命啊，如果真的让曹操逃走，那么等待着他的将会是什么？明眼人都知道。

于是，张绣直接令手下将士分成两部，一部硬往大门冲，一部绕到一边去跳大墙。

再看典韦，面对无数敌军的冲锋，典韦无所畏惧，依然抡着那让人绝望的双戟大杀四方。据《三国志·典韦传》所载，此时的典韦神魔附体，英勇无敌，只要双戟一挥，就会有数十把冲他扎来的长枪被削成两半，每一拨对他冲锋的敌人都会变成四肢不全的死尸。

可猛虎架不住群狼，好汉架不住人多，在这潮水一般的攻势下，典韦所属的卫队成员一个又一个地倒下了。

最后，只剩下典韦一个人屹立大门正中。

而这时候的典韦也是极惨，浑身上下数十道伤痕，每一次挥击，他身上的伤口都会滋滋地往外蹿血。但就是这样，典韦依然不断猛挥他的双戟，凡中者皆死，无一生还。

我想，现在支撑典韦的只剩下救主的那点儿意念了。

张绣见此，再一次下令对典韦发动了箭雨。

这一回，没有手下掩护的典韦再也抗不住这拨箭雨。他自知必死，于是狠狠将双戟插到了地上，像一头猛虎一样横挡在大门正中。

噗噗噗噗噗……

无数的箭矢射进了典韦的身体，典韦顿时断气，但他依然没有倒下，就那样杵着双戟屹立于天地间。

不一会儿，箭射完了，见面前的猛虎已经变成了一个刺猬，一名士兵这才哆哆嗦嗦地走到了典韦的身前，并用手轻轻一推。

砰！庞大的身躯倒在了地上。这名士兵壮着胆子抽出短刀，小心翼翼地割下典韦的人头，然后小跑着献给张绣。

大概是出于对勇者的尊敬吧，张绣并没有去鞭典韦的尸，而是将他的人头交给手下将领，让他们相互传看，并保留了典韦的尸体。

再看曹操，因为典韦的勇猛，曹操得以和其长子曹昂从容离去。可就在即将从后门逃出大营之时，突然一拨流矢直冲曹操而来！

噗！曹操肩膀中箭，鲜血顿时好像喷泉一样蹿了出来。可这还不是最要命的。最要命的是曹操胯下宝马绝影在这拨流矢下被射中，没走几步便当场惨死。

看着越来越近的追兵，曹操慌了，不知该如何是好。

而就在这时，其长子曹昂冲到了曹操的身前。他跳下战马，然后直接将手中马缰递给了自己的父亲。那意思不言自明。

说实话，这时候的曹操犹豫了，那可是自己的亲生儿子（还是长子），怎么可能让他去为自己而死。但追兵已经越来越近，"抓住曹操"等喊杀之声甚至已传到曹昂和曹操的耳中，实在没有时间再儿女情长。

基于此，曹昂也不管什么礼节了，几乎是强拉硬拽地将曹操弄到了马背上，然后一鞭子抽到战马的屁股上，转身抽刀便直奔冲他们而来的追兵。

看着无数冰冷的铁抢插进了自己儿子的胸膛，曹操带着哭腔对天狂吼。他发誓，此生必取张绣狗头！

在逃亡的途中，曹操发现有很多部队相继走散，于是他一边收拢残卒，一边询问现在的局势。结果打听来的消息让曹操怒火中烧。

为什么呢？因为高地大火冲天以后，曹操手下的那些青州兵以为曹操已死，所以四处奔逃，一边奔逃还一边大喊曹操死去的消息，这就使得曹操全军大乱，每个人都亡命奔逃，将领根本无法制止。

基于此，曹操非常愤怒！但他没有对这事做什么深究！因为他知道，现在不是处理这种事情的时候，现在最应该做的是让流散的部队知道自己没有死去。

于是，曹操立即派遣许多斥候往四面八方而去，任务便是破除谣言，收拢部队。

同时，曹操命令那些斥候，让他们带领流散的部队往舞阴（今河南省泌阳县羊册镇古城村）集合。

就在曹操继续往舞阴奔逃的时候，途中却遇到一群青州兵，而这些青州兵给曹操带来的消息差点儿把他吓死！

本节参《三国志·魏书》《资治通鉴》《世说新语》

5.24　铁壁将军

青州兵："启……启禀主公，于禁反了！"

这话一说，曹操吓得差点儿从马背上掉下来。要知道，现在后方张绣的追兵正在疯狂地追击自己。并且有探子来报，说荆州刘表听说自己惨败的消息以后亦遣一将率万余部队前来支援张绣。

在如此窘境，如果前面的于禁又反叛自己，那自己可真的是入地无门，插翅难飞了。

可曹操转念一想又不对，于禁是什么样的人他还是知道一些的。在曹操的印象中，于禁对自己的忠诚根本不用怀疑，其节操也是满满地捧在手中，没有一点点掉落地上，他怎么可能会反叛自己呢？

抱着此种疑惑，曹操决定继续向舞阴方面行进。如果于禁真的背叛他了，到时候再采取措施。

可当曹操即将进入于禁营寨之时，他那颗悬着的心才真正放下。因为于禁大营之中兵强马壮，大营布置得也是极其合理，四周皆有完善的防备措施。

此种防备力量，哪怕是张绣和刘表的大军合兵一处，他曹操也有信心将其打跑！可之前一些青州兵不是说于禁背叛了曹操吗？这又是怎么回事儿呢？

抱着此种疑问，曹操询问了于禁。

原来，张绣反叛以后，以曹军军中青州兵的关系，整个曹军全都四面奔逃。当时，没有一个将领能制住手下士兵。只有于禁，因营中的军法如山，在他的大营之中，没有一名士兵胆敢逃跑。

可当时的情况实在是太被动了，就连于禁也怀疑曹操死在了高地之上。

所以，于禁并没有第一时间前往援救，而是带着麾下士兵缓缓向北撤退。并且，在撤退的途中，于禁不断收拢逃跑的曹军，使自己的兵力慢慢壮大。

而就在于禁向北撤退的途中，一名斥候却匆匆赶到了于禁的队伍中，并传达了曹操的意思。

于禁闻听曹操未死，高兴得蹦起老高，第一时间率部往舞阴方向狂奔。

就在往舞阴行进之时，却见前方有无数狼狈不堪的曹操残部。于禁非常纳闷儿，按说高地被袭击以后，四方兵众基本上没耽搁就四处逃散了，起码现在是不可能遭遇张绣的部队的，怎么可能如此狼狈呢？

于是，收编了这些士卒以后，于禁便行询问。

其中一名类似于队长的士兵马上回答道："禀将军！我方溃散以后，那些青州兵都以为主公死了，所以开始沿途抢劫，不管是老百姓还是同僚士兵，他们都抢，没有一个放过的。我们就是被这些青州强盗抢了，这才如此狼狈。"

一听这话，于禁怒不可遏，当即高声骂道："放肆！这帮臭不要脸的东西，竟然敢重操旧业，难道他们就不怕主公惩戒他们吗？众位将领，给我……"

"将军且慢。"

就在于禁要对这些青州强盗发动攻击的时候，其手下副将急忙拦住了于禁，并和其道："将军不可冲动，这些青州兵原本就是黄巾强盗，所以恶性一时半会儿无法改正，就连主公对他们也是睁一只眼闭一只眼。而这时候正是主公需要士兵的关键时期，如果将军在这个时候惩戒这些青州兵，末将恐怕将军最后要受到主公的责罚呀！"

　　这话说得在理，可于禁根本不管那个，在于禁心中，青州兵就是一群害群之马！这一次曹操为什么败得如此快速？还不是这群青州兵四处散播谣言的缘故吗？如果没有这群青州兵，曹操甚至能反败为胜。所以他对这群青州兵是恨到了骨子里，便没管副将的劝谏，直接对他们发动了袭击。

　　青州兵，一群懦夫，在打顺风仗的时候，他们要比谁都勇猛；在欺负老百姓的时候，他们要比谁都凶悍。可面对良将所率领的正规军，他们比谁都尿。

　　果然，面对着于禁的袭击，这些青州兵一触即溃，当即四散奔逃，其中一队青州兵还逃到了曹操处，这便有了之前告黑状的一幕。

　　再看于禁。

　　进入舞阴以后，于禁便紧锣密鼓地布置防御，一刻未曾停歇，甚至当他听闻曹操即将来到的消息以后都没有前往迎接，而是不停地指挥布置防御。于禁的副将见此大惊，再一次找到于禁，几乎带着哭腔道："将军啊，青州兵已经在主公面前告了您的黑状，您不去为自己辩解也就算了，怎么现在主公快要到了您都不去迎接呢？这不是更坐实了您要反叛的说法吗？"

　　于禁满不在乎地道："现在敌军在后，说不定什么时候就会追上来，所以最重要的便是做好战阵防备，哪里有空去迎接主公？再说主公通达明智，我有绝对的信心，他是不会受那些青州兵蛊惑的。"

　　而事实也确如于禁所料，曹操虽然对于禁抱有一点怀疑，但当曹操临近于禁大营之后，见整个大营的士兵都在布置防御，曹操就知道，于禁根本不可能背叛自己，于是便有了之前那一幕。

　　好了，我们言归正传。

　　几日以后，张绣的追兵抵达舞阴一带，当即对舞阴发动了凶猛的攻势。可舞阴被于禁打造得如同铁壁四围，张绣不但没有尺寸之功，还损兵折将，士气大跌。

　　曹操见此，乃令全军对张绣展开反扑。

　　最终，张绣不敌曹操，只能狼狈退回宛城，且不断加筑城池，囤积粮食，准备应付接下来曹操的侵袭。

　　可接下来曹操的举动出乎了张绣的预料，他并没有挟怒火前来攻击张绣，只是派使者，请求张绣能将典韦的尸体还给自己，只要张绣答应了，曹操就承诺暂时和张绣休战。

　　用一具尸体就能换取暂时的和平？这便宜，占大了！要知道，这次曹操虽然是惨败，但士兵没有损失多少，只要给曹操时间，他很快就能收拾部众，重新组织一支部队对自己进行攻略。到那时候，自己再想这么轻易地胜过曹操就绝不可能了。所以张绣当然愿意，立即便将典韦的尸体原封不动地还给了曹操。

曹操亲自主持了典韦的葬礼，并趴在典韦的灵柩上号啕大哭。当时在场的人无一不被曹操感动得泪流当场。

葬礼过后，曹操将典韦的尸体运回了其原籍襄邑，且这之后，曹操不管是巡视北方还是行军打仗，不管所办的事情是大是小，但凡路过襄邑，他都要以中牢的礼仪亲自祭祀典韦。

同时，为了表彰典韦的功绩，典韦的儿子典满亦被曹操任命为司马，始终跟在自己左右。

而同时救了曹操一命的亲儿子曹昂，却没有受到曹操如此的优待。

为什么？难道曹操不想纪念自己的儿子吗？

非也。

我认为，人心都是肉长的，自己亲儿子为了救自己而惨死于张绣刀下，曹操能不伤心吗？能不悲愤吗？那是一定的，并且其悲愤之心百分之百要超过对典韦。

但他绝对不能加以表现，非但如此，他还要表现得更加偏向于典韦，这样才能达到收买人心的效果。

韩非子曾经说过："一个合格的君主，他必须将自己变成一部没有感情的机器，所做的一切要以国家的前途和利益为出发点。为了做到这一点，他可以舍弃一切感情。"

而巧的是，曹操就是这么一个君主。

本节参《三国志》

5.25 十胜十败

曹操，这个城府极深的伟大君主，难道他撤退的原因真的就为讨回典韦的尸体吗？

当然不是，取走典韦的尸体只不过是他收拢人心的手段而已，而迫使他撤退的真正原因主要有四。

第一，刘表。

当初曹操刚刚进攻张绣的时候，因为曹操统兵打仗的强悍声望，因为曹操军中士卒单兵作战能力的凶名，使得刘表不敢和曹操抗衡，使得张绣只能孤军作战。

可这一次曹操败得实在太过难看，所以难免让人认为，曹操的士兵也就那么回事儿吧。如此，刘表一定会在接下来的战斗中协助张绣，这是板上钉钉的。

第二，士气。

在经过了之前的战败以后，曹军的士气已经降到了冰点，这种士气是绝对不适合再行作战的，必须经过一段时间，待军队缓过来以后才能再行攻伐。

第三，内部豪族。

以光武帝刘秀的关系，东汉的豪族都是相当强大的，他们的举动甚至可以影响一方诸侯的生死。说句难听的，他们和青州兵基本一个德行，如果统治他们的诸侯陷入被动，他们立刻就能挟城而叛。而那个时候，所谓的太守根本派不上用场。

而现在的曹操败得如此难堪，四方还有各路军阀虎视眈眈，曹操哪里还敢继续对张绣作战。要知道，之前吕布袭击兖州的事情可是相去不远。

第四，也是最为重要的，那便是河北强敌——袁绍！

就在曹操败给张绣以后，河北袁绍突然致信于曹操，其中内容史料未曾记载，不过对此信只有几个字的描述，那便是"与太祖书，其辞悖慢"。

袁绍，现今天下最强大的诸侯，在曹操正遭遇挫败之时他写了这么一封信，这是什么意思？不言自明。

基于以上四点，曹操哪里还敢继续对张绣动武？便只能草草撤回许都。

可就是回到了许都，曹操每天依然闹心非常，甚至连出入举止都和平时大为不同，基本每天都板着个脸，让人无法靠近。

大家都认为这是讨伐张绣失利的缘故，所以找到了荀彧，希望荀彧能去劝劝曹操，让他恢复往日的从容。

荀彧却和众人道："主公是一个非常聪明豁达的人，断不会因为已经过去的事情而追悔如斯，我想，主公现在之所以这个样子，还是有其他的事情。这样，大家也先不要着急，我现在就去见见主公，探探到底是什么原因，如果能解决则解决，解决不了则和众位一齐商议。"

就这样，荀彧前去拜会了曹操，并在话里话外询问曹操如此闹心的缘由。

曹操也没有过多说什么，只不过将袁绍的信交给了荀彧，待荀彧观看之后和其道："看到了吗？这个无耻小人，他敢和我这么说话，我现在就打算去消灭他，可还怕打不过他，这才整日忧愁，不知如何是好。"

一听是这么回事儿，荀彧笑了，然后不无自信地和曹操道："如此，主公勿忧矣。自古以来，相互交战者，最终胜利的一定是具有能力的人。即便他最开始是弱小的，但最终也一定会走向强大。而没有能力的人，最开始哪怕他是强大的，可最终也一定会走向灭亡。我们从高祖和项羽之间的战斗就能看到这个道理。而当今，能够和主公您争夺天下的只有袁绍一人。可袁绍的才能和主公您完全无法相提并论。第一，袁绍外表宽容，内心却猜忌不断，用人无法尽其能。主公您明智通达，不拘一格，只要有才能便会放心任用，所以众人都愿意为主公您效死命，这在气度上就超越了袁绍。第二，袁绍遇事优柔寡断，经常错过绝佳时机。可主公呢？您能决断大事，随机应变，这在谋略上胜过了袁绍。第三，袁绍治军不严，不治法令，士兵虽多，但实际上很难调动。您军法严明，功必赏，过必罚，所以哪怕调动的士兵没有袁绍多，士兵却能为您拼死奋战，以一当十，这在用兵上又超过了袁绍。第四，袁绍凭借他世代累积的声望，言谈举止装得很富有智慧，实际上却是沽名钓誉。所以那些真正富有才能的人不愿意去投奔他。而主公，您用仁爱的胸怀去对待别人，并对手下文臣武将推心置腹，从来不作虚假的赞美。同时，您以身作则，带头过谨慎、俭朴的生活，但赏赐有功之臣从来不吝啬，所以天下真正有能力的人全都投到主公的帐下。这，又在德行上胜过了袁绍。试问，有此四胜，他袁绍还会有什么作为？"

听毕，曹操大喜，可就在曹操要和荀彧进行深入探讨的时候，又一个文人进入大厅，并不无自信地道："我再补充几句。"

这"大言不惭"、敢于在荀彧和曹操中间插话的人不是别人，正是郭嘉，郭奉孝。

郭嘉这次前来拜见曹操，其实也是和荀彧抱有一样的目的，只不过郭嘉这个狂人朋友甚少，所以他代表的不是众人，而是他自己。不过却在进入大厅以前听到了荀彧和曹操之间的对话，便一直旁听，没有出现。

直到荀彧说完了，他这才走到了大厅，并插话道："袁绍繁礼多仪，公礼任自然，此道胜，五也！绍以逆动，主公奉顺以率天下，此义胜，六也！汉末失政于宽，袁绍以宽济宽，故不能有效震慑他人。主公纠之以猛，而上下之制，无敢不从，此治胜，七也！袁绍见人饥寒，恤念之形于颜色，其所不见，虑或不及也。这叫什么？呵呵，妇人之仁耳！可主公您不一样，主公对于一些小的事情经常视而不见,至于大事,与四海接,恩之所加,皆过其望,虑之所周,无不济也。此仁胜,八也!袁绍大臣之间相互争权,妖言惑乱之语层出不穷。主公御下以道,浸润不行,上下协调统一,无一不为主公之大业所奋斗!此明胜,九也!袁绍好为虚执(通势),不知兵要,主公以少胜多,用兵如神。此武胜,十也!主公有此十胜,何愁不能消灭袁绍?"

一听这话,曹操更是兴奋难当,志得意满道:"如两位卿家所言,他袁绍还算个屁?我的心结解开了!"

听毕,荀彧和郭嘉几乎同时急道:"可哪怕这样,主公您也不能……"

二人尴尬一笑,荀彧很有礼貌地对郭嘉做了一个请字的手势。郭嘉对荀彧微微一揖,然后道:"可就是这样,主公您依然不能有丝毫大意,要知道,我们的地理位置非常危险,几乎四面皆敌。而在这些敌人中,吕布是最为难搞的,如果在和袁绍决战之前不除掉吕布的话,恕下官直言,主公您很有可能会败得很惨。"

曹操频频点头,从这时候便决定加速除掉吕布这个心腹之患。可转念一想,曹操又道:"奉孝言之有理,可我更加忧虑的是,一旦我和袁绍展开决战,袁绍会用卑劣的手段来扰乱关中地区,到时怕会引发羌、胡作乱。而西北一乱,西南蛮、夷也必会趁乱而起。到那时,只凭我这点儿地盘,怕是无法有所作为啊。"

说到这,曹操目光灼灼地看着郭嘉,等待着他的计谋。

郭嘉却笑着没有作声,而是看着荀彧,微微做了一个请的手势。

荀彧微微一笑,同样对郭嘉轻轻一揖,然后和曹操道:"关西羌、胡,以及西南蛮、夷,他们的势力众多,没人能将其统合起来。他袁绍更是不能。所以对这些异族人不用放在心上。主公只需要注意关西的马腾和韩遂就可以了。"

曹操:"哦?那应该如何防备呢?"

荀彧:"如果主公信任下官,那么就用钟繇吧,如用钟繇在关中,关中则无忧矣。"

曹操对于荀彧的话是百分百信任的,所以在第二日便封钟繇为代理司隶校尉,移至长安,总统关中军政大事。

那么钟繇会不会辜负曹操和荀彧的信任呢?我们后文再说。现在,还是将目光瞄向扬州吧。因为扬州恶霸,袁术袁公路,在这一年开始自取灭亡。

本节参《三国志》《傅子》

5.26　袁术登基作死，曹操复攻张绣

公元197年二月上旬，寿春府衙议事大厅中。

这天，议事大厅被布置得相当豪华，袁术的文武百官皆在此中，一看就是有大事要发生。

不一会儿，见人都到齐了，袁术慢慢腾腾地走了出来，然后以一种商量的口吻和在场众人道："各位啊，近来我听民间有一则预言，叫'代汉者当涂高'。其中这个'涂'字和我的'术'和'公路'比较相应。巧的是，玉玺也在我袁术的手中，这是不是就是老天想把天下托付我袁术的证明呢？还有，我袁氏一族出于春秋陈国，是舜的后代。舜是土德，而汉是火德，以黄代赤，这不正是事物的发展规律吗？这不正迎合了天意和民心吗？还有还有，我袁术兵多将广，土地肥沃，所以想以汉高祖为榜样，改朝换代，不知各位以为如何呀？"

这话一说，在场众人的心就是咯噔一下。他们都认为现在还未到称帝的时机，但袁术是一个什么样的人在场众位心里有数，所以大部分的人选择了沉默，既不表示支持，亦不表示反对。

这是什么？沉默的反抗。

我相信，这种反应到底代表着什么他袁术也能看得出来，可他梦想天子之位已经太久了，每天看着那象征天子的玉玺却不得其名，这种抓心挠肝的感觉袁术再也受不了了，所以哪怕众人都不作声，袁术还是打算宣布称帝。

就在这时候，袁术的主簿阎象却站出来和袁术道："主公，当初周文王（姬昌）时，大周已经有天下三分之二的土地，可依然臣服于殷商。这难道是因为他不想统一天下吗？当然不是，因为周文王认为，那时还不是对殷商动手的时机。当今，您袁氏家族虽历代为官，声威显赫，却没有当初的大周兴盛。而汉朝虽然开始衰败，却没有纣王时候的暴虐。所以，下官认为，现在还不是称帝的时候，远远不是。"

话毕，还未等袁术发声，张承又站出来道："并且，这种事情主要在德，而不在强。用恩德来顺应天下百姓的希望，即使是一个人也能够成就大业。可如果在一个朝代还没有彻底湮灭之时便强行篡位的话，那么结果势必被群起攻之，到时候天下恐怕再也没有主公立足之地了，还请三思而后行。"

　　这两人说完之后，袁术的脸彻底变得"漆黑一片"，再加上满朝文武都没有一个人支持袁术，袁术就更加愤怒，这场会议就这样不欢而散了。

　　按说，既然满朝的文武官员都不支持你，你袁术就缓缓吧。可人家袁术偏偏不，竟然在本月中旬不通过文武官员便突然编造符命称帝，并自称"仲家"。待众多臣子反应过来的时候已是木成舟，无法更改了。

　　而此种行为所产生的后果是连锁性的，是袁术无法承受的，亦是袁术灭亡的开始。

　　五月，江东孙策命张纮致信于袁术（上千字，略），宣布从此断绝和袁术之间的关系。这之后，扬州无数的势力背叛袁术而投孙策。

　　九月，曹操、孙策、吕布三家联合攻击袁术，袁术三个方向皆受重挫，兵力呈直线下滑，辖地亦是大片大片地被三家瓜分。

　　而这之后，袁术的地盘又赶上了十年难遇的大型旱灾，所以袁术越发衰弱，距离灭亡已经不远了。

　　公元198年正月，征伐袁术以后，曹操率军凯旋许昌，然后在本年三月集结大军，打算最后一次征伐张绣，就在大军已经集结完毕，打算往宛城出征的时候，荀攸却找到了曹操，并劝谏道："主公请听我一言，张绣与刘表在表面上看是相互依靠、共存的关系，实际上却是有极大的漏洞。张绣，外藩匹夫也！他懂得什么治国之道？贾诩虽然智计百出，但也只限于阴谋害人，治理地方却根本不是其长项。宛城虽然是经济重镇，但在他们的治理下毫无存粮，只能靠刘表接济。而当今乱世，除主公以外，哪一方势力敢说自己有存粮？刘表，一个和荆州豪族并存的势力，他有什么能力长期供给张绣粮食？我可以断定，不出半年，二人势必闹翻。所以不如暂缓出军，等待时局的变化，在这期间用尽手段来招揽张绣。我想，张绣最后一定会投奔主公的麾下。可要是现在对张绣进行讨伐的话，此二人必定一致对外，再加上贾诩的诡谋奇策，我们想要拿下张绣真的不容易。"

　　不做事后诸葛亮，换位思考一下，如果我当时是曹操的话，我也不会听从荀攸的意见。他张绣不过是一个凉州匹夫而已，他会什么？刘表虽然强大，但和曹操也是无法相提并论。贾诩智计百出又能怎样？在绝对的实力面前，就是张良在世也不是曹操的对手！

　　再者说，张绣可是杀了曹操的长子和爱将，让曹操受到了奇耻大辱，此仇不报，他曹操还能算个爷们儿？

基于以上，曹操并没有理荀攸的劝谏，而是毅然决然地带着大军前去攻伐张绣了。

此时，宛城亦是人头攒动，无数的士兵集结于宛城外郊，无数的战马嘶鸣不已，张绣也是穿戴精装鱼鳞战甲，意气风发地指挥大军，准备在野外和曹操决战。

可就在这时候，贾诩拉住了张绣的战马，并急切问道："将军要干什么去？"

张绣："消灭曹操，扬我张绣之威名！"

贾诩急道："将军您疯了？我且问您，您的士兵难道比曹操多？"

张绣："没有，可……"

贾诩："将军自比徐荣如何？"

开玩笑？那徐荣乃是当初董卓手下第一大将，谁敢和他相提并论？所以张绣直接沉默了。

贾诩接着道："当初曹操羸弱之时，凭借几千士兵硬抗徐荣数万大军不落下风，这之后更是没怎么败过，所以曹操领军打仗的能力绝对要在将军之上。现在，将军您人没有曹操多，粮食没有曹操多，自身的才能又不及曹操，怎么在野战上消灭曹操？我恐怕不出三日，将军就要覆灭了！不如一边坚壁清野，一边遣使于刘荆州。他现在和将军同气连枝，必出援军相助，而援军到来之时，曹操最少已攻城一月，那时曹军必定疲惫，大人和刘荆州只要一个反击，我保证曹操溃不成军！"

一听这话，张绣一个激灵，然后拉着贾诩的手激动地道："幸好我有文和相助，不然必坏了大事！"

就这样，张绣采纳贾诩的办法，准备对曹操使用防守反击战术。

本节参《三国志》《资治通鉴》《吴录》

5.27　凶悍虎士营

公元198年四月，曹操已经对宛城狂攻了一个多月，可宛城被张绣布置得异常坚固，所以直到现在曹操都无法将其攻破。

但曹操没有因此而放弃，既然你张绣打算做忍者神龟，那我就切断你的粮道，比比我们谁的粮食更多！

曹操的策略在当时应该算是最好的了，也非常符合兵法，可问题的关键是，曹操敌人众多，别人能看着曹操这么顺利地拿下张绣吗？

答案当然是不能！

此时的邺城之中，田丰找到了袁绍，并急切地道："主公，现在曹操主力大军皆在宛城，许都空虚，正是一举灭曹之时。我意，命一骁将率精锐骑兵从小路突袭许都，劫天子至邺，主公大军亦在此时兵压黄河，在北方给曹操造成军事压力。一旦曹操率主力部队救援许昌，主公则可于北部对曹操发动全面侵袭。如果曹操率主力部队屯守黄河，那么天子便必为主公所得。如此，曹操首尾不能两顾，不管他选择哪一样，最后都必败无疑！"

田丰的计谋怎么样？起码在我看应该是最完美的策略了。可之前我们已经说过了，袁绍这个人有强迫症，在完全平定公孙瓒这个后顾之忧以前他是绝对不会攻击曹操的，所以断然拒绝了田丰的建议，丧失了一次绝好的机会。

可曹操根本不管袁绍会不会来进攻自己，他了解袁绍是一个立场很不坚定的人，有可能今天拒绝，第二天就会改变主意。

所以当曹操听闻此消息以后，吓得蹦起老高（注：曹操深得兵法精髓，知道情报有多么重要，所以在袁绍阵营之中遍布五间，袁绍的一举一动都在曹操的掌握），再加上这时候刘表的援军也已经快要抵达宛城，所以曹操断定，短时间绝对无法攻陷此城，乃率军急往许昌而退。

见曹操仓皇退兵，张绣大喜，这可是一个痛打落水狗的天赐良机，他张绣怎么可能会错过？于是组织军团，准备对曹操展开追击。

可又是在张绣打算出击的时候，贾诩拉住了他，并语重心长地道："将军！现在绝对不能追击，追则必败！"

这回张绣可不听贾诩的了，开玩笑？战阵撤退那是兵家大忌，此时追击也合乎兵法，怎么就不能追击了？

所以，张绣没有搭理贾诩，就这么率军前往追击曹操。

然而，就在张绣之追兵追到一片树林环绕的高地之时，忽地杀声四起，无数的曹军从四面八方向张绣军袭来。张绣军顿时大乱，被曹操的突击骑兵冲成N多小段。

然后，便是无尽地屠杀。

而在屠杀张绣的曹操军中，有一支只有数百人的小队非常耀眼，此小队皆为步兵，一个个长得膀大腰圆。他们身穿精致鱼鳞战甲，左手持盾，右手持百炼首环刀，装备非常精良。

这些猛汉的力量很大，杀人技巧高超，只要是他们路过的地方，那对手便是一片一片地倒。

更吓人的是他们的队长。此队长长相凶恶，极尽魁梧雄壮，甚至更胜当初之典韦。他力大无比，武艺高强，无人能近其身，其手中一把加大型首环刀抢得更是虎虎生风，一走一过就是杀人，但凡被其砍中无一人得以全尸。

这支数百人的小队在其队长的带领下，于张绣军中如入无人之境，前后下来竟硬生生砍死一万余人（这是一个相当恐怖的数据，就算一万来人站着让数百人砍，他们需要砍多长时间？不带休息的吗）！

就这样，在曹操的疯狂打击下，张绣损兵折将，狼狈逃回了宛城。

再见贾诩，张绣羞愧难当，可还未等张绣对贾诩说什么"悔不该当初"等等的言论，贾诩便对张绣道："将军，现在可以组织全部兵马对曹操展开追击了。"

一听这话，张绣直接愣在当场，几息以后才不可思议地道："之前未能听取文和的意见，这才弄到如斯地步，现在已经惨败，部队锐气尽失，怎么能再去追击？"

贾诩："现在没有时间和将军解释，将军如果信我就赶紧追击，记住，不要有任何顾忌，只管放开马蹄子去追，这一回，曹操定然没有伏兵！"

张绣虽然心有不解，可既然贾诩都这么说了，他又能说什么？只能率现有的部队疯狂对曹操展开追击。

此时，曹操正率军往许都撤退，对已经被自己大败的张绣全无防备。因为他相信，被大败的张绣是绝对没有胆量再对他进行攻击的。

可就在这时，后方杀声震天，成千上万的兵卒突然从曹操背后杀出。因为曹军此时毫无准备，所以一时间仓皇而不知如何是好。而那些可恶的青州兵，他们见本军受到袭击，竟然全不顾及别人，转身便四散而逃。众多军团见大批大批的青州兵四散而逃，便也随着众人开始狼狈逃窜。

一时间，曹军大溃，被本军踩死的、被张绣军杀死的士兵不计其数。

眼见越来越多的士兵倒在张绣士兵的屠刀之下，眼见敌军距离自己越来越近，曹操慌了，他实在没想到，张绣会在这种窘境再行对自己展开追击。

可就在这千钧一发之时，一名身材极为魁梧的猛汉站在了曹操面前，并瓮声瓮气地对曹操道："主公只管往许都退去，张绣的部队由末将的虎士营挡着！"

这人不是别人，正是之前那个彪悍大队的队长。

现在这种局势，曹操也已经没有丝毫办法，只能死马当作活马医，便答应了此队长的请求，允许他率本部兵马前往断后。

此队长得曹操允许以后，立即率麾下数百虎士直奔数十倍于自己的张绣所部。

而接下来的一幕，使得张绣一生都无法忘记。他实在是无法理解，一个典韦也就算了，那种猛人百年也未必能出一个。可怎么刚刚干掉了典韦，曹操军中就又来了一个一点儿都不次于典韦的猛将？难道曹操军中盛产猛将不成！

只见此队长率领着虎士营直接突入了张绣的大军，然后一顿猛砍乱杀，所过之处皆残肢遍地。

本来一往无前的张绣军在虎士营的凶猛阻挡之下渐渐丧失了锐气，一些在上一次战役中接触过虎士营的士兵更是吓得向后奔逃。

见虎士营如此勇猛，一些奔逃的曹军士兵在将领的组织下也逐渐掉转马头，跟随在虎士营的背后重新回到了战场。

如此，被动已极的战事逐渐变得僵持。

最后，甚至连最没有节操的青州兵也已逐渐回归战场。

见此，张绣怕战斗再出变故，再加上这时候曹操已经远离了战场，便只能无奈退走。

可不管怎么说，这一次曹操也是再次为张绣所败，损失也算是惨重的了。张绣非常高兴，对贾诩更是佩服得五体投地，所以回到宛城以后直接找到了贾诩，当头便问：“这个……文和呀，之前我用精锐的士兵去追击曹操，您说我一定会失败，结果我真的失败了。后来，您又让我用已经战败和平庸的士兵去追击已经胜利的曹操，还保证一定能够获胜，结果真的获胜了。我很愚钝，不知这是为了什么，文和您能给我解释一下吗？”

贾诩微笑道：“呵呵，将军谦虚了，这并不是什么难以理解的事情，只不过将军一时没有反应过来而已。将军虽然善于用兵，但并不是曹操的对手。曹操这人用兵谨慎，诡计多端，刚刚撤退那一段时间一定会有所防备，所以我断定将军在这时候追击曹操是一定会失败的。而曹操只攻击我们一个月便仓皇撤退了，这并不是什么诡计。我敢肯定，他要么是辖内出什么事了，要么就是北方袁绍要攻击他了。而不管这两样哪一样，曹操都必须马上回去，不然很有可能再现当初兖州之事。所以，曹操实际上是非常着急的。在这种情况下，他将你击败后必全力赶路，不再设防，所以我断定，将军再次出击必能大胜曹操。”

这话一说，张绣直接站起身来，对贾诩深深一拜："文和真乱世大才！张绣拜服！"

好了，说完了张绣我们再看看曹操，不过在这之前，我们还是先好好介绍一下之前的那个虎士营队长吧。

相信大家已经猜出他是谁了吧？没错，他就是曹操军中第一猛将，拥有"虎痴"之称的许褚！

本节参《三国志》《汉晋春秋》

5.28 人狠话不多

许褚，字仲康，S⁺级猛将，沛国谯县人（今安徽省亳州市古城镇），他身高八尺多（两米），腰宽十围，长相凶悍、坚毅，体格极为雄壮！据《三国志》所载，许褚的勇敢近乎"虎"，许褚的力量连"虎"也比不了。

东汉末年，黄巾军四处乱窜，天下遍布匪徒。这些匪徒相勾结抢劫县邑，抢掠妇女，官府无法制止。

因此，一些老百姓自发结成一股地方武装集团来保护自己的家园。而许褚，正是谯县武装集团的老大，可此武装集团连男带女一共只有几千人，算是比较小的地方武装势力。

某年某月某一天，许褚正在和县中的几个豪杰喝酒闲聊，可就在这时，一民兵慌慌张张地跑了进来，直接便道："老……老大，不好了，汝南郡那边有一万多盗贼流窜到了咱们这边，听说咱们的粮食多，就想要让咱们投降。不然……不然……"

许褚没有半点儿慌张，而是将双眼一眯，冷冷地道："不然怎么样？"

民兵："不然就要把我们县屠尽。"

啪！许褚将手中大碗一把摔到了地上，然后怒声道："一群不要脸的东西，就凭他们也想屠尽我谯县？都别慌，现在就给我按照平时演练的方法布阵！看看谁杀谁。"

"是！"

就这样，谯县的百姓仓皇布阵，各自紧守壁垒。

汝南贼首见许褚准备抵抗，冷笑一声，便命全军对谯县发动总攻。

就这样，双方展开了惨烈的攻防战。

那贼首本以为凭对方那些可笑的民兵，谯县唾手可得，可发动攻击以后他感到不对劲了。因为这些民兵并不像他想的那么不堪。先不说这些人的近战搏击技巧如何，单说他们的射击术就已经接近正规军等级了。尤其是壁垒正中心那个极度雄壮魁梧的汉子，他手拿一把巨大弓箭，每射一箭必能干死一个小队长。这给汝南贼军指挥线造成了不小的损失。

不久，汝南贼军冲到了壁垒之下，有很多人甚至爬上了壁垒，两军开始陷入肉搏战。

而肉搏战却是许褚民兵团的短板。要知道，他们的集团之中不但有男人，还有女人。你让女人去和男人肉搏，这不是扯呢吗？

基于此，许褚民兵团开始陷入被动，每个人都十分惊恐。如果这样下去的话，相信不出一天，谯县便会被攻陷。

可就在这时，许褚提着一把大刀杀了上来。这巨大的汉子就好像九天之上的巨灵神转世，一把大刀抢谁谁死，并且死相极度恐怖，不是粉身碎骨就是被斩成两半。

群贼见此，疯狂涌向许褚，意图将这个民兵团的精神支柱斩杀于此，这样的话，谯县唾手可得。

呵呵，想得倒是挺美好，可他们根本无法近许褚之身便被许褚统统抢成了两截。

民兵团见自家老大如此勇猛，一个个无不振奋杀敌，以一当十。

就这样，在许褚和民兵团共同的努力之下，他们成功挡住了最难的第一天攻势。

然后，第二天、第三天，已经习惯了汝南贼进攻节奏的民兵团越战越勇，使得汝南贼无尺寸之功。

可就在第四天的时候，战局发生了异变。

这一天上午，许褚正领导着手下抵挡敌人的进攻。可就在这时，一民兵慌忙跑来道："老……老大，不不不不不好了。"

许褚一脚踹翻了这民兵，骂道："慌什么，有事说！"

那民兵站起来扑打扑打身上的土，然后道："我倒是不想慌，可我们的箭矢已经快要用光了，如果按照现在的消耗量，明天我们就再也无法射箭了。"

弓弩，为冷兵器时代第一守城利器，如果没有弓弩的远程攻击，守城军就危险了，这确实是非常严重的事件。可许褚听完以后却不见半点儿慌张，而是非常不屑地道："我以为是什么大事，原来就这。别慌，你给我传令下去，让谯县所有的百姓都给我去找石头，酒坛那么大的就行，找好了都给我堆到正中和左、右三个方向。"

此民兵虽然不知道许褚要干什么，可见自家老大如此自信满满，也不便多说，只能按此行事。

两个时辰以后，壁垒的左、中、右全都堆满了酒坛大小的石头。

而就在这时，汝南贼的攻击也开始了。许褚一声狞笑，然后拿起石头，直接对汝南贼扔了过去。

呜——砰！

伴随着一声让人绝望的声响，一名汝南贼的头颅硬生生被石头砸得粉碎。这之后，呜呜呜呜呜，砰砰砰砰砰！一个又一个大石头从谯县壁垒飞了出来。

《三国志·许褚传》载："许褚将石头抛之，所值皆摧碎。贼不敢进。"

什么意思？就是但凡被许褚扔出的石头打中的，不管是脑袋还是身子，尽皆粉碎！使得这些汝南贼不敢再往前挺近。

这还不算，最吓人的是，许褚好像有用不完的体力。把左边的敌人扔退以后又跑到中间，然后又跑到右边，就这样不断穿梭在壁垒之上，大石头块在他的手上就好像炮弹一样嗖嗖嗖地往外冲，中者没有一个残的，基本就是个死。这哪里还是个人？这就是一个人形投石机啊。

在这种近乎变态的打击下，汝南贼不敢再攻，只能暂时撤退。

第五天，汝南贼没有再对谯县发动进攻，因为许褚实在太过勇猛，只他一个人就把一万多汝南贼震得士气大跌，所以贼首只能令手下暂时休整。

说实话，这时候的汝南贼首已经心有退意了。可就在这时，一传令来报，说许褚派出一个使者来到军中，声称现在谯县已经没有多少粮食了，所以想用一头牛来换一些粮食。

汝南贼这帮人四处抢劫，不放过一村一地，所以不缺少粮食，可但凡肉食基本都会被他们当天解决，所以这些汝南贼，甚至连他这个贼首都已经好长时间没吃到肉食了。

基于此，贼首当即便答应了许褚的请求，并约定双方各带十来个人到战场中间交换物资。

当日午时，十几个汝南贼，基本上一人扛着一袋麦子走到了谯县壁垒和本方大营中间。当他们到达目的地以后，这些小贼却慌了。为什么？倒不是因为民兵团派了多少人来。相反，只有一个人来和他们交换物资。

可问题的关键是，这人不是别人，正是许褚本人。

许褚，现在在汝南贼众之中已经被神化，如今近距离看到这个两米多高的汉子，他们更是惊惧非常，一时间竟然吓得说不出话来。

见此，许褚也不在意，牵着牛就送到了一个贼兵的手里，然后一个人拎起十袋麦子就要往回走。

可就在这时，许褚送来的那头牛突然发起狂来，挣脱了贼兵的双手，疯狂往谯县方向奔去。

许褚怒骂一声，扔掉手中的麦子，三步两步就追上了那头公牛。

然后，这猛男单手抓住了牛的尾巴，直接往回拖（注意，是单手）。

那头壮硕的公牛低吼着，拼了命地往回奔，可不管它的蹄子如何用力，最后都屈服在了许褚那近乎天人的力量之下。

再次走到贼兵的身前，许褚甚至连大气都没有喘一口，看起来极为轻松。反观那头公牛，已经累得瘫倒在地上。

许褚将牵引绳再次放到了那名贼兵的手上，然后瓮声瓮气地道："给你，这回可别再弄丢了，再弄丢我也不管了。"

"鬼呀！"

已经被许褚吓得呆愣的贼兵瞬时之间反应过来，现在的许褚在他眼中简直不是人，他已经吓得六神无主，扔掉了手中的牵引绳，直接便逃回了大营。

而那些跟随而来的贼兵也都吓坏了，仓皇逃回大营。

这一切被营中的汝南贼看得清清楚楚。一时间，汝南贼以为自己在和天神对抗，士气瞬时之间降到了冰点。

贼首见此士气，知道无法再攻谯县，只能率军狼狈而走。

这之后，许褚之大名威振淮南、汝南、陈、梁等地，此一带贼人一听到许褚之名都吓得哆嗦，再没有任何人敢去打谯县的主意。

同时，因为许褚力大如虎，性情痴憨，所以大家都给他起了一个外号，那就是大家耳熟能详的"虎痴"。

后来，袁术作死称帝，曹操对其进行讨伐，当部队行进到淮南、汝南一带时，许褚便带领他的部队前往投奔了曹操。

曹操从来没见过如此雄壮的男人（哪怕当初的典韦，单看体格都比不上许褚），一时间竟愣在当场。

不一会儿，反应过来的曹操哈哈大笑，然后拍着许褚的肩膀对众人道："看到了吗？这就是我的樊哙啊！"（我觉得刘邦应该是曹操的偶像，因为前面拿荀彧对比张良，现在又拿许褚对比樊哙，总体来说无不是将自己当成高祖。）

自此以后，许褚成了曹操的都尉，专门负责曹操的警卫工作。

同时，曹操为许褚所选的士兵也都是军中最为强壮的，装备也一点儿不次于虎豹骑，这便是虎士营的由来了。

好了，许褚就先介绍到这里吧，我们重回主线。

本节参《三国志》

5.29 吕布歼灭战

公元198年七月，经过数个月的休整，曹军恢复了元气，而这期间，袁绍并没有对曹操实行实质性的行动。

愤怒的曹操遂再次组织士兵，准备对张绣进行攻略。

可这时，荀彧、郭嘉、程昱、荀攸等一干文臣集体找到了曹操，劝他不要再对张绣动手。

至于原因，很简单。

张绣和曹操虽然恩怨不断，可张绣只不过拥有宛城一带的几个城池，不管士兵还是粮草都不足以主动对曹操发动攻击，所以算不上后顾之忧。

反过来，张绣的防守又是非常凶悍的，在刘表的声援下，并不是轻易能拿下的，所以就好像鸡肋一般，食之无味，弃之可惜。

东边的吕布却不一样。

徐州，关东富地，吕布手下又不缺经营型人才，所以现在的吕布兵多粮足，完全有资格在曹操和袁绍对抗之时对曹操发动袭击。

"袭兖州，偷徐州，难道主公忘了吕布的种种劣迹吗？"

基于此，曹操放弃了再攻宛城的想法，并开始集结部队，加速了讨伐吕布的进程。

本月下旬，曹操任命刘备为豫州牧，并让其前往小沛一带收拾兵众，拉拢人心，为全面进攻徐州做足准备（一说刘备在刚刚投奔曹操没多长时间就被曹操安排进小沛了）。吕布虽然痛恨刘备，但因为不想和曹操交战，便只能加以警戒。

可刘备见吕布对自己没有动作，竟开始得寸进尺。

当时，吕布派人从河内买了一批战马，准备增强自己的骑兵数量。就在这批战马即将进入徐州之时，却被一批训练有素的"强盗"劫去。

吕布听闻此消息后震怒，当即派人调查这些所谓的贼人。可最后调查的结果竟然是刘备在背后捣的鬼。（注意，是刘备，而不是张飞。）

吕布从来不是一个善于忍让的人，所以查明原因以后便直接遣高顺率主力兵团奔小沛而去，同时遣张辽率骑兵团于高顺侧翼，配合高顺对刘备发动攻击。

刘备现在虽然恢复了些许的元气，但根本不是吕布军的对手，所以交战不多时便再次丢了小沛。

刘备无奈，只得向曹操寻求援助。

曹操等的便是攻击吕布的口实，所以没有半点犹豫，当即便率早已准备好的大军兵压徐州。

吕布听闻曹操大军前来的消息以后非常恐惧，便命高顺、张辽屯守于彭城，用作抵挡曹操进攻的第一防线。

九月，曹操和刘备在彭城外郊会师，然后直接对彭城展开了凶猛的进攻。徐州的百姓恨死了曹操，尤其是彭城的百姓，更是对曹操深恶痛绝，所以此城的百姓根本不用张辽、高顺动员，便自主协助二人，这给曹操的攻城行动造成了不小的麻烦，严重地拖延了曹操攻城的进程。

与此同时，下邳城中，陈宫找到吕布，对其献计道："将军，曹操攻击彭城数日不下，料想士气定然受损，不如现在率军迂回至曹军身后，对其进行袭击，只要里外夹击，大事可定。"

吕布："呵，公台想得太简单了，曹操诡计多端，行事谨慎，岂能不对背后有所防范？我如果去支援的话定会被曹操玩弄于股掌之中。不如以逸待劳，如果曹操真的杀至下邳，那么我就以精兵出击迎战，将其赶到泗水中去，也让曹操尝尝被泗水淹没的滋味。再说，现在曹操在彭城还无尺寸之功，兴许他连彭城都突破不了就会撤退呢，嗯？哈哈哈哈哈！"

陈宫："唉……"

十月，高顺和张辽再也抵挡不住曹操的攻势，遂弃城而逃，曹操顺利攻陷彭城，然后对此城的百姓展开了疯狂的屠杀。

说实话，经历了之前的屠杀事件以后，曹操尝到了极其严重的苦果，他真是不想再对百姓动刀子了，但现在曹操根本拖不起。要知道，北面还有袁绍在对自己虎视眈眈，如果接下来要攻击的城池都和彭城一样抵抗自己，那自己势必深陷徐州这个大泥潭无法自拔，就如同当初的项羽在三齐一样。

所以，哪怕曹操不愿意，也必须以血腥的手段来震慑徐州的百姓，让他们行动之前先过过脑子。

而这一招果然奏效，经过这一次的屠城事件以后，接下来的战争确实是一帆风顺，曹操再也没遭遇过被百姓自发抵抗的事件。

公元198年十月，曹操的部队正一步一步向下邳进逼。吕布亦按之前的想法，聚集主力部队主动出击曹操，准备和其在野外决战，然后将其部队逼往泗水。

可就在此时，南方突然传来噩耗。那广陵太守陈登竟然趁吕布和曹操准备决战之时突然在广陵造反，然后一边北上一边攻城略地。

由于吕布近乎将所有的部队集中在了下邳，所以南部防御极为薄弱，被陈登毫不费力便全部平定。吕布所部士兵听闻此消息以后士气大跌，近乎冰点。而思维敏锐的曹操绝不会放过如此良机，遂对吕布展开全面攻击。

吕布不敌曹操，在大量损兵折将以后狼狈逃回下邳。可吕布刚刚逃回下邳，陈登又率广陵兵压至徐州。

吕布大惧，遂以陈登的家人威胁陈登，让陈登赶紧撤退，不然就要杀他全家。可陈登非但没有撤退，还以更加猛烈的攻势回应了吕布。

吕布大怒，当场就想诛杀陈登的家人，但转念一想这些人可能还有用，便暂时没有动手。可当天夜里，吕布的心腹张弘却认为吕布最后必定败亡，怕吕布败亡以后自己也没有好果子吃，遂连夜将陈登家人给送出去了，以此给自己留了一条后路。

本月中旬，曹操的主力大军顺利与陈登的广陵军完成会师。当时，下邳四周遍布黑压压的人头，咚咚咚的战鼓声震得下邳城中瓦片直颤，那一片一片森冷的刀兵在阳光的照射下甚至晃得人无法睁眼。

面对如此阵势，勇猛无比的吕布也是有些怵了，心中开始有了其他的想法。

正好，这时候曹操的劝降书信亦送进了下邳城中。

看过曹操的劝降信以后，吕布陷入了短暂的沉思，之后，他如同疯了一般跑到了城墙之上，对着下面的曹军士兵吼道："楼下曹军听着，我吕布愿意投降，还请名公撤去……陈宫你干什么？"

当时，陈宫正率领着本部兵马在城楼之上警戒曹军，闻听吕布要投降，他赶紧冲上前去，一把将吕布给拽了过来。

吕布当时就怒了，指着陈宫便开始责问。

而陈宫并没有管吕布的口气，而是怒声道："曹操，逆贼也！他算个什么名公！吕将军我告诉你，你今天一旦投降，来日等待着你的便是彻底的灭亡！"

听毕，本来愤怒的吕布陷入了久久的沉思。是啊，当初自己在曹操攻打徐州的时候偷袭了其背后，给曹操造成了相当大的麻烦。张邈曾经和曹操那么要好，最后还让曹操给满门诛杀了，而自己和曹操之间的仇恨又如此之大，他怎么可能会饶过自己？

想到这，吕布一个激灵，然后问陈宫："那公台你说怎么办？总不能在这等死吧！"

陈宫："主公勿要慌张，现在的情况看似必死，却有生机存在！"

吕布："生机何在？"

陈宫："生机就是袁绍！这次曹操携大军远来，必定不能久留，因为袁绍始终在北方虎视曹操，如果曹操在徐州久留，必受其害！将军您最擅野战搏杀，守城战并不是您的强项。所以，我建议您在今夜带领步骑主力突围而出，并在下邳北部驻扎。一旦曹操来攻下邳，您就带领精锐骑兵在背后不断骚扰。一旦曹操对您发动攻击，那么我就会带领下邳城中的士兵骚扰曹操。如此，便可大大削弱曹操的攻势，给我们争取最多的时间！将军您相信我，曹操一定不会在下邳久留，时间拖长了，他自然会撤退，到那时我们再率全军对曹操进行追击，大事可成也！"

吕布觉得陈宫这话说得很有道理，便集结了部队，准备在今夜行事。

可就在即将入夜之时，吕布的妻子突然找到了吕布（其妻不知姓名，所以称其为吕氏），不无悲痛地道："将军！您不能走，您不能走啊！陈宫和高顺之间相互看不上眼这您不会不知道吧。现在将军出城，如果两人闹起了矛盾，您让我这个妇人如何应对？将军啊，当初曹操对陈宫如同对待怀中的婴儿一样，那是如同父亲一样的宠爱。可陈宫最后怎么样？还不是舍弃曹操来投靠我们了。还有，之前陈宫和袁术之间相互私通的事难道将军您忘了吗？妾可以很肯定地说，将军您一旦出城，陈宫必定造反！到时，哪里还有将军您的立足之地？妾到时候还能服侍您吗？我想，那时我们只能在黄泉中相见了。"

这话说完，吕布一个激灵（是啊，陈宫之前还私通过袁术，我怎么把这件事忘了），赶紧停止这次的军事行动。而随着这次军事行动的夭折，吕布仅有的那么一丁点儿生存的希望也丧失了。

但他能就此放弃自己生存的希望吗？当然不能。既然现在又不能等死，又不能主动迎击，那么只能求援于外了。

于是，吕布遣许汜和王楷前往袁术处，希望袁术能够出兵救援自己。

当时，曹操刚刚包围下邳，所以对于下邳的戒备还不是那么严密，使得二人成功突围至袁术处，向其请求援兵。二人说得声泪俱下，极为煽情。可袁术始终用他那冷冷的眼神看着二人，不给一丁点儿的回复。他可没有忘记，当初吕布是如何羞辱自己的。

许汜和王楷见袁术始终没有反应，心中无奈，但吕布已经下了死命令，他们还能怎么办？只能继续痛哭请求。

大概一炷香以后，袁术终于张口了，只见他冷笑着对二人道："呵呵，吕布之前不是很威风吗？他不是骂朕是一个狂言之人吗？怎么？现在危险了就想起朕了？呵呵，哈哈哈哈哈哈，这个背信弃义的匹夫，自己的承诺就好像放屁一样，这种人品，朕怎么可能再相信他。你回头告诉他，让朕帮助这个背信弃义的小人，呵呵，门都没有。"

许汜赶紧道："陛下！话不是这样说的，我可以肯定，当吕布灭亡以后，下一个要灭亡的就是您了！"

袁术："大胆！你怎敢如此和朕说话。朕给你一次机会，要是解释得不让朕满意，朕现在就让你二人脑袋搬家！"

许汜："曹操现在最痛恨的就是袁氏和我家将军，大将军（袁绍）实力强大，所以曹操不敢对他动手，只能对我家将军和您开战。所以，当我家主公灭亡之日，下一个就是您了，难道这个理由还不够您出手吗？"

这话说完，袁术陷入了久久的沉思。最终，他答应了二人的请求，让二人离去了。

可袁术接下来的举动让吕布头痛无比，恨不得将袁术拽过来一顿暴打。

袁术做了什么？

原来，当许汜和王楷走后，袁术确实调动了全国精锐，可他只将这些士兵布置在边境以后就不动弹了。这是干什么？典型的"精神支持法"。

吕布认为，袁术既憎恨自己食言而肥（嫁女事件），又憎恨自己当初羞辱于他，所以才不出真章。想要袁术真正地支援自己，既要自己亲自道歉，也要马上将女儿嫁过去，这样才行。

唉……想到这，吕布也是相当无语，看来只能亲自送女儿往扬州而去了。

当夜，吕布亲自将女儿绑在自己的身上，然后便率领陷阵营出击，意图突破曹操的包围网后前往扬州和袁术低头。可此时曹操的包围圈已经完成，戒备十足，吕布根本无法突破，便只能乖乖返回城中，用坚壁清野之法死抗曹操。

这之后，曹操对下邳展开了疯狂的进攻，意图在短时间将下邳拿下，彻底除去吕布这个心腹之患。可下邳城防被吕布和其众将布置得铁桶一般，曹操虽出尽全力却始终无法破城。

时间很快到了十二月，此时的曹操已经狂攻下邳两个多月，可依然没有尺寸之功，这使得曹操整日黑着一张脸，甚至连饭量都不到平时的一半。因为他是真的害怕，怕这时候袁绍从北方对他发动攻击。

直到十二月中下旬，这个伟大的君王终是再也承受不了这种如坐针毡的感觉，便打算率军返回许都。

可就在次日，郭嘉和荀攸一齐找到了曹操，开口便问："我等听说主公要撤回许都，不知是真是假。"

曹操："唉……我也是没有办法。现在，我攻击吕布已经两个多月了，可始终无法攻陷下邳，要知道，北方的袁绍可是一直在对我虎视眈眈，如果再拖下去，我怕……"

未等曹操说完，荀攸便插嘴道："非也！吕布有勇无谋，现在连战连败，更是锐气尽失。陈宫虽有计谋，但是机变不够，情商也不够，根本得不到吕布的信任。这一文一武相互之间不能信赖，吕布必亡！主公现在着急，难道吕布就不着急了吗？我想，他的处境要比主公更加艰难。所以，主公一定要坚持下去。"

郭嘉："公达言之有理，昔日项籍七十余战未尝败北，而一朝失势便身死国亡。这足以说明一个人光有武力是不够的。并且当今吕布之勇较当初项籍远远不及，处境比其更加恶劣，所以只要主公不放弃，下邳的陷落必在旦夕之间！"

二人你一言我一语皆入曹操心坎，曹操遂绝撤退之念，继续对下邳狂攻不止。可一直到本月下旬，下邳还是纹丝不动。曹操实在不能再和吕布耗下去了，所以无奈他只能使用他最不愿意用的办法。

这个办法对攻城很有效果，由春秋末期战国初期的智伯首创，之后也有很多人用过，可用过的人没有一个不被痛骂。那么到底是什么办法呢？便是引水灌城了！

十二月二十日，曹操掘沂、泗二河，将河水引向下邳。那一天，两条大河就好像两条巨龙，张牙舞爪地冲向下邳城。下邳只瞬间便被淹没。

一时间，所有的粮食、房屋全都被淹没，老百姓们有的被淹死，有的勉强逃到房顶。当兵的也全都逃到了城墙上，当官的则都逃到了高阁上。整个下邳充满了哭爹喊娘的惨叫之声，士兵和将领们的士气也是降到了冰点。

吕布不是赵无恤，没有他那样的人望和魅力，所以大家虽然口中没说，但心中都有向曹操投降的想法了。甚至连那些痛恨曹操的徐州百姓也开始有了投降的念头。

可吕布知道，他投降曹操的结果只有死路一条，只有硬扛下去才有一丝活命的可能。

所以，虽然下邳被洪水淹没，吕布依然不肯放弃，还是坚决抵抗曹操。

并且，为了节省粮食，吕布还向全城下了禁酒令，但凡抓住有谁喝酒，定斩不赦。

就这样，又是几日过去了，下邳城中平安无事。可到了二十四日以后，情况发生了异变。

这一天，武官侯成不知抽的什么风，竟然设宴招待全城的官员吃饭。那一天，吕布主坐于大堂之上，为了讨好吕布，侯成竟然给他倒了一杯酒。他认为，制定规则的人可以不守规则。

可吕布不是这样想的，他一把掀翻了面前的几案，然后指着侯成和下面的武官们痛声骂道："你们这帮不要脸的东西，我已经严令禁止饮酒，可你们依然违反我的禁令。难道你们想要把我灌多了，然后算计我吗？哼！"

话毕，吕布转身就走。

本来，吕布也知道这帮人根本没有反心。本来，吕布也只是因为这段时间太郁闷，所以拿他们撒撒气而已。可侯成等一众武将可不管什么"本来"。他们只知道，现在吕布认为自己一众人要害他。

既然有了这种想法，等待着他们的路便只有一条，那就是死！

这些人虽然在很久以前便跟随吕布，但没有一个人愿意为吕布所杀。命都是父母给的，除了自己的父母，谁有资格收回？再加上现在下邳的士气以及吕布的前景。想到这，侯成、魏续、宋宪等一众将领直接下了决心，反他娘的！

次日拂晓，吕布正在酣睡中，可就在这时，突然杀声震天，城中各处皆在骚动之中。吕布大惊，赶紧穿上甲胄，拿起兵器戒备。

可不一会儿，轰隆隆的开门之声响起，整个下邳四面的城门一瞬间都被打开，曹操的大军蜂拥而入。

吕布大惊，赶紧吩咐左右，意图聚集士兵继续和曹操死战。

传令得令，立即跑了出去。可不到半炷香的时间那名传令便匆匆地跑了回来，并且和吕布道："启……启禀将军，城中的将兵全都投降了曹操，陈宫和高顺也被叛军生擒献给了曹操，甚……甚至连张辽将军，他……他也……"

吕布："他怎么了！"

传令："张辽将军见全城将兵都投降了曹操，便也率本部兵马投降了曹操！"

吕布："什么！"

话毕，吕布如同疯了一般跑到了白门楼之上。

果然，从上向下眺望，整个下邳城中已经全都是曹操的人马，自己的人马除了现在身边的几个亲随之外已经没有一人。

见此，吕布绝望了，他惨笑一声，扔掉了手中的兵器，然后和身边的几个亲随道："来，你们砍下我的头去曹操那里请赏吧。"

听毕，吕布左右亲随赶紧下跪，哭着表达自己对吕布的忠诚，说什么都不肯对吕布动手。吕布哀叹一声，只能带着这几个亲随徒步走下了白门楼向曹操投降。

其实，这时候的吕布已经知道自己的命运了。但这个男人哪怕明知必死也要为自己争得最后的活命机会，因为他知道，只有永不放弃的人才是真正的男人（死，谁都会，可有的时候，活着才是最难的）。

此时，下邳演武场，吕布被捆得严严实实。不用人推，这个男人便主动跪在了曹操的面前，微笑着道："恭喜名公，从今以后，这个天下，您可以平定了。"

曹操笑道："哦？这是为什么呢？"

吕布："名公所顾忌的人，无外乎吕布，如今，吕布已归顺，如果能让我统率骑兵，这天下将再也没人是名公的对手。"

说到这，吕布又转头对坐在另一边的刘备道："玄德啊，你现在是曹公的座上客，我则为阶下囚，绳子把我捆得太紧了，你难道不能帮我说句话吗？"

"哈哈哈哈……"

未等刘备说话，曹操已经开始大笑，然后对吕布道："活捉了一头猛虎，怎么能不捆紧一点呢？好了好了，快给奉先松绑吧。"

这话一说，吕布一个激灵，说实话，他以为这次自己死定了，之所以向曹操求饶也是想要对得起自己，仅此而已。可没想到曹操的心胸竟然如此宽大，这意思难道是要赦免他吗？

就在吕布为自己即将获得新生而狂喜之时，坐在另一边的刘备却突然和曹操道："名公且慢！有些人，从来不会居人之下，名公莫非忘了丁建阳（丁原）和董太师不成！"

这话如同当头棒喝，将曹操本来热情的双眼变得冷了下来。

见此，吕布已经知道接下来自己的下场了，可没有半点儿畏惧，只是冷冷一笑，然后看着刘备道："呵呵，人家都说大耳朵的人最不能信，以前我还不信，现在一看，果然不假，啊？哈哈哈哈哈哈哈哈。"

就这样，勇冠三军的吕布死了，可在临死之前，他也给刘备挖了一个大坑，好大好大的坑。

这之后，高顺被押到了曹操面前，曹操很喜欢高顺这种猛将，所以想要招降他到自己的阵营，可高顺从头到尾不发一言，曹操知道无法将其收降，只能让他和吕布一起去死了。

最后，陈宫被押至曹操面前。曹操眯着双眼阴冷地道："文台啊，你生平最自负的就是自己的谋略智计，现在却成了阶下囚，不知你是否还如此自负呢？"

"哈哈哈哈哈！"

听得曹操此言，陈宫没有半点儿畏惧，反倒猖狂大笑，然后不屑地和曹操道："吕布当初如果肯听我的话，他也不会落得如此下场，甚至有可能将你生擒，我有什么不能自负的？"

话毕，曹操阴冷的表情渐渐转暖，然后温和地和陈宫道："那——今天这事你想怎么处置。"

这话什么意思已经很明显了，曹操就是想重新拉拢陈宫。

听曹操这样说，陈宫脑子嗡地一下，心中五味杂陈。可不一会儿，陈宫摇了摇头，温和地和曹操道："当初曹公待我甚善，我最后却背叛了曹公，这是不忠。

吕布兵败，我的家人入公之手，这是不孝，似我这种不忠不孝之人，还有什么理由存活于这天地之间？曹公，结束我的生命吧。"

听毕，曹操沉默良久，他真的不愿意陈宫就这样离开他，所以还在做最后的努力，他和陈宫道："可你要是死了，你的老母亲怎么办？你不想活，难道你还不为你的母亲考虑吗？"

陈宫微笑道："我大汉四百年皆以孝道治天下，而以孝治天下者，不害人之亲。所以老母死否存否并不在于陈宫，而在名公也。"

曹操："这……那你的妻儿呢？你就这么放弃他们了？"

陈宫："陈宫闻将施仁政于天下者，不绝人之后，所以妻儿是否能活，也在于名公，而不在陈宫。"

这话一说，曹操还是没说话，而是低头沉思着。陈宫见曹操还要劝，不无坚决地道："曹公！我陈宫是一个叛徒！曾害你失去整个兖州，如果我再次投靠你，你还拿什么来严明军法！以后是不是是个人都可以背叛你？不要再说了！请杀陈宫，以明军法！"

曹操猛地一抬头，见到的却是陈宫那决绝的眼神。之后，不待曹操再说什么，陈宫站了起来，转身便往刑场走去。

就这样，吕布、高顺、陈宫皆死于刑场，曹操彻底平定了徐州。

可所有人都没有发现，就在三人被处死以后，有一个人的脸从头到尾是黑的，并从此对曹操产生了极大的不满。

他是谁呢？便是关羽了。

本节参《三国志·魏书》《英雄记》《资治通鉴》《献帝春秋》《先贤行状》《傅子》《九州春秋》

5.30　侵略如火

从前有个州，州里有个城，城的名字叫下邳，下邳有个官员叫秦宜禄，秦宜禄有个媳妇叫杜氏。

杜氏，这个小少妇非常美丽，据说有倾国倾城之姿，特别是在三国这个钟爱少妇的时代，杜氏尤其吃香。

关羽曾有幸见过杜氏一面，当即惊为天人。此后，二爷那颗小心脏便被杜氏这个偷心贼偷走，再也没有其他女子的位置。

所以，早在曹操出征吕布以前，关羽就觍个大脸来找曹操，请求曹操在消灭吕布之后能将杜氏赏赐给自己。

曹操当时也没放在心上，随口就答应了关羽。不就是一个小少妇吗？给了给了！

可当下邳即将被攻陷的时候，画蛇添足的关羽又一次找到了曹操，并指名道姓地请求曹操能将杜氏赏赐给自己。

嗯……一次又一次地请求自己将杜氏赏给他，这小娘皮难不成……

想到这，同样身为少妇杀手的曹操犹豫了，虽然口头上答应了关羽，却在破灭吕布以后先一步去"拜访"了杜氏。

结果，曹操的心也被杜氏这个偷心贼给偷了。再结果，这杜氏就没有关羽什么事儿了。这之后，曹操几乎每次出席宴会都会带着杜氏的儿子，以此来讨好杜氏，还经常大言不惭地当众说没有一个人对待继子会像自己这样周到，所以关羽视之为奇耻大辱，从此恨极了曹操。

好了，曹操暂且说到这里，我们再将目光转向江东，看看许久未曾出场的孙霸王现在在做些什么吧。

话说自孙策和袁术断绝关系以后，袁术便恨极了孙策，可因为那时候要应付八方打击，所以没有对孙策下手。可如今，吕布已死，曹操主要的心思也都放在了袁绍那边。所以，袁术便要对孙策下手了。

可孙策长于战阵搏杀，更有长江之地利，真心不好打。袁术便派遣使者往扬州大贼祖郎处，授权祖郎可以以自己的名义联系山越诸部，将两方势力整合共同对孙策发动攻击。至于袁术自己，他的如意算盘打得很响，那就是趁孙策和祖郎交战的时候从背后攻击孙策，进而彻底占据江东。

可令袁术万万没有想到的是，孙策现在已经强到了令人发指的地步。因为那边祖郎刚刚和山越联合，就被孙策如雷霆一般剿灭了（史料未载经过，只说数日灭祖郎），并且生擒了祖郎，这个曾经差点儿弄死自己的大贼头子。

当时，跪在孙策面前的祖郎自知必死，他本以为自己也会像其他好汉一样不畏惧死亡，可真当死亡如此接近自己的时候，祖郎无法遏制地颤抖了起来。

见此，孙策大笑道："嘿！祖郎，你当初袭击我，差点儿将我弄死，你还记不记得了？"

祖郎："记……记得。"

"哈哈哈哈哈。"

看到祖郎如此害怕自己，孙策哈哈大笑，然后在一众人目瞪口呆的注视之下，他竟然径直上前，亲自将绑在祖郎身上的绳子给解了下来，然后扶起他，拍着祖郎的肩膀大笑道："我呀，当初可是恨死你了，恨不得将你碎尸万段。可现在正是我成就大事的时候，需要用人，不知你愿不愿意随同我共谋大事！"

这话一说，祖郎哐当一下跪在了孙策面前，然后发誓归顺。

就这样，祖郎的贼军被归到了孙策军中，至于那些和祖郎合作的山越人，则被孙策放归原来的驻地。

好了，现在祖郎这个大贼头子也被平定，孙策该去消灭那个令人头疼的太史慈了。

那我为什么要说太史慈让孙策头疼万分呢？

想当初刘繇弃丹徒而逃时，曾给太史慈数百士卒，让其隐藏于芜湖山中（繁昌、南陵以南的大山之中）和孙策打游击，意图运用太史慈来拖延孙策的步伐。

可太史慈乃上将之才，岂是类似彭越等"游击将军"所能企及？所以当太史慈到达芜湖山以后，并没有像刘繇吩咐那样和孙策打游击战，而是直接攻破泾县，自称为丹阳太守，以阻吴景西进之路。

当时，宣城（今安徽省东南）以东已皆属孙策，只有泾县以西的六个小县没有归附，太史慈便以雷霆之速瞬间侵占了此六县，并在该地招兵买马，成了一股不小的势力。

同时，因太史慈武艺绝伦，行军打仗的能力超强，所以得山越诸部依附，这就更加增强了太史慈的力量。而孙策不管是要北攻刘繇开拓豫章，还是西攻黄祖报父之仇，都必须先除掉太史慈这个后顾之忧。

所以，孙策收服了祖郎以后兵不解甲，直接便奔太史慈而去。

很遗憾，这次战斗的过程史料中还是没有丝毫记载，只记载了太史慈大败，进而被孙策生擒。

那一天，孙策的大营之中，浑身是血的太史慈被五花大绑押了进来，看到面前的孙策，理也不理，只重重一哼，便将头扭了过去。其气场根本不是祖郎等人能够相提并论的。

见此，孙策笑了："哎哟！还挺横！哎！哎！太史慈，你还认不认得我了？"

太史慈："呸！匹夫，你化成灰我都认得你，我真是悔呀！"

孙策："呵，你悔什么？"

太史慈："我悔当初怎么没把你活活打死！"

太史慈为什么这么说，因为他断定孙策必会杀他，所以一心求死，以免受辱。可孙策接下来的举动将太史慈给弄蒙了。

只见孙策快步上前，亲自松开了捆绑太史慈的绳子（孙策这一招真是百用不烂），然后如强拉硬拽一般将太史慈拽到了座位之上。

太史慈："你干啥？"

孙策没有立即回答太史慈的话，而是自顾自地走上自己的位置，然后命人给自己和太史慈上酒上菜（祖郎就没有这个待遇）。

当酒菜上齐之后，孙策这才和太史慈道："如果今天是将军将我生擒，不知将军会如何处置我？"

太史慈："不，不知道啊。"

孙策："哈！这就对了！我孙策有大志！所以急需人才，像你这种猛将更是我急于求到的，所以请子义能和我共图大事！"

太史慈："你，你疯了吧。"

孙策："哈哈哈！子义不必怀疑！我对你这等义士可是尊敬得很！最早，你帮助郡太守对抗州牧，甚至连自己的前程都可以不要，我问你有没有这事？"

太史慈："这你是如何得知？"

孙策："你别管我怎么知道的，我就问你有没有这事？"

太史慈："确实！"

孙策："之后，孔北海有难，你又奉母之命前往救援，豁出性命突破包围至刘备处，我且问你可有此事？"

太史慈："……有。"

孙策："这中间，你自创瞒天过海之法，骗过黄巾贼而成功突围。如此智谋，就算古代名将又有几人能够比拟？似你这等又忠又孝、智勇双全的将军，我孙策视为知己，怎能不用？所以，还请子义帮我！"

说到这，孙策甚至给太史慈深深一揖。

太史慈见此，直接走到了孙策身前，哐当一下就给孙策跪下了，然后无比激动地道："我太史慈对将军有十恶不赦之罪，可将军度量如同桓、文（一说汉文、汉桓，一说齐桓、晋文），对慈的礼遇更胜姜望（姜子牙），这还有什么可说的，只有报主以死，期于尽节，殁而后矣！"

就这样，智勇双全的太史慈亦投靠了孙策，六县也理所当然地归其所有。

本节参《三国志·魏书》《蜀记》《中国历代战争史》《江表传》《吴历》

5.31　公孙瓒的末路

公元198年十二月下旬，刘繇暴病而亡，豫章一带由名义上的豫章太守华歆所掌。

孙策闻听此消息以后便遣太史慈往豫章一带探听情报，顺便也看看这个华歆到底是一个什么样的人。

可当太史慈走后，孙策身边的文武众臣全都认定太史慈不会再回来了。孙策却笑着和这些大臣道："子义，天下义士！说出去的话就好像季布一样价值千金，怎么可能不回来呢？我断言，六十日之内，子义必回！"

结果，太史慈果真在孙策所说的日期内回来了，并给孙策带来了非常有用的情报。什么情报呢？篇幅太长，我就不照着写了，总之就是说华歆这人只不过是一介文弱书生，他虽然很擅长带领百姓致富，给百姓带来美好的生活，但武功方面如同婴儿一般羸弱无用，根本镇不住豫章一带的豪强，所以希望孙策能抓紧时间平定豫章。

听毕，孙策频频点头，于是加紧练兵，遂有吞并豫章之志。

可就在这时，荆州刘表突然遣侄子刘磐率荆州兵袭击孙策，那刘磐强悍勇猛，统兵打仗的能力也是比较不错，所以多地皆被掠夺，当地官府不能治理。

于是，孙策在边境划分出六个郡县，并任命太史慈为都尉总镇六县，以防刘磐的侵袭。

这一招果然奏效，自太史慈建治海昏（六镇治所）以后，积极训练士卒，演兵讲武，使得六镇实力迅速蹿升。

刘磐这之后也带兵来了很多次，可没有一次不被太史慈打得狼狈逃窜。久而久之，刘磐畏惧起了太史慈，也就再也不敢侵入江东了。太史慈俨然孙策在西边抵御刘表最坚实的壁垒。

好了，孙策的事情先介绍到这里，我们再将目光瞄向河北，因为已经支撑了三年多的公孙瓒终于要完了。

这回，他是真的完了。

公元199年二月，袁绍虽然还没攻破公孙瓒的"千丈阁楼"，但眼见粮食一天天地减少，公孙瓒也是看在眼里急在心中。于是，便打算请求外援前来帮忙。

那么现在还有谁能够对袁绍造成威胁呢？我只能说，中原有曹操，南方有孙策。不过不管是谁，他们都距离自己太远，正所谓远水救不了近火，公孙瓒是一定不会请求他们的。

那么还有谁能帮助公孙瓒呢？公孙瓒没有忘记，袁绍在河北可是还有强敌的。这人不是别人，正是黑山张燕！

要知道，黑山张燕和自己的关系一直不错，且和袁绍势如水火。如果自己被袁绍消灭，下一个不是曹操便是张燕，这种唇亡齿寒的关系张燕不可能不知道。

基于此考虑，公孙瓒遂遣其子公孙续前往张燕处寻求帮助。

而事情果然不出公孙瓒所料，张燕深知唇亡齿寒之理，所以当即答应，没有一丝犹豫，并亲率十万大军前往营救。

公孙瓒听闻此消息以后极为振奋，于是秘密遣使者往公孙续处，希望公孙续能向张燕借五千骑兵，先一步埋伏在袁绍军身后。埋伏好以后，双方以火把为号，只要公孙瓒看到火把便出动全军对袁绍发动攻击。

那时候，袁绍所有的精力必定放在自己身上，只要公孙续在这时从背后对袁绍发动攻击，袁绍军必定大乱。要知道，公孙家族从老到小都是玩骑兵的行家，一旦计谋成功，那袁绍军还能好得了吗？我估计，大概连骨头都会被啃得不剩吧。

公孙瓒，不愧是三国时期比较强悍的战略家，计谋毫无破绽可言。

可有的时候，运气真的是实力的一种。可惜的是，公孙瓒并没有这种"实力"。

为什么？因为那名使者还没等偷走出包围圈便被巡逻队生擒了。一名小队长还从这名使者身上搜出了公孙瓒的信件。

到这，公孙瓒的命运已经彻底注定。

袁绍将计就计，在次日夜里命早已经准备好的士兵在公孙瓒的指定位置点亮了火把。

见此，早已经准备好的公孙瓒亲自带领士兵冲杀了出去，可当公孙瓒冲进袁绍大营的时候，周围一片寂静，一个袁军士兵都没能看到。久经战阵的公孙瓒感觉何其敏锐，见此就知大事不好。

可就在他要大喊撤退之际，突闻杀声震天。然后，数之不尽的袁绍军好像末日丧尸一般从四面八方向公孙瓒蜂拥而来。

之后，只一瞬间，公孙瓒的部队便被切成了数段，进而陷入指挥失灵、大军混乱的窘境。

公孙瓒见大势已去，只能哀叹一声，然后抛弃麾下将士，只带少数亲随返回自己的"千丈阁楼"。

这一场战斗，公孙瓒几乎全军覆没，带出去的部队十不存一。所以现在的"千丈阁楼"几乎可以称作"千丈空楼"了。

基于此，袁绍再无顾忌，遂遣军对这些"千丈阁楼"发动了不要命的攻势。

与此同时，袁绍还派遣了工程部队，命其在大军攻击阁楼的同时在阁楼之下挖掘地道，挖出一段便用木柱撑住，并在挖到一半的时候用火将木柱焚烧，然后快速撤离。

哐当，就听一声巨响，"千丈阁楼"就这样倒塌下来。

见此，袁绍大喜过望，便按此方法毁掉了一座又一座阁楼。

最后，只剩下摆在中间的阁楼了，也就是公孙瓒所在的那个阁楼。

看着下面的工兵好像蚂蚁一样一点点钻进了自己阁楼的下方，公孙瓒知道，自己完了。但雄霸东北数年的公孙瓒绝不允许自己受到袁绍的侮辱，哪怕自己的家人也不行！

于是，这人拿着一根绳子，一个个勒死了自己的家人。他的妻子、儿女，没有一个人幸免，全都被公孙瓒活活勒死。

最后，公孙瓒拿起火把，直接点燃了土丘上的阁楼，他公孙瓒就是死了也决不允许袁绍获得自己的尸体。

公孙瓒是一条汉子，我敬佩他！可有些人偏偏不想让公孙瓒如愿。

土丘下的袁绍见土丘上的阁楼已经燃起了熊熊烈火，哪里还不知道公孙瓒的想法，这混蛋足足拖了自己将近四年，袁绍怎么可能允许公孙瓒死得这么壮烈？

于是，他立即停止了工兵的工作，而是强令士兵爬上土丘，并下达死命令，无论如何要取到公孙瓒的项上人头。

面对着死亡的威胁（军令），面对着袁绍如同要吃人一般的眼神，这些士兵拼了命向上猛爬，终于在公孙瓒临死之前爬上了山丘，进入了阁楼。

公孙瓒见到这些士兵，指着苍天狂骂，可还没等他骂完，冰冷无情的首环刀便穿透了公孙瓒的胸膛。

这之后，公孙瓒再无知觉。

无他，公孙瓒人头落地。

至此，困扰了袁绍将近四年的公孙瓒终于被消灭。而正在前往此处的张燕听说公孙瓒已经被杀，只能哀叹一声，然后领兵而还。

袁绍，即将张开他那血盆大口去吞噬中原。可曹操，你做好准备了吗？

本节参《江表传》《中国历代战争史》《三国志》《范书》《三国志·公孙瓒传》《资治通鉴》

5.32　决定

公元199年三月，干掉公孙瓒的袁绍已经拥有青、冀、幽、并四州之地，精兵十余万，且在地理上没有后顾之忧，所以实力之强冠绝天下。甚至连乌桓大人蹋顿都遣使往袁绍处请求与之和亲。

袁绍现在正将目标放在南方，当然不会得罪这些北方的骑马民族，所以二话没有，当即答应。

这还不算，袁绍还冒用朝廷之名封蹋顿为大单于，承认他身份的合法性。

要知道，被汉朝授予大单于的称号可是这些北方少数民族的荣耀，所以蹋顿非常高兴，被授予大单于以后没过多长时间便献给了袁绍一大批精悍战马，使得袁绍骑兵团的数量进一步得到了提升。

从此，袁绍和乌桓建立了深厚的友谊，这种友谊甚至在袁绍死去以后依然存在。

本月中旬，袁绍突然外派长子袁谭坐镇青州，远离了政治的中心。

此决策一出，整个邺城全都乱了。之前那些支持袁谭的人皆惶恐不安。

为什么会这样呢？想想大周的古公亶父是如何外放吴太伯的，再想想春秋晋献公是如何外派申生的大家就明白了。

因为身为一方势力的继承人，必须每时每刻守护在统治者身边，这才能防备一些"突发事件"。而一旦将长子外派地方去，那只能说明两点。第一，统治者是一个不明治国之道的蠢猪。第二，统治者有心再立储君！

袁绍是蠢猪吗？虽然我不喜欢这个血统高贵的人，但不可否认，他绝对不是什么蠢猪，蠢猪也不可能成为现在天下最强大的势力。

那答案就很明显了，他想废了袁谭这个长子而另立其他子嗣。

那么他想立谁呢？往下看就知道了。

次日，袁绍正在召开军事会议，可就在这时，沮授突然闯了进来，和袁绍十分不客气地道："主公！将大公子外派青州您是怎么想的？"

袁绍："这有何不可？"

沮授："当然不可！古人言：'一兔走衢，万人逐之，一人获之，贪者悉止。'大公子乃是主公您的继承人，他的位置稳固则袁氏心安，没有人会对这个位子抱有什么想法，可主公您一旦将大公子外派地方，其他人便难免产生野心。如此，危矣！"

袁绍："哎，先生言重了，我袁绍身为这天下最强大的诸侯，挑选继承人一定要严格才行，所以呀，我的儿子们谁都别想留在邺城，我打算让他们每个人各占据一州，这样才能看清楚他们真正的实力啊。啊？哈哈哈哈哈。"

呵，袁绍说得漂亮，可次日，他的举动是这样的。

首先，命长子袁谭总镇青州。

然后，命次子袁熙总镇幽州。

最后，命外甥高干总镇并州。

自己则统大军屯驻冀州。

然后，然后就没有然后了。要知道，在当时，袁绍一共有三个儿子，他们分别是袁谭、袁熙和袁尚（一说四个，袁谭、袁熙、袁尚、袁买，至于袁买到底是不是袁绍的儿子，史书中有多种不同说法，所以不予采纳）。

这一下将长子和次子全都派了出去，只留最小的儿子袁尚在邺城，袁绍之心还用猜测吗？明晃晃就是想让袁尚做自己的继承人啊。

古人言："废长立幼为取乱之道。"所以当沮授听闻此事以后仰天长叹："唉……大祸由此而始矣！"

本年四月，袁绍任审配和逢纪主管军事，田丰、荀谌、许攸为随军谋士，颜良、文丑为前锋，选拔精锐步兵十万，骑兵一万，共十一万大军准备向许都开进。

可就在袁绍正积极选拔士兵，准备向曹操展开全面侵攻之时，袁绍的议事大厅却发生了激烈的争论。

当天，众人本来是听袁绍之命，要来商讨从哪个方向对曹操发动进攻的。可还没等开始商讨，田丰便头一个站了出来，并和袁绍说了一些他本不爱听的话："主公，兵出数年，则百姓疲惫。粮仓没有积蓄，则赋税上涨，这是国家最为忧虑的事情。所以就这么进攻曹操，必会导致我方出现此等结果。不如暂缓攻击，然后一边和天子搞好关系，一边务农逸民。之后遣军进屯黎阳，渐营河南，分遣精骑掠夺其边境，让曹操疲于奔命，再联络荆州、江东、关西诸势力共同袭扰曹操。如此，只需要三年，大事便可成功。到那时，我……"

"田大人差矣！"

未等田丰说完，袁绍谋士之一的审配便站出来道："兵书言，十围五攻，敌则能战，今以名公之神武，跨河朔之强众，讨伐曹操还不是小菜一碟？正所谓天予不取，必受其咎。如果不趁着现在的良好时机攻击曹操，等以后再想消灭他可就难了。"

"话不能这么说！"审配刚刚说完，沮授又站出来道，"救乱除暴，谓之义兵，持众凭强，谓之骄兵。兵义无敌，骄则必败！曹操迎天子，安许都，这便是占据了大义！如果我们在全无口实的情况下对曹操发动攻击，则必败无疑。曹氏之兵令行禁止，极为精锐。曹操用兵如神变化多端，非是公孙瓒这等忍者神龟所能比拟。所以，田大人说的才是至理名言，还望主公深思啊！"

"哈哈哈哈！"这时候，郭图又站出来道，"简直不知所谓，当初武王伐纣，谁说武王不义了？汝言曹操迎天子已取大义，我却说曹操挟天子以令诸侯！这等行为，与逆贼有何不同？你现在出去打听一下，哪个士兵提到曹操不是气得咬牙切齿，这才是真的义兵！就好像刚才审大人所说，天予不取必受其咎！这才是至理名言，这才是越之所以霸、吴之所以灭者也。所以，田大人和沮大人的办法只不过是画地为牢，不算是真正的见识！"

田丰、沮授："你……"

袁绍："好了好了！众人说的都有道理，不过我还是认为正南（审配）和公则（郭图）说的更有道理，所以我意已决，大家都不要再说什么了。"

就这样，袁绍最终敲定了讨伐曹操的计划，现在天下最强大两个诸侯之间的决战，即将全面展开。

本节参《三国志》《九州春秋》《世说新语》《后汉书》

5.33　情商

公元199年四月，整个河北，无数士兵不断往郿城一带集结。这种情况表明，袁绍要对曹操动手了。

所以一时间天下震恐，尤其是正对着冀州的兖州，更是惊恐无比，曹操手下的两名太守（徐翕、毛晖）更是因此背叛了曹操，宣布在兖州独立，准备策应袁绍。

见此，曹操第一时间出手，立即带兵将其平定。

徐翕和毛晖本想投奔袁绍，但退路已经被曹操堵死，所以无奈之下只能躲藏在臧霸居所寻求庇护。

因为臧霸这个人以后还要多次提及，所以请允许我简单地介绍一下。

臧霸，字宣高，泰山郡华县（今山东省费县兰山区）人，父亲臧戒，曾经为县狱掾。

当时，郡太守企图运用手中的职权斩杀私怨之人，可臧戒以国家法典而拒绝了太守。太守因此大怒，遂下令收捕臧戒，并让人将其送往郡治。

那时候，臧霸刚刚十八岁，正是血气方刚的年龄，所以当他听说自己的爹被押送以后直接怒了，乃领三四十个门客前往堵截押送臧戒的队伍。

可没承想，押送臧戒的队伍竟然有一百多人。

一见有这么多人，跟随臧霸而来的门客全都吓在当场不敢动弹。臧霸却不管那个，冲上前去便行救人。

押送官员前来阻止，臧霸二话不说，咔咔两刀，人头落地。

这两下子直接将在场一众官兵都镇住了，竟然眼睁睁看着臧霸带着臧戒逃走而不敢追击。臧霸从此以武勇闻名于世。

这之后，臧霸投奔了陶谦，在攻击黄巾军的时候立下了汗马功劳，所以陶谦封其为骑都尉，让其驻扎开阳一带。

再后来，吕布夺得了徐州，并重用臧霸，所以当曹操攻击徐州的时候，臧霸给曹操造成了不小的麻烦。

直到吕布为曹操所灭，臧霸怕被满门诛杀，便带着家眷躲藏了起来。

曹操却没有难为臧霸，而是非常喜欢这个颇有能力的将帅，便托人带上了很多礼物拜访臧霸，希望他能投奔自己。臧霸感激曹操的厚恩，便投奔了曹操。

这之后，曹操封臧霸为琅邪国相，还割出徐州北部不小的一片土地给臧霸管辖，意图用勇猛的臧霸来防御青州方向的袁绍军。

臧霸就先介绍到这里，我们再回到主线。

话说徐翕和毛晖投奔了臧霸以后，臧霸果然念及旧情收容了他们，且没有禀告曹操。可曹操真想查一个人，他就是长了翅膀也难以逃脱。

很快，徐翕和毛晖躲藏的地点便被曹操查明。曹操怕伤了臧霸的心，就派善于雄辩的刘备往臧霸处，意图说服臧霸，将二人的首级献上。

可这一次，刘备失败了。

听了刘备的说辞以后，臧霸对其深深一拜，然后饱含真情地道："刘大人，我臧霸之所以能够屹立于天地之间，凭的就是我的义气！凭的就是我不干出卖朋友的事！但曹公对我又有保命和重用的大恩，我不敢也不能违抗他的命令。但我听说，建立王霸之业的雄主是可以用情义来说服的。所以，我请求刘大人能将我的话带到曹公处，如果曹公还让我将二人斩杀，我必不再推脱，会和二人共赴黄泉！以报曹公大恩！"

刘备将臧霸的话原封不动地转告了曹操，本以为曹操会大怒，可曹操并没有。他还感叹地和刘备道："这是古代大贤才能说出来的话呀，我还有什么理由斩杀二人呢？"

就这样，曹操放过了二人。非但如此，他还任命徐翕和毛晖继续担任太守，以此表达自己对于臧霸的器重和信任。

臧霸因此感激得痛哭流涕，并暗暗发誓，从此为曹操用命。而这个汉子果然没有辜负曹操的信任，在以后对袁绍和东吴的战斗中都立下了汗马功劳。

不过这是后话，我们以后再说。

　　内乱平定，可曹操阵营中那恐惧的氛围依然没有消散，还在不停地弥漫。

　　四月中旬，也许是想安定一众文武那恐惧的身心吧，曹操遂在一次廷议上当众道："众位，我知道河北的异动让你们身心不安，可你们真的不必这样害怕。就我对袁绍的了解，这人志向很大，却智谋短浅，外表武勇却内心胆怯，猜忌刻薄又缺少威严，人马虽多却调度无方，将领骄横而政令不一，这样的人，哪怕他的兵力再多、土地再广阔也绝对不是我曹操的对手，所以，大家真的不必如此担心。我可以向大家保证，只要战事一开，我必……"

　　"不对吧……"

　　就在曹操说得高兴之时，孔融突然打断了他，并且接下来说出的话差点没把曹操气得暴走。

　　只见孔融慢慢悠悠地站出来道："这个……曹公啊，据我所知，袁绍地广兵强，有田丰、许攸这样的智谋之士为他出谋划策，还有审配、逢纪这样的忠臣为他办事，亦有颜良、文丑这样的勇将为他统率兵马。恕我直言，他好像没有曹公说得那样不堪吧。依我来看，袁绍非但……"

　　"一派胡言！"就在曹操即将暴走之际，平时一向和孔融要好，并温文尔雅的荀彧却突然暴起，指着孔融便行开骂，"孔文举！你休要胡言乱语！袁绍兵马虽多但法纪不严；田丰虽有谋略却刚直犯上；许攸贪婪又治理无方；审配专权又没有谋略；逢纪处事果断却自以为是。这几个人虽然各有所长，却无法相容，早晚会产生事端。至于颜良、文丑，不过是两个无脑匹夫，一仗就可以将其消灭，哪里有孔文举你说的那么夸张。"

　　孔融："这，可是……"

　　荀彧："可是什么可是，还不下去！"

　　无奈，孔融只能讪讪退去。

　　可以说，荀彧完全是救了孔融一命，而孔融还不自知。孔融，这个情商如同负数一般的人，可究竟如何是好？

　　　　　　　　　　　　　　　　本节参《三国志》《资治通鉴》

5.34 袁术之死

这次廷议"有惊无险"地结束了，对于结果曹操还算满意，起码从明面上看他手下的这些文臣武将好像放心了不少。可令曹操没想到的是，袁绍带来的恐慌还远没有结束，还有那恐怖的余波。

公元199年四月中下旬，董承等汉献帝身边的"心腹"料定曹操必为袁绍所灭，所以在暗中商议于袁绍之前杀死曹操，这样也能为自己谋一个好的前程。

但就靠他们这一群人绝对不能成事，原因很简单，手上没有兵啊！所以，董承秘密联系了刘备，并拿出了汉献帝亲手写下的诏令，希望刘备能协助他们一起诛杀曹操。

也许是不满曹操挟天子而令诸侯，也许是要匡扶汉室，抑或有什么其他的野心，反正刘备当时就答应了董承的请求，准备挑一个"良辰吉日"杀死曹操。

可就在刘备和董承密会之后，曹操突然遣使来找刘备去府中赴宴。刘备这心当时就是一震，但表情上没有任何破绽，直接便和使者一起去曹操府中赴宴了。

宴席上，宾主之间谈笑风生，刘备演技无敌，没有半点儿不自然，可这心中好像有一块大石头始终压着他，让他如坐针毡。

而就在酒过三巡以后，曹操却突然说出一句话，就这一句话差一点儿将刘备吓得露出破绽。

只见曹操喝了一口酒，然后微笑着和刘备道："玄德呀，依我来看，在这天下一众诸侯中，只有你和我才能配得上英雄二字！"

曹操这话什么意思？现在刘备明面上就是曹操的一个手下，而对自己的手下说天下英雄只有你我二人，这，难道曹操知道了什么？

刘备，这个城府极深的男人在这时候也蒙了，不知该如何作答。

可就在这时，天空突然一声暴雷响起。曹操就好像没听到一般纹丝不动，而刘备呢？却借着这暴雷声响假装吓了一大跳，还将筷子扔到了地上。

曹操见此大笑："哈哈哈，玄德这么大的人难道还怕雷声？"

刘备故作惊魂未定道："古人云：'迅雷风烈必变'，所以一雷之威足以将正常人震得惊恐不安，哪有几个人会像曹公这样处变不惊呢？这就是真正的英雄和我们这些凡人之间的差距啊。"

曹操："啊？还有这么一说？哈哈哈哈哈哈，玄德谬赞了。"

曹操可得意了，刘备也是有惊无险地避过了这次"危机"。但同时，刘备知道，许都这个地方是不能再留了，不然指不定哪天东窗事发，自己就得死在许都。

于是，刘备主动请缨，意图向南堵截袁术，借此展翅高飞。

曹操也没想那么多，一个连雷都怕的人还能干出什么。所以当即答应了刘备，让他率领本部兵马前往阻击袁术。

然而，就在刘备整备士兵，准备前往阻击袁术之际，其麾下谋士董昭却找到了曹操，并言之凿凿地和其道："主公，那刘备统兵作战能力突出，又有关羽、张飞这等万人敌辅佐，我们恐怕难以预料他的心思，所以还是不要派刘备出许都为妥。"

曹操满不在乎地道："哎，我已经答应了刘玄德，怎么能食言而肥？我想他是不会背叛我的。"

数日后，未等完全准备妥当，刘备便着急忙慌地带领军队出发了。

次日，从来都是从容不迫的程昱和郭嘉联手找到了曹操，表情十分慌张。

曹操疑惑地道："你们二位这是？"

程昱："主公啊！我和奉孝之前建议您杀掉刘备，您不杀也就算了，您的气度高，我们两个比不上，可您也不能放掉刘备啊！"

曹操："这话怎么说……"

郭嘉："那刘备有枭雄之志，苍龙之心！还是汉室宗亲，手下又有猛将辅佐，怎肯甘于人下！如果主公将其困在许都也就算了，谅他也闹不出什么乱子！可主公您竟然将他放了，这不就是等于放虎归山、放龙入海吗？主公您到底是怎么想的？"

"嘶……"

听郭嘉和程昱这样说，曹操这才真的害怕起来，遂急忙遣军前往追赶刘备，可刘备就是怕曹操追上他，所以一出许都就拼了命向南疾奔，使得曹操根本无法追上。所以从这时候开始，曹操和刘备彻底断了联系。

好了，刘备和曹操的事暂时到这里吧。大家一定很疑惑，刘备为什么要"堵截"袁术呢？既然是堵截，那么袁术一定是要往北走，他要走到哪里呢？我们把时间往前挪一点。

话说自袁术称帝以来，不但遭到了曹操和吕布的猛烈攻击，还和孙策断绝了关系，使自己陷入了四面皆敌的窘境。

最重要的是，袁术这人治理地方的能力简直就是垃圾中的战斗机，据《三国志》所载，袁术后宫的妹子成群结队，伙食顿顿山珍海味，甚至连袁术手下的文臣武将都是顿顿大鱼大肉，身穿绫罗绸缎。

可袁术治下的那些士兵和百姓就惨了，他们每天饥寒交迫，有的百姓甚至易子而食，怎一个惨字了得！

基于此，一个又一个士兵解甲归田，一拨又一拨百姓起义造反，江淮一带顿时陷入大乱。本来兵甲数万的袁术只一瞬间便成了光杆司令。

因此，袁术不敢再在寿春逗留，只能往地方去投奔他的手下——雷薄和陈兰。

可此时的袁术已经千夫所指，最重要的是手上没有半点儿力量，而在这个毫无忠孝可言的年代，这就代表着灭亡。

所以，雷薄和陈兰半点儿犹豫都没有便驱逐了袁术。袁术无奈，只能北上投奔自己的哥哥袁绍，意图献上玉玺，从此苟活于袁绍阵营。

可就在北上的路途之中，前路被刘备堵截，袁术无奈，只能再往寿春而回。

六月，南下寿春的袁术突然腹中饥饿，便想要些酒肉充饥。可厨子无奈地和袁术道："陛下，现在全军只剩下三十斛麦子了，别说酒，就是连一点儿肉末都没有了，小人还是去给陛下弄一些粥吧。"

袁术沉默良久，只得干食稀粥。

当时正值大暑，袁术热得难受，便又让下人给他去准备蜜浆，可就像之前厨子说的，现在能有点儿稀粥就不错了，还上哪里去弄蜜，所以下人只能摇头告罪。

袁术本想痛声呵斥，想了想却无奈地摇了摇头，说退下人以后便独自坐在营房之中，不知想些什么。

良久，绝望的袁术突然冲出营外，然后对着老天狂喊道："我袁术到底做错了什么，为什么会落到如此地步！"

噗……

喊完，袁术便开始大口大口地喷血，然后，他直接倒在了地上，从此再也未能睁开双眼。

本节参《献帝起居注》《三国志·魏书》《三国志·吴书》

5.35　佐世大能

袁术死后，其长史杨弘、大将军张勋等带领其部。

想当初，孙策还在袁术阵营的时候，二人和孙策的关系相当不错。尤其是张勋，虽然官职高过孙策许多阶，但对孙策从来是以礼相待，一点儿不敢逾越。不为别的，就因为他认定这小子以后定成大事！所以哪怕孙策和袁术闹掰了，二人之间的联系也从未断过。

因此，张勋和杨弘便领其部往江东方向奔走，意图投奔孙策，从此在江东过活。

可不料就在路过庐江之时，被庐江太守刘勋截击。杨弘和张勋手下虽然还有不少的士兵，但这些人一个个饿得皮包骨一般，哪里还有半点儿力气？所以只一触即溃，战后皆为刘勋所俘。

刘勋可威风了，劫掠了杨弘和张勋的部队，不仅得到了三万人，还夺得了袁术所有的财宝。可乱世，所谓的财宝根本不值一提，只有粮食才是价值千金的宝物。而想要养活多出的这么多人，光凭他庐江一郡之地是绝对不够的。于是，刘勋遣其弟刘偕往豫章各地借粮。

豫章太守华歆不善武力，所以不敢得罪刘勋这种手握重兵的实力派军阀，便遣一吏配合刘偕一起往海昏和上缭收粮。

那海昏还好，起码还给了刘偕数千斛粮食，可上缭的百姓在本地宗族的带领下不给刘偕一丁点儿的粮食。刘偕因此大怒，遂上报刘勋，请以武力攻之！

时孙策正在图谋豫章，闻听此事以后大喜，乃设计先攻刘勋，再取豫章，进而全定江东！

因此，孙策修书一封予刘勋曰："上缭的那些宗民就是一群浑蛋、一群强盗！他们数次抢劫我的地盘，我早就想砍他们了，可因为道路不便，容易引起和太守您及华太守的冲突，所以一直没能动手。如今闻听刘太守要攻击上缭，孙策甚是振奋，在此我可以向太守承诺。只要太守您能攻击上缭，我孙策定率军支援，事后不要一丁点儿的战利品，只为了爷们儿的一口气！"

见此信，刘勋极为振奋，这便给了孙策回信，并集结士兵，准备出兵上缭。

可就在刘勋将要出发之时，一个谋士突然出现在了他的面前，并坚持不让刘勋出征。这人不是别人，正是整个三国最为强悍的S⁺级全局型谋略家——刘晔！

刘晔，字子扬，淮南郡成惪（德之异体）县人，是光武帝之子刘延的后代，实打实的汉室宗亲。

刘晔的父亲名叫刘普，母亲名修（因为不知何姓，所以就称刘氏），生了刘涣和刘晔两个孩子。

本来，一家四口过得其乐融融，可就在刘晔七岁那一年，府中突然进来了一个年轻美貌的侍女。

这侍女不仅长相祸国殃民，床榻之术更是登峰造极。所以从这以后，刘普一天到晚和这个侍女厮混，进而冷落了刘氏。

要说这也就算了，古时候哪个有钱、有权的男人没个三妻四妾？更别说宠幸一个侍女了。可这侍女得寸进尺，她仗着刘普的宠爱三番五次地羞辱刘氏，还意图鸠占鹊巢，赶走刘氏。

刘氏，这是一个心眼很小的女人，受不了这种羞辱，所以没过多长时间便郁郁而终了。刘氏临死时曾将刘涣和刘晔叫到身前，和他们阴狠狠地道："儿子们，你们给我记住，你们父亲身边那个贱人有妖媚害人的习惯，我去世以后，她必会找机会除掉你们，进而祸乱整个刘家，你们长大以后一旦有机会，一定要弄死这个贱人。这样，母亲就彻底没有遗憾了。"

六年以后，已经十三岁的刘晔突然将自己的哥哥叫到身前，然后凶狠地和其道："哥哥可还记得母亲临终遗言？"

刘涣："这怎会忘记，可是……"

刘晔："没有什么可是，现在我们已经长大成年，是时候完成母亲的遗愿了。"

一听这话，刘涣吓得慌忙后退，结结巴巴对刘晔道："怎……怎么能够这样，父亲对那贱人言听计从，喜爱非常，如果我们将她……"

刘晔："别说那些没用的，我就问你敢不敢和我一起干？"

刘涣："我……我，恕难从命。"

听毕，刘晔只是一声冷笑，然后看都不看一眼自己的哥哥便行离去。

结果，不出一炷香的时间，还没缓过神来的刘涣就听"啊"的一声惨叫。

无他，刘氏二号被冲进去的刘晔一刀捅死了。

紧接着又听一声愤怒的咆哮声，然后，刘晔便被家丁押到了刘府正堂。

当时，暴怒的刘普直接抽出腰中宝刀，指着刘晔便问："小崽子！你为什么要这样做？是谁让你这样做的？"

我想，如果一个普通孩子被父亲拿刀指着逼问，早就吓得尿裤子了吧。可刘晔没有，面对着面前冰冷的短刀，刘晔只是淡淡一眼，然后没有任何情绪波动地道："父母之言，天地之命，这是母亲临终时的遗言，儿如今已然办到，再无遗憾，愿意领受父亲的责罚，还请父亲下手，不必有所顾忌。"

这话一说，刘普直接愣在当场，心中五味杂陈，这可是他的儿子，还是一个如此孝顺的孩子。更难能可贵的是，面对着死亡，这小儿竟然没有半点儿畏惧。

因此，刘普认为刘晔不是寻常人，便饶过了刘晔，没有动手杀掉这个儿子。

不久，大相术师许劭（给曹操相面的那个人）游历到成惪，刘普便花重金将其请到家中，为自己这个小儿子相面。

岂料许劭见过刘晔以后大惊，直接将钱财全部还给了刘普，还郑重地对刘普道："您的这个儿子有佐世之才！我可不敢收取您的钱财。"

这之后，刘普重点关照刘晔，不管刘晔想要什么书籍，刘普都会想方设法给刘晔搞来，所以刘晔的学识在这一段时间进展飞速。

就这样，数年过去，当时的扬州，孙策异军突起，成了最为强大的势力，这孙策不但武力超强，耍起阴谋诡计来也是一绝，他勾结扬州的土匪、豪族，让他们率领部曲往江北不断抢劫掳掠，以此削弱江北势力而强大自身。

在这些人中，尤其有一个叫郑宝的，这小子兄弟多，武器精良，凶狠好斗，所以大家非常畏惧他。

当时，郑宝想用自己的武力将所有百姓全都驱赶到江南去，因为刘氏是成惪第一宗族，所以郑宝便给刘晔发了通牒（此时刘晔已经成了刘氏的族长），让刘晔支持他，这样剩下的一切就好办了。

刘晔当时二十来岁，认为孙策这种性格的人最终成不了大事。同样，他也愤恨孙策的这种做法，就想要宰掉郑宝。

可郑宝的兵力比刘晔多出太多，所以刘晔没有半点儿机会。这可怎么办？

就在刘晔百思不得破解之法时，曹操突然派出使者前来拜访庐江太守刘勋，想要将刘勋收归帐下。刘勋虽然没有立即答应曹操，但为了给自己留一条后路，也没有拒绝，只是含糊其词，并连日以最高规格招待曹操的使者。

听此情报，刘晔计上心头，因此连夜前往庐江治所皖城去拜会曹操的使者，并和其共商天下大事。

刘晔，不管是眼界、口才还是谋略，在当时，不，应该是在历史上都是能够排得上号的存在，所以只一番详谈就使曹操的使者深陷其中，遂与刘晔结为莫逆至交。最后，竟然连刘勋都不搭理了，直接和刘晔一起返回了成悉。

那郑宝听说曹操的使者竟然到了刘晔的府中，吓得亡魂皆冒。曹操是什么人？毫不夸张地说，那是现在天下第二号的存在，要是在不明情况下将曹操激怒了，后果可就不堪设想。

基于此，郑宝亲自带百人左右前往刘晔的府中拜访曹操的使者，意图打探情报。

而这些，全都在刘晔的意料之中。

他之所以请曹操的使者前来自己府中，就是想把郑宝这厮引过来，进而杀之！所以，当听得郑宝前来拜访的消息以后，刘晔大喜，遂命府中家丁在外院饮宴，只等自己一个手势便冲进来将郑宝斩杀。

可刘晔高估了府中家丁的勇气。

当时，酒已过三巡，刘晔和曹操的使者都喝了不少，只有郑宝，一滴酒都没有沾，只是不停和曹操使者赔笑。

没有办法，这郑宝实在是太谨慎了。

见此，刘晔也不管他喝不喝了，便做了一个动作（暗号），然后死死盯着外院。可那些家丁早就被郑宝的警惕和他带来的人马吓得不敢动弹了，所以哪怕刘晔发出了暗号，他们也假装没看到，迟迟不肯动手。

见此，刘晔知道，想要靠这些废物弄死郑宝是不可能的了。于是，刘晔站起身来，端着一壶酒走到了郑宝的面前，和郑宝恭敬地道："郑大人，刘晔早就听闻大人的威名，恨不能早些相见。如今详谈，更生恨晚之念，今天我也不求别的，只求大人能给刘晔些薄面满饮此杯！刘晔便从此鞍前马后，再无他念！"

话毕，直接给郑宝倒上了满满一杯酒，然后就那么殷切地看着郑宝。

一杯就能得到刘晔的相助？这买卖简直不要太划算，郑宝大喜过望，连想都没想便端起此杯满饮。

可就在郑宝仰头喝酒之际，刘晔突然从袖中抽出一把匕首，然后噗地一下将匕首狠狠插进郑宝的咽喉，进而割下其人头。

见此情形，曹操的使者已经被吓蒙了，府中的家丁也蒙了。而郑宝带来的人只是一愣，便抽刀冲向刘晔。

可这时候，刘晔直接举起了郑宝的人头对冲向他的人嘶吼道："曹公有令！谁敢行动和郑宝同罪！我看你们谁敢动！"

这话一说，本来猛冲过来的士兵们全都呆立当场。几息以后，这些士兵扔下了手中刀兵，但也没和刘晔说一句话，就这样转身离去了。

而直到这时候，曹操的使者才反应过来，他腾地一下站起来，指着刘晔便骂："好你个刘晔！原来你一直在利用我！"

刘晔也没有过多地解释，只是对使者深深一揖，以表歉意。

"哼！"

使者也没回应刘晔，直接转身离去。刘晔也没有去追使者，而是带着几名勇敢的家丁飞速往成惪外郊的郑宝军营而去。

刘晔这是干什么去？作死吗！

非也！

刘晔认为，郑宝新死，正是收服其部众的最佳时机，如果再晚一点儿保不准这些强盗出身的人就会逃跑。要知道，郑宝可是有数千匪众啊！

就这样，刘晔进入了贼军大营。

结果，在他三寸不烂之舌的忽悠下，郑宝剩下的头领们全都归顺了刘晔，使得刘晔的兵力一下狂增至数千人之多。

不过刘晔是一个非常有自知之明的人，让他搞点儿阴谋诡计他有信心不在任何人之下，可让他带兵打仗还是算了吧。

所以，刘晔没有另立山头，而是带着这数千人投奔了刘勋。

好了，刘晔的介绍就先到这吧，我们再回到主线。

本节参《三国志》《资治通鉴》《中国历代战争史》

5.36　不听不听就不听

公元199年夏，孙策写信怂恿刘勋，想让刘勋攻击上缭，可就在刘勋准备出击之际，其手下谋士刘晔突然站出来阻止道："将军决不可动！"

刘勋奇怪地道："嗯？子扬为何如此？"

刘晔冷笑道："嗬，他孙策自以为智计百出，可此等拙劣之谋岂能骗得过我？大人，上缭虽小，却城坚池深，是一个易守难攻的地方，哪怕大人您有再多士兵，没个十天半月也休想拿下。兵法曰：'久攻不下，士卒必疲，久战不归，国家必空。'而这时候，正是外敌侵入的最佳时机。他孙策在这种时候给大人写信忽悠大人前往攻击上缭，其意图简直不要太明显，所以我说，此种画蛇添足的蠢计岂能骗得过我？"

刘勋："这……子扬是不是太多疑了？孙策可是白纸黑字地承诺过我了，怎么可能食言呢？"

这话直接把刘晔说愣住了，他好像看着白痴一样看着刘勋，不可置信地道："大人您在说梦话吗？现在天下大乱，正处于乱世，谁还会和您去讲什么道义？战国时秦国欺诈天下，最后却得到了天下。高祖背弃信义而攻项籍，则海内一统，这您不会不知道吧？您怎么能……"

刘勋："好了好了别说了，孙策当初和我都在袁公手下效力，我了解他，是一个说一不二的人，绝不可能背信弃义，子扬你多心了。"

一听这话，刘晔也来了脾气，他指着自己不可思议地道："我多心？好，好，我今天话就放到这，如果您执意出兵，大祸必将临头，爱信不信吧，告辞！"

话毕，刘晔转身离去，再不和刘勋多言半句。而刘勋呢？只是摇了摇头，然后无奈苦笑道："这个刘子扬，怎的脾气如此暴躁，真是拿他没办法。"

就这样，刘勋不听刘晔苦劝，毅然率军前往攻击上缭了。

与此同时，孙策军中。当孙策闻听刘勋已动的消息以后大喜，遂亲率数万大军溯江西上，扬言兵进黄祖处，可当他到达石城（今安徽省池州市贵池区西七十里）以后却突然改道，先命孙贲、孙辅率八千精锐埋伏彭泽一带，然后和兄弟周瑜亲率两万主力直袭皖城。

皖城之兵此时尽往上缭，全无防备，所以轻松被孙策攻占。

那孙策，疾行如风，气势如奔雷，在拿下皖城以后分兵略地，只旦夕之间便将整个庐江尽数纳入囊中。

而此时的刘勋甚至没到达上缭。当他听说老窝被端以后极为惊恐，当即便找到随军参谋刘晔问计："子扬，子扬啊……勋悔不从子扬之计，如今整个庐江皆为孙策那小畜生所并，我该怎么办啊？"

刘晔："将军，勿要慌张，现在您就是后悔也来不及了，不过还有一线生机！"

刘勋："子扬快快说来！"

刘晔："将军您在庐江经营多年，根深蒂固，得百姓爱戴，所以人心是在你这边的，这时候，您应该立即挥军回师，和孙策在庐江决一生死！这，就是那一线生机！"

刘勋："好！子扬之言正合我意，来人啊！"

传令："在！"

刘勋："给我吩咐下去，立即回师庐江！"

刘晔："将军且慢！"

刘勋客气道："子扬还有何见教？"

刘晔："孙策用兵如神，亦有苟且小计，我料定他在侵攻庐江之前必有布置！所以还请大人谨慎行军，以免中了孙策小儿的埋伏！"

刘勋："哎呀，现在时间就是生命，时间就是金钱，哪里还能磨磨叽叽的呢！"

话毕，刘勋慌忙便走。

刘晔又是一愣，然后指着已经消失的背影痛骂道："刘勋，你这匹夫！你没救了！"

就这样，刘勋不听刘晔之言，以急行军往庐江疾奔。而结果果然不出刘晔所料，就在刘勋领军奔赴至彭泽之时，孙贲、孙辅的伏兵突然杀出！一瞬间将刘勋的大军切为数段。刘勋大军因此混乱，士兵四散奔逃。刘勋无奈，只得带领残部往西面而逃。

几日以后，九死一生的刘勋终于逃出了孙贲的追击，而他现在所剩的士兵只有几千人而已。

此时的刘勋再一次厚着脸皮找到了刘晔，讪讪地道："唉，悔不该……"

"行了行了。"

愤怒的刘晔直接打断了刘勋的话语，然后阴沉沉地道："现在我这有上、下二计给你参考，你爱听不听。"

刘勋点头如小鸡啄米："听，听，这次再不听我就不是人！"

刘晔："下计，大人继续向西，寻求黄祖的帮助，江夏黄祖和孙氏一族有不共戴天的仇恨，必定会帮助大人。不过说实话，我不太赞成大人选择这个计谋，黄祖虽然兵多将广，可现在的孙策实在是太强大了，根本就不是区区黄祖所能抵抗的。所以唯有上策，那才是大人您现在最好的选择。"

刘勋："上策是什么？快快说来！"

刘晔："投奔曹公！"

刘勋："这，这确实是一条出路，可就这样不战而走我实在是不甘心，这样，我先选择下策，如果实在不行的话我再选择上策，这样就没有遗憾了。"

刘晔："……唉，好吧，一切随你高兴。"

本节参《中国历代战争史》《三国志》

5.37 江东之主

公元199年八月，刘勋急走江夏向黄祖求援，黄祖当即应允，并遣其子黄射率五千兵马协助刘勋共同回击孙策。

现在刘勋具体还有多少兵马史料未曾记载，不过我可以很负责任地说，他就是满打满算也绝对不到五千之数，而用不满万的兵力去攻击孙策，呵呵，简直不要太搞笑。

结果确实，刘勋和黄射的联军被孙策大破，黄射败退回江夏，刘勋则带着不到一百的残兵北上投奔曹操了。刘晔也从此归于曹操麾下。

我们接着说孙策。

大破黄射和刘勋的联军以后，孙策率数万士卒（大概在三万到四万），乘船数千艘浩浩荡荡杀奔夏口（今湖北省武汉市汉阳区，荆襄和东吴必争之要冲）。

孙策来势太猛，黄祖还是新败之军，所以不敢力敌，只能收缩防线，一边退守至易守难攻的沙羡（今湖北省嘉鱼县北江中之沙洲），一边遣使往襄阳请求刘表援军。

刘表对此事高度重视，当即命从子刘虎率荆州最精锐的五千长矛兵前往救援（加长型长矛兵，守城战及防御突骑冲锋的一把好手），意图用此长矛兵挡住孙策骑兵的冲击（孙策率领骑兵作战的能力可与西北马氏、东北公孙氏相提并论，刬除中原，在江南绝对无敌）。

援军到来以后，黄祖军声势大振，乃于沙羡大营周边亦布置水军，意图用大营主抗孙策，水军在侧翼骚扰协防。

十二月八日，孙策率大军抵达沙羡，便打算亲率大军对黄祖展开冲击。

这一出把手下的那些将领们全都吓蒙了，这孙策实在太彪了，上一次攻打笮融就被流矢把屁股射得欻欻蹿血，这次攻击更强大的黄祖，弄不好还不得把命丢了？

基于此，众人无论如何不让孙策亲自冲锋。

孙策无奈，只得再商议其他策略。

四天以后，也就是十二日清晨，布置完大营的孙策命江夏太守兼建威中郎将周瑜、桂阳太守兼征虏中郎将吕蒙、零陵太守兼荡寇中郎将程普、奉业校尉孙权、先登校尉韩当及武峰校尉黄盖等将领分水陆两军共同向沙羡发动了凶猛攻势。

与此同时，孙策还亲自站在主战鼓之前，用尽平生之力擂鼓助战。于是，三军士气旺盛，人人皆用死命。而此时的沙羡加上水军一共有守军三万五千人左右，不比孙策军少多少，且沙羡易守难攻，还有荆州长矛兵为前线壁垒，极为难攻。所以周瑜等将领没有直接对沙羡发动冲锋，而是先用弓箭猛烈射击，将顶在最前面的长矛兵射退以后才行冲锋。

一时间，杀声震天动地，不管是孙策军还是黄祖军都竭力死战，无人后退半步。

与此同时，海上的交锋也是极为惨烈。船与船之间火矢漫天，不断有船舰被损毁，不断有士兵掉入江中。双方就这样在水路和陆路相互搏杀。

一个时辰、两个时辰、三个时辰……直到黄昏时，战阵终于发生了异变。

由于孙策军皆为南征北战之劲旅，所以体力极强（孙策的打仗风格我就不说了，能当上他的精锐，那体力自是不必多说），哪怕已经战至黄昏，却依然跟打了鸡血一样拼命搏杀。

可黄祖军就不行了，这些大兵虽然勇猛，但从来没经历如此惨烈的搏杀，所以到黄昏之时，他们的体力已经耗尽，便开始陷入被动。

这之后，一个又一个士兵不听统帅命令仓皇撤退。

就这样，恐怖的连锁反应产生了。只见大批大批的黄祖兵狼狈奔逃，使得黄祖军在瞬时间兵败如山倒。黄祖见败势已呈，无法挽回，只能弃了大军，率数百精锐落荒而逃。

而水路中的黄祖军见陆军溃散，便也亡命奔逃。

于是，孙策大胜，然后对黄祖逃军疯狂追杀。

本次战役，孙策共斩杀黄祖陆军两万多人，水军一万多人，几乎将黄祖的部队尽数歼灭。

这还不算，孙策还将黄祖的七个老婆全部俘虏，当然，还有黄祖的六千艘战船以及堆积如山的财物，实乃少有的大歼灭战！

可本次作战虽然大破黄祖，孙策也损失惨重，所以没再行深入，而是命周瑜率军屯守巴丘（今湖南省岳阳市西南）以防刘表，自己则另带主力东下取豫章去了。

数日以后，孙策兵至椒丘（今江西省南昌市新建区北）后开始整军备战。在攻击华歆之前，孙策却叫来了虞翻，然后对其道：“华子鱼在豫章民心甚盛，所以我不想用武力来使他屈服，否则对我的名声很不好。我希望你能去劝降他。当然了，他如果和你扯皮你也不用惯着他，你就这样说：‘我家将军只给你一天的时间考虑，不然战鼓一开，玉石俱焚’。”

虞翻哼哈地答应了，到了华歆那里却没有像孙策吩咐的那样说（废话，按那彪货的说法啥事儿都得干黄了），而是十分客气地和华歆道：“虞翻早在会稽之时便闻听大人之名，实如雷贯耳，今日一见，我算是了却了一桩心事。世人皆拿大人与王府君（王朗）相提并论，如今一看，果然不假啊。”

一听这话，华歆却连连摆手道：“哎，不可说不可说，我可比不上王会稽，人家面对孙策有勇气主动出击对战。可是我呢？呵呵，现在这心还在惧怕呢。”

一听这话，虞翻双眼一亮，然后道：“哦？那恕我唐突，我想请问大人，现在豫章的粮草、士兵、财货对比当初王府君不知如何？”

华歆笑道：“呵呵，王会稽乃治世能臣，我如何能和他相比。实话和你说了吧，这三样，我豫章现在一样都比不上当初的王会稽啊。”

虞翻笑道：“唉，既如此，我就直言了吧。不说王会稽，就说当初的刘扬州（刘繇），他的实力要数倍于王府君，可最后还是被我家将军打得四处奔逃。我家将军智略超世，用兵如神，现在又有大军在握，试问现在整个江东还有谁是他的对手？所以我劝大人还是早些投降吧，不然一到明日午时，我怕就要和大人您阴阳相隔了。”

华歆微笑道：“仲翔不必再说了，说实话，我早就有了降意。如今，孙会稽已来，我也没什么好说的了。"

话毕，华歆直接将豫章太守的印信交到了虞翻手中。

就这样，孙策不费一兵一卒便得到了整个豫章，然后以弟子之礼厚待华歆，并划出豫章西部地区为庐陵郡（今江西省吉安市），以孙贲为豫章太守，孙辅为庐陵太守。

至此，整个江东皆为孙策所统，孙吴开国之基予以奠定。而这时候，孙策击败黄祖，全夺整个江东的消息亦如狂风一般席卷天下。整个天下无人不惧怕孙策这个江东的小霸王。袁绍亦在此时遣使结交，意图在自己和曹操决战之时让孙策在后背对曹操进行攻击。

孙策是如何回复袁绍的我是不得而知，但我知道的是，当曹操听说袁绍遣使往孙策处以后极为恐慌，立即便遣使者往孙策处，将弟弟的女儿许配给了孙策的小弟孙匡，又为儿子曹彰迎娶了孙贲的女儿。同时上表朝廷，将孙权、孙翊都封为了秀才，意图用"秦晋之好"的方式来绑住孙策，让他不在背后对自己动刀子。

面对曹操如此的"诚意"，孙策当然照单全收，并保证不会对曹操怎么样，可孙策这个人有信义可言吗？

呵呵，我们拭目以待吧。

本节参《中国历代战争史》《三国志》《资治通鉴》

5.38 宣战

公元199年八月上旬，河北之主袁绍正式向曹操宣战。其宣战檄文传遍各地，使得整个天下的目光此时聚焦在了中原战场。他们都想看看，看看这两大豪雄之间谁才能真正得到天下。

因为这封宣战檄文字数实在是太多，同时是各位所熟知，我就不全篇翻译了，各位了解一个大概就好：

"从前，秦国如日中天，是多么强大，可赵高出现以后祸国乱政，使得天下民不聊生。所以，秦朝被灭亡，至今还背负着骂名。后来，吕氏专政，擅自处理政事，控制南北军队，天下人都因此感到寒心！于是绛侯周勃、朱虚侯刘章愤而起兵，所以使得大汉复振，他们也因此光照史册。而这！便是身为大臣的典范！曹操的祖父曹腾，是从前的中常侍，和左悺、徐璜在一起兴风作浪，祸乱天下！他们是什么东西？都是一群妖孽！曹操的父亲曹嵩，那就是曹腾收养的一个乞丐！借着曹腾给他的权力和金钱来贿赂上下，最后得到了三公之位而颠覆皇权。实际上，他屁都不是！曹操，阉狗之后，不仅没有任何品德节操，还狭隘、阴狠，喜欢制造动乱。反观大将军袁绍，他英明神武，心胸宽阔，为人所不能为之大义！想当初，董贼挟天子祸乱天下，是谁仗剑击鼓攻击董卓？是谁召集天下英雄攻击董卓？是大将军！是大将军袁绍！当时，大将军非常信任曹操，不但和他一起商议对抗董卓的策略，还给其士兵，委以重任！可曹操呢？愚昧短见，轻易便对董卓发动进攻，结果大败！丧失了很多士兵（我要是没记错的话，袁绍应该没给曹操士兵，曹操损失的都是自己的士兵）。可大将军没有放弃他，又分给了他许多士兵，还让他担任东郡太守（那是因为曹操凭一己之力救活了东郡，整个东郡以曹操马首是瞻）。这之后，袁绍又让曹操担任兖州刺史（只不过是顺水人情），让他披着虎纹将袍，交给他军队，给他赏罚的职权！希望他能像当初的孟明视（秦国将军）一样将功赎罪！可曹操呢？肆意行凶，剥削人民，残害寻常百姓！所以天下人民都憎恨曹操，这才造成了吕布振臂一呼，整个兖州便都归吕布之后果。大将军因为顾念和曹操的旧情，还因为讨厌吕布这种善变的白眼儿狼，便发动军队征讨吕布。当时，大将军的部队是如何威风、如何威武！只金鼓一震，吕布的军队便落荒而逃（吕布说得没错，这两兄弟果然都擅长吹牛）。就这样，大将军拯救了曹操，并给他官职。按说，大将军对曹操也是有救命之恩的。哪怕曹操不思报答，也不能阴谋陷害吧？可曹操呢？把天子挟持到许昌以后便开始谋乱朝政，分裂土地，只凭自己的喜好来乱封官职！……（省略几千字）所以，天下各地的诸侯们啊，你们也要响应大将军的号召，随同大将军的脚步向曹操发动进攻，只要能取得曹操人头的，大将军便会赏赐五千户侯，赏钱五千万！曹操手下的官员们，不管你们是文官还是武将，不管你们的官职大小，只要肯悬崖勒马，向大将军投降的，大将军都保证不予追究，还会量才而用！"

当时，几乎整个天下的军阀都认为袁绍胜利的可能性比较大，就更别提河北之人了。就在众人都心情振奋，准备成为袁绍的开国功臣之时，沮氏一族的族长沮授却是满面愁容。

那天，正是沮氏一族的族会，大家都在开怀畅饮。只有跪坐于正位的沮授满脸愁容，和谁都不说一句话。

其弟沮宗非常纳闷儿，便问沮授："哥哥，今儿族会，大家都很高兴，怎么您却如此惆怅？难道是有什么无法解决的事吗？不如说出来，大家一起参详参详。"

听此，沮授默默喝了口酒，然后惨笑一声道："呵！参详，参什么详？有酒有肉你们趁早吃，因为你们就快吃不到了。要知道，我们的财富都是大将军给的，一旦大将军败了，我们就什么也没有了。"

沮宗："哥哥，您这话莫不是说这一次大将军会输给曹操？"

沮授没有回话，而是继续喝着酒。

沮宗："不对吧，我们大将军兵强马壮，在地理上还没有后顾之忧，怎么可能弄不过曹操呢？要知道，江东孙策，荆州刘表，宛城张绣，关西马腾、韩遂，这可都是曹操的后顾之忧啊，如此，曹操必不能将力量集中一处，这样，我们还有什么理由认为大将军会失败呢？"

沮授轻蔑一笑："你懂什么？刘表新败孙策，力量大失，哪还有心北上？张绣，只一地军阀，刘表若不出兵援助，他敢？马腾、韩遂，两个无耻蟊贼而已，表面上看两人的关系和铁桶一样，可在绝对的利益面前，有谁敢说牢不可破？等他们一方消灭另一方再想其他的吧。至于孙策，他确实可以对曹操造成威胁，可岂能不防刘表？所以，他攻击曹操也只能遣一将和一部分兵力而已。我问你，想要消灭曹操，不出一国之力可能成功？"

沮宗："这……"

沮授："那曹操智略无双，用兵如神，还有无尽的粮草后勤，可谓以逸待劳。可我方呢？用将近四年的时间消灭了公孙瓒，兵众疲惫，缺乏战心，岂能是曹操的对手。而这还不是最可怕的。最可怕的是，我们现在明明不占任何优势，可大将军却以为必胜，进而小看曹操，这岂有不败之理！嘻！"

这话一说，在场众人全都低下了头，不作声了。那么事情是不是会如沮授所预料的那样呢？我们拭目以待。

本节参《三国志》《魏氏春秋》《献帝传》

5.39　智计百出陈元龙

公元199年八月中旬，袁绍十一万大军已集结完毕，随时有可能对曹操发动攻击。曹操因此亲率大军至官渡布防，准备应对即将到来的狂风暴雨。

就在曹操即将和袁绍决战之际，东南却突然传来了噩耗，使得曹操不得不将官渡的指挥权暂时交给"铁壁将军"于禁，然后亲自带部分军队回军坐镇许昌，以防老巢被端。

那么这个东南的噩耗究竟是什么呢？

孙策动了。

当孙策听说曹操已经将主力大军都移到官渡以后，第一时间便遣一将（此将不知名，一说孙权，但并无佐证，所以称其为××）勾结数万江东水贼攻击广陵匡奇（今江苏省盐阜市东），意图在打开匡奇这个缺口以后亲率正规军攻陷许昌，然后挟天子以令诸侯。

可陈登何等谨慎，早在孙策成为江东之主初始便开始防备孙策，乡间遍布整个江东（孙子五间：乡间、内间、生间、死间、反间）。所以孙策那边一出兵陈登就知道了，于是亲率整个广陵郡的郡国兵屯驻匡奇，意图用防守反击之法应对贼军。

可贼军的士兵数倍于陈登，所以整个匡奇的士兵皆惧怕非常，还没等打仗士气就几乎降至冰点。

面对此种士气，陈登却没有半点儿灰心。他将所有的士兵集中在了匡奇广场，然后嘶吼着对一众士兵道："我陈登深受陛下之命，率全军来匡奇防守贼人的进攻，本来信心满满，却没想到我广陵的爷们儿都怕成这个样子！当初马文渊（东汉初期名将马援）在广陵南定百越，北平诸狄，难道他的士兵就比我陈登多吗？我虽然没有马文渊那样杰出的才能，但也不是一个贪生怕死之辈！我今天对天发誓，必率各位死战贼寇，誓死不退！哪怕是死，我陈登也和你们一起死！我相信，只要大家不畏惧死亡，听我号令，我们绝对有获胜的机会！"

这话一说，城中的士气这才回来一点儿，但也极其有限。

对于此种情形，陈登也是没有办法，只能想办法尽快获得一场胜利，因为只有这样才能最快、最直接地提升士气。

于是，陈登计上心来。

本月下旬，数万贼军抵达匡奇城郊，然后开始设置攻城大营。当主将××看到匡奇城墙上那寥寥无几的士兵以后，他猖狂大笑，就等三日后一举将匡奇拿下。

可就在次日拂晓，匡奇城的南门悄悄打开。

首先，一队骑兵人衔枚、马裹蹄地消失在夜色中。

然后，几乎匡奇城所有的步兵都在陈登的带领下悄悄向敌军大营推进。

因为极度轻敌，××根本没想到陈登敢对自己突袭，所以一点警备都没有，就这样让陈登轻易摸进了大营。

此时不击更待何时！就听陈登爆吼一声杀字，然后四方火起，杀声震天，许多贼人根本来不及穿上衣服便被冰冷的首环刀刺穿了身体。再加上这些贼人是一群贼寇，并没受到过什么正规训练，所以只瞬时之间，整个贼军便大乱奔逃，××即便想组织反击亦是有心无力，便也只能弃军而逃。

可就在这些贼人往码头疯狂逃窜之际，突然冲出一队骑兵横插进了贼军的中心，然后疯狂突击斩杀，瞬间便将逃亡的贼寇们分成两段，使贼军乱上加乱。

而这时候，陈登的追兵也已追至，贼军没有办法，只能弃了船只往北逃窜。

就这样，陈登一路追杀，直到失去了敌方行踪以后才退回匡奇。

这一战，陈登以数千兵众大破数万贼军，斩杀一万多贼军士卒，使兵众的士气狂升至顶点。士兵们这时候甚至感觉，只要跟着陈登，哪怕面对十万大军他们也不惧怕了。

陈登却没有他们这么乐观，因为他知道，这次胜利只不过是一个开头，接下来还要迎接更加狂猛的进攻。不过那又怎样？不管你有千百大军，我都有诡谋奇计。

而事实果然如陈登所料，××败退以后极不甘心，于是收拾残众，再次集结了一支两万多人的部队向匡奇进发。

陈登知道，这次再玩儿出其不意的偷袭是绝对没用了，于是他换了一个"小小"的计谋。

八月二十五日，××集结残部再次对匡奇完成了包围，并多设警戒，准备在次日便对匡奇发动攻击。

可就在当天晚上，事情发生了异变。

只见匡奇城东十里处突然火把漫天，好像有数万的士兵正在朝此处奔袭而来一般。××的贼军经过之前的失败本来就已经如惊弓之鸟，如今一见远处火把漫天，都以为是曹操的援军来到，所以大乱，进而四散逃窜，××虽百般阻止却都收效甚微。

并且，就在这军心大乱之时，伴随着刺啦的声响，匡奇四面城门大开，陈登亦亲率大军对已经溃散的贼军发动了猛烈的攻击，这就让贼军更加混乱。

一时间，贼军阵营遍布哭爹喊娘之声，被陈登军砍死及相互踩踏而死的贼军不计其数。

由是，陈登再一次击败了来势汹汹的贼军，几乎将其全军覆没。××因此带领本部兵马撤回江东，再也不敢捋陈登那如虎一般的胡须。

再观孙策，他见陈登如此神勇，亦止住对曹操侵略的想法，所以虎卧江东，审视中原，只等曹操出现破绽便会给其雷霆一击。

本节参《三国志》《中国历代战争史》《资治通鉴》《先贤行状》

5.40　张绣来投

公元199年九月，孙策虽然停止了对曹操的进一步进攻，可曹操还是对这头江东猛虎万般警惕，所以没有立即回归官渡，只不过将本部兵马又分到官渡一部分而已。

十一月，一个非常不利的消息传到了曹操耳中，使得曹操倍感恐慌，可最终的结果使得曹操大喜过望，甚至不敢相信。

什么消息呢？

本月，袁绍遣使往张绣处，希望张绣能够归顺自己，并在自己和曹操决战的时候从背后偷袭曹操，从而策应自己。

当时，也就是会见袁绍使者的时候，身为张绣谋主的贾诩正在张绣身旁，结果不等张绣回复使者，贾诩就先一步道："呵呵，简直笑话，他袁氏兄弟之间尚不能相容，怎么可能还会容得天下英雄。你回去告诉袁绍，想让我家将军投靠他，他是想也别想！"

那使者一听这话，盯着张绣阴狠狠地道："将军，这位说的话可能代表你？我劝你还是想好后果再回话。"

当时，张绣也是觉得不可思议，甚至冷汗都从额头渗了出来。可因为对贾诩的盲目自信，他还是回复使者道："文和说的话就是我说的话！有什么可想的！"

袁绍使者："好！很好，你早晚会为你所说的话付出代价！"

说完，这使者便转身离去了。

而直到这时候，张绣才侧过身来，就这么死死地盯着贾诩。

这一顿猛盯给贾诩盯得直发毛，于是笑呵呵地问道："你看什么？"

"我看什么？"一听这话，张绣怒了，他指着贾诩道，"你不觉得你应该和我说些什么吗？"

贾诩笑道："哦？将军想让我和你说些什么呢？"

张绣："你！好，好，你就在这揣着明白装糊涂，我问你，现在这个天下就属袁绍和曹操最强，两个人谁能胜利谁就能得到天下！现在的情况就是逼着我选择一个阵营投靠！哪怕不想投靠袁绍，也不用把他往死里得罪吧？"

贾诩莫名其妙地道："我们是一定要投靠曹操的，为什么还要对袁绍的使者以礼相待呢？我不杀他就不错了。"

张绣："什么？贾诩！你莫不是疯了！袁绍和曹操的兵力虽然相近，但袁绍没有后顾之忧，曹操却四面皆敌，无法将兵众聚集一处来对抗袁绍！怎么看最后胜利的都是袁绍，怎么可能是曹操？退一步说，就是我想投靠曹操，那也要有机会才行！我和曹操什么关系？是生死大仇！文和呀，你是不是忘了，我可是将他的儿子和爱将全都给杀了的人啊！他怎么可能会收容我？不弄死我就不错了！"

贾诩："哈哈哈哈哈哈！"

张绣："你笑什么？"

贾诩："我笑将军实在是不了解曹操的为人。"

张绣："哼！愿闻其详！"

贾诩："一、曹操奉天子之命号令天下，这是占据大义，曹操的臣民们因此都愿意为其贡献死力！而袁绍则放弃天子，从始至终在为自己谋得利益，所以绝对不会拥有人心，不多说，单凭这一条，袁绍就必败无疑！二、袁绍现在势力虽然冠绝天下，却是一个任人唯亲的东西。我们现在投靠袁绍只能是锦上添花，不可能被袁绍重用。可曹操就不一样了，曹操现在最需要的是什么？那就是四方诸侯的支持！我们如果现在投靠他，那就是雪中送炭，一定会得到曹操的重用。三、凡有霸王之志者，都应该放弃个人的恩怨，在天下人面前表现自己的胸怀。而曹操到底有没有霸王之志，相信我不说将军您也知道。基于以上，我贾诩可以断定，曹操非但不会坑害将军，还会对将军敬重有加，所以将军大可不必担心。"

对贾诩的能耐，张绣是非常敬佩的，对于贾诩揣测人心的本事，张绣更是五体投地。所以，张绣答应了贾诩，怀揣着一颗忐忑之心带着自己全部的兵众前往投奔曹操了。

而事实也确实如贾诩所说，当贾诩带着自己的援军到达官渡之时（此时曹操已再次兵达官渡），曹操握着张绣的双手激动得说不出话。

非但如此，曹操还亲自为张绣接风洗尘，酒席之上无话不谈，但关于两人之前的恩怨都越过不谈，至于之前自己曾发过的誓言，那就更当成屁一样放了。

为了彻底安定张绣的心，曹操还替儿子曹均迎娶了张绣的女儿为妻，并任命张绣为扬武将军。

但对待贾诩，曹操就没有那么多讲究了。他只是在酒席中间紧紧握住了他的手，简明扼要地道："使我曹操信重于天下的人，就是你贾文和了，别的也不多说了，以后你就跟着我吧！"

就这样，张绣的势力彻底投奔了曹操，成了他手中的一把尖刀，贾诩也在这以后成为曹操智囊团中极重要的一分子，使得曹操战胜袁绍的概率又增加了几成之多！

本节参《三国志》《中国历代战争史》

5.41　肃清内患

公元199年十二月，曹操感觉孙策短时间应该不会再攻击自己，遂亲引大军再往官渡（张绣带军至曹操军中便是本月）布防，可就在曹操和袁绍即将进行总决战之际，那可恶的麻烦又来了，并且如雷霆一般将曹操劈得五迷三道。

本月下旬的一天晚上，天色已暗，官渡曹操大营。

士兵们这时候都已进入梦乡，但曹营的警备工作依旧井然有序，不时有巡逻的士兵经过。

就在这时，数名身穿黑衣的刺客却深入曹营，他们好像洞悉了曹兵巡逻的时间和路线一样，每一次都能躲过曹兵的巡查。

这还不算，这些人对于曹营的熟悉程度好像自己家一般，七拐八拐便窜到了曹操的中军大帐，其意图不言自明。

就在他们即将动手之时，却见曹操大帐门外守护之人竟是虎痴许褚。那群黑衣人当时就蒙了，一个黑衣人狠狠地拽了一下领头的黑衣人，话音颤抖地道："你不是说今天负责保护曹贼的是普通护卫吗？怎么会是这个憨货？"

"谁！"那许褚身为曹操身边的第一护卫，感官何其敏锐，哪怕这些刺客的声音再小，他也第一时间有所察觉。

这一声暴吼不但将附近的警卫吓得狂奔而来，还将正在熟睡中的曹操也惊醒了。一众刺客见大事不妙，撒腿就要跑。

可许褚这头胖虎拥有超出他体型的速度，他三下两下便将一众刺客追上，然后如同虎入羊群噗噗噗地一顿乱砍，结果不到半炷香的工夫就将这些刺客全部斩杀。

曹操阴沉着脸让许褚将这些刺客的面纱一个个摘了下来，可就在摘到那领头黑衣的时候，许褚却是一惊。

见此，曹操忙问此黑衣人是何人。许褚如是道："这小子名叫徐他，是咱们大营之中的侍卫，俺没记错的话，应该是董承那帮人推荐上来的，所以谁都没有怀疑过他们。"

话毕，曹操沉默半晌，然后阴狠狠地道："董——承——，好！很好！"

这之后，曹操大营又增加了很多的守卫。同时，曹操秘密命自己的情报部门暗查身在朝中的官员（以董承为代表）。

结果，只短短不到一个月的时间，曹操便将阴谋暗算自己的相关人员全都查探清楚。

公元200年正月，曹操大开杀戒，将董承、王服、种辑等一干参与谋杀自己的官员全部族诛，一个种都没给留下。

至于刘备，因为此时远在徐州，所以没有为曹操所杀。

那么刘备是什么时候到了徐州的呢？他又是怎么重新占据的徐州呢？

话说刘备逃离许昌以后，带着本部兵马象征性地前往堵截了袁术，闻听袁术死讯以后，便秘密向徐州方向行进。

后来，袁绍对曹操宣战，曹操兵进官渡，刘备便利用此天赐之良机以诡诈之法弄死了徐州刺史车胄，然后全吞徐州。

因为刘备在徐州极得人心，所以刚刚占据徐州便有东海一众乱匪及百姓的归顺，使得刘备在瞬时之间兵力便狂涨至数万人之多。

这还不算，刘备在夺取徐州以后还主动与袁绍结盟，意图以东、北两方钳击曹操。所以曹操听此信息极为恐慌，几乎在第一时间便遣刘岱和王忠率军攻击徐州。

刘备，乱世之枭雄也！我可以很负责地说，论小、中集团军统兵打仗，刘备的才能在整个三国时期都是第一档位的存在，所以刘岱和王忠根本不是对手，在极短的时间便被刘备击破。

不仅如此，二人还被生擒至刘备军中。

当时，刘备嚣张地用手拍打着刘岱的脸，一边拍打一边道："回去告诉曹操（啪），就说我刘备说的（啪），像你这样的废物（啪），就是来一百个（啪）也不能把我刘备怎么样（啪），除非他曹操亲自来（啪），那样才有机会（啪）胜过我刘备（啪），哈哈哈哈哈。"

刘备，何其嚣张，这和他平时的人设完全不符，简直就是疯狂往自己身上拉仇恨。基于刘备这种异常的举动，我有理由相信，刘备在和袁绍签订盟约的时候应该已经定下计谋，那便是刘备在吸引曹操火力的时候，袁绍出动主力部队在北方予曹操以痛击。

而曹操？果然中计了。

此时的官渡曹军主营。看着狼狈的刘岱和王忠，曹操一脸的阴沉，可他只稍稍考虑了一会儿便亲点主力大军，准备直击徐州。

见此，曹操手下一众文武大惊失色，他们几乎异口同声地道："主公，现在与您争夺天下的人是袁绍！而不是刘备！他刘备算个什么东西？不过是一卑鄙无耻的宵小而已，主公只需要派一名将领做好防备工作即可！可袁绍不一样，他的精锐现在已经压到了我们头顶。如果主公您现在去攻击刘备，袁绍势必趁此空虚之时狂攻我官渡。到时候，主公悔之晚矣！还请三思啊！"

当时，持有此念想的文臣武将占绝大多数，曹操却没有听取他们的意见，而是似笑非笑地道："哦？袁绍是麻烦？刘备只是宵小之辈？不不不，我和你们的看法有根本上的不同。我反认为，整个天下，只有刘备才能当得上豪杰二字，至于袁绍，根本无法和刘备相提并论。哪怕他袁绍真趁我攻击刘备的时候攻击我，于禁也足以抵御很长一段时间！"

话毕，一众文武还想再劝。可就在此时，郭嘉亦站出来道："主公高见！袁绍做事迟钝，生性多疑，所以哪怕他会攻击主公，也不会很快；哪怕他会攻击主公，也不会出全军。为什么？因为他怕这是主公的瞒天过海之计。刘备则不同。刘备，天下豪杰！用兵强悍果断，捞取民心的手段更是天下第一，如果稍稍给他一点时间，他必会成为主公最大的威胁。而现在则不同，此时的刘备刚刚占据徐州，人心还没有完全归附，这时候对他进行攻击，必定可以成事！所以，请主公马上攻击刘备，臣可以用性命担保，这时候进攻刘备必能在极短的时间将其击溃！"

曹操："哈哈哈，奉孝此言正合孤意！"

本节参《三国志》《资治通鉴》《献帝春秋》《魏武故事》《魏略》

5.42　大战开端

公元200年正月中旬，曹操留于禁率本部兵马死守官渡大防线，自己则亲率精锐主力疾奔徐州，意图在最短的时间歼灭刘备。

刘备知道曹操必会继续攻击自己，甚至想过曹操可能会亲自带军前来攻伐，却怎么也没想到曹操会这么看得起自己，竟然亲率主力大军来攻，大哥！曹老大！你要知道，你现在脑袋瓜子上还顶着一个袁绍呢，你难道就不怕袁绍趁此时机前去攻伐吗？我刘备何德何能，得你曹操如此重视！

基于以上，当刘备听闻此事以后根本无法相信，遂在布防以后亲率十几人充当斥候前往打探消息。

结果，在一高坡之上，刘备果真看到了一支极为精锐的部队。这支部队骑兵于两侧，步兵行于中心，装备极其精良，各种兵器在阳光的照射下耀眼夺目，各种精良甲胄在刘备眼中是如此让他绝望。最重要的是，整支部队遍布曹字大旗。

有人对刘备说："主公不必担心，这只不过是曹操的瞒天过海之计，实际上他的本尊还是在官渡的。"

也有人对刘备说："兵来将挡水来土掩，主公不必太过在意。"

可和曹操合作过的刘备知道，这支部队一定是由曹操亲自统率的！因为他看到了虎豹骑，看到了虎士营，更看到了这支军队在无形中所透射的杀气！如果曹操不在军中，是绝对不可能有这些兵种和杀气的！

所以，刘备接下来……不好意思，刘备接下来怎么应对曹操的我不敢写了。

首先，对于这次战争过程，史料上没有哪怕半点儿记录。其次，关于本次对战的结果，诸多史料也是不尽相同。

《魏书》上说，当刘备看到曹操这支军队以后直接就吓得弃军而逃了。

《三国志》和《资治通鉴》则说，刘备是在激烈的抵抗以后才弃军而逃。

说实话，虽然《三国志》和《资治通鉴》的说法更加靠谱一些，可不管哪种说法都是有破绽的，所以我不敢妄言，只能请各位读者见仁见智了。

可不管哪种说法是真的，最后的结果都是一样的。那就是刘备大败，然后前往河北投奔了袁绍。至于死守下邳的关羽，则是被曹操生擒，进而投降曹操，因此保住自己的一条性命。

至此，曹操复得徐州，彻底赶走了这个藏在自己身后的大患。

那么在曹操攻击刘备的这段时间，身在河北的袁绍又做了什么呢？

公元200年正月中旬，就在曹操主力大军攻击刘备期间，冀州别驾田丰兴奋地找到了袁绍，开门见山便道："大将军！大将军！好消息，好消息啊！"

见此，袁绍笑道："哦？什么好消息能把我们不苟言笑的田别驾高兴成这个样子？"

田丰："据可靠情报！曹操现已率主力大军前往攻击刘备，官渡方向空虚，正是出动全军对曹操发动总攻击的天赐良机！主公万万不可……大将军？大将军？"

就在田丰在一旁滔滔不绝之时，袁绍却毫无兴趣地闭上了眼睛，还作昏睡状，所以田丰急得连叫大将军。

袁绍见田丰实在没有什么情商，只能不耐烦地和田丰道："唉，我那最小的儿子现在病情严重，实在是没有什么心情打仗了，所以等我儿子病好了再说吧。"

这话一说，田丰直接愣在当场。他简直不敢相信自己的耳朵，这个全天下最强大的诸侯竟然因为幼子生病而放弃了如此天赐之机。这是闹的哪样？这是真的吗？

就这样，场中陷入了一种诡异的寂静。几息以后，见田丰还不离开，袁绍只能不耐烦地驱赶："田别驾，你还在这杵着干什么呢？难道还有别的事儿？"

见此，田丰这才彻底相信，袁绍没有开玩笑，他说的是真的，是真的！于是，暴怒的田丰用拐杖狠狠地敲击着地面，几乎是咆哮着对袁绍道："这种天赐之机，却因一孺子而放弃，可惜啊！可惜啊！大事完了！"

话毕，再不看脸已经黑成一团的袁绍，转身便走。

那么问题来了，类似袁绍这等枭雄一般的人物，真的会为了一个孺子而放弃这等天赐良机吗？有关此问题，历来有两种说法，老规矩，我罗列出来，各位自行选取，我不带节奏。

第一种说法：袁绍说的就是他心中最真实的想法。人是会变的，尤其是岁数偏大的男人更加珍爱幼子，所以当袁绍看到自己最小的儿子病重之时已经全无战心，只想等自己的儿子把病养好之后再行攻击。

第二种说法：实际上是袁绍顾忌太多。就像之前郭嘉说的，袁绍优柔寡断还生性多疑，所以他怀疑这就是曹操给自己下的一个套，就等着自己往里跳呢，要不然不可能有后续的试探性攻击。

好了，以上便是两种比较主流的说法，各位自行取舍，我们继续正文。

本月下旬，袁绍虽然拒绝田丰发动总攻击的提议，但依然派出了零星部队向官渡一带发动进攻，意图试探曹军虚实。

结果，无一例外，全都被于禁踹回了河北。见此等战力，更使得袁绍确定，曹操一定是用了什么诡计等自己上钩，遂决意不动。

直到本月月底，曹操顺利返回官渡，袁绍这才知道自己上了曹操的大当，于是暴怒，遂点齐三军，准备对曹操发动全线总攻。

可就在这时，豫州别驾田丰又找到了袁绍，依然用那强硬的声调道："大将军不可强攻！之前老臣劝大将军对曹操发动全面攻击，大将军不肯用事，毁了那天赐之机，如今曹操已经回到官渡，现在进攻还有什么用？况且曹操用兵如神，变化无穷，大将军绝对不可轻视。老臣认为，现在不如按兵不动，只与曹操相持。将军占据山川险要，拥四州之民众，对外结交英雄，对内抓紧务农，然后挑选精锐之士组成奇兵，不断侵袭河南诸地，使曹操疲于奔命。如此，不出三年便可活活将曹操耗死！"

三年？要知道，曹操现在最需要的就是时间。就袁绍对曹操的了解，只要能给曹操足够的时间，他必会彻底平定荆州、关西等诸多势力。到时候自己都要成为曹操的附庸，还打个什么了。

基于此，袁绍当即拒绝了田丰的提议，并且一点儿面子没留。

田丰老头也是怒了，他见袁绍拒绝了自己的提议，竟然言语冒犯，以极为刚烈的语言劝说袁绍，并且预言袁绍必败。

袁绍因此大怒，遂在出征以前将田丰关到了牢房中，意图大胜以后再行羞辱田丰。

公元200年二月，袁绍十一万精锐全线出动，兵锋直指官渡。

本节参《三国志·魏书》《资治通鉴》

5.43 战前介绍

决定整个历史进程的大战——官渡之战就要向各位展开了，我知道读者们都想尽快了解官渡之战的详细过程，不过在这之前，还请静下心来，听我说说战场的地理，以及曹操和袁绍双方的战略部署及一些战前背景吧。

一、战场地理

魏郡，在西汉时期为全国数一数二的大郡，其所辖十五城均在黄河以北。其中邺城更是十五城之首。

汉文帝时，黄河曾于延津决口北溃，文帝遂大发士卒堵塞金堤。

至武帝时，刘彻更是带领群臣亲赴抗洪前线指挥官民修筑金堤。

后来，金堤建成，黄河水道因此更改，遂将原来的魏郡分为河东与河西两个部分。所以到东汉时，魏郡的清渊、馆陶、元城、阴安、内黄、黎阳均在黄河东南。其余九城则皆在黄河西岸的西北边。即当时之黄河自今武陟北上，流经新乡以南，卫辉市以东，滑县以西，绕浚县大伾山即当时的黎山之西，流入今卫河。再经浚县、内黄之北，沿今卫河河道至河北祁口入海。

而黎阳在黄河东南，黎山之南，既交通方便又易守难攻，所以形成了一个天然的"战略要地"，是兵家必争之地。

黎阳因黎山而得名，城北有亭名曰黎阳亭，渡口曰黎阳津，北岸为牵城，乃光武帝中兴时屯驻精锐突骑之地。

黎阳南二十里有渡口名曰白马津，地属津东二十八里之白马城（今河南省滑县东二十里），系兖州东郡所属之县。

自白马津再南四十里有延津，地属兖州陈留郡之酸枣县（今河南省延津县北）。

以上的黎阳、白马、延津三渡口便为曹操抵抗袁绍侵攻的战略要地，亦是曹操攻击左右，使敌军疲于奔命的关键所在。

而在此三大渡口以南大概百里之地便是济水上游之官渡河。它横亘于考城及荥泽（今河南省旧荥泽县）之间，是南北一大交通枢纽，所以为兵家必争之地！

二、战地交通情况

袁绍之邺城与曹操之许都相距五百里左右，最近的道路便是走中牟、官渡、阳武、白马、黎阳津之道。如果以此道为作战轴线，除却官渡的话，袁绍攻击曹操的进攻线路亦可有四条。

1. 取道兖州鄄城之南，沿济河东南前进，攻击曹操背后。

2. 由青州入徐州以逼迫许都。

3. 渡孟津，出颍川。

4. 取道洛阳以西，出鲁阳，或自三辅出武关南阳，进击汝南以扼曹操之背。

从以上我们可以看出，不管袁绍走哪一条道都需要迂回再迂回。尤其是第三道和第四道，不仅关卡极多，还需要迂回好大一圈才能抵达战场，这样战线就会拉得很长，粮草的消耗也会很大、很快。所以袁绍只能从官渡挺进，这样才是最直接、最快速的。

三、战前外交

如果各位读者是从黄巾之乱看到现在的话，相信心中已经对这时候的天下形势有了一个谱，大概都认为袁绍全无后顾之忧，而曹操四面皆敌了吧？

嗯，从表面上来看确实是这样，实际上却不尽然。

首先，袁绍还是有后顾之忧的。

想当初袁绍消灭公孙瓒之时，可谓如日中天，整个河北无人不服，可有一名叫田豫的人（记住这个人）却和渔阳太守鲜于辅道："曹操挟天子以令诸侯，这才是一个霸主应该做的事情，你相信我，最后得到天下的一定是曹操，至于袁绍，不过是一时乱跳的蚂蚱而已，早晚会被歼灭。所以，你应该早早投降曹操，这样袁绍被消灭以后你才会得到重用！"

鲜于辅遂从田豫之言，秘密派遣使者往许都投降了曹操，并向曹操承诺，在最关键的时候会在袁绍的背后给他狠狠一刀。

再看凉州。

当时西凉地区除了韩遂和马腾这等贼寇以外还有凉州牧韦端这等地方军阀的存在，实力也是不可小视。

当时，韦端是想保持中立的，可想想又不对，因为等曹操和袁绍分出胜负以后，不管投靠谁都是锦上添花了，铁定得不到重用。不如现在赌一把，只要赌对了必定富贵一生。

于是，韦端派出心腹杨阜（这也是个狠人，各位记住他的名字）前往中原，想让他看看最终谁会获胜。

本来，韦端是偏向袁绍的，认为他必会战胜曹操，可当杨阜回来汇报了曹操的优点和袁绍的缺点以后（老生常谈，类似于荀彧和郭嘉的十胜十败），韦端当即投降了曹操，并向曹操承诺，只要有需要他的地方，立马便会带领骑兵前往官渡支援。

最后，我们再来看荆州方面。

荆州刘表，几乎所有人都知道他是袁绍在荆州养的一条恶犬，基本上指谁咬谁。可各位不知道的是，他刘表也和袁术一样，是一个欺软怕硬的反包。

当初，刘表之所以能宰掉恶虎孙坚，那也是被动防守外加"幸运点"高，要说主动攻击孙坚，他可没有这种胆量。

再之后，孙策又是给刘表一顿胖揍，夺取了很多土地，刘表也没敢反击，只是被动防守。

其原因无他，只是因为孙策的战斗力爆表！他刘表不敢动人家而已。

而曹操呢，统军作战的水平非但不在孙策之下，其麾下虎狼之军更非孙策可比，所以刘表哪怕答应了袁绍的合击请求，也是犹犹豫豫地不敢出兵，意图保持中立。

其从事韩嵩和别驾刘先对于刘表这种和稀泥的态度极为不满，因此建言道："主公，现今天下两雄相持，最后必有一方胜利，而胜利的人如果没有意外，铁定成为天下新主！主公您现在手握巨兵，必须在结果出来以前选择一方投靠，岂能坐拥十万甲士以观成败？恕下官直言，如果这样的话，最后不管是曹操胜利还是袁绍胜利，他们都会将您当作眼中钉肉中刺，意图拔之而后快！所以，还请主公速速决断！"

刘表手下大谋士蒯越（疑似刘表阵营的谋主）亦觉有理，也劝刘表速速决断。刘表想想也是，便遣韩嵩往许都观察曹操之为人。

当时的曹操，正是多一个朋友多一条命的关键时期，所以见刘表的使者到来以后疯狂示好，还拜韩嵩为零陵太守，并向韩嵩承诺，只要刘表能转过头来支持自己，自己不但会对刘表既往不咎，还会重用他、重赏他！绝对以兄弟之礼对待。

韩嵩十分高兴，便回去忽悠刘表投效曹操。

这还不算，韩嵩甚至怂恿刘表将自己的儿子送到许都去当曹操的人质，以此向曹操示好。

可刘表听了韩嵩的话以后气得疯癫，他认为韩嵩已经背叛了自己转投曹操那边，所以当即将韩嵩逮捕，并在这以后保持中立，两不相帮。

综合以上，曹操真的是四面皆敌的窘境吗？袁绍真的是没有后顾之忧吗？

四、双方实力对比

1. 地盘对比

想那袁绍的手下每逢夸赞袁绍必说什么四州之地，可袁绍真的拥有四州之地吗？答案当然不是。

当时的袁绍只不过拥有冀州全部，幽、并二州大部以及青州一部，并未全拥四州之地。

反观曹操，不仅手持天子，还控有司隶、徐州、豫州三州之全部地区，以及兖州大部，青、扬、荆三州各一部，所以总体来讲，曹操的地盘还要大过袁绍。

2. 袁、曹双方的军事编制及兵力对比

袁绍方面：

有精锐步兵十万，精锐骑兵一万，另有精锐胡骑八千，所以总兵力十一万八千。

至于编制，分别是步兵五校尉部，屯骑二校尉部，越骑二校尉部，长水一校尉部，射声一校尉部，别部骑一部，总称为“南征军”。

同时，袁绍在所辖各州郡设置司马，分别统制地方“民兵”。而这些民兵除了要维持地方的治安以外，要运送地方粮草往前线补给南征军。

当时，袁绍军的总编制实际上延续了东汉北军的五营之制，分别设步兵、屯骑、越骑、长水、射声五大营，每营官兵一万一千三百四十七，拥有最高指挥权者为将军，其下则依次为校尉、司马、假司马、屯长、卒伯、什长、伍长、兵（当然了，将军之上还有监军，不过除了朝廷以外，地方军阀的监军和摆设也差不了太多）。

曹操方面：

在编制上，曹操军和袁绍的一模一样，都是沿用了东汉五营编制，所以哪怕史料没给出明确的数字，我们也可以通过曹操的校营数量来大概推测一下。

首先，曹操有步兵三校尉部（34041人），屯骑、越骑、长水、射声各一校尉部（53880人），经此而算，其总计兵力应该是87921人。所以，在兵力方面，曹操要比袁绍少约三万人。

3. 士兵精锐程度对比

不管是曹操还是袁绍，他们都绝对奉行着精兵政策，所以双方士兵的个人战斗水平应该在伯仲间，不过曹操手下的那些青州兵实在是成事不足、败事有余，一打逆风仗就有溃败的可能，所以我粗浅地认为，在这方面，曹操要次于袁绍。

4. 双方士兵的装备

袁绍方面：

重步盾兵有正规战阵盾牌、首环刀，且人人具有精良甲、胄。

长枪兵有钢铁枪头的长枪，人人有精良甲、胄。

以上皆为步兵校尉所辖，与射声校尉一样，他们都是袁绍军中的绝对主力。而射声校尉所部，兵种为弓、弩箭手，他们手持弓、弩，身穿薄甲，有轻型短刀傍身，所以亦称为"轻步兵"。

屯骑校尉为袁绍军中极重装骑兵，每一名士兵都身穿重甲，有突击长枪和马刀傍身，其中的先头部队甚至有马铠在身，专门为集团向一点冲锋之用。

越骑校尉为袁绍军中的轻骑兵战斗集团，此集团九成为胡人，极擅骑射，是游击骚扰、见缝插针的第一能手。此集团士兵人人配箭、矢、薄甲、胡刀。

至于长水校尉所部，所辖皆如今之工兵，专门担任水上作战、渡河、攻城及阵内战等职能。哦对了，长水校尉还总统后勤运输，不过仅以少部分士兵协助管制，其具体勤务还是要地方输卒来做的。

而曹操，在装备上和袁绍根本无法相提并论，完全就是大人和小孩的差距。

袁绍的精良重装大铠最少一万具，曹操多少？二十具。

袁绍的极重装骑兵（连人带马都带精良铠甲的就叫极重装骑兵）多少？最少三百！曹操多少？最多十个。明晃晃的差距！

"科技就是力量"，这句话不管到什么时候都是最硬的道理。匈奴、鲜卑、乌桓、两羌、西域三十六国、西南夷、南蛮、山越、高句丽（汉朝东北少数民族）、夫馀、卫氏朝鲜、涉貊等等。为什么周围这些强大的异族都被西汉打得服服帖帖？为什么哪怕军事能力大不如西汉的东汉也能将这些势力镇住？很简单，因为汉朝有当时最先进的武器制作技术，因为汉朝有最先进的种植技术，因为汉朝有最先进的各种领域的技术，所以不管是在装备上还是其他方面，汉朝都完爆以上势力。

因此，汉朝得以称霸亚洲，成为当时世界上最强大的四个国家之一。

所以，武器装备对于战争的重要性不言而喻，可曹操在这方面被袁绍完爆，各位觉得他曹操还有可能胜得过袁绍吗？不做事后诸葛亮，我认为，这实在是太难了，哪怕郭嘉和荀彧把话说得再漂亮，想要赢也太难了。

5. 双方文武栋梁之间的对比

首先将军方面（只说与官渡之战有关之人，且只举八人），曹操有于禁（A统）、夏侯惇（B统）、张辽（A⁺统）、徐晃（A统）、关羽（A⁻统）、夏侯渊（A⁺统）、曹仁（A统）、张绣（B统）。

袁绍有颜良（B统A武）、文丑（B⁺统A武）、张郃（A统）、高览（B⁻统）、韩定（C⁺统）、刘备（A统）、淳于琼（B⁺统）、蒋义渠（B统）。

结果：曹操略胜一筹。

最后，谋臣方面：曹操有荀彧（A⁺谋S政）、郭嘉（S⁻谋）、荀攸（S⁻谋）、贾诩（S⁻谋S⁺情商）、程昱（A⁺谋）、刘晔（S谋）、董昭（B⁺谋A政）、毛玠（B谋A政）。

袁绍有沮授（S⁻谋）、田丰（A⁺谋）、郭图（C谋）、许攸（B⁺谋）、逢纪（B⁺谋）、审配（B⁺谋）、荀谌（A⁻谋）、辛毗（A⁻谋）。

结果：曹操完爆袁绍。

6. 双方Boss之间的对比

曹操：三国时期君王综合能力——S⁺。整个冷兵器时代君王综合能力——S⁻。

袁绍：三国时期君王综合能力——A。冷兵器时代君王综合能力——B⁻。

结果：曹操完爆袁绍。

最后，再让我啰唆一次，一起来看一看两军的军事部署吧。

袁绍军：

前锋军：

将军颜良。

步兵校尉马延。

越骑别部司马韩定。

骑前锋军：

将军文丑。

豫州牧刘备。

越骑校尉王摩。

左武卫营（传统三军之左军）：

监军将军淳于琼。

步兵校尉睦元固。

屯骑校尉韩莒。

越骑别部司马赵睿。

右武卫营（三军之右军）：

监军都督沮授。

步兵校尉蒋奇。

长水校尉荀谌。

中垒营（三军之中军）：

中军元帅大将军袁绍。

兼大将军幕府长史青州都督袁谭。

主簿陈琳。

参谋团许攸、辛评、苏由。

中垒营监军都督代行军司马郭图。

步兵校尉高览。

屯骑校尉张郃、司马何茂。

越骑校尉韩荀、司马韩猛。

射声校尉吕旷、司马吕翔。

后军：

总管将军蒋义渠。

步兵校尉张凯。

运输及留守：

运输总管行军司马兼护军逢纪。

督运校尉孟岱。

邺城留知后方事冀州"治中"审配。

其余随征诸将吏，多在中军待命。

曹操军：

河南尹建武将军夏侯惇率步兵五千守敖仓，另遣一部守孟津。

平虏将军益寿亭侯于禁率步兵四千守原武，派一部守获嘉、延津。

东郡太守刘延率步兵千人守白马。

东平相知兖州事程昱率步兵七百守鄄城。

偏将军徐晃、裨将军张辽率步骑万人屯官渡。

扬武将军张绣率步骑五千屯己吾、陈留。

琅邪相臧霸以徐州精兵万余进图青州以掩护曹操之右。

阳安都尉建功侯李通为征南将军，率步骑万人与汝南太守满宠屯汝南以防孙策。

厉锋将军国明亭侯曹洪率步骑万人屯宛城以防荆州刘表。

威武将军蔡阳率步骑五千屯叶，以御豫西黄巾。

越骑将军领广阳太守兼议郎曹仁屯颍川，以掩护主力大军左侧背。

曹操自将徐晃、张辽、关羽、许褚诸将，及郭嘉、荀攸、贾诩、董昭、毛玠等谋士屯官渡，准备和袁绍决战。

曹军后勤方面：

讨虏校尉乐进、中郎将李典率步骑万人屯许都，以震宵小。

侍中兼尚书令荀彧留守许都，总统后勤，如西汉萧何故事。

司隶校尉兼督关中监运使钟繇督运关中粮草。

督运校尉行颍川太守夏侯渊，督运徐、豫、兖三州粮草。

典农中郎将领长水校尉事任峻负责典造军器与运送。

以上，便是官渡之战前的全部介绍及对比。

现在，官渡之战正式展开。

本节参《中国历代战争史》《三国志》《资治通鉴》《读史方舆纪要》

5.44　官渡之战

公元200年二月，袁绍以夺下许都为终极目标，乃自邺城发精锐十一万八千向南进击。

当时，曹操已经完成了对袁绍的全面布防，东郡太守刘延正率步兵千人驻守白马城，成为了阻碍袁绍的第一道障碍。

于是，袁绍遣颜良率前锋军一万两千余人前往攻击白马城。

可就在颜良大军即将开拔之际，沮授找到了袁绍，并急谏道："下官听闻大将军要用颜良前往攻击白马！这不可！万万不可！"

听毕，袁绍嗤笑一声，极为不屑地道："白马，不过区区千人守兵而已，我用颜良一万多人前往，怎么可能攻略不下？你操的心是不是多了点儿？"

沮授："并不是这样的！颜良虽勇冠三军，但性格粗暴狭隘，极易中计，决不可独任其为将军，不然大事必败！"

沮授言之凿凿，但袁绍死活不相信颜良会败，所以没有听取他的意见，毅然决然命颜良前往攻击白马了。

与此同时，袁绍亦遣屯骑司马何民率屯骑一部、轻骑一部，沿黄河攻击获嘉县，以此窥伺孟津等地。

袁绍则亲率大军至黎阳荡阴（今河南省汤阴县），兵锋直指曹操。

时曹操正在官渡主营，闻袁绍遣颜良率万余兵众前往攻击白马，便想引军北救，于是叫来一众谋士共同商议，看看他们有没有什么更好的计策。

此时的曹操，几乎囊括天下一档智谋之士，所以想要一个行之有效的计谋那还不是一瞬间的事吗？

果然，就在曹操询问以后，只沉默几息的时间，荀攸便计上心来，于是站出来道："主公，现在我方的兵力不如袁绍，所以直接救援白马难以成事。"

曹操："为何？"

荀攸："道理很简单，主公率军救援白马，带的部队多了，袁绍就会对官渡发动全面侵袭，官渡危矣！而派的兵力少了，又难以击败颜良，如果在这时袁绍再分出一支部队对主公的背后进行攻击，那么恕下官直言，主公危矣！"

曹操："那应该怎么办？如弃白马，不仅我军士气要大跌，南部百姓还会因此心惊，我将失尽民心，很有可能导致在和袁绍决战的时候窝里反叛。所以，白马绝对不能放弃！"

荀攸："呵呵，主公多虑了，我什么时候说要让主公放弃白马了？"

曹操："哦？那公达你的意思是……"

荀攸："八个字，'瞒天过海，出其不意'！主公您现在可带大军直扑延津，做出要渡过黄河袭击袁绍背后的样子，袁绍必率大军向西迎战，可就在当天夜里，主公却要疾速向东攻击颜良，并且留下插满旗帜的空营迷惑袁绍。那颜良就是一匹夫而已，绝对想不到主公您会转而去攻击他，所以必为主公所擒！不过这计谋还有一个致命的缺点，便是主公您一定要快！不然等袁绍反应过来，您将会陷入腹背受敌的窘境。"

"哈哈哈哈！大善之计！"

荀攸献计之时还是很严肃的，因为就像他说的那样，这个计谋确实有一定的危险性。但曹操就好像没听到危险一样，只是哈哈大笑，然后狂赞荀攸，便打算依计而行。（注：似曹操、孙坚、孙策这等战争疯子，他们都对自己的领兵才能有近乎"盲目"的自信。）

公元200年四月，曹操驻官渡之主力突然向北进击至延津，做出要过河攻击袁绍背后的样子。

对于曹操，这个在年轻时候就认识的朋友、竞争对手，袁绍从来不敢轻视，所以当他听说曹操的动向以后第一时间便遣骑前锋文丑急至延津以北，时刻关注曹操的动向，自己亦率主力部队向西南推进至朝歌（今河南省淇县），准备和曹操在延津一带决战。

可就在袁绍正向西南推进之时，袁绍军中谁都没有发现，曹操早已经不在延津。

就像荀攸所说的那样，曹操留下插满大旗的空营和装门面的士兵以后便以疾奔之速往白马去了。

次日正午，曹操大军已至白马外郊，距离白马不过十里之遥，如果要以处对象的小年轻对比的话，现在的曹操都已经将颜良的小手牵上了。

可颜良依然对此毫不知情，还在督军狂攻白马（因为西面有袁绍的大军掩护后背，所以颜良根本想不到曹操会来袭击他，也就没有派斥候警戒四方）。最重要的是，这时候颜良的中军大帐正好背对着曹操，且全无阻碍！

见此，曹操喜极，遂命关羽、张辽各率四百虎豹骑以最快的速度直扑颜良中军大帐，曹操则在袭击成功以后率全军发动总攻击。

〔注：关羽投降曹操以后，曹操拜其为偏将军，还给了很多的金银珠宝，可谓礼遇甚厚。但曹操凡是出席宴会必带杜氏之子，所以关羽每每见此都引以为耻，遂对曹操一直没有归属感。曹操是感觉多敏锐的一个人，见关羽的眼神就感觉关羽可能不会效忠自己，于是遣关羽的好友张辽前往询问关羽的态度。而关羽呢？也没有和张辽虚头巴脑，直截了当地道："吾知曹公待吾甚厚，可羽深受刘将军（注意称呼，不是'大哥'也不是'兄'）大恩，曾宣誓一生效忠，所以无法服侍曹公，等报了曹公大恩后便会离去。"得此回复，张辽虽然纠结，但依然向曹操作了如实汇报。本以为曹操会对关羽怒而杀之，可曹操并没有，只是叹息道："关云长真高义之士，古时又有几人能比？唉……由他去吧。"〕

此时，颜良还在大帐之中悠闲地看着那摇摇欲坠的白马城，眼中满是不屑的光芒，好似攻陷白马不过是自己弹指一挥的事情。

可就在这时，后方突然杀声震天，数百黑甲骑兵在关羽和张辽的带领下如狂风一般向自己的大营杀来。

全无准备的颜良顿时大惧，仓皇组织防御，可这时候哪里还来得及，就在颜良披上战甲，准备登上战马之际，八百虎豹骑已经杀到了颜良大帐附近。

巧的是，这时候的关羽正遇见颜良，于是扔掉手中长枪，取出自己的双刀"万人"便冲颜良而去。

颜良现在大帐的士兵本来就少，还陷入了混乱，所以根本没人阻止关羽，就这样让关羽杀到了颜良跟前。

然后，关羽手起刀落，颜良人头落地。

主帅已死，颜良军中顿时指挥失灵，一万多大军陷入大乱，曹操遂趁此天赐之机挥军发动总攻。

结果，颜良军大溃，被俘虏、砍杀的不计其数，一万人的部队几乎十不存一。因此，本来有些畏惧袁军的曹军士气大振。

曹操，真是开了一个好头啊。

杀掉颜良以后，曹操已经完全解除了白马之围，可白马处于整个战场的最前线，还是边缘地带，如果继续防守白马的话，势必分散兵力，这不利于整个战局的发展。所以曹操当即决定放弃白马，并迁所有白马之民向西南撤走（注：曹操为什么要迁徙白马之民：1．古代的人民就是君主的一切，没有人什么都干不了。2．放弃白马之民等于放弃天下民心）。

可就像多年以后的刘备一样，当时的曹操军内遍布民众。他们扶老携幼，车马行囊络绎于途，成了战场上极为明显的目标。袁绍因此大喜，遂引全军渡河追击曹操，意图一次性斩曹操之首。

可就在这时，又是沮授这个"没有眼力见儿"的家伙，他见袁绍要出动大军追击曹操，乃急谏道："大将军！战阵之间，胜负变幻无常，所以哪怕一个很小的决定都不得不谨慎考虑。曹操用兵如神，诡计多端，所有行动都不像表面上看的那么简单。如果只看曹操表面而采取行动的话，必会掉入其重重陷阱。所以我们现在最应该做的就是不去管曹操，而是采取最稳当的办法。"

袁绍冷冷地道："哦？那所谓最稳当的办法又是什么？"

没有在意袁绍的口气，沮授继续道："如今曹操不在官渡，整个防备线不能协调统一，战力下降极大，所以大将军此时应该出动全军抢占延津，然后对官渡发动最猛烈的进攻。只要官渡丢失，曹操必败无疑！到时候还不是随大将军玩弄？"

话毕，袁绍只沉默几息，然后道："你的办法固然不错，但我还是追求实效性，想更快拿下曹操。"

话毕，不等沮授再劝，转身便走。

看着袁绍渐行渐远的背影，沮授叹息道："唉，大将军狂妄自大，下边的将领和谋臣又只会贪功结党。悠悠黄河啊，我们还能再回河北吗？"

次日，沮授向袁绍称病请辞，想要告老还乡，可袁绍不准，同时对沮授心怀怨恨，便将沮授的兵权解除，归于郭图。

然而，就在当日，有斥候来报，说曹操突然加快了行军速度，看样子似乎要尽早赶回官渡大本营的样子。

袁绍听此报大喜过望，断定曹操必是怕自己主力大军追击，所以加快了行军的脚步。这也就是说，曹操并没有什么计谋喽？

想到这，袁绍立即招来了文丑，并急切和其道："你现在立即带本部兵马给我追击曹操，这次曹操并没有什么计谋，所以放心大胆地去追吧！争取把曹操给我活着带回来。"

文丑："喏！"

就这样，文丑携刘备、王摩及本部兵马急急渡河，疯狂向南追击。

次日，曹操大军已经到达酸枣北之南阪，距离官渡已经不远了。可就在这时，曹操突然下达了一个非常奇怪的命令。

什么命令？

他竟然命大军原地休整，不准再向南行进。

见此荒唐指令，曹操手下的那些武将全都急了，一个个义愤填膺怒谏曹操，希望曹操加快脚步，赶紧返回官渡主营。

可让这些武将惊掉下巴的是，曹操竟然席地而睡了！这心是不是太大了！

众多武将无奈，只能在原地干着急。只有荀攸，这个睿智的男人，从始至终微笑着看着曹操，一言不发。

数个时辰以后，平稳的大地上突然出现了微微的响动。而就在这时，正在"睡觉"的曹操却突然睁开双眼，然后沉稳地道："来人！"

传令："在！"

曹操："去看看，袁绍来了多少骑兵，有没有七八百。"

大概一炷香的时间，那传令回来了，然后面带恐惧地道："启……启禀主公，敌骑数千，步兵多得不可胜数！"

一听这话，一众武将全都蒙了，可曹操呢？淡定得完全出乎他们的意料。只见曹操伸了一个懒腰，然后，然后又席地而卧了，并且一边作闭目养神状一边和传令道："行了，不必再报了。"

武将们疯了，他们再也忍受不了曹操此种态度。可就在他们要再劝曹操之际，突然又有传令来报："启禀主公，后方粮队即将到达南阪，可距离敌军太近了，继续向前会有被抢夺的风险，请问主公如何处置？"

武将A："还如何处置？赶紧让他们加速回营！"

武将B："是啊，现在加速也许还来得及，赶紧……"

"你们急什么？"

未等诸多将领说完，荀攸便满不在乎地插嘴道："这东西就是为了吸引敌人的，为什么还要撤回来呢？"

说到这，荀攸看向了曹操，然后柔声道："我说得对吧？主公。"

曹操微笑着看着荀攸道："什么都瞒不过你，你这小坏蛋。"

此时，轰隆隆的马蹄声震动大地，六千骑兵和无数的步兵在文丑、刘备、王摩的带领下飞速杀向曹操的运粮部队。

曹操一武将见此，急忙和曹操道："主公，可以命令士兵上马了吧？"

而这时候，曹操依然闭着眼睛道："不急，听我指令行事。"

半炷香以后，伴随着轰的一声巨响，文丑的骑兵部队已经杀进了曹军辎重队伍。守护辎重的曹军见此落荒而逃，没有一个人敢于抵挡文丑的突击。

那些骑兵见此，疯狂地抢夺辎重。后面的步兵见前方骑兵得了大头，也不甘示弱，拿出了吃奶的力气向前狂奔，和骑兵部队一起疯抢辎重。

而直到这时候，曹操才睁开他那精光爆闪的双眼，然后直接站起，用一种无比威严的口吻道："上马！攻！"

咚咚咚咚咚咚……

伴随着战鼓不断擂动，杀声突然四起，曹军将士好像打了鸡血一般猛冲向文丑军。

此时的文丑军将士，每一个人都在疯狂地抢夺辎重，没有半点儿阵形可言，几乎处于一种极其混乱的状态，所以面对曹操的疯狂攻击没有半点儿抵抗能力，几乎一触即全军大溃。

这之后，曹操指挥大军狂追敌军三十余里，歼敌之首不计其数，得雄壮战马数千匹，尽收回被夺辎重。

更重要的是，敌方大将文丑亦死于乱军之中（刘备和王摩成功逃走，关羽亦在这之后偷偷随刘备投奔了袁绍阵营，史书中也没有记载所谓千里走单骑，不然别看曹操嘴上说得好听，实则必杀关羽），这大大削弱了袁绍军的整体实力，使曹操和袁绍之间的综合实力对比得到了进一步拉近。

斩颜良、诛文丑，自官渡之战开战以来，曹操运用那出神入化的统兵才能连连获胜，不仅将三万余的兵力差距缩小到一万多人，还在大兵士气上反超了袁绍，使曹操真正有了消灭袁绍的可能。

而如此优秀的开局还远远没有完结。曹操回到官渡以前，曾缴获数千战马，因此组织了一支强大的骑兵部队，然后挑选最精锐的一千骑兵交给了讨寇校尉乐进，令其往原武支援于禁。因为这时候袁绍的另一支军队正在攻击身在原武的于禁（疑似右武卫营）。

这之后，乐进以极快的速度往原武疾奔，而当乐进抵达获嘉（今河南省获嘉县）之时，袁军正在对原武展开凶猛的攻势。

乐进见此，遂领千名骑兵急袭此支部队身后。而这支部队的统帅就好像之前的颜良一样，根本没想到后背会受到曹军的攻击，所以全无防备，遂为乐进一击得手，进而陷入混乱。

而身在原武壁垒内部的于禁见敌军后背被袭，乃于第一时间率众出垒狂攻，最终以两面夹击之法大破袁军，歼敌甚众。

这还不算，见此军已经溃散，于禁料定其短时间绝对无法再度集结，乃与乐进合兵疯狂攻击自延津西南沿河至汲县的袁军营地，竟然在数日之内焚烧袁绍军堡三十余座，斩首、俘获近一万人，并收降袁绍将领二十余人。

袁绍见状大恐，急忙分兵前往阻击，可于禁敌于先，在攻完最后一座军堡以后早就回到原武了。

而乐进在联手于禁立下了大功以后也率骑兵返回了官渡。

至此，曹操和袁绍之间的兵力差距已缩减至千人而已，并且在士气上完爆袁绍。

袁绍对此甚为忧虑，于是屯兵原地，暂时停止了向南侵攻的步伐，转而进行外交战。

七月，在袁绍的撺掇下，汝南黄巾残党刘辟、龚都等叛曹而响应袁绍。一时之间，官渡以南的百姓恐慌不已，使得局势开始动荡。

袁绍见此计大为有效，便再添三把火：

第一把火，遣刘备于孟津南下，意图以奇兵之法端掉许都，使曹操阵营不攻自溃。

第二把火，遣韩荀率一部绕过敖仓，走密、郑二地，从北面袭击许都。

第三把火，袁绍致信汝南李通，劝他背叛曹操而投靠自己。且向李通承诺，只要他背叛曹操，自己就会表李通为征南大将军，并予以厚报。

可李通根本不吃这一套，连话都懒得回袁绍，直接便将袁绍的使者斩于军中，使得汝南民心及曹操整个军队信心稍振。

再看刘备。

那刘备率领一众袁军渡过孟津以后便一路进击，连败梁、鲁阳二地守军。身在叶的蔡阳见此，立即率全军前往阻击，却被刘备在野战中击杀（一说蔡阳是在刘备二次南下时被击杀）。

这之后，刘备再破舞阳和郾城守军，兵锋所向，无人能挡！

这还不是最可怕的，最可怕的是刘备的人望实在太高，所以颍、汝一带很多村邑都向刘备投降了，并派出青壮年支援刘备，使得刘备的兵力不断蹿升！

基于此，兖、徐、豫三州动荡不安，各地长官本来已经消停的小心脏又开始狂跳，甚至有好多地方的县邑也开始频繁联系刘备，准备叛曹归刘。

曹操，这个枭雄一辈子最怕的人就是刘备（没有之一），除了刘备拥有超强的统兵作战才能外，他收拢人心的手段也让曹操大为恐惧。所以当泰山崩于前而色不变的曹操听闻刘备在自己背后搅风搅雨的时候，竟然吓得来回踱步，一时间竟不知该如何是好。

见曹操已经失去了往日的从容，其从弟曹仁主动站出来道："主公勿要因慌张而乱了分寸！南方局势虽然恶劣，但不如北方。主公如果主动攻击刘备，必为袁绍所害，所以切不可大动！不如将刘备交给末将，末将可立军令状，如不能击败刘备，愿提头来见！"

听得此种意气之言，曹操并没有半点儿振奋，而是疑惑地道："那你有什么办法？"

曹仁："办法？呵呵，不用，是主公您关心则乱，将刘备想象得太过强大了。"

曹操："刘备的厉害我是知道的，所以我从来不敢对其小瞧半分，怎么到你这他就不行了呢？"

曹仁："主公误会了，我并不敢小看刘备的才能，我小看的其实是刘备的军队！"

曹操："说下去！"

曹仁："刘备虽连战连胜，兵力也在不断增加，但不管是袁绍的军队还是投靠刘备的百姓，他们都是刚刚归附，还需要磨合和训练。并且，最重要的是，袁绍军中士兵皆河北精锐，他们怎么可能会和河南的普通百姓合在一起呢？末将断定，这些士兵和百姓之间必定有所隔阂。而这，也是'兵溃于众'的最大前提！所以，请主公分给末将一支精锐部队，末将以急击之法必破刘备！"

听曹仁如此说法，曹操大喜过望，便分给曹仁一批部队，让其南下阻击刘备。（注：具体兵力史料没有线索，不过按现在袁绍逼迫曹操的程度来看，曹仁的部队也就在一万左右，但我推断，这一万人绝对是曹操精锐中的精锐。）

那曹仁得令以后便带兵往南疾奔，正好在抵达瀔强之时遭遇刘备所部。面对数倍于自己的部队，曹仁却没有哪怕半点儿惧色，而是带着全部兵马直冲上去。

平原上的遭遇战，按东汉传统战术，基本上是三军步兵正面硬抗（左、中、右），骑兵从两翼侧面打击。

可面对刘备的曹仁不是这样，他完美地复制了西汉霍去病对匈奴的斜点打击战术，竟将所有的部队集中为一点，直接向刘备的右军冲了过去！

可不对呀，这种战术在野战方面绝对不好使才是。为什么呢？因为攻坚战的时候敌方欠缺机动能力，所以斜点打击战术能够最快地摧毁敌方一个点的防御。

可平原野战则不同，一旦你将所有的力量集中在一点攻击敌人的话，虽然一开始会占据些许优势，但时间一长，那是百分之一千会被包围的。而野战时被包围会造成什么后果，想想韩信是怎么围歼的项羽就知道了。

按说，深通兵法且战争经验丰富的曹仁不可能不知道这一点，那么他为什么还要这样做呢？

原因很简单，那曹仁的战争嗅觉极为敏锐，当他看到刘备三军的第一时间便发现，其右军的民兵是最多的（观察行军速度、整齐程度、声势以及装备），所以当即采用斜点打击战术，直扑其右军，意图以最快的速度直接将刘备三军士气打崩。

而事实也确实如曹仁所料。那些没有经历过系统训练的民兵什么时候见过如此强悍的士兵？什么时候见过如此凶猛的进攻？所以曹仁只一个突击便将这些民兵所组成的方阵打得土崩瓦解！

而那些民兵呢？见曹仁的进攻如此凶猛，外加战争经验极少，所以顿时被吓破了胆，进而四散奔逃。

见此情此景，那些身在左军和中军的民兵也开始害怕、开始胆寒。

基于此，一些民兵趁着将领不注意的时候私自逃走。

一个、两个、三个……

这之后，越来越多的民兵开始逃散，刘备虽百般阻止都无法奏效，使得其麾下正规精锐兵将的士气也下降至冰点。

见此，曹仁大喜！遂统全军直攻刘备中军。

刘备见大事不妙，只能率本部兵马仓皇北逃袁绍。

而曹仁呢？并没有去追击刘备（反正也追不上，刘备的逃跑功夫更胜统兵作战能力，可谓天下第一），而是以雷霆之势，四面攻击之前那些叛变曹操的县邑，然后杀尽叛变首领，只几日的时间便全定叛乱县邑。

这之后，曹仁兵不卸甲，竟以疾风之速北上堵截韩荀。

结果，那韩荀刚刚越过郑地便被曹仁堵上（由此可见，曹仁已经快到了什么地步），和对刘备一样，这大将遭遇韩荀以后二话不说，抢起胳膊就上。

那韩荀根本就不是曹仁的对手，交战没多长时间便被曹仁打得大败，韩荀更是被斩于乱军之中。

此时曹仁已经没有半点儿后顾之忧，遂对韩荀所部展开了疯狂的追击。

最后，韩荀所部死的死俘的俘，近乎全军覆没。

至此，袁绍和曹操的总兵力对比已成五五开，甚至曹操还占据了一些优势。

曹仁，真鬼神之将也！

败败败，输输输，自官渡之战开始，袁绍逢战必败。到现在，不但双方兵力已经持平，大将颜良、文丑亦为曹军所杀，全军的士气也几乎降至冰点。

最可怕的是，经过不断的败仗，很多人开始对袁绍产生了质疑，从一开始相信袁绍必胜，到现在开始怀疑袁绍到底能不能胜过曹操。

而在这些人中，刘备是行动最果断的那一个。

自兵败逃回河北以后，刘备就断定袁绍必败！而一旦袁绍失败，自己必为曹操所俘。刘备相信，等到那时，自己会比吕布死得更快。

于是，刘备找到了袁绍，请求袁绍批准自己为使者，向南联合刘表，并和汝南刘辟、龚都等人一起在背后袭扰曹操。

袁绍觉此计不错，遂分刘备千名士兵往汝南方向而去。

可这一次和上一次有所不同。上一次，刘备的侵攻如烈火一般凶猛。这一次，刘备却静悄悄地到了汝南，静悄悄地和刘辟、龚都等合兵，静悄悄地将自己的部队发展到一万人左右。

然后，然后刘备就再也没有动静了，甚至连袁绍都不知道刘备的踪迹。而直到这时候袁绍才发现，自己被刘备骗了。那个白眼儿狼早就对自己失去了信心，进而另谋山头去了。

袁绍虽恨刘备，但现在这种局势他也没时间搭理刘备了。现在的袁绍急需一场胜利来重振已经失去的士气，所以近乎疯狂的袁绍再次令大军集结，准备向南挺近。

可就在这时，沮授又跑出来了。这一次，他几乎是带着哭腔和袁绍道："大将军！我军近日连连遭败，士气已大不如南军。而南军因为需要四处布防（防孙策、刘表、黄巾、马腾、韩遂），所以粮道拉得极长，这就造成了现在南军粮草短缺的情况。以此来看，南军最想做的就是急战，而我北军现在最稳妥的办法就是缓战！主公相信我，只要现在您能静下心来和曹操打一场消耗战，最后曹操一定会全军撤出官渡。到那时我军士气复振，还全吞官渡等战略要地，不用我们出手，这天下的诸多势力便都会来投主公的帐下，进而使曹操陷入四面受敌的态势。所以，主公万不可急战啊！不然大势去矣！"

此时的袁绍已经疯了，面对曹操这个"乞丐之后"，面对这个聪明绝顶的竞争对手，袁绍在隐约间竟然有了一种自卑的感觉。

他绝对不允许这种感觉继续滋生。所以，他必须在战场胜过曹操，必须！

基于此，哪怕明明知道沮授说的是对的，袁绍也没有按此提议而行。而是毅然决然地率全军渡过黄河。

八月，袁绍以连营而进这种最为谨慎的方式向官渡挺进，当到达阳武之时，袁绍下令工兵依沙堆为屯，东西横亘数十里，共同攻击原武和官渡，让狡猾的曹操不能分而救之，只能硬抗自己。

现在袁绍的目的已经明显得不能再明显了，那就是将所有的部队集中在阳武一带，逼迫曹操和自己决战。

见袁绍这厮要拼命了，曹操哪里敢有半点儿大意？遂急令于禁等外围守备之将迅速带主力部队往官渡会师，准备以防守反击之术和袁绍决战。

九月初一，本来晴空万里的天空突然之间变得阴暗无比，没说的，日食来了。

古时，但凡日食之日，那都是出兵的大忌，基本上所有的人认为这是不尊重鬼神，所以必败无疑。

可曹操不管那个，相反，他倒是认为此时正是突袭袁绍的最佳时机，因为似袁绍这等传统贵族，最重视的便是面子和鬼神之事，所以这时候的袁绍百分之百不会对自己有所防备。

基于此，曹操亲率主力兵团，以人衔枚马裹蹄的方式趁着夜色笼罩往袁绍主营悄然而去。

"杀！"

伴随着一声惊天怒吼，已经距离袁绍大营很近的曹军突然暴起，然后如同下山猛虎一般冲进了袁绍的大营。

可进了大营以后，曹操却大叫不好！为什么？因为袁绍的大营太安静了，安静得让曹操脊背发凉。

敏锐的曹操当即便确定自己中了袁绍之计，于是立马指挥撤退。

可就在这时，咚咚咚咚的鼓声大作。接下来，数之不尽的袁军从四面八方向曹军奔杀过来，曹军指挥系统顿时失灵，使得曹军大乱，进而导致大溃。

曹操见败势已呈，实在无法挽回，便哀号一声，然后只带数百精锐狼狈而逃。

本次战役，曹操所率之奇袭精锐几乎损失殆尽，只一次失败就几乎败尽了之前斩颜良诛文丑的胜利总和，从此丧失了主动攻击袁绍的能力。

而袁绍呢？经此一战不但扳回了劣势，还驱除了心魔，甚至连已经降到冰点的士气也因此反转，瞬时之间将被动转换为主动。

那么问题来了，袁绍怎么会知道曹操这一次会在日食的时候偷袭自己呢？难道这一次他终于听信了沮授的建议？

非也，袁绍这一次之所以能将计就计地歼灭曹操所部，还要基于他对曹操的了解。

就袁绍对曹操的了解，这货就是那种别人干啥他不干、别人不干啥他偏干的性格，所以当日食来临之时，袁绍这心脏就是哐当一下，然后如同本能一般布置士兵埋伏。

因为袁绍相信，曹操一定会来的！一定！

而结果也确实如袁绍所料，曹操确实来了，还被袁绍杀得大败！

这之后，曹操彻底失去了主动攻击袁绍的资本，于是开始坚壁清野。

而袁绍呢？通过这次的大胜则士气大振，进而"得寸进尺"，竟直接将大军逼压到了曹操官渡大营的正对面，然后参考公孙瓒，起无数高大土山为高橹，让所有的弓弩手站于土山之上，对着曹操的大营便是不停地"扫射"。

据史料所载，曹操的大营从此暴露在袁绍的火力之下，每日都要遭受如蝗灾过境一般的射击，甚至曹军士兵每日行走在大营中都要躲在大盾之下缓缓前行。

那么面对如此被动的局面，曹操是否还有办法进行反击呢？

这个，我们过后再说，现在还是先将目光转向江东吧，因为就在曹操和袁绍激战在官渡之际，曹操的大患，江东小霸王孙策竟然死了！

本节参《中国历代战争史》《三国志》《资治通鉴》《古今刀剑录》《傅子》《献帝传》

5.45 霸王归天

话说上次孙策用山贼之计谋取广陵失败以后便暂停了对曹操的举动，转而虎卧江东，用那凶狠无比的双眼始终注视着曹操的一举一动，只要曹操出现什么破绽，他便会发动最为猛烈的进攻，之后和袁绍共争天下。

可官渡之战开始以后，曹操不断胜利。反观袁绍，却将优势丧失殆尽（当时曹操还没被袁绍击败），眼看就要被曹操打败。

准备坐山观虎斗的孙策见此终是坐不住了，于是开始集结士兵，准备在曹操彻底击败袁绍之前对其发动灭国之战！

曹操，这是一个对于情报工作极为重视的人，通过乡间来报，曹操得知了孙策的图谋，所以整日忧心忡忡，一点都没有胜利者该有的喜悦（此时曹操正连胜袁绍中）。

无他，主要是孙策的战斗力实在太过爆表，想要靠一个满宠加一万士兵防住孙策所统率的大军，呵呵，简直不要太痴人说梦了。所以现在曹操考虑的是应不应该再遣部队往汝南方面支援。

郭嘉，这个睿智的男人看出了曹操纠结的根本原因，于是试探性地和曹操道：“主公莫不是在忧虑江东孙策？”

曹操没好气地道：“除了他还能有谁？听说这莽夫现在正集结士兵，准备往北攻我，如果不做准备，恐怕……”

“哈哈哈哈哈哈哈哈！”未等曹操说完，郭嘉以非常没有礼貌的姿态狂笑打断。可曹操并没有生气，见郭嘉如此狂笑，这心中反倒是安定了不少，于是疑惑地问：“奉孝难道有什么破敌之法？”

郭嘉笑道：“破敌之法？没有没有，也用不着，因为孙策就要死了。”

曹操一惊，进而追问：“要死了？这，这从何说起？”

郭嘉：“嗨，孙策统兵作战的才能虽然超强，但他发展得太快，发展过程中杀的人又太多。而这些被杀死的人中不乏一些江东本地英豪，手下死士极多，他们无时无刻不想置孙策于死地，所以孙策本身的处境就极为危险。而孙策是一个什么样的人呢？呵呵，比他爹更加轻佻莽撞，这小子仗着自己的一身武艺，平时出行从来不带护卫，纵然手下有百万大军，可还是和一个人一样，所以我可以断定，这莽夫最后一定会死于刺客之手，比他老爹还要不堪。所以主公根本不用担心江东方面的事情，只专心应对袁绍就好。"

听着郭嘉的话，说实话，曹操当时是半信半疑的。身为一个大势力的统治者，手下精锐十余万，杂兵更是不可胜数，怎么可能会为一个刺客所杀？这在谁都无法想象。可因为郭嘉算无遗策的强大智商，曹操又不得不信，所以只能先行观察，以待后发。

可最后的结果却是郭嘉真的一语成谶！孙策果然被刺客杀死了。

当时，曹操可真是对郭嘉佩服得五体投地了。

话说孙策平定了江东以后，基本上天天在演兵讲武，准备随时向北发动进攻。原吴郡太守许贡见此甚是忧虑，于是上表许都，说孙策勇猛无敌，和当初的项籍几乎不相上下（没那么猛吧），所以希望朝廷能下令将孙策调回许昌任高官，不然留在地方始终是朝廷的一大祸患。

可奏表还没等送出江东便被孙策的手下截获了。孙策因此大恨许贡，没几日便将其杀之！

当时，许贡大部分的门客都跑了，只有三个门客没有逃跑，总想找个机会干掉孙策给许贡报仇，而这个机会很快便来了。

一段时间以后，孙策整备完毕，便挥军向西北而上。

嗯？奇了怪了，距离许都最近的线路不是汝南方向吗？他孙策为什么要向西而去呢？

为什么？为了报仇呗！

之前孙策不是动用山贼攻击广陵让陈登给破了嘛，所以孙策这次就偏要从广陵走，他倒要看看，这陈登究竟是哪路神仙。

当然了，陈登的守军也不比汝南满宠，这也是孙策要迂回广陵的原因之一。

可孙策的行军速度实在太快，当他到达丹徒一带的时候运粮部队还没有跟上来，无奈，便只能原地等待。

可孙策是一个闲不住的人，左等右等不见粮队到来，孙策便领着十来个随从前去附近的林子打猎了。

那孙策酷爱打猎，一打猎几乎啥都不管，只是忘情地骑马飞奔。孙策胯下战马虽然并不像曹操的绝影和吕布的赤兔马那么有名，但也是宝马中的战斗机，根本不是身旁随从可比，所以只打了一会儿的猎物便将随从们甩得不见踪影。

可就在孙策继续向前飞奔的时候，却突见前方有三人鬼鬼祟祟（此三人便是许贡的三个门客）。那孙策仗着一身的武艺也没有在意，只是在马上极为不屑地道："你们三个是什么人？为什么在此地游荡？"

其中一人对孙策郑重地行了一个礼，然后恭敬地道："启禀将军，我们三个都是韩当手下的士兵，闲来无事便前来林中射鹿。"

哈哈哈哈！听了这话孙策都想笑，自己军纪森严，没有他的命令谁敢私自脱离部队前来射鹿？再说，这几个人虽然刻意隐藏，可还是掩饰不住那偶尔从眼中散出的凶光。所以，孙策当即判断出，这几个人绝对不是来射鹿的，而是来射自己的。

当时，如果孙策立即策马而逃的话，这仨门客是铁定追不上的。可和孙坚一样，孙策对自己的武艺实在是太有信心了，甚至狂妄到认为自己和项籍在一个水平（项籍可一人独杀数百人），所以见面前只有三个人便没有生出什么逃跑的想法，只是冷笑道："哦？是吗？但凡我孙策的士兵，不管是哪个将军帐下的我都认得，怎么就不认得……"

没等说完，孙策忽地抽出箭矢，以极快的速度上箭拉弦，就听砰的一声暴响，其中一名门客直接被孙策爆了头颅。

可还没等孙策抽出第二支箭矢，剩下那两名门客也反应过来，同样快速上箭拉弦。

嗖嗖，只见两支箭矢飞快朝孙策而去。孙策快速地躲过了第一支箭矢，但对迎面而来的第二支箭矢躲闪不及。然后就听噗的一声，孙策被第二支箭矢直接贯穿了面部，当时就坠落下马，晕厥了过去。

二人见此大喜，抽出腰中短刀便要去结果了孙策。可就在这时，十来支箭矢伴随着破空之声飞快袭来。

噗噗噗噗噗，那两名门客顿时被射成了刺猬，命丧当场。

数日以后，会稽城府中，一名满头大汗的郎中正从内室走出。见此，吴氏（孙坚次妻）携孙权、孙翊、孙匡等孙家兄弟急忙将其围住，并忐忑地询问道："先生，我家孙郎现在如何？"

郎中："呵呵呵，太夫人放心吧，孙将军这次伤得虽然极重，但经过精细的治疗，已经没有什么危险了。可太夫人一定要记住，从今天开始算起，最少一百天，这期间都要静养，不能做太过激烈的运动，更是绝对不能动怒！切记切记！"

吴氏听此答复，不安的心才开始舒缓。可就在数日以后，因为一个小婢的疏忽，使得事情发生了异变，进而彻底改变了历史的进程。

那天清晨，一个新来的小婢为孙策清理卧室的时候，惊奇地发现孙策的卧室之中竟然没有铜镜。身为江东的主人，还是出了名的帅哥，卧室之中怎么能没有铜镜？（注：这是正史记载的内容；但我严重怀疑是有人指使所致，而如果真的有人指使的话，这个人八成就是孙权。）

想到这，手欠的小婢直接在孙策的卧室摆放了一枚做工精美的铜镜。

大概半炷香的时间以后，在庭院漫步散心的孙策回到了自己的卧室，见凭空消失多日的铜镜竟然再次出现在自己的面前，孙策喜不自胜，赶紧上前去照观自己。

当孙策看到镜中的自己以后直接傻了（被箭矢射穿面部，在古代那种医疗条件下会是一种什么样子大家自己想吧），脑子嗡的一声暴响，心脏好似被千针穿透。

几息以后，就听卧室中孙策一声暴吼："我的长相已经变成了这样，以后还拿什么来争霸天下？还拿什么来争霸天下！啊……"

噗……

吼过之后，孙策刚刚愈合的伤口再度崩裂，鲜血如泉奔涌，伤势比之前更加严重！孙策更是在暴吼之后昏厥当场。

如此大的动静当即将府中下人全都吸引了过来。看着孙策倒在血泊中，众人吓蒙了，一时愣在当场不知所措。

不大一会儿，吴氏亦闻声而来，见到孙策倒在血泊中，近乎嘶吼地道："还愣在这里干什么？快去找郎中！快去！"

不大一会儿，郎中飞奔至孙策的卧室，见孙策如此模样，亦不多言，赶紧对其进行治疗。

半个时辰以后，一头汗水的郎中从孙策的卧室走了出来。不过这一次，他的表情再无之前的从容，而是几乎带着哭腔和吴氏道："太夫人，小人已经尽力了，可这一次实在是……太夫人还是为孙将军准备后事吧！"

说完，此郎中默默退去，只剩吴氏愣在当场。

不一会儿，从孙策的卧室传来了轻微的咳嗽声，太夫人和一众文武赶紧奔了过去。

见吴氏满脸泪水，孙策柔和地笑道："母亲不必如此，人生自古谁无死，如今我已经成了这副样子，也不对这个天下再留恋什么了，只是有些后事还要托付一下。咳咳，公瑾（周瑜）啊，子布（张昭）啊，你们在不在？"

听得此话，张昭和周瑜齐步走来，一人拉着孙策一手齐声道："臣在，将军有什么话说？"

孙策："我死以后，就由仲谋（孙权）继承我的位置，你二人一主内，一主外，一定要好好辅佐，切莫让我死不得安。可如果这小子实在不是那块料，你二人可废之，另立新君！"

话毕，周瑜赶紧应允，只有张昭默然不语。

孙策疑惑道："子布？你为什么不答应我？"

张昭："将军，本来这话我不该说，但事情已经到了这一步，我不得不对将军直言！"

孙策："咳咳，你说，从起兵到现在，我什么时候拒绝过你。"

张昭："喏！臣认为，仲谋将军并不适合继承您的家业！现在天下大乱，四处纷争，最后得天下者，必是如将军这等军事奇才。恕臣直言，仲谋将军并不适合，而叔弼（孙翊）将军统兵作战能力高超，和您非常相似，所以他才是将军您继承人的最佳人选，还请将军三思。"

话毕，孙策摇了摇头道："并不是这样的，现在我方发展太过迅速，江东诸地民心根本不牢固，不然也不会出现今天这等事情，叔弼虽然似我，却不是能够治理地方的人才。而仲谋，小小年纪便颇有城府，对于治理地方还有相当的才能。所以，我江东真正需要的是仲谋这样的统治者，而不是叔弼。"

张昭："可是……"

孙策打断道："好了，我感觉好累，不要再说了，去吧，将仲谋给我带过来吧。"

张昭："……是。"

不大一会儿的工夫，在孙策的召唤下，孙权缓步走到了孙策跟前，跪下便是一通痛哭。孙策抚摸着孙权的头发笑道："傻弟弟，别哭了，来，把这个收下。"

话毕，孙策直接将自己的印信交到了孙权手中，然后嘱咐道："我死以后，江东就靠你了，记住，好好运用这些人才让江东强大起来，我会在地下看着你的，不要让我……"

公元200年，就在曹操和袁绍激战于官渡之际，对曹操极具威胁的江东小霸王孙策驾鹤西去，年仅二十六岁。

孙策死后，其弟孙权继承了其江东家业，他不但重用孙策留下的一众文武，还听取周瑜之推荐，重用了鲁肃等一众能臣。

这之后，孙权改孙策之政策，停止了即将对曹操的北伐行动，而是转为专心治理内政，讨伐江东境内的山、水之贼，意图让江东国泰民安。

好了，以上便是孙策之死的前因后果。现在，我们还是再将目光转向官渡，看看袁绍和曹操的官渡之战进行到什么程度了。

本节参《三国志》《资治通鉴》《九州春秋》《江表传》《吴历》

5.46　官渡之战（终）

话说曹操奇袭袁绍的行动失败以后元气大伤，袁绍进而将曹操堵在家门口一顿拳脚相加。

可曹操绝不是那种被动挨打而不还手的人。为了应对袁绍的"土山箭橹"，曹操亦在营中堆起土山，和袁绍相互射击，可曹操不管在单兵作战能力、军事装备抑或士兵数量上都不及袁绍，所以还是摆脱不了被动挨打的局面。

为了应付此种窘境，曹操乃制霹雳车（就是最原始的投石车，还是沿用战国时代的制造之法，属于人力投石车，而非负重式，所以射程只有三百步左右，却比弓弩的射程强多了），予袁绍以最暴力的回击。

而此法果然奏效，在霹雳车的回击下，袁绍的那些土山箭橹被一个又一个地端掉。袁绍无奈，只能将大营向后微撤，避过曹操霹雳车的射程以后便开始挖地道，准备从地下破坏曹操的防御设施，如当初痛击公孙瓒一般。

可当时公孙瓒的兵力已经被袁绍设计打没了，防守还只是土山阁楼，如此袁绍才能得逞。但曹操没有当初公孙瓒那么窘迫，一是他手上有兵，二是防御部署得当，所以只在土山之前挖了一条很深的壕沟便将袁绍的地道之法尽数破坏。

暴怒的袁绍岂能甘心，于是挥军对曹操的官渡大营展开了不间断的猛攻。曹操却将大营布置得如铁桶一般，袁绍虽狂攻数日都没有尺寸之功。

眼见再攻下去也不会有丝毫建树，还会白白损失兵力，袁绍便只能停止攻伐，无奈按之前沮授所议和曹操对峙起来，打起了消耗战。

而此法果然正中曹操七寸，当时曹军粮草将尽，距离下一批粮草运送过来还要好长一段时间，而这时候袁绍又摆明了要和他打消耗战，所以曹操看在眼里急在心中。

要知道，一旦粮食耗尽，本军士气必大规模下降，袁绍拥有多年的战争经验，岂能放过如此良机？而自己的青州兵又是那个德行……一想到这，曹操脑袋都大了，所以一时间竟生出了撤往许都、将战线收缩的想法。

不过曹操还算理性，在撤退之前还是象征性地给荀彧写了一封信，来询问他的看法。那荀彧见曹操竟有撤退之念，大急，遂第一时间给曹操寄去了自己的意思（信件）：

"汉之初时，项籍之勇冠绝天下，他的部队无人能挡，几乎天下无敌。可高祖依然凭借着荥阳、成皋大防线死死顶着项羽的进攻，一直没有撤退。这是为什么？因为一旦撤退就等于昭告天下，说自己不是项籍的对手。否则会产生什么样的后果呢？就是之前已经归顺高祖的势力会再次反叛，使得高祖再无战胜项籍之可能。而今，名公不如高祖时窘迫，袁绍亦无项籍之强悍，怎能轻言撤退？再说，名公以残弱之兵抵挡袁绍强兵已百日之多，袁绍大军已疲，破绽渐出，所以下官断言：名公大破袁绍就在近些时日！所以还请名公顶住！下官一定竭尽全力为名公筹备粮饷，就是砸锅卖铁也绝对不会让名公没有粮食。"

"袁绍有破绽？大破袁绍就在当下？我咋没看出来？"

从来对荀彧言听计从的曹操第一次怀疑起了荀彧，因为就现在的情况，他实在看不出有任何战胜袁绍的可能。

于是，曹操再聚一众谋士，并将荀彧的信件交给了他们，商议是去是留。

那贾诩一目十行，只扫了一眼荀彧的信件便站出来道："主公，尚书令大人所言甚是！主公明胜绍、勇胜绍、用人胜绍、决断胜绍，之所以半年时间还无法战胜袁绍，主要在于主公的顾忌实在太过于全面。可主公想没想过，您如果想把事情做到万无一失，便丧失了'奇'之妙用，而自古之名将，无一不是此中高手；这也不是主公您的风格。所以，下官请主公不要再顾忌得那么全面，只要有机会就反攻袁绍吧！"

话毕，荀攸等一众谋士也皆表示赞同，曹操遂决意反扑袁绍。

公元200年九月上旬，曹操大营，一支数百人的部队趁着夜色的掩护悄悄向东北而去。他们人衔枚马裹蹄，虽然行动悄无声息，却也迅捷无比。

没多久，这数百人便到达了官渡附近的渠河，然后在渠河一带修建水道。

这之后，这伙人白天隐藏在莨荡泽一带，晚上则继续挖掘水道。终于，几日以后，这伙人大功告成，遂将渠河之堤破坏。

轰！一声爆响以后，渠河之水就似一条黄龙一般，经莨荡泽直奔袁绍大营而去。

那袁绍深知曹操是一个善用奇兵之人，所以每到夜晚所设的警戒都是"红色"级别。基于此，那边河水一动，袁绍便生警惕，遂急令全军向北撤军。

次日，整个袁绍大营皆被洪水淹没，可因为袁绍行动太过迅捷，所以并没有损失多少士兵，却因此后撤了三十里的距离，因而将防线拉长，这就给了曹操一个可以突破袁绍封锁线的机会，而这个机会，简直不要太重要。

而且，本次水攻过后，袁军的一个仓储吏亦为曹操所擒，曹操因此得知袁绍有一支庞大的运粮队即将从西北道而来，遂命徐晃、史涣率数千轻骑兵前往劫掠。

此运粮队的督运将领乃是袁军大将韩猛，此人勇猛无比，善于带领士兵进行搏击近战，但高傲无比，经常会犯下轻敌的错误。

而这一次，他同样犯下了这个大错。

韩猛认为，这时候的袁绍已经将曹操堵在了家门口（韩猛此时并不知袁绍已后撤三十里），曹操铁定分不出士兵来对自己进行劫掠，所以行军非常随意，根本没遣斥候往前探路。

结果，就在粮队到达故市（今河南省封丘县西北三十五里）之时，徐晃和史涣却突率数千骑兵从四面急袭粮队，只一瞬间便将运粮队突成了六段。

运粮队因此大溃，士兵四散而逃。

见此，徐晃急令士兵以最快的速度将此批粮食送往自家大营。

与此同时，袁绍大营，当袁绍听闻粮食全都被徐晃夺走的消息以后直接慌了，因为现在自己唯一能战胜曹操的依仗就是粮食了，如果这批粮食为曹操所夺，自己瞬时之间便会陷入被动！所以，无论如何，袁绍都决不允许这批粮食被抢到曹营，乃遣张郃、高览等骑将率万余骑兵急速追击。

粮食，是牛拉的。

牛，没有马快。

所以张郃和高览没过多长时间便将追上徐晃。徐晃见敌军人多势众，而自己距离官渡大营还有好长一段距离，于是把心一横，直接烧了这些军粮，便策马而逃了。

公元200年九月中下旬，曹军徐晃烧毁了韩猛的运粮队，使得袁绍损失惨重，不过袁绍无所谓，只要这批粮食没送到曹操大营就啥事儿没有！

粮食，自己有的是！

遂再遣左武卫营主将淳于琼亲率步骑一万多人往北督送军粮。

见此，沮授思考了一会儿，便走出来和袁绍道："大将军用稳重的淳于琼督送军粮固然安全，可也并非万全，要知道，现在督送的这批军粮可是我们仅有的了，如果再为曹操所抄，我们将再无倚仗！所以下官觉得，大将军应该再遣步兵校尉蒋奇率一万精锐游走于淳于琼外围，始终处于警戒，这样便可处于不败之地！"

沮授，袁绍阵营第一谋士，其算计谋略就是较郭嘉、贾诩等辈也是不差分毫，逢算必中！且每每劝谏袁绍之言，局势也必向其所说的方向发展。而袁绍，也因为一次次不听沮授之言而吃了大亏！

我想如果我是袁绍的话，估计早就对沮授言听计从了吧。可袁绍不知道是怎么想的，也许是因为赌气，也许是对自己太有信心，反正不管怎么的，这一次他还是没有听取沮授的意见。

因为袁绍认为，有淳于琼在就够了。

与此同时，官渡曹操大营。此时的曹军兵粮即将耗尽，士兵们已经开始以稀粥为食，军中因此流言四起，军心浮动。

曹操见此，遂通令全军，承诺十五日内必破袁绍，如果还是不能消灭袁绍的话，他曹操便会带领这帮饿鬼南回许都。

如此，才得以平息已经具有哗变苗头的军中骚动。

这之后，一天、两天、三天……数日过去了，曹操始终在用他那精光爆闪的双眼注视着袁军的一举一动。可袁绍的防备太过谨慎，使得曹操没有半点儿机会。

现在，曹操只欠一个契机，如果在这十五日之内能迎来此契机，曹操就有机会获胜，而一旦这十五日没有出现契机，曹操便只能南退许都，进而迎接那如同狂风暴雨一般的四面攻击。

结果，天佑曹操，那个契机最终是来了！

公元200年十月初，袁绍大帐之中，其谋士许攸不无得意地对袁绍道："大将军，据可靠情报，现在曹操已经将所有的守备力量集中在了官渡，其他地方的守备如虚设一般！所以，下官认为，大将军应该分出一部兵马从东部进攻，然后彻夜疾进，直袭许都！一旦许都被攻破，曹操官渡之主力必不攻自破！到那时，呵呵呵呵，天下便是将军的了。"

这话说完，许攸就杵在原地自鸣得意，等待着袁绍的夸赞。可等了半天，不见袁绍有一点儿动静。疑惑的许攸因此望向袁绍，可当他望见袁绍那无比阴冷的眼神以后便觉大事不妙，于是告罪离去。

回到自己的营帐之后，还在流着冷汗的许攸叫来了心腹，让其打听袁绍为什么对自己如此态度。

那心腹去了大概几个时辰后回来了，并将事情的原委告诉了许攸。

原来，许攸的家人在邺城仗着许攸的身份为非作歹，结果为审配所擒。那审配也没惯着这些人，将他们全都扔到了监狱里面，只等秋后问斩。

与此同时，审配还从许攸这些家人口中探得了许攸一些贪污受贿的罪状，然后将所有的资料一股脑地汇报了袁绍。

袁绍见许攸贪得如此之多，便从此恨上了许攸，准备等官渡决战以后再行处理他，所以便有了之前那一幕。

听了心腹的汇报以后，许攸大怒，直吼袁绍愚蠢，竟然将两件事混为一谈。可发泄过后，许攸又陷入了深深的恐惧。

刚才那个心腹也说了，袁绍只等官渡决战以后便会处置自己。他怎么处置？莫不是一刀把自己给剁了？

想到这，许攸满身的恶寒。于是，当天夜晚，他趁着夜色的掩护，悄悄逃离了袁绍的大营，转而投奔曹操去了。

几个时辰以后。

此时，正是拂晓，是一个人一天睡得最沉的时候，曹操也不能免俗，正在梦中和几个少妇嬉戏玩耍。

可就在这时候，大营之外发生了激烈的争吵（"赶紧给我去通报！误了曹将军的大事，你们担待得起吗"）。

无比美妙的梦境被惊醒，曹操怒不可遏，当即大吼道："来人！"

话毕，门口守卫慌忙跑了进来，并连声告罪。

曹操怒斥道："怎么回事儿？什么人敢在我的营帐前大吼大叫！"

守卫哆哆嗦嗦道："将军恕罪，将军恕罪，是一个叫许攸的，他说……"

只见曹操一听许攸二字，竟直接从床榻上跳了起来，然后穿着睡袍，赤着双脚，如同疯了一般直冲向大营之外，见到许攸就往大帐里面拉。

许攸本来是在外面吵嚷着要见曹操的，可见曹操如此模样，他除了心中感动以外，还差点儿吓得大叫。

此时，曹操大帐。曹操急令属下端上酒菜，然后和许攸对面而坐，没有哪怕半点儿架子。

只见曹操紧紧地拉着许攸的双手，激动地道："好！好啊！我曹操万万没想到，子远（许攸字）你会来投奔，有你在，我大事成矣！"

许攸微笑着将被曹操拉着的手缓缓收回，然后并不和曹操客气，而是直入主题地道："就下官所知，现在的局势好像对足下不利，不知可有破解之法？"

曹操："唉，我现在也在为这个事情犯愁，那袁绍布防太过严密，兵力还比我多，我真是没有机会啊。"

许攸："嗯，那你现在还有多少军粮呢？"

曹操："哈哈哈，这个还有不少，足可用一年有余！"

一听这话，许攸不屑道："行了行了，别在这忽悠了，你到底有多少粮食？"

曹操："呵呵，不瞒子远，还剩半年左右。"

话毕，许攸直接站了起来，转身便要离去。

曹操赶紧拉住了许攸道："子远这是何故啊？"

许攸："天下皆言你曹孟德多疑，之前我还不信，如今一看，果然如此！我许攸诚心来投，足下却不予我实情，这是不信任我，那我还在这干什么？我还是走吧！"

曹操赶紧将许攸拉回座位，然后无奈地道："唉，既然子远这么说了，那我就实话实说了。其实，我现在的军粮只剩下一个月了，我该怎么办？还请子远教我。"

许攸无语道："还在骗我，我就明白着问你吧，你的粮食是不是已经耗尽了！"

一听这话，曹操倒吸一口凉气。

看着曹操如此模样，许攸不无得意地笑了："嗬，名公也不必害怕，这个消息现在只有我一人知晓，袁绍和其一干文武并不知情！而我这次前来也不是要吓唬名公你的，而是要献上一个破袁之计，就看你敢不敢用了！"

　　曹操："用！干什么不用！我现在已经没有了退路，不管子远有什么计谋，我曹操都必用之！"

　　"好！"

　　话毕，许攸直接站了起来，然后用手蘸了一下酒，在桌子上边比画边道："名公孤军独守，外无救援，内无粮草，此为危机之时！但越是危机的时候也是生机显现之时！"

　　曹操："生机在何处？"

　　当！曹操刚说完，许攸便用手猛点了一下几案放声道："生机就在此处！上一次，韩猛督送粮车为名公所劫，所以袁绍第一时间令河北送来一批粮食！这批粮食可了不得，数量有一万多乘，几乎是现在袁绍所有的存货了。且据我所知，现在这批粮食已经运送到了距袁绍大营四十里处的乌巢泽。主将淳于琼虽然稳重，但因为现在距离大营已近，再过两日便可到达，再加上本次运粮行动非常隐秘，所以必不作防备！名公只需率轻骑兵急袭焚烧，袁军必不攻自破！"

　　砰（敲桌声）！"大善！"

　　话毕，曹操大赞许攸，然后齐聚所有骑兵，准备在当晚突袭乌巢。

　　公元200年十月二日即将入夜时，也是曹操发表十五日宣言的第十二至十五日间，曹操亲率五千身着袁军服装并食饱之轻骑，准备在半个时辰以后向北疾奔。

　　而就在出发以前，其从弟曹洪却带着几乎所有的文武官员前来劝谏曹操，让他不要前往攻击乌巢，理由是许攸刚刚投奔，实在无法信任，如果这是袁绍的计谋的话，曹操纵有十条性命也绝对无法逃脱。

　　而在这些人中，只有贾诩和荀攸赞成曹操出击。

　　理由一，这时候的曹操已经没有退路，只能拼死一搏。

　　理由二，许攸这人出了名的怕死。似这等怕死之人绝不可能拿自己的性命开玩笑，所以他的情报绝对可信！

　　基于此，曹操不再疑惑，半个时辰以后便率全部骑兵直奔乌巢而去。

　　由于袁绍后撤三十里以后防御线被极大地拉长，所以防备并没有之前那么严密，使得曹操并没有费多大的力气便穿越了袁绍的防线（其间被巡逻卫队发现过一次，不过却被曹操以"袁公恐曹操抄掠后路，遣兵以益备"糊弄了过去），成功在拂晓之时抵达了淳于琼的乌巢大营。

　　这之后，曹操再无废话，命全军扒下袁军服饰，然后直接便对乌巢发动了绝猛的突袭。

一时间，杀声震天，在夜色的衬托下，好似无数的骑兵从四面八方冲过来一般。

守军见状大惊，顿时陷入极度混乱之中。可就在混乱逐渐要演变成溃逃之时，淳于琼突然从大帐中冲出。

一身金色铠甲的淳于琼哪怕在黑夜的战场中亦是耀眼非常。虽见四方骑兵遍布，却没有哪怕一丁点儿惧意，而是急速带领近卫队前往迎击，如同当初李傕故事。

见此，那些即将溃散的大兵也在淳于琼的带头反击下逐渐振奋，开始狼狈抵挡着曹操的进攻。

这场战斗一直从拂晓打到清晨，淳于琼因为一开始便陷入了被动，所以局势岌岌可危。可这个一身是伤的男人没有半点儿退意，依然带领着部队抵挡在最前线。因为他相信，袁绍的援军很快便会抵达。而他，有抵挡曹操至援军前来的能力和信心！

与此同时，袁绍大帐。袁绍这时正在和一众文武商议军情，可就在这时——

"报……"

一慌乱奏报之声打破了大帐的宁静，一名传令兵风一般跑进大帐，仓皇无比地道："报……报大将军！远处乌巢方向见火光冲天，恐怕遇袭！"

"什么！"

话毕，场中人全都吓得站了起来。张郃更是第一时间和袁绍道："主公！乌巢有警，必为曹操亲往袭之。曹操亲往，志必在破淳于琼等！不急往救，大事去矣！"

袁绍："对，对，你说得对！张郃！"

张郃："末将在！"

袁绍："赶紧给我聚集……"

"且慢！"就在袁绍即将遣张郃前往救援之时，谋士郭图突然站出来和袁绍道，"主公，古人言上兵伐谋！张将军和主公说的只能叫办法而不叫计谋！岂不闻孙膑攻魏以救赵乎？如今，曹操亲攻乌巢，官渡大营必定空虚，不如弃乌巢而攻官渡，只要将官渡夺下，曹操的后路就会彻底被我方切断。那时，曹操将上天无路入地无门，岂不快哉！"

张郃暴怒："说的什么话！曹操能如此迅捷突破我方防线，所出兵众必为骑兵！而曹操有多少骑兵？算上之前抢夺我们的战马也不过五千之数，所以主力部队铁定留在官渡，这让我军如何攻破？所以只有救援官渡才是真正的办法，你那个什么围魏救赵根本就不算计谋！"

郭图："你！主公，你且听我说……"

"够了！"见二人要吵个没完没了，袁绍立即进行了制止，然后对二人道，"就像郭图说的，现在曹营空虚，必须尽快夺下，可乌巢也不能放弃。这样，张郃！"

张郃："末将在！"

袁绍："你现在立即率本部兵马（一说一万多，一说两万多）前往攻击官渡，如无法拿下，我唯你是问！"

张郃："这……喏！"

袁绍："赵睿！"

赵睿："末将在！"

袁绍："你现在立即率本部骑兵（数千骑）前往救援乌巢，定要将其保住！"

赵睿："喏！"

就这样，袁绍分别派出了部队前往官渡大营和乌巢粮仓，鱼与熊掌皆想得到，可他能得到吗？呵呵，呵呵呵呵。我们先来看曹操这一边。

此时，曹操还在不停地进攻乌巢粮仓，其兵众从四面不断向大营发动凶猛进攻。而淳于琼所率领的袁军呢？却好像不倒翁一般，摇摇欲坠却始终未曾倒下。

眼看时间越拖越长，曹操是看在眼里急在心中。

而就在此时，突然有一斥候疯狂而来："启禀主公，据探子来报，袁绍援军距离我方已经不到十里！"

曹操吼道："给我退下，不许再来禀报，什么时候他们杀到了我们身后再行禀报！"

斥候："是！是！"

曹操："来人！"

传令："在！"

曹操："给我传令下去，袁军距离我们现在已经不到五里，如果在他们到来之前还不能攻破淳于琼的话，那就全都和我曹操一起去死吧！"

传令："喏，喏！"

传令听罢立即行动，将曹操的命令全部传达。那些曹军将士一听这话，无不又惊又恐，于是不要命一般疯狂攻击淳于琼的守军，好似末日丧尸一般让人恐惧、绝望。

现在的淳于琼军本来就已经摇摇欲坠，哪里还能受得了如此疯狂的攻击？所以在此等冲击之下彻底崩溃，不仅淳于琼被曹操生擒，其部将睦元进、韩莒、韩威璜亦为曹军士卒所杀。

冲进乌巢粮仓之后，曹操下令全军四处焚烧，几乎一瞬间，满乌巢的粮草便被曹操烧得一干二净！

而这时候，赵睿的骑兵依然没有来到，只不过马蹄声越来越大而已。

见乌巢粮草已被烧尽，曹操狂笑，这时候才将之前那个斥候招来，然后毫不在意地问道："你刚才说袁绍的援军来了，一共多少人？"

传令："启……启禀主公，一共数千骑兵。"

曹操轻蔑地道："呵呵，只数千人吗？袁本初，你真是小瞧我曹操啊，既如此，我也不用逃了，我的士兵们！我的将军们，你们在哪！"

众人："在！"

曹操："你们累了吗？怕了吗？"

众人："誓死追随将军！赴汤蹈火！"

曹操："好！众位将士，跟随我曹操的脚步，我们杀回去！杀！"

轰！在曹操的带领下，这些精锐之士掉转马头，当即对迎面而来赵睿之军展开雷霆奋击。

此时曹军虽然已经征战一宿，但成功烧掉乌巢的粮食使得他们的士气大振，所以以一当十，无人能敌，没多长时间就将赵睿的部队全部斩杀，赵睿亦是死于战阵。

再看官渡大营。

此时的张部已经率本部兵马狂攻官渡大营数个时辰，可依然无法寸进，非但如此，还损兵折将不少。原因很简单，除去那五千骑兵以外，曹军几乎所有的步兵主力都在官渡大营。所以，仅凭张部手下这些兵马，根本无法给官渡大营造成半点儿威胁。

基于此，张部乃有撤退之念。可就在这时，张部的一个好友突然遣使密往张部处，附在张部耳边说了好多的话。

说完，就见张部暴怒而起，然后将郭图的户口本问候了一便。

原来，郭图早就通过探子得知官渡大营守军众多之事，正在心惊之时，又听说乌巢失守，所有军粮被焚烧殆尽。于是大恐，怕张郃回来以后自己会为袁绍所杀，于是便在袁绍面前诬陷张郃，说张郃攻不下曹营以后便嘲笑袁绍，说了很多难听的话；意图转而嫁祸张郃。

果然，袁绍这昏庸之人听了郭图的话以后大怒，当即便叫嚣着等张郃回来会要了他的命。

如此，便有了之前那一幕。

撒完了气，张郃的暴怒情绪逐渐缓解。他知道，现在就是生气也没有用，自己是无论如何不能再回袁绍军中了。于是，张郃将心一横，烧掉了所有攻战器具以后便携本部兵马前往投奔曹操了（张郃是什么校尉大家还记得吗，他的本部兵马都是什么兵种各位还记得吗）。

此时，曹操还没有回到官渡大营，所以指挥权还在曹洪手中。见张郃携一万多重装骑兵和将近一万的步兵前来投奔，他直接蒙了。

为什么？因为他根本就不敢放张郃进入大营。

要知道，这将近两万的士兵可全都是袁绍军中最为精锐的战士，张郃更是名震河北的虎狼之将，这若是他们的计谋……

嘶……想到这，曹洪倒吸了一口凉气，浑身发汗，可转念一想又不对，要知道，这可都是袁绍军中的精锐之士，如果把他们收了，只瞬时之间就能让袁绍军团的战力狂掉好几个档！到那时岂不是可以一战而定袁绍？

可……可如果这是他们的计谋，那曹操也废了。

曹洪是越想越纠结越想越蒙，最后甚至表情都开始变得扭曲。

而见曹洪迟迟无所动作，荀攸赶紧上来道："将军不可再行拖延！迟则生变！张郃此番来投，必是上计不被袁绍采纳，后方又遭小人诬陷，被逼得走投无路才行投奔，这种机会千载难逢，你一定要把握住！"

曹洪："可……可……可如果这是计谋，不行！绝对不行！我没有办法做这个主，你不要逼我！"

荀攸："你！唉……我告诉你，这种千载良机一旦错过，你看等主公……"

"怎么回事儿？大营外怎么聚集了那么多不戴盔甲的士兵？"

未等荀攸说完，一如同天籁的声响传到了荀攸耳中，荀攸惊喜回头，这不正是他牵肠挂肚的曹操嘛（曹操此时正好返回官渡大营）！

见此，荀攸急忙跑到曹操面前，将张郃来降之事加以说明，而已经面容扭曲、满头大汗的曹洪见曹操归来，则是如释重负，狠狠地擦了一把额头的汗水，就差瘫坐在地了。

而当曹操听完荀攸的描述以后，连考虑都没有便立即亲往迎接张郃。

就像之前的许攸一样，张郃见曹操亲自迎接，甚至不敢相信自己的眼睛。结果，未等张郃反应过来，已经快步进入张郃降军中心的曹操便一把抓住张郃的手激动道："昔日伍子胥不早寤，使身自危，岂若微子去殷、韩信归汉乎！"

话毕，又大大地给了张郃一个熊抱。

可以说，现在的张郃只要想杀曹操，那就是手起刀落的事，甚至能"将功赎罪"，完美返回袁绍军中请功。可张郃没有，他已经被曹操那博大的胸怀俘虏了。在当今这个战乱的年代，他从来没有见过任何一个君主能像曹操这样对前来投降的将领如此无条件信任，别说见见过，甚至听说都没有。

所以，张郃被感动得五体投地，当即跪于曹操面前宣誓效忠。

次日，乌巢沦陷和张郃主力部队投奔曹操的消息皆传至袁绍军中。一时间，四方兵众奔走相告，每个人都恐慌到了骨子里，袁军之士气一落千丈。

如果这时候的袁绍军遭受曹操的攻击，我真不敢想象会发生什么。

而曹操，恰好是一个战场嗅觉灵敏到爆的卓越统帅。

他见袁军如此士气，当即率全军对其发动攻击。此时袁军已至崩溃边缘，哪里还能挡得住曹操如此攻势，所以一触即溃。

袁绍见兵溃如山崩，哪里还敢继续和曹操作战，便弃了大军，携袁谭及八百人北走。

本来便已经溃败的袁军见主帅已逃，更是无心再战，甚至无心再逃。

于是，越来越多的袁军士兵投降了曹操。可曹操要的不是这些士兵，而是袁绍的人头。

于是，曹操草草地接收了这些降卒以后便携大军前往追击袁绍，誓要斩其头颅。

本节参《三国志》《中国历代战争史》《资治通鉴》《后汉书》

第二部

SAN FEN TIAN XIA

三分天下

第一章 雄霸北方

1.1　坑杀

公元200年十月，曹操于官渡大胜袁绍，俘虏将近十万袁军将士，至于其他珍宝、图籍、辎重等总价值数亿的物资亦悉入曹操之手。

可这都不是曹操想要的，不是！曹操想要的是袁绍的项上人头，于是继续率军向北狂奔追击。

再观袁绍。

此时袁绍可谓狼狈至极，被曹操大败以后他只能率八百心腹狼狈而逃。终是在九死一生下从延津渡河逃至黎阳北岸的蒋义渠后军之中。

当时，袁绍狠狠抓着蒋义渠的手，几乎哽咽地道："将军，我的性命就交给你了！"

袁绍为什么要这个样子？因为他知道，这次战败以后百分之一千会引起一大堆连锁反应（州郡背叛）。而这个蒋义渠在不在这些人中还真不好说。一旦蒋义渠也背叛自己的话，那么自己必会命丧当场。

基于此，袁绍才如此热情和忐忑。

而蒋义渠并没有让袁绍失望。见袁绍如此，蒋义渠直接将将军印信让了出来，以此向袁绍表达忠诚。

见此，袁绍大赞蒋义渠，然后迅速以后军为营收容逃散士兵。

反观曹操，大破袁绍军以后，他声名大振，冀州许多郡县皆叛袁投曹。曹操本人更是带领骑兵部队追击袁绍到了黎阳附近。

可当曹操听闻袁绍已经重整后军以后，立即放弃了追击。为什么？因为官渡之战到现在已经打了将近一年的时间，袁绍虽然败了，但曹操之军也实在疲惫不堪，不好好整顿一下是真的不行，所以才没有再行追击，而是返回官渡，准备集结士兵以后回许都休整。

此时，官渡曹军大营中军大帐，正中心摆放着一个庞大的竹箱，箱子里面全都是曹操阵营一众文武和袁绍暗通的书信。

见此竹箱，曹操紧皱眉头，好像在思考着什么。而贾诩和荀攸这些智谋出众的老狐狸则紧闭嘴巴，一个字都不给曹操建议。

不一会儿，曹操左右武将站了出来，希望曹操将这些书信仔细阅读，然后把胆敢私通袁绍的人全都抓出来杀死。

又想了一会儿的曹操最终却长长地叹息了一声，然后道："唉，算了吧，当初官渡大战以前，袁绍实力大大强于我军，孤尚不能自保，何况众人？这天下又有几个人能真正做到誓死忠于一人呢？算了吧，算了吧。来人！"

侍卫："在！"

曹操："你去，把这个竹箱搬到大帐门口烧了吧。"

侍卫："喏！"

就这样，曹操看都没看竹箱中的通敌书信，毅然决然地在众人面前将所有的书信烧了。

此举使得官渡大营和后方许都的一些文武长长舒了一口气，心中的那点儿小心思也随着曹操此举而消失殆尽。

曹操成功复制了一回当初光武帝的手段，不可谓不高明。而烧掉了这些书信以后，曹操对身旁侍卫道："去，把那个人请上来，态度给我客气一些。"

侍卫："喏！"

不一会儿，战俘沮授被曹操的侍卫客客气气请进了中军大帐。而曹操，这个戏精，看到沮授就好像看到多年的老友一样，竟然要亲自将沮授牵引到座位。

沮授却急忙向后躲，不让曹操碰他，并对曹操道："曹公，我沮授并没有投降，只不过是您的战俘，一个战俘，我想没有资格坐在您的大帐之中吧？"

见沮授如此态度，曹操尴尬一笑，然后和蔼地道："哎，先生说的哪里话，你我二人因为地区限制，所以一直不能相见，先生可知，我曹操可是一直将您记挂在心中啊。可没想到造化弄人，今日竟让先生成了我的战俘，这让我于心何安？"

沮授笑道："曹公说笑了，袁绍失策，自取其败。我的才智和能力无法施展，理应被擒，如果袁绍按照我之前建议的话，我想，现在被擒的就应该是曹公了，所以曹公不应该于心不安，反应该将我斩杀才是正理。"

曹操慌道："那怎么行？袁绍没有头脑，哪里配得上先生这样的天下大才为他去死？如今天下尚未平定，四方贼寇众多，我正需要先生这样的大才辅佐，所以断不可杀！还请先生帮我！"

话毕，曹操竟然给沮授深深一揖。

见此，沮授吓得赶紧躲到一旁，并惊慌对曹操道："曹公胸怀、诚意沮授已足见，如沮授无后顾之忧，必用生命来辅佐曹公。可曹公啊，沮授一家老小现在可全都在邺城，一旦我降于曹公，他们必会被袁绍斩杀！我沮授怎能因一人而连累一家老小！还请曹公不要再劝，及早将我斩杀才是我的福气！曹公，沮授求您了！"

话毕，沮授哐当一下给曹操跪下磕头。

曹操见此，心中没来由便是一阵酸痛，可他并没有从了沮授，而是直接转身，不接受沮授的请求，并背对着沮授严厉地道："不行！我曹操如果得到你这等大才，这天下还有什么事能难得倒我？你死了不但是我的损失，还是整个天下黎民的损失！所以，我决不允许你死！决不允许！沮授，做人不能如此自私，难道你就不想想天下百姓吗？难道你就不想让这个天下早一点统一吗？来人！"

侍卫："在！"

曹操："将沮先生搀扶回去，什么时候他想通了再带他来见我！记住，必须给我好吃好喝伺候着，一旦先生有什么意外，我必杀你！"

侍卫："喏！"

就这样，沮授在曹营就这么住了下来，可他的心无时无刻不在牵挂着身在邺城的家人们。所以，在一天夜里，沮授趁着守卫的疏忽便逃了。

而当曹操听闻此事以后吓得亡魂皆冒。沮授这人，谋略诈术兼备，是那种全方位谋主，之前袁绍不听沮授之言，所以大败！一旦再让沮授逃到袁绍处，这袁绍以后就必会对沮授言听计从。到那时，曹操再想消灭袁绍就难了。所以曹操立即派出士兵前往追击，并下令兵众可以就地格杀。

就这样，沮授，这个河北大谋主死于曹兵之手。

然而，这还不算完。

之前不是说了嘛，那袁绍得了蒋义渠后军以后便开始公布信息，希望河北的士兵能赶紧回来。

就像沮授一样，那些河北的士兵，他们的家人全都在河北，所以一听袁绍的召唤便蠢蠢欲动。

曹操何其敏锐？见一丁点儿的苗头就知道大事不好，所以在万般无奈下只能出下策！那便是坑杀降卒！

公元200年十月，曹操一举坑杀后来投奔的袁军士卒八万！可对比之前白起、项羽以及当年的三县屠杀，这一次曹操没有担负什么骂名，因为此实乃无奈之举也！

本节参《三国志》《资治通鉴》《献帝传》

1.2 外宽内忌

数日以后，曹军已经将大帐收拾完毕，就等撤回许都。

曹操却没有第一时间撤退，而是带着所有的文臣和武将往右北平方向深深三拜，曹操甚至亲自发表感言："敬伯圭（公孙瓒）！致伯圭！孤能打败袁绍，你一人独占半数功劳！"

呵呵，不知道现在已经到地底下的公孙瓒听到这种言论会是一种什么表情，大概会高兴吧。应该是吧。

此时，邺城大狱，田丰正在监牢默默地翻看着古书经典。而就在此时，一名狱吏急忙跑到田丰处，并和田丰欢天喜地地道："先生！好消息，好消息呀！"

田丰："哦？什么好消息？"

狱吏："我听说，咱们主公在官渡败给了曹操，不日即将返回邺城。当初先生劝主公不要攻击曹操，主公偏偏不听，这才有如今之败！相信到这时候主公也知道先生的实力了吧？所以我估计先生马上就要被释放出狱了。不仅如此，先生以后还会受到主公的重……"

"哈哈，哈哈哈哈哈……天亡我也！"

未等那小吏说完，田丰忽地蹦出了一句"天亡我也"。小吏一时愣在当场，不知田丰什么意思。

田丰惨笑着对小吏道："唉，你是有所不知，我们这位主公实际上是个外宽内忌之人。之前，我曾数次用极恶劣的态度来劝谏主公，可最后呢？主公不但没有答应，反倒将我抓到监狱中来。你以为他为什么要把我抓到监狱里？就是要证明我是错的，他是对的。这要是胜利了还好，估计也就把我放出来奚落两句也就算了。可如今，主公败了，他必耻于见我，料想没多长时间就会找一个借口杀了我吧。呵呵，算了，我还是给自己准备后事吧！"

小吏惊异地道："怎……怎么可能？"

怎么可能？怎么不可能！就在袁绍返回邺城的途中，巧遇谋士逢纪。袁绍好像诉苦一般和逢纪感叹道："孤此次官渡之战败得太过凄惨，可孤没觉得愧对了谁。哪怕是沮授（此时沮授已死，所以袁绍敢说），孤也可以坦然面对。只有田丰，唉……我是无论如何都羞于面对啊。"

拿一个死人和现在正在牢狱之中的犯人来作比较，袁绍这是什么意思？呵呵，精通政治的逢纪一下就看出来了，不就是想要一个杀死田丰的借口吗？

于是，逢纪和袁绍道："主公啊，我听邺城中的狱吏说，田丰听闻主公战败的消息以后不但没有半点儿悲伤，反倒拍手称快。这种人主公还留着他干什么？哪怕出狱也会第一时间背叛主公。与其如此，还不如……"

说到这，逢纪直接做了一个抹脖子的动作。袁绍深会其意，果然在回到邺城以后将田丰无声无息地杀掉了。

然而这还不算完。

当初，袁绍征伐曹操的时候，审配的两个儿子亦随袁绍南下征伐。可袁绍战败以后，这两个儿子全都被曹操生擒。

众所周知，袁绍手下的那些官员派系复杂，相互不睦。尤其是一众文官，这种现象更加严重。而审配，正是那种认真执法六亲不认之人，甚至和满宠有的一拼。所以，他的政敌很多很多。

这不，审配两个儿子被抓进曹营的消息刚刚到达，审配政敌之一的蒋奇便找到了袁绍，并献谗言道："主公啊，审配在位专政，族大兵强，且二子在南，听说已经投降了曹操，恐怕这审配日久必反啊！我看，主公您还是早作谋划吧！"

听毕，袁绍犹豫了很长时间，然后又问郭图和辛评的意见。

而这两个人呢？也和审配合不来，便皆赞蒋奇之意。袁绍遂准备用孟岱来接替审配的位置，并意图在审配下台以后找个机会干掉他！

可就在孟岱即将替换审配之时，审配的头号政敌逢纪突然找到了袁绍，几乎是咆哮着和袁绍道："听说主公要用孟岱替换审配，这是真的吗？"

袁绍："是的，难道有什么不妥吗？"

逢纪："不妥？主公！您醒醒吧！您难道要自毁长城吗！那审配性如烈火，其言行都和古时圣人一般，对主公之忠天地可鉴！如果他都背叛主公，那这天下还有忠于主公之人吗？"

袁绍："这……哎不对呀……我没记错的话，元图（逢纪字）你不是最烦审配的吗？怎么这会儿倒帮他说起话了。"

逢纪："哎呀主公……我和逢纪之间那是私人恩怨，可现在我们讨论的是国事，是国事！两者岂能混为一谈？主公您听我说，审配对您的忠诚天地可鉴，四州谁人不知？在现今这种情况下，您如果将审配杀死，那就不仅仅是让人寒心的事了，有可能整个四州的豪族都会瞬间背叛您，您信不信！"

嘶……一听这话，袁绍倒吸一口凉气，当即便急将孟岱调了回来，没有刺激到审配。

而逢纪本身说得也没有半点儿差错，就在袁绍回到邺城以后，冀州大半豪族突然叛袁投曹，反叛之火一时间弥漫整个冀州。

可说实话，因为蒋奇说的那些话，袁绍还真就对审配产生了些许疑惑。审配却不管那个，不管袁绍怎么去看他，他都会以最忠诚的态度来对待袁绍。所以袁绍在率军离开邺城以后，审配调动粮草、演兵讲武两不耽误，经常从白天忙到黑夜都不喝一口水！

因此，袁绍的后方极为安稳，粮草也源源不绝地开进前线战地。袁绍因此心安，这之后以极快的速度平定了冀州的豪族叛乱。

公元200年十二月，袁绍悉定冀州豪族之乱，不甘心失败的他在审配的辅佐下齐聚青、并、幽三州兵众，准备再次和曹操决战。

这个不长记性的大贵族如今已经没了田丰和沮授，他还能反败为胜吗？

本节参《三国志》《魏略》《中国历代战争史》

1.3 袁绍之死

公元201年四月，河北粮食储备已经完毕，士兵已经完成集结，袁绍遂领三州兵马前往黎阳，准备再次和曹操展开决战。

上一次，曹操兵力不如袁绍，装备不如袁绍，粮草不如袁绍，士兵精锐亦不如袁绍。可这一次，曹操没有哪怕一点不如袁绍，所以当他听闻袁绍再次率军前来征伐自己的消息以后简直喜不自胜（正当反击，士气加成，民心所归），遂亲引近万轻骑兵团向北主动迎击拥有十余万士兵（非精锐）的袁绍。

两军遭遇以后，袁绍见曹操竟然只有一万骑兵，简直高兴到飞起！遂引全军对曹操发动进攻。

曹操眼见不敌，只能狼狈南逃。

说实话，即便不当事后诸葛亮我也能看出曹操的举动绝对有问题。

1.曹操本身能够调动的精锐就不少于十万之数。

2.之前袁绍败于曹操，十余万部队皆入曹操之手，虽然最后坑杀了八万多人，但算上张郃所部，最少也剩下三万多将近四万。

3.袁绍在官渡败给曹操以后，四方势力皆被震慑而不敢动，内部豪强也对曹操畏惧已极，所以曹操可以聚集更多的战力于一点。

综合以上，不管从哪一点来看，曹操都不可能只调动一万骑兵，所以他的行动绝对有问题！可袁绍不管那么多，曹操已经成了他的心魔、他的梦魇。既然现在曹操已经"裸露"在他的面前，那曹操就必须死，必须！

基于此，袁绍根本不听周围文武的建议，毅然决然率军狂追曹操。

这次长途追击战真的是追出去好远好远，袁绍一直从河北追击到河南仓亭（今河南省浚县东南五十里）。而就在袁绍追击到仓亭的时候，曹操的伏兵出现了。

没错，袁绍中计了。

如果我没记错的话，这一段就是演义中著名的十面埋伏了。在演义中，袁绍几乎所有的部队都被歼灭了，然后郁郁而终。而按照之前袁绍的态度来看，这种事情也是顺理成章的。但结果真的是这样吗？我可以很负责任地说，绝对不是！

在史料中，对于这一战的过程完全没有记载，所谓十面埋伏也没有程昱的影子。并且，不但没有过程，甚至连结果也没有说明。这就使得此段战役出现了历史的空白。如此，罗贯中先生才能运用自己的想象来填充血肉，设计了袁绍军全军覆没的结局。

那么袁绍军到底损失多少呢？具体数字我不知道，因为史料没有记载，不过我可以和大家说明的是，袁绍的损失绝对不多！

至于原因则很简单，两个字：结果！

自官渡之战过后，袁绍与曹操优势互换，曹操对袁绍已经没有半点儿顾忌。试问，在这种优势互换的情况下，曹操全歼了袁绍的部队以后怎么可能不挥军向北，进而一举歼灭袁绍，反而要拖到十三个月以后才向袁绍发动总进攻呢？

基于此，结果只有一个，那就是袁绍在这次战役中根本没损失多少士兵。起码步兵是完全留住了。

这又是为什么呢？不是说曹操已经在仓亭布置了"十面埋伏"吗？难道曹操的埋伏就那么不中用？

当然不是这样，请各位看官注意兵种问题。

曹操这次是亲率轻骑兵前往诱击的袁绍，如果袁绍想要在第一时间捉住曹操，就必须用骑兵追击，而不是步兵。那么现在袁绍还有多少骑兵呢？官渡之战以前，袁绍有屯骑两部、越骑两部。官渡之战以后，屯骑一部在张部的带领下投降了曹操，剩余三部骑兵也被曹操杀了十之七八，所以剩余的骑兵大概只有一万人左右。而骑兵，从来是最不好培养的。这么短的时间，袁绍顶天也就再弄一万新骑兵蛋子而已，再算上原来的骑兵，最多也就两万之数。

所以，本人猜测，这次仓亭之战，袁绍一共损失了两万骑兵。还没进行决战就将骑兵全部丢失，此种结果使得袁绍军士气大跌，袁绍见事不可为，便只能带着剩余的步兵仓皇返回河北。

就是这么简单。

九月，曹操击败袁绍以后返回了许都，并在同时打听到了刘备的消息，原来刘备现正在汝南，整天和龚都、刘辟等人不知在谋划着什么。

曹操这人，不管是在刘备强大的时候还是弱小的时候都不敢小看他，所以在得知刘备的"藏身地点"以后第一时间便亲率大军对其发动了攻击。

那刘备和曹操的实力相差悬殊，所以闻听曹操亲率大军来攻，连交手都不敢，便往荆州去投奔刘表了。

曹操听闻此消息以后极为愤怒，便想马不停蹄地挥军荆州，一举将刘表、刘备全部消灭。

可就在曹操要冲动之时，又是荀彧，这个睿智的男人站出来急谏曹操道："主公不可莽撞！袁绍刚刚被主公打败，正是最为虚弱的时候。所以主公应该趁他病，要他命，将袁绍完全消灭以后再行攻击刘表。那刘表不过一故步自封之庸人，当初官渡战事时都不敢在主公背后做鬼，就更别提现在了。可袁绍则不同，其拥四州之地，家底深厚，只要给他几年的时间便能恢复元气。到时南平刘表不成，袁绍必在背后袭之，如之奈何？"

听毕，曹操沉默了，不再作声。

几日以后，曹操全军撤回许都，积极整兵备战，准备对河北发动全面战争。

公元202年正月，曹操发大军从许昌向北挺进，其兵锋直指黎阳。

黎阳我们在官渡之战以前已经详细地介绍过了，这是个既交通发达又易守难攻的天然要塞，也是袁绍抵挡曹操侵攻的最先头要塞。一旦黎阳被攻破，黄河以南将再无屏障，曹操可以随意发兵北进，不会再有半点儿顾忌。

基于此，袁绍对黎阳的守备相当重视，当听闻曹操北进的消息以后便遣大军前往驻防，并下死命令，无论如何不能让黎阳落在曹操的手上。

二月末，曹操兵压黎阳，形成包围以后对黎阳展开了不间断攻击，这场激烈的攻坚战从二月末一直打到五月，最少激战了两个月。

最终，黎阳还是在曹操庞大的兵力下被攻陷了（本场攻坚战史料无过程，我深表遗憾）。

这之后，多地相继叛袁投曹，甚至连拥有强悍实力的张燕都开始讨好曹操，话里话外在向曹操承诺，只要曹操能消灭袁绍，统一整个北方，他张燕就愿意率众投降。

而身在邺城的袁绍听闻黎阳被攻陷，多地再次叛乱的消息以后，脑子嗡的一声如遭雷击，这之后，一口鲜血噗地从袁绍口中吐出。然后，然后就没有然后了。

公元202年五月，河北之主——袁绍，就此离开人世。

本节参《三国志》《中国历代战争史》

1.4 内斗

袁绍，这个曾经威名震动天下的人死了，这个曾经被誉为最有希望统一天下的人死了。而且，由于死得太快，他甚至都没来得及任命继承人。

各位都知道，古时候一般是长子才有资格继承家业，这个不管是在民间还是王朝之中都是共通的。可袁绍因为三子袁尚长相俊美，所以偏爱袁尚，将长子袁谭和次子袁熙全都弄到了地方上，只留袁尚在邺城，这目的就不言而喻了。

不过怕袁谭和袁熙有意见，这才一直都没有正式立袁尚为储君。

本以为等自己统一天下以后再立袁尚也来得及，反正那时候袁谭和袁熙也起不了什么幺蛾子了，岂料没等统一天下他袁绍就被活活气死，以至于死的时候都没有一个真正合法的储君。

这代表什么呢？代表袁氏一族要大乱了。

果然，就在袁绍死后没几日，审配与逢纪便立了身在邺城的袁尚为冀州牧兼

"四州都督"。而身在青州的袁谭肯定不服，便自立为车骑将军，拥青州而独立。

可就在两兄弟即将刀兵相向之时，已经在黎阳休整完毕的曹操突率大军渡过黄河，进而兵压袁谭治所，意图斩杀袁谭，以最少的代价得到整个青州。

袁谭当然不能如曹操所愿，遂率全军前往黎阳方向进行堵截。可袁绍都不是曹操的对手，他袁谭还没有他爹那两下子，怎么可能敌得过曹操？

所以，没有任何意外地，袁谭被曹操大败，进而向平原方向疾退。

曹操当然不会放过这个痛打落水狗的机会，便率全军狂追猛打。

可就在这千钧一发之时，邺城袁尚忽然率大军前来援救袁谭，因为他知道什么叫唇亡齿寒。

见此，曹操一声冷笑，然后亲率大军回攻袁尚。

那袁尚亦非曹操之敌，不管在兵力、装备、将军素质上都讨不得半点儿便宜，所以亦为曹操所败，只能狼狈往邺城奔逃。

因为袁尚的"含金量"要更胜过袁谭，所以曹操直接弃了袁谭而追击袁尚，一直追着袁尚从黎阳打到邺城，看这架势，不下邺城曹操是绝对不会再回许都了。

而那边袁谭亦知袁尚死自己不能独活之理，遂回军救援邺城，在曹操后面给予不断的游击作战，使得曹操不能专心攻击邺城，效率大减！

针对于此，随军参谋郭嘉乃献计于曹操，希望曹操能撤回许都，做出假装要攻打刘表的样子。如此，袁谭和袁尚必相互攻击，等二人两败俱伤再出军攻击，必能一击而胜！

曹操认为郭嘉说得很有道理，乃从此议，于本月撤军回到许都，并叫嚣着要攻击刘表。

而事实果然如郭嘉所料。当袁谭得知曹操撤退的消息以后立即建议袁尚对曹操进行追击，可袁尚一是怕曹操设有伏兵，二是怀疑袁谭会在自己进攻曹操的时候耍些什么阴谋，所以没能答应袁谭的建议。袁谭因此大怒，遂起兵攻击袁尚，袁氏二兄弟遂于曹操刚离去便爆发了激烈的战争。

可袁谭的兵力毕竟不如袁尚，论本地氏族的支持也要比袁尚相差许多，所以二人交战没多长时间袁谭便被袁尚打崩，进而逃回平原，意图借一州之地和袁尚抗争。

一方面，袁尚这个年轻的小伙子知道，如果想要抵挡住曹操的侵略就必须先清除袁谭这个内患，不然说什么都是白搭，于是亲率精锐士卒前往攻击袁谭。

另一方面，袁尚还怕自己攻击袁谭的时候曹操会趁机坐收渔翁之利，于是又命总镇并州的高干联系西凉的马腾和韩遂，意图和他们一起掠夺河东，以此分散曹操的注意力，来为自己赚取平定袁谭的时间。

可以说，袁尚这个年轻人的谋略还是非常不错的，这也是现在最好的选择。

可令袁尚没有想到的是，这一切最终被一个人破坏了，这人不是别人，正是被曹操派到长安、总镇关中的钟繇了。

钟繇，字元常，颍川郡长社县（今河南省长葛市东）人，在他还年幼的时候，曾经和同族父辈钟瑜一起到洛阳去求学。

就在前往洛阳的路上，二人碰到一个看相的人。那看相人见到钟繇以后惊为天人，当时便声称不收钟瑜钱财，只为了给钟繇看一看相。

钟瑜感觉这算命的老头有些意思，便让他给钟繇看相。结果算命老头一番看相后赞叹道："好一个贵人之相，先生，这孩子以后必定大富大贵！不过通过面相来看，这孩子很有可能在最近会遭遇水祸，还请先生小心保护才是。"

听毕，钟瑜只是哈哈一笑便大步而去了。因为他根本没拿这个算命先生的话当回事儿。

可结果呢？就在钟瑜和钟繇走到十里外的一座大桥之时，拉车马儿不知因何受惊，竟然马失前蹄，冲到了河水中。

当天，要不是好心人搭救，这二人很有可能就被淹死了。可上岸以后钟瑜非但没有半点儿郁闷之情，反倒高兴得不得了。为什么？因为这一切让之前那算命的老头说中了。

所以钟瑜认定钟繇以后必会光耀门楣，便从这以后尽出家资来支援钟繇，只要是钟繇想看的书籍，钟瑜不管怎么样都会给他弄到。

而钟繇果然没让钟瑜失望，他长大以后学富五车，在本地那是相当有名望，因此被举荐为孝廉，继而被朝廷任命为尚书郎，后来又被三公亲自荐举为廷尉正、黄门侍郎。

再后来，汉献帝被李傕、郭汜等辈劫持，曹操曾遣使往长安拜见汉献帝，却被李傕制止，钟繇因此劝李傕不要拒绝曹操这个"潜力股"，应该和他搞好关系。李傕这才允许曹操的使者和汉献帝见面。

至此，曹操知道了长安还有钟繇这么一号人物。

再后来，曹操迎献帝，夺关中，荀彧多次在曹操面前举荐钟繇，曹操也对钟繇有很好的感观，这便让其总镇关中，负责防备凉、并贼军。

这期间，钟繇表现得中规中矩，除了建设关中，防备两州侵略外，再没有什么建树。

直到202年六月，钟繇的机会终于来了。

本节参《三国志》《中国历代战争史》《典论》

1.5 半渡而击

这个月，袁尚命高干秘密联系凉州的马腾、韩遂，希望和他们一起攻击曹操的河东地区，进而分散曹操的注意力。

本以为马腾和韩遂一定不会拒绝自己的建议，可令他万万没有想到的是，这两人理都没理自己（因为钟繇早在官渡之战时便已经秘密劝降了马腾和韩遂，这二人现在名义上甚至已经成了曹操的附属势力），甚至连见自己使者一面的心情都欠奉。

见此，无奈的袁尚只能加紧攻击袁谭，并命高干独自率军攻击河东地区。

当时，曹操的部队基本上集中在黄河边缘以及许都一带，关中的士兵很少，大概只有一万多人。而高干则聚集一州正规军（最少三万）前往攻击河东，人数是钟繇的好几倍。

可钟繇毫无畏惧，一边遣使秘密往西凉马腾处求援，一边率全军往平阳迎击去了。

见此，钟繇手下的将领们都劝钟繇放弃平阳，不要主动迎击高干。可钟繇笑了笑道："事情并不是这样的，高干现在正是意气风发之时，关中地区亦有多个宗族暗中与其联络，之所以现在还没有背叛我，只不过是想再等等，看看时局的变化再作行动。所以，如果我不管其他地方而固守长安的话，这些宗族一定会背叛我转而投奔高干。如此，高干的实力将会更加强大，到时候哪怕有长安这个坚城又能如何？还是会被高干攻破。所以，我必须主动迎击高干，这样才有机会赢得最终的胜利。另外，谁说我只有这些兵马了？别忘了，西凉还有精锐的骑兵能为我所用哦，哈哈哈哈……"

众人见此，无不诧异，一名将领不屑地道："西凉骑兵？大人说的莫不是马腾？呵呵，还是算了吧，马腾和韩遂皆宵小之辈，翻脸比翻书还快，他们现在表面上虽然投降了主公，但任谁都知道，这只不过是口头的，真到需要他们的时候不一定躲到什么地方去呢。"

话毕，在场众多将领皆默默点头表示赞同，只有钟繇微笑不语，毅然决然地率军前往了平阳。

而事情果然如钟繇所料，当他到达平阳之时，马腾的援军也几乎是在同时到达了平阳。

这还不算，这次统率骑兵前来支援钟繇的还是马腾的长子马超（马超，字孟起，B$^+$级统帅，A级骑将），由此可见马腾对于此事的重视程度。

而钟繇的士兵见西凉骑兵来援，一个个都是信心百倍，进而士气大盛！

本月月底，高干的前部先锋郭援率主力部队接近平阳。钟繇得此消息，立即率全军往汾河迎击，并先郭援一步到达汾河南岸布阵。

按说，遇到这种事情，最先做的便是安营扎寨，然后想一个万全之法才可渡河强攻。可郭援认为钟繇兵少，还都是步兵（钟繇此时已将马超所部隐藏在西南乱石岗中），所以全然没将其放在眼中，只是轻蔑地看了一眼河对岸的钟繇军便命全军渡河攻击，其手下将领虽百般劝谏都没有半点儿作用。

就这样，伴随着咚咚咚的鼓声擂动，无数的士兵乘船渡过汾河，准备在河对岸结阵之后对钟繇发动进攻。

可钟繇岂会给郭援此等机会？当郭援的士兵登岸大概半数之后，钟繇突然对其发动了猛攻。

见此，已经登岸的士兵赶紧结阵硬撼钟繇军。

可就在交战正酣之时，马超突率西凉突骑奔出乱石岗，直奔郭援军侧翼而去！

因为现在正交战，短时间根本无法变阵，亦因马超的西凉突骑实在太过迅捷，所以郭援军被轻易突进侧翼。

一时间，郭援军侧翼被马超突得血雾弥漫，残肢遍地，部队顿时陷入大乱。而正面的对方步兵见此，更是拼了命地向郭援所部发动攻击。

那悲催的郭援为了稳定军心，在过河之时竟然亲自带军打了头阵，所以正在战阵之中拼命搏杀。

马超见此，直令骑兵团往郭援方向疾突猛进，没过多长时间便突入了郭援军之内阵。

当时，马超手下有一个叫庞德的部将，此人骁勇善战，勇猛非常。其见郭援已近在咫尺，便率一部兵马疯狂突击，杀到郭援近前以后一刀便将其了结。

主将已死，郭援军的士气顿时降至冰点，进而溃散逃窜，已经登上岸的士卒更是扔掉了手中的兵器，跪在敌军面前请求投降。那些没有登上岸的士兵则掉转船头亡命奔逃，瞬时便逃得一干二净。

后方的高干听说此事以后长叹一声，然后便率军退回了并州，从此不敢再对关中动刀。

就这样，钟繇成功守住了曹操在关中的地盘，使得远在许都的曹操对钟繇赞赏有加。

时间悄然而逝，一年很快过去。这期间，整个天下除了袁尚还在对袁谭不断进攻之外，再没有什么大事发生。

直到公元203年八月，曹操终于在许都集结士兵完毕（集结了这么长时间，完全是在装腔作势），做出了要南下攻打刘表的架势。

刘表见此吓得屁滚尿流，遂第一时间致信袁谭、袁尚，劝他们不要再打了，现在的首要目标不是内斗，而是如何抵抗曹操（刘表信中用词感人肺腑，但字数太多，略）。

可袁谭和袁尚现在已经是不死不休，再也没有任何和解的可能，所以袁尚根本没有听从刘表的意见，反而对平原发动了更加凶猛的攻势。

一年多了，袁尚对袁谭的攻势已经持续一年多了。在这一年的时间，双方不但皆损失惨重，军粮亦要被打空。

最后，袁谭第一个坚持不住了。为了自己能够活命，为了能够消灭袁尚这个仇敌，袁谭不顾廉耻，竟命辛评为使，往许都去向"杀父仇人"曹操求援了。

至此，二袁之命运已昭然若揭。

本节参《三国志》《魏氏春秋》《汉晋春秋》《典略》《中国历代战争史》

1.6　三月成渠

八月下旬，辛评应袁谭之命前来拜访曹操，请求曹操的支援，可曹操呢？整天嚷嚷着要讨伐刘表，却也不拒绝辛评，就这么拖着他，虽然每天都好酒好肉地伺候着，却一直没有说要援助袁谭。

而辛评呢？也没有催促曹操，要么大鱼大肉地享受，要么宅在客馆、大门不出二门不迈。

就这样，一连好几天过去了，曹操对辛评的举动非常诧异，终于在一次宴请辛评的时候忍不住道："先生知道我为什么到现在还没有答应袁谭的请求吗？"

辛评喝了一口酒（不就是想拖嘛）弱弱地道："不知道。"

曹操（你怎么可能不知道）："唉……其实我还是比较顾忌这个袁谭的，不知道他可不可信啊。"

听到这儿，辛评知道，曹操要开始行动了，于是放下酒盅，进而劝谏道："我觉得名公现在要问的不是袁谭可不可信，而是形势如何。袁氏兄弟皆高傲无比之人，哪怕现在河北已经大不如前，他们依然认为自己可以掌控天下，他们兄弟之间的事情容不得任何人插手。可如今，袁谭派我向您这个所谓的'仇敌'来讨得援助。这说明什么？说明袁谭已经被逼得走投无路了。而袁尚呢？眼看着袁谭已经不行了却又迟迟无法将平原拿下。这又说明什么？说明袁尚的损失也是相当巨大！话已经说到这个份上，难道名公还不知道应该如何处置吗？"

曹操微笑道："孤实在愚钝，不明此中道理，还请先生为孤解惑。"

辛评（行，您老不嫌累咱就继续装）："自官渡以来，我河北与名公逢战必败，损失已经相当巨大了。可袁尚和袁谭这两个兄弟不但不一致对外，还相互攻击，导致河北诸地无法恢复元气，甚至要比以前更加恶劣。名公可知，现在河北士兵的铠甲上长满了虱子，甚至粮仓都没有了粮食，士兵在外作战只能携带自己的干粮。可袁氏兄弟还不自知，还在不断地互殴。这叫什么？这叫天亡袁氏！古人言：'天予不取反受其咎。'现在正是名公消灭袁氏进而一统北方之时，我不知道名公还在犹豫什么？况且一旦袁谭投靠名公，河北袁氏的势力便会更加削弱，拿下整个河北还不是一瞬间的事情？所以我认为，现在名公应该立即挥军北上，攻击袁尚的大本营邺城。如果袁尚不去救援邺城，邺城必为名公所破，而邺城一破，拿下河北的日子还远吗？反之，如袁尚救援邺城，袁谭必从后一路追击，袁尚也是个败，到时候河北不还是会归名公所有吗？可如果名公去攻击荆州的话，那事情就麻烦了。荆州这些年在刘表的治理下物产丰富，人民安乐，兵甲数十万，上下团结一心，根本不是一时半刻能够攻下的。哪怕最后名公攻下荆州，也势必损失惨重。而那时袁尚必平定袁谭，恢复元气，名公再想拿下河北就不是那么容易的事了。反过来说，如果名公先行平定羸弱的河北，一统北方，必会使天下震动。到那时，名公还用攻击荆州？只怕荆州会先一步向名公投降呢。话已至此，不复多言，还请名公三思。"

听毕，曹操哈哈大笑，对辛评的言论连连称善，当即便答应了他的请求，遂于次日整备大军奔向黎阳，准备对邺城发动攻击。

可令曹操万万没有想到的是，那袁尚行动极为果断，当听说曹操率大军北上的消息以后第一时间便放弃了袁谭撤军回邺。

因为那时候曹操刚刚抵达黎阳，距离袁谭还远，所以袁谭也不敢贸然对袁尚进行追击，这事便不了了之。

而曹操呢？亦不敢贸然对邺城发动攻击，便只能再次撤回许都，准备彻底疏通粮道以后再行讨伐袁尚。

公元204年正月，曹操自朝歌向邺城开白沟，欲遏淇水使入白沟，形成一道最快通向邺城的水上渠道。

袁尚认为，朝歌距离邺城最少一百多里地，想要完成如此浩大的工程没有个一两年是绝对不会成功的，便打算趁此时机赶紧消灭袁谭，以达到统一河北的目的。

于是，袁尚趁曹操修建白沟之时留审配守邺，再率主力大军直扑平原，继续攻击袁谭。

可令袁尚万万没有想到的是，那曹操不知用了什么妖术（新式修筑方法以及成倍的劳力），竟然在三个多月以后便修完了白沟，然后以此为水道，只一个月内便如神兵天降一般到达邺城。

这之后，曹操将邺城团团围住，上筑土山下挖地道，对邺城展开了狂风暴雨一般的攻势。

按说，就现在邺城的兵力是百分之一千挡不住曹操的进攻的。可审配为官清廉，对百姓如同儿女一般，所以邺城的百姓甘愿为审配效死命，竟然自发协助审配守城。

基于此，审配实力大增，竟然硬生生挡住了曹操，使曹操无法在短期攻下邺城。

而正在攻击袁谭的袁尚听闻邺城被曹操侵袭以后大为惊恐，便打算撤军回救。

可这时候的袁谭眼看就要不行了，就这么撤退袁尚又实在不甘心，乃命武安县长尹楷率本县兵马屯军毛城，保护好自己的粮道，意图攻下袁谭以后再回军援救邺城。

可曹操怎么可能让你称心如意？当他听说尹楷屯驻毛城的消息以后便留曹洪继续率军攻击邺城，自己则亲率主力前往攻击尹楷去了。

尹楷本身就那么点儿兵，单兵作战能力又不如曹操，怎么可能是曹操的对手，所以没几天便被曹操击败溃逃。

这还不算，曹操击败尹楷之后马不停蹄，又下重镇邯郸，袁尚因此被曹操彻底断去了粮道。

易阳县令韩范、涉县县长梁岐见局势至此，断定河北早晚为曹操所夺，乃献城投降了曹操。

见此，大将徐晃急谏曹操道："主公！河北袁氏虽然没有被彻底消灭，但现在距离灭亡已经不远。可主公难道没想想，既然局势已经到了这种地步，那些地方官和豪族为什么还没有投降吗？"

曹操："哦？公明（徐晃字）有何见解？说出来听听。"

徐晃："那是因为他们都在观望，想看看主公对于投降者是一种什么态度！所以，韩范和梁岐便是主公能否平定河北的关键！一旦主公厚待二人，其他地方必望风而降！"

曹操觉得徐晃之言甚有道理，于是当即封二人为关内侯，并赏金银珠宝无数。

此消息一出，冀州多地皆降曹操，使得曹操不费吹灰之力便得到了大片土地。

这还不算，黑山张燕亦在此时遣数万士卒往曹操处，表示愿意协助曹操共同攻击袁氏兄弟。

曹操大喜，遂率大军回到邺城，加大了对邺城的攻势。

本节参《三国志·魏书》《资治通鉴》《英雄记》《水经注·淇水注》《读史方舆纪要》《中国历代战争史》

1.7　一夜沟

公元204年五月，已经狂攻邺城两个月的曹操依然无法拿下此城。原因无他，这审配太能扛了。

望着近在咫尺的邺城，曹操是看在眼里急在心中。可就在这时，曹操突然眼睛一亮，想出了一个能在损失最小的情况下攻陷邺城的办法。

次日，曹操撤去土山之上的士兵，然后将土山全部摧毁。这之后，曹操开始挖掘一个能将邺城完全包围的超大壕沟，意图完全断绝邺城中的粮食供应。

可审配看到曹操的动作以后在城墙之上放声大笑。因为审配知道，这是曹操见实在无法攻陷邺城而采取的下策。便是挖掘大型壕沟，然后引漳河之水灌之，进而断去自己的粮道。

可审配一丁点儿没拿曹操当回事儿，因为他和袁尚有几乎相同的想法，那就是这么大的工程，没有十天半个月的根本无法完成，到时候等曹操快将此壕沟挖好以后再行破坏，就会让曹操白白忙活半个月。

所以，审配完全没有警戒曹操，竟然回去睡大觉了。

次日清晨，审配还在府衙中做着击败曹操的美梦。可就在这时，一道吼打断了审配的美梦。

就见一名传令兵如疯了一般冲进了审配的卧室，然后语无伦次地道："大大大大大大大大大大，水水水水水水水水，水水……"

审配一把将此人拽起，暴怒道："结巴什么？给我好好说话！"

传令："大……大人，水……水，你去看看吧，城外全都是水！"

一听这话，审配心中有如一道闷雷炸响，整个人都不好了。就像之前那名士兵一样，审配好像疯了一般爬到城墙之上，结果一见城下情形差点儿晕过去。

为什么？因为这时候已经有一条壕沟将邺城团团围住，并且质量超好，是一条深、宽各两丈的巨大壕沟。

最可怕的是，此时的壕沟已经被漳河之水填满，再无破坏之可能。

看着这道壕沟，审配绝望了，失神一般地喃喃自语："不可能，这怎么可能，这绝不可能。"

是啊，按理来说，一夜之间便建好一个如此浩大的壕沟，这怎么看都是不可能的。可曹操就是建好了，让人又能说些什么。

史料对于此壕沟是怎么建的也没有详细说明，只说："操一夜浚之，广深二丈，引漳水以灌之。"

这之后，邺城被彻底断去了粮食输送，审配只能率领全城官民苦苦支撑。

七月，也就是邺城被断去粮道的两个月以后，城中官民已饿死大半。而这时，袁尚依然没能攻下平原。

袁尚知道，自己不能这样继续下去了，不然邺城就再也挺不住了。

于是，袁尚率部队撤除了对平原的围困，转而向邺城疾奔而去。

可此时袁尚之兵只有一万余人，在曹操面前根本不够看，所以就想和审配从两面对曹操进行合击，进而大破之！

可现在邺城已经被曹操团团围住，要怎样才能与城中的审配取得联系呢？

就在袁尚为如何进城而苦恼之时，其主簿李孚站出来毛遂自荐，声称自己可以混进邺城，替袁尚传达消息。

袁尚现在也没有办法，只能死马当作活马医，允许李孚前去了。

结果，那李孚化装成曹军阵营的一名都督，一路以巡查为名，还真的成功突出了曹操的包围，得以进入邺城。

而这时候的审配已经万念俱灰，可当他看到李孚以后哭喊着说万岁，为什么呢？因为他还对现在的局势抱有幻想，认为袁尚还是有机会反败为胜的。

可接下来，曹操将审配那仅有的一点儿幻想也打击得支离破碎。

此时，曹操中军大帐，一名将领正向曹操汇报着李孚是如何突破防线的，并且建议曹操加大排查奸细的力度。

曹操却满不在乎地道："进去了？进去了好啊，我不但希望袁尚的使者进去，我还希望他的使者能成功出来呢，哈哈哈哈。"

将领："这……这是为何？"

曹操："你别管那么多，只管吩咐下去，让各营的士兵不要去管从邺城中逃出来的人，他们想往哪去就放他们往哪去。"

这之后，果然如曹操所料，很多邺城中的百姓在审配的授意下出城向曹操表示投降。

而曹操呢，只是冷笑一声，便接受了他们的投降。

这还不算，曹操还给这些投降的百姓无限的自由，准许他们前往别处，不用一定要留在军中。

已经化装成百姓的李孚见此大喜，便成功退往袁尚军中，告诉袁尚已经万事妥当。可袁尚和审配不知道的是，这一切在曹操的掌控之中。

几日以后，袁尚的大军即将进入邺城外郊，曹军斥候打探到消息以后第一时间便汇报了曹操，很多将军都因此惊恐，继而和曹操道："主公，兵法云：'归师勿遏'，袁尚的这些士兵全都是要回邺城的，人人必拼死作战，所以末将希望主公不要去攻击他们，而是放他们进城，这样反而更方便我们将其平定。"

话毕，众多将领皆默默点头，对此说法表示赞同。只有曹操微笑着拒绝道："所谓归师，则要行大路，以表达自己的态度，士兵也定会勇猛奋战。如此，我必定不拦。可如果要走小路，那袁尚就是另有图谋。而据我所知，这小子和他爹一样，最喜好自作聪明，所以必走小路，意图和审配夹击孤。所以，各位准备做好两面作战的准备吧。"

这话说完，将领们简直不敢相信自己的耳朵。开玩笑的吧，现在袁尚的部队多说不到两万。而曹操的军队呢？数万精锐都是少说，这天下怎么可能有那么傻的人，用一万多的部队去硬攻数万精锐？

将领们不相信，但曹操既然已经有所布置，那就听命呗，毕竟人家才是头儿。

嗬，你还别说，事情还真就让曹操给说中了。因为就在当天夜里，袁尚所在方向突然点燃烽火（给邺城的攻击信号），然后集体向曹操军进行袭击。

与此同时，邺城中的审配亦打开城门，突过水沟以后亦对曹操发起攻击。

可曹操早有准备，几乎第一时间便分出两支部队分别抵挡审配与袁尚。

曹操认为，凡应付钳击战术，必以最快的速度先破实力较弱一部，如此，另一部士气必定瓦解，遂亲率大军狂攻审配。

那审配本来兵力就少，所属士兵还皆是一群民兵，哪里是曹操正规军的对手？所以不到一个时辰便被曹操击败，继而退回城中。

本节参《三国志》《资治通鉴》

1.8　邺城陷落

反观袁尚，这时候正在和另外一部曹军拼得不相上下，短时间竟然无法决出胜负。可当击败审配的曹操来援以后，袁尚就再也抵挡不住了，遂率军急退漳河拐弯处安营扎寨，意图以防守反击之术对抗曹操。

可曹操的速度实在太快，未等袁尚大寨修建完毕便已经赶到此处，并迅速布置包围，准备完全围住这个未建好的大营以后便行总攻。

见此，袁尚大惧，便遣使往曹操处请求投降。

嗬，曹操岂能不知这小儿的拖延之计？所以当即拒绝，并加紧合围的步伐。

袁尚无奈，只能在当天夜里率军突围而走祁山，再在该地安营扎寨。

可曹操如影随形，同样未等袁尚扎寨完毕便将祁山团团围住。

袁尚已经被曹操逼疯了，而袁尚的手下们则已然崩溃了。他们算是看出来了，年少的袁尚根本不是老奸巨猾的曹操的对手，所以当即率部下投降了曹操。

此举实乃压垮骆驼的最后一根稻草，因为就在这之后，整个袁尚军尽皆溃散，袁尚虽百般阻挡都没有半点儿效果。最后见兵败如山倒，狼狈的袁尚只能带着少数心腹突围而走中山。

至此，袁尚所剩士卒只有一千余人，财宝粮草等物资皆为曹操所得。

而曹操这一次没有再次追击袁尚，而是带着袁尚的辎重返回了邺城，并命人在邺城城下举着袁尚的印绶、节杖及各种衣服，宣布袁尚已经被自己打败。

现在，支撑着城中官民抵抗曹操的无非两点。

第一，当然是对审配的敬爱。

而这第二，也是最重要的，便是外围始终有援军存在的关系。

如今援军已经被曹操消灭，自己还有什么倚仗来抵挡曹操的进攻？想到这，守军顿时崩溃。

见此，审配大急，赶紧召集全城官民，并欺骗他们道："各位不要着急！近几日有人来报，说二公子（幽州袁熙）不日便要率幽州骑兵前来救援，各位再撑一撑，再撑一撑就会等来援军。"

在审配的欺骗之下，城中官民这才恢复了那么一点点的士气。可审配知道，这种欺瞒之法根本维持不了多长时间，想要彻底摆脱这种被动的局面还是要击败曹军才行，起码也要获得一场小小的胜利。

可就凭现在城中这些部队，哪有一丁点儿的办法击败曹军？

没办法吗？

有！

可还记得东汉初期成家皇帝公孙述是如何弄死的来歙和岑彭？没错！审配就是要复制当年公孙述的故事。因为只要曹操一死，曹军必破！

因此，审配组织了一支十来人的敢死队，在当夜悄悄潜出邺城，然后偷渡过围城水沟，隐藏在城外的一处草丛之中。

因为通过多日的观察，审配了解到，曹操每过几天都要绕着水沟在邺城城外嘚瑟一圈，以此观察城墙上守军的各种变化，进而推断当时城中的情况（曹操在战争中对于细节的把控是相当重视的）。

所以，这个时候也是刺杀曹操的最好时机！

果然，就在第二天，完全不知审配意图的曹操还真就带着数十人的卫队去巡行了。

可不知当天是出于什么考虑，曹操的行进路线竟然往外偏离了二三十米的距离，而这个距离正好躲过了刺客的有效射击距离。

见此，躲在草丛中的刺客也不管那么多了，直接持弩冲了出去，进入有效射程以后便对着曹操一顿乱射。

可曹操卫队的反应何其迅捷，他们早在这些刺客冲出草丛的一瞬间便举起大盾将曹操护得滴水不漏。

基于此，这些迎面而来的箭矢全都被挡在了大盾之外，曹操因此捡回了一条命。

时间飞快，转眼便到了八月二日，而直到现在，邺城中的官民们还没有收到哪怕一丁点儿援军的消息。此时的他们终于了解到，自己大概是被审配给骗了。

于是，整个邺城充盈着一种恐慌、不甘的氛围，审配的侄子审荣更是不甘就这样死去，遂暗中联系曹操，承诺里应外合搞掉审配（一说审荣怕曹操攻陷邺城以后屠城，为了城中百姓才背叛的审配）。

于是，当天夜里，邺城的东大门被悄悄打开，早已集结东大门外的曹军一股脑地冲杀进去。

这之后的结果自是不必多说，邺城陷落，全城投降，审配亦被生擒活捉。

早已投降曹操的辛毗（辛评的弟弟）在邺城陷落以后第一个冲进了邺城的监狱，想要营救自己的家人。

可不幸的是，审配早就将其家人满门诛杀，这使得辛毗悲痛欲绝，差点儿晕过去。

一个时辰以后，审配被押至中军大帐之外，辛毗第一个冲了上去，拿着马鞭便往审配脸上、身上疯狂招呼。

半炷香以后，辛毗气喘吁吁对满身是伤的审配阴狠道："奴才，今天你死定了！"

"哈哈哈哈哈哈！"

听得辛毗如此说话，审配非但没有半点儿畏惧，反倒猖狂大笑道："我是奴才？就你这狗一样的东西也配说我是奴才？哈！当真可笑，我告诉你！就是因为你们这群两面三刀的家伙，好好的冀州才会被曹军蹂躏！况且，你凭什么断我生死？信不信，如果我肯向曹操投降的话，他一定会对我加以重用，到时候，死的还是你。"

辛毗："你、你！"

审配："哈哈哈哈哈！"

就这样，在猖狂的大笑声中，审配被押进了曹操的中军大帐。

此时，跪坐于首位的曹操笑呵呵对傲跪于曹操面前的审配道："审配，我问问你，怎么那天我巡视城外的时候有那么多弓弩手要刺杀我呢？"

审配："呵呵！我只恨当时派的人太少了，不然你曹操还有命坐在这里吗？"

一众武将："大胆！"

曹操做了一个制止的手势，然后接着和审配道："算了，正所谓各为其主，当初你忠于袁氏，那么做也是无可厚非。可现在袁氏一族的灭亡只是时间问题，良禽择木而栖，你就不考虑一下……"

"呜呜呜……主公！审配狗贼杀我辛氏满门，我辛氏一族和其不共戴天！还请主公为我和哥哥做主、做主啊！"

未等曹操说完，辛毗便跪在曹操面前一顿痛哭，甚至磕头如捣蒜一般。

一听这话，曹操暗叫一声不好，再看审配那傲然的表情，没有一丝要投靠自己的意思。

最终，无奈的曹操只能叹息一声，然后将审配诛杀了。

本节参《三国志》《资治通鉴》

1.9 牵招之"勇"

公元204年八月中下旬，攻取邺城的曹操分兵略地，先派李典率本部兵马往并州攻打高干，继而遣张辽率本部兵马横扫冀州。至于曹操自己，则是要拿袁谭开刀了。

怎么回事儿？难道曹操这么快就要卸磨杀驴了吗？

当然不是，似袁谭这等反复之人固然要杀，不过怎么也要全定河北以后才能杀他，不然天下还有谁敢再降曹操？

可问题的关键是这袁谭自己作死，那就怪不得曹操就坡下驴了。

最早，袁谭请求曹操来支援自己的时候说的是投降曹操的。什么叫投降？那就是一切要听从曹操的调遣。

这还不算，袁谭还在当时向曹操承诺，只要袁尚一退去，他便会在后面追击袁尚，给予曹操最大的协助。

可结果呢？之前就算了，毕竟那时候曹操人在黎阳，同袁谭有些距离。可现在呢？曹操已经开始攻击邺城了，袁尚也已经全线解围，这时候他袁谭应该遵守承诺了吧？

结果，袁谭并没有，他非但没攻击袁尚，还在袁尚走后分兵略地，趁着曹操和袁尚交战之时争抢冀州地盘，其意已不言自明。

基于此，曹操遣使往平原，要求袁谭往邺城向他解释，这也是曹操给袁谭最后的一次机会。

可袁谭当即便否决了曹操的命令，坚决不去邺城向曹操"汇报工作"。

妥了，面子里子都给你了，你不要，那就不要怪我曹操下手无情了。

公元204年十月上旬，高干顶不住李典的攻势，遂向曹操投降，献出并州，曹操为表示自己的宽大胸怀，依然命高干为并州刺史。并州，定。

十月中旬，张辽扫荡完毕，乃回邺向曹操报到。冀州，定（此时袁尚已经北上幽州投奔了二哥袁熙）。

十月下旬，在河北已全无后顾之忧的曹操集结大军，准备向东对袁谭发动攻击。不过在攻击袁谭之前，曹操还要先搞定和袁氏一族关系不错的乌桓及辽东之主公孙度，这样才是真正的万无一失。

所以，曹操同时命牵招和另一个不知名的使者分别前往乌桓和辽东公孙度处。

我们先来看前往乌桓方面的牵招。

牵招，字子经，安平郡观津县（今河北省武邑县东）人，A⁻级太守，因为天资出众，十几岁的时候便被名士乐隐收为学生。

后来，乐隐被征召为车骑将军何苗的长史，牵招因此随乐隐一起进入京城。

可就在师徒二人进入京城没多久，正遇到京城大乱，何苗和乐隐因此死于乱兵之中。

当时，乐隐所有的学生都想逃回家乡，牵招却劝他们不要这样做，并以一日为师终身为父为由，希望他们和自己将乐隐的尸体抢回，让老师能够叶落归根。

这些学生被牵招的忠义感动，遂于牵招的领导下手持刀兵，冒着被杀的风险，终是将乐隐的尸体抢了回来。

可就在众人一路往观津县返的时候，在途中碰到了一伙劫道贼人。那群贼人有数百人之多，而牵招一伙人中又没有类似于项籍、冉闵那一类徒手能杀数百人的屠神，所以当即溃散而逃，只剩一个牵招死死地守着乐隐的棺材不肯动弹。

那群贼寇见此，一脚踹翻了牵招，然后就要把棺材打开，看看里面有没有什么宝物。可那牵却如同疯了一般，直接飞扑过来，用自己的身体死死地压着棺材，死活不肯松手。

贼首用刀顶着牵招凶狠地道："你给我滚开！我们只谋财，不害命，可如果你再不滚开，我不介意用你的鲜血来祭我的大刀！"

本以为牵招听了这话能乖乖离开，可他听了这话以后将棺材抱得更死了，并哭着对贼首道："这位侠士，我向你发誓，这里面只有我老师的尸体，没有哪怕一吊钱、一粒米。而这天下又有什么人比得上死者呢？现在棺盖已落，如果再行打开，我家老师一定会成为孤魂野鬼，我是无论如何不允许您这样做的。如果您实在要这样，那就先杀了我吧！让我和我的老师一起去死！"

话毕，牵招低头趴在棺材上一动不动。

最终，贼首为牵招的义气感动，并没有动牵招，而是放他离开了。乐隐因此叶落归根，牵招也因此闻名当地。

后来，袁绍吞并四州之地，听闻牵招在河北名声不小，便行征召，并任命其为督军从事，兼领乌桓突骑，由此可见，袁绍对于牵招还是相当重视的。

袁绍死后，牵招又侍奉袁尚，直到曹操围攻邺城之时，袁尚紧急回救，与此同时，命牵招往上党督送军粮。

结果，袁尚败得太过迅速，牵招的粮草还没送到，他便退走中山。

无奈，牵招只能前往并州投奔袁尚的表哥高干，并劝高干迎接袁尚往并州。

可这时候高干见曹操势大，已有投降之心，便没有答应牵招的请求。

同时，因为牵招在袁军中很有威望，高干怕他坏了大事，于是便有加害之心。可还没等动手便被牵招提前得知，牵招因此逃出并州，前往投奔了曹操。

曹操亦听说过牵招之名，便行重用。

我们话接前文。

曹操征讨袁谭之前，怕乌桓从北方支援，于是派与乌桓很有些交情的牵招前往说服。而当牵招到达柳城（属今辽宁省西部）以后，正好赶上乌桓峭王苏仆延整备骑兵，准备南下支援袁谭。

与此同时，辽东公孙康亦派使者韩忠携带单于印绶前来授予苏仆延单于称号（注：此时对曹操极不友好的公孙度已死，其子公孙康刚刚继承了他的位置没几天，下文详表），和曹操抢夺乌桓的控制权。

那苏仆延当时就蒙了，于是将牵招和韩忠都叫到一起道："我说你们汉家天下怎么这么乱？之前袁公还活着的时候任命我为大单于，现在平州刺史（公孙康自封为平州刺史）和曹公亦要任命我为大单于，我到底应该听谁的？"

听毕，没等韩忠发言，牵招便抢先道："过去袁绍秉承了皇帝的旨意，确实有能够授予单于的权力。可后来，袁氏有大过失，我大汉天子便将权柄交到了曹公手上。所以，现在曹公的命令才是天子的命令。至于公孙康，呵呵，不过辽东下属郡县一地太守，有什么资格封峭王为单于？当真可笑。"

听毕，韩忠狠狠敲了一下几案立喝道："放屁！我辽东在大海之东，拥兵百万！又有夫馀、涉貊等国为我所用，怎能称呼一郡之守？现逢乱世，只有力量才是立世之根本，怎么能说曹操这种贼人是代表天意的呢？我看……"

"一派胡言！"未等韩忠说完，牵招直接站起来呵斥道，"曹公忠信聪敏，辅助天子讨伐叛逆，安抚顺民平定天下，其功盖天下，青史留名！怎是公孙康等一方小贼所能比拟？我问你，公孙康可曾辅佐拥戴天子？"

韩忠："这……"

牵招："说不出来吧？哼！那公孙康依仗着山川险要，路途遥远，不仅屡屡违抗天子命令，还擅自受命，侮辱帝王的符节玉玺。这种人怎么还配活在世上？他就是一个凶暴逆贼，就是一个不为天下所容的狗贼！对于尔等狗贼，我本不屑斤斤计较，但你一个狗一样的东西竟然敢在这大放厥词，还敢侮辱我家曹公，我不削你你就不就知道花儿为什么这样红！"

话毕，牵招直接冲了上去，一把扑倒了韩忠，抓着他的头发就往地上哐哐地磕，直把韩忠磕得头破血流、哭爹喊娘。

苏仆延见此大惊（苏仆延不敢得罪曹操，同时不想得罪实力强大的公孙康），竟赤脚跑上去抱住了牵招，拼了老命才将他拉开。

而此时的韩忠已经是奄奄一息，眼看就要不行了。余怒未消的牵招冷眼看着趴在地上的韩忠，一声怒哼才回到座位，然后以一种非常不客气的语气和苏仆延道："我也不和你磨叽了，咱就明着来吧，大单于我告诉你，现在曹公即将统一整个北方，这天下早晚会被曹公统一，现在曹公叫我来找你也不是怕你，只不过是尊敬你，想和你结成良好的关系，可你要是给脸不要，那结果将会是怎么样我也不说了，你懂。话已至此，你自己看着办吧！"说罢起身欲走。

北方的那些游牧民族，那个时候就是这样，你越和他客气他越不吃这套，可如果你把刀亮出来，他们反倒佩服你是一个英勇的人。

很明显，苏仆延就是这么一个人，他见牵招已经把话说到了这份儿上，当即将其拉回，并答应了曹操，表示自己绝不会去援助袁氏，以后也会对曹操言听计从。

这还不算，苏仆延还将牵招留在柳城好几天，天天好吃好喝好招待，简直将他当成单于一样款待。

如此，牵招便打碎了袁谭最后的底牌。

我们接下来再看辽东公孙度那边。

本节参《三国志》《资治通鉴》

1.10 定青州

公孙度，字升济，辽东郡襄平县（今辽宁省辽阳市）人，B级统治者，文武双全，气度非凡。父亲名为公孙延，因犯罪而逃至玄菟郡，从此在此过活（玄菟郡太守名为公孙琙，不知道和公孙度什么关系，但百分之八十沾亲带故）。

不久，公孙琙发现公孙度这个小伙子非常有能力，便任命其为郡吏，在自己手下做一些辅助工作。

可就在几个月以后，公孙琙的儿子公孙豹离奇死亡，公孙琙整日悲伤，以泪洗面。公孙度便陪在公孙琙的身旁伺候。

久而久之，公孙琙越看公孙度越顺眼，再加上公孙度小时候乳名也叫豹，所以收其为义子，对其委以重任。

后来，在公孙琙的运作下，公孙度进入京城，逐渐被提拔为尚书郎，最牛的时候甚至被提拔到冀州刺史。

可这公孙度还没等上任就得罪了十常侍，因此被罢了官职。

再后来，董卓霸京，挟持汉献帝，一时之间威风无两，正巧其手下大将徐荣和公孙度关系极好，便推荐公孙度担任了辽东太守。

由于公孙度并不是士卒，没有背景，还是因为伺候公孙琙才有了如今的地位，所以被辽东人看不起，本地土豪和各地县令经常违背公孙度的政令。

那么公孙度是怎么处理的呢？很简单，杀！

自公孙度担任辽东太守以来，但凡违抗他命令的，不管是什么百年豪族，还是在京城中有什么背景关系，他就是杀！不停地杀！

结果，仅不到半年的工夫，整个辽东一郡都对公孙度言听计从，再没有一个人敢于违抗他的命令。

当时，在大汉东北的少数民族中，要属高句丽和辽东鲜卑最为强大，而夫馀国的位置正好夹在两个强国之间，所以里外不是人，经常被两国轮番欺负。

公孙度是一个有野心的人。他认为，自己以后想要独霸东北就必须将这些少数民族收入麾下。

于是，他将本宗姑娘嫁给了夫馀王，将相对较弱的夫馀国先收入麾下。

而在公孙度和夫馀国结好之后，辽东鲜卑和高句丽果然不再敢对夫馀国轻易出手，这就使得夫馀王更加对公孙度感恩戴德。

这之后，公孙度带领夫馀国相继出兵乌桓、高句丽，将它们打得称臣纳贡（乌桓和鲜卑拥有当时东亚最强大的轻装骑兵，高句丽拥有东北诸少数民族最强大的近战步兵和第二强的弓兵，而这两个强大的少数民族皆被公孙度击败，由此可见公孙度之强悍），所以声威震慑东北，甚至连强大的鲜卑都因此和公孙度交好，不敢抢劫他的地盘。

公元190年，天下征战不断，公孙度见中原如此混乱，便有了称帝野心，于是将辽东郡分为辽西、中辽两郡，私自设置太守。

他又率军渡过渤海夺取了东莱很多土地（占据东北海上漕运可以极快致富），所以私自设置营州刺史，自称辽东侯，平州牧，追封他的父亲公孙延为建义侯，设置西汉高帝、东汉光武帝两位皇帝的宗庙，以皇帝的资格在襄平南部设立祭坛，在郊外祭祀天地，亲自耕种"籍田"，训练军队，乘坐挂有铜铃的皇帝专车，佩戴垂有九条玉串的皇冠，外出时也要所谓的羽林军开道，可以说不管做什么都以皇帝自居了。

我们话回正文。

公元204年八月至十月，曹操在攻击袁谭之前派出使者往公孙度处和其结交，并封公孙度为武威将军、永宁乡侯。

因为曹操现在的实力实在强大，所以公孙度也不好直接驳了曹操的面子，便暂时答应下来，可等使者走了以后，公孙度一把将曹操给他的印绶扔到了地上，然后以一种极为不屑的口吻道："我公孙度最少也算个辽东之王，区区一个永宁侯算个什么东西，呸！曹操要是不来找事还好。他要是敢来，我就让他横着回去！"

可就在公孙度放狂言的几日以后，竟然在全无征兆的情况下病死了，其子公孙康因此继承了父亲的位置。

这公孙康和公孙度一个德行，皆自以为是、猖狂至极，所以当他听说曹操要收服乌桓的消息以后，第一时间便遣韩忠前往柳城阻拦，这便有了之前韩忠被牵招暴揍的那一幕。

好了，牵招和公孙度就先行介绍到这里吧，我们继续主线剧情。

得到了乌桓和公孙度的承诺以后，曹操再无顾忌，遂于本年十月率全军出征平原。袁谭不敢在野战上与曹操交锋，也没有出奇兵的勇气，所以只能窝在平原坚壁清野。可这又岂能阻挡得了曹操？

十二月，被狂攻了两个月以后，袁谭再也顶不住曹操的进攻，遂遣使再往曹操处请求投降。可这一次曹操没有再给袁谭机会，而是以更加猛烈的进攻回复了袁谭。

袁谭眼见不是对手，便只能突围撤往南皮死守。

与此同时，江东方面。

孙权的弟弟，在江东人望极高且之前曾被张昭举荐于孙策的继承人的孙翊在本月突然为随从所杀。这之后，此随从亦被就地格杀，根本没有半点儿审判的过程。

公元205年正月，曹操已狂攻南皮二十多天，算上之前攻击平原的两个月，此时的曹军哪怕再精锐也是疲惫不堪。

反观袁谭，如果南皮被攻陷，等待着他的只有死路一条，所以拼死抵抗，士气方面完爆曹操。

且这几日，袁谭发现曹操的攻势明显不如之前那么凶猛，所以断定曹军必然是累了、懈怠了。而这时候，正是自己发动奇袭的绝佳时机。

于是，在当天夜晚，袁谭突然率军奇袭了曹操的大营。因为曹操完全没想到袁谭有敢奇袭他的勇气，所以并没有太过于谨慎防备，以至于被烧掉了很多物资（大概三分之二的粮草皆为袁谭所焚烧），杀死了很多士兵。

曹操因此恐惧，便有了暂退许都，以待后发之念。

可就在这时，曹仁的弟弟，现任曹军虎豹骑统帅的曹纯突然找到了曹操，并急谏道："主公奔走千里来杀谭、尚二子，一路势如破竹，如今已经逼走了袁尚，全定冀、并二州，为什么还要放过袁谭呢？要知道，冀、并二州刚刚投降主公，人心不稳，如果主公将袁谭留在青州，回许都后二州必反！到那时，主公好不容易打下的地盘便会一朝失之。还请主公三思！"

曹操："唉！子和（曹纯字）所言孤又岂能不知？可袁谭那小子近来新胜，士气大盛。反观我军，本就疲惫不堪，如今又遭受大劫，这短期之内怎能拿下南皮？所以……"

"非也！"曹纯直接打断道，"我军新败，虽然士气有所下降，却成了一支哀兵。袁谭新胜，虽然士气有所提升，却为骄兵！用哀兵攻打骄兵则必胜！此乃孙子所言，主公还有何顾忌？"

听毕，曹操觉得曹纯此言甚有道理，便于次日登上鼓台，亲自擂鼓助战，围城之军因此大为振奋，如不要命一般对南皮展开了凶猛的攻势。乐进更是携本部兵马第一个杀进东门，然后将整个城中部队打散。

这之后，在乐进的积极作用下，伴随着轰轰轰的三声巨响，南、北、西三门皆被攻破。

袁谭见兵败如山倒，便抛弃大军，只携数百心腹突围而走。

可曹纯率领的虎豹骑如影随形，第一时间便将其追上，进而一顿残杀。

最终，袁谭连带那数百人皆死于虎豹骑刀下，无一幸存。

南皮拿下了，袁谭死了，可曹操对于袁谭的恨意更胜其父，因为这一直不被自己正眼瞧的小子竟差点儿在自己身上重演了一次"乌巢奇袭战"，这怎能不叫曹操痛恨!

于是，曹操将袁谭的尸体暴晒于大营，并下令所有人不得为袁谭收尸，不得为袁谭哭泣，以此来解自己的心头之恨。

可就在这时候，之前被袁谭命令督送军粮的王脩此时正好到达了距离南皮很近的高密县。当他听说袁谭此时的遭遇以后悲从中来，号啕大哭。

之后，王脩不顾众人的反对，毅然决然前往南皮拜见了曹操，希望曹操能允许自己为袁谭收尸。

王脩，那是在河北大名鼎鼎的人物，不但很有能力，还是真正的两袖清风，从来不贪污一分一毫，极得百姓爱戴。曹操也听说过王脩的大名，所以笑呵呵地对王脩道："先生想要为袁谭这小子收尸也不是不可以的，不过必须投入我曹操帐下，不知先生是否愿意？"

话毕，王脩直接给曹操跪了下去，并满眼含泪地道："我蒙受袁氏厚恩深德，只要能让我收回大公子的尸体，我就是死了也全无遗憾，更别说投靠您这种明君麾下了。"

话毕，王脩对曹操三连拜，然后便将袁谭的尸体收走了。

见此，曹操有感而发："唉，河北拥有如此多的忠臣义士，如果本初可以善用，何致走到今天这一步？"

这之后，曹操开始清点南皮诸多官员的财产。

当初，审配在邺城是有名的清官，可曹操抄了他的家以后也得到了数以万计的财物，所以曹操对审配极为不屑，认为他是一个沽名钓誉之徒，同时认为现在的天下根本没有多少清官。

可当曹操清点了王脩的家产以后被深深地震撼了。

为什么？因为王脩所有的家财只有区区十斛谷子，书籍却有数百卷之多！因此，曹操再度感叹道："孤曾认为这天下间并没有真正的士人，但此番遇到叔治（王脩字），才知道什么叫作真正的士人！"

这之后，曹操对于王脩重视到了一种相当的高度，不仅让他担任司空属官（历练，积攒经验），还让其代理司金中郎将，不久以后又让其担任魏郡太守。

王脩，即将展开自己全新的人生。

本节参《三国志》《资治通鉴》《傅子》

1.11　各方造反

公元205年正月下旬，袁谭的死讯已传遍整个青州，青州的那些太守和豪族一听此事皆投降于曹操，使得曹操不费吹灰之力便得到了整个青州。

至此，冀、并、青三州皆为曹操所得，袁氏就只剩下一个不完整的幽州而已，距离灭亡也不过时间长短罢了。

针对此等局势，曹操乃致信幽州各地守将，让他们立马投降，如此还能得一个富贵一生的善终，不然等大军一到，玉石俱焚。

曹操的手段天下谁人不知？所以书信一到，幽州的那些将领就慌了。焦触更是第一个起兵反叛袁尚、袁熙的统治。

这之后，接二连三的反叛络绎不绝。袁尚和袁熙见事不可为，只能逃奔乌桓，去投靠乌桓大人蹋顿了。

（注：早先，乌桓被袁绍用计分裂为三部单于，分别是蹋顿单于、苏仆延单于和乌延单于，其中蹋顿单于最为强大。）

至此，幽、冀、并、青四州皆为曹操所得。

西凉马腾、韩遂也已投降了曹操，所以这个月，曹操等于已经将北方全部统一了。

而此时的曹军将士随曹操出征也已经有一年多的时间了，士兵们都想家了，将领们也想回许都好好歇歇，所以劝曹操可以班师回京了。

曹操呢？却犹犹豫豫的，多时都不回复这些将领。

将领们见此大急，皆劝谏道："主公！袁尚和袁熙早就没有了什么价值，就算是如今逃到了乌桓，又岂能为蹋顿所用？所以根本没有威胁。反观刘备，实为心腹大患，如果主公一定要继续向北攻击乌桓的话，刘备这狗贼必忽悠刘表趁机向北袭击，如果许都有失，主公悔之晚矣！"

话毕，曹操的眉头皱得更紧了，好像心中所想有些动摇。可就在这时候，郭嘉站出来道："非也！袁绍有恩于辽北异族，其主必报！如今之所以还没有行动，无外乎畏惧主公兵威，而一旦主公向南攻击刘表，蹋顿必出兵助袁尚南下！而主公新近得四州，民心不稳，必为袁尚所下！到那时才真的悔之晚矣。至于刘表，呵呵，不过一故步自封的愚蠢之辈！外表看起来有博大的胸怀，实际上却是一外宽内忌之人。而刘备,实为天下枭雄,刘表必深忌之!怀疑还来不及,怎么可能听信他的言论而北上攻击许都呢?各位实在是多心了!"

听毕,曹操拍案称善,并说出了"唯奉孝能知孤意"这样的话。

如此,北伐蹋顿就此定论。

四月,黑山张燕亲率十万黑山军往邺城向曹操投降,曹操大喜,遂赏其为列侯,并赐无数金银珠宝。张燕,这个汉朝末期最为聪明的贼寇得以富贵而终。

八月,赵犊、霍奴在幽州起兵造反,连杀幽州刺史和涿郡太守,使得整个幽州动荡不安。

蹋顿见幽州在赵犊、霍奴的作用下混乱不安,遂出辽西、辽东、右北平一带的乌桓骑兵南下攻击鲜于辅所驻守的犷平(今北京市密云水库东北石匣村一带)。

鲜于辅见敌军来势凶猛,料定不能抵挡太长时间,遂遣使往邺城寻求曹操的援助。

曹操对于此事高度重视,乃出兵前往支援。

三郡乌桓骑兵见曹操来势汹汹,不敢力敌,遂于曹操到来之前逃回北方。曹操因此空出手来狂攻赵犊、霍奴,最终将此二人斩杀,全定幽州。

可就在曹操驻军幽州,打算继续往北攻击蹋顿之时,并州高干不知出于什么考虑,竟然背叛了曹操。

他率军突然袭击并攻占了上党,然后派兵据守壶关,进而分兵略地,只旬月之间便攻占多地,使得四州震动!

这还不算,就在高干于并州搅风搅雨之时,河内人张晟亦聚集一万余人起兵造反,南通刘表,北掠崤山、渑池一带,且得弘农贼张琰的支持,使得关中震动。

与此同时,河东太守王邑亦私通张晟,有支持他造反的心思。而通过钟繇的报告,曹操断定王邑必反,遂一边命乐进、李典率本部兵马攻击高干,一边命张辽率本部兵马南下攻击江夏以北(震慑刘表),一边征召王邑回许都去当一个京官。

王邑本身是不想去许都的,但曹操有命他又不敢不去,所以只能请求本地土豪,担任郡掾的卫固以及担任中郎将的范先去拜见司隶校尉钟繇,请求他致信曹操,让他王邑继续留任。

哈哈,开玩笑?王邑有可能造反就是钟繇汇报上去的,怎么可能还让他留任?

基于此,钟繇几乎想都没想便拒绝了二人的请求,并催促王邑,让他赶紧收拾东西滚蛋。

王邑无奈，只能携带印绶（官员离职是不用带印绶的，王邑此举无非不想让下一任太守掌权，方便卫固和范先夺权），绕了老远的路往许都报到。

而此举更是让曹操断定，卫固和范先必会造反，于是和荀彧商议道："函谷关以西的将领们表面上服从朝廷，实际上却怀有二心。张晟等掠夺崤山、渑池一带，和荆州的刘表相互串通，这时候如果卫固、范先等河东豪族再起来支持他们便会成为我的心腹大患！所以希望先生能给我推荐一个可以镇住河东的贤者！"

荀彧："这事儿好办，西平郡太守，京兆人杜畿文武双全，决断果敢，足以应付当前的局势。"

对于杜畿这个人，曹操是不太了解，不过既然荀彧都夸赞的人物，那肯定差不到哪里去，所以曹操当即命杜畿前往河东为太守。

可卫固和范先在王邑走后切断了黄河上游的陕津渡口，使得杜畿到达河边以后根本无法渡过黄河。

曹操听闻此事以后大怒，便遣夏侯惇率本部兵马前往讨伐卫固，意图以武力平之！

可当杜畿听闻此事以后紧急遣使往曹操处，请求曹操不要如此，其具体原因如下："河东郡有百姓三万余户，他们并不是都想背叛朝廷，只不过受人所迫而已。如果大军逼迫太急，想要顺从朝廷的人就会无所适从，进而听从卫固的指挥，卫固等人的势力便会更加强大。讨伐大军也难以在短时间结束这场叛乱。而且卫固等人并没有公开背叛朝廷，表面上还是以要求旧太守留任为理由断绝的交通，所以必然不会在没有口实的情况下谋害下官！基于此，下官只需要乘坐一辆马车独自前往赴任即可。下官有信心，只要能在河东撑一个月，河东民心便会尽皆为我所得，到时候灭亡二人就不费吹灰之力了。"

曹操见杜畿对自己有如此信心，便答应了他的建议，同时撤回了夏侯惇的部队。

本节参《三国志》《资治通鉴》

1.12　软刀子

几日以后，杜畿绕远道，单枪匹马地"杀"进了河东郡，卫固和范先毫无准备，一时间没有什么太好的办法，所以范先建议一不做二不休，直接弄死杜畿。

卫固却不同意，于是和范先商量道："杀了他并没有什么好处，只会招来曹操进攻我们的口实，反正这小子也不过一个人，还能翻出什么浪花？不如静观其变，如果他威胁到咱们再行诛杀！"

范先觉得卫固之言很有些道理，便依言而行了。

俗话说新官上任三把火，卫固和范先在杜畿上任以后也万般警戒，就等着他发招。可杜畿上任以后对卫固和范先极为客气，并和颜悦色向二人承诺道："你们卫家、范家都是河东有名的大族，我以后还要仰仗你们来办事啊，所以还请二位多多关照。"

卫固、范先皮笑肉不笑："不敢，大人过谦了。"

杜畿微笑道："哎，这可不是什么谦虚的话，而是大实话。我杜畿虽然是河东郡的太守，但也决定以后和你二人有福同享、有难同当，因此，以后不管有什么大事我都会和你们共同商议，绝不独断！还请二位真心待我啊。"

卫固和范先诧异地对望了一眼，然后不可思议地道："大人，您的好意我们很感激，可是……"

杜畿："哎，没有什么可是的，我对二位可是信任得很。所以从今天开始，卫兄你就是我河东郡的都督了，整个河东的兵权皆由你统辖。至于范兄，你就是我的郡丞了，嗯……这还不够，再给你功曹的职务，以后河东郡的大小事务就全都交给你二人处理了。至于我嘛，就当一个甩手掌柜了。我这么安排你俩没有什么意见吧？"

意见？还有什么意见？虽然没有这两个官职二人也可以调动全郡兵马，但有这两个官职不就更加合法了吗？最重要的是，通过这个安排，二人皆看出杜畿在向他们服软，想和他们和平共处，所以二人立马就答应下来，并对于杜畿的信任千恩万谢。

可当二人出了太守府以后相视一笑，认为所谓的杜畿也不过是一个百无一用的书生，从此便对杜畿放松了警惕。

这之后，就像杜畿所说的，不管范先和卫固干什么，他杜畿都不去管制，还举双手支持赞成，所以二人对杜畿更加放心，甚至生出了一丝敬重杜畿的情感。

可他们不知道的是，就在他们各自得意之时，杜畿在暗中收买人心。

大概十多天以后，卫固打算将反叛曹操之事提上日程，于是大举征发郡中百姓当兵。

杜畿听闻此事以后怕卫固的力量过大，于是招来卫固对其语重心长地道："兄弟啊，现在天下这么乱，各个地方的百姓都不怎么信任官府，像你这样大肆征兵是很容易闹出祸端的，不如改强征为募兵（自愿参军），这样的话百姓们一定会感激你，你也会进一步得到民心。"

卫固这人对"以德服人"这四个字有异常的执着，所以当杜畿说完以后，他几乎想都没想便同意了。

最后的结果却是不如人意。整整一个大郡，募了好久的兵才几百人加入。而河东郡的百姓听说卫固之所以不强行征兵都在于有杜畿，便对杜畿更加敬爱。

正巧这时候，有一股名曰"白骑"的贼团进入河东，高干、张晟也各命一部兵马前来征伐。杜畿感觉时机已到，便以抗衡这两个势力为名，带领数十名骑兵选择了一个"必经之路"，然后在此地结营扎寨，用以抗衡此二势力，并掐断他们和卫固、范先之间的联系。

当时，杜畿已尽得河东民心，所以当河东的百姓听说杜畿只率数十骑兵迎敌以后都疯了。根本不用人去组织，这些百姓便自发前往杜畿处参军。

结果，只几日时间，杜畿的兵力便狂增至四千多人（卫固和范先的部队加在一起也就三千来人）！

而直到这个时候，愚蠢的卫固和范先才知道自己中了杜畿的计谋，遂领全部兵马，配合三方势力共同向杜畿展开了狂攻。

可那个不知名的大营在杜畿的严防死守下固若金汤，张晟、"白骑"、高干、卫固四方势力虽然人多势众，却始终无法拿下此地。

眼看着时间越拖越长，士兵的士气越来越低，四方势力的头领无奈，便只能带领麾下兵马去抢劫周围的县邑，以此增加自己的军备粮草和已经逐渐低迷的士气。

可那些县邑早就得到了杜畿的秘密通知，知道这些贼人要抢劫自己，所以自发组织了本地武装力量，使得这些贼人每打下一个地方都要损失惨重。

而就在杜畿拼命抵抗这些贼军的同时，总镇关中的钟繇也在此时求援于马腾，希望他能和自己组成联军，从西北共同攻击这些可恶的贼人。

那马腾早就真心投降曹操，所以根本连考虑都没有，便亲率马超、庞德等大将及庞大骑兵团和钟繇合兵一处，然后直奔河东而去。

汉时，天朝骑兵以东北、西北为最，他们的作战水平一点儿都不虚匈奴、乌桓、鲜卑等强大的骑马民族（什么两羌、什么氐族、什么高句丽的骑兵根本无法与此三族相提并论），甚至在中装及重装突击骑兵上要更加强悍。尤其是西北中装突击骑兵，其凶悍更是冠绝天下。而此时又是从背后突袭，又是马腾、马超等悍将亲自统率，所以河东贼人根本不是对手，只短短不到一个月的时间便皆为马腾、钟繇所破。

张晟因此大惧，狼狈南逃，卫固、范先更是被当场格杀。"白骑"和高干一部也是全军覆没。

至此，河东乱局在杜畿、马腾、钟繇的三方作用下终是被轻松平定。

本节参《三国志》《资治通鉴》

1.13 立法改制

公元206年正月，张辽之兵已成功抵达江夏以北，然后以横扫之姿态连破数地，刘表根本无法抵挡。

可和前景一片大好的张辽相比，乐进和李典无尺寸之功，这不是李典、乐进有多么废物，而是因为高干占据地利（壶关），用数倍于二人之兵死抗硬守，所以二人才没有尺寸之功。

见此，曹操亲率大军前往征伐高干，另遣其子曹丕镇守邺城，总统后方。

可令曹操没有想到的是，就在自己刚走还不到一个月的时间，这曹丕就在他背后杀人了。

公元206年二月一日，曹丕宴请全城官员。当天，高朋满座，整个邺城但凡有点儿官职的人尽皆到场，曹丕也是满面春风，对谁都是笑脸相迎。

可就在张绣到场以后，曹丕脸上的春风荡然无存，转而将面前几案掀翻，然后指着张绣便开始痛骂："张绣，你这个不要脸的东西，怎么着？只几年的时间就把害死我大兄的事忘得一干二净了？我告诉你，你忘了，我没忘！就你这等杀我大兄的狗东西也配出现在这个场合？还不给我滚出去！我早晚处理了你！你自己心里有个数吧，滚！”

就这样，在全场惊异的目光中，被吓得满头冷汗的张绣连声告罪，然后返回了自己的家中。

回家以后，张绣对曹丕的话反复琢磨，最终读懂了曹丕话中的隐语，乃自杀而死（这时候不自杀以后全家老小都要死）。

而整个过程中，贾诩，这个曾经的老部下都没有为他说过一句话。这不得不说是种深深的讽刺（一说贾诩根本不在邺城，不过关系不大）。

曹丕，从这点来看真是一个重义气的人啊，为了给大哥报仇竟然不顾被曹操惩罚的风险，毅然决然地逼死了张绣，真是让人敬重。

可真相确实如此吗？身在庞大的家族，所谓的兄弟姐妹就是个笑话，哪里还有什么亲情？曹丕这样做无非想要讨好曹操而已。

因为曹丕知道，曹操最喜爱的就是那个已经死去的大哥和现在只有十岁的弟弟（曹冲），他也知道，曹操曾经发誓要将张绣五马分尸，只不过现在张绣老老实实待在曹操麾下，还因为张绣曾经在官渡之战立过大功，所以曹操不好杀他而已。

他还知道，曹操当初之所以满面春风地收容了张绣无外乎给自己增加助力，属于不想为之而不得不为之的事。

所以，曹丕替自己的父亲逼死了张绣。这样的话，曹操既能了却一番心事，又不必去担那卸磨杀驴的骂名。

而自己呢？也凭此得到了一个重义的好名声。这不管从哪个角度来看都是一箭三雕之事。

而结果也确实印证了曹丕的想法。

数月后，当曹操征伐高干完毕以后，听闻这件事没有给曹丕任何处罚，那时候曹丕就知道，自己赌对了。

再看曹操。

话说就在曹丕逼死张绣之时，曹操亦对壶关发动了凶猛绝伦的攻势。

一个月以后（三月），守关将士已经死了一半有余，壶关那厚实的大墙也已经逐渐龟裂。

再一个月以后（四月），壶关将士已经所剩无几，壶关大门和城墙更是破败不堪。最重要的是，壶关士兵的士气已经下降到了冰点，甚至连高干的将领们都在私下谈论投降曹操的事情，眼看就要哗变。

见此，高干不敢再在此地逗留，只能于当夜率几名亲随狼狈北逃匈奴，希望匈奴单于能够出兵帮助其击退曹操。

可曹操现在已经是这个天下最为强大的势力，甚至连最强大的骑马民族鲜卑都不敢对其出手，匈奴单于更是不敢和曹操有所冲突，所以当即拒绝了高干的请求，并让他赶快滚，不要拖累自己。

而这时候，壶关已经投降，并州势力亦在壶关被破的同时皆向曹操投降。高干见不能再回并州，遂掉转马头向南而走，意图投奔刘表东山再起。

可就在高干逃至河南之时，被上洛都尉擒杀，并州从此无忧矣。

四月中下旬，曹操大军回归邺城，然后在并、幽、冀、青四州大兴改革，狂得民心。

西汉之初，农民阶级代表刘邦和贵族阶级代表项籍共争天下，最终刘邦击败项籍，统一了天下。所以西汉之时，君王以农民为本，种种政策皆为农民造福。甚至不允许各地土豪拥有超过自己身份的土地，一旦发现，直接将土地交给没有地种的农民，然后强迁这些土豪去新建的"陵县"生活（皇帝陵墓旁边的陪县），其名曰"迁土豪，富百姓"政策，所以当时的农民对于西汉朝廷爱戴得不行。

而到东汉，地主、贵族阶级代表刘秀凭借其无人能敌的军事才华统一了天下，然后宣布种种仁政治理天下，使得天下在一时间富有无比。

可天下的百姓对刘秀的爱戴没有西汉文、宣那么高。为什么呢？因为刘秀没有沿用西汉的政策来管制各地的土豪、贵族（刘秀就是靠他们起的家），所以随着时间的流逝，这些土豪地主越发强大，老百姓的土地则越来越少，这也是东汉末期农民反叛如此多的根本原因之一。

而袁绍，更是沿用了这个政策，对于百姓不闻不问，只倚重贵族和土豪，所以四州百姓对袁绍也没有什么认同感。

因此，曹操在四州发布檄文，大骂袁绍弊政，令四州百姓本年不必再缴纳赋税，然后制定出种种办法来遏制那些地方土豪（强迁、成倍增加超标土地赋税）。

这还不算，曹操还从郭嘉之议，多用本土士人为官，使得四州百姓大赞曹操。

正所谓上梁不正下梁歪，袁绍这人本身就是一个眼高于顶的人，而在他的治理下，四州的百姓也难免染上了这个习性，尤其是冀州极为严重！

当时，冀州百姓无论男女都是一些好背着别人说长道短的人，他们经常用所谓的道德去绑架别人，经常在没有任何根据的情况下去诋毁别人，甚至瞧不起任何州郡的人，哪怕是关中、河南等在当时最为华贵的地方也会为他们所不齿，只认为冀州的人才是天下最尊贵的。

对于这种风气，曹操是极度厌恶的，所以他当即立法，明确但凡敢在没有证据的情况下乱嚼舌头的、造谣其他州郡的，抑或相勾结而相互吹捧的，皆会受到残酷的肉刑。

一时间，冀州各地哀鸿遍野，成百上千的人被送进了牢狱遭受严刑拷打。

当时，天下人全都认为曹操太过狠毒，没有所谓的民主，结果却是冀州在曹操的治理下风俗大变，百姓安居乐业。

本节参《三国志》《资治通鉴》《魏略》

1.14　瞒天过海

公元206年四月，鲜卑各部首领步度根、轲比能、素利、弥加、厥机等皆上贡曹操，表示从此愿归属曹操。曹操大悦，遂将此五人全部封为王爵，北方鲜卑大患得以暂时除却。

八月，乌桓蹋顿突然出动大军同时袭击边境数郡。这些轻骑兵速度极为迅捷，就好像一阵旋风一般急速席卷了大汉边境，掠夺了十万人口和无数的财物以后嚣张而去。

曹操因此大怒，但现在刚刚平定高干、张晟等诸多叛乱，士兵已经疲惫，还不是攻击蹋顿的时候。所以蹋顿你等着，咱没完。

同月，就在张辽于江夏以北疯狂掠夺刘表土地的同时，驻守江东西部的周瑜亦率本部兵马于巴丘向刘表发动攻击。

面对北、东两路强敌的攻伐，刘表不堪其扰，只能将防线收缩，再次让给了张辽和周瑜诸多土地。

可就在周瑜正一点一点吞噬刘表土地之时，同样位于江东以西，镇守六大军县的太史慈突然患病暴毙。

临死时，太史慈极其不甘地道："大丈夫生于乱世，理应持七尺之剑助主公升天子之位，怎能如此早死乎！我不甘！我不甘！"

太史慈的死使得西部六镇恐慌不断，为避免刘表趁乱袭击，孙权只能暂停对刘表的攻势，转而调兵遣将防御六县，之后再遣新人接任。

公元207年二月，曹操大赏众臣，凡是从官渡之战开始有功劳的，曹操统统重赏。

本月中旬，在董昭的建议下，曹操恢复了古代五等爵（公、侯、伯、子、男）制度，口口声声是要复制古圣人之事，可有心人一眼就能看出来，曹操这是在给以后自己升公、升王铺路了。

四月，张辽全定江夏以北之土地，乃回军至邺。而这期间，刘表都没敢对张辽进行一次大的抵抗。这就更使得曹操断定，刘表一定不敢乘人之危，在背后袭击自己的。

于是，他开始在邺城集结士兵，准备率大军征伐北方乌桓。

五月，曹操整军完毕，开始向乌桓方向进发。

六月，曹操大军到达右北平无终县（今河北省玉田县），可就在曹操打算继续向北行进之时，突遇大雨连天。

同时，前方道路以近海的关系，地势低洼，泥泞不通，那些乌桓人也在此地利下隐藏在道路两旁的隐秘之地，使得曹操投鼠忌器，不敢向北疾进。

曹操因为此事非常犯愁，几乎天天都会叫郭嘉、贾诩等人商议对策。

可这些聪明绝顶的人这时候也没了主意，这并不是说他们不够聪明，而是他们根本不了解北方的地形。

可就在这时候，曹操眼睛一亮，赶紧对手下传令道："快！快去给我将田子泰带过来！"

（注：田畴，字子泰，右北平无终人，最早为刘虞的手下，刘虞死后，田畴隐居于无终，袁绍多次邀请田畴都没能成功，可曹操击败袁绍之后只邀请一次田畴便来了。朋友们因此疑惑，都问田畴为什么变脸这么快，可田畴只是扔了一句"瞎子怎么会知道我的想法"便走了。）

不一会儿，田畴来到了曹操的中军大帐，曹操非常礼貌地对田畴道："子泰，孤欲北进乌桓为天下除害，可你也知道，现在这道路实在无法通行，你是本地人，所以孤想问问你，对于现在这种情况，还有没有什么其他的办法？"

田畴对曹操一揖，然后微笑着道："启禀主公，这条路在夏季和秋季之时常常有水，水浅时车马不能通过，水深时船舰也无法航行，实在是最差的一条路，如果主公要依赖这条路的话，相信今年也无法北进了。"

曹操："那怎么办？难道就没有丝毫办法了吗？"

田畴："主公勿忧，西汉时候，前北平治所在平冈，那里有条道路可以经过卢龙直达柳城。不过自光武帝统一天下以后此路便被摧毁。至今已有近二百年无人使用，相信蹋顿一定想不到我们会从此路北进。而此路虽然被摧毁，却不是不能通行，勉强也是可以过去的。假如我们突然从此路进入乌桓境内，敌军必定措手不及，到那时，蹋顿的人头就是主公的了。"

话毕，曹操哈哈大笑，然后连声叫好，于是率兵作返回状，并在水路旁立了一块大木牌，上面写着："现在正当酷暑夏季，道路不通，等到秋冬季节再行进军。"

说实话，曹操这举动简直就是自作聪明、画蛇添足，相信只要蹋顿有点儿智商就能看出此种端倪。

可那蹋顿，他是真没有智商啊，不仅他，他身边的那些将领也都以为曹操撤退了，所以放松了警惕。

而这时候，曹操正率大军"走在乡间的小路上"。

与此同时，荆州地区，襄阳府衙。刘备正以一种狂热的表情和语气对刘表道："现在曹操全部主力在北攻乌桓，许都必定空虚，正是一举急袭许都、迎回天子的绝佳时机！名公断不可失！备不求其他，只要名公给备一万士卒，便可攻破许都，将整个关东给他捣个稀巴烂！到时，曹操北不能定，南又大乱，名公便可一举而定之！"

刘表（你可拉倒吧，你刘备什么德行我还不知道？给你一万，我刘表等于给他人做嫁衣）："不可，不可，玄德有所不知，那曹操用兵如神，从来不打没把握之仗。我料想，本次其必能平定乌桓而回，且河南驻防的兵力也绝对不会少，他曹操士兵甚是精锐，许都更是不用说，根本不像你说的那么轻松，还是算了吧。"

刘备："啥？我不了解曹操？我刘备要是不了解曹操这天下就没人……"

"好了！"见刘备要和自己理论，刘表那满脸笑容的表情逐渐收起，然后以一种不耐烦的语气道，"就这样吧，我很累了，要去休息了，玄德要是没有什么事也可以回去了。"

刘备："好，好吧，如此天赐良机你就这么白白扔掉了，希望你日后不要后悔。"

就像曹操和郭嘉之前说的那样，刘表根本就不会听从刘备的劝告，就这样白白浪费了一次好机会。

本节参《三国志・吴书》《资治通鉴》《傅子》《汉晋春秋》

1.15 刘备的伏击战

次日，刘备再次找到了刘表，那刘表一见刘备就好像孙悟空听到了唐三藏念紧箍咒，脑袋都大了，表情极为扭曲。

刘备却不管那个，瓮声瓮气地道："不行！这次的机会实在是太好了，过了这个村就没有这个店了，说什么我都要争取一下！名公务必给我士兵！"

刘表："唉……怎么就不肯听我的呢？既然你这么执着，好吧，我就给你些士兵，你好好发挥吧。"

见得到了刘表的批准，刘备狂喜，就好像小孩子得到了心爱的玩具一样，对刘表一谢再谢，然后蹦蹦跳跳地回去了。

可第二日，看到了刘表给自己的士兵，刘备蒙了。为什么呢？因为刘表只给了刘备一千人左右的新兵蛋子，对他那是满满的防备。

用一千多新兵去攻击许都，开玩笑呢？刘备当即被气得暴跳如雷，可又能怎么办？总不能再去向刘表要兵吧？

无奈之下，刘备只能带着本部兵马加上这借来的一千人，合计数千人北上，意图先胜一仗，然后凭借着自己天下无双的人望积攒士兵，进而对许都发动进攻。

曹操却不会给他这个机会。

就像刘表说的，曹操用兵如神，怎么可能会在北上之前不对刘表有所防备？更重要的是，曹操所看重的刘备还在刘表阵营，这就更让曹操更有所警戒。所以在出征乌桓之前，曹操命夏侯惇、李典等诸多将领镇守许都，并派出许多斥候，时刻警戒着荆州方面，一旦有异动便会立即行动。

果然，那边刘备一动就被夏侯惇得知。

夏侯惇知道刘备的人望，所以不敢给其半点儿机会，便在第一时间携李典等将率一万余兵马前往阻击。

那夏侯惇的士兵最少三倍于刘备的，还都是久经战阵的精锐之士，所以刘备不敢硬抗，便在遭遇以后烧掉了自己的大营，作落荒而逃状。

夏侯惇见此哈哈大笑："主公成天左一句刘备右一句刘备，如今一见，也就如此而已！全军听令，给我……"

"夏侯将军且慢！"未等夏侯惇说完，随行李典便将其打断，进而道，"刘备，当世豪杰，对于战阵之事极为擅长，且诡诈无比。将军且看！"

话毕，李典直接将手指到面前沙盘上，然后道："往南去的道路狭窄，且草木丛生，那刘备诡诈无比，其麾下关羽、张飞皆万人敌，怎么可能无故撤退？料想必在此地有所布置，将军切不可妄追！"

夏侯惇急道："曼成（李典字）勿要多疑！要我看，那刘备不过三四千众，而我方却有一万多人，他见我人多势众，落跑也属正常。大耳贼乃是主公的心腹大患，如果能在此解决，那就是大功一件！我怎么可能就这么放他离去？"

李典想想也有这样的可能，便没有再劝夏侯惇，却建议夏侯惇率一半兵力前往追击，自己则带领另一半士兵在后紧随，这样夏侯惇中了计谋他也可以第一时间前往驰援。

夏侯惇心急如焚，也不再和李典多说，领着五六千的士兵便跟随刘备的脚步追了过去。

而事实也确实如李典所料，当夏侯惇行进至那条乡间小路之时，顿时杀声四起，刘备、关羽、张飞、陈到、赵云等辈各率本部兵马对夏侯惇的部队展开疯狂突击，只瞬时之间便将夏侯惇的兵马突成了许多节，使得夏侯惇所部大乱溃散。

幸好在千钧一发之时，李典率另外一半士兵鸣嗷喊叫地杀了过来。那刘备战阵经验丰富，行军打仗极为老辣果断（和当初的刘邦非常相似），见李典人多势众，不敢力敌，第一时间便率军撤退了。

气得青筋暴起的夏侯惇见此还想再追，却被李典拦下，他实在是怕这个盲夏侯中了刘备的计谋，便劝夏侯惇在南部驻防，紧盯刘备，敌不动我不动，守住许都就好。

夏侯惇虽然不甘，但人家李典上一次就将刘备的计谋看破，所以只能遵从，乃于边境布防警戒，使得刘备无法北上突进（关键是士兵太少）。

而刘备呢？见夏侯惇布防太过严谨，自己实在没有机会，便只能不甘地撤回荆州。

再看北方战局。

公元207年八月，曹操大军如神兵天降一般突然出现在了白狼（蹋顿部腹地），全无防备的蹋顿听闻此讯后大为惊恐，遂仓皇组织所有轻骑兵前往迎战（数万骑）。

那乌桓轻骑兵果然迅如疾风，在曹操刚刚抵达白狼山一带时便已接近曹操。曹操闻讯，立即令大军急速行进，率先抢占白狼山，然后在此一带布防，意图占据高地以抗乌桓骑兵。

不过和当初刘邦不一样的是，人家刘邦是将部队全都布置在了白狼山，兵力也大大弱于冒顿，曹操却不是，他布置得极为合理，不只在白狼山上架设了专业的防御壁垒，还命张郃、曹纯等悍将在白狼山左右架设营寨，意图用防守反击之法磨死蹋顿。

可就在蹋顿兵至白狼山，打算对曹操发动总攻击之时，张辽找到了曹操，并道："主公可是要以坚壁之法磨死蹋顿？"

曹操："嗯，我是这样想的，因为和这些马背上的民族在平原决战实在是占不到便宜。"

张辽："主公差矣！不管是匈奴还是鲜卑，他们最可怕的都不在兵力，而是马背之上的骑射技术。一旦让他们结成游散之阵，就是天王老子都抓不到他们，所以武帝给卫青和霍去病配置的皆为精锐骑兵！其意图便是在机动力上不输给这些马背民族。所以，对待这些马背上的异族人只能主动攻击，我从来没听说靠防守能胜过他们的！"

曹操："可我哪有那么多骑兵？"

张辽："不必那么多骑兵！这些少数民族虽然擅长游击作战，但他们的兵器、甲胄、箭矢皆不如我汉人，所以从古至今便拒绝和我汉人进行大集团决战。可现在，主公请看！"

话毕，张辽直接站到了白狼山顶端，指着下面的乌桓骑兵和曹操道："现在对方将所有的部队集中在了一处，这简直是找死的行径，所以正是和其死战之时！张辽有绝对的信心，可一战而定之！还请主公能将进攻的大任交给末将，末将必不负重托！"

本节参《三国志》《中国历代战争史》《汉晋春秋》

1.16 卧龙现

见自己面前的这个男人如此坚毅，曹操不由赞叹一声"壮哉"，然后亲自将前军的指挥权交到了张辽手中，让张辽任意驱使。

张辽则二话不说，当即率军杀下白狼山，直奔蹋顿中军而去！

那些乌桓骑兵根本没想到张辽敢在这种情况下冲杀下来，所以全无防备，一时间竟被张辽突到了中军腹地。

且这还没完，那张辽勇猛无比！手中兵器上下翻飞，一走一过人头落地，竟使得乌桓骑兵无法将其阻拦。

见那汉将距离自己越来越近，蹋顿大恐，立即射出哨箭，命左右两翼骑兵合围张辽，意图将张辽完全包围以后歼灭。

可就在乌桓骑兵变阵之时，身在白狼山上的曹操狂笑，然后急令手下擂响战鼓。

咚咚咚咚咚，伴随着战鼓声响，轰隆隆的马蹄声震动大地，身处白狼山左翼的曹纯及右翼张郃亦在同一时间对蹋顿两翼发动突击。而本来防守两翼的骑兵这时候全都去围歼张辽了，所以后背大开，被曹纯、张郃等部轻松击溃。

乌桓骑兵因此大乱，有的人甚至开始绝望，进而亡命奔逃。

见此，张辽亲自冲在最前线，加速对蹋顿的进攻。

说实话，看着越来越近的张辽，蹋顿的内心极度纠结。你说撤退吧，现在的局势本来就对自己不利，要是自己还撤退的话，大军铁定在瞬时之间被击溃，这以后就再也没有击败曹操的可能。

可要是不退吧，眼看张辽这凶兽又距离自己越来越近。

纠结纠结，蹋顿这顿纠结。可他再也无法纠结下去了，因为这时候的张辽已经杀到了蹋顿身前。只见张辽狂吼一声，然后手起刀落，蹋顿人头落地。

见主帅已死，其余乌桓骑兵顿时崩溃。最后，在场的乌桓骑兵全都跪在了白狼山下，表示向曹操投降。乌桓因此而定。

本次战役，曹操全定蹋顿部，受降百姓二十余万口，缴获猪马牛羊无数。最重要的是，曹操得到了乌桓数万精锐骑兵，以及优良战马、马种。所以史料载："曹操尽收乌桓精锐，之后率其征讨四方，号称'天下名骑'。边民得以安居乐业。"

哦对了，有一件事忘了说，当蹋顿被张辽斩于马下之时，袁尚和袁熙亦东逃公孙康处，曹操麾下将领皆劝曹操乘胜攻击公孙康，进而彻底灭掉袁氏一族，曹操却笑着道："不必了，孤料想不出两个月，那公孙康就会将这两个小子的首级乖乖送上来的。何必还要劳兵费力呢？"

最开始，一众将领都对曹操这种迷之自信抱有不解，可既然曹操都这么说了，他们也就不再多说什么，而是收拾收拾便准备南返了。

而事情确如曹操所料，一个月以后，公孙康果然送来了袁尚和袁熙的人头。一众将领都因此感到不解，更有将领询问曹操："主公，就末将所知，不管是公孙康还是他爹（公孙度）都对您当面一套背后一套，实际上是不遵从您的命令的。他们也确实接收了袁尚和袁熙。可为什么您一走他就将这俩小子的人头给砍下来了呢？"

曹操微笑道："诸位有所不知，公孙康历来惧怕袁氏，之所以收留二人主要还是怕我去攻击他们。如今孤已南返，态度已经很明显了，所以公孙康必杀二袁，以免留下祸患。"

众人："哦……还是不懂。"

公元207年九月，公孙康斩二袁首级，袁氏一族彻底灭亡，北方得以大定。

同月，就在曹操整军完毕，准备南返许都之时，突命张辽、乐进率本部兵马南下长社、阳翟屯军，其意不言自明，那就是准备对刘表下手了。

刘表闻听此消息以后极为悔恨，当着所有臣子的面悲声道："悔不听玄德之言，现在再想偷袭曹操，晚矣！"

与此同时，刘备正在荆州名士、号称水镜先生的司马徽家中，并向其询问荆州有何大才，意图登庸之。

司马徽笑着对刘备道："名公所谓之儒生，在当今乱世只能算得上俗人，根本不识时务，百无一用。而识时务者，还得是那些能看透世事的俊杰啊。"

刘备："哦？这么说先生是有贤才向我推荐了？"

司马徽微笑点头道："那是当然，此间自有卧龙、凤雏，得一便可安天下。"

砰！这话一说，刘备顿时激动得站了起来，急切地问道："先生所说卧龙、凤雏都是何人？"

司马徽笑道："呵呵呵，卧龙乃诸葛孔明，凤雏则为庞统庞士元也。"

啥？一听这话，刘备一个激灵。为什么呢？因为之前自己前来投奔刘表之时，很多年轻儒生都来投奔过自己，可自己一个都没看上，三言两语就将他们劝走了。而这些人中就包括一个叫诸葛亮的，正是司马徽推荐的这个所谓的诸葛孔明。所以刘备当即便问："嗯……这个诸葛孔明可叫诸葛亮？"

司马徽："正是！"

刘备："哦……敢问先生，这二人现在身在何处啊？"

司马徽："庞士元四方行游不定，很难寻得，但卧龙诸葛孔明正在隆中，名公可前往用之。"

听此，刘备无奈只能告退返回新野。

而回到新野以后，刘备越想越不对，当初他见诸葛亮的时候只感觉这个年轻人个头比较高（两米来高），却也没发现他有什么格外亮眼之处，可为什么水镜先生要这么夸赞他呢？难道是自己瞎？

想到这，刘备将帐下谋士徐庶叫到身边，然后问道："元直（徐庶字）久在荆州，不知听没听过诸葛亮这么一号人？"

一听诸葛亮之名，徐庶立即笑道："听过，当然听过，不但听过，我还和他有过交集。诸葛亮，字孔明，身高八尺，耕于隆中，经常自比管仲、乐毅，主公可前往一见。"

（注：诸葛亮这个比方非常客观，管仲虽然在军事上能力欠缺，但行政能力绝对春秋时第一！这个无可争议。而诸葛亮要说自己的行政能力在三国是第二，相信没谁敢说自己是第一的。至于乐毅，真正了解战国史的都知道，他并没有传说中那么高超的带兵水平，顶多一个儒将，行军打仗还是多从政治上入手，所以我说诸葛亮对于自己的评价非常客观。）

一听这话，刘备这才真正地重视起了诸葛亮，遂与徐庶道："既如此，还请元直帮我将他带来，我必有重用。"

可这话一说，徐庶为难了。

见此，刘备疑惑地道："难道元直还有什么难言之隐？"

本节参《中国历代战争史》《三国志》《太平御览》《后汉书》《资治通鉴》《汉晋春秋》《魏略》《九州春秋》

1.17 郭嘉死，隆中对

徐庶："我就和主公明说了吧，孔明这个人其实挺狂的，如果他亲自来投倒是还好，可如果是主公要请，那么还请主公亲身前往，不然很难请到。"

听此建议，刘备才知道自己之前犯了多大的错误，于是便带着随从和礼物亲身往隆中邀请诸葛亮。

可诸葛亮听说刘备要来的消息以后躲着不见。

深通人情世故的刘备一看就知道诸葛亮的小伎俩，也不说破，便留下礼物回新野了。

数日以后，刘备又来，诸葛亮又躲，刘备只能将礼物留下再次告退。

可这个时候，刘备已经有点不高兴了。

直到第三次拜访，诸葛亮这才"见好就收"，面见了刘备。

虽然司马徽和徐庶都对诸葛亮赞誉有加，但刘备也不是一个光听人言的人，诸葛亮到底有没有本事，他还是要考校一番的。

于是，见到诸葛亮以后，刘备屏退了下人，直截了当地问道："如今，汉家江山倾覆衰败，奸臣盗用天子的命令，而天子却被迫流亡在外。备不考虑自己的德行和能力，只想为这个天下伸张大义，但因智谋短浅而屡次受挫，以至于落到今天这等地步。可不管失败多少次，我的理想都没有被磨灭半分。但我也知道，光凭着理想和勇气是成就不了大事的，所以想请问先生，针对现在天下的形势，我应该怎么做才能在天下立足，进而匡扶汉室，重振大汉雄风。"

诸葛亮知道，以后能不能得到刘备的器重就看这一次的回答了，于是郑重道："自董卓谋反以来，各路诸侯同时起兵。跨州连郡，扩大地盘进而肥己之人数不胜数。曹操与袁绍相比，无论名望还是兵马都有所不如，最后却能战胜他，归其原因，不外乎智谋之士的谋划。如今，曹操已有整个北方，说其雄兵百万亦不为过，且有天下最出众的谋士团辅佐。所以，暂时不可力敌！应避其锋芒另寻发展。而孙权占据江东已经三代，民心归附，国富民强，又有长江天堑以作防御，亦不可力敌也！再说荆州，此地北有汉、沔二水以为天堑，南有富庶海水以给资源，可以让人迅速致富。东则连接吴郡、会稽，西与巴郡、蜀郡相通，可以说是现今天下最好的用兵之地。而刘表，不过一羸弱之君，统治荆州到现在还无法将各个家族统一，所以早晚为曹操所灭。与其这样，还不如名公去取！名公一旦拿下荆州，西部益州便唾手可得！"

刘备："怎讲？"

诸葛亮："益州之主刘璋，昏庸软弱，占着一块宝地还让汉中张鲁压得喘不过气，而名公不管在武功、名望、心胸、智谋上都要胜过刘璋，所以只要占据荆州，消灭刘璋不过弹指之间！到那时，名公据荆、益二州，又有无双之名望，天下文武必趋之若鹜。然后对内修明政治，安抚诸西南夷族，对外结交孙权，与其共抗曹操。一旦中原有变，主公便可和孙权共同北上出击！到时，天下定可平定，名公重振汉家声威的志向就可以实现了！"

"善！善！"

听了孔明这一番话，刘备兴奋得连连称善，然后携其手共返新野。

而从此刻开始，诸葛亮这条卧龙，有主矣！

公元207年十一月，就在诸葛亮这条年轻的卧龙归于刘备之时，曹操手下的主要谋士之一，被誉为谋士中的"狂战士"的郭嘉却躺在病床上，眼看就要驾鹤西去。

那天，曹操坐在郭嘉的床前，紧紧握着他的手，眼角的泪水一直在流淌。而郭嘉，却温柔地看着曹操，不停地向他诉说着什么。

大概一炷香以后，还没有说完的郭嘉闭上了他的双眼，眼角流下了一滴不甘心的泪水。

见此，曹操的心脏猛地一跳，可他也没说什么，只是默默地陪在郭嘉身边。

次日，就在朝会即将散朝之际，曹操却突然走到了大殿的最中心处，他对汉献帝深深一拜，然后气势汹汹地道："臣听说，一个圣明的君主只赏赐忠诚的臣子，只宠爱贤能的大臣！而且，这种赏赐和宠爱也不一定非要赏赐他们个人！如果这些人死了，赏赐他们的家人也是理所应当的。已故祭酒郭嘉！忠良渊淑，体通性达，每当大议，必有言论，且凡言必中，算无遗策！其在军旅已经有十一个年头了，在这十一个年头中，郭奉孝一直追随臣左右，行则同乘，坐则同席，无时无刻不为臣出谋划策。臣东擒吕布，西取眭固，北平袁绍，后灭袁谭。这些战役中，没有一场不是郭奉孝参与谋划的。可惜奉孝命短，早早便离开了人世，害我痛失心腹！试问陛下，如此忠臣！如此贤臣！如此能臣！怎能不赏？怎能不大大地奖赏？"

说实话，汉献帝从来没见过沉稳的曹操如此亢奋，那气势，简直要把整个皇宫摧倒一般。

所以，汉献帝害怕了，怕得不行，便弱弱地道："对，对，曹将军说得有道理，那应该怎么赏？您拿出个章程来。"

曹操："我意，追封郭嘉爵位，赏其千户大邑！其子孙后辈永远传承！"

（注：写到这，了解西汉历史的读者大概会抱有疑问，因为西汉有很多文臣武将都获得过万户侯，就比如卫青、霍去病、霍光等等，可为什么到曹操这赏赐一千户侯就好像多大的殊荣一样呢？那是因为，西汉有"迁土豪、富百姓"的政策，所以调拨土地很多。并且，西汉政府对于诸侯王的看管也是极其严格的，动不动就会抓住小辫子废去封国，所以西汉有很多的土地可以赏赐给大臣。但东汉就不一样了，自光武帝刘秀以后，国家土地被地方豪族蚕食，直到东汉末期，朝廷可以赏赐给文臣武将的地方已经很少很少了，所以郭嘉得一千户侯就已经是莫大的荣耀了。）

汉献帝哪里还敢和现在的曹操讨价还价，当即便答应了曹操的"奏请"，所以，郭嘉的后辈得以富贵一生。

哦对了，有一点差点儿忘了和各位说，曹操追封了郭嘉的爵位以后亦花钱将蔡邕的女儿蔡文姬从匈奴手里赎了回来。

各类影视小说都将蔡文姬和曹操捆绑在一起，说蔡文姬和曹操有不清不楚的关系。

可我觉得，这种可能性应该很小。因为曹操除了钟爱少妇以外还钟情于诗词歌赋，恰巧那蔡文姬便是此中高手。回到中原以后更是创作了《悲愤诗》和《胡笳十八拍》这等著名的著作，所以我认为，曹操和蔡文姬应该是纯洁的男女关系，多了也就私下交流一下诗词歌赋而已。

本节参《三国志・魏书》

第二章 赤壁之战

2.1 一个贼人的出身

公元208年正月，曹操于现今河南临漳县西南建造玄武池训练水军，其意不言自明，便是准备南下平定刘表和孙权，进而一统天下了。而为了确保自己在南征的过程中没有后顾之忧，曹操还命马腾为卫尉，让他带家人即刻入京任职。

为了让马腾能够安心前来许都，曹操还任命马腾的长子马超为偏将军，继承马腾的地盘和兵力。

曾经，马腾和韩遂二人共统西凉，还结为了异姓兄弟，可后来因为种种利益问题使二人关系恶化，进而刀兵相向。

而这一次曹操任命自己前去许都担任卫尉实属一次机会，一旦自己成为曹操心腹，那韩遂还算个什么？即刻就能灭了他，再加上自己的地盘又没给曹操，而是让自己的长子继承，那还有什么可怕的呢？

想到这，马腾答应了曹操，并在第一时间上路往许都了。

本来，马腾可以富贵一生，最少也可以在许都安度一生。可让马腾万万没想到的是，他那个叫马超的儿子是一个不忠、不孝、不仁、不义的畜生，最终将自己害死了。不过那是后话，咱到时候再说，现在还是先看看江东局势吧。

就在曹操调回马腾，积极训练水军准备南下之时，江东会稽府衙议事大厅又发生了激烈的争论。

只见一身材魁梧、满眼锐气的汉子站出来和孙权道："主公！综观现今天下，汉室已可有可无，早晚会被曹操取代，所以主公不必再去顾忌什么汉家天下，不然只能成为曹操的傀儡。荆州，既有山川河流为屏障，又四通八达，还有丰富的资源供给官府，实乃南部宝地也！可刘表呢？不过一画地为牢、迂腐至极的腐儒！根本守不住富庶的荆州。他的儿子们呢？连他都不如，所以主公不快些行动的话，荆州早晚为曹操所得。等到那时候，主公便会被四面而围，到时就是想攻取荆州也是千难万难了。所以……"

"不可！"未等此壮汉说完，张昭便站出来阻止道，"此言大谬！我孙氏一族刚刚统治江东数载。山越诸族还对我们抱有敌意，诸多贼寇也不过表面臣服，实则暗生反意。之所以现在还没有造我们的反无外乎惧怕主公兵威，可一旦出兵刘表，这些势力必定造反！如此，江东危矣！"

壮汉："哈哈哈哈，我看张长史说的才是大谬之言！想当初孙将军平定江东何其迅猛！可有谁敢在他背后搞事儿？再说曹操，官渡之前如虎卧狼群，却毅然决然北上灭掉了袁绍，其行动如疾风猛雷！他可在战前有所顾忌？荀彧可在战前让曹操不要出兵？主公将如同萧何一般的重任交给了张长史，张长史却在这叽叽歪歪，就这样你还有什么资格说自己仰慕古人？我怕你是连仰望古人的资格都没有吧！"

张昭："你这降……"

"好好好好好了好了。"见这一文一武有要把事情闹大的趋势，孙权赶紧制止，并举起酒杯交给这壮汉道，"今年是否征讨刘表就好像这杯酒一样，决定权都在兴霸你的身上，你只管努力筹划就可以了，何必和张长史置气呢？来来来，说说这次征伐刘表你有什么计划。"

见孙权如此态度，这壮汉哈哈一笑，然后将杯中酒一饮而尽道："攻取荆州之办法，以先攻黄祖为易。黄祖乃刘表抵御我江东第一屏障，其不管用兵还是行政早先还是可圈可点的。可如今，黄祖年老昏庸到了极点，不但用人就用那些欺诈贪污之辈，还克扣士兵们的粮饷，以致江夏民怨沸腾，军心不振，所以主公这一次一定要以最快的速度突袭江夏，必可一战而定之！而一旦江夏陷落，他刘表还有什么倚仗？必会为将军所灭！到那时，将军再向西挺近，一举攻下巴蜀之地，便可与曹操分庭抗礼！"

此话刚刚说完，孙权便唰地一下站了起来，眼中满含精光和此壮汉道："何时出征为宜？"

壮汉："曹操即将南下，自然是越快越好！我巴不得明日便扫平荆州！"

孙权："好！"

写到这，我相信大家已经能猜到这个壮汉是谁了吧？没错，他就是在江东如同北方张辽一般的存在，甘宁甘兴霸！因为以后还要在甘宁身上多花笔墨，所以允许我简单地为大家介绍一下。

甘宁，字兴霸，A级将帅，巴郡临江县（今重庆市忠县）人，年轻时便孔武有力，认为只有手上的刀才是说话的根本。于是集合了一帮黑社会，带着他们四处招摇过市。

因为甘宁所率领的这群人都是背插羽毛，身戴响铃，所以一听到铃铛响起，本地的老百姓就知道是甘宁一伙人来了。

那甘宁不欺百姓，专欺官员，经常带着手下去本地官府混吃混喝。官府要是好好招待甘宁等人那一切好说，可如果对这群人有半点儿无礼，甘宁便会带着他们抢夺官府，当真无所忌惮！

可后来不知为何，甘宁突然开窍了。他不再带着兄弟们四处闹事，而是开始学习百家著作，更是对兵法情有独钟。

几年以后，甘宁感觉已经自学成才了，便带着兄弟们去投奔了刘表。

可刘表这个人只看重一个人是不是有文凭，像甘宁这样的"贼人"出身他是一万个看不上的，所以根本没有重用甘宁。

甘宁见此便放弃了刘表，转而投奔了江夏黄祖，因为甘宁曾经听说过，这个黄祖是比较重视武人的。

可当甘宁到江夏以后再次失望了。

虽然对于甘宁，黄祖给的待遇要好上一些，可依然将其当成普通人来看待，从未将甘宁当成一盘菜。这使得甘宁顿悟了，看来要得到别人的重视，最重要的还是拿出实绩，不然说再多也不会有什么作用，毕竟大汉四百年就出了一个韩信。

所以，打这以后，甘宁便默默待在江夏，等待着立功的时机。

而这个时机，很快便来了。

公元207年，孙权出大军攻击江夏，意图为父报仇！

甘宁见此请为黄祖先锋，黄祖却根本不理会甘宁，只让他在后军待命。

直到战斗开始以后，黄祖被孙权打得一败再败，最后自己都被困在了重围之中。

见此，甘宁不顾黄祖军令，带本部兵马直奔孙权军冲杀而去。

那甘宁武艺高强，马上长枪纵横飞舞，兵锋所指横尸遍野！

这还不算，甘宁箭术亦冠绝黄祖军中，其专射孙权军别部指挥官，只要一箭必杀一将，甚至连孙权的校尉凌操都死在了甘宁的箭下。

就这样，在甘宁的作用下，黄祖成功从一条缺口突围逃脱，捡回了一条命。

可回到江夏以后数日，黄祖半点儿没提赏赐甘宁的事，这让甘宁大为不满，遂有出走之念。

黄祖手下都督苏飞不想荆州失去一员大将，乃拜会黄祖，请提甘宁之官。可黄祖看不上甘宁"贼人"的出身，所以对苏飞的推荐没有半点儿兴趣。

无奈，苏飞只能找到了甘宁，告诉他事情的真相，并劝他早日离开，不然窝在荆州永无出头之日。

甘宁听罢，对苏飞深深一拜，然后便出走荆州，投奔孙权去了。

以上，便是甘宁的简单介绍，我们再回归正文。

本节参《三国志·吴书》《资治通鉴》

2.2　斩黄祖，报血仇

公元208年正月，孙权整军完毕，遂往江夏进逼。可就在大军行进到寻阳之时，江东第一预言大师吴范找到了孙权，并以兴奋的口吻对孙权道："主公！昨日臣夜观天象，探查阴阳变化，结果显示大吉！利于疾行！所以还请主公加速行军，此次必定拿下黄祖人头！"

这个叫吴范的大预言师，预言非常准确，其预言水平不仅在江东能排第一，甚至整个天下都能在前三名，所以孙权对其相当信任，听到他这么说，立即命大军加速行进。

就这样，大军以极快的速度进入汉水。

与此同时，江夏城府衙。

已经老迈无能的黄祖正在和二三四五六……小妾共同进食，可就在这时，突然有传令来报，说孙权大军已经进入了汉水流域，眼看就要杀到郡治所在。

黄祖闻听此讯后大惊，直接对传令吼道："快！快把汉水入江处给我堵住！无论如何不能让孙权的部队登陆夏口！我的援军随后就到。"

这之后，整个江夏人声鼎沸，无数士兵都在仓皇集结。

可这有用吗？

本月下旬，孙权大军进入汉水流域。可就在即将到达夏口之时，突然有两艘大型蒙冲战船横摆在了汉水入江处，堵住了孙权前进的道路。

而且，此两艘战船之间还用大绳相连，稳稳固定在大江上，船上士卒各一千人，皆江夏精锐弓弩手，只要见到孙权军的战船便会交替发射箭矢，以如蝗一般的箭矢来阻挡孙权军的步伐。

这一次，孙权打黄祖打的就是一个出其不意，可如果让黄祖援军赶到，这老家伙必定扼制住夏口各处险要，到那时候别提整个江夏，就算是一个夏口都无法登陆了。所以孙权立即布置，命董袭和凌统各率本部兵马突击二船，务必在第一时间将横在江面的绳子切断。

二人得令后立即命士兵穿戴两层铠甲，并戴头盔、携大盾，然后驾船便往大江处疾驰。

见有许多艘小船向自己袭来，两船弓弩手拼命朝其射击，可董袭和凌统将士兵护得神龟一般，弓弩根本无法对其造成伤害。

最后，董袭的船队先凌统一部接近大绳。董袭二话不说，抽出腰中首环刀对着大绳便是狠狠一下！

这之后，就听砰的一声巨响，大绳被一刀两断，而两艘横在江面的巨型蒙冲也在大绳断裂的一瞬间被水流冲向两旁。

见此，孙权狂笑，立即命全军向夏口突袭。

咚咚咚咚咚咚……战鼓之声不断，孙权大军杀声震天，无数的船舰在此声威下疯狂冲向夏口。

夏口之军无法抵挡，只一天不到便被孙权攻陷。

这之后，孙权马不停蹄，兵不卸甲，直接西向黄祖。

而这时候的黄祖在干什么呢？他刚刚整备完毕，正在支援夏口的路途中。

可就在半路上，黄祖遭遇孙权大军。正所谓仇人见面分外眼红，那孙权见到黄祖这杀父仇人以后疯了，竟直接命三军对黄祖军发动了总攻击。

黄祖，曾经在江夏起码很得军心，因为他能让士兵们吃得饱穿得暖，有时候还能给士兵发俩小钱儿花花。

可就像甘宁说的，自黄祖五旬以后，用的尽是些奸佞之徒，所以士兵的粮饷经常被克扣。

基于此，江夏的士兵士气很低，甚至低到了冰点。

再加上此次遭遇战完全出乎黄祖军的意料，所以大军只交战片刻便行溃散。

黄老头因此大败，只能率少数亲随狼狈逃至江夏郡治所在。

公元208年正月下旬，孙权亲自布置，用大军将江夏郡治团团围住，然后对黄祖展开总攻击。

黄祖，在之前对孙权的战役中已经将主力部队损失殆尽，现今还在城中坚守的全是一些老弱病残，外加士气低落的卒子。所以此城根本挡不住孙权的进攻，不到半个月便被攻破。

而就在此城城门被攻破的一瞬间，孙权哭了。他一边流着泪水一边对着北方深深三拜，然后以极度冷漠的语气对身旁传令道："给我传令下去！但凡城中官员及其家属，不论男、女、老、少，一个不留，全部诛杀！但大官得给我生擒，让我自己杀。还有，城中的百姓不能给我动，谁敢枉杀百姓，必军法从事！"

传令："喏！"

就这样，孙权大军从四面进入江夏郡治，江夏陷落。

可就在此城已经陷落，孙权正准备入驻其地之时，突然有传令来报："报——报告主公！黄……黄祖跑了！"

孙权："什么？你再说一遍！"

传令："启禀主公！黄祖跑了！"

一听这话，孙权如五雷轰顶，眼神呆滞，不断重复着："不可能，不可能……"

可就在这时，孙权一个激灵站了起来，然后如疯了一般跑到吴范面前，拉着他的手急切地道："刚才有传令来报，说黄祖那老匹夫跑了！我刚跟我那死去的老爹吹完牛，誓要用黄祖之头来祭奠他，可不能让这老家伙跑了！大师，你给我算一下，我还能不能抓到黄祖，你可不能让我在我爹面前掉链子啊！"

听毕，吴范作掐指一算状，然后兴奋地对孙权道："恭喜主公贺喜主公！黄祖刚刚逃走，现在还没走远，正是追击的最佳时机！主公赶紧挑选精锐轻骑前往追击，定能将黄祖人头取下！"

听吴范这么说，孙权大喜过望，立即调遣数千最为精锐的轻骑兵前往追击黄祖。

嘿，你还别说，那吴大神棍还真就蒙对了，这些骑兵还真把黄祖追上了。黄祖，这个专门斩杀名将的地方军阀就这样死于孙权之手，孙权终于给自己的老爹报了仇。

本节参《三国志》

2.3　内危外安

数个时辰后，江夏治所，看着木盒中满是鲜血的人头，孙权就好像欣赏一件艺术品般高兴，而下面的文臣武将也跟孙权一样开心。

大概半炷香的时间过后，孙权将木盒关上，长出了一口气，然后再次对着北方深深三拜：

"父亲，儿终是为您报仇了。父亲不要着急，再过一段时日，待我彻底平定了荆州，必亲自将黄祖的人头放到您的祭庙祭拜，来人啊！"

侍从："在！"

孙权："城中那些官儿抓没抓到？"

侍从："启禀主公，全都抓到了，没有一个跑的！"

孙权："好！把他们全都给我……"

"等等！"就在孙权要将黄祖帐下的文武全部斩杀之际，甘宁突然蹿了出来，然后跪在孙权的面前便是哐哐哐一通叩头。

这一下把孙权整蒙了。要知道，这甘宁可是一个狂人，从来不给人下跪，哪怕对孙权行礼也不过微微躬身，怎么现如今如此模样？

哐哐哐！就在孙权愣神的工夫，甘宁已经叩了十多个响头，到现在已经是满面鲜血，眼看就要磕晕了。

孙权见此大惊，赶紧跑下去将甘宁拉起来道："兴霸你这是干什么？你是这次能够平定黄祖的功臣，有什么要求我自是尽量满足，为什么还要这样呢？快和我说，你到底想要什么？"

甘宁："臣知主公想要杀尽黄祖麾下以祭奠孙将军的在天之灵，可那苏飞是臣的至交好友！当初臣在黄祖帐下受尽冷眼，只有苏飞不嫌弃臣，还和臣结为生死之交。同时，是苏飞建议臣前来投奔的主公，所以求求主公，放苏飞一马吧，求求您！"

说到这，甘宁已经是泪眼蒙眬，这个大老爷们儿为了自己的至交好友竟然哭了。

见此，孙权被甘宁深深地触动了。可想了一会儿孙权道："你的心意我很感动，我也很庆幸有你这么一个重义的臣子，可苏飞乃是黄祖的心腹旧将。如果以后他背叛我怎么办？"

甘宁："我可以向主公保证，似苏飞这种重情重义的男子汉只要投降您就绝对不会背叛，如果哪一天他真的背叛主公了，臣，甘宁！愿割下自己的头颅替苏飞赎罪！"

见此，孙权赶紧拉着甘宁的手道："行行行行，好了好了，我不让你赔偿，你让我饶他一命，我不杀便是！"

与此同时，襄阳城府衙。当江夏郡被孙权攻陷的消息传开以后，整个荆州人心震恐，惶惶不可终日，身在襄阳的刘表更是吓得魂不附体，第一时间将刘备招来襄阳，希望他能带领自己的士兵前往攻击孙权，替自己夺回江夏，并向刘备承诺，只要刘备能够夺回江夏，以后江夏便由刘备治理。

可刘备呢？他有自己的小算盘。

按照之前诸葛亮的言论，如果自己以后想要和曹操平分天下甚至一统天下，就必须先和孙权结为联盟，不然绝对无法实现自己的理想。所以现在刘备讨好孙权还来不及，怎么可能和孙权武力相向呢？

基于此，刘备没有答应刘表，而是以曹操会在北方攻击刘表，自己替刘表防守北方为理由将其拒绝了。

与此同时，襄阳城府外厅，随同刘备一起前来面见刘表的诸葛亮正在品尝着香美茶汁。

可就在这时，刘表的长子刘琦突然找到了诸葛亮。诸葛亮一见刘琦撒腿就跑，刘琦却疯了一般拽住诸葛亮，死死不肯松手。

诸葛亮一边试图甩开刘琦一边不耐烦地道："我都说过多少遍了，这是您的家事，亮实不便多言！"

刘琦死死拽着诸葛亮道："不行！我盼星星盼月亮好不容易把你给盼来了，今儿个我是死活不会让你走了！先生啊！我爹宠幸蔡氏，而蔡氏喜欢刘琮，对我恨不得扒皮抽筋，经常在我爹面前夸奖刘琮而贬低我。我爹现在老了，已经糊涂了！所以听信蔡氏之言，对我已经是越来越冷淡，我怕再过一段时间我就有性命之忧！所以还请先生给我想想办法啊！"

诸葛亮一边使劲挣脱刘琦的手，一边作万般无奈状道："不行！说什么都不行！我是绝对不会掺和到你家事中去的，这不是君子所为！你撒手，你撒不撒手！"

见此，刘琦只能将双手撒开，却一脸悲痛地道："既如此，我也不强求先生了，不过我敬仰先生已经不是一两日了，如今我也快要死了，不知有没有荣幸请先生一起小食一番，也算了却我一件心事。”

诸葛亮心中冷笑连连，表面上却是装得考虑一番，这才"勉为其难"地答应了刘琦。

见此，刘琦大喜，笑呵呵将诸葛亮引上阁楼，然后和其把酒言欢。

可就在二人畅饮之际，刘琦的下人悄悄地撤掉了梯子。

见大事已成，刘琦哐当一下给诸葛亮跪了下来，然后说道："先生救我！先生救我！"

"又来！"诸葛亮"怒了"，直接站起来转身便要走，可当他打算下楼之时，见梯子已经被撤走了。

见此，诸葛亮"哀叹"一声，然后坐在原地不言语了。

刘琦见状，砰砰砰跪走至诸葛亮身前，死死抓着他的双手道："先生，现在上不接天下不着地，话从你一个人的口中说出，只入我一人之耳，你可以说了吧？如果你再不说的话，那咱们两个谁都别想下去了，就这么活活饿死在阁楼上吧！"

诸葛亮："你！唉……想春秋时期，世子申生在内被害，公子重耳却在外而安，最后还得到了晋室天下，真是让人唏嘘啊。"

话点到即止，诸葛亮也不再多说，可这已经够了。

公元208年正月下旬，刘表长子刘琦上奏刘表，希望能出兵帮父亲夺回江夏。而现在刘表已经没有其他的办法，便只能给刘琦一万多人，让其前往江夏试一试。

刘琦，得以外安之法度过危机。

讲到这儿，有的朋友大概会疑惑，之前我话里话外的意思都是诸葛亮在演戏，为什么这么说呢？

我个人认为，就现在的局势来看，刘备在与孙权结盟之前必须有自己的势力，可刘表将刘备看得死死的，使他根本无法发展势力，那就必须和小型势力有所联盟。而在整个刘表阵营，只有大公子刘琦和刘备有所亲善（刘备之前就曾帮助刘琦），至于其他派系则皆将刘备视为眼中钉、肉中刺，所以在刘琦继承大位无望的情况下，刘备必须和诸葛亮联手演得一出好戏，将刘琦给支出去，进而发展为自己的势力，如此才有前面那一幕。

本节参《三国志·吴书》

2.4　我的悲哀，你的幸运

公元208年二月，身在江夏的孙权已经整军完毕，正要向襄阳方向进发。可就在这时，他突然闻听刘琦正率一万多兵马前来夺回江夏。

闻言，孙权狂笑。开玩笑？区区一个刘琦，区区一万多人就想夺回江夏？你刘表真是不知道死活。好啊！那我就让你有来无回！

基于此想法，孙权亲率大军直奔刘琦，意图将其全部歼灭。

可就在孙权大军即将和刘琦遭遇之时，江东后方突然生变。

原来，曹操怕孙权在自己南征以前夺下荆州，进而给自己造成祸患，遂命合肥方面出大军南下攻击江东（注：合肥，便是如今安徽省合肥市北部地区，为南北征伐的咽喉之处，实为兵家必争之地）。

如今，孙权所有的主力皆在江夏，内部势力又不稳，一旦曹军从合肥渡江，定会对孙权造成毁灭性打击！所以，孙权立即弃了江夏，率军急速返回江东。

如此，讨伐荆州的行动就这样虎头蛇尾地结束了。

可就在曹操为自己的计谋扬扬得意之际，突然有官员来报，说冲公子在全无征兆的情况下患重病，经多位名医诊治都毫无办法，眼看就要英年早逝了。

听闻此事，曹操脑袋嗡的一声暴响！这之后，他如同疯了一般跑到了曹冲的居室，就这么趴在曹冲的面前，紧紧握住他的双手，眼中的泪水止不住地往下流。

话说，自从曹冲得了怪病以后，曹操还每天求神拜佛，宁愿折寿十年也希望老天能饶曹冲一命。

可几日以后，老天还是将年仅十二岁的神童曹冲带走了。

这以后，曹操每日以泪洗面，只短短半个月就瘦了好几圈。

曹丕看不下去了，便前来安慰曹操，岂料曹操见到曹丕以后便以一种极为阴冷的口气道："行了，别在这装了，冲儿死了是我曹操的不幸，却是你这小子的幸运，相信你现在心中正高兴呢吧？"

这话一说，曹丕激灵一下，赶紧痛哭流涕地为自己诉冤。可事实上，曹丕真的是在庆幸。

为什么？因为曹冲这小子太出色、太聪明，太有可能将曹丕顶下储君的位置了。

曹冲，字仓舒，在曹操二十五子中排行老七，此子为当世神童，聪明绝顶，五岁的时候智力发育就与成人无异。

官渡之战以后，曹操之势力冠绝天下。当时，孙权为了溜须曹操，特意向其奉献了中原没有的大象。曹操对这种神奇而又巨大的动物非常好奇，便想知道它到底有多重。

可这么大的一个玩意儿，要怎样才能称出它的重量呢？

当时，曹操及一众文臣武将绞尽脑汁都想不出一个好的办法。可就在这时，经常跟随曹操左右，年仅4—6岁的曹冲说："父亲，这事其实并不难办。"

曹操："哦？你这小子有什么办法？说来听听。"

曹冲："父亲可先将大象放在一艘船上，看看船潜入水底有多深，然后在潜入的边缘画上记号，只要再将其他物品放置船中以为对比不就可以了吗？"

听此，在场众人大为赞叹，无一不夸赞曹冲是个神童，本就爱极了曹冲的曹操更是对其另眼相看。

正所谓盛世之时用儒家，战乱之世凭法家。官渡之战以后，曹操虽然成了整个天下最为强大的诸侯，但依然有很多势力割据天下，所以曹操还是沿用着法家之政，用刑特别严酷。

一次，曹操放在武器库的马鞍被老鼠咬坏了，看管武器库的官员吓坏了，认为必死，便将自己捆绑起来，准备向曹操领死。

可当曹冲听闻此事以后笑着对那名官员说："你先别去，信我的，你等三天，三天后再去向父亲告罪，我保你平安无事。"

那官员听此大喜，遂解下绳索，在家中忐忑等待。

这之后，曹冲用匕首将自己的衣服割破，弄成被老鼠啃咬过的样子，然后装作伤心难过的样子在曹操面前晃悠。

曹操见曹冲如此，顿时大惊，赶紧抱住了这个最心爱的儿子道："我的宝贝儿子，你怎么了？为何满面忧愁？"

曹冲眼中闪着泪光道："我听说老鼠咬坏了衣服是一种凶兆，意味着自己的主人将会遭受苦难，而您既是我的父亲又是我的主公，所以我一直死死地保护着衣物，生怕被老鼠咬到。可哪怕我这么保护，最终还是被那可恶的老鼠给咬了。一想到这，我就难以释怀。父亲，难道您要遭受苦难了吗？"

一听这话，曹操哈哈大笑道："哎，这完全就是没有见识之人的妄言，怎能当真？我儿不必因此介怀，放心吧，父亲不会有什么事的。"

三日后，那名守护武器库的官员忐忑地前来向曹操自首，本以为曹操哪怕不杀他也一定会给他残酷的肉刑。岂料曹操听完后非但没有半点儿恼怒，还哈哈大笑道："我儿子的衣服就在他身边还被老鼠给咬了，更何况是巨大的武器库呢？所以你不必放在心上，去吧，下次注意一点儿就完了。"

话毕，那官员大喜过望，对曹操连连叩首后离开。

可回到家之后，这官员百思不得其解。要知道，曹操是最重视"法"的人了，但凡有谁犯错，哪怕他的亲人都不会有半点儿容情，可这一次怎么会这么轻易便饶过自己呢？

抱着此疑问，这官员在四处打听下终于得知此事的来龙去脉，遂对曹冲感激得五体投地，从这以后便发誓报效曹冲，哪怕用自己的命。

而像这种事情，曹冲不止一例，靠着他的聪明才智而获救的官员最少几十个！所以在当时的许都，曹冲的口碑和人望那是非常好的。

基于此，曹操早有重新立储的心思，只等曹冲加冠以后便予以施行。

岂料聪明绝顶又健康的曹冲却在十二岁的时候突然离世，这怎能不让人唏嘘？又怎能不让人浮想联翩？

本节参《三国志》

2.5　荆州降曹

公元208年六月，自官渡之战后，曹操一边对二袁行征伐之事，一边大搞改革，终于在本月全面改革完毕。

现在的北方，各地粮草充足。

现在的北方，官员百分之八十以上皆为清廉之官。

现在的北方，家家安居乐业。

现在的北方，万民归心。

不得不说，曹操这个人，绝对是治世之能臣。

同月，就在北方大定的同时，曹操奏请汉献帝，希望罢去东汉三公（太尉、司徒、司空）之制，改用西汉初期之制，复置丞相、御史大夫。

汉献帝不敢和曹操起冲突，只能恩准，并用曹操为丞相，使得曹操真正做到了万人之上、无人之下。

（注：西汉初期，朝廷亦有三公之制，那时的三公为丞相、御史大夫、太尉。当时，丞相为三公之首，主管天下政务，权力极大，甚至可以左右皇帝的意志。而御史大夫，素有丞相备胎之称号，基本上丞相下去就由御史大夫顶上，所以只能算是丞相的副手，不得实权。而太尉的职能就很简单了，那就是负责天下军务，可也受丞相制约。直到灌婴为丞相之时，丞相这一官职达到了历史的巅峰。那时候，丞相军政大权一把抓，成为真正的一人之下万人之上，甚至强如汉文帝见了灌婴都要抖上三抖，以笑脸相迎。再后来，因为丞相的权势实在太过庞大，所以一削再削，直到现在便成了所谓的太尉、司徒和司空。而曹操提议恢复丞相制度，实为复制灌婴故事，将军政大权一把抓归为合法的举动。）

公元208年七月，已经处理完所有事情的曹操携二十万精锐南下逼压，企图一举灭掉刘表。

八月，不知道是被吓坏了还是真的生了重病，反正刘表已经病危了。而这个懦弱的男人直到死前都没有明确立储，所以当刘表死后，蔡瑁、张允等人便假造刘表之诏，立少子刘琮为新任荆州之主。

与此同时，已经行军至南阳的曹操听闻刘表已死，刘琮继位的消息以后断定新君无法在短时间稳定荆州，遂自率骑兵疾突猛进，意图在荆州稳定之前将其拿下！

九月上旬，曹操用不到一个月的时间便兵至新野外郊，然后派遣使者往刘琮处，劝其快快投降，不然兵锋所指，玉石俱焚。

此时，襄阳府衙议事大厅，整个大厅一片死寂，没有一个人敢率先发言。年幼的刘琮见此都快急哭了，于是慌忙问道："现在曹军就在新野，我刚刚继位，根本不知如何是好，各位有何办法，还请速速讲来，不要再藏着掖着了！"

话毕，在场一众文武相互看了一下，终是王粲（东汉著名文学家，也有权谋，算是一个不错的人才）首先站出来和刘琮道："启禀主公，当此天下大乱之际，人人欲为公侯，家家欲为帝王，可最终能得到天下的只有一人。当此时机，能首先看穿时局者便会富贵而终。"

刘琮："什么叫看穿时局？"

王粲："曹丞相实为天下之人杰，其雄略冠时，智谋出世，摧袁氏于官渡，驱孙权于江外，逐刘备于陇右，破乌桓于白狼，其余枭夷荡定者，往往如神，不可胜计。这个天下最终必为其所得，所以下官建议，不如偃旗息鼓，卷甲倒戈，顺应天命，以归丞相。相信，曹丞相必会重用主公，最次也会让主公富贵一生、万世荣宠。不然，兵锋所指，恐怕主公就是想保留祭祀也会成为奢侈之事。"

刘琮："这……这……"

就在刘琮犹豫不决之时，荆襄大族，之前又是刘表心腹的蒯越和韩嵩亦站出来道："臣等附议。"

见此，刘琮不无悲壮地道："我们刘氏一族占据荆楚之地多年，凭借先父留下来的底子难道不可能与曹操相抗衡吗？"

傅巽（东汉著名评论家、文学家，为刘表手下心腹之一）："叛逆和忠顺都有着基本的定义，强者和弱者也有着一定的趋势。以臣属地位而抗拒君王，这便是叛逆。以新开辟的楚地而和朝廷对抗，从情势上来看亦不是对手。而利用刘备去对抗曹操更是不可能之事。再说，刘备又有什么资格去对抗曹操？我想请问主公，您觉得您和刘备相比如何？"

刘琮："唉，刘备乃天下人杰，我自是不如。"

傅巽："没错，刘备实为天下人杰，可就是这样的英雄亦被曹操打得满天下乱窜，更何况是主公呢？所以还请主公不要再犹豫了，只有快快投奔曹操，才能保证刘氏一族得以传承。"

傅巽之后，又有文臣武将相继不断劝刘琮投降。刘琮，这个年幼的君主，终是顶不住众人的压力，决意向曹操投降。

而这时候，刘备什么都不知道，还在樊城准备抗击曹操呢。直到刘琮投降曹操的小道消息传到刘备的耳中时，刘备才派人前往襄阳找刘琮询问虚实。

刘琮见实在隐藏不住了，便只能派一个叫宋忠的前往刘备处告知。而当刘备听闻此事以后砰地一下站了起来，一个大飞脚踹倒了宋忠，然后抽出腰中宝刀直接顶在宋忠的咽喉处怒道："你家刘琮也太不是人了，他难道不知道我和曹操有不共戴天之仇？如今大祸将近才告知于我，这是要把我往死里坑！本欲斩尔头颅以泄愤，可斩杀使者不是我刘备所为。你现在就给我去告诉那个孺子！问问他！他对不对得起已经死去的爹！"

待宋忠走后，刘备急速集结大军，准备往南而走。

当时，几乎所有的人都劝刘备直接攻下襄阳，然后占据荆襄之地联合孙权共抗曹操。可刘备现在只有一万人马，拿什么去攻击拥有数万兵众的刘琮？更别提曹操还即将入主荆州。

所以刘备只能和众人道："唉，刘荆州临死时托我照顾他的遗孤，我怎能背信弃义？算了吧，各位随我再至襄阳一趟，我想劝刘琮抗击曹操，如果他实在没有这个勇气，那我们就退保南郡吧（今湖北省江陵县），那里有丰富的物资和众多士兵，可以助我抵抗曹操。"

就这样，刘备前往襄阳，请求面见刘琮。

可刘琮自知愧对刘备，愧对祖宗，所以根本不见刘备，做到了眼不见为净。

刘备无奈，只能率军往南郡方向行军。让刘备万万没有想到的是，就在他准备往南郡逃亡之时，荆州的百姓却从四面八方前往襄阳投奔刘备，希望刘备能带着他们一起走。

各位都知道，古代，尤其是乱世之时，人口对于军阀意味着什么，答案只有两个字：全部！

所以刘备当即答应，并携这些百姓一起南逃。

本节参《三国志·魏书》《文士传》《资治通鉴》《英雄记》《汉魏春秋》《典略》

2.6　孙刘结盟

数日以后，曹操兵至襄阳，先封刘琮为青州刺史，又封蒯越等十五降众为列侯，使其尽收刘表羽翼，并分拨诸军以便监视。

当做完这些事以后，曹操便准备亲率五千虎豹骑，前往追击刘备这个心腹大患。

可就在这时，刘璋的使者张松又来到了襄阳，代表刘璋对曹操献以诚挚的问候。

原来，刘璋和张鲁交战多年，始终无法取得胜利，甚至为张鲁所压制。可如今，曹操已经兵压荆州，刘璋便打算和曹操结盟，希望曹操能帮助他扫平张鲁，并承诺，一旦张鲁被平，他便会向曹操俯首称臣。

可曹操现在正准备追击刘备，外加属实看不起刘璋，便没有接待张松，就说了一句让他在襄阳等着便带领虎豹骑跑了。

张松因此大怒，不辞而别。

回到成都以后，其当着刘璋的面大骂曹操，说他根本没有对刘璋有半点儿重视，所以希望刘璋不要再对曹操抱有任何期待。刘璋因此没有再和曹操结交，曹操就这样丧失了"第一次"白白得到益州的机会。

这之后，曹操率领虎豹骑以一日三百里之疯狂速度追击刘备。而刘备呢？虽然提前曹操好几天南逃，但毕竟携众多百姓，所以速度非常缓慢，遂于行至长坂（今湖北省当阳市东南沙洋十里铺间）之时被曹操追上。

可当曹操追上刘备以后，他的速度慢了下来。为什么呢？因为百姓。

当曹操看到密密麻麻的百姓跟随刘备之时那是又惊又怒，所以立即遣军分批将百姓往回驱赶。

哎？不对呀？曹操既然那么憎恨刘备，为什么还要先管百姓而不去追刘备呢？

为什么？很简单。

现在曹操大可以越过百姓而前往追击刘备。可刘备的人望实在太高，再加上其手上还有数千士卒（另外数千士卒被刘备派出，随同关羽从水路取南郡）在手，所以曹操投鼠忌器，害怕自己攻击刘备的时候被这些百姓在背后夹击，便先夺回百姓，再集结大军攻击刘备。

而刘备呢？当听说曹操大军追击而来以后根本不再去管那些百姓，而是弃了他们，加速逃亡了。

可就在他狼狈逃亡之时，忽见侧翼有人骑马狂奔而来，并一边奔跑一边大喊"刘使君"。

见此，刘备遂暂停前行，询问此人来意。而这人不是别人，正是江东著名的谋士、推手——鲁肃。

鲁肃，字子敬，A级政治家，临淮郡东城县（今安徽省定远县）人，出生不久便失去了父亲，从小便和奶奶一起生活。

鲁肃是一个"官二代"。他生性豁达，经常散发财物帮助百姓，并结交豪杰，所以身边总是有一群人争相跟随。

当初，孙策的把兄弟周瑜还是居巢县长之时，曾带着数百人亲往鲁肃家中向其借粮。各位别看这数百人如此吓人，就好像要强抢一样，可实际上并不是这样。

当时，孙策正在安定江东之时，所以万事讲究一个以德服人，军队不说秋毫无犯也差不了多少了。所以周瑜这群人完全就是商量，根本就不会强抢鲁肃的粮食。

本以为鲁肃能给一点儿就不错了，岂料他大方至极，竟直接将家中一半的粮食给了周瑜。周瑜因此重视鲁肃，认为他不是一般人能够比拟的。

后来，袁术亦听闻了鲁肃的名声，便想用他为一县之长。

可鲁肃不认为袁术具有平定天下的气量，便拒绝了他的"好意"。

同时，鲁肃知道，自己拒绝了袁术必会遭受他的报复，便带家人搬迁至居巢，从此在周瑜治理的地盘过活。

再后来，孙策遇刺故去，孙权上位，周瑜便将鲁肃推荐给孙权，孙权自然要给周瑜面子，但也不能周瑜一推荐就重用，所以询问了鲁肃今后江东要如何发展等诸多问题。

结果，鲁肃献上二分天下大计（趁北方战乱之时平定南方），使得孙权茅塞顿开，从此便对鲁肃委以重任。

直到公元208年，刘表故去的消息传到了鲁肃耳中，他听说此事以后马上找到孙权道："荆州与我国（我国？看来鲁肃已经以国家之臣自居了）相邻，水流顺北，外连长江、汉水，内有山陵险阻，如金城一般坚固。且沃野千里，资源富足。这，便是帝王的基业！现在刘表刚刚亡故，刘琮、刘琦又不相睦，所以正是破绽最大的时候。按理说，在这时候进攻荆州必能一战而定。可刘备这人为乱世枭雄，极有能力，有他在，一切是未知之数。所以我请求为使者前往荆州，以吊丧为名查探实情。如果两个公子关系继续恶化的话，主公您就出动全部兵力闪击荆州，争取用最短的时间将其拿下！可如果刘琮、刘琦在刘备的作用下一致对外，那我们就和荆州结盟，共同抗击曹操的侵略！"

当时，刘琮还没对曹操投降，所以孙权认为鲁肃的话很有道理，于是便遣其前往襄阳探听虚实。

可当鲁肃只身到达夏口之时，听说荆州已经投降了曹操，刘备也仓皇南走。于是，鲁肃改变道路，以最快的速度前往追赶刘备，终于在当阳长坂将其追上。

见到刘备以后，鲁肃向刘备叙述了江东的富强，并以最为真诚的态度劝说刘备，希望他和刘琦能与孙权结为联盟，共同抗击曹操。

刘备想都没想，当即答应了鲁肃的请求，并令诸葛亮随鲁肃一起前往江东，自己则携残军改道樊口等待消息。

可就在刘备刚刚送走诸葛亮和鲁肃之时，突闻后方马蹄声阵阵。无他，冠绝天下的冲锋骑兵——虎豹骑来了。

本节参《三国志》《汉晋春秋》

2.7　大战之前

闻听马蹄之声，刘备起先一惊，不过再看却放下心来，因为这一批虎豹骑并不是曹操亲率的五千精锐，而是五千虎豹骑中最前面的数百侦察部队。不过哪怕是这样，刘备也不敢和其硬撼。

为什么？

因为这群侦察骑兵的后面必定是曹操的五千精锐。如果让这数百人将自己的脚步拖住，结果自是死路一条。

于是，刘备当着众人的面吼道："谁能为我断后！"

"俺来！"刘备话音刚落，雄壮的张飞便站出来暴吼道，"俺愿替将军阻挡曹贼之兵！"

刘备："好！翼德需要多少人马？"

张飞嗤笑道："二十骑足矣！"

话毕，刘备一时愣在当场，但见张飞表情如此坚毅，也没再说什么，而是给了张飞二十多骑兵，然后带领众人跑了。

这之后，张飞带着这二十多人直接将后方的水桥毁坏，然后就站在岸边等着。

轰隆隆……

不一会儿的工夫，数百虎豹骑皆至对岸，见水桥被毁以后一时不知该如何是好。

就在这时，对岸的张飞横枪立马，对着那些虎豹骑便暴吼道："我乃燕人张翼德！你们可敢和我决一死战？"

这一声暴吼如雷霆一般，顿时将这些精锐虎豹骑吓得六神无主，战马嘶鸣，再加上水桥已为张飞所毁，他们害怕被张飞半渡而击，所以不敢强渡，只能眼睁睁看着张飞生闷气。

就这样，一个时辰过去了，两个时辰过去了，当第三个时辰来临之际，轰隆隆的马蹄声震动四野。啥也别说了，曹操的主力大军来了。

见此，张飞知道不能再留在原处，便立即率二十骑撤退，追刘备去了。

就这样，刘备在张飞的断后下成功逃至樊口。

而此时，关羽和刘琦亦率本部兵马前往樊口援助刘备，使得刘备部队增至两万余人。

樊口，为易守难攻之地，刘备又是百战之帅，其防守反击战法更有当初刘邦的影子，所以想要攻下来并不是那么容易的。

基于此，曹操不想在刘备身上浪费时间，便想干掉孙权以后再行攻击刘备。到那时，刘备就算是逃到天涯海角也逃不出曹操的"五指山"了。

于是，曹操修书一封予孙权曰："孤奉天子之命讨伐这天下有罪之人，但凡军旗所指，非灭即降。如今，我已有八十万水军在手，将与孙将军狩猎于吴地，不知孙将军以为如何？"

八十万？这数字一出，可把江东那些文臣吓蒙了，长史张昭第一个站出来道："主公，曹操乃虎豹豺狼，挟天子征战四方，动不动以朝廷的名义来向天下发布命令，但凡有谁不合他的意，那就是和天子作对，名不正言不顺。况且主公能够抵抗曹操的，只有长江天险而已。如今，曹操已占据整个荆襄之地，刘表所训练出的水军，包括数千艘精良战船全都归了曹操。我们还有什么屏障来对付曹操呢？不如降了吧，这样既顺应天意又能富贵一生，何乐而不为？"

话毕，未等孙权吱声，其他文臣也都跟着附议。

一时间，整个议事大厅就好像菜市场一样喧闹，却没有"讲价"的，完全被一片劝降之声淹没。

而这些人中，只有鲁肃一声都没有吭。

其实不说话并不代表鲁肃不想说，而是在这种场合他实在是不能说，不然肯定被唾沫星子淹没。

孙权呢，则被这些文臣弄得满脸黢黑。

一炷香后，见这群官员还在那说个没完没了，孙权便冷哼一声，然后用一句

"我去尿尿"便尿遁而去。

见此，一直没吱声的鲁肃默默追了过去。

正在往厕所"疾奔"的孙权见鲁肃追了上来，心中一暖，赶紧拽着鲁肃的双手道："这帮尿人太让我失望，可我知道子敬你是一定不会让我失望的，所以你有什么话就对我畅所欲言吧！"

孙权这是干什么？这是要堵上鲁肃的"第二张嘴"呀，鲁肃见此哭笑不得，于是和孙权道："主公不必紧张，我不是来劝你投降的。刚才，我观察了这些人的言论，他们只是想要自己富贵一生，根本不管主公的死活。为什么这么说呢？就拿我鲁肃为例。如果我投降了曹操，曹操不管给我一个什么官职都不会有所顾忌。因为我对他没有威胁。可主公您就不一样了。您是江东之主，在江东有无与伦比的威望。如果您投靠了曹操，曹操必提心吊胆地防着您。而什么样的人最让人放心呢？两个字——死人！所以，一旦主公投降了曹操，曹操必杀您于瞬时间，所以主公是无论如何不能投降的。"

话毕，孙权激动得无以复加，抓着鲁肃的双手更是绷紧了几分。

见此，鲁肃继续和孙权道："主公，诸葛亮是诸葛瑾的弟弟，现在为刘备军中谋主，且有定国安邦之策，这几天我刚刚将其引入会稽，还未与您相见，主公不妨听听他有什么言论。"

孙权："嗯，你是说和刘备结盟的事吗？好吧，那我就见见他，现在这种局势，多出哪怕一点儿的力量也算是不弱的助力了。"

就这样，诸葛亮在鲁肃的引荐下见到了孙权。可诸葛亮知道，孙权根本没拿自己和刘备当回事儿。

为什么这样想呢？因为自己已经到会稽好几天了，可这几天孙权一直没有面见自己，这足以说明问题。

所以，当孙权问及诸葛亮有什么办法抗衡曹操的时候，诸葛亮是这么说的：

"大乱之始，将军在长江以东崛起，刘备在汉水以南召集部众，与曹操共争天下。可如今，曹操已经消灭诸多强敌，彻底统一了北方，还在兵不血刃的情况下攻取了荆州，得到了荆襄之地的水军和精锐战船，所以四海之英雄再无一人可以对抗曹操了。既如此，将军还不如投降曹操得了，这样兴许还有一丝的可能得以活命。"

这话一说，孙权的脸立马黑了（这是来求我结盟的还是劝我投降的？），然后气愤地道："既如此，刘豫州为什么不向曹操投降啊？"

　　诸葛亮（废话，刘备和曹操不共戴天，投降了哪里还有命在）："呵呵，田横（秦末齐地三雄之一，抵抗刘邦到最后一刻）不过是齐国的一介匹夫，可依然坚守气节，不肯向高祖投降，更何况我家将军还是皇室后裔，英雄才略举世无双，这天下不管是士大夫还是寻常百姓对其皆仰慕非常，怎么可能屈居于曹操之下呢？"

　　这话一说，孙权拍案而起，当即便怒道："刘备区区流浪之军尚能如此，我江东雄兵十万！怎能轻易献地于曹操？我意已决！和刘豫州共抗曹操！可这刘豫州新败，拿什么和我于两路共同抵抗曹操呢？"

　　"哈哈哈哈！"

　　孙权刚刚说完，诸葛亮便哈哈大笑。而且，那笑声中充满嘲讽，好像孙权说了多么可笑的事一般。

　　见此，孙权郁闷地道："先生为何如此？难道孤说错了？"

　　诸葛亮："呵呵，将军错大了。刘备之军虽然在长坂被曹操击散，但损失非常微小，回到樊口以后便重整完毕，声势复振。这之后，关羽和刘琦又率本部兵马前来援救，所以刘备现在手上的兵力不小于两万！而且都是精锐！刘备乃是天下统兵作战的奇才，且经验丰富老辣，是曹操最为畏惧的豪雄之一！所以这两万正规军在刘备手中就好像二十万雄兵在握！而曹操呢？虽然人多势众，却是远道而来，身心早已疲惫。况且这些士兵大多是北方人，他们不善水战，更适应不了南方的气候，所以在南方作战战斗力会急剧下降。试问这种军队怎么可能是江东精锐水军的对手？再说投降曹操的荆州水军。我承认，他们确实善于水战，可他们是怎么投降的？是在曹操的威逼下投降的，所以短期绝无法对曹操心悦诚服，战斗力定大打折扣。现在，将军如果能命一帅统数万水军和刘备的陆军联手，定能空前强大，进而击败曹操。而曹操失败以后，必定退回北方，这样就能形成三足鼎立的局面，所以成败就在今朝！还请将军速速决断！"

　　砰！这话一说，孙权嗖地一下站了起来，竟然将身前几案都碰到一旁，由此可见现在孙权是多么激动。

　　这之后，孙权左右踱步，处于极度激动状态。可孙权是一个冷静的人，他在诸葛亮的劝说下虽然更加坚定了抵抗曹操的意志，但没有立即决断，而是好言劝退诸葛亮以后，急速命鲁肃将周瑜召回，意图和他共同决议大事。

　　十月一日，周瑜以八百里加急之速赶回会稽。

　　当时已经是夜半三更，孙权却是没有睡觉，而是在周瑜进入会稽以后便令其速速来见，并在见到周瑜以后急忙道："公瑾，现在曹操大兵来犯，一众大臣都劝我投降曹操，我现在六神无主，不知该如何是好，还请公瑾教我。"

本以为周瑜听闻此言后也要犹豫再三才好出口，岂料周瑜想都没想，直接义愤填膺地道："做他们的春秋大梦！曹操，名为汉相，实为汉贼！主公您有无双的英武雄才，且士兵精良，物资充足，何须惧怕一个贼子？他曹操不是要过江狩猎吗？好，好得很，那就来！都不用主公您亲自出手，我周瑜就可让曹贼之军命丧长江！"

多长时间了？自霸王孙策死后，孙权有多长时间没有见过如此豪壮的人了，他仿佛在周瑜的身上又看到了哥哥当年的影子。

可光激动也没有用，如果用豪情就能击败曹操"八十万"大军的话，那孙权还用如此犯愁吗？所以他疑惑地对周瑜道："公瑾之言甚得吾心，可曹操军势甚盛，公瑾有什么办法将其消灭呢？"

周瑜："如今北方在明面上虽然为曹操所统，但他就真的没有后顾之忧了吗？并不是这样的。西凉马超、韩遂皆无父无君之叛逆，他们懂得什么叫忠诚？恐怕只要曹操稍有不顺就会立即造反吧？这叫没有后顾之忧？曹操的军队都是北方人，他们的强悍是在陆地上，而在水中作战是完全不行的。这叫强？况且老贼从北方率大军南下，战线拉得太长，不利于长期作战，所以必须速战速决，而北方之兵想要适应南方的气候可不是一天两天能办到的。我想问问主公，现在是几月？"

孙权："十月。"

周瑜："不错，现在正是大寒时节，老贼却在此时将士兵从寒冷的北方弄到温暖的南方，如此冷热交替，军中必暴发瘟疫。而以上四种皆为兵家大忌，老贼全犯，岂有不败之理？所以我说曹贼必破！"

这话说完，孙权振奋无比，当即便和周瑜道："好！这一次就全权交给公瑾处理了，那么你需要多少士兵对抗曹操？"

周瑜："五万精锐足矣。"

孙权："啥？五万？"

周瑜："嗯，只需五万便可平定曹操！"

说实话，周瑜这种言论孙权根本不敢相信，可孙权了解周瑜，知道他并不是那种孟浪的人，所以犹豫一番以后毅然决然地答应了周瑜，并在第二天召开会议，当着所有臣子的面挥剑砍掉了桌角，以表达自己联合刘备抗击曹操的决心。

可这之后，孙权不知又听了谁的言论，突然没有动静了，也不再和周瑜提及对抗曹操的事情。

敏锐的周瑜一见孙权此种状态就知道他又开始犹豫了，于是在入夜之前再次找到了孙权，单刀直入道："主公认为曹操一共有多少军队？"

孙权："八……八十万。"

"哈哈哈哈哈！"

见孙权如此说话，周瑜狂笑。可笑过之后，这英俊的汉子却一脸阴沉地对孙权道："此等妄言主公竟也相信？我江东那些没有骨气的官员只看到曹操信中有八十万大军便信以为真，进而恐惧却不去分析虚实，这是完全没有意义的。我本不想和主公在这个问题上多说废话，不过既然您都相信了，那就让我来和您分析一下，看看老贼到底有没有八十万大军。我请问主公，这次曹操出征荆州时一共带来多少部队？"

孙权："据我所知有二十多万将近三十万。"

周瑜："嗬，那都是曹操的妄言，据我探子来报，他这次一共就带来十五六万人而已。我再问问主公，曹操一共收降了多少荆州兵卒？"

孙权："我听说有十多万，将近二十万呢。"

周瑜一边摇头一边道："主公啊，您与刘表交战这么多年，怎会不知他有多少兵力？刘表活着的时候确实有十多万的兵马，可这些兵马都在哪里？将近一半在江夏黄祖手中。主要就是用来防着我们江东势力，因为我们两方有不共戴天的仇恨。而算上大哥（孙策）在世那一次，我们一共征伐了黄祖三次，尤其是上一次，主公几乎将黄祖打得全军覆没，试问荆州现在还能有多少士兵？我可以很负责任地告诉您，只剩下七八万士兵而已！所以曹操的总人数绝对不过二十五万！况且北方士兵长期征战，早已疲惫不堪，荆州士兵又刚刚投降，人心不附，用这种士兵怎么可能打得了胜仗？用这种士兵怎么可能在长江上击败我们精锐的江东水军？所以我说五万士兵都只多不少，我真不知道主公您还在犹豫什么？快快决断吧！"

话毕，一听曹操只有不到二十五万士兵，孙权再无顾忌，于是仗剑而起："公瑾你既然已经将话说到这种地步，我还能有什么顾忌？张昭、秦松等人都是一群胆小如鼠、怀有私心之辈，实在太让我失望了，只有你和子敬才是我江东真正的豪杰。我意已决！和刘备联合共抗曹操！时间紧迫，公瑾现在就可率军前往抵挡曹操，不过五万精锐一时难以凑齐，我这边现成就有三万精挑细选的勇猛水军交给公瑾，你与程普、鲁肃先行，我自当继续调集人马，多运辎重、粮草作为后援。你若能战胜曹军便当机立断，后续一切不必向我汇报。万一失利，那就退回我这里来，我当亲率大军与曹操决一死战！"

就这样，孙权遣周瑜、程普、鲁肃为先锋，率三万精锐水军前往迎击曹操，自己则总镇后方以为周瑜声援。

赤壁之战，正式开启！

首先，与本次有关的战场地理情况：

樊口，即当今湖北黄冈市南部之樊口，其地近城扼要，为荆、吴之间的防御要地。

郝穴，在江陵东南一百五十里处，西部山路崎岖，林木茂盛，实为设置伏兵的最佳之地。

郝穴东部一百六十里有华容城（今湖北省监利市东北五里），华容城一带有华容道，为自江陵沿江东下必经之陆路。

华容南有大江，再南为云梦泽（洞庭湖）。

华容道以北则有东江湖、家锦湖、南江湖、白鹭湖、小沙湖等大小湖泊数十处，湖间水道纵横，难以行军，所以如果从此阻止曹操，虽然不能禁止其水军活动，但能以极小的兵力扼制大量曹操陆军，进而分散曹操的力量。

可曹操东下之际孙权那边才刚刚行动，这些地方便被曹操先一步渡过，所以周瑜等人并不能利用此诸多地利。不过这也不算什么太大的事情，要论地形险阻，不管巴蜀还是江东都有的是。

蕲春，便是如今的湖北蕲春县，此地东有虎穴，地当江夏、豫章二郡之交会，为天然险要之地，且为水陆交通必经处，足以抗曹。

夏口，地处汉水和长江交汇之处，实为水军之兵冲要地，曹军如渡此，沿流而东，则江东危矣，所以必须派重兵把守！

夏口西南隔汉江为鲁山汉阳，其西二十里有汉南山，西六十里有临嶂山，西九十里有香炉山。临嶂山南部还有城头山，城头山的南峰为乌林峰。乌林峰的东部有百人山、蜀山、大军山、小军山，其中百人山西三十里便是大镇乌林镇，此镇足以屯大军，然后利用附近山川险阻阻挡曹操陆军。

夏口之东有鄂城（今湖北省武汉市武昌区），鄂城城西有来山背临大江，南有万松岭山、九曲岭、樊山、郎亭山，皆滨大江东岸。再西南有石鹿矶，与隔江西岸的黄陵矶对峙。再西南为簰洲。再西南为距鄂城二百八十里处之嘉鱼。

嘉鱼西南七十里便是赤壁山，赤壁山以北有水曰陆水，为自长江登陆直往柴桑之要地。而陆水入江处名曰陆口，其东有障山以接蒲首山、白石山及南山。其南有太平山，太平山与赤壁山间有水口曰太平口，便是太平山东太平湖之北出水口。

太平湖南连巴丘，北有巴丘山及长江，北接赤壁湖及陆口，长百余里，乃与长江并行之长湖。所以江东方面必争陆口、赤壁，方能阻挡曹操自陆口上陆，过蒲圻、羊头山、阳新直扑柴桑。

而赤壁山遥望江北有一镇名曰乌林，乌林镇以北为沌水，东有大沙湖及宝塔洲与百人山，山东曰百人矶，与乌林镇相接。

乌林镇西南五十里为洪湖。洪湖与长江之间多洲渚小山而无堤防，山上树林茂密，洲渚芦苇丛生，加之水道交错三四十里，所以自赤壁对岸至于螺山，非本地渔民根本无法辨别道路。

于螺山又叫白螺山，和杨林山相接，而杨林山又与华容相接。自华容东去乌林路上有津口曰庞公渡，乃诸葛亮的师傅庞德公设渡船之地，亦为华容、乌林、白螺山三地之间的咽喉，乃是兵家必争之地。

基于此，只要曹操能够占据陆口，其水陆交通将会非常便利，孙权危矣。

所以孙权必须率先占据陆口，这样才能使今后的作战相对容易一些。如果按之前孙策和周瑜攻击黄祖的路线来看（孙策攻黄祖于沙羡），孙氏一族对此一带应该是非常熟悉的，所以出征以后大军便直奔陆口。

可曹操诸谋士对江南地理、气候皆不甚熟悉，以至不知时令特点，冒大雾进军，进而进入云梦泽迷失道路，白白耽搁了两日行程，所以陆口诸多要地皆入周瑜之手。

见此，无奈的曹操只能屯兵乌林，意图度过冬季以后再对周瑜发动进攻。

最后，双方战略部署。

曹操方面：本次侵攻，曹军之编制为三大军团同时进攻，作战总纲为两攻一骚扰。

第一军团，自襄阳出发向夏口进击，其编制为：

水军左武卫先锋，讨逆将军兼江夏太守文聘率襄阳水军。

陆军左武卫先锋第一军虎威将军于禁所部。

丞相主簿护七军都督赵俨所部。

奋威将军程昱（统射声二校尉）所部。

丞相军祭酒杜袭、袁涣所部。

荡寇将军张辽所部。

平狄将军张郃所部。

平虏将军朱灵所部。

折冲将军乐进所部。

扬武将军路招所部。

奋威将军冯楷所部。

第二军团，自江陵出发向夏口进击，其编制为：

水军右武卫先锋，荆州水军副都督张允所部。

横野将军徐晃所部。

长水校尉任峻所部。

中军水军先锋荆州水军都督蔡瑁所部。

中军陆军先锋奋威将军满宠所部。

中军元帅汉丞相曹操所部。

而曹操所部麾下编制为军师荀攸、长史陈矫、太中大夫贾诩、丞相军祭酒王粲、丞相西曹掾陈群、丞相东曹掾徐宣。

丞相军事参谋团为华歆、王朗、裴潜、刘广、桓阶、和洽。

这之后还有虎骑兵团许褚所部（极重装骑兵）、豹骑兵团曹休所部（中装骑兵）以及龙骑兵团曹真所部（轻装骑兵混编）。

第三军团，负责从各个方向袭扰孙、刘联军，其编制为：

广陵支军，威虏将军臧霸，自淮阴入广陵袭击吴郡。

东城支军，平东将军陈登，自东城入历阳攻击丹阳郡。

合肥支军，破虏将军李典，自合肥攻击庐江郡。

信阳支军，征南将军、汝南太守李通，负责攻击江夏郡以北区域。

襄阳支军，厉锋将军曹洪屯兵襄阳，以防刘备袭击。

后军都督，征南将军曹仁屯兵江陵，以防刘备袭击。

至于后方，则由夏侯渊总统运粮。

尚书令荀彧留守许都，总统后方政务及调动。

前将军夏侯惇留守许都，总镇中原宵小。

河北方面则由崔琰、毛玠和司马朗于邺城坐镇总统之。

计以上攻击江东方面之曹军虽然看起来声势浩大，但总攻人数绝不超过二十万，哪怕包括信阳、合肥、东城诸支军也绝对不超过此数。

为什么？因为孙权手中有刘备这张曹操最怕的牌，刘备的存在足以牵制曹操数万大军。

我们再来看孙、刘联军的布置。

孙权自决定和曹操决战以后迅速布置，先命周瑜为左都督，程普为右都督，鲁肃为赞军校尉以助划方略。

之后命三人率三万水军精锐前往陆口迎击曹操。

当周瑜之军出发以后，孙权自率大军向赤壁山、乌林峰、临嶂山之前线疾奔，以此迎击曹操。

同时，孙权派遣少部分兵力增援历阳、庐江、蕲水等方向，以防备淮阴、东城、合肥、信阳等当面的侵袭。其全部军团编制具体如下：

第一军团，由左都督周瑜、右都督程普及赞军校尉鲁肃共同统率，作战目的为向西直面迎击曹操主力部队。

其下属部队为先锋丹阳都尉黄盖所部。

左卫承烈都尉凌统所部。

右卫长水校尉孙匡所部。

第二军团，主帅为当口令甘宁，作战目的为辅助孙权抵挡曹操的侵袭。

其下属部队为横野中郎将吕蒙所部。

中郎将韩当所部。

宜春长周泰所部。

奋威校尉全琮所部。

鄂长胡综所部。

督军校尉吕岱所部。

第三军团，主帅为征虏将军兼豫章太守孙贲，作战目的同甘宁。

其下属部队为定威校尉陆逊所部。

武猛校尉潘璋所部。

第四军团，主帅为扶义将军朱治，作战目的为防止曹操出奇兵袭击，以及所有后勤事务。

其下属部队为运转副都督兼彭泽太守吕范所部，主要负责粮食运输。

左司马顾雍、丹阳太守孙静及武卫校尉孙桓则守京口、江西及广陵南部诸地。

历阳守军左长史张昭，横江将军严畯负责防守当涂一带。

中司马诸葛瑾、偏将军董袭负责驻守庐江郡一带。

给事朱桓屯大军于柴桑，负责支援各处，并监督各郡太守、县令征兵输粮。

第五军团，主帅刘备，作战目的为牵制曹操大量陆军。

刘备也不负孙权所望，得令以后立即命关羽屯兵汉阳，张飞屯兵鲁山，刘琦屯兵平靖、武胜、大胜三关，并西屯应城、应山，给曹操的襄阳、江陵和信阳造成了极大的威胁，所以曹操不得不在襄阳和江陵布置重兵，以防刘备这个心腹之患。

至于这个重兵到底是多少，史料并没有记载，不过据《中国历代战争史》分析，防守刘备的士兵最少也有五万，再加上出征之前曹操军突然暴发瘟疫，所以说曹操袭击江东的总兵力绝对不到二十万。

好了，以上便是赤壁之战前的一个具体介绍，现在我们正式进入赤壁之战。

本节参《三国志》《中国历代战争史》《资治通鉴》《袁子》《零陵先贤传》《读史方舆纪要》《江表传》《后汉书·郡国志》

2.8 赤壁之战

公元208年十月，就在曹操即将向西狂飙猛进之时，军中却突然暴发瘟疫。这场瘟疫来得非常突然，不仅一批又一批的北方士兵卧病不起，甚至不少的荆州水军也被传染。

见此，贾诩劝谏曹操道："主公现在不仅统一了整个北方，还在兵不血刃的情况下夺取了荆襄之地，可谓威名远扬、军势滔天了。可北方士兵水土不服，荆襄士兵又是刚刚归附，所以现在和孙、刘联军进行总决战会有很多不确定因素！不如暂停攻击江东，大力发展荆州的农业、经济。如此，不出几年，三军必定用命，孙权必定畏惧。到那个时候，不管是刘备还是孙权都可以一举而定了。"

曹操认为，贾诩这个计谋虽然稳妥，却需要太多的时间。他感觉就凭现在自己这个力量足以彻底平定孙、刘了，所以并没有采纳他的建议，而是留下大批的部队在襄阳和江陵（病重者以及防备刘备的士兵），然后便按照原计划向夏口进击了。

公元208年十月十日，曹军和周瑜的部队在赤壁山一带的大江中遭遇，周瑜见曹操水军后立即对其发起了猛烈的攻击。

双方交战大概两个时辰以后，荆州水军不敌周瑜水军，遂行败退。

见此，曹操立即命令水军退至江北水上结水寨，陆军则退至江岸扎营。

周瑜见此，则率本部兵马屯驻南岸，与曹操隔江相对。

这之后，曹操的将领们都主动恳请与周瑜会战于大江。可见识了周瑜水军的恐怖以后，曹操的表情却写满了凝重。直到现在，他才真正明白了江东水军的可怕，才真正明白了贾诩之前建议的真谛。

所以，曹操当即否决了这些将领的建议，并加固防御，在乌林扎下了水陆大寨，并将所有的战船用铁链连接在一起，将水寨弄得如同陆地一般。其用意，便是从贾诩之计，让北方士卒一边休息，一边训练水上作战能力，并多给荆州本土官员和士兵优惠政策，以激励他们的士气，待来年彻底平定江东。

曹操想暂时性地偃旗息鼓，周瑜却不想。

自首次大胜曹操水军以后，周瑜军士气高涨，士兵呜嗷喊叫地要和曹操决战，周瑜遂率大军天天于曹操大寨之前挑战。

可曹操呢？闭门不出，高挂免战牌。

见此，周瑜乃乘巨型楼船前往侦察。

结果，当他看到曹操将所有的战船连起来以后便洞悉了他的意图，并暗自冷笑。

为什么？因为周瑜觉得曹操是在自寻死路。

嗯，对，把船连起来是可以增加船的稳定程度，起到练兵的作用，可如果一艘船着火了，所有的战船就全都废了，没有一个能逃脱火焰的吞噬。所以曹操这种做法是有相当的危险的。

可这还不是让周瑜最开心的。他最开心的是，在侦察的过程中，周瑜竟然看到了一具又一具尸体从对方军营运送了出去。这说明了什么？这说明曹操军中再次有人患瘟疫了！

周瑜猜想的一点儿不错，现在曹操军中确实又有人患了瘟疫，并且这种瘟疫扩散性极强，只短短几日的工夫便有大片的士兵倒了下去。所以曹军的士气在极短的时间便降到了冰点。

见此，周瑜知道，决战的时机就在此时！绝不能给曹操任何喘息的机会！

于是，周瑜定下计谋，打算先用火攻之计焚毁水军，之后一举登陆，彻底消灭曹操。

因为现在曹军本就士气低落，一旦见水军被全灭，士气定然降为负数，那时候还不是一击即溃吗？

而可就在周瑜为自己的计谋得意之时，一个非常严峻的问题映入其脑海。

什么问题？当然是如何放火的问题。

那曹操虽然不善水战，却是天下闻名的军事家，不可能不知道铁链连舟的弊端，所以警戒必是极为严谨。基于此，硬闯是绝对不行的。

那该怎么办呢？那该怎么办？

就在周瑜百思不得妙计之时，突然有传令来报，说黄盖黄老将军请求面见周瑜。

此时已是夜半三更，这种时候来找？难道……

想到这，周瑜眼前一亮，然后极为兴奋地道："快请！"

不一会儿，一个非常健壮的老人走到了周瑜面前，然后不待周瑜问话便极为硬朗地道："都督，现在的形势是敌众我寡，老贼恃荆州及整个北方之资，粮草无数，所以哪怕战线拉得再长也消耗得起。我们则不一样，现在我们唯一胜过曹操的便是水上战力，所以一旦等老贼兵众熟悉水战之后，我们再想胜利就不太可能了。"

周瑜："那老将军的意思是？"

黄盖："我的意思很简单，现在曹操用铁链将所有战船连在一起，只要用火攻之法，必能将其一举焚毁，到时候都督出动全军对老贼发动攻击，必一举而定。"

周瑜："善哉！老将军此言正合我意，可现在的问题是，曹贼防备森严，我们用什么办法才能混入其水寨进行放火作业呢？"

话毕，黄盖极为坚定地道："诈降！"

公元208年十月十三日晚，一艘小船静悄悄地驶入了曹操的水寨。

不一会儿，曹操亲自接见了这名自称黄盖密使的人，然后将黄盖的密信仔仔细细看了一遍。

致大汉曹丞相：

黄盖受孙氏三代厚恩，常为将帅，替孙氏南征北战，可谓无所不惧。我虽然是一名武夫，但也知道这天下是有大势的。就我所见，天下早晚会归丞相所有，而孙氏用江东六郡之地来硬抗中原百万之众，这实属不值，也属不智，更不为天下所认同。为什么呢？因为现在整个天下不管是当官的还是普通百姓，都急切地希望战火赶紧停息，好让他们过上好日子。我们江东的众文武更是不停劝谏孙权，让他赶紧投降您，只有周瑜、鲁肃这两个蠢货，他们煽动我家主公，让他出兵抵挡您的天威。因此，孙氏此举是不得民心的，是必败无疑的！所以，老臣请求投降丞相，并向丞相承诺，交战那一天必临阵倒戈，投奔丞相！

　　　　　　　　　　　　　　　　　　　　　　　　　　黄盖

看过信件以后，曹操微笑着将黄盖的使者暂时安排下去，然后将信件逐个传递，让一众谋士各自发表意见。

可半个时辰过去了，曹操一众谋士团还没商量出个所以然来，甚至分成了两派打起了嘴仗。

一派认为，黄盖是江东的三世老臣，对孙氏忠心耿耿，更是江东一众武将中出了名的"鹰派"，这种人怎么可能主动投降呢？所以其中必有谋诈，便请曹操不要相信黄盖的信件。

而另一派则认为，现在曹操已经统治了天下一大半的土地，距离统一整个天下也只有一步之遥。这种态势，哪怕一个石头都有可能熔化，就更别提是人了。所以黄盖这次投降十有八九是真的。更重要的是，如果黄盖这等死硬派都投降的话，江东孙氏必定在顷刻之间崩盘，这样的话，曹操必能轻易夺取江东，进而完成统一天下这个壮举。

两方就此展开了激烈的论战，谁也不服谁，争个没完没了。

最终，曹操采纳了后者的言论，答应了黄盖的投降。因为他太不了解水战了，根本没想到火攻在水战中的作用，更没想到江南的风向，是会变换的！

公元208年十一月十二日，那天早晨，江上的迷雾逐渐散去，之后晴空万里，虽时值冬日，但江南午后竟然还有一丝燥热之感。

傍晚，结束了一天的水上操练，那些北方的士兵一个个疲惫地回到了自己的居所。

也许是太累了吧，曹军中任谁都没能发现，那一丝丝微风正从南部吹向北面。

公元208年十一月十三日子夜（按现今计时法，可说是在0:15左右），吹向北方的微风突然变大，甚至旌旗都被吹得呼呼作响。

见此风，周瑜双目大亮，立即组织全部水军登上战船，向曹操水寨划去。

那一天，黄盖顶在最前面，所率蒙冲斗舰数十艘，但这些斗舰上根本没有几个士兵，上面放的全是淋满火油的干柴。

至于周瑜所统之主力战舰，全都跟随在黄盖斗舰群之后。

半夜1:00左右，黄盖之船队已经接近了曹军水寨。

叮叮叮叮叮叮……伴随着急促的战锣之声响起，曹军将士迅速动了起来，每个人都登上了自己所属的战船，且拉弓上箭，只等敌人进入射程便会用飞蝗过境一般的箭矢伺候之！

就在这时，黄盖主舰上却举起了数支火把（黄盖和曹操私定的暗号），曹操见此大喜，立即命将士将水寨之门打开，迎黄盖入寨。

可就在蒙冲舰群进入曹操水寨以后，这些斗舰上的士兵非但没有停下来，反倒张帆加速，从四面八方冲向曹操的舰群。

且在同一时间，这些士兵点燃了斗舰，然后分别跳入水中。

因为事发突然且已经进入了曹操水寨，还因为这些士兵的动作实在太快，所以曹操的水军根本无法做出反应，只能眼睁睁看着这些火船扑进自家舰群。

呼……呼……呼……在大风的协助下，火势瞬间蹿升，就好像一条火龙一般腾飞在大江之上，而整个江面的曹操水军无一幸免，被此火龙吞噬殆尽。

这还不算，此条张牙舞爪的火龙在大风的协助下甚至冲上了岸，对着岸上的曹操陆军一顿"拍击"。

一时间，无论江上还是岸上的曹军营寨皆被大火吞噬。

见此，后方的周瑜亲自擂鼓，登上岸以后便率军对曹操发动了亡命一般的攻势。

而此时已经到达蜀山的刘备见乌林方向火光漫天，料定曹操已败，遂亲率本部兵马向乌林方面狂飙猛进，意图在最短的时间和周瑜会师，共同对曹操实行钳击。

而此时的曹军病患众多，水寨和部分陆寨亦被焚毁。因此，军中的士气顿时降到冰点，出现了大面积逃亡的现象。

见此，曹操知道，自己败了，再无反转可能，便只能带领剩余的兵众狼狈往江陵方向北逃。

当时，周瑜大军肃清了乌林水陆两寨以后便率军狂追曹操，所以曹操根本不敢有半点儿停留，只能玩儿了命地向北狂奔。

而曹军士卒呢？多有瘟疫，所以根本跟不上大部队的步伐。

于是，大部分的人活活累死了，小部分人更是被周瑜生擒。

而此时，刘备大军亦抵达州陵（今湖北省仙桃市），见曹操的行军路线是往西北，所以料定其必往江陵方向，乃遣关羽、张飞、赵云各率部曲向西截击之！

史载："曹军不能战者多为备所俘。"

再观曹操，自赤壁被击败之后，曹操连续逃亡四天四夜，终于在第五天之时成功逃至华容道。可那华容道极为破败和泥泞不堪，况且曹军已经连续奔逃了四天四夜，所以人困马乏，不少战马承受不住这种疲惫，倒地暴毙。

可曹操知道，后面的周瑜和刘备都在追击自己，一旦自己稍有放缓，必定为其所擒。基于此，曹操不敢有哪怕半点儿懈怠，依然命大军以不要命的方式向前疾奔。

就在这时，前方突现山洪，这山洪几乎将面前的道路断绝。见此，曹操一阵头晕目眩，他甚至生出了一种天要其亡的荒唐想法。

可曹操这个男人，不管在什么绝境都不会放弃生存的希望。哪怕老天让他死，他也要抗争到最后一刻。

所以，曹操非但没有放弃，反倒命麾下士兵拼命开道。

可这些士兵跟随曹操一路逃亡，早已疲惫不堪，哪里还有力气开山建道？因此，工程进展非常缓慢，曹操是看在眼里急在心中。

幸好，就在曹操即将被周瑜和刘备追上之际，张辽和许褚率本部兵马及时赶到。

见此，他们第一时间率众开道，终是在曹操被追上之前将道路开通。

现在有一个严酷的问题摆在曹操眼前，那就是追兵已近在咫尺，可之前跟随曹操一路到此的士兵已疲惫不堪，再加上他们又不停歇地疯狂开道，现在真的走不动了。

基于此，曹操只有两个选择，要么陪同这些士兵在原地休息一日，于次日再行出发，要么抛弃这些士兵，只带张辽和许褚的骑兵一起北逃。

至于结果，还用多说吗，我们现在描述的是一段真实的历史，而不是充满了仁义道德的小说，所以，曹操根本没有丝毫犹豫便选择了后者。

数日后，曹操刚刚顺着华容道逃出松林，就见后方火光漫天。见松林已经被熊熊大火吞噬，曹操狂笑道："刘备啊刘备，你小子终是慢了一步，如果你早哪怕一天放火烧林，我曹操都必死无疑！"

又是数日以后，曹操终于顺着华容道逃到了郝穴。而此时，曹仁早已经带人在郝穴筑营，见曹操已到，便亲率大军护送曹操安全返回江陵。

再看周瑜。

当他在乌林击破曹操以后，便以水军堵截曹军企图逃走的船只，将其全歼之后便亲率大军溯江西上，追击曹操的运输船只，终是在巴丘（今属湖南省岳阳市）一带的金沙堆将其追上。

曹军运输船队的一把手是长水校尉任峻，他见无法再逃，便将所有的物资焚毁，自驾小舟逃走了。

这之后，周瑜开始对曹操展开了亡命追击，直到曹操安全到达江陵之时，周瑜的舰队也即将抵达江陵。

曹操带来的生力军在这次赤壁之战中几乎全军覆没，所以根本没有勇气再抵挡周瑜的进攻。

同时，曹操又怕孙权在此时攻击合肥（今安徽省合肥市北），进而策动北方各州郡反叛，将自己好不容易打下的天下彻底葬送，便只能留曹仁、徐晃守江陵，乐进守襄阳（次年奔合肥协助张辽守合肥），张辽和李典守合肥（张辽主，李典次），自己则率部分军队返回了许都。（注：还有一说是次年十二月曹操才命张辽、李典、乐进率七千众驻守的合肥。）

这之后，曹操开始征集北方诸郡部队进行军演，以秀肌肉的方式打消了那些蠢蠢欲动的势力的野心。

哦对了，有件事忘了说，据传黄盖就是死于本次赤壁之战的。但实际上并不是这样。

没错，黄盖确实在赤壁之战中为流矢所中，进而落水，但没有立即死亡，而是用自己仅剩下的一点力气于水中脱下盔甲和内衣，光着膀子游到了岸边。

可游到岸上以后，黄盖也丧失了最后一点力气，于是当即晕了过去。

赤壁之战过后，江东军打扫战场，以为黄盖只是一名普通的老兵，便将其随手丢到重伤营了。

在当时的医疗条件下，如果一名士兵被丢到了重伤营，那十有八九就是死，因为医务人员一定是率先处理伤情较轻的，然后才会处理他们。而到那个时候，存活概率就太低太低了。

可天不绝黄盖，就在黄盖以为自己即将被大仙鹤叼走之际，韩当却一反常态地率众人前来视察重伤营。黄盖一见韩当便用尽了仅存的所有力气喊道："义公（韩当字）！义公！"

一听此言，韩当一个激灵，对左右大吼道："此乃公覆（黄盖字）之音，快快给我寻找。"

最终，韩当找到了黄盖，然后迅速将其抬出，黄盖经过了精细的治疗以后得以活命。

黄盖就先说到这吧，以后的历史舞台也没他的戏份了，我们再观孙刘联军。

公元208年十二月，当曹操撤往许都之时，刘备和周瑜的部队也在江陵完成会师。

就在周瑜即将对江陵展开攻击之时，刘备却请求周瑜能给自己一点地盘，这样也好用以屯集士兵。

（注：因为赤壁之战皆为江东之功，刘备几乎没出什么力，所以按照"约定"，整个荆州都将是江东地盘。由此，刘备要屯兵就必须向周瑜"借"，以后屯荆南四郡亦是如此，到时不再作解释。）

周瑜感觉也是有理，便将江陵以南的油江口交给了刘备，让其在此地屯集士兵（刘备迁油江口之后将该地改名为公安）。

本节参《中国历代战争史》《资治通鉴》《三国志·魏书》《读史方舆纪要》《江表传》《三国志·吴书》《太平御览》《英雄记》

鸟山居士 ◎ 著

ZHE CAI SHI SAN GUO

这才是三国

[下册]

中国文史出版社

第三章 称霸西蜀

3.1 刘备的谋划

可当一切布置完毕，刘备又向周瑜建言道："周都督，曹仁乃曹军中少有大将，极擅守战，外加江陵内多粮草，所以根本不是短时间能攻得下来的，我这边有一计，可以极大地打击江陵军中士卒的士气，不知周都督有没有兴趣？"

周瑜："哦？玄德有话但说无妨。"

刘备："都督可在战前将部队分为三部，主力不用说，自是都督率领，主要目的就是在江陵城外对曹仁进行牵制。第二部由兴霸将军率领，带两千精锐奇袭江陵背后之夷陵（今湖北省宜昌市东）。而我，则率本部兵马前往荆南，替将军平定荆南四郡。如此，江陵城中贼军定不战自溃，将军便可全得荆州之地了。"

嗯，你还别说，这还真就是一条绝妙之计。在这一瞬间，周瑜忘记了刘备是怎么坑曹操的，忘记了刘备是怎么在袁绍不利的情况下抛弃袁绍的；而是毅然决然便相信了刘备，并命其向荆南进发。

说实话，自曹操撤回北方以后，整个荆州的士兵几乎全都集中在了荆北，荆南哪里还有什么士兵。所以当四郡（武陵、长沙、桂阳、零陵）太守闻听刘备携江东之威势到达荆南以后几乎全都在第一时间向刘备投降了，刘备因此轻松得来四郡，简直不费吹灰之力。

这之后，刘备任命诸葛亮为军师中郎将，让其总督四郡内政，以充军实。

诸葛亮这个人在战阵计谋及行军打仗上到底能力如何我不评论，但就"玩"政治和施政能力上，这个男人绝对是整个三国时期最强的存在，史料说四郡在他的施政下迅速富了起来，刘备也因此不必再担心粮草短缺的问题。

啊！刘备啊，这个枭雄到现在终于有了一块可以立足的地盘了（虽然这个地盘在名义上还不是刘备的）。

我们再看甘宁方面。

就在刘备取得荆南四郡之时，甘宁也成功夺取了夷陵之地，在曹仁的背后插了一大钢针。如果放任此情况不加以理会的话，甘宁不但可以配合周瑜钳击曹仁，甚至能断去曹仁的归路，让曹仁死无葬身之地。

基于此，曹仁不管从哪个角度出发都必须先夺回夷陵才能安心防守江陵。于是，曹仁留一部步兵于江陵，然后自带步骑混编部队前往袭击夷陵。

本次作战，史料并未记载曹仁一共有多少士兵，不过从以后曹仁和周瑜之间的作战过程来看，我觉得不会低于一万五千人。那么一万五千人又是什么概念呢？便是七八倍于甘宁的兵力。

此等悬殊的兵力，甘宁是无论如何都守不住的（尤其还是在陆地），这要是一般的将领，相信早就弃夷陵而逃了吧。可甘宁并没有，他见曹仁大军来到之后第一时间便遣使往江陵方向请求周瑜率军援救，然后迅速布防，带领手下那可怜的两千人严防死守，坚决不肯撤退半步。

数日后，周瑜大营。

此时，周瑜正在和众位将领商议如何攻略江陵。可就在这时，甘宁使者突然来报，说曹仁已经率主力兵团前往攻击自己，请求周瑜速速遣兵救援。

周瑜："什么？你说什么！曹仁亲自带兵前往袭击？你确定没有看错吗？"

传令："启禀都督，绝对没有，这是一支步骑混编的部队，人数破万，且明晃晃的曹字大旗，绝不可能是别人。"

周瑜简直不敢相信自己的耳朵。要知道，现在可是自己攻击江陵最为激烈的时候，而曹仁这个大将竟然敢在此时秘密出城袭击夷陵，这是不是有点儿傻啊！

可现在怎么办？是要加大力度攻击江陵还是去救援夷陵？

就在周瑜犯难之时，其手下诸多将领却劝谏道："都督！如果此言为真，那么现在江陵就几乎如同空城一般，这时不攻更待何时？都督，不要去管甘将军了，赶紧下令总攻江陵吧！"

（注：凌操在江东军界人望不错，所以斩杀凌操的甘宁不得人心，再加上甘宁本身就是贼人出身，所以更让诸多将领不屑。）

"会说人话吗？"

就在那些将领还要劝谏周瑜时，一名为吕蒙的将领突然站了出来。

本节参《三国志》《资治通鉴》《中国历代战争史》

3.2　蔫儿坏吕蒙

吕蒙，字子明，年轻时B⁻级将领，成长后A⁻级将帅，是汝南郡富陂县（今安徽省阜南县吕家岗）人，年少时南渡长江去追随姐夫邓当。

邓当乃是孙策的部将，经常随孙策往前线作战杀敌，很得孙策器重。如果吕蒙能在邓当手下混好的话，那前途也不会差得了多少。

可无奈，邓当根本就不给吕蒙这个机会。为什么？因为老吕家就吕蒙这么一个独苗，吕蒙的姐姐怕吕蒙在战场遭遇不测，断了吕家的香火，所以坚决不许邓当让吕蒙上阵。

于是，邓当只给吕蒙安排了一个小小的文职，一直让他在后方工作。

可吕蒙的梦想就是上阵杀敌博取功名，怎么可能会一辈子做一个文职？

终于，在吕蒙十五岁那年，他偷偷乔装成一名小兵跟着自己的姐夫前往讨伐越族。

可咱也不知道吕蒙咋就运气那么背，就在部队即将和山越作战之时，邓当却在千军万马中一眼瞄到了吕蒙，然后直接将他拽了出来。

吕蒙千求万求，只希望邓当能允许他上阵杀敌。可邓当根本不理吕蒙（让你上阵杀敌，你姐还不撕了我），直接就让手下将吕蒙给送回老丈母娘家里去了。

吕蒙的母亲听说此事以后气得是暴跳如雷，指着吕蒙便是一顿痛骂。可就在老娘骂完之时，吕蒙以一种非常淡定的口吻和其道："母亲，我知道您爱护我，可玉不琢不成器，如果我这辈子都在您的保护下过活，那还会有什么出息？正所谓不入虎穴焉得虎子，儿子就想靠着自己的努力拼出一条光明大道！所以，儿请求母亲，从了儿之心吧！"

这话说完，吕母愣在当场，好长时间说不出一句话，这之后，老母亲陷入了久久的沉思。终于，在次日，吕母哀叹一声，允了吕蒙上阵杀敌的心愿。可同时，吕母也私自致信邓当，让他无论如何要保护好他这个小舅子。

邓当无奈，只能时刻将吕蒙带在身边，却不允许他进行任何作战。

在此布置下，吕蒙确实和邓当学到了很多带兵打仗的本事，但也因此被邓当下面的战将轻视。

一次，一名战将当着吕蒙的面侮辱道："吕蒙，你这黄口小儿一天到晚跟在自己姐夫身旁算什么本事，有能耐你上阵杀敌去呀！说实话，我行军打仗一辈子，还从来没见过你这么尿的人，不如别在战场上混了，回家娶个媳妇抱孩子去吧，哈……吕蒙你干什么？"

吕蒙本就因为邓当不让他上战场而生气，正处于爆发边缘，正巧这不知名的战将还送上了门，这还有什么可说的？吕蒙这暴脾气的，直接抽刀便上了。

就听扑哧一声，钢刀入体，这辱骂吕蒙尿的战将直接命丧黄泉。

同时，吕蒙知道自己闯了大祸，为了不影响姐夫的前程，乃弃职逃归乡里。

这事在当时影响很恶劣，甚至连孙策都有所耳闻，可就在孙策打算擒获吕蒙之时，校尉袁雄向孙策推荐吕蒙，说这小子是一个潜力股，希望孙策不要杀掉他，反而应该重用。

就这样，孙策将吕蒙"请"到了自己身边，然后开始和他谈论一些战阵之事。

那吕蒙虽然稍微懂那么一些军事，但和孙策根本无法相提并论。可让孙策惊异的是，这吕蒙悟性极高，往往点拨一个问题他就可以举一反三，非常得孙策欢心。

基于此，孙策宽恕了吕蒙，并将他带在身边，凡战必给吕蒙一队让他历练，并时常亲自指导吕蒙的军事。久而久之，吕蒙便成了一名长于小集团军作战的将领。

可数个月以后，邓当不知因为何事而死，张昭便推荐吕蒙接替邓当的位置。孙策本来就喜欢吕蒙，所以想都没想，当即便答应了张昭的建议，任命吕蒙为自己的别部司马。

自此以后，吕蒙凡战必冲锋在前，每一次划分军功都能排进前三，所以哪怕孙策死后，孙权依然对吕蒙委以重任。

好了，吕蒙就先介绍到这里，我们继续正文。

话说就在一众将领劝说周瑜不要去救援甘宁，而是应该趁此时机狂攻江陵之时，吕蒙突然站出来道："兴霸乃我江东大将，为我江东利益拼死搏杀，可你们这群人竟然说不救兴霸，这也是人能说出来的话？你们的血难道是冷的不成？"

B将："我看你说的才是屁话，现在江陵空虚，正是攻击的最好时机，难道不应该进攻吗？"

吕蒙："哼！曹仁主力虽然已经外出，但城中最少还有一万士卒，没有十天半个月能攻下来？可兴霸将军能坚持到那时候吗？恐怕没等攻陷江陵就已为曹仁所杀了吧？而到了那个时候，我们一样攻不下江陵，还会失去人心，还不如趁曹仁攻击夷陵之时配合兴霸将军从背后奇袭曹仁，那样定可将其一举而下，进而使江陵的防守力量大打折扣。"

话毕，一众将领没声了，周瑜也陷入了沉思。大概半炷香以后，周瑜和吕蒙道："可如果敌人在我军离去以后攻击大营怎么办？"

吕蒙知道周瑜心动了，于是赶紧道："这有何难，将军可留五千士卒予凌统将军，我保证凌统将军能将大营守得滴水不漏！"

听毕，周瑜只微微思考了一小会儿，便狠狠敲了一下几案，果断道："好！就这么办了！"

次日，周瑜亲率两万余步骑混编部队往夷陵疾奔，而留凌统率五千步兵死守大营。

数日以后，即将抵达夷陵的周瑜军路过一条险路。见此，吕蒙立即叫住了周瑜，然后和其道："都督，这条险路妙啊，有此路在，曹仁那些北方骏马就都是都督的囊中之物了。"

起始，周瑜一愣，可当他又看了一眼身后那条险路以后却是坏笑着看着吕蒙道："你小子够坏，不过，我喜欢。"

本节参《三国志》《资治通鉴》《中国历代战争史》

3.3　番外·华佗传

次日，周瑜所部成功抵达夷陵近郊，而这时候的曹仁正在狂攻甘宁。

见此，周瑜二话不说，带着士兵便直冲了上去。

那曹仁万万没想到周瑜有这么大的胆子，会在这时候前来支援夷陵，所以在全无防备的情况下被周瑜偷袭了后部。

突遇偷袭，曹仁部队乱作一团。而正在死守夷陵的甘宁亦从大营冲杀出来，和周瑜一起钳击曹仁。

曹仁见周瑜兵力庞大，自己又陷入了绝对的劣势，知道不能再战，便突围狼狈而走。

　　就在曹仁逃至之前吕蒙和周瑜路过的险地之时，却见险地遍布各种路障，只能让人通过而无法让马前行。

　　而这时候周瑜之军还追击甚紧，曹仁无奈，只能痛骂周瑜"缺德"便弃马而逃。

　　本次战役，周瑜歼曹仁之兵一半有余，另外获得了上千优良北方战马，使得曹仁再无主动出击的可能。

　　这之后，周瑜率众返回江陵近郊，然后开始对江陵展开猛攻。本以为经过大败以后的江陵会士气尽失，进而一举而下。可不知那曹仁用了什么办法，竟然使江陵守军士气大振，让周瑜狂攻多日却无法破城。

　　所以无奈之下，周瑜只能将江陵团团围住，意图用消耗战将江陵守军活活困死。

　　好了，周瑜攻击江陵之事就先说到这里吧，我们再将目光瞄向许都，因为就在本年，曹操杀了一个老人，使得中华医术断了很大一块传承，曹操也因此成为历代中医口诛笔伐的头号人物。

　　为什么呢？因为这个老人名叫华佗。

　　华佗，字元化，沛国谯县（今安徽省亳州市）人，与曹操是老乡。

　　华佗年轻的时候在徐州四处求学，因此通晓数家经典，可学着学着这华佗就跑偏了。因为他在求学的过程中突然对药理产生了无比浓厚的兴趣。所以不再研究学问，转而专心研究药理。甚至陈珪和黄琬召他为官他都没有去就任。

　　数年以后，华佗自学的中医术大成，遂四处外出给人看病，只数月之间便被誉为天下第一神医。

　　为什么呢？因为他是真的厉害啊。

　　那华佗精通医方药理，他治疗疾病，配制汤剂的药物每次都不过几种，可一旦病人喝了，那病不出几日就会痊愈。如果碰到病情严重的，需要针灸的，华佗随手就刺，每次都是七八针就能痊愈。

　　在古代，如果病结入体，一般无法用药化解的便只能等死，属于不治之症。可这在华佗那里根本不是事儿。对于这种情况，华佗首先会让病人吃食自己配制的麻沸散（麻药），据说这药只要吃了立即便会昏死过去，全身都没有知觉。而华佗就会趁着这个机会用小刀切开患病的部位，将患病组织取出，再将伤口缝合，最后用自己特制的药膏涂抹伤口。据史载，此种伤处最多不过五天就会痊愈。

要知道，在古代的时候治病是没人敢给人开膛破肚的，所以华佗在当时可以治疗很多别人治疗不了的"不治之症"，这便成了天下第一名医。

比如某年某月某日，甘陵国相的夫人怀孕六个月了，可每天腹部疼痛不止，有好几次都疼得晕死了过去，甘陵国相虽然寻得数位医师都无法可治。正巧这时候华佗在甘陵，此国相便将华佗请来为夫人看病。

华佗见到夫人以后只是摸了一下肚子便对甘陵国相道："尊夫人怀有双胞胎，但腹部左边那个已经死了，身体产生毒素，所以尊夫人才会如此疼痛。我这边有一服药，只要吃下去左边的死胎就会被堕掉，到时候尊夫人的病自然痊愈。"

一听这话，甘陵国相惊得不行，赶紧问道："那……那右边的孩子会不会受影响呢？"

华佗笑道："大人放心，我所制的汤药只会堕掉左边的孩子，至于右边的，不会受到丝毫影响。"

堕胎药只堕一个？另一个不会受到影响？你糊弄谁呢！甘陵国相本来是不信的，可华佗素有神医之称，也由不得他不信，便抱着死马当作活马医的心态给夫人服药了。

嘿！你还真别说，这药服下以后，左边的死胎立马被堕了出来，夫人确实是没事了。并且几个月以后顺利将右边的胎儿给生了下来，这简直就是神技啊。

某年某月某日，一个叫尹世的县吏已经很长一段时间四肢无力了，而出现这种症状以后，他还不愿意听别人说话（一听别人说话就脑袋疼），小便也是极不通畅，因此非常苦恼，便找到了华佗，询问他有什么方法可以治疗此种疾病。

尹世本以为这就是个小毛病，可当华佗听闻这种病症以后，神情异常严峻地和尹世道："你现在马上回家做一些热食、热汤吃食，如果能出汗的话就不是什么大毛病，可如果出不了汗，你三天后就会死亡。"

听毕，尹世吓蒙了，赶紧回家做了很多热食和热汤。吃过以后，尹世却没有流下哪怕一滴的汗。见此，尹世大惧，急忙找到华佗询问对策。

当听完尹世的话以后，华佗却叹息一声道："唉，你的元气已经在体内耗尽了。病情达到这种程度，我已经没有任何办法。你三天后就会突然有哭泣之感，然后死亡。这段时间你还是赶紧托付后事吧。"

三天后，尹世果然控制不住地号啕大哭，然后，便命丧黄泉。

某年某月某日，在一起办公的府吏儿寻、李延同时头痛、发烧。医者认为这就是普通的传染性头痛脑热，所以按照普通发烧来进行的治疗。

可治疗多日后也不见任何效果，二人因此而惧，便找到了华佗，希望他能进行治疗。

而华佗只不过给二人把了一下脉便全不在乎地道："一会儿我给你二人各开一服药，兒寻吃过药以后会腹泻，泻过了就好了。李延吃过药以后会流汗，流过了就好了。"

一听这话，李延疑惑地道："难道我们两个得的不是同一种病吗？"

华佗："当然不是，兒寻是外实内虚，你则是外虚内实，正好相反，怎么可能会一样呢？"

就这样，二人皆服用了华佗方子。结果，只一天的工夫就痊愈了。

某年某月某日，盐渎县人严昕陪同一名身份尊贵的病人前来拜访华佗。可当华佗见到二人以后没有去管那个病人，而是对严昕道："你的身体最近是不是不怎么好？"

严昕笑道："哈哈哈，华佗先生看错了，并不是我要看病，而是我身边这个……"

华佗："我问你最近是不是感觉身体不适！"

严昕："我，我没有啊，我觉得身体很正常啊。"

华佗："你身边这个人只是小病，养一养就好了，什么药都不用吃，但是你，你的病情已经显露在了脸上。我劝你以后还是不要再喝酒了，不然必死无疑！"

看过病以后，严昕和那个病人满意而归。可在回去的路上，严昕要在马车中和那个患病的朋友吃酒。那人见状大惊道："华佗先生不是不让你再喝酒了吗？你怎么不听呢？"

严昕笑道："嘻，我的身体我自己知道，哪里有什么问题。先生之所以那么说，不过是为了掩饰之前看错病患的尴尬而已。这些医者都有这个恶习，这有什么大惊小怪的？"

就这样，严昕和那名患者饮了一杯。可杯中酒刚刚下肚，那严昕便出现头晕眼花之状，直接便昏倒在车中，再也没有醒过来。

某年某月某日，彭城王的夫人在夜里如厕之时为不知名的毒虫所咬，自此以后每到夜晚被咬的那只手便疼痛难当，彭城王虽请诸多医者都没有办法治疗夫人之病，所以花大价钱请来华佗为自己的夫人治病。

华佗到了以后，只看一眼夫人便特制了一种药汁，用火加热后让夫人将被咬的手伸了进去，结果一天便好了。

某年某月某日，华佗正在四处行医，突然在路旁见一人吞食困难，不管什么美味都无法咽到肚中，于是走上前去对那人道："你再往前走一段有一家卖饼的店，到那取三升蒜汁和着醋喝下去，到时候会吐出一条吓人的东西，不过不要害怕，吐出来病情自然就好了，可如果不照做的话，你的日子就不多了。"

话毕，华佗转身便走。

那人不知道自己面前的便是天下第一神医，不过见华佗没向自己要钱，料想不是什么骗子，便照着华佗说的做了。

结果刚刚喝完蒜汁加醋，胃中便翻江倒海，伴随着哇的一声，这男人竟然从口中吐出一条蛇来！可这之后，他的病确实好了，并且食量更胜从前。

某年某月某日，某郡太守身患重病，经多方治疗无用后大老远请华佗前来医治。那华佗把过郡守的脉搏以后突然变脸。本是微笑的表情一下收敛了，然后当着郡守的面二郎腿跷老高，以一种极为轻蔑的表情道："你这病我能治，但我华佗身为天下第一名医，医疗费可是不菲。所以，先拿钱吧，钱不够我可不治。"

"你！"

见华佗这个德行，那太守大怒（古时医者属于三教九流，根本不在这些士大夫眼中），本想对其进行惩罚，但还要靠华佗来保命，便只能憋着闷气给了华佗一堆财物。

华佗却继续轻蔑道："我华佗是天下第一神医，你拿这点儿破东西是打发乞丐？不够不够，把你平时克扣百姓的财物都拿出来吧！"

那郡守再也忍受不了，本想起身痛骂华佗，可无奈浑身无力，根本站不起来，于是指着华佗哆哆嗦嗦地道："本官一生清廉，从没有贪污过哪怕一文钱，哪有那么多财物给你！你要是不治的话就走！我不留你这个天下第一名医！"

见此，华佗嗤笑一声后冷漠道："既然如此，那你就再疼几天吧，过几天我再给你治。"

那郡守被华佗气得青筋暴起，但还是没有多说什么，大不了忍几天就是了。可几日以后，那郡守的儿子慌忙跑来郡守处，说华佗已经卷款跑了，并拿出一封信交给郡守，说这是华佗留给他的。

那郡守愤怒地打开了信件，却见信中全都是辱骂之言。于是，郡守暴怒，气得噗地一口黑血吐了出来，然后直接站起，以极为洪亮的声音对儿子道："你，去，给我调集兵力捉拿华佗这个骗子，我要把他千刀万剐！绝不会让他继续害人。"

话说完了，自己的儿子却愣在当场，嘴里还神神道道地不停念叨"神医、神医"。

见此，郡守更是大怒，上去就给了儿子一个嘴巴，并催促他快点儿行动，他儿子却愣愣地道："父亲，您现在觉得自己的病好点儿了吗？"

郡守："我他……我，欸？我怎么好了？这是怎么回事儿？"

儿子："父亲，华佗真乃神医啊，之前他就和我说，父亲您之所以生病，主要就在于腹中有淤血，只要这口血吐出来就没事了。所以，神医才用种种方法，激怒您，为的就是让您将腹中淤血逼吐啊。"

郡守："这……这……还有这等事情？快……快去将华神医请来，我要当面谢罪啊！"

儿子："唉，父亲恐怕是见不到他了，华神医料定父亲之病必好，留下信以后便离去了，并且将之前父亲您赏给他的财物全都退了回来。"

话毕，郡守仰天长叹："唉，真不愧神医之名啊！"

公元198年某月，广陵太守陈登胸中闷躁，满脸赤红，根本无法进食。正巧华佗那时候在广陵，所以便将华佗请到了府中为自己医治。

华佗看到陈登的病症以后，根本没有替陈登把脉便开出了一服药方，待下人前去熬药之际，华佗对陈登道："府君之所以会出现如此症状，主要在于吃食了太多生鱼片。那生鱼片不管洗得多干净都是有寄生虫的，所以府君现在的胃里已经足有三升虫之多，只要吃过我的药，将这些虫子逼出来就好了。"

一炷香以后，下人将汤药端了上来，陈登按照华佗的吩咐将汤药喝下。

果然，刚刚喝下便有恶心之感，之后将所有的虫子全都吐了出来。而结果正像华佗所说，吐出来的虫子足有三升之多，有的虫子甚至卡在生鱼片里不停地蠕动。

而当陈登将虫子吐出去以后，疾病确实就好了。华佗却没有半点儿满意，反倒表情凝重地和陈登道："府君这病看似好了，可实际上并没有痊愈，三年后会复发一次，到时候如果找不到优秀的医生便会死于非命，所以还请府君现在就物色名医，想方设法将他留在广陵。"

事情果然如华佗所言。三年以后，陈登的疾病再次复发，可当时陈登身边并没有能比肩华佗的医生，所以只能魂归西去。著名的政治家、军事家、谋略家陈登就这样死于蛲虫之灾，这不得不让人唏嘘。

熟悉三国故事的人都知道，曹操有一种头疼病，隔三岔五就会发作一次，每一次都会给曹操疼得死去活来，虽百般医治都没有半分效果。

终于，曹操在一次头疼病复发的时候将华佗请到了许都为自己治疗。岂料华佗一到，只几针下去就将曹操的头疼病治好了。

曹操因此对华佗大为叹服，从这以后死活不让华佗再走，就将他这么留在了许都。

一个郎中，由大汉丞相亲自相留，相信这也算最高的荣耀了。华佗一开始也是这样想的，所以留在了许都，尽心尽力地辅佐曹操，其间治好了许多官员的顽疾。

可几年以后（208年），华佗后悔了。他觉得，只有继续行走天下，为整个天下百姓治病才是自己的抱负，而不是窝在许都终老一生。

于是，华佗以家中有事为由离开了许都，返回了自己的家乡。

可华佗现在已经成了曹操身边不可缺少的人物，只要有华佗在许都，曹操就认为自己死不了。所以当华佗离开几日以后，曹操便开始心神不宁，不管做什么事吃什么美食心里都没有底。

于是，曹操遣使往华佗家中，希望华佗能快点返回许都。可一连好几次，华佗每一次都以妻子患病为由而推辞。

患病？呵呵，有什么病在你华大神医治疗下能拖延这么长时间？基于此想法，曹操开始怀疑华佗，于是派鹰犬前往查探，并在同时下达了命令，如果真的是华佗的妻子得病，那就赏赐华佗四十斛粮食，可如果这都是华佗的谎言，那就立即将其擒回许都。

结果，华佗并没有司马懿的智慧，通过多方探查，曹操之鹰犬断定华佗的妻子是健康的，这一切是华佗的谎言，于是便将华佗直接擒回了许都，并向曹操进行了汇报。

曹操一听此言气得青筋暴起，当即便掀翻几案，对下面官吏暴吼道："去，给我打！给我打！给我连续抽打他，天天抽打他，连打他三十日，三十日以后就给我办了他！"

鹰犬："是，是！"

"且慢！"

就在那官吏要下去处理华佗之际，荀彧却急忙阻止道："丞相，华佗乃是天下神医，他的生死关乎天下很多人的生死，他的性命关乎一种高明医术的传承，如果丞相将其斩杀，难道就不怕以后遭受疾病而无法治疗吗？"

曹操这个人，对于荀彧历来是言听计从的，可这一次也不知道曹操为什么生这么大的气。面对荀彧的劝谏，他非但没有半点儿收敛，反倒对荀彧怒道："你不要替他求情！郎中，一个和老鼠一样卑贱的职业，少了他华佗，难道我曹操还找不出替代他的人了吗？（还真就没找着）"

就这样，狱吏对华佗进行了日复一日的残酷殴打。

十多天以后，华佗已经被打得奄奄一息了，他自知必死无疑，不想断了传承，于是哆哆嗦嗦地从怀中抽出一本书，并对狱中小吏道："这本书是我一生的知识，可以救活天下人，不要让它失传，拜托了，收下它吧。"

曹操用法极严，所以狱吏不敢违反，说什么都不收这本如同钻石一般珍贵的书籍。

见此，华佗惨笑一声，然后看了一眼身旁的火炉子，直接将书扔了进去。华佗之传承因此而断。

公元208年某月某日，华佗还是没能扛住曹操的不断殴打，终于死于本年。

可就在几个月以后，曹操最爱的儿子曹冲突然患得怪病，曹操虽请诸多医师都无法医治，结果痛失爱子。看着曹冲那冰冷的尸体，握着那已经没有了温度的小手，曹操的眼泪止不住地滚落。

最终，曹操狠狠地抽了自己两个耳光，对着苍天疯狂嘶吼："我悔，我悔！我为什么要杀了华佗！为什么！冲儿，你死得冤啊！"

曹操，终因自己的冲动而"作法自毙"。

我们继续正文。

本节参《三国志》《后汉书》

3.4　激战天柱峰

公元209年二月，曹操越发感觉江东孙氏给自己带来的威胁，于是打算迁徙江淮间的百姓往北，以免给孙氏掠了去。

可当蒋济听闻此事以后急谏曹操，劝他不要将百姓往北迁徙。

为什么呢？因为古时候的百姓极为恋土，一旦将他们强迁往北，这些百姓必定逃往江东。

可曹操并没有听从蒋济的言论，毅然强迁十万百姓往北。

结果，就像蒋济说的，这些恋土的百姓一听曹操要强迁他们，立马带着老婆孩子逃至江东了。

曹操听闻此事以后非常后悔，当即便将蒋济召到议事大厅，并歉疚地和其道："悔不听子通（蒋济字）之言，以至于将这些百姓弄到了江东。"

公元209年三月，赤壁之战已经过去四个多月了，曹操一方元气已经逐渐恢复，遂再有统一天下之念。

按当时全国诸多势力中，只有孙权能给曹操造成威胁，而想要战胜孙权则必须有一支精锐水军，所以曹操在本月率数万大军至谯县，亲自指导训练水军，准备再一次讨伐孙权。

当时，孙权攻击合肥已经好几个月了（孙权于曹操赤壁之战以后便率本部兵马北攻合肥，意图打开北伐之通道），合肥城岌岌可危。可曹操的主力骑兵基本上损失于之前的赤壁之战，所以实在没有办法多出骑兵，便只能遣骑将张喜率一千名士兵前往救援，暂解燃眉之急。

可就在张喜到达汝南之际，这一千名骑兵感染了瘟疫，顿时失去了行动能力，所以合肥再次成了一座孤城，并且士气大跌。

面对此窘境，哪怕强如张辽也是眉头紧皱，对此毫无办法。可就在这时，身在合肥城中的蒋济突然找到了张辽，然后兴奋道："将军，我有法可解合肥之围！"

一听这话，张辽双眼一亮道："哦？子通有何计谋？快快予我说明！"

蒋济："我们就这样，再这样……"

张辽："嘶……这能行吗？孙权不至于这么傻吧？"

蒋济："试一试呗，反正失败也不会少块肉，并且，将军可别忘了，现在丞相可就在谯县哦。"

张辽："嗯，好吧，就按你说的办！"

当天夜里，三名伪装成曹操使者的士兵偷偷溜出了合肥。

次日，一名"使者"静悄悄地返回了合肥，没能被孙权的巡逻兵抓住，结果被张辽一顿痛骂。

第二日，一名"使者""静悄悄"地想要穿过孙权的防线，结果为孙权所擒。

第三日，又一名"使者""静悄悄"地想要穿过孙权的防线，再为孙权所擒。

第四日，孙权大军撤退了，合肥得救。为什么呢？因为这三个使者身上都放着同一封信。信的署名皆为曹操，内容也都是告诉张辽，让他不必担心，因为曹操的主力大军已经快要抵达合肥城下。

如今，孙权已经攻伐合肥好几个月了，士兵已经疲惫，一旦这个时候曹操大军到来，孙权铁定挡不住曹操的进攻，进而被一举全灭，甚至自己都会有性命之忧。

再加上曹操现在正在谯县，时刻有南下的可能，所以哪怕明知这些信有欺骗的嫌疑，孙权也不敢去赌，只能憋屈地返回会稽。

七月，曹操感觉自己的水军已经训练得差不多了，便引大军自涡河入淮，将全军屯于合肥。

这之后，曹操在合肥发布了种种利民政令，使得合肥军民上下归心，然后在合肥大兴屯田，做出一副要和孙权打持久战的架势。

本月下旬，曹操命臧霸为先锋，开始对孙权发动试探性攻击。

两军因此在大江之中展开了惨烈搏杀。通过数个月的严酷训练，曹军的水上作战能力突飞猛进，再加上臧霸不管是陆战还是水战都拥有相当的指挥能力，所以击败了江东水军，大大地增长了曹军的士气。

孙权见势不对，便命陈兰煽动氐族六县从西部攻击曹操。岂料曹操提前得知，在陈兰出动以前便令张辽携张郃、牛盖率将近一万的步兵前往征伐了。

而当陈兰得知此事以后，几乎在第一时间便率六县氐人转入灊山，准备应对接下来的征伐。

那为什么要潜入灊山呢？因为灊山有一地名为天柱峰，高耸险峻达二十余里，这二十余里道路奇险狭窄，哪怕小步行走也只能勉强通过，其地形较之韩信伐赵时之井陉关也是有过之而无不及。所以陈兰率六县氐人在天柱峰北口设置壁垒，以此防范张辽。

再观张辽，当他率军抵达灊山以后，立即命斥候前往探查敌情。可当斥候将前方敌情汇报以后，张辽手下的那些将领全都将眉头皱成了"川"字，张郃更是和张辽道："天柱峰险阻无比，敌军又在北口设立壁垒，将自己立于不败之地，实在不适合强攻，不如就此退去，待敌军出关以后再行攻击。"

我个人认为，就现在这等局势，张郃的建议可以算是最正确的了。毕竟强如韩信当初也不敢在这种地形下强攻壁垒。

可令张郃万万没有想到的是，他张辽就敢！

只见张辽深深地看了张郃一眼，然后对在场所有的将领道："我知道，这条路只能一个一个地通过。我知道，这条路的路口早已经被敌人设置了壁垒。可我还知道，哪怕是壁垒！他们氐人也不过一人之力！正所谓'狭路相逢，勇者得前耳'！他们氐人，不过是乡野村夫，身无战甲，手无刀兵。而我军的陆战谁人能敌！我军的勇士谁人能挡！所以从现在开始，不准再有任何一个人有后退之言，违令者斩！"

公元209年七月下旬，在张辽的带领下，曹军狂攻氐人天柱峰壁垒。

那天，曹军悍不畏死。

那天，张辽率一众将领冲锋陷阵，无人能敌。

那天，陈兰在地理和军队数量的双重优势下被张辽横冲入阵中斩杀。

那天，全部氐人皆向张辽俯首称臣。

那天，张辽距离战神之称号只剩一步之遥。

当张辽回到合肥以后，曹操为张辽之勇猛所感叹，因此特为张辽作短诗曰："登天山，履峻险，取兰首，荡寇功。"

本节参《三国志》《中国历代战争史》

3.5　还地？做梦！

公元209年八月，就在曹操节节胜利、形势大好之时，那该死的瘟疫再次降临于曹军，这次的瘟疫较之赤壁之战时也是有过之而无不及，使得曹军在旬月之间便损失惨重，士气崩盘。

无法，曹操只能撤退，但在如此大好的形势下撤退，曹操实在是心有不甘，便想出了最后一个勉强称之为办法的办法。那是什么呢？就是想用蒋干去策反周瑜。

那蒋干和周瑜乃是同州之人，二人很早以前便有很深的交情。而一旦周瑜被蒋干策反，自己这边哪怕是残军，也能配合周瑜一举将江东平定。所以，曹操在撤退以前遣蒋干往江陵进行那最后一搏。

此时，周瑜已经围困江陵十个月了，江陵已是强弩之末，曹仁也是垂死挣扎而已。可就在这时候有侍卫来报，说一个自称蒋干的人前来拜访周瑜。

周瑜一听老友来见，竟亲自出营相迎。

见此，蒋干受宠若惊道："干此番前来，得见都督足矣，怎能劳都督亲自相迎？真折煞我也！"

周瑜："哎，朋友之间哪有那么多规矩，只要子翼（蒋干字）不是来当说客的，我自当以朋友之礼相迎。"

蒋干："吾与公瑾本来就是朋友，成年以后却投靠了不同的君主，导致相隔一方，久久无法相见。如今我对公瑾甚是想念，所以此来只是叙旧，哪里会当什么说客呢？"

话毕，周瑜哈哈一笑，便引蒋干入营。

这之后，周瑜亲自招待蒋干，竟与其饮宴一日之多。可到第二日，周瑜便以军务为由辞别了蒋干，这意思已经很明白了，招待我已经招待你了，朋友间的叙旧也差不多了，而我现在也很忙，蒋干你可以自便了。

可蒋干呢？并没有那么高的觉悟，依然赖在周瑜的军中不肯回去，还是不放弃哪怕一丝希望。见此，周瑜只能在三日以后再次招待蒋干。

这一次，周瑜先是带着蒋干在自己的大营里里外外地走了一圈，让蒋干将自己的军队数量、质量、部署全部看了去，有不明白的还进行了一番讲解。之后，周瑜再次邀请蒋干吃酒，并举起一杯酒直截了当和蒋干道："大丈夫处世，一旦遇到知遇之主，便要用尽一生的力量向其尽忠，而我对孙氏的忠心，相信子翼这么多天也看出来了，所以别说子翼了，哪怕苏秦和张仪复生又岂能动摇我对孙氏的忠心呢？言尽于此，还请子翼见谅。"

行了，军情我也都给你了，足够让你回去交差了。对于孙氏的态度我也和你说得明明白白了，如果这样你还要留在我的军营，那咱们就很难再成为朋友了。

见此，蒋干也是叹息一声，然后饮了此杯酒便告辞离去了，从此以后再也未与周瑜相见。

而曹操呢，当他听闻蒋干的回复以后便也率军离去了，此次声势颇隆的南征就这样虎头蛇尾地结束了。

本年九月，也就是曹军撤退的一个月以后，江陵城内的粮食终于告竭。曹仁无奈，只能率大军突围而走，彻底丢弃了江陵。

此消息传到会稽以后使得孙权大为振奋，当即便封周瑜为南郡太守，程普为江夏太守。这之后更是遣使拜访刘备，话里话外的意思都是希望刘备能将荆南四郡还给自己。

呵呵，还？我刘玄德得到地盘你还想让我还回去？呸！做你的春秋大梦！

刘备自然不会将四郡还给孙权，可现在还不是和孙权交战的时机，于是便上表刘琦为荆州牧，让刘琦统领荆州。

人家荆州本来就是刘表一脉的，现在刘备又上表刘琦为荆州牧，所以孙权一时间也拿刘备没有办法，便只能暂时忍耐以待后发。就在刘备为自己的计谋扬扬得意之时，刘琦却突然在三个月以后离奇身亡了。此消息传到刘备耳中使其当场崩溃，孙权更是在此时再遣使者往刘备处讨要四郡。

开玩笑？我刘玄德拼得一生，现在终于有了自己的根据地，你孙权上嘴唇一碰下嘴唇就想要了去？痴心妄想！

基于此，刘备没有搭理孙权的使者，而是立即上表许都，请封自己为荆州牧，使得自己在名义上拥有绝对的合法性。

而曹操呢，自然乐意见得刘备和孙权之间相互龃龉，便立即批准了刘备的奏请，使他成了合法的荆州牧。

孙权对于刘备这种翻脸不认人的表现极为愤恨，但现在有曹操在北边看着，他是真心不敢轻易对刘备动手，所以只能一忍再忍。

公元210年正月，曹操在许都颁布《求贤令》，表示大汉以后要"唯才是举"，只要能力突出，便要量才而用，不去管是什么身份。

（注：两汉时人才选拔是由各地官府推荐孝廉、方正、力田等入京，进入京城以后，再由皇帝亲自考取任命。所以两汉官员基本上皆出于地方推荐。）

十月，曹操在邺城修建铜雀台，将自己如花似玉的老婆们全都放在此台上，并立下遗嘱，死后要葬于战国西门豹庙宇之侧。

同月，曹纯去世，曹操损失了一名优秀的骑将。

十二月，曹操辞让汉献帝所封赏的四县之地，同时向天下明志，说自己根本没有任何改朝换代的心思，并四方发布檄文为自己表功，声称如果不是自己，整个天下将不会再有汉朝，不知道多少人将会在此时称王，甚至称帝。

本节参《三国志》《中国历代战争史》

3.6 单刀赴会（1）

公元210年十二月，刘备已经占据荆南四郡一年多了，可刘备知道，这还不够，远远不够。为什么？因为只有占据南郡（江陵周边），他刘备才能再往西边发展，不然只能永远被堵在荆南而无法动弹。

于是，精明的刘备亲自前往江东去面见了孙权。

当时，整个天下的人都以为刘备疯了，更认为刘备会为孙权所杀，甚至连曹操手下的那些谋士都如此认为。只有曹操，这个绝对了解刘备为人的人却认定刘备不会被孙权斩杀。

可当众人询问曹操原因以后，曹操也只是笑着道："具体原因我也不好说，不过刘备既然敢去，那么他就一定死不了。这小子，可比任何人都珍爱自己的性命哟。"

那么事情会不会如同曹操所说呢？

数日后，刘备抵达京口（今江苏省镇江市）面见孙权，声称单单一个公安无法屯驻大军，所以希望孙权能将南郡也暂时借给自己，等自己有了更广袤的土地一定将全部土地还给孙权。

而孙权呢？一时无法决断，便暂且安排刘备住在京口，自己则与众谋士商议如何处理此事。

身在江陵的周瑜听闻刘备已经到达京口，更是写了一封信，以八百里加急之速送往京口，其内容如下：

刘备有天下枭雄之姿，又有关羽、张飞这等虎狼之将辅佐，绝对不是那种甘于人下之人，如果将整个荆州都借给刘备，最后必为其所祸乱。所以瑜认为，应该将刘备强迁至吴县，为他大建宫室，多给美女宝玩，削弱他的志气，让他和关羽、张飞分开。这样的话，我们就能挟持刘备而操纵关、张为我们冲锋作战。如此，天下可定矣！可如果真将荆州交给刘备，那么就好像龙入大海，我们就再也制衡不了刘备了。还望将军能够三思。

看过这封信以后，孙权陷入了久久的沉思，可他还是无法决断，遂将周瑜的信件交给了下面的众臣，让他们给自己建议。

半个时辰以后，下面的文臣都将周瑜的信件看完了，孙权于是道："都有什么想法？说说吧。"

吕范首先站出来道："我赞成都督的建议。刘备乃是乱世枭雄，不管是能力还是人心皆为天下大患，不如早早扣留，一举解决这个心腹大患。"

话毕，众多文臣全都频频点头，然后出言附议。

就在这时，鲁肃却站出来道："这话说得不对！主公，肃想请问，现在我们江东最大的敌人是谁？"

孙权："当然是曹操。"

鲁肃："是的！那我再请问将军，就凭将军一个人能够战胜曹操吗？"

孙权："这……就凭我现在的力量好像是不够。"

鲁肃："是的！说句大不敬的话，曹操最为惧怕的人并不是将军您，而是刘备！为什么呢？因为刘备实在太得民心，所以非常惧怕将军您和刘备联合。可如今主公竟然有扣留刘备的心思，我恐怕这之后主公就要走向灭亡的道路了。"

这话一说，孙权赶紧站起来道："这话怎么说？"

鲁肃："刘备，天下枭雄，这次亲身前来江东怎会没有准备？我可以向主公保证，一旦主公扣留刘备，那么结果只可能有两条。第一，关羽和张飞出动全军和主公交战。第二，刘备原有的势力都会投降曹操为刘备报仇。而不管选择哪一条，曹操都不可能放过这个千载良机，一定会出大军攻击主公。试问到那时候，主公还有信心重复赤壁故事吗？话已至此，还请主公三思吧。"

这话一说，满堂陷入了沉思，再无一人劝孙权强扣刘备，因为人家鲁肃说得确实有道理。孙权也是叹息一声，然后和鲁肃道："难道荆州之地就这么给了刘备吗？"

鲁肃微笑道："当然不是，刘备口口声声是借得荆州，等他有了新的地盘以后必然还给我们，如果到那时候他还是不还的话，那么我们也有了攻击他的借口，他刘玄德也会大失人心，相信他不是那样的人。"

话毕，孙权频频点头，彻底下定了决心。

次日，孙权以高规格酒宴招待了刘备，不仅当众答应将南郡借给刘备，还将自己的妹妹嫁给了刘备，和刘备结为了秦晋之好。

数日以后，许都，曹操正在居室中处理着日常公文。可就在这时，一名文吏小跑了进来，将孙权和刘备结成秦晋之好的事情报告了曹操。

一听这话，曹操整个人如遭雷击，一时愣在当场，甚至连手中笔掉到地上都不自知。

几息以后，曹操长叹一声，然后慢慢站起，扔下了手中的政务返回居室了。

本月中旬，江陵城中，当周瑜得知孙权的决定以后气得面红耳赤，可当他听闻鲁肃的劝谏之词后逐渐冷静下来，因为鲁肃说得真心有理，在这种敏感的时期确实不能和刘备交战，那样必给曹操乘虚而入的机会。

所以，周瑜没有再强劝孙权，但也不能眼睁睁看着刘备强大而无动于衷。因此，周瑜亲自前往京口，并劝谏孙权道："今曹操新败，短期无法再行侵略，正是扩张地盘的绝佳时机，我们可趁此天赐之机往西攻伐，先灭益州刘璋，再灭汉中张鲁，然后与西凉马超暗连，配合刘备从四面攻伐曹操。那时，主公定可创下千古霸业，名留青史！"

周瑜这计毒啊，先不说四面合围曹操本就是现在唯一的办法，单说限制刘备就是一大毒计。

为什么说限制刘备呢？刘备现在的位置在哪？荆南。如果这枭雄想要继续发展的话只有一条线路，那就是往西攻击巴蜀之地。

如果周瑜在刘备攻陷巴蜀之前就将此地拿下的话，那么刘备除了阴孙权一把就再也没有什么发展空间，最后只能沦落为孙权的附属。所以，周瑜此计可谓毒也。

而孙权也感周瑜此计甚是不凡，所以当即批准，将此事全权授任周瑜，让他率兵前往西征。

可就在周瑜即将西征之际，意外突然来到。

本节参《三国志》《山阳公载记》

3.7 所谓龃龉

公元210年十二月中下旬，就在周瑜从京口往江陵返回的过程中突然患得重病，此病不知何名，亦不知是何症状，但我所知道的是，周瑜患得此病以后请了多方名医都无法治疗。等到达巴丘之时已经是油尽灯枯。

周瑜料想自己必死，于是在临死时用尽平生的力气再给孙权写了一封信，然后便气绝身亡，死时年仅三十六。

而哪怕是在临死之际，周瑜都没有为自己表功一次，也没有提及任何厚待子孙之言，有的全是对于江东的重要政见！

臣，周瑜，最后一次礼拜主公。臣患重病，如今已无法下地行走，料想命不久矣，但不足惜，主公不要为臣之死有任何伤悲。因为主公现在必须做的还有很多！方今曹操在北，看似主公的第一大敌，但实则不然。主公真正要注意的并不是别人，而是刘备！刘备，乱世巨枭，是一头养不熟的猛虎，所以主公一定要想尽办法扼制他，绝不能让其坐大，不然刘备必第一时间反叛主公，成为我江东的心腹大患！那么要怎么扼制他的发展呢？只有尽早夺取巴、蜀及交州地区（两广），让他彻底没有后路，如此才能使刘备尽心辅佐于主公。至于接替我的人，我认为鲁肃忠烈，临事不苟，是代替我的最佳人选。若以上建言皆能被主公采纳，瑜就是死也能瞑目了。

那么孙权有没有采纳周瑜的建议呢？全盘采纳。

首先，孙权命鲁肃为奋武校尉，代周瑜将兵，总镇江东军事。

然后，命步骘为交州刺史，率精锐军团南下攻击交州之地。

最后，遣使往刘备处，邀请刘备为先头部队攻击益州刘璋，自己的大军随后就到。

那么孙权攻击益州为什么还要带上刘备呢？

第一，鲁肃虽然有一定的能力，但论带兵打仗，他很明显不如周瑜，所以让周瑜去攻击益州孙权放心，但让鲁肃全权负责的话，说实话，孙权不放心。这就需要荆南刘备的辅佐了。

第二，刘备虽占据荆南之地，可只不过区区几万人而已，如果他要攻击巴蜀的话，就必须出动大部军团。而等攻陷巴蜀以后，刘备势必损失惨重，荆南也铁定空虚。到那时候，想打想谈还不是孙权一句话的事吗？

第三，刘备，乱世枭雄，叛曹操，坑袁绍，可谓劣迹斑斑，有识之士皆知其不是甘于人下之人，就其人品，这货很有可能干出过河拆桥的事情（比如孙权攻下巴蜀以后刘备捡便宜，或者攻击巴蜀的时候断了孙权的粮道），所以只有在攻击巴蜀的时候带上刘备孙权才能放心。

综合以上，孙权这才写信给刘备，邀请他共同攻击益州刘璋。

那刘备得信以后犹豫不决，一时间不知该如何是好，遂邀一众谋士前往郡府商议。

诸葛亮认为，孙权如想要攻击益州，必须从江东出发，越过荆州，再往巴地。这期间路途遥远，战线拉得太长，再加上刘备还在荆南屯驻，必使其不敢拼尽全力，益州百分之百攻击不下，所以不建议刘备帮忙，只坐观其乱，后发制人就好。

话毕，刘备频频点头，好像心有所悟。

见此，主簿殷观亦道："下官亦从军师之议，如果我们充当孙权先锋的话，打下了益州怎么分？往最坏了说，如果没能打下益州，也是损失惨重，那时候便再无抵抗孙权之可能，孙权如果在这时候向我们讨要整个荆州是给还是不给？所以，主公万不可从孙权之请，应立即予以拒绝。"

刘备："嗯，众位说的我都懂，可就现在局势来看，还是应该将曹操列为第一大敌，如果将孙权得罪死，不管对谁都是有百害而无一利的。所以，我们怎么样才能既拒绝孙权又不将其得罪死呢？"

殷观笑道："这好办，岂不闻隗嚣绝光武之言乎？"

这话一说，刘备恍然大悟，然后立即回信孙权："将军所言皆为利国利民之言，备万分佩服，可有些事情不得不说。刘璋虽然暗弱，但手下不乏强悍文武，所以益州国富民强，再加上巴蜀之地险阻很多，所以极难攻破。汉中张鲁虚伪无比，虽然在表面上表示臣服于曹操，心中却未必愿意为曹操尽忠。所以现在的曹操实际上还是四面皆敌的状态。而将军在这种时候去攻击益州和汉中实属不智。为什么呢？排除之前所说困阻，将军哪怕从江陵出发，这战线也拉得太长了，如此转战万里而进行攻伐岂能获胜？相信就是吴起和孙武二人前来也未必能够成功吧？而且，将军可别忘了北面还有一个曹操呢。曹操经过赤壁失利以后虽然损失惨重，但并没有到无法攻击别人的程度。备可以肯定，只要将军主力大军向西一动，曹操必会出击南下，到时候将军拿什么抵挡？所以，还请将军三思而后行吧！"

这信中内容虽然言辞恭敬，但是满满的不愿意。并且这还不算，为了彻底断去孙权西取益州之念，刘备还命诸葛亮和关羽屯兵江陵一带，张飞屯兵秭归，并亲率主力屯驻于潺陵（今湖北省公安县油江口西二十五里），美其名曰随时准备攻击益州，却完全断去了江东往益州的水路。

孙权见刘备如此德行，便只能作罢，暂缓攻击益州之念，并按照之前的约定将南郡借给了刘备。

益州方面虽然受阻，攻击交州的步骘却是顺风顺水，让孙权喜不自胜。

本节参《三国志》《资治通鉴》《献帝春秋》

3.8　平定交州

步骘，字子山，A政B统的文武大才，临淮郡淮阴县（今江苏省淮安市淮阴区西北）人，天下大乱后来到江东避难。

步骘虽然贫穷，但有大志。他初到江东的时候，不说大字不识一个也差不了多少，但步骘不甘贫穷，一边耕地一边攒钱读书，没几年便自学成才，读通各种儒家典籍。

当时，会稽人焦征羌是本地的豪强大族，不但门客无数，还手眼通天，能和孙氏一族搭上关系。步骘和其好友卫旌为了能走上仕途，便准备了新鲜的水果前往拜见焦征羌，希望能成为焦征羌的门人，因此受到推荐。

可焦征羌根本没搭理这两个穷小子，任他们在外等待，自己则高卧屋中。

见此，卫旌大怒，起身便要走，可步子还没等迈出去就被步骘一把拽了回来。

卫旌刚要发怒，步骘却抢在他之前悄声道："我们这一次之所以前来就是要奔一个好前程，你如果现在受不了这点儿小气而离去的话，非但不会有好的前程，还会因此得罪焦征羌，以致杀身之祸。所以，还是请你忍一忍，哪怕不为了你自己也想一想你的家人。"

这话一说，卫旌才忍着气没有走开。

一个时辰以后，焦征羌"醒"了，然后命下人打开窗户，扔给了步骘和卫旌两张席子，自己则坐在帷帐之内，甚至连头都不露。

卫旌对此感到耻辱，黑着脸一言不发，而步骘却是坦然自若，直接跪坐在席子之上，隔着窗户和焦征羌谈笑风生。

饭时到了，焦征羌自己坐在大桌之前，桌上摆满了各种美食，而对于步骘和卫旌，他只给两碗白饭，配上点儿青菜，让二人跪坐在屋外吃。

卫旌因此而怒，黑着脸一口不吃。可步骘呢？吃得那叫一个香，给焦征羌都逗乐了，来来回回给步骘上了好几碗饭。

等二人告辞离去以后，卫旌对着步骘就是一顿狂吼："步骘！你难道就没有自尊吗？人家这么对我们，你怎么还能如此坦然自若？"

听卫旌如此说话，步骘先是一愣，然后啼笑皆非道："如此对待我们？我问问你，我们是什么人？"

卫旌："我，我们，我们……"

步骘："嗨，我们就是两个饭都快吃不起的穷小子而已，属于最贫贱的那种人。人家不这么对待我们，难道还要把我们奉若上宾？呵呵，能别闹吗？人家肯见我们就算给我们面子了。真不知你是哪里来的自尊感。"

这话一说，卫旌更是生气，却无法反驳，只能闷哼一声转身离去。

最终，步骘丢了卫旌口中的自尊，却得到了焦征羌的青睐，而卫旌维护了他所谓的自尊，但却没能进入焦征羌的眼中。所以几年以后，当孙权继承江东之主之时，步骘"不知"受"谁"推荐而成为海盐县长。

又是几年以后，步骘因为政绩突出，遂被孙权升为了鄱阳太守。

直到公元210年，孙权将目光移向了交州地区，便令步骘为交州刺史，率一千余精锐前往交州任职，意图将交州完全控制于麾下。

当时，交州大部基本为两大势力所控制。其一是苍梧太守吴巨（刘表强盛时派过去的）；其二便是士燮所统率的士氏家族。

就两方实力对比，士燮完全碾压吴巨，但没有对抗孙权的实力。

基于此形势，步骘决定率先弄掉吴巨，然后以绝对的武力压迫士燮，逼其臣服于孙权。

于是，步骘在到达交州以后采用先礼后兵之法，首先派遣了使者拜访吴巨，以孙权的名义希望他尽快臣服。

吴巨，虽然在交州拥有一定的势力，虽然也可以用手中的力量来抗衡步骘，但和孙权相比就是小巫见大巫了，所以经过再三犹豫还是表示愿意臣服于孙权。

步骘对于吴巨如此醒目的表现感到些许意外，但也没有完全对其放下警惕之心，于是便暂且安顿，以观吴巨后续。

吴巨接下来的表现却让步骘大失所望。

那吴巨虽然在表面上臣服了孙权，可实际上还将自己当成土皇帝一般，不但依然在苍梧横行霸道，还不派遣使者向自己和孙权汇报工作。

见此，步骘已知吴巨真心，遂遣使往苍梧，希望吴巨能来自己的军营一趟，和自己共同商议一下交州未来的发展问题。

相信吴巨一定是不认识东汉班超，不然他绝不会傻到亲身往狼窝里钻。

吴巨觉得，孙氏虽然强大，但步骘不过有区区一千多人而已，怎么会对自己造成威胁呢？便带着数千士兵，有恃无恐地前往拜见步骘了。

当天，步骘安排了非常隆重的宴席招待吴巨。可就在酒过三巡以后，步骘突然将几案上的瓷器狠狠地摔到了地上。

然后，数十名刀斧手突然从帷帐之后杀出，对着吴巨就是噗噗噗一顿猛砍。吴巨，分分钟命丧黄泉。

这之后，步骘麾下一千余士卒陈兵列阵，准备应付接下来的猛烈攻击。

可步骘呢？就好像没事人一样，手中提着吴巨的人头，晃晃悠悠走了出来，并当着数千敌军的面吼道："你们的太守阴谋造反，已经被我斩杀，念尔等无知，我家将军决定不再追究，可你们如果继续冥顽不灵的话，那就只有死路一条。"

现在吴巨已死，数千士兵没有主心骨，再加上步骘后面还有强大的江东势力做后台，所以这些士兵不敢再行反抗，便只能投降了步骘。

如此，步骘顺利地收复了苍梧一带。

当步骘的大军进入苍梧以后，他却屯兵不动了，每天美酒美食，活得那叫一个潇洒。其手下将领见此大急，无不劝谏步骘，希望他赶紧进行下一步行动。可步骘呢，依然漫不经心地道："你们急什么急，不出十日，他士燮必臣服咱家将军，我们为何不坐享其成呢？"

什么？士燮会主动臣服？哈！简直不要太搞笑，那士燮是谁？交州第一恶霸！手中最少三郡之地，兵众数万，怎么可能如此轻易便臣服于江东势力？

基于此，其手下将领根本不相信步骘所言，但人家顶头上司都已经这么说了，你又能怎么办？唉，听着吧，等十日以后再行计较就是。

可让这些将领惊掉下巴的是，还不到五日时间，那士燮就亲自前来拜会了步骘，不但表示自己愿意投降，还将长子送到了会稽为人质。

至此，交州彻底归为孙权统治。

孙权非常高兴，因此重赏了步骘，还封他为左将军。

事后，步骘麾下将领一齐找到了步骘，皆疑惑道："大人，我们有一事不明，还请大人解惑。"

步骘笑道："什么事？"

众将："士燮我们多少还是知道一些的。他士氏家族在交州树大根深，士燮执政能力更是高强，交州让他治理得国富民强、铁板一块，我们谁都想不到他们会主动投降。可大人怎么就猜到士燮会主动向我们投降呢？"

步骘："哈哈哈，其实这很简单。我且问问你们，他士燮再强，能强得过我们将军吗？"

众将："那当然没法比。"

步骘："那就对了，如士燮这等弱小势力，如果真打定主意要反抗我们的话，早就在我军进入交州之前便和吴巨组成联军了。可他并没有，那说明什么呢？那就说明这家伙实际上早有臣服于我主的想法。之所以没有在第一时间投降我们不过是观望而已。而吴巨一死，他心中仅剩下的那点儿想法也会烟消云散，所以我才会断定，吴巨死后他必来投奔。"

话毕，众位将领频频点头，对步骘的佩服更是无以复加。

本节参《三国志》《资治通鉴》

3.9 西凉之乱

公元211年正月，曹操任命曹丕为五官中郎将兼副丞相，协助曹操处理一些日常事务。

这说明什么呢？说明曹操已经将曹丕暂时定为第一顺位继承人了。

曹操，一共生二十五子，其中卞夫人生曹丕、曹彰、曹植、曹熊。

刘夫人生曹昂、曹铄。

环夫人生曹冲、曹据、曹宇。

杜夫人生曹林、曹衮。

秦夫人生曹玹、曹峻。

尹夫人生曹矩。

王夫人生曹干。

孙姬生曹上、曹彪、曹勤。

李姬生曹乘、曹整、曹京。

周姬生曹均。

刘姬生曹棘。

宋姬生曹微。

赵姬生曹茂。

当初，长子曹昂无疑是曹操的第一顺位继承人，可当曹昂在征伐张绣的时候不幸早死，次子曹丕便占据了一定的优势。

不过这个优势并不绝对，要知道，曹昂死后，横在曹操面前的还有一个聪明绝顶的曹冲。

那曹操对于曹冲的爱简直无以复加，所以曹丕的地位是岌岌可危的。可天佑曹丕，就在曹冲即将成年之时死于怪症，而曹操其他那些儿子不是各种纨绔就是岁数太小，要不就幼年夭折，所以那时候曹丕的竞争对手就只有两个。谁呢？曹植、曹彰。

曹植乃是曹丕同父同母的兄弟，脑子虽然不及曹冲，但也是出口成章的绝顶聪明之人，很得曹操器重。

可这小子文人的浪漫和尊严太过严重，很少能拉下脸来去结交那些大臣，所以不是太得人心。

反观曹丕，这人很有些当初曹操的影子，不但对曹操的那些文臣武将恭恭敬敬（曹洪除外，具体原因以后再说），还精于诈谋之术，所以贾诩、荀攸、崔琰、毛玠、陈群、杨俊等人全都明里暗里地拥护曹丕。

尤其是贾诩，他是整个三国时期第一的阴谋大师，对于人性的研究堪称恐怖，他看上谁，谁十有八九就会成为最终的胜利者。

基于此，更是有无数的文臣武将支持曹丕，所以曹丕的优势大大胜过了曹植。

至于曹彰，这小子也是曹丕的同母兄弟（卞夫人真是会教育下一代，基因也是好），统兵打仗更是厉害，所以在这种乱世是很有优势的。

但这小子情商不够。

有一次，曹操问曹彰这一辈子的理想是什么，如果是曹丕的话，我想百分之百会说什么统一天下、拯救苍生之类的话，可到曹彰这，这莽夫就一句话："我最大的愿望就是做一个带兵打仗的大将军。"

外加上曹彰在许都的人脉也是不行，所以曹操当时就打消了立曹彰为储的念头。

有人说，曹彰本就对这个位子没有什么想法，所以说出这番话也能算得上赤子之心。

还有人说，曹彰自认为争不过曹丕和曹植，所以如此回答只不过为了避免灾祸而已。

但不管说他免祸也好还是情商不够也罢，总之曹彰虽然占有优势，却不是曹丕和曹植的对手。而曹植又不是曹丕的对手，所以曹丕便如愿以偿地暂时成了曹操的继承人。

公元211年三月，曹操见短时间无法拿下孙权，便命钟繇率关中大军往西南集结，准备拿下张鲁以后全吞益州，彻底断了刘备的发展之路。

可曹操此举刺激了凉州的马超，使得他不顾生身父亲马腾的安危，毅然决然地起兵造反。

那么曹操这个举动为什么会刺激马超呢？

原因其实并不复杂。之前我已经说过了，如果将益州吞并的话刘备将再无发展可能。因为他北面是曹操东面是孙权，这里面没有一个人是他能得罪起的。

马超也是相同的处境，他东面是曹操南部是张鲁。如果让曹操成功将张鲁吞并，那他以后将再无发展的可能。

而这还不是最重要的。最重要的是，一旦曹操占据汉中，便可从多个方向共同对凉州发动攻击。到那时候，马超便是曹操菜板子上的鱼肉，就是想蹦跶也蹦跶不起来了。

所以，马超只能在这之前起兵造反，为自己拼得一个艳阳天。

至于父亲大人，您就安心地去吧，儿会替您报仇的。

三月下旬，西凉马超和韩遂相勾结造反作乱，一时间，凉州诸豪皆反，侯选、程银、杨秋、李堪、张横、梁与、成宜、马玩等凉州军阀皆从马超、韩遂，组成了一支十多万的部队屯于潼关，时刻准备向东征伐。

此消息很快传到许都，使得朝野震动。

没错，十来万军队是不算太多，曹操甚至可以在很短的时间分出十余甚至二十余万大军前往征伐。可问题的关键是这十多万士兵都是什么水平！

纵观东西两汉，我可以很负责任地说，最强悍的骑兵都是出在西北和东北。尤其是突击骑兵，更是那些骑马民族都望尘莫及的。

可东北自天下大乱以后便纷争不断，又有外部少数民族不断寇掠，兵力马源皆损失严重，所以现在可用骑兵根本没有多少。

反观西北，从乱世开始便没有经历什么大乱，所谓有接触的异族也不过赢弱两羌而已，因此战斗力极为雄厚，更有最少两万的精锐骑兵调用。所以光论战斗力的话，西北诸兵可当二十万大军。

基于此，当许都一众文武听闻此事后皆震恐无比，生怕关中在曹操出兵以前便被马超横扫。

可曹操呢，他对马超之军嗤之以鼻。曹操认为，所谓的西凉骑兵只不过在野战上有一定的优势。论攻城拔寨，他们不过是垃圾而已。

所以，曹操直接命最擅守战的安西将军曹仁督关中之兵，于潼关一带建造防御壁垒，死死堵住马超西征的道路。然后，曹操不慌不忙地在许都聚集士兵，准备西征马超。

而事实也确实如曹操所料，那马超起初造反时气势汹汹，可当曹仁顶在他面前以后没有丝毫办法，连攻一月都没有半点儿建树，使得本来气势汹汹的关西联军开始动摇。

见此，马超知道，不能再继续攻击曹仁了，否则只会让联军士气崩溃（"只能胜，不能败，甚至不能平"，这大概就是所谓联军最大的弱点了吧）。

因此，韩遂、马超只能退回潼关，由主动变为被动，眼睁睁看着曹操集结大军而无法行动。

本节参《三国志·魏书》《中国历代战争史》《山阳公载记》

3.10　渭南之战

公元211年七月，曹操西征军准备完毕，遂命五官中郎将曹丕监国，自率西征军向西进发。

八月，西征军成功与曹仁会师，一时间，曹操兵甲遍地，好不威风。

韩遂见此，立即改变战术，据潼关而不出，意图用防守反击之术歼灭曹操。

三日以后，曹操休整完毕，然后亲率大军攻击潼关。

可另一边，曹操暗命徐晃、朱灵率步骑四千偷渡蒲坂津（今陕西省大荔县朝邑镇东），然后在河西扎营，以此掩护接下来的主力大军渡过蒲坂津。

八月下旬，徐晃已经成功渡河，并在河西扎下营寨。曹操见此大悦，乃率大军北往蒲坂津方向，准备渡过黄河，从侧翼攻击韩遂、马超等联军。

见曹操撤去潼关之围北走，马超料定这老贼是要渡过黄河攻击自己侧翼，于是一边和韩遂率主力大军从后追击，一边遣梁兴率五千骑兵疾奔河西岸边，企图以钳击之法灭掉曹操。

先说曹操方面，当其主力大军到达蒲坂津并开始登船以后，就听轰隆隆的马蹄声震动大地。

无他，联军来了。

此时正是曹军登船之时，军队全无阵形可言，如果这时候被马超追上，大军必为其所灭。所以一时间，每个人都拼了命地往船上狂奔，导致曹军秩序大乱，行动力大大降低。

曹军一众文武见此非常着急，哪怕强如贾诩这时候都不知应该如何是好。因为这种时候根本没有任何一个计谋能够瞬间稳定军队的军心。

可曹操呢？就好像没事人一样，这疯子为了稳定军心，竟然只带许褚等一百多虎士亲自断后，完全不将自己的性命当回事儿。

可曹操亲自断后的效果也是明显的，那些争相登船的士兵见曹操亲自断后，竟在一瞬间恢复了秩序，登船速度也大大得到了提升。

可就在这时，马超的部队也杀了过来。见此，许褚立即率一百多虎士堵住了蒲坂津的入口处，和联军士兵展开了生死搏杀。

这一百多虎士都是曹操军中最强悍的步战斗士，许褚更是勇猛无敌，在他们的阻拦下，联军先头部队竟无法冲进蒲坂津。

半个时辰过后，曹操的主力大军终于都登船离开了，可这个时候，韩遂、马超的主力大军也杀来了。许褚见势不好，立即命剩下的虎士营殿后，自己则带曹操急往江边小舟。

可就在这时，马超在高地上看见了曹操，那马超简直不敢相信自己的眼睛。现在天下最强大势力的主人，大汉丞相曹操竟然率军亲自断后，他是疯了还是傻了？

行了，不管曹操疯没疯，反正马超是疯了。因为他看到曹操以后竟亲率所有骑兵向蒲坂津疯狂突进，誓要擒杀曹操。

可就在马超杀掉那些虎士，突入蒲坂津之时，曹操也已经登上了小舟，船夫正在拼命向西划行。

见此，马超大急，急命所有骑兵冲到岸边奔射曹操。

砰砰砰砰砰……

一时之间，弓箭离弦之声响彻蒲坂津，如群蝗一般的箭矢全部冲向那条小得可怜的孤舟（船夫亦被射死）。

见此，许褚第一时间冲到了曹操的身前，一手拿着马鞍当盾，一手持着船桨拼命向西划行，这才救了曹操一命。

可九死一生的曹操没因此有半点儿畏惧，反而在脱离险境以后坐在船上哈哈大笑："想我曹操今日也差点儿为小贼所害，真是刺激，刺激啊！"

身中数箭的许褚一旁暗自吐槽。

再看马超。没有亲自擒杀曹操虽然有些遗憾，但马超并没有太过气馁，因为他有绝对的信心，只要梁兴能堵住河西岸口，必能令曹操损失惨重。

可问题是，他梁兴有那个本事吗？

就在曹操主力大军向河西移动之时，梁兴的五千骑兵亦到达河西津口。可让梁兴万万没有想到的是，徐晃已经提前占据了此地。

那梁兴本次前来河西津口是在和时间竞赛，一连奔跑多日，很少休息，所以现在的部队疲惫不堪。徐晃见此，立即率部曲对梁兴展开突击。梁兴不是对手，只能率所部狼狈西逃。因此，曹操主力大军成功到达河西，和徐晃会师。

曹操到达河西的同一时间，也代表着潼关北侧翼处于真空状态，如果联军继续留在潼关的话必定被曹操军钳击。

基于此，韩遂和马超只能舍弃潼关，退据渭口（渭水入河之口，位于华阴东北）以防曹操。

曹操见此，遂分出多个部队为疑兵，分散联军的布防力量，然后突率主力部队进入渭河，连夜架起浮桥，顺利进入渭水南岸，兵锋直逼联军左翼。

联军方面，当马超听闻此事以后大为惊恐，第一时间便亲率大军攻击曹操，务必不能让曹操大营扎稳，不然左翼必为曹操所破，进而导致全盘崩溃。

所以，马超连夜率骑兵攻击曹操，意图打曹操一个出其不意。

可曹操是谁？那是玩儿陆地奇兵的大行家，只听说他奇袭别人，从未听说别人能奇袭得了他。所以在登岸以后曹操就料定马超会连夜对自己进行奇袭，便提前在马超的必经之路布置了伏兵。

结果，马超没等赶到曹操大营便为伏兵所破，最后只能狼狈逃回渭南大营。

见主动权已经牢牢掌握在曹操手里，韩遂、马超等人自知必败，便请向曹操割地求和。

可曹操根本不准，势要歼灭马超、韩遂等反叛势力。

公元211年九月，曹操大军从容渡过渭水，在渭南之地扎营。马超率大军数次挑战曹操，曹操都拒不迎战，就在这和马超耗着，往死里耗。

为什么呢？

联军是在本年三月起兵造反，然后十万大军直接杀进了关中，之后被曹仁堵在潼关不得动弹。一直到现在，联军长距离作战已经六个月了。

曹操不在乎，别说十万大军，凭借他的资源优势，就算是二十万大军他也养得起。联军却不是这样的。

凉州，位于大汉西北，从两汉开始就不是什么产粮之地。相反地，它还比较贫瘠，除了能产出优秀的骑兵和战将以外什么都产不出来。所以，到本年九月之时，凉州的农业已经被战争拖垮了。

而曹操呢？就是打的这个主意。你马超不是野战厉害吗？我就偏偏不和你野战，有本事你就来攻击我的营寨吧。要不然咱就耗着，我能活活把你给耗死。而韩遂和马超也看出了曹操的意图，所以在万般无奈之下只能再次遣使向曹操请降。

这回，他们不但割地求降，还承诺以后不再攻击曹操，并且二人还愿意各将自己的儿子送到许都充当人质。

按说这诚意也是够了，曹操却对这二人的举动嗤之以鼻。一个声名狼藉（韩遂），一个连自己爹的性命都可以不顾的逆子（马超），曹操会相信他们？

可就在曹操要拒绝联军使者的时候，一旁的贾诩在这时不停地拿眼神欻欻曹操。曹操一见贾诩这德行就知道他有所图谋，于是暂时请退使者，然后和贾诩道："文和你这是？"

贾诩微笑道："我认为主公可以答应贼军的请求。"

曹操："哦？为什么？"

贾诩："呵呵，离之而已。"

一听这话，曹操明显一愣，寻思一会儿后恍然大悟，然后看着贾诩坏笑道："你这小坏蛋。"

这之后，曹操派人将使者请了进来，温和对其道："韩遂和马超的意思我了解了，不过我信不过马超，还要和韩遂亲自对话以后才能决定。这样吧，明日劳烦你请韩将军过来一趟，咱们阵前答话。"

次日，韩遂和马超果然带兵前来，并在即将到达曹营十里的位置将士兵留下，只韩遂和马超两个人前去和曹操会面（注：韩遂会见曹操的目的很单纯，就是想和曹操休战。马超的目的却不单纯，他仗着自己武艺高强，所以想在和曹操会面之时一枪挑死曹操）。

曹操方面，当他看到马超和韩遂到达距离自己大营五里时也只领一人前往谈判，而这人不是别人，正是曹操军中第一猛将——许褚。

双方会面以后，曹操看都不看马超一眼，只握着韩遂的手和其叙旧，氛围那叫一个好，就休战之事却只字不提。

再看马超，本来这小子就居心不良，想趁机将曹操挑死，就在要行动之时却见曹操身边站着一个大汉，因为这大汉长得实在太凶、太魁梧，所以马超一时间没敢动手，便和曹操道："久闻丞相军中有虎侯英勇无敌，超甚是仰慕，不知现身在何处啊？"

见马超如此，曹操岂能不知他那点儿小心思？于是只冷冷瞄了马超一眼，用手指一下身边的许褚便搂着韩遂的脖子在其耳边和他说悄悄话了。

而马超呢？一见这人真是许褚，当即就尿了，一声都不敢再吱。

过后，双方退走，马超和韩遂道："刚才曹操都和您说了些什么？"

韩遂也是挠着脑袋道："我也因为这事儿奇怪呢。这曹操趴我耳朵边上一句正话没聊，全说些有的没的，真不知他搞什么名堂。"

话说完，韩遂挠挠头便走了。马超呢？却从这时候怀疑起了韩遂。

这之后，曹操又给韩遂写了好几封信，并且每封信上都有诸多涂改，这就使得马超更加断定韩遂是和曹操勾结，遂从此时防备韩遂。

几日以后，曹操感觉差不多了，便发动全军对联军展开攻击，并且将攻击的重点放在韩遂方面。

韩遂顶不住曹操凶猛的攻势，便请求马超前来支援。可马超早已认定这是韩遂和曹操共同的图谋，所以根本不去支援，就这么眼睁睁地看着韩遂军被一点一点摧垮。

韩遂方面，见马超根本不顾及自己的死活，便在损失进一步扩大之前率军逃窜了。而那些附属于韩遂的小军阀见韩遂已退，便也在第一时间溃散而去。

直到这时候，马超才知道韩遂根本没和曹操串通。

直到这时候，马超才知道自己中了曹操的离间之计。

可这一切都晚了，马超唯一能对抗曹操的底气就是韩遂，只有和韩遂联合才有击败曹操的可能。

如今，韩遂已经溃退，他还有什么资本对抗曹操？

于是，马超也在韩遂撤军以后退往西凉了。

这之后，曹操亲率大军一路追击，斩杀联军无数。

十月，曹操成功夺回长安，将联军一脚踹回凉州。

本月下旬，曹操大军进入安定，安定太守杨秋无条件投降，曹操兵不血刃拿下安定。

就在曹操打算进一步深入凉州，进而彻底平定韩遂、马超之际，河间苏伯、田银却突然造反作乱，使得曹操不得不率军返回。

杨阜听说曹操大事未成就想撤回中原，一时大急，遂亲自拜访曹操道："田银、苏伯不过匹夫而已，对丞相完全不能造成威胁，只需一将便可轻松平定。可马超则不然，马超有吕布之勇，马氏在凉州树大根深，马超个人还非常得羌、胡等少数民族的拥护，整个西州都畏惧他！所以他才是丞相现在最应该解决的大敌！如果丞相放掉马超这个大敌转而去对付苏伯、田银之流，我可以断定，陇上各郡以后就不属于丞相了，还请丞相三思啊！"

杨阜说的有没有道理？有理，甚至连曹操都认为杨阜说的是对的。可同时，曹操也深知自己平定北方还没有多长时间，四方豪族都还有一些小心思，而一旦曹丕不能在最短的时间平定河间之乱，曹操恐怕该事件会生野火燎原之势，所以他不敢赌，所以他明知道杨阜是对的也要撤兵。

同年十二月，曹操留夏侯渊屯兵长安，武镇关中。留张既为京兆尹，主管关中政事，自领主力从安定往许都回撤。

马超、韩遂等凉州军阀因此逃过一劫。

可就像杨阜之前说的那样，苏伯、田银不过小贼而已，那边还没等曹操返回许都就已经被曹丕派人平定了。可这时候曹操已经回到许都，那边凉州军阀也已经恢复元气，现在再回去平定凉州也来不及了，曹操便暂时断了平定凉州的想法。

可就在曹操进入短暂的修养期之时，刘备，这个东躲西藏、寄人篱下一辈子的乱世枭雄，终于崛起了。

本节参《三国志·魏书》《中国历代战争史》《山阳公载记》《资治通鉴》

3.11　独坐穷山，放虎自卫

公元211年十二月，就在曹操返回许都以后，身在益州成都的刘璋却杀了。

之前曹操为什么要攻击张鲁？为了平定汉中，夺取益州。

那么最后为什么退走了？因为马超造反了。

那么马超最终可能是曹操的对手吗？百分之一千不是。

那马超被灭了以后该轮到谁了？张鲁。

张鲁之后呢？呵呵，刘璋。

基于以上，刘璋每日茶饭不思，满面愁容。

张松看出了刘璋的顾忌，因此找到刘璋建言道："曹操兵强，无敌于天下，若夺取张鲁之汉中，下一步必对我益州动武，到那时，试问谁能挡之？"

刘璋："我最近也经常因为这事儿苦闷，可曹操实力太过强大，我也没有办法呀。"

张松："哎，主公何必忧虑，那刘豫州和主公皆为汉室宗亲，沾亲带故，且和曹操不死不休，并极善用兵，乃是曹操大惧之人。主公何不请求他前来帮忙平定张鲁？如此，张鲁必破。张鲁破，我方便可全吞汉中，而得汉中，哪怕曹操有百万大军又何足道哉？"

听毕，刘璋频频点头，又问张松："你说得很有道理，那应该派谁前往荆州才可保万全呢？"

听毕，张松几乎想都没想便道："法正法孝直，只要遣其为使，刘豫州必来我益州！"

法正，其战阵谋略绝不次于郭嘉、荀攸、贾诩等超级谋士，因为本书以后他还要多次出现，所以先简单地介绍一下。

法正，字孝直，S⁻级谋士，右扶风郿县（今陕西省眉县汤峪镇小法仪村）人，祖父法真，是一个有操守的清廉官员。可等到法正长大以后，法家已经穷困潦倒，这迫使年轻的法正改变了自己的人生观，认为不管通过什么手段，只有最终获得权力的人才能真正成功。

建安初年（公元196年左右），那是天下最乱的时期，不仅群雄割据、盗贼遍地，饥荒也是无时无刻不在折磨着天下百姓。法正和同郡人孟达为了躲避饥荒，便携手来到了益州投奔刘璋。

法正虽然是一个超有能力之人，但没有操守，所以在刘璋手下很长时间才混到了一个县令。后来虽然凭借其过人的军事才能被任命为代理军议校尉，可因为法正在担任县令的时候风评非常差（贪污受贿），所以一直也没能得到刘璋的重用。

直到张松请命法正为使前往邀请刘备，法正这才开始迎来自己的春天。

可刘备是"什么人"？他是那么好"请"的吗？

当然不是，但问题不是出在刘备，而是出在刘璋的那些文臣武将身上。

首先是黄权，当他听闻刘璋要请刘备入川以后极为慌张，第一时间便找到了刘璋道："主公，那刘备有骁勇之名，统兵作战极为强悍，且野心很大，根本不是主公您能驾驭得了的。如果主公以部将的待遇来对待他，必不能满足其志。可如果再提高其待遇，那么恕我直言，一个国家不可能会容得下两个君主。所以，还请主公不要邀请刘备入益州，应该关闭边境，洞察天下，待黄河水清之时再行定夺。"

黄河水清？这是闹呢吗？等黄河水清以后刘璋不得被曹操给玩儿死？黄权这说法根本没有说服力，所以没有被刘璋采纳。

见此，刘巴又劝刘璋道："主公！刘备乃天下枭雄，其野心比天还高，如引入益州，必为其所害，还请主公三思啊！"

这话说得够直接，但同样没有说服力，所以亦为刘璋所拒。

最后是王累，他见刘璋油盐不进，直接采用了最极端的办法。

次日，刘璋想要外出散心，就在到达城门之际，却见到让人惊掉下巴的一幕。

只见王累站于城楼之上，用绳子将自己的双脚死死绑住，见刘璋车来以后直接跳了下去，好像蹦极一样，身体就这样倒悬半空，然后抽出宝剑，对刘璋的车队大吼道："下官有事求见主公！望主公出来一见。"

城门口都是百姓，你王累搞这么大阵仗，要干吗？疯了？

刘璋是被王累膘得满脸通红，他是真不想见这个二愣子，但有什么办法，你身为一州之主，难道还真能对臣子自杀视而不见？

只见刘璋黑着一张大脸走下了车，看都不看王累一眼便对一旁左右道："还看什么呢！把这疯子给我弄下来。"

一看左右卫兵要动，王累直接嘶吼道："都给我站那！谁来我就砍掉绳子！主公！下官就有几句话，只要主公肯听，我马上就下来。"

刘璋："行了行了，说，说，有话你赶紧说！"

王累："主公！刘备虽为汉室宗亲，但野心不可丈量，手下又有关羽、张飞等虎狼之将，绝不是甘于人下之辈，岂不见曹操、袁绍收了刘备以后都是什么后果？别以为刘备和主公您一个姓就有什么不一样的。我明着说了吧，哪怕刘备的亲兄弟，只要为了利益他刘备都能说叛就叛！所以只要刘备入蜀，益州必定易主，还请主公三思，三思啊！"

刘璋："别净跟我说那些没有用的，我就问你下不下来！"

王累："主公要是不答应我，我不但不下来，还会以死谏主公！"

刘璋："……那你去死吧！"

话毕，刘璋直接上车离去。

见此，王累哀叹一声，然后割断了绳子。

而自此以后，益州再无一人敢劝刘璋。在外守关的老将严颜听说刘璋的决定以后亦是长叹一声，然后不无悲哀地道："此所谓独坐穷山，放虎自卫矣，益州，完了。"

本节参《三国志》《资治通鉴》《零陵先贤传》

3.12　入蜀之前

公元211年十二月，刘璋命法正、孟达各领两千士卒，合共四千人前往荆州迎接刘备。

那法正本来对声名狼藉的刘备十分不屑，但当和刘备促膝长谈以后当即为刘备之气度所折服，所以从此时开始便决意效忠刘备并助其成就大事。

数日以后，刘备整军完毕，即命关羽督张飞、赵云、孟达等将总镇荆州，诸葛亮等文官则辅佐关羽处理日常政务。刘备自与庞统、法正率黄忠、魏延等将及数万步卒进入益州。

那么刘备这次进入益州是不是真心帮助刘璋呢？呵呵呵，读本书到现在的朋友如果还以为刘备是一个爱哭的"贤者"的话，那么你的书真是白看了。

刘备本次进入益州，明面上打着帮助刘璋的名义，可实际上就是为了谋夺益州，以全天下三分之念。

因此，在这之后，刘备将在益州和刘璋展开激烈的争夺战。所以在此之前，容我将益州好好介绍一番。

益州，在战国以前并不属于我天朝，一直是少数民族所占据。直到战国时期，秦惠文王用司马错伐蜀，中国始开其地。

秦并天下以后，在益州开巴、蜀二郡。直到汉武帝设十三州，巴、蜀二郡才合为益州。

后公孙述占据益州，以此地为成家国。直到建武十二年（公元36年），光武帝刘秀平定公孙述，又设此地为益州。

《读史方舆纪要》曰："四川非坐守之地也，以四川而争衡天下，上之足以王，次之足以霸，持其险而坐守之，则必至于亡。"

由此可见，益州是多么重要。其交通、险要、富庶之地概如下述：

益州东据夔门，以巫峡之险与荆楚分界。至于西则连夷，南阻蛮部。再向南则入云南控制诸蛮。北控褒斜道可对汉中实行攻守之道，占尽主动。

各处险要则有剑斗山：亦名为大剑山，在今剑阁县北二十五里处，其东北三十里为小剑山，两山相连谓之剑阁。《读史方舆纪要》载其："凭高据险，界山为门，蜀境之巨防也。"（请注意巨防二字，这二字《读史方舆纪要》极少用到，由此可见，这剑阁难攻到了一种什么地步。）宋郭忠更是说剑阁"前瞰巨涧，后倚层峦。边山而立，一径陂陀，中贯大溪；平山内外，居民悉在山上，形势之险固亘古少有，实乃御敌之绝极要道"。

鹿头关：大部位于今四川德阳市，南距成都一百五十里，为东西两川的行军必经之路。

巫山：亦称为巫峡，在今重庆市巫山县东三十里处，为益州三峡之一，长一百六十里，战国苏秦曾与楚威王曰："西有黔中巫郡，因以山名。"

瞿塘关：位于奉节城东八里，以瞿塘峡而名，峡在城东三里，谓之广溪峡，乃益州三峡之一，为自荆州入巴之重险关隘。

临关：在今四川省芦山县西北六十里处，又曰零关，为汉灵关道。西汉凿开灵山道即在此处。

青溪关：在今四川省汉源县西南一百三十五里处，其地连山带谷，夹涧临溪，依险结关，为剑阁北方之关隘。

白水关：位于今四川省广元市昭化区西北一百二十里川陕交界处，故亦曰水县界。其西接阴平，东达宁羌，最为要隘。

以上皆为益州之险隘要道。此外，益州还有长江、渠江、嘉陵江、涪江、沱江、岷江，皆为军事运输之重要水道。而尤以长江为东出荆州，嘉陵江为北出汉中及甘南之重要水道。

至于益州都会之大者，乃有蜀郡、巴郡、广汉郡、汉中郡。

蜀郡：治所为成都，秦灭蜀后置蜀郡，两汉因之。诸葛亮所谓："益州险塞，沃野千里，天府之土。"即以此为中心。

巴郡：治所为今之重庆。秦灭巴，置巴郡，两汉因之。其郡会川蜀众水，控瞿塘之上游，地形险要。春秋时，巴人据此，常与强楚争衡。为自荆州入成都最重要之战略地带。

广汉郡：治所为今之四川省梓潼县。秦时为蜀郡地，西汉为广汉郡，东汉因之，兼置益州于此。其郡据成都上游，为益州之内险，所以自古征蜀者必争广汉，剑阁之险属之。

汉中郡：治所为今之陕西省汉中市南郑区。春秋时为蜀地，战国时属秦国。后为楚地，楚衰又属秦，秦置汉中郡，两汉因之。其郡北瞰关中，南蔽巴蜀，东达襄邓，西控秦陇，地理位置极为重要，乃关中与蜀必争之地。战国苏代曾曰："汉中之甲，乘船出于巴，乘夏水下汉，此言秦据汉中能为楚祸也。"黄权曰："若失汉中，则三巴不振。"故刘备入成都以后，立即北往汉中。

汉中入关中之道有三：分别是褒斜道、傥骆道、子午道。

好了，以上便是整个益州内部的地形以及各处险要及大都邑的介绍。现在，我们正式来看刘备是如何进入益州及夺取整个益州的。

本节参《三国志》《资治通鉴》《中国历代战争史》《江表传》《读史方舆纪要》《史记》《汉书》

3.13 霸占益州（1）

公元211年十二月下旬，刘备自巴郡沿垫江水至涪（今四川省绵阳市），刘璋因此亲率步骑三万前来迎接，并大摆筵席邀请刘备共同饮宴。

张松觉得这是一个千载难逢的机会，便秘密致信于法正，希望法正能劝刘备在宴席上结果了刘璋，这样吞并益州便可不费吹灰之力。

法正觉得张松之言甚有道理，可自己是新近投奔刘备，这一上来就献如此毒计恐怕刘备会对自己有所防范，不予重用。于是将此言汇报于庞统，希望庞统能劝刘备在宴席上弄死刘璋。

庞统也觉此计最为干脆利索，于是面见刘备劝谏道："主公，现在刘璋对您全不作防范，正是斩杀他的最好时机。一旦您在瞬息之间斩杀了刘璋，刘璋所拥有的三万人必定对主公俯首称臣。然后，主公可趁着益州指挥系统失灵的良机横扫四方，相信可以在最短的时间用极小的代价换取整个益州！此天赐之机，切不可失。"

本以为刘备会对自己的建议非常赞成，岂料听完这话以后刘备并没有什么兴奋的样子，反而陷入了沉思。

庞统见此奇怪地问："主公还有什么可犹豫的吗？"

刘备："你的计谋确实干脆利索，可以在最短的时间取得最大的效果，可这并不是我所要的，并且，一旦我这么做了，对于我的损失会远远大过收获。"

庞统："为什么这么说？"

刘备："我且问你，我刘备为人处世最大的武器是什么？"

庞统："主公统兵作战能力卓越，民心甚旺，这都是主公最大的……嘶……主公您的意思是……"

刘备打断道："没错，我初入他国，恩信未著，如果在这时候袭击刘璋，必会失去天下民心！曹操最怕的就是我的民心，如果我失去这个武器，试问以后还凭什么击败曹操？所以，此计断不可行。我们现在只能等，等一个出兵讨伐刘璋的借口！"

庞统："可……可这借口什么时候才会有？如果一直没有的话，难道主公您……"

刘备："呵呵，我刘备想要一个借口，有那么难吗？"

次日，刘备携手下文臣武将和刘璋进行了相当愉快的饮宴。酒过三巡，兴奋的刘璋当即表示愿意推刘备为大司马兼司隶校尉，而刘备亦乐呵呵地推刘璋为征西大将军领益州牧。

这场大宴持续了整整一百多天，直到一百天以后，双方才行散去。

这之后，刘璋给了刘备极多财富以为军费，并命白水军协助刘备北上讨伐张鲁（白水军：白水关守军，由刘璋将领杨怀、高沛统率，善守善射，乃刘璋精锐之兵）。本以为刘备会在第一时间对张鲁发动攻击，岂料这家伙达到葭萌（今广元市昭化区东南五十里）就不动了。美其名曰整军备战，可实际上行的尽是那收取民心之事，实在是让人无语至极。

好了，刘备入蜀作战就暂时介绍到这里，因为距离他真正和刘璋开战还要等整整一年时间。在这期间，还是让我们看看曹操和孙权都干了些什么吧。

时间：公元211年十二月下旬。

地点：会稽治所。

砰砰砰，此时会稽治所的郡府充斥着无尽的摔砸之声。

孙权："畜生、畜生、畜生！刘备这个奸诈小人！之前他说什么了？啊？什么巴蜀难攻，什么战线拉得太长，什么难以获胜！可他这时候上益州干什么去了？啊？帮刘璋对付张鲁？我呸！骗傻子吧！刘备这个不要脸的东西，他明摆着就是去夺益州，我誓与其不两立！来人啊……"

"等等！"就在孙权要开始犯浑之际，其手下一名谋士及时地制止了他，并疑惑道，"看主公您这架势，难道是要和刘备开战不成？"

孙权："我是有这个想法。怎么着？难道我还不能打这大耳贼不成？"

谋士："可以，主公您当然可以趁此时机攻击刘备，不过主公您可别忘了，您北边还顶着一个曹操呢，如果您这时候攻击荆州的话，难道就不怕曹操在此时攻击您的后背吗？"

孙权："曹操曹操曹操！每次都是曹操！难道就因为一个曹操我就要放任刘备这么欺辱于我？"

谋士："呵呵呵，当然不是，主公且听我说。如果您现在去攻打刘备，固然可以夺取整个荆州，但不免和曹操全面开战，这不符合我们的利益。可相反，如果这次您不搭理刘备，不但会将整个荆州掌握在手中，还会将曹操引到刘备那边，这难道不是一箭双雕的天授之计吗？"

孙权："你是说……"

谋士："没错，刘璋乃暗弱之人，绝对不是刘备的对手，不出数年，益州必为刘备所夺。而曹操这辈子最怕的人就是刘备。首先，一旦刘备夺取了益州，必定触动曹操那根最敏感的神经，所以一定会将军事重心转到刘备身上。那时，主公您便可无忧矣。其次，刘备之前不是答应过主公吗？只要他有了其他的地方就会将荆州双手奉上，所以一等刘备夺取益州，主公您就遣使往刘备处讨要荆州，到时他还则罢了，如果他不还，主公便可在第一时间攻击他。而到那时，曹操可就不可能来打您了，绝对会从西北进攻刘备！"

听毕，孙权频频点头，这才没有对刘备行那刀兵之事。可孙权实在咽不下这口气，便致信于其妹，让她赶紧返回吴国。因为孙权已经预感到，自己和刘备之间早晚会有一战。

那孙夫人（史无载其名）和刘备的结合完全就是因为政治，对这个老头子没有半点儿感情，所以见此信后想都没想便携储君刘禅往江东而去了。

本节参《三国志》《资治通鉴》《中国历代战争史》

3.14 荀彧之死

欸？奇怪，他孙夫人走就走了，为什么还要拐走刘备的儿子呢？

原因其实很简单，给各位两个关键词就明白了。

荆州。

人质。

嗯，孙夫人想的是挺美，可将一个大势力的储君带出境外真的那么容易吗？答案当然是不。这不，那边孙夫人还没等上船呢，这边诸葛亮就发现孙夫人和储君刘禅不见了。

针对现在的局势，聪明的诸葛亮一想就知道孙权要干什么，于是立即命张飞和赵云率水军断绝江面，凡过江船只皆要接受严格的盘查。

结果查着查着就查到孙夫人的船只了。

孙夫人见事情败露，便只能于船上撒泼大骂张飞、赵云。可二人对待孙夫人的撒泼没有半点儿反应，只是冷淡地道："主母想到哪去我们管不着，也不想管，但公子必须给我们留下，不然……呵呵，不然主母您也别想走了。"

孙夫人无奈，只得将刘禅留下，自往江东而去。而从此刻开始，刘备和孙权的所谓盟友关系亦是有名无实矣。

公元212年正月，汉献帝迫于压力，乃赐曹操赞拜不名、入朝不趋、剑履上殿之臣子最高礼仪，如萧何、王莽、梁冀、董卓之故事。（诸位看好了，这里面除了萧何以外哪有一个好人？这说明什么？说明曹操要开始往上蹿了。）

同月，江东方面，孙权分豫章部分土地建鄱阳郡，分长沙部分土地建汉昌郡，并任鲁肃为汉昌太守，驻守陆口，以随时应对即将和刘备展开的战争。

当这些事情都做完以后，孙权乃迁都秣陵，后改秣陵城名为建业，并改造石头城要塞（今南京市鼓楼区），修建水军基地以防曹操。

五月，马超又在西北兴风作浪，曹操见此乃斩卫尉马腾。

七月，马超打着为父报仇的幌子再次与韩遂等西凉军阀组成联军，屯驻蓝田一带，准备对左冯翊发动攻击。

夏侯渊见此，乃携关中之兵主动对马超发动攻击，于蓝田连破马超诸部，并斩梁兴于蓝田。

马超不是夏侯渊的对手，只能狼狈再退凉州。

曹操因此夸赞夏侯渊，并封其为博昌亭侯。

十月，曹操集结十余万大军（对外宣称四十万）准备南下讨伐孙权，就在出发之前，董昭等一众谋臣却欲推曹操为公爵，使其建立独立的国家（逐渐取代东汉），并为曹操准备好了九锡，用来在受封公爵以后以此等最高的封赏来巩固曹操的地位。

对于此事，曹操表面上是拒绝的，可任谁都知道，他真正的想法是想接受这个爵位，因为曹操确实在一步一步地取代汉献帝，这是不争的事实。

荀彧对此事却极力反对，他揣着明白装糊涂，和众人说什么曹操成立义军的本意就是匡扶汉室；说什么曹操是对汉朝绝对忠诚的大忠臣，这样做会毁掉曹操的一世英名；说什么曹操是一个有品德的人，绝对不允许董昭等人这样做。

总之就是一句话，荀彧不想让曹操取代东汉朝廷。

曹操虽然在表面没说什么，甚至夸赞荀彧懂事，其心中却是恨荀彧恨到了骨子里。

公元212年十一月，曹操开始往濡须方面发兵。可在这次出击的谋士团里多了一个人。

荀彧。

众所周知，荀彧一直是曹操最为信任的人，所以但凡有什么大型战役都是由荀彧留守后方。可自从上一次荀彧"阻止"曹操为公爵以后，曹操便开始恨起了荀彧。而这还不是最可怕的，最可怕的是曹操自此以后开始怀疑荀彧的忠诚。

为什么？很明显，通过这次事件使曹操看出，荀彧是一个明晃晃的保皇派，他不想抑或说不允许任何一个人危及大汉的江山。这就很明显和曹操有了死结。

针对于此，曹操绝不会再让荀彧留守大后方，不然一旦荀彧搞点儿什么小动作，曹操的麻烦可就大了。

基于此，曹操才会在出征的时候携带荀彧以防其叛。

同时，曹操对荀彧的态度也逐渐冷淡，从一开始的言听计从变成现在的冷眼相对，直到南征途中，曹操甚至都不会和荀彧商量哪怕一丁点儿的军情。

所以，荀彧每一天都活在痛苦和抑郁中。

终于，在大军到达寿春之时，荀彧病了。而曹操呢？对这个跟随自己多年的老谋士没有半点儿慰问的表示，只是将他留在寿春养病，然后便带着军队继续向南了。

并且，在从寿春出征以前，曹操还赏赐了荀彧一盒饭食。当荀彧打开盒子以后，这盒子里却是空无一物。

见此，荀彧大脑有如一声巨响。然后，悲愤的他直接服毒自杀了。

那么荀彧为什么看到空盒子以后会服毒自杀呢？我认为其原因不外乎四点：

第一，空盒空盒是为棺，意思就是让荀彧躺在棺材里。

第二，空盒为外华内无之意，象征着现在的荀彧已经对曹操没有一点用处。

第三，空盒为椟，而椟与毒同音，所以荀彧选择服毒自尽。

第四，空盒为亡。想当初曹操曾想招募太史慈，所以寄给了太史慈一个盒子，盒子里面放着"当归"，意思是希望太史慈回归正途，而这一次盒子里面却空无一物，那就代表着"无"。而"无"便是"死"，仅此而已。

反正不管怎么着荀彧都是死了，曹操因此铲除了这个后顾之忧。

荀彧，这个曹操曾经最依赖的重臣，凡有大事必与其商议，献计则必从之，曹操从弱到强的每一步都有荀彧的影子。可就是这样，当荀彧触及曹操的底线时，曹操还是犹豫都没有便将其"杀"了。

本节参《三国志》《资治通鉴》《魏氏春秋》《荀彧别传》《献帝春秋》

3.15　甘宁奇袭队

公元213年正月，曹操大军进逼濡须口。

濡须口，大概在今安徽省含山县西南位置，凭此可阻北军进入长江。而一旦濡须口被夺，建业便有大危机，所以濡须口为南北兵家必争之地。

基于以上，当孙权听闻曹操大军来后，遂亲率七万大军前往迎击，层层布防于濡须口。

但双方兵力上的差距是巨大的，所以孙权要想顶住曹操的进攻便必须先夺其士气。

于是，孙权密令前部先锋甘宁务必在曹操立足未稳之际袭击其营，进而先声夺人。

此时，甘宁大营，见过孙权拿给他的信件以后，甘宁直接将信拍在桌子上，然后和传令道："去，让我的都尉精选一百名最精锐的骑兵，然后全都到我的大帐外集合。"

半个时辰以后，都尉带着一百来号一脸杀伐之气的雄壮士兵前来报到。

甘宁默默地点了点头，然后将信件交给了那名都尉。

这之后，甘宁对着下面的一百多士兵大声吼道："我想各位都知道，曹操老贼已经率数十万大军前来攻我江东，但我江东没有孬种，你们更是我江东一众士卒中的健儿！今夜，我就要带着你们大闹曹营，让老贼见识一下我们江东男儿的豪勇！你们可想和我甘宁共同立功？"

一众士兵（除都尉以外）齐声道："愿随将军立功！"

甘宁："好！来人啊！"

侍卫："在！"

甘宁："将主公赏赐我的米酒拿出来，在场众人一人一满碗！"

侍卫："喏！"

不一会儿，每人手中都捧着一满碗酒，甘宁没有半句废话，一饮而尽后直接将手中瓷碗摔碎。

然后，下面的士兵有样学样，干掉碗中酒后啪啪地将碗全部摔碎。可只有一人，他满面愁容，不但没有喝掉碗中的酒，还一副欲言又止样。这人不是别人，正是甘宁手下的那名都尉了。

甘宁冷冷地看了他一眼，然后自己斟满酒，直接将装满了米酒的瓷碗递给了都尉，其意不言自明。那都尉却没有接甘宁的酒，反倒是惊恐地和甘宁道："将军！曹操有数十万大军层层布防，您只征召一百人，这和送死有什么区别？主公信中确是说明了让将军偷袭曹营以争士气，却没有说带多少人啊？不说三千人全部出动，起码也要出动一千人才有可能全身而退吧？还请将军三思！"

话毕，那名都尉直接跪在甘宁面前，看那个样子好像在领死一样。可甘宁并没有像他想的那样拔出腰中宝刀，而是冷冷地道："我问你，面对数十万大军，三千和一百有何区别？"

都尉："这，可是……"

甘宁："我再问你，一百人和三千人哪一个更具有隐蔽性？"

都尉："……"

话说到这，那都尉好像明白了什么。可就在这时候，甘宁抽出了他的宝刀，并架在那都尉的脖子上道："你小子受主公的恩宠能比得上我甘宁吗？我甘宁尚且不怕，你怕什么？这是你第一次质疑我的决定，我饶了你，如果再有一次，定斩不饶！"

听毕，那都尉并没有什么惧色，有的只有无尽的惭愧，然后极为坚定地道："愿随将军赴汤蹈火！"

次日，时间大概在晚九点至十一点（二更），甘宁亲率一百人的袭击队以人衔枚马裹蹄的方式往曹操大营秘密行进。

因为当时距离自己较近的只有甘宁和周泰的前锋军，而这两个前锋军的兵力都不过几千人而已，所以曹军根本没想到他们敢偷袭，也就没太过警戒。再加上甘宁的奇袭队只有一百人，所以哪怕他们已经到了曹营近前，那些守卫的士兵也没有发现。直到甘宁奇袭队已经偷偷拔掉了阻碍行进的鹿角，这些士兵才反应过来，不过这时已经晚了。

只见甘宁一声杀字暴吼，这一百多人的奇袭队便如风一般杀进了曹军大营。他们见人就砍见帐就烧，只瞬时之间便将曹营搅得一团乱。

那些曹军将士以为江东大军来袭，一个个慌忙穿上盔甲，举起火把便往外冲杀。这些士兵足足折腾了一晚上却没有看到一名江东士兵。为什么？因为甘宁见战略意图已经达成，早就带着自己的奇袭队返回大本营了。

曹操被甘宁狠狠地耍了一回。此事在极短的时间便传到了孙权军各处，孙权军将士因此人人振奋，孙权更是当即赏了甘宁一千匹绢、精致战刀一百口，同时增加甘宁所属士兵至五千人。

孙权还不无感叹地道："老贼有张文远，吾有甘兴霸，足以匹敌也！"

由此可见，孙权对甘宁满意到了一种什么程度。

本节参《三国志》《江表传》

3.16 霸占益州（2）

甘宁的奇袭使得略有畏惧的江东军士气振奋，曹操因此而怒，遂于次日夜晚派出前部水军一万余人对濡须口发动攻击，企图强突上岸，和孙权在陆地展开对决。

可孙权很明显不会让曹操称心如意，毕竟南军对北军唯一的优势便在于水军。基于此，孙权在曹操水军出击的第一时间便遣董袭率江东水军前往迎战。

结果，曹军水军不敌江东水军，被生擒三千余人，几乎全军覆没。

见此，曹操哀叹哀叹再哀叹，最终只能高挂免战牌，意图重复赤壁故事，等大军适应濡须的地形以及气候以后再行攻击。

可孙权和周瑜一样，是不会给曹操这个机会的，于是在次日清晨大张旗鼓地前往曹军水寨探查。

当天，江面大雾弥漫，曹操一是不习水战；二是不明孙权虚实，便只能命大军对着孙权的水军一顿乱射。面对着如群蝗一般的箭矢，相信一般人早就掉头逃窜了。可孙权这一次之所以前来就是要挑衅曹操，怎么可能如此轻易便撤退呢？于是就这么横在江面任凭曹军射击。

不一会儿，因为战船整个一面都被射满了箭矢，所以战船开始倾斜，如果继续下去的话，战船很是有翻船的危险。

可孙权不慌不忙，镇定地命令手下将战船掉头，然后继续"稳坐钓鱼台"。

嗖嗖嗖，嗖嗖嗖，在不知射出去多少箭矢以后，曹操感觉不对了，便令大军停止射击。而这时候，江上的大雾也散了。孙权见此，直接令船队掉转而回，并在回去的过程中令士兵大声嘶吼"谢曹丞相赠箭"。曹操因此气得胸口起伏不断，但因为太过畏惧江东水军，所以暂且忍了孙权的挑衅。

可孙权秉着不气死曹操不回头的中心思想，在这之后几乎每天都亲率水军前来挑战，并在回去的时候一顿打鼓奏乐。

这一出出的给曹操手下的将领们气得青筋暴起。终于，在本月下旬，当孙权再一次敲锣打鼓往回走的时候，曹操手下的一名将领受不了了，遂请出战孙权。

曹操也是紧握着双拳，一时间陷入了沉思。可最后，还是理智战胜了冲动。曹操只犹豫一瞬便松开了紧握住的双手，然后不无感慨地道："唉，生儿子就要像孙仲谋这样啊,刘景升那几个儿子和孙仲谋相比就好像猪狗一般不堪。"

话虽然这么说,曹操还是不能不有所行动,不然整个曹军的士气就得被孙权祸害没了。于是,曹操在次日令一将率大军急袭了孙权的江西大营。意图在孙权分兵救援江西大营之时对其发动总攻击,进而一举登岸。

孙权却提前洞悉了曹操的意图,所以根本没分哪怕一点儿援军给江西大营。就这样,江西大营被攻破了,其内都督公孙阳亦被曹操生擒。可孙权呢?依然坚守着濡须口大营不动分毫。曹操无奈,只得再次和孙权展开了漫长的拉锯战。

时间很快到了三月。本月初,春雨逐渐增多,又到了动物们交……咳咳,又到了瘟疫多发的季节,孙权因此致信曹操,整封信就简简单单四句话:"春水方生,公宜速去。足下不死,孤不得安。"

看过孙权这首打油诗后,曹操沉默了,久久不发一言。最终是在一声哀叹下收兵离去了。

我有很多喜欢历史的朋友每每聊到这一段的时候都很是不懂。他们不知道,曹操为什么要撤退,这不是互有胜负吗?

为什么?其实原因不外乎两点:

一、北兵南征,尤其是往江东方面征伐,时间一长必患瘟疫,难道赤壁之战还不够给曹操教训吗?所以曹操不敢再赌。

二、孙权在濡须口布防极为严密,曹操实在无法攻入,哪怕最后能侥幸攻入也必损失惨重。

综合以上,曹操只能撤退。所以第一次濡须口之战就这样虎头蛇尾地结束了。

好了,曹操和孙权暂时就说到这里,下面我们再将时间提前几个月,看看刘备在益州如何了。

公元212年十二月,曹操发大军南征孙权,孙权一边在濡须口布防,一边象征性遣使往益州请求刘备的援军。

此时,刘备已经在葭萌数个月之久了。这数个月,刘备没有对张鲁动用一兵一卒,而是不断收买人心。葭萌一带的百姓因此对刘备赞不绝口,甚至希望刘备能代替刘璋来治理益州。

可刘备依然不满足,遂以帮助孙权之名遣使往刘璋处请求援兵。

张松不知刘备是在打秋风,还以为他是真的想要往东去帮助孙权,便秘密写信给刘备与法正道："现在大事就要成功，益州几乎已在主公之手，主公为什么要放弃益州而前往荆州呢？还请主公三思啊！"

这是什么信？明晃晃地造反啊。按说，似此种大逆不道之信，张松处理得必须谨慎谨慎再谨慎，哪怕自己的亲爹和亲妈都不能让他们知道。可咱也不知道张松是怎么弄的，竟然将此信弄到了哥哥张肃的手中。

那张肃害怕祸事牵连自己，乃向刘璋告发了张肃的阴谋，张松因此而死。

与此同时，刘璋开始防备久久不动的刘备，二人从此结怨。

刘备见已与刘璋彻底撕破了脸，乃召庞统，询问他有什么攻击刘璋的办法。

庞统与刘备曰："暗中挑选精干士兵，以日夜兼程的极速抄小路往成都奔袭，必能取下成都，进而一举拿下益州，这是上策。白水军将领杨怀和高沛明面上是我们的手下，可实际上就是刘璋安排在我们身边的监视者。据说已经多次写信劝谏刘璋，让他发兵把我们打回去，只不过刘璋现在暂时还对主公怀有信任，故而未动而已。针对于此，主公可以派人去告诉他们，就说自己要回去救援孙权，让他们带领我们过白水关。这样，二人便会佩服主公的英明，又高兴主公离去，估计一定会轻装简从地前来拜见您。主公可趁此时机斩杀二人，然后全吞白水关士兵，之后向成都方向挺进，进而全吞益州。这是中策。剩下的办法就是您率军退回白帝城，以后再想机会平定益州。这是下策。反正不管选择哪个策略，现在都是主公您行动的最好时机，如果这时候再不行动，就将招来杀身之祸，还望主公三思。"

刘备思虑片刻，乃与庞统道："上策太急，下策太缓，还是中策最为合适。可以行动了！"

公元212年十二月，刘备以回荆州之名召杨怀、高沛二人引路。二人不疑有他，果然轻装前来拜见。结果连刘备的面都没见到便为刘备所杀。

这之后，刘备手持二人印绶全并白水关兵众，并将这些兵众的妻子、儿女、老爸、老妈全都抓了起来以为人质。

这些白水关将士怕家人受伤害，不敢违反刘备的命令，便只能"真心"归顺于刘备。

这之后，刘备一面遣使往江陵召诸葛亮率荆州之兵入蜀，一面亲率大军向成都方向疾奔猛进。意图以北、东钳击之法彻底歼灭刘璋。

刘备，这是一个被演义耽误，让人严重小看了的卓绝军事统帅。我可以很负责地说，论统率中、小型军团作战，刘备绝对和曹操、孙坚、孙策是一个等级的，区区刘璋根本不是对手。所以刘备自进兵以后一路连胜，根本无人能挡。

就在这时，身在成都的谋士郑度却献计于刘璋曰："刘备统兵作战虽然强悍，但取得的只是百姓之心，益州豪族还没有对其依附。并且，刘备的行军路线是直往成都，意图以最快的速度结束战斗，补给一定很少。所以，主公只需要将巴西、梓潼两郡的百姓迁往涪水以西，再将原来的粮食全部焚烧，刘备不过百天便必定往荆州而撤。到那时，刘备士兵疲惫，我们只需要发动全军在后方追击，必定能将其生擒！还望主公三思。"

听毕，刘璋陷入了久久的沉思，又感觉这计谋好，又感觉还有弊端，所以一时半会儿无法决定，便只能和众人商议，数天都无法抉择。

刘备这人和曹操一样，对于情报极为重视，所以成都到处是他的间谍。由是，郑度这计策没几天便为刘备所知。

当刘备听完此计以后可真是被吓得满身虚汗。因为如果刘璋真的按照郑度所言行事，自己必死无疑。所以他第一时间招来法正，询问他应该如何应对接下来的挑战。

可当法正听完此计以后哈哈大笑，然后非常不屑地和刘备道："主公勿要担心，没必要害怕。此计虽好，但刘璋是绝对不会采纳的。"

说实话，刘备最开始是不相信法正的。毕竟此等万全之计，如果是自己的话百分之百采纳，那刘璋确实是一个暗弱之主，但也应该没有到白痴的程度吧。

事实证明，刘璋还真就达到了一种白痴的程度。

几日以后，成都大殿，刘璋义愤填膺地对众臣道："我只听说过君主用士兵抵抗敌人来安定百姓的，却从来没听说过君主利用百姓来削弱敌人的。出这种毒计的人，简直就不配为人！"

话毕，刘璋直接将郑度贬为平民了。

当刘备听闻此事以后简直喜不自胜，一边嘲笑刘璋，一边又痛骂他是一个白痴。

而这之后，刘备再无忌惮，继续向成都狂飙猛进。一时间，刘备在益州掀起了一阵狂飙旋风，凡战必胜，整个益州根本无人能阻挡刘备哪怕半步。尤其是前锋军黄忠和魏延所部。这二人凡战必冲锋在前，前锋军在二人的带领下无惧生死，给刘备节省了很多的人力物力。（注1：黄忠，字汉升，属今河南省南阳市人，A级骁将，最初投奔刘表，被刘表安排在了长沙，后刘备平荆南四郡，黄忠便随太守韩

484

玄和平投降了刘备，其间并无战事，更无关羽和黄忠单挑之事。注2：魏延，字文长，A⁻级骁将，B⁺级统帅，一说之前是刘表的部下，和黄忠一起投降的刘备，一说老早就是刘备的手下，其间并没有投奔过刘表。）

本月下旬，刘备又下涪城。涪城一下，距离成都中间便只剩一个雒城了，而一旦将雒城拿下，成都将再无屏障，大事便可成矣！

刘备以为大事必成，便在涪城大宴一众文武。

当天，刘备这个高兴，想自己这一辈子东躲西藏，每天活在尔虞我诈的危险之中。而如今，不仅仅有了荆州之地，还即将拥有整个益州。这岂能不叫刘备开心？

而一众文武也被刘备的兴奋之情感染，所以当天的酒宴非常尽兴，每个人都不惜余力地喝喝喝，喝死拉倒。

可从始至终，庞统都不喝一口酒，不发一句言，就满脸黢黑地坐在那里。刘备见此很是纳闷儿，于是问道："士元哪，今儿个大伙都非常开心，怎么就只有你这么闷闷不乐的呢？难道你是对我有什么不满吗？"

庞统："主公知道自己此刻正在干什么吗？"

刘备："干什么？当然是喝酒了！怎么着？这都不行？"

见一向以暴脾气著称的刘备要发火了，庞统身边的官员轻轻地用胳膊肘碰了碰庞统，意思是让他谨言慎行。可庞统就好像没看到一样，直接对刘备道："主公现在对刘璋所行的事就叫侵略！这也就算了，主公还在侵略他国的过程中饮酒作乐，这哪里是仁者的军队？难道主公就不怕丢掉天下民心吗？难道……"

刘备暴吼打断："放屁！周武王讨伐商纣王，他从出征到结束都是前歌后舞，我怎么没听说谁骂他是侵略者了？你小子会不会说话？要是不会说话就给我滚出去！"

庞统被刘备骂得满脸通红，可他并没有对刘备认错，而是冷哼一声便转身离去了。

这之后，刘备的酒兴被庞统一扫而空，并且心中充满了浓浓的悔意。后悔自己怎么能对庞统如此不客气。所以，大概半个时辰以后，刘备又命人将庞统请了回来。

而庞统呢？也不向刘备认错，只是坐在原位大口吃喝，看都不看刘备一眼。

刘备讪讪一笑，然后对庞统道："士元哪，你说刚才的事情是你的错还是我的错呀？"

庞统嘿然一声，对刘备深深一揖，然后无奈道："刚才的事情咱们君臣二人皆有过错，都是冲动之人，嘿嘿。"

一听这话，刘备哈哈大笑，然后盛赞庞统说得好，这场宴会便继续如之前一样欢乐了。

那刘备真的能像他想象的那样顺利夺取益州吗？我们拭目以待，不过在这之前还是先将目光再转向中原方面吧。

本节参《益州耆旧杂记》《中国历代战争史》《资治通鉴》《三国志·魏书》《江表传》《吴历》

3.17 魏国成立

公元213年四月，曹操返回许都，为了能进一步提升自己的统治力，进而达成自己的野心，曹操乃上奏汉献帝，希望汉献帝能将东汉十四州划为《禹贡》之九州。

汉献帝只是曹操的一个傀儡，当然不敢违抗曹操的命令。于是，汉朝十四州从此划为九州。即将司隶、豫、冀、兖、徐、青、荆、扬、益、梁、雍、并、幽、交十四州复为九州，其中割司隶之河东、河内、冯翊、扶风及幽、并二州入冀州。割凉州、京兆入雍州。割司隶之弘农、河南入豫州。割交州入荆州。

综合以上，曹操舍去了司隶、凉、幽、并、交五州而为九州。

这之后，曹操自领冀州牧，意图广己所统，以制天下（一说此时的曹操便已迁往邺城遥控朝政）。

几个月前，当曹操攻击孙权路过谯县的时候曾经和众臣商议事情，大概的意思是如果这次拿不下孙权的话就要将淮南的居民往北迁徙，以免受到孙权的骚扰。

当时，很多文武官员赞成曹操的建议。只有蒋济一个人抱有不同的看法。曹操因此对其纳闷地道："当初我和袁绍在官渡对峙的时候，曾以军队强行迁徙过白马的百姓，那时候形势非常严峻我都可以成功。怎么到现在就不能成功了呢？难道北方的百姓和南方的百姓有什么不一样不成？"

蒋济："当年敌众我寡，不强行迁徙就会失去那些百姓。可自从丞相拿下河北以后，您的威名震动天下，百姓没有二心，所以每个人都依赖于自己的土地，使得北面的不愿意向南，南面的不愿意往北。基于此，我担心丞相一旦强迁会引起这些百姓的不满，进而使他们南投孙权啊。"

曹操对于自己的内政具有非常的信心。他认为，自己治下的百姓丰衣足食，不管怎么干百姓都不可能离开自己。毕竟只要能给百姓一口饭吃百姓就不会离开的观念在这些军阀心中已经根深蒂固。可这一次，曹操错了。

从濡须撤军以后，曹操立即命令淮南当地官府强迁本地居民往北而去。可就像蒋济说的那样，这些淮南百姓恋土情结十分严重，当他们听闻朝廷的决定以后奔走相告，极为恐慌，大多百姓为了能在南方生活，在南方死去，竟然偷偷渡过了长江，前往江东定居了。

而这些人不在少数，竟然达到了十余万户之众。

各位注意了，不是十多万人，而是十多万户。这也就是说，前去江东的百姓最少也要有将近四十万人。这是什么概念？在当时那个年代，这四十万人足以让整个江西空虚（《新编中国历史大事年表》载"江淮间十余万口渡江而南，江西遂虚"）。

事后，曹操特意召来蒋济，红着一张大脸对其道："我本意是想保护这些百姓，让他们躲避孙权的袭击，怎么也没想到最终却将这些人赶到孙权那里去了。真是悔不听先生之言啊，在这里向先生道歉了。"

公元213年五月，在一些人的暗示下，汉献帝封曹操为魏公，曹魏正式建立（注：因为战国时期已经存在魏国，所以史家将曹操所创建的魏国称为曹魏）。

同月中旬，汉献帝明确表示，魏公的地位要在诸侯王之上。

下旬，曹操分魏郡为东、西两部，分别设置都尉。

本月末，曹操开始设置尚书、侍中、六卿等魏国官职。

七月，曹操开始建立魏国的宗庙社稷。

中旬，曹操召开廷议，希望恢复肉刑，因此询问群臣意见。（注：肉刑，最古老的刑罚，如砍脚、砍手、挖膝盖，这都属于肉刑的范畴。尤其在春秋、战国时期，肉刑更是发展到了极致。直到汉朝以后，经过文、景二帝大力整改，此刑罚才逐渐改为打屁股。）

王脩认为，所谓刑罚必须仁道，而肉刑是一种极不人道的刑罚，所以请求曹操不要实行。

但曹操认为，所谓仁道只能在盛世中提气。现在天下大乱，哪里还有仁道？

只有最行之有效的办法才是最好的。于是驳回了王脩的建议，坚持要恢复古代的肉刑。

之后，陈群和钟繇亦表达了自己的观点。他们认为想要全部恢复肉刑是绝对不可取的，可只单单恢复几个肉刑还是可以考虑的。比如说偷东西的砍掉双脚，淫乱的人阉割等等，这样才能真正制止这种所谓不可避免的恶性。

曹操对于陈群和钟繇的看法比较满意。可自战国之后儒家一家独大，再也没有了百家争鸣，所以从汉开始，朝廷官员多为儒家。而儒家，他们崇尚的便是仁爱道德，所以当天，除了陈群和钟繇两个人外，几乎所有的官员都不同意曹操恢复肉刑。此提议也就这样被搁置了。

月末，在"某些人"的示意下，也为了维护自己的人身安全，汉献帝将曹操的三个女儿全都娶了去，并封为贵人，意图以此种类似"和亲"的方式延缓曹操"前进"的"步伐"。

整整一个213年，曹操都在忙着处理政务，使得自己的国家越来越强，而与此同时，身在西部的马超也即将彻底失败。那么这又是怎么一回事儿呢？

我们先将时间往前挪八个月。

本节参《益州耆旧杂记》《中国历代战争史》《三国志》《资治通鉴》《新编中国历史大事年表》

3.18　袭取陇右

公元213年正月，马超勾结西北两羌、胡诸种少数民族袭击陇上诸郡，骑兵所过之处尽皆掳掠。

陇上诸郡县见此皆降马超，只有身在冀城（今甘肃省甘谷县南，当时汉阳郡守及凉州刺史皆治此）的凉州刺史韦康和汉阳郡太守没有向马超投降。

马超因此尽得陇右地区，并着手对冀城发动攻击。

身在汉中的张鲁见马超最近闹得很欢，也派大将军杨昂率数千人马支援马超，和其共同攻击冀城。

韦康和汉阳太守都是曹操的死忠，当然不会向马超投降，所以层层布置，以坚壁清野之法死抗马超的进攻。

这场惨烈的攻防战一直从正月打到八月，可直到九月，还没有一兵一卒前来救援。

韦康见此大急，乃遣别驾阎温告急于夏侯渊，希望他能发关中之兵来救。

可当时马超之军已经将冀城团团围住，别说一个大活人了，估计连一只苍蝇都飞不出去。所以，阎温不出意外为马超所俘杀，而夏侯渊直到现在都不知道陇右已经被马超全并。

见此，韦康和汉阳太守知道，冀城再也守不住了。

那怎么办？难道要等着马超冲进城内将自己杀死吗？

面对死亡的威胁，韦康和汉阳太守所谓的忠诚变得不堪一击，遂想向马超投降，以换取活命的机会。

杨阜见二人要向马超投降，直接给二人跪了下去，并痛哭流涕地道："当初田单在即墨抗击燕军的时候，城池还没有我们坚固，士兵战斗力还没有我们的高，马超的军队更是无法和燕军相提并论，在这种情况下，我们怎么能向马超投降呢？我们率领冀城的百姓们坚持大义、相互激励，拼死杀敌八个月而没有二心。在这种情况下，别说几个月，哪怕再守一年都没有丝毫问题，怎么能这么轻易向其投降呢？二位大人，你们已经抵抗了马超足足八个月的进攻，即将功成名就，怎能在这大事即将成功之际功亏一篑呢？再者说，那马超就是一个卑劣匹夫，这个畜生连自己的父亲都可以往死里坑，就更别提你们了。所以还请两位大人三思而后行啊！"

杨阜说得声泪俱下，振奋人心，可二人主意已定，便遣使往马超处，请求马超能够接受二人的投降。

见此使者，马超心中冷笑，表面上却非常热情地宴请了使者，并保证入城之后不会杀害二人。

可当马超入城以后立即翻脸，当即将二人残忍诛杀。对于其他的官员却是没有杀害。

并且，马超尤其敬重杨阜，竟然任用其为官。

那杨阜本来是想城破人死的，可见马超竟然还要任用自己，便没有寻死，而是伺机而动，想等一个最好的机会杀掉马超。

而直到这时候，陇右丢失，冀城被围的消息才传到曹操耳中。曹操因此大怒，遂命夏侯渊携关中之兵急往救冀城。

当夏侯渊距离冀城还有二百里之时，却闻冀城已经陷落，于是士气大跌。

这还不算，马超听闻夏侯渊大军新近到来，还亲自引军从正面迎击。西部氐王千万（其名叫千万）亦在此时响应马超，亲率氐族骑兵从南部迂回，意图和马超钳击夏侯渊。

夏侯渊战阵经验丰富，知道被这俩骑兵流氓围住代表着什么，所以只能在未交战之前退回长安。本次救援行动便这样以失败收场。

时至九月上旬，杨阜的妻子去世，杨阜因此向马超请假给妻子送葬。

马超不疑有他，便行应允。可杨阜呢？偷偷地前往了历城（注：杨阜年少时是在表兄姜叙家中长大的，而此时的姜叙正率军驻扎历城），进而拜见姜叙和姜叙的母亲。

一开始，杨阜还很正常地聊着家常。可聊着聊着，杨阜就掉下了眼泪，进而痛哭流涕。

姜母很是纳闷儿，于是便问为何，杨阜回答道："唉，想我杨阜自命清高，守城却不能保城池周全，长官身死却不能追随他们而去，我还有什么脸活在这世上！可我知道，我杨阜不能死，起码现在不能！马超这大逆不道的贼徒背叛自己的父亲和君王，又残暴地杀害州郡将领，难道只是我杨阜的责任吗？不！事实上，马超能够成功，一州的将士、官员都要因此背负责任，都要因此感到耻辱。哥哥，您拥有军队和权力却没有讨伐逆贼的想法，这就是当初赵盾被史官记为'弑其君'的根本原因。没错，马超确实拥有强大的骑兵，但他一点儿都不讲礼仪，所以内部破绽极多，只要哥哥能够听我计策，我保证砍下马超的脑袋。"

杨阜说得激情澎湃，姜叙听后却是沉默良久，一时不知应该如何决断。

就在这时，姜母却是厉声喝道："这还有什么可犹豫的？义山（杨阜字）所为乃是大义之举，我们就算是因此而死也能够名留青史了，你又何故在这瞻前顾后？还不答应你表弟！"

姜叙本来还在犹豫，但听母亲如此说话，一下便坚定了信念，遂决意与杨阜起事。

这之后，杨阜又密见了赵昂、尹奉、李俊，以及冀城的梁宽和赵衢……

本节参《三国志》《资治通鉴》

3.19 马超之败，从里到外

公元213年九月，杨阜突然在历城宣布举事，然后率姜叙之兵拿下卤城（今甘肃省天水市和甘谷县之间）。

与此同时，赵昂、尹奉占据祁山（今甘肃省西和县西北），和杨阜遥相呼应共同声讨马超。

马超因此大怒，便想遣一将出征杨阜。

可就在这时，其手下赵衢却对马超道："将军，杨阜智计百出，打防守战亦是一把好手，除了您亲自出征，不然真难以讨平啊。"

马超根本没想到赵衢已经和杨阜串通，所以不疑有他，直接便带着自己的部曲出征迎击了。

岂料前脚一走，赵衢和梁宽便紧闭了冀城的大门。然后，这两人竟然将马超的心腹，及其一家老小斩尽杀绝，连一个种都没有留下，使马超这个逆子终于为"杀害"自己的父亲付出了惨痛的代价。

然而这还不算，之前那些投降马超的郡县长官一见马超进退失据便立即反水，纷纷背叛了马超，表示愿意重投朝廷的怀抱。

马超虽然暴怒，但又很无奈，便只能袭取历城，并抓住了孝子姜叙的母亲，意图用其母来威胁姜叙。

那姜母岂能不知马超所想？她不愿拖累自己的儿子，使其变成后世史书中千夫所指的叛逆，便指着马超痛骂道："马超！你这个害死自己父亲的畜生，你这个谋害长官的禽兽！似你这等猪狗不如的东西怎么还有脸活在这天地间，难道是老天瞎了吗？你赶紧去死吧！这个猪狗不如的……"

"杀杀杀！把这不知死活的老太太给我杀了！"

马超武艺高强，脾气极其暴躁，什么时候受过如此辱骂？所以当老太太痛骂马超的时候，他直接丧失了理智，便将老太太杀死了（由此可见，马超还没有项籍冷静呢）。

而那边姜叙听说马超杀死了自己的老娘以后先是痛哭失声，然后怒骂马超，对天发誓这辈子和马超不死不休。

得，目的没有达成，反倒激起了姜叙和自己死战的决心。

　　马超郁闷得要命，但事情已经到了这一步，又能有什么办法？只能赶紧将领头的杨阜和姜叙弄死，这样才有可能扭转劣势。

　　针对于此，马超立即整军前往卤城，并对此城展开了轮番的攻势。

　　可卤城现在众志成城，尤其是杨阜和姜叙，这二人面对着数倍于自己的敌军竟然亲自登上城墙指挥作战，虽身中数箭却重伤不下火线。杨阜的同族兄弟更是当场战死七八个，其他剩余的人却没有一个畏惧而退。

　　此种不要命的守城之法使得卤城官兵更是振奋。在杨阜和姜叙的带领下，这群大兵拼了命地杀敌，没有一个人后退半步。

　　在这种近于疯狂的防守力量下，马超损失惨重，并且到现在都没有半点儿攻下卤城的趋势。

　　马超无奈，只能彻底放弃西北，转而向南投奔汉中张鲁去了。而从始至终，身为西北大军阀之一的韩遂都没有伸手帮助马超哪怕一下。难道是这大军阀不懂得唇亡齿寒吗？难道是这大军阀背信弃义吗？都不是。最主要还是通过上一次和曹操的渭南之战，使得韩遂完全看出了马超的本性。

　　韩遂认为，这小子就是一个心胸狭窄、见利忘义的畜生，没准今儿个帮了他，他明天就会和自己翻脸。所以，韩遂没有帮助马超，手都没有伸。

　　马超，做人做到他这个份儿上也是无人能及了。

　　事后，魏公曹操第一时间将杨阜等人召唤到了许都，并将杨阜、姜叙等十一个有功之人全都封了侯。特别是杨阜，曹操甚至赐给了他关内侯的爵位，并赏无数金银珠宝。

　　杨阜却死活不肯要，还不无悲痛地对曹操道："我在刺史大人活着的时候没能替其抵御灾难。他们死了以后我又不能去赴死。我这种人，哪里还有半点儿节操？我这种人，哪里还有活着的必要？我之所以现在还活着，便是在于马超这个逆贼没有死去，一旦他死，我杨阜必不再存活！还请丞相能将给我的赏赐收回去。因为，我杨阜真的不配。"

　　话毕，杨阜跪在了曹操面前，甚至流下了伤心的泪水。

　　见此，曹操真的被震撼了。他阅人无数，所以一眼就看出了杨阜是出于真心，没有半点儿胡说的意思。时值乱世，似这种忠于大义之人还有几个？

　　所以，曹操走到杨阜身前，亲自将其扶起，并宽慰杨阜道："义山你与在场这些贤者共建大功，陇右的人们都因此称为美谈，怎么能如此贬低自己呢？春秋时子贡拒绝了赏金，孔子认为这是阻止了行善之道。如今你是否也想阻止行善之道呢？再说整件事情我都从头到尾地了解了。我知道，这事怪不得你，完全是韦康咎由自取，你又何故将责任全都揽到自己身上呢？姜叙的母亲，这是一个为国家大义而死的烈女！我一定会让史官将她的事迹写到史书中去，受后人敬仰。相信就是老太太也不希望你如此自贬吧？所以，你还是接受国家的赏赐吧。这样，不但是你对国家负责，也是对老太太负责呀。"

听毕，杨阜再给曹操一拜，然后才含泪领受了曹操的奖励。

那么马超的事情到这就算是结束了吗？不，还没有。

本节参《三国志》《资治通鉴》《中国历代战争史》

3.20　奔袭之狼

公元213年十二月，马超成功逃至汉中张鲁处。

张鲁喜欢马超那如锦一般的皮肤，喜欢他统率骑兵作战的本事，更喜欢他在西北羌、胡等异族心中的地位，便想将自己的女儿许配马超，平白得一个优秀的姑爷。

可张鲁的谋士对张鲁道："主公啊，那马超连自己的亲爹都不在乎，又怎么可能会在乎别人呢？我可以保证，只要主公您没有了利用价值，他马超必定反戈相向。似这种家伙，他的血都是冷的，怎么还会在乎您这个老丈人？"

这话一说，张鲁如醍醐灌顶，立即停止了这个举动。并且，从这以后，张鲁对马超多有提防，使得马超在张鲁阵营郁郁不得欢心。

公元214年春季，马超有感继续待在汉中早晚被弃，不如狠搏一把，这样兴许还能搏出一个艳阳天。便于一日拜见张鲁，希望张鲁能借给自己一些士兵重夺陇右。

同时，马超向张鲁承诺，只要重新夺回陇右，自己以后一定唯张鲁之命是从。

张鲁虽然信不过马超这等背信弃义之徒，但几千士兵对于他也不算什么，也许以后马超真的会成为自己抵挡曹操的一大屏障呢。

于是，张鲁借给了马超几千士兵，让他北上重新夺回失地。

有了士兵，马超立即联系之前和自己要好的西北羌、胡诸种，希望他们能帮助自己攻击陇右地区。

这些少数民族最喜欢的就是中原的东西（很多胡人认为进了汉朝领土便是中原，所以对异族而言，中原这个词语含义十分宽泛），所以在两汉之时，他们经常掠夺汉朝边境。尤其是东汉中后叶，这种行为更加普遍、严重。直到天下大乱以后，各地军阀掌握了实权，边境战力得以提升，这些异族人才消停了，不敢再轻易掠夺汉朝的资源。

（注：西北董卓、韩遂、马腾、马超，东北公孙瓒、袁绍、曹操，这些人哪有一个好说话的，全都是你砍我一刀我要你小命的狠角色。）

如今，马超将再次带领这些异族人去抢夺汉人的物资，他们怎能不高兴？于是一个个全都投到马超的麾下，等着和马超一起去屠杀汉人。

因此，马超的部众迅速增至万人。

见实力已经恢复，马超没有半点儿拖延，第一时间便带着这一万来人北上攻击祁山，意图在攻下祁山以后分兵略地，进而全并陇右。

姜叙见马超来势汹汹，不敢力敌，于是赶紧遣使分别往许都和长安方向请求救兵。

时间：马超包围祁山数日以后。

地点：长安府衙议事大厅。

夏侯渊安顿了姜叙的使者以后第一时间将手下文臣武将召集在一起，让他们针对现在的局势建言献策。

一谋士和夏侯渊道："本次马超来势汹汹，又有胡人骑兵相助，不是轻易能够打败的，不如等丞相大军来到再作计较，那样可稳操胜券。"

夏侯渊摇头道："不行！丞相现在邺城，来回需要四千里，如果等丞相大军到来，估计整个陇右都丢了，这不是救急的办法。"

谋士："可……"

夏侯渊："不要再说了，现在只有出动全部骑兵，在马超成气候之前将其歼灭才是正途，其他一切没有意义。"

公元214年春季，夏侯渊命张郃率五千关中骑兵为前部，从陈仓峡谷前进，兵锋直指马超主力。

夏侯渊则自率主力部队在后方跟随，以为张郃之声援。

本次出击，夏侯渊几乎动员了所有的主力部队，可以说对马超不敢有半点的轻视。可说实话，夏侯渊实在是太过高看马超了。因为对付马超根本就不用他夏侯渊，一个张郃，就够了。

几日以后，张郃所部五千骑在渭水边遭遇马超。马超所部为羌、胡、汉人多种部队，人数至少是张郃军的两倍，可张郃没有半点儿畏惧，当即率骑兵冲杀了上去。

马超完全没料到会突然遭遇张郃，所以没有半点儿准备，再加上其部队种族甚多，所以交战前需要多方调节。

但张郃很明显不会给马超这个机会，所以马超的部队一时间大乱，一下就被张郃突进了中军。

马超，这个被演义神话的人物，竟然连抵抗一下的勇气都没有，当即便弃军而走。

张郃，就这样击败了马超，其损失微乎其微，甚至连他自己都不相信这么简单就能战胜所谓的西北战神。因为本次战役张郃的损失实在太小，所以当他收缴了马超的器械物资以后四面攻击，等夏侯渊的主力部队来到之时，之前那些投降马超的郡县已经全都被张郃收了回来。

当时，韩遂的主力部队都驻扎显亲，夏侯渊见本次讨伐马超行动损失极小，便率军往显亲疾奔，意图一举消灭韩遂，彻底平定凉州。

韩遂自知不是夏侯渊的对手，遂在夏侯渊赶到之前率军急往显亲而退（显亲：大概位置在今甘肃秦安县东北九十里，易守难攻，囤积粮草极多，是韩遂的重要军事要塞）。

夏侯渊当然不会就此放过韩遂，乃引骑兵急追。

韩遂见此，不敢再行耽搁，竟抛弃辎重而退。

数日以后，韩遂有惊无险地逃至显亲。而夏侯渊所部，此时已经距离显亲不过二十里的距离。

夏侯渊的将领们都认为现在士气正盛，是攻击韩遂的绝佳时机，可这一回，夏侯渊没有继续。

夏侯渊认为，显亲城墙坚固，韩遂士兵精锐，并不是能够轻易攻略的，不如率军转道攻击长离一带的羌人部落。

为什么？

因为韩遂部队中大多是西北羌人，而长离一带正是他们的家乡。如果长离被攻，那就相当于这些士兵的生身父母会有危险，所以韩遂必会前往救援（不救援长离韩遂分分钟变光杆司令）。

而到那时，韩遂没有了城墙的保护，夏侯渊就可以在野外将其全歼。

而事实也确如夏侯渊所料。他到达长离之后，疯狂屠杀羌族男女老少，使得长离一带的羌族部落瞬时之间变成了炼狱。显亲的羌兵听闻此事后被气得青筋暴起，一个个找到韩遂，嘶吼着让韩遂带领他们攻击夏侯渊。

韩遂不敢违逆众人之心，又见这些人士气已经高到暴起，便打算狠搏一把，于是率全军往长离攻击夏侯渊。

数日以后，韩遂大军已经到达长离近郊，两部前锋更是寂静无声（两部前锋皆羌人士卒），但杀气几乎形成实质，任谁都能感觉出这如火山即将爆发一般的气势。

基于此，夏侯渊的手下们急谏道："将军，韩遂有备而来，士兵不但多出我军，士气也几乎爆表。在这种情况下和其正面交锋，我们失败的可能性太大了。不如在原地筑营挖沟，以防反之法对抗韩遂。"

话毕，众人纷纷点头，夏侯渊却直接拒绝道："你这个办法肯定不行。首先，我军转战千里，战线拉得太长，如果敌军采用包围之法，断去我军粮道，我们虽有粮草，但也绝对支撑不了多长时间。其次，我方士卒虽然连战连捷，但毕竟连续打了很多场战役，虽然士气高昂，但已经很累了。如果再在这时候让他们修建防御壁垒，不但会丢了士气，甚至有可能导致部队疲软，进而被韩遂一击而破！基于此，现在唯一的办法便是和敌军正面硬撼！韩遂军虽然多于我军，但单兵作战能力绝对不如我军强悍。所以，我希望众位能和我团结一心，与敌人决一死战！我夏侯渊必当和众位同生共死！"

次日，在长离一带的广袤平原，微风轻轻吹拂着，空气中却伴随着无尽的杀气。

草原北面，韩遂军陈兵列阵，两翼羌族骑兵双眼通红，内心不断安抚着那躁动的心心脏，左右两军亦多为羌族步兵，每个人都等待着战鼓擂响之时便前往屠杀敌军。

只有中军，这支由韩遂亲自统率的军队皆为汉种步兵。

至于草原南边则是夏侯渊军大阵。

本次作战，夏侯渊左、中、右三军皆相连接，组成了一条非常庞大的N形阵容。此阵完全为防守之阵，且压力全都集中在了顶头部位，需要防御韩遂中军大部和左右两军小部的攻击，所以此位置的士兵尽是精锐。至于骑兵则不知所踪。

咚咚咚……大概辰时，夏侯渊亲自擂响战鼓，本军大阵便开始向韩遂军缓缓移动。

此战鼓擂响之声直接刺激了那些羌族士兵的神经，他们对着慢慢冲自己而来夏侯渊军嗷嗷大喊，有的士兵甚至转身对着中军韩遂方向声嘶力竭，那意思再明显不过，就是让韩遂赶紧下令进攻。

见此，韩遂不再犹豫，直接下令擂响战鼓，对夏侯渊军方面发动了凶猛的攻势。

一时间，韩遂军疯狂向夏侯渊军杀去，一轮互射之后便开始肉搏。

战阵最开始的阶段，韩遂左中右三军皆往夏侯渊军中部而去，意图歼灭夏侯渊军头部，然后直接杀入腹地。

夏侯渊见此，迅速令本阵大旗挥动，两翼应旗而动，缓缓向两边扩张。

见此，韩遂亦调动军队，立即令左右两军攻击对方两翼。如此，双方便展开了不间断的肉搏战。

这场战斗一直从辰时打到黄昏，可就是这样，依然没有一方后退半步。不过就在即将入夜之时，局势却发生了异变。

从战阵之初一直到现在，韩遂都没有看到对方骑兵部队，所以两翼骑兵也一直没敢动用。可一直到现在，对方的骑兵都没有出来，所以韩遂等不了了，便令两羌骑兵以最快的速度迂回，意图从背后对对方展开攻击。

见此，夏侯渊迅速令两翼长枪兵排列长阵，堵住后方缺口，然后命弓弩手在长枪兵背后对两羌骑兵疯狂射击。

在极重装骑兵出现以前，弓弩一直是异族骑兵最为畏惧的武器（异族多为轻装骑兵），从匈奴到鲜卑没有一个马上民族不被汉人的弓弩射得胆战心惊。所以，在夏侯渊的凶猛火力下，两羌骑兵很快便被射退了。

见此，夏侯渊哈哈一笑，然后再次擂响战鼓。

随着咚咚咚的鼓声擂响，夏侯渊军中部地区突然"万"马齐鸣。

这之后，无数的夏侯渊军骑兵向前疯狂突进。

见此，大阵中心的夏侯渊军立即停下了手中的动作，然后第一时间逃离原处，打开了中军门户。

此等战法夏侯渊军已演练多时，所以配合默契，那边门户刚刚打开，凶猛的骑兵便从中杀出。

噗噗噗……

一时间，韩遂中军血雾弥漫，残肢断体满地。

这些中军汉卒经过一天的战斗，本就成了疲惫之师，现在又经如此猛烈的冲击，阵形顿时溃散。

夏侯渊军后方步卒见此，立即跟随着骑兵的脚步上前猛砍。而那些骑兵呢？根本不管溃散的士兵，径直向韩遂方向猛烈突击。

一时间，整个韩遂军竟然无法阻挡这些骑兵的突击。

眼看这些骑兵距离自己越来越近，韩遂不敢再行久留，便只能舍弃场中士卒，率少数心腹狼狈而逃了。

韩遂的逃跑使得整个军团指挥系统失灵，更促使夏侯渊军士气大振。于是，本来胶着的战况顿时呈现一面倒的态势。两羌士兵哭爹喊娘声不断，那些没有逃跑的汉卒更是当即跪在地上向夏侯渊军投降。

接下来就不用再详细描述了，夏侯渊军以大胜告终。

按说，事情到这一步应该就算结束了，可夏侯渊还是没有满足，这个如苍狼一般的男人永远不知道什么叫满足，他竟兵不解甲，只让士兵休息一夜便在次日向兴国氐族发动了进攻。

氐王千万畏惧夏侯渊之威，不敢迎敌，竟放弃了自己的子民，往汉中投奔马超去了。兴国诸氐因此向夏侯渊投降。

结束了吗？还是没有！夏侯渊兵不血刃地平定了氐族以后又转往高平，攻击高平一带的匈奴各部（高平一带的匈奴人为马超的坚定拥护者）。

那些匈奴人根本不是夏侯渊的对手，没几天的工夫便被夏侯渊打出了汉家领土。而此时，感觉士卒再也撑不下去的夏侯渊才整军返回关中。

此役过后，曹操已尽得右北平及其北部，整个凉州地区除了韩遂以外已再无曹军之敌。而现在的韩遂，不仅主力尽失，其领地还仅仅剩下金城一带（今兰州市），距离灭亡已不远矣。

好了，西北之事说到这就暂时告一段落，我们再将时间向前推几个月，看看刘备在做什么。

本节参《中国历代战争史》《资治通鉴》《武经总要》《三国志·魏书》

3.21　霸占益州（终）

公元213年五月，身在涪城的刘备已休整完毕，遂引军向雒城进发。

刘璋见此，一面遣扶禁、向存等将率一万多人由阆水（今嘉陵江）北上攻击葭萌，一面命刘璝、泠苞、张任、邓贤、吴懿等将阻击刘备。

先说扶禁方面。

葭萌，为刘备背后之军事重地，刘备南下时曾遣霍峻率数百人驻守此地。一旦此地丢失，刘备的后背便会处于一种真空状态，必被两面夹击，这正是兵家大忌。所以，刘璋此举不可谓不高明。

但接下来，让人惊掉下巴的一幕出现了。

葭萌，只有不到一千的士兵，霍峻却硬是靠着这不到一千人抵挡了扶禁整整一年的时间（如何抵抗史无记载），这不得不说是军事史上的奇迹。

更让人惊奇的是，身在前线的刘备竟然对葭萌不闻不问，连援军都没给霍峻（起码史书上没说刘备支援了霍峻），史书上也没有说刘备为什么会这么干，历代史家也为此感到惊奇。而经我大胆推测，其原因无非三种：

第一种，刘备实际上是给霍峻派了援军的，不过史料并未记载。

第二种，霍峻拥有强悍的才能，刘备认为凭借霍峻的能力，哪怕几百人也能顶住一万多人的进攻。

第三种，葭萌城高墙厚，其易守难攻的程度接近剑阁，士兵运用其守势足可以一敌十。

除此以外，我再也猜不出别的可能。

反正不管怎么的，霍峻就是将葭萌守住了，使得刘备不用为后背而担惊受怕。

我们再看前线。

之前我也和大家说了，刘备率领中、小集团军作战的水平相当高超，绝对不次于两孙一曹，整个天下能和刘备相提并论的将领都很少，就更别提益州了。

所以，不出意外地，刘璝、泠苞、张任、邓贤、吴懿等将领率领的阻击军被刘备击败。刘璝因此率残军退守绵竹（今四川省德阳市北），吴懿更是在战后率本部兵马投降了刘备。

刘璋见此大惊，遂命将军李严、费观督绵竹诸军前往阻击刘备。

可让刘璋万万没有想到的是，那李严、费观早就料定刘璋必为刘备所灭，所以在和刘备即将交兵之际竟主动投降了刘备，使得刘备军势大振！其兵锋更是直指雒城。

刘璋无奈，只能遣其子刘循率领现在几乎是成都的全部力量前往雒城死守，并一面命张任率本部兵马前来协助。

刘循，我不知道他是刘璋的第几个儿子，但绝对是刘璋一众儿子中最为出色的。

刘循认为，刘备军势甚盛，以孤城抗其大军必不能长久，便令张任率本部兵马于雒城之外游击作战，意图在刘备攻击雒城之时从背后骚扰刘备，让其不能安心攻城。

可刘备的军事嗅觉何等灵敏，他怕的就是刘循要搞这一出，所以在接近雒城外郊后便在第一时间组织军队，准备合围雒城，并令黄忠、魏延两部前锋时刻做好出击准备，在成功围住雒城之前都不准二人松懈。

所以，当张任率本部兵马出城的第一时间，刘备便命黄忠和魏延出击，并成功将张任所部堵在了雁桥（今四川省广汉市城南雁江大桥）。

那时候，张任有两条路可以选择：

第一条，立即退回雒城，和刘循凭城死守。

第二条，顶着黄忠和魏延的进攻突出重围，完成刘循给自己的战略任务。

当时，黄忠和魏延士兵的数量是张任的好几倍，士兵亦是刘备军中最为精锐的。黄忠和魏延更是不必多说，皆为虎狼之将。

基于此，想突破二人封锁的概率几乎为零，换个正常人必会退回雒城，别人也说不出什么。

可张任没有，他毅然决然地选择了第二条路，因为他知道，凭城死守根本就抗不住刘备的进攻。

张任很勇敢，很令人振奋，结果却很现实。

几个时辰以后，张任兵败，不但全军覆没，张任也被魏延和黄忠生擒。

此时，刘备中军大帐，张任被五花大绑挺身而立。见此，刘备立即上前要为张任松绑（好像历来明主都是这个套路），可张任就好像躲瘟疫一样躲着刘备。

刘备见此，满脸黢黑道："张将军，我刘备知道你是一个忠义之人，但你也应该知道良禽择木而栖的道理，不如投靠于我，我保证会对将军予以重用！"

说实话，能让刘备说出这句话，足见其对张任的喜爱。可张任呢？以一种极为不屑的眼神看着刘备，然后冷漠地道："我张任不知道什么择木而栖，我只知道稍微有点儿良心的人都知道忠臣不事二主的道理。"

说到这，张任稍微停顿一下，然后继续和刘备道："我可不想做那被后世唾骂的无良之辈，你说是不是啊刘将军？哈哈哈哈哈哈……"

看着如此嚣张的张任，刘备那张大脸被气得又黑又红，这说谁呢？明里暗里不就是说他刘备呢吗？

听着张任决绝的话语，看着张任那充满蔑视的眼神，刘备知道，自己想要收服张任的计划泡汤了，便只能无奈将张任斩杀。

张任的死，使得雒城再无主动出击的可能，所以刘备从容布置围城，然后便对雒城发动了凶猛的攻势。

刘备以为，凭现在雒城的实力根本无法抗住他的攻击。

刘备以为，凭现在刘璋还有的力量根本无法阻挡他夺取益州的脚步。

刘备以为的很多，现实有时候却很骨感。

和霍峻一样，史书并没有记载刘循是如何布置守城的，他却死死地抗住了刘备的进攻。

一个月、两个月、三个月……

不知不觉间，五个月过去了。在这五个月里，刘备从来没停止对雒城的攻伐，却始终无法攻破雒城这个刘备一直小看的城池。刘备因此心急如焚，因为时间拖得越长，变数就越多。要知道，曹操是绝对不会眼睁睁看着刘备攻下益州的。如果再拖下去，保不齐曹操就会对益州展开行动，而刘备是绝对没有一边对付曹操一边对付刘璋的实力的。而身为谋略家的庞统亦是深知此道，所以他比刘备更加着急，于是在次年（214年正月）亲赴前线指挥作战。

可就在庞统于前线一顿吵吵嚷嚷之际，忽地一支冷箭飞来，直接射穿了庞统的头颅，庞统命丧当场，年仅三十六。

庞统的死，使得刘备悲痛欲绝，史书第一次记载了这个脾气暴躁的军阀流下了伤心的泪水，而雒城守军却因此士气大振，使得刘备攻伐雒城的行动再添阻力。

公元214年二月，诸葛亮已整军完毕，遂留关羽镇荆州，自与张飞、赵云等将溯流西上，向成都方面挺进。

因为这时候刘璋的主力几乎全在成都以北防御刘备，所以其他地方空虚，这就使得诸葛亮、张飞、赵云等将成功夺取巴东（今湖北省巴东县西北江北岸），顺利进入益州境内。

这之后，诸葛亮将大军分为三部，分别由诸葛亮、张飞、赵云带领，从成都正南、东南、正东三个方面对其进行合围。

起先，由于益州空虚，刘备威望极高，三人都非常顺利，各地太守、县令几乎望风而降，就在张飞所部到达江州（今重庆市江北区）之时，却为太守严颜所阻，张飞费劲了九牛二虎之力才攻陷江州（过程无载），并生擒了严颜。

当张飞手下将严颜押到张飞面前时，张飞直接对严颜暴吼道："老东西！我大军所达望风而降，怎么就你玩儿了命地抵抗，你是不是有病！"

那张飞吼声分贝极高，甚至有可能和从古到今第一嗓门项籍有得一拼，一般人见张飞如此早就被吓呆了，可严颜并没有，反倒轻蔑地和张飞道："为什么抵抗你们？哈哈，真是可笑！你们这些披着道德羊皮的狼，你们侵略我们益州还问我为什么抵抗？张飞！我告诉你，我们益州只有断头的将军，没有投降的将军！你想怎么样？尽管来！"

张飞："你……你……好，好！来人啊！给我把这老东西推出去斩了！"

这一回，张飞可是动了真火，所以吼声几乎用尽了所有的力气。此吼声一出，哪怕是不怕死的严颜也被吓了一跳（从未见谁的嗓门比张飞还大的），于是怒声喝道："要杀就杀，你叫唤什么！吓老子一大跳。"

见严颜被吓一跳，盛怒的张飞竟然被逗笑了，这张飞喜怒无常，见严颜如此，竟然将前来押送严颜的士兵轰了下去，然后亲自给严颜松绑，并嬉皮笑脸地强求严颜当他的门客。

这一出一出的给严颜弄蒙了，不自觉看着张飞道："你没病吧？"

这之后，在严颜的帮助下，张飞再无阻碍，连定德阳（今四川省遂宁市）、巴西（今四川省阆中市西部）各县，竟然将诸葛亮和赵云远远地甩在身后，第一个到达成都外郊。

再看刘备，这哥们攻击雒城已经一年多了，刘循也已经是奄奄一息，可他就好像一只打不死的蟑螂一样依然坚挺在雒城内。刘备是什么办法都用过了，可依然无法拿下这个之前在他眼中不值一提的小城。

直到公元214年五月，无奈的刘备只能命法正写信劝降刘璋，意图不战而屈人之兵。

法正这封信洋洋洒洒两千来字，从各种角度讲述了刘璋不可能战胜刘备，并说明了现在投降刘备的好处。而刘璋呢？当然没有投降，可看完信后，刘璋也没有发怒，而是罕见地沉默了。由此可见，刘璋已经开始犹豫了。

可就在刘备为如何攻略雒城而绞尽脑汁之时，后方传来了天籁之音。

本月，葭萌方向，同样攻击霍峻一年多的扶禁军因为久久不能攻下葭萌而士气大跌。且，扶禁的兵力是霍峻的数倍，所以根本没有将霍峻放在心上，便没有在夜间多设戒备。因此，霍峻在本月某日夜袭了扶禁大营。

扶禁所部经过一年的攻城，军心不但涣散，士气还降到了冰点，所以只一个袭击便溃散而逃。

此消息在刘备的推波助澜下很快传到了雒城，而这也成了压垮骆驼的最后一根稻草，使得城中士卒顿时丧失了抵抗之心。

此为天赐之机，断不可失，而刘备身为一名战阵经验丰富的优秀统帅，当然不会放过如此时机，遂引全军对雒城展开进攻。

而这一回，刘循顶不住了。

公元214年五月，雒城被攻破，刘备顺利抵达成都北郊。而此时，诸葛亮和赵云的军队也到达了成都，刘备遂将成都团团围住，然后从四门同时对成都发动攻势。

可现在成都还有精兵三万，存粮也够成都军民食用两年，所以士气很高，使得刘备狂攻十余天无尺寸之功。

见此，刘备大急，因为曹操绝不会平白给刘备两年时间。所以，刘备再遣使者往成都劝刘璋投降，刘璋虽然心动，但依然没给刘备答复，就好像一块滚刀肉一样让刘备发狂。

就在这时，法正却和刘备道："主公是否想兵不血刃拿下成都？"

见法正有话要说，头痛欲裂的刘备顿时眼冒金光，急忙道："当然想！想得要死！孝直有何计策快快说来！"

法正微笑道："我想问问主公，您觉得刘璋最怕的人是谁？"

话毕，刘备几乎想都没想便道："张鲁！"

本来以为法正会赞同自己的观点，岂料法正非但没有赞同，反倒摇头道："非也，当初我侍奉刘璋的时候，不止一次听刘璋盛赞马超，而且当刘璋听闻马超投奔张鲁的消息以后更是吓得连做几天噩梦。所以，刘璋最怕的人就是马超。如今，马超虽然投奔张鲁，张鲁却是对马超处处提防，所以马超在张鲁处很不得志，主公不如遣使往马超处劝其归降，一旦马超归降于主公，我可以保证，刘璋一定会向主公投降。"

说实话，刘备是十分不喜欢马超的。为什么？因为没有人会喜欢一个害死自己亲爹并用异族人屠杀汉人的人，但一想法正说的又极有道理，所以刘备最终还是派了李恢前去汉中说服马超。

而事情就像法正说的那样，马超在张鲁处很不得志，所以李恢只轻轻一劝，马超便策马来归。

马超投降刘备以后，刘璋果然惧怕非常，每天的行为都开始变得不正常了。刘备听闻此事以后知道时机到了，便命简雍前往成都城内再劝刘璋投降。

这一次，刘璋没有再选择沉默，而是和简雍道："我想知道，如果我投降以后刘备会怎么对待我，会怎么对待成都的百姓。"

简雍道："大人请放心，我家将军是一个慈悲善良的人，绝对不会对百姓有所迫害，对于大人，我家将军更是会以礼相待，保证大人富贵一生。"

听毕，刘璋点了点头，但还是不放心，便遣张裔前往刘备大营，而当这话从刘备口中亲自说出来以后，刘璋终是随简雍出城向刘备投降了。

公元214年六月，刘璋献成都投降，刘备因此全并益州，拥益州及荆州大部土地，成了一股足以和孙权抗衡的强大力量。

而为了能够迅速稳定益州人心，刘备还做了如下布置：

一、赏功。

（一）进入成都之后，刘备先是大宴全军数日，然后尽取成都公银分赐将士，并各赐诸葛亮、法正、张飞、关羽金五百斤、银千斤、钱五千万、蜀锦千匹。

（二）刘备自领益州牧，增强统治益州的合法性。

（三）以军师中郎将诸葛亮为军师将军兼益州太守。

拜庞统父亲为议郎，追赐庞统为关内侯，谥曰靖侯，并将庞统的弟子和门客全都任用为官，官职大小不等。

拜法正为蜀郡太守，外统都畿，内为谋主（注：此时法正不管是明面的身份还是在刘备心中的分量都要大大超越诸葛亮，成了诸葛亮最大的威胁）。

拜张飞为巴西太守。

拜黄忠为讨虏将军。

拜赵云为翊军将军。

拜马超为平西将军。

拜魏延为牙门将军。

拜简雍为昭德将军。

拜孙干为秉忠将军。

拜糜竺为安汉将军。

分广汉郡部分土地为梓潼郡，并令霍峻为梓潼太守。

二、用刘璋故吏及本土士人为官，用以稳定益州人心。

拜董和为掌军中郎将、并署左将军府事（刘备武职便是左将军）。

命黄权为偏将军。

命许靖为左将军长史。

命庞义为司马。

命李严为犍为太守。

命费观为巴郡太守。

命刘巴为西曹掾。

命彭漾为益州治中从事。

当然了，还有很多任命，但写出来实在是太乱，也没有必要，所以这里就不一一列举了。

三、处理财政、土地、文化及与本土豪族的人际关系。

（一）刘备最开始围困成都的时候，因为成都守备力量强大，刘备没想到能用劝降的方式得到益州，所以做足了武力攻取成都的准备，乃对全军保证，等攻破成都之日，便将成都府库中所有的财产平分给将士们。

等到攻下成都时，那些大兵果然扔下武器前去府库拿取宝物，致使军用不足，刘备因此担心，一时间不知如何是好。

刘巴看出了刘备的担忧，乃向其建议道："主公不必担心，此事很容易就能解决，只需铸造值百钱的铜板通行，统一物价，并实行公卖制度就可以了。"

刘备听从了刘巴的建议，果然数月之间，府库得以充实。

（二）刘备平定益州之后，曾和众人商议如何赏赐那些有功之臣，有人认为光赏赐这些人财物有些少了，主张将成都城中房舍及城外园地桑田分赐诸将。

可赵云反驳道："霍去病曾说过匈奴未灭、无用家为之言。当时，大汉的敌人只有匈奴一个霍去病还有如此觉悟。可现在呢？国家的敌人可不仅仅匈奴一个，所以还不是可以安定下来的时候，须等到天下平定之后，才能使众人返回家乡去耕

505

耕田地，这才是最好的决定。并且，益州的百姓刚刚遭遇战祸，现在应该将田宅房产归还百姓，让他们安居乐业，然后才可以使他们服兵役、纳户税，这样也能得到益州的民心。"

刘备觉得赵云的建议非常正确，所以当即采纳。

而事实也确如赵云所言，当刘备将这些土地都还给益州民众之后，刘备的声望在益州进一步得到了提升。

（三）娶益州豪族之女，以此取得豪族人心。

（四）任用许慈等文人淘汰杂学，专用经典，以统一益州文化。

本节参《三国志》《资治通鉴》《中国历代战争史》《益部耆旧杂记》《典略》《山羊公载记》《零陵先贤传》

第四章 三国鼎立

4.1 捧杀

公元214年六月中旬，刘备刚刚统一益州就赶上了大旱的天气，为能够节省粮食，刘备特意下令州中百姓不得酿制米酒。

此举却在一个人的作用下不久便取消了。这个人是谁呢？便是之前曾经提过的简雍了。

简雍，字宪和，与刘备一样是涿郡人。从年轻时便开始跟随刘备四处奔波，是刘备不折不扣的心腹。

简雍通晓各种经典，口才更是了得，所以经常替刘备游说四方。

全得益州以后，刘备已经拥有整个益州和荆州大部，成为天下最为强悍的几个政权之一，所以不管文臣和武将对刘备都是毕恭毕敬。只有简雍，这个散漫随意的男人，经常以簸箕一样的坐姿（两腿伸直叉开，两手据膝）和刘备讽谏弊政，甚至有时候刘备正在开会，这货都能在会议中躺着睡着了。

大家都对此深表不满，希望刘备能够惩罚他，可刘备每次都是笑着对大家道："哈哈哈，这货几十年都这德行，我都习惯了，你们还有什么放不下的？"

简雍爱好喝酒，可以说嗜酒如命，一喝就能喝一整天，甚至连张飞见到简雍都要绕道走，免得被这酒鬼抓到酒桌上去。

倒不是张飞的酒量不如简雍，关键是简雍喝酒太磨叽了。

基于以上，简雍对刘备不准民间自酿米酒是非常抵触的。可人家刘备也没错，他也就暂时隐忍了。

可数日以后，终于让简雍抓住了一个讽谏刘备的机会。

某日，一名官员在一户人家中搜出了能够酿制米酒的器具，所以将此户人家全部抓获，等待刘备的治罪。

而简雍呢？当他听闻此事以后立即约刘备一起去城外踏青。

刘备吞并益州以后天天都在处理政务，早就闷得不行，如今老朋友要约自己出去，当即扔下手中纸笔便行离去。

马车上，刘备兴奋地和简雍谈天说地，什么今儿个天气真好，什么今儿个真高兴，反正非常开心就是了。

简雍也是很随意地应付着刘备这个话痨。

可就在这时，简雍貌似不经意间掀开车帘，然后直接对正在滔滔不绝的刘备一声暴吼："快停车！主公快和我下车！"

这一声暴吼可把刘备吓坏了，以为发生了什么大事，便赶紧和简雍下了车。下车以后，简雍拉着刘备的手直接走到了一男一女跟前，然后指着二人和刘备道："主公！这二人要去行苟且之事，赶紧把他们捆起来！"

这话一说，那一男一女吓坏了，赶紧跪下和刘备哀求道："大人请饶过我们，我们是纯洁的男女关系。"

刘备赶紧让这二人起来，然后冷冷地和简雍道："简雍，你是不是有病！你说这两人要行淫乱之事，证据在哪里？我告诉你，你今天要不说出个所以然来，别怪我不念多年交情。"

这回，刘备是真的发怒了，想想也是，这叫个什么事儿！大街上把自己抻出来，对着百姓就是一顿骂街，这哪是一个有身份的人办的事，简直匹夫之举。

可简雍呢？面对着刘备如此阴狠的面容没有半点儿畏惧，反倒信誓旦旦地道："怎么没有证据？这俩人都有能够行苟且之事的器具，和所谓想要酿酒的人相同，咋就不能抓起来？"

一听这话，刘备起先一愣，然后被简雍这黄色笑话给逗得哈哈大笑，笑过以后，刘备狠狠踹了一脚简雍的屁股，然后笑骂道："就你这老小子皮，滚吧，我知道你什么意思了。"

见此，简雍哈哈大笑而走，刘备也颇为开心地离去了。

这之后，刘备立即无罪释放了那户有酿酒器具的人家，并在大旱过去以后立即恢复了百姓可以酿酒的旧例。

公元214年六月下旬，诸葛亮正在府邸之中品茶，可就在这时，一小吏急忙找到了诸葛亮："大人，法正大人最近太不像话了，您还是去和主公说一声吧。"

诸葛亮眉头一皱，然后问道："怎么不像话？你把话说明白一点。"

小吏："当初，在主公还没有占领益州之时，法正大人不受重用，再加上道德品质有问题，所以受到同僚的排挤。如今，法正大人被主公重用了，现在就开始滥用职权，以此打压那些曾经排挤过他的官员。这还不算，法正大人还贪污受贿，简直太过分，如果任由他这样下去，恐怕早晚会有杀身之祸，所以还请大人能够禀告主公，及早制止法正这种作为。"

听毕，诸葛亮略微思索片刻，然后轻轻抿了一口茶，风轻云淡道："哎，主公在公安时，北面畏惧曹操，东边惧怕孙权，内里则担心孙夫人谋害。那个时候，主公真是太难了。只有法孝直，他在这个时候辅助主公振翼高飞，从此不用再受他人制约。可以说，主公能有现在的成就，法孝直绝对是首功之臣。现在，法孝直好不容易出头了，想用自己的职能去做一些私事，我们又怎么好去阻止呢？算了，就由他去吧，我想主公也是这种心思。"

话毕，诸葛亮不再作声，而是默默地品着自己的宝茶。而那个小吏呢，只是深深看了诸葛亮一眼便不再言语。

本节参《三国志》

4.2　夏侯之虎

公元214年七月，已经五十九岁高龄的曹操率十余万大军从邺城出发，再往江东方面挺进。

可就在出发之前，刘晔找到了曹操。

刘晔认为，孙氏已固江东三世，树大根深、万众一心，想要一举而定绝无可能。可刘备则不然，他虽有德名，但行的净是那卑劣的手段，在短时间绝无法全得益州人心，所以这时候正是联合孙权攻击刘备之绝佳时机，断不可做那舍本逐末之事。

刘晔将问题分析得条条是道，可谓现今最为正确的选择，可这时候的曹操已经老了，脑子已经开始不清晰了，并且他所信任的军师也一个个离他而去（注：荀攸亦于本月而死，其后半生一直追随曹操南征北战，共献秘密大策十二条，可最终一条都没有流传下来，可谓史界一大憾事），所以这时候的曹操开始变得多疑，不再听信人言，完全失去了年轻时候的风采。

基于此，曹操没有听从刘晔的建议，而是毅然决然往南而去。

公元214年九月，曹操抵达合肥，可就当曹军即将南攻之际，曹操突然改变了主意，率军北返邺城。至于原因，我翻遍史料都没找到丝毫线索，不过分析原因其实不外乎两点：

第一，曹操出征之际内部发生了什么不好的事情。

第二，曹操后悔了，认为这时候攻击刘备才是最好的选择，所以才返回邺城重新整军备战。

十月，曹操回到邺城，然后立即命令夏侯渊携关中之兵前往讨伐宋建，为自己即将南征汉中的行动扫清道路。

宋建，关西枹罕（今甘肃省临夏县）人，当初趁凉州大乱之时占据枹罕崛起，发展到现在已经拥有数万兵众，并自称枹罕王，是凉州军阀中一股不小的势力。曹操曾多次遣使劝其投降，可最终都是无果而终。如今，曹操即将攻伐汉中，所以对宋建失去了耐心，便遣夏侯渊前往攻伐。

那夏侯渊治军雷厉风行，得到曹操命令以后便从兴国出兵直往枹罕。

如今夏侯渊之名已威震西凉，不管是两羌还是各种胡人全都畏夏侯渊如虎，毕竟之前那些战绩可不是说着玩儿的。

宋建也是一样，他虽然有数万大兵在手，可当其听闻敌军主帅是夏侯渊以后，立即放弃了主动迎击夏侯渊的想法，遂死守枹罕，准备用坚壁清野的战术拖死夏侯渊。

可夏侯渊呢？竟敢用少数兵力全围兵力数倍于自己的枹罕城，然后只用短短一个月的时间便将枹罕拿下（过程史料未载），并杀了宋建和他手下的所有官员，使得枹罕归于朝廷。

这之后，夏侯渊亲自坐镇枹罕，然后遣张郃等虎狼之将分兵略地，只短短十余日的时间便将枹罕周围的县邑全部平定。

再之后，夏侯渊率军渡河入小湟中，以兵威镇压那些还没有服从的羌人。

这些羌人一听夏侯渊来攻，一个个吓得屁滚尿流，还未等夏侯渊动手便纷纷投降。

于是，长期为祸的陇右地区在夏侯渊的手段下彻底被平定，曹操给夏侯渊的艰巨任务不到两个月就被夏侯渊超额完成。

当身在邺城的曹操听闻此事以后不禁感叹："夏侯渊竟然在这么短的时间便将为祸三十年的宋建讨平，并彻底平定了陇右地区，他就好像老虎那样所向无敌、横行陇右，吾不如也！"

好了，夏侯渊说完了，我们再来看一看许都，因为就在这一年，许都发生了一场震惊天下的大案，使得此地血流成河。

怎么回事呢？话说自汉献帝迁都许都以来，几乎什么事都听命于曹操，要不是现在曹操并没有谋朝篡位的想法，汉献帝甚至保不住自己的性命。

议郎赵彦因此经常向汉献帝献策，图谋削弱曹操，进而巩固汉献帝的权力。可这种小动作怎么能够瞒得住曹操的眼睛？

所以，不出意外地，赵彦被安上了莫须有的罪名，然后被杀。

那赵彦乃是汉献帝心腹中的心腹，所以汉献帝听说赵彦被曹操杀死以后非常愤怒，在下一次曹操前来拜见之时便和曹操摊了牌，进而道："你要是真心想要辅佐朕就对朕放尊重些，不然，你就把朕赶出许都吧，朕不会再在你的威胁下活着了。"

这话一说，曹操吓得一身冷汗，看了一眼左右卫士，慌忙便逃也似的告辞了。

那么曹操为什么要这么害怕呢？

因为汉朝礼仪规定，拥有兵权的大员前来拜见皇帝的时候都要由宫廷卫士挟持进入。这也就是说，一旦汉献帝真的要和自己鱼死网破，自己分分钟就能被砍下脑袋。所以曹操才会如此惧怕。

同时，这提醒了曹操，如果继续在许都待着的话，说不准哪一天自己就会有性命之忧。

所以，自此以后，曹操便往邺定居，遥控朝政。

当初图谋曹操而被斩杀的董承，其女儿乃是汉献帝的贵人。杀死了董承以后，曹操不止一次提议将此女杀死。可汉献帝深爱董贵人，不想让其死，所以数次以董贵人身怀六甲为由，希望曹操放过董贵人，曹操却根本不答应。

那伏皇后和董贵人情同姐妹，更恨曹操专权跋扈，便联系了身为辅国将军兼屯骑校尉的伏完（伏皇后之父），希望他发动武装政变，将曹操弄死。

可当时的曹操已经往驻邺城，根本不是他们能动得了的，这事儿便暂时被压了下来。

可让人遗憾的是，曹操之鹰犬遍布朝野，这事儿刚过没几天就被曹操知道了，所以曹操立即采取了行动。

本节参《三国志》《阿瞒传》《皇后纪》《资治通鉴》

4.3 裂痕

公元214年十一月，曹操的心腹，时为御史大夫的郗虑带着数百大兵杀进了皇宫。

进入皇宫以后，郗虑并没理会汉献帝惊异的目光，而是直接将伏皇后的印玺和绶带全部没收，然后命副使华歆带着一群大兵前往抓捕伏皇后。

汉献帝见此大惊，赶紧对郗虑赔笑道："这，爱卿这是何故啊？"

郗虑对汉献帝深深一拜，然后淡淡道："启禀陛下，伏皇后和其父阴谋诛杀魏公，现已证据确凿，还希望陛下不要为这等人求情。"

汉献帝："……"

此时，伏皇后寝宫。伏皇后这时正在和身旁婢女聊天。可就在这时，一名宫女仓皇跑进寝宫，惊慌地和伏皇后道："皇后！你快躲起来！魏公已经派人捉拿你了，再不躲就来不及了！"

伏皇后听闻此事大惊，她慌忙驱散了宫女，然后将大门紧锁，藏在了夹壁墙里。而就在伏皇后刚刚藏到夹壁墙里的同一时间，哐哐哐的敲门声便不断响起。伏皇后吓得浑身剧颤却不敢有半点儿声音。

这时候，就听外面华歆一声"砸"字暴吼。然后就听砰的一声，华歆及其大兵破门而入。

那华歆好像早就知道伏皇后在哪一般，直接冲到了夹壁墙前，拽着伏皇后的头发就将她拖了出来。

此时，伏皇后赤着双脚，被拽着头发边走边哭，路过汉献帝身边的时候号啕大哭道："陛下，您就不能救救我吗？"

看着伏皇后的样子，汉献帝哀叹一声，然后流着眼泪道："我也不知道自己还能活到几时啊。"

就这样，伏皇后被关到监狱中监禁到死，其两个儿子皆被毒杀，伏氏一族百余口在旬日间被诛杀殆尽，一个种都没能留下。

公元214年十二月，曹操见西北兵患已除，内患也已经被自己全部消灭，乃整备大军前往孟津，兵锋直指汉中方向。

公元215年正月，汉献帝立曹操之女曹节为皇后，他不求别的，只求能活一个心安，仅此而已。

二月，江东方面，见曹操的行军路线，孙权可以断定，这一次曹操一定是要夺得汉中了，而夺取汉中以后，曹操百分之一千会继续攻伐刘备。所以，这时候便是往刘备处讨要荆州的最佳时机。

于是，孙权遣诸葛瑾（诸葛瑾，字子瑜，诸葛亮之兄，很有能力，但长相奇丑，孙权称其面长如驴）前往成都向刘备讨要荆州。

呵呵，孙权天真了，到了刘备嘴里的肉他什么时候吐出来过？

果然，当刘备听闻诸葛瑾来意以后，本来还微笑的面孔立马就黑了，然后只说一句"等我拿下凉州以后再说吧"便转身离去了。

诸葛瑾无奈，只能草草回到建业向孙权汇报。

刘备这是干什么？这明显就是在和孙权扯皮了。所以孙权大怒，直接便遣三名官员前往长沙、零陵、桂阳三郡强行接收土地。

可结果呢？此三名官员皆被关羽赶出了荆州。

见此，孙权更是暴跳如雷，乃遣吕蒙率两万精锐以取三郡。

因为刘备的主力大军现都在成都，所以长沙和桂阳的太守不敢力敌，未等吕蒙大军到达便开城投降，只有零陵太守郝普坚守城池不降吕蒙。

于是，吕蒙和郝普就这样短暂地对峙起来。

而孙权出兵攻击荆南三郡的消息很快便传到了刘备耳中。刘备不敢怠慢，急自成都引兵五万往公安方向，并在出发以前予关羽援军三万，让他即刻率军夺回荆南。

孙权见刘备这是要和他全面开战，亦率大军自建业坐镇陆口，并命鲁肃率万人屯驻益阳以拒关羽。

同时，为免鲁肃不敌关羽，孙权还下令吕蒙迅速撤出零陵，转而往益阳和鲁肃会师。

起初，吕蒙平定长沙和桂阳以后，便和零陵太守郝普对峙起来，可郝普布防甚是精明，使得吕蒙好长一段时间都占不到半点儿便宜。于是，吕蒙便在郫县找到了郝普的好友邓玄之，想让他去说服郝普投降。

可就在这时，孙权的告急文书到达了吕蒙的军营，并令其迅速放弃零陵的攻略转而支援鲁肃。

吕蒙知道事态紧急，不敢怠慢，但就让他这么撤出零陵有些不甘心，于是便将孙权告急文书之消息封锁，并在当天夜晚召见各军将领，布置计策，作清晨攻城之状。

布置完攻城任务以后，吕蒙又叫来了邓玄之，对其道："郝普这小子估计是史书看多了，也想充当一把忠义之士，却不知此为不识大体之举。现在魏公已经兵进汉中，左将军刘备亦为夏侯渊所围困，关羽则在江陵迟迟不敢行动，我主又要亲自领军来攻，他郝普还有什么胜算？不如赶紧投降，还能富贵一生，省得城破之日，玉石俱焚。你现在就去郝普处，把我的话和他原封不动地说一遍，我倒要看看他投不投降。"

因为吕蒙将消息封得太死，所以邓玄之根本不知孙权要吕蒙立即撤兵之事，便即往零陵郡治，将吕蒙这话原封不动地阐述了一遍。

郝普信以为真，便心生畏惧，答应了投降之事。

次日，郝普出城投降，可那边城门一开，吕蒙这边便出现四名部将，分别带领数百士兵进入零陵郡治，彻底将此城占领，吃相那叫一个难看。

郝普当时还对吕蒙此举相当鄙视，当他跟吕蒙一起上船以后却是傻了。为什么呢？因为就在郝普上船那一刻，吕蒙就将孙权的告急文书交给了他，然后哈哈大笑。

郝普瞬时之间惭愧悔恨，无地自容。

本节参《三国志》《阿瞒传》《皇后纪》《资治通鉴》

4.4　单刀赴会（2）

吕蒙的到来，使得处于劣势的鲁肃士气大振，兵力和关羽立即持平。在此种情况下，关羽不敢力敌鲁肃，便只能暂时安营扎寨，和鲁肃对峙。

鲁肃这个人，虽然经常在小事上糊涂，但是在大事上，这人比谁都精明。他知道，现在不管是孙权还是刘备，最大的敌人都是曹操，如果两人就这样展开争端，那最后定会便宜曹操。所以，不甘心的鲁肃还想作最后的努力，乃孤身一人往关羽处，行那单刀赴会之事，希望刘备和孙权能够重修旧好。

当时，很多人不赞成鲁肃这么做，因为鲁肃单独往关羽处很有可能被关羽杀掉，但鲁肃不管，毅然决然便行前往。因为他觉得，不管是刘备还是关羽都应该是那种以大局为重的人。

可他错了。

当鲁肃进入关羽的中军大帐以后，还没等寒暄几句，关羽就眯着他那死鱼眼睛，恶狠狠地道："乌林之役（赤壁之战），我家左将军身在战场，不管白天还是晚上都指挥着大军对抗曹操，功劳可比天高。就凭这，他也有资格获得荆州之地！如今足下前来，莫不是要向我讨要土地？如果这样的话，子敬还是回去吧，省得咱们撕破了脸！"

按说，鲁肃正在关羽大营，周围都是关羽的刀斧手，估计是个正常人都不敢再和关羽"调侃"了。鲁肃却丝毫不惧关羽，直接回道："这话说得不对！当初我在长坂见到左将军时，其总兵力不过两万之数，亦无大计对抗曹操，我家主上为了能和左将军共同对抗曹操，不惜出动举国之兵，更是将整个荆州借给了左将军。这难道是我家主公不爱土地，想要将荆州白白奉上吗？不是！我家主公之所以这样做，主要还是想和左将军联合抗曹！这是没有半点儿私心的！我本以为左将军和云长也是这样认为的。可是我错了！当初左将军说什么了？说得明明白白是借用荆州！一旦有其他的土地就会将荆州还回来。如今，左将军已得益州全部，可为什么还以凉州为名不还荆州呢？这难道是想要统一天下以后再还荆州不成？贪心，每个人都有，但也要分对谁，难道对盟友也要行如此市井欺骗之举吗？"

话毕，鲁肃就这么看着关羽，看得关羽小心脏直发慌，有心反驳，却想不出半点儿反驳的言辞，支支吾吾半天说不出一句话。

鲁肃见此也不再说话，冷哼一声便拂袖而去了。而直到鲁肃上船，关羽都没敢对鲁肃动一下手。鲁肃，真江东文人中之勇者也！

再看曹操方面。

公元215年三月，曹操已成功和夏侯渊等部会师，遂携夏侯渊、张郃、徐晃、夏侯惇、朱灵等将自陈仓出散关，准备过境氐人领地以后狂殴张鲁，进而彻底吞并汉中。

那些氐人却不服从曹操管制，不仅不给曹操提供方便，氐王更是派出部队阻击曹操，不让其成功过境。曹操因此遣徐晃、朱灵率先锋军前往进行讨伐。

氐族，呵呵，不过是两羌的小打而已，自秦汉以来，我天朝周围最强大的少数民族无外乎东胡、匈奴、鲜卑三族而已，可就是如此强横的三族最后也被大汉收拾得服服帖帖。归其原因，无外乎装备上的巨大差距。而两羌、高句丽甚至无法和此三族相提并论，就更别提氐族这个两羌的小狗了。其不管是装备上，还是战术上都无法和曹军相提并论。

结果，不出意外地，氐王所派出的部队尽数为徐晃和朱灵的前锋军所杀。

按说，到这你氐王也应该服了吧？不然就将遭受更加惨重的损失。

可那氐王不知道吃错了什么药，也不知道他和张鲁到底处得多么好，反正就是死活不让曹操过境。这货竟然分别派军堵住了各处险要之地，然后据险地而阻拦曹操。

这回，曹操是真的怒了，遂遣张郃率本部兵马前往击之，并下死活不论之命。

那张郃得令以后迅速出击，一个、两个、三个……不到一个月的时间，这猛将竟将各处险要一一破去，逼得氐王再无险可守，只能率剩余的一万多士兵固守河池。

事情到了这一步，氐王虽然还没有遣使投降于曹操，但从他的态度也能看出来，这货是不想再蹚这浑水了。可曹操不打算放过这个敢于阻碍自己的氐王了。

于是，他亲率大军将河池团团围住，然后展开了不间断的猛攻。

公元215年五月，曹操攻破河池，将本城氐族人屠杀殆尽。这之后，曹操一边率主力大军往汉中挺进，一边命张郃率一部往北面金城方向，意图同时消灭张鲁和韩遂这两个敌人。

而金城诸将畏惧张郃兵威，更畏惧曹操的怒火，不想玉石俱焚，便斩杀了韩遂，向曹操献城投降。

至此，曹操兵不血刃平定整个凉州。

本节参《三国志·吴书》《阿满传》《中国历代战争史》《资治通鉴》

4.5　逍遥津之战

公元215年六月，荆州方向。

当刘备听说曹操已经突破氐族的防御进而入汉中的消息以后慌了。

益州，这是自己刚刚平定的地盘，人心不可能有多稳定，一旦曹操在短时间消灭张鲁，益州诸郡必向曹操投降，这是铁定的事实。

所以，刘备必须回益州坐镇，马上！

基于此，刘备不得不向孙权认怂，乃遣使者往孙权处求和，称自己从此愿意和孙权对分荆州，双方以湘水为界，长沙、江夏、桂阳等湘水以东的地盘皆归孙权；南郡、零陵、武陵等湘水以西的地盘则归自己。如果这样的话孙权还不满足，那么好，同归于尽吧！

孙权也知道现在最大的敌人是曹操，不好把刘备逼得太急，便答应了刘备的求和提议。

如此，刘备、孙权双方罢兵，孙权率主力返回建业，刘备则疯狂往益州疾奔而去。

公元215年七月，曹操已破张鲁数地，进军至阳平（今陕西省勉县西北）。张鲁因此大急，遂遣其弟张卫率数万主力前往阳平关拒之。

曹操虽有大军，但阳平关甚是牢固，根本无法在短期攻破，双方便就此僵持。

曹操正在阳平关僵持之际，东南方向却传来了让人震惊的噩耗。

据探子来报，那孙权回到建业以后频繁往长江南口集结士兵，从集结的方向来看，貌似有攻击合肥的可能。

见此，曹操面色一片阴沉，但他没有因此撤军援救合肥（一西一东，根本来不及），而是立即写了一封信，然后让部将薛悌带着这封信前往合肥。

公元215年八月，孙权趁曹操用兵汉中之际，亲率吕蒙、甘宁、徐盛、丁奉、陈午、潘璋、全琮、周泰等将共十万大军攻向只有七千守兵的合肥，意图攻下合肥以后四面用兵，趁着曹军空虚之际分兵略地，进而打残曹操。

此时的合肥，太守张辽已经将所有的将领集中，召开如何应对孙权本次进攻的军事会议。

张辽首先道："本次孙权来势汹汹，不知各位有何抵抗之计？"

话毕，下方一阵沉默，谁都没有半点儿建议。是啊，用七千人去抵抗十万人的进攻，且这十万人不是当初刘虞带的那种新兵蛋子，几乎都是江东方面的正规军，将领也清一色是名震天下的大将，任谁能有半点儿办法？

见此，张辽一声叹息，然后拿出一封信和众人道："这封信是主公今日送到我这里的，信的封面上写得明明白白，'贼至乃发'。诸位看好了，这封信原封没动，我根本就没有看过一次。来人！"

亲随："在！"

张辽："现在，你给我当着所有人的面拆开此信，读出来！"

亲随："喏！"

"张将军亲启，若孙权率军来到，将军可与李将军（李典）共同率军出击，乐将军则守城以待。"

听毕，场中众人一片哗然，不知曹操此为何意。十万，敌人可是拥有十万的大军啊！七千人硬抗十万大军，就是死守也守不了多长时间，怎么还能主动出击呢？这不等于拿鸡蛋往石头上砸吗？

甚至张辽最开始都黑着脸不明白曹操的意图，可当他转念思虑以后长出了一口气，然后和在场众人道："你们知道主公这信中是什么意思吗？"

众人沉默。

张辽："这信中的意思有两层，一层当然是教我们如何去击败孙权，这另一层……唉……主公已经开始不信任我们了，更不信我张辽和你李将军啊。"

一听这话，李典皱眉道："你这话什么意思？"

张辽："主公素知你我二人不和，为了防止你我战阵中相互不利于对方，这才命令乐将军守城接应，难道李将军你看不出来吗？唉，我张辽愧对主公的信任啊！"

一听这话，李典再也坐不住了，他噌地一下站了出来，先是对张辽一揖，然后坚决道："我李典岂能因为个人恩怨而忽略国家大事？张将军不要再说了，如何抵抗孙权就是你一句话的事，我李典定无不从！张将军你说吧，让我怎么干！"

张辽："好！有李将军你这句话我张辽就有信心了！主公现在正率军在汉中作战，相距太远，我合肥现在一共才七千士卒，想要凭此守到主公到来无异于痴人说梦，所以主公此信的主要目的就是让我们在敌军彻底包围合肥以前先行攻击他们，进而挫其锐气，安定我军军心，然后再凭此消彼军心顺利守城。"

话毕，张辽又看了看下面众将，然后毅然道："对于主公此举，我张辽举双手赞同，不知诸位可有异议？"

众将："我等皆愿随将军杀敌！"

公元215年八月某日晚，孙权十万大军已抵达合肥外郊，准备于次日布置围城，然后再对合肥展开攻势。

因为这时候合肥城中只有可怜的七千人，孙权无论怎么想都没想到张辽敢于偷袭，所以并未设置防备。

然而，就在孙权进入梦乡之时，合肥城中，张辽已经从七千人中点出八百最为精锐之士，准备和孙权玩儿一把大的。

次日拂晓，黑漆漆的天空刚刚出现一点亮光，合肥城的大门便已悄悄打开。这之后，一身盔甲的张辽亲率八百精锐以人衔枚马裹蹄之法向孙权大营不断逼近。

半个时辰后，一声"杀"字暴响，然后，八百骑兵在张辽的带领下疯狂往孙权中军大帐处冲杀，但凡前来阻拦的，皆被张辽斩杀。等张辽冲进孙权大营之时，他已经亲手斩杀了数十名士兵及两名将领，一时间无人能挡。

陈午、宋谦、徐盛等将见张辽之军距离孙权的中军大帐已越来越近，慌得不行，乃仓皇组织卫队直奔张辽冲杀上去。可此时的张辽已经被武神附体，简直英勇无敌。他见三将各领人到来，一句废话没有，直冲而上。

那陈午在江东素有猛将之称，可在张辽手下撑不过一合便被无情斩杀。宋谦和徐盛也无法阻挡张辽的脚步，交战没多长时间便被砍得重伤，最终只能狼狈逃窜。

而就在这不知不觉间，张辽已经杀到了孙权的中军大帐处，孙权不知张辽底细，以为合肥兵马全军出击，于是慌不择路往高地奔逃。

而张辽就好像地底下冲杀出来的恶魔，带领八百骑兵紧随孙权的脚步，就在其身后来往冲杀，并一边冲杀一边对前方奔逃的孙权暴吼道："江东狗贼！有胆便来决一生死！"

孙权此时已经被张辽吓得心胆俱裂，哪里还敢回头，只能不要命地往高地奔逃。

大概半炷香以后，孙权军的局势逐渐稳定，孙权本人也已逃至高地。而直到这时，他才敢回头去观望张辽的虚实。

可这不看还好，一看之下孙权差点儿气得背过气去。为什么？单单数百骑兵就将自己的大营搅和得一团乱，自己更是被吓得狼狈逃窜，这难道还不足以让孙权气愤吗？

于是，愤怒的孙权立即下令全军围住张辽，死活不论，一定要将其人擒到自己面前。

张辽，这不仅仅是一个武艺极强的骁将，还是一个具有相当才能的卓越军事统帅。他的战场嗅觉极为灵敏，一见孙权方面有大批士卒奔自己而来便挥戟突围。

在张辽左突右冲之下，场中众人根本拦不住他，所以只一会儿的工夫张辽便带着十来人冲出了包围圈。

现在，张辽只要一路向前就能成功返回合肥，进而超额达成本次的战略目的。

可就在这时，听身后包围圈中士兵大吼："张将军您难道要丢下我们不管了吗？"

这嗓子吼出来，张辽一愣，然后猛然回头，发现其余还活着的士兵已经陷于重重包围。这要是一般的将领，我估摸着绝对不会再去管那些士兵了，最起码也会犹豫片刻才会有所行动。可那张辽根本连犹豫都没有，直接带着十来人又冲了回去！

此时的张辽一身血，凶如鬼，那些本就畏惧张辽的江东士卒见此更是怕得不行，就这样硬生生被张辽突了回去。

成功和被包围的士兵会合以后，张辽大喊一声"跟着我"，然后掉头就突击，并一边猛砍狂杀一边暴吼："张文远在此，谁来受死？"

在张辽的奋勇突击之下，根本无人能阻其步伐，更有甚者见张辽冲其而来便已吓得双腿发抖，不敢有半点儿阻拦。

张辽就这样凭其一己之力带着生还者来往冲杀，终是冲过了重重包围，成功返回了合肥。

此战从拂晓一直干到中午，十余万江东军就这样被张辽八百来人杀得人仰马翻、乱作一团，使得本来士气高涨的他们萎靡不振，士气全无。

反观合肥城中的士兵则被张辽震撼，一个个士气爆表，誓死守卫合肥。李典、乐进等将领更是对张辽心悦诚服，使得整个合肥城万众归心。

次日，暴怒的孙权先是将合肥团团围住，然后对该城展开了轮番攻势。可合肥城被之前的扬州刺史刘馥改造得极为坚固，再加上现在双方的士气"此极消彼极长"，所以孙权虽狂攻十几日都不见半点儿效果。

眼看中原方向的曹丕已经开始集结士兵，随时准备南下支援合肥，孙权知道，自己的计划泡汤了，便只能解除对合肥的包围，命令全军撤回江东。

孙权本以为凭借自己的兵力，就是给张辽八个胆，他也不敢再对自己发动进攻了。所以撤退的时候没怎么注意，以至于先让前部先行撤退，自己则带着中军及后备军慢慢跟随。

可遗憾的是，这一次，他又错了。

公元215年八月下旬，孙权率大军向江东撤退。张辽一开始也没有想去追击孙权，因为他现在已经超额完成了曹操所布置的防守任务。

可当他站在城墙上观望时，看到孙权竟然将雪白的大屁股朝着自己，一点防备都没有，心中的热血便开始奔涌。因为他知道，孙权犯了一个极大的错误，而这个错误很有可能会使其丢掉性命。

基于此，张辽没有半点儿犹豫，当即率全城士兵冲杀了出去，而目标，便是那明晃晃的孙权中军！

"杀！"

伴随一声惊天动地的嘶吼，合肥七千男儿跟随着张辽的背影直往孙权处冲杀而去。

那孙权根本没料到张辽敢出全城兵马与其厮杀，所以全未做防备，立即使得整个中、后两军大乱溃散（其实凭孙家正规军的精锐程度是没有这么不堪的，可当他们看到张辽的时候便已经失去了抵抗的勇气。没办法，此时张辽之名已威震孙权全军）。

而张辽则趁着孙权军大乱的工夫杀进阵中，那是见人就杀见活物就砍，使得本就溃散的孙权军乱上加乱。

在当时，孙权身边仅剩下一千车下虎士（车下虎士：江东特种兵，为孙权军中最精锐者，时为孙权宿卫），孙权亦没有郭汜和淳于琼那种破釜沉舟的勇气，所以只能狼狈往逍遥津而逃（注：逍遥津是南淝河渡口，孙权往南撤退必渡逍遥津，而这时候大部分的孙权士卒已经渡过了逍遥津。可以说，在本次作战中，张辽抓的时机是天衣无缝的）。

可就在孙权到达逍遥津之时，他傻了。

原来，张辽料到孙权必走逍遥津，所以早在攻击孙权之前便已经秘密派出了一支小分队，在孙权前过河以后便将石桥毁了。

不过张辽派出的那支小分队并没把活干利索，因为他们仅仅将浮桥的中心部位损坏了，浮桥两边还有很长的延伸，所以中间被破坏的部分只有一丈多点（粗略估计应该是三米多一点）的距离。

孙权看了看被破坏的浮桥，又看了看身后越来越近的追兵。最后，他将心一横，驾马转身向后退了一段距离，然后掉转马头，以极限速度向前飞奔，在即将奔到断桥处的同时狠狠向上牵引马缰绳，其胯下宝马"应绳而跃"，竟然真的越过了浮桥中断处，成功抵达了对岸。

孙权就这样有惊无险地躲过了一劫，河对岸剩余的士兵可是遭殃了。

那张辽所率的七千士卒此时已杀得双眼通红，他们看着张辽的背影就好像看着一尊战神，就好像跟着这个背影可以无往而不利。再加上北岸的孙权军已经全部溃散，甚至提不起半点儿抵抗之心，所以张辽军如虎入羊群，无人能挡。

最终，逍遥津北岸的孙权军几乎全军覆没，只有少数水性极好的游过了逍遥津，成功捡回了一条小命。剩下的要么被张辽军斩杀，要么直接投降了张辽。

张辽见岸上已经没有了抵抗者，遂抓起一名俘虏的士兵凶狠道："孙权那狗贼呢？"

那士兵吓得亡魂皆冒，结结巴巴道："将军饶命，将军饶命，我不过是一个小兵，真的不知道孙权现在在何处。"

张辽沉思了一瞬，然后又道："我刚才在战阵之中见到了一个紫色胡须的汉子，他上身长下腿短，却善于骑射，我问你，这是个什么货色？"

那士兵惊恐地道："回……回禀张将军，此人正是孙权啊。"

一听这话，张辽放声长叹道："唉……白白错过了一个天大的机会，早知道此人便是孙权，我不管他人，急追便是！"

公元215年八月，合肥太守张辽以七千士卒大破孙权亲领的十万正规军，创造了军事史上的一大奇迹，史称此战役为逍遥津之战。

逍遥津之战过后，张文远之名威震天下，尤其是江东，据史料所载，即便小儿半夜啼哭，一听张辽之名也会吓得立即停止哭声。

并且，孙权从这以后开始谨慎用兵，不仅不敢再行那"奇兵"之举，甚至连出门时巡行的卫士也要比平时多上数倍。

看来，小孙同志是真的被张辽打怕了。

好了，逍遥津之战就介绍到这里了，我们再将目光转向汉中方向。

本节参《三国志・魏书》《资治通鉴》《三国志・吴主传》《江表传》《中国历代战争史》《献帝春秋》《太平御览》《蒙求》

4.6 大乱的苗子

公元215年八月下旬，就在张辽于逍遥津取得大胜之时，曹操也在不停地对阳平关进行猛攻。

可和张辽那边作比较，曹操这里可以说是事事不顺了。因为直到现在，曹操依然不能攻破阳平关的大门。

　　曹操因此采用瞒天过海之计，假作引军退去，让张卫大意轻敌。

　　而此时逍遥津大胜的消息还没有传到汉中，所以见曹操撤退，张卫认定魏军是要回撤中原镇守了，于是便放松警惕，还大宴三军，让士兵们一个个喝得五迷三道。

　　可当天夜里，就在张卫大军一个个睡得和死猪一样的时候，阳平关外郊突然蹿出数千身影，这些人行动矫捷且悄无声息。他们悄悄地靠近城墙，悄悄地架起云梯，悄悄地杀死城墙上的卫兵，悄悄地打开了城门。

　　然后，无数火把在阳平关外燃起，杀声顿时在四方暴起。这些憋了好几个月的曹军在冲进阳平关以后疯狂砍杀，再加上此时的阳平关已全无守备，所以被曹操轻易攻破。守卫阳平关的那些卫兵基本上都投降了曹操。

　　现在，张鲁几乎所有的主力守在了阳平关内，所以阳平关的陷落也相当于宣告了张鲁的彻底失败。

　　基于此，张鲁便想投降曹操，企图混一个富贵一生。

　　可张鲁的谋士阎圃在此时道："将军，我们现在属于战败之师，没有丝毫价值，所以这时候投降曹操一定得不到器重，不如前往巴中依附杜濩（夷族散种）、朴胡（夷族散种），且据险而守，让魏公看看我们现在还有的实力。等魏公充分地了解了我们的实力以后再行投降，相信那时候一定会得到魏公的重视，进而富贵一生。"

　　这话一说，张鲁只寻思了一会儿便连连称善，并立即行动。

　　在往巴中撤退的过程中，张鲁左右建议一把火将南郑（张鲁的治所）烧了，且将金银财宝全部带走。张鲁却对左右道："你们可不能这样，我的本意就是归顺曹公，现在之所以前往巴中只不过是不知道魏公真实的想法，暂行躲避而已，而并不是对魏公有恶意。所以，南郑的财产我们都不能动，还要留人看住府库，在魏公进入南郑以后全都交给他，这样才能充分表达我们的善意。"

　　左右听罢均赞同不已，南郑的财物便这样留下了。

　　公元215年八月，曹操兵不血刃进入了南郑，当他看到府库中完好无损的财物以后便了解了张鲁的用意，乃多派使者前往巴中宽慰张鲁，希望他早早投降。

　　可张鲁是不可能这么轻易地投降曹操的，双方便就此进入了讨价还价的"谈判"。

　　本月中旬，巴中群夷畏惧曹操兵威，七个种部夷王纷纷前往南郑向曹操宣誓投降。

　　十一月，"谈判"完毕，张鲁出巴中向曹操投降。曹操"非常高兴"，当即封张鲁为镇南将军，阆中侯，并给张鲁食邑万户。同时，曹操还给张鲁的五个儿子都封了列侯。可以说，一个小小的五斗·米贼张鲁这一次投降真的赚大了。

受降张鲁以后，按照曹操本来的想法，他是想继续南下攻击刘备的，可这时候中原又有小的动乱，逍遥津大胜的消息亦未传到曹操耳中，所以曹操便有了撤回中原的想法，乃召集各部谋士、武将共同商讨。

张既是第一个站出来赞成曹操撤退提议的，并希望曹操将汉中的民众都迁徙关中地区，主要充实三辅。至于汉中，只充当防备刘备的武装要塞就好。

话毕，谋士和洽亦出来支持张既的建议，并说这样可以减少设置守备的费用，是有百利而无一害的。

可就在这时，曹操见一文官屡屡想要说话，而总是欲言又止，于是便问："仲达有何建议？但说无妨。"

因为以后还要和这个"仲达"有很多很多的接触，所以在说正事之前还是让我们来详细地了解一下这个人吧。

司马懿，字仲达，Ａ统Ｓ政Ａ⁺谋级大才，河内温县孝敬里（属今河南省温县）人，他的祖先是高阳之子重黎（夏官祝融）的后代。此官世世传承，到周朝之时则改称呼为司马。

直到程伯休父之时，因为他平定了徐方，被周宣王赐姓为司马。至此，司马氏现。

看过我《大汉一梦》的书友还记得司马卬吗？没错，他就是司马懿的祖先。司马卬八世以后，出了征西将军司马钧。司马钧生豫章太守司马量。司马量生颍川太守司马儁。司马儁生京兆尹司马防。而司马懿便是司马防的第二个儿子。

司马懿年轻的时候便气度非凡，聪明、豪放又有远大志向。他博学多闻，专心于儒家，所以在当时非常有名望。

天下大乱以后，司马懿常常感慨而忧国忧民，其同郡人、南阳太守杨俊善于识人，见到司马懿以后便称其为栋梁之材。

尚书崔琰和司马懿的哥哥司马朗是很要好的朋友，更是对司马朗道："您的弟弟聪明、诚信，处事果断而才能出众，不是一般人能比得上的。"

建安六年（201年），曹操时任司空。他听说过司马懿的名声，所以派人前往征用。可司马懿认为曹操是一个挟天子以令诸侯的大坏蛋，不愿投入他的麾下，便以身患风痹，不能正常饮食起居为由，拒绝了曹操的录用。

（注：主流观点认为，司马懿当时没有投靠曹操主要还是因为曹操并不是当时最强大的诸侯，司马懿在他身上看不到统一天下的希望，这才不愿投靠。我却不这样认为。当时是201年，曹操刚刚在官渡大胜袁绍，正是意气风发之时，手下文臣武将无数，士卒也以数十万计，怎么就看不到统一天下的希望呢？所以这种说法根本不成立。我认为，司马懿不投靠曹操的主要原因无外乎三个。第一，在当时，几乎全天下强悍的谋士都汇集于曹操麾下，并且已经有许多年头了，司马懿在当时投靠曹操根本得不到重用，所以他才不投靠。第二，就好像《晋书》说的那样，司马懿是一个很正派的人，他见曹操不是好人，这才不愿投靠。各位可别对这种说法嗤之以鼻。要知道，司马懿当时才二十二岁，算是一个年轻人。而年轻人，尤其是年轻的儒生，往往充满了正义感。第三，那便是司马懿打算通过这种方式以退为进，增加自己在曹操心目中的含金量。但到底哪个才是真正的原因我不好带节奏，还是各位读者自行分析吧。）

曹操这个人，既精明又多疑，他见司马懿拒绝了自己的任用，当即怀疑司马懿是装疯卖傻，这便派出刺客于夜间潜入司马懿住处，看看他究竟是不是生病了，只要司马懿是装病，那曹操就会立即杀掉他。

可司马懿聪明绝顶，当他拒绝了曹操的录用以后便知道会有这么一天，所以从那时开始便天天卧于床榻，甚至连吃饭喝水都需要人喂。

结果，司马懿的奥斯卡级演技成功骗过了前来打探消息的刺客，他因此逃过一劫。

可这种伎俩只能用一次，如果下一次曹操再行登庸，他司马懿也没有任何办法了。

果然，当曹操成为丞相以后再派人前往录用司马懿，并且对官员下了死命令："如果这小子再找借口推托，什么都不用说，直接把他给我扔到监狱去。"

正所谓"识时务者为俊杰"，司马懿虽然不愿意投靠曹操，但在曹操的威逼之下，这兄弟还是无可奈何地从了。

这之后，司马懿凭借其过人的才华连连升官，一直到曹操攻打汉中的时候，司马懿已官升主簿，成为曹操的主要谋士之一。

好了，司马懿就介绍到这里，我们重回正文。

本节参《三国志》《中国历代战争史》《典略》《资治通鉴》《晋书》

4.7　天子不取，反受其咎

公元215年十一月，就在曹操即将决定撤兵之际，却见主簿司马懿多次作欲言又止状，乃问其因。

司马懿由是答曰："主公，刘备以欺诈和武力的手段夺取益州，撕下了多年经营的伪善面具，使得蜀人真正看透了他，所以益州境内一定有很多人对刘备心怀怨恨。并且，刘备往东争夺荆州还未回益州，此正是天赐良机（不知为何，这么多月过去了，刘备还没有回到成都，有可能是要给自己留一条后路吧）。下官认为，主公这时候需要马不停蹄往益州挺进，赶在刘备回益州之前对其发动猛攻。下官可以保证，只要主公一动，益州诸多势力必望风归降。到那时，主公距离统一天下也就不远了。"

不是放马后炮，哪怕是不知道结果我也会举双手赞同司马懿的建议，因为他说的实在挑不出半点儿毛病。可曹操对司马懿好像并不那么信任，他只是冷冷看了一眼司马懿，然后讥讽道："人哪，永远是这么贪心，不知道满足。今天得到了陇西，明天得到了汉中，可还不满足，又要得到益州，呵呵，呵呵呵呵。"

这话一说，司马懿满脸黢黑地退了回去（哼！我给你出主意，你不感激也就算了，还拿话讽刺我，行，那我以后不吱声行了吧），再不发一言。

可就在这时，刘晔突然站出来道："这话说得不对！主公，您以步兵五千讨伐董卓，继而北破袁绍，南征刘表，兼并天下十分之八，其势力和兵威连海外异族都感到恐惧。现在您攻克了汉中，蜀人必惊慌失措。就像司马主簿说的那样，最关键的是刘备现在还不在成都。在这种情况下，如果主公能够第一时间出击益州，蜀地民众必望风而降，主公便可不战而屈人之兵！可一旦主公您有所迟疑，这……"

曹操皱眉道："说！"

刘晔："刘备乃人中豪杰，乱世枭雄，他身怀奇计又善于统兵作战，之所以如今才崛起，不过起事较晚、底子稍薄而已。如果您给刘备时间，凭他的人望，凭诸葛亮近乎完美的执政手段，凭关羽、张飞这种勇冠三军的大将，到时候再想攻击益州便是不可能的事情了。正所谓'天予不取，反受其咎'，还请主公三思啊！"

听毕，曹操沉默了，彻底地沉默了，可他依旧没有即刻向益州挺进，而是还在犹豫，不断地犹豫。

见此，我不得不说，曹操真的是老了，已经没有当年那种一往无前的气势了。

七日以后，刘备终于抵达成都，然后迅速布防，准备和曹操死战。

与此同时，一些益州土民纷纷迁徙到了汉中境内（这些土民是十多天前才开始迁徙的，所以不知刘备已回到成都）。曹操见此，乃命人将这些土民的代表请到了议事大厅，并询问现在益州的情况。

那土民代表毕恭毕敬地道："启禀魏公，我们益州人民自魏公拿下汉中以后一日十惊，动荡不安，我们生怕陷于战乱，这才举族搬迁，还请魏公接纳。"

一听这话，曹操顿时大惊，遂立即招来刘晔并询问道："子扬（刘晔字）啊，我们现在攻击益州还来不来得及？"

听此，刘晔先是一愣，然后长叹一声道："据探子来报，刘备现在已经返回了成都，益州因此小定，不可再击也！"

曹操："这，唉……"

公元215年十二月，曹操见益州已经小定，无法再击，遂引军还邺。至于汉中，则令夏侯渊督张郃、徐晃等上将镇守。

夏侯渊先是命徐晃镇守阳平关，然后命张郃率本部兵马前往攻击巴东和巴西地区。

巴东和巴西二郡皆在益州北部，如二地陷落，益州北部将陷入被多点围攻的窘境，所以刘备绝不允许，乃遣张飞率数万精锐前往阻击张郃。

双方在宕渠（今四川省渠县东北）一带遭遇，遭遇以后进行了数次试探性攻击，但都不相上下，无法在短期分出胜负。

因此，双方便对峙起来，谁都不再先行进攻。

直到五十多天以后，张飞亲率一万多人突然从张郃的背后杀了出来。

而正面和张郃对峙的军队见张飞谋略已成，也配合张飞从正面猛攻张郃。张郃军全无防备，因此一触即乱，被张飞大破。

同时，因为战场山路狭窄，前后路都被堵住的张郃军无法突围，便只能下跪向张飞投降，导致全军覆没。

最后，只有张郃及数十名亲随徒手攀爬山壁，九死一生才逃回了南郑。

那么到这问题来了，两军对峙得好好的，怎么张飞就能瞬间绕到张郃的身后呢？

原来，那张飞自进入益州以后便开始钻研本州地形，得知了很多别人不知道的隐秘山路，所以当他和张部对峙以后，便分出一万多士兵从一条张部不知道的小路悄悄绕到了张部背后，这才有了之前那一幕。

而张部呢，一是对益州地理没有张飞熟悉，二也是轻视了张飞，认为张飞这种猛将不会玩弄什么阴谋权术，所以并未在后方设置警戒，这才有了本次大败。

张飞此次全歼张部部，使其名声大噪，更使得天下人看到了刘备现在的实力，所以益州举州欢庆，当然了，刘备也是非常高兴的，可高兴的背后还有一些担忧。

为什么呢？因为刘备知道，张飞太暴躁了，他生怕张飞因为暴躁而陷入危险，所以在事后给张飞写了一封信，信上面是这样说的："你这老小子太过暴躁，我听说你杀人如同饮水一样正常，鞭打士卒更是日日有之，这种行为已经不能用恶习来形容了，因为它已经可以给你带来危险。你是我刘备军中的中流砥柱，我不希望你有任何危险，所以，改掉你的坏毛病可否？"

看过此信后，张飞立即回信给刘备，表示自己一定会注意，让刘备不要担心；过后却还是一样杀人、一样鞭打士卒，将刘备的话当作耳旁风。

而事实证明，刘备是对的。几年以后，张飞果然因为这等事情丢了性命，那是后话。

本节参《三国志》《中国历代战争史》《傅子》

4.8　收纳政策

公元215年十二月，因为近一段时间汉朝战乱四起，所以周边胡人趁机肆虐于汉朝边境，使得曹操大为头疼。

本来，按照曹操的性格，对这些异族人他是一定要进行血腥镇压的，可现在孙权和刘备大势已成，尤其是刘备，他是绝对会趁着自己讨伐异族人的时机攻击自己的，所以曹操不敢轻易往北讨伐，只能将云中、定襄、五原和朔方四郡的民众及财物迁徙新兴郡，进而将战线收缩，且将力量集中到一点，以应付北方异族的寇掠。

这种办法看似消极，但，这好像也是当时这种局势下唯一的办法了。

公元216年二月，曹操回到邺城，即命牵招为平虏校尉，都督青、徐两州军事，并下死命令，让牵招不管用什么办法，都必须在最短的时间平定青州小部叛乱。

那牵招不负曹操所望，到达青州以后立即组织本州所有军事力量对东莱郡的叛贼展开血腥打击，不到一个月的时间便将东莱郡反贼屠尽。

青、徐二州其他叛贼见牵招如此凶残，遂不战而降，二州因此得以平定。

三月，曹操亲自带领文武百官耕种籍田，以表明自己对于国家农业的重视。

五月，已经六十一岁高龄的曹操进爵为魏王，爵位达到了当时能有的巅峰。

当时，几乎所有的魏国文武已经被曹操改为魏国官职，只有夏侯惇还"独享"汉朝官职（注：曹操常与夏侯惇共乘一车，共卧一室，对夏侯惇的宠爱整个魏国无人能比，所以曹操到现在还没有给夏侯惇封魏国之职不是他怀疑夏侯惇，而是因为他对夏侯惇太放心了，便想一直让夏侯惇享受高官厚禄），夏侯惇因此极为憋屈，遂亲往曹操处，希望曹操能给他封一个魏国的官职，且大小不论，只要承认自己是魏国的官员便可以。

一听这话，曹操哈哈大笑道："你千里迢迢来找我就这么点儿事啊，唉，我说元让啊，你我虽然表面上是君臣关系，我却一直拿你当最好的朋友，所以想让你永远享受着高官厚禄，岂不闻太上师臣、其次友臣也？"

曹操说的是真心话，夏侯惇却不依不饶道："我不管魏王您怎么说，反正我夏侯惇生是魏国的臣，死是魏国的鬼，您今天要是不给我一个魏官，我就赖在这不走了，爱谁谁。"

曹操见夏侯惇如此固执也是哭笑不得，最后只能封夏侯惇为魏国前将军，让他成为整个魏国军界的第一把交椅。

公元216年七月，魏国和北方匈奴之间发生了一件天大的事情，使得匈奴彻底臣服于魏国，多年都没有再对汉人出过手。

想那匈奴已居塞内许多年了。在这些年中，匈奴没有经受多少战乱，使得他们的人口逐渐增多，势力逐渐强大，虽然再也恢复不到冒顿时期的强大，但也绝对是汉人的一大安全隐患。尤其是对魏国，曹操是一点都不敢放松对这个骑马民族的警惕之心。

可就在匈奴逐渐强大的时候，他们的老毛病又犯了。什么呢？那便是内乱。

当时，匈奴的单于是一个叫呼厨泉的人，这人虽然有些手段，但匈奴内部部族林立，相互争权夺利，北方更有鲜卑人虎视眈眈，使得呼厨泉如履薄冰。为了能够巩固自己的权力，使得自己成为真正的匈奴单于，呼厨泉遂朝于曹操，希望曹操能收下他这个忠实且恭敬的小弟。

曹操见此大喜，当即便答应了呼厨泉的请求，并给呼厨泉准备了最豪华的"家"，还三天一小宴、五天一大宴地招待呼厨泉。

呼厨泉以为自己日后必定一帆风顺，进而一统匈奴。可他万万没有想到，他早已经落入了曹操的魔掌。

为什么？因为呼厨泉从这以后便被曹操软禁在了邺城，不放他回去了。

这之后，曹操利用呼厨泉的名义和自己的威望将匈奴分裂为五大部，各立匈奴贵人为帅，然后选自己的官员前往监之，使得匈奴五部彻底成为曹操的附属。

可曹操知道，光凭自己的威压是无法彻底将匈奴人压制的，想要让他们彻底臣服自己，还要软硬兼施。

基于此，曹操鼓励匈奴贵族前来魏国为官，进一步地同化他们。

这还不算，曹操还以汉匈一家亲的口号忽悠匈奴百姓往中原移民，并给他们最优良的政策，使得相当一部分匈奴人在一段时间以后默认自己为汉族人，这也是以后刘渊以汉人的身份而自居的基本原因之一。

好了，不管怎么说，匈奴在曹操的作用下起码短时间不用再担忧了，曹操这个人确实有相当的手段，这不可否认。这种人要是在盛世相信一定会是一代名相吧？

公元216年八月，因为大批大批的匈奴人往魏国移民，因为大量的匈奴贵族至魏国为官，因为匈奴五部皆受曹操节制，因为匈奴五部的贵人们再也看不到匈奴崛起的希望，与其这样，还不如让自己彻底变成汉人，享受更加优厚的待遇。

所以，匈奴贵族从此皆改姓为刘，匈奴文化从此亦逐渐消失于历史的长河。

（注：汉匈连亲从高祖刘邦之时便有之，所以匈奴王室确实拥有汉家皇室的血脉，这是不可否认的。从这点来说，他们改姓刘也没什么毛病）

　　　　　　　　本节参《三国志·魏书》《新编中国历史大事表》

4.9 第二次濡须之战

公元216年十月，魏国的经济、政治已经步入正轨，曹操遂再次集结大军往江东方面挺进，孙权闻讯亦亲率大军往濡须口方面布防。

于是，魏国与江东集团第二次濡须口之战正式开始。

公元217年正月，曹操已与张辽会师，大军屯兵居巢以后便命张辽与臧霸率前部兵马往濡须口方向挺进。

江东方面，孙权见曹操已有所行动，便令董袭率五艘大型楼船横于濡须口江中，做水中第一道防线。

就在曹操和孙权皆有行动之时，老天却降下灾祸。

一天夜晚，濡须口一带突然狂风大作，然后暴雨倾盆而下，使处于江中的五艘楼船在狂暴的浪潮中不断飘摇，眼看就要有翻船的趋势。

一时间，董袭所部诸多将士大为惊恐，更有士兵不断跳江而逃。

见此，董袭之副将建议董袭立即往岸上撤退。董袭却对那副将怒吼道："我受孙将军大任在此防备曹贼，怎能委身而去？谁要是再劝我逃走，立斩之！"

话毕，看着董袭那圆瞪的双眼，无人敢再多言。

结果，当天夜里，五艘楼船全部毁在汹涌的浪潮中，董袭以及诸多将领、士卒因此而亡。

那么伴随着董袭所部的覆灭，张辽的前军能不能抓住这次机会一举拿下濡须口呢？

答案当然是不能。

这种恶劣的天气同样影响了张辽方面军。

当时，张辽和臧霸的前锋军还没登上战船，而是刚刚到达江边。这时，江水上涨，暴雨不断，这种情况最易发生火灾。而一旦发生这等灾祸，江东军必定迎江而上，到那时，大军必为孙权所灭。

基于此，张辽非常忧虑，为了防患于未然，乃有撤退之念。

臧霸却不肯撤退，并劝张辽道："张将军我劝你三思，魏王军令如山，既然让我们屯驻于江边就不能私自撤退，一旦撤兵，哪怕您被主公器重，相信也免不了大大的惩罚。所以还请将军坚定信念，不要轻易撤退。我知道将军您忧虑的是什么，不过你不用担心，咱们大王是一个非常英明的人，怎么可能舍弃我们呢？你放心，最多不过两天，魏王就能主动让我们撤退了。"

话毕，张辽默默地点了点头，最终听取了臧霸的意见没有轻易撤退。

而事情果然如臧霸所料，就在第二天一早，撤退的命令便传到了张辽的大营，张辽因此有惊无险地撤回了居巢大本营。

公元217年二月，持续近一个月的狂风暴雨终于结束。见此，曹操立即进屯江西郝谿，然后对濡须口展开了第一次攻势。

孙权反应相当迅速，他见曹操开始行动，乃遣吕蒙率江东精锐水军前往进行阻击。

结果，曹操的第一次进攻被吕蒙击溃，双方水军上的差距经此一战展现得淋漓尽致。

曹操当然不会因为一次试探性进攻的失败而灰心。这之后，他派出了许多部队对吕蒙的水军展开了轮番打击（打不过你我可以拿人堆），吕蒙很快不敌，便率军撤往岸上死守濡须口。

终于将江东军团逼到了岸上，曹操见此喜不自胜，遂命大军狂攻濡须口，无论如何要将这块难啃的骨头给他啃下来。

此命令一下，魏三军如猛虎下山，疯狂往濡须口冲杀，一些将领更是亲赴前线指挥作战，哪怕肩部被流矢射穿也没有半点儿退缩。

可江东军也不是白给的，在孙权亲自坐镇下，在吕蒙、徐盛、朱然、蒋钦、周泰等江东名将的指挥下，江东军拼死防守，竟然在岸上硬顶了魏军一个多月的狂攻都没有陷落。

可就在时间至三月以后，江东军终于顶不住魏军连续一个月的狂攻了，遂向后撤退，将防御线收缩。

而曹操也没有对孙权进行追击，因为这一个多月的不间断进攻也使得魏军损失惨重，丧失了进一步吞并江东的可能。曹操之所以现在还没有退去倒不是他还想进攻孙权，而是需要一个台阶，需要一个自己能够撤退而足以不失面子的台阶。

而这个台阶，孙权很快就送上来了。

公元216年三月，孙权遣徐祥为使往曹操处，请求向曹操投降，愿意从此归顺曹操，条件只有一个，那就是自己的领地必须和之前一样拥有自治权。

曹操犹豫片刻和徐祥道："回去告诉你家将军，想要投降可以，想要自治权也可以，不过从这以后，必须每年向我魏国进贡，并且要和我魏国结为亲家，如果孙权同意这两样，我魏军立即退去。"

听毕，徐祥告辞，回去禀报孙权去了。

孙权知道这是曹操来向他要台阶了，于是当即答应了曹操的要求，并和其结为亲家。

公元217年四月，曹操留夏侯惇、曹仁、张辽三大将领屯军居巢以防备孙权后便率主力大军撤回了邺城。

至此，魏国与江东孙氏政权第二次濡须口大战宣告结束。

值得一提的是，战后孙权在建业召开了一次隆重的国宴来款待有关此战的一众文武，并在宴席间当众宣布了一个新的任命，那便是任命周泰为濡须新一任军督。

此任命一下，满堂哗然，徐盛等江东大将更是纷纷站出来表示不服。为什么？倒不是徐盛等人与周泰不和，而是因为周泰虽然勇猛，但论统率大集团军作战真的不如在场诸位，所以众人才对孙权的这个任命很有些意见。

面对一众文武的纷纷议论，孙权并没有半点儿波动，而是等这些人说完了才倒了一盅酒，然后端着酒盅走到了周泰面前，非常客气地和周泰道："幼平（周泰字），孤敬你！"

话毕，一饮而尽。

见此，周泰立即端起酒盅站起，然后一饮而尽。

可就在周泰喝光盅中酒以后，孙权直接转身对着众人，然后暴吼一声："幼平！把你的上身给我亮出来！"

听毕，周泰立马照做，可随着周泰亮出自己的上半身，场中众人开始不淡定了，有的人甚至忍不住发出惊呼声。

倒不是因为周泰有多么性感，而是因为他身上的伤疤实在是太多太多了，这上面有箭伤、刀伤、矛伤、戟伤等等，总之各种伤疤遍布周泰上身，粗略一看也绝对不下二十处。

见一众文武皆用惊叹的眼光看着周泰，孙权这才满意地点了点头，然后肃然对周泰道："你把每一处伤疤的由来都和这些人说说。"

周泰："这一处伤疤是在……这一处伤疤是在……"

话毕，众人无比惊叹，因为当周泰叙述完伤疤的出处以后他们才知道，原来周泰每一次作战都冲锋在最前线。

　　见满场文武已经再无反对之音，孙权默默走回了座位，然后对场中一众文武道："幼平！孤视其如兄弟，他战如熊虎，不惜躯命，被创数十，肤如刻画，孤如何能忍心不待其如骨肉之情？孤又如何能忍心不委以其兵马之重任乎？你们只知道幼平没有带领大集团军作战的经验，可你们谁又知道，只要幼平在一军之中，一军之人便会士气暴增，且皆甘愿为幼平献上性命。所以，我让幼平担任濡须的新任军督，你们，还有意见吗？"

　　话毕，场下再无异议，周泰就这样成为濡须新一任军督。

本节参《三国志·魏书》《三国志·吴书》《太平御览》《资治通鉴》《江表传》

4.10　平山越，强国本

　　公元217年四月，汉献帝或者是迫于压迫，抑或为了保自己的性命，反正在这个月，他专门为魏王曹操设置了天子旌旗，且出入警戒清道，一切礼仪皆按天子规格来。

　　而这一切，曹操没有拒绝，所以这时候曹操的真实想法，那可谓路人皆知了。

　　公元217年九月，曹丕彻底击败了曹植、曹彰等一众竞争对手，被曹操封为了魏国的储君，成为真正意义上的继承人。

　　十月，汉献帝为魏王曹操专门配备皇帝所乘用的马车，以作为曹操身份的象征。

　　同月，曹操给曹植五千户封邑，算是给他的心理安慰吧。

　　同月，孙权和刘备之间的亲善大使鲁肃去世，这代表着什么呢？我也不知道。

　　还是同月，孙权用吕蒙代替鲁肃，成为江东孙氏政权的新一任大都督。

　　孙权知道，自上一次和刘备争夺荆州事件以后，双方这就算是彻底地决裂了。而孙权呢？他也不想挽回，他现在唯一的想法便是迅速拿下荆州，增强本身对抗曹操的硬实力，所以授意吕蒙，让他可以在荆州"自由行动"。

　　那吕蒙上任以后，在表面上对关羽恭敬有加，实际上却是意图让关羽放松警惕，而后他伺机而动。

那么吕蒙的计谋会成功吗？我们拭目以待。

还是同月，一个名叫陆逊的（时年三十四）扫荡了江东以南大部山越人，并给江东孙氏政权增添了数万的士兵和不计其数的人口，彻底断去了这个困扰孙权多年的大患。

那么这是怎么回事儿呢？在叙述正文之前，请允许我先简短地介绍一下这个陆逊的，因为以后还要和他接触很多很多。

陆逊，字伯言，S⁻级统帅，S⁻级行政大臣，S⁻级谋士，属江东孙氏政权建立开始综合实力最强之人！他是吴郡吴县（今江苏省苏州市）人，江东豪族之后。

陆逊在很小的时候就死了父亲，所以跟着堂祖父，也就是庐江太守陆康生活在其任所。

可好景不长，当时，陆康得罪了势力还很强大的袁术，所以袁术便动员大军攻击陆康。陆康为免不测，便叫陆逊和其亲属们回到了吴县。

陆逊在很小的时候便极有才能，还能独当一面，所以也从此负责照看陆家，成为陆氏一族真正的族长。

后来，孙权掌权，陆逊便应征在将军府任职。

一直到现在我都记得，当初战国时期，身为四公子之一的平原君赵胜曾经说过一句话，那便是"一个人的才能就像揣进兜里的锥子，是无论如何藏不住的"。而陆逊就是这样一支锋利的大锥子。

这个年轻人到将军府没多长时间便被孙权相中，进而一路升官，一直升到海昌屯田都尉兼海昌县（今浙江省海宁市）长。

当时的海宁连年大旱，所以民不聊生，且因为是战乱时期，天下所有军阀都要为国家的士兵储备粮食，所以前几任县长都不敢随便开粮仓赈济灾民。

可陆逊一到海昌便立即开粮仓赈济灾民，使得海昌那令人忧患的民情得以缓解。

当时，有很多人劝陆逊不要这么做，因为一旦发生战事，而海昌又拿不出相应的军粮的话，那是要受到相当严厉的惩罚的。

陆逊却不这么觉得，他认为不管是国家还是地方，想要富裕，首先一步就是搞定百姓，一旦百姓对你心悦诚服，那就没有什么是干不了的。

另外，当时的孙权主要还是发展内政，不怎么对外发动大规模战争，所以陆逊断定孙权短时间绝对不会征用海昌的存粮。

而最终的结果证明，一切被陆逊猜中了。

陆逊开仓赈粮以后，海昌的百姓将陆逊当作了自己的生身父母，但凡有什么政令他们都冲到最前面去干。

基于此，陆逊带领百姓耕织生产，使得海昌逐渐富有。

而且，因为很长一段时间孙权都没有发动战争，所以海昌的粮仓在陆逊的作用下慢慢填满，以后每年海昌给孙权贡献的赋税都是整个江东集团第一。

这还不算。当时，会稽附近有一个叫潘临的大山越贼匪头子，长期为祸一方，孙权虽多次征讨却都无法将其擒获。

陆逊得知此事以后立即请命孙权，不用孙权援助便率本县士卒前往讨伐。

我不知道本次作战的详细经过是怎么样的，因为史料也没有详细记载。我只知道，陆逊手下的士卒对其极为尊崇，但凡陆逊命令，他们哪怕不要自己的性命也会完成陆逊所布置的任务。

结果，结果就是陆逊一到，这些贼寇便被打得鬼哭狼嚎，甚至一大部分贼寇没等陆逊来进攻便投降了。

最终，潘临被陆逊宰杀，为祸一方多年的潘临之乱因此而定。

孙权见此大喜，遂升陆逊为定威校尉，驻军利浦。

陆逊进驻利浦以后，又相继平定了很多叛乱，使得境内安康、百姓安居乐业。

这一下子，孙权就更加重视陆逊了，于是将自己的侄女（孙策的女儿）嫁给了陆逊，并多次在国家重大事情实行之前询问陆逊的意见，如果陆逊也赞同的话，孙权就一定会去做；如果陆逊不赞同的话，孙权就会再征询各位大臣的意见再作决定。

可以说，从那时候开始，陆逊就已经成了孙权的左右手。

公元217年十月，在一次对话中，陆逊对孙权建议道："将军，当今天下群雄割据，豺狼也在暗中窥伺时机。在这种局势下，如果想要取得最终的胜利，没有军队是万万不行的。而我江东多有山越贼寇，他们仗着人多势众，经常掠夺我江东资源，基本上抢完就跑，之后凭借着险要之地来抗拒我江东大军的征伐。而这些人，难道不是难能可贵的兵源吗？将军如果信得过我陆逊，我愿带领士兵前往征讨，必将这些山越人变成您的士兵！"

这如果是以前的话，孙权是绝对不会放心陆逊的，但通过观察其多年的表现，孙权已经对陆逊的能力有了绝对的肯定，所以当陆逊提议以后，孙权几乎连犹豫都没有便同意了他的意见，并给了陆逊一万余精锐让他前往收服山越诸部。

而巧的是，就在陆逊即将攻击山越诸部时，丹杨大贼费栈却以曹操的名义煽动山越诸部和他一起攻击江东孙氏政权，并以曹操的名义承诺，只要这些山越人协助自己干掉孙权，魏王曹操便会给他们一些江东土地，让他们在更好的环境安居乐业。

那些山越人听此提议大喜，遂出数万人归费栈指挥。

见此，陆逊迅速前往阻击费栈，务要在其继续坐大之前将其干掉。可此时的费栈兵力已经是陆逊数倍有余，而且，那些山越人擅长山林作战，耐力极强，所以硬拼不是办法。

基于此，陆逊乃采虚张声势之计，在军营各处多设牙旗，布置鼓角，一到夜晚便命士兵擂响全部战鼓，然后疾速向费栈方向推进。

这些山越人虽然人多势众，但刚刚归于费栈，没有什么凝聚力，再加上费栈也不是一个合格的将领，他的情报工作基本上没有，所以根本不知道陆逊有多少士兵。

于是，陆逊那震动山谷的鼓角一响，费栈方连将带兵就慌了（不知己、不知彼的后果），等陆逊那一万多士兵趁夜色杀过来以后，那些山越人根本连接触都不敢便溃散而逃。

就这样，陆逊几乎兵不血刃便平定了费栈之乱，且擒获了许多山越士兵。

这还不算，陆逊击败费栈以后马不停蹄，连续出击丹杨、信都、会稽方向的山越种部，兵锋所指，无人能敌，最后硬是逼得整个山越向更南迁徙，这才罢兵回建业。

本次作战，陆逊连续大胜山越，俘虏山越士兵数万之众，更是将不计其数的山越百姓强迁至江东，使得孙氏政权的力量得到了大大的提升。

哦对了，有件事还要提一下。

在征伐山越的过程中，陆逊因为战线拉得太长，所以数次粮草不济，为了能让士兵吃饱肚子，保证最旺盛的士气，陆逊乃命大兵沿路抢劫江东政权治下村落，这样才最终战胜了山越。

类似抢劫本国民众粮食这码事儿，乍一听好像不怎么样，可据我所知，在战争年代，这种事情是经常发生的，绝大多数军队都做过这种事，所以各位读者也不用太过于较真。

可陆逊此举将一些儒家大臣给得罪了。就比如说会稽太守淳于式，他就因此对陆逊大为不满，遂上书猛参之！

那孙权知道陆逊之所以这么做完全是为大局着想，所以不但没处罚陆逊，还大大地奖励他。

后来，陆逊凯旋建业，在和孙权叙述战争过程的时候大大夸赞了淳于式，认为他是一个能为百姓着想的好官。

孙权听此微笑道："伯言哪，淳于式告你的黑状我想你不是不知道吧？可为什么明知道淳于式看不上你你还要夸赞他呢？"

陆逊回答道："淳于式是会稽太守，从他的角度来看，我掠夺百姓的粮草当然不对，所以他上书参我是正确的举动。而我陆逊身为三军将帅，一切要以打胜仗为准则，所以在非常之时用非常之手段也不算错。我和淳于式之间并没有什么私仇，他上书参我也是职责所致，我如果因为这件事情而记恨他的话，那简直就是不知所谓，进而混淆将军视听，这种做法是不能提倡的。"

听毕，孙权默默看了陆逊良久，然后长叹一声道："唉，伯言这种心胸，相信只有古代的圣人才会有之，如果我江东人人都如同伯言一般，何愁天下不定！"

好了，江东的事就先说到这里，我们再来看益州方面。

时间：公元217年十二月。

地点：益州成都城府衙。

此时，刘备正在批阅那堆积如山的公文。可就在这时，其谋主法正却前来拜见，并和刘备道："将军，您可想拿下汉中？"

这没头没脑的一句给刘备弄得一蒙，然后微笑摇头道："那汉中是益州的门户，占据了汉中就等于取得了战争的主动权，我怎么会不想呢？呵呵，说句实话，就是做梦都想哟。可老贼熟悉兵法，比谁都知道汉中的重要性，所以用重兵防守，我有心无力矣。"

法正："呵呵，主公您实在是高估了曹军的力量了。之前，曹操一举平定汉中，使张鲁投降，却没有在第一时间对我益州进行攻伐，只是仓促撤退，然后留夏侯渊、张郃等将领驻守汉中。这不是他的谋略和勇气不足，而是因为内有所迫才会如此。所以留在汉中的士兵虽然不少，但也绝对不多！那夏侯渊和张郃的才能虽然出众，但也绝不会超越我方将领，如果您率全军去攻，我法正可以作保，一定能够打败他们。等到得胜之日，我们便可化被动为主动，上可消灭敌人，辅助大汉王朝重新崛起；中可逐渐占据雍州、凉州，大大扩张领土；下可坚守要害之地，作长久的打算。这大概就是所谓的天赐良机，所以断不可错过，还请将军三思。"

听毕，刘备思考良久，终是抵不过汉中的诱惑，遂决意出兵北伐。

至此，益州刘氏政权与曹魏的汉中争夺战正式展开。

本节参《三国志·吴书》《世说新语》《太平御览》

4.11 汉中争夺战

公元218年正月，刘备命诸葛亮留守成都，总理后方兵粮补给（如西汉萧何故事），别遣征虏将军兼巴西太守张飞、平西将军马超率吴兰、雷同等进攻下辨，意图扰乱汉中西侧翼。

至于刘备自己，则携翊军将军赵云、讨虏将军黄忠、牙门将军魏延及谋主法正等率主力军团直奔南郑，意图一举而定汉中。

见此，夏侯渊立即布置，亲率益州守赵颙及主力兵团进入阳平关阻挡刘备，然后以平寇将军徐晃守马鸣阁道，荡寇将军张郃守广石（今陕西省勉县西），厉锋将军曹洪、偏将军曹真、骑都尉曹休守武都（武都郡治便是下辨，也就是说，曹洪的军团是直面张飞和马超的袭击的）。

二月，吴兰和雷同的部队开始攻击下辨，张飞则率本部兵马进军固山（位置失考，疑似下辨西北地带），扬言断去曹洪的退路，进而全歼曹洪所部。

曹洪等诸多将领闻听此事以后大惊，便想分出兵马前往阻击张飞。

就在曹洪即将落入张飞所设的陷阱之时，曹家的千里马曹休却及时站出来阻止道："将军切不可草率行动。兵法有云：'行断道者，当伏兵潜行。'也就是说，张飞如果真的想袭击将军背后的话，那是一定要悄然而进，是不能泄露一点消息的。当初张飞是怎么击败的张郃将军？不就是偷袭断后吗？那时候，张飞是否扬言提醒？"

曹洪："这……还真没有！"

曹休："这就对了，这张飞如今如此行事，那就只能说明一点！"

曹洪："什么？"

曹休："瞒天过海，用意分兵！我可以保证，现在张飞的主力大军都在吴兰和雷同手中，张飞只不过是一个虚头，一旦将军出主力攻击张飞，吴兰、雷同必出主力袭击下辨，到时将军只能不战而败！"

曹洪一听这话大惊，于是急忙问道："那……那如何是好？总不能就放着张飞在我身后游荡吧。"

曹休："呵呵呵，这未尝不是一件好事。在我看来，张飞不过自作聪明而已。"

曹洪："怎么说？"

曹休："张飞乃贼军之魂、胆，他现在不在军中，吴兰和雷同岂能镇得住？将军如果在此时出动全部力量攻击吴兰、雷同，必破之！此乃天赐之机，还请将军当机立断，不要再行犹豫！"

砰！

听毕，曹洪拍案而起，当即便出动全部兵力袭击了吴兰和雷同。

而事情果真如曹休所料那般，现在这批部队，大部分是张飞的部曲，凭吴兰和雷同根本镇不住他们，再加上曹洪本次连将带兵全军出击，攻势如烈火燎原，所以吴兰和雷同没抵挡多长时间便被曹洪打得大败亏输，进而狼狈南逃。

张飞呢，计谋非但没能得逞，还白白损失了数以万计的主力士兵，所以在万般无奈之下只能撤兵南走。

于是，刘备西路奇袭军以完败而告终。

值得一提的是，张飞撤退以后，立了大功的曹洪极为高兴，于是举办了丰盛的宴席招待一众文武。

席间，曹洪调侃天下，完全就是一副我天下第一的德行，周围那些文武一是高兴，二也是不想扫了曹洪的兴，所以也在一旁附和。只有杨阜一个人黑着张脸坐在一旁喝闷酒，一声都不言语。

酒过三巡以后，各位在场文武都喝高了，曹洪更是脸红脖子粗地对一众人吼道："各位！今儿个尽不尽兴！"

众人："将军敞亮！自然尽兴！"

曹洪："哈哈哈，这算个屁，还有更好玩儿的呢！来人啊！"

侍卫："在！"

曹洪："把之前买过来的那群娘们儿叫过来！"

几息之后，一群身着暴露的女人走进了中军大帐，她们对在场众男妩媚一笑，然后便开始搔首弄姿地舞蹈。

一时间，满营骚动，有的将领甚至有冲上去的冲动，其他文武则是哈哈大笑。

可就在这时候，已经忍无可忍的杨阜腾地一下站起身来，然后对着曹洪大声吼道："曹洪！男女有别这是一个国家最大的礼仪！哪有使女人在大庭广众赤身裸体的道理？即使夏桀、商纣那样的暴君也不会做出如此事情！你身为魏国边陲重将，你羞不羞愧！还有，那张飞虽然退去，可保不准会再杀一个回马枪，你现在如此轻敌，难道就不怕被敌人取了脑袋吗？简直愚不可及，我不屑与你这种人为伍，告辞！"

话毕，杨阜拂袖便去，只留下一众目瞪口呆的官员。

为什么目瞪口呆？因为魏国的文武都知道，曹洪乃是一个脾气极暴的家伙，现在杨阜在这么多人面前如此数落曹洪，曹洪别再一个心情不好把杨阜办了。

这些人想得没错，曹洪确实是一个暴躁且容易轻敌的将领，可他也是一个可爱的将领。

为什么呢？因为曹洪的性格是看你不爽和你蹬鼻子上脸、看你顺眼和你称兄道弟那种人（性格类似战国时期的廉颇），只要得到了曹洪的认可，那你哪怕是当着他的面数落他，曹洪也不会有半点儿记恨。而杨阜这个人，他就得到了曹洪的认可。

那曹洪见杨阜生气了，马上跑过去扶着杨阜，一边赔笑一边道歉道："哎，先生别走，先生别走，您别和我这个粗人一般见识，您看，我有什么不让您满意的您说，我改不就得了嘛。咋还不给我机会呢？来人，来人，快来人！"

侍卫："在，在！"

曹洪："赶紧把这些娘们儿赶出去，别在这给我丢人现眼！"

就这样，曹洪成功将杨阜请回了席间，并从这开始规规矩矩，宴席也有条不紊地进行完毕了。

由此可见，曹洪确实是一个有主张、有胸襟又很可爱的将领。

好了，闲话就说到这里，我们再看刘备方向。

话说张飞出兵下辨之时刘备便已携主力大军往南郑方向挺进了，而这第一个攻略目标便是由徐晃驻守的马鸣关（今四川省广元市昭化区西北）。

公元218年正月，刘备主力大军行进至马鸣关，然后立即对徐晃发动攻击。可这一切是虚张声势，因为就在刘备主力兵团攻击马鸣关正面的同时，他亦遣陈式率十营士卒从崎岖的山道绕过了马鸣关，意图两方合击马鸣关。

可徐晃这名武将用兵非常谨慎，行军打仗从来不会放过任何一个细节，所以自其进入马鸣关以后便将此一带的地形从里到外地了解了个通透，当然也就知道马鸣关旁边有这么一条小道。

基于此，徐晃料定，精通于战阵谋略的刘备一定会从这条小道袭击自己，所以在开战之前便已经埋伏了数千精锐于此。

陈式怎么想也没想到徐晃料敌于先到这种地步，所以在全无准备的情况下被徐晃的伏兵袭击。

一时间，喊杀声遍布山谷，陈式军哭爹喊娘。

本次作战，曹军几乎在没有损失的情况下取得了大胜，而陈式军几乎全军覆没。

此消息传到邺城之后，曹操大喜，乃亲自致信于徐晃，对其大事褒奖（此阁道，汉中之险要咽喉也。刘备欲断绝外内，以取汉中，将军一举克贼，计善之善者也）。

可赞扬的信件还没等传到马鸣关，这关卡就被攻克了，这也使得曹操很是无奈。

怎么回事儿呢？

原来，陈式失败的消息传到刘备军中以后，刘备大怒，即亲率大军对马鸣关展开了夜以继日的疯狂攻势。

徐晃的个人能力虽强，曹军的单兵作战能力虽悍，但不可否认的是双方人数差距实在太大。

所以，数日以后，马鸣关告破，徐晃见再无胜利希望，便弃关而走，携余众往广石方面撤退，遂与张郃所部会师。

公元218年四月，刘备兵分两路，同时对阳平关（夏侯渊）及广石（张郃、徐晃）发动攻击。

可这两个地方哪一个都不是好啃的骨头，再加上经之前攻击马鸣关战役，刘备主力兵团损失既大又疲惫，所以根本攻不下这两个地方。

刚刚出击就受到了绝地阻击，意气风发的刘玄德怎么能受得了？于是，他暂时停止了对两地的攻伐，然后即遣使往诸葛亮处，要求诸葛亮立即调集全益州的兵力前来支援。

难道这刘备是疯了不成。说真的，诸葛亮刚刚收到这封信的时候一时无法决断，因为他真的不知道刘备这个决定到底是对是错。要知道，如果将所有的赌注押到汉中，赢了还则罢了，这要是输了，诸葛亮相信，他们立刻就能被曹操和孙权吞了。

所以，诸葛亮并没有当即听从刘备的命令，而是询问心腹从事杨洪，和他共同商讨应不应该出兵援助刘备。

那杨洪经诸葛亮这一问有些发蒙，因为他根本看不出来不援助刘备的理由，于是小心翼翼地道："大人，您难道有什么其他的心思？还是你有什么顾虑？抑或……您要搞谁不成？"

一听这话，诸葛亮大怒道："这说的什么话？大家都是为了将军办事，我能有什么其他心思？你为什么要这么问？"

杨洪半信半疑道："当真？"

诸葛亮："当真！"

杨洪："我的天，我的诸葛大人，这事儿你还有什么可犹豫的，赶紧派兵援助啊！"

诸葛亮："为什么？"

杨洪："唉，大人啊，汉中乃是益州咽喉，存亡之机会，无汉中则无益州，此家门之祸，别说是调集整个益州的士兵，就是让益州所有的男子去征战、所有的女子去运粮也没有什么不可以呀。我真不明白，大人您为什么还会疑惑，速速行动才是真的，不然拖延日久，恐怕主公会对您起疑，到时候您就是有百口也辩解不了了。"

这话一说，诸葛亮一个激灵，这才赶紧调集了益州的士兵前往援助刘备。

公元218年六月，诸葛亮大批援军已兵越马鸣阁道，成功与刘备完成会师，刘备遂出军攻击阳平关及广石，可因为夏侯渊和张郃、徐晃所部兵力强大精悍，再加上不管阳平关还是广石都是易守难攻之地，所以刘备一时间竟也攻击不下，双方因此在此陷入对峙状态。

七月，刘备出全益州之力攻击两地的消息传到了邺城。曹操大惊，乃组织部队准备前往援助。

可就在这时，已经投降曹操的乌桓人出现小部叛乱。曹操衡量轻重以后决定亲自带领大军前往征伐刘备，至于北方乌桓小部叛乱，则由儿子曹彰带部曲前往征伐。

九月，曹操主力兵团抵达长安，就在他打算继续南下汉中之时，宛城太守侯音却受关羽蛊惑，进而叛曹投刘。

宛，自春秋开始便为天下之重镇。《读史方舆纪要》载：其"南蔽荆襄，北控汝洛，图霸中原，必为基石"。尤其自秦代以来，宛城已经成为全国工商大都邑，为南北交通及经济之重镇。

因为宛城为交通枢纽，所以北出洛阳，南通荆襄，西入武关而达长安，遂成为整个荆州之战略要地。谁要是拥有此地，可完全掌控荆豫之形势。所以，曹操是无论如何不敢轻视此地的。

基于此，曹操停止了继续进军汉中的步伐，而是疾速遣使往曹仁处，让他率本部兵马迅速讨平叛乱，因为只有这样，曹操才敢继续往南行军，毕竟一个益州远远比不上中原的安危。所以，曹操就这么被牵制在了长安而无法动弹。

公元219年正月，距离刘备开始攻击汉中已经过去整整一年了，可一直到现在，气势汹汹的刘备依然没能攻下阳平关和广石，被堵到马鸣阁道以北好不郁闷。

见此，法正找到了刘备献计道："将军，夏侯渊强悍无畏，张郃果断坚强，徐晃心思缜密，而阳平关及广石又是易守难攻之地，照此形势，继续攻击下去也占不到半点儿便宜。所以，我建议将此三将引出两地，进而在野外歼灭之！"

刘备皱眉道："我何尝不想在野外将其歼灭，可夏侯渊、张郃、徐晃这三个千年王八，他们就是不出来，我又有什么办法！"

法正微笑道："他们不出来，将军难道还不能将他们引出来吗？"

刘备："哦？先生可有计策？快快道来！"

法正："简单，将军可收拾全军人马向东南走沔水，做出要绕过阳平关和广石的架势，如此，夏侯渊定会率军前来阻击，到那时候，将军还不是想怎么办就怎么办嘛。"

刘备："这……可要绕过两地往北走就要走过大量的山区险路，他夏侯渊能中计吗？"

法正："哈哈哈哈，夏侯渊英勇无畏，这是他的优点，可这也是他的缺点。正因为他无所畏惧，所以很多时候做事欠缺考虑，我想，只要将军做出绕过两地的样子，他一定会前来阻击将军的。"

听毕，刘备是有些犹豫的，因为但凡夏侯渊不中计，他刘备就等于白忙活了，可同时，刘备知道，继续如此消耗下去也不会有一丝进展。

于是，他果断采纳了法正的意见，引军南渡沔水，做出绕过两地直接进入汉中腹地的样子。

而夏侯渊的举动也果如法正所料，他见刘备往东南渡沔水，立即率张郃携主力部队前往阻击，并命徐晃坐镇阳平关，负责两地防守任务。

数日以后，刘备主力大军已绕过广石登陆岸上，然后第一时间往定军山方向，意图抢占这块高地。可几乎是同一时间，夏侯渊的大军也已经到达此处。他见刘备正往定军山方向行军，便也率主力大军直奔定军山。

于是，曹军和刘备就定军山这块高地展开了激烈的争夺战。

当时，双方都全速往定军山疾奔，可因为刘备先夏侯渊一步行动，所以在夏侯渊前来的一刻有惊无险地占据了定军山。

可哪怕这样，刘备的情况也不容乐观，因为他是刚刚占据定军山，还没有在山上构建壁垒，所以这时候的刘备军只有从上到下的俯冲优势，并没有完全防守的能力。而夏侯渊，他是绝对不会放过这个机会的。

基于此，夏侯渊迅速布置，先命张郃率本部兵马往定军山东部扎营，自己则率主力大军于定军山南部屯军，意图以钳击之法大破刘备。

当时，夏侯渊布置完毕已经入夜，所以他在等，等第二天天亮便对定军山发动总攻击。

与此同时，定军山顶，刘备谋主法正急忙找到刘备，并兴奋道：“将军！大破夏侯渊就在此时！”

刘备：“哦？先生有何计谋？快快说来！”

法正：“主公可用声东击西之法，先命一军多置旌旗佯攻张郃，夏侯渊必从本军派兵往张郃处援助。这时，主公便可遣主力大军猛攻夏侯渊，夏侯渊必破！”

刘备：“这，夏侯渊行军作战多年，可会中计？先生要知道，如果夏侯渊不中计的话，我们很有可能会被夏侯渊反攻上山啊。”

法正：“将军，这世间根本不存在必成之计，凡战阵之计皆为豪赌，就看将军敢不敢赌、敢不敢搏而已，况且这一次我可以保证，夏侯渊中计的可能性在九成以上！”

刘备：“为何？”

法正：“将军难道忘了之前我对您说的话？”

刘备："你是说……"

法正："没错！夏侯渊那种无畏的性格注定让他失去对时局判断的客观性！所以有九成可能中计！"

刘备："善！"

次日拂晓，本来安静无比的定军山上突然杀声震天，无数火把、旌旗借着定军山的高势如山洪一般向下冲去，兵锋直奔张郃阵营。

那张郃虽然具有丰富的作战经验，虽然布置大营极为谨慎，但面对刘备军突然而来的冲杀也是在一时间陷入了被动的局面，与此同时，他又见地上旌旗、火把无数，这就使得张郃错误地认为刘备将所有的军队派了上来，于是即遣斥候急往夏侯渊大营向其请求援助。

而结果确如法正所料，那夏侯渊对自己过度自信，认为单凭一小半兵马也能防止一些突如其来的变故，于是便遣一将率大半兵力前往支援张郃。

可一段时间以后，张郃感觉不对劲儿了，因为通过这数个小时的搏杀，张郃明显感觉到刘备军的士兵并没有自己想象的那么多，便想再向夏侯渊作汇报。

可就在这时，夏侯渊的援军已经赶到，而刘备军的那些士兵见夏侯渊援军已到，明显松了一口气，然后毫不拖延，立即撤退。

见此，张郃大叫不好！因为他知道，自己和夏侯渊中计了！

与此同时，咚咚咚的战鼓声震动山野，老将黄忠携现在定军山上全部兵马直冲夏侯渊奔杀而去。

借着定军山的高势，这群士兵如奔雷一般势不可当，相信如果夏侯渊这时候弃军而逃的话，他还是有机会活命的。

可夏侯渊确实无所畏惧，见数倍于己方的士兵，这家伙非但没有逃跑，还亲率大兵前往迎击。

黄忠，陈寿评价其为勇冠三军之大将，其麾下兵众也皆为当时刘备最精锐的正规军，兵力还是夏侯渊军的好几倍，所以任谁都不会去想"败"这个字，每个人心中只有"势如破竹"而已。

可这也要分对谁。面对夏侯渊，这种现实往往要受到挫折，甚至被逆转。

见黄忠来势汹汹，夏侯渊没有半点儿畏惧，而是以极为镇定的口吻传令道："传令下去，弓弩手就位，敌军一旦入射程就给我往死里招呼！"

传令："喏！"

夏侯渊："来人！"

传令2："在！"

夏侯渊："立即调集所有近战步兵，随我上阵杀敌！"

传令："喏！"

砰！

伴随着整齐划一的暴响之声，无数箭矢划破长空，直奔黄忠大军。

一时间，很多士兵死于曹军的箭矢之下，使得黄忠之军稍受阻拦。可黄忠根本不管那个，就是让士兵向前猛冲，企图以最快的速度攻进夏侯渊大营，因为黄忠知道，只要攻进了夏侯渊的大营，那所谓的弓弩手便皆为待宰羔羊。

可就在黄忠军至夏侯渊大营前方时，却忽听一声"结阵"暴吼。然后，无数长枪应声而举。

紧接着，就见前军骑兵人仰马翻，损失那叫一个惨重。

如此，来势汹汹的黄忠一下子被挡住了脚步。

要知道，这种赌博式进攻一旦受挫，就极容易影响整个军队的士气，进而导致军队崩盘。所以黄忠大惊，乃亲率卫队往前查看情况。

而映入眼帘的一切却叫黄忠一生难忘。

只见夏侯渊正亲率大军坐镇最前线，并一边指挥一边手持钢刀不停挥舞杀敌，但凡近身者无不被夏侯渊砍得人仰马翻，那叫一个英勇无敌。

见此，老将军的斗志顿时爆表，由是对后方士兵大声吼道："都跟着我的步伐冲杀上去，今日，但凡有敢退去者，杀无赦！"

话毕，黄忠拿起长矛便直奔夏侯渊而去，而他身后的那群士兵见老将军如此勇猛，也怒吼着奔杀了过去。

如此，在黄忠的带领下，本来已经开始下降的军队士气复振，遂拼命向前和曹军搏杀，使得夏侯渊压力山大。

可哪怕这样，勇猛的夏侯渊依然不肯弃军而逃，还是在搏杀，不停地搏杀。

可好虎架不住群狼，最终，在黄忠的带领下，夏侯渊还是死于乱军之中。而在长枪刺进夏侯渊胸膛的那一刹那，我想，在他脑海浮现的一定是当初曹操对他说过的那些话。

"你小子作战实在过于勇猛，这在别人眼里是优点，我却不提倡你始终这样。我觉得，身为一名合格的将领，不仅仅要勇猛，同时要懂得畏惧。因为只有这样，你才能做出最客观的决定，而不是主观臆断。妙才（夏侯渊字）呀，我希望从这时候开始，你能学会害怕，学会用计谋去取得胜利。"

夏侯渊兵败的消息以极快的速度传遍三军，而张郃听闻此事以后几乎在第一时间便带领所有部队往阳平关退守了。

那刘备听说张郃第一时间撤退的消息以后遗憾道："可惜，可惜了，我惧张郃更胜夏侯渊，如果可以的话，我真希望能用夏侯渊的性命来换张郃的性命啊。"

再看夏侯渊方向，夏侯渊的司马郭淮在夏侯渊死后急率部曲逃往张郃处，可当他到达定军山东部之时，张郃所部早已人去楼空。（注：郭淮，字伯济，A⁻级统帅，属今山西省太原市人，曹魏名将，从年轻时便置身军旅，不仅有才能，还有相当的军事经验。）

见此，无奈的郭淮只能一边往阳平关撤退，一边收容从定军山一带逃出来的散卒。

而等到达阳平关之时，郭淮的部队已经将近万人，可以说是大功一件了。

当时，因为主帅夏侯渊已死，所以全军将士忧虑，不知所为，士气已经降到了冰点。如果他们在这时候遭到刘备的攻击，那后果可谓不堪设想。

基于此，郭淮乃在一次大会中当着全军将领道："各位，三军无帅则危，现在夏侯将军身死，我们必须在最快的时间挑选一名统帅，不然大耳贼来袭，我军危矣！"

一名将领道："郭司马既然提出来了，那就是心中已经有一个打算了，不知郭司马认为谁人带领我们最为合适呢？"

郭淮道："张将军（张郃）乃国家名将，深为刘备所忌惮，今日事急，非张将军不能安也，所以，我建议让张将军担任三军之帅。"

这话一说，众人深感有理，乃附议张郃为三军之帅。

而现在乃是曹军危难之际，张郃也没工夫整什么虚头巴脑的了，便当仁不让地接下了主帅的位置，并迅速犒赏士卒，稳定军心。

数日以后，刘备整军完毕，乃于定军山方向复渡沔水往阳平关方向挺进，意图一举突破阳平关，进而荡平汉中。

张郃听闻此事以后不敢有丝毫怠慢，便即召开军事会议，向一众文武询问办法。

当时，大多数人建议张郃据阳平关死守，意图拖垮刘备，只有郭淮建议道：

“将军绝不可据阳平关死守！”

张郃："为何？"

郭淮："我军于定军山之役损失惨重，士气暴跌，综合战力已差刘备数倍，如果现在还凭关自守的话，无异于自困等死，我认为，现在唯一的办法便剩下主动迎击而已。"

话毕，在场一众文武频频点头，一谋士更是站出来道："郭司马此言有理，下官附议，并建议将军将所有部队布置于沔水岸，阻止刘备登岸，如此便可拖延至大王援军来到。"

话毕，张郃微微点头，然后看向郭淮道："你觉得呢？"

郭淮道："此计可行，却非上计……"

张郃："说下去。"

郭淮："正所谓上兵伐谋，现在双方实力相差巨大，想要拖住刘备光靠武力是不够的，我军将士兵都布置在岸边虽然可以暂时性地阻挡刘备，却不是长远之计，不如远离岸边结阵，做出半渡而击的架势，那刘备畏惧将军，畏惧于将军还有其他计较，必不敢鲁莽行事。如此，便可成功拖延刘备。"

张郃："善！"

公元219年正月，刘备复渡沔水往阳平关方向挺进，就在刘备主力即将登岸之时，却见北岸远处密密麻麻全是张郃的士兵。

如果单单是这样刘备都不会害怕。使刘备有所忌惮的是，曹军竟然将岸边一大部分的土地统统让了出来。这代表着什么？代表着曹军还有底牌（张郃有奇谋，或者这时候曹操援军已到，这是刘备所忌惮的），所以刘备一时投鼠忌器，不敢深入，便将部队布置在沔水南岸，和曹军隔江相对。

两军就这样对峙起来，郭淮之谋略得逞。

二月，夏侯渊身死的消息传到了长安，曹操闻听此事大怒，痛声怒骂刘备，可当得知这一切是法正的主意以后，曹操阴个老脸恨恨道："我说呢，这等计谋就不可能是刘大耳那个憨货想出来的，法正，好个法正，我记住你了。"

本月中旬，张郃纳郭淮之谋成功阻挡住了刘备的消息传到长安。曹操闻听大喜，立即正式任命张郃为汉中军主帅，郭淮则为张郃之副将。

三月，曹仁破宛——斩侯音——屠城——全定南阳之乱，曹操乃出长安，走斜谷道入汉中。

　　进入汉中以后，曹操立即调平寇将军徐晃率本部兵马至宛，和曹仁共同防守南阳，以免被关羽偷袭。然后，大军南下，兵压马鸣阁道。

　　闻听曹操主力大军到来，刘备手下诸多将领慌了，刘备却当着所有文臣武将的面哈哈笑道："曹操虽然到来，但事情已到了这一步，就是来了，他又能奈我何？"

　　三月中旬，刘备调兵遣将，将所有的部队布置在险要据守，准备以防反之术拖死曹操。

　　下旬，曹操兵越沔水，遣使向刘备挑战，可刘备充耳不闻，死活不出马鸣关，决意将神龟战术进行到底。

　　四月，曹操如长龙一般的运粮大队进入汉中，刘备乃遣黄忠率一奇袭队前往袭击，意图复制官渡故事。

　　可十多天过去了，黄忠方面还是没有半点儿消息，刘备怕黄忠出什么意外，乃遣赵云率数十骑前往侦察。

　　就在赵云侦察队往北行进之时，却突遇大部曹军。赵云一马当先，在曹军反应过来以前便率数十骑兵杀进阵中。

　　那天，赵云战神附体，率数十骑在曹军阵中来往冲杀，曹军后部不知虚实，以为刘备主力大军来袭，于是大乱。赵云便趁着这乱劲儿突出重围向南而逃。

　　数个时辰以后，曹军散而复合，当统军之将得知敌军只有数十骑的消息以后气得青筋暴起，视为奇耻大辱，于是率军紧随其后，誓要斩赵云之首级。

　　就这样，赵云逃，曹军追。

　　可就在奔逃数十里以后，赵云不逃了。为什么？因为此时的赵云已经逃至刘备军前线的一处散营。

　　此散营只有正规军数百，按照数量来对比，根本不够曹军塞牙缝的。可就这点儿士兵，赵云也有绝对的信心。

　　两日以后，曹军到来，可当面对这个散营之时，此将领不敢再前行半步。为什么？因为此散营现在门户大开，偃旗息鼓，根本看不见一名士兵，只见赵云一人横枪立马于大营门前，用那种挑衅的目光看着曹军。

　　见此，曹将极度怀疑这是一个圈套，便即率军北返。

　　可就在这时，赵云暴吼一声"杀"字，然后战鼓之声响彻四方。数百名士兵在赵云的带领下直奔曹军而去。

此时,那些曹军的屁股正对着赵云,根本不知营中虚实,所以一听杀字便疯了似的溃散而逃,自相践踏、坠汉水而死者不计其数。

就这样,赵云靠着自己的胆量以及果断的谋略赢得了一场大胜。

次日,闻听此事的刘备亲自来到此散营,当见到此散营那少得可怜的士兵以后,刘备不无感叹道:"子龙,真一身是胆也!"

数日以后,黄忠亦成功端掉了曹操的粮队(史料并未载黄忠端了曹操的粮队,不过从以后曹操的表现以及曹军的士气来看,黄忠十有八九是把曹操的粮队端了),综合以上两事,再加上士兵思念家乡,所以曹军的士气一下降到了冰点,更有些士兵开始逃离大营,因为他们根本看不到胜利的希望。

见此,曹操知道,再想守住汉中已经是不可能的了,而且他不能放着中原不管,便只能将汉中的民众全部撤往关中。

公元219年五月,曹操命张郃守陈仓,曹真守下辨,其他地盘尽皆抛弃。

于是,汉中为刘备所得(时汉中已空无一人一物,全部被曹操撤走了)。

本月中下旬,得到汉中的刘备兵不卸甲、马不停蹄,直接命孟达率本部兵马攻击房陵(今湖北省房县),房陵太守蒯祺不敌孟达,兵败被杀。

本月末,刘备遣养子刘封率本部兵马自沔水而下,以统孟达之军会攻上庸。上庸太守申耽不敢力敌,遂举郡而降。

六月,刘备命荆州关羽攻击襄阳樊城,意图尽有荆、益两州后北取凉州,进而全面扫平曹操。

公元219年,这一年的刘备可以说得上是全天下最大的赢家,并走上了人生的巅峰。

此时的刘备可谓意气风发、风骚无限,可刘备不知道的是,这大生之后,很有可能就是大死。

本节参《三国志·魏书》《中国历代战争史》《资治通鉴》《魏略》《赵云别传》

4.12 荆州争夺战

公元219年七月，刘备自立为汉中王，其子刘禅则被立为太子。

然后，刘备大封官职，任法正为尚书令、护军将军。

关羽为前将军。

张飞为右将军。

马超为左将军。

黄忠为右将军……（其他亦有诸多任命，在此不详述）

同月，因为曹操本次争夺汉中的失败，使其威信急剧下降。于是，河西武威颜俊、张掖和弯、酒泉黄华、西平麹演等地方势力皆自号将军，独霸一方，且为了争夺地盘相互攻击，好一个群魔乱舞。

颜俊见四方敌众甚多，于是便想利用曹操之军帮自己平定河东，遂遣使送其母其子往邺城，希望曹操能够帮助自己平定河西，且向曹操承诺，只要能助其平定河西，他必臣服于曹操，永世不反。

曹操对此事高度重视，乃召开廷议共同商讨。

其谋士张既对颜俊嗤之以鼻，遂谏于曹操曰："颜俊等河西逆贼皆外假国威，内生傲悖，都是一些无父无君的畜生。大王可以想象，但凡有点儿人性的人，怎么会把自己的老母亲派到其他势力作为人质呢？我可以保证，似这等人，大王前脚帮他平定河西，他后脚便会背叛大王。所以，与其费力去帮助别人，不如看他们相互攻击，最后坐收渔翁之利即可。"

曹操："善。"

同月，身在荆州的关羽已经准备完毕，乃留糜芳守江陵，傅士仁守公安，自率主力大军往樊城方向挺进。

曹仁畏惧关羽之威，乃遣使往邺城寻求曹操之援助。

曹操当然不敢怠慢，于是命左将军于禁为主帅，立义将军庞德为副帅，统三万精锐前往营救。

本月末，于禁之援军先关羽一步到达樊城，曹仁大喜，遂用于禁守樊城以北。毕竟左将军于禁乃魏国能独当一面的大将，往日光辉战绩都在那摆着，曹仁用着也是放心。

可很快，曹仁的放心就变成了绝望。

八月，忽地天降大雨，汉水暴涨，平地水深数丈，如再不行动作，于禁三万大军便皆有被淹没之风险。

基于此，于禁在万般无奈之下只能登高地以避水。

可就在这时，关羽的大军也已经到达了樊城一带，他见于禁三万大军已成孤军，遂命全军乘船对于禁的高地发起疯狂攻击。

本来，凭借着于禁的能力，其手下士兵的精锐，关羽是无法轻易拿下于禁的。可随着多年养尊处优的生活，于禁早已丧失了年轻时的锐气。更可怕的是，现在的于禁怕死，非常怕死，简直无法和曾经那豪勇的于禁相提并论。

基于此，这货见前敌不过关羽，后无逃亡之路，竟然连抵抗一下都没有便向关羽投降了。

于是，三万士兵尽皆被关羽生擒。

关羽遣人将所有俘虏送往江陵之后，继续对高地之上的于禁残军发动攻击。

欸？奇怪了，不是说于禁所有的士兵都投降了吗？还有什么残军？

原来，之前于禁决定投降关羽之时，几乎全军将士都没有意见，只有副帅庞德怒斥于禁，并率还对自己忠心的数百将士驻守高地，死活不向关羽投降。

见此，关羽遂对庞德发动了攻势。

那庞德率领所辖将士奋勇抵抗，他自己更是穿戴盔甲，手持弓箭，对着汉中军便是欸欸欸地一顿射击。

庞德的箭术非常高超，基本上指哪打哪，箭无虚发。就这样，庞德率领这可怜的数百士兵一直从清晨抵抗到午时（试想如果于禁也像庞德这样奋勇抵抗……）。

而午时以后，见本军还没有成功拿下庞德，关羽怒了，乃亲率主力兵团攻击高地。而此时，曹军的箭矢也射完了。庞德遂抽出首环刀率队与登上高地的汉中军短兵相接。

那庞德真不愧勇将之名，只见他在汉中军中来往冲杀，越战越勇、越战越兴奋，一时间竟无人能敌。

可战着战着，庞德悲哀地发现，此时场中竟只剩他一人在和汉中军拼杀。

为什么？无他，其他的手下已经全都投降了汉中军。

见此，无奈的庞德只能杀出重围，然后乘小船疯狂向樊城划去，意图逃至曹仁本军。

可就在这时，一个大浪突然奔涌而来，庞德那可怜的小船瞬时之间便被掀翻，庞德不懂水性，只能抱着小船在大水中来回飘摇，进而被汉中军生擒。

一个时辰以后，五花大绑的庞德被卫兵推进了关羽的中军大帐，并让庞德跪下。

可庞德一身傲骨，岂能下跪于关羽？

见此，庞德身旁那两名士兵狠狠蹬踹庞德的膝盖，意图以武力的方式让其下跪。庞德却任凭那两名士兵的蹬踹而毅然挺立，坚决不给关羽下跪，只是用那蔑视的眼神盯着关羽。

见此，关羽只能制止了那两名士兵，然后尽量和庞德柔声道："令明（庞德字）啊，你的兄长（马超）现今就在汉中任职，你为什么不跟随你的兄长一起投奔我汉中国呢？我可以向你承诺，只要你投降于我，我必会重用你！不会让你……"

庞德插嘴怒吼道："竖子闭嘴吧！我庞德何等高贵之人，怎能投奔尔等反复小人？我家魏王统率百万大军，早晚并了这个天下，你家刘大耳不过一庸材而已，上哪去对抗魏王？我告诉你吧，我庞德宁可去做魏国的鬼，也绝对不会做你们这些贼子的将领。还汉中国，你们也配？呸！"

关羽："……来人！"

侍卫："在！"

关羽："推出去斩了！"

侍卫："喏！"

于禁全军覆没的消息很快便传到了邺城，当曹操得知此事以后哀叹地道："我与于禁相知三十余年，对他无比放心，可为什么在关键时候这小子还比不上庞德呢？实在太让我失望了。"

是啊，就因为这一战，于禁不得好死（以后再说）。

就因为这一战，于禁为后世史书所痛骂。

就因为这一战，于禁的后代都被殃及。

就因为这一战，于禁之前的光辉战绩被抹杀，甚至三国游戏中都将他本应该有90^+的统帅能力改为75。

我真想问一句，值吗？

我个人认为不值，你呢？

公元219年八月，"干掉"于禁以后，关羽率军分别对襄、樊二城发动了凶猛的攻势（主攻樊，辅攻襄）。

这还不算，在攻击襄、樊二城的同时，关羽遣别将深入郏下（今河南省郏县），煽动陆浑之民（即春秋时陆浑之戎，地在今河南省嵩县东北）孙狼等扰乱洛、许之地。

由是，汉荆州刺史胡修，南乡（今河南省淅川县东南）太守傅方皆降于关羽，华夏因此而震。众人都在想，难道这天下真的要变天了吗？

本月下旬，樊城已被关羽团团围困，且城中进水，很多城墙为洪水所坏，城中军民因此惊恐不安。有些将领因此劝谏曹仁道："将军，现在我樊城只有数千人马，靠着这点儿力量是无论如何守不住的，不如趁夜色突围逃走，这样还有机会留得性命。"

这话说完，曹仁立即动心，毕竟双方的兵力差距实在是太大了。

可就在曹仁即将决定之时，汝南太守满宠站出来道："此计绝不可！将军！这洪水来得快，去得也快，我想不会滞留很久。据说关羽已经派遣别部至郏下，许都以南的百姓因此混乱不安，那关羽之所以不敢急军北进，主要是怕我们断了他的后路，所以如果我军退走，黄河以南就不再是国家所有了，我知道您和大王之间的关系，但您想想，如此大的失职，哪怕是大王，能放过你吗？"

听毕，曹仁陷入了久久的沉默。几息以后，曹仁抬起了头，看着满宠默默道："你说得对。"

这之后，曹仁召集了所有樊城将士，并当众将自己的爱马扔到了河中，以表自己绝不撤退的决心。将士们见此，皆宣誓死守樊城，和樊城共存亡。

次日，关羽开始对樊城发动进攻，当时，樊城未被水淹没的城墙也只有几尺而已，所以守城战打得非常艰辛，但因为曹仁亲自坐镇，再加上三军用命，所以关羽一时间还真攻不进樊城。

可双方兵力上的差距毕竟太大，襄阳又被关羽分军牵制，无法派出援军，樊城，已岌岌可危。

九月，曹操以襄、樊危急，许、洛不安，乃留杜袭为留府长史驻兵关中，自率主力大军坐镇洛阳，时刻准备发兵平定叛乱。

十月，陆浑孙狼杀掉了县中主簿响应关羽，关羽遂分孙狼一些士兵，让他带领这些士兵在许都以南活动，以此扰乱中原。

此举果使得许都一带惊恐万分，甚至连曹操都感到了棘手。

于是，他在洛阳召集所有文武议事，并建议迁都以避关羽的威风、锐气。

当时，在场所有文武默然不言，因为对于这种事情，他们谁都拿不准主意。

可就在这时，曹操见丞相军司马司马懿又作欲言又止状，于是想起了当初因为不听司马懿与刘晔之言而丢益州之事，乃急问司马懿道："军司马有何建议，但说无妨！"

司马懿犹豫一阵，然后和曹操道："大王，于禁等人因为大水而全军覆没，这并不代表我军不善战，也不代表关羽有多么强悍，完全是天灾之故。子孝将军（曹仁）凭一个小小的樊城已经抵挡了关羽两个月的进攻，这难道还不能说明问题吗？所以，大王实在高看关羽了。再者，刘备和孙权之间的关系，别看他们现在好像还和同盟一样，但自上一次争夺荆州之事以后，这二人就等于彻底决裂了。孙权更不可能看刘备强大而不动。基于这一点，我们可以采纳一计，让二人相互搏杀。这样便可大大地削弱刘备的力量，只不过……"

曹操："只不过什么？说下去，寡人恕你无罪。"

司马懿："只不过想让孙权心甘情愿地攻击刘备，那大王就必须向孙权承诺，事后将襄樊以南的荆州土地让给他，不然孙权恐怕不会主动出击啊。"

话毕，司马懿默默退了下去，他可不想再像上次那样做好事还挨顿骂了，毕竟他可不贱。

听了司马懿的话，曹操沉默了好久好久，然后，他长叹一声，说了一个"善"字。

一段时间以后，曹操之使抵达建业，将曹操的意思叙述了一遍，并向孙权承诺，只要能消灭关羽，那以后襄樊以南的荆州土地就都是孙权的了。

本以为孙权会犹豫一番再作决定，可让谁都没想到的是，孙权想都没想便答应了曹操，那个利索劲儿简直让人无语。

那么问题来了，孙权的吃相为什么这么难看呢？难道他就不怕天下人骂他吗？

我只能说，他不怕，因为这都是关羽欺人太甚。

早先，鲁肃还活着的时候，孙权还没有吞并关羽的心思，因为鲁肃一直在向孙权强调，只有和刘备联合才有对抗曹操的可能。

鲁肃死去以后，接替他的吕蒙却不是这种心思了。

吕蒙认为，关羽一向勇猛，并有吞并江南的野心，最关键的是他的军队始终驻扎孙权势力的上游，便利进攻江东，所以始终是个极大威胁，无论如何不能让其长久地存在。

所以，吕蒙便建议孙权先下手为强。

说实话，经吕蒙这么一忽悠，孙权意动了，却没有冲动。

因为孙权也知道，一旦自己和刘备开战，曹操是不可能光看着的。那么，曹操很有可能成最终的赢家。

于是，孙权没有动关羽，而是遣使往关羽处，希望能和关羽结成亲家，这样不就可以免去关羽为自己带来的威胁了嘛。

按说，你关羽就是再雄才大略，人家孙权的闺女也足够配得上你的儿子了。再不济，你就算不想和孙权结为亲家，也可以好言婉拒不是？

可各位猜猜那关羽是怎么干的？

这莽夫竟然将孙权的使者给骂回去了。

当使者将关羽的原话汇报孙权以后，孙权的脸都气黑了，可哪怕这样，孙权都没有冲动，因为他知道什么叫作兹事体大。

我忍，我忍……

直到公元219年，也就是关羽开始进攻樊城之时，孙权再也忍不了了。为什么？因为关羽这货竟然强抢江东地方军粮，美其名曰"赞助经费共同抗曹"。

见此，孙权再也忍不住了，便想趁此时机袭击荆州。

而正巧这时候曹操之使者前来，孙权便第一时间答应了曹操的建议。

那么孙权将如何袭击荆州呢？我们拭目以待，现在还是将目光移向曹操方面。

公元219年九月，就在曹操遣使往建业之时，亦遣徐晃自宛城往南下救樊，同时自率六军主力至摩陂（属今河南省郏县）以声援樊城。

数日后，徐晃之军已至阳陵陂（今河南省漯河市郾城区西北十里），但因为所率之军大多为新兵，所以只能在此地屯军，意图等军队恢复元气以后再行进军。

曹操闻听此事以后也是觉得就凭徐晃手下的这些新军实在无法抵挡关羽，乃命徐商、吕建等率本部兵马前往支援徐晃，并遣使往徐晃处命令道："徐将军，你必须等我的援军到来才可行进，不然恐败。"

得此讯息，徐晃更是如同吃了定心丸，于是便在阳陵陂安心等待。

再看关羽。

当其闻听徐晃军至阳陵陂以后不敢有半点儿怠慢，便即率军进驻偃城（今湖北省襄阳市北五里）以拒徐晃。

徐晃见此，乃佯筑长堑以迷惑关羽，做出要断去关羽后路，进而将关羽全歼的架势。

此时，关羽之军大多在围攻樊城，他不知道徐晃到底有多少士兵，也不知道徐晃的士兵是不是新兵蛋子，所以惧怕被徐晃断去后路，乃弃偃城而返樊城。

就这样，徐晃兵不血刃便得到了偃城。

这之后，水势渐退，徐晃遂连营谨慎向前，速度那叫一个慢，但也可保万全。

数日以后，曹军援军渐渐抵达徐晃处，但没有全部到达，徐晃认为现在的力量虽然有所增强，但还不足以全解樊城之围，便没有全速行军。

军中将领却因为此事大为不满。为什么？因为樊城现在危在旦夕，徐晃又在这磨磨叽叽，一旦樊城被攻破，到时候责任谁来负？你徐晃不要说你来负，因为不管你担多大的责任也会波及其他人，所以大家都建议徐晃速速行军。

而就在徐晃即将撑不住"群众"的压力之时，议郎赵俨却突然站出来道："此种行为断不可取，诸位，现在敌军的包围（围樊城）异常严密，樊城的水势又没有完全退去，我们势单力孤，而曹仁军已被隔断，不能与我们一致行动，所以在这种情况下贸然行动只会让事情变得更加糟糕。"

话毕，众人沉默良久，然后一名将领站出来道："那赵议郎你说怎么办，我们总不能在这看着吧？万一樊城被破，这责任谁能负？赵议郎你能承担这个责任吗？"

赵俨："当今之计不如让军队前锋逼近包围圈，同时派间谍通知曹仁，使他知道外有救兵，以激励将士。此计，绝对能使曹仁再坚守数十日，而大王的援军最慢也不会超过十日便会到达，等到那时候，我们与曹仁将军前后夹击，必破关羽！最后我再说一句，如果因为我军延迟而樊城被破，那么，责任全由我来负！"

这话一说，周围这些将领才满意而去，反正责任不用他们担就行。

这之后，徐晃开始命人昼夜挖掘直通樊城的地道，然后命间谍从地道中钻出，将援军即将到来的消息通过弓箭射入了樊城。

而事情果然如赵俨所料，当曹仁听闻此事以后振奋无比，当即将援军即将到来的消息通知了全体将士。樊城之军因此振奋，士气大幅度提升。

再看摩陂方向。

此时前往建业的使者已经回到了摩陂，并带来了孙权交给曹操的书信。信中表示孙权愿意和魏军配合，并希望从此以后从属于魏国，不过只有一点希望曹操能答应，那就是一定要将此消息保密，千万不要让关羽得知，不然大事败矣。

看过这封信，曹操召集了所有文臣武将共同商议。

当时，几乎所有的人都赞成保密，因为大国就要有大国的风范。只有董昭从始至终默不作声，曹操乃问董昭，并让他发表自己的看法。董昭这才对曹操道："上兵伐谋，军崇机变，在战争方面，只要合乎实际情况，采纳什么手段都不为过。我觉得，我们应该在表面上答应孙权的请求，却在暗中将孙权的信射入关羽营中，关羽听到孙权即将西上的消息以后，如果能返回去保护江陵、公安，那樊城之围便可迅速解除，我们就能得到最大的好处。同时，可以让孙权和刘备彻底开战，到时我们便可坐收渔翁之利。"

曹操："……善！"

数日后，徐晃得曹操之命令，乃将孙权之书信通过箭矢射入关羽营中。

众将士闻知书信内容大惊，皆劝关羽速速返回公安。可关羽认为江陵和公安有重兵防守，非孙权旦夕可下，又因水势围结，以临樊城，有必破之势，释之必丧前功，所以犹豫未去，丧失了最好的时机。

数日以后，十二营援军皆至徐晃处，徐晃见时机已到，当即对关羽发动了凶猛的攻势。

当时，关羽围困樊城的布置是这样的。首先在高地上建造围堑以攻城，然后在围头筑有屯（土丘），又别筑四冢（用以屯兵的巨大土丘）。

针对于此，徐晃乃扬言直攻高地，一举拿下关羽。

行军打仗最重要的是什么？当然是情报。凡一名合格的将领，必会将自己下一步的行动计划隐藏得很好，绝不会提前泄露，而如果在交战之前将计划故意泄露，那就绝对有问题！正所谓"事出反常必有妖"。

可关羽不是曹休，他手下也没有曹休那样的智将，所以他没能看出徐晃的意图，还天真地以为徐晃真的要攻击自己的高地，所以便将四方主力皆集中于高地，打算次日和徐晃决战。

可就在拂晓，徐晃突然对四冢发动了疯狂的攻势，意图占据四冢地利以后彻底消灭关羽。

见此，关羽知道自己中计了，便亲率五千精锐支援四冢。

可徐晃怎能给关羽这个机会？他见关羽亲自出击，亦亲率近万精锐直击关羽。

那关羽根本不是徐晃的对手，所以交战没多长时间便被徐晃击退。

而就在关羽被击退之时，其四冢亦为曹军所下。

见此，徐晃直接率全军追击关羽，并连破关羽围堑十重，直接冲入高地正中。

关羽见躲不过徐晃的攻击，只能抄起"万人"率众和徐晃厮杀。

数个时辰以后，关羽再为徐晃所破。关羽知道败势已呈，这时候就是再想拿下樊城也是不可能的了。于是退走，并将大军屯于汉水，以防曹军之追击。

至此，关羽北伐争夺襄、樊之战彻底宣告失败，时间从七月至十月，合计三个月。

可各位要是以为这一切完结了那就错了，因为这只不过是一个开始，抑或关羽、刘备末路的开始。

好吧，我们再将时间往前一点，看看孙权决定和曹操联合以后都干了些什么。

一个多月前，孙权打发走曹操的使者以后便开始积极准备袭击关羽。吕蒙看出了门道，乃致信孙权道："关羽征伐樊城之时留下了很多士兵，这一定是害怕我从后面攻击他才采取的措施。同时，关羽知道我的身体一日不如一日。所以，我请求主上能允许我以治病为由，率一部分士兵回去建业，关羽知道我回归建业必放松警惕，进而调防备我之士卒往攻襄、樊。到那时，我军便可以溯江而上，趁关羽防守空虚而进行袭击，南郡便唾手可得，关羽也会被我方生擒。"

这之后，吕蒙料定孙权一定会从他之计，便没等孙权下令便往建业而回。

而孙权呢？同样没让吕蒙失望，几乎收到吕蒙的信件以后便当众宣布让吕蒙率军回建业养病，实则暗中策划，准备随时袭击荆西与南郡。

就在吕蒙顺江至芜湖之时，定威校尉陆逊却截住了吕蒙，并非常严肃地对吕蒙道："大人，关羽和你的防区如此相邻，又是我江东一大威胁，你为什么要舍弃防区而远远离开呢？难道你就不对此感到担忧吗？"

吕蒙不想自己和孙权的计划有所泄露，便和陆逊打哈哈道："啊，对对，事情确实像你说的那样，但伯言你也知道，我这病实在太过严重，如果还不治疗的话说不定就得归西，所以我这也是无奈之举啊。"

话毕，陆逊就这么看着吕蒙，看得吕蒙浑身难受。

许久，陆逊好像想明白了什么一般，于是试探性和吕蒙道："关羽这人时常依靠自己的武勇来欺压他人，这种人，哪怕一开始取得了些许成就，最终也一定会以失败收场。就我所观，关羽现在已经开始骄傲自大，完全不将我军放在眼中，所以这时候的南郡必无防备。如果这时候出击关羽的话，我可以保证，必能将其击溃，您见到主公以后，应该认真地谋划此事。"

话毕，吕蒙深深地看了陆逊一眼，便即告辞。

吕蒙回到建业之时正值拂晓，天还没有大亮，孙权却等不了那么长的时间了，几乎是吕蒙前脚踏入建业，他孙权后脚便将吕蒙请进了议事大厅。

可当孙权看到吕蒙的样子时，他吓坏了。为什么？因为吕蒙现在已经瘦得不成样子，一见就是那种进入某癌晚期的状态。

于是，在和吕蒙寒暄一阵后，孙权便问吕蒙道："吕将军啊，孤看你这状态……"

吕蒙："主上不用有所顾忌，我的身体我自己知道，恐怕已经撑不了多长时间了，可哪怕是死，我也要死在战场，一定要看着整个荆州归主上所有我才会安心离去。不过，这都督我是真的干不了了，还请主公早早换人。"

孙权："嗯……那你觉得谁能替代你呢？"

吕蒙："陆逊做事深思熟虑，很有才智和抱负。看他做事的规划和气度，一定能够委以重任。最重要的是，陆逊现在并没有很大的名声，不为关羽所顾忌，基于以上，没有比他再合适的了。所以一旦将军决定任用他，那就要告诉他真正的意图，并让其表面服从关羽，掩饰自己的意图，暗中则让其仔细观察形势，寻找最佳的攻击时机。这样，我们就能够全定荆襄之地了！"

孙权："善！"

公元219年十月某日，孙权任陆逊接替吕蒙，成为江东新一任大都督。

陆逊到任以后第一时间便致信于关羽，言辞恭敬道："鄙人听说将军用兵只需要小有举动便能大破敌军，这是多么强大的力量、多么伟大的功绩。正所谓敌国溃败，盟友得益，当我们江东人听说这些消息以后无不为将军拍手称赞。想您即将席卷中原匡扶汉室。不才近日刚刚接替吕都督来到西边，非常仰慕您的风采，很想听取您的良策，所以希望将军您能像对一名学生一样教导我。"

陆逊这封信言辞谦卑可谓到了极点，关羽也没听过陆逊这个人，所以见过此信以后对陆逊便有了轻视之感，但也没有放松对陆逊的警惕，毕竟现在两方的关系实在不怎么样。

而陆逊呢，见信送出去几天还没有回信便再次修书一封往关羽处：

"于禁等人为将军所擒，远近因此而赞叹，认为将军的功勋足以永垂于世，即便当年晋文公（重耳）城濮用兵，淮阴侯（韩信）破赵之谋亦无法与将军相提并论。鄙人听说徐晃等人现正驻军于樊城一带，进而窥探您的军情。将军，曹操是一个狡猾的家伙，发起怒来常不顾后果，恐怕他会暗中增强徐晃的军队以求一逞。虽说敌军驻扎已久，但依然具备勇猛强悍的士气，所以希望您能周密地制定方案，保持自己的全胜。不才只是个书生，粗疏迟钝，愧居自己不能胜任的职位，幸喜与您这位功勋卓著、威震天下的将军为邻，因此乐于向您发表自己的看法，虽然未必能迎合您的心思，但确实是一片诚心，还望将军能够多多考虑。"

这一回，关羽不再怀疑了，因为关羽有足够的理由认为，这陆逊讨好自己完全就是要留一条后路。对于这种反包，他还有什么需要注意的吗？因此，关羽撤去了很大一部分防备江东的士兵，转而围攻樊城去了。

见此，陆逊立即修书于孙权，告诉他可以动手了，并陈述了进攻关羽所必须注意的要点。

可就在这时，曹操将自己的书信交给关羽的消息传到了孙权的耳中，孙权闻此大恐，乃遣使往关羽处结交，并承诺可以和关羽共同抗拒曹操。

按说，在这等形势下，一旦关羽能够和孙权重归于好，那么结果可就难以估计了。

可关羽并没有。为什么？关羽认为，孙权就是一个卑鄙小人，是一个说一套做一套的伪君子，如果真的信他，到时候自己估计被坑了还帮着孙权数钱呢。

那么怎么样才能让孙权投鼠忌器，进而不进攻自己呢？

关羽觉得，对这种怕死的小人，只能用武力的方法让他害怕，这样才不会在自己北伐的时候捅自己背后一刀。

于是，关羽直接指着使者骂道："你小子回去告诉孙权，让他给我老实一点儿，不然，破樊城之日便是他的末日！"

好了，妥了，这回不管孙权是真心还是假意，他都必须攻击关羽了，不然到时候死的就是自己了。

基于此，孙权当即命吕蒙和孙皎为左、右都督，让二人共同统率一支军队前往攻击关羽。

可就在大军即将西进之时，吕蒙找到了孙权道："将军，如果您认为征虏将军有才能的话可以任命他为最高统帅。如果您认为我更有才能的话可以任命我，但绝不能用两个人一齐统率一支军队。当初，周瑜和程普为左、右都督，共同率军攻打江陵，可程普一直对周瑜不服，差一点因之坏了大事，所以主公必须引以为戒才是！"

话毕，孙权幡然醒悟，当即便命吕蒙为第一统帅。

公元219年十月末，大都督吕蒙以陆逊为前部，孙皎为后军，开始向荆州发动袭击。

到达寻阳（属今江西省九江市）以后，吕蒙即率蒋钦、潘璋、朱然、周泰、韩当、虞翻等文武与数万士兵溯江西上，并将其士卒尽皆藏于船中，不让人查得一点儿消息。

明面上，驾驶船只的都是一些请来的渔夫。同时，为了防备有人看出些什么，吕蒙让这些渔夫穿上白衣伪装成商人。所以，船队一直到江夏都没人看出些什么。

而到达江夏以后，吕蒙立即命蒋钦率一部水军入沔，以阻关羽南下。吕蒙则直奔陆口，和陆逊之军会师以后向西直奔公安。

而直到公安城下，傅士仁才知道吕蒙已经率军来袭了。为什么？因为每当荆州水军开始检查吕蒙的"商船"之时，吕蒙都会突然发作，将那些江边屯军全部抓获。所以一直到进入公安，傅士仁都没有半点儿察觉。

好在傅士仁反应还算不慢，见吕蒙来军以后立即关闭城门，然后一边遣使往关羽处汇报军情，一边分别布置防守，意图靠公安的城墙拖到关羽大军来援。

吕蒙也没有直接对公安发动进攻，毕竟不战而屈人之兵才是最好的办法。

基于此，吕蒙乃遣虞翻为使，往公安城内劝降。可傅士仁根本不给虞翻这个机会，任凭虞翻在城墙下喊破嗓子他都不给虞翻打开城门。

无奈，虞翻只能修书一封往公安城中，其内容如下："明白事理的人知道防祸于未然，充满智慧的人懂得良禽择木而栖。知得知失的人懂得存亡之道，而懂得存亡之道便知吉凶。我江东大军西上之时，尔等斥候不及施，烽火不及举，这并非天命，而是因为傅太守军中遍布我军内应。傅太守之前没有有效地应对这种情况，等我们来到公安之时才反应过来，进而做那困守孤城之事，我想问您，这还来得及吗？如果吕都督将兵攻城，城破则傅太守您亡，不只您，相信您的祭祀也会因此而断。反过来说，就算傅太守您挡住了我家都督又能如何？之前您应对这么不得当，凭关羽的脾气，他能够放过您吗？我想，到时候您的祭祀依然会断绝。既然您现在已经里外不是人了，为什么不能投靠我家将军？这样起码能得一个富贵一生，傅太守您还是好好考虑一下吧。"

傅士仁看着这封信良久，最终流着泪水投降了吕蒙，因为不管是张飞还是关羽，这两个人都太过无情。

公元219年十月下旬，公安太守傅士仁投降吕蒙，吕蒙兵不血刃拿下公安，可就在吕蒙即将向江陵进军之际，虞翻突然找到吕蒙道："都督您莫不是想留傅士仁在公安？"

吕蒙："这有什么不妥吗？关羽心胸狭窄，傅士仁既然背叛了他，关羽是绝对不会再留他了，所以傅士仁必不会再反叛于我等，因此我还真打算留他在公安。"

虞翻："都督不可，下官之前实为诡计而得公安，一旦傅士仁反应过来必对我等心生不满。而这不满一旦生出来就有可能突然袭击我们身后。这样的话，我方很有可能陷入覆灭之局。而一旦我军覆灭，您还怕傅士仁不能将功赎罪吗？"

"嘶……"

一听这话，吕蒙如醍醐灌顶，当即将公安之守城将兵全部替换。至于傅士仁及其手下将兵则被吕蒙带去共攻江陵。

数日后，吕蒙将兵已至江陵，还是本着能动口就不动手的原则，吕蒙再遣使者前往劝降。

实际上，这一次吕蒙是没有抱什么太大的希望的，只不过是常态的先礼后兵。为什么呢？因为江陵太守麋芳乃是麋竺的弟弟，是从刘备占领徐州便跟随刘备一直到现在的老人，所以忠心方面应该没有任何问题。

可万万想不到的是，那麋芳比傅士仁都干脆，见傅士仁已经投降了吕蒙，竟然连条件都不讲便也跟着投降了吕蒙。

那么事情为什么会这样呢？难道麋芳就是一个白眼狼吗？

我只能说是，也不是，前提是没有关羽之前那档子事儿。

关羽这人一向眼高于顶，属于那种谁都不服的性格，甚至当初黄忠被封为后将军都引起了关羽的不满，就更别提傅士仁和麋芳这等"庸将"了。

因此，关羽一直看不上麋芳和傅士仁，所以麋芳和傅士仁也不待见关羽。而这，还不是二人背叛的根本原因。

之前，在关羽北上樊城之时，让麋芳和傅士仁分别在公安和江陵提供军资，可不知什么原因，二人并没有按照关羽的要求全数奉上，所以惹得关羽大怒，进而放下话来，要回去以后治二人的罪。

二人知道关羽的脾气，害怕关羽回来以后会弄死他俩，所以这才背叛了刘备，转投孙权。

再看吕蒙。

吕蒙占据江陵以后，先是善待关羽之将兵家属，然后安抚老弱，将所有的囚犯释放。这还不算，吕蒙为了尽得荆北民心，还严令军中上自将领下到士兵，不得侵犯百姓，甚至不得抢夺一丁点儿财物。

于是，江陵城中道不拾遗，治安大好！

吕蒙还请医生免费给病人治病，并将大米和衣物分发城中穷人，所以在极短的时间内，江陵城赞誉声一片，几乎所有的百姓都在为吕蒙歌功颂德。

与此同时，为了彻底断去关羽的后路，吕蒙还命陆逊率本部兵马西攻宜都，并将西线战事全权交给陆逊负责，因为吕蒙对于陆逊的能力相当有信心。

而陆逊也确实没有令吕蒙失望。

他得到吕蒙的命令以后立即出发，不多日便西进至宜都。宜都太守樊友不敢力敌，乃弃城而逃，使得陆逊不费吹灰之力便占据了宜都这个西部战略要地。

这之后，陆逊一面做西南夷诸种的工作（一个月内便将荆州西部之夷族全部镇降），一面遣将军李异、谢旌各率三千人水、陆之军分别攻击枝江（今湖北省枝江市东百里洲上）、夷道（今湖北省宜都市西北），然后合军一处袭击秭归。

当这三地皆被拿下以后，李异、谢旌立即还屯夷陵，守峡口以备汉中援军。而直到这时候，刘备还不知道荆州的战况。由此可见，陆逊快到了一种什么地步。

然而这还不算，当做完这些工作以后，陆逊再无后顾之忧，乃遣周泰、韩当等转攻房陵及南乡，不久便将此二地尽皆拿下。

由是，荆北除襄阳一带外已尽归江东所有，前后纳降共数万人之多，荆州各地士人、大族亦争相依附。而从出征到完结，这时间还短短不到一个月而已。

孙权见陆逊如此强悍，大喜，立即遣使往陆逊处封其为右都督，镇西将军，娄侯。

好了，江东方面一切准备皆已完毕，现在只等着关羽自投罗网了，而此时之关羽根本不知道整个荆北皆为江东军所破，还在傻傻地和曹军对峙。

可就在这时，突然有一传令兵急忙跑到关羽面前上气不接下气道："将……将军，大事不好了！孙权趁将军不在荆州，竟遣吕蒙为帅，突然对我方发动攻击，据可靠消息，傅士仁和糜芳已经背叛了将军，根本没和吕蒙交战便献城投降了！"

"什么！"

这话一说，关羽直接站了起来，然后将那传令兵拽起来暴吼道："你这消息到底可不可靠，你要想清楚再回答！"

传令兵虽然害怕，但依然坚定道："消息绝对可靠，还请将军速速行动！"

话毕，关羽将那传令兵放开了，然后陷入了沉思，久久的沉思。大概半炷香以后，关羽直接对众将道："通告全军，向南撤退！我们要夺回失地！"

众人怕徐晃、曹仁痛打落水狗，本想劝谏，可一想也是，现在的局势根本无法再拖，不然等江东军团全定荆州以后必会在后背给关羽狠狠一刀；所以也就默认了。

次日，汉中军在关羽的指挥下井然有序地撤军了，对岸的曹仁见此立即召集全部文武展开军事会议，就到底追不追击关羽展开讨论。

当时，大多将领建议追击关羽，进而将这猛虎彻底消灭。只有赵俨不同意众人的见解，并站出来道："不可，孙权虽然趁关羽攻击我们的时候断了他的后路，但同时多有顾忌，怕他们和关羽交战之时我方坐收渔翁之利，所以才写信给大王表示愿意臣服于我们，可实际上只是权宜之计而已，我想他们现在想的一定是暂时在一旁观察形势，以随机应变。基于此，我们更应该留下关羽作为孙权的心腹大患，进而让孙权和刘备互掐。如果穷追不舍的话，孙权必对我方多生顾忌，怕我们击败关羽之后会转过头来对付他们，所以必会给我们制造麻烦，更有可能使得孙、刘双方重新结盟。所以，将军断不可追击关羽，就这么放他离去就好，不然大王一定会怪罪将军的。"

话毕，曹仁沉默好长一段时间，然后只一字——"善"。

而事实证明，赵俨的建议果然没错。

就在关羽南返没几天，曹操的使者便来到曹仁的阵营，并严令禁止曹仁率军追击关羽。至于原因，和赵俨的理由一般无二。

好了，曹军这方面算是彻底放弃追击关羽了，我们再来看看关羽的结果吧。

话说关羽南返以后第一时间便派出使者往江陵方向，意图质问吕蒙为何背信弃义，然后以先礼后兵之姿狂攻江陵。

可关羽不知道的是，他这种行为正中吕蒙之下怀。

当使者到达江陵以后，吕蒙对其盛宴款待，然后带领使者遍访家家户户。

及关羽使者还军，向关羽汇报了吕蒙的态度以后，几乎所有的将领全都前来向使者询问江陵城中状况，更想要知道自己的家人是不是安好。

当他们得知自己的家人不但安好，反而比关羽在时活得更加滋润之时，这些人长出了一口气。可事后，他们又陷入了久久的沉思。

是啊，现在自己的家人过得好，那是因为关羽还没有和吕蒙全面开战。可战争一旦打响，自己还在关羽阵营的话。

"嘶……"想到这，一些将领顿时倒吸一口凉气。

这之后，关羽的阵营开始出现逃将，然后，越来越多的士兵趁着夜色的掩护逃离了关羽的大营，逃往江陵。

公元219年十一月，关羽已众叛亲离，兵众只剩下几千人而已。关羽见再无反胜可能，便只能率孤军走当阳（今湖北省当阳市东），保麦城，然后多次派遣使者往上庸方向请求刘封的援助。

可刘封呢？并没有给关羽任何援助。

刘封，为长沙豪族刘氏的外甥，这小子不仅文武双全，指挥作战能力更是相当不错，刘备拿下荆南之时，其子刘禅还没有出生，刘备没有继承人，所以收养了刘封，想让他以后成为自己的继承人。

当时关羽便对刘备这举动很有些不满，因此劝谏刘备不要这么做，刘备却没有听关羽的。刘封因此暗恨关羽。

一段时间以后，刘禅出生了，继承人就再和刘封没有什么关系了，关羽为免刘封生出什么其他的野心，便劝刘备压制刘封，以免刘封作乱。

刘备相信刘封，所以没有听信关羽的言论。但这事最后让刘封得知，加上之前的事件，刘封便更加痛恨关羽。所以当关羽保走麦城之时，刘封以刚刚占据上庸、人心不稳为由，没有出兵援助关羽。（注：还有一种说法是，刘封见关羽危急，刘备却没有动静，认为刘备本身便开始疏远关羽，所以"投其所好"，没有救援关羽。）

公元219年十一月中旬，江东之军已将麦城团团包围，孙权不想失去关羽这等虎将，于是遣使往关羽处诱之，希望他能投降自己。

本以为关羽不会投降，起码不会轻轻松松便投降，岂料关羽这家伙连想都没想便答应了孙权的劝降，并说准备准备，几日以后便会出城投降。

可过几日以后，关羽便没有信儿了。为什么呢？因为关羽没有一丁点儿投降的打算，他这次就是采纳的伪降之计。宣布投降孙权以后他立即在城墙上挂满了幡旗和假人用以迷惑江东军，然后立即率全军往益州亡命奔逃。

关羽想走，他手下的那些士兵却不愿意了。

要知道，这些士兵的家人可都在江陵城中啊，他们拍拍屁股走了，自己的家人怎么办？说实话，他们能一直跟随关羽到现在已经非常不错了。

因此，这些士兵没有再继续跟随关羽，而是逃回了江东。而现在，关羽身边只剩下可怜的十多人而已。

数日以后，江东军发现了关羽的猫腻，陆逊迅速布置，当即命潘璋、朱然率兵断去了关羽西逃的路线，彻底封锁了关羽的归路。

公元219年十二月，关羽与其子关平及都督赵累等人皆被江东军生擒。

进入建业以后，孙权承诺了关羽优厚的待遇，希望关羽能够归降于他，关羽却是冷笑一声，然后就用他那蔑视的眼神看着孙权。

孙权无奈，只能将关羽、关平及一众人等全部诛杀，并将关羽之人头送到了邺城，献给曹操，意图嫁祸至曹操。

可曹操何等聪明，岂能帮孙权接刘备之招，遂以诸侯之礼厚葬关羽，并拜孙权为骠骑将军，假节领荆州牧，封南昌侯。

本节参《三国志》《资治通鉴》《魏氏春秋》《典略》《蜀记》《三国志·吴书》《中国新编历史大事年表》

4.13 曹操之死

同月，已经基本上全定荆州的孙权正要大赏吕蒙，吕蒙却已病入膏肓，进而被大白鹤接走。

走的时候，吕蒙双眼紧闭，嘴唇微翘，能够看到江东孙氏政权并掉荆州，他这一辈子，没白活。

孙权因此哀痛不已，乃置守陵者三百家，算是给吕蒙的封邑。

同月，交州士燮见孙权势力更加强大，乃遣子往建业为人质，进一步从属于孙权。

同月，之前为躲避战乱逃亡至交州以及巴地的荆州百姓见荆州已为孙权所定，治理得还这么好，乃纷纷返回荆州，使得荆州的治安在一时间成为一个重大问题。

当时，有人建议孙权将这些百姓分批往荆州输送，陆逊却坚决反对这项建议，并劝孙权立即将所有百姓安置在荆州。因为治安问题慢慢就会解决，可一旦将这些百姓分批输送，必会有的人心怀不安，进而投往他处，更甚至铤而走险行那造反之举。

最后，孙权纳陆逊之言，一勺烩式地将所有百姓放入荆州。

同月，益州成都，伴随着一声号叫，得知荆州全失、关羽已死的消息，刘备直接昏死过去。

这之后，益州操练之声不绝于耳，调兵遣将不断，分批往西部集结。

见此，孙权知道，刘备这是准备和自己开整了，乃命陆逊兼镇西将军，屯本部兵马驻夷陵，随时准备攻、守刘备。

同时，孙权还命周泰为汉中太守、奋威将军，其侵略之心不言而喻。

另外，为了避免魏王曹操在两军交战之时从背后偷袭自己，孙权再遣使者往邺城献上贡品，一而再再而三地承诺自己会永远从属于魏国，绝不背叛。又令王惇向魏国购买优良战马，欲建强大之步骑混编部队以图汉中国。

最后，孙权还命刘璋为益州牧，令其屯兵于秭归，意图用刘璋在益州的人望从内部瓦解刘备，不过刘璋屯军秭归后没多长时间便病死了，所以此计宣告破产。

（注：刘备统一益州以后没多长时间便将刘璋迁移至公安，孙权灭关羽，所以得刘璋。）

现在，孙权已经做好了万全的措施对付刘备，只等时机一到，他便会挥军向西。

同月，孙权再遣使往邺城献上自己的贡品，并以"诚挚"之言劝曹操称帝。

曹操好言劝退使者以后却换了一张脸阴笑道："呵呵，孙权这个小儿，这是要往火炉上推我呀。"

"非也！"就在曹操即将决定之时，侍中陈群却第一时间站出来道，"大王，汉自安帝以来，政治早已腐烂，国统数次差点灭绝。时至当今，汉朝除了一个如同空壳一般的名字以外还剩什么？所以在桓、灵之后，哪怕是民间的百姓都知道，大汉早已经完了。而大王您现在十成天下已有其九，仁德善政又遍布四方，所以天下百姓皆想大王您荣登帝位，带给天下黎民幸福的生活。所以，江东孙权才向大王您称臣。此诚为天人之应，异气齐声，大王您就不要再推辞了，这帝，咱称了吧！"

"说得好！"话毕，曹操一生之挚友夏侯惇又站出来道，"汉家天下早已名存实亡。自古以来，谁能够为民除害，统一天下，谁便有资格称帝于天下。大王您纵横天下三十余年，功德早已著于黎庶，为天下所依归，何故迟疑呢？"

听毕，曹操低下了头，沉思良久，然后对在场所有官员道："在我年轻的时候，最大的愿望就是能辅佐汉室再次强大，成为如周公那般伟大的人，可在我努力之后发现，天已要亡汉，这真的不是人力再能挽回的了。你们说得对，就我现在的实力确实已经可以称帝了，但这并不是我的梦想，我的梦想只是想与周公齐名，仅此而已。诸位，不要再劝我了，散朝吧。"

众臣："……"

公元219年十二月末，看着自己已经花白的头发，看着已经满布皱纹的双手，曹操知道，自己的日子快到头了。

那天，曹操将最好的朋友夏侯惇召进了寝宫，两人聊了好久好久，一直从年轻的时候聊到现在。

公元220年正月（一说三月），曹操率军到达洛阳，就在到达洛阳之时，曹操却因病去世。

对于曹操，我无法评论其一生到底是对还是错，因为我没有这个资格，我想，其他人同样没有。所以，对于他，我只能说，这是一位杰出的政治家、军事家，是一个能将本心安守到最后一刻的男人，仅此而已。

曹操死时，太子曹丕正在邺城镇守（还未正式宣布继位）。

当时，驻守洛阳的军队骚动不安，怕曹操死后出现什么意外，所以大臣们都认为应该秘不发丧，等所有的事情处理完毕再向天下昭告。

谏议大夫贾逵却不这么想，他致信曹丕道："大王您是先王合法的继承人，不必畏惧任何事情，所以要向天下展现应有的胸怀。这样，哪怕有些小心思的人也会畏惧于您，不敢起什么乱子。"（注：贾逵，字梁道，魏国名臣，属A^+级行政大臣，无限接近S^-）

曹丕："善。"

数日后，曹操归天之消息传遍天下，跟随曹操一辈子的青州军因此擅自击鼓离去，意图从此解甲归田。

这是干什么，这是明晃晃地拆台。

哦，人家曹操的时候你们跟随其征战天下，新主还没上来你们就要撤？这不是扇曹丕的大嘴巴子吗？

基于此，许多大臣建议曹丕应该及时制止，如果这些莽夫实在不听话的话，那就举起屠刀来震慑。

说实话，曹丕是有些心动，可就在曹丕即将对这些青州兵采取行动之时，贾逵的信件又来了："这样怕是不行。殿下，青州兵起于黄巾，就我所知，最早的时候他们也不怎么愿意归顺先王，可后来还是跟随先王征战了一辈子。我想，这里一定是先王对这些人承诺了什么。再说，哪怕没有承诺，殿下您也不能动这些人。还是那句话，这些青州兵和先王征战一生，没有功劳也有苦劳，如果殿下一上来便将其诛杀，必会寒了整个魏国将士的心，所以，就现在这种形势，从了他们，让他们回到青州务农才是最好的办法。"

曹丕："善！"

本节参《三国志》《资治通鉴》《世说新语》《阿满传》

4.14　一朝天子一朝臣

公元220年正月下旬，曹操之棺即将抵达邺城。可就在这时，后方突然尘土飞扬，一群骑兵在曹彰的带领下气势汹汹地追上了运棺队伍。

曹彰也不多说，下了战马便直奔贾逵，并直接向贾逵伸出了手。

贾逵冷然对曹彰道："干什么？"

曹彰："干什么？我问你，我父王的印信在哪里？交出来！"

一听这话，贾逵当即大怒道："太子现在就在邺城！国家已经有了继承人，你要先王的印信做什么？造反吗！"

一听这话，场中众人皆看向曹彰，目光开始变得不善，甚至一直守在曹操棺材旁边的许褚也逐渐回过头来，用他那血红的双眼盯着曹彰，看那个样子，只要曹彰有丁点儿的异动，他便会冲上前去结果了曹彰。

看着许褚那如同野兽一般的双眼，曹彰没来由地打了一个寒战，然后不再作声，就这么率领自己的骑兵队默默跟随在运棺队之后。

与此同时，邺城，当城中文官听闻曹彰正随运棺队伍往邺城之时，他们都慌了。为什么？因为曹彰常年领兵在外，手下精兵强将极多，如果曹彰叛变的话，那对新主不异于毁灭性的打击。

基于此，司马懿之弟，中庶子司马孚乃建言于曹丕道："殿下，魏王已经去世，举国上下仰仗着您的号令，您现在应该立即宣布继位，不能按照以往的礼仪拖延了。"

曹丕："怎么说？"

未等司马孚说话，尚书陈矫便道："魏王在外去世，说好听点儿是全国悲伤，现实的情况却是全国恐慌。所以只有立即继位才能安定人心，继而稳住自己的位置，殿下您要知道，先王所喜爱的儿子曹彰这时候可正在运棺队伍之中，如果他在此时做出什么不智之举，那国家就危险了。"

话毕，曹丕一个激灵，直到这时候，他才发现问题的严重性，乃立即行动，先是召集文武百官，然后安排礼仪，急速继位，只用短短的一天便结束了一切流程。

数日以后，曹操的棺队终于抵达了邺城，当贾逵将曹操印信交到曹丕手上的时候，曹丕这时候才是真正地舒了一口气。可当曹丕回过头来看自己父亲棺材之时，他却愣住了，因为许褚竟还在默默跟随于棺材左右（注：君王之棺进入正殿以后，按照礼法，其他人是应该离去的）。

见此，曹丕赶紧派人去劝，可此时的许褚好像行尸走肉一般，只是默默地跟随着曹操的棺材，根本不听任何人的劝谏之词。而这些人又不敢去拉许褚，要知道，许褚的脾气在邺城那是出了名的暴，除了曹操以外他谁的面子都不给，哪怕曹洪、曹仁等曹操的绝对心腹见了许褚都不敢放肆。所以这些人根本不敢上前，生怕这个人一刀把自己结果了。因为明眼人都能看出来，现在的许褚已经有点儿不正常了。

见此，曹丕和贾逵道："这怎么回事儿？"

贾逵沉默一瞬回道："仲康自先王驾崩以后就再没说过一句话，从洛阳到邺城就这么默默地跟在棺材左右，我也不知道他怎么了。"

一听这话，曹丕一声叹息，然后道："算了，就随他吧，这一生也是辛苦他了。"

大概半炷香以后，曹操的棺材终于被四平八稳地放在大殿正中央。而就在这时，许褚解下了自己的甲胄和佩刀，然后哐当一下跪在曹操的棺材前，嗷嗷地放声大哭，这哭声如同一个刚刚出生的婴儿一样任性，又如同一名雷神一般狂暴，竟将在场众人都震得双耳嗡鸣。

一开始，没有一个人敢去宽慰，因为他们都畏惧许褚。本以为哭一会儿也就完事儿了，可这许褚没完没了，竟然数个时辰都狂哭不止，而这个时候，许褚嘴中已经哭出鲜血。

曹丕见此大惊，赶紧叫人去拉许褚，可虎痴这个绰号不是白叫的，那许褚力大无穷，谁能轻易拉动他？

果然，虽数人去拽许褚却都没有半点儿效果。

曹丕见此，只能亲自前往。

那天，曹丕抱着痛哭的许褚，不知在他耳边说了什么，许褚的眼泪这才慢慢止住，然后哽咽着退出了大殿。

二月，曹丕开始大行封赏，意图稳固人心，其具体名单如下：

任中大夫贾诩为太尉。

御史大夫华歆为相国。

大理王朗为御史大夫。

凉茂为太傅。

前将军夏侯惇为大将军。

张辽为前将军。

徐晃为右将军。

张郃为左将军。

文聘为后将军。

许褚为武卫将军。

满宠为扬武将军。

和洽为光禄勋。

董昭为将作大匠。

桓阶为侍中。

陈群为尚书仆射。

臧霸为镇东将军。

王昶为散骑侍郎兼洛阳典农。

刘晔为侍中。

陈矫为尚书令。

高柔为治书侍御史。

吕虔为徐州刺史兼威虏将军。

蒋济为相国长史。

杜畿为尚书。

杨俊为南阳太守。

曹真为镇西将军。

田豫为护乌桓校尉。

牵招为护鲜卑校尉。

郭淮为镇西将军长史兼征羌护军。

司马芝为河南尹。

其他还有很多，在此不一一详述。

本节参《三国志·魏书》《资治通鉴》《魏氏春秋》《世说新语》

4.15　九品中正制

大赏官员，稳固人心之后，曹丕立即着手对付那些还在邺城的诸侯王。

本来，按照曹丕的想法，将这些人全部赶回自己的封地才是最妥善的办法，可曹彰手下将兵不少，一旦出现乱子，汉中国和江东孙氏政权不可能眼睁睁地看着。

因此，曹丕乃增曹彰五千户封邑，使得曹彰真正达到万户王，这才将所有的诸侯王赶回原本封地。

同月，临淄侯曹植的谒者灌均为了迎合曹丕的意图，乃实名上奏道："临淄侯曹植整天不务正业，一醉酒便贬低大王，并且意图胁迫大王的使者。"

见此，曹丕大喜，也不去查事情的真伪，当即贬曹植为安乡侯，并将曹植的心腹满门诛杀。

好了，现在大权在握，对自己有威胁的人基本上全滚了，是应该好好地收拾一下当初得罪自己的那个人了。

那么当初得罪了曹丕的人是谁呢？这人不是别人，正是曹洪。

曹洪，数次救曹操于危难，所以深受曹操信赖，曹操有什么好东西都会先想到曹洪，所以曹洪家财万贯，是邺城最为富有的几个人之一。

可曹洪生性吝啬，活脱脱一守财奴，虽家财万贯，却特别抠门儿。当初曹丕还是世子的时候，不知因为什么事情非常缺钱，希望曹洪能借给他一些。曹洪却一文钱都没有借给曹丕，使得曹丕从此暗恨曹洪。

如今，曹丕大权在握，再无所忌惮，于是以曹洪门客犯罪为由将曹洪收监，准备秋后问斩。

当时，邺城百官都知道曹丕此举实为泄愤，所以很多人前往曹丕处为曹洪求情。可曹丕恨曹洪已经到骨子里，所以一句话不听，坚持要处理曹洪。

见此，百官找到了曹真，希望他能为曹洪求情。

曹真，本名秦真，为曹操之养子，不管是军事上还是从政上都很有能力，且一直是曹丕的坚定拥护者，算得上曹丕的绝对心腹之一。

同时，以曹丕的关系，他和曹洪也一直不对付。可曹丕如今此举确实太过明目张胆，一旦曹洪真为曹丕所杀，必会寒了军界的心。

基于此，曹真找到了曹丕，并对曹丕道："大王，曹洪乃我魏国军界老人，现今并没有犯什么……"

曹丕打断："有事说事！"

曹真："……请大王放了曹洪。"

曹丕："不行，寡人必斩那老匹夫！"

曹真急道："大王，您知道我与那曹洪不和，您要是弄死他，众人一定怀疑是我献的谗言，大王您这不是害我呢吗？"

曹丕："哈！是寡人要弄死曹洪，和你有什么关系？少在这和我废话，去去去，别耽误我办公！"

曹真："……"（油盐不进是吗，好，你等着，有人会收拾你的）

曹真没和曹丕再说废话，转身便走了。他干什么去了？去找他曹丕的母亲卞太后去了。

诸位要知道，曹丕、曹植和曹彰三人都是卞太后的儿子，那卞太后能教育出如此优秀的三个儿子，她本身能是一个善茬吗？

果然，当卞太后得知此事以后立即找到了曹丕，并厉声喝问道："小子，老身听说你要杀了你小叔，有没有这事儿？"

曹丕见老母气势汹汹，也是有些虚了，只能赔笑道："母亲您听谁说的这事，是不是子丹（曹真）那小子？"

卞太后："你别管我听谁说的，我就问你有没有这事儿！"

曹丕："……有。"

卞太后："糊涂！小子，梁、沛之间，如果没有你小叔，我们曹家哪里有今天？你可倒好，卸了磨就要杀驴，你对得起你死去的父王？你就不怕寒了整个魏国军界的心？"

见此，曹丕脸上的笑容也没了，只是背过头去不再言语。

见此，卞太后怒极而笑："好，好你个熊孩子，你现在是长本事了，很好！"

话毕，卞太后也不再和曹丕废话，回到后宫以后直接闯进了曹丕他媳妇郭王后的寝宫，未等郭王后给自己见礼便怒声道："丫头我告诉你，如果曹洪第一天被杀，我第二天就废了你的王后之位，谁说都不好使，你自己看着办！"

话毕，根本不给郭王后回答的机会，转身便走。

郭王后一时愣在当场，风中凌乱。就在当天晚上，郭王后却跪在曹丕床前，痛哭流涕地请曹丕放过曹洪。

曹丕一开始并没有答应郭王后，可架不住人家天天哭啊。最终，曹丕无奈，只能没收了曹洪的所有家产，然后将曹洪贬为庶民了。

而几天以后，在卞太后和郭王后两人的软磨硬泡之下，曹丕终于又将曹洪的大部分家产还给了曹洪，曹洪因此逃过了一劫，后得以富贵一生。

公元220年三月，曹丕设置散骑常侍（皇帝的随从，入则规谏皇帝过错，出则骑马常伴左右）及侍郎（皇帝之近侍）各四人，并严令宫中宦官不得超过各署署令，因此大规模限制了宦官的人数。

当时，曹丕想要任用自己身边最为亲近的人来充当散骑常侍和侍郎，司马孚却规劝曹丕道："大王您刚刚登上王位，应该征召和任用全国的人才，这样才能得到人心，怎么能够将这些机遇都给身边亲近的人呢？要知道，任用官职不根据才能的话，哪怕是做了官也不会显示尊贵，这个官职也就没有存在的必要了。"

曹丕："……善。"

同月，一次朝会，尚书陈群第一个站出来对曹丕道："启禀大王，按照以往汉朝的选拔官员制度，大都是由本地三老和官府推荐孝悌、力田、方正等入京为官。这种考察推荐制度可操作性太大，容易弄虚作假，大大限制了人才的数量。所以下官研究出了一种新的制度，如果大王批准并予以实施，相信我国人才必会进一步提升。"

曹丕："哦？还有这种办法？说出来听听。"

陈群："微臣将此项制度命名为九品中正制，此制首先要由各州郡推荐出中正一人，而这个中正必须曾经在中央担任过官员，具有一定的能力且德名颇高。然后，此中正全权负责本州郡人才的选拔，并将选拔出的人才分为九个等级，分别是上上、上中、上下、中上、中中、中下、下上、下中和下下。如此，大王便能更加直观地了解这些贤才的优点及缺点，方便任职，还能最大限度地削弱那些弄虚作假的事情，所以，微臣请大王能够在全国范围实行此九品中正制。"

话毕，场中一片沉寂，不一会儿，几乎所有的官员附议陈群此建议。

由是，九品中正制正式登上了历史的舞台。

本节参《三国志》《资治通鉴》《新编中国历史大事年表》《魏略》《太平御览》

4.16 凉州平定战

同月，东北涉貊、扶馀单于，西域焉耆、于阗族王，皆遣使往邺城向曹丕朝拜，并奉上贡品宣誓效忠。曹丕投桃报李，承认了他们身份的合法性。

同月，曹丕在一次朝会之后单独留下了贾诩，并对其道："先生，寡人想早一点平定这个天下，不知道是先讨伐刘备还是孙权？还请先生示下。"

贾诩犹豫片刻道："想要统一现在的天下首先靠的便是强大的士兵，而供养强大的士兵需要庞大的军费。大王顺应天命而接受王位，现在唯一需要做的便是安抚天下，让百姓丰衣足食。等我魏国国力真正强盛以后，平定刘备和孙权便不是什么梦想了。"

曹丕："听先生这意思难道是要寡人暂止刀兵？"

贾诩点了点头道："从地理上来说，汉中国与江东孙氏政权虽然都是区区小国，但它们拥有山川河流险阻，足以胜过数十万雄师。而从个人能力上来看，刘备拥有雄武的才能，诸葛亮善于治理国家。孙权懂得敌我双方的强弱，陆逊善于分析军事形势。而这些能人一旦占据其自身的地理优势来对付我们，恕微臣直言，就我们魏国现在的国力，实在难以取胜。用兵的方法是要先有取胜的信心，然后估量敌人将领的能力，最后去看士兵的精锐程度。而我们魏国现在有能够战胜刘备和孙权的将领吗？好像没有。即便大王以帝王的威严亲征，我想结果也不容乐观。所以臣认为应该先用文治，最后再选择武功。"

话毕，贾诩不再多言，默默告辞。

曹丕却久久不言，看样子是对贾诩的意见很不满意（一说此对话是在猇亭之战后）。

四月，饶安县发现纯白色野鸡，紧接着，魏国大将军夏侯惇、汉中国后将军黄忠皆离开了人世。

五月，曹丕升安定太守邹岐为凉州刺史。无他，乱了将近一年的凉州应该恢复稳定了。

麴演见曹丕要重新统一凉州，乃勾结附近的贼人制造动乱，以抗拒邹岐。同时，为了响应麴演，张掖张进和酒泉黄华也相继起兵作乱。

武威郡周围的三个胡人种部见此，更是再度反叛了魏国的统治，趁着此天赐良机抢劫州郡，使得河西地区乱上加乱。

武威太守毋丘兴见此，立即向金城太守苏则告急，希望苏则能率兵相救。苏则虽然义不容辞，但他手下的将领们都觉得，这次贼人的声势太过浩大，光凭一个金城的兵力绝对弄不过这些贼人，所以需要大批量的军队。

当时，魏国西部护卫军的统帅郝昭及副将魏平就率军驻扎金城，不过这批军队奉命不能向西渡过黄河，只能在河东一带游移，所以理论上并不能帮苏则平定叛乱。

见此，苏则亲自找到了郝昭并对其道："郝将军，如今贼人气焰虽然旺盛，但都是刚刚拼凑起来的，其中还有好多人不想打仗，是在威逼之下才勉强上的战场，他们未必和贼人是一条心。我们应该利用贼人之间的矛盾，趁机对其发动总攻，如此，他们中间那些善良的人一定会脱离那些邪恶之徒，进而归附我们。这样，我们增强了力量，贼人的势力也就减弱了，而在此基础上，我们对贼军发动决战，必能一战而克之！反过来说，如果将军一定要等邺城的命令的话，那么就需要很长的时间。这段时间，那些善良的人没有归宿，必定和那些邪恶的人同流合污。到时候，我们就是再想平定叛乱，相信也难以实现了。所以虽然有命令让将军不得擅自西征，但为权宜之计而暂时违背，这也是可以的。"

听毕，郝昭思索片刻，最终同意了苏则的建议，遂调集全军西援武威。

那三个种部的胡人就是想趁火打个劫，根本没想也没有胆量与魏军死磕，所以见曹军大批量援军到达，当即亡命而逃了。那些没能成功逃脱的胡人也没有再作抵抗，而是选择向曹军投降了。

在几乎兵不血刃的情况下便消灭了胡人三部，使得整个曹军士气大盛。苏则、郝昭见此，又和毌丘兴合兵一处，共同进攻张掖郡的张进。

张进一听曹军大军来袭，吓得龟缩于张掖，并一边布置守城大军，一边遣使往麴演处，希望麴演能率军来支援自己。

麴演也知道唇亡齿寒之理，便即率三千步骑混编部队往张掖支援。

当麴演即将到达张掖时却傻了。为什么？因为曹军的人数远远超过了自己的意料。

本来，麴演以为曹军也就千八百人，可到了张掖一看才知道，原来曹军的兵力早已破万。

这可怎么办？退又不能退，战又打不过。

欸？

就在麴演百思不得破解之法时，他突然灵机一动，用他那被大象踹过的大脑袋想了一条只有白痴才会想到的计谋。

什么计谋呢？这货竟然遣使往郝昭军中，声称愿意带兵投降郝昭，意图在郝昭收纳他们之时突然暴起，进而和张进里应外合破灭曹军。

郝昭和苏则听了使者的言论以后都想笑，可他们忍住了，苏则直接对那使者道："你家将军的诚意我们收到了，但军国大事不得不谨慎行事，你回去告诉你家将军，只要他肯先到我军中来，我们必会给他这次戴罪立功的机会，并保证他以后富贵一生。"

待使者走后，郝昭疑惑地和苏则道："你这招能行吗？谁都不傻，他麴演能中计吗？"

苏则笑道："这可不好说，你还真别高看天下人，因为这天下还真就有一群人比猪还蠢。不信咱就看着。"

而麴演这个蠢货，他果然用行动证明了自己的愚蠢。因为就在次日，这货竟单枪匹马地前来郝昭处报到。

看着麴演那嬉皮笑脸的样子，郝昭不可思议地道："果然，这世界真的有比猪还蠢的家伙。"

麴演不解道："将……将军，您这话什么意思啊？"

郝昭嘿嘿一笑道："没什么，你去死吧。"

话毕，郝昭一挥手，周边刀斧手皆冲上前来，瞬时之间将麴演剁成了肉酱，只留下一个完整的首级。

这之后，苏则将麴演的首级交给了麴演手下残众，让他们自行选择。这些人都是贼人出身，皆唯麴演马首是瞻。如今麴演死了，他们失去了主心骨，所以一哄而散。

如此，郝昭和苏则便全无后顾之忧，而张掖守军见麴演援军退去，一个个士气几乎降到了冰点。

数日以后，张掖城破，张进被苏则斩杀。黄华见此极为恐慌，次日便亲往苏则处请求投降。

于是，河西之乱全部被平定，凉州再次回归于朝廷之手。

本节参《三国志》

4.17　终结

公元220年五月，曹丕将苏则召回邺城，封其为侍中，并大加赏赐。

同月，曹丕用曹真顶替夏侯惇之位，成为魏国新一任大将军。

六月，曹丕于邺城东郊集结大规模军队，意图不明。

七月，曹丕亲率大军至谯，有要攻击江东之势。

孙权见此，立即遣使往曹丕处，献上东吴的贡品，并再次向曹丕发誓，称其将一辈子效忠于魏王，永不背叛，曹丕因此退军（曹丕本次出兵也就是要一个脸面而已，因为这样能够帮助他更加稳定王位）。

同月，武都氐王杨仆率种部依附曹丕，曹丕允许，并将其种部安置于汉阳郡（今甘肃省甘谷县东南）。

同月，上庸刘封与副将孟达不知为何事产生矛盾，进而导致刘封没收了孟达的鼓乐仪仗。

孟达感觉自己受到了侮辱，又怕刘封再对其发动新一轮报复，乃携本部兵马投降于魏王。

曹丕见此大喜，当即封孟达为新城太守，加散骑常侍。

侍中刘晔觉得曹丕这种任命很不稳妥，乃劝谏道："孟达有苟合取容的心理，且一向自负，喜爱权术，所以一定不会对大王的人事任命感恩戴德。而新城与刘备及孙权的势力都有接壤，属于兵家要地，假如孟达再次叛变，便会产生很大的灾祸，所以还请大王切不可用孟达为新城之守。"

刘晔，这个聪明绝顶的佐世之才，从为人谋士开始便算无遗策，没有一次谋算不是命中的。但同时，他是可悲的，从投奔刘勋开始一直到曹操，每次献策就没有一次被采纳，所以到现在都没有太过声名显赫。

这不，主人都已经换成曹丕了，可人家依然不听从刘晔的谋划，毅然决然任命了孟达为新城太守。

刘晔也不好多说，只能长叹一声而去。

刘晔，曾被许劭冠以佐世大能之称号，但要我来看，他根本不是什么佐世大能，而是绝世衰神还差不多。

八月，曹丕遣征南将军夏侯尚及右将军徐晃抵达新城，与孟达合兵一处后当即对上庸发动了袭击。上庸太守申耽与孟达里应外合，白白将上庸献给了魏国，刘封见此不敢再待，便率军逃回了成都。

说实话，这次刘封之所以战败完全在于孟达和申耽，他本身是不用负什么太大的责任的。可之前关羽身死刘封也要负上一定的责任，所以刘备便对刘封有了一丝杀心。

而就在刘备不知该如何处置刘封之时，诸葛亮又密见刘备献言道："刘封此人傲慢固执，性情凶悍，还是您的养子，根本不是一般人能够驾驭得了的。现在大王您还活着，所以能制得住刘封。可一旦您百年之后，整个汉中还有谁能制得住他？所以，大王您要好好考虑一下了。"

刘备感觉诸葛亮之言甚有道理，便命刘封自杀了。

公元220年十月的某一天，许都群臣突然要求汉献帝出席朝会。

要知道，汉献帝已经很长时间没有举办朝会了，毕竟现在的汉朝已名存实亡，自己也只不过是一个摆设而已。所以，这一次朝会之前汉献帝便有了一种不祥的预感。

果然，朝会开始以后，满场文武皆劝汉献帝禅让于魏王曹丕，汉献帝虽然心中不甘，但时局已经到这种程度，他就是再不愿意又能有什么办法？

所以，汉献帝只能从了这些"马屁精"。

见汉献帝点头，场中众人大喜，卫觊更是走出来"恭敬"地对汉献帝道："既然陛下已经答应，那就请将玉玺拿出来吧。"

沉默一瞬，汉献帝神情近乎颓废地对卫觊道："玉玺在皇后那里，你们想要，就去找皇后要吧。"

见此，众人没有再说什么，而是随着卫觊的脚步往后宫而去。

当天，皇后曹节将寝宫大门死死地锁着，不管谁来讨要玉玺都不开门，这些文武倒不是没有能力破开大门，关键的问题是谁敢？

要知道，那曹节可不仅仅是大汉的皇后，还是曹操的女儿、曹丕的妹妹，谁敢硬要？所以，他们只能在曹节的寝宫门外软磨硬泡。

可随着时间一天天过去，这些人的语气逐渐变得不善。为什么？因为比起曹节的"小脾气"，这些文武百官更加忌惮魏王曹丕。

所以，他们渐渐地失去了耐心。

最终，在这些人的忍耐即将到达极点之际，曹节终是将寝宫之门打开了。这个女人在众多文臣武将面前全无惧色，只是冰冷地看着他们，然后将手中的玉玺扔到了台阶之下，并对这些人冷冷地道："老天不会保佑你们这些畜生的，走着瞧吧。"

说完，便默默地转回殿内（此场景和西汉的王政君老太后何其相似）。

时间：公元220年十月十三日。

地点：许都高祖庙。

这一天，高祖庙前满是文武百官，汉献帝在众文武的簇拥之下来到了高祖庙中。

那天，汉献帝将自己即将禅让的决心禀报了汉高祖刘邦，然后便遣御史大夫张音带着汉献帝的符节和玉玺前往交给曹丕。

曹丕当然是要拒绝的，并且前前后后拒绝了三次（基本礼仪而已，诸位别想多了），在第四次的时候才"勉为其难"地接受了汉献帝的禅让。

公元220年十月二十九日，曹丕于繁阳亭高坛之上接受了汉献帝的玉玺，即皇帝位，是为魏文帝。

至此，共历四百零五年、二十五帝之大汉皇朝彻底宣告终结。

而汉朝之后，再无汉朝矣！

本节参《三国志》《资治通鉴》《傅子》《献帝传》《后汉书·皇后纪》

第三部

SAN FEN GUI JIN

三分归晋

第一章　争端

1.1 蜀汉建国

公元220年十一月，魏文帝曹丕以汉献帝为山阳公，行汉之正朔，用天子之礼乐，封四子为列侯，并尊父亲曹操为魏武皇帝，改相为司徒，御史大夫为司空，与太尉复为东汉三公之制（称帝之后立即改制，可见，丞相之职的影响有多么巨大）。

十二月，魏文帝曹丕在洛阳大造宫室，并定魏国国都于此。

同时，为了充实洛阳一带的人口以刺激经济、农业发展，魏文帝曹丕还要强迁冀州籍士兵的家属十万户于此。

当时，魏国正值大旱，又闹蝗灾，百姓饥饿，所以朝廷上下都认为这时候不宜迁徙如此多的百姓，可曹丕态度异常坚决，坚持要按原定计划执行。

因此，侍中辛毗只能和朝中一批大臣前往拜见曹丕。

曹丕知道这群人的来意，因此没有给他们好脸子，而是以一种近乎冰冷的眼神看着他们。

见此，之前气势汹汹的臣子们全都怂了，只有辛毗凛然不惧，对着曹丕正色道："陛下要迁徙士兵的家属，我很想知道理由是什么。"

曹丕："理由朕之前已经说得很明白了，你还要朕重复什么？你难道认为我的决定不对吗？嗯？"

辛毗："当然不对！就臣所知……"

曹丕一见辛毗要滔滔不绝，赶紧制止道："停停停停，我不和你这酸儒讨论，赶紧给我下去。"

辛毗："下去？我为什么要下去？陛下不认为我不成才，所以将我安排在身边，作为咨询的官员，这是职责所在，陛下怎么能不和我讨论政事？并且，我说的话并非为我个人讨得什么好处，而是为了国家着想。您有什么理由对我发脾气！"

曹丕："你……我……哼！"

曹丕说不过辛毗，便耍起了无赖，起身便要往内室"逃"。

辛毗却在这时候直接冲了上去，拽着曹丕的衣袖就往回拉。可辛毗已经是个老头子了，力气哪里有曹丕大，那曹丕猛地拽过自己的衣袖，然后头也不回，大步就冲往内室。

可走着走着，曹丕感觉不对劲儿了（不对呀，我是魏国的皇帝，我为什么要畏惧辛毗），便直冲回来，对着还没有退走的辛毗暴吼道："辛佐治（辛毗字），我告诉你个老小子，不要把我给逼急了，不然，我现在就让你……"

曹丕声势虽然很大，但辛毗根本不管那个，没等曹丕说完便直接插话道："迁徙过多的民众，既会失去民心，又需要大批的粮食，而如今灾荒严重，我们拿什么去给如此多的百姓？就算我们给了他们粮食，但如果刘备和孙权在这时候攻击我们，我们又能用什么去给前线的士兵呢？到那时，国家就乱了！所以我实不能不劝谏陛下！"

曹丕："……"

公元220年十二月，曹丕迁徙冀州民于河南，人数，五万户……

同月，北方大草原，强大的鲜卑民族中，一个弱小的种部经常受到四周种部的欺辱，其部大人无奈，只能率领自己的种部过着东躲西藏的生活，而这个弱小种部的名字就叫拓跋部。

同月，汉中国，身在成都的法正于本月突然暴毙。刘备闻听此消息以后先是愣在当场，然后失声痛哭，并不停大吼天要亡己（注：法正和诸葛亮是当时汉中国最强的两个文臣，诸葛亮善于施政，法正善于战争谋略，其各种神鬼莫测的计谋让诸葛亮都自叹不如，而时值乱世，法正的作用明显要大于诸葛亮，综合以上，法正的死对刘备的打击是毁灭性的）。

几日以后，继法正之后，糜竺也郁郁而终。

糜竺，刘备的铁杆追随者之一，如果不是糜竺当初的资助，刘备能不能有今天都不好说，所以刘备对待糜竺一直像亲人一般，入主益州以后更是封糜竺为安汉将军，地位甚至要在诸葛亮之上。

可糜芳投降吴国以后，这一切毁了。荆州丢失以后，糜竺亲自往刘备处，希望刘备能够严厉地处罚自己。为什么？因为糜芳是他的弟弟。可刘备信任并爱护糜竺，非但没有处罚他，还宽慰糜竺不要放在心上，这之后对待糜竺依然如故。

糜竺自己却受不了，他对自己弟弟的所作所为深感惭愧，从此积郁成疾，乃于220年十二月去世。而这时候的刘备已经没有力气再哭了，因为他知道，这一切是因为那可恶的孙权，如果没有他，关羽不用死，糜竺不用死，荆州也不用丢。孙权你等着，咱没完！

公元221年三月，魏文帝曹丕加封辽东太守公孙恭为车骑将军，主要意图便是稳定东北局势。

同月，曹丕复置五铢钱。

五铢钱，自董卓当政时废止，自此重新启用。这也就是说，魏国的经济逐渐稳定。

本月下旬，蜀中传闻汉献帝刘协已经遇害，虽然消息未得证实，但刘备依然慌慌忙忙地举办葬礼，并为汉献帝披麻戴孝。

群臣一见便知道刘备有了称帝的心思，于是在诸葛亮的带领下，群臣一起找到了刘备，并劝其称帝。

刘备不想吃相这么难看，以遭天下人诟病，所以虚伪拒绝。

诸葛亮知道刘备想再要一级台阶，乃劝曰："以前吴汉、耿弇等人劝世祖（刘秀）继承皇帝之位，世祖推辞，前后达数次之多，所以耿纯和世祖道：'天下英雄仰慕您，主要是希望有所依靠。如果您再不听大家建议的话，士大夫们大概就会离开您而另求他处了。'世祖深感耿纯之言有理，就答应了。现在曹丕篡夺汉室，天下无主，大王您又是刘氏后裔，所以登上皇位是合法且适当的。我想，士大夫们跟随大王您辛勤劳苦到现在，也是有当初耿纯的想法。所以大王您就不要再犹豫了，速速决断吧。"

这话刘备爱听，所以"勉勉强强"地接受了诸葛亮的建议，同意择一良辰吉日登基为帝。

可就在大事已定之时，前部司马费诗在一次朝会中劝谏刘备道："大王因为曹操父子逼迫皇帝，篡夺帝位，所以才流亡万里，召集士卒对抗曹氏。如今大敌尚未击败，您却要先自称皇帝，恐怕人们会对您的本心产生疑虑。从前，汉高祖与楚人相约，谁先灭了秦朝谁就能称王。可等到高祖攻克咸阳，俘获秦皇帝子婴以后，仍然不肯称王，这才叫真正的智慧。而大王您呢？尚未走出门庭便要自己称皇帝，愚臣我实在不知道您这样做的理由，也不认为您这样做是正确的。"

听毕，刘备微笑而没有作声，可几日以后，费诗被无缘无故地降职为从事。

至此，人们已经看出了刘备的决心。

公元221年四月六日，汉中王刘备在成都西北的武担山之南登基称帝，大赦天下并改年号章武。世人皆称其为蜀汉。

本节参《三国志》《资治通鉴》

1.2 猇亭之战（亦称夷陵之战）

数日后，刘备大封官职；以吴氏为皇后。

长子刘禅为太子。

二子刘永为鲁王。

三子刘理为梁王。

诸葛亮为丞相。

许靖为司徒。

马良为侍中。

张飞为车骑将军兼司隶校尉。

魏延为镇北将军。

马超为骠骑将军。

李恢为交州刺史，等等。

同月，身在建业的孙权见曹丕和刘备分别称帝，便数次召唤占星师，也有了称帝的想法，最后却暂时打消了这个念头。

为什么？因为魏国有实力，蜀国有血统，他孙权，啥也没有，且和魏、蜀皆关系紧张。所以，孙权暂时打消了称帝的想法。

同月，孙权迁都于鄂（属今湖北省鄂州市），并改此地名为武昌，设武昌郡。

他为什么要无缘无故地迁都呢？因为孙权已经感受到了刘备满满的杀意，为防刘备的袭击，这才迁都于武昌。

没说的，刘备要对孙权动手了。

仿佛看到了南部的火药味已逐渐浓郁，本来有再讨江东之念的曹丕也暂时停止了军事行动，并召开了朝会和众多大臣道："现在南方的局势越来越紧张了，各位觉得，刘备会和孙权动手吗？"

当时，几乎在场所有的人认为刘备不会攻击孙权，为什么呢？他们觉得，蜀国只不过是个小国，名将也只有关羽。现在关羽已死，荆州又被全并，军事实力必大大削弱，这个时候攻击吴国简直是痴人说梦。只有侍中刘晔从始至终一声没吱，曹丕也知道这老先生是因为之前自己没有听他的话而生气（孟达之事），所以笑呵呵地道："子扬先生是不是有什么不同的见解？说出来听听嘛。"

刘晔看了一眼曹丕，然后坚定地道："刘备必会攻击孙权，根本不会有其他的可能。"

这话一说，场中众人立即肃静，曹丕也是疑惑道："哦？先生为何如此肯定。"

刘晔："我不否认蜀国是一个小国，但刘备治国一向是以情谊为'面'，这是他收拢人心的一大手段。而关羽和刘备情同手足，如果刘备不为关羽报仇的话，那么他仁义的外皮就会被扒得毛都不剩，所以他必须出兵！再者，这天下人都认为荆州失去以后刘备会实力大减，进而使越来越多的人对其失去信心，那么也就是说，这种心态不除的话，以后就不会再有人投奔刘备，甚至巴、蜀、汉中的本土豪族也会因此而背叛刘备。到那时，刘备就是想出兵也无能为力了。所以，刘备必须在这种情况发生以前出兵孙权，让全天下的人看看他刘备现在的实力。以上，便是我认为刘备一定会出兵的理由。"

话毕，全场沉默。那么刘晔说的到底会不会实现呢？我只能说，刘晔这一辈子，逢算必中。

公元221年五月，经过一年多的训练与整合，刘备大军已经集结完毕，随时准备对孙权发动全面进攻。翊军将军赵云见刘备要冲动坏事，乃于朝会上急谏曰："陛下，我大汉国贼乃是曹魏，并非孙权，且如先灭魏则孙权必服也，所以不应弃魏而先与孙权战！我知道陛下对孙权有无比的仇恨，可现在的情况就是这样，魏国国力胜我两国综合，如果强行攻击孙权，最后只能便宜曹魏。主公请三思。"

话毕，未等刘备说话，诸葛亮亦站出来道："赵将军说得有理，陛下，就现在天下的形势而言，孙权只能为援而不能为敌也，陛下可还记得亮与陛下隆中之策乎？"

话毕，场中陷入了久久的沉默。这之后，刘备以一种极为阴冷的口吻对在场众人道："说完了？"

众臣："……"

刘备："还有没有想说话的？"

众臣："……"

刘备："既然没有想要再说话的，那就朕说。你们说得好，很好，朕也想像你们一样和孙权共同抗击曹操，可他孙权这些年干了什么？嗯？朕拿下益州之时，正要向北攻击曹操，孙权却在那时候出兵袭击荆州，逼朕签下城下之盟，白白献出荆州一半的土地！朕忍了！之前，朕击败曹贼平定了汉中，便立即命关羽往北攻击曹操，企图以西、南夹击之势平定曹操，他孙权干什么了？嗯？他趁着那时候偷了朕的荆州！朕忍了！可现在孙权在干什么？嗯？他让陆逊坐镇夷陵，命周泰为汉中太守！朕还要再忍下去吗？啊？你们说！朕还要再忍下去吗！"

看着近乎癫狂的刘备，众人不敢再作声了。蜀汉东征孙权之事也就此成定论。

散朝以后，诸葛亮在回家的路上沉思不语，下了马车以后才长叹一声道："若法孝直在此，必能制陛下东行之策也！吾不如也！"

公元221年四月中旬，蜀汉昭烈帝刘备命诸葛亮辅太子刘禅监国，赵云率后军坐镇江州，自领四万精锐准备向东，并以张南为前部，冯习为大督，赵融、廖淳、傅肜各为别督，杜路、刘宁等各以所部随中军领军吴班。将军陈式和关兴则为监军。

另外，尚书刘巴，侍中张绍、马良，太常赖恭，光禄勋黄柱，少府王谋，大鸿胪何宗，太中大夫宋玮，益州从事祭酒程畿，从事王甫、李朝等亦随刘备往东征伐，实为刘备之参谋团。

这还不算，刘备还命车骑将军张飞率一万精锐自阆中（今四川省阆中市）往江州和其会师。

可就在张飞即将出动之时，意外发生了。

之前咱也说过了，张飞对待自己的将、卒极为凶残，动不动就用鞭子狠狠地抽打他们，所以军中有很多将领和士兵都对张飞愤恨非常，而这一次，不知道张飞又做了什么，逼得其手下张达、范疆（一说范彊）二将直接暗杀了张飞，然后提着张飞的首级就去投奔孙权了。

当刘备听说此事以后更是差点气晕了过去，当即狂吼道："啊！我的张飞又死了，孙权！朕和你势不两立！"

公元221年四月中下旬，蜀汉之军在刘备的带领下开始集体向东挺进。孙权见此大惊，他预料过刘备会对自己发动攻击，但怎么也没想到是由刘备亲自挂帅。这是干什么？不死不休？

孙权不敢大意，赶紧遣诸葛瑾为使往成都求和（自曹丕登位以来，孙权和魏国的关系极度紧张，所以孙权无法肆无忌惮地对付刘备），并立即部署作战。

我们先说诸葛瑾。

诸葛瑾得到孙权的命令以后却不敢在这时前往成都，乃致信于刘备，其具体内容如下："陛下认为您和关羽之间的感情可否比得上汉献帝？陛下是否认为荆州的大小能够超越全国？我承认，有些事情我们做得确实不是很地道，但陛下您做的事情就全对吗？虽然我们都有仇恨，但哪个先、哪个后还是希望陛下您能够搞清。魏国，其国力是我们两国的数倍，我们整合在一起都不一定是魏国的对手，就更别提相互交战了。这样的结果只能使魏国从中得利，而我们则被逐个击破，所以，还请陛下能够三思。"

说得对不对？我不知道，我只知道刘备理都没理诸葛瑾，反而加快了行军速度。

再说孙权的军事部署。

孙权部署什么了？他什么都没部署，就是直接命心腹陆逊为大都督，假节，使朱然、潘璋、宋谦、韩当、徐盛、诸葛瑾、鲜于丹、孙桓等将及五万人全归陆逊指挥。

至于前线之事，孙权问都不问，可见孙权对陆逊的信任程度。

而陆逊也确实没有令孙权失望，他得到孙权的命令以后立即行动，用最快的时间布置了一条超级大防线。

固陵郡方面：陆逊命振威将军领固陵太守潘璋督军镇守秭归，将军陆议（此陆议非彼陆议，此处"彼陆议"指陆逊，陆逊本名为陆议）守巫（今重庆市奉节县往东之巫山），将军李异守巴山（今湖北省巴东县东北）。

夷陵方面：大都督陆逊亲自督军驻夷陵防守，将军宋谦督水军屯枝江（今湖北省枝江市东北之江水），安东中郎将孙桓率万人守夷道（今湖北省宜都市西北）。

南郡方面：陆逊命虎威将军朱然守江陵，偏将军兼永昌太守韩当辅之。

当阳方面：陆逊命建武将军徐盛防守。

公安方面：陆逊命南郡太守诸葛瑾守公安，建忠中郎将骆统率三千人屯孱陵。

另，为免公安为刘备所袭，陆逊还命兴业都尉周胤（周瑜次子）率千人屯驻公安一带，以辅助诸葛瑾。

武陵、长沙方面：陆逊命武陵都尉鲜于丹及平武将军步骘督万人分别驻守。

其余将领则多随孙权于武昌，以备向各方支援。

公元221年五月，刘备督五万精锐至白帝城，便即命前部元帅吴班率本部兵马往巫县攻略。

此时的蜀军刚刚出击，士气正盛，勇不可当，再加上兵力还是巫县的数倍，所以陆议根本无法抵挡，便率军往巴东而逃。

见此，吴班第一时间遣使往白帝城汇报军情，然后继续率本部兵马向东狂攻，并连破巴东、秭归，兵锋直指夷陵之陆逊。

刘备不敢对陆逊有半点儿小视之心，乃下令吴班驻军秭归休整，然后亲率主力大军向秭归挺进。

本月末，刘备兵达秭归，成功和吴班会师，但到此他便没有继续向东挺进了。因为在刘备的军事理念中，攻人之前必先攻心！而什么人的心是最容易攻破的呢？自然是百姓和异族。

当初，刘备还在荆南之时，曾广施恩于五溪蛮（荆南武陵郡有雄溪、樠溪、沅溪、酉溪、辰溪等蛮夷聚族居，位于如今湖南沅陵、泸溪、麻阳、保靖、辰溪、黔阳一带，时人称之为五溪蛮），所以五溪蛮人非常怀念刘备的统治。

因此，刘备在继续向东之前首先遣马良率一部人马携带金银珠宝往五溪蛮处贿赂，希望他们能在马良的领导下从南部袭击陆逊。

而事情果然不出刘备所料，当马良到达五溪蛮诸部之时，这些族长极为高兴，当即便遣族中勇士随马良共攻武陵各地。

一时间，整个荆南人心惶惶，甚至身在夷陵的将领们都慌了，有的人甚至建议陆逊分出一支部队前往武陵支援。陆逊却满不在乎道："呵呵，这一切在我的意料之中，所以我安排了步骘在武陵，还安排了近万精锐跟随步骘。你们放心吧，有步骘在，这些蛮子作不起来。"

而事情果如陆逊所料，那步骘见五溪蛮反，立即统率本部兵马前往镇压，虽然没能消灭这些五溪蛮，但也和马良形成了对峙之局，成功遏止了局势的恶化。

再看刘备方面，当其得知马良的行动成功之时，便即进行下一步策略，乃于秭归东北建一城，并亲居其中，声称随时欢迎荆州人民"回家"。

刘备以为，连荆南的蛮子都爱戴自己到了这种程度，那同为汉人的百姓就更会爱戴自己了，所以信心满满地等待着荆州百姓的投奔。

可一个月过去了，两个月过去了，一直到公元221年七月都没有半个人前来投奔刘备（注：吕蒙死后，孙权沿用了吕蒙的亲民政策，所以荆州人民的生活比刘备统治时期更好。至于所谓的汉室正统，不好意思，这些百姓早就把汉朝忘了，他们现在只想好好地活，所以，谁给他们更好的生活他们便跟谁），这使得刘备大失所望，遂令将军吴班、陈式率水军自秭归顺流东下以攻夷陵。

数日以后，吴班、陈式之水军已达夷陵，遂叫嚣和陆逊决战。

可陆逊根本不接招，就是死守夷陵不出，摆明了要用防反之法磨死刘备。

而不管蜀军还是陆逊军，他们的士兵都是五万左右，精锐程度也差不了多少，所以刘备绝对不敢强攻，因为他耗不起。

因此，刘备改正面硬攻战术为大包围战术，遂命镇北将军黄权督江北诸军出夷山（夷陵北）而达临沮与当阳之间（今湖北省当阳市），用以南监当阳。

同时，刘备命张南率前锋军自秭归南岸由陆路进攻夷道之孙桓，意图以三面夹击之势威逼陆逊，而一旦夷道城被破，陆逊必放弃夷陵（因为侧翼会被打通，防线将再无用处）。

同时，一旦陆逊放弃夷陵，那刘备的前路便将一马平川！

安东将军孙桓也知道问题的严重性，所以第一时间便率本部兵马前往阻击张南于夷道之北。

可张南之军在数量上远超孙桓，所以孙桓不是对手，交手没多长时间便被张南击败，进而退守夷道城。

张南当然不会放过孙桓，遂组织本部兵马将夷道城团团围住，进而连日猛攻。

夷道城的危机在很短的时间便传到了夷陵，夷陵众将闻言大恐，皆向陆逊建议速救夷道城，因为一旦夷道城被蜀军占领，夷陵危矣。

对于此危机，陆逊却满不在乎，反而摆出一副欠打的表情道："你们慌什么？孙安东（孙桓军职为安东将军）恩威并施，很得士兵们的喜爱，所以夷道城上下一心，士气很高，再加上夷道城城牢粮足，根本不是短时间能够攻破的，所以不用着急。你们放心吧，只要本都督的计谋一成，哪怕我们不去救孙安东，夷道城的危机也会自动解除。"

一听这话，下面的武将全都炸了。

为什么？

要知道，陆逊手下这些武将全都是当初跟随孙策南征北战的那批狼将，哪个不是崇尚进攻的亡命之徒？而如今呢？陆逊不但用让人不齿的龟缩战术，还摆出一副玩儿神秘的态度，这怎能不让众人愤怒？所以众人炸了，并叫嚣道："计谋？什么狗屁计谋？大都督，我们认为所有的计谋都比不上强大的进攻，他刘备算个什么东西？也让你怕成这个样子，今儿个我们把话搁到这了，大都督要么说出你那所谓的计谋，要么就出征和刘备决战，不然我们绝对……"

"砰！"

没等众将说完，陆逊直接踢翻了面前几案，然后抽出腰中宝剑，指着下面众将怒吼道："刘备征战一生，奇谋无数，是当今数得过来的优秀统帅，连曹操都忌惮他，你们竟然敢说他是什么东西？竟然敢小看他？那我倒要问问，你们又算是什么东西！"

众人："……"

陆逊："你们这些人都是国家栋梁，理应与我团结一心共抗强敌，这个道理我一介书生都明白，可你们看看你们现在在干什么？逼迫主帅？意图造反？你们还配称之为国家栋梁？现在，你们这些人，马上给我去各司其职，有敢再言语冒犯者，定斩不饶！"

话毕，场下众将一阵寂静，然后在各种不甘与愤怒的负面情绪下离场。

本月中旬，刘备见各路进兵顺利，乃自秭归渡江而东，缘山截岭分立数十屯达猇亭（今湖北省宜都市之西），为兼顾攻守之计也。

于是，两军陷入大对峙，就等夷道城的结果了。

公元221年八月，西部战线陷入被动的消息传到了孙权耳中，孙权因此大惧，又怕曹丕趁此时从北攻击自己（此时蜀汉攻孙权之消息还没有传到北方，所以曹丕并不知道），乃于曹丕得知事情的真相以前遣使往洛阳向曹丕宣布彻底投降，并将于禁送还了曹丕。

当时，朝中大臣们全都对曹丕争相拍马，并夸赞曹丕是一个拥有杰出魅力的伟大君主，只有刘晔一人，还是黑着脸一言不发。

这个每次都与众人抱有不同意见的人，每一次献策都不被采纳，他真的不知道这一次还需不需要再向曹丕去说些什么了，所以一直在犹豫，到底对不对曹丕说。

结果，因为刘晔的黑脸太过"鹤立鸡群"，没等他说呢曹丕就问了："子扬可是有话要说？不妨说出来听听。"

听毕，刘晔犹豫片刻，然后站出来道："孙权无故向我大魏投降，这并不是陛下的魅力使然，一定是他们内部发生了危机。前不久我就和大王说过，刘备绝对不会放过孙权，如今看孙权此举，一定是受到了刘备的举国打击。孙权外部有强大的敌寇，部属心情不安，又恐怕我们趁机进攻，所以言辞谦卑，并献上了一些土地求降，这样一可以防止我们进兵，二可以借助我们的声援来加强江东集团的士气，这样也就说得通了。"

曹丕："……那你的意思是……"

刘晔："如今天下三分，我们占有全国十分之八的土地，孙权和刘备则各自保有一州。凭此国力，想要战胜我们魏国唯有依靠长江险要，并在有困难的时候相互支援。反之，如果两国之间发生矛盾，他们则必为我大魏所灭。现在，刘备和孙权相互攻击，这正是天要亡此二人，我们应该趁此绝佳时机大举进兵，直接渡江袭击孙权。如此，蜀从外进攻，我们于内袭击，不出十天，孙氏必亡矣！而孙氏亡，蜀的势力也就孤单了，到时哪怕蜀国攻下了荆州又能怎么样呢？"

曹丕："……你这不行，有人向我们称臣，我们却要讨伐他，这不是大国应有的风范，也会使天下即将归附我们的人产生疑心。再说，你懂的刘备也懂，就怕我们一攻击孙权，刘备军就会重新和孙权结盟，到那时候不就等于偷鸡不成蚀把米了吗？不如趁两国交战之时攻击蜀国，那样不也能产生一样的效果吗？"

刘晔："不对，我们大魏距蜀远，距吴近，所以前往蜀国会有相当长的时间，这段时间足够让刘备发现我们的动向。而刘备一旦看穿我们的意图，必退军回守，到时候凭其险关阻碍，我们就是动员全国之力也难以攻下蜀国。如今刘备已经愤怒，绝不会再与孙权结盟，相反，一旦他听到我们攻击孙权，还会加大力度进攻，为什么呢？那就是要在我们灭掉孙权之前争取多抢夺一些土地。所以只要我们出征攻击孙权，孙权必亡！再者说，现在是乱世，乱世中没人和你去讲什么仁义忠信，先皇如果满脑子都是这些东西，我们大魏不可能拥有现在的实力；刘备如果满脑子都是这些东西，他早就死得透透的了。战国时秦国欺诈天下，结果最终完成了统一，所以还请陛下您能三思。"

话毕，刘晔默默地退了下去。

可曹丕呢？犹豫了好久，最终没能采纳刘晔的意见，真不知道他到底是怎么想的，还是刘晔真的被衰神附体？

公元221年八月十日，刚刚回到魏国没多长时间的于禁便郁郁而终，那么这是怎么回事呢？

话说于禁带着三万精锐投降关羽以后，他上等大将的威名便被一朝丧尽，不仅关羽和其手下瞧不起他，甚至连孙权的那些文臣和武将都对他呵斥不断，像对待一条狗一样来对待于禁。

于禁因此整日抑郁，逐渐花白了头发。直到回到洛阳之时，于禁已经是满头白发。

那天，于禁当着所有臣子的面跪在曹丕面前痛哭流涕，并请求曹丕能给自己应有的惩罚。

可曹丕呢？并没有惩罚于禁，他就好像古代的圣贤之君那样轻轻地扶起了于禁，并以荀林父和孟明视的典故来安慰于禁。

当时，于禁被感动得无以复加，发誓要重新回到战场为大魏效力，找回自己身为将领的尊严。

可令他万万没有想到的是，这一切只不过是表象而已。

次日，曹丕命于禁为安远将军，并允许于禁前往曹操的墓地去祭奠。曹丕却命人提前将一幅画挂在了陵园的屋子里。

结果，当于禁见到那幅画以后一口鲜血从口中喷涌而出，并当即晕死了过去（不久后病死）。

那么那幅画上画了什么呢？

关键句有三：关羽得胜蔑视于禁；

庞德忠勇怒视于禁；

于禁卑躬下跪求饶。

《资治通鉴》中司马光言："于禁率兵数万，兵败而不能战死疆场，为求生而降敌，后来又回到本土，文皇帝可以贬，可以杀，但为什么要用这种方式来羞辱将军呢？如此做法根本不像一个君王。"

好了，不管曹丕做得对还是不对我们都不再在这个问题上浪费时间了，还是继续下一个话题吧。

同月十九日，魏文帝曹丕遣太常邢贞为使往江东，意图封孙权为王，使孙权对自己感恩戴德。

可就在邢贞即将出发之时，刘晔再次面见曹丕并直谏道："陛下绝不可以封孙权为王！先皇帝征伐天下，使得大魏拥有全国十分之八的土地，其威德震动海内，陛下接受汉朝皇帝的禅让，成了真正的皇帝，威德符合天地的愿望，声名远播四海！那孙权虽有雄才大略，但只不过是汉朝的骠骑将军、南昌侯而已，可谓官品低微，权势卑下，其属民都因此而畏惧我大魏，所以孙权很难强迫他们合谋共事。如今，我们不得已接受了他的归降，封他一个将军就可以了，但绝不能一下就封他为王。要知道，王和皇帝相比就只差了一级而已，所使用的礼乐、服饰、车马等级也是间杂互用。所以一旦升孙权为王，江东便将被拧成一股绳，江东的那些豪族、士人便不能再违背孙权的命令。这便等同于给猛虎加上双翼，祸患无穷。所以还请陛下三思，不要去做错的事情。"

听听，听听，说得多有道理，我要是曹丕我都得把刘晔当爹供着，可曹丕呢？还是没有听从，毅然决然遣使往江东封孙权为吴王去了。

至此，魏、蜀、吴三国鼎立成矣！

本年十月，魏国收成极差，粮食的价钱被炒得相当高，曹丕乃罢五铢钱，以粮食和丝绢代之。

十二月，曹丕巡视东方，并修建凌云台，将整个魏国设五国都（主都洛阳，至于长安、谯、许、邺皆为陪都）。

公元222年正月，魏文帝曹丕在原来的九品中正制基础上再添一条，那就是天下选拔人才从此不看年龄，只要是真正有才学的，不管你是七八岁小娃还是七八十岁老翁都可以任用（前提是老翁愿意再任官职）。

同月，蜀汉骠骑将军马超患病去世，临死以前曾上言刘备道："我家中两百余口皆为曹操所杀，种已经绝了，只有堂弟马岱是我们这一脉唯一的血脉，还请陛下能够善待他，其他的，我也没什么好说的了。"

就这样，马超去世，死时四十七岁。

二月，西域诸城邦国中的鄯善、龟兹、于阗各遣使者往魏国上供，请求西域能和中原复通关系，曹丕从之。

五月，曹丕下令将荆、扬二州长江以南的地方均划为荆州，长江以北则为郢州。

六月，夷陵方向。此时的刘备已经和陆逊对峙整整一年之久了。在这一年中，刘备曾数次采引蛇出洞之法来引诱陆逊出击，可每一次都被陆逊看破，没有一次能够成功。所以刘备只能坐等夷道城被攻陷时再对陆逊采总攻之策。

直到本月中下旬，见蜀军已经越来越疲惫，陆逊知道，反攻的时机到了。

于是，他召集全军将士，准备对最外层的一个营垒发动攻势。可陆逊手下的那些将领劝谏道："发动进攻应该在敌军立足未稳之时，可如今蜀军已经深入我国五六百里，和我们对峙了将近一年，如今他们已经尽占险要之地布防屯营，这根本不是我们能够攻下的，还请大都督不要行此愚蠢之举。"

讲真，说这话的时候这名将领的态度是不怎么恭敬的，因为他一直对陆逊有所不满。可陆逊并不在意，反倒微笑着道："你说错了，刘备行军打仗一辈子，不仅战阵经验丰富，还极为狡猾。所以对待这种行家一定要反其道而行之。蜀军刚集结的时候，刘备顾虑周全，我们根本没有机会向其发动进攻。如今，蜀军已经和我们对峙了将近一年的时间，但始终找不到攻略我们的漏洞，所以将士必定疲惫，此正是天赐良机，切不可失也！"

将领："……"

公元222年六月下旬，陆逊集结军队对刘备最前线营垒发动了突然袭击，蜀军虽然和吴军对峙了近一年，但依然十分警惕，根本不像陆逊说的那样疲惫。

所以，陆逊本次进攻被蜀军成功挡了回去。

撤回大营以后，陆逊的将军们都气愤地和陆逊道："我们之前就说过了，现在的刘备已经无法攻击，可大都督依然硬要进攻，如今好了吧，白白损兵折将而已！"

这些将领说话非常冲，简直就是逼问陆逊，可陆逊搭理都没搭理他们，反倒满脸喜色，并狂笑道："我已经找到攻破刘备的办法了。"

不等众将发问，陆逊直接道："来人！"

传令长："在！"

陆逊："现在就给本督传令各个驻防地的将军们，明日入夜，但见前线火起，便给我发动所有力量进攻！"

传令长："喏！"

众人："大都督你这又是搞的什么？"

陆逊转身微笑和众人道："明日本督必破刘备，你们等着瞧吧！"

公元222年六月末某日拂晓，天色微明，数百身着黑衣、手拿茅草的士兵不知怎的，突然就钻进了蜀军最前线的那座"防备森严"的营垒。

进入营垒以后，这些黑衣吴兵以极为熟练的手法杀掉了巡逻兵，随即放火烧营。

一时之间，大火漫天，整个营垒遍布恐慌的嘶吼声。

见计谋已成，陆逊大喜，立即命整个夷陵的战鼓齐声擂动。

咚咚咚，伴随着战鼓的暴响之声，夷陵大营全军出击，以不成功便成仁的决心向前方营垒猛攻而去！

而此时的蜀军前线营垒已经乱作一团，每个人都在争相穿衣、灭火，哪里还有半点儿抵抗的能力？再加上吴军攻势着实凶猛，所以连一个时辰不到，蜀军最前线的营垒便为吴军所破，蜀军前锋将军更是被东吴虎威将军朱然斩杀。

此时，前线营垒，一众将领看着陆逊的眼神已经变了，变得崇敬、变得温顺。而陆逊没有管他们，而是对下面的将官暴吼道："我们接下来要做的就是一个字——快！一定要在刘备军组织好防御以前给他打崩，你们能不能做到？"

众将："但凭大都督吩咐！"

陆逊："朱虎威何在！"

朱然："末将在！"

陆逊："本督现命令你立即率本部兵马向西疾奔，务必在刘备逃走之前占据其后道！"

朱然："喏！"

陆逊："其余众人！"

众将："在！"

陆逊："现在便跟本督向西进攻，不擒刘备誓不回军！"

众将："喏！"

这之后，吴军在陆逊的领导下以奔雷之速急往西南猇亭方向，诸葛瑾亦得陆逊之命率本部兵马自屏陵往猇亭方向进击。

因为吴军往攻刘备之时，刘备还不知道最前线的营垒已经被破，所以蜀军全无防备，在交战之初便陷入了绝对的劣势。而陆逊，他是绝对不会给敌人反应的时间的，遂一直压着刘备狂攻。

一座、两座、三座……只数日间，刘备屯营便被破去四十余座！蜀将张南、蛮王沙摩柯皆力战而死。

杜路、刘宁见蜀军大势已去，更是率部曲直接向吴军投降。

刘备见四面被围，形势岌岌可危，便率所辖主力登上马鞍山（今湖北省宜都市西、长阳县之南），以高地之地利陈兵自卫。

陆逊见此，急令全军舍弃逃兵，转而直奔马鞍山，将此山团团围住以后，陆逊根本不给刘备修缮壁垒的机会，当即令全军亡命猛攻。

这场攻山战整整持续了一日一夜，双方均损失惨重，但现在吴军士气爆表，蜀军士气低落，所以很多士兵相继投降了吴军，于是马鞍山蜀军遂有土崩瓦解之势。

刘备知道，不能再拖下去了，不然自己必为陆逊所擒。

因此，刘备孤注一掷，换上士兵的服装以后带领剩余轻骑兵突围向西北而走。

很快，刘备败逃的消息便传至各处，几乎所有的蜀军都仓皇西逃。夷道城的危机也就自行解除了。

见此，孙桓第一时间率本部兵马赶到了马鞍山，见到陆逊便跪拜下去道："大都督，之前末将在夷道城实怨不见救，可直到今日，末将才知道这一切在您的算计之中。吾闻刘大耳已走，特此请命追击，以报都督之大恩，还请都督恩准。"

听毕，陆逊拉起孙桓直言道："你能这么想就最好了，现在本督就命你率本部兵马前往追击，但记住，尽力就好，不必有太大的负担。"

就这样，孙桓率本部兵马奋起直追，史载其"奋不顾命，后发而至"，在刘备逃至石门山之时便即将追上刘备。

刘备大恐，因此命手下将各种军需物资挡在大路中间并放火焚烧，意图以此法拖延孙桓之行程。

就这样，刘备玩命地逃，孙桓玩命地追，蜀军各部亦离散不能集，仅剩下的那几个行营亦因无军令而不敢动，待吴兵突至而四散，致使整个蜀军的船只、器械、水步军资尽数为吴所得。

同时，因为孙桓的追杀速度太过疯狂，导致蜀军争相渡河，以至于被挤下船只的蜀兵不计其数，整个江面到处能看到蜀军漂浮的尸体。

见此，刘备羞愧难当，对着苍天大吼道："我刘备征战一生，少有败绩，如今却被陆逊羞辱，老天，这难道是你的意思吗！"

这之后，刘备收容散卒逃至巫县（今重庆市巫山县）之南，眼看就要到达安全的地带。

可就在这时，孙桓率数百骑兵如神兵天降一般杀到了刘备的身前（孙桓早已算到刘备的行军路线，遂连夜西进，以迂回之行军超越刘备之前，竟提前占据夔道狭处，并斩土填道，截住刘备去路以阻击之）。

首先，现在刘备手下的兵马已经是丧家之犬，士气降到了冰点。

其次，陆逊主力大军还在后方追击，所以一旦自己和孙桓纠缠在一起，保不准自己就跑不了了。

所以不管从哪个方面来讲，刘备都必须突围而走，不能和孙桓作过多的纠缠。

就在刘备即将逃出之时，却见夔道狭处被堵得死死的。无奈，刘备只能和麾下士兵舍弃战马，徒步翻越山险而走。

可那孙桓依然不肯放过刘备，同样舍弃战马前往追之。

可就在孙桓即将追上刘备之际，赵云所率的后军已从江州前来迎接。

见刘备新军来到，孙桓虽有不甘，但也只能缓而退走。

看着距离自己越来越远的吴军，刘备悲愤地道："想当初我去江东时曾经见过这孙桓，那时候，他只不过是一个还啃手指头的无知小儿，可如今竟然将我逼迫到这种地步，我到底做错了什么！"

就这样，刘备终是在九死一生的情况下逃到了白帝城，猇亭之战也以刘备大败而告终。

本次战役，刘备几乎全军覆没，南部马良军也在刘备失败以后为步骘趁机所破，遂战死于沙场。

陆逊之大名从此威震江东。

公元222年七月，当孙权闻听陆逊大破刘备的消息以后兴奋难当，当即亲赴前线犒赏将士。

那些将士见孙权以后很是羞愧，于是将之前自己是怎么瞧不起陆逊、给陆逊使绊子的事情都说了一遍。

孙权听完即召陆逊道："你的事情众将都和本王说过了，当时你为什么不把这些事情汇报本王呢？这样本王就会给你做主，让你省下许多麻烦。"

陆逊："我受大王恩德深重，担任的职位超过了我的才能，所以不能将麻烦推给大王。再说这些将领有的可以充当心腹，有的能充当战将，有的还是有大功之臣，都是大王应该与其共同奠定大业的人。臣虽才劣性懦，私下却也仰慕蔺相如和寇恂那样的忍让精神，所以为了上下之间的凝聚力，就更不能将此事汇报陛下了。"

听毕，孙权哈哈大笑，当即盛赞陆逊，并封其为辅国将军兼荆州牧、江陵侯，使得陆逊成了当时东吴一人之下万人之上的存在。

同月，徐盛、潘璋、宋谦等东吴战将争相上表，称现在刘备已经是最为虚弱的时候，应该趁此良机总攻白帝城，将刘备生擒，进而夺取整个蜀国。

对于此提议孙权很是心动，但同时有顾忌，于是问陆逊有何想法，陆逊言曰：

"刘备虽败，但蜀中依然有大批兵马，白帝城在赵云的援助之下兵力也接近一万，不是能短时间攻破的。而一旦蜀地援兵源源不绝往白帝城输送，我与蜀便将陷入数年的拉锯战！据探子来报，此时魏国正在积极训练士兵，我恐怕和蜀国交战之时魏国会从背后攻击，到那时就麻烦了。所以还请大王能够停止和刘备之间的交战，准备布置国防。"

听毕，孙权深以为然，便取消了继续攻击刘备的意图，转而返回江东。

与此同时，刘备战败的消息亦传至成都。诸葛亮听闻此事以后不无哀叹道："唉，如法孝直在世，哪怕不能战胜东吴也绝不会让陛下遭受如此惨败！"

本年九月，魏文帝曹丕向全国官员下诏曰："妇人参政是国家动乱的根本，从今以后，大臣有事不得向皇太后上奏，皇太后和皇后的亲人也不能担任辅佐皇帝的大臣，同样不能封王或诸侯，这一诏书要传给魏国的子孙后代，谁若违背，天下共击之！"

同月，曹丕遣使往东吴，希望孙权能将自己的长子送到洛阳为人质，以此表达其归顺魏国的决心。

岂料孙权翻脸不认人，当即拒绝了曹丕的请求，言语之中还有诸多讽刺。

曹丕因此大怒，便想亲率大军前往征讨。

可就在这时，侍中刘晔站出来道："陛下万万不可讨伐孙权。"

曹丕："……为何？"

刘晔："吴国新败蜀军，正是士气最为旺盛之时，且有长江天堑，这时候我们哪怕出征了也不会得到胜利，反而会白白损失士兵，还请陛下三思。"

这回，不止刘晔一个人孤军作战了，甚至连蒋济、辛毗都劝曹丕不要出征东吴。

可曹丕呢？根本不管不顾，毕竟之前被孙权耍了一回，白白浪费了一个天赐良机，这股气不撒出去他曹丕难受。

于是，曹魏与东吴第三次"濡须之战"正式开启。

本节参《三国志》《华阳国志》《魏略》《赵云别传》《中国历代战争史》《资治通鉴》《新编中国历史大事年表》

1.3 三路南征

公元222年九月，曹丕出三路大军征吴，其中征东大将军曹休、前督军张辽、镇东将军臧霸为东路军，率数万大军出洞口（今安徽省和县）攻击吴国。

大将军曹仁率步骑数万为中路，意图攻下濡须后直往建业。

上军大将军曹真、征南大将军夏侯尚、左将军张郃、右将军徐晃率数万大军攻南郡，是为西路军。

曹魏此次南征可谓声势浩大，孙权不敢有半点儿怠慢，遂遣建威将军吕范督五军舟师以拒曹休；以左将军诸葛瑾、平北将军潘璋及将军杨粲救南郡；以裨将军朱桓代替周泰为濡须督以拒曹仁。

出发以前，孙权非常严肃地对吕范道："寡人听说张辽近来身患重病，估计日子已经不多了，但哪怕这样，这都是一个英勇无敌的人，所以你们千万不要小看张辽，对他一定要小心小心再小心，哪怕因此使战局陷入被动，也千万不要让张辽钻了空子，明白了吗？"

吕范："喏！"

（注：张辽久在南方，身体早已大不如前，曹丕也曾劝他回北方疗养，但张辽坚持重伤不下火线。）

同月，就在吴军和魏军即将决战之时，吴国扬、越、荆南诸蛮突然起事造反，在境内一通疯狂屠杀。

孙权欲先安内部再对付曹魏，遂一边平定内乱一边遣使往魏国再宣投降，其言辞之谦卑已经到了无以复加的程度。

可这一次，曹丕再不上孙权的当，乃对孙权之使道："回去跟你们大王说，朕和他之间的关系早已议定，朕本身也不想劳师动众行那刀兵之事，只要他能亲身来跪拜朕，朕立即率兵撤退，可他要是不来，呵呵，后果自负。"

见曹丕这一次的态度如此坚决，孙权知道，双方已经没有休战的可能，便只能硬着头皮一边平定内乱一边抵挡曹操。

可这时候的孙权已经再没有半点儿余力，如果这时候刘备再反身来杀自己一回，孙权可就真的傻了。

基于此，孙权遣太中大夫郑泉往白帝城面见刘备，希望能和蜀国重修旧好。

（注：刘备自入白帝以后就再也没向西走。一说是因为进入白帝城以后便已重病不起，一说为防孙权西征。）

刘备自猇亭之战后便已身心疲惫，再也经不起折腾了，同时，蜀国经历了这一场战败后也已经不起折腾了，需要休养生息，所以刘备答应了孙权的请求，吴、蜀两国因此复相通好。

公元222年十一月，曹丕率本军驻扎宛城，三路大军亦准备完毕，大战正式开始。

首先，东线战场，曹魏东路军几乎一动便为吕范所阻击，张辽见此，乃自请为前锋攻击吕范。

曹休批准，张辽遂行出击。

本次接触战的详细经过史料未表，不过却以张辽的大胜而告终。

经此一战，吕范大防线开始向后收缩，士气也受到了相当严重的打击。而魏军方面则是士气大盛，有一战而定东吴之势。

可就在曹休打算再次出征之时，张辽的病情急速恶化，进而离世。死时五十有三。

此消息传出以后，魏军本来旺盛的士气开始低落，而吴军士气却逐渐回升。见此，曹休知道不能再拖了，不然好不容易占据的优势便会随着时间的流逝而丧失殆尽。

就在曹休打算拼死一搏时，幸运女神却对其青睐有加。

因为就在张辽死后的第二日，洞口突然刮起了飓风，吕范所部此时正在江面，很多战船因此被飓风掀翻，淹死数千人之众。

此突然一幕使得吕范水军大乱，曹休见此乃遣臧霸统五百战船、敢于死战者万人急袭徐陵，将堆积在徐陵的吴军器械、辎重等物全部焚毁。

可就在这时，东吴将领徐盛率本部兵马突然赶到，看到臧霸以后便对其发动了凶猛的攻击。

臧霸不敌徐盛，只能率众狼狈而走。

徐盛则立即灭火，阻止了军械物资的进一步流失。

此时，吕范已率所部尽皆退回江南，并不断收拾残卒，意图再往阻击曹休。

所以，现在洞口唯一能阻挡曹休的便是徐盛了。

那曹休见徐盛的兵力远远劣于自己，知道机不可失，遂统全军对徐盛发动了攻击，可徐盛的防守能力相当不俗，徐陵让其布置得如铁桶一般，使得曹休屡屡进攻都不得尺寸之功，而正好这时候吕范又收拾完残卒赶来支援，曹休见战机已去，便只能无奈退走。

东线战场遂成对峙之局。

西线战场，曹魏上军大将军曹真亦于本月率曹魏西路军对江陵展开了猛烈攻势。

江陵太守朱然为免江陵四面受围，乃命孙盛提前分一部往江陵外游击，意图不让曹真专心围城。

曹真也是一个熟悉行军作战的将领，当然不会犯下这种错误，遂遣征南大将军夏侯尚主动出击孙盛。

孙盛兵力较夏侯尚差很多，陆战能力也根本不是魏军的对手，所以被夏侯尚轻松击败，最后只能率残军退走江陵。

而就在这时，东吴左将军诸葛瑾的援军亦进入江陵境内，夏侯尚刚刚得胜，士气正旺，所以立即遣使往曹真处，请求主动攻击诸葛瑾，并请不用援军，只用本部兵马便可全定吴军。

曹真对夏侯尚非常信任，当即批准。

于是，夏侯尚率领所辖兵马，当即对吴军展开了疯狂的攻击。

不得不说，在当时，魏军的陆军作战能力确实是天下第一，不管是吴国还是蜀国都无法与其抗衡。而那夏侯尚更是没有辜负曹真的期待，在他猛如烈火的攻势下，诸葛瑾的部队很快就被打散了。

诸葛瑾无奈，只能收拾残部退出江陵境，时刻遣斥候盯着夏侯尚所部，以等待最好的时机。

如此，江陵城再无外援，曹真遂调兵遣将，将江陵城团团围住，准备对此城展开轮番打击。

当时，江陵城中突然暴发了大型传染病，可以正常作战的士兵只有五千人而已。然而这还不是最关键的。最关键的是，吴军外围游击军和诸葛瑾援军纷纷被夏侯尚击败，所以江陵城中的士气非常低，这种情况只要是一个正常人都会认为江陵必会为魏军所得。

可事情真的会如此发展吗……

不会，因为江陵城的太守名叫朱然。

朱然，字义封，这个人我就不详细介绍了，因为之前诸多大战中都有他的身影，不过那都不能完全彰显他的能力，只有这一次的江陵之战，才是朱然成功崛起于东吴的一战。

公元222年十一月，曹真将江陵团团围住，准备对其发动攻势。

在绝对不利的条件下，江陵太守朱然没有放弃江陵，而是激励士兵拼死防守，并宣誓和江陵城共存亡。

可不管朱然如何宣誓，那城中的士气就是提不起来。至于原因，很简单。江陵城在天下大乱之后已经转手，依次被刘表、曹操、孙权、刘备、孙权统治，而这时候的江陵刚刚重归于孙权还没多长时间，所以城中的百姓和士卒对孙权根本没有什么归属感。

因此，他们根本就不想和朱然同归于尽，只想活着，仅此而已。

见此，朱然知道，再怎么废话都不会有作用，如果不给这些人看到胜利的希望，他们是绝对不会跟着自己抵抗魏军的。

于是，朱然于当夜亲率数百精锐忠勇突袭了城北魏军大营。

因为现在江陵城中的士兵太少，士气太低，所以曹真根本没想到朱然敢偷袭自己，便没多设什么防备，这便给了朱然一个见缝插针的机会。

至于结果我就不多说了，和当初的甘宁一样，朱然将城北魏军大营搅得一团乱，自己却在敌军合围之前返回了江陵城中。

此役的胜利，终于使江陵城中的士兵和百姓稍有振作，乃甘心随朱然防守江陵。

与此同时，魏国上军大将军曹真也被朱然激怒了。

次日，曹真下令全军于江陵四周堆起土山，然后在土山之上建造箭橹。

一个多月以后，箭橹建造完毕，曹真遂命弓箭手于箭橹之上，疯狂向江陵城内射击。

一时间，箭矢如蝗，直将城墙上的吴军射得抬不起头来。

然而这还不算完，在魏军弓弩手的火力掩护下，曹真还命攻城部队趁机而上。

于是，江陵四周杀声震天，无数魏军好像末日丧尸一般往江陵城上不断狂攻。

可哪怕面对如此末日之景，朱然依旧率领士兵坚持死战，始终抗在战争的最前线。

于是，一天过去了，两天过去了……直到一个月以后，魏军都无法进入江陵半步。

曹真因此大怒，遂采袁绍之法，命士兵挖地道，打算从地下拆毁江陵城墙一角，却被朱然提前发现并破坏。

曹真无奈，只能继续从正面攻击江陵。

公元223年正月下旬，已经攻击江陵城数个月的曹真依然没有半点儿建树。见此，夏侯尚乃请攻中洲（长江中一小洲），并说占据中洲以后便造南北浮桥。

这样的话，南北魏军便能相连，一可以方便运送军械物资，二可以源源不断往江陵战场输送援军，这样就可以给江陵城毁灭性打击。

因为当时长江水浅，曹真、夏侯尚等魏军将领又不懂水战，不知水势，所以认为此计可行，曹真便批准了夏侯尚的建议。

于是，夏侯尚立即挥军对中洲发动了攻击，没多长时间便将此地攻陷，然后便命令士兵建造浮桥。

与此同时，宛城府衙，魏文帝曹丕正在和众多谋士在一起商议政事。

这时，一传令前来汇报三线的最新战报。看完以后，曹丕并没有发现什么不妥，但为了防万一，还是将此战报传递了下去，让下面的谋士们共同参详。

可就在此战报传至董昭处时，董昭脸色大变，进而慌忙道："陛下！我西军危矣！"

见此，曹丕大惊，乃速问为何。

董昭："武皇帝智勇双全，用兵如神，带兵打仗却异常谨慎，从来不敢小瞧任何敌人！他时常教导我们说：'行军打仗进兵容易退兵难，所以在行军之前必须准备好最稳妥的退路，这是基本的道理。'对此我深感赞同。陛下您知道吗？哪怕没有险阻的平原地带退兵都很困难，所以武皇帝每次在进军之前都要事先考虑好退兵的问题，从来不敢按自己的主观意图行事。如今，夏侯尚已经入驻中洲，这已经是深入敌军了；在江面架设浮桥往来，这同样是最为危险的事情；而只靠一道浮桥通行往来，这更是危险的事情。以上三者都是兵家之大忌，西路军却偏偏都犯了！如果敌军集中力量攻击我们的浮桥，那我军便将成为瓮中之鳖，中洲的精锐便不再是我魏国所有了！他们甚至有可能成为吴国的助力！且，陛下可要知道，长江之水可不是永远那么浅的，一旦江水暴涨，中洲之兵可还有活路？我为此事非常忧虑，恐怕以后寝食不安，谋划此事的人却非常淡定，这真是让我无法理解。还请陛下速速下令中洲将领撤退，不然西路军危矣！"

听毕，曹丕腾地一下站了起来，然后急令斥候以八百里加急之速往中洲疾奔而去。

与此同时，诸葛瑾大营，当诸葛瑾听说了夏侯尚的动作以后几乎不敢相信自己的耳朵，当再次确认消息以后才狂笑道："夏侯尚这小子是要自寻死路了！潘将军何在！"

潘璋："末将在！"

诸葛瑾："你现在速领本部兵马往中洲浮桥以北埋伏，只要见到我对夏侯尚发动攻击便立即将浮桥烧毁！"

潘璋："喏！"

公元223年二月，诸葛瑾突率大军以疾速往中洲攻略夏侯尚。

可就在诸葛瑾即将对夏侯尚展开攻击之际，曹丕的使者亦到达中洲，并将曹丕的意思转告了夏侯尚。

夏侯尚见信大惊，立即命全军过浮桥撤退。

可就在这时，诸葛瑾兵至，二话不说便对中洲发动了攻击。

见此，夏侯尚迅速布置，一边亲率一部精锐断后，死守南部浮桥，一边命主力大军迅速往北岸撤退。

我只能说，还好曹丕的使者来得快些，也还好夏侯尚反应迅速。因为此时的潘璋已经率领所辖兵马来到了北浮桥处，就在他要放火烧桥之际，恰巧和撤往北浮桥的主力魏军碰个正着。

见此，双方都愣了一下，潘璋看了看手中的茅草，又看了看目光逐渐不善的魏军，讪笑道："误会，误会。"

然后撒腿就跑。

可以说，如果魏军再晚来半点儿，他们就走不了了。

最终，夏侯尚所部魏军有惊无险地渡过了浮桥，成功返回长江以北。

可这一下再也无人能牵制住诸葛瑾的援军。于是，诸葛瑾开始游击牵制曹真，使得曹真投鼠忌器，无法放开手脚攻击江陵。

于是，西线战场又陷入了大对峙。

至此，全国的目光几乎集中在了濡须方向，因为一旦濡须被攻破，东、西两线的吴军必定向后收缩防线，而等到那时，吴军便可以说是全线溃败了。

而濡须方面的曹仁，他还有着绝对的优势。

公元223年三月，曹仁数万大军进入濡须境，并扬言要攻击濡须东三十里的羡溪，实为声东击西，主要意图还是攻击濡须坞。

濡须督朱桓不知曹仁用计，惧怕羡溪失陷以后侧翼空虚而被钳击，乃分一半士卒往东救援羡溪。

可就在援军出发仅仅半日以后，曹仁的主力大军便杀向了濡须坞。

直到这时朱桓才知道自己中了曹仁的声东击西之计，遂急遣使者去追已经派出去的援军。

可那使者刚刚骑快马远走，曹仁的部队便已经杀到了濡须坞近前。

当时，濡须坞只有区区五千守兵而已，所以场中将领都非常惧怕。见此，朱桓直接暴吼道："都怕什么？两军交战，胜负的关键在于将领如何，而不在人数多寡。诸位认为那曹仁指挥作战的能力会比我朱桓高吗？"

众人："……"

朱桓："咳！兵法上说：'客倍而主人半'，这是什么意思？就是说远来攻伐的部队最少也要在守军的一倍以上。这还是在攻方精力充沛并且将领卓越的条件下。如今，曹仁智勇不足，再加上所率的士兵千里跋涉，人困马乏。我和诸位同人则高踞坚城，南临长江，北靠山岭，以逸待劳。这是什么？这便是百战百胜的形势！在此种形势下，就是他曹丕亲自前来我都能给他打回去，就更别提区区一个曹仁了。我现在再问你们一句，你们还怕吗？"

众将："愿与将军誓死守城！"

这之后，曹仁对濡须坞发动了近乎疯狂的攻势，可在朱桓的奋勇抵抗下，濡须坞坚如磐石，根本无法撼动。

曹仁见此地一时半会儿实无法拿下，便遣常雕（或作"常彫"）、王双等将率一军攻下游之中洲（江中小洲）。

为什么要攻中洲呢？因为此中洲屯驻的全都是濡须士兵的妻子和儿女，所以一旦中洲被破，将会对濡须的士气造成毁灭性的打击。

可就在这时，随军参谋蒋济站出来急谏道："将军万不可如此行军！"

曹仁皱眉道："为何？"

蒋济："敌人据守长江西岸，船只皆停泊上游，而我军攻打的中洲却是在下游，一旦吴军在我军攻击中洲之时从上游突袭我军背后，那我军就如同步入地狱一般，可谓自取灭亡！所以，万万不能在濡须攻下之前进攻中洲，不然必死无疑！"

蒋济说得极有道理，但曹仁一是不习水战，二是根本没拿朱桓当回事儿（曹仁认为这时候的朱桓自保都是问题，拿什么去支援中洲），所以根本没听蒋济之言，毅然决然地派兵前去攻击中洲了。

而事情果如蒋济所料。当朱桓听说曹仁要攻击中洲以后，立即分遣一部沿江而下（之前被骗出去的援军此时已经回到濡须坞），凭借"地利"直袭常雕和王双的背后。

北军不习水战，常雕和王双更是一对儿"旱鸭子"，再加上吴军此时已占地利，所以魏水军根本不是吴水军的对手，几乎一触即溃。

本次战役，袭击中洲的水军几乎全军覆没，常雕死于乱军之中，王双更是被生擒了事。

与此同时，朱桓也趁着一个夜晚突然对魏军濡须营垒发动了攻击，将负责攻击濡须的曹泰击溃。

曹仁见大势已去，只能在万般无奈之下向北而退。

至此，东吴已将三线魏军的攻势全部顶住，双方三线遂成大对峙之局面。

而正巧这时候，那让人崩溃的瘟疫又来了，曹丕惧怕无比，只能下令三线魏军速速撤退。

由是，魏国本次声势浩大的南伐行动就这么以失败而告终。

写到这，我又想起了出征以前刘晔的劝谏之言，真不知道曹丕这时候是作何感想。

公元223年三月，曹丕返回洛阳，于各州设州督。

州督，此职大多为地方军政首脑，任职者往往兼任所在州中刺史，总揽本区域民政大权。

同月，魏国大司马曹仁自战败以后便抑郁成疾，终是在晚节不保后告别了人世。

同月，蜀汉昭烈皇帝刘备的身体已是一日不如一日，他知道，自己的大限将至，于是任命丞相诸葛亮为头号辅政大臣，尚书令李严为其副手，和诸葛亮共同辅佐太子刘禅。

（注：李严为益州本土官员，诸葛亮为益州后进官员，刘备此举之用意不外乎保证蜀国官场的平衡，同时能使二人相互牵制，进而保证刘禅的地位。）

做完这些之后，刘备叫来了诸葛亮（此时刘备已病入膏肓，甚至床榻都下不去了），握着诸葛亮的手道："孔明啊，你的才能胜过那曹丕十倍，必定能安定国家，完成朕未完成的事业。而我儿刘禅算不得一个聪明的君主，你看着办吧，如果这小子值得辅佐，你就辅佐他；如果他不值得辅佐，那你就取而代之吧。"

刘备说这话的时候慈眉善目，语气真诚，可在那诚恳的目光中，这个行将就木的老人一直在盯着诸葛亮看，我猜想，如果诸葛亮有半分犹豫，这个慈祥的老人大概就会将其当场格杀吧。

可诸葛亮这个玩弄政治的高手，他怎么可能看不出刘备的意图，所以当刘备说完以后，诸葛亮想都没想便跪于刘备床前，老泪纵横道："陛下说的哪里话，老臣必尽心竭力辅佐太子，至死不渝！"

听毕，刘备又看了一会儿诸葛亮，这才叹息一声道："好了，你的心意我知道了，下去吧。"

诸葛亮："喏。"

刘备："哦对了，有一件事忘了说。我听说你最近和马良那个弟弟，就是那个叫马谡的小子走得很近？"

诸葛亮笑道："是啊，马谡这个小伙子气度过人，对于战阵搏杀、军事谋略很有一番见识，老臣觉得可以重点培养一下。"

刘备："……马谡这小子我也考察过，不过我认为他言过其实，绝不可重用，不然必定害己！"

诸葛亮："这，喏……"

刘备看了一眼诸葛亮再次道："我是在和你认真地说，所以希望你能好好考虑我的话，知道了吗？"

诸葛亮："喏……"

本节参《资治通鉴》《三国志・魏书》《三国志・吴书》《建康实录》《三国志旁证》

1.4　修国力

公元223年四月某日，蜀汉昭烈皇帝刘备正在白帝城寝宫睡觉。

那天，刘备做了一个梦，梦见一觉醒来后关羽和张飞都站在了他的面前，刘备一开始是惊异，然后是微笑。紧接着，在这两个下属的搀扶下，刘备走向了天际。

是啊，刘备这一辈子真是太累了，他终于可以好好歇一歇了。

刘备，字玄德，幽州涿郡涿县人，为曹操一生少有忌惮之人。刘备一辈子都活在尔虞我诈之中，一辈子都在战场来回穿梭。很多人说刘备卑鄙无耻，为了达到自己的目的不择手段，更有很多人希望刘备去死，哪怕做梦都想要刘备快点儿灭亡。可最终，他们的愿望都没能实现。

为什么？因为刘备狡诈，因为刘备指挥作战的能力超强，还因为刘备有一颗永不服输、不达目的决不罢休的大无畏精神！

综合而论，刘备是个爷们儿，是个纯爷们儿！我喜欢他，可也仅此而已。

在我刚刚接触历史的时候，我认为整个三国时期只有孙坚、孙策、曹操和刘备才能统一天下。可后来我错了，因为我觉得只有曹操才能统一天下。

为什么呢？

不说谁先起家的这个根本问题，只说人性。

孙坚和孙策永远不知道什么叫畏惧，所以他们对死亡没有概念，也不懂得去保护自己的生命，几乎每次战争都冲到最前线。所以，他们绝不会活到一统天下。

刘备，这是一只打不死的小强，对于危机有一种异于常人的感知，但同时，因为他过于谨慎和多次的背信弃义，使得他失去了很多的"机会"。

只有曹操，他集孙坚、孙策及刘备的优点于一身，所以他走到了"最后"，创立了三国中最为强大的魏国，也为以后的晋国创下了基业。

好了，以上都是我个人观点，算不得数，我们还是继续正文吧。

刘备死后，太子刘禅继承了皇帝之位，是为汉后主。

这之后，刘禅大行任命，提拔了很多官职，其中还以诸葛亮为最，可以说是将整个朝廷的大小事宜全都交给了他。诸葛亮从此在蜀国一人之"下"万人之上。

同月，东吴方面，先后击退了魏、蜀两国的全面进攻后，孙权可算是意气风发了。朝中大臣全都劝孙权能趁此时机上位称帝，以完成上天所授的任务。

可孙权感觉时机未到，所以并未答应。但有心人都能看出，孙权实际上是动心了，至于到底什么时候称帝，早晚而已。

五月，吴国驻戏口之将晋宗杀死主将王直而率本部兵马投奔魏国，曹丕大喜，乃封其为蕲春太守。

这之后，晋宗为了向曹丕表功，乃率部偷袭了吴国边境，给孙权造成了很大的损失。

孙权因此大怒，乃于六月遣贺齐、糜芳、刘邵等率兵攻击蕲春，并成功将晋宗活捉回武昌。

同月，三国阴谋大师贾诩去世，死时七十有六。

数日以后，任城王曹彰前来洛阳正常朝见曹丕，可曹丕因为之前曹彰欲抢夺印玺之事一直记恨，所以以不见之法羞辱，曹彰因此羞怒，一口气没顺过来暴毙而死。

同月，魏国大面积暴雨，使得伊水、洛水泛滥，淹死、毁坏百姓、房屋无数。

同月，蜀国南部（今云南省昆明市一带）豪族族长雍闿（当初刘邦起事的时候，有一个叫雍齿的差点儿把刘邦坑死，这个雍闿正是此雍齿之后）杀太守正昂叛蜀，且因与交趾（今越南境）太守士燮为邻，乃求附于吴。

孙权见此大喜，遂命雍闿为永昌太守，给予其声援。

见此，雍闿更加肆无忌惮，乃煽动永昌郡人孟获反叛，孟获更是继而煽动诸夷叛蜀。

于是，牂牁郡（郡治且兰，于今贵州省镇宁县西南、关岭县永宁镇南）太守朱褒、越巂郡（郡治邛都，于今四川省西昌市西北）夷王高定皆叛而应之。

面对此种乱局，蜀国朝野震惊，可丞相诸葛亮稳如泰山，并下令各地守将只准防守而不准进攻。

为什么呢？具体原因有二：

第一，先主刘备新死，国丧未过，不宜发兵攻伐。

第二，也是最重要的，孟获等夷人造反后面是谁？雍闿。那么雍闿后面是谁？士燮。士燮后面是谁？当然是孙权。此时的蜀国刚刚经历大败，正是需要休养生息之时，万不可于此时再与孙权交恶，于是，诸葛亮没有对孟获、雍闿之举作出回应，反而积极从事内治，整官场，修法制，发教言，集众思，且事必躬亲，积极务农，闭关息民，欲先使民安、食足，恢复猇亭战前之国力再行击之。

另外，在恢复国力的同时，诸葛亮有另一层担心。

担心什么呢？

吴国。

之前，吴国虽然分别击败了蜀国和魏国，但没有彻底和这两个国家断交，相互之间还有往来。尤其是魏国，最近一段时间和吴国交往得极其密切。如今先主新逝，如果这时候吴国和魏国一齐来攻，那么蜀国就危险了。

同时，如果蜀国和吴国不能联合而抵御魏国，那么早晚也会被魏国逐个击破。

针对于此，诸葛亮便想重新联系吴国，彻底和吴国恢复军事同盟关系，并使得吴国和魏国断交。

可这活对使者而言是一个相当巨大的挑战，首先，没有宏大的战略眼光不行。其次，没有战国张仪一般的"巧舌"也不行。最后，没有强大的随机应变能力同样不行。

所以，诸葛亮犯难了，不知到底应该派谁出使东吴才好。

可就在这时，一下人匆匆来报，说尚书邓芝有事来见。

"邓芝？邓芝！"

想到此人，诸葛亮双眼一亮，然后赶紧道："快快引邓芝来见。"

本节参《三国志》《资治通鉴》《江表传》《魏氏春秋》

1.5 吴蜀之盟

不大一会儿，尚书邓芝来到了诸葛亮面前，诸葛亮笑道："邓尚书此来不知有何要事啊？"

邓芝对诸葛亮一礼，然后道："启禀丞相，先主新逝，陛下年幼，这时候正是我们蜀国最为脆弱之时，所以下官认为应该遣使往东吴和孙权重修旧好，合力抗击魏国。不然恐怕会被魏国逐个击破。"

听毕，诸葛亮看了一会儿邓芝，然后哈哈大笑道："这事我已经想了好久，只是苦于找不到合适的人，今天终于让我找到了。"

邓芝疑惑道："不知丞相相中的人是谁呢？"

诸葛亮："正是伯苗（邓芝字）你啊。"

本月下旬，诸葛亮遣邓芝出使武昌，意图和孙权重归于好。可到了武昌以后，邓芝尴尬了。为什么呢？因为孙权根本不见邓芝，又不说不结盟，又不说结盟，就这么晾着邓芝在驿馆不作回应。

见此，邓芝知道，孙权是在犹豫，不然不可能这么个态度，而一旦犹豫就说明自己有戏了。

于是，邓芝前往孙权之王宫，并在王宫门口和侍卫道："劳烦转告吴王，我今天来这里不仅仅是为了蜀国，也是为了吴国的存亡大事，我会在这里坐等一日，一日后吴王再不回复我就要回蜀国了。"

听毕，卫士犹豫一瞬，然后便前往通报了。

不一会儿，侍卫匆匆赶来，然后对邓芝微微一礼道："我们大王有请。"

邓芝进入议事大厅之时，孙权正在殿中等候，见了邓芝便笑道："之前得罪了，还望先生不要怪罪啊。"

邓芝微微一揖："不敢。"

孙权："那就让我们开门见山吧，先生这次的目的孤是知道的，而孤也想要和蜀国联合，如果是刘玄德还在世的话，孤二话不说，立即和蜀国结盟。但蜀国新主尚幼，孤不清楚他是否拥有抗击魏国的决心和能力，再加上蜀国地少人稀，所以担心你们不能自我保全，故而犹豫啊。"

邓芝见此直接回答："吴、蜀两国拥有四个州的地域，大王您是闻名于世的当代英雄，诸葛亮也是一代杰出的人杰。蜀国有重重险要的地势固守，吴国也有三江天险作为屏障。结合两方长处唇齿相依，进可以吞并天下，退足以鼎立三分，这道理再明白不过。可大王如果要归顺魏国，魏国必会让你亲往洛阳朝拜，如果您去的话，这自然就回不来了，如果不去，那么魏国就会找到借口来攻击您，那时，蜀国也绝对不会放过这个机会，便会顺江而下见机行事，而这样一来，江南之地就不再是您所有了。而您一旦败亡，蜀国也会随之而去，所以，大王您还是多考虑考虑吧。"

听毕，孙权沉默了，沉默了好久好久。最终，随着其一声叹息，吴、蜀联盟得以敲定。

八月，曹丕以钟繇为魏国新任太尉，主管魏国军事。

九月，曹丕到达许都宫，之后召开朝会，当场封陈群为镇东大将军，兼任中护军，总领尚书事。

然而，就在朝会即将结束之时，曹丕在殿下众臣中看到了一个身影，然后微笑道："哎……你可是徐邈？"

徐邈见此，赶紧小跑出列："微臣正是徐邈。"

（注：徐邈，字景山，燕国蓟县人，其人为官清廉，治理地方的能力相当不俗。当初，魏国建立，国家遭逢旱灾，曹操便下令全国在短期内不准饮酒，可徐邈嗜酒如命，每逢饭时都要偷偷地小饮两盅。校事赵达因此询问徐邈官职，徐邈却满不在乎道："中圣人。"赵达也没说什么，而是将此事告诉了曹操。曹操闻听此事以后大怒，当即便想弄死徐邈。可就在这时，鲜于辅急忙道："大王不可冲动，这帮士人喝多了以后都喜欢将清酒称为圣人，将浊酒称为贤人，那徐邈一向品行端正谨慎，这一次胡说八道只能说明他喝多了而已，所以还请主公放他一马。"徐邈最终因为鲜于辅的劝说幸免于难，后来更是因为政绩突出，先后做了陇西太守和南安太守。等曹丕登基以后更是凭借其过人的才华一路做到了典农中郎将，并且每到一地都尽得百姓拥戴。）

见此，曹丕笑着道："你现在还经常自称中圣人吗？"

话毕，场下官员哈哈大笑，徐邈则尴尬一笑，然后讪讪道："从前子反喝酒误事而死，御叔也因喝酒而受罚，我爱喝酒的程度和他们相同，却没有因此教训警诫自己，直到现在没事儿还要小酌两口，真是惭愧惭愧。那宿瘤因为长得丑而被记录在史册，我却因为喝醉了酒而被皇上记得，我已经惭愧得无以复加。"

话毕，曹丕被徐邈逗得哈哈大笑，然后直接对左右道："这徐邈，真真儿名不虚传啊。"

数日以后，徐邈被曹丕直接封为了抚军大将军军师。

到这，我只能说，又有能力又有情商的人实在是太可怕了。

公元224年正月，魏国百姓以诬告来赚取金钱的风气越来越严重，针对于此，魏文帝曹丕下令，从今以后只收取谋反的告状，其他的洛阳一律不准收取。

二月，曹丕下令，凡是魏国有私斗之族统统诛族。所以自此以后，魏国安定，各地那些豪族再也不敢相互私斗。

（注：曹操统一北方之前，北方各地豪族为了维护统治者的利益相互搏杀，如今虽然一统，但双方的过节还没过去，经常会发生相互私斗的问题。当时的曹操为了收买人，再加上他们闹得不大也就睁一只眼闭一只眼了。可随着时间的推移，这种私斗越发严重，直到公元224年，甚至发展到凡有私斗必会死人的程度，所以曹丕才用严法以治理。）

本节参《三国志》《资治通鉴》

1.6 悲催的南征

三月，曹丕从许都返回洛阳。

四月，曹丕重置太学、博士，依两汉之制设置五经考试的办法。

同月，曹丕改封诸侯王为县王，大量削减其封地，使得魏国中央权力更加集中。

同月，吴王孙权遣张温往蜀邦交，使吴、蜀两国更加亲密。

七月，见吴、蜀两国之关系急剧升温，吴国更是许久没有派遣使者往魏国拜见，曹丕遂怒，便开始集结士兵准备讨伐东吴。

侍中辛毗见此急谏曰："陛下，现在国家初步安定，土地虽然广阔，人口却是稀少无比，在这种情况下，陛下还要动用百姓的力量去征伐吴国，臣实在看不出这是什么聪明的举动。当初，武皇帝曾多次出兵伐吴，可没有一次越过长江。现在，我军的数量和实力皆不比武皇帝时，却要短期内连续和吴国交战，这真不是一件容易的事情。所以微臣的建议是休养民力，开垦田地，等十年以后再用兵打仗。如此，定能一举而定天下。"

话毕，辛毗不再多言，曹丕的表情却逐渐阴冷，他看了一会辛毗，用几乎不带任何感情的语调道："照你这个意思，就是要朕把孙权这个祸患留到子孙后代去解决了？"

辛毗凛然不惧："从前周文王之所以把商纣留到武王去解决，并不是他的能力不够，而在于当时时机尚未成熟。所以，只有等到时机成熟以后动武才是最佳抉择。哪怕，哪怕等到陛下的后代。"

听毕，曹丕拂袖而去，根本不再听辛毗的言论。

八月，曹丕亲率大部水军沿着蔡河、颍水进入淮河，进而到达寿春。

九月，曹丕水军到达广陵。

当时，曹丕正在龙舟上，准备亲自指挥攻击吴国。可就在这时，长江水位迅速上涨，并加强风来袭，导致曹丕之龙舟在长江中上下颠簸，几乎被巨浪掀翻。

待风平浪静之后，曹丕已吓得面无人色。他登上甲板，望着大江南岸的坚固布防，无奈道："尽管我大魏有铁骑成千上万，面对此长江却始终没有用武之地。看来，我是真的无法取胜了。"

由是，曹丕遂有撤军之念。

过后，曹丕再次于龙舟上召开朝会，询问场中大臣孙权会不会亲自坐镇迎击自己。

大臣们都说："陛下亲率大军攻吴，孙权恐惧，一定会动员全国的力量来应付陛下，但他又不敢把大批部队交给手下指挥，所以铁定会亲自前来。"

听毕，曹丕陷入了沉默。讲真，这时候他已经不信任下面的大臣了，只信任以前他所不信任的人。于是，曹丕将目光瞄向了刘晔。

见此，刘晔站出来道："如果我没猜错的话，孙权一定认为陛下打算以亲征的方式将他引出来，而另派将领渡江跨湖，所以他肯定会部署军队等待进攻，但绝不会亲自坐镇来对付我们。所以孙权既不会来，他的驻防部队也不会走，只会用防反之法拖死我们。这是阳谋，我们除了有庞大而又精良的水军，不然根本奈何他不得。"

听毕，曹丕再次陷入了久久的沉思。

同月下旬，曹丕率大军开始北返。

十一月，冀州发生饥荒，曹丕从中央派出使者前往地方开仓赈济灾民。

同月，鲜卑大人轲比能与步度根开始相互攻伐。步度根不敌轲比能，乃投降于魏，轲比能趁机占据步度根领土，从此开始强大，拥有控弦十余万，自此屡屡侵犯幽、并二州。

十二月，曹丕建天源池以加大水军训练强度。

公元225年二月，曹丕分别遣数名使者展开东巡活动，询问百姓，并对贫困的百姓予以资助。

三月，鲜卑轲比能部大批骑兵突然出现在凉州边境，可凉州刺史梁习早有准备，乃于第一时间出击，并大破轲比能骑兵。

至此，魏国和鲜卑轲比能部开始了长期的攻守战。

同月，曹魏和蜀汉分别对东吴和南中展开了大型军事行动，虽然结果不尽相同，但还要一一叙述。

我们先来看曹魏方面。

公元225年三月，魏文帝曹丕召集文武众臣一起商议南征吴国之事。可一众大臣还没有发言，宫正鲍勋便站出来言辞激烈道："陛下，我大魏屡次出动大军征讨吴国，之所以没有取得成果，主要还是在于吴、蜀两国相互依存，凭借着险要的地势和长江对抗我们。去年陛下亲征东吴，龙舟被波涛荡漾于长江之中，当时陛下身陷危难，大臣们心惊胆战，我大魏朝廷差点儿因此而颠覆。这是什么？这就是上天的警示啊！可如今，陛下又要劳师动众去搞长途远征，使我大魏国库每天要失去千金。陛下您到底要干什么？您这不是白白浪费国家的资产去让贼人耀武扬威吗？陛下，我们不能再这样下去了，不然魏国危矣！"

"放肆！"

鲍勋刚刚话毕，脸已经气得发黑的曹丕便站起来痛声喝骂，并将鲍勋的官职一贬再贬。

为什么要这样呢？因为直言的鲍勋触动了曹丕那根最敏感的神经。

见曹丕如此暴怒，场下众多官员便是有不同的意见也不敢再说了。于是，曹丕再一次亲征东吴之举就此敲定。

十月，曹丕到达广陵故城，并在长江边检阅军队。当时，魏军将士一共十余万，旌旗飘扬数百里，大有跨过长江之气势。

可吴国呢？根本不当回事儿，只布置军队严阵以待。甚至孙权根本不去过问战场之事。为什么？因为孙权有底啊。

在当时，江南突然暴发了一场百年难得一遇的超级寒流，致使江面结冰，战船根本无法入江。曹丕眼睁睁看着江面却无法行动，只能仰天长叹道："唉！这是上天注定要将天下分割为南与北啊！"

本月中旬，曹丕下令撤兵，于是，大批的魏军摆着长龙，有条不紊地往北撤离。

可曹丕不知道的是，有一个很深很深的大坑正等待着他往下去跳。而这个大坑，曹丕真的无法躲避。

本节参《三国志》《资治通鉴》

1.7 平定南中

其实在曹丕本次南征之时，江东的很多将领就料定曹丕会无功而返，可宗室将领孙韶不仅猜到曹丕会无功而返，还猜到了他撤退的路线。

而就在这个撤退路线中，有一个小道是非常适合伏兵作战的。如果在曹丕中军路过此地时，伏兵突然杀出，那么……

想到这，孙韶激动得差点儿跳了起来，仿佛万世之功业正在向他招手。

因此，孙韶在开战之前便命部将高寿率五百敢死精锐提前隐藏在这个小道旁，只等曹丕路过便突然发难。

而一切像孙韶意料的那般，曹丕是真的退了，并且正好从此地经过。而就在曹丕中军经过此小道的同时，高寿率五百士卒突然杀出，屠刀直指曹丕车帐。

面对这突然的一幕，曹丕被吓傻了，他在护卫的保护下连滚带爬地向前军死命逃亡，而整个大军也以为是吴军主力部队来袭，所以大乱异常。

就这样，高寿的部队趁着魏军混乱之时直接突入至曹丕的车帐前，可这时候曹丕已经在护卫的簇拥下逃至前军，高寿无奈，只能掠曹丕之副车及羽盖而回。

由此可见，当时高寿距离曹丕已经近到了什么程度。

公元226年正月，曹丕在返回洛阳的途中路过许都，本想在许都休养一段时间，可许都南门在曹丕进入之前突然塌陷，曹丕对此深恶之，便没有于许都停留，直接返回洛阳了。

那么许都南门无故塌陷预示着什么呢？各位很快就知道了。不过在这之前，还是先把目光瞄向八个月前的蜀国吧，看看诸葛亮又开展了什么军事行动。

公元225年三月，在诸葛亮将近两年的作用下，在老天的给力之下，蜀国粮足民富，兵力充沛，诸葛亮便想北上攻击魏国，完成刘备未能完成的大业。

正所谓"攘外必先安内"，欲想图北，必先平定南中之乱，不然腹背受敌，蜀国危矣。

针对于此，诸葛亮乃于北伐前亲率大军往南中方向征伐雍闿、孟获等南中反贼。

出征之前，诸葛亮之心腹马谡曾送行诸葛亮十里之多。在即将分别之时，诸葛亮拉着马谡的手由衷道："我与幼常（马谡字）共事多年，深知幼常本事。现在即将征伐南中，不知幼常可有妙计献于亮乎？"

马谡："嗯……南中地形险峻、路途遥远，那些反贼凭此而不服已经很久了，即使我们今天将他们击溃，相信他们明天还会反叛。目前丞相正准备集中全国之力北伐，所以南部绝对不能留有忧患。那么怎么样才能不使南部再有叛乱呢？杀光他们既办不到也不是仁者所为，所以只有攻心才能使其彻底臣服。"

话点到即止，马谡不再多说，诸葛亮心中也已经有了计较。

而这南征的第一站却并不是孟获等西南夷人，而是拥有祖传式叛乱基因的雍闿。

（注：《中国历代战争史》载先定孟获后平雍闿。《资治通鉴》《三国志》载先平雍闿后定孟获。还有一种没有根据的说法是同时消灭的雍闿和孟获。本书从《资治通鉴》《三国志》之说。）

那诸葛亮深知雍闿是一头养不熟的白眼狼，所以出兵以后直奔永昌，第一个便将目标锁定在了雍闿身上。

雍闿深知自己不是诸葛亮的对手，出兵也是送死，便联系了高定，和其组成联军共同抗击诸葛亮的袭击。

可经过两年的训练与休养，蜀军不管是装备还是单兵作战能力上都不是这些西南夷所能挡得住的。所以，本场战斗毫无悬念，联军以惨败收场（注：诸葛亮伐南中战斗过程无丝毫记载，只微微提到一点就是诸葛连弩大发神威，其他再无所载），贼首雍闿和夷王高定更是被诸葛亮生擒。

诸葛亮根本不和这两人有半点儿废话，直接便将二人斩杀，然后分别命李恢及马忠率所部平定各地。至于诸葛亮自己，则率本部兵马亲往平定孟获。

对于精锐的蜀军，孟获不敢有半点儿大意，乃率汉、夷混编部队亲自迎击。可南中反军和蜀军之间的综合作战能力相差悬殊，孟获根本不是诸葛亮的对手，便被诸葛亮生擒。

对待孟获，诸葛亮却不像对待雍闿和高定那样了。因为孟获深得南中汉、夷人之心，所以诸葛亮便行马谡之法，打算以德服人。遂于擒获孟获以后为其解开了身上的绳锁，并亲自带着孟获巡视各营，让孟获看清了蜀军的作战水平。

最后，诸葛亮将孟获带回了中军，并微笑着和孟获道："你觉得我们蜀国的军队如何？这样的军队你能否战胜？"

沉默一瞬，孟获略有不服地道："哼，以前我是不知道你们的虚实，所以轻敌被击败，如今承蒙您允许我参观你们的军队。所以现在再和你们交战的话，我孟获一定不会失败！"

诸葛亮看了一会儿孟获，然后微笑道："不服？"

孟获："不服！"

诸葛亮："好，本丞相专治各种不服，现在就让你回去重整旗鼓，什么时候你服了，我蜀国大门随时为你打开。"

就这样，诸葛亮放孟获离去，并继续率兵和孟获激战。

于是，几个月过去了，孟获被诸葛亮足足生擒了七次。（注：过程皆无记载。）

后五次，孟获还是和第一次一样，对诸葛亮有诸多不服，可当孟获第七次被诸葛亮擒获以后，这个男人不走了。

诸葛亮见状一喜，然后笑道："你怎么不走了？"

孟获哐当一下跪在诸葛亮面前道："您有老天相助，我们南中的人以后不会再背叛您了，我向您保证。"

就这样，孟获这一跪，益州、永昌、牂牁、越巂的叛乱全部消失。而诸葛亮也在这些叛乱消失以后做了一个让人不可思议的举动，那就是让本土人来担任南中官吏。

疯了，诸葛亮难道是疯了不成？要知道，历朝历代的统治者都没有敢这么干的，正所谓"非我族类其心必异"，诸葛亮全用本土官员，这难道是要推着这些夷人自立吗？

基于此，诸葛亮手下的那些官员接连反对，其理由就是怕这些夷人复反。诸葛亮却笑着道："你们都错了，如果留外地人为官，则要留驻军队，从中央供应粮草，这是现在北有大敌的情况下不允许的。并且，这些夷人刚刚经受过战争，父、兄多有战死，怨气未消，如果任用外地人而不驻留军队，定有祸患，这是第二个难题。最后，这些夷族叛乱分子屡次三番杀死和废掉本地官吏，自知有罪，和我们隔阂很深，若留下外地官员，最终还是难以被他们信任。基于此，我现在不留军队，不运粮食，就能使法令、政纪初步得以贯彻，让夷人和汉人安定下来。"

话毕，场中众人再无意见。于是，诸葛亮网罗孟获等当地著名人物为官，并让他们每隔一段时间贡献金、银、丹、漆、耕牛、战马等贡品，除此之外，再无所求。

于是，终诸葛亮一生，南中再无反叛。

哦对了，有一件事忘了说。

平定南中以后，孟获等南中军阀为了感谢诸葛亮的仁政，乃将族中最为能征善战的勇士都交给了诸葛亮。而诸葛亮也将这些勇士组编成一支特种部队，此便是三国时期第一山战部队——无当飞军。（一说只称"飞军"，无"无当"二字）

本节参《三国志》《资治通鉴》《汉晋春秋》《中国历代战争史》

1.8 曹丕之死

公元226年春季，吴国陆逊上表孙权，请大范围使用军屯之政策，以增吴国粮食产量。孙权同意，并于当日将为自己驾车的八头牛改为耕牛，以显示自己重视农业的决心。

于是，吴国从本月起大范围开展军屯改革，粮食产量也因此节节攀升。

二月，伴随着鲍勋的死，魏文帝曹丕为魏国百姓、士人所痛骂，使得他本来还算明君的声望有所损失。

那么这是怎么回事呢？鲍勋不是一个清廉又负责的官员吗？曹丕为什么还要弄死他呢？

多年以前，在曹丕还是太子的时候，郭夫人（曹丕现在的皇后）的弟弟犯法，被当时身为魏郡西部都尉的鲍勋治罪。

郭夫人见此大急，遂请曹丕出面求情。曹丕以为没有什么大不了的事，便致信于鲍勋，希望他能将郭夫人的弟弟给放了。

岂料鲍勋执法不容情，竟不给曹丕面子，直接将郭夫人的弟弟处理了。曹丕因此大怒，从此恨上了鲍勋。

这之后，曹丕位至九五之尊，可鲍勋还是和以前一个样子，只要感觉曹丕有什么不对的便当堂怒谏，整得曹丕经常下不了台。

基于此，曹丕更加愤恨鲍勋，便经常想置其于死地。可鲍勋一心奉公，两袖清风，在士人中有非常高的地位，所以曹丕虽然想杀鲍勋却无从下手。直到公元226年这一年，机会终于来了。

之前曹丕从东吴北撤以后，曾路过陈留，便在此地驻兵休养。鲍勋当时正好为治书执法。

当时，太守孙邕前来拜见曹丕，汇报完工作以后便前往会见老友鲍勋。当时曹丕的营垒还未建好，刚刚立下界标，孙邕并不知情，便没有走正路，违反了军规。恰巧当时军营令史刘曜在左右，便要追究孙邕的责任。鲍勋却和刘曜道："哎，刘将军不要这么固执嘛，现在大营还未修建完毕，孙太守也不知情，所以并不是什么大事，还是算了吧。"

一听这话，刘曜想想也是，便没有向上汇报。

当然了，这本就不是什么大事。可不知哪个嘴快的将此事汇报给了曹丕。曹丕早就想处理鲍勋却苦无借口，这下好了，正好送上门来，于是以鲍勋指鹿为马为由将其抓了起来，并送往廷尉署治罪。

当时廷尉正是名士高柔，他深知曹丕暗恨鲍勋，稍有不顺便想将鲍勋弄死，于是装模作样地据国家法典而判了鲍勋五年刑期。

这个判罚看似重判，实际上却是为了救鲍勋一命。可他这么看，别人却不是这样的。

廷尉正、廷尉监和廷尉平反驳说：这种罪名，只罚款两斤黄金就足够了。且不听高柔命令，直接便将折子递了上去。

曹丕闻此大怒，直接扔掉了手中的奏折对下面的官员大怒道："鲍勋这畜生就应该处死，而这帮小子却要放掉他，简直不知所谓，来人啊！"

侍卫："在！"

曹丕："将廷尉正、廷尉监和廷尉平还有他们的下属官员全都给朕治罪！我要把这些臭老鼠全都埋在一个坑里，让天下人看看他们的肮脏！"

疯了，曹丕这是彻底地失心疯了。钟繇、华歆、陈群、辛毗、高柔等一众大臣见事情要闹大，赶紧跪拜于曹丕面前急谏道："陛下万万不可！鲍勋的父亲鲍信是先皇的心腹手下，有大功于先皇。鲍勋更是天下名士，深得我朝百姓和官员的爱戴，您如果因为这么点儿小事就要弄死鲍勋的话，恐怕整个大魏的士人都会寒心。再者，陛下您难道就不担心后世史书如何去评价……"

砰！没等几人说完，彻底疯狂的曹丕直接冲他们扔去了器皿，然后暴怒道："朕不管！朕不管！朕不管！朕就是要杀死这个不要脸的东西，你们谁劝都不好使！来人啊！"

侍卫："在！"

曹丕："立即传令廷尉高柔，让他不用等到秋后了，现在就给朕弄死鲍勋！"

侍卫："喏！"

见曹丕已经陷入疯狂，场中众人再不敢言，只能在心中祈祷鲍勋有天相助。

嗒，天没有，贵人却有一个，但依然救不了鲍勋。

高柔见曹丕要杀鲍勋，竟抗旨不遵，誓死不从曹丕之命。曹丕见此更加愤怒，便以有公事为由将高柔召至尚书台，然后在高柔不在廷尉署时直接派人将鲍勋杀死在了监狱。

鲍勋之死，使得曹丕之名望迅速下滑，这个曾经还算合格的帝王在此事过后"晚节不保"成了宫廷外士人"口诛笔伐"的对象。但曹丕管不了那么多了，他现在只想痛快而已，因为他的大限也已经到了。

公元226年五月，魏文帝曹丕病重，死前，他亲下诏书封长子曹叡为太子，然后将其叫到内室，语重心长道："我给你留下了四个辅政大臣，他们分别是曹真、曹休、陈群和司马懿。这些人都很有能力，足以辅佐你安定天下。所以，不要怀疑他们，一定要对他们委以重用。"

话毕，曹丕便闭上了眼睛，从此离开了人世，时年四十。

陈寿对其评价曰："文帝有很高的文学天赋，他下笔成章，学识广博，记忆力强，才艺兼备；如果度量宽广的话，相信他和古代的圣贤之君相比也不远了。"

我曰："可惜他没有。"

本节参《三国志》《资治通鉴》

1.9　石阳攻略战

曹叡，字元仲，生于204年，母亲甄氏，也就是文昭甄皇后。

甄氏最早为袁熙之妻，曹操击败袁绍以后，这个拥有倾国倾城之貌的女子便被曹丕纳为小妾。

起初，甄氏甚得曹丕之宠爱，所以生下了曹叡和东乡公主。

曹叡从小便相貌俊美，超凡脱俗，又非常聪明，学习经典几乎过目不忘，很得祖父曹操喜爱，所以曹操常命曹叡伴其左右，每逢宴会便当众评价道："看到我这孙儿没有？有了他，我们曹家第三代的主人就算是合格了！"

基于此，曹叡在很小的时候便得一众官员敬重。

公元220年，曹丕继承了曹操的位置，并篡汉得天下。那个时候，曹丕依然对曹叡非常好，下一代继承人也是在心中默认他了。可这种好势头在公元221年便全部断送了。

为什么呢？因为国色天香的甄氏实在是太得曹丕宠爱，以至于让曹丕冷淡了其他的妃子。其中还以郭皇后为最。所以郭皇后便串通了很多的妃子在曹丕的面前说甄氏的坏话。

于是，曹丕对甄氏便越发冷淡。

一个女人，面对丈夫的突然转性，相信稍微正常点儿的都不会很快适应。而甄氏，她就是这么一个正常的女人，于是便在曹丕背后说了几句抱怨的话。

可巧不巧的，这事儿就被后宫的那些娘们儿知道了，于是这些娘们儿添油加醋地将甄氏的原话扩大十倍传达到了曹丕那里。

而曹丕的心胸，呵呵两字得了。

他在听闻此事以后根本不去严查，直接便赐死了甄氏，并将曹叡贬为平原侯（几个月前封的齐国公），"子凭母贵"被体现得淋漓尽致。

最开始的时候，因为自己赐死了曹叡的母亲，所以曹丕认为曹叡一定会痛恨自己，便绝了立其为储的想法，并对许姬所生的京兆王曹礼重用有加，可随着时间一点点过去，曹丕发现，这个曹礼根本不是做一名统治者的料。

于是，曹丕便绝了这种想法，又将目光瞄向曹叡。为什么呢？因为这个曹叡实在是太有出息、太懂事了。

曹叡被贬为平原王以后，从未对曹丕有过任何怨恨（起码表面上是这样的），每日只和那些品行正直的士人相交，共同讨论治国的理念。

并且，曹叡处理一些政务特别小心谨慎，极少犯错。

当时，魏国大臣卫臻和曹叡的关系非常要好，经常出入曹叡府中。曹丕想要知道曹叡到底怨不怨恨自己，便将卫臻叫到宫中旁敲侧击地询问。

可卫臻只向曹丕报告曹叡是如何处理政务的，对他的私生活绝口不提。

这使得曹丕相当郁闷。为了了解曹叡的真心，曹丕便打算亲自来查看他，所以从这以后，曹丕经常在出席公众场合的时候带着曹叡。

一次，曹丕带着曹叡外出打猎，在平原之中看到了一头母鹿和一头小鹿，曹丕一箭便将母鹿射死，然后兴奋地对曹叡道："这可是好机会，快去把那小鹿也给朕射死。"

说了半天，曹叡却一动不动。见此，曹丕的表情逐渐阴冷，并问道："为什么？"

曹叡不带半点儿犹豫道："父皇已经杀掉了母鹿，儿臣实在不忍心再杀掉它的孩子。"

说到这，曹叡流下了伤心的泪水。

见此，曹丕放下了手中的弓箭，看着曹叡陷入了良久的沉默。

曹魏黄初三年（222年），曹丕在全无征兆的情况下晋封曹叡为平原王，并将曹叡过继给郭皇后为子，其意不言自明。

曹叡心中虽然憎恨郭皇后，但他城府极深，知道什么能干什么不能干，便从始至终侍奉郭皇后，就好像对自己的生母一样。

曹丕见此更加欢喜，从此遂定曹叡为曹魏之继承人。

直到公元226年，曹丕身死，曹叡继位，他终于完成了自己的逆袭，成为大魏之皇，三国时期赫赫有名的魏明帝。

公元226年五月，魏明帝曹叡大赦天下，尊卞太后为太皇太后，郭皇后为皇太后，自己死去的母亲甄氏也追封为皇后以正名。

这之后，曹叡大封群臣，除了重用曹真、曹休、陈群、司马懿等托孤大臣以外，还晋封了很多其他官员，这里不一一列举了。

值得一提的是，上位以后曹叡还大封甄氏，积极组建、拉拢外戚势力，算是为自己留一条后路吧。

公元226年六月，曹叡发现现在魏国地方官府出现众多徇私舞弊的现象，于是召开廷议，对此事进行探讨。

尚书卫觊认为，现在的官员之所以徇私舞弊，主要便在于他们对于法律研究得不够透彻，一旦他们知道徇私舞弊所带来的后果，相信便不敢再行如此了。

曹叡认为有理，便遣众多博士下去地方，为魏国的地方官员普及法律知识。

同月，曹魏廷尉高柔建议魏明帝曹叡提升国家教育者的地位及俸禄，曹叡准奏。

同年八月，曹丕死亡的消息传到了东吴，孙权认为新君继位，曹魏定然不稳，乃亲率五万大军往攻江夏，并于出征前和众将道："论魏国南部守将，唯江夏太守文聘一人死忠曹魏，一旦将此人拿下，荆北地区将再无曹魏之卒！所以，众位一定要拼死奋战，随孤在最短的时间拿下江夏！"

基于此，吴军的士气很高，行军速度很快。

此消息很快传到洛阳，于是朝野震动，一众文武慌得不行，朝会之上几乎全都是支援文聘之声。可魏明帝曹叡呢？他满脸的淡定，一点儿都不为江夏之事着急。

当有官员问及原因时，魏明帝笑道："江夏有文聘将军在，别说五万，就是再给他孙权五万又能如何？"

话毕，满朝震惊，他们实在没想到曹叡对文聘信任到了如此程度。那么文聘是不是如曹叡所说的那般强悍呢？

一个字：是！

那文聘得知孙权大军来到以后并没有半点儿慌张，而是将全郡之兵放在了孙权的必经之路——石阳城中。

孙权见此，乃命三军将石阳团团围住，然后便对石阳发动了不间断的进攻。

可文聘布防坚如铁桶，滴水不漏，愣是抗住了孙权五万大军二十多天的进攻。

孙权见部队士气已经开始低落，生怕这时候曹魏援军到达将自己里外合击，乃率军撤回东吴。

可就在吴军撤退之时，文聘突然率军从石阳杀出，对着吴军的屁股便是一顿猛踹，使得吴军一时间陷入了混乱。

见此，孙权急遣预备军转身迎击。

可这时候的文聘见战略意图已经达成，便率军返回了石阳城中，使得本就士气低落的吴军更加颓丧。

孙权是气得咬牙切齿，但又无可奈何，只能隔空对着石阳城中痛骂，仅此而已。

本节参《资治通鉴》《晋书》《魏末传》《魏略》《汉晋春秋》《三国志·魏书》

1.10　平定交州

公元226年九月，已经撤回武昌的孙权不爽，很不爽，他这辈子亲率大军北伐一共就那么两次，每次都被魏军打得屁滚尿流，此种耻辱怎能轻易罢休！

有此想法的孙权当然不肯罢休，遂于当月命诸葛瑾、张霸等北上襄阳，意图一举攻破襄阳以后从两面夹击江夏。

这一次，曹叡没有再轻敌了，而是立即命抚军大将军司马懿率主力军团营救襄阳，征东大将军曹休则率另一部兵马攻击诸葛瑾外围的游击部队。

十月，司马懿大军抵达襄阳，便即对诸葛瑾所部发动攻击。

东吴陆军根本无法和魏国陆军相抗衡，统帅之间的素质更是有很大的差距。所以，诸葛瑾不出意外地败了，甚至副将张霸都被斩杀于乱军之中。由此可见，这次吴军败得有多么凄惨。

与此同时,曹休亦率本部兵马寻得了东吴游击部队,当即发起了攻击。结果自是不必多说,东吴游击部队被曹休大败,狼狈逃回了东吴。

由是,本次由东吴发起的北伐之战以惨败而告终。

同月,见无法向北扩张的孙权只能将战略目标盯向南方,遂命全琮攻击江东山越,将他们赶向更东南的山林,然后扩张了吴、丹阳、会稽三郡还没有开发的山区,新建了十多个县城。

同月,陆逊上表孙权,请在新建各县实行改革(一说非山越,而是整个吴国),并提出施以德政、宽用刑罚、减少田赋、停征户税等利民之策。孙权批准,并交给陆逊全权负责。

冬季,交州之主士燮去世,其子士徽继位。孙权立即行动,封士徽为安远将军兼任九真太守,以校尉陈时接任士燮为交趾太守,又将交州海东四郡设为广州,命吕岱为广州刺史,并派戴良和陈时南下声援吕岱,意图扒光士徽,全夺交州控制权。

士徽当然不会干看着自己被一点点扒光,便自封为交趾太守,率宗族军队抗拒戴良,将戴良之军逼停在了合浦。

交趾官员柏邻见士徽这是要和孙权磕到底了,便急谏曰:"大人莫不是要和吴国全面开战?"

士徽:"我也不想,但孙权要把我往死里逼!交州乃我父亲一手打下的天下,怎能白白葬送在我的手中,他孙权如果能保证我的自治权我自然愿意臣服他,可这小子要是给脸不要,那就干了!他又能拿我怎样!"

柏邻:"大人怎能如此糊涂!大人自比那曹操、刘备如何!"

士徽:"你别和我在这扯那些没用的,我就明明白白地告诉你了,交趾是我父亲打下来的,想要在我这一辈断绝传承,没门!"

就这样,士徽下定决心抵抗孙权对于交趾的统治,算是彻底撕破脸皮了。这还不算,后来,柏邻又对士徽进行了激烈的劝谏,使得士徽大怒,直接杀掉了柏邻。

柏邻的哥哥柏治因此大怒,遂召集自己的宗族在内部对士徽进行反抗。

一时间,整个交州大乱,人人自危。吕岱见此情形,立即写信给孙权请求讨伐士徽,然后不等孙权回信便率三千精锐骑兵日夜兼程直往交州而去!

吕岱手下的官员见吕岱如此鲁莽行事,料想大事不能成功,便劝谏曰:"士氏一族几代经营，在交州已经根深蒂固，深受百姓爱戴，不可轻视，还请大人从长计议。"

吕岱："我吕岱从来没轻视过任何人，之所以如此行军正是合乎兵法！那士徽图谋不轨，率军抵抗我吴军，但绝对想不到我吕岱的军队回来得如此之快，所以绝对没有什么防备，再加上此时交州内乱，正是一举破灭士徽之时，此正所谓'天予不取必受其咎'之良机，断不可送。"

由是，三千精锐顺江一路狂奔，只几日工夫便杀到了士徽内部。

而事实果然如吕岱所料，士徽外防柏治，内平叛乱，再加上没想到吕岱会这么果断，吴军会这么迅速，所以被吕岱轻易杀至治所。

当时治所并没有多少士兵，十分脆弱，所以士徽便生投降之念。而吕岱好像知道士徽的想法一般，兵至其城下便遣士徽之侄士辅前往城中劝降士徽，并在士辅出发前信誓旦旦和其道："你就放心地去劝士徽投降，并告诉他，只要他投降，什么条件我都可以答应。"

士辅以为吴国这么大的一个国家，断不会做出那种背信弃义的事情，所以信以为真，按吕岱之言往城中劝说。

士徽呢？一听这话大喜过望，赶紧袒胸裸背，将自己捆绑起来往吕岱军中投降。

当他们到达吕岱大营以后却傻了。为什么呢？因为迎接士徽的并不是吕岱的笑脸，而是他的屠刀。

就这样，士徽兄弟几个全都死在了吕岱的屠刀之下，吕岱直接率军进入城中。

圣贤之人曾经说过，平定边远地区的敌人，以德服人是最好的办法，如果单单使用武力，那是很难让他们心服口服的。

我虽然对这种说法嗤之以鼻，但不可否认地这一次吕岱做错了。

吕岱如此做不但使吴国在交趾的信誉变臭，也大大地影响了那些豪族对于吴国的态度。

本来，士徽顺利投降的话，他原来的那些手下也一定会向吕岱投降。

本来，吕岱如果不这么做的话，柏治一定会服从吕岱的统治。

可吕岱做了这种背信弃义的事情以后，这两个势力全都反了。他们口口声声要吴狗滚出交趾，并拿起手中的武器像疯了一般攻击吕岱。

吕岱无奈，只得一边聚集士兵，一边向孙权求援，一边守城作战。

就这样，攻守互换，吕岱率几千士卒死守士徽原来的治所，有好几次差点儿被叛军攻破，而最终，终是在援军来到以后反败为胜。

这之后，吕岱统自军和东吴之援军一路南下，不但消灭了"叛军"余部，还接连攻取了九真等数个地方，杀死和俘虏万余人，并遣使往更南的扶南、林邑、堂明宣布孙权的威德，让他们从属于孙权。

这些异族小王不敢得罪势力庞大的东吴，只能向东吴献上贡品，以属国之姿朝拜孙权。

由是，吕岱全定交州，并使南部诸异族对孙权俯首称臣，只不过他们到底是不是真心服从就不得而知了。

哦对了，全定交州之后，孙权迅速取消了广州，将二州合并如初。

本节参《三国志》《资治通鉴》

1.11 北伐地理

公元226年十二月，曹魏朝廷发生了大型人事变动，魏明帝曹叡在这个月接连调动朝廷人事，分别任钟繇为太傅、征东大将军曹休为大司马、中军大将军曹真为大将军、司徒华歆为太尉、司空王朗为司徒、镇东大将军陈群为司空、抚军大将军司马懿为骠骑大将军。

从中可见，此时魏国军政完全是靠此七人来运转。

公元227年正月，洛阳方面开始在江夏南部设置都尉，主要任务便是防止吴国的寇掠。

同月，吴国和魏国相继爆发小型起义，但皆在旦夕间被平定。

二月，曹叡亲自耕种籍田，以示国家重视农业之心。

同月，曹叡在郏城近郊为其母甄氏建造陵园，并对洛阳皇宫进行大型装修，王朗见此乃谏于曹叡曰："大禹拯救天下黎民，所以先使自己的宫室简陋，衣食节俭。越王勾践要复国报仇，所以约束自己和家人，衣食住行都非常节俭。汉朝文皇帝为了发扬祖先的事业，所以停修了自己喜欢的楼台，一辈子都只穿一件粗布黑衣。霍去病只不过一个将领而已，可他依然知道匈奴未灭、不置宅邸之理。这些说明了什么？都说明有远虑时要简略，有外敌时必须简朴。而现在，建始殿足够大臣上朝，崇华殿足够内官侍寝问安，华林园和天渊池也足够陛下宴会游乐。所以真的不用大肆装修这些东西。臣觉得，当务之急是将钱花到劝农耕、整军上，如此，国家必定富强。国家富强则强敌灭，而强敌灭亡之后，陛下想做什么也没人再多说了。"

话有点儿多，不过说得确实在理，可这世上并没有几个汉文帝，所以曹叡没有听从王朗的建议，依然大修宫殿，大建园陵。

公元227年三月，蜀中现异动。这个月，蜀汉丞相诸葛亮上《出师表》于朝堂，然后率近十万大军北上汉中（从平定南中以后便开始准备了），意图和曹魏决战，进而定鼎中原。

由是，诸葛亮五次北伐曹魏之漫长征程正式开启。

"兴复汉室，还于旧都"，正是诸葛亮的作战宗旨，那么这个旧都是哪儿呢？正是东汉之国都洛阳了。

那么从蜀中出征洛阳有几条道呢？老规矩，大战之前先说地理。

由成都往攻洛阳在当时大概有三条道路可以通行。

第一条出长江自江陵、襄阳以趋宛、洛。

第二条自汉中沿汉水东出直取宛、洛。

第三条出汉中过长安潼关以取洛阳。

可自关羽失败以后，荆州之路已经无法通行，所以欲图洛阳，只能以汉中为第一战略机动地。法正曾言："曹操平定汉中以后不在最佳时机攻略蜀地，这并不是他不想夺取蜀地，一定是因为内有忧患才这样做的。而汉中乃我蜀地门户，今举众往讨必克之！攻克汉中以后，我们可在此地广积粮草，屯兵以观天下。如此，上可以颠覆敌寇，重现汉室荣耀；中可以蚕食雍、凉二州，扩张领土；下可以固守要害，为持久之计！所以汉中绝对要掌握在手中，万万不能交给曹操。"

由此可见，法正对于汉中是相当重视的。而诸葛亮以汉中为待机基地正与法正之战略总纲相同。

自汉中往攻洛阳亦有三条道路可以通行。

第一条为沿汉川东下襄、邓以转攻宛、洛，此路途有诸多险阻，在上庸孟达被司马懿掩袭之后（后面详说），中间必须攻取之城过多，所以不适合大军行进。

第二条自终南山各谷谷道越秦岭以出秦川，攻潼关以趋洛阳，此道虽近，但谷道运输不方便，又容易被敌军埋伏袭击，亦难用大军经过。

第三条为出陇右以迂回长安，然后趋潼关、洛阳。此道虽然稍远，但易于行军。

综合以上，第一条路阻，第二条路险，只有第三条路才是"十全大将军"诸葛亮唯一认可之路，遂以陇西为第一目标，长安为第二目标，潼关为第三目标，洛阳为终极目标。

而在行军的过程之中有很多地方非常重要，为了方便各位全方面地理解北伐之战，我觉得也有必要好好叙述一下。

长安，西汉之故都，大禹之雍州，大周之王地，大秦之内郡，东汉之京兆是也！此地名山耸峙，大川环流，凭高据深，雄甲天下。苏秦谓之曰："四塞之国，东有关河，西有汉中，南有巴蜀，北有代马（据《史记索隐》：代马一说为代郡马邑，另一说为代郡有胡马之利。）"

张良谓之曰："左崤函，右陇蜀，沃野千里；南有巴蜀之饶，北有胡苑之利，此所谓金城千里，天府之国。"

贾谊谓之曰："践华为城，因河为池。"

东方朔谓之曰："汉兴去三河之地，止灞浐以西，都泾渭之南，此所谓天下陆海之地。"

寇恂谓之曰："长安道里居中应接，近便从容，一处可制四方。"

潼关在华阴东四十里，长安以东，之前曹操和马超就曾在此激战。

潼关东六十里为古桃林要塞。要塞再东六十里便是函谷关。而自函谷关直至渑池之间多有谷道，即古人所谓崤函道。

公元前318年，魏、赵、楚、韩、燕五国曾联兵伐秦于函谷关，但皆败于此，由此可见函谷关之险要。

并且从函谷关举兵向东，有大河顺流以为运输，故由此向东易，由东向此难也。

终南山，亦曰秦岭，亘于雍（今陕西省宝鸡市凤翔区）、岐山（今岐山县）、郿（今眉县）、武功（今武功县南渭水南岸）、长安、蓝田、盩厔八县之南，总长八百余里，乃长安南部之巨大天然屏障。其中盘纡回远，深岩多谷已不可细究。《陕西地理志》云："南山大谷凡六"，便是指此山脉之子午谷、牛心谷、傥骆谷、蓝田谷、横岭谷与褒斜谷。各谷皆险峻难走，向南可从汉中直通襄、邓。其中子午谷、傥骆谷和褒斜谷又是通往汉中之主要干道。

终南山西端北接陇坻，其间有二谷，南曰故道，北曰关山道。汉朝曾在故道设县（今陕西省凤县），其东北便是散关和陈仓。当初曹操征伐张鲁之时便是走陈仓过散关。而曹操攻击刘备不成，退出汉中之时尽烧散关故道之栈道，并以重兵筑城为守，所以诸葛亮想要从此地通过需要大费周章，而这，并不是他想要的。

关山道在渭水北岸，乃是翻越陇山之要道。曹操战胜马超之后，曾在此处设置陇关，而陇关又是陇西、陇右的主要交通之处，所以这里便是诸葛亮北伐之战的焦点之一。

［注：陇右地势高，在战略上有俯瞰之势，故诸葛亮屡次出祁山（甘肃西和县北七里）即欲先占此陆海西岸之高地。如此，既可控制此海陆动态，更可以观察此一带海陆各岸。更能西和诸戎，北连鲜卑，不唯此秦川之西方翼蔽为之剪除，尤可以号召天下，示以形势。］

说到蜀地，大家第一个想到的便是如何如何难攻，如何如何难占，可谁又能想到，因为蜀地之险，蜀国想要出兵讨伐有多么难呢？

那么这个难在哪儿呢？

粮草的运输！

《孙子兵法》有云："善用兵者，役不再籍，粮不三载，取用于国，因粮于敌，故军食可足也。国之贫于师者远输，远输则百姓贫。"

因此可见粮食的重要性，又由此可见长途远征对于国家的危害。可如果既长途远征又陆地难走呢？

之前我已经说过了，蜀军北伐的作战目的在陇、长、潼、洛，可自汉中往长安的路途之中皆为山区，是以运输不便又无战用资源可掠之地，故因粮于敌一事只能寄希望于敌军富饶之地。

长安，素有"金城千里，天府之国"的称号，这本应该是一个掠夺粮食的绝佳地点，可东汉初有赤眉，东汉末有董卓，此两次大乱皆将三辅地区祸害得鸡犬不宁，颗粒无收。所以一直到现在，长安地区都是无粮可囤，只能作为战略轴心而已。

如此，便只能从我之前说过的六川之道运粮，可如果从六川运粮，就凭借蜀国的国力绝对不够，那么应该怎么办呢？两个解决办法，要么运粮不用活物，要么从水路运粮。

不用活物这个先不提了，起码现在诸葛亮还没研究什么木牛，只说水路。

就利粮道而言，蜀军除了陆路以外，就属嘉陵江水道最为便利。那么嘉陵江水路可以将粮食运到哪里呢？向西则为祁山，向北则为上邽，向东则为故道及斜谷道。

基于此，如果蜀军能用祁山、上邽、故道、斜谷道为后勤卸载场所，则自各该地转入渭水流域，再为水运以利进攻，其间陆运之路皆不过百里。而以百里之陆运，将嘉陵江与渭水两大水运路线连接为一条运输补给路线，诸葛亮的后方交通运输便再无后顾之忧。所以诸葛亮最初讨伐曹魏时不听魏延的建议（后详述）并不仅仅因为"就平实出坦途以策万全"，其主要原因还是欲先寻求后方补给路线，使运粮部队能够进出更加容易。

就战地资源而言，渭南有兵民杂耕、各无妨害之荒地。而陇右则不然，以祁山一地有民万家观之，陇右必然拥有足够的人口，军入其地亦有粮可夺。且陇右地区旧时有汉阳、陇西、武都三郡，曹魏以地方富庶，始析汉阳郡为天水、安南二郡，另外设置了广魏郡，又割益州边地而置阴平郡。所以陇西、武都、天水、南安、广魏、阴平六郡之粮草物资足为战争所用。此亦为诸葛亮兵出祁山之重要因素之一。

而祁山之西多产马匹，更为战争准备上所必需，所以诸葛亮北伐之战屡次兵出祁山，一为地理优势；二为后勤便利；三为丰富资源；四为疲惫敌军之兵源。

好了，蜀军北伐的地理情况就介绍到这里吧。我们开始正文。

公元227年五月，诸葛亮兵至沔水北岸的阳平石马。然后立即写信给新城孟达，企图策反孟达，打通蜀汉北部与吴国之联系，进而和吴国在战略上达成一气。

与此同时，诸葛亮大军向北的消息亦传至洛阳。

此消息一到，朝野震惊，魏明帝曹叡不敢怠慢，立即召开朝会，针对如何应对此事展开讨论。

当时，朝中武将全都气愤难当，有的人更是站出来直言不讳道："蜀国算个什么东西？说它是国都抬举他，不过就是一群山区贼子而已！就他们也敢主动攻击我们魏国？我看他们真是不知道死字怎么写！陛下，末将请主攻巴蜀，不用他们来打我们，我们直接就将他们给灭了！"

话毕，下面一众武将激情澎湃，一个个叫嚣着要主动出击灭掉蜀国。甚至连一些文官都被感染，遂请主动出击。

然而，就在曹叡开始意动，并准备批准之际，散骑常侍孙资突然站出来道："陛下，据微臣所知，当初武皇帝讨伐张鲁之时曾经数次身陷险境，最后在多次作战之后才勉强夺得汉中。他曾和手下心腹说：'南郑就像是天上的监狱，褒斜道简直就是龙潭虎穴，这种地方，我以后再也不想来了。'可见蜀国的地理是多么恶劣。武皇帝用兵如神，他深知躲藏在山岭间的蜀贼难以寻找，靠着大江的吴匪难以剿灭，所以经常采用隐忍的态度，不轻易对这两个势力发动进攻。这便是有胜机则战，无胜机则养。如果我们现在主动出击讨伐蜀国，不但道路艰难，还要调集精兵，运转物资作长线之战。所消耗的数字根本无法计算。然而这还不是最关键的。最关键的是，现在蜀贼和吴匪已经串通一气，我军攻伐蜀贼，吴匪必会攻我空隙，所以还需要在荆、徐、扬、豫四州增添近十万的守军，并调集更多的粮草。如此，不出数载，国库必空，而国库一空则天下动乱，这是摆在眼前的事实，不可不查！反过来说，防守却要比进攻更加经济实惠，所耗费的粮饷不过攻方一半。以我国现有的力量，分派大将据守各个关卡险要绰绰有余。如此，边境安然无事，将士们可以养精蓄锐，百姓也不用受那劳役之苦。数年之后，我国国力必更加强盛，而吴、蜀两国则会更加疲敝。到那时，统一天下就不是什么不可能的事情了。还请陛下三思。"

话毕，场中一片寂静，再没有一个人出言主动攻击，因为孙资说得句句在理。

由是，魏国对吴、蜀两国之基本战略方针就此敲定。

本节参《三国志》《资治通鉴》《读史方舆纪要》《汉书》《后汉书》《陕西地理志》《孙子兵法》《水经》

1.12 诸葛亮第一次北伐

公元227年六月，吴军开始在荆州频频调动，有策应蜀军之意向。

为防万一，魏明帝曹叡乃命司马懿为都督，率主力军团坐镇宛城，并给司马懿自由调配军队的权力。

十二月，孟达通过和诸葛亮的多次通信，乃决心反魏，重新投回蜀国的怀抱。此消息却在造反之前泄露，被司马懿得知。孟达因此大为惊恐，便想当即造反。

司马懿却在此时写信给孟达，告诉他这一切是一些小人所为，本将军和陛下是绝对不会相信的，还请孟达放宽心，不要被这些小人左右。

孟达因此再次犹豫不决。

　　而巧的是，就在孟达送走司马懿的使者以后，诸葛亮的使者又来催促孟达了，并劝孟达速速决断，不然等司马懿大军到来以后就是想跑都来不及了。

　　孟达却满不在乎地回信道："丞相大人请放心，宛城距离洛阳有八百余里，据我所在之新城更是有一千二百余里，想要攻击我这边没有个三十来天的路程是绝对不够的，到那时候，我的城池已经坚固，各军也都做好了充沛的准备，就是他司马懿亲身前来又能奈我何？哈哈哈哈……"

　　十余天后，诸葛亮收到了这封信，当他看到信中的内容以后沉默良久，只默默地说了两个字："蠢货。"

　　果然，当司马懿暂时稳住了孟达以后，当即便组织大军准备向新城方向疾进。当时，司马懿手下的将领都劝司马懿道："将军，孟达已经和吴、蜀相互串通，其势不甚明了，我们应该先探听清楚动向再行动，这样才能确保万无一失。"

　　司马懿："呵呵，你们只知其一不知其二，要想确保战争的胜利不单单要学会看表面，还要学会观察人性。孟达从根子上就是一个不讲信义的奸诈之辈，这种人最难相信别人，所以现在还在怀疑观望，短时间不可能对吴、蜀全方位信任。而这时候正是取胜的绝佳时机，一旦此时机过后，再想消灭孟达可就不是那么简单的了。"

　　就这样，司马懿统率大军疾突猛进，日夜兼程，只用短短八天（日行百余里）就抵达了新城外郊。

　　孟达见此大惊失色，一边仓皇布置城防，一边赶紧写信给诸葛亮求援道："我起兵仅仅八天司马懿便兵临城下，我实在没想到他会如此神速，还请丞相快快救我！"

　　救你？呵呵，就是他诸葛亮想要救，但又能拿什么救？司马懿围住新城以后便展开了轮番猛攻，孟达仓促布防，从一开始便丧失了战争的主动权，再加上其手下多为魏兵，士气很低，所以司马懿仅用十六天的时间便攻破了新城，成功斩杀孟达，彻底断去了蜀国北部和吴国联系的通道，使得两国之间的战略沟通无法"同步"。

　　曹叡见此大喜，便立即命司马懿续屯宛城以防备东吴，另遣大将军曹真率大军驻防于长安，随时准备应对诸葛亮的攻势。

　　同月，魏国著名智将徐晃病死。

　　公元228年正月，无奈的诸葛亮只能舍弃和吴军协同作战的想法，遂引"孤军"向北进击。

　　丞相司马魏延见诸葛亮逐渐向陇右方向行进，乃献计于诸葛亮曰："丞相，末将听说现在长安的守将是一个叫夏侯楙（夏侯惇之子）的小子，就末将所知，这小子为人胆小又没有智谋，就是一个白送的货。所以末将请命带五千精锐从褒中出发，沿着秦岭向东，到子午道后再折向北方，估计用不了十天便能兵临长安城下。那夏侯楙对此全无防备，突见大军到达定然弃城而走。到那时，长安城唾手可得。现在的长安确实不是曾经的西京了，不过就现在长安城内还有的粮食，足够我五千精锐食用二十余日。等到那时，您的大军也必会到达。如此，上下接应，咸阳以西的土地就再也不是魏国的了。到那时，天下大事可定矣！还请丞相决断！"

说实话，魏延这计谋好吗？我认为很好，很靠谱！并且所谓的战争就是一场赌博，一个优秀的将帅往往会靠奇兵制胜。

可诸葛亮对魏延的这个建议不怎么感兴趣。除了之前我说过的地理原因之外，诸葛亮还认为魏延的这个计策有很大的不确定性，不如安全地从平坦之路北上，这样便可以稳稳当当地取得陇右地区，有百分之百的把握取胜而不会失败（战争从来没有百分之百，哪怕是再大的优势），所以根本不用魏延之计。

这之后，诸葛亮扬言要出斜谷，攻郿县，乃使镇东将军赵云，扬武将军邓芝多备旌旗以为疑军，先自褒城北上，并修斜谷道以为出兵模样。

见此，大将军曹真果然中计，遂亲率主力军团，分别布置于郿县和陈仓，意图用钳击之法灭掉赵云。

赵云见此亦将部队分为两部，同时抵抗陈仓和郿县的魏军。

可赵云两军和魏军相遇之后只是不停地建造营垒，以防守之姿态对待曹真，哪里有半点儿进攻者的架势，完全就是拖延之姿。

见此，曹真开始怀疑了，并且有了一种不祥的预感。

不得不说，曹真的第六感还是十分准确的。因为就在曹真和赵云对峙之时，诸葛亮亲率六万主力大军突然自汉中西出祁山，兵锋直指陇右地区，使得整个陇右乱作一团。

起初，在刘备死去以后，蜀国国力下降得厉害，再加上蜀国多年没有对魏国动过武，所以魏人天真地认为，蜀国从此不敢再行北伐，这便对蜀国放松了警惕之心。

而这里，陇右地区尤其严重，他们根本就没想到蜀国敢再次北伐，更没想到这第一个要攻击的目标便是自己。所以当诸葛亮西出祁山以后，整个陇右地区完全陷入了恐慌。

再加上魏国的主力兵团现今都在陈仓一带，所以天水、南安、安定三郡的太守为了活命，便背叛了魏国而响应诸葛亮的号召，在魏国背后给其狠狠一刀。关中因此大震，洛阳朝野更是恐慌无比。

可朝会上，魏明帝曹叡没有半点儿慌张的样子，反而淡定道："诸葛亮最大的依靠便是那些山川险要，如今却舍弃优势，前来与我魏军进行平原作战，这不是作死吗？诸位不必慌张，朕自有对策！"

话毕，朝中众臣稍显安心，曹叡嘴上虽然这么说，心中却不敢有半点儿轻视，于是急命右将军张郃督率五万步骑大军往陇右方向救之。

公元228年二月，此时的诸葛亮大军已兵进西城（今甘肃省西和县），闻听张郃大军前来不敢怠慢，立即组织部队，打算遣一大将往守街亭。（街亭：西汉之街泉，东汉改街泉亭，简称街亭，在今甘肃秦安县之东清水县以北，为陇山之西口，更是陇右出入的门户，素有"得街亭者得陇山，而得陇山便可得陇中"之言，所以为陇中地区必争之地。）

当时，老将魏延和吴懿争着抢着来守街亭，可诸葛亮一个都没看上，反而用的马谡来争夺街亭。

那么诸葛亮为什么要这样做呢？

马谡，才气抱负皆异于常人，对于军事理论更是令诸葛亮刮目相看，所以诸葛亮一直将马谡定为自己的接班人。

将不磨不成器，马谡虽然军事理论丰富，但没有什么战阵经验，他诸葛亮老了，魏延等当初追随刘备的一干大将也老了，所以诸葛亮打算培养马谡，让他迅速成为独当一面的大将。

可恕我直言，诸葛亮这一次的行为实在是太过孟浪了！

这是什么？往大了说是拿整个国家的危亡去培养一个将领。往小了说也是用一场决定性战役的结果去培养一个没有任何作战经验的将领。

白起、李牧、霍去病、刘秀等等，除了韩信以外，这些青史留名的大将其作战经验哪一个不是一点一点累积的？哪一个不是在死人堆里滚出来的？而马谡呢？却没有半点儿统军作战的经验，所以我再说一遍，诸葛亮真的是孟浪了。

（注：韩信在统率大军团作战之前也一直是项籍的看门卫士，项籍的每一条命令，每一次作战计划，甚至行军布置都为韩信所听取，所以韩信也是有一定基础的。而诸葛亮呢？独自统兵打仗就深入益州和平定南中那两回，且那两次马谡还不

在诸葛亮左右。）

公元228年二月中旬，参军马谡携裨将军王平，督将军李盛、黄袭等将，率大军疾奔往街亭，意图占据这个绝佳门户来抵抗张郃的进攻。

同时，为了确保万无一失，诸葛亮令将军高详（或作高翔、高祥）屯驻柳城（今甘肃省清水县北）以为侧翼，随时牵制张郃，让张郃不能放开了进攻马谡。

按说，诸葛亮这种滴水不漏的防守方略确实万全，如果不出意外的话，张郃是拿不下街亭的，起码不会轻松拿下。

可让诸葛亮万万没有想到的是，固若金汤的街亭只一日便为张郃所下，而街亭一下，也让诸葛亮万念俱灰。

话说那马谡到达街亭以后便行布置，可当其布置完以后，王平直接被马谡给吓得屁滚尿流。为什么？因为马谡这货根本不守街亭城邑，而是将所有的士兵全都布置到了街亭旁的一处高山之中，意图在张郃攻击街亭之时从高山俯冲而下，一举将其歼灭。

这计谋好吗？乍一看好像有点儿意思，可细想想简直愚不可及，为什么？因为马谡不仅仅放弃了街亭城邑，还将所有的部队都弄在了大山之上，而此山的水源在哪？山下！

试想，一旦张郃断去蜀军水源，那么蜀军必不攻自破！

王平曾为魏将，是在汉中争夺战时才投降的蜀军，深知张郃之严谨强悍，乃急谏马谡，让他千万不要如此行事。可马谡轻视张郃，认为他根本看不出此计的弱点，便没有听从王平的劝谏之言，固执己见地将所有的部队布置在了山上。

现今天下，我虽然不敢说张郃是最强悍的军事统帅，但可以很负责地说，凡是懂一点儿兵法的都不敢轻视张郃。因为轻视张郃的人，现在坟头草都已经老高了。

不得不说，这马谡真是一个无比愚蠢的玩意儿。而就在马谡作出这种决定以后，王平就知道，街亭肯定是守不住了，于是，他便开始暗中策划失败以后要如何保全军队的办法……

数日以后，魏军已兵进街亭外围，张郃用兵一向谨慎，不敢轻易冒进，遂停止进军，然后派出大批斥候前往探查军情。

而当第一个斥候回来禀明蜀军布置之时，张郃简直不敢相信自己的耳朵，因为他从来没见过如此愚蠢的布置。

一开始，张郃虽然兴奋，却不敢进军，因为他怀疑这里面有诈。可当第二个、第三个斥候回来报告以后，张郃哪里还有半点儿顾忌，当即便引全军疾速往街亭进军。

到了街亭之后，张郃根本不管此城邑，而是第一时间断去了马谡的水源，然后登山便攻。

（注：张郃如果第一时间包围此山，马谡必定因为水源问题突围而逃，到那时就达不到歼灭蜀军的效果了。）

马谡之计虽然失败，但他也不惯着张郃，率领蜀军借着高地优势迎头就是干。正所谓"生死看淡，不服就干"，指的就是马谡这等无脑之人。

可干着干着，马谡就感觉不对劲儿了，因为此时蜀军已经无水可饮。而这种情况在不久之后也为蜀军所知晓。所以一时间，蜀军大乱，张郃则趁此时机更加紧了进攻的力度。

于是，蜀军大溃，仓皇逃窜，张郃则哈哈大笑，然后便率军穷追猛打，誓要将此地蜀军全部歼灭。

可就在张郃追击蜀军下山之际，突然在前方树林中传出了咚咚咚的擂鼓之声，而在擂鼓过后，大批的蜀军旌旗亦出现在树林之中（此皆为王平虚张声势之计）。张郃见此大惊，立即将正在追击蜀军的部队调了回来，然后赶紧占据了街亭城邑，便和前方树林中的蜀军展开了对峙。

而正在林中的王平见此算是松了一口气，之后赶紧收拾残卒往西城处撤退了。

数日以后，惨败之蜀军在王平的统一带领下回到了西城。诸葛亮见此仰天长叹，然后便携大军及西平之民户撤回汉中了。

那么问题来了，诸葛亮为什么要撤回汉中呢？这次街亭虽然战败，可主力不是并没有失去多少吗？再夺回来不就完了吗？

呵呵，夺回来，说得简单，诸葛亮拿什么夺？街亭丢失便相当于丢失了整个陇山，而陇山一旦在魏军的掌控中，魏军便掌握了对陇右地区的战争主动权，可以说想攻就攻，想守就守，凭魏国的国力，还怕耗不死蜀军吗？

而蜀军经历了街亭之败以后士气狂跌，东方战线的赵云只是疑兵而已，更无法和曹真长久相抗衡，一旦等到曹真和张郃会师以后，诸葛亮定会被吃得渣都不剩，所以不管从哪一点来说，诸葛亮都必须撤军！

由是，诸葛亮声势浩大的第一次北伐行动就这样在马谡的失败下结束了。

数日以后，诸葛亮的使者以八百里加急之速赶到了赵云军中，并将诸葛亮已经撤退的消息告诉了赵云。

赵云听罢，立即调回邓芝的部队，然后让大军缓缓撤退，赵云则亲率精锐殿后，且战且退，终是保得大军撤回了蜀国。

公元228年三月，曹真率本部兵马往街亭与张郃完成了会师，十余万大军在会师以后立即向陇右方向挺进。

结果，不到一个月的时间，南安、天水、安定三郡予以平定。

至此，诸葛亮第一次北伐行动彻底宣告失败。

可曹真认为，此次诸葛亮之祁山北伐只不过是一个开始，这老家伙以后一定还会不断进攻魏国。而此次祁山之败一定会让诸葛亮引以为戒，所以他下一次定会出陈仓而北伐。

于是，曹真在凯旋以前于陈仓建造了一座具有相当规模的军事要塞，并令防守专家郝昭于此驻防，以防诸葛亮下一次的北伐行动。

同月末，诸葛亮挥泪而斩心腹马谡及李盛、黄袭，以正军中纲纪！

四月，诸葛亮回到成都，以用人不当致功亏一篑为由，自请贬官三级以正朝纲（赵云亦在诸葛亮请贬时自请贬官）。

刘禅离不开诸葛亮的辅佐，本想将此事不了了之，可诸葛亮一定要自贬，刘禅无奈，只能贬诸葛亮为右丞相，赵云为镇军将军，象征性地惩罚一下了事。

（注：本次北伐行动的失败，导致了随军将领大多受到一定的惩罚，只有王平一个人因为护军有功而被封为参军、讨寇将军、亭侯，并统率五部兵众。）

哦对了，还有一件很重要的事忘了说，本次北伐行动之后，诸葛亮虽被贬为右丞相，但他着重地提拔了一个年轻人，这年轻人不是别人，正是拥有诸葛亮接班人之称的姜维（时年二十六）。

因为姜维在以后还要经常出现在历史舞台中央，所以还请允许我在此将其介绍一番。

姜维，字伯约，B⁺级将帅，天水郡冀县（今甘肃省甘谷县东南）人，少年丧父，和寡母生活。

姜维从小好学，精通于郑学，并熟读兵书，算得上文武双全的优秀将领，所以长大以后出任郡里的计掾，并在数年以后升任州里从事。

同时，因为姜维的父亲姜冏是为了国家而死，而朝廷为缅怀烈士，便又升姜维为中郎将，参与天水军事。

公元228年，诸葛连兵出祁山，直奔陇右。当时的天水太守正带着姜维等将领在外巡视，却突然听说各个郡县都开始响应诸葛亮而背叛魏国。此太守怀疑姜维等人也背叛了自己，于是在夜晚趁着这些人睡着的工夫连夜逃回了上邽，意图用此城抵御诸葛亮的进攻。

次日清晨，当姜维等人发现太守逃走以后再追已经来不及了，便赶紧返回冀县，意图接出老母以后再投蜀国。

可冀县官兵已经听说姜维投靠蜀国之事，遂不接纳，姜维无奈，只能只身投奔蜀国，彻底地抛弃了老母。

而值得姜维庆幸的是，没过多长时间马谡便行兵败，诸葛亮因此挥泪斩马谡，丧失了"接班人"。而就在诸葛大丞相最为心灰意冷之时，他却想到了姜维，这个文武双全的年轻人，于是便行提拔，并在以后多将其带在身边。

本节参《三国志》《资治通鉴》《中国历代战争史》《读史方舆纪要》《汉晋春秋》、孙盛《杂记》

1.13 三路伐吴

公元228年四月，曹叡带队西巡长安，作用便是安定关中以及凉、雍二州之军心、民心。

同月，曹叡任徐邈为凉州刺史。

徐邈出任凉州刺史以后，着力带领官民务农积谷、广开水田、设立学舍、修整军备，使得凉州在很短的时间取得了相当的突破，不但经济、农业稳步提升，就连凝聚力也得到了进一步巩固。

五月，孙权写密信给鄱阳太守周鲂，希望他能秘密联系江东山越宗帅，让山越宗帅假装投降曹魏扬州牧曹休，进而将曹休主力大军吸引到江东全歼。

周鲂见此信以后立即回复道："山越宗民身份低贱，于内不能对我吴国造成威胁，于外不能使魏国对其重视，所以哪怕他们真的投降魏国，魏国也不会因为他们而来攻击我们吴国。不如请使者带着我的书信去引诱曹休，我乃一郡之守，曹休为了打开通往我国的通道，一定会带着主力大军前来进攻，那样的话，大计便能成功！"

孙权感觉周鲂此计甚善，乃不断遣尚书郎至鄱阳调查周鲂，予以配合。

周鲂见时机已到，便致信于曹休，声称愿意献鄱阳投降曹休，只求能富贵一生。

曹休在东吴乡间无数，所以早已闻听孙权调查周鲂之事，对此信深信不疑，便第一时间请奏洛阳方面，希望魏明帝能允许自己出征东吴。

而魏明帝和众多大臣商议以后也觉得此为天赐良机，遂定下灭吴大计。

公元228年五月下旬，魏明帝曹叡命大将张郃总督关中军事，以防攻击吴国之时蜀国乘虚而入。

这之后，魏明帝分三路大军同时攻击东吴。

第一路，主帅曹休。

兵力：十万步骑混编。

作战意图：兵进皖城而接应周鲂，攻破皖城后和周鲂同时发力，从内外共攻江东，进而于陆路全定江东。

第二路，主帅贾逵。

兵力：数万。

作战意图：于曹休陆军往攻皖城之时疾攻濡须口，后与曹休协同两路共同拿下东吴。

第三路，主帅司马懿。

兵力：数万水军。

作战意图：如果周鲂之信不作假，东吴必定顶不住曹休和贾逵的进攻，到那时，整个东吴的兵力势必往江东集中，荆州便会空虚。司马懿便利用此时机突然发力，全定荆州各部。

此消息很快传到武昌，孙权闻讯大喜，立即率众将、近十万大军前往皖城。

八月，孙权抵达皖城，命陆逊为大都督，给兵四万以为正面迎击之中军。

任命朱桓为左都督，给兵三万以为左军。

任命全琮为右都督，给兵三万以为右军。

没说的，这是要将曹休的十万大军全部吃掉！

任命完毕，各将正准备分兵布置，可就在这时，朱桓突然站出来道："大王，那曹休之所以有现在的位置，不过是靠和曹操的亲戚关系而已，实际上并没有什么值得称道的能力，由此等愚将带领大军必败无疑！而曹休败则必往夹石、挂车这两条道路而逃，而这两条道路都险要狭窄，只需要各遣一万士卒便能将二地守住，彻底断去曹休的归路。到那时，曹休便成瓮中之鳖，必为我军全歼！而只要曹休所部被全歼，我们就可趁魏国空虚之际长驱直入，先取寿春而定淮南，再夺许都、洛阳进而定天下！大王，这可是千载难逢之良机，万万不可错过啊！"

听毕，孙权直接站起，说实话，听了朱恒这番话，他的血沸腾了，他的意动了，可他并没有被这"千载之功"冲昏头脑，而是习惯性地询问了自己最信赖的心腹陆逊，问问他此计到底可不可行。

岂料陆逊想都没想便否决了，陆逊到底说了什么无从记载，不过就我个人分析，原因不外乎几点。

第一，曹休虽然是靠着血缘上来的将军，但行军打仗多年，说他没有什么能力实在有点牵强。

第二，魏军和吴军双方兵力相当，且吴军陆战的整体实力要次于魏军，如果在这时候再分出两万生力军，那么结果就难料了。

第三，《孙子兵法》有"归乡之军不可伐"之言，这种败退的军队士气很低，是最容易拿下的。但反过来说，这种军队也是最难以歼灭的，前提是你不给他留活路。

综合以上，陆逊反驳了孙桓的言论也是可以理解的。

而孙权本身对陆逊就是言听计从，所以当陆逊反驳孙桓的言论以后，孙权几乎想都没想便从了陆逊之言。

公元228年九月，曹休大军已逼近石亭（注：这时候的曹休已经知道自己陷入了周鲂的骗局，但他自恃人多，还是三线同攻，所以并没有放在心上，依然率军前行），陆逊立即率三军呈横阵向前推进。

可就在即将和曹休主力相遇之时，陆逊突然令三军暂停步伐。

原来，陆逊见石亭左右有诸多山林，又见曹休将大军布置在山林微微靠后的位置，便断定此山林中必有伏兵，于是便在和曹休交战之前命朱桓和全琮率左右两军深入山林，一举将那些伏兵剿灭。

同时，陆逊对于人心的研究亦是透彻，他十分了解曹休的为人。这人虽然带兵打仗果敢，但性情暴躁，容易冲动，见吴军左右两军进入山林以后必会狂攻陆逊之中军，而那时候，他的后背也就露出来了。

那么问题来了，陆逊中军只有将近四万的部队，能顶得住魏国陆军的疯狂攻击吗？我不知道，但陆逊自己觉得行。

公元228年九月初，东吴左右两军突然深入山林，只留陆逊中军于前。曹休见此大怒，认为陆逊是在羞辱自己，于是引全军前往狂攻陆逊，可陆逊见曹休来到以后没有半点儿畏惧，而是结阵死守，硬是挡住了曹休一拨又一拨的攻势。

讲真，此时的曹休已经非常危险了，因为随着时间一点一点过去，曹休主力兵团已经开始疲惫。而最要命的是，魏军现在不知道东吴左右两军已经清剿魏国伏兵到了什么进度，而一旦魏国伏兵被清缴完毕，东吴左右两军的下一个作战目标必定是从左右两边夹击魏军。到时，面对三面夹击，魏国陆军就是再精悍也是必败无疑！

这个问题我知道，曹休肯定也知道，但一是他顺不过这口气，二是陆逊就在自己近前，一旦将陆逊消灭，吴国大军必不战自溃！当初项籍有这个能力，英布有这个能力，霍去病有这个能力，他曹休怎就没有这个能力？

估计是此种自大想法在作怪吧，曹休没有在第一时间撤军，而是不停地进攻进攻再进攻！

终于，他悲催了。

一段时间以后（史料未载到底经过了多长时间），东吴左右两军清理魏国伏兵完毕，然后第一时间从魏军左、右后方杀出。

一时间，杀声震天，魏军心惊胆战。曹休怎么说也是具有多年战争经验的大将，见此便知大势已去，遂紧急向后退。

可陆逊怎么可能放过曹休？他见曹休要向后撤退，疯了一般领三军追击而去。

就这样，一个又一个魏兵倒在血泊之中，等曹休逃至夹石之时，魏军已经被斩杀一万多人，军资器械更是皆为吴军所掠。

更可怕的是，现在的魏军已经全无战心，他们只想跑、只想回家。

而在这种情况下，陆逊还如附骨之疽，不停对曹休进行追击残杀，使得魏军乱上加乱。

曹休当时都快要崩溃了，因为如果这种态势继续的话，不过几天大军就会被全部击杀，到时自己必定成为千古罪人（其实现在已经是了，此战影响甚至比当初曹仁时都要糟糕）。

可就在这千钧一发之时，战场东边突然杀声震天，之后，数万魏军好像地狱里冲出来的恶魔一样奔吴军而去。陆逊不知此军虚实，又怕援军来后曹休反扑，遂率军向南撤离，终是使得曹休安全地回到了洛阳。

那么这个救曹休于危难的人是谁呢？正是前往攻击濡须的二路军统帅贾逵。

话说当第二军团前往濡须方向以后，贾逵第一时间攻下了濡须东关。可就在要继续攻击濡须口之时，贾逵不动了。因为他感受到了战场的诡异。

按说，像濡须口这样的兵家必争之地，四方关卡必定是层层防护，可为什么此东关守军如此之少呢？这只有一种解释，那就是现在东吴全部的战力都在往一个方向集结。

那么这个方向能是哪呢？答案呼之欲出，那就是皖城方向。

因为曹休是此次南征最为重要的主力军团，一旦曹休被击败，其余两路大军必不攻自破，所以吴军一定是要集中对付曹休。

见此，贾逵大惊，立即上书洛阳方面："陛下，吴匪在东关没有防备，这是极不正常的，我料，这一次周鲂所谓的投降一定是孙权的计谋，他们现在一定已将战力都集中在皖城，专力对付曹休将军，而曹休将军一旦率军深入则必为吴匪所围击，到那时必定失败！所以还请陛下能速速召回曹将军，取消本次南征。"

信送出去了，可贾逵依然不放心，因为按照时间来计算，这时候的曹休应该要往皖城进攻了。

基于此，贾逵没有再向濡须行进，而是就在东关驻守，时刻关注东边的战事。

数日以后，贾逵擒获一吴兵，从此兵口中得到了曹休战败的消息。贾逵不敢有半点儿拖延，当即舍弃了濡须口，带领大军直往东线救援曹休，终是在曹休被全歼之前将其成功解救。

如此，曹休和贾逵两路军团的作战任务皆以失败告终。

最后，再看第三路司马懿军团。

想那司马懿顺汉水南下之时，正赶上冬季大退潮，使得船不能行，便只能率军屯驻江陵东部之方城。

而就在这时，曹休战败的消息亦传到司马懿处，司马懿无奈，只能取消了本次攻击东吴的行动。

由是，本次曹魏大举南下之灭吴行动彻底以失败告终。

（注：本次南征之后，曹休因为战败而羞愧难当，不久便抑郁成疾，进而逝世。）

十月，就在南部战线宣告失败之时，北方又出现了新的乱子，使得曹叡头痛欲裂。

话说轲比能自从在鲜卑坐大以后，魏国和鲜卑之间的关系便急剧恶化，所以经常有鲜卑人在边境为祸。

同时，乌桓人见鲜卑人和魏人开始交恶，便也和鲜卑联合，有事没事便要寇掠一下魏国边境。

当时，正是魏文帝曹丕时代，他因为有吴、蜀两大宿敌，所以根本腾不出手来对付这些马背民族，便只能采取西汉文帝之守字大略！遂命田豫为护乌桓校尉、牵招为护鲜卑校尉，让他们共守北方。

此二人果然强悍，他们到达边境以后没多长时间便使得鲜卑和乌桓大为顾忌，从此少了很多的寇掠活动。

其中田豫更是"阴损"，他到达边境以后分别从市场、官方和军界离间乌桓、鲜卑的内部势力，使得这两个势力内部开始混乱，进而再无精力攻击边境。

可田豫也因此被鲜卑人大恨，从此将其拉入了黑名单。

时间直到公元228年十月，这个月，田豫还是一如既往地遣使往鲜卑进行离间活动。可就在此使者进行离间之时，被轲比能的女婿郁筑鞬残杀。田豫因此而怒，遂率本部兵马前往攻击。

郁筑鞬不是田豫的对手，被打得连连败退（注：田豫最擅长的战法便是西汉卫青的战车围墙战术，此战术可以最好地保护弓弩手，让他们无限制对骑马民族进行射击。而这些骑马民族，他们最怕的便是汉人的弓弩），所以只能求助于老丈人，让他前来援助。

轲比能当然不会看着自己的女婿被田豫活活杀死，便率三万精骑前来援助。

田豫见双方兵力差距太大，只能向南猛退。

可人是用两只脚跑的，怎么能快得过马呢？不出意外，没过多久田豫便被轲比能追上。

田豫见已无处可躲，便只能进入马城（今河北省怀安县）凭城死守。

轲比能知道魏人弓弩的厉害，所以不敢强攻，便将马城团团围住，意图活活困死田豫。

而田豫呢？也是无可奈何，因为这时候的南征军刚败，诸葛亮亦蠢蠢欲动（后详述），所以曹叡也无法来援助他，田豫看似已经陷入死局。

可老天在很多时候往往会给人留下一条活路。这不，就在田豫"等死"之际，上谷郡太守阎志却来到了轲比能军中，并劝轲比能放过田豫。

（注：阎志是阎柔的弟弟，经常和鲜卑人在边市做买卖，且童叟无欺，所以

在鲜卑很有些威望。）

　　轲比能一是怕杀了田豫会惹来更加糟糕的报复；二是自己的女婿毕竟没有为田豫所杀；三是以后还要和阎志做买卖，便卖了阎志一个面子，撤兵离去了。

　　可就在鲜卑撤兵离去的同时，蜀国诸葛亮又开始了他的第二次北伐行动。

　　　　　　　　　　　　　　　　　　　本节参《三国志》《资治通鉴》

1.14　诸葛亮第二次北伐

　　一个月以前（十月），曹休战败、轲比能南下攻击田豫的消息皆传至蜀国，诸葛亮见此时机难遇，便集结军队，准备作第二次北伐。

　　当时，朝中群臣都对诸葛亮的决定抱有怀疑态度，因为上一次出兵之时魏国根本没有防备，可就是那样还没能拿下陇右。如今，魏国已经有了防备，这还如何能成功战胜敌军呢？

　　针对此疑问，诸葛亮乃于朝堂之上大耍无赖，怎么说他耍无赖呢？因为诸葛亮根本没给出任何能战胜魏军的保证和办法，只拿先帝的梦想以及必须北伐的原因还有自己为了国家茶饭不思来说事儿（洋洋洒洒近两千字的场面话）。

　　得嘞，都把自己死去的老爹拿出来说事儿了，他刘禅还能怎样？再者说，现在诸葛亮虽身为右丞相，但其全国第一之权威谁敢挑战？得了，从了吧！

　　公元228年十二月，诸葛亮率大军兵出散关而围陈仓。

　　陈仓守郝昭早有准备，遂遣费曜、王生率小部军队以为游击，作协防之用。

　　可诸葛亮用兵谨慎，非十全之下不会妄攻陈仓，乃分遣部队，对费曜和王生之游击部队进行打击。

　　数日以后，两部游击皆被击败，诸葛亮遂往陈仓而攻之。

　　按说，现在陈仓只有不到两千的守兵，是应该轻松拿下的，诸葛亮却不敢有半分轻视，其中一个原因当然是陈仓要塞经过曹真加工后易守难攻，但这不是关键。

　　关键处在于，诸葛亮十分顾忌陈仓守郝昭。

　　郝昭之强悍在魏国是非常出名的，尤其是打守城战，那更是天下闻名的行家，所以诸葛亮不想在陈仓浪费时间，便遣郝昭的老乡靳祥往陈仓要塞下劝郝昭投降。

郝昭却在城墙上对靳祥吼道："兄弟，魏国的法律你是熟悉的，我要是背叛了魏国，我的家人就会死无葬身之地，况且，我深受魏国大恩，怎能轻易背叛国家而投靠蜀贼，你不要再说了，回去告诉诸葛亮，生死看淡不服就干（卿还诸葛，便可攻也）！"

就这样，靳祥回去将郝昭的态度禀报了诸葛亮，可诸葛亮依然不想轻易和郝昭开战，便又遣靳祥前往劝降郝昭，并在陈仓要塞城下言："兄弟，你我双方兵力悬殊～你不会有半点儿胜算，何必白白牺牲，还是投……"

嗖——啪！

未等靳祥把话说完，一根箭矢便射在了靳祥身前，这回郝昭也不客气了，手持长弓对靳祥叫骂道："蜀贼！该说的，我前面都已经对你说过了，你要是再在这和我磨磨叽叽，我告诉你，我的箭可不认人！"

得嘞，到了这种地步，那就再没有什么可说的了。

228年十二月上旬某日，诸葛亮对陈仓要塞发动进攻，因为惧怕曹真和张郃的军队会赶来援救，诸葛亮一开始便出动了云梯车和冲车协同作战，意图在最短的时间拿下陈仓要塞。

可就在云梯车进入陈仓要塞的射程范围之时，陈仓要塞突然飞出近千火矢。但这些火矢根本没朝人去，几乎全都射在了云梯车之上。

这些云梯车皆为木制，见火就着，所以未等冲到城墙之下便被弄成了"火车"。郝昭见此，于城墙上狂笑，诸葛亮则黑着一张脸沉默无言（云梯车构造非常复杂，且需要大量材料，而这批云梯车被毁，就说明诸葛亮短期之内再无云梯车可用）。

可诸葛亮依然没有放弃，反而敲响锣鼓，强令大军继续攻城。

吱嘎，吱嘎，伴随着令人牙酸的摩擦之声，巨大的冲车亦冲到城门之前，可未等冲车对城门发动撞击，城楼上便突然飞出巨大石块狂砸冲车。最要命的是，这些大石头还不是一次性的，而是砸完以后还会升空，然后反复对冲车狂砸（注：用数根粗绳捆绑巨石，然后在多人的拉拽之下进行反复砸击）。

不一会儿，本来好端端的巨型冲车便被守城的魏军砸得稀巴烂。

此时，诸葛亮已再无攻城器具可用，而陈仓要塞又甚是坚固，城上魏军又精锐拼命。所以，诸葛亮撤去了军队。

这之后，蜀军大营一天到晚遍布叮叮咣咣的敲打之声，好像是在做些什么东西。

数日以后，很多超高井栏耸立于陈仓要塞之前，蜀军弓箭手登上井栏，对着城墙上的魏军便是疯狂射击。

同时，诸葛亮命蜀军在这强大的火力掩护下背着大土块急往城下而奔，意图以最快的速度填满护城壕沟。

见此，郝昭也不强干，而是命五百魏兵在城墙之上死守，他则亲率剩余的士兵在城内建造内层城墙（用土建造简易城墙）。

结果，等蜀军将壕沟填满之时，魏军的内层城墙也已经建设完毕，魏军全都站在内层城墙之上对蜀军不断射击。

如此，填满壕沟的战术又告失败。

诸葛亮当然不会甘心，于是复制袁绍之法，意图以地道战而袭之。可郝昭早对此法有所防备，乃于城内深挖壕沟而截之。

于是，诸葛亮的地道之法又告失败。

就这样，诸葛亮率领数万大军阴谋阳谋尽出，昼夜狂攻陈仓要塞二十多天不见成效。而此时，蜀军锐气已颓，军粮又即将告竭，魏国援军也快要到来（张郃部），所以诸葛亮无奈，只能引兵退去，并在退走的过程中命陈式率一部攻击魏之武都、阴平二郡（实在不能再无功而还，不然无法对蜀国的臣民交代）。

数日以后，张郃主力大军兵至陈仓，当得知诸葛亮已退的消息以后立即展开追击，并命麾下骁将王双率主力骑兵队进行追击，意图将诸葛亮拖至自己的主力大军来到。

可诸葛亮对此早有准备，他料定张郃必对自己进行追击，所以在退走之时往后路险要布置了伏兵。王双擒敌心切，又料诸葛亮必不敢拖延，所以根本没有防备，遂为诸葛亮所破，死于乱军之中。诸葛亮则顺利撤退。

时间：公元228年十二月。

当初，辽东之主公孙康去世，他的儿子公孙晃、公孙渊都年龄尚小，所以辽东的官员们立公孙康的弟弟公孙恭为主。

如今，公孙晃和公孙渊已经长大成人。

公孙晃还好说，因为他并没有什么野心，只想好好地活着。可公孙渊不是这样，该是我的必须是我的，谁都不能夺走本该属于我的位置。

而想让公孙恭自动自觉地让出位置，这无异于痴人说梦。所以公孙渊于本月突然发动了武装政变，夺取了公孙恭的位置，自为辽东太守。

同时，为免魏国以此借口攻击自己，公孙渊还上书魏国，说明了事情的经过，希望洛阳方面能够承认自己的合法地位。

而吴王孙权几乎是在公孙渊发动政变以后即遣使往公孙渊处结交，其意图主要有二。

第一，和公孙渊结为军事同盟，让公孙渊在东北方向牵制曹魏，并配合东吴和蜀汉的军事行动。

第二，东吴最为强大的作战部队便是水军。而陆军，一直是吴军的短板。这并不是说南军在肉搏上就一定要比北军弱，最关键的还是南军不产战马。而在陆地作战中，骑兵往往是一场战役中制胜的关键，没有是万万不行的。

辽东乃是产马胜地，所以一旦和公孙渊形成贸易往来，那么以后战马的问题就可以解决了。

对于这次外交行动，孙权是很有诚意的。公孙渊呢？却十分犹豫。因为他还在等待着洛阳方面的汇报。

与此同时，洛阳方面。

这一天，曹叡召开朝会，并与满朝文武道："公孙渊发动武装政变，夺公孙恭之权而继位，虽然之前没有通知我们，但现在态度也算恭敬，朕想问问在场各位，我们要采取什么态度来对待这个公孙渊呢？"

话毕，三朝元老刘晔第一个站出来道："公孙氏为汉代所用，子孙世代传承，其水路有大海相隔，陆路有群山阻挠，对外勾结胡人，对内扰乱中原，遥远而难以控制。其实，武皇帝在世之时便想消灭这个东北势力，但碍于公孙氏于辽东树大根深，无法轻易搬动，便暂时延缓了进攻。可如今，公孙渊采用了非法的手段来夺取政权，下面势必有很多人对他心生反感，在这种形势下，最易对辽东进行攻伐，所以还请陛下能速速行动，彻底将这个大患消弭于无形，不然迟则生变。"

听毕，曹叡略有犹豫，很明显对刘晔的建议并不怎么感冒。一些大臣看出了曹叡的心思，便投其所好，大肆反对对辽东用兵，其借口还是老一套那些东西（南有吴、蜀，不可轻易往北），我就不多说了。

基于此，曹叡没能采纳刘晔的意见，而是封公孙渊为扬烈将军、辽东太守。

这一次，刘晔并没有再说什么，而是默默地退回了自己的位置。

没错，刘晔的心已经死了，而这，也是他最后一次向曹魏朝廷"诚心"献出自己的谋略。

229年正月，蜀汉大将赵云去世。

二月，蜀汉陈式开始对下辨进行围攻。曹魏雍州刺史郭淮见此，乃引兵往下辨相救。

可诸葛亮早有准备，见郭淮一动，遂领主力兵团至建威（今甘肃省西和县南）以逸待劳。

本次救援，郭淮的情报工作做得不是很好，他以为诸葛亮已经退回了成都，攻击下辨的只有陈式而已，所以行军非常迅捷，基本没怎么休息。

于是，他悲催了。

当郭淮即将抵达下辨之时，诸葛亮第一时间冲了上来，根本不给郭淮布置大营的机会。而郭淮一是士兵的人数要比诸葛亮少，二是疲惫之军，所以根本不是诸葛亮的对手，乃被打得狼狈逃窜。

郭淮的援军一走，武都、阴平二郡守军的士气顿时土崩瓦解，遂向蜀军投降了。

就这样，诸葛亮第二次北伐行动由败转胜，终是堵住了成都那些反对派的嘴。

身在成都的刘禅见此更是大喜，于是恢复了诸葛亮的丞相之位。

数日以后，诸葛亮为了使汉中立于不败之地，乃迁主力军筑营于南山下原上，并在沔水北部筑汉城要塞，于城一带筑乐城要塞，形成了一条超级防御线。

公元229年四月，吴王孙权于武昌称帝，并大赦天下，改年号黄龙，是为吴大帝。

登基称帝之后，孙权先是遣使往蜀国请求正名，然后即大封官员及太子。

首先，孙权封孙登为皇太子。

然后，依次封陆逊为上大将军、右都护、辅佐太子、掌天下军务。

封诸葛瑾为大将军、左都护、豫州牧。

封步骘为骠骑将军、冀州牧。

封全琮为卫将军、左护军、徐州牧，并将长公主孙鲁班嫁给了他，用以笼络全氏家族。

封朱桓为前将军、青州牧。

封孙韶为镇北将军。

封潘璋为右将军。

另外，孙权封诸葛恪为左辅都尉、张休为右弼都尉、顾谭为辅正都尉、陈表为翼正都尉（以上为太子四友）。其他太子门客如谢景、范慎、刁玄等亦皆受册封。（注：诸葛恪，字元逊，大将军诸葛瑾之长子，以后东吴的第一权臣，有一些军事上的才能，勉强算得上文武双全吧。）

可以说，孙权是完全将孙登当作下一任吴帝来培养了。

与此同时，吴国的使者亦至成都，将孙权的意思完完整整地表达给了刘禅。

当时，整个朝中静得针落可闻，可当使者走后，群臣愤慨，皆骂孙权反复小人，身为汉臣却行那篡逆之事，并建议刘禅直接断绝和吴国之间的外交关系。

可这话刚一说，丞相诸葛亮便跳出来非常愤慨地道："一派胡言！孙权有篡逆之心已经很久了，不只是他，这天下大大小小被消灭的诸侯们谁没有篡逆的心！这你们不是不知道，可为什么之前和吴国交好的时候你们不说呢？因为你们知道，现在头号大敌并不是吴国，而是那可恶的曹魏！我问你们，如果现在我们宣布和东吴开战，那我们拿什么讨伐曹魏？"

众臣："……"

诸葛亮："我再问你们，一旦我们和东吴展开战争，那结果是什么？"

众臣："……"

诸葛亮："我来告诉你们吧，如果我们现在和吴国开战，那就无法北伐，因为吴国会成为我们的后顾之忧。所以一旦断交，最先需要攻伐的便是吴国。而现在吴国的国力在我蜀汉之上，江东又尽是能臣悍将，我们拿什么去进攻他们？就算是我们最终胜利了，但我也可以肯定，那必定是惨胜，到那个时候，魏国一旦来攻，我蜀国必为其所灭！我这样说，你们可有意见？"

众臣："……"

见此，诸葛亮转头对刘禅深深一揖，然后恭敬道："陛下，臣知道，您对孙权这种小人的行为十分愤慨，微臣又何尝不是？可是现在大敌当前，我们只有联吴抗魏这一条路可走，所以，还请陛下隐忍。"

刘禅："……善。"

公元229年六月，蜀国遣卫尉陈震出使往吴，祝贺并承认孙权的大帝身份，同时与孙权于武昌立下平分天下之约，决定消灭曹魏以后，分豫、青、徐、幽四州属吴；兖、冀、并、凉属蜀汉，四州地区则以函谷关为界划分。

本节参《资治通鉴》《魏略》《三国志·吴书》《中国历代战争史》

1.15 诸葛亮第三次北伐——首阳之战

公元229年九月，吴大帝孙权从武昌迁都回建业，留太子孙登和陆逊在武昌掌管荆、豫之事。

十二月，西域大月氏遣使往洛阳朝拜曹叡，并献上祝福。曹叡乃封大月氏王为亲魏大月氏王。

230年正月，吴大帝孙权遣卫温、诸葛直率一万士卒分别往夷洲（今台湾省）、亶洲（失考），打算掠夺两地居民以充实吴国国内人口。

陆逊听说以后，亲自从武昌赶来建业劝谏道："陛下，桓王（孙策）当初创立基业时，兵力不过五百，而今江东人数已百万有余，实在不应该远渡大洋，深入不毛之地，向万里之外的人发动袭击。陛下要知道，海上狂风巨浪难以预测，而且士兵一旦改变水土环境，肯定会引发疾病，这是有史可鉴的。况且，那些孤岛上的土民如同禽兽一般，得到他们不足以对事业有所帮助，失去他们也没什么可惜的。陛下何故为了这种可有可无的存在而使自己遭受损失呢？还请三思啊！"

话毕，场中陷入了久久的沉默，而孙权最后依然没有采纳陆逊的意见。我要是没记错的话，这应该是孙权第一次没有听从陆逊的意见，而这一次，仅仅是一个开始（孙权时年四十九）。

二月，魏明帝曹叡以大将军曹真为大司马，骠骑将军司马懿为大将军，并赏曹真剑履上殿、入朝不趋之荣耀。可说实话，曹真实在开心不起来。他曹真虽然勉强算得上一名文武双全的能人，但统兵打仗的能力还是要远远高过行政能力的。可以这么说，率兵打仗就是他曹真的根本、他曹真的价值，手上的士兵更是他曹真的依仗。可如今，曹叡整这么一出，其实是明升暗降。

再者说，什么劳什子的入朝不趋、剑履上殿，拥有过这种"荣誉"的都是些什么人？除了萧何，哪有一个好东西，他曹真能不着急吗？

基于此，为了体现自己的价值，曹真乃上言道："陛下，蜀贼连年出兵侵扰我大魏，实在欺人太甚。末将不才，但也请率大军出斜谷入汉中，从正中展开攻击。并请大将军司马懿（注意称呼）率南阳之众自汉江溯江而上出西城（今陕西省安康市西北）以攻汉中之左。请以征西车骑将军张郃将雍州、秦州之军自陇西入武威（今甘肃省西和县东南）以攻汉中之右。诸军但期会于南郑之后，便可先下汉中，遂即取蜀，如此三路大军，定可破蜀也！"

曹叡感觉甚有道理，便准了曹真的建议。

七月，不知是因为曹真调集军队太过隐秘，还是陈群因为什么事耽搁了，总之直到这个月，司空陈群才得知曹魏即将出三路大军袭击蜀国之事。陈群认为，现在时机尚不成熟，根本不是袭击蜀国的最佳时机，于是亲往皇宫劝谏曹叡曰："当初，武皇帝在攻击张鲁之时，曾用数月时间备足军粮。可就是这样，在攻略张鲁之时军粮都险些用尽。这几年我大魏收成不好，况且斜谷地势险要，无论进退都相当费劲，转运粮食必会被抄掠。而如果多留士兵通过驻守险要而保护粮队，主力军团势必兵力不足，到那时就危险了，所以不得不深入研究。"

曹叡感觉陈群言之有理，便打算停止征伐蜀国的行动。曹真见此大急，遂再上从子午道攻蜀之言。陈群则再次陈述攻击子午道所不便行事的理由，使得曹叡一时间陷入了沉思。

曹真感觉大事不妙，遂以诏书已到，军情刻不容缓为由，强行带大军向西南征伐。

本月中旬，大魏分三道进攻汉中。曹真率主力军团从长安入子午，然后另遣一部入斜谷，从两路共同向西南挺进。

与此同时，司马懿亦率本部兵马自南阳溯汉江西上；张郃自陇西南向建威以攻白马（今甘肃省康县）。

八月，诸葛亮得知魏兵分三路大军来攻，乃移军至城固（今陕西省城固县）及赤坂（今陕西省龙亭山之南），以以逸待劳之姿态防守魏军。

同时，诸葛亮令魏延、吴懿率一轻骑部队自河池（今甘肃省徽县）出祁山，以钻隙潜行之姿西入羌中（今甘肃省临夏回族自治州一带），意图在魏军对蜀国发动攻击的时候联系诸戎，和他们共同从后背对张郃所部进行袭击。

同时，为保万全，诸葛亮召李严率江州两万兵众往汉中支援。

本月中旬，曹真所部已临近汉中，可就在继续进军之时，突会大雨三十余日而不止。因此，各处山洪相继暴发，道路断绝，战士多死，军资大失。

这种情况下，诸军既不能向前，又不能向后，只能屯军于原地惶惶不可终日。

时魏明帝曹叡正督军于许都防止孙权趁机北上，听闻曹真主力大军受阻的消息以后非常紧张，乃召集谋士团询问办法。

少府杨阜因此道："过去周文王有天火化成的赤色吉符，但他依然礼贤下士，勤劳治政，太阳下山了都没有空闲去吃饭。周武王渡过黄河的时候遇到了白鱼入船的好兆头，但依然不敢轻视已经如日落西山的商纣。古人行动的时候遇到了吉兆尚且忧惧，如今灾祸不断，难道陛下不应该感到恐惧吗？陛下，大军刚刚开始行进就碰到了大雨，导致部队停留山中而无法动弹，这已经很多天了。所以军队运转劳累，士兵负担苦重，我们大魏因此耗费的军资也实在是太多了。《左传》有言："见可而进，知难而退，车之善政也。'如今，我大军困在山谷间，进军没有战果，后退又不能顺利，这根本不是统率军队的样子。武王伐纣曾在形势大好的情况下率军退回，但殷商还是因此而灭亡，这是因为周武王得天命，使得四方臣服。而现在呢？我大魏连年歉收，百姓饥饿，在这种情况下，哪怕武力再强又怎么能够平定天下？所以陛下现在最应该做的便是赶紧召回军队，然后全力发展国内经济。如此，不战便可安定天下。"

话毕，华歆和王肃也站出来附议杨阜之法（说得太多，结果大同小异，略……），并提出了自己的观点。曹叡感觉甚有道理，于是遣使往汉中方向令曹真速速撤兵（使者最早也是九月以后见到的曹真）。我们再看西部战场。

230年八月中下旬，魏征西车骑将军张郃闻听魏延、吴懿已率军往羌中，惧怕其袭己后背，乃急退守上邽（今甘肃省天水市南四十里）以自卫，并急遣后将军费瑶与雍州刺史郭淮冒雨以截击之。

可魏延、吴懿所部皆为轻装骑兵，行动何其迅速。因此，不出意外地，费瑶和郭淮并没有赶上。

见此，张郃立即命令二将率本部兵马西上追击，务必在魏延到达羌中以前将其赶上并歼灭。但可惜的是，二将依然没能追上魏延、吴懿所部。

费瑶、郭淮无奈，只能将此消息汇报给张郃。而这时候的张郃也不知道下一步应该怎么走了，遂将此战报上报曹真。

时曹叡之使还未到达曹真处，所以曹真人多势众。相比之下，见魏延之兵力不足为惧，便命费瑶和郭淮守狄道（今甘肃省临洮县），张郃继续守上邽，以防止魏延和羌人之联军。

而此时的魏延已经到达了羌中，并在羌中四处撺掇，数个月的时间便与羌中诸种相处甚佳，且招揽了一批将近一万人的劲旅（此时曹真已收到曹叡的命令，并率本部兵马返回长安，司马懿亦同）。

公元230年十一月，魏延、吴懿通知诸葛亮以后便率万骑自羌中而归，兵锋直指费瑶与郭淮。

二人不敢大意，乃率本部兵马往首阳南部之阳溪屯军。

阳溪，位置在今甘肃省陇西县首阳镇以南，此地易守难攻，再加上费瑶与郭淮以逸待劳，所以魏延想要攻下此地并不是那么容易的。

可就在两军即将交战之时，诸葛亮却率主力大军突然兵进首阳。郭淮、费瑶为免受两面夹击，遂且战且退至狄道以待援军，一直到张郃的援军到达狄道，诸葛亮才肯罢休。

至此，魏军南征蜀国之计划宣告破产。

可就在诸葛亮即将退军之时，魏延突然找到了他急谏曰："丞相难道想就此退军？"

诸葛亮："我是有这个想法，怎么？文长还有其他的想法？"

魏延："丞相，如今我大军新胜，士气正旺，何不一鼓作气攻陷关中！还请丞相率主力大军徐徐图之，末将不才，愿领一万精骑异地而攻，两方同进，进而会师于潼关（会师潼关也就是夺下了整个关中），复制韩信、高祖故事！"

说实话，魏延的这个提议够胆略，值得试上一试，可诸葛亮认为，这次羌中奇兵事件之能够成功，完全是出其不意的缘故。而经过这一次以后，曹真、张郃等辈必定对自己的奇兵计划有新的应对，再想出奇制胜实在是不太现实，所以否定了魏延的建议，并没有再行北伐。

魏延因此大为不满，经常在人前人后议论诸葛亮，说他是一个畏惧魏军的庸才，并在同时感叹自己有才而不能尽用。

魏延的这些议论诸葛亮其实是知道的，但因为现在蜀国能独当一面的大将实在是太少，所以诸葛亮也没有处理魏延，而是听之任之了。

蜀军退走后，身在狄道的郭淮重新组织本部兵马，然后带全军深入羌中，对当初和蜀国结盟的两羌诸种展开了疯狂屠杀。

那些羌族人不是郭淮的对手，只能联合在一起于枹罕抵抗郭淮的进攻，可最终皆为郭淮所宰杀（战争现场无所考）。

至此，之前曾经帮助过蜀国的两羌诸种全部投降于魏。而从始至终，蜀国军团都没有一丁点儿援助两羌的想法。

同月，魏人韩暨在冶铁工艺上舍弃了马排法和人排法，独创了水排法，使得魏国冶铁的效率从此提高三倍。

同月，曹叡再耕籍田以显示自己对于农业的重视。

同月，蜀国丞相诸葛亮为节省运输成本而发明了木牛、流马并大批量制造，不知意欲何为。

（注：木牛，陆上运输工具，具体构造无所考。流马，水上运输工具，具体构造无所考。）

公元231年2月，吴国方向，还记得上一年孙权派诸葛直和卫温去攻击夷洲和亶洲，抢劫他们的人民，进而扩张本国人力之事吗？没错，这个月这俩人回来了。可回来的人还没有去的多。

为啥？

就像之前陆逊说的那样，吴军费尽了力气抵达夷洲，然后和夷洲的土著们开战。那些夷洲土著并不是吴军的对手，所以全都隐藏在山川大泽中。卫温或诸葛直找不到这些人的踪影，再加上水土不服的缘故，瘟疫开始在吴军中肆虐，所以只能带着数千掠夺而来的人回到吴国。

而另一部吴军更加悲催，因为亶洲实在太远（比夷洲远得多），远到吴军找了数个月都没能找到，再加上这数个月的海上生活，使得很多士兵承受不住，进而患得瘟疫身死，所以诸葛直或卫温不敢再行，只能撤兵回国。

于是，本次吴国的抢劫活动，去的时候有一万多人，回来的时候算上抢来的那数千土著也不到一万人了，可以说是完全以失败而告终。

那怎么办呢？这罪名应该怎么算呢？反正怎么算都不能算在孙权身上，那就必须有背锅人，而背锅人是谁自然不必多说，当然就是诸葛直和卫温。

于是，孙权在本月斩此二人。

而就在孙权因为掠夺二地失败而气恼之时，蜀国却又开始了一次大型军事活动。

本节参《三国志》《资治通鉴》《中国历代战争史》《新编中国历史大事年表》

1.16　诸葛亮第四次北伐

公元231年二月，蜀汉丞相诸葛亮欲试用新发明的木牛运输车辆，以连运自嘉陵江上游之西汉水与渭水上游的天水两大河道，即欲在祁山之北、天水之南连接成一条与水道等量相连之运粮通道，所以亲率八万余士卒自汉中往攻祁山。并同时开始"木牛"运军粮，更使人再次西入羌中，且北往鲜卑，欲联合各边地异族出兵侵扰魏国。

而且，在出征之前，诸葛亮将李平（原李严，此时已改名李平）从江州调回了成都，主要负责后方军需器械，如西汉萧何故事（一说将李平调回成都就是为了解其兵权，因为李平现在手中的兵力足以对蜀汉造成威胁）。

魏国方面，时魏将贾嗣、魏平守祁山，前将军费曜守上邽，征蜀将军戴陵、建威将军郭淮守陇西，车骑将军张郃及西部最高统帅大司马曹真屯长安。当曹真听说诸葛亮已率大军往祁山以后便想出兵往祁山抵挡诸葛亮的袭击。可诸葛亮用兵诡诈多变，最擅声东击西之计，且据可靠情报，这一次诸葛亮出击祁山的时候在汉中还留有一定数量的兵力。所以曹真畏惧诸葛亮的声东击西之计，不敢轻易率军救援，只令各地守将坚壁清野，以观战局。

然而，就在诸葛亮即将抵达祁山之际，曹真突犯眼疾。此眼疾极为严重，甚至已经疼痛到了生活不能自理的程度，那就更别提指挥作战了。

此消息很快传到洛阳（时曹叡已经返回洛阳），曹叡闻讯大慌，乃急令司马懿迅速往长安代替曹真总统西部战事。

朝中一些司马懿的政敌深知司马懿的厉害，不想让司马懿再增权柄，乃谏曹叡曰："陛下，西部战线防御坚固，蜀贼又粮草不足，只要令各个据点坚壁清野就足够将蜀贼挡回国内，何用再行调拨？"

这话说得简直糙到了极点，如果这样就能让诸葛亮退兵的话，那诸葛亮得废物到什么地步？曹叡能听才怪。

就这样，司马懿至洛阳拜见曹叡以后便直往长安而去。

公元231年二月下旬，司马懿已至长安，没有丝毫休息便欲统大军往祁山方向救援。车骑将军张郃见此乃谏曰："将军，诸葛亮率一部主攻祁山，但其余大军都在汉中屯驻，我怀疑其必有后谋，不如在救援祁山的同时另分两部协防雍零（今陕西省宝鸡市凤翔区）和郿县（今陕西省眉县），保证大后方的安全，这样才可万无一失。"

张郃说得在理，司马懿却有不同的意见，遂反驳道："不然，如果前军能够抵挡住蜀军的进攻，将军说的那就有道理了，可如果前军不能抵挡蜀军的进攻，我方又将后军分往后方，那就必败无疑，这也是当初楚军会败给英布的根本原因（英布战楚军出于西汉初期的英布叛汉伐楚之役）。"

遂不纳张郃之议，率主力兵团跨越陇山，兵至上邽，然后命费曜、戴陵守上邽，司马懿则亲率大军直往祁山。

诸葛亮见司马懿大军气势汹汹而来，为求占据战争的主动权，乃亲率三万大军绕过司马懿主力直奔司马懿后方之上邽（此三万军为围祁山之主力分支，也就是说，现在的祁山还在受蜀军的围攻）。

时魏国建威将军郭淮正奉司马懿之命自狄道率众前来，意图和司马懿会师于祁山。可就在行进的过程中，郭淮派出去的探子说诸葛亮已经率三万奇袭军绕道往攻上邽。那上邽乃是司马懿主力部队的"顶"后方，一旦上邽为蜀军所破，大军必将陷入前不能进后不能退的危险境地。

基于此，郭淮同遣两路使者，一路往祁山方向，将消息告知司马懿；一路往上邽方向，约上邽守费曜和自己一同出兵钳击诸葛亮，意图杀诸葛亮一个出其不意。

郭淮认为，现在上邽守军很少，诸葛亮一定不会料到他们敢在这时候出兵袭击。

可郭淮错了，要知道，诸葛亮可是有"十全大将军"的美名，其用兵之谨慎古今罕见。而事实也正是如此。

诸葛亮往攻上邽之时，行军速度并没有多么快速，而是谨慎前行，并派出了一批又一批的斥候为前部探查部队往四方巡视。

结果，没等郭淮和费曜接近蜀军，诸葛亮就将他们的意图掌握得一清二楚，遂于交战之前布置伏兵，将费曜和郭淮所部反灭。

与此同时，祁山方向。

那司马懿在前几日便已经接到了郭淮使者的来报，可因为有郭淮的协防，司马懿认为诸葛亮短期内绝对攻不下上邽，便没有及时回去。

可就在今日，费曜和郭淮战败的消息传到了司马懿军中。司马懿闻讯大惊，遂舍祁山，即带兵返上邽。

可就在即将到达上邽之时，上邽城已为诸葛亮所破（郭淮、费曜袭击诸葛亮失败以后兵众大损，再加上上邽城本来就没有多少士兵，所以诸葛亮没费多少工夫就将上邽城击破了），司马懿无奈，只能率兵据守上邽之东山以观战局。

诸葛亮见司马懿已成瓮中之鳖，遂引军往攻东山，可在诸葛亮观东山布防以后立即打消了攻山的念头（布防严密，攻之必陷被动之局），乃于山下叫嚣挑战。

按说，司马懿所率之军怎么也不会低于三万，是有和诸葛亮决战的能力的。可司马懿打定了防反之法，就是不应战。

诸葛亮见此，遂令大军转身回撤，故意将蜀军的屁股露在司马懿眼前，并在东山一带肆无忌惮地收割麦子，用以羞辱司马懿。

可哪怕是这样，司马懿依然不肯出兵。

诸葛亮见司马懿铁定了防反之术，也就不再将他当成什么角色，反而引军往西城而攻。

司马懿呢？就这么率军在安全范围悄悄地跟着蜀军，战又不战，退又不退，估计是想在诸葛亮攻击西城的时候和西城之军夹击蜀军吧。

车骑将军张郃对司马懿此种"尿态"实在是看不过去了，乃怒谏司马懿曰："将军！蜀贼远来逆战，请战不得，必定认为我军是要和他们进行长期作战，所以肆无忌惮，为所欲为！现在祁山防守部队已经知道我军到来的消息，人心逐渐稳固，如果在此时分出一支奇兵绕到诸葛亮之后，再配合主力大军攻击，必一举破蜀贼。可将军您如果还是这样跟随而不行动的话，恐怕人心会逐渐离我们而去啊！再者说，蜀贼粮食短缺，他们国力无法支撑一支庞大部队长期作战，所以诸葛亮马上就会退走。到时候，诸葛亮安全退走，我们魏国却损兵折将，必定大失人心和脸面，到那时，恐怕陛下也会跟着丢人，这后果……总之，还请将军三思！"

张郃说得义愤填膺，可司马懿呢？就好像没听到一般，依然采用"猥琐流"，跟着蜀军而没有半点儿行动。

数日以后，蜀军已近西城，诸葛亮见司马懿还在紧紧跟随，乃回军急战。

司马懿见此，不和诸葛亮有丁点儿的接触，而是以最快的速度往附近山中撤退并建造壁垒，再以守姿面对蜀军。

诸葛亮被司马懿这种"狼性"战术弄得非常气愤（投鼠忌器，不敢再攻他地），可又不能攻山，所以双方一时间陷入了对峙的状态。

司马懿呢？他也不轻松。此种"千年王八"战术将那些能征惯战的魏将弄得无法忍受，将军贾栩、魏平（魏平于司马懿近祁山之时突围而投）实在是受不了这种战术，乃请与蜀军决一死战。

但司马懿就俩字儿："不准！"

司马懿如此消极的态度终于激怒了所有魏军将士，他们齐声质问司马懿道："公畏蜀如虎，难道就不怕天下人笑话吗？"

这话一说，司马懿一愣，然后向下一看，基本上所有的将士在用愤怒的眼神看着自己。

见此，司马懿知道，看来自己是真的犯了众怒，如果任由此情况继续的话，保不准会发生什么不好的事情（轻则军令不从，重则发生兵变）。

基于此，司马懿只能无奈问场中诸将："你们真的都想和蜀军决战吗？"

诸将："愿与蜀军决一死战！"

"唉……"伴随着一声无奈的叹息，司马懿的心理防线还是崩塌了。

公元231年五月，司马懿命车骑将军张郃率一部骑兵绕过蜀军，攻击蜀军后方之无当，意图以夺取无当的方式来击垮蜀军的士气。

与此同时，司马懿遣主力部队佯攻诸葛亮，意图牵制住诸葛亮主力，让他无法分兵而救无当（此为张郃之前计，是司马懿在被逼无奈下才采纳的）。

此时，诸葛亮主军大营，张郃奇袭部队临近无当的消息已经传到了诸葛亮军中。军中大将闻听以后大惊失色，皆劝诸葛亮速速遣兵往救无当。诸葛亮却道："无当由善防的何平驻守（王平于诸葛亮第一次北伐后改回的宗姓），守军数量也不少，足以抵挡张郃一段时间的进攻。可司马懿则不然，我军一旦分兵往救，恐怕司马懿会在第一时间对我军展开进攻，到那时，我军就会陷入被动的局面。可现在则不然，此时的司马懿几乎将所有的骑兵派给了张郃，战斗力大大削弱，所以正是我们和其决一生死之时，而一旦司马懿撤退，张郃必退，此为围魏救赵之本意也！"

众将："丞相英明。"

数个时辰之后，诸葛亮尽出军中精锐主动迎击司马懿，司马懿这次也不屄了，直令大军主动迎击。但以骑兵缺少的缘故，使得魏军的机动力大大削弱，进而在战阵之初便陷入了被动的局面。

这场战斗打了足足数个时辰，结果魏军被蜀军击败，蜀军斩获魏军三千首级，重甲五千具（重装步兵在狼狈逃窜之时都会将身上重甲扔掉），以及弓弩三千一百张。（从战果来看，魏军损失不大不小，正好能达到令魏军将士从此闭嘴的目的，所以我很怀疑这场战果实际上就是司马懿的最终目的。）

这之后，司马懿率军"狼狈"逃回山中壁垒，从此再不主动出击。

与此同时，已经开始攻击无当的张郃闻听司马懿战败，知道不能再攻无当，便只能无奈撤回山中壁垒。

于是，双方从这时候便陷入了大对峙。

三月，魏国大司马曹真因眼疾去世。

四月，鲜卑大人轲比能及丁零大人儿禅遣使往洛阳，向魏明帝曹叡献上优质战马，请求和魏国友好相处。

同月，魏国复置匈奴中郎将，以进一步增强对已经分崩离析的匈奴的控制。

六月，西部战区。

时西部战区夏雨连绵，使得本来就难以前行的蜀道更加难走，所以李平的运粮队经常接济不上诸葛亮的部队。诸葛亮现在大军在外，知道还不是收拾李平的时候，所以并没有对他说些什么。可越是这样安静，李平的心中就越是无法平静。他怕惩罚，他怕死亡，他更怕诸葛亮这种杀你之前还和你微笑的疯子。

所以，李平决定率先出手。

他假造后主刘禅之诏令，并以国中无粮为由，令诸葛亮速速回国。

数日以后，诸葛亮收到了"刘禅"的诏令，再加上此时已经在和司马懿对峙，无法轻易再扩战果，便没有说什么，而是带兵往蜀中而退了。

可为了防万一，诸葛亮还是在木门山设置了伏兵。

其实，按照诸葛亮所想，司马懿和自己一样，都是用兵谨慎之人，深知归军勿追之理，况且现在是诸葛亮占据优势，那司马懿就更不可能追击了。

可令诸葛亮万万没有想到的是，他司马懿还就偏偏"中计"了。

此时，司马懿营中，当其闻听诸葛亮已经撤军的消息以后先是一阵沉默，然后直接命张郃率一部对蜀军进行追击。

张郃闻听此议后很是无语地问："某闻军法围城必开出路；归军切勿追击，追之则危矣。况且诸葛亮用兵颇多诡诈之术，怎能没有防备？将军何故追击？"

司马懿："我让你追击当然是有道理的，蜀军因粮食短缺而退，人心必慌，在此种状态追击定能大胜，所以务必请骠骑将军严格执行我的命令。"

张郃："……喏。"

公元231年六月中旬，张郃引一部追击蜀军，却在行至木门山时为蜀军伏兵所破。当时，蜀军伏兵在木门山借助四周地势万箭齐发，魏军不敌，被射得死伤惨重，张郃更是被一箭矢射中右膝后导致身亡。

魏国一代名将张郃，就此魂归西去。

张郃死去的消息在很短的时间便传到了洛阳，当曹叡听闻此事后不无悲痛地道："蜀国未定就折了朕的张郃，这以后还能用谁攻蜀啊！"

那么到这问题来了。张郃的死，难道真的是因为司马懿的判断失误所致吗？我个人认为不是这样的。

可以说，张郃的死，完全就是司马懿一手策划的。其原因无外乎以下几点。

第一，诸葛亮用兵之谨慎司马懿不可能不知道，可哪怕这样他还是派出了张郃。

第二，自诸葛亮北伐以来，魏国之兵接连失败，诸葛亮撤退之前魏兵更是士气低迷，这时候魏军盼诸葛亮走还来不及怎能追击？

第三，如果想要将诸葛亮全歼，没有一定数量的部队是不行的。而司马懿只派张郃率一部前往追击，自己则原地不动，这又说明了什么？

第四，也是最重要的，张郃和自己一样都是魏国的三朝元老，甚至资历要比自己更高，尤其在军界，魏国那些将领只愿意听张郃的，却不愿意服从司马懿的命令，且张郃的军事理念和司马懿大大不同。如果司马懿以后想要走得更远，那就只能将张郃这个庞大的绊脚石踢开。

本节参《三国志》《资治通鉴》《中国历代战争史》

1.17 刘晔之死

公元231年七月，诸葛亮安顿好士兵以后便回到成都。而对于这一切不知情的刘禅见诸葛亮回来以后非常奇怪，于是便询问李平原因。

李平也是故作奇怪地道："这……微臣也很奇怪，我们的粮食还非常充足，这怎么就撤回来了？嗯……我猜有可能是丞相想假装撤退吸引敌人前来进攻吧，不然怎么解释？我想不能是畏惧敌人吧。"

听毕，后主刘禅默默地点了点头，看似认同了李平的观点。

可诸葛亮在朝中的眼线何其多，君臣二人几乎刚刚说完诸葛亮那边就知道了。聪明的他第一时间便反应了过来，看来自己是被李平给骗了。

于是，诸葛亮带着李平给自己伪造的信件便进入了皇宫，当着李平的面质问李平这封信是哪里来的。李平争辩不过诸葛亮，在黔驴技穷的情况下只能如实认罪。诸葛亮乃与刘禅道："陛下，自先帝去世以后，李平不管国政，只致力于治理家业，喜欢施小恩小惠，安身求名而不考虑国家的事情。臣当初要出兵北方之前曾想让李平来镇守汉中，李平却百般推辞，没有半点儿前来的意思，反而要求自领五郡、担任巴州刺史。去年臣准备西征，还想让李平帮臣镇守汉中，李平却以司马懿之威胁拒绝了微臣。微臣实际上是知道李平那庸俗鄙贱的想法的，就是想趁微臣西征之时逼迫微臣以获得好处，因此微臣上表推荐李平的儿子李丰主管江州，提高他的待遇，以应一时之急。等李平到达之日，微臣将所有的重要事情委托给了李平，朝中一众文武都对微臣的这种做法感到奇怪。可当时的事情就是这样，大事未定，汉室危机，与其指责李平的短处逼他造反，不如褒奖他，让他对陛下忠心。微臣原本以为李平在心中的虚荣得到满足以后便会一心一意为国家造福，岂料他还是本性难改，如此颠倒善恶。如果还任由这种人继续下去的话，微臣担心国家的祸乱就要来到了。微臣不明智，话说得太多了，还请陛下恕罪。至于李平，陛下自行处罚吧。"

话毕，诸葛亮默默地站在一旁，再不多言。

这之后，刘禅废李平为平民，并将其族人皆迁徙往梓潼。李平从此告别了蜀汉的政治舞台。

公元232年二月，魏明帝曹叡再有伐蜀之意，乃于朝堂上和群臣展开议论。当天，几乎所有的文臣武将不赞同曹叡讨伐蜀国，毕竟上一次三路伐蜀之事相去不远，这才没过多长时间，怎么又要大动刀兵呢？

对于这些议论之声，曹叡是心有不满的，可见满朝文武皆不赞同，他也没法说什么，只能走一步看一步。

就在曹叡即将罢了这种心思的时候，却见侍中刘晔不发一言。

于是，在廷议结束以后，曹叡私自召来了刘晔，并询问道："子扬啊，朕觉得现在伐蜀正是最佳时机，不知你意下如何呀？"

刘晔，这是个一辈子算无遗策的超级谋士，也是个一辈子别人都没听过他建议的超级衰神。他是三朝元老，史料虽然未载其生年，但估计最少也得六七十了吧！和他同期投靠曹操的那些谋臣要么就是入土了，要么就已经是"三公九卿"了，后辈也因此而得到了庇佑。甚至连比他晚投奔曹操的司马懿都已经做到了大将军的位置。而他刘晔呢？到现在还只不过是一个侍中而已。

刘晔不甘心，无法甘心，所以在晚年的时候，他变了，变得不再坚持自己的观点，而是曲意逢迎。所以，当曹叡问及刘晔能不能攻击蜀汉之时，刘晔昧着良心说："能！"

这话一说，曹叡立马精神了，马上便将攻击蜀汉提上了日程。

就在刘晔刚刚出皇宫的时候，皇宫外的大臣却是都在等着他，并急切地问道："子扬，陛下和你说了什么？"

刘晔："陛下问我这次能不能攻击蜀国。"

群臣："那你怎么说的？"

刘晔："我说不能。"

话毕，群臣这才放心地离去了。

可数日以后，曹叡决定伐蜀的消息传到了众臣耳中。他们一听这话就迷糊了，怎么满朝文武都反对他曹叡还一定要去呢？这不是犯浑吗？

基于此，中领军杨暨找到了曹叡，并恳切地规劝他不要出兵。结果呢？曹叡不屑地对杨暨道："你一个书生，懂得什么行军打仗？我说能伐就一定能伐。"

杨暨不服气道："陛下您还真别这么说，刘侍中属于军事专家，跟随武帝征战一生，从未失算，他经常和臣说不能伐蜀的理由，所以陛下要是一意孤行的话必定失败而回！还请陛下三思。"

"哈哈哈！"杨暨话音刚落，曹叡便哈哈大笑道，"那是以前了，朕之前本来是想取消本次军事行动的，可问过刘侍中以后他告诉朕可伐，所以朕才决定伐蜀。"

杨暨："什么？这，这不可能啊，前两天刘侍中还和我说了很多不能伐蜀的理由呢。"

"……"

话毕，场中一片寂静。不一会儿，曹叡和下面人道："你，去将刘侍中给朕叫过来。"

不一会儿，刘晔快步赶来，当他见到杨暨和曹叡之后就觉不好。可他反应也是迅速，没等曹叡开口便和曹叡道："陛下能否让我和您单独谈一谈。"

曹叡明显一愣，然后对杨暨和周围人摆了摆手。等大家都退走以后，刘晔这才生气地道："出动举国之兵而去讨伐其他国家，这是一项非常重大的决策，臣得知这件事情以后如履薄冰，甚至连睡觉的时候都怕说漏了嘴，泄露了军情。怎敢再主动向别人去说？用兵之道在于诡诈，军事行动还没有开始的时候，事情做得越是机密就越好。可陛下还没等出兵便已经将这事儿公开泄露，我恐怕现在敌国已经知道这个消息，进而对我们有所防范了啊！"

话毕，曹叡赶紧对刘晔道歉，进而毕恭毕敬将刘晔送出了大殿。而看到在大殿等候的杨暨，刘晔也没有客气，劈头盖脸便是一顿训斥："休先（杨暨字）啊，不是我说你，渔夫钓到一条大鱼，就要放长线跟随在后，必须耗费它的体力，等可以制服它的时候再将其拉回，那就没有什么得不到的了。而你认为，帝王的威严难道只是一条大鱼而已吗？你认为，陛下表面上的意思只是那么简单吗？休先你固然是一名正直的大臣，你的计略却不足，所以凡是做一件事之前实在不得不好好考虑一下啊。"

杨暨虽然听得云里雾里，但感觉这话说得不凡，还是赶紧给刘晔赔罪了事。

这下，刘晔放心了，自己终于将此事给挺过去了，可他错了。这件事情过后，一些睿智的官员便开始怀疑起了刘晔，认为这个正直的大谋士已经变了。所以当即前往曹叡处对其道："陛下，臣觉得刘侍中变了，变得开始曲意逢迎起了陛下。"

曹叡皱眉道："这话怎么说？"

官员："刘侍中是最不建议伐蜀的大臣之一，不管是先帝还是您想要伐蜀，他都是第一个站出来反对的。可如今，蜀国并没有以前弱小，我们魏国也没有以前强大，他为什么要赞同呢？"

曹叡："这……"

官员："这也是微臣的一个猜测而已，不过想要验证真伪还是很容易的。陛下现在就将刘晔召来，问他一些相反的常识性问题，并带有您的意识在里面，如果他回答的结果都和陛下相反，那就证明刘晔还是以前那个刘晔。可如果陛下您的问题他全都赞同了，那就证明他刘晔变了，变得开始曲意逢迎。"

曹叡感觉很有道理，便召刘晔往大殿询问。结果，一切让那个不知名的官员猜中了。

当天，曹叡问了刘晔很多问题，刘晔全都顺着曹叡的意思答了下来，这使得曹叡对刘晔非常不满，所以没几天便取消了伐蜀行动，并将刘晔从侍中转到了大鸿肺的位置。

大鸿胪，这是九卿之一，位置也算是尊贵了，可得到了这个位置的刘晔一直开心不起来，因为曹叡从此便冷落自己。周边的那些同僚也因为自己的曲意逢迎而从此和自己疏远。

刘晔，这个坚持理念一辈子的人终究"晚节不保"，从而整日抑郁，没过多长时间便患了重病，进而离开人世。

见此情此景，我们又能说些什么？说刘晔不该在老了以后放弃自己的理念？还是说刘晔不该为了自己的家人而改变自己的理念？

可谁又知道，之前刘晔频频献计，谁又听从他的了呢？可如果将刘晔的位置换成贾诩的话，我想，他早就上去了。所以说，情商有很多时候要比智商更加重要。

本节参《三国志》《资治通鉴》

1.18　孙权和张昭

公元232年三月，曹叡开始东巡，沿途慰问生活不能自理的孤寡老人和那些贫困百姓。

同月，满宠上奏洛阳道："合肥城南临近长江、巢湖，北面远离寿春，所以敌军围攻合肥肯定会据水岸优势。基于此，我军每每救援都需要硬撼敌军主力，这是十分困难的。而合肥城西三十里处有奇险可依，应该在此处再建合肥新城，这样就能切断敌军的退路，给他们的攻城造成极大困扰，还请陛下予以批准。"

书信传到洛阳，使得朝中一众文武开始热议。这里面有赞同的，有不赞同的。可最后，在满宠的再三陈述下，曹叡还是采纳了满宠的建议，开始在合肥城西建造合肥新城。

同月，吴大帝孙权遣将军周贺、校尉裴潜走海路往辽东向公孙渊求购战马。

七月，魏国三朝元老，时任司徒的董昭去世。

九月，公孙渊数次私通东吴并与东吴进行战马交易的消息传到洛阳，曹叡闻讯而怒，遂遣殄夷将军田豫率军前往征讨，可就在田豫即将兵进辽东之际，曹叡突然取消了这次军事行动，并命田豫暂时屯军于原地（原因：战线太长，敌军人多势众，曹叡没底了）。

田豫却上奏曰："陛下，据臣估计，吴匪的船只要想返回吴国必须在年底才可，而年底风急，他们一定会因为害怕而向东边停靠。按路程来估计，他们一定会将船队停靠在成山（今山东半岛东端）。那成山没有掩藏船只的地方，所以一旦停留必会为我所截获，还请陛下恩准。"

当田豫这封信到达洛阳的时候，洛阳的那些大员简直将田豫当成一个小丑笑话。为什么？辽东到东吴何其之远？你田豫算是个什么东西，就能料定他吴匪必在成山登岸？还一定会刮上大风？你拿自己当神仙不成？

因此，当时满朝的官员都对田豫嗤之以鼻，并建议曹叡赶紧让这个不知天高地厚的小子滚远点儿。只有杨暨，这个直臣，在曹叡即将弃用田豫之时，他站了出来，并力挺田豫，声称田豫是一个能提前料敌数步的军事天才，希望曹叡能给田豫一次机会。

曹叡见杨暨吵嚷得声嘶力竭，还真被他"唬"住了，乃批准了田豫的奏请。

这之后，田豫当即行动，他率众急往成山，并将所有的部队分别布置在了成山四周，形成了一个八方埋伏的局面，他自己则进入成山，登上了当初西汉武帝祭祀上天的高楼来指挥作战。

十一月下旬，吴国船队从辽东开始往吴国返回，可就在返回的途中突遇大风，很多船只撞在了山上而沉没于大海。周贺见状不好，紧急命令船只往成山停靠。

可就在吴人刚刚停完船只并登上岸边之时，突闻杀声震天。然后，无数的魏兵冲杀而来，将这些全无防备的吴人和新购买来的战马全都俘获了。

此战使得孙权损失惨重，田豫更是立了天大的功劳。可哪怕立了如此大的功劳，曹叡依然没有给予田豫应有的奖赏。

为什么呢？

当初，田豫曾督领青州各军，成了青州最有权势的人物，时任青州刺史的程喜心里不爽，便经常找田豫的麻烦。而田豫不仅做事雷厉风行，脾气也是暴，他见程喜不配合自己，便威胁程喜，扬言再不配合工作便要弄了他。

程喜不敢得罪田豫，只能低头认错，可这仇恨的种子便从此在心中生根发芽。

直到田豫生擒了吴人以后，程喜知道曹叡喜欢珍珠，又听说田豫私自将战利品分给了士兵一些，便上奏曹叡言："陛下，田豫虽然有点儿战功，却军令松弛，据可靠消息，田豫得到的珍珠要比金银还多，他却拒不上交，还都私藏了起来，还请陛下能给予处分。"

就像程喜知道的那样，魏明帝曹叡是一个非常喜欢珍珠的家伙，所以当他收到这封信件以后非常不喜，本想处罚田豫，但因为田豫这次功劳真的非常大，便没有处罚，但只字不提封赏之事。

所以，田豫这一次算是白忙活了。

同月，卫将军、中书令孙资和散骑常侍刘放越来越受魏明帝曹叡宠幸，所以朝中大臣争相讨好，只有辛毗对二人不屑一顾，所以被排挤出京师。

十二月，曹植去世。

同月，公孙渊见与魏国的关系已经无法挽回，乃遣使往建业称臣，并携带大量骏马与貂为贡品。

233年正月，郏县地方官上奏洛阳，声称本县一口井中出现了青龙。

二月，魏明帝曹叡亲自往郏县观看那所谓的青龙，并改年号为青龙。

三月，公孙渊的使者到达建业，孙权以国宴之礼招待，当即准了公孙渊的请求，封其为燕王，并决定遣太常张弥、执金吾许晏、将军贺达率万人，携大量金银珠宝、奇珍异货及九锡之礼前往封赏公孙渊。

这一出可把下面那些大臣吓坏了。吴臣顾雍赶紧站出来劝谏道："陛下，公孙渊两面三刀不可轻信，您这样对他恩遇实在是太过了，我觉得只派几名官员携带一点礼品就足够了。"（注：顾雍，字元叹，A$^+$级行政大臣，东汉名臣蔡邕的学生，并且青出于蓝，但凡治理一地必使其富足，凭借其杰出的政治才华被孙权看重，便进入建业成为中央大员）

孙权："这话说得不对，公孙渊在辽东实力强大，足以牵制曹魏。如果不对他有厚实的礼遇，那么他就不会为朕用命，我们也就达不到三面攻击曹魏的目的了。"

"非也！"孙权话音刚落，两朝老臣张昭便站出来道，"公孙渊之所以来臣服我们吴国，其根本目的就是惧怕魏国，所以臣服我们东吴根本就不是公孙渊原本的志向，只不过想逼魏国和自己谈合罢了。我可以断定，一旦这些人到达辽东以后，他们必会成为魏国的俘虏，再也回不来了。"

张昭，这个可恶的老匹夫，这个招人恨的恶人，当初大哥死的时候就是他横加阻拦，差点儿让自己坐不上吴主之位。当初在赤壁之战前，就是他带头让自己臣服于曹操，差点成为别人的俘虏。可那以后这老东西还在不停地劝谏自己，不停地给自己出谋划策，要不是因为他在东吴德高望重，自己早就将这个老东西给处理了，他怎么还有脸在自己面前咋呼？

孙权对张昭是恨得咬牙切齿，但因为张昭在东吴的声望太盛，他还是选择婉拒了张昭。岂料张昭"变本加厉"，见孙权不听从自己的建议竟当场和孙权理论了起来，且言辞激烈。

这一下可把孙权这些年积累的怒气全都引爆了，只见孙权按着腰中宝刀满含杀气地道："你张昭在吴国德高望重朕知道，朕吴国的士族在宫内参拜朕，在宫外参拜你朕也知道。所以，朕敬重你已经到了极点。可你呢？屡次在大庭广众顶撞朕，这难道就是你嚣张的理由吗？我告诉你，不要再嚣张了，不要逼朕做出朕不想做的事。"

孙权这话里话外的意思已经很明显了，就是想要治张昭了。可张昭呢？满不畏惧地道："这么多年了，我虽然知道陛下不会采取我的意见，但每次都会向陛下建言，这是为了什么呢？实在是为了先主和太后临终时的嘱托啊。"（话外之音：我向你建言完全因为其他人，而不是因为你，你爱听不听，但我必须说。）

话毕，好像是开始怀念孙策一样，老张昭直接流下了伤心的泪水。

孙权看着这个恶心，直接将佩刀扔到张昭的面前便拂袖而去。这啥意思？明显是要张昭自杀呀。

可张昭并没有，而是回到了家中，并从那天以后以患病为由，再不去参与朝政了。

孙权很生气，便命手下将士将张昭家门口堵住，不让他出门。而张昭呢？料定孙权这次必定失败，而失败以后他一定又会来找自己，便反从内部将大门堵住。

如此，君臣二人开始怄上了气。那结果到底会不会如张昭所料呢？我们拭目以待。

本节参《三国志》《资治通鉴》

1.19 恶果

公元233年三月，公孙渊使者往东吴之事传到了洛阳，魏明帝曹叡听罢立即命毌丘俭为幽州刺史、度辽将军兼乌桓校尉，并率大批部队驻扎于东北方向。

毌丘俭一到，北方诸少数民族大人立即遣使往洛阳上贡，东北因此镇服，甚至连公孙渊都感受到了巨大的军事压力。

六月，鲜卑轲比能同步度根结盟，并率一万多骑兵前往接应步度根，意图两方会师以后开始袭击魏国边境。

并州刺史毕轨因此上表曹叡，请求引大军在两方会师之前主动出击。

曹叡见过毕轨的奏书以后立即回信曰："出征可以，但你要记住，活动范围一定要控制在边塞内，赶走步度根就可以了，千万不要出去边塞之外。尤其是句注山（今山西省代县西北二十五里），绝对不能跨越它，不然就会被这些骑马民族游击而亡。"

曹叡的回信很快，可毕轨一是因为军情紧急，机不可失；二也是料定了曹叡必会答应他的建议，所以在上奏之后便径行出兵了。直到曹叡遣使去寻找毕轨之时，毕轨已经越过句注山到达阴馆一带（今山西省朔州市朔城区一带），并遣将军苏尚、董弼率一千多骑兵前往追击步度根（此时步度根已闻魏军到来，不敢与其交锋，乃率军而退，这也就是说，此时的步度根还没有完全下定决心和魏军交恶，不然就一千多的骑兵根本不够将步度根吓跑）。

就在这时，轲比能的部队却突然到达战场。他可对魏军没有什么顾虑，乃遣兵马直奔魏军杀了过去。结果，这一千多人连带苏尚、董弼皆为轲比能所杀。毕轨见状不好，便率大军急速撤退。

这一次魏军的兵败，使得轲比能士气大盛，遂率本部兵马和步度根的部队在魏国北边境疯狂杀伐掳掠。

曹叡见此，遂命大将秦朗（秦宜禄和杜夫人之子，深得曹操喜爱）率数万大军前往征伐。

结果，轲比能和步度根的联军在魏军的打击之下一战即溃。

不是说鲜卑人的战力在北方诸多少数民族中能排在第一位吗？怎么会这么不禁打呢？

原来，步度根的那些手下在魏国边境待得好好的（步度根自曹操时代投降魏国以来，魏国给步度根部众的政策就特别好，所以双方一直相安无事），根本就不赞成背叛魏国，是步度根强逼他们反叛他们才不情不愿地和步度根走的。之前将魏军战胜了还好说，可现在洛阳方面已经派出了大军征伐他们，这说明什么？说明他们再无一丝胜算。

基于此想法，这些鲜卑部众在即将交战之时突然投降倒戈，使得鲜卑联军大溃。

轲比能见状不好，便赶紧引军撤去，并在撤回漠北以后斩杀了已经没有任何利用价值的步度根。

公元233年十月，庲降都督、绥南中郎将张翼因为执法严厉，使得蜀国南部的少数民族首领刘胄起兵造反。

见此，张翼立即携本部兵马讨伐，可双方才刚刚开始战斗，成都方面便有调回张翼的调令。

原来，诸葛亮认为特殊地域就要有特殊的政策，类似张翼这等执法严厉的人根本不适合在此种地方为官。因此，乃令宽厚的马忠率一部士兵前往替之。

调令到来以后，张翼的部下们都认为张翼应该第一时间返回成都请罪，不然晚到一步恐生变故。张翼却坚决道："事情不能这样做，我是因为蛮族造反，不称职才被召回的，但是接替我的人现在还没有抵达战场，我有责任在新任统帅到达之前为其囤积粮草，建造壁垒，为消灭反贼做好万全的准备，怎么能够因为个人的私事而毁掉国家的军队呢？"

就这样，张翼一边抵抗着刘胄的进攻，一边广积粮，筑壁垒，终于在马忠来到以后将一个完整无缺的军队交到了马忠手中。

回到成都以后，诸葛亮对于张翼的这种行为赞赏有加，所以事后非但没有惩罚张翼，还从此对其重用。

最后，南边战场。

马忠所率兵马和张翼的兵马会师以后，兵力已经超越了刘胄的反叛军，再加上粮食充足，壁垒坚实，所以士气非常之高。

马忠见状，直接率大军对刘胄展开了突击。

结果，刘胄不敌蜀军，被打得狼狈而逃。南部叛乱因此被轻松平定。

事后，为表马忠之功，诸葛亮上奏刘禅，希望能封马忠为监军奋威将军，并封博阳亭侯。

刘禅予以批准。

公元233年十二月，孙权那一万多人抵达辽东，公孙渊以隆重的礼仪将这些人接到了腹地，然后瞬间翻脸，当即砍掉了张弥、许晏等人首级送往洛阳，又全吞一万多吴人和所有的金银财宝。

魏明帝曹叡收到了张弥和许晏的首级以后非常高兴，当即封公孙渊为大司马，并赐乐浪公。

反观此时的孙权，他的心情却是和曹叡形成了鲜明的对比。

时间：公元233年十二月某日。

地点：建业皇宫正殿。

此时，所有的吴国文武全都在大殿之下，却没有一个人敢于发声，现场针落可闻。而正坐于大殿之上的孙权却闭着眼睛一声不吭。

大概一炷香的时间以后，孙权缓慢地睁开了他的双眼，他没有愤怒，也没有激动，只不过看着前方，以一种极度冷淡的声音道："朕今年已经六十了，这人世间的困苦基本上没有朕没经历过的，朕自认为聪明，自认为不会为人所骗。可最近却被一个鼠辈当成猴一样耍着玩儿。呵呵，哈哈哈哈，实在是让人气涌如山。如果朕不能亲手斩掉公孙渊那颗狗头，朕还有什么脸面再为国君！你们都听着，即日起，所有将军要整顿好自己的军队，朕要倾举国之力越过大海，将公孙渊那颗狗头扔进海里去喂鱼！哪怕为此使国家颠沛灭亡也在所不惜！"

本节参《三国志》《资治通鉴》《三国志·吴书》《魏略》

1.20　孙权和张昭（终）

话毕，孙权不想给一众文武机会，就想退朝而去。

可就在这时，陆逊、薛综、陆瑁先后拼死力谏（三人前前后后说了好几千字，略），从各个方面阐述了倾举国之力攻击辽东的弊端，这才使孙权放弃了攻击公孙渊的想法。

散朝以后，孙权深深为自己之前的行为而自责，又想起了当初不听张昭之言的情形，乃遣众人往张昭家中，将张家门口的土堆搬走，并请张昭入朝。

可当众人推门欲入之时，发现张家的大门竟然推不开。后来，通过打听，众人这才知道，原来老头已经在里头同样用土堆将大门堵住了。

那些官员无奈，只能回到皇宫将事情如实相告。

孙权也知道老头因为之前的事情生自己的气，所以也没深究，而是又派出了很多的官员前往去请。可每一次去请张昭都没有应答过一次，看来老头是铁了心不再搭理孙权了。

可就是这样，孙权依然没有要深究张昭的想法，毕竟张昭在东吴德高望重，又是自己先前的错误才将事情闹到这种地步，所以孙权便打算亲自去请。

几日以后，孙权借口出城踏青，"正好"路过张昭家中，便亲往其家中，对着门口叫喊张昭，让其和自己一起出城。

可张昭哐当一句"患病，动不了"，让孙权当时干愣在当场。

孙权这次也是怒了，一次次请你不来也就罢了，老子现在都亲自向你道歉了你还这样，好嘛，给你脸你不要是不？有种你就别出来！

就这样，孙权退出了张府，然后直接命卫兵将张昭的大门给烧了。

一时间，张府浓烟滚滚，孙权看在眼里好不得意，就等姓张的那个老头求饶而已。

可一段时间过后，火势越来越大，里面的张昭一丁点儿动静都没有。而直到这时，孙权怕了，怕一不小心弄死这个老不死的会徒增骂名，重复春秋时晋文公和介子推的故事，便赶紧命人将大火灭了。

这之后，孙权耍起了流氓，就蹲在门口不动弹了。那意思不要太明显，就是告诉张昭，你要是不出来，我就一直蹲在你家不走了。

他张昭可以不要命，可张昭的两个儿子不敢啊，见事情要闹大，张昭的两个儿子不顾老头的反对，连哄带骗地将其拉到孙权面前。

孙权也不废话，赶紧将张昭拉到了自己的马车里，然后第一时间返回了皇宫。

回宫之后，孙权当着老头的面这顿道歉，不为别的，只希望张昭从今以后能够照常参加朝政，并向张昭保证，以后一定会听从张昭的劝谏。

说实话，张昭是真不愿意再回来了，因为他知道，孙权始终对于他在孙策死前的那一番话有所记恨。同时，他又管不住自己的那一张嘴，知道继续这样下去早晚会遭到杀身之祸，这才说什么都不愿意回朝。

但见孙权如此模样，张昭又知道，孙权无论如何要靠自己来维持一个圣明皇帝的样子，这才在百般不愿的情况下答应了孙权的请求，进而重新返回了朝中。

本月月末，有可能是要拿曹魏来撒气吧，孙权亲率大军前往攻击合肥。可当大军即将登陆之时，孙权发现曹魏的合肥新城已经建好，而因为现在的合肥和新城已成犄角之势，所以孙权不敢登岸，只能率船队在江上二十余天而不敢动弹。

当时，扬州都督满宠主要负责抵抗孙权的侵攻，他的手下们全都认为孙权见两城难攻，定会不战而退。

满宠却道："退是一定的，但不会如此轻易地退去。之前孙权为公孙渊所骗，使他的威严大大受损。我猜，为了找回身为皇帝的威严，这贼子定然在出征之前吹大牛，所以如果就此退去，他就等于白白出征了一次，反而更惹人讥笑。基于此，这贼子定会在这段时间登岸来炫耀自己的兵力，然后才会撤去。我军则可在此之前将部队埋伏在淝水一带隐秘的地方，到那时，贼军必为我所破！"

就这样，满宠提前好几天在淝水岸边的隐蔽之地布置了六千多突击骑兵。

结果，事情果然如满宠所料。

几日以后，孙权不甘就此撤退，乃率军登岸炫耀兵力。可就在孙权大军刚下一半之时，突闻战鼓雷鸣。然后，魏国骑兵呈四面八方之势向吴军奔杀而来。

此时，吴军刚刚下船一半士兵，无法结阵，见魏军冲杀而来顿时大乱。

孙权见此赶紧命已经登岸的士兵返回登船。所以吴军将士争相登船，场面如一团乱麻，数之不尽的士兵在登船的途中被挤下了淝水，还有将近一千的吴兵无法及时登船被魏军生擒。总之，孙权这一次偷鸡不成蚀把米，狼狈地逃回了吴国，丢人丢到家了。

公元233年，真是孙权的灾年。

本节参《三国志》《资治通鉴》

1.21 诸葛亮第五次北伐

公元234年二月，已经稳稳发展国力三年的诸葛亮亲率空前之十二万大军突出斜谷，往郿县，兵锋直指渭水之南。

时曹魏大将军司马懿正屯军渭水之北，闻听诸葛亮十二万部队前来大惊失色，遂召开军事会议询问诸将办法。

一众将领认为，诸葛亮大军新来，士气正盛，应该死守渭水以北，用防反之法应对诸葛亮的进攻。司马懿却不赞同这样做，因为渭水南部土地肥沃，是众多百姓屯集之地，一旦蜀军将此地全占，那么自己将陷入绝对的被动。

因此，司马懿力排众议，第一时间渡过了渭水，并在渡过渭水之时背对着渭水结阵筑垒，以此来抗击蜀军的侵攻，如西汉韩信伐赵故事。

见坚固的背水壁垒已经筑成，司马懿这才放心地和一众将领道："诸葛亮若出武功（今陕西省眉县东五十五里渭水南），依山而东，那形势就有些麻烦了。可如果诸葛亮急功近利，西上五丈原（武功西十里），那蜀军攻我就没有地利可用，我大事便可定矣！"

数日以后，诸葛亮果然西上至五丈原，司马懿和诸将见此大喜，都认为大事即将成功，只有扬武将军郭淮以此为忧。

郭淮认为，诸葛亮本次西上五丈原，恐怕其目的并不是在争夺地盘，而是要将整个战略基地从汉中北移至祁山和天水。因为如果这样的话，整个渭水便会成为蜀国的交通运输线。如此，在资源的运输方面，蜀国就会将劣势扳平。

基于此想法，郭淮乃向司马懿建议，希望司马懿能对诸葛亮多多防备，并在北原屯驻大量兵马，以防右侧翼遭到袭击。

可郭淮的战前预判实在多出司马懿太多步，使得司马懿根本不相信这是真的，便没采纳郭淮的意见。直到蜀军攻下陈仓、雍城，开通故道（今陕西省宝鸡市经凤县至汉中市略阳县之道），更以支军攻击天水，且用"流马"运陇西之粮出渭河以后，司马懿才发现了问题的严重性。

可直到现在，这个著名的军事家依然没有屯重兵于北原。

郭淮见此大急，几乎咆哮着对司马懿道："大将军！若诸葛亮占据北原，连兵北山，便可完全隔绝陇道！如此，我方将陷入完全被动之局面！而这还不是最关键的。最关键的是，此局面一旦形成，西北民心将再不依附我大魏！到时，西北危矣！"

这话一说，司马懿当即猛醒，遂命郭淮率一大部重兵屯于北原。

那郭淮得兵之后不敢有半点儿怠慢，连夜便抢占北原，并不准士兵睡觉，让他们用最快的速度在北原筑建防御壁垒。

当时，魏军根本没有诸葛亮的消息，所以都在心中痛骂郭淮是一个神经病。可就在第二天清晨，他们终于知道了，郭淮是一个多么睿智的男人。

因为就在这时，诸葛亮所率蜀军神兵天降一般突然来到了北原，后即对魏军发动了凶猛的攻势。当时北原之壁垒还没有筑建完毕，蜀军来势凶猛，所以魏军有些心慌。

可郭淮临危不乱，一边分派人手抢筑壁垒，一边亲在前线指挥作战。

那天，整个北原充斥着各种厮杀之声，郭淮率军奋战整整一天，终于挡住了蜀军的攻势。

这之后，郭淮拖着疲惫的身体指挥各部轮番修建壁垒，终于在第二天天亮之前将防御壁垒修建完毕。

这之后数天，蜀军再次对北原发动了不间断的攻势，可此时北原壁垒已成，魏军还占据着高地优势，所以士气极高，使得蜀军费尽九牛二虎之力都不得尺寸之功。

于是，又是几天以后，蜀军不再管北原，而是继续向西行进了。

当时，所有的将领都认为，这次蜀军向西一定是要攻击北原西围之地，进而对北原形成夹击之势，所以都希望郭淮能率军向西围驰援。

郭淮却不这么认为，他和手下诸将道："诸葛亮用兵求稳，从来不行险招，如果他继续往西边走的话，很容易被我军断了去路。这不是他的风格，所以我料定，此必为其声东击西之计，其形于西，但必攻我东围之阳遂！"

有此判断以后，郭淮即刻命一将率部曲往阳遂死守。

而这一次又被郭淮猜中了。那蜀军看似往西，但就在行军至中途之时突然向东急转，后便对阳遂发动了凶猛的攻势。

可郭淮早有准备，所以蜀军再次以失败告终。

由是，诸葛亮东进受阻于司马懿，渭水进路又为郭淮所阻，乃移兵而西，攻取散关等地以后再回军攻击司马懿。

可司马懿防反战术已定，不管诸葛亮怎么挑衅他都坚决不出营。诸葛亮知道司马懿这是想等待自己粮尽以后自行退兵，他好坐收其功，但诸葛亮这次势在必得，怎么可能让司马懿称心如意？遂分兵屯田，并让这些士兵杂于渭滨居民之间，以为久住之根基。

如此，蜀军两月间便开垦荒田数千顷，与本地居民互助灌溉以耕，故百姓安乐，军无私焉。更分建军营、仓积谷，还有渭水上游运来之粮，所以蜀军之粮草亦无忧矣。

基于此，魏、蜀双方陷入了长期的对峙。

好，蜀国这边就先说到这，下面我们再来看看吴国。因为就在魏、蜀双方展开大对峙的时候，孙权又展开了一次大型的军事行动。

其实早在蜀汉大举征伐曹魏之前，诸葛亮便遣使往建业，向孙权透露了本次征伐魏国的时间，并希望孙权能在自己征伐魏国的同时配合自己对魏国发动战争。

孙权当时是答应得好好的，可当诸葛亮出兵以后他没有于第一时间出兵。为什么？

七个字，"用力少而建功多"。

四个字，"贪小便宜"。

总之，一直到公元234年五月，孙权见蜀军已攻入渭河流域，并与司马懿陷入了大对峙，这才分三路大军共同伐魏。

本次作战，上大将军陆逊（大帅）、大将军诸葛瑾（副帅），率荆州之兵攻魏之襄阳，意图全吞荆州。

镇北将军孙韶与奋威将军张承（张昭长子）率扬州之兵自广陵（时吴、魏两国皆有一广陵郡，吴国的广陵郡治所在堂邑，即今江苏省南京市六合区北，魏国的广陵郡治所在淮阴，即今江苏省淮安市淮阴区）往攻魏国徐州淮阴，意图全占广陵之地。

第三路则为主力大军，兵力十万，由孙权亲自统率，其军自建业出发，往攻合肥新城，意图攻陷合肥两城以后继续向北，彻底将魏国南部打残。

于是，魏国东、西两面受敌，朝野震动，莫知所措。

时任扬州督的满宠当时正在寿春，闻听孙权十万大军来攻，便欲集结庐江和淮南二郡的士兵往救新城。

而就在此时，殄夷将军田豫却向满宠建议道："都督，贼军此次大举征伐，所图绝非小利，如果都督再想像上次一样主动袭击孙权，怕是会很危险。"

满宠："嗯……说下去。"

田豫："如果我没猜错的话，孙权本次征伐的首要目标便是合肥新城，其作战目的便是要引我军前往救援，这样便能一勺烩将我军歼灭，进而连下合肥。而新城易守难攻，粮多墙厚，还有相当数量的守军，因此，孙权想要很快地拿下是根本不可能的。所以，我们应该任由吴军攻击新城，挫其锐气。而等时间一长，吴军必然疲惫，到时候我们再行反击，必能大胜吴军，重复逍遥津之故事。此为防反之精要，还请都督三思。"

话毕，满宠陷入了久久的沉思，然后道："可如果孙权看出了我们的计谋怎么办？"

田豫笑道："如果孙权看出这一计策必不再攻城，时间拖久了士气也会尽失，到那时候还是会自行撤退。如果我们在那时尾随其后进行攻击的话，一样会将孙权打得狼狈而逃。所以，只要采用防反之策，不管他孙权能不能看出来，我们都必胜无疑！"

一开始，满宠是对田豫这个办法非常满意的，可一段时间以后，因为双方兵力差距太大，使得满宠改变了想法。

当时，扬州有很大一部分东方士卒正分批休假在乡，满宠便上表请求召回，并希望洛阳方面能派遣精锐的中军兵（西汉之驻京北军，东汉之中央野战军）前往支援。

此时的洛阳，曹叡已经收到了满宠的求援书信，但西面蜀军逼迫甚紧，使得其一时间拿不出什么主意，便临时召开廷议，询问京中群臣办法。

散骑常侍刘劭闻此乃道："陛下，吴军人数众多，而且刚刚到来，锐气正盛。满宠守军人少，又是在自己的地方作战，所以即便出击也无法取得胜利。因此，他请求援军是没有什么问题的。微臣认为可以先派遣中军步兵五千、中军骑兵三千作为先头部队前往支援，并在途中扬言陛下已率大军数路出征，势必生擒孙权。这样，便能在援军到达之前就先行对孙权进行震慑。而等士兵即将到达合肥之时便疏散队列，多置旌旗、战鼓以显示兵力，然后带领部队从敌军背后出现，占其退路，扼其粮道。如此，敌军必震惊而逃，我军便可不战而胜了。"

曹叡感觉刘劭这话非常有理，便行采纳，并在部队出行的同一时间致信于满宠曰："从前光武帝（刘秀）因为占据了略阳而打败了隗嚣。先帝在东设合肥、南设襄阳、西设祁山而数次挡住了蜀贼、吴匪的进攻，其原因正是这三个地方易守难攻。如今之新城要比合肥更加坚固难攻，吴军绝对无法在短时间将其攻下。所以朕只给你一个任务，那就是把新城牢牢守住，等到朕亲自带兵前往征伐孙权。到那时，老贼必为朕所败。"

此信很快便到了满宠手中，扬州魏军闻听援军将来，曹叡更是要御驾亲征，皆士气振奋，拼死防守。

公元234年六月，洛阳八千援军抵达合肥，孙权却看出了魏军的虚张声势之计，并没有什么畏惧，反倒加快了对合肥新城的进攻。

曹叡见吴军开始对新城展开猛攻，猜到己方虚张声势之计已被识破，乃决意亲征东吴，遂令征蜀护军秦朗统率步骑两万西入关中，归司马懿节度，协力拒蜀，并下死命令言："朕即将亲征东吴，因为东吴舍弃了自己的优势，所以此战我大魏没有败的可能；而你的任务只有一个，那就是给朕死死地拖住蜀军，绝不能让他们前进一寸！"

公元234年六月中旬（一说七月），魏明帝曹叡登龙舟，亲率庞大之舰队往合肥疾奔。

此消息很快便传到了孙权处，孙权听后大惧，不敢和曹叡交战便赶紧撤退了（时吴军已攻新城一个多月都没有建树，所以士气开始跌落，战斗力急剧下降）。

而因为孙韶的二路军距离孙权很近，所以在很短的时间收到了消息，便也随之撤退了。

直到现在，只剩下陆逊的一军还在攻击襄阳而已（因为路途比较远，所以陆逊和襄阳太守皆不知孙权已退的消息）。

七月，孙权的使者先一步到达了襄阳附近，将此时的战况告诉了陆逊，并让陆逊火速撤退。

陆逊答应以后便准备撤退，并让亲信韩扁往孙权处，表示自己知道了。可不巧的是，这韩扁还没等走出荆州便为魏国的巡逻兵所擒。

这代表什么？代表襄阳太守已经知道了东线的战况。而知道了东线的战况他就可以肆无忌惮地牵制陆逊，一直牵制到援军到来，那样便能一举消灭这个魏国的心腹大患！

于是，襄阳太守立即组织部队出城，意图对陆逊行牵制之事。

与此同时，副帅诸葛瑾已经撤退（陆逊与诸葛瑾各率一军分别布置，而诸葛瑾所统率的正是水军，更方便撤回吴国境内），并致信陆逊："帝驾已经归还，敌军俘虏了韩扁，必知我军虚实，现在河水已干，还请上大将军火速撤兵！"

这一回，陆逊没有再回复诸葛瑾，而是照常命令士兵们开荒种田，自己则每天都和亲信下棋射箭。

当时，诸葛瑾的手下们都认为陆逊疯了，要不然怎么会行如此无脑之事，只有诸葛瑾想了半天以后对其手下道："伯言足智多谋，他这么做一定有什么理由。"

基于此，诸葛瑾没有再行撤退，而是安顿好士兵以后疾速往陆逊军中询问原因。

陆逊见诸葛瑾亲自前来，这才一本正经地道："魏贼知道帝驾已还，便没有什么再值得忧虑的事情了，必集中火力对付我。现在，他们已经守住了陆路的各关卡要道，想要瓮中捉鳖。因此，我们的士兵已怀恐惧之心，强行撤退必为魏贼所败！所以，子瑜你现在立即率水军悄悄向我军靠近，等我军登船即可。其他的事，你什么都不用管。"

诸葛瑾对于陆逊是非常有信心的，既然他说没问题那就一定没问题。

于是，诸葛瑾当即返回，并率水军缓缓往距离陆逊最近的港口而去。

反观陆逊，几乎在诸葛瑾回去的第一时间便率大军突往襄阳方向。

魏人素来畏惧陆逊，所以当陆逊往襄阳以后，襄阳太守便赶紧率众狼狈撤回了襄阳死守。

这之后，陆逊将襄阳团团围住，日日求战，哪有半点儿畏惧的样子。

有些人就是这样，你软他就硬，你硬他就软，陆逊这种表现使得襄阳太守大屁，甚至开始怀疑起孙权退军情报的真实性了。

几日以后，陆逊感觉差不多了，便率众大摇大摆地撤到了诸葛瑾早已给他准备好的船只上。

而直到陆逊撤退，襄阳太守都没敢再有半点儿追击的意思。

好了，孙权本次声势浩大的北伐行动就这样虎头蛇尾地结束了。我们再看看西部战线，看看诸葛亮和司马懿之间的进展如何了。

公元234年八月，此时诸葛亮和司马懿已经对峙了一百多天。在这一百多天里，诸葛亮无数次遣使往司马懿营中求战，司马懿却一次都没有出战过。这种战术虽然奏效，但得不到半点儿军心，司马懿手下那些将领早就想和蜀军决一死战了，不过碍于曹叡的命令，他们不敢发作而已，可实际上已经对司马懿有所不满。

司马懿也知道现在的情况，所以看在眼里急在心中，却没有半点儿办法。你能出去和诸葛亮死拼吗？赢了还好说，一旦输了，别说赢得军心了，恐怕自己和一家老小的命都得交待了。

就在司马懿不知如何是好之时，诸葛亮却送来了司马懿欲"瞌睡"而急需的"枕头"。

这个月的某一天，诸葛亮再次遣使往司马懿处，并送上了女人穿的衣服，用以形容司马懿这种窝囊的统帅连女人都不如。

见此女装，司马懿偷偷地看了一眼周围将领，见这些五大三粗的老爷们儿已经满脸通红，很明显是要憋不住了。

见此，反应迅速的司马懿一下扔掉了手中的衣物，并故作愤怒地道："来人啊！"

"在！"

司马懿："给老子上表陛下，老子要出击，要砍掉诸葛亮的人头！老子不能再忍了！"

"这……喏。"

就这样，司马懿"满含怒气"的信件送到了曹叡处（时曹叡还未回到洛阳）。曹叡看后大惊，赶紧令口才了得的卫尉辛毗持节西往司马懿处，并下死命令，无论如何不能让司马懿出击，务必将龟缩战术进行到底。

辛毗以八百里加急之速，很快便到达了渭南大营。巧的是，诸葛亮正好又在这时候请战，而司马懿见辛毗已来，彻底放下了心，便装作非常气愤，不顾曹叡命令也要出击决战的样子。

辛毗不知道司马懿是装的，当即持节堵在了军营门前，以死谏之方式阻挡准备出击的魏军将士。

见此，"无奈"的司马懿只能带兵回撤，从此不再言决战之事。

此时的蜀军大营，位于诸葛亮身边的姜维叹息道："唉……有辛毗贼子在，恐怕司马懿以后也不会主动出战了。"

"呵呵，呵呵呵，哈哈哈哈哈哈。"

姜维话音刚落，诸葛亮便在一旁大笑起来。姜维不无疑惑地道："丞相您为何发笑？"

诸葛亮："我笑伯约实在天真可爱。那司马懿本就没有战意，所以不管辛毗来不来，最后的结果都不会有半分改变。"

姜维："这，这是为何？"

诸葛亮："正所谓将在外君命有所不受，如果司马懿铁了心要和我争胜的话，他还会憋着气去等辛毗的到来？还会遣使往洛阳报告？根本不可能，干就完了。可司马懿并没有这样做，这就充分说明了问题。况且，司马懿是一个订了军事计划就不会轻易改动的人，现在这种情况也只有防守才能将我方逼退，所以他就更不能轻易撤退了。这个道理他司马懿绝对不会不明白。所以我说，这老小子本来就没有要和我决战的想法。他之所以要装作如此愤怒，不过是要给下面的将官看罢了。"

姜维："那接下来我们要怎么办？"

诸葛亮冷笑："等，现在我方军粮充沛，不怕和魏国耗，只要时间一长，魏军必出破绽。到那时，便是我蜀军大破魏军之时。所以我们现在只能继续遣使者去羞辱司马懿，然后就是等，仅此而已。"

数日以后，诸葛亮再遣使者往司马懿处请战。而司马懿呢，还是不出意外地拒绝了他的请求。

　　大概是因为这使者出使的次数太多了吧，已经和司马懿相熟的他竟然在处理完国事以后和司马懿聊了起来，并且越聊越是投机，司马懿以"相见恨晚"为由还请这名使者吃了一顿饭。

　　酒过三巡，司马懿不无感慨道："唉！我与诸葛丞相虽为对手，但多年交手下来无时不感叹其才华，如果我们同在大魏，相信一定会是非常要好的朋友吧。不知诸葛丞相现在的身体如何呀。"

　　那使者大概是喝多了吧，犹豫都没犹豫便感慨道："唉！我家丞相事事躬亲，凡二十杖以上的刑罚都要亲自审问，现在每日饮食已不到几升，睡眠更是时有时无。"

　　听得此言，司马懿先是一愣，然后暗中冷笑，再不复多言。

　　待使者走后，司马懿哈哈大笑着和手下道："诸葛老贼现在的饮食已经到这种程度，烦事还一天天地增多，他还能有几天活头？传令各部随时做好出击的准备吧。"

　　司马懿是很乐观的，因为他料定诸葛亮近期必死！而事实也确如司马懿所料。

　　本月中下旬，诸葛亮突然病重，据说连平时出行都要坐在车上，让人推着才能行动。刘禅听闻此事以后非常害怕，赶紧遣尚书仆射李福前往问候。

　　数日后，李福来到诸葛亮的军营，和诸葛亮说了一些话便走了。可几日以后，李福再次到来。诸葛亮未等李福说话便笑着道："我知道你要问的是什么，其实不用不好意思，我死以后，蒋琬足可接替。"

　　话毕，李福不好意思道："多谢丞相大度，不过还请丞相恕罪，小臣想问，蒋琬百年之后又有谁能代替？"

　　诸葛亮："费祎。"

　　李福："那费祎之后又有谁能代替？"

　　话毕，诸葛亮深深地看了一眼李福，之后再无话语（因为这问题问得实在有些二，要不是诸葛亮有些素质，保不准得像当初刘邦骂吕雉那样骂李福了）。

　　李福尴尬一笑便不复多言。

　　公元234年10月8日，诸葛亮死于军营，蜀军撤退，由是，诸葛亮最后一次北伐亦以失败告终。

　　对于诸葛亮这个被演义神话的人物，现在很多人对他褒贬不一，有的人说他文武双全，有的人说他就是一个阴谋家，其他什么都上不了台面。

　　而就我个人的观点认为，诸葛亮是一个相当强悍的人物，甚至刘备之所以能三分天下，诸葛亮都要占据绝对首功。

　　最早的时候，曹操挟天子以令诸侯，孙权借父、兄余荫发展江东。只有刘备，惶惶如丧家之犬而无尺寸之地。

　　在当时，天下只有南北双雄，且大有曹操一统天下之势，绝无三分天下之可能。

　　然而，诸葛亮一出便定刘固孙，不出数年使刘备拥有荆州大部及整个益州。我知道，说到这你肯定会说，这和诸葛亮没有什么关系，都是刘备英雄了得。可我想反问，没有诸葛亮隆中三分之议，他刘备会如此发展吗？没有诸葛亮治理地方的超强能力，他刘备能够肆无忌惮地攻击益州吗？

　　我可以很负责任地说，不能！

　　可以说，刘备巅峰之时曹操不敢以强兵南进，孙权不敢以阔境妄动，这全都是诸葛亮隆中之指导所致。

　　刘备死后，诸葛亮外表为臣，实行君皇之令。可就在这种情况下，他依然能做到上不生疑心，下不兴流言。这是一般人能做到的吗？你不要和我说什么刘禅蠢，群臣懦弱，他们谁都不蠢，谁都不懦弱。只能说，起码在当时，诸葛亮确实是鞠躬尽瘁的。

　　诸葛亮总管整个蜀国的政治以及军事，几乎无岁不征，相继平定南中，数次北伐魏国。可哪怕这样，蜀国的经济实力依然不断向上蹿升。可哪怕这样，诸葛亮时期的正规军水不畏吴，陆不畏魏，此种如妖孽一般的行政能力，此种强悍出色的治军能力，说他是管仲、乐毅也一点都不为过了。

　　不过，在军事上，诸葛亮虽善治军、奇谋，用兵也无懈可击，却不善奇兵，也不敢出奇，这确实是他的一大短板，绝不可忽略。所以西汉萧何荐韩信，春秋管仲举王子成父，这都是以彼之长补己之短。

　　其实在当时，诸葛亮手上确实有一张好牌，不过可惜的是诸葛亮并没有敢用，这不得不说是一大遗憾啊。不然谁知道魏延会不会成为第二个韩信呢？

　　综合以上，我认为诸葛亮在政治上是绝无仅有的妖孽存在。可在行军打仗上，他真的应该再加强一些胆量。

　　公元234年10月8日，诸葛亮死于军营，时年五十有四。长史杨仪、将军姜维等人怕诸葛亮之死引起军心震动，便秘不发丧，悄悄整军后退。

　　蜀军走后，当地百姓为免魏军秋后算账，便齐齐跑到司马懿处向其汇报此军情。司马懿料定诸葛亮此时必死，所以全无顾忌，遂率全军追击之。

可姜维与杨仪早就猜到司马懿会来追击，便在司马懿追来之时反旗鸣鼓以击之。

见此，司马懿蒙了，诸葛亮不是死了吗？他死了蜀军还会有如此威势？莫不是诸葛亮没死？难道这一切，包括之前那个使者都是诸葛亮设计的？

想到这，司马懿小心脏怦怦跳，不敢再有半点儿迟疑，当即率全军撤回渭南大本营。而姜维和杨仪则趁着此天赐良机率军撤退了，一直到进入蜀国境内才宣布诸葛亮的死讯。

当时，各地的百姓都嘲笑司马懿，说他"死诸葛吓走活司马"。司马懿听了却满不在乎地道："这有什么好丢人的？我能猜到诸葛亮生前的想法，难道还能猜到他死不死？"

后来，司马懿带军前往之前诸葛亮的营地，看过诸葛亮的营垒布置以后不无感叹地道："诸葛亮确实是天下奇才呀！"

诸葛亮死了，其最后一次北伐行动也结束了。可随着诸葛亮的死，蜀国发生了一连串的连锁后果，使得蜀国整个一年都不得安宁。而这第一个后果，便是魏延和杨仪的全面决裂。

本节参《三国志·魏书》《资治通鉴》《中国历代战争史》《汉晋春秋》《晋阳秋》《读史方舆纪要》

第二章　抵抗

2.1 魏延和杨仪

蜀汉前军师魏延，他自以为武勇过人，善待士卒，可以比拟西汉初期的韩信，常恨诸葛亮不尽用其才；更恃有大功于国，所以性格高傲，瞧不起这个，看不上那个。

可因为魏延的资格确实很老，人家也确实有能力，所以大家也没说什么。只有杨仪对其不屑一顾，常常用言语讥讽之，所以二人就好像水火一般不能相容。

按说，这种时候诸葛亮必须舍弃其一，可魏延勇冠三军，杨仪机智干练，他真的舍不得，便就一直当和事佬，将二人的仇恨暂时压了下去。

可当诸葛亮一死，这俩莽货终于爆发了生死冲突。

之前，诸葛亮病危，眼看便要归西，于是便同杨仪和费祎安排撤军事宜，并命令道："我死以后，大军立即撤退，可令魏延断后，姜维所部在其之前。魏延这人一向高傲，恐怕不会服从你们的命令。到那时，你们不用管他，自行撤退便好。大军一撤，魏延独木难支，便也会撤退了。"

数日后，诸葛亮身死，杨仪秘不发丧，并遣费祎前去命令魏延率军殿后。可当魏延收到杨仪的命令以后勃然大怒，当着费祎的面吼道："丞相虽然去世，但蜀军还有本将军在，怎能因一人而废天下大事？丞相的遗体让相府的亲信送回成都便好，本将军自当率领大军继续攻击魏军。况且我魏延是何等人？他杨仪又算个什么东西？英雄岂能受狗熊的制约？"

费祎见魏延如此德行，也不好再说，便只能告辞，意图离去。魏延却在此时拉住了费祎，皮笑肉不笑地道："费大人就这么走了吗？"

费祎疑惑道："魏将军还有何事？"

魏延淡淡道："本将军刚才已经说了，天下大事不可因一人之死而废，我想继续带领大军攻击魏国，可上没有陛下诏书，下无众人拥戴，您费大人德高望重，深得丞相器重，还请与我联名做书，这样我也好有凭证统率大军。"

此时的魏延已经陷入了疯癫状态，搞不好就有抽刀的可能，费祎不敢违命，便只能虚与委蛇，暂时和魏延做了联名书信，并宣誓听从魏延的安排。

当这些做完之后，费祎却和魏延请示道："将军，现在正是团结一致抗击魏国之时，可杨仪手下还有很多士兵，我们如果不能将其手下之兵统一，那断没有击魏延："你什么意思？"

费祎："我的意思是，现在便让我前往杨仪处，让他听从将军您的指挥。杨仪是个文官，很少经历军事，一定不会违抗您的命令。"

魏延感觉有些道理，便答应了费祎的建议。可事后一想不对呀，那杨仪和自己势如水火，怎么可能在没有陛下的命令下听从自己的命令？再者说，费祎和杨仪关系不错，而自己却少有朋友，费祎怎么可能会帮助自己来对抗杨仪呢？

想到这，魏延后悔了，便派人去追费祎。

可这时候费祎早就跑没影子了，还上哪去找？无奈，魏延只能遣斥候往杨仪处观察，看杨仪如何行动以后再行定夺。

可让魏延崩溃的是，那费祎前脚刚一到杨仪处，杨仪便令三军启程回京了。

魏延见此大怒，遂弃殿后任务，先杨仪、姜维等人一步往回疾奔，并一边烧毁栈道，一边遣使往成都污蔑杨仪，说他已经造反了。

而杨仪呢？见魏延先自己一步南返，料定魏延是要弄自己，便也遣使往成都说魏延谋反。

两人的使者几乎在同一天抵达成都，刘禅没经历过这事，不知应该如何处理，便召开廷议，询问群臣办法。

当时，董允和蒋琬都担保杨仪不会造反，反而是性格高傲乖僻的魏延最有造反可能，所以都劝刘禅小心魏延。

刘禅深以为然，便做好了攻击魏延的准备。

杨仪方面，当他们吓走了司马懿后便迅速南返，并砍伐山林打通道路，日夜兼程紧随魏延其后。

魏延却先一步到达南谷口，然后占据险要攻击杨仪（魏延绝不能让杨仪活着返回成都，不然两方当庭辩论，他是绝对地理亏，毕竟诸葛亮死前有令在先，魏延违抗军令私自行动在后）。

当时，后主刘禅的命令已经到达了杨仪所处，杨仪将刘禅之令拿出示众，大军顿时士气大增，而跟随魏延的士兵却士气低落，且开始出现逃兵，更有大部士兵有反水可能。

见此，熟悉军事的魏延知道，这仗不能再打下去了，便舍弃大军带着自己的几个儿子往汉中方向奔逃。

反观杨仪，他了解魏延的本事，知道这货现在已经是蜀汉第一将军。对于这种人，刘禅是绝对不会杀死的，没准以后还会对其重用。

基于此，杨仪绝不会再给魏延活命的机会，乃命马岱率一部骑兵对魏延一行人展开疯狂的追杀，并在魏延未到汉中之时成功将其一家诛杀。

好了，自己唯一的政敌死了，自己已经成为蜀汉最厉害的存在（杨仪自己这么认为），光明的未来正在向自己招手，丞相的宝座已经唾手可得，哈哈，哈哈哈哈哈。

杨仪想得非常美好，现实却又是那么骨感。因为杨仪回到成都后不久，刘禅便开始了官场大洗牌（诸葛亮死后刘禅便取消了丞相之制，以尚书令为内官之首，如东汉初期制度，其主要原因还是诸葛亮死后，蜀汉丞相的权力实在太大），可杨仪并没有被封为他理想中的官职，而是单单被封了中军师。

中军师是个什么官职呢？说白了，没有具体的统管工作，不过是一闲职而已。反观和自己同期的蒋琬却被封为了尚书令、大将军、益州刺史、安阳亭侯，进而总统蜀国军政大权。

那么这是什么原因呢？还是因为诸葛亮。

要知道，当初诸葛亮可不仅仅向刘禅推荐了蒋琬，还说了一句"杨仪虽然精干，但心胸狭隘，不能大任"啊。所以才有杨仪今天的局面。

可杨仪不知道诸葛亮这话，也不理解刘禅为什么这样做。在他心中只有一股怨气，而这股怨气随着时间的推移越积越大，到最后，杨仪成了一个"疯子"。

公元235年正月，杨仪的"病情"已经发展到了见谁都要抱怨两句的程度，并且抱怨的话语越来越敏感，使得朝中大臣见了杨仪便跑，根本不敢和他有半点儿的交流。只有费祎，依然肯和杨仪交朋友，有事没事还会去杨仪家中拜访一下，算是尽了朋友的义务。

可直到本月，这个义务算是彻底尽完了，因为杨仪说了实在不该说的话。

那天，两人交谈还算不错，所以杨仪留费祎在家吃了一顿酒。可几杯马尿下肚，杨仪又开始了。

只见这没脑子的东西愤愤然道："当初丞相刚刚去世之时，我如果率军投靠了魏国，现在最次也是朝中大员，怎么会落得如此下场！真悔不该当初，要是那时候投奔了魏国该有多好。"

这话一说可把费祎吓坏了，杨仪上嘴唇一碰下嘴唇倒是算了，可别连累他呀！

费祎不敢隐瞒（否则就是同党了），遂将此言汇报于刘禅。刘禅念及杨仪多年劳苦功高，并没有将其杀死，不过贬为平民，流放汉嘉了事。

可杨仪自己作死，到汉嘉以后别不过这个劲儿来，一顿上书诽谤朝廷，其言辞激烈强悍无比。刘禅实在受不了这个疯子了，乃命郡府逮捕杨仪。

数日以后，杨仪在狱中自杀身亡。

杨仪呀，黄泉路上快点儿跑吧，兴许你还能追上魏延。如果真有下辈子的话，真的，你可长点儿心吧。

本节参《三国志》《资治通鉴》

2.2 过渡

好了，杨仪和魏延这码事儿就说到这吧，我们继续正文。

公元234年十一月，蜀军已归，刘禅大赦天下，后进行人事大变动。封蒋琬为尚书令、大将军、益州刺史、安阳亭侯，继诸葛亮统领蜀汉军政。

任姜维为右监军辅汉将军、平襄侯，统率各路军队，以分蒋琬之权能。

任吴懿为车骑将军，总镇汉中防务。

任何平为后典军、安汉将军，率本部兵马协同吴懿镇守汉中。

任邓芝为前领军、江州都督、阳武亭侯。

任费祎为后军师，等等。

在最开始的时候，蜀汉文武对于蒋琬是非常不服的，毕竟此人是后来才投奔的蜀汉，算不得开朝元老。可蒋琬确实有一手，他执政一段时间以后，蜀汉国内之人心逐渐平复，经济也开始稳定，更重要的是，蒋琬为人和善，对待同朝为官的同僚们更是客气有加，从来不玩儿什么官威。所以，蜀汉的大臣们渐渐接受了蒋琬掌权的事实。

公元234年十二月，诸葛亮逝世的消息传到吴国。孙权怕魏国趁着诸葛亮新死而一举灭掉蜀汉，乃屯大军于巴丘。美其名曰准备时刻协助蜀汉抗击魏国，实际上却是想趁魏国攻击蜀国之时瓜分地盘，以此抗击魏国。

为了应对孙权此等不要脸的做法，刘禅乃屯军于永安防备，并遣使往建业安抚孙权。

公元235年正月，诸葛亮逝世的消息传到洛阳，而吴国也在此时将防线收缩，再不敢轻易攻击魏国。这使得魏明帝非常高兴，因为凭借魏国的地盘、资源，没几年便能将蜀、吴甩出几条街。等到那时候，这两个国家还不是任凭他曹叡蹂躏？

想到这，曹叡那多年如履薄冰的感觉逐渐消失，转而开始放心，开始享受。所以曹叡于本月开始大修洛阳宫，并起昭阳、太极二殿，使得魏国徭役繁重，百姓不堪重负。

见此，陈群、卫臻、王基、高柔、杨阜、高堂隆（复姓"高堂"）等魏国重臣前后上书十余次拼死力荐（好几千字，略），这才使曹叡稍稍收敛，但营建工作终究无法制止。

同月，曹叡任司马懿为太尉，并赏金无数。

同月，曹叡重置朔方郡，并开始在西北屯集兵力，貌似有意发展西域势力，实际上却是给蜀、羌、鲜卑以军事压力，让它们不敢妄动。

四月，刘禅任费祎为尚书令，分蒋琬之权，美其名曰继位者。

七月，曹叡遣使往建业，想用优质战马换取吴国大量珍珠。孙权没有丝毫犹豫，当即应允。

八月，魏明帝曹叡开始沉迷于美色而不可自拔，甚至后宫中女官的俸禄可以对比朝中重臣。廷尉高柔以西汉文帝为例劝告曹叡，却未能让曹叡采纳。

同月，曹叡开始身穿华服四处游玩打猎，有时候好几天都不处理政务。众多朝臣因此劝谏，但都未被曹叡采纳。

本月中下旬，曹叡再修九龙殿，并开渠引水，用玉石制作水井，彩缎包裹井栏，让水从玉雕蛤蟆口中流入，再从玉雕神龙口中流出。

王朗、杨阜、毋丘俭皆劝谏曹叡，却都未被采纳。（注：这只不过是曹叡营建宫殿的一部分，还有很多极度奢华的装修我都懒得说了，总之曹叡这一年的行为绝对称得上动摇国本，真真儿的昏君之举。）

九月，曹叡任毋丘俭为荆州刺史。

十月，扬州督满宠突然出兵袭击吴国地区，并大面积烧毁吴国庄稼而去。孙权对满宠这种做法气得是咬牙切齿，但终究没敢反击。

十一月，魏幽州刺史王雄使刺客韩龙刺杀了鲜卑大人轲比能。

轲比能死后，鲜卑群落陷入了混战，从此无暇顾及中原，此为鲜卑最为黑暗的时期。

不过大难不死必有大生，可以说，鲜卑留给中原皇朝的时间不多了。

同月，孙权遣使往高句丽处结交，希望高句丽能和自己一起抗击魏国。

结果，高句丽王根本没有搭理孙权。

公元236年三月，吴国著名政治家张昭去世。从此，再无人能够限制孙权，孙权真正无所顾忌。

四月，在孙权的命令下，东吴开始铸造大钱，以一当五百。（注：之前孙权就想这么干，结果为张昭所阻。）

从大禹建夏到三国时期，很多君王铸造过大钱，可最后没有一个人能够成功，不仅没有促进经济发展，反而接连造成通货膨胀，货币贬值。究其原因，还是在于其无法有效地限制假币流通。

那么孙权就能够成功吗？

走着瞧吧。

同月，武都氐帅苻健率众依附于蜀，其弟则降魏。

五月，魏司徒董昭去世。

七月，孙权再遣使者往高句丽处，却为高句丽王所杀，并将首级砍下献于洛阳。

十月，太子四友之一，大将军诸葛瑾长子，丹阳太守诸葛恪成功灭掉丹阳一带之山越，为吴国添丁增口。

十二月，又一大治国能臣，魏司空陈群去世。

公元237年正月，魏国地方官报本地出现黄龙，曹叡听取大臣们的意见，遂改历法，变每年十二月为岁首。

同月，孙权在吴国恢复服丧三年之法，使得吴国朝廷执行力大大降低。

二月，吴国虚假大币横行，造成通货膨胀，货币贬值，越来越多的百姓无法生活，遂揭竿而起，但皆被陆逊平定。

本节参《三国志》

2.3 我有病

公元237年三月，魏国庐江主簿吕习秘密遣使往建业，请求归顺吴国，并希望孙权在近期能攻击庐江，他愿意为内应，配合孙权拿下庐江。

孙权闻听此事极为高兴，当即遣朱桓及全琮率大军前往进攻。可就在吴军进入庐江境内之时，消息提前泄露。吕习被斩杀，魏国大批兵团也正在向庐江集结。

吴大帝孙权大惊，即令朱桓和全琮赶紧撤退。可庐江太守李膺岂能放过这个端掉吴军的大好机会？遂出整个庐江之兵前往追击，意图拖住吴军并将其全歼。

当时，在撤退的归路上有一条溪水，此水宽三十多丈，深八九尺，浅的地方也要有四五尺，所以部队行进缓慢，很快便被李膺所部追上。

此时，吴军的后背正对着魏军，如果李膺在半渡之时发动攻击，吴军必被全歼。所以，吴军一时间陷入恐慌。

朱桓见此，立即领千人精锐冲到部队的最后方直面李膺。他就那么死死地盯着李膺，李膺不动他不动，李膺一动他就拼命。

朱桓这人脾气暴躁，性格高傲，但论勇猛彪悍闻名三国。

李膺被朱桓盯得发毛，越发畏惧，所以一直到吴军全部渡过溪水都没敢发动进攻。

是啊，魏人就是畏惧朱桓到了如此程度。而这种畏惧还不仅仅是魏国人，吴国人也少有不怕朱桓的，哪怕是他的顶头上司。

本次出征，主帅实际上是全琮，朱桓不过副帅而已，可孙权了解朱桓的为人，知道他耻于被同僚领导，便也给了他一个元帅之位，率领一部和全琮协同作战。

撤退以后，全琮感觉本次作战无功而还特别羞耻，便打算带着部队来个回马枪，真正拿下庐江。

可全琮知道，朱桓这莽货一根筋，只会按照孙权的命令行事，找他商议无异于自找无趣，可不找他又不甘心。这可怎么办呢？

就在全琮一筹莫展之时，孙权不知出于何故，竟派好友、时为侍中的胡综前来做监军。

见此，全琮特别高兴，便私自与胡综对此事进行了商讨。

胡综感觉全琮此计甚好，便行应允。

于是，全琮瞒着朱桓偷偷调遣部队，意图"生米煮成熟饭"。

可朱桓行军打仗一辈子，军事嗅觉何其敏锐？见各部稍微变动便知全琮其意，遂往全琮大帐质问。

当天，朱桓和全琮到底说了什么史料并没有记载，只记载了朱桓越说越气越说越气，到最后，其手竟然按在了刀柄上。

全琮怕朱桓弄死自己，赶紧对其道："陛下任命的胡综为督将，这都是他的建议，和我没有关系。"

听毕，朱桓愣了一下，然后拂袖而去，再不和全琮有半点儿交集。

回到自己的大营以后，朱桓即刻派人往胡综处，请胡综入营一叙。并与此同时和手下一亲信道："一会儿胡综来了，我给你个手势，你小子给我制住他，我亲自了结了他的性命。"

这话一说，朱桓那亲信蒙了，但见朱桓如此狰狞的面孔也没敢再说什么。

不一会儿，胡综前来拜见朱桓，见此，朱桓立即和那亲信道："去，把胡综给我请进来，入帐以后再动手。"

亲信默默点了点头，没有作声，可当他见到胡综以后悄悄说道："胡大人快走，我家将军犯病了，他要杀你。"

话毕，胡综深深地看了那人一眼，然后转身便走。

大概半炷香后，朱桓见胡综没有进来，感觉事情有些不对劲儿，便出营查看。

可就在这时，见自己的亲信跪在面前，周围却不见胡综人影。朱桓一下就明白了，于是不由分说，抽出佩刀便斩杀了那亲信。

朱桓军佐见朱桓实在太过浑蛋，赶紧劝谏道："将军，××这么做也是为了您好，胡侍中少年时便陪伴陛下长大，是陛下最好的朋友，您如果杀了他，那……"

噗……未等军佐说完，朱桓又是一刀结果了他的性命。

朱桓这时候已经疯了，彻底地疯了，周围将兵见双眼通红的朱桓，哪里还敢有半点儿劝谏之词？基本上都躲到一边去了。

而一炷香过后，朱桓也知道自己犯了大错，如果什么都不做就这样回建业必逃不过一死，哪怕孙权想放过他也不可能。

想到这，朱桓便借口自己狂癫病发作，当即逃回了建业，并向孙权请罪。

按说，朱桓这种行为足以将其论罪诛杀了，哪怕为了严正军法也要将其诛杀才行。可孙权怜惜他的功劳和才能，没有将其诛杀，而是以狂癫病为由将其送到中洲疗养了，如同西汉霍去病、李敢故事。

那天，孙权亲自将朱桓送到了城外，并拉着他的手道："现在敌人还在，朕的宏图大业还没有完成，你应该和朕携手，共同和朕完成天命。你现在先去中洲'疗养'，一段时间以后朕自然会让你当五万大军的统帅，相信你的狂癫病以后不会再犯了吧。"

朱桓尴尬地挠了挠头，然后一本正经道："上天授予陛下神圣的英姿，陛下定能成功一统四海。臣卑微无能，却得陛下厚爱，一定助陛下扫荡群贼。到那时候，臣……臣这病自然就会好的。"

就这样，朱桓前往了中洲，成功逃过了一劫。

唉，看来有些东西真的是不死金牌，不管干什么都不用负责。

本节参《三国志》

2.4 亡国三样已占其二

公元237年四月，曹叡继续在洛阳铸造巨型铜人、巨型纯金黄龙和巨型纯金凤凰，并起土山于芳林园，种植珍奇植物和饲养异兽。

钟毓、王肃、孙礼轮番劝谏（字数太多，略），但皆未得曹叡听从。

三月，曹叡大赦天下，并改年号景初。

六月，洛阳发生地震。

七月，曹叡要求辽东公孙渊前来洛阳朝拜，公孙渊没有听从。

同月，曹叡重新任免毌丘俭为幽州刺史，并以公孙渊不来朝拜为口实，命毌丘俭出兵平定。

公孙渊不惧魏军，竟主动率军迎击，并于交界处将毌丘俭击败，从此自称燕王，改元绍汉，并设置百官建立政权。

八月，曹叡开始命令沿海州郡大批量制造战船，准备从水、陆共同向公孙渊发动攻击。

可就在这时，魏国四个州突然暴发大型水灾，曹叡赶紧出动人力物力对灾区进行支援，此事便暂且搁浅。

十月，吴国丹阳太守诸葛恪再出全军兵马攻击山越族，屠杀村落无数，抢得越民十万，得甲士四万。孙权极为高兴，遂命诸葛恪为威北将军、都乡侯。

这之后，诸葛恪上表孙权，希望孙权能命自己屯兵庐江，给自己军事自主的权力，并向孙权承诺，数年之内定吞下整个扬州。

此种胆气令孙权敬佩、高兴，但为免出现什么意外，孙权还是没能同意诸葛恪的建议。

在当时，诸葛恪不管是治理地方还是行军打仗都显示了卓越的才华，这颗吴国的政、军双界新星正在冉冉升起，谁都认为无法阻挡。只有诸葛瑾，这个最了解诸葛恪的老父亲不这么认为。

诸葛瑾觉得，诸葛恪这种性格早晚会让诸葛家惨遭灭门灾祸，所以常常为此叹息，就好像当初赵奢信不过赵括一样。

十二月，魏明帝曹叡分襄阳郡之临沮、宜城、旍阳、改四县为襄南郡，并改造四县为军县，形成一道巨大的军事屏障，以此抵挡吴国的寇掠。

同月，张飞之女，蜀国张皇后去世，刘禅立张皇后的妹妹为皇后，紧紧笼络住张氏一脉，使得自己权位巩固。

这之后，刘禅再立刘璿为太子，刘瑶为安定王，并封何平为汉中侯，代替吴懿防守汉中。

公元238年正月，终于处理完政事的曹叡准备彻底消灭公孙渊这个后顾之忧，于是集结了四万正规军准备征伐。

这次征伐究竟派谁却成了曹叡心中的第一难题。那公孙渊在辽东树大根深，很得百姓拥护，本人又善于征伐之事。最重要的是，魏军如果出击，这战线拉得太长，粮草耗费先不说，就是士气的维持也是一大难题，非魏国最好的元帅不能胜任。之前毌丘俭的失败不就正说明了这一点吗？

本来，曹叡是不想用司马懿的，毕竟这么多年司马懿立功太多，军心也在渐渐向其靠拢，如果再让其灭掉公孙渊，怕是会尾大不掉。可现在除了用司马懿以外已再无人可用，所以无奈的曹叡只能再次起用司马懿，任其为本次东征之统帅。

可哪怕这样，曹叡依然不放心，所以在出征以前亲自召见了司马懿，并很客气地道："本来这等麻烦事朕是不想劳烦你的，但既然已经用了你，你就一定要给朕拿个胜利回来。那么你认为公孙渊会对我们本次征伐采取什么措施呢？"

司马懿回答道："放弃前线地盘，迁移根据地，将战线向后收缩，以游击之法消耗我军，这是上策。占据辽水用地利抗拒我方大军，这是中策。坐镇襄平，固守一城而对抗我军，这是下策，必为我所擒。"

曹叡沉默一瞬，然后问道："那你觉得公孙渊会采用什么策略？"

司马懿："一个合格的统帅，必须会冷静分析战局，看清双方之间的差距而运用一些消极的战术。可公孙渊很明显不是这样的统帅，只能说是一个匹夫而已。我猜，他一定会采纳主动迎击的战术，运用中计来对抗我军的攻伐。这便是中下二计了。"

曹叡再问："那这次出征辽东你大概需要多长时间？"

司马懿："向辽东进军需要一百天，平定辽东需要一百天，回军需要一百天，中间休息需要六十天。如此来算，一年可回。"

公元238年正月，太尉司马懿携牛金、胡遵及四万步骑从京师洛阳出发，经由孤竹、碣石向辽东进军。

公孙渊听闻司马懿来攻，一边做抵抗准备，一边遣使往吴国寻求援救。

而当公孙渊求救使者来到吴国之时，孙权狂笑："好你个公孙渊，你也有今天！来人！"

"在！"

"给我把使者给砍了，我要好好羞辱一下这个……"

"且慢！"未等孙权说完，其谋臣羊衜（"道"之异体）赶紧道，"陛下不可如此，杀掉公孙渊的使者，这不过是发泄匹夫的一时怒气，根本不是君王所为。非但不会对国家有益，还会破坏称霸天下的大计。大王不如给公孙渊一个台阶下，然后派奇兵暗中前往，以求公孙渊归附。如此，魏国不能取胜，我方便到，这就会结下一份善缘，赴义的形象也将传之万里。如果双方难解难分，那么我们这些奇兵就抢夺辽东资源而还，这样也能报了当初的仇恨。"

听毕，孙权默默点头，对此提议表示深深赞同。

数日以后，公孙渊使者满意而归，走时还带去了孙权慰问信，其内容如下：

"老弟放心，我吴国大军不日便到，还请老弟坚守辽东不要放弃。另外，司马懿这老贼足智多谋，我深为老弟担心，所以还请老弟多多提防老贼。必要的时候，用一些消极的战术也是可以的。"

看过这封信以后，公孙渊只是冷笑不断。

本节参《三国志·魏书》《晋书》《中国新编历史大事年表》

2.5 远征辽东

公元238年六月，司马懿进至辽水，公孙渊则急令将军卑衍、杨祚等率数万步、骑主力依辽水建造二十余里大壁垒阻击魏军。

见此，司马懿决定采用声东击西之计，先在正南多立旌旗，佯攻壁垒，用以吸引燕军主力防守。

然后，司马懿另遣一部绕远渡过辽水，兵锋直指襄平。

其部将对于司马懿这个安排有所不解，便问道："将军为何不遣骑兵攻击敌军背后，而去攻击襄平呢？"

司马懿道："敌军依辽水布置长垒，必有防我后军之准备，所以哪怕我的部队成功绕到敌军后方也不一定能取得胜利。因此，最好的办法便是让他们放弃地利，主动出击，在平原和我们决战。现在公孙渊主力大军皆在此地，老巢空虚，而我军直指襄平，敌军必惧。并且，我军的人数同公孙渊的差不了多少，所以他们一定会主动和我们决战。而一旦这些人舍弃了辽水，呵呵，我还有什么可怕的？"

本月下旬，魏军别部已达襄平境内，卑衍、杨祚大惊，乃主动出击，和魏军决战。

就像司马懿说的那样，燕军虽精，但在陆上作战根本不是魏军的对手（将领的素质、士兵的装备以及步兵单兵作战能力的差距），所以交战没多长时间便为魏军所败。

卑衍、杨祚无奈，只能率残部仓皇撤回襄平。

七月，司马懿大军已达襄平，可就在司马懿打算包围襄平之时，突逢大雨连天，辽水暴涨，平地数尺有余。

魏人因此恐慌，军中思迁营者很多。

见此，司马懿直接对全军发布命令，称有再敢言迁营者，格杀勿论。

都督内史张静没管那个，竟代表"士兵们"前去和司马懿理论。可司马懿根本不听他废话，直接便将张静弄死了。

见到大营门外那颗血淋淋的人头，有些混乱的军心这才开始安定。就在魏军军心稍安之时，公孙渊却顶着大雨出城，且砍柴牧马悠然自得，那个嚣张的样子，简直让人无法忍受。

见此，众多魏将请求出营攻击公孙渊，不将其擒至营中决不罢休。

司马懿却不准，任由公孙渊折腾而不动。

军中司马陈圭见此奇怪地问："当年攻击上庸，太尉您八路并进昼夜不停，所以在很短的时间便行攻克，且杀了孟达。而这次您远道而来，战线拉得很长，可怎么反倒行动缓慢了呢？"

司马懿："当年，我军的兵力是孟达的四倍，粮食却不足一月。而孟达的粮食却足以支撑一年。用一个月的军粮对付一年的军粮，怎能不速战速决？而以四攻一，即使最后损失一半的兵马也是可行的。如今呢？敌军兵多我军兵少，敌军粮少我军粮多，又遇到了大雨。这种情况下，我就是想速战也是不可能的。而从出兵开始到现在，我最担心的就不是敌人如何抵抗，而是怕他们逃跑。如今公孙渊粮食即将耗尽，我军尚未完成包围，所以他之前出来就是试探我们的虚实。如果我们展示了强大的战斗力，这小子必会逃跑。到时，就是再想抓他也不可能了。兵者诡道，善因事变，因此，我们绝不能着急，不然很容易会在彻底包围襄城之前把公孙渊给吓跑。"

就这样，司马懿将计就计，故意向公孙渊示弱，公孙渊因此没有在第一时间逃出襄平。

本月中下旬，连下近一个月的大雨终于停止。

见此，司马懿令大军疾速将襄平包围，并"有节奏"地对襄平进行攻击。

月末，襄平城内的粮食将尽，死伤者甚多，士气也降到冰点。襄平将领杨祚见公孙渊再无胜算，便趁着夜色的掩护率本部兵马投降了司马懿。因此，城内越发震恐，公孙渊也惊惧万分。

八月，公孙渊实在是顶不住了，便遣相国王建、御史大夫柳甫至司马懿处请求解围，并向司马懿保证，从此以后唯魏国马首是瞻。

可司马懿根本没搭理公孙渊，直接便将王建和柳甫全都斩杀了。

本月中旬，魏军攻势日紧，公孙渊招架不住，便又遣侍中卫演来司马懿处，请求魏军解围，并向司马懿保证，以后一定会按期给魏国缴纳贡奉，并送出人质，只要魏国能保证其自治便可。

可司马懿依然没有答应公孙渊的请求，反而更加紧了进攻。

本月下旬，公孙渊实在顶不住司马懿的进攻了，遂携本部兵马突围而走。

见此，司马懿即纵主力兵团疯狂追击。结果，公孙渊在逃至梁水边时被司马懿追上，进而战死。

公孙渊的死，使得辽东诸地再不敢抵抗魏军，遂尽皆投降。

这之后，司马懿进入襄平，下令屠杀十五岁以上男子七千人，又砍杀公孙渊生时任命官员两千余人，以绝对凶残的武力对辽东官民予以震慑。

至是，烦了曹魏数十年的辽东问题终于彻底解决。

本节参《三国志·魏书》《晋书》

2.6　吕壹之死

时间前溯，公元238年三月，就在司马懿即将抵达辽东之际，吴国出现了经济危机。

因为之前孙权造五百大钱，使得伪造大钱流通于世，因此货币贬值，物价飞涨，使得整个吴国的经济陷入了一片混乱。

众人劝谏孙权赶快禁止大钱的流通，可孙权不信邪。他认为，之所以会导致这种情况，关键的问题还在于大钱构造简单，方便伪造。

于是，在本月，孙权取消五百大钱而上一千大钱，并增加了制作大钱的材料和工艺。

那么这一次孙权就能成功吗？

我只能说，他的路，人家汉武帝早就走过了。

同月，魏明帝曹叡分沛国之萧、相、竹邑、符离、蕲、铚、龙亢、山桑、洨、虹十县为汝阴郡。以沛、杼秋、公丘、丰国、广戚五县为沛国。

八月，东汉时曾疯狂一时的烧当羌叛魏，并在凉州一带寇掠，可不到一个月的时间便被魏国凉州刺史注诣（一种说法是《资治通鉴》记载的烧当羌被注诣平定，还有一种说法是注诣本身便是反贼，此处采纳《资治通鉴》的说法）平定，烧当羌王芒中亦死于乱军之中。

九月，吴国有地方官上报建业，声称在地方上看见麒麟。孙权也不查，即表彰地方官，并改元赤乌。

这时候的孙权已经近六十了，这在古代的时候可以算得上高寿了。也许是岁数大了脑子有些迷糊吧，孙权在晚年开始宠幸中书郎吕壹，而吕壹又是一个纯纯的小人，所以开始作威作福。

当时，经常有清正的朝臣指责吕壹，并让孙权赶紧将这货弄下去。可孙权非但不对吕壹有所责怪，还变着法地宠爱他。吕壹因此更加肆无忌惮，经常钻法律的空子来打击政敌。

直到本月，已经有不知道多少政敌被吕壹活活玩儿死。

太子孙登见此大急，所以屡次劝谏孙权，让他赶紧罢免吕壹。

上大将军陆逊和太常潘濬时常因为吕壹的存在而潜然泪下，每每劝谏孙权，希望他能将吕壹给弄下去。可孙权依然没有行动。这就更助长了吕壹的气焰，使得这条疯狗见谁咬谁。

本月，吕壹又诬告丞相顾雍（诬告具体内容无载），孙权因此大怒，竟在朝堂上当着一众大臣的面狠狠地训斥了顾雍一顿。顾雍的丞相之位已岌岌可危矣。

见此，和吕壹有一定交情的黄门侍郎谢厷找到了吕壹道："顾公之事你要如何处理？"

吕壹："你什么意思？要替他求情？"

谢厷："我就问你顾公之事你要如何处理。"

吕壹淡淡道："嗬，不容乐观呦！"

谢厷："好，那我再问你，顾公下去之后，谁最有望接替丞相的位置呢？你可不要和我说是你。你虽然在陛下那很得宠，但资历铁定不够，陛下是不可能让你担任丞相的。"

听毕，吕壹没动静了，而是陷入了久久的沉思。

谢厷没管那个，继续道："行，你不知道我来给你提个醒，潘濬！"

这话一说，吕壹一个激灵，然后默默道："是啊，他是很接近了。"

谢厷："明说了吧，陆逊、潘濬等人恨你恨得牙根直痒痒，你觉得潘濬坐上丞相之位以后会与你和平相处吗？我怕他今天做了丞相，明天就会要你的命。可顾公则不同，他在京城中是出了名的老好人，从来不会行那害人之举，你要是不弄他，他是无论如何不会主动招惹你的，你还是好好想想吧。"

话毕，谢玄再不多言，转身便走。

次日，惊恐的吕壹第一时间找到了孙权，他和孙权说了什么史无记载，最后却是将顾雍的罪名给大事化小、小事化了了。

十月初，又到了领俸禄的日子，通过计算，左将军朱据的手下应该能领三万钱。就在这些部众要去领钱之时，工匠王遂却冒用朱据之令将这些钱全都取走了，使得朱据的那些手下没有得到一文钱。

那吕壹和朱据平时就不对付，所以见此后立即抓住了朱据的一名近臣，并以严刑拷打的方式逼他说这都是朱据指使的。

可那官员对朱据非常忠心，宁死不从，直到吕壹将其活活打死都没去行那陷害之事。

朱据因此伤心难过，厚葬了这名忠臣，并善待了他的家人。

吕壹因此上表孙权，称这些钱一定是朱据遣其私吞的，不然朱据凭什么如此厚葬这名臣子？

年迈的孙权当时便对此事进行了调查，而朱据确实无法表明自己的清白，只能搬出家门，坐卧在草堆上等候定罪。

可就在这时，典军吏刘助却突然抓到了王遂，并在审问之后将事情的始末原原本本地上报了孙权。（这一切太不自然了，虽然没有史料为依据，但我严重怀疑，这都是某些人的阴谋，具体是谁，我觉得不外乎陆逊、潘濬、顾雍或者朱据。）

当孙权听了事情的始末以后，感慨良多，并有所醒悟道："左将军尚且被吕壹污蔑，那之前那些小吏呢？唉，朕看错了人啊！"

见孙权发出了如此声音，朝中众臣深感机不可失，遂集体声讨吕壹，并让孙权赶紧将这个祸国殃民的东西抓起来。

见此，孙权乃命廷尉府将吕壹关到了大牢中去。

当时，主要负责审问吕壹的不是别人，正是顾雍了。按说，之前吕壹曾陷害过顾雍，甚至差点将顾雍从相位上拉下来，顾雍应该对吕壹十分怨恨才是。

可实际上顾雍并没有，而是和颜悦色地审问吕壹。

吕壹当即跪拜顾雍，将自己这些年所有的罪状一股脑地说了出来。卷宗送到孙权处以后，大臣们全都劝孙权弄死吕壹，更有大臣建议应该以烹、烧、车裂之法处死吕壹，只有中书令阚泽和孙权道："法律，是一个国家是否仁道的标志，如果我们用这种方法来处置大臣的话，天下人再看我们吴国可就不是一个清明的国家了，所以还请陛下直接将吕壹砍杀便是。"

孙权："善。"

就这样，权倾一时的吕壹死了。那么他的死会不会重新给吴国带来清明呢？

不会了，因为现在的吴国已经派系林立，相互争权不断，再也回不到曾经了。

本节参《三国志》《资治通鉴》

2.7 曹叡之死

公元238年十一月，蜀后主刘禅封张翼为蜀汉建威都督、都亭侯、征西大将军，给其无限的荣耀。

同月，蜀汉大将军蒋琬携姜维等蜀汉大将率军屯驻于汉中，并狂建军事要塞，有再次北伐之嫌疑。

十二月，三朝元老，扬州督满宠上表洛阳，称自己已经老了，再不能像年轻时那样征战沙场了，所以请求回洛阳养老，图个叶落归根。

曹叡恩准，当即将满宠召回，并提拔其为太尉。

满宠在扬州军政大权一把抓，和吴国斗了一辈子，这一生却分文未贪过，所以家里很穷，根本没有多余的财物。

因此，进京以后，他的身家甚至没有一些小官宽裕。

曹叡为此深受感动，遂下诏曰："太尉满宠在外统兵一生，一心为国家忧虑，却无多余财物。朕敬重！怜惜！所以赏太尉十顷土地，五百斛粮食，二十万钱，以此表彰太尉的品德。"

同月月末，魏明帝曹叡身体机能急剧下降（时年三十有五），大小病不断，整天卧病在床，甚至无法在床上正常坐立。

曹叡深知大限将至，便任燕王曹宇（曹操之子）为大将军，与领军将军夏侯献、武卫将军曹爽（曹真之子）、屯骑校尉曹肇（曹休之子）、骁骑将军秦朗共同辅政。

特别是燕王曹宇,因为曹叡在年少之时和曹宇的关系特别好,所以在死之前特意召唤曹宇,将最大的权柄交给了他,如刘备托孤诸葛亮一般。

而在尔虞我诈中活了一辈子的曹宇深知为官之道,所以并没有立即接受曹叡的任命,而是一让再让,争取三让之礼以后再行受命。

可就在第二次让完以后,事情发生了异变。

之前我和大家说过了,曹叡登基以后,最宠幸的两个大臣就是刘放和孙资。这两人长久掌管机要,仗着有曹叡在后面撑腰经常打压异己,所以在朝中有很多政敌。

当时,在曹叡钦定的这些辅政大臣中,曹爽和刘放、孙资关系不错,曹宇和二人不咸不淡。只有夏侯献和曹肇对二人恨得咬牙切齿,总想着在曹叡百年之后弄死二人。而曹宇又和夏侯献、曹肇关系密切,所以一旦让曹宇成为辅政大臣的头,那二人的结果便可想而知了。

为了避免这种事情的发生,二人齐齐决定,一定要将曹宇弄下去,所以在这以后经常去找曹叡,多说曹宇之坏话。而且,每一次前去拜见曹叡,二人都必带曹爽。

几日以后,曹叡终于心动了,于是对刘放、孙资二人道:"朕欲在百年以后将朝中大权交到燕王手中,可燕王一而再再而三地拒绝朕,他到底是什么意思呢?"

刘放见曹叡的态度已经发生了转变,知道机不可失,便赶紧道:"燕王英明,他自知本身能力不足以辅政,这才严词拒绝,这是为了国家好啊,还请陛下成全了燕王的一片忠心。"

曹叡:"……唉,好吧,那你们觉得谁可以作为头号辅政大臣呢?"

孙资:"武卫将军(曹爽)英明果敢,文武双全,足以胜任头号辅政大臣。"

刘放:"还有司马懿,他在我大魏深得军心,可辅助武卫将军共同治理国家。"

曹叡沉默一瞬,然后看着曹爽道:"武卫将军,如果朕将头号辅政大臣的位置交给你,你能做好吗?"

能不能做好?当然能做好,那曹爽之前也一直是这样想的,可曹爽并不是一个做大事的人,真当机会走到他面前的时候他心中忐忑了。

只见当时的曹爽满头冷汗,紧张得不知该如何回答。刘放见事情要坏,偷偷地踩了一下曹爽的脚，曹爽吃痛之下这才下跪道："臣，臣愿以死而奉社稷！"

曹叡："……好吧，就听你们的吧，朕累了，你们先下去吧。"

就这样，曹叡听从了刘放和孙资的建议，任曹爽为头号辅政大臣，司马懿等人辅之。

几日以后，曹叡却没动静了，诏书也是迟迟未下。刘放、孙资见此大急，便再次前往皇宫游说曹叡。

这时候，曹叡越发虚弱，性命已危在旦夕，所以很费劲地和二人道："你二人的意思朕知道了，你们先下去吧。"

这一回，刘放和孙资并没有走，刘放更是站出来道："陛下，恕臣直言，这种事情，还是尽快拟出诏书为妙，不然恐怕生变。"

曹叡："唉，两位爱卿，朕不是不想写，而是现在身体实在乏累，真的写不动了。"

"这无事……"

曹叡刚刚说完，孙资便上了曹叡的龙床，然后把着曹叡的手写下了他们想要的诏书。

就这样，大事已定，刘放和孙资走出皇宫后便召开了廷议，然后拿着曹叡的诏书，当着文武百官的面叫嚣道："陛下有令，武卫将军曹爽文武双全，忠勇有加，代替曹宇行大将军事，至于曹宇，免去官职，交接完毕后立即返回封地，不得在京师逗留！"

由是，曹爽成了魏国的头号辅政大臣，曹宇含泪返回封地。

同月，倭国（日本）女王卑弥呼遣使入魏上贡，魏国封其为亲魏倭王，给予其"合法"的身份地位。

公元239年正月，司马懿紧急回到洛阳。当时，魏明帝曹叡已经不行了，听说司马懿回来以后赶紧将他召到寝宫，并拉着他的手道："仲达，我死以后就将身后事托付你了，你一定要和曹爽好好辅佐幼子，不可违背。"

司马懿拉着曹叡的手颤颤道："臣，遵命！"

见此，曹叡微笑道："死亡是每个人都要经历的事情，不管他生前多伟大。朕之所以吊着一口气到现在，就是想亲自对你托付后事。现在，朕再无遗憾了。"

话毕，曹叡和一旁的侍卫道："去，将齐王给我叫过来。"

侍卫："喏。"

不一会儿，齐王曹芳走了进来，曹叡指着司马懿对他道："这就是以后要辅佐你的人，千万不要看错，千万要信任他。去，抱着他的脖子，让朕在死前看看你君臣二人的融洽。"

曹芳："喏。"

就这样，曹芳走向了司马懿，紧紧地抱着他的脖子，场面那叫一个温馨。

见此，曹叡慢慢地闭上了双眼，司马懿则在曹叡榻前一边磕头一边痛哭流涕。

公元239年正月，魏明帝曹叡驾崩，齐王曹芳继位。

魏明帝曹叡，其在位初期励精图治，曹魏在他的带领下国力年年增强，可以算得上英明有为的君主了。如果他能够始终如一，相信魏国一定会在他的带领下走上不同的历史道路。

可当诸葛亮死后，曹叡开始纵情任性，他大肆装修皇宫，营建各种娱乐设施，导致国家经济不断下滑，民怨颇大。

这还不算，曹叡还整日声色犬马，经常泡在女人堆中流连忘返，使得身体虚弱，以致年纪轻轻便撒手人寰。

曹叡，这真是一个让魏人又爱又恨的君主。

本节参《三国志·魏书》《晋书》

2.8　曹爽乱政

公元239年正月，魏明帝曹叡驾崩，齐王曹芳继位。

当时的曹芳只有八岁，又不是西汉昭帝那样的神童，所以并没有任何能力处理国家大事，只能从父之命，尊皇后为太后，并给曹爽、司马懿加以侍中官职，授符节、黄钺，都督中外军事，录尚书事。

起初，曹爽十分尊敬司马懿，经常将他当作父辈来看待，但凡有什么政事必拜访咨询，不敢有半点儿独断专行。司马懿对于曹爽这种态度非常满意，所以二人配合默契，相互尊重。

可这世上不怕没好事，就怕没好人。在一些人的撺掇之下，曹爽最终还是和司马懿决裂了。并且这决裂的速度相当迅猛，猛得连司马懿都没有反应过来。

（注：总有人对我说，司马懿天生狼顾，从始至终想反叛魏国。所以曹爽不弄他他最后也会主动去弄曹爽。对此，我个人确实不赞同。也许是我有些天真了吧，我始终觉得，例如曹操、司马懿这些伟人，他们都是有最初的梦想和抱负的。就好像曹操，最初一心要匡扶汉室，怎奈天要灭汉，岂是他曹操一人之力能够救得了的。而等到曹操有能力救汉之时，他已经不能去救了。还有司马懿，我不知道他在曹叡面前流的眼泪到底是真还是假，但我始终怀疑，那个时候的司马懿并没有夺魏之心，而最后司马懿之所以大权在握，其实和曹操也差不了多少，都是被逼的。当然了，这都是我个人对于善的美丽憧憬，不代表历史，不代表大众。我们继续下文。）

毕轨、邓飏、李胜、何晏、丁谧，这些人都是在魏国比较有名的文人，可这些人急于富贵，趋炎附势，都是一些唯利是图的小人。曹叡看不上他们，所以一直没有对这些人委以重任。可曹爽呢？一向与这些小人交好，等曹叡死后更是对他们连番提拔，纷纷安排了朝中的重要职位。

这还不算，这些小人还认为一山不容二虎，一个朝廷有一个辅政大臣就可以了，于是便劝曹爽把司马懿弄下去，进而独揽朝政。

曹爽是一个耳根子极软的懦弱男人，架不住这些人连番忽悠，便在公元239年的二月突然下诏，封司马懿为太傅，削掉了他所有的兵权（太傅位在三公之上，却无实权）。

司马懿当时在魏国具备一定的兵权和影响力，但因为刚刚成为辅政大臣，且没有曹氏的血统，所以在这时候若是和曹爽撕破脸，失败的只能是他。因此，司马懿选择了隐忍，并没有对曹爽进行什么反制，反倒对曹爽更加温和有礼。曹爽因此没有对司马懿开展进一步的行动。

二十一日，将司马懿这个威胁彻底去掉以后，大将军曹爽再无忌惮，遂大封心腹，意图完全掌控朝政。其具体名单如下：

命弟弟曹羲担任中领军。

曹训担任武卫将军。

曹彦担任散骑常侍、侍讲。

命邓飏、丁谧担任尚书。

毕轨担任司隶校尉。

其余兄弟也都以列侯身份侍从，出入宫廷禁地如入无人之境，位尊恩厚再也没有能超过他们的了。

当时，何晏等曹爽之心腹仗着有曹爽为后盾，经常将迎合他们的人升官，违抗他们的人罢免。所以朝廷内外皆见风使舵，不敢有任何人违抗他们的意思。

黄门侍郎傅嘏因此对曹爽的弟弟曹羲道："何晏这人外表斯文却内心肮脏，我恐怕任由他这样继续下去，朝廷的纲正就要废了，还请大人您能回去劝劝大将军，让他对这种事情多加留意才好。"

这话曹羲有没有告诉曹爽史书未曾记载，但记载了此对话最后让何晏知道了。而就在何晏得知此事的次日，傅嘏便被安上莫须有的罪名，进而免除官职。

光禄勋卢毓，为人刚正不阿，从来不趋炎附势，在魏国士人中威望很高，所以曹芳打算任其为廷尉。但因为卢毓和毕轨有私仇，所以毕轨便诬陷卢毓，使其丢掉了官职。

当时，魏国的朝臣都认为耿直不屈的孙礼可以继承光禄勋之位，曹爽却认为孙礼上任以后不会听他的，便将其外调到了扬州担任刺史。

至是，在曹爽一路朋党的祸害下，魏国朝廷越发腐败混乱，当时有识之士都认为，魏国如果继续这样下去就离灭亡不远了。

三月，吴大帝孙权突然派船队远赴辽东，在辽东一通烧杀抢掠而回（一说是之前派出去"支援"公孙渊的军队）。

十月，吴大帝孙权遣将军蒋秘率军攻击南部少数民族，意图掠夺人口以充本国。岂料蒋秘手下都督廖式在进入南部以后突然率部众叛变，先是消灭了顶头上司蒋秘，然后率众和南部蛮、越勾结而分兵略地，只旬月之间便连下零陵、桂阳，有众数万。

孙权闻听此事大急，遂令吕岱率吴军前往平叛，同时调遣一批接一批的援军前去支援吕岱。

这场平叛战役没有什么记载，但一直从239年十月打到240年十月，整整一年之久，一年之后，叛乱终于被平定，但在这一年的时间，吴国损失人力物力无数，可以说伤筋动骨了。

十二月，魏改历法，将每年岁首重新变为正月（曹叡时期改的三月）。

本节参《三国志》

2.9 稳定西南夷

公元240年二月，曹爽加封孙资为右光禄大夫，刘放为光禄大夫，且赐二人仪同三司之荣耀（各种礼仪规格和三公相同）。

同月，久不问政的司马懿突然向曹爽提议立田豫为护匈奴中郎将、振威将军、并州刺史。曹爽不知这是司马懿间接性收买军心，便行恩准。而已经老实多年的匈奴人听说田豫这个活阎王来管他们了，便更加谨慎地生活，不敢越雷池半步。

四月，吴大帝孙权开始在全国范围修建防御壁垒，主要应对内乱。以此我们就能看出来，现在的吴国已经乱到了一种什么程度。而造成这种混乱的因素刨除多民族、多豪族以外，正是他孙权的"大钱"政策。

八月，驻扎于汉中的姜维突然出兵陇西，可雍州刺史郭淮早有防备，遂出兵阻击姜维。

姜维本次突然北上，打的就是一个出其不意，见郭淮早有准备，便仓皇撤回汉中。

郭淮率军追至边境之时，姜维早已远遁。其见魏军士气正旺，不想无功而返，便率军深入西羌和氐族的领地，连续"安抚"了两族三千多个部落，并将无数族人"送"到了雍州，使得雍州人口大幅度增加，更使其名威震两羌。朝廷因此提郭淮为前将军，并继续掌管雍州军政。

同月，就在姜维无功而返回汉中之后，蜀汉越嶲地区的少数民族却突然造反（具体原因无载，不过边地官员不平等对待这些少数民族这方面因素还是大些，毕竟从西汉开始，蛮、夷造反的原因十有八九都是边官惹的祸），他们不仅杀了太守，还抢夺汉人妇女、财物。

后主刘禅见此，紧急召开廷议和群臣商议，并问谁能出任越嶲太守。

当时，满朝文武没有谁敢接这个烫手的山芋。因为现在的越嶲郡实在是太乱太乱，几乎到处能看到蛮、夷造反的身影。

可就在这时，蒋琬却提议让张嶷担任越嶲太守，并承诺，只要张嶷能前往赴任，越嶲十有八九会恢复安定。而此时刘禅已无人可用，便只能从蒋琬之建议，命张嶷前往赴任了。〔注：张嶷，字伯岐，巴郡南充国（今四川省南部县）人，在刘璋时期便是益州官员，能力非常突出，不但善政，还极擅山地作战，刘备统治益州

以后更是参与了多次战役，所以拥有相当的作战经验。〕

张嶷带着自己的部队到达越巂以后，越巂蛮、夷非常害怕。为什么？因为张嶷在蛮、夷素有勇名，大家都知道这是一个忠义且勇猛无敌的人，所以非常害怕，做好了和张嶷决一生死的准备。

可张嶷到达越巂以后没有第一时间和蛮、夷展开战争，而是宴请了那些蛮、夷各部的酋长，并给予了很多好的政策，希望这些蛮、夷回头是岸。

那些蛮夷的酋长一是畏惧张嶷，二是也确实不想打仗，再加上张嶷有一诺千金的名声，便就应允。

因此，在很短的时间，越巂郡一大部分少数民族停止了对蜀汉的寇掠。

当然了，并不是所有部族都投降了张嶷，还有好些少数民族继续和蜀汉顽抗。其中，捉马部便是突出者。

张嶷秉着擒贼先擒王的中心思想，直接集结大军对捉马部展开了猛烈的进攻，捉马部不是对手，被连番击败，张嶷更是生擒了捉马部的酋长，却没有杀他，反而将他给放了，并在释放捉马部酋长以后召集了捉马部的各个首领们，给了他们和之前各部一样的优良政策。

因此，捉马部宣布投降。

而随着捉马部的投降，其他各部也接连投降了蜀汉。

至是，越巂之乱在两个月内便被彻底平定，刘禅因此加封张嶷为关内侯。

三年以后，经过张嶷的治理，整个越巂郡不管是汉人还是蛮、夷的GDP都噌噌向上蹿升，所以所有的人都视张嶷为再生父母，越巂郡的向心力因此成为蜀汉南部诸郡之最。

张嶷见时机已到，便开始"扩张"。

当时，在越巂三百多里外有定莋、台登、卑水三地。此三地盛产盐、铁、漆，是非常重要的地方。但从刘焉时代开始便都是由西南蛮、夷垄断。刘备夺取了益州以后，为免和两线交战，便也没管这些地方。可现在，魏、蜀、吴三国都在紧锣密鼓地增强本国经济，无暇进行军事扩张，这就给了张嶷机会。

因此，张嶷在某一天以迅雷之速夺取了此三地，并在夺取三地以后遣使往相关蛮、夷的酋长处，让他们三天之内前来参拜自己。

那张嶷在西南地区很有威名，大家知道他是一个吃软不吃硬的人，所以台登、卑水两地的蛮、夷首领只能打碎了牙往肚子里面咽，硬着头皮前去拜见了张嶷，并承诺以后绝对听从蜀汉的指令，永不背叛。

只有定莋一带的蛮、夷酋长狼岑，他痛恨张嶷夺了他的财源，所以坚决不去拜见张嶷。

当时，其种部众人全都劝狼岑，让他不要固执，毕竟和蜀汉对比起来，他们的力量实在是太小了，忍一时风平浪静嘛。

可狼岑根本不听，他认为，张嶷不能拿自己怎么样。

可结果，他悲剧了。

三日过后，见狼岑迟迟未来，张嶷直接派出十多名壮汉前往其部捉拿。

当天，数千人眼睁睁看着狼岑被捉走却不敢有半点儿动静。而将狼岑押到张嶷大帐以后，张嶷用鞭子将狼岑活生生抽死了。

这之后，张嶷再召其种部上得了台面的首领，并对他们警告道："定莋的资源虽然被我蜀汉占据，但我张嶷也会给你们留口汤喝，还会给你们好的政策；可如果你们敢有什么异动，我保证，你们一定会死，并且死得非常悲惨。"

听毕，众人齐齐下跪，再不敢有什么二心。

至是，蜀汉每年都会获得大量的铁、盐、漆。

然而这还没有完。当时，在汉嘉郡边界有牦牛部四千多户，其首领为狼路，和狼岑沾亲带故。当他听闻狼岑被张嶷活活打死以后非常生气，便想为其报仇。

可蜀汉对于他们来讲过于庞大，谨慎起见，狼路乃遣其叔父狼离带着一些斥候前去打探张嶷的军情。然而狼路不知道的是，这一切在张嶷的意料之中。

不过这一次，张嶷不打算再用武力来镇抚狼路了，毕竟这不是解决问题的唯一方法。

话说那狼离刚刚进入越嶲境内，忽听四方马蹄声阵阵，不大一会儿便有无数骑兵将其包围，狼离仰天长叹，认为自己必死。可让他没有想到的是，蜀军将他们围住以后并没有进攻，而是非常客气地将他们引入了越嶲郡治。

这之后，张嶷热情地宴请了狼离，并带他参观了自己雄壮的部队，对他说明了当初狼岑是怎么怎么反抗自己，自己怎么怎么出于无奈才将其处死的。

最后，张嶷还向狼离承诺，只要牦牛部能够投降蜀汉，他将给牦牛部最好的政策，待遇甚至会超过汉人。

狼离对此非常"感冒"，当即便答应了张嶷，并第一时间回到了牦牛部，向狼路说明了蜀军的强大以及蜀汉给牦牛部的"诚意"。

一听这话，狼路当即将所谓的仇恨扔到了九霄云外，从此服从了蜀汉的统治。

另外，此前一百多年，越巂郡有一条路可以穿过牦牛部，极快到达成都，并且此路宽广平坦，利于行军。但自从牦牛部和东汉断绝关系以来，这条路就被彻底封锁了，新往成都的道路又远又险峻，所以成都无法在第一时间和越巂郡取得联系，更加增强了本地少数民族的胆量。

可牦牛部臣服蜀汉以后，张嶷立即修缮了这条道路，甚至比东汉之前还要平坦。所以从此以后，成都可以在最短的时间和越巂郡取得联系，越巂郡也能将漆、铁、盐、粮源源不断地输送至成都，而这全都是张嶷一个人的功劳。

张嶷，不愧是治理西南蛮、夷的大行家。

本节参《三国志》

2.10 过渡

公元240年十二月，吴国经济崩盘，粮价更是被炒到飞起，一众朝臣皆建议孙权赶紧取消一千大钱，恢复原来的五铢钱制度，可孙权依然不听，只不过开仓赈济饥民而已。

公元241年正月，久不下雪的江南突然下起了北方都少有的暴雪，平地三尺，冻死了吴国境内大半的鸟兽，被冻死的百姓也不计其数，吴国因此遭受伤筋动骨的打击。

二月，魏国。

此时的曹芳刚刚十岁，却已经精通了《论语》，为人也是慈善厚道，得到了魏国众多士人的肯定，甚至连曹爽手下的那些"小人"也开始收敛，生怕这个有明君影子的人长大以后会收拾他们；魏国政坛因此逐渐清明。

四月，吴国零陵太守殷礼（《资治通鉴》误作"殷札"）上表于孙权曰："如今上天废弃曹氏，天诛大丧不断出现，此正是猛虎相斗之际，而魏国竟然幼主临政，最近臣甚至听说此幼主已经开始理政，此正是天赐之良机，陛下应该亲率大军前往征伐，趁着魏国大乱之际动用举国之力将其征服。我的建议是，首先联系蜀国，让他们屯驻陇右地区，给魏国造成军事压力；然后我方命诸葛瑾、朱然率一部直指襄阳；陆逊、朱桓出兵寿春；最后，陛下的主力兵团进军淮河以北，攻击青州、徐州。蜀军那边一动，长安以西的兵力势必全力防御蜀军。而襄阳、寿春一旦被围，许都和洛阳的军队势必分散，我们四方牵制，同时进军，民众一定会有所响应。到时将帅交战，只要有一处失利，一军战败，则三军军心涣散，我们便可攻陷城邑，乘胜追击，彻底平定华夏！本次北伐，非举国之力不能成功，如果我们不动员全国的兵力，还是和以前一样用部分兵力北伐，则不足以完成大事，这并不是上策，所以还请陛下能够三思。"

看过此信，孙权犹豫了好长时间，但最终没能采纳殷札的建议。为什么呢？

孙权认为，打还是要打的，但绝对不能动用举国之力，因为如果胜了还好，可败了呢？如果本次出征失败，吴国必元气大伤，到时，魏国再出举国之力反击，吴国拿什么抵挡？另外，魏国确实不能在一处地盘失守，那吴国就能经受得了一路部队失败吗？都不能。

所以，孙权最终决定，本次北伐绝不能动员举国之力。

本月下旬，孙权命全琮进攻淮南芍陂，诸葛恪进攻六安，朱然围困樊城，诸葛瑾攻打柤中，打算大面积蚕食魏国。

五月，吴国全面北伐的消息传到洛阳。曹芳大惊，乃召集廷议，和大伙一起商议如何应对本次北伐。

最终，通过商议，曹芳命征东将军王凌往芍陂攻击全琮，太傅司马懿往樊城攻击朱然。至于诸葛瑾和诸葛恪父子，曹芳选择放弃，因为曹芳相信，只要其他两路被击退，诸葛父子定然也会撤退，此便是围魏救赵之精髓也。

而事实果然如曹芳所料。王凌到达芍陂以后当即对全琮展开了攻击，全琮一没有王凌士兵多，二没有魏军的陆战能力强，所以不是对手，只能退走。而围攻樊城的朱然更是果断，他见闻名天下的司马懿亲自率军来征，甚至连交手都不敢便率军奔逃了。

诸葛父子两路军见东路战线失败，为免被围，也只能草草退回江东。

至是，本次北伐行动完全以失败告终，四路军队中只有诸葛恪在六安掠夺了一些魏人而回，但相比之下也可以忽略不计了。为什么这么说呢？因为就在司马懿到达樊城之时，朱然已率军走出了很远的距离，司马懿料定吴军此时绝不可能有所防备，遂日夜兼程狂追吴军，终是在吴军到达三州口之时将其追上，之后便对吴军展开了毁灭式的进攻。

朱然对此全无防备，知道接招必败，便令全军丢弃辎重，只亡命奔逃而已。

因此，朱然一路吴军的所有辎重皆为司马懿所夺。

公元241年五月，吴国大将军诸葛瑾病逝，吴大帝孙权让其次子诸葛融继承其爵，统率其父之部曲驻扎公安县。

本月末，蜀国大司马蒋琬上奏朝廷，希望刘禅能允许自己大量打造战船，利用汉水顺流东下，袭取魏兴和上庸，打通和吴国北部的联系，进而和吴国相互配合共攻魏国。

当时，朝中九成大臣都对蒋琬的提议非常不感冒，其具体原因有三：

一、吴国诡诈，孙权翻脸不认人，所以怕拿下上庸和魏兴以后，吴国也不会和自己配合。

二、打造大批量战船需要大量的人力物力，魏兴和上庸又是军事重地，有魏人重兵把守，所以不易攻下，平白浪费资源而已。

三、攻下上庸和魏兴以后，蜀国必动员大军在此二地屯守，到时汉中空虚，如果魏军出动大军进攻，用什么来抵挡？

这三点说得都非常有道理，所以刘禅一时不知如何是好，便命尚书令费祎、中监军姜维等向蒋琬说明情况，并问蒋琬有没有什么其他的说法能够驳倒朝中大臣。

蒋琬因此上表曰："陛下，如今魏国的势力已经横跨九州，根深蒂固，想要一举铲除极为不易。在这种情况下，只能和吴国齐心合力，两面夹击魏国，虽然这不能迅速地实现宏图大志，但也可以大量分割魏国兵力，蚕食其土地，拖垮其边陲。这，就是臣要说的。另外，我经常与费祎商议军情，认为凉州是胡人的边塞要地，进退都有依赖，而且当地羌人、胡人都如饥似渴地想着归顺我蜀汉。因此，臣建议用姜维担任凉州刺史，如果姜维能够征讨并控制河右，臣便率军前进，做他的后援。如此，再和西部羌胡里应外合，凉州可定矣！另外，如今的涪县水路、陆路四通八达，足以应付紧急情况，如果东方、西方发生危险，前去救援都不困难，所以臣还请求将主力大军屯驻在此。"

奏章递上去以后，刘禅深以为然，便允许蒋琬将大本营迁徙到涪，并准备封姜维为凉州刺史。

本节参《三国志》《资治通鉴》《汉晋春秋》

2.11 魏末之军神，登场

公元241年五月，司马懿打算上表曹芳，请求在扬州、豫州一带开荒垦田，所以令心腹、尚书郎邓艾前往陈县、项县（今河南省项城市东北）及寿春一带巡视，看看这项决定是否可行。

岂料邓艾回来以后却给司马懿带来了更大的惊喜。

他和司马懿是这样说的："从前太祖皇帝能大破四方，其主要原因便是实行了屯田政策。如今三边皆已平定，我大魏的军事行动全都集中在了淮河以南，每次大军出征，运转军粮的士兵都要占一半以上，综合耗费的钱财更是上亿之多。而陈县、蔡县一带土地肥沃，因此可以减少许都附近的稻田，将水并入河道向东灌溉，并命令淮河以北两万卒、淮河以南三万卒轮流休息，将四万卒常驻于此屯田。如此，每年可获五百万斛粮食作为军费，六七年内，淮河土地便能积攒三千万斛粮食。而三千万斛是什么概念呢？那就是十万大军五年的口粮。而以此雄厚底蕴攻吴，定可无往而不利。"

司马懿见此奏折，禁不住连连称善，遂依此而行。

这以后，每次东南方向出现战事，魏国都可以肆无忌惮举大兵征伐，并且粮食绰绰有余，还消除了水患，甚至最后西晋灭吴，都和这一次的决定脱不开关系。

而且，我可以很负责任地说，这一切是邓艾这一个建议的功劳。

那么这个邓艾到底是谁呢？魏末之军神也！

邓艾，字士载，S⁻级统帅，义阳郡棘阳县（今河南省新野县）人，他自小便失去了父亲，只能和母亲相依为命。

在邓艾还是幼童的时候，刘琮向曹操投降，曹操全得荆州，邓氏族人因此迁徙到了汝南郡。

几年以后，已经十二岁的邓艾与老母又迁徙到了颍川。

邓艾从小好学，年纪轻轻便已博学多才，特别是对于兵法的研究，不仅透彻，还可以举一反三，拥有自己的见解。

到了颍川以后，邓艾有幸见到了已经故去多年的前前前前前前前前前太丘县长陈寔的碑文，上面记载着："文辞是世人的典范，品行是士大夫的准则。"

见此碑文，年幼的邓艾深受震撼，便改名为邓范，字士则。可后来发现宗族中有人的姓名和他相同，这才又改了回来。

邓艾加冠以后，凭着自己的才学成了都尉属官学士。当时，在一众小吏之中，邓艾的才学是最丰富的，能力是最突出的，可他有口吃的毛病，所以不能担任主管文书事务的官员，只混了一个稻田守的从草吏（底层官员稻田守手底下的跑腿官员，属于底层中的底层）。

当时，邓艾一个同事的父亲可怜邓艾家中贫苦，便资助他很多，邓艾心中感激，但从来不在口头向其表示感谢。

当时所有人都骂邓艾没心没肺，邓艾却一声不吱。

从草吏，一个底层得不能再底层的官员，在这个位置的人大多是一些混吃等死的废物，他们已经失去了上进心，失去了对未来的展望，只希望不饿死就好。

只有邓艾，这个有口吃毛病的男人，在为从草吏期间从来没有丧失过信心，依然每天看书，并经常于高山大泽间规划测度，指点并画出心中最理想驻扎军营的位置。

当时许多人都讥笑他自不量力，可邓艾还是和以前一样，根本不回应他们。这是不屑，更是因为从小口吃而养成的不爱说话的毛病。

又是几年过去，这个口吃的男人硬是凭借着自己卓越的才华从从草吏一路连升至上计吏（典农都尉的纲纪——上计吏）。

成为上计吏，就有进京见到那些大人物的机会（汇报本地工作）。

而邓艾第一个见到的大人物便是司马懿了。

那天，邓艾和司马懿究竟说了什么史无记载，只记载了谈话过后，司马懿惊邓艾为奇才，当即便将其收纳为府中属官，并从此多有倚重。

再后来，在司马懿的一路提拔之下，邓艾很快便成了尚书郎。

好了，邓艾就先介绍到这里，要看他发光发热还要等好长时间，所以邓艾的事情以后再说，我们继续正文。

公元241年五月，司马懿越过曹爽，直接向曹芳提议任孙礼为冀州刺史，并封王凌为南乡侯，升车骑将军，仪同三司。

曹芳予以批准。

见此，曹爽大怒，乃召王凌回洛阳架空，并对孙礼频频"动手"。

一时间，但凡司马懿派系之人皆受打压，甚至有人丢掉了性命。

并州刺史田豫见此大急（田豫后期也是司马懿一手帮衬上来的），乃数次向司马懿申请退休。他征战了一辈子，财富已经足够，可不想年老之际晚节不保。

司马懿无奈，只能批准。

综合以上，现在的曹爽可以说是将司马懿压得死死的。

同月，孙权最喜欢的太子孙登暴毙，孙权在伤心之余也开始头疼，头疼下一步该立谁为太子才好。

孙权一共有七个儿子，他们分别是长子孙登、次子孙虑、三子孙和、四子孙霸、五子孙奋、六子孙休、七子孙亮。

当时，孙登、孙虑已死，孙奋品行不端，孙休和孙亮又太小，所以，太子只能从孙和和孙霸之间选取，而孙权对于这两个孩子的爱又是平等的，所以一时间陷入了深深的苦恼，不知该立谁为好。

让孙权没有想到的是，他这种犹豫却最终为吴国造成了极大的祸患。

本节参《三国志》

2.12 无功而返

公元242年七月，吴大帝孙权遣聂友、陆凯征伐珠崖、儋耳（今海南省海口市琼山区东南、儋州市）蛮，进而增加吴国人口。

同月，距离孙登之死已经过去将近一年了，而孙权还在犹豫，太子的位置也还悬在那里。

要知道，孙权现在已经六十多了，在古代，这个年龄的人百分之八十已经迈进棺材了。吴国的文武大臣们生怕孙权某一天突然嘎嘣一下，然后因为没有太子而造成整个吴国分裂，所以全都劝孙权赶紧立太子。

孙权无奈，只能暂时任三子孙和为太子，四子孙霸为鲁王。并给予两个儿子相同的待遇和关怀。

按照孙权的想法，这是好事，因为可以进一步观察这两个孩子谁更适合为太子。可在历史老儿眼中，孙权这种做法简直愚不可及，是老年痴呆的最有力证明。别问我为什么，因为我可以很负责任地说，立太子而不完全信任，其后必乱，而且从来没有意外，这是历史的总结，也是一个国家动乱的本源。

春秋献公、战国武灵王、秦时扶苏、西汉戾太子、东汉袁氏兄弟等等，这难道还不足以说明问题吗？

公元243年正月，曹芳正式举行了加冠典礼，这也就是说，从此魏国所有的政务都要由曹芳来进行决断了。

同月，就在曹芳刚刚进行加冠典礼以后，诸葛恪却突然出动奇兵袭击了六安，并掠民众而回，算是给了曹芳一个小小的"礼物"。

七月，曹芳下诏祭奠曹真、曹休、夏侯尚、桓阶、陈群、钟繇、张郃、徐晃、张辽、乐进、华歆、王朗、曹洪、夏侯渊、朱灵、文聘、臧霸、李典、庞德、典韦等一众对魏国有功之士，用以表明自己不忘老臣的心情，以收买人心。

十一月，蜀汉大将军蒋琬的病情越发严重，刘禅乃减免其官，遵诸葛亮生前之议，任费祎为大将军、录尚书事，配合蒋琬完成蜀汉之军政事务，另提姜维为凉州刺史、镇西大将军，准备对魏国凉州下手。

同月，东吴丞相顾雍去世，孙权遂任命上大将军陆逊为新任丞相，使其在吴国军政大权一把抓，真正做到了一人之下万人之上。

十二月，倭国女王卑弥呼再遣使者上贡于魏，并表示对魏国强烈的尊敬之情。

同月，魏国司马懿率本部兵马驻扎于舒县，有大举入侵吴国之可能，孙权乃遣诸葛恪驻军柴桑，时刻注意司马懿的举动。

公元244年正月，司马懿见东吴方面防守甚严，遂班师回朝。

二月，魏征西将军长史李盛与邓飏提议曹爽亲征蜀国，如果成功，曹爽的威信便会大增，成为魏国真正的主事人。

曹爽感觉甚有道理，便奏请曹芳出征蜀汉。

当时，太傅司马懿据理力争，百般劝谏曹爽不要出征蜀汉，并说明了不能成功的几大要点。

可曹爽认为这是司马懿不想让自己一家独大，所以坚决不听。

曹芳不懂军事，又不想得罪曹爽，便批准了他的奏请。

公元244年三月，曹爽于长安率十余万魏卒往西，和雍、凉二州大督夏侯玄（曹爽姑姑的儿子）会师以后自骆口直逼汉中。

时汉中守军不足三万，将、兵闻听曹魏大军前来都非常慌张，所以都建议何平坚守而不出，等涪县援军到达以后再行反击。

何平却拒绝道："汉中距离涪县有一千多里，敌人如果在援军到达以前攻陷要地，汉中便再也不是我们的了。所以应该先遣刘护军（刘敏）占据兴势（今陕西省洋县北），我率主力部队在后方游击敌人。如果敌人要分兵攻击黄金（今洋县东北）的话，我便率一千精锐亲自应战，周旋到援军到达，这才是真正的上策。"

话毕，场中诸将都对何平此法持怀疑态度，只有刘敏赞成何平之法，遂出兵往兴势而去。

月末，魏军攻击汉中的消息传到了成都，后主刘禅立即命费祎率主力兵团前往救援。

四月，曹爽在兴势遭到了何平的激烈抵抗，使其根本无法寸进。

同时，因为蜀汉道路崎岖复杂，致使关中之粮供给不上，所以大量魏军牛马饥饿而死，当地百姓哀号不止。

更可怕的是，费祎的援军还一拨接一拨地到达了汉中。参军杨伟见形势越发不利，乃劝曹爽立即撤退，不然等费祎援军到达，那时想撤退都退不了了。

曹爽，庸人一枚，不懂军事，优柔寡断，所以哪怕感觉到了事情的不妙也没有第一时间撤退，而是招来了李盛和邓杨一起商议。

本次征伐蜀汉之行动乃是二人一手策划，如果就这样无功而返，事后责任一定在二人身上，所以二人说什么都不肯撤退，当场便和杨伟争吵了起来。

杨伟吵不过二人，气急败坏地对曹爽道："邓杨、李盛将要败坏国家大事，还请大将军将其斩首！"

邓杨、李盛乃是曹爽之心腹，曹爽见杨伟吵不过二人，断定攻蜀有望，便没能及时撤退，而是继续攻击兴势。

五月，了解了汉中战况的司马懿预言曹爽必败，遂急遣使者往汉中向夏侯玄道："从前武皇帝攻击汉中之时几乎大败，为什么？因为汉中地势险要，易守难攻。如今，我方攻击的兴势地势更是险要，哪怕在汉中都是出了名的易守难攻之地，根本不是能轻易攻下的。而费祎的援军又一点一点地到达了汉中。如果再拖下去，便会陷入进不能退不了的必死之局，我问你，到时候谁能担得起这个责任？陛下会惩罚大将军吗？不会！那如果不惩罚大将军的话会惩罚谁？你自己看着办吧！"

看过信以后，夏侯玄大恐（是啊，皇帝怎么会惩罚曹爽，最后背锅的还不是我？），赶紧劝谏曹爽，让他及早撤军回魏。

可曹爽还在犹豫，不停地犹豫。

直到五月中旬后，费祎之援军已尽数就位，曹爽才想在这时候撤走，可这一切已经晚了。

费祎早在遣援军往兴势之时便已提前派出大量部队提前占据曹爽回魏的必经之路——三岭。（注：自骆谷出扶风，隔以中南山，其间有三岭，曰为"沈岭、衙岭、分水岭"，此三岭地势复杂，易守难攻，实为拦路抢劫、杀人越货之最佳围地。）

数日以后，曹爽大军行至三岭一带。

可就在这时，突然杀声震天，数以万计的蜀军从四面八方以猛虎下山之势急往魏军冲杀。

魏军全无防备，因此大乱异常，几乎所有的士兵四散而逃。曹爽更是丧失了抵抗的勇气，遂弃军而逃，独领心腹卫队而已。

本次战役，魏军以惨败收场，十余万大军能够回到关中的不到一半（感觉已经不错了），军事器械更是全部为蜀军所夺，关中因此数年虚耗。而这一切，都是因为曹爽这个不学无术的废物。

曹芳虽然没怎么惩罚曹爽，曹爽却因此次大败而失去了整个魏国的军心，威信被大大削弱，实得不偿失矣！

本节参《三国志》《资治通鉴》

2.13　自毁长城

公元244年9月，无数辽东鲜卑种部遣使往洛阳，希望投降魏国，从此成为魏国的附属势力。曹芳予以批准，并设置辽东属国用以安放这些鲜卑人，还用对匈奴、乌桓等少数民族一样的政策来善待鲜卑各部。

公元245年正月，吴国内部爆发大型党争，使得吴国内政混乱，执行力严重下降。

话说当初孙权任三子孙和为太子以后，并没有给孙和应有的尊重，而是在同时任命孙霸为鲁王，还让他和孙和一起住在东宫，不管礼仪还是俸禄给二人的皆一模一样。

朝廷因此忧虑，无数官员皆劝孙权给太子应有的尊重。

孙权这才命令两人分宫居住，并且在礼仪方面也有所区别。

可事情到了现在，都晚了。其实早在孙权任命孙霸为鲁王之时，孙霸便感觉自己有戏，遂联合姐姐全公主和全氏宗族，并向他们保证，只要全氏家族能助自己成为二世，必让他们权倾朝野。

全公主，本名孙鲁班，孙权长女，吴国长公主，深得孙权喜爱。孙鲁班最早嫁给了周瑜的儿子周循，但周循早死，孙权为笼络树大根深的全氏家族，便将孙鲁班又嫁给了全氏族长全琮，因此大家都习惯称孙鲁班为全公主。

全公主嫁到全氏家族以后，拼了命地忽悠孙权给全氏子弟升官，孙权溺爱自己的女儿，又想将全氏一族完全笼络到皇室这一边，便一而再再而三地从其之请。所以，全氏宗族在全公主的撺掇下日益强大。

后来，孙霸为了夺得太子之位便联系到了自己的姐姐，希望她能帮助自己夺取太子之位。而全公主从小便深得孙权喜爱，知道自己犯了错也绝对不会被孙权怪罪，赢的话还能让全氏权倾朝野，这便答应了孙霸的要求，将全氏和孙霸绑在了一起，并时常用阴险的办法陷害孙和，使得孙权逐渐对孙和有所不喜。

（注：全公主和孙霸联合还有一个原因，那就是全公主与孙和的母亲有隔阂，怕孙和上位以后弄死自己，这才有所行动。）

这还不算，孙霸不仅仅联系了全氏宗族，同时联系朱氏等许多在吴国有名的豪族。而因为孙权对于太子问题的模棱两可，使得很多官员认为孙霸极有可能取代孙和，登上吴国九五之尊的位子，到时候锦上添花还不如现在雪中送炭，所以纷纷投到了孙霸的麾下。

而孙和呢？同样不是软柿子，因为他已经具有合法的身份，所以手底下效忠的人要多过孙霸。

基于以上，现在的吴国政坛已经分成了三个派系，便是孙霸派、孙和派以及爱咋咋样派。

所以，吴国之内政因此而乱。

丞相陆逊见此大急，遂上书孙权曰："陛下，太子从古至今是国家的正统，他的地位应该坚如磐石，是最尊贵的存在。而鲁王，不过藩镇之臣，所以陛下对他的宠爱一定要大大地低于太子，这样上下才能一心，国家才会安定，还请陛下三思。"

看过陆逊的信件，孙权非常生气，他生气陆逊身为一个臣子，怎么能管自己家里的事情，更生气陆逊看不透自己的用意，所以没有搭理陆逊。

一向聪明的陆逊"此时"却成了一个啥也不懂的"傻子"，不仅一次次地上表孙权，其言辞还越来越激烈，因为在陆逊眼中，孙权这完全就是要毁掉国家的做法，所以他不得不一而再再而三地上表孙权。

孙权因此更加生气，于是便像一个小孩子一样对陆逊"反击"了。

而这个反击，还牵连到了太子孙登。

数日以后，陆逊的外甥顾谭、顾承都被孙权冠以亲近太子自成一党治罪。太子太傅吾粲也因经常与陆逊有书信往来而被下狱处死。

有了这些人为铺垫，孙权进一步遣使往陆逊处，以口谕之方式不断对陆逊进行污蔑羞辱。

一个国家君王，竟然因为大臣的据理力争而不惜动摇国本也要羞辱他，孙权，这还是当初的孙权吗？

陆逊因此愤恨难当，不久便被活活气死，死时六十有三，家中没有一丝多余财物。

陆逊死后，其子陆抗继承了陆逊的部曲（如果说邓艾是魏国末期的战神的话，陆抗就是吴国末期的战神），但陆氏一族从此没落，短期再无崛起可能，孙权，真自毁长城也！

公元245年六月，魏皇曹芳任命太常高柔为司空、左光禄勋刘放为骠骑将军、右光禄勋孙资为卫将军，进一步提升了曹爽派系的实权。

七月，吴国经济持续下滑，粮价上涨，因此又有大批农民开始起义，想要为自己谋一条出路。可孙权镇压迅速，造反没多长时间便被平灭。不过这种治标不治本的办法还能维持多久呢？

十二月，蜀汉侍中董允病重，大将军费祎提议用陈祗担任侍中陪同刘禅左右，刘禅恩准。

陈祗，汝南人，威严端庄、多才多艺并富有心计。费祎认为这个人特别贤能，所以越级提拔他为侍中，常伴后主刘禅左右。

结果却是，费祎眼瞎了。

当时，刘禅身边最受待见的太监名叫黄皓，陈祗想和黄皓串联而相互帮助，进而达到总控朝廷的目的，于是和其相勾结，整日于刘禅身边溜须拍马，并投其所好。

因此，二人越发受到器重，并开始在暗中干预朝政。

本节参《三国志》《资治通鉴》《读史方舆纪要》《通语》《吴历》

2.14　魏边有名将，异族齐遭殃

公元246年二月，高句丽之王位宫突然背叛了魏国，并在辽东方向进行掳掠活动。幽州刺史毌丘俭立即率本部兵马往迎击。

最终，位宫不敌毌丘俭，率兵狼狈而逃。

毌丘俭不想如此放过位宫，乃遣一使往洛阳请命，然后不等洛阳方面有所回报便率军深入高句丽境内。

对于本次攻伐高句丽的详细过程史书没给出半点儿信息，只说毌丘俭一路连胜，杀高句丽近万士卒以后一路打到其国都丸都（近万士卒，这对高句丽这种东北异族来说也算是伤筋动骨的伤害了）。

最早，在位宫反叛魏国之前，其大臣得来就曾劝说过位宫，让他千万不要反叛，可位宫不听，硬要对辽东进行寇掠，当时得来就叹息道："唉！用不了多久，丸都就将长满杂草了。"

果然，没多久以后，毌丘俭连败位宫，魏军一直从辽东打到丸都。

得来见高句丽必为魏国所灭，乃绝食而死。

数日后，魏军终于攻破了丸都的城门，位宫则带着妻子和儿女狼狈逃窜至山川大泽中。

毌丘俭进入丸都以后便听说了得来的事迹，为了收买人心，他命令各路军队绝对不能损坏得来的坟墓，如果获得了得来的妻子、女儿也不得无礼，需要及时释放回家。

就这样，毌丘俭纵兵在丸都一通撒欢以后继续追杀位宫，一直追了一千多里以后才凯旋。

而从这以后，一直到魏国灭亡，高句丽都不敢再犯辽东。

五月，因为涉貊之前为高句丽附属国，毌丘俭再出重兵前往攻击，涉貊王不等毌丘俭前来便亲往洛阳跪拜魏皇曹芳，并向其投降。

曹芳受降，并停止了毌丘俭进一步的征伐。

这之后，为赏毌丘俭之功，曹芳乃封毌丘俭为镇南将军、豫州大督。

八月，魏皇曹芳下诏，命全国各地将年过七十的奴隶放回原籍，让他们叶落归根。

九月，吴大帝孙权命诸葛恪为大将军，代陆逊坐镇武昌以防魏国之患，然后以骠骑将军步骘为丞相，车骑将军朱然为大司马，卫将军全琮为右大司马，左军师、镇南将军吕岱为上大将军。

十一月，蜀汉蒋琬、董允去世，后主刘禅乃封姜维为卫将军，和费祎共录尚书事。

刘禅，这个世人口中的阿斗、废物，一直到公元246年之前都是一个非常聪明，并富有才华的贤君，可以说在他的治理下，蜀汉并不次于刘备时候的蜀汉。

可自本年开始，刘禅深深地陷入了黄皓和陈祗给他准备的温柔乡中无法自拔。

据史料所载，刘禅从本年开始经常带着二人游山玩水，并陷入一群川妹子中无法自拔。太子家令谯周因此上书进千字言，劝刘禅赶紧回返常态，可刘禅已经深陷其中，再也恢复不到当初的那名贤主了。

十二月，因一千大钱的影响，此时吴国的经济已经快要崩溃，固执的孙权再无办法，只能于万般无奈之下取消大钱，恢复之前的五铢钱制度。

如此，吴国的经济才慢慢有所回转。

公元247年正月，陇西、南安、金城、西平各郡羌、胡相勾结而反叛魏国。他们烧杀抢掠，无恶不作，并在背叛魏国的同时遣使往蜀，希望蜀汉能在他们攻击魏国的时候出兵北上，进而彻底夺取雍、凉之地。

后主刘禅虽喜，但不敢冒险，乃遣姜维率一部北上试探，如果进展顺利，大军则动，不顺则需立即退回。

魏国方面，雍州刺史郭淮闻听羌、胡叛乱之消息后立即率军往狄道奔走。可当到了狄道以后，其手下一众将官不愿意了。为什么？因为羌、胡诸部皆在西面，郭淮却急往南奔，这是什么道理？

诸将不懂，所以"不建议"郭淮再往南走。

郭淮却笑道："羌、胡诸种皆小打小闹，只要将力量集合在一处便能破之，所以最危险的并不是他们，而是南边的蜀汉。现在讨蜀护军夏侯霸正驻军为翅，此为蜀汉往北之重地，一旦为翅被攻破，蜀汉就等于打出了一个通道，援军便会源源不绝地开进运来！我料蜀汉必派姜维前来攻打，所以要提前增援为翅，吓退蜀军，而一旦蜀军败退，羌、胡便失了倚仗，到时再向他们进攻便可势如破竹了。"

众人对郭淮这种"提前两步"的谋划半信半疑，但见郭淮说得有鼻子有眼也就没再多说，进而随郭淮往为翅而去了。

巧的是，就在郭淮即将抵达为翅之际，姜维也率所部抵达了此地。

那姜维见魏军士卒准备如此充分，遂卷起袖子，二话不说便率军往回急逃。

郭淮也没追，就是原地等待。

几日以后，斥候回报，当郭淮确定姜维已回汉中之后遂即往北返。

当时，羌、胡诸部听说蜀军撤退的消息以后皆返回了各自种部，可郭淮岂能就此放过他们？据史料所载，这之后，郭淮率军深入羌、胡之地，首先屠了抵抗最凶的饿何、烧戈两羌种部，然后分兵略地，旬月之间便打服了一万多个种部。

自此以后，一直到魏国灭亡，西北羌、胡再未主动反叛魏国，蜀汉因此被彻底断去了"外援"。

本节参《三国志》

2.15 司马氏的崛起——高平陵之变

二月，魏大将军曹爽纳何晏、邓飏、丁谧之谋，突然把太后迁居于永宁宫，然后广泛提拔亲信党羽，多次更改朝政以独揽大权。

司马懿见此大急，乃数次劝谏曹爽，让他不要乱搞，不然魏国危矣。

可曹爽早已将司马懿看作自己的政敌，根本不听其言。

司马懿无奈，只能再往宫中面圣，请求曹芳能及时制止曹爽。

可曹芳手中根本没有"实权"，同时信任曹爽更胜司马懿，便没从司马懿之命。

至此，司马懿明白了，现在的魏国已无药可救。同时，如果自己继续在朝中待下去的话，曹爽必视自己为眼中钉肉中刺，早晚除之！

基于此，司马懿从此称病在家，不再上朝，一嘛当然是为了保住自己的性命。这二嘛，也可以在家中潜伏，以静观时局变化。要知道，司马懿在魏国从政多年，不管军界、政界还是宫中，鹰犬嘛，还是有很多的。

三月，吴大帝孙权突然在建业集中重兵，并扬言要出举国之兵夺取扬州。扬州刺史诸葛诞因此大急，遂召心腹——安丰太守王基至州治所商议对策。

可王基一听说是这码事，那简直是不屑到了骨子里，根本就不去州治所和诸葛诞商议，只修书一封曰："如今的吴国，陆逊等老一辈名将已死，孙和与孙霸也在争夺权力，朝中又无谋主。在这种情况下，孙权一旦亲征，内部必反，如若遣新任将领，他孙权还不信任。再说，兵法最重视的便是行动的隐秘性，他孙权老谋深算，岂能不明此道？因此，下官可以料定，孙权这一次声势浩大的秀肌肉不过是要整顿内部，加强自我保护罢了，绝不会出兵攻击我扬州。刺史大人放心便好。"

一段时间过后，孙权果然散去了建业之兵，诸葛诞因此更加看重王基。

五月，吴国丞相步骘去世，孙权未再立丞相。

七月，魏皇曹芳不学好，白天游山玩水打猎嬉戏，晚上则泡在温柔乡中无法自拔，曹爽一党的何晏因此上千字文，请求曹芳"好好学习，天天向上"，可曹芳并未听取意见。

十二月，魏皇曹芳开始重视自己出行的排场，每到一地都大兴建设，因此动员大量的人力物力，使得部分地区民不聊生。

散骑侍郎孔乂因此上千字文劝谏，曹芳未能听从。

同月，倭国女王卑弥呼去世，当时其女臺与只有十三岁，不具备统治国家的能力，所以倭国大臣改立男王。

但国中豪族已经习惯了女人统治自己，不服男王制度，因此国中开始混乱，各个豪族相互攻伐。

国中大臣见势不好，只能改立壹与为新王，倭国这才重新安定。

壹与上位以后，稳住了国内政坛便立即遣使往魏国拜见，曹芳乃封其为亲魏倭王，给予其合法的身份地位，但倭国改男王已经是大势所趋，只欠早晚。

十二月，天竺（印度）高僧至建业宣传佛教，年老的孙权对于佛教很感兴趣，于是在建业建造佛寺，允许印度高僧在吴国传教。

从此，佛教开始在江南兴盛。

公元248年二月，中书令孙资、中书监刘放、司徒卫臻全部退位，以侯爵之身份回家养老，其具体原因史料未载。

四月，魏皇曹芳任司空高柔为司徒，光禄大夫徐邈为司空，可圣旨到徐邈那里的时候，徐邈不满地道："三公是治国大道的官员，没有合适的人选就应该空着，绝不能为了撑脸面而随便任命？我现在已经七十有六，怎么能让我这么一个老弱病残来担任如此重要的官职呢？"

基于以上，徐邈坚持不肯任司空之位。曹芳无奈，只能命车骑将军王凌为司空。

五月，蜀汉大将军费祎屯大兵于汉中，有随时北上曹魏之可能。

再看曹魏，自太傅司马懿称病以来，大将军曹爽更加肆无忌惮。他骄奢无度，饮食穿衣都与皇帝相同，宫中珍奇宝贝堆满了他的家，他还私自留用先帝宫中的女官当作歌舞乐伎。

这还不算，曹爽还掘开地面建造地下宫室，在四周雕饰了华丽的花纹，并经常与其同党在里面淫欢作乐。

其弟曹羲为此感到担忧，经常劝告曹爽不要再这样做，可曹爽已经失了心智，根本不听其弟的劝告。

曹爽还喜好打猎，时常和其心腹左右外出远游，其心腹之一的桓范却因此忧虑，进而劝道："大将军，您身处高位，树大招风，虽然表面上并没有什么危险，却有很多人窥伺您的位置。所以，下官不建议您每次出行都带着兄弟们一起，否则，一旦京城有变，将陷入万劫不复的境地。"

这话说得很有道理，毕竟居安思危之理念古人有之，可曹爽现在猖狂无比，根本没拿桓范这话当回事儿，还不无嚣张地道："哈！当今大魏，还有谁敢在本大将军背后捅刀？谁敢！"

马上就有人敢了。

本年冬，魏皇曹芳任孙礼为并州刺史。就在孙礼即将出行往并州之前，他却前去拜会了正在"重病"的太傅司马懿。

当时，在司马懿床前，孙礼见了一礼便坐在其旁，然后只阴沉个脸一声不吭。司马懿装作颤颤道："德达（孙礼字）呀，你是嫌得到的并州地盘太小呢，还是嫌自己的官位太小？"

一听这话，孙礼坐不住了，直接站起来道："说的什么话？我孙礼虽然没有什么德行，但也没把区区官位放在心上，您太小看我了。"

司马懿："那你为何生气？"

孙礼："在我心中，您应该追寻伊尹、吕尚的足迹，匡正辅佐大魏，上可以报答先帝的嘱托，下可以建立万世功勋。可如今呢？国家将要遭受危难，天下也动荡不安，这就是我不高兴的原因啊，太傅，您不能再……"

话未说完，司马懿直接用一个阻止的手势制止了他，然后不无小心地道："你先不要悲痛，我只说一句：'凡成大事者，都要学会忍受那些常人无法忍受的事情'，其他我就不多说什么了，你下去吧。"

听毕，孙礼先是愣了一愣，然后若有所思地离去了。

数日以后，曹爽调心腹李胜出任荆州刺史，在李胜出任以前，曹爽特意让其往司马懿家中拜会，意图查探司马懿的病情。

于是，司马懿再次拿出了他那精湛的演技。

当时，李胜正在大厅等候。大概足有半个时辰，司马懿才在两名侍女的搀扶下颤颤巍巍地走出来，甚至连衣服都没有穿戴完整，还紧着往下掉。

侍女见状赶紧将司马懿的外套往上提，司马懿却直接将衣服扔到了地上，然后好像神经错乱一般道："粥，粥，我要喝粥。"

侍女不敢怠慢，赶紧端来一碗粥，司马懿却是无法拿动，只能由侍女喂服。

那司马懿端的是演技高强，吃粥的样子简直和一个迟暮老人无二，那是左嘴进右嘴出，弄得整个前胸都是。

李胜见状惊异地和司马懿道："我的太傅大人，大家都说您因为中风而病情严重，一开始我还不信，可今日一见，没想到您的身体已经到了如此地步。"

司马懿假装气喘吁吁道："唉，公昭（李胜字）你这次前往并州一定要小心啊，并州那地方靠近胡地，必须加强戒备，不然容易被异族偷袭。至于我，我现在老眼昏花，不久便将离开人世，还希望我死以后，公昭你能好好照顾我那两个不成器的儿子啊（司马师和司马昭）。"

李胜："哎呀老太傅您听错了，我这次要去的并不是并州而是荆州啊。"

司马懿继续装蒜："啊？你说你已经去过并州了？怎么会如此快速？难不成并州出现了什么变故？"

李胜加大分贝："不是，老太傅，我这次去的不是并州，而是荆州啊！"

司马懿："哦哦，原来是荆州呀，我老了，耳朵聋了，听不清公昭你的话。去荆州好啊，荆州是你的家乡，你一定要轰轰烈烈地干一番事业，不辜负大魏对你的栽培才是啊，咳咳咳咳，哎哟哟难受，我这又不行了，公昭慢走，老头子不送了。"

就这样，李胜告退，然后第一时间便至曹爽处道："大将军，司马公虽然还活着，但也不过是一息尚存而已，他的身体和精神已经分离，离死不远，再也不用忧虑了。"

就这样，司马懿成功地骗过了曹爽，使得曹爽将最后那一点警惕之心也甩得老远。可与此同时，司马懿正在和他那两个儿子策划着如何弄死曹爽以夺大权。

同年十二月，蜀汉汉中守何平（王平）死。

公元249年正月，魏皇曹芳往高平陵祭祀魏明帝。

那天，大将军曹爽及其党羽尽皆随同，整个洛阳顿时变成了一座"空城"。这是多么愚蠢，多么大意轻敌。而司马懿，他是绝对不会放过这等天赐良机的。

因为就在曹爽往高平陵以后，太傅司马懿迅速以皇太后之名下令，首先关闭了洛阳各个城门，然后立即率本部兵马占据了武库，并派兵出城占据了洛水浮桥，还命令司徒高柔为代理大将军，拿着太后的符节占据了大将军兵营。太仆王观则为代理中领军，占据了曹羲的营地。

这一切是在瞬间完成，甚至快到了曹爽都没听到消息便大局已定。

可哪怕如此，谨慎的司马懿还是没有对曹爽直接动用武力，其具体原因有三：

一、本军虽然占据了曹爽的兵营，但本次曹爽带出去的士兵也不少，所以能避免冲突尽量避免冲突。

二、但凡武装政变都要以奔雷之势迅速了结，这几乎是一种铁律，而现在司马懿刚刚占据表面的优势，所以是结束这场政变的最佳时机。不然和曹爽对峙起来，势必生变。

三、也是最重要的一点，那就是魏国合法皇帝曹芳现正在曹爽手中，而一旦曹爽利用起曹芳来搞事情，那最后的结果可就不好说了。

基于以上，司马懿先是给曹芳送去了一封奏书，赋予其本次武装政变的合法性，其具体内容如下：

"臣当初从辽东回来的时候，先帝诏令陛下和我至床前，拉着我的手深深为后事担忧。我和先帝道：'太祖、高祖（曹操、曹丕）也曾将后事托付我，这是陛下您亲眼看到的，没有什么可值得烦恼的，万一发生什么不如意的事情，我司马懿也会以生命来捍卫大魏的尊严。'如今的大将军曹爽背弃了先帝的遗诏，败坏扰乱了国家的制度。在朝内超越本分而自比皇帝，在外部则专横跋扈独揽大权，破坏各个军事编制，完全把持了皇帝的亲兵，各种重要的官职全都安插了他的亲信，皇宫的警卫军队也都换上了他自己的人。这些人相互勾结，狂妄嚣张日甚一日。曹爽又派宦官黄门张当担任督监，侦察陛下的情况，挑拨离间东西两宫的关系，伤害骨肉之情，天下因此动荡不安，人人心怀畏惧。在这种形势下，陛下也只能暂时居天子之位，岂能长治久安？这绝不是先帝诏令陛下和臣到御床前谈话的本意。臣虽老朽不堪，但也绝不敢忘记以前说过的话。况且，太尉蒋济等人也都认为曹爽有篡夺君位之心，他们兄弟不宜掌管军事担任皇家侍卫。臣把这些意见上奏了皇太后，皇太后便命令臣按照总章上的办法实行。而现在，臣已经免去了曹爽、曹羲、曹训等人的官职和兵权，让他们以侯爵的身份退职归家，不得逗留而延迟陛下的车驾，如果他们敢执迷不悟的话，臣必会以军法来处治他们。"

这封信在第一时间便送往了曹芳处，可还没等到达曹芳手中便被曹爽给截了去（实际上就是给曹爽看的）。他见此信以后非常害怕，一时不知所措，便将曹芳的车驾留在伊水之南，并令士兵筑建防御工事，做好了最坏的打算。

司马懿见此，再遣侍中许允和尚书陈泰（陈群之子）去劝说曹爽，告诉他应该早早认罪。

同时，遣曹爽所信任的殿中校尉尹大目去告诉曹爽，说只不过是免去曹爽的官职，并不会杀掉他。

这话一说，曹爽心动了。讲真的，曹爽本来就不是一个有抱负的人，放在现在也不过是一个混吃等死的废材，所以只要让他能够富贵而终就够了。

可就在曹爽即将投降司马懿之际，其手下——绝对的谋主桓范突然对曹爽道："大将军，看你这态度莫不是要投降司马懿不成？"

曹爽："……"

桓范不可思议地看着曹爽，然后转头和曹羲道："将军，你快劝劝大将军，这事可不能这样去做。"

曹羲："……"

桓范："莫不是将军您也想要投降司马懿？"

曹羲："……"

桓范暴跳如雷地吼道："天啊，我真不知道你们读了这么多书是干什么用的！笨！想想，在现在这种形势下，如你们这种门第的人想要富贵一生可能吗？"

众人："……"

桓范："大家不要忘了，天子正在我们手中，也许短时间我们不占优势，但时间一长，天下文武必站在我们身边，你们难道看不到事情的本质吗？"

众人："……"

桓范："诸位！许都距离我们离不过两天两夜的路程而已，那里的武器库足以维持大军装备，大司农的印信也在我身上，足以调动四方粮草，许都的城墙也坚韧高大，这些都足以让我们抵抗司马懿的进攻！并且我再说一遍，天子现在就在我们手中，所以只需要一点时间，天下一众诸侯必定重新归附我们。到那时，司马懿必败无疑，你们还有什么可忧虑的？"

众人："……"

一个时辰过去了，两个时辰过去了，曹爽等人还在犹豫，还在犹豫。直到太阳西沉，夜色来临，曹爽突然将佩刀扔到了地上，态度坚决地道："即使投降，我曹爽依然不失为一个富家翁，还抵抗什么？各位，都随我去投降司马公吧。"

这话一说，桓范直接坐在了地上，号啕大哭道："曹子丹（曹真字）这样的伟人，怎么能生出你们这群如同猪狗一般的蠢货，可怜我桓范旷世奇才，就要被你们这些猪狗之辈拖累得九族皆灭了！"

公元249年正月上旬，曹爽举兵向司马懿投降，司马懿也兑现了自己的承诺，没有去动曹爽，而是让他保留所有财产，从此在家中安逸地生活。

可是嘛，这曹爽毕竟曾经是魏国中的"不安定分子"，所以必要的监视还是要有的。

因此，司马懿遣一众士兵包围了曹府，并在曹府四角建造了足以俯视曹府全局的高楼，时刻关注曹爽的一举一动，甚至连曹爽到后园去打个弹弓，高楼上面的士兵也要喊道："以前的大将军往东南方向去了，都看好了！"

此举弄得曹爽非常郁闷，但也无可奈何。

因此，曹府从此刻开始成了洛阳的禁地，任谁都不敢再往此处寻找曹爽了。

本月十日，最神秘的"有关部门"上表曹芳，声称黄门张当私自将选择人才的报表送到了曹爽府中，怀疑他们有不可告人的目的。

曹芳见此很害怕（害怕司马懿），赶紧"请奏"司马懿，问此事如何处理。

司马懿虽然没有明说，但话里话外的意思都是要严查。

曹芳不敢怠慢，赶紧将张当逮捕归案，并将审讯的工作交给了司马懿派系的官员来办。

最后，经张当交代（监狱中发生了什么无人知晓），曹爽和何晏、邓飏、丁谧、毕轨、李胜等人商议，打算在三月之时突然发动武装政变，进而夺回自己曾经的权力。

于是，这些人以及曹爽曾经的手下（包括桓范）全都在本月于司马懿的授意下被族诛，司马懿从此在魏国万人之上而无人之下。

当然了，这一次屠杀还没有将曹爽曾经那些党羽全部屠尽，要知道，曹爽当权的时候整个魏国从上到下可是有数之不尽的官员都是靠着曹爽而高升的，而将这些人全部杀尽也是不现实的，否则不但不会有利于自己，还可能会逼使这些人造反，使得魏国大乱，进而让吴、蜀从中得利。

而这，不是司马懿想要的。

可如果不对这些人有所行动的话，他们的心又会不安定，那样还会有动乱的可能，这怎么办呢？

简单。

十八日，为稳定魏国那恐慌的人心，司马懿上表大赦天下，曹芳从之。

于是，魏国恐慌的人心得以平复。

十九日，魏皇曹芳任命太傅司马懿为丞相，赐九锡，并授权司马懿从此把持魏国的军政大权。

可司马懿深知为官之道，更知道现在最重要的是稳定人心，将自己树立成"周公"，而不是改朝换代，于是坚决推辞。

曹芳见司马懿态度如此坚决，便将这事暂时延缓。

本月下旬，魏国重量级人物，右将军夏侯霸（夏侯渊之子）突然率亲信投奔了蜀汉，使得魏国朝野哗然。

当初，右将军夏侯霸受曹爽厚待，对魏国忠心耿耿，同时因为其父是死于黄忠手下，所以夏侯霸恨透了蜀汉，常常咬牙切齿要为父亲报仇，因此担任讨蜀将军，驻扎陇西，属征西将军夏侯玄（夏侯霸的侄子，曹爽的表弟）所统。

曹爽被司马懿族诛以后，司马懿肯定不放心西北再让夏侯玄统率，于是便召回了夏侯玄，而让雍州刺史郭淮代替夏侯玄成为征西将军。

夏侯霸平时便与郭淮不和，而司马懿是知道这件事的，那么他知道这件事为什么还要让郭淮担任征西将军呢？夏侯霸认为，司马懿必定是要借郭淮之手除掉自己。

于是，夏侯霸这才抛弃了仇恨，无奈前去投奔了蜀汉。

后主刘禅因此亲自召见夏侯霸，并对其和颜悦色道："朕知道夏侯将军曾经非常痛恨我们，但那时各自为将，不是你死就是我活，这种事情谁也没奈何。再者说，朕听说你的父亲是在军队行列间遇害的，而并不是我的先辈杀死的，所以这事，咱就翻篇了，你放心，朕以后一定会重用你，绝不会因为你曾是魏将而另眼相看。"

就这样，刘禅收容了夏侯霸，非但赏赐了他相当的金帛，还封其为将，待遇可谓优厚了。

这之后，姜维又找到了夏侯霸，并向其询问魏国下一步的军事图谋，实际上就是想知道司马懿会不会在短期内攻击蜀汉。

夏侯霸实言道："司马懿刚刚政变成功，主要目的还是安顿内政，短期是绝对不会对他国用兵的，这点将军可以放心。但在其麾下有一个叫钟会的人，将军你一定要小心，这人虽然年纪轻轻，但文武双全，以后必为吴、蜀之大患，所以以后在战场上遇到他一定要谨慎行事。"

（注：口吃的邓艾现在还未能闻名于朝堂，所以很多人不知道魏国还有这么一个能人，都将钟会看成魏国最杰出的年轻人。）

钟会，字士季，B$^+$级统帅，A$^-$级行政大臣，A级谋士，颍川郡长社县（今河南省长葛市）人，是曾经太傅钟繇的儿子。钟会小时便聪慧早成，文韬武略无不为其所长。

五岁时，钟会曾随父钟繇一起拜见过魏国的相面大师蒋济，那蒋济见到钟会以后便即惊讶道："观察一个人的眼神就能知道他是不是人才，而我观您的儿子，他以后绝对不是一个平凡的人。"

钟会因此在五岁的时候便闻名魏国。

长大以后，钟会更是学富五车，因此被朝廷任命为秘书郎，曹爽下台以后则彻底归附于司马懿，成为他的心腹之一。

本节参《三国志》《资治通鉴》《晋书》《世说新语》《魏氏春秋》《魏末传》

2.16　野心

公元249年三月，吴国左、右大司马朱然、全琮相继去世，吴大帝孙权哀痛万分。

四月，魏国昌陵侯蒋济死。

当初，曹爽在伊水之南的时候，司马懿曾经骗蒋济前往劝降曹爽。蒋济不知道司马懿的阴谋，以为司马懿真的会放过曹爽，所以向曹爽发誓他一定会富贵一生。

可最后，曹爽被司马懿阴死，蒋济因此痛恨自己的天真，甚至司马懿给蒋济封都乡侯他都没有接受，而是一直生活在悔恨之中。

直到本月，蒋济终于抑郁成疾，进而撒手人寰。

公元249年秋季，蜀汉卫将军、凉州刺史姜维向朝廷提议北伐，因为现在魏国刚刚经历大的变故，正是北伐的最佳时机。

费祎信不过姜维，毕竟他没有什么杰出的战绩能拿得出手，所以只给一万士卒让其北伐。

姜维对于费祎这种行为很是恼怒，但他认为现在确实是攻击魏国的绝佳时机，如不行动实在可惜，便没管费祎的态度，而是毅然遣军往北，并依麹山（今甘肃省岷县东百里）筑造了两座军事要塞用以据点，以牙门将军句安、李韶驻守，然后聚集西部羌、胡从两个方向侵犯魏国西部诸郡。

魏国征西将军郭淮听闻此事以后不敢怠慢，立即率主力军团前往迎击。

见此，雍州刺史陈泰建言道："将军，麹城虽然被姜维建造得异常坚固，但距蜀国遥远，运粮非常困难，只要将其粮道截断便可不战而夺此城，所以请将军任下官前往攻击，下官可以保证拿下此城。"

郭淮觉得陈泰之言甚有道理，便命其为主将，讨蜀护军徐质及南安太守邓艾为副将率一部前往攻击。

陈泰到达麹城以后迅速将此地围困，然后断绝麹城的粮道和水源，坐等句安困死。

句安见势不妙，乃率全军出城挑战陈泰，意图和其决一生死，陈泰却不出城，摆明了要将你耗死的节奏。

句安无奈，只能向姜维求援。

姜维知道，只要麹城为魏军所夺，自己的退路便将被彻底断去，所以当即率军来救。

数日以后，姜维率主力越过牛头山（洮水南）与陈泰对峙，大战貌似一触即发。陈泰却认为，用兵之法最重要的便是不战而屈人之兵，如果能吓退姜维的话，麹城必会轻易拿下。

因此，陈泰令全军坚守壁垒，不管蜀军如何挑衅都不准出击，违令者斩。

与此同时，他遣使往郭淮处，希望郭淮能尽快率军推向牛头山，断掉姜维之归路。因为一旦将其归路断掉，姜维必成瓮中之鳖，到时两面夹击便能取其项上人头。

郭淮觉得有理，便即遣军往牛头山行进。

而姜维果然畏惧被夹击，因此放弃了麹城，往汉中方向退去。

句安见麹城已成孤城，又听说郭淮主力大军即将到来，料定必败无疑，因此向陈泰投降，陈泰果然不战而屈人之兵。

数日以后，郭淮主力部队到达，其见蜀军已去，料定不会再有危险，便合军一处，打算前往讨伐参与本次军事行动的羌、胡种部。

可就在大军即将向西行进之时，南安太守邓艾急谏道："将军，敌人刚刚撤退，相距不远，不排除有突然杀回来的可能，所以还请将军能够分出一部分兵力驻守麹城，以备不测。"

听毕，郭淮默默点头，便分给了邓艾一部士卒让他屯兵于白水以北（今甘肃省文县西北）。

而三日以后，姜维果然遣廖化在白水南岸扎营结寨，和邓艾的魏军形成了对峙的局面。

可那边蜀军刚刚布置营寨，邓艾就看出了蜀军的意图，于是当即召开军事会议和麾下诸将道："我军兵少，蜀军兵多，姜维还是突然折回。按照兵法，姜维应该立即渡河和我军决战，而绝不会行此拖延之计。所以，他的图谋一定不是和我军在白水决战，而是夺取我方北面六十里的洮城！因为洮城一旦被蜀军占据，我方便会陷入绝对的劣势，甚至一个人都逃不出蜀军的屠刀。所以，我们现在需要立即前往洮城驻守！"

就这样，邓艾率大部主力急往洮城，终是在姜维未到达洮城时提前一步到达了此地。

而事情果然如邓艾预料的那般，就在邓艾到达洮城不到两个时辰，姜维的部队便抵达了洮城近郊，然后便对洮城发动了凶猛的进攻。

可因为有大量援军的帮助，又因为邓艾的指挥得当，使得姜维无法寸进。

最终，姜维只能无奈率军退去（这回真的退了）。

本次北伐魏国，乃是姜维和费祎辅政以后的第一次出征，结果却是耗费大量人力物力建造的麹城被魏军占据，姜维还没能取得丁点儿胜利，所以姜维在蜀汉那本就不是太高的威望进一步下跌。

再看魏国。

曹魏司空王凌有一个叫令狐愚的外甥，他是曹魏的兖州刺史，率军驻扎平阿。此舅、甥二人皆掌重兵，基本上能全权掌控淮南地区。

当时，不管王凌还是令狐愚对于司马懿都非常不满，又听说楚王曹彪智勇双全，便想要发动武装政变，扶曹彪在许都上位，进而做那权倾朝野的"天下人"。

九月，令狐愚派手下将领张式秘密至白马县与曹彪串通，得到曹彪的同意之后，王凌也积极准备起事，并将一切告诉了自己的儿子王广。

可当王广听闻此事以后大惊失色，进而劝道："父亲，凡做此等大事，必须以人情世态为根本。前大将军曹爽因为骄奢淫逸而失去了百姓的信任，何晏徒有其表却不能治国。丁谧、毕轨、桓范、邓飏等人虽然有较高的声望，但都是一些只会追求名利的人。再加上曹爽一党经常改变国家的典章制度、政策法令，使得百姓怨声载道。所以他们虽然有翻江倒海的势力和威震天下的名声，但当他们被杀以后也没有半个人为他们悲伤，甚至之前那些顺从他们的官员在他们死后也都销声匿迹了。而这，都是失去民心的缘故。再看如今的司马懿，他虽然本心难测，但能提拔贤良，广泛招揽超越自己的人才，并遵循先朝的政策和法令，使得百姓安居乐业。而且，司马懿父子都掌握着庞大的兵权，可以说占据了绝对的天时、地利、人和。这种情况下，想要推翻他的统治是绝对不可能的，所以还请父亲一定三思而后行！"

王广说得很对，但此时的王凌已经被造反之心蒙蔽了双眼，根本听不得王广半句劝告，所以这事也就盖棺定论了。

可就在王凌和令狐愚准备起事之际，令狐愚突然患病暴毙，此事便暂停了，不过早晚，风暴还是会来临。

本节参《三国志》

2.17　王凌之死

公元249年十二月，魏皇曹芳任王凌为太尉，另调司隶校尉孙礼为司空。

同月，魏国光禄大夫徐邈去世。

同月，魏皇曹芳再提司马懿九锡之礼，并给予其入朝不趋、赞拜不名和剑履上殿之"荣耀"。

可司马懿深知此等荣耀实际上就是烫手的山芋，谁接谁死，所以坚决推辞，使得曹芳的意图落空。

公元250年正月，司马懿为赢得舆论支持，遂再次称病在家，坚持不上朝理政。魏皇曹芳因此彷徨不安，乃亲往司马府询问下一步朝廷应该如何施政，态度谦恭得就像个儿子。

五月，曹芳任命征西将军郭淮为车骑将军，孙资为骠骑将军。

同年秋，吴国方面。孙权之少子孙亮已经8岁了，且相貌俊俏非常，越发得孙权欢喜。反观太子孙和与鲁王孙霸，因为多年的相互迫害使得孙权已经逐渐对二人失去了耐心。

经常游荡于宫廷之间的全公主敏锐地发现了这一点，便果断抛弃了鲁王孙霸，进而对孙亮抛出了橄榄枝。

孙亮（或者他背后的团体）深知这老娘们儿在孙权心中的地位，也知道她在吴国的政治能量，所以想都没想便将全公主递过来的橄榄枝接了过去，并锦上添花，又娶全琮之侄全尚的女儿为妻。

全公主因此全信孙亮，便经常在孙权面前夸赞孙亮，并对孙和、孙霸冷嘲热讽。

基于此，孙权越发讨厌二人，终于在一次和侍中孙峻的对话中表露了："兄弟之间如果不和睦，下面的臣子就会分党结派，这样就会像袁氏兄弟一样为天下人所耻笑。"

这话是说给谁听的？就是孙和还有孙霸呀。

二人听说此事以后都怕得不行，从此成了"乖宝宝"两枚。可事情已经到了这一步，再做什么努力也是徒劳。

十余日后，吴大帝孙权突然幽禁了太子孙和与鲁王孙霸，并准备再过一段时间将二人贬为平民百姓。

此行动迅雷不及掩耳，之前根本没和任何臣子商议，所以一众大臣都蒙了，但蒙过之后便是举朝愤慨。骠骑将军朱据首先向孙权发难："陛下，太子是一个国家的根本，不是说废就能废的，再说太子平时忠厚贤良，您为什么就要突然废掉他呢？您又有什么理由废掉他？从前晋献公……，汉武帝听信……。我恐怕太子会像当初的戾太子一样不堪忍受屈辱而愤恨自杀，到那时，您就是像汉武帝一样建造思子之宫恐怕也无法挽回了。"

朱据说得很有道理，而这一切也确实是孙权弄出来的祸端，但孙权这时候已经什么都听不进去了，就想废了孙和与孙霸而立孙亮，所以根本不和朱据再行理论，而是拂袖而去。

朱据见此大怒，遂与尚书仆射屈晃率一众文武用泥巴涂抹头颅，并将自己捆绑起来跪在皇宫门前请求孙权释放孙和，并恢复其太子之位。

此事在当时闹得很大，皇宫周边数十里挤满了围观的百姓。

孙权因此大怒，便遣使勒令这些人赶紧回去。可这些人根本不理孙权，无难督陈正、五营督陈象、朱据、屈晃更是口沫横飞怒谏不止。

孙权再也控制不住怒火，便直接族诛了陈正和陈象，并命令士兵直接将朱据和屈晃拽进了大殿。

这之后，孙权以一种近乎冰冷的口吻和二人道："朕再给你二人一次陈述的机会，不过朕劝你们好好组织一下语言，以免给自己招来祸端。"

孙权本以为有了陈正和陈象的前车之鉴，这二人就不敢再像以前一样"逼迫"自己，可谁承想，这二人言辞更加激烈，并不断给孙权叩头，只请求恢复孙和的太子之位。

孙权因此怒火中烧，直接在大殿上各给二人一百廷杖，之后将朱据降职为新都郡丞，将屈晃罢官赶回家乡。各个前来进谏的官员被杀被贬的也有数十人之多。

这之后，再无人敢劝孙权恢复孙和的太子之位。

十余日后，孙权直接将孙和、孙霸免为平民，过后又将孙霸及其党羽全部诛杀，孙亮因此成了太子的最热门人选。

十一月，孙权立孙亮为太子，并在同时遣十万大军分别驻扎堂邑和涂塘二县，以堵北军往建业之路。因为孙权知道，北方的那群狼是绝对不会放过任何攻击吴国的机会的。

而事实证明，孙权所料果然不错！

公元250年十二月，曹魏征南将军王昶上书言："孙权流放良臣，遭百姓怨恨，嫡子、庶子之争，使得吴国分裂，此为最佳侵攻吴国之机，还请陛下准奏攻吴。"

魏皇曹芳不敢独断专行，遂往司马懿处请示，待司马懿点头之后这才采纳了这个意见，并按照司马懿的意思分别遣新城方面军攻巫县、秭归，荆州方面军攻夷陵，王昶则亲率主力大军往攻江陵。

公元251年正月，魏国三部方面军皆获大胜，并斩获吴军无数。

可不知为何，魏军不再乘胜追击，而是见好就收，率军退去了。

三月，魏国任尚书令司马孚为司空，征南将军王昶为征南大将军。

四月，太尉王凌上表请率军讨伐吴国，却未得司马懿批准。王凌大怒，更加快了武装政变的进度，并将谋反的意思说给了和自己比较要好的兖州刺史黄华，希望黄华能够配合自己一起扳倒司马懿。

可令王凌万万没有想到的是，那黄华在自己面前答应得好好的，但转头便将王凌准备造反之事透漏给了司马懿。

司马懿不敢怠慢，立即率中军乘船从水路讨伐王凌。不过为了不战而屈人之兵，司马懿还是先宣布赦免了王凌的谋反之罪，然后又写信告诉王凌，让他不要执迷不悟，最后才以迅雷之速往王凌方向疾奔。

王凌孤掌难鸣，知道不是司马懿的对手，于是便决定向司马懿投降。

数日以后，司马懿大军已经到达百尺堰，王凌脖挂官印，赤裸上身，将自己捆绑起来去拜见了司马懿。

司马懿也没有难为王凌，而是按照之前自己所说，将王凌松了绑，并宣布赦免王凌。

王凌见此大喜，再加上过去和司马懿曾有旧交，便想要靠近司马懿，和他套套近乎，最好能弄一个富贵而终的结局。

司马懿却不见他，而是命卫兵将其阻挡在远处。

王凌见此大急，赶紧对司马懿喊道："太傅大人，您随随便便写一封书信唤我我便会去往洛阳拜见，为什么还要出动军队呢？"

司马懿冷笑道："叫你？你王凌早有反心，叫你你能来？只会让你提前准备罢了。对付你这种人，本太傅只能突然出击，这样才会给国家减少损失。"

一听这话，王凌也怒了，于是叫喊道："太傅大人无凭无据就如此对待国家忠臣，我不服！太傅您辜负了我！"

司马懿："嗬，我宁可辜负你也绝不能辜负国家！来人！"

侍卫："在！"

司马懿："我不想再听这人废话，把他给我押到洛阳！"

"喏！"

就这样，身为三公之一的太尉王凌被押走了。在往洛阳的路上，王凌越想越觉得司马懿不靠谱，于是上言要向司马懿讨要一副棺材，以此观察司马懿是不是真的想杀死自己。

可没承想，司马懿连想都没想便给了王凌一副棺材，那意思不要太明显，就是让王凌赶紧去死。

王凌无奈，只能在行至项县之时服毒自杀。

就这样，谋划了一年多的谋反没等实施便被司马懿消灭于襁褓之中。

本节参《三国志·魏书》《晋书》《汉晋春秋》《魏略》

2.18 托孤大臣

公元251年五月，经过这一段时间连续的失败，孙权越发想念曾经的陆逊，更后悔当初要那么对待陆逊，所以整日愁眉不展，身体日渐消瘦。

身边的人实在看不过去了，于是向孙权推荐陆逊的儿子陆抗，并说陆抗有其父当年的风范。

孙权听罢大喜，遂召见陆抗，并流着眼泪对陆抗道："朕以前听信谗言，亏待了你大义凛然的父亲，也对不起你们陆家，当初那些卷宗，朕已经全都销毁了，咱们就让这事儿翻篇儿吧，你看好吗？"

听毕，陆抗赶紧跪在孙权面前颤抖道："得陛下此言，我陆家足矣，哪里还敢有半分不愿？"

这话听完，孙权才逐渐露出那许久不见的笑容，并从此开始重用陆抗。

不得不说，孙权此举算得上晚年少有的正确之举。

六月，魏皇曹芳赐死楚王曹彪，并任诸葛诞为镇东将军（诸葛亮族弟）。

八月一日，司马懿病重，他料想自己时日无多，便将所有的军权交给了长子司马师，并奏请曹芳封司马师为大将军，录尚书事。摆明了要给司马师改朝换代的底子。

曹芳不敢违背司马懿之命，只能遵从。

八月五日，曹魏太傅司马懿去世，其子司马师继承了他的一切，成为魏国新一任的"皇帝"。

当初，在曹操还活着的时候，曾经用极为高明的手段将匈奴分裂成五个大部，并将它们安排到并州居住。可以说，从那时候开始，匈奴短期之内对汉人便构不成威胁了。

可多年过去，於扶罗之子，匈奴左贤王刘豹却逐渐强大，有吞并其他四部的野心。

因此，城阳太守邓艾乃上书司马师曰："匈奴，曾为中原周边最具威胁的强大骑马民族，现在虽然不行了，但单于之名依然可以震慑两羌等异族宵小。当初，单于在匈奴还有实权，所以两羌等异族分分合合没有首脑。可如今，匈奴单于的尊严日渐微弱，而其他部落的威势却一天比一天加重，这就不得不让我们有所防备了。下官听说刘豹的部族逐渐强大，且族中有不同的声音，大将军何不利用这些不服刘豹的人将刘豹的部族一分为二呢？如此，刘豹变弱了，单于变强了，两羌等骑马民族变得更加害怕了，我大魏边境便将会保数十年的安定繁荣。"

司马师觉得邓艾之言甚有道理，便行实施。

而结果果然如邓艾所言一般。

十一月，时年七十岁的孙权得了中风，整日疼得撕心裂肺。想起当初太子孙和对自己无微不至的照顾，孙权想念起了孙和，便想命人将孙和给召回来。

孙权此举可将全公主吓坏了（这老家伙要做什么？把孙和弄回来不是想再让他当太子吧？他当太子还不得把老娘的皮扒了），于是立即找到了孙权，并劝他无论如何不能将孙和召回，不然吴国必乱。

侍中孙峻和中书令孙弘也急谏孙权，劝他不要将孙和召回。因为这一段时间以来，太子孙亮的根基已成，所以这时候再召孙和回来必会使吴国动乱。总之说白了就是，你孙权要么当初别废太子，既然废了太子就不要再有任何幻想。

孙权无奈，只能打消了自己这不切实际的想法。

数日以后，孙权的病情越发严重，始有归西之势。可当时的孙亮还年幼，就这样将所有的国事交给他孙权还不放心，所以便想找一个能托付后事的人作为辅政大臣，就好像蜀汉的诸葛亮一样。

可这个辅政大臣何其难找？他不仅要有强大的军事才能，还要有相当的人望以及优秀的政治能力才可以。所以孙权一时间也陷入了苦恼，不知选谁才是最理想的。

侍中孙峻见此乃与孙权道："陛下，大将军诸葛恪文武双全，足以托付大事。"

一听诸葛恪这人，孙权满脸的纠结，犹豫一会儿才道："诸葛恪的能力我是不怀疑的，可这小子刚愎自用，并不是能托付大事的性格呀！"

孙峻："可陛下，当今朝廷文武百官，您认为哪一个人还能比得上诸葛恪呢？"

这话一说，孙权明显一愣，想了半天才叹息道："唉！那就这样吧，你去让诸葛恪即日启程来见朕。"

孙峻："喏。"

就这样，诸葛恪成为辅政大臣的事情被敲定。

数日以后，孙权的使者见到了诸葛恪，并向其传达了孙权的意思。诸葛恪因此大喜，赶紧收拾行装便打算前往拜见孙权。

可就在诸葛恪即将出行之前，上大将军吕岱急忙找到了诸葛恪道："元逊你这人什么都好，就是性情比较毛躁。而当今天下正值多事之秋，所以我真诚地希望你以后处理每件事都要先想十遍再行决定。"

这话一说，一直自视甚高的诸葛恪当时就不乐意了，进而冷笑道："从前季文子三思而后行，孔子却对他说：'一件事情只要想两次就可以了，何必一而再再而三地去思考？'而上大将军您却让我凡事去想十次，难道您是认为我才能低劣吗？"

听毕，吕岱无言以对，他其实只不过是想要提醒诸葛恪最需要注意的是什么，而并没有想那么多，谁知道会惹得诸葛恪不高兴呢？

当时，几乎整个朝廷的官员都认为是吕岱失言了，可吕岱真的失言了吗？没多久你就会知道了。

数日以后，诸葛恪到达建业，在孙权的卧室被召见（孙权此时已经无法起身），之后以大将军的身份兼任太子太傅，正式成为了吴国的第一辅政大臣。至于孙弘则被任命为太子少傅，为第二辅政大臣。

同时，孙权还下诏朝廷百官，声称自己百年之后，整个朝廷所有的军国大事要听从于诸葛恪的安排，并为他制定了群官和各部门拜见时的礼仪，各有不同的规格，更胜当初蜀汉的诸葛亮。

本节参《三国志·吴书》

第三章　蚕食

3.1　伐吴之略

公元252年四月某一天夜晚，孙权的病情急剧恶化，孙权知道自己即将告别人世，因此急命孙亮及诸葛恪、孙弘、滕胤、吕据、孙峻等辅政大臣来见，并在众人面前拉着诸葛恪的手道："大将军，今夜之后，恐怕我们就阴阳相隔了，以后吴国的事情朕就全都交给你了，你一定要好好干，不要让朕失望啊。"

诸葛恪跪着对孙权哭道："臣受陛下厚恩，必当以死相报！还请陛下安养精神，您一定会长命百岁的！"

听毕，孙权再没有说什么，只是微笑着看着诸葛恪。

次日，吴大帝孙权——崩。

孙权死后，吴废帝孙亮继位，诸葛恪则为第一辅政大臣，如蜀汉诸葛亮故事。

可和当初诸葛亮成为辅政大臣不一样的是，诸葛恪的"上位"并不顺利。在当时几个辅政大臣中，孙弘平素便与诸葛恪不和，为了防止以后被诸葛恪玩儿死，孙弘准备先下手为强，于是封锁消息秘不发丧，然后假造孙权之秘密遗诏，准备次日弄死诸葛恪。

可这事不知如何被孙峻提前知晓，孙峻不想让孙弘之计得逞，于是将此消息偷偷告诉了诸葛恪。

听罢，诸葛恪只是冷笑，便即命人前往孙弘处请他来府中商议军情。

孙弘不知消息已经泄露，傻了吧唧便前往诸葛恪处，结果被诸葛恪当场斩杀。

就这样，大将军诸葛恪真正上位。

数日以后，吴废帝孙亮亲自主持了孙权的葬礼。

月末，诸葛恪下达一系列改革措施，分别罢免了朝廷监视百官的人，并免除关税，广施恩泽于百姓。

当时，整个吴国的官民都视诸葛恪为吴国的救世主，诸葛恪每次出入，百姓都伸直了脖子想要一睹诸葛恪之尊荣，但此时的诸葛恪，他的名望还没有达到人生的巅峰。

五月，诸葛恪出台削王令，命凡在边界掌握重权的王子必须在本月内迁回吴国中心部位。

这样做，既能保证建业的中央集权，又能防止这些王子窥探吴帝之位。各个王子虽然心中不愿，但因为畏惧诸葛恪的威势，便只能迁徙。只有齐王孙奋坚决不从诸葛恪之命令，还遣使往建业质疑诸葛恪的执政能力。

针对于此，诸葛恪致信于孙奋，并话里话外以孙霸为例警告孙奋，让他不要造次，不然必死无疑（千字文，略）。

孙奋因此畏惧，不敢再和诸葛恪硬磕，乃迁徙至南昌。

至此，诸葛恪之权威进一步得到了巩固。

当初，吴大帝孙权曾建造东兴堤用以遏制巢湖之水，后来进攻淮南，反倒因为巢湖内的船只不利而导致最终失败，于是便废弃了东兴堤不再修筑。

直到公元252年，诸葛恪却有了不同的想法。

诸葛恪认为，东兴堤的存在固然不利于进攻淮南，却可以利用东兴堤来防止魏军的侵袭，于是在本月重修并扩大东兴堤，让此大堤直连左右两山，并在山与大堤之间修建了东、西两座城池，各令全端与留略率千人分别驻守。

公元252年十月，孙权死去的消息传到了魏国，魏镇东将军诸葛诞因此向大将军司马师建议道："如今孙权新死，诸葛恪却劳民伤财而筑东兴两城，这实在是愚蠢的举动。下官建议在此时遣王昶攻江陵，毌丘俭攻武昌，用以牵制分散吴匪的兵力，并在吴匪兵力薄弱之时再遣主力部队攻击此两城，必一战而定！"

当时，除了诸葛诞以外，征南大将军王昶、征东将军胡遵、镇南将军毌丘俭等人也奉献了攻击吴国的战略方针，都说得各有道理，司马师不敢武断，因此将这些方针拿到了尚书胡骏那里询问他的意见。

胡骏看过这些方针以后，凝重地对司马师道："献计者有主张乘船直接渡江，横行于江面的；有主张分三路大军同时进攻的；还有主张屯兵边境积累粮食，在最好的时机攻击吴国的。前两条计划确实符合兵法，也都是攻取敌国的常用之计。但自从我们整治集结伐吴部队以来，前后断断续续已经三年了，计划早已被敌人知晓，已经不是一支可以出其不意进行偷袭的军队了。而吴国与我大魏为敌已经有六十多年了，这期间他们君臣团结，同甘苦共患难，最近又丧失了新的统帅，君臣上下一定是更加团结谨慎。所以我料定，面对我方的进攻，他们一定会在重要的渡口排列战船，并坚固城池占据险要。如此，我们横行于大江的计谋恐怕就难以奏效了。如今边境的守军与敌军相隔甚远，且敌军还设置了观察联络的哨所，戒备又特别严密，使我们的间谍不能进入，得不到任何消息。而一个军队如果不知彼就等于没有耳目，如此，战争结果就不容乐观了。所以分兵三路攻击吴国也不能够奏效。因此，只有屯兵于边境的办法才是最行之有效的。不过这样做也必须做到七点才可，不然我方的计划很有可能被吴匪利用。"

司马师："……说下去。"

胡颎："第一，我们要一点一点侵占吴匪肥沃的土地，将敌人逐渐逼往贫瘠之地。第二，士兵一定不能欺凌百姓，必须做到自给自足。第三，在距离我方比较近的区域实行招抚怀柔政策，让吴人能够络绎不绝地向我方投降。第四，从远处便开始层层设卡，断绝吴国派往我方的间谍。第五，在对峙的时候想尽一切办法摧毁敌方哨所，如此便可让我大魏间谍成功混入其中，并让吴匪的军屯无法展开。第六，让军队轻易不要发动大型攻击，只屯田积粮就可以了。而做到以上六点的时候，我们就等于胜利一半了。最后，也就是第七点，等敌军内部出现混乱的时候，我们便可以长驱直入，进而一举消灭敌人！以上，便是我想对大将军说的建议。"

胡颎这些话乍一听很有道理（综合了之前满宠和以后羊祜的战略总纲，我个人认为比较不错），但司马师感觉相当不舒服。为什么？因为司马师近来刚刚上位，想要用最快的速度建功立业，进而巩固甚至增进自己在魏国的权威。可胡颎这个办法明显太耗时间，不是一两年能够成功的。

再者说，就算按照他这个办法实施了，最后就一定会成功吗？未见得！要知道上有政策下有对策，魏国从曹操时代开始便多次对吴国用兵，基本上急的缓的，什么损招都用过了，可直到现在不还是没能把吴国怎么样嘛。

基于此，司马师并没有采纳胡颎的建议，而是在多方考虑之后确定了诸葛诞的三路伐吴之法。

本节参《三国志·吴书》《资治通鉴》

3.2 三路伐吴

公元252年十一月，魏国大将军司马师令王昶率一部兵马攻击江陵，毌丘俭率一部攻击武昌，用以分散吴军的守备力量，至于真正的大军则被司马师彻底地隐藏了。

十二月，司马师见吴军主力部队已经逐渐向江陵、武昌方向挺进，遂令胡遵

（疑似主帅）、诸葛诞率七万大军直逼东兴二城。

十二月十九日，魏军抵达东兴堤，胡遵直接令魏军架设浮桥渡水，然后陈兵于大堤之上分兵攻击两城。

可两城险峻，易守难攻，所以魏军在一时半刻还无法将此二城攻下，局势便陷入了短期僵持。

不过两城吴军毕竟只有两千多人，和魏军兵力相差悬殊，陷落不过是时间问题。

而就在魏军攻击东兴二城之时，诸葛恪也听说了此军情，乃急忙率四万人前往救援，并令丁奉、吕据、留赞、唐咨等人为先锋走山路疾进。

可山路崎岖狭窄，人挨人挤，大军行动非常缓慢。

吴国三朝元老丁奉大急，乃召集诸多将领道："现在东兴二城危在旦夕，如果等他们攻占了二城，我们再想和他们交锋就难了，所以还请各位将军给我丁奉让道，让我这个老东西先去砍几个魏狗的脑袋过过瘾。"

丁奉是吴国出了名的老资格，那脸面在吴国军界是没说的，所以众人都没和他争，而是命士兵让出了一条道让丁奉所部先行通过。

于是，丁奉亲率三千人疾奔猛进，又逢北风大起，丁奉顺风而走，只用了短短两天便到达了徐塘。

此时正是冬季，漫天飘雪，十分寒冷，所以胡遵正在和手下饮酒取暖，同时允许军中将士稍喝些酒来取暖，所以整个魏军一片"欢乐"。

因为魏军此时正占据高点，再加上两方兵力相差太大，所以最开始的时候，丁奉是没想强攻魏军的，但到达大堤之下时，丁奉见魏军竟如此大意，于是激动地对全军将士道："封侯拜爵就在今朝！诸位，随我杀上去！"

这之后，丁奉命令全军将士脱掉铠甲，赤裸半身，只头戴钢盔，拿着刀和盾便往大堤上冲。（注：赤裸上身的主要目的便是减轻身体重量，方便登城进攻。）

那些半醉不醉的魏军见此只是哈哈大笑，却没有半点儿警惕之心。在他们心中，连盔甲都不穿的士兵是没有半点儿威胁的，尤其是这些不穿盔甲的士兵还是身材矮小的南方士兵。

可当这些所谓"身材矮小"的"南方士兵"登上城墙以后，自诩战斗力高强的魏军将士傻了。因为这三千吴兵在丁奉的带领下太过彪悍，他们杀人技巧极高，战斗舍生忘死。不一会儿的工夫，大堤上的魏军便被攻出了一道大大的缺口。

而就在此时，其他的吴军也陆续赶到了战场，他们本想安营扎寨，可见丁奉所部已经攻上了大堤，便不再有任何想法，而是直令全军随丁奉攻击大堤。

看着无数"南军"如同疯魔一般冲向大堤，半醉不醉的魏军大惊，遂有崩溃之风险。

就在这时，勇猛无比的丁奉又攻破了魏军的前部营垒，所以魏军顿时乱作一团，那些大兵再也不敢逗留，争相抢夺浮桥奔逃。

可一座小小的浮桥怎么可能经受得起这么多人一起折腾？再加上这时候朱异又率本部兵马杀来，进而对此浮桥进行破坏。所以不出意外地，当魏军逃到一半的时候，浮桥被毁掉了。那些已经踏过浮桥的魏兵得以活命，那些还在浮桥之上的魏军全部丧生。那些还没有踏过浮桥的魏兵则有的投降有的不顾性命地跳下大堤。

最终，胡遵、诸葛诞之主力魏军惨败，相互践踏死的、被杀死的以及投降吴军的，总数竟达数万之众！

而胡遵、诸葛诞的主力部队一败，王昶和毌丘俭的牵制部队也失去了意义，便撤军而还。

至此，魏军本次南征行动彻底以失败告终，诸葛恪则带着数不尽的俘虏和堆积如山的物资返回了建业。

公元252年十二月二十三日，魏军战败的消息传到了洛阳。

当时，几乎所有的文臣武将建议司马师能够重重地处罚胡遵、诸葛诞、毌丘俭以及王昶，司马师却对一众大臣道："当初我没有听从胡碫的话，这才酿成了如今的后果，这都是我的错，和各位将军有什么关系？"

因此，司马师非但没有惩罚这些将军，还任命诸葛诞为镇南将军，总督豫州军政；毌丘俭为镇东将军，总管扬州军政。

至于诸葛恪，在回到吴国以后则成了整个吴国的英雄，其声望可谓达到了人生的顶点。

可就在这时候，身在洛阳的司马师放下了手中的公文，对前来拜见自己的张缉道："敬仲（张缉字）啊，你这次来找我到底有什么事呢？"

张缉："下官观最近大将军神色不佳，可是为了诸葛恪之事而烦恼？"

司马师："唉！正是如此啊，那诸葛恪很有才能，吴国国内又团结一致，想要在有生之年一统天下怕是无望啊！"

张缉："呵呵，未必！"

司马师："哦？先生有何计较？"

张缉："计较没有，不过我料定诸葛恪离死不远矣！"

司马师："为何？"

张缉："本次大胜我魏军，使得诸葛恪的声威已经震其君主，功劳更是盖过全国，臣请问大将军，在这种情况下，除非他拥有绝对的权力，不然还能活？"

本节参《三国志》《资治通鉴》《汉晋春秋》

3.3 盛极而衰，诸葛恪之死

公元253年正月，孙亮立全尚的女儿为皇后，进一步巩固了自己和全氏一族的关系。

同月，魏国大将田豫善终，死时家无余财。

同月，蜀国不断有大军往汉中方向集结，看似有北伐魏国之可能。

司马师见此，悄悄致信一封往边界。

数日以后，魏国边地小将郭循投降费祎。费祎不疑有他，当即接纳郭循。

又是数日之后，费祎在汉寿大宴众将，就在酒过三巡，气氛正热烈之时，郭循却突然暴起，抽出一把匕首照着费祎的胸口就是噗噗噗地一通乱捅。

于是，公元253年正月，费祎驾鹤西去。

《华阳国志》载："姜维自负才兼文武，常欲出兵陇西以定曹魏，因有费祎制约，才数次不得战，至是无祎，维屡屡北上失败，以致政刑失措，国力下降。"

照《华阳国志》这种说法，费祎死后，蜀国再无人才。而姜维不但不是人才，还是毁掉蜀国的第一罪人。

按照正常套路，后来蜀国之灭亡全都是刘禅亲信黄皓这个死太监的缘故，可黄皓到底干了什么天怒人怨的事情史料没有详细记载，只粗略地说他结党营私，取悦皇帝，独揽朝政而已。

而刘禅呢？在我看来，从上位以后便是一个非常聪明的帝王，不管是诸葛亮死后取消丞相制还是死死把持着豪族张氏，抑或平时的处理政事，都能显示他的聪明才干。

这样的一个帝王，他真的像史书中说的那样不堪吗？他真的会被一个太监控制吗？

这个，不好说。

那么问题来了，蜀国最后之灭亡，原因到底出在谁的身上？是刘禅、黄皓，还是姜维或最根本的国力？抑或所有原因都有？

对于历史，每个人心中都有一杆秤，我不带节奏，大家看到最后就会心里有数了。

还是同月，魏国雍州刺史陈泰欲采两汉之法，用雍、并两州的附属胡人前去讨伐不顺从他们的边外胡人，司马师觉得陈泰的建议很好，便答应了。

可等命令发出去以后，两州部队尚未集结，那些从属于两州的胡人便背叛了魏国，往边境迁徙而去了。归其原因当然是不愿意被魏国当枪使。可以说，这一次司马师是赔了夫人又折兵。

当时，朝堂上的大臣们全都力参陈泰，说他空谈误国，应该给予其最严厉的处分。司马师却当着满朝文武的面道："诸位不要再说了，建议虽然是陈刺史提出来的，可批准施行的是我呀，所以，最大的错误还是出在我身上，因此，想要处罚陈泰，第一个就要处罚我才可以服众！"

话毕，满朝寂静，可事后不管是文官还是武官都对司马师心悦诚服。

为什么？

东晋史学家习凿齿言："司马大将军两次失败引咎自责，使得错误消除，事业兴隆，真可谓智者之举。反之，如果将错误都推到别人身上，便会使上下离心离德，凝聚力大减，那就赔大了。身为一个'天下人'，如果能掌握这个道理来治理国家，那么行动失败也能够声名远扬，军事受挫也能够最终战胜敌人。如此，哪怕失败一百次都无所谓，何况只有两次呢？"

再看吴国。

自从诸葛恪击退魏军以来，其声望已经达到了人生的巅峰，因此开始轻视魏国，更有一举平定魏国之念，于是开始在建业一带不停地集结士兵，以备北伐之用。

一句话，此时的诸葛恪已经飘了。

当时，吴国众大臣大多认为频繁出兵会使军队疲惫不堪，所以都不希望诸葛恪出兵伐魏。可此时的诸葛恪已经被胜利冲昏了头脑，一点不顾南军陆战上和北军的差距，坚持要和魏国决一死战。

吴中散大夫蒋延因此和诸葛恪当庭抗争，甚至出言不逊。

诸葛恪见此大怒，遂命侍卫直接将蒋延强架了出去，并和满朝文武道："凡敌对国家，他们的终极目的都是吞并二字。有仇敌不消灭而使之发展，这就是蒙住了双眼，将祸患留给后人，这是不能采纳的。古时秦国只有关西之地，却能吞并六国。这是为什么？因为士兵强大的作战能力。如今魏国的国土和古代秦国相比，要多出好几倍去！而吴、蜀两国的土地却不到古时六国的一半，然而今天我们还能与魏国对抗，归其原因还是在于曹操时期的士兵已经老得不能打仗了，而后来的人还没有成熟，这正是敌人战力最为脆弱之时。再加上司马懿先诛杀了王凌，接着自己又死去了，他的儿子无能却独霸朝纲，所以虽然有聪明的谋士也无法任用。因此，这时候出兵正是灭掉魏国的最佳时机。圣人……"

说实话，诸葛恪这话说完以后满朝文武没一个认为他说的是对的，可见他现在已经多么疯狂，这些人也不敢劝，毕竟谁都不想拿自己的脖子硬往刀子上抹。

丹阳太守聂友平素便与诸葛恪交好，不担心诸葛恪会将屠刀挥向他，因此劝谏道："魏国资源充足，兵力强大。先帝在时也是被动防守而不敢进攻。所以小国对于大国最好的办法便是全力防守，伺机而动，在大国出现乱子的时候再出全国之力一举而定！"

诸葛恪回信："你的话虽然符合自然之理，却没能让我看到胜负存亡的大道理，所以你还是仔细品味我之前说的话，就明白我胸中的韬略了。"

聂友："……"

诸葛恪之心腹、卫将军滕胤也在一段时间以后劝谏诸葛恪："大将军，您接受了辅政大臣的职责以后，内安定我国朝廷，外则摧毁强大的敌人。您的名声震慑海内，天下之人无不震动，所以现在吴国万众归心，都希望受到您的恩德而休养生息。如今，在繁重的劳役之后还要征兵打仗，人民便将疲惫不堪，战斗力和士气也会因此大打折扣。更何况，因为之前的失败，魏国一定会对我吴国多加防范。如此，其城池便不能被轻易攻克，抢夺魏国的粮食也不会有什么收获。这样的话，不但会前功尽弃，后边还会招致责备。我们不如按兵不动，休养军队，然后观察敌人的漏洞再发兵行动。而且兴兵打仗是国家最大的事情，只有依靠众人才能成功，而如果众人都不愿意打仗，您独自一人又能干什么呢？"

诸葛恪冷笑道："那些人嘴上都说不可以出兵，却没有一个人拿出什么具体的打算，只不过是心怀苟且偷安之念罢了。如今，你又认为他们是对的，那我还能有什么指望？曹芳昏庸无能，致使权柄掌握在了司马氏之手，魏国的臣民们必生离异之心。如今凭我吴国的丰富资产，再依仗赏赐战争胜利的威势，我可以保证，本次军事行动必定无往而不胜！"

话毕，诸葛恪再不给滕胤半点儿说话的机会，拂袖便去。

由是，东吴大规模北伐曹魏之事已成定论！

公元253年三月，诸葛恪征举国之兵二十余万往合肥新城进军，并令滕胤为都下督，总管后方事宜，如萧何故事。

四月，吴国使者秘密至成都，将诸葛恪北伐魏国之事禀告了刘禅，并希望蜀国能配合吴国协同作战。

蜀汉卫将军、凉州刺史姜维自以为熟悉西部风俗，再加上对自己的文韬武略拥有不切实际的评估，所以非常自负，总想诱使羌、胡各部成为自己的羽翼，进而夺取陇西，然后逐渐吞掉魏国。

费祎活着的时候对姜维的军事能力并不信任，认为他不过是一个有野心但能力一般的将领，所以每次姜维请令出征只给姜维不到一万士兵，让姜维很是郁闷。

如今，费祎已死，姜维再无顾忌，于是请用大军前往略定陇西。

刘禅不善军事，对姜维的能力没有一个实际的评估，所以听信了姜维的忽悠，并准其率数万大军北上攻击陇西。

公元253年五月，吴军已至淮南，诸葛恪首先做的便是不断烧杀抢掠。

可让诸葛恪崩溃的是，他只烧杀了几个小县，周围十里八村就都没人了，只给诸葛恪留下了数不尽的"空城"（就像滕胤之前说的，自上一次魏国的南征失败以后，南边境就开始了红色警戒，所以一见吴人来袭，淮南的民众就熟练地迁徙到了大城，并将所有的柴米油盐带走了，什么都没给吴人留下）。

此举使得诸葛恪二十万大军无粮可掠，如果继续这样下去的话，就凭吴国的国力很有可能坚持不住，所以诸葛恪整天愁容满面、水米不进。

诸葛恪一不知名的将领看出了诸葛恪的烦恼，因此建言道："大将军，如今我军深入敌境，最好的补给办法便是夺取敌国之粮，可那些百姓早有准备，我大军一到便远远逃离。这样的话，恐怕坚持不了多长时间陛下就会召我们返回。不如仅仅围困新城。因为新城是魏国南部重地，我们将此地围困以后必会吸引庞大的援军前来，到时我们以逸待劳，将援军全部消灭，那样不但能掠夺大量的军粮，还能使新城士气降至冰点，可谓一箭双雕之良策矣！"

诸葛恪觉得这个计谋非常靠谱，于是采纳，挥军直指新城。

与此同时，吴、蜀两军共攻魏国的消息已经传到了洛阳，司马师闻讯大惊，当即发出诏令，准备征发二十万大军前往新城救援。

可就在此时，其心腹谋臣虞松突然拜访，并询问司马师要有什么大动作。

司马师言："先生不知，蜀贼、吴匪猖獗，同时攻我魏国东西两方，诸葛狗贼更是胆大包天，竟率二十万大军攻我新城，我欲同起二十万援助，不知先生以为如何？"

听毕，虞松陷入了沉默，久久不肯言语。司马师见虞松欲言又止，赶紧道："先生有何想法但说无妨。"

虞松又想了想，吊足了司马师的胃口后道："西汉周亚夫坚守昌邑而使吴、楚联军不战而败。高祖守荥阳大防线最终击败了不可一世的霸王项籍。所以有些地方看似很弱，实际上却很强。新城，为我魏国军事重地，虽然只有守军三千，但皆为以一当十的精悍之士！况且，每一任太守都对此城之城防下足了功夫，再加上新城的地势，别说他吴国有二十万大军，就是再来二十万，也不是短期可以攻破的。如今，诸葛恪带来了他全部的精锐，足以肆虐逞强，广泛施暴。他却独攻新城，这是为什么？因为他没有多少军粮，想要一次性地解决我们派去的援兵，进而打击我们的士气，抢夺我们的军粮。反之，如果他不能快速地攻破新城，军队就会疲惫不堪，士气低落，到时候哪怕我们不派援军前往，吴匪也会自动退兵。至于姜维，不过一庸将而已。据我所知，这一次姜维是以疾突猛进的方式往攻我方陇西之地的，甚至连运粮部队都没有带。他为什么会这样做呢？因为他认为这一次吴匪的声势浩大，我方一定会出举国之力对付他们而疏忽了对西方的防备，这样他就能轻松地夺取陇西之地而就地取食。可他要是知道我们在西部的守备力量大概就不会这么做了吧？孙子言：'知己知彼，百战不殆。不知彼而知己，一胜一败；不知彼亦不知己者，逢战必败！'这是一个普通将领都知道的基本道理，他姜维却不知道，真愚不可及也！这种人，我想一旦郭将军和陈将军的兵马一到他就会撤退了吧。"

听毕，司马师一个"善"字，然后立即命郭淮、陈泰率关中兵马前往攻击姜维。至于新城方向，司马师则令镇东将军、扬州大督毌丘俭不准妄动，等吴军疲惫以后再行救援。

那么事情的发展会不会像虞松说的那样完美呢？我们先来看姜维方向。

姜维得到刘禅的允许以后立即率数万兵众突袭狄道。

本来，他以为魏军现在都在东吴，狄道必一攻而破。

可当他到达狄道以后，久久无法将此地攻破。而仅仅不到一个月的时间，郭淮和陈泰的关中部队便已经往狄道开进。

姜维没有军粮，不敢在狄道久留，只能灰头土脸地狼狈而逃。

而这一败，也使得姜维在蜀国的威望再次狂跌（自归蜀汉以来，姜维独自领兵攻击魏国已经是第四次了，可每一次都是灰头土脸地败退，我真整不明白《三国》游戏中姜维那九十多的统帅值是哪来的）。

新城方面，诸葛恪自从将新城围困之后便一直没有对其进行攻击，而是等啊等啊……一直等到六月都不见魏军有半点儿人来援助。

直到这时，诸葛恪才意识到司马师根本没遣人来援助新城。他因此大怒，认为司马师这是没瞧得起自己，于是率军对新城展开了疯狂的攻击。

可就像虞松说的那样，新城城高墙厚，粮草充足，根本不是靠人多就能攻破的，所以吴军虽然狂攻十余日都没能有半点儿建树。

公元253年六月中旬，新城守军已损失一千余人，城墙也多有破损，新城太守张特估计新城不能再坚持一个月，因此遣一名叫刘整的士兵往毌丘俭处请求援助。

可刘整没等溜出重围便被吴兵俘获。

当夜，刘整被五花大绑押到诸葛恪的中军大帐。诸葛恪对身边的士兵使了一个眼色，然后以极度轻蔑的眼神看着刘整，好像整个天下都在他的掌控之中一样。

那士兵走到刘整前不屑道："我家诸葛公打算给你一个活命的机会，只要你把现在新城中的情况和我们说一下，你的命就能留着了，不然你……"

"呸！"没等那士兵说完，刘整一口唾沫便喷了出去，然后对着诸葛恪狂吼道，"死狗，你算个什么东西？也配蔑视我大魏英豪！我告诉你，我刘整宁可做魏国的鬼，也绝不做你们这些贱人的狗！要杀就杀，别找骂！"

话毕，诸葛恪气得青筋暴起，当即便将刘整残杀。

数日以后，张特见刘整数日不归，断定其已经被吴军生擒，于是再命士兵郑像往毌丘俭处求援。

就在郑像即将穿过吴军包围圈之时，却又被吴军巡查兵发现，进而追上并押解到了诸葛恪处。

这一次，诸葛恪并没有再像之前那样"蔑视众生"了，而是尽量使自己温和地道："本将军的要求不高，只要你能为我做到一件简单的事，我便会放过你。"

郑像："……"

诸葛恪："明日攻城之前，你只要在城下喊'洛阳大军已回，我们再无援兵，不妨早早投降'，我便放你一条生路。不仅如此，我还会赏给你无尽的财物，让你富贵一生。"

郑像："……好。"

次日晨，吴军轰隆隆地兵压新城，张特则亲临城楼，准备指挥防守作战。就在这时，郑像却被四五名壮汉五花大绑地押到城下，张特见此便是心神一紧。

其中一名壮汉见魏军已出，碰了碰郑像，示意他快点完成任务。

郑像沉默一瞬，闭着眼睛深深一个呼吸，然后用尽全身力气对城上的魏军将士暴吼道："大军正在来援路上！不日便将抵达新城！诸位，我郑像先……唔唔唔！"

噗！

未等郑像说完，他身边的一名吴兵便用刀背狠狠地砸向了郑像的嘴。就这么一下子，郑像的上嘴唇就被砸得耷拉下来，牙齿更是被砸飞多枚，鲜血好像喷泉一样噗噗向外猛蹿。

可郑像好像感觉不到疼痛一样，依然"唔唔唔"地对城墙上的魏军狂吼！用自己的激烈表情向城墙上的魏军表示着不惧生死的坚强态度。

诸葛恪实在受不了了，赶紧让人一刀将郑像了结了性命。

郑像死了，城墙上寂静无声，所有的魏军满含着眼泪。太守张特第一个脱下了自己的头盔，对郑像的尸体深深一鞠躬。

这之后，魏军将士如法炮制，皆脱下头盔，对着郑像的身体深深一鞠。

当他们再戴起头盔之后，那眼神之中却遍布着对敌人的怒火和冰冷的杀意。诸葛恪大怒，遂再令三军对新城展开新一轮的狂攻。

公元253年七月，新城已经死守诸葛恪大军猛攻九十九天了。在这九十九天中，吴军不分白天黑夜地轮番进攻，张特也只能分批布防，以两天一休来应对诸葛恪的进攻。

直到现在，新城三千守军只剩下一千多一点了（一大部分是累死的），城上的防御工事也被摧毁得差不多了，而现在唯一支撑着魏军守下去的，便是那对魏国的忠诚之心，以及对刘整、郑像的缅怀之情。

可张特知道，这样不行，这样铁定守不住吴国接下来的攻势。于是，张特致信于诸葛恪曰："我现在已经没有继续战下去的心思了，我很想投降大将军，但魏国法律规定，被围攻百日而救兵仍然没到的，哪怕投降了家属也不会被治罪；我自受围攻以来，到现在已经九十九天了，这城中原本有四千多人，现在只剩下两千多，并且这两千多人都是誓战派，究其原因便是怕家人受到伤害。所以我请求大将军能宽限我一日，让我们坚持到百日。如此，我们明日便向大将军投降。"

诸葛恪认为张特说得很有道理，便宽限了张特，没有在这一天晚上对新城发动进攻。

张特却趁着这难得的一个晚上命全军士兵拆掉城中民房，然后紧急在城墙之上建造防御工事。

等到第二天一早，所有的防御工事粗略完工。诸葛恪见此怒极，遂遣人往城下质问张特，张特则狂笑道："吴狗！看到我身后的这些大魏将士了吗？他们都是真男人、真勇士！回去告诉你们诸葛恪，我们大魏只有战死的男人，没有投降的懦夫！他要战，那就来！"

一炷香以后，伴随着一声狂怒嘶吼，诸葛恪再次下达攻击命令，可此时的吴人拿新城无可奈何了。

为什么？

1.离家数月，思乡心切，士气因此降低。

2.二十万大军连攻只有三千守军的新城数月而无法将其拿下，大军因此疲惫，信心丧失，士气狂跌。

3.新城已经被破坏的防御工事被重新建好，且狠狠地耍了吴军一回，新城守军士气大增。

4.时为七月，天气非常炎热，吴军将士酷暑难当，又饮用了不干净的水，所以疾病频发，因此而死伤者竟达十余万之众！所以战斗力和士气皆疯狂下跌。

5.现在为吴军士气最低的时候，而攻击新城又已经一百多天，保不齐魏国援军什么时候就会冲过来，而一旦魏国在这时候杀过来，这后果……

综合以上，现在的吴军又怕又累又想家，士气亦跌至负数！

毌丘俭见此，乃率早已准备好的全扬州之兵悄悄前进，准备一举将二十万吴军歼灭。

公元253年七月中旬，因疾病而死伤的吴军还在增加，各营将官每天都要向诸葛恪报告，并在同时建议诸葛恪撤回建业。

可诸葛恪此时已经陷入了疯狂的状态，他认为这些人是在骗他，都是在虚报军情，都是一群怕死之徒。

所以，诸葛恪将这些前来向其汇报的将领们全都杀了。而从这以后，再没人敢对诸葛恪献言。直到毌丘俭的袭击队伍被诸葛恪的斥候探查到，诸葛恪这才意识到事情的严重，进而率军往建业而返。

二十万正规军攻打只有三千守军的新城一百天而不下，这是一件多么令人耻辱的事情？我想统率这支军队的如果是司马师，他早就向天下臣民认错了吧。

可诸葛恪呢？他没有。

回军的路上，诸葛大将军安然自若，甚至让大军在半道驻扎休养，其原因竟然是诸葛恪相中了一个江中小洲，要前往疗养，所以让大军处于原地等候。

此时吴军不管是普通士兵还是管辖将官都思乡心切，都想早一点回到家乡，所以对诸葛恪之举愤恨非常。最重要的是，二十万兵众每日消耗的粮食都是天文数字，可诸葛恪竟然为了自己的"心境"而延误回去的时间，让吴国的国库日渐空虚，他这么做怎么对得起吴皇？怎么对得起大臣们？又怎么对得起天下百姓？

可这一切，诸葛恪不管，他只想好好享受人生。

一个月过去了，直到吴皇孙亮的急召文书发到第十封，诸葛恪才慢吞吞地往建业而返。

从此，诸葛恪在吴国完全丧失了威望，人们对他的怨恨也越来越浓厚。

本月下旬，诸葛恪的事迹传到了汝南，汝南太守邓艾因此致信于司马师道："孙权已死，大臣未附，吴国那些大宗族都有自己的私人部队，足以对抗国家的军队，违抗朝廷的政令。诸葛恪刚刚掌控吴国朝政没多长时间，正是应该全力富民、休养生息之际。他却热衷于战争，肆虐似的驱使人民，把全国的军队都顶在坚城之下，最终使得吴匪大败！这是多么愚蠢的举动，又是多么找死的行为。古时伍子胥、吴起、商鞅、乐毅都受到了君主的信任，但君主死后他们都失败了。更何况诸葛恪的才能还比不上四人，吴国又没有贤明的君主，所以诸葛恪败亡之日已近！还请大将军时刻关注局势的发展。"

八月，吴国军队狼狈返回建业，那些士兵甚至惭愧得不敢抬头。可诸葛恪一点都没有战败者的觉悟，入城之时光鲜亮丽，就好像得胜归来的英雄一般。

而且，诸葛恪深知这次战败以后很可能会被自己的政敌攻击，所以在拜见了孙亮以后首先做的事便是大行变更人事！

首先，朝廷各个机构的官员，只要不是诸葛恪的心腹人士他统统罢免，然后换上自己信得过的心腹。

之后，诸葛恪又明目张胆地更换了宫廷中所有的卫士，全部选用跟他亲近的人。

这还不算，自此之后，诸葛恪的治事风格还越来越严厉，被治罪和受责备的官员有很多，当时，所有去见诸葛恪汇报工作的官员就没有不心惊胆战的。而汇报工作以后又没有不唉声叹气的，所以诸葛恪在吴国的人气已经和曾经有翻天覆地的变化。

这还没完，按说，经过之前北伐新城的失败，诸葛恪应该好好反省，进而全力恢复国力了吧？

人家不！

诸葛恪认为，上一次攻击魏国失败不过是一次小小的失误而已，如果再给自己一个机会，必定能够横扫魏国。

于是，诸葛恪再次聚集士兵，准备对魏国徐、青二州方向用兵。

吴国的百姓听闻此事以后惊慌失措，几乎人人在背后都狂骂诸葛恪不是东西，甚至有很多人诅咒诸葛恪赶紧去死。

同为辅政大臣的孙峻敏锐地察觉了这一点，为了让吴国能够免遭战火之苦，又为了自己能够取代诸葛恪，成为吴国真正的头号辅政大臣，孙峻乃往孙亮处，诬陷诸葛恪想要造反，废孙亮而立孙和上位。

孙和，原太子，曾经和诸葛恪有过交情。所以孙亮不疑有他，当即相信了孙峻的诬陷，并从这以后积极和孙峻准备杀掉诸葛恪之事。

时间很快到了十月，这个机会终于来了。

那天，孙亮遣使往大将军府，邀请诸葛恪次日往宫中饮宴。

诸葛恪当时并没有多想便答应了。可就在当晚，诸葛恪烦躁不安，整夜都难以入睡。

古人都非常迷信，诸葛恪起了疑心，因此在第二天的时候将车停到宫门以后迟迟不肯进入。

孙峻见此，知道诸葛恪已经起了疑心，为免事情失败，便亲自出迎诸葛恪，欲擒故纵道："大将军为何踌躇不前？如果您身体有恙的话可以以后再来，我会将您的难处汇报陛下的。"

一听孙峻这样说，诸葛恪那颗怀疑的心暂时放下，于是和孙峻道："我坚持要去面见陛下，你带路吧。"

孙峻心中一乐，赶紧在前引路。

可就在这千钧一发之时，一名宫中侍卫急匆匆跑到诸葛恪面前，并将一封信递到了诸葛恪的手里。

当时，诸葛恪的心腹——散骑常侍张约和朱恩都在宫中，每日伴随孙亮左右，见孙亮、孙峻近段时间很不正常，便多加留意，并在诸葛恪入宫之前写信提醒道："今日宫中的陈设布置和平时很不一样，我们怀疑会有变故，所以还请大将军不要入宫。"

见过这封信以后，诸葛恪的眉头紧紧锁了起来。

见此，孙峻心中嘎嘣就是一下，强颜欢笑道："大将军怎么了？难道有什么不对的地方？"

诸葛恪对孙峻摆了摆手道："没什么不对的地方，你先去吧，告诉陛下，我随后就到。"

孙峻怕打草惊蛇，所以不敢多说，轻轻一揖便行告退。

待孙峻走后，诸葛恪将信件直接交给了滕胤："你怎么看？"

滕胤看过信件以后直言道："我军新败，大将军名誉难免受损，此为人心浮动之时，确有可能出现变故。所以我也建议大将军立即回府，待时局稳定之后再行入宫。"

听毕，诸葛恪沉默一瞬，然后满不在乎道："宫中侍卫全都是我的人，他们这些小辈又能做得了什么？再不济也就是往酒中下毒罢了，我还能为他们所制？笑话！"

话毕，诸葛恪再也不理滕胤，径直便行入宫。

入得寝殿后，孙亮微笑着将诸葛恪迎入了坐席，并命侍从立即上菜。

可当酒菜上齐以后，诸葛恪只冷眼看着孙亮和孙峻推杯换盏，自己却不曾饮一口酒，吃一口菜。

见诸葛恪防备之心如此，孙峻立即对孙亮道："陛下，大将军的病还没好，不能喝正常的酒，还请陛下允许大将军饮用自家所酿的药酒。"

孙亮没有多说，答应了孙峻。

如此，诸葛恪才放心大胆地饮用心腹送来的"药酒"。

可几杯马尿下肚，诸葛恪的头便开始晕晕的，然后放松了些对孙亮二人的警惕，天真地认为这一次孙亮确实只是单纯想和自己拉近关系。

半炷香以后，孙亮借口喝多了，回到卧室，孙峻则赔笑着和诸葛恪说要去小解，让诸葛恪不要走，然后在厕所迅速换上轻装，拿起宝刀，出了厕所便直奔诸葛恪冲杀过去。

这突然的一幕将诸葛恪弄蒙了，结果，没等诸葛恪起身拔剑，孙峻的短刀就刺入了他的胸膛。

孙峻怕诸葛恪不死，又是噗噗噗一通乱捅。直到诸葛恪已经躺在了血泊之中，孙峻这才不紧不慢将诸葛恪的人头割了下来。

而这时候，宫中的那些侍卫也闯了进来。孙峻见此并没有半点儿慌张，而是提着诸葛恪的人头对一众侍卫大声吼道："陛下诏令格杀诸葛恪，这事儿和你们没有关系，速速放下手中兵刃，陛下会赦免你们的罪过。"

宫中这些卫士虽然都是诸葛恪一手提拔的，但谁都不想死。诸葛恪还活着的时候他们也许不会听孙峻甚至孙亮的。可诸葛恪一旦身死，这些人立即变成无根之浮萍，成了随波逐流的角色。

因此，在吴国不可一世的诸葛恪就这样被简简单单地杀掉了。

杀掉诸葛恪并族诛了诸葛氏以后（果如诸葛瑾所言），孙亮册封孙峻为太尉，使其成为吴国新一任权臣，并任命滕胤为司徒，让他协助孙峻工作。

可滕胤是诸葛恪的心腹，让他在自己身边？孙峻怎么能够放心呢？再者说，孙峻之心可不在一个小小的太尉，要当他就要当大将军！当丞相！

所以，一段时间以后，孙峻的众多小狗纷纷上表孙亮，希望孙亮能册封孙峻为丞相、大将军，都督内外军政。

同时，不应设置辅助丞相的御史大夫，让孙峻独专权柄。

孙亮也知道孙峻那点儿小心思，但不敢违背孙峻的意思，便只能听之任之。

因此，吴国的有识之士都对孙峻这种立即专权的行为大失所望，滕胤更是因为之前和诸葛恪的关系，怕孙峻秋后算账而主动请求回家养老。

可孙峻不傻，知道滕胤在吴国很有些贤名，怕"赶走"滕胤以后会进一步失去人心，所以坚持留滕胤在朝中，还装腔作势地和滕胤"配合"，以此来辅助孙亮，却不给滕胤半点儿权力。

由是，吴国朝政开始"貌合神离"，更开始那悲催的"多元化"。

本节参《三国志》《华阳国志》《晋书》

3.4 废曹芳

公元253年十一月，魏国大将军司马师欲培养邓艾为独当一面的大将，遂封其为兖州刺史，振威将军，独掌一方军政。

邓艾上任以后大力发展农业，使得兖州在极短的时间成为魏国的产粮大州，邓艾的年度考核更是在魏国名列前三。

公元254年正月，司马师的心腹，魏国中书令李丰频频接触曹爽旧党（夏侯玄、张缉、刘贤等）与魏皇曹芳，始有"不轨"之念。

司马师发现了李丰的异动，也知道李丰平时都和这些人说了什么（有内鬼），于是召见了李丰，并问李丰平时都和这些人商量些什么。

李丰当然不能和司马师说实话，于是便说了一些无关紧要的对付司马师。可还未等李丰的话说完，司马师便大吼一声，然后抽出宝刀，一刀将李丰砍翻在地，之后用刀上的铁环活活砸死了李丰。

这之后，司马师以意图谋反为由又接连杀死了李韬、夏侯玄、张缉、苏铄、乐敦、刘贤等人，并诛灭了他们的三族，使这些豪族彻底消失在了魏国的政治舞台。

五月，曹芳废皇后张氏而立王氏，并大力提拔王氏外戚，意图用王氏来制衡强大的司马师，作最后的抵抗。

六月，蜀汉卫将军、凉州刺史姜维开始在汉中以北屯驻大军，有侵犯陇西之可能。

闻此，曹芳身边的谋臣眼前一亮，遂有反司马师之计较。

六月中下旬，曹芳下诏正在许都的安东将军司马昭立即率军返回洛阳，然后往西攻击姜维。

司马昭不知是计，乃率军返回。

九月，司马昭领兵抵达洛阳，曹芳率一众心腹在平乐观亲自接待了司马昭。

本来，按照这些人之前的计划，是要在靠近司马昭以后突然将其斩杀，然后以魏皇曹芳之命并了司马昭的军队，再一鼓作气斩杀司马师。

可早就商量好的事儿到曹芳这就变卦了。

为什么？

他尿了。

想那曹芳从幼时开始便没有经历过什么大场面，所以一见周围全都是身披盔甲的大兵他当时就尿了，生怕杀掉司马昭以后这些大兵不但不会归顺他，还会将他剁成肉酱。

所以，在应该动手之时曹芳迟迟没有动手，这次武装政变便如此草草地结束了。

然而让曹芳万万没有想到的是，就是因为这次的失手，使得曹芳手下的某个谋臣对其失望透顶，遂投靠了司马师，并将其之前的计划一字不漏地泄露了。

司马师因此大怒，带兵往皇宫召开廷议，以曹芳荒淫无度、宠幸新进歌舞艺人为由要求废掉曹芳。

当时，因为司马师大权在握，所以谁都不敢反对，只能按照司马师的要求签署了联名奏书。

见所有文武都已"同意"，司马师再无顾虑，遂命心腹郭芝带着奏书前往郭太后处宣布。

当时，曹芳正在宫中与郭太后闲聊，突闻宫外嘈杂声一片，可不待曹芳与太后发作，郭芝便率一众士兵闯了进来，然后将奏书递到郭太后面前冷冷地道："大将军想要废掉陛下，以彭城王曹据为帝，这是我等文武官员的联名奏书，还请太后过目。"

话毕，只轻蔑地看了一眼曹芳便不再多言。

曹芳见此怒极，但又不敢发作，只能憋着一肚子的怒气拂袖而去。

看着曹芳的背影，郭芝不屑地一声冷笑，然后对郭太后道："奏书太后您也看过了，还请将玉玺拿出来，我也好回去交差。"

郭太后沉默一瞬，对郭芝道："能让我见见大将军吗？"

郭芝沉默一瞬冷冷道："现在周边无人，下官说句大不敬的话，太后您有儿子却不能教育，让他干出了之前那种大逆不道的事情。现在大局已定，大将军还将大军集结到了皇宫门前。这种时候，只能顺着大将军的意思，还有什么可见的？又有什么可说的？只有拿出玉玺才能保证您与陛下的安全。"

郭太后无奈，只能顺从地将玉玺交到郭芝手中。

公元254年九月，魏皇曹芳被废为齐王，搬出了洛阳，往河内齐王宫居住。

那天，曹芳和郭太后挥泪而别。

那天，在司马孚的领导下，相送曹芳的魏国文武有数十人，他们悲痛欲绝，皆对曹芳挥泪相送。

可这又有什么用呢？司马氏篡曹魏之权柄已成定局，非人力所能改变。

数日后，郭太后再召司马师往宫中一见，可现在正处于敏感时期，司马师怎敢独身入后宫？所以坚决不去面见郭太后。

郭太后无奈，只能致信一封往司马师处：

"老身是先帝（曹叡）的皇后，曹据是先帝的叔父，你让先帝的叔父来当皇帝，那我这个太后应该如何自处？再说，难道除了曹据，我曹家就没有继承人了吗？高贵乡公曹髦今年刚刚十四岁，是文皇帝之子曹霖的儿子，按照礼仪，难道选他不是最正确的选择吗？还请大将军好好考虑一下。"

这话一说，司马师也觉有理，再说曹髦一个小初中生也好控制，认为是自己之前考虑不周了，遂纳郭太后之意，立高贵乡公曹髦为第四任魏皇。

可让司马师没有想到的是，这一切其实是郭太后的阴谋。

没错，曹髦确实只是一个年仅十四岁的孩子，但这小子可不是一般的孩子，据《三国志》所载，曹髦年龄虽小，但从小好学，才慧早成，具备相当的野心，深有祖父曹丕的风范。

所以，这也是郭太后为了让国家姓曹而进行的最后一搏了。

那么郭太后的谋划能够成功吗？我们拭目以待吧。

本节参《三国志·魏书》《世说新语》《魏氏春秋》《魏略》《魏世谱》

3.5 毌丘俭之乱

公元254年九月，就在司马师废曹芳而立曹髦的同时，蜀汉姜维亦率军对河关和临洮发动了攻击，却被前来援救的徐质打得大败，进而狼狈逃回蜀汉。

同月，独掌吴国大权的孙峻越发荒淫骄奢，吴国上自公卿大臣、下到黎民百姓都对他恨得咬牙切齿，吴国司马桓虑想要发动政变除掉这个祸害，却在行动以前泄露了消息，反被孙峻族诛，吴国之人无不对此惋惜。

公元255年正月，魏国镇军将军毌丘俭及扬州刺史文钦皆于寿春起兵造反，此举使得魏国朝野震动，司马师更是对此事高度重视，亲自带军前往讨伐，势必在短期将这股庞大的反叛势力讨平。

那么这又是怎么回事儿呢？文钦和毌丘俭又为什么要反对司马师的统治呢？

文钦，字仲若，A级骁将，谯郡（今安徽省亳州市）人，勇猛果敢超越常人，年轻时经常身先士卒，在魏国军界拥有很高的名望，并得曹爽器重，为曹爽之心腹。

当初，在曹爽还活着的时候，文钦依仗着曹爽的权势盛气凌人、狂傲不驯，把谁都不放在眼里。所以曹爽死后，司马懿、司马师父子经常用各种手段来限制他的权力。

文钦因此怨恨，做梦都想做掉这对父子，只不过苦于没有机会，才一直隐忍不发。

镇东将军毌丘俭和夏侯玄相交莫逆，所以夏侯玄被杀以后毌丘俭非常害怕，感觉时刻处于司马师的屠刀之下。碰巧他也知道文钦怨恨司马师，所以便拉拢文钦，给他丰厚的待遇，希望他和自己一起反对司马师的统治。

哈！正想睡觉便有人送来了枕头，文钦岂有拒绝之理？于是一拍即合，二人遂在255年正月于寿春宣布起兵造反，并在宣布之后引六万大军渡过淮河，向西到达项县，之后由毌丘俭率一部士兵防守项县，文钦则领率一部分兵略地。

消息很快便传到了洛阳，司马师对此事高度重视，于是立即召开廷议，向文武官员寻求御敌之策。

河南尹王肃建议道："以前关羽在汉水俘虏了于禁，有向北争夺天下的志向，后来孙权袭击夺取了其将士家属，结果关羽的部队一下子就瓦解了。现在淮南众将士的父母妻子都留在内地州县，所以只要快速派兵去保护其家属，不让叛军进来，那他们必会像关羽的军队那样土崩瓦解。"

司马师感觉王肃所言有理，便打算立即率军出击。

可前些日子司马师眼部长了肿瘤，近来刚刚切除，还没有痊愈，所以很是犹豫到底应不应该亲自率军出征。

当时，为司马师的安全着想，大部分官员和将领不建议司马师率军出征。只有王肃、尚书胡嘏和中书侍郎钟会三人强烈建议司马师亲征。所以司马师犹豫不决，一时间不知如何是好。

胡嘏因此谏曰："淮、楚之人好勇斗狠，毌丘俭兵力强横，不是轻易就能抵挡的。如果不是大将军您亲自出征，恐怕我方会产生畏惧之心，而一旦我方畏惧，大事就有可能失败。为什么说大事有可能会失败呢？因为无论毌丘俭还是文钦都不是一般人，最重要的是，他们曾经还是我魏国的将领，打的旗号也相对合法。所以，一旦第一场战斗失败，我恐怕四周郡县就都会向其投降了。"

话毕，司马师腾地一下站了起来（师蹶然起），不再对亲自出征之事有任何犹豫。

于是，司马师以其弟司马昭兼中领军留镇洛阳，自召三方（东西北）军队会师于许都，准备对毌丘俭、文钦方面军进行打击。

大军齐会后，司马师临出征之时再问光禄勋郑袤御敌之策，郑袤因此建言道："毌丘俭善于谋划却不能指挥作战，文钦虽有勇略却不知用谋。如今大军出其不意地进攻，而江、淮地区士卒的锐气又不能长期保持，所以大将军应该深挖沟、高立垒以挫其锐气，以西汉周亚夫之计来对抗毌丘俭与文钦。如此，必能以极小的代价取得最终的胜利。"

听毕，司马师盛赞此计，遂按此行军。

时监军王基正率前军往濦水方向猛进，可司马师采纳胡碫之计以后令王基不要再行进军，而要按兵不动。

王基闻听此讯后大惊，立即写信往司马师处曰："毌丘俭等人造反以后足以长驱直入，现在的情况却是久久不进，这说明什么？说明其伪诈之心已经败露，众人心怀疑虑而停滞不前。也就是说，现在正是毌丘俭、文钦等人军心民心最为脆弱之时，所以应该大张旗鼓地进军（显示军威），迅速讨灭二贼！可大将军您非但不大张旗鼓地进军，还打算筑垒自守，这就好像我大军畏惧于敌军，绝不是此时应该采用的办法。如果毌丘俭和文钦利用这段时间补充自己的兵力，另外州郡士兵的那些家属就要被生擒。到那时，他们必会背叛大将军您！这便是置兵于无用之地，反促其叛！假如这时候吴国再趁机而犯，那么淮南地区就永远不属于我国了，谯、沛、汝、豫等地也会变得动荡不安，这是战略的极大失误，万万不可行之！因此，大将军应该迅速行军，万万不能给敌军以机会！"

司马师感觉王基此言更善，于是率军南进至濦桥（今河南省东南部商水县），对毌丘俭和文钦形成兵压之势。

毌丘俭手下将领史招和李续见司马师所部强大，断定毌丘俭不是对手，于是率所部兵马向司马师投降。

由是，司马师对毌丘俭、文钦已经占据了人心上的优势。

如果按王基所言，现在这种时候正是攻击二贼的最好时机，可不知司马师是怎么想的，竟然又按兵不动了，遂与二贼形成对峙之局。

王基见此大急，再致书信于司马师曰：

"用兵打仗最有效的办法便是用强大的武力迅速消灭敌人，从没听说过什么'不战而屈人之兵'。如今我们外部有强大的敌人，内部又有叛乱的臣子，如果不能及时作出决断，那么事情的发展就很难在我们的掌控了。我时常听人说大将军您是多么持重稳健，这种用兵态度是对的，但按兵不动就是您的不对了。所谓持重，并不是不往前的意思，而是指再前进就无法抵挡。如今，我们坚守营垒，使其他各地积存的粮食资助了叛军，而我们却要吃食从远方运送的军粮，这实在不是什么高明的计策，长此以往，恐怕光是拖，毌丘俭也能拖死您了。"

王基这封信可算是言辞恳切了，司马师却还是"持重稳健"不肯轻易向前进军。王基因此大怒，遂再次致信于司马师：

"将在外君命有所不受，一个合格的将领是要根据形势的变换而临时采取不同的对策的。南顿（今河南省项城市北五十里）为兵家重地，尤其是对现在这种战况，一旦得到了南顿就会给毌丘俭造成更大的军事压力，并且拥有战争的主动权！所以，不用大将军您再给我下什么命令了，我自往守之！"

就这样，王基不再管司马师的命令，提前一步占据了南顿。

而事情的发展果然如王基所料。就在王基占据南顿没多长时间，毌丘俭便率大军出发往夺南顿。但见王基已经将此地占据并层层布防，便只能无奈撤回项县。

司马师因此意识到了自己的错误，非但没有责怪王基，还大大地表扬并赏赐了他。

（插：魏国征西将军郭淮亦死于本月前后，他死以后，雍州刺史陈泰继承了征西将军之职。）

此时，淮、楚战况传至吴国，孙峻见机不可失，亲率骠骑将军吕据、左将军留赞率大军袭击寿春。不过距吴军到达寿春还要好一段时间，在这之前我们继续说明司马师和毌丘俭之间的战争。

时司马师纳胡貑之计，还在不断加筑营垒，坚守不出，可其麾下众将受不了了（因王基之功），所以强烈要求主动出击立功。

司马师见一众将士不服，知道不能再沉默了，于是针对此事召开了军事会议，并和麾下将领道："诸位看到了王基立功，所以心中很着急，我理解。不过各位只知其一不知其二。淮南的将士们本来就没有反叛之心，不过被二贼欺骗罢了。

开战之前，毌丘俭和文钦曾言：'只要我们造反，远近州郡必然群起而应。'可他们起事以后，不但淮北地区无一地响应，甚至史招和李续亦背叛了他们投降了我们，所以二贼内部离心离德，外部违意不从，自知必败无疑。如此，二贼之军便成困兽。因此，我们如果在这种时候和他们决战，哪怕胜利了，结果也一定是伤亡惨重。况且二贼用诡计来诓骗自己的将士，这种做法一定经不住时间的考验。所以，我们只要耐心等待，便可不战而胜矣！"

话毕，众人再无异议，就等着司马师所谓的"不战而胜"。

数日后，为了确保万无一失，司马师遣镇南将军诸葛诞督豫州各军从安风向寿春推进，给予毌丘俭和文钦持续兵压。

这还不算，司马师还遣征东将军胡遵督青州、徐州之兵进驻谯郡与睢阳，彻底断去了二贼之归路，意图关门打狗。

至于司马师自己，则在各部兵马到达指定地点以后移军汝南，继续给二贼压力，企图光以兵压压崩二贼之兵。

如此，毌丘俭与文钦便陷入了进不能战、退又怕寿春遭袭的尴尬境地，一时间竟不知该采用什么样的手段来制衡司马师，只能驻扎原地而无法动弹。而淮南将士的家又都在北方，所以二贼之兵士气涣散，投降司马师者络绎不绝。只有淮南的农民因怕家人被杀，这才不情不愿被二贼驱使。

见此，无奈的毌丘俭只能命文钦领本部兵马往攻乐嘉（今河南省商水县境内），意图另外打开缺口。

可兖州刺史邓艾早有所察，很久以前便率一万正规军在乐嘉驻防，且提前致信于司马师提醒他贼军必攻乐嘉，让司马师早早准备。

对于邓艾的才能，司马师是绝对信任的，所以在得到邓艾的信件以后便亲率大军往乐嘉和邓艾会师。

结果，文钦悲剧了。

到达乐嘉境内以后，文钦的斥候先一步查探出了司马师大军的动向，见乐嘉郊外满是司马师的营寨，斥候慌了，于是立即向文钦汇报。

文钦一听司马师早有准备，竟不知如何是好。

可就在这时，一个一身戎装、满脸英气的年轻人突然走了出来，"大言不惭"地对文钦道："爹！敌军虽众，但在儿眼中如猪似狗，这些人现在并不知我方已经抵达乐嘉，所以没有防备，突然出击必能将其一举而破！"

（注：此年轻人便是号称三国末期的第一猛将文鸯了，拥有S⁺级别的武力，也是《资治通鉴》中整个三国时代的第一猛将。）

文钦皱眉道："你的意思是？"

文鸯啪地一抱拳，杀气逼人地道："我军现在可就地埋伏，等入夜以后您与儿各率一部，从左右两方钳击司马师中军。司马师没有防备必为我父子所破，而司马师又是军中之灵魂，所以只要干掉他，我军必胜无疑！"

文钦："善！"

当夜，文鸯率本部兵马准时靠近司马师之中军大营。

本来，按照他和文钦的约定，是要等文钦到达目的地以后先行发动进攻，然后文鸯才配合进攻的。可文鸯按时到达指定地点已经足足半个时辰了文钦都没有到，这便使得年轻气盛的文鸯认为，那不靠谱的老爹八成是迷路了。

于是，不等文钦大军到达，文鸯便突然率军杀入司马师中军大营。

当时，司马师正在美梦之中，突闻杀声震天，立即大惊而起，并急令大军立即组织抵抗。

可文鸯太过勇猛，疾突猛进无人可挡，竟一点点地逼近了司马师的中军大帐。

当时，鼓声震天，杀声四起，司马师又惊又怒，于是旧伤迸裂（出征之前还没有痊愈的眼疾），鲜血滋滋地往外蹿，甚至眼珠子都突了出来，但他恐怕众人知道自己的病情，因此不敢喊叫，只能死死咬着被褥，并用手势让副将速速组织抵抗。

还好，就在文鸯即将突入中军大帐之时，司马师的士卒终于组织完毕，遂从四面八方往文鸯处直冲而来。

可文鸯勇绝天下，他丝毫不惧四方兵众，率军在司马师大军中横冲直撞，每每能避开敌人的围攻。

同时因为夜色掩护，再加上司马师部队太多，所以相互拥挤，始终无法成功围困文鸯所部。直到东方之阳升起，天色逐渐明亮，魏将才看出形势，遂引部分士卒往营外，准备断去文鸯之归路。

文鸯见此，知道不能再拖了，便于外部包围未成之前突围而走了，而那些打算包围文鸯的士兵竟然只眼睁睁看着文鸯退走而不敢再追。

此消息很快传到司马师处，其闻讯大怒，于是狂怒着对一众将领道："叛贼已退，为什么不追？赶紧去追击他们呀！"

诸将之一："大将军，那文鸯骁勇无敌，在我军中四处冲杀，杀我军将士无数却未曾损得兵卒，所以此番撤退必有图谋，还请大将军慎……"

"屁！"未等此将说完，司马师暴怒而起，"现已天亮，文鸯不退是要被我军合围吗？并且打仗靠的就是一鼓作气，文鸯鼓噪一夜而失策应，其士气已经受挫，不逃走难道还在这等死吗？少给我废话，赶紧去追！"

见司马师已经气成如此模样，此将不敢再行反驳，赶紧引八千精骑便往追击。且后方主力部队也紧跟而上，意图一举而歼文鸯全军。

一个时辰以后，文鸯已撤回大营，文钦听说文鸯未能取得司马师的人头（文钦这一宿干什么去了史料未表），只能哀叹一声率兵而退。后方兵众却不打算放过文钦，八千骑兵如影随形，势要斩杀之。

就在文钦慌忙而不知如何是好之时，又是文鸯，这个绝猛的大将站了出来，一脸轻蔑和文钦道："父亲莫慌，儿视司马诸军如同草芥，必杀其上将！父亲可先走一步（南退）！儿去去就回！"

文钦惊慌道："阿鸯，你这是……"

文鸯："父亲勿问，只管走便是！"

就这样，文钦在恋恋不舍之下携军而逃。

文鸯呢？

这个莽夫，只率十余勇士便直奔八千骑兵而去，满脸的无畏。

那些追击文鸯的骑兵见只有十余骑冲向自己的时候竟然愣住了，因为他们从未见过也没听说过如此莽撞的举动。

然，就在这些骑兵一愣神的工夫，一马当先的文鸯便冲进了大阵。

轰！只一个冲锋，骑兵大阵便被冲出了一个缺口，文鸯策马而进，入了大阵之后便开始纵横冲杀，不管身边有几个人，在什么方位对他发动攻击，文鸯都能将其斩杀于马下。

当文鸯从骑兵大阵冲出之时，已经杀掉了一百多将士。

可这还没完，文鸯没有半点儿畏惧，冲出骑兵群以后转身而回，再次杀进了群敌之中，冲入大阵以后又是杀了一百多人。

就这样，文鸯来来回回一共冲进去六七次，杀魏军近千人，直到魏军再也不敢往前追击之时，文鸯这才心满意足地走了。

（注：文鸯率十余人杀近千人之事为《资治通鉴》所载，其他史料皆无记载，所以打从我知道文鸯这个人开始，我就一直不信这件事是真的，毕竟太神乎其

神了，但因为是《资治通鉴》这种正史所载，我也不好不写，这便列了出来，但我个人持保留意见。不过不管怎么说，不管这事儿是真是假，文鸯三国后期第一猛将的地位都是值得肯定的，毕竟除了这一件事之外，其他所有的事迹是众史书皆有记载的。）

文钦失败的消息很快便传到了毌丘俭处，毌丘俭知道大势已去，便只能弃军独逃。至于手下的那些士兵，他们本来就不想再和毌丘俭干了，所以一见毌丘俭舍弃了他们，便都投降了司马师的军队。

至于文钦、文鸯父子，则在甩掉了司马师的军队以后逃到了项县。

但此时的项县已经空无一人，文钦见此，知道孤立无援不能再守，于是撤军往寿春而去。

可就在他即将到达寿春之时，闻听寿春已为诸葛诞所占，所以在无奈之下只能投奔吴国。

巧的是，就在文钦父子到达橐皋（今安徽省合肥市）之时，孙峻的吴军也正好到达此处，闻听毌丘俭已经彻底失败的消息以后，知道胜机已失，便携文钦父子返回吴国了。

再说毌丘俭。

自毌丘俭弃军而逃之后，惶惶如丧家之犬一般，当逃至慎县（今河南省颍上县西北）之时，左右全都抛弃了他，只剩老哥一个人还在奔逃。

当时，整个魏国大街小巷贴满了毌丘俭的头像，所以无奈之下的毌丘俭只能躲藏于水边的草丛之中乞活。

公元255年二月，躲藏在草丛之中的毌丘俭被发现，安风津百姓张属认出了他，便直接冲过去将其斩杀（此时的毌丘俭已经饿得全身无力，所以根本不是张属的对手），并将人头送到了洛阳。

至此，毌丘俭之乱被彻底平定。

值得一提的是，毌丘俭之乱以后，寿春附近的百姓害怕朝廷追究他们的责任，所以都逃到了山川大泽中躲藏，有的甚至有要往吴国奔逃的念头。司马师害怕事情进一步恶化，乃命诸葛诞为镇东大将军，扬州大督，并予仪同三司之荣耀，让其全权管理扬州军政。

公元255年二月中旬，魏大将军司马师病情急剧恶化，恐怕时日无多，便勉强移军至许都，并令其弟司马昭迅速前来许都相见。

司马昭知道事态紧急，不敢有半点拖延，遂以八百里加急之速于二十八日抵达许都。

公元255年二月二十八日，当司马昭抵达许都以后，司马师终得安息，并在死前将一切权力都移交了司马昭。

同月，司马昭回返洛阳，曹髦赶紧加封其为大将军并录尚书事，给其执掌魏国军政大权的合法身份。

本节参《三国志》《资治通鉴》《魏氏春秋》《太平御览》

3.6 姜维第五次北伐

公元255年七月，吴国将军孙仪、张怡等人共谋诛杀孙峻，却在行动之前消息泄露，于是，参与本次行动之人皆为孙峻所杀。

按说，出现了这种反叛的征兆，孙峻应该从此小心行事，多多拉拢人心才是。孙峻却没有这方面的觉悟，依然骄横跋扈，我行我素，竟然在杀掉孙仪、张怡等人以后耗费国资为自己大修宫室，真是花样作死。

月末，蜀国方面。

卫将军，督中外军事之姜维闻魏国大乱，司马师新死，乃上奏朝廷，希望能领数万蜀军北伐魏国。

蜀征西大将军张翼见姜维又要向北动刀兵，乃急谏道："魏国虽换新主，但司马昭从政多年，在魏国威望极高！并不像将军你想的那样不堪一击！况且我蜀国国力较魏国弱的不是一星半点儿，所以这种情况只能坐等时机却不能主动出击，不然必将国家弄得瘫痪。"

张翼说得甚有道理，可姜维根本不听，坚持要北伐魏国。刘禅不知兵，只感觉姜维说得更有道理，并行应允。

公元255年八月，姜维率数万蜀军到达枹罕，整军以后便向狄道进军。

魏征西将军陈泰闻听后立即令雍州刺史王经率本部兵马进驻狄道，并下令王经以守之势拖垮蜀军，意图在蜀军士气降低之时率本部兵马进击，和王经以钳击之法击破姜维。

可数日过后，前方战线屡传王经主动出击作战不利的消息（为何不从陈泰之令史书无载）。

陈泰认为，王经不从己令主动出击必然是有了其他的变故，于是放弃了本来的想法，赶紧率军前往狄道驰援。

可就在陈泰即将到达目的地之时，王经被姜维在原野之中彻底击败，遂率残部撤回狄道城死守。

是时，张翼又向姜维建言道："将军，本次出征我军已经赚足了厚利，应该停止而南返了，如果再往前进，恐怕会画蛇添足，毁掉之前的战果啊。"

想那姜维自视甚高，可从进入蜀国开始就从来没有独立率军胜过魏国一次，所以在蜀国广受非议。如今，蜀军经历一次大胜士气正旺，他怎么可能听信张翼之言呢？

所以，姜维非但没有撤退，反而加快了行军的步伐，不几日便将狄道城团团围住。

二十二日，狄道城被围的消息传至洛阳，魏大将军司马昭闻讯大惊，乃命长水校尉邓艾为安西将军，率军急往西北救援，并命太尉司马孚率数万大军为后继向陇西增援，以确保万无一失。

与此同时，陈泰的大军已经推进至陇西，其麾下将领皆劝陈泰曰："将军，王经新进失败，敌军锐气正盛，而将军您率领的部队又是临时拼凑的，恐怕不能取胜。古人言：'蝮蛇蜇手，壮士断腕。'《孙子兵法》言：'兵有所不击，地有所不守。'这便是小有所失而大有所全的真意。因此，我们不如先占据险要之地以求自保，等敌人出现漏洞以后再行出击，这样才是万全之策呀。"

话毕，一众将领频频点头，看似非常满意这将领的建议，陈泰却否决道："姜维带领轻装部队深入我境内，正是想和我在原野之上一决雌雄。所以正应该以守势拖垮敌人的士气。如今王经却率军出战，使姜维的计谋得以成功。王经既然已经败走，那么蜀军的士气就会到达顶点，如果姜维趁此时机向东进军，占据略阳（今甘肃省东南秦安县再东南八十里），夺取这座城市的军粮，然后放出士兵四处收罗降兵降将，并招揽羌、胡部族，然后再向东夺关、陇之地，那么四郡（陇西、南安、天水、略阳）就不再是我们国家所有了，整个西州也就危险了。姜维却用他士气强盛的军队去围攻狄道城这座坚固的城池，那就是作死的行为了。"

诸将："这是为何？"

陈泰："王经虽然新败，士气低迷，但手下最少还有将近一万的士兵，且狄道城易守难攻，我料定姜维无法在短期攻克，而短期无法攻克，蜀军的士气就会下降。那时，便是我军反击的最佳时机。可如果拖延日久，狄道城必为姜维所破。而狄道一破，两羌诸种必定反叛，那时，西州还是会落入蜀人之手，所以，我们必须救援狄道城，这是一定的。关键的问题是如何去救。兵法有云：'修橹轒辒，三月乃成，堆土强攻，三月而后。'如今姜维率轻装部队孤军深入，粮草必定接济不上，所以士气跌落很快！如此，正是我军迅速歼灭敌人的绝佳时机。此便是迅雷不及掩耳之精髓！"

话毕，众将再无出言反对之声。

这之后，陈泰率全军爬过高城岭（今甘肃省中部渭源县北），抄近道急速行军，不几日便到达了狄道城东南的高山之上。

当时，天色已晚，蜀军又没想到陈泰会到得如此之快，所以全无防备。陈泰见机不可失，急令全军同时举起火把，然后吹响号角往姜维营寨急攻。

那姜维反应也算迅速，虽然没能料到陈泰会到得如此之快，但也及时地组织了反扑。

可此时军心已乱，陈泰军又占据了高地优势，所以一战蜀军便陷入了被动。

而这时，狄道城中魏军见援军来到，一个个无不奋勇号叫，遂有杀出狄道城、钳击蜀军之势。

姜维见此大惧，只能命大军且战且退，后退百里以后才再行扎营。

三日后，已经成功与王经会师的陈泰放出豪言，声称中央大军即将来到，要提前派人断去姜维的归路，进而全歼蜀军。

姜维虽有怀疑，但不敢拿全军将士的身家性命来作赌注，所以只能仓皇撤回汉中。

九月二十五日，姜维率蜀军退回汉中，而当听得蜀军撤退的消息以后，王经不无感叹地道："终于撤兵了，我的粮食已经不足十日，如果援军再不到来，我大魏便将失去一州之地。陈将军真是英明啊！"

由是，姜维第五次北伐魏国亦以失败而告终。

本节参《三国志》

3.7　姜维第六次北伐

公元255年十月，曹髦下诏，正式册封邓艾为安西将军兼护羌校尉，从此屯兵于西部边界。邓艾即将开启他人生的巅峰。

公元256年正月，因姜维屡次出兵魏国不利，国内声讨姜维之声日渐增加，可刘禅非但没有惩罚姜维，还在本月封姜维为蜀汉大将军，使其真正成为蜀国军界的第一把交椅。

六月，姜维再次上表朝廷，称愿与镇西大将军胡济从两路共同攻击魏国上邽（今甘肃省东南的天水市再西南），刘禅对于姜维的信任是百分之百的，所以从姜维之言，令其择日往北进攻。

择什么日，现在就出征吧！姜维本身就是一个急性子，再加上急切想要将功赎罪，遂领大军悄悄往北疾进。

当时，邓艾所部还未探得姜维的动向，所以邓艾手下将兵非常放松，认为姜维新败，短期绝不会再行北伐。邓艾却持相反意见，反而处处设防，且警戒非常。

邓艾手下的将领都对邓艾的举动非常不理解，所以不免牢骚。而邓艾呢？也不和这些人生气，只不过将麾下将领都召集在一起后劝解道："我知道你们很累了，但现在正是危急存亡的时候，我们真的不能放松一点儿警惕呀！"

众将："将军这话我们不懂，姜维近来新败，国内声讨一片，他怎么还敢在这么短的时间再次北伐呢？"

邓艾疑惑道："你们认为姜维短期不会再来攻击我们？"

众将点头。

邓艾摇头道："我不这么看，我认为姜维在短期必定来攻！"

众人："为何？"

邓艾："之前的战役，表面来看好像是我们胜利了，可事实真的是如此吗？非也！上次作战，王经之军被姜维引诱至野外，几乎被全灭，所以陇西衰弱，粮食空虚，百姓也流离失所。姜维虽然在表面上败了，但主力保存完好，拥有再战的能力，这是其一。其二，本将军新到西部战线，和众位以及下面的士兵还需要磨合，人心不一。姜维则不一样，他的部队跟随他多年，将兵之间早已建立了深厚的友谊，他说要进攻，这些人绝对不会有半点不愿，此为其人心之优。其三，蜀军北伐是从水路攻击，士兵不必行走，而我们只能从陆路行军，浪费的体力要远多于蜀军，此为蜀之地理之优。其四，狄道、陇西、南安、祁山各地都应当有人守卫，不然西州危矣！可蜀军则不同，他们可以游击作战，只专攻一点成功便可成事，此为其形势之优。其五，蜀军从南安、陇西进军可以就地食用羌人的粮食，如果从祁山进军则有成熟的麦子千顷之多，足以供应他们作战需求，此乃其粮食之优。有此五优，你们凭什么说他姜维就不敢再来？你们又凭什么说他没有能力再来进攻呢？"

话毕，众人连连称是，再无一人敢对邓艾提出质疑。

于是，魏军之防范日渐森严，甚至比战时还要警惕。

七月，姜维之兵突出祁山，可就在他要继续向北袭击之时，闻邓艾所部早已占据了武城山（今甘肃省东南武山县西南）等候。姜维不敢在不占据地理优势的情况下和魏军硬拼，便只能从董亭迁回至南安（今甘肃省东南陇西县东北渭水北），意图冲过渭水向北进击。

可邓艾早就将姜维的套路猜得丁点儿不差，所以提前占据渭水一带的险地，将姜维堵得死死的。

自认为得意的计谋被邓艾连连看破，姜维恼羞成怒，遂带兵强攻邓艾。可几天过去了，魏军在邓艾的指挥作战下没有半点儿损伤，反倒是姜维指挥的蜀军伤亡惨重。

姜维见此，遂绕道强走上邽，意图攻下上邽以后休整军队，之后再与邓艾决战。

可不幸的是，姜维的图谋再被邓艾看破，遂被邓艾提前堵在了段谷（上邽以南）。

姜维大怒，遂与邓艾决战于段谷。但因为邓艾早早便驻防于此，魏军不但精力充沛还占据了各处险要，所以姜维打得非常被动。再加上镇西大将军胡济的部队迟迟不来和姜维会师，所以姜维变得更加被动，攻势也更加消极。

邓艾是一个战争天才，战场嗅觉极其灵敏，见蜀军之攻势有所放缓，便料定此正为反击之时，所以当机立断，立即率军对蜀军展开了凶猛的反击。

结果，蜀军在最为虚弱的情况下为邓艾所击，因此没有半点儿反抗之心，一触便仓皇四散。

见此，姜维知道大势已去，便只能弃军而逃回成都。

本次作战，姜维几乎全军覆没。消息传到成都以后，整个成都的官民都恨得咬牙切齿。一众中央大员更是集体联名弹劾姜维，希望刘禅能狠狠地处罚姜维一次。

刘禅无奈，只能贬姜维为后将军并暂行大将军事。而邓艾则以本役之功被晋封为镇西将军兼陇右大督，真是一将功成万骨枯啊。

本节参《三国志》

3.8 孙綝掌权

公元256年八月，魏皇曹髦加封大将军司马昭大都督封号，并给予其赞拜不名荣耀。同时任太尉司马孚为太傅，司徒高柔为太尉，狂增司马氏之权能（注：高柔也是司马氏的忠实拥护者）。

九月，东吴方面。

自文钦、文鸯父子投奔东吴以来，经常找到大将军孙峻，并向他阐述讨伐魏国的各种优势及好处。

起先孙峻并不打算听这两父子的建议，可时间一长，他这耳根子被文钦、文鸯父子给磨软了。

这不，终于在256年九月，允许这对父子带吴兵北上攻魏了。

可就在孙峻于石头城相送文钦，部队准备向北开拔之际，握着钦双手的孙峻突然头昏眼花，然后直接昏倒在地。

北伐之事便因此而止。

次日，孙峻悠悠转醒，好像知道自己命不久矣，所以在醒过来之后便急招叔父孙綝，让他赶紧来石头城相见。

不几日，孙綝赶到了石头城，孙峻将所有的权力交到孙綝手上以后便撒手人寰了。

吴废帝孙亮见此，只能封孙綝为侍中、武卫将军、都督中外军事，并让正在率兵袭击魏国边境的骠骑将军吕据返回建业。

那吕据乃是吴国前大司马吕范的次子，在吴国威望很高，手中的士兵也是不少。早在孙峻当权的时候吕据便已经对其不满，可因为知道孙峻身体不好，没多长时间活头了，便没有起兵造反。可如今，孙峻死了，又一个姓孙的继承了内外军事，他吕据怎么能受得了？所以大怒，在没到建业之时便联名各地都督推荐滕胤为新一任丞相，其意便是想分孙綝之权。

吕据认为，现在孙綝刚刚上位，和上下之间磨合还需时日，所以绝不会在这种敏感的时候和自己撕破脸面。

但吕据错了。

吴废帝接到吕据等的联名奏书以后不敢决断，遂召唤孙綝前来，并将奏书送到他的面前询问意思。孙綝见后只是一声冷笑，然后立即贬滕胤为大司马，并将滕胤外调至武昌主管防务，让其远离吴国政治中心，根本不顾忌吕据的威胁。

吕据因此决定造反，遂秘密遣使往建业拜见滕胤，声称自己即将发动武装政变，希望在攻击建业的时候滕胤能在内部策应自己。

滕胤一是不想远离政治中心；二又认为孙綝一定会找机会弄死自己；三是还有一些野心，所以答应了吕据的建议，准备在其攻击建业之时从内部策应吕据。

可让滕胤和吕据万万没想到的是，这一切在孙綝的意料之中。孙綝认为，双方既然已经撕破了脸面，那就必然是不死不休之局，与其等待别人主动进攻，倒不如自己先一步行动，进而占据主动。

于是，孙綝命堂兄孙宪领本部兵马堵在江都封住吕据的去路，然后又命文钦、文鸯等将率本部兵马提前埋伏江都一带，只等吕据先一步对江都发动进攻，文钦等便会从侧翼攻击吕据。

同时，为免攻击吕据之时内部作乱，孙綝还遣中左将军华融、中书丞丁晏往告滕胤，让他立即前往武昌，不得在建业逗留。

滕胤以为事情败露，便提前起事。

他先是囚禁了华融和丁晏，然后聚齐了自己的士兵守卫府邸，并威胁华融及丁晏，让他们假做孙亮诏书，说孙綝已经谋反了。

可二人硬气得很，誓死不从滕胤之议，滕胤大怒，便杀二人。

与此同时，孙綝已命将军刘丞率兵前往围剿滕胤，因为兵力是滕胤的好几倍，所以滕胤手下将兵非常害怕，遂有溃逃趋势。

滕胤见此大声叫喊道：“诸位，吕将军数万大军马上就要攻进建业，到时孙綝必死，你们也能封侯拜爵，荣华富贵！可一旦你们顶不住压力，恐怕吕将军入城以后你们的家人也无法得到保全！所以，还请各位拼命防守，一定要顶过这最艰难的时期。”

话毕，其手下将兵明显一震，之后便再无一人寻思逃走之事。

至于滕胤，则指挥作战神色如常，没有半点惊慌的样子。

可不管滕胤如何"强作镇定"，和对方兵力上的差距都是无法弥补的，所以只短短几日的工夫，滕胤所部便被歼灭，滕胤也被生擒。

这之后，孙綝诛杀滕胤三族，将权柄死死地握在自己手中。

而就在这时，吕据败亡的消息也传到了建业，吴国乃大赦天下。（注：战争过程史无所载，不过我猜测应该是孙宪堵文钦袭，以防反之法破掉的吕据之军。吗。）

十一月，此时的吴国已经再无一人敢反对孙綝的统治，于是吴废帝孙亮升孙綝为大将军，给予其合法身份。

孙綝独掌大权以后和孙峻几乎一般无二，每日酒池肉林放纵无度，甚至在某些方面孙綝还不如孙峻。

为什么呢？

想当初孙峻对待自己的族人非常好，将所有的大权分到族人手中。可孙綝则不同，他几乎将所有的权柄都掌握在自己手中，一点儿都不想分出去给族人。

之前孙宪抵挡吕据立了那么大的功劳，可孙綝依然没给其半点儿实权，只不过给一些微不足道的金银罢了。

孙宪因此大怒，便暗通将军王惇，准备杀掉孙綝以后独掌大权。

可此事还未等开始实施便已泄露，孙綝遂杀王惇，又准备用一个莫须有的罪名弄死孙宪。

孙宪不想受辱，于是便服毒自杀了。

本节参《三国志》

3.9 诸葛诞之反（1）

公元257年三月，吴废帝孙亮已经年满十五，到了可以亲自执政的年龄，便于本月举行了加冠大典，并亲临正殿，从此开始亲自执政。

孙綝不想"大权旁落"，更想孙亮一辈子做自己的傀儡，便精挑细选三千十五到十八岁的子弟兵作为孙亮的护卫，美其名曰"陪孙亮一起长大的士兵忠心"，实际上就是想永远控制孙亮。

此举虽引得朝中大臣不满，但因为此时的孙綝太过强势，也没人敢说些什么，可一颗仇恨的种子已经在孙亮心中慢慢发芽，再也无法压制下去。

同月，吴国划分长沙郡东部地区为湘东郡、西部地区为衡阳郡，划会稽东部地区为临海郡，划豫章郡东部地区为临川郡。

此举使得吴国多出很多地方来安排官职，并分散了孙綝对于吴国兵众的统治力，但也使得东吴军界的凝聚力略有减弱。

四月，魏国镇东大将军、扬州大督、仪同三司之诸葛诞突然发动叛变，使得整个魏国淮南地区陷入了动荡。

诸葛诞现在已经集富贵、权势于一身，为什么还要反叛司马氏的统治呢？

早先，诸葛诞和夏侯玄、邓飏等人是非常要好的朋友，所以当夏侯玄和邓飏皆被司马氏害死之后，诸葛诞心中便开始害怕。

可随着时间的推移，不管司马师还是司马昭都没有对诸葛诞下手，反倒对其信任有加，诸葛诞这心中就没有那么害怕了。直到王凌、毌丘俭等地方大督相继为司马氏所杀，又想到自己曾经和夏侯玄等人的关系，诸葛诞那久未出现的畏惧之心便又生发了。

大概是想给自己留一条后路吧，自毌丘俭之乱被平定以后，诸葛诞便广施恩德，不但厚赏自己属下的将士们，还接济寿春那些贫困户，并赦免了很多有死罪的亡命之徒为自己的心腹死士。

公元257年四月，因为司马昭刚刚执政没多长时间，为免地方大员反叛自己，便遣贾充等四名心腹官员分别前往东、南、西、北四大将军处探查他们的志向。其中东、西、北三大将军皆愿为司马昭尽忠，可就到诸葛诞这边之时，事情发生了异变。

当时，贾充正在和诸葛诞谈论时局形势，可突然话锋一转，进而和诸葛诞道："现在洛中有很多闲人都希望当今陛下能将皇位禅让给大将军，不知镇南将军对于此事有何看法？"

贾充是贾逵的儿子，是司马氏的坚定拥护者，更是司马昭的心腹之一，这几乎是全国皆知的秘密，而贾充本次前来首先问的便是如此敏感的话题，相信稍微长点儿心的人都会小心谨慎地回答。

可不知道诸葛诞的脑袋是当天被大象踹了还是就这么头脑不清楚。反正这莽夫一听贾充这话当时就怒了，进而对贾充呵斥道："贾充休得胡言！你难道不是贾豫州的儿子吗？你父子二人累世受魏国恩惠，怎能有把国家送给他人的想法？我告诉你，如果有谁敢在洛中威胁曹氏的地位，我诸葛诞必为曹氏拼死而战！"

听毕，贾充连连道歉，之后逃也似的回到了洛阳。

回到洛阳以后，贾充立即将诸葛诞的原话汇报了司马昭，并建议司马昭道："大将军，就微臣这次观察，诸葛诞早晚必反！他现在深得寿春军民之心，但时间尚短，没有坐大，如果再给其时间，微臣恐怕诸葛诞便会成为我们的威胁了。"

司马昭皱眉道："你说得对，但想要攻击诸葛诞必须有口实才行，不然恐不占人心！"

贾充犹豫一会儿道："这个简单，大将军今日可召诸葛诞来洛阳面圣，如果他不来便坐实了反叛魏国之心；如果他来，大将军便可将其软禁，让他再也回不了寿春。"

司马昭："善！"

公元257年四月，在司马昭的操控下，魏皇曹髦封诸葛诞为司空，并召其返回洛阳。

诸葛诞岂能不知司马昭的手段？于是一不做二不休，直接杀掉扬州刺史乐綝，然后聚集了在淮南、淮北郡县屯田的十多万官兵和扬州地区新招募的兵士四五万人，将一共十五万人全部弄到了寿春作坚壁清野之战。

同时，为了保证寿春能够长期抗击魏军的统治，诸葛诞还从周围十里八村囤积军粮于寿春，足足囤积到够十五万大军食用一年之久的军粮以后才行罢休。

那么问题来了，之前不管是说战国还是两汉，我都反复强调一个问题，那就是只死守一城最后必定败亡，因为攻击你的人可以什么都不做，只需要将你的城池团团围住就可以置你于死地。而诸葛诞行军打仗多年，难道就不知道这个基本的军事原则吗？

知道，他当然知道，可诸葛诞不怕，因为他还有可以依仗的外援可以用。

此外援便是吴国了。

其实早在诸葛诞决定造反之时便已经遣长史吴刚带着自己的小儿子诸葛靓前往吴国投降了。孙綝见此大喜，当即答应了诸葛诞的请求，并留下诸葛靓为人质，封诸葛诞为吴国左都护、持符节、大司徒、骠骑将军、青州牧、寿春侯，然后立即命文钦、全怿、全端、唐咨、王祚等将率三万大军往救诸葛诞。

诸葛诞反叛和吴国全力援助寿春的消息很快便传到了洛阳，司马昭没想到诸葛诞行事如此干脆，又因为诸葛诞是一个拥有相当经验的将军，所以不敢大意，紧急从四方召集军队往洛阳集结。

公元257年六月二十五日，司马昭亲率二十六万大军进驻至丘头（今河南省东南沈丘县），用镇南将军王基为镇东将军，与安东将军陈骞率前部先一步对寿春发动攻击。

可就在王基刚刚到达寿春，还没有对此地形成合围之际，文钦、全怿等率领的吴军也在此时到达了寿春东北的大山中。

现在摆在他们面前的路一共有两条：

第一条没说的，直接杀入城中。

第二条便是在寿春外围游击，让魏军始终无法专心攻城。

一众吴将认为，现在诸葛诞刚刚造反，寿春城内的军民一定躁动不安，恐怕吴国不会给他们援军而行叛变之举。

可一旦自己杀入城中和他们一起防守，寿春城内的军民一定会拼死守城，不会向魏军投降。

并且他们相信，只要守住寿春，孙綝一定还会不断派援军前来支援。

所以，文钦、全怿等吴将不再考虑，而是借着东北高山之势，在魏军还没有对寿春完成合围之际冲杀进了寿春城中。

而事情果然如文钦、全怿等人所料。当三万吴军进入寿春以后，寿春军民之心大定，于是之前那些蠢蠢欲动的军民全都放下了自己的小心思，全心全意跟随诸葛诞对抗魏军。

司马昭听闻此讯以后大怒，乃命王基抓紧时间将寿春围住，围拢以后却不能攻城，只让他不断铸造攻城器具和防止外围吴军，摆明了要耗死诸葛诞。

七月，吴大将军孙綝果然又命朱异率三万吴兵前来救援寿春，朱异第一站便占据了安丰（今河南省东南固始县东），意图在外围攻击魏军以寻找空隙。

司马昭也是一位合格的统帅，知道不能放任这支军队在外游击，乃令王基解除对寿春的包围，并占据北山之地利，等自己将朱异的游击部队消灭以后再重新围困寿春。

王基却对司马昭的策略嗤之以鼻，他对麾下诸将道："如今包围寿春的营垒已经建成，兵马也全部集中，此时的任务只有一个，那就是专心守备，以防有贼人从城中突围。大将军却命令我等转移兵力，把好不容易建好的营垒白白送给贼人，使得他们可以肆意放纵。如果我真按照大将军的话做了，等我们再回到寿春以后还要重新修建防御壁垒，白白浪费国家的钱财和士兵的力气。如此，士气必然降低，到时候，哪怕是绝顶聪明的人都无法攻下寿春了，所以我坚决不能服从大将军这个命令！"

就这样，王基赢得了麾下将兵的支持，坚持不肯撤兵，并且在违抗命令的同时致信于司马昭曰："如今我军前部正在和诸葛诞对峙，我们应该像一座雄伟的山峰一样岿然不动，让敌人看到我们的决心而胆战。可如果放弃原有的优势而转移他处，人心就会变得动荡不安，对于整个大势会有相当的损害。现在各郡都已经据守深沟高垒，军心也已经坚定不移，不可以再行动摇，这是治军的要领，也是基本，还请大将军三思！"

什么叫要领？什么又叫基本？这明晃晃的是在说司马昭不懂得用兵，是当着众多将领的面扇他的大嘴巴啊。

这都不用脾气有多暴，相信一个正常的统帅就忍受不了。

可司马昭不是这样，他认为王基所言非常有道理，当即改变策略，并给予王基前线全权指挥之大权。

那么司马昭为什么要如此做呢？难道他的胸襟真的已经宽广到了这种程度吗？

司马昭确实有胸襟，但没有和王基较真儿也不光光是胸襟的问题，其具体原因有二：

第一，王基现在是前军第一统帅，还深得军心，司马昭要是在这个时候收拾王基，难道就不怕引发兵变吗？

第二，王基从来对司马氏忠心耿耿，根本不存在背叛的可能，至于他为什么这么彪，其主要原因还是他性格本身就是这样。想当初司马师多么强势，不一样被王基针对过吗？他司马师说什么了？所以说，只要王基说的话有道理，司马昭是不会说什么的。

而事实也确实如王基所料。

文钦、全怿等吴军进入寿春以后，发现寿春城高墙厚，兵精粮足，根本不需要自己再行协防，所以便想冲出重围，和朱异协同组成两重游击。如果成功的话，便会给魏军造成相当程度的骚扰。

可因为王基的包围圈实在太过坚固，所以文钦等吴军虽然数次冲锋突围却都没有成功，只能将希望寄托在朱异的身上。

可这又有什么用呢？司马昭为免王基的围城部队被吴军骚扰，乃遣奋武将军监青州诸军事石苞、兖州大督州泰及徐州刺史胡威率精锐骑兵前往攻击，并于阳渊（今安徽省西部霍邱县西）大破朱异之游击军。

朱异挡不住魏国凶猛的骑兵部队，只能仓皇往南而撤。

七月，孙綝之主力大军已至镬里（今安徽省巢湖市西北），正巧这时候朱异引败军归来。

孙綝见寿春已成孤城，乃再遣朱异率丁奉、黎斐等将前往救援。

朱异得到援兵以后立即行动，其将辎重留在陆都（今安徽省中部寿县东南）以后便引大军往黎浆（今寿县西南）攻略。

魏石苞、州泰见朱异来势汹汹，遂不出战，而是在黎浆广筑高墙死守。

二将认为，朱异本次攻击势在必得，所以后方定无留守，乃命胡烈率五千骑兵悄悄绕过战场，于三日以后急袭陆都。

次日，朱异大军到达黎浆，安营扎寨以后即对黎浆发动进攻，可因为石苞、州泰守得坚固，一时半会儿也攻不下来。

可就在双方交战没几日时，后方突然传来噩耗。

不出意外地，守备薄弱的陆都被胡烈攻破，吴军之粮草皆被胡烈焚烧一空。

粮草，为三军之要，一旦粮草被烧，三军将再无战斗可能。

朱异深明此理，又见吴军士气急速下滑，便趁夜色掩护拔营退走。

可这一切在石苞和州泰的意料之中，他们见吴军要退，断定胡烈已经成功，遂出营狂攻吴军。

吴军此时士气虽然低落，但一是兵力是魏军的数倍，二是不管怎么说也是正规军出身，锐气还是有的，所以并没有一触即溃，反倒和魏军杀得有模有样。

可就在双方战至次日之时，战场发生了异变。

原来，胡烈焚烧了陆都的军粮以后便率兵连夜北返，终于在次日赶到了战场。

胡烈到达战场以后没有二话，当即便率五千骑兵从战场高地突入了吴军的侧翼。吴军现在本就是强弩之末，和石苞、州泰抗衡已经是极限了，哪里还有能力再抗突然出现的五千骑兵？

所以，不出意外地，吴军大溃，当即败逃。

朱异无奈，只能收罗残卒急往镬里而退。

九月，朱异败军抵达镬里，孙綝见此大怒，乃将全部主力交给了朱异，让他再往寿春救援。

朱异却因为吴军粮草不足坚持不肯再往北而行。

孙綝怒不可遏，乃杀朱异卸责，并在返回建业之时扬言短期之内必再往救寿春，吴人因此更加怨恨孙綝。

数日后，朱异身死，孙綝退军的消息传到了司马昭处，司马昭哈哈大笑道："吴国援军再不会来了，寿春我拿定了！"

其麾下将领不知其意，所以皆问为何。

司马昭道："朱异不能到达寿春，这实际上不是他的过错，而是天时、地利、人和的缘故。可哪怕这样，孙綝依然杀死了朱异，这不仅仅是要推卸责任，也是想以此安抚寿春将士的守城决心，让他们依然盼望着救兵。但一是现在吴国的粮草已经无法长期支撑一支大军作战；二是行军打仗哪有提前将意图泄露的？所以这孙綝越是大张旗鼓，我就越断定他不敢再来！"

众将："大将军英明！"

司马昭止住了众人的马屁，然后严肃道："局势虽然对我方有利，但我们依然不能有半点儿大意。来人！"

传令："在！"

司马昭："传告王基，加固包围圈，不能让贼军从中跑出一人！另外再让王基想办法将假消息放进寿春，让贼人判断失误。"

传令："喏！"

就这样，王基加紧了围困寿春的包围，并让城中奸细到处放风扬言道："吴国的援兵就要到了，据说还带来了足够城中军民数年之用的粮食。"

这谣言不知是何人所造，不仅让寿春城中军民相信，甚至让诸葛诞深信不疑。因此，诸葛诞放宽了军粮政策，让城中军民放心吃食。

结果，没多长时间寿春城中的粮食便要告竭，而那虚无缥缈的援军还没有一丝踪影。

诸葛诞手下将官蒋班、焦彝看出了端倪，乃劝谏诸葛诞道："将军，从现在这种局势来看，朱异的部队不是无法进城便是已经被消灭于城外。而孙綝虽然声称大军即将前来，但依末将来看，他一定是要坐观成败，绝对不可能再行救援了。如果我们再耽搁下去，恐怕人心思变，到那时就危险了。"

一听这话，诸葛诞眉头微皱道："那你们的意思是……"

二人道："如今应该趁军心尚稳，士卒还愿意为我们效力的时候，集中所有力量攻其一面，尽管这样也不能全胜，但也会打崩魏军一角。如此，不仅能够提高我军的士气，还能为我军空出一条退路，将一支军队送出去以为游击，总胜过在这里无所事事。"

听毕，诸葛诞陷入了久久的沉思，可就在诸葛诞要行此策之时，文钦突然道："此法断不可行！您如今率领十多万大军于寿春，这些士兵之前虽然都是魏国的士兵，但现在可都是吴国的士兵啊，况且，我、全怿以及三万吴军皆在寿春，即使孙綝不敢前来，吴主又岂能应允？而且中原没有一年是安定无事的，他们倾举国之兵前来进攻，内乱必将兴起，所以围城之军不久便会撤去，我们又何必多此一举行那危险之事？"

诸葛诞感觉文钦说得很有道理，便行采纳。但蒋班和焦彝对文钦这种说法嗤之以鼻，坚持自己的观点。这三人从一开始的争执变为了争吵，最后甚至要拳脚相加。

诸葛诞因此大怒，不但痛斥了蒋班和焦彝，还威胁说再废话就杀掉二人。

二人因此怨恨诸葛诞，始有背弃之念。

公元257年十一月，寿春城中的军粮即将告竭，蒋班、焦彝再也见不到胜利的希望，便率所部兵马出城投降了魏军。

此举使得魏军士气大振，寿春城中却动荡不安。而更糟的还在后面。

本月，全怿的侄子全辉、全仪背叛了吴国，并带着自己支脉的族人投降了魏国。

司马昭见此，乃采黄门侍郎钟会之谋，秘密致信于全怿曰："吴国朝廷恼怒全将军不能打败我军，因而想要全灭全氏家族，你的侄子为什么归顺我们魏国？这便是首要原因。正所谓良禽择木而栖，希望全将军能够及时回头，投降我们魏军，如此可富贵一生矣！"

全怿本来没有投降的念头，但现在吴国内政确实昏暗，如果孙綝成心要拿自己推卸责任的话，是有全灭全氏的可能。

于是，全怿相信了司马昭的谎言，乃于次日突率本部兵马打开寿春城门而降司马昭。

此举使得寿春城中军民惶恐不安，几乎每个人心中都生出了投降的念头，士气更是降到了冰点。

可哪怕这样，司马昭依然没有对寿春发动总攻，他还是在等，等寿春的自我灭亡。

本节参《三国志》《晋书》《资治通鉴》

3.10　我叫姜维，我要灭掉蜀国

公元257年12月，司马昭二十六万大军围堵寿春的消息传到蜀汉，蜀国后将军姜维见此，便想乘虚而入，遂于上报朝廷以后率数万大军出骆谷至沈岭（今陕西省周至县南）。

当时，魏国在长城（周至县西南骆谷东北）一带囤积的兵粮很多，但守兵很少，于是征西将军兼雍、凉二州大督司马望（司马孚之子）便携安西将军邓艾率大军驻扎于此以防姜维。

那长城拥有难以攻陷的高地优势，再加上西部魏军将力量全都集中此地，所以强攻肯定是无法成功的。因此，姜维数次率军挑战魏军，希望能和魏军在野外决一雌雄。

可不管司马望还是邓艾，都是那种极为冷静之人，根本不会因为情绪而左右战局，所以不管姜维骂得多么难听，二人都好像顽石一般纹丝不动。

于是，双方便陷入了大对峙。

魏国无所谓，人家国力在那摆着，和你蜀国耗得起。可蜀国就不行了，根本无法支撑这种大军团的长期对抗。

可姜维不知道怎么想的，就是不退军，就是坚持要分出胜负。

基于此，蜀国国库中的银子就好像流水一样哗哗地往外淌。蜀中人不堪愁苦，从上到下皆怨恨姜维，中散大夫谯周更是写《仇国论》以抨击姜维，以此来表达自己对于姜维的不满，其内容翻译如下：

"有人问我，古代能以弱胜强者，他们到底用的什么方法。我的回答是：'我听说，处于大国地位而没有忧患者，它就会怠慢很多事情。处于小国地位而常常忧虑者，它就会居安思危。而怠慢的事情多了就会出现内乱。居安而思危的国家就会社会安定。这是普遍的道理，不容否认。因此周文王善于养民，就能以小胜大。勾践怜悯众生，最终以弱胜强。'有人说：'以前，项羽强而高祖弱，通过交战以后确立了中分天下之约，可高祖在张良的撺掇下背信弃义，消灭了项羽，这不也是以弱胜强吗？高祖最后不也是取得了成功吗？难道一定要像文王那样行事才可以吗？'我回答：'在商、周之时，王侯世代尊贵，君臣之分已经稳固，人民已经习惯于专心侍其君上。深深扎根的东西很难拔除，稳固基础的东西也难以迁移。所以那个时代，即便是汉高祖又能怎样取得天下呢？到秦朝废弃分封侯国设置郡守之后，百姓被秦朝的苦役搞得疲惫不堪，天下已经土崩瓦解，或者每年换一个君主，或者每月换一个主公，连鸟兽都惊恐不安，不知所从。于是豪强们共争天下，如虎似狼瓜分土地，敢于第一时间搏杀的人就收获良多，稍微迟后的人就会被吞并。如今我们与古代都是经历改朝换代而流传的国家，虽然不是秦朝末年天下鼎沸纷争的时代，却有六国并立称雄的形势，因此可以行文王之事，却难以有高祖的作为。而百姓的疲劳就是产生骚动不安的前兆。上面的那个人如果傲慢轻敌就等于对人民残暴，国家就会出现土崩瓦解的形势。谚语说："射幸数跌，不如审发。（意为侥幸求利而多次失败，不如审慎从事而一举成功。）"因此有智慧的人不为蝇头小利而动心，不为似是而非的情况而改变常态，会在时机成熟以后再行行动，会在形势适宜以后再行举兵，所以商汤、周武的军队不用怎么战斗就能取胜。这实在是因为重视人民的劳苦状况而能审时度势啊。反之，如果某些人不管客观条件，只凭主观臆断滥用武力，那么国家就将土崩瓦解，不幸也即将来到。到那个时候，哪怕是古代圣人复活也挽救不了溃败的局势了。'"

这个某些人指的是谁？当然就是姜维了。

本次，姜维已经是第七次独自征伐魏国，国家在他身上浪费的人力物力简直无法以数字来计算，所以蜀国有太多人憎恨姜维，《仇国论》也在蜀国民间得以传诵。

姜维，现在在蜀国已经陷入了一种极其尴尬的境地。

可姜维呢？没有哪怕一丁点儿"觉悟"，依然认为自己能吞并陇西，进而定鼎中原，所以坚持不撤兵，始终在和魏军对峙。直到次年三四月间，诸葛诞已经被彻底击败（后详述），姜维才在浪费了无尽的粮食后无功而返成都。

按说，姜维这一次再次"失败"，国家政坛又是从上到下地反对姜维，刘禅应该罢了姜维的官职才是。可不知道是现在蜀国就剩姜维一个会打仗的了，还是刘禅有什么把柄在姜维手上，反正这个聪明的君主非但没有惩罚姜维，还重新给予其大将军的军界第一把交椅。

姜维，你何德何能让一个君主如此相信、如此重视呢？

不过这还没有完，姜维这个精力无限的男人从来不知道停歇，永远是折腾折腾再折腾。这不嘛，就在姜维厚着脸皮重新拿下大将军之后，他又开始折腾上汉中了。

当初，刘备命魏延驻守汉中，魏延四处布防，将汉中守得滴水不漏。

后来，何平接班，也沿用魏延之法守备汉中，所以汉中一直安然无恙。

可姜维认为……

交错防守各个营寨虽然合乎《周易》"重门"的道理，但只能防守敌人，不能主动出击获得更大的利益。

在姜维心中，只有进攻才是最好的防守，只有猛如潮水的进攻才能取得最大的利益。

因此，不如放弃原有的守备险要，将战线大幅度收缩，并将粮草都囤积起来，退守汉城、乐城，使敌人无法进入平原地区，并再设多层关卡镇守和保卫它。有敌情的时候，就命令游击部队袭击骚扰，而拖延日久，敌人的军粮必定告竭，到那时必定撤兵，我军就可一起出击，进而彻底将敌军歼灭于野外。这才是真正的防守。

此提议一出，整个蜀国的朝堂都炸锅了，有将近一半的大臣坚决反对姜维的提议。为什么？因为两国之间的国力存在根本上的差距，想要硬生生耗死魏国，这根本就是不可能的事情，此举只会给魏国攻击蜀国大开方便之门。所以大家才坚决反对。

可姜维呢？依然我行我素，誓要将歼灭防守攻略进行到底。

最终，刘禅还是选择了相信姜维，任凭他瞎整、乱整。

姜维因此命汉中督军胡济退守汉寿，监军王含驻守乐城，护军蒋斌驻守汉城，又在西安、建威、武卫、石门、武城、建昌、临远建立了防御工事，将汉中的防线大范围收缩。

那么这种做法所导致的直接后果是什么呢？

《中国历代战争史》载："姜维此项更张，实予后来钟会大举长驱入汉中之良机。"

好了，这是后话，我们以后再说，还是再将目光转向寿春方向吧。

本节参《三国志》《资治通鉴》《中国历代战争史》

3.11 诸葛诞之反（2）

公元258年正月，眼见寿春余粮已经见底，文钦大急，于是面见诸葛诞，好像完全忘记之前的事情一样厚颜无耻道："将军，叛贼蒋班、焦彝认为我们不会出城而走，全端和全怿又投降了魏国，现在从外表上看我们是最为虚弱的时候，所以魏军一定不会对我们有所防备。如果这时候我们集中力量对魏军发动攻击，一定会使得魏军大受打击。轻则打开去路，重则甚至能将魏军一举击败，还请将军能够果断行事。"

诸葛诞认为文钦此言极有道理，便将所有的部队都集中在南门，然后突然对南门魏军发动了凶猛的进攻。

可王基并没有因为势头正好而放松丝毫警惕，依然命魏军整日处于红色警戒状态，所以诸葛诞刚刚冲出城门就遭受了魏军如雨一般的火箭袭击。

只瞬时之间，诸葛诞的攻击器具就被焚烧一空（类似于武刚车的防箭矢大型器具），而攻击器具的丢失，使得诸葛诞军完全陷入了一种"真空"的状态。

见此，无数的巨石、箭矢皆冲吴军而来，吴军只瞬时之间便血流成河横尸遍野。

但就是这样诸葛诞依然不肯放弃，坚持在前线指挥强攻魏军南部壁垒。

可围城壁垒被王基造得太过坚固，守军的火力又相当凶猛，所以诸葛诞虽百般进攻都无法占得一丁点儿便宜。

就这样，双方围绕着南部壁垒生死搏杀了五六个昼夜，但诸葛诞依然无法突破魏军的防御，反倒损失惨重，士气低下。

如此，打又打不过魏军，城中的粮食也即将吃光，所以一批又一批的寿春官、民、兵出城投降，只短短几日的工夫，便有数万人投降到了司马昭军中。

文钦见寿春本地军民实在是靠不住，于是建议诸葛诞让所有寿春的军、民都出城投降魏军，只留将近三万的吴军坚守城池，这样就会省去相当的粮食，足以让寿春坚持到吴国援军来到。

讲真的，文钦的这个办法实属无奈之举，毕竟现在寿春的粮食真已经不多了。

可诸葛诞又岂能从其建议呢？要知道，城中的军民可都是自己的本钱，自己就是靠着这些珍贵的劳动力才能在吴国混个一官半职，如果这些人都被自己放走了，那自己还有半点儿价值吗？再者说，城中有很多士兵都是跟随自己多年的兄弟，你让他们都走了这不是让人寒心吗？以后还有谁会为自己卖命？

因此，诸葛诞坚决不从文钦之议。文钦因此大怒，和诸葛诞逐渐由商量转变为争辩，又逐渐由争辩转变为争吵。最后，在诸葛诞的强力反对之下，二人不欢而散。

早先，在文钦和诸葛诞都是魏臣的时候，这两人就不对付，经常会因为一些事情争吵，只不过现在逼于无奈才联合了。

之前事情没有这么糟糕，二人还能和平相处。可现在局势已经恶劣到不能再恶劣的地步，所以诸葛诞开始怀疑文钦，怀疑他会弄死自己后独掌大权。与其这样，还不如先下手为强。

已经快要失心疯的诸葛诞因此而定杀文钦之策，并在次日以议事为由将文钦召到议事大厅，不等文钦说话便命刀斧手将其砍死。

当时，文鸯、文虎两兄弟正领兵在寿春小城，闻听父亲被诸葛诞害死，便想领本部兵马前往攻击诸葛诞。

可下面的士兵都是吴国士兵，他们只服从文钦的命令，并且知道这一次前来寿春的意图，所以坚持不肯听文鸯之令。

文鸯无奈，只能带着文虎单枪匹马杀出城向王基投降。

王基不敢擅自做主，所以先将文鸯兄弟软禁，之后便遣人向司马昭汇报，请问他如何处置这两兄弟。

当时，一众魏将都畏惧文鸯，认为这小子是大患，早除早了。

可司马昭只犹豫一瞬便笑着拒绝道："你们都说错了，文钦罪不容诛，他的儿子本来也应该杀掉的，但文鸯、文虎因为走投无路而归顺，我们就不能杀。并且寿春到现在还没有被攻破，我们不如利用这两个兄弟来帮我们攻破寿春。"

众将："……"

次日，司马昭赦免了文鸯、文虎，并封他们为将军，让他们带领数百骑兵在城下一边巡游一边高呼："我文鸯乃是文钦的儿子尚不为魏军所杀，你们还有什么可犹豫的？还有什么可害怕的？快快下城投降吧，大魏一定会善待你们的。"

城中将兵闻文鸯之言皆大为安心，况且城中的粮食确实见底了，所以又是一批批的军民出城向魏军投降了，诸葛诞根本无法阻止。

剩下还没有向魏军投降的，要么是诸葛诞的死忠，要么就是吴军将士。司马昭感觉差不多了，便向全军下达了总攻的命令。

公元258年二月二十日，历经八个月的艰苦作战，魏军终于将寿春这个坚城给攻破。诸葛诞见大势已去，乃弃军而逃，单枪匹马便往城外冲杀。

可他毕竟不是文鸯，并没有那么高强的武艺，所以不出意外被魏军斩杀。

诸葛诞死后，其三族被司马昭诛杀，本次大乱便算是被彻底平定了。

但还有一些后事需要处理。什么事呢？最首要的便是如何处理那些吴国的俘虏。

当时，全军大多数将领认为，这些吴人的家室都在江南，所以不能让他们活着，只有统统活埋才是最好的办法。

司马昭却言道："古人用兵，以保全国家之民为第一宗旨，所以但凡行军作战，只杀首恶足矣。如此，才能得天下人之心。"

因此，司马昭不杀一名俘虏，而是将他们全部安置在了接近京师的地方，并给予他们优良的政策，让他们安居乐业。

此举带来的结果也是非常不错的。吴国和蜀国的那些官民听说司马昭如此仁义，也都在心中为司马昭竖起了大拇指，所以相对地，以后抵抗司马昭的心也不像以前那么坚决了。

这之后，便是如何处理文钦尸体的问题了。

文钦，魏国叛贼也。似这等叛国贼人，魏国从来是要族诛的。可文鸯、文虎现在已经投降了魏国，再对其进行族诛就不那么合适了，所以很多人建议司马昭将文钦鞭尸，以儆效尤。

司马昭却没有这样做，反倒将文钦的尸首毫发无损地交给了文鸯，并给文鸯车、牛、钱、帛，让他厚葬文钦。

文鸯因此对司马昭感恩戴德，从此全心全意效忠司马氏，再也没有生出过背叛的心思。

本节参《三国志》《资治通鉴》

3.12　建业的武装政变，吴景帝孙休上位

公元258年3月，司马昭休整完毕，意图马不停蹄、兵不卸甲，以大胜之势继续向南进击，一举平定吴国。

可就在这时，王基劝谏道："以前诸葛恪乘着大胜之机，竭尽江表之兵攻击新

城。可结果呢？兵败人亡。姜维凭借洮西的便利轻兵深入。可结果呢？粮草不济，全军覆没。一支军队，上自将领下到士兵，只要取得了大胜就会变得傲慢轻敌，而一旦轻敌就绝对不能纵兵深入，这是兵家大忌。而且，我们从出兵到平定诸葛诞已经一年多了，现在人人皆有归家之心，如今我们歼灭敌兵十余万，又俘获了很多的罪人，自历代征伐以来，还没有既保全所有兵力又能获得如此大胜利的战役。武皇帝在官渡战胜袁绍，自认为获得良多就不再追击，这是为什么呢？这便是怕一个不留神挫败自己的威势，到那时便万事皆休了，所以还请大将军能够三思。"

司马昭："……善。"

公元258年五月，司马昭率军返回洛阳，声威达到人生的巅峰。魏皇曹髦见无法制衡司马昭，只能采用捧杀战术，封司马昭为晋公，并赏食邑八郡，加赐九锡。

可司马昭和他老爹一样奸猾，在彻底平定天下以前根本不接招，于是来来回回拒绝了九次之多，曹髦这才没有继续出招。

同月，因为孙綝的接连失败，使得其在吴国的声望大幅度受损，孙亮也对孙綝的专权跋扈越发不满，于是便在暗地里和全公主及将军刘丞串通，谋划杀掉孙綝之事。

当时，全尚担任太常、卫将军，在建业有很多士兵，孙亮便找来全尚的儿子黄门侍郎全纪并对其道："孙綝专权跋扈，轻视小看朕。朕之前曾命令他亲率大军支援寿春，他却不肯向前进一步，最后反倒将所有的罪责都推到了朱异身上，并擅自杀掉我吴国的有功之臣，甚至连上报都不上报。自战败归来以后，他便在朱雀桥南建造豪华府邸，自此不再上朝，无所顾忌。如果长此以往，我们吴国岂还有君臣之说？今日我叫你前来就是决心要取代他！你的父亲权力很大，手中有很多兵马，我希望你能回去将我的意思禀告他，让他秘密整顿兵马，朕当亲自出宫登临桥上，率领宿卫虎骑将军、左右无难督突然包围孙綝的府邸，再发诏书命令孙綝的士兵都解散，不得反抗。如果一切事情按照朕所说去做的话，大事必然能够成功，你先秘密回家，将我的话都告诉你的父亲，但记住，千万不要让你的母亲知道，女人是一种不明白大事又感性的动物，而且她是孙綝的姐姐，如果你告诉了她，她一定会将此事告诉孙綝，到时候就会坏了朕的大事！"

全纪对于孙亮忠心不二，果然按照他所说的办法告诉了全尚，并没有向自己的母亲透露丝毫。

可全尚不知道怎么想的，竟然将此事透露给自己的老婆全氏。

全氏闻听此事以后表面上没有异常，还表示支持自己的丈夫，可当丈夫睡去以后，这老娘们儿便遣人连夜面见了孙綝，并将孙亮的谋划全部告诉了孙綝。

孙綝闻讯是又惊又怒，当夜便率兵袭击了全尚，夺取他的兵权以后便将其关押。

天明以后，孙綝直接带人将皇宫团团包围，意图废去孙亮的皇位再立新皇。

孙亮闻讯大惊，立即招来全后（全尚之子，全纪的兄弟）询问因由，当全后将事情的始末详细说明以后，孙亮大骂道："你的父亲老年痴呆，愚蠢无比，朕找他帮忙真是瞎了眼！"

话毕，孙亮直接冲出正殿，骑大马挎大刀高声痛骂："朕乃大帝之嫡子，在位已经五年之久！看谁敢不服我！"

说完就要往外冲。

其身旁乳母和近臣见孙亮要发疯，赶紧将他拦下，并劝谏道："陛下不可冲动，不可冲动啊！现在孙綝已经占据绝对主动，我们无兵无势，冲出去只能白白送死。"

孙亮："那我就要坐在这等那贼子杀吗？"

众人："非也！孙綝虽然嚣张跋扈，但也深有顾忌，如果不是逼于无奈，谋杀皇帝这种事他也不敢做。无非将陛下您贬为普通的王子，长期受监视而已，但这样也比白白丢掉一条性命要强啊。"

听毕，孙亮颓废地坐在地上，仰天长叹道："全尚全尚，这天下怎么会有如此愚蠢之辈！"

就这样，孙亮被孙綝迅速地废黜了。

入宫以后，孙綝立即召开廷议，并当着满朝文武的面道："少帝孙亮贪图享乐，淫欲缠身，年纪轻轻便身患重病，这种人不再适合作为一国之主，我在不久前已经将他废了，你们谁有不同的意见，站出来说说。"

话毕，满场寂静，谁都不敢发表不同的声音。

至是，吴废帝孙亮被废，孙綝乃立琅邪王孙休（孙权第六子）为吴国新一任皇帝，是为吴景帝。

十月，孙休已从封地行至曲阿。

可就在这时，一名不知名的来人拦住了孙休的车驾并微笑着对其道："一件事拖久了就会生出变故，生出变故以后就会生出生存的希望，而到那时，天下人都会随声附和。"

说完，老人哈哈大笑便走了。

孙休一开始被这老人一席不清不楚的话弄得直蒙，可后来一想，他好像明白了什么，于是便放缓了前往建业的步伐。

数日以后，见孙休迟迟不来建业，孙綝以为他害怕了，不敢来了，便生出了其他的心思。

这种心思越来越大，到最后甚至冲破了理智，让其铤而走险。

于是，十月某日，孙綝召集了建业文武百官，声称要暂时代替迟迟不来的孙休，毕竟国不可一日无君嘛。

这话一说，场下官员大惊失色，虽有心劝谏，但他们都知道孙綝的为人，所以虽然有心却不敢直言。只有虞翻之子，曹郎虞汜站出来劝谏道："大将军，您是我们吴国的伊尹、周公，当将相重任，手执废立之大权，必将上安社稷下抚黎民。我吴国从上到下都因为您的执政而欢呼雀跃，认为您是我们的伊尹、霍光。现在琅邪王还未迎来而您却想要暂行皇帝之事，如果这样，恐怕百姓会动荡不安，众人的心里也会产生疑惑，如此，国内很可能会出现乱子，还请大将军三思啊！"

这话一下便说到了孙綝的心坎里，他为什么不敢取而代之啊，怕的就是举国造反。所以在虞汜的劝说下，孙綝放弃了他那点儿小心思，而是专心致志地等孙休入都。

本节参《三国志》《资治通鉴》《江表传》

3.13 汉文帝的缩影——吴景帝孙休

公元258年十月，缓缓而行的孙休终于即将到达建业，孙綝见此立即自辞丞相，让其弟孙恩暂时代理丞相之职，然后率文武百官用皇帝乘坐的车子去永昌亭迎接孙休，并在永昌亭修建便殿以作尊重之状。

十八日，孙休到达永昌亭，孙綝恭敬地献上玉玺，孙休却用汉文帝之法，前后拒绝了三次才勉为其难地接受了玉玺。

这之后，驾临正殿、大赦天下、改变年号一切流程顺利进行，孙休"真正"地成为吴国第三任皇帝。

同月，孙綝自称草莽，不配拥有现在的权力和地位，所以上交官印请求告老还乡以试探孙休的态度。

孙休虽然年纪不大，但是城府颇深，他知道孙綝这是在试探自己，于是拒绝了孙綝的请辞，并再次命孙綝兼任丞相、荆州牧，同时增加其五个县的封地。

这还不算，孙休还任命孙恩为御史大夫、卫将军、中军督，其余孙綝一脉亦皆任重职，完全稳住了孙綝。其一些举动像极了当初的汉文帝。

而孙綝很明显没有研究过《汉书》，不知道当初汉文帝是怎么收拾那些朝中大臣的，所以对孙休的这些举动非常满意，不设半点儿防范。

因此，孙綝的末日也就到了。

二十八日，有人向吴景帝孙休报告，说孙綝打算在近期造反，希望孙休能先一步弄死孙綝。

孙休听闻此事大怒，直接将打小报告的官员暴打一顿，然后派人将此官员押到了孙綝府中，任凭孙綝处置。

孙綝也是很恼怒，直接便杀掉了那名官员，但同时心中也是非常害怕。要知道，自己这些年可是干尽了坏事，并且权倾朝野，把谁都不放在眼中。换位思考一下，如果自己是皇帝，能留一个这样的人在身边吗？

孙綝越想越是害怕，便开始警惕起了孙休，并派人入宫启禀孙休，希望孙休能允许自己率兵外出坐镇武昌。

孙休知道不能轻易将孙綝这个不安定分子放出去，但现在他手中的力量还不足以对抗孙綝，又怕刺激孙綝，便只能允许。

次日，孙綝又请朝廷允许自己将中军一万多精锐全都带去武昌，孙休应允。

再次日，孙綝又以更好地防备武昌为由，请求将兵器库中的武器全部取走，孙休应允。

再次日，孙綝又要求孙休将自己的诸多心腹主管荆州各个地方的兵权，意图夺取整个荆州的统治权，孙休应允。

反正种种的种种，只要是孙綝要求的，孙休没有一件是不答应的。朝中官员实在是看不下去了，便有人提醒孙休，说孙綝到武昌以后一定会造反，还请孙休先下手为强。

不过孙休没有动，还是在暗中观察局势。

随着时间一点一点地过去，孙綝也即将离开建业，越来越多的大臣偷偷地找到孙休，话里话外的意思是让孙休务必在孙綝离开建业以前弄死他。直到这时候，孙休才知道人心可用，乃召心腹辅义将军张布问计曰："朕打算杀掉孙綝，不知你可有什么可行的办法。"

张布建议道："左将军丁奉乃我吴国资深战将，对国家忠心耿耿又能决断大事，陛下何不找丁将军询问一二？"

孙休感觉有理，遂将丁奉秘密召至寝宫问计。

丁奉想了想道："孙綝党羽遍布朝野，手中有大把士兵，所以想要正面杀他根本不可能，只能在人最少的时候才有机会动手。现在马上就要到腊月集会了，按照传统，腊月初八之时，所有的官员都要在宫中集会，我们不妨在集会之时用心腹突然将其杀掉！孙綝党羽皆以孙綝为中心，只要孙綝一死，他的党羽定会树倒猢狲散，到那时，陛下就能掌握大权了。"

孙休："善。"

公元258年十二月七日，建业城中有谣言说明日腊祭要出大事，孙綝听后心中硌硬，但也没太放在心上。

夜里，丞相府突然刮起了一阵邪风，结合之前的"谣言"，孙綝大惧，乃决定速速离开建业，不再去参加什么腊祭。

次日，吴景帝孙休遣人邀请孙綝入宫参加腊祭，孙綝以患病为由拒绝前往。可今天是杀死孙綝最佳的机会，孙休无论如何不能放他离开建业，于是再遣使者往孙綝处劝解道："传陛下口谕：'丞相您是一国首辅，我们吴国可以没有朕，却不能没有丞相，如今腊祭，如果没有丞相您的主持的话，恐怕无法进行下去，所以哪怕丞相您身患小疾，也请屈尊来应付一下。'"

孙休这话说得卑微，但古人迷信，孙綝畏惧昨夜之风，依然拒绝前往。

就这样，孙休来来回回派遣了十多名使者请孙綝前往，且言辞一次比一次卑微，使得孙綝不得不前去参加腊祭。

当时，众人都劝孙綝不要去了，哪怕真的和天子翻脸，哪怕因此得罪满朝文武都不能前往。

孙綝却道："唉，天子以卑微的言辞劝我多次，我实在不能再推辞了，不然恐怕失去人心。这样，一会儿我入宫以后，你们带重兵在外把守，孙休那小子见宫外有重兵，断然不敢对我下手，为了防万一，你们再在我入宫半个时辰以后于宫外放火，那样我就有借口抽身而回了。"

众人："这……好吧。"

就这样，孙綝只身进入皇宫，并和孙休一起主持了腊祭。

可就在中途，宫外突然浓烟滚滚。见此，孙綝嘴角上扬，然后一本正经地和孙休道："陛下，城外无故起火，一定是起了什么变故，老臣去看看便回。"

话毕，孙綝起身便想离开。

可就在这时，孙休一把拉住了孙綝，并笑道："哎，宫外士兵很多，何劳丞相亲自前往？"

说完，孙休看了丁奉一眼，那意思便是让丁奉提前动手。

见此，丁奉一声怒吼，然后便带着自己的亲兵将孙綝五花大绑。

面对此突然变故，孙綝一下就尿了，立马跪在孙休面前痛哭流涕道："陛下饶命，陛下饶命，我愿意交出兵权，从此迁徙交州养老。"

孙休轻蔑地看着孙綝冷声道："呵呵，迁徙交州？你当初怎么不把吕据和滕胤迁徙交州呢？"

孙綝："这……这……是老奴失言了，陛下饶命，陛下饶命，老奴愿意交出兵权，从此为官之奴。"

孙休："官奴？呵呵，你当初怎么不让吕据和滕胤当官奴呢？别在这和我废话了，今天你断不可活！"

话毕，孙休对丁奉使了一个眼色，丁奉二话不说，抢起大刀便往下一砸。

噗，殷红的鲜血冲天而起，权倾朝野的孙綝人头落地。

杀掉孙綝以后，孙休微笑对丁奉道："剩下的事情就交给老将军了，老将军您知道如何做吧。"

丁奉冲孙休点了点头，带着麾下士兵，提着孙綝的首级便往外走，并在到达宫外以后举着孙綝的首级当众吼道："孙綝意图谋反，已经被陛下诛杀！可陛下仁德，不想滥杀无辜，因此凡与孙綝同谋者一律赦免，你们还不放下手中兵器？"

"谢陛下！"

话毕，前来的五千士卒皆放下手中刀兵，并向丁奉谢罪。

至是，祸害了吴国数年的孙綝终于被杀，吴国是不是就要迎来鼎盛了呢？

嗯……到时候再说吧。

本节参《三国志》《资治通鉴》

3.14 曹髦之死

公元259年正月，所谓的"黄龙"两次出现于魏国宁陵井中。群臣认为这是非常好的兆头，于是便在朝堂上向曹髦贺喜，曹髦却如同无脑一般道："这龙啊，它上不在天下不在野，只能被困在井里面，这哪里是什么好兆头，不过是龙的悲哀而已。"

话毕，全场无声，可每个人的小心脏都在怦怦怦地乱跳。这曹髦是要干什么？在没有绝对实力前就要和司马昭翻脸吗？

果然，这件事发生以后，司马昭变得更加小心谨慎，无数心腹都被其安置曹髦左右，始终观察他的一举一动，这也为以后曹髦行动的失败埋下了伏笔。

二月，随着姜维数次北伐魏国的失败，其在蜀国的威望已经降至冰点，宦官黄皓便趁此时机独揽大权，专断国政。

唉，外有姜维内有黄皓，蜀国，逐渐走向了灭亡之路。

（注：时刘禅已陷入温柔乡无法自拔，所以很多奏折开始交给黄皓处理。）

三月，鲜卑拓跋部大人拓跋力微率部众迁徙盛乐（今内蒙古自治区和林格尔县西北），并与魏国和亲，从此开始和中原王朝交往。

同月，吴景帝孙休大减农民赋税，狂增商贾之税，大大地增强了吴国的农业水平。

同月，不知何故，魏国再次出兵攻击高句丽，但高句丽王提前得到了消息，遂率部众躲藏于野，魏军因此无功而返。

公元260年四月，魏皇曹髦再次赐司马昭九锡，加封晋公，并兼丞相之职。而这次，司马昭没有拒绝，理所当然地接受了曹髦的任命，其野心已暴露无遗。

见此，曹髦不胜愤慨，遂有速杀司马昭之心。

五月，曹髦秘密召见侍中王沈、尚书王经、散骑常侍王业，并对他们挑明道："现在，司马昭之野心已路人皆知，朕绝不能坐等着被他废了。因此，朕决定孤注一掷，带领宫中忠于朕的侍卫直接杀到司马昭府中将他废了，朕就问你们敢不敢和朕一起干？"

（注：司马昭行事谨慎，从来不单独入宫，曹髦根本没有任何机会杀掉司马昭，再加上曹髦根本没有孙休的智商和权柄，所以只能采用如此无脑的手段。）

听毕，三人吓得双腿直打战，王经赶紧道："陛下，古时候鲁昭公因为不能忍受季氏的专权而讨伐他，最后失败而丢掉了国家，被天下人耻笑不聪明。如今，我魏国的大权掌握在司马昭手中已经很久了，朝廷以及四方之臣都为他效命而不顾顺逆之理，这已经不是一天两天了。而且宫中忠于陛下的宿卫少得可怜，陛下就靠他们能杀掉司马昭吗？我恐怕这件事情难以成功，还请陛下三思啊。"

听毕，曹髦如同疯了一般，将自己已经拟好的圣旨扔在三人面前嘶吼道："朕已经受够了，再也不想忍受如此屈辱，纵使因为这事儿死了又能如何！况且最后的结果还不一定是死！"

话毕，曹髦转身便走，根本不再和三人商量。

王沈和王业吓坏了，拉着王经就往外跑，王经一把甩开他们，恼怒道："你们要干什么？"

王业："干什么？陛下行此无脑之举怎能成功？不如赶紧去禀报大将军，这样还能奔一个好的前程。"

王经："你们这些不忠不义之徒，要去你们去，我羞于与尔等为伍！"

王业、王沈见此也不再多说，赶紧去找司马昭禀报了。

曹髦的速度却要比二人更快，他召集忠于自己的宿卫以后拎着宝剑便出了宫，呜嗷喊叫着便冲向丞相府（鼓噪而出）。

司马昭的弟弟，屯骑校尉司马伷当时正率兵巡行，于东止门遇到了曹髦，还没等整明白怎么回事儿就被曹髦迎头呵斥！

曹髦不管怎么说都是魏国的皇帝，所以司马伷身边的士兵只一愣神的工夫便四散而逃。

（注：谁都不傻，都知道和曹髦动手的结果不管是胜是败都是死路一条。）

这时，司马昭的绝对心腹，中护军贾充闻声带兵而来，看到曹髦正吵嚷着往宫门外冲，于是二话不说，领兵便冲杀上前。

一开始，贾充的手下不知道率领对面士兵的是当朝皇帝，所以皆随贾充冲杀而上。直到曹髦亲自拿剑冲了上去，这些士兵一见是自家皇帝，皆吓得肝胆乱颤，不敢异动分毫。

贾充见此大声痛骂道："司马公养你们这些人为的就是今日，你们却都躲在后面！我告诉你们，一旦曹髦杀了司马公，你们这些人一个都活不了！"

话毕，众兵一激灵，一想也是这么回事儿，便不再迷茫，跟随着贾充的脚步直冲曹髦杀了过去。

那曹髦兵力本来就少，靠的就是一个身份，如今，身份也不好使了，那还有什么优势？

因此，不出意外地，战着战着，曹髦的宿卫就逐渐被杀光了，只剩下曹髦一人在马车上抢着宝剑四处挥舞。

跟随贾充的将军成济这时候已经杀红了眼，再加上背后有司马昭罩着他，所以也不管那么多了，上去一刀便刺透了曹髦的前胸。曹髦的动作立马停止，然后跌落车下，瞬间失去了呼吸。

与此同时，王沈、王业二兄弟也将曹髦即将杀司马昭的消息告诉了司马昭，司马昭闻言只是冷笑，根本不相信曹髦能够成功。在他的心中，估计曹髦没等杀到自己府门前就会被擒住。

可当成济一刀杀死曹髦的消息传到丞相府以后，司马昭直接愣在当场，然后跪坐在地，丢了魂一般道："成济是傻吗？他为什么要杀了曹髦！"

见司马昭已经六神无主，一旁的谋士们立即道："丞相，现在可不是慌张的时候，曹髦如此死法，很容易发生变故！所以现在必须立即入宫，然后将所有有兵权的将军召至宫中，这样才能稳住局势！"

听毕，司马昭连连称善，然后立即率众进入皇宫，并第一时间召所有将军入宫。

当时的洛阳城中，将军几乎全是司马昭的人，所以那些将军一听说事情的始末以后当即扔下手中的事情，纷纷前往皇宫，为的就是向司马昭表态。只有右仆射陈泰没有在听闻此事以后立即入宫，还老神在在地在家中读书。（注：陈泰于256年被调回洛阳做右仆射。）

司马昭见所有的人全都到了宫中，只差陈泰一人还没有来，吓得大惊失色，赶紧让荀彧的儿子，陈泰的舅舅尚书荀顗去请陈泰。

不多时，荀顗慌慌张张地来到了陈泰的府邸，让陈泰赶紧去宫中拜见司马昭。可陈泰依然不紧不慢道："舅舅你着的什么急？我说去就一定去，你先回去，我马上就到。"

待荀顗走后，陈家人都吓坏了，皆劝陈泰速速入宫，陈泰却一边更衣一边哈哈大笑道："人们都说我和舅舅才能相当，难分上下，可如今一看，我舅舅明显不如我呀，哈哈哈哈哈。"

一个时辰以后，陈泰不慌不忙地来到了宫中，司马昭见陈泰终于来了，那颗悬着的心才放了下来，并跑到陈泰面前几乎献媚般道："玄伯（陈泰字）呀，现在这种局势我要如何做才能稳定住人心呢？"

陈泰道："如今局势，只有杀掉贾充、成济等人才能够堵住天下众人的嘴，不然恐有内乱之险。"

听完，司马昭想了好久，始终不愿意杀掉贾充，便又和陈泰道："这不行，你再想想其他办法。"

陈泰："除了杀掉贾充，我再想不到其他办法。"

那么司马昭是否杀掉了贾充呢？没有，他不过是将成济等将兵杀了了事，根本没动贾充分毫。

而事实证明，陈泰也确实是言重了。就像曹髦之前说的那样，司马昭之心已路人皆知，如果大家真的要反司马昭的话早就反了，何必等到现在呢？

所以，曹髦虽然死了，整个魏国却没有一个人起义造反，司马昭得以有惊无险地渡过了这一次所谓的"危机"。

本节参《三国志》《资治通鉴》

3.15 故技重施

六月，司马昭立常道乡公曹奂（曹宇之子，曹操的孙子）为新任魏皇，是为魏元帝。

同月，在曹奂正式成为魏皇以后，司马昭当众辞去了晋公、丞相和九锡。曹奂见此，赶紧将这些荣誉还给了司马昭，司马昭却死活都不敢再接了，为的就是向天下惺惺作态。

曹奂见司马昭实在不肯接受，也不再勉强。

秋季，会稽郡有谣言说孙亮即将重返天子之位，而孙亮的官员也不断鼓捣孙亮，让他想办法重夺帝位。

史书没有记载孙亮到底动没动心，但记载了孙亮的官人将这些事原原本本地告诉了孙休。孙休也不管事情的真假，反正孙亮继续活着就会对自己的地位形成无形的威胁，这是客观存在的事实。所以孙休贬孙亮为侯官侯，并令其赶紧出发。

孙亮，这个聪明、硬气又自尊心极强的人，一步步从皇帝变成王，然后又变成侯，一路上还要遭受官吏的羞辱，到了封地以后又发现自己不管是待遇还是生活条件都非常差，自尊心极强的孙亮怎能受得了如此羞辱？所以到达封地以后便行自杀了。

（注：史书并未记载孙亮遭受了什么待遇，只说到了封地以后就自杀了，但我可以保证，孙亮一定受到了相当严重的羞辱。因为他前往封地这一路上自杀的机会很多，但他都没有，而是到封地以后，见到以后即将面对的生活才接受不了，愤而自杀，所以我说孙休又采用了当初汉文帝杀淮南王刘长的计策。看来，孙休真的是汉文帝的忠实粉啊。）

同月，弄掉孙亮以后，孙休划会稽郡南部地区新建建安郡，划宜都郡部分地区新建建平郡。

十一月，佛教逐渐于中原兴起，魏国颍川人朱士行为佛法痴迷，于是出家为僧，更自雍州出发，在没有猪、猴、河童的帮助下到达于阗，取《正本大品般若经》回国，为内地往西域求法第一僧人。

十二月，陈泰病逝。

公元261年三月，魏襄阳太守胡烈突然上表洛阳道："吴国将领邓由、李光等想要用十八营垒投降我们魏国，并派遣使者送来人质，想让我们派出军队前去迎接，如何应对，还请大将军示下。"

在一般情况下，一旦对方阵营送来了人质，那么这个投降的举动很有可能就是真的。司马昭当然不会放过这样好的机会，便让心腹干将王基率军前往迎接。

王基却没有第一时间行动，而是致信司马昭曰："大将军有些心急了，此事还有疑点，不应该立即行动。夷陵的东西都有险要狭隘之地，竹木丛密茂盛，如果敌人是诈降之计，将士兵都隐藏于此，那么我们派去的军队就全都要交待了。况且，此时正值春夏之交，弓弩柔软无力，而且水灾就要来临，正是忙于农业的时节，如果大将军您在这时候废弃繁忙的农事而进行战争的话，恕我直言，这是相当危险的。之前姜维攻击上邽，文钦占据寿春，这不都是我们深入敌境失败之后的结果吗？自嘉平年间（249—254年）以来，我国内部多次发生危机，所以当今我们最应该做的不是向外侵略，而是重视农耕，让老百姓能吃得饱饭，一旦全国民心都在您这，您想做什么，谁又能阻挡呢？"

看过王基的书信以后，司马昭立即停止进军的命令，但没有下令撤退，所以从此举动能看出来，司马昭还没有完全放弃这次的计划。

（注：其实这也不能怪人家司马昭，那可是十八个营的兵马呀，得到这批士兵以后不但会强大自己的国力，还能大大削弱吴国的力量。最重要的是，如果这些士兵是真的投降的话，自己不接纳人家，那以后谁还会主动投降自己呢？所以司马昭才会犹豫不决。）

见此，王基再次致信于司马昭道："以前汉高祖想要采纳郦食其的意见分封六国，幸亏有张良的谋略才让高祖免受大灾。我的见识谋略粗浅，不敢和留侯相提并论，但也害怕襄阳之事会带来郦食其那样毁灭性的错误，所以真的请求大将军三思，千万不要鲁莽。"

看过这封信以后，司马昭长长地出了一口气，这才真正地下定了撤退的决心，并回信于王基道："一般人处事大多曲己顺从，很少有真心诚意向我建言的，只有伯舆（王基字）你一而再再而三向我直言劝谏，我司马昭真诚地感谢你对我的钟爱，能有你这样的知己也是我一生的荣幸，还请你以后继续规劝我、监督我，我现在已经命令三军撤回，伯舆你可以放心了。"

就这样，魏军撤退了，这次的迎接事件也就不了了之。但司马昭不甘心，便秘密遣斥候在约定之日前往会合地点查看，如果吴军真的来了也好有个说法。

可最后的结果是，吴军一个人影都没有，这次的投降事件完全是参考228年那次周鲂的诈降事件，想要实实在在地再坑司马昭一把。

见此，司马昭长长地呼出了一口凉气，并在心中对王基更加地敬佩。

本节参《三国志》

3.16 灭蜀

公元261年四月，就在王基刚刚为司马昭立下大功，让司马昭赞叹之时，这厮却突然患病离世了。司马昭因此痛不欲生，风中凌乱。

七月，乐浪郡（朝鲜平安南道、平安北道及黄海北道各一部分）外夷马韩、辰韩、弁韩、濊貊各遣使团入洛阳，表示从此开始向魏国朝拜，接受魏国的统治。

八月，魏元帝曹奂再赏司马昭为晋公、丞相、九锡，可皆被司马昭拒绝。

同月，吴景帝孙休在吴国境内大力整顿贪污腐败，使得吴国在"一时间"大为清明，朝野一片赞扬之声。

九月，鲜卑拓跋部大人拓跋力微遣其子往洛阳为人质，并献上大梁骏马等特产，使得拓跋部和魏国之间的关系进一步亲近，魏国也逐渐成为拓跋部在鲜卑的后台，靠近拓跋部的一些小型鲜卑部落开始对拓跋部畏惧，进而从属于拓跋部，拓跋部从此逐渐强大。

十月，蜀汉后主刘禅任命董厥为辅国大将军，诸葛瞻（诸葛亮之子）为都护、卫将军，共同管理尚书事，又任命侍中樊建为尚书令，意图整改国内之政。

当时，宦官中常侍黄皓在朝中非常得势，董厥、诸葛瞻都无法"直面"黄皓，士大夫也都依附黄皓（因为反对黄皓的人都已经被贬出成都了），所以刘禅此举并没有什么太大的作用。

十一月，吴景帝孙休遣五官中郎将薛珝出使蜀汉，表面上是进行正常邦交，实际上却是打探蜀国现在的情况。

结果，薛珝回国以后是这样向孙休汇报的："汉主昏庸而不知己错，臣下只顾活命而不思进取，朝廷中听不到忠直进言，田野间百姓面有饥色。臣闻燕雀处堂，自母相乐，以为安也，而突决栋焚，燕雀不知祸之将及。现在，蜀国就是这么一种情况，恐怕距离灭亡只在旦夕之间了。"

公元262年八月，姜维再上奏折，希望第八次出兵北伐，一举击溃魏国。

一听这话，满朝文武皆惊且惧，但都不敢多言，为什么？这些人怕黄皓，要知道，黄皓和姜维是政敌，相互之间谁都看不上谁，黄皓为什么不出言阻止呢？就是因为黄皓认为姜维必败，而只要姜维再败，他就有机会彻底地搞掉姜维，所以见黄皓不反对，就没有一个人敢反对姜维的提议。

于是，在全无反对的情况下，姜维再次带兵向北出击。

当将军廖化听闻此事以后，仰天悲叹道："能力比不上对方的统帅，又不知道敌我双方之间的差距，只知道无节制地盲目出兵，'兵不止，焚其国'，指的就是姜维了。"

果然，姜维第八次北伐再次被邓艾给"怼"了回来，好像也知道黄皓要收拾自己了，姜维不敢返回成都，只能屯兵于沓中（今甘肃省南部舟曲县西）以自卫。

可以说，从这时候开始，姜维已经有了叛变抑或投敌的心思了，可很明显地，他已经没有机会了，因为司马昭就要对蜀国动手了。

公元262年十一月，司马昭于正殿召集群臣商议灭蜀，一听这话，满朝文武皆将头摇得拨浪鼓一般，至于原因当然还是老一套，那就是蜀国现在还没腐败到要亡国的程度，地形也是难攻得很。只有钟会举双手赞同司马昭的举动，并说出了很多大道理来阐述伐蜀的可行性。

司马昭看着钟会默默点头，然后再次于满朝文武面前坚定道："自从平定寿春之乱以来，已经六年没有战事了，在这六年中，我国经济蓬勃发展，仓库堆满了粮食，士兵也急于上阵立功，此正是攻伐之绝佳时机！所以，我决定命令大军去攻击我们的敌国。吴国土地广大而地势低湿，攻击他们无法施展兵力，只有消灭蜀国以后才能从长江上游对吴国实行打击。据蜀国间谍团来报，蜀国现在一共有正规军九万（看看人家这情报，再看看姜维），据守成都以及防卫本国内的士兵不下四万，如此，剩余的战士不过五万。如今，邓艾已将姜维这五万大军全都牵制在了沓中，让他进不能向东攻击，退不能回蜀协防，我们正可以凭此天赐良机发兵骆谷，利用他们空虚之时袭击汉中。以刘禅之昏庸无能，又加上边境城邑在外面被攻破，蜀国的男女老少必定震恐不安，这样蜀国的灭亡就是必定的事情了，所以我意已决，谁也不要再劝我了。"

如此，攻蜀行动已成定论。

公元262年十二月，司马昭灭蜀之事议定，乃命青、徐、兖、豫、荆、扬六州大造战船，做大举攻吴假象，然后立即命东方之众往洛阳集结，并秘密派出使者通告各地将军伐蜀之事。

其他将军对于司马昭灭蜀之事皆无异议，只有镇西将军邓艾坚决反对司马昭之议，原因和之前的朝臣一般无二。

一听邓艾反对自己的提议，司马昭吓得够呛。要知道，邓艾可是本次灭蜀不可缺少的绝对力量，因为一旦没有邓艾，姜维将无人牵制，到那时，自己的全盘大计就都毁了。

因此，司马昭立即遣其主簿往劝邓艾，并反复强调司马昭和钟会二人的论点。

在此主簿反复劝说下，邓艾终于明白了司马昭的意图，这才从命，没有再行反对。

公元262年年底，姜维见魏国西部略有异动，司马昭集结士兵的方向也略有不对，猜想司马昭这一次可能要对蜀有超大行动，遂遣使往成都急报曰："陛下，魏国这一次的行动很是诡异，我猜他们不是要攻击吴国，而是要以声东击西之计对我蜀汉下手，陛下现在应该立即派左、右将军张翼和廖化分别率军堵住阳安关和阴平的桥头，这样才能防患于未然。"

奏书顺利地递了上去，黄皓却通过占卜确定这一次魏国一定是要攻击吴国，绝对不会攻击蜀国，所以劝刘禅不要那么费事。

刘禅对于军事完全就是"小白"，别人说啥是啥，所以也没多想，甚至连蜀国的官员都没有告诉。

于是，整个蜀国除了姜维以外，没有任何人对于魏国有所警惕。

公元263年正月，魏国大军还在不断集结，司马昭怕邓艾方面出什么意外，于是再遣雍州刺史诸葛绪（血脉无法考证）率三万大军自祁山秘密占据武街与阴平桥头，以堵截姜维的归路，并同时堵截蜀国进往沓中的援军。

三月，当助攻和掩护准备都已经齐备后，司马昭便打算任命钟会为十二万主力大军的统帅，意图在士兵齐聚以后同时从斜谷、骆谷及子午谷三道而进，继而会师于汉中。

同时，为了使钟会进军不受隙道口之阻，更欲遣魏兴太守刘钦先率万人自魏兴向汉中进攻，以先占领子午谷与骆谷之南口，使尔后大军的进出相对容易。

可就在司马昭即将发布总攻之令时，其心腹邵悌突然找到司马昭进言道："大将军，我和钟会接触已经有一段时间了，通过这段时间的观察，有些话我一直想对您说，但我知道您信任钟会，所以一些无凭无据的话我就无法和您言明，但眼见您即将犯下大错，我不得不对您说明了。"

司马昭眉头紧皱道："你的意思是……"

邵悌："恕我直言，钟会这人城府极深，实难以信任，再加上他并没有家人在京城（钟会父母已死，妻子儿女也不在洛阳），今遣其率十余万大军灭蜀，恐怕会生出变故，不如……不如换一名将领统率可好？"

听毕，司马昭沉默一瞬，然后便笑着对邵悌道："你说的这些我都知道，可之前我主张伐蜀，除了钟会以外没有任何一人赞同我的意见，所以我恐怕除钟会外其他将军不肯用命啊。而现在的蜀国刘禅昏庸，宦官当道，正是灭其最佳时机。况且刘禅那几个儿子没有善类（看看人家这情报），试问一旦蜀国出贤主，我想灭蜀就难于登天了，因此实不能不在此时灭蜀。至于钟会在灭蜀后叛乱……呵呵，我怕他叛乱吗？"

邵悌："这……这是为何？"

司马昭："钟会灭掉蜀国以后，其手下力量无非两种。一为蜀国降众，二为跟随之魏兵。先说蜀国降众。我听说，凡败军之将不可言勇，亡国之大夫不可图存，蜀国灭亡以后，那些真正有血气的人一定会死，只有那些心胆已破的无良之辈才会苟活。而已经失去了国家，失去了信仰的军队，你觉得他们还能有什么战斗力不成？钟会靠着他们，呵呵，能打赢我？再说我们魏国的士兵，本次钟会所率领的军队几乎所有的家属都在我魏国，让他们帮着钟会攻击我们魏国，你觉得这可能吗？所以我说，钟会不反还好，一旦他反，那就是自取灭亡。"

听毕，邵悌半懂不懂地点了点头，然后便告辞而去。可回家以后他还是觉得不踏实，便又跑到司马昭的心腹刘实家中询问道："兄弟，大将军命钟会、邓艾一并伐蜀，你觉得这事儿靠谱吗？"

刘实道："蜀国必灭，但恐怕这两人都回不来喽……"

此话一出口，邵悌大惊问："为何有此言啊？"

刘实疑惑地看着邵悌道："同为大将军身边之人，难道大将军就没和你说什么吗？"

邵悌疑惑道："没……没呀。"

"哈哈哈哈哈哈！"

一听这话，刘实不再多言，而是狂笑而去。

由此可见，司马昭早就对钟会和邓艾有所防备，并做出下一步计划了。

公元263年五月，魏国大军已经集结完毕，司马昭遂命三路大军共同对蜀国发动攻击，势必一战灭蜀！

其具体编制如下：

西路军：主帅征西将军假节都督陇右诸军事邓艾。

将领：将军邓忠（邓艾之子）、天水太守王颀、陇西太守牵弘、金城太守杨欣。

兵力：三万。

兵种：步骑混编正规军。

作战意图：牵制蜀汉大将军姜维之兵于沓中。

中路军：主帅诸葛绪。

将领：南安、广魏、安定、武都、阴平各太守以及将军田续、庞会（庞德之子）。

兵力：三万。

兵种：步骑混编正规军。

作战意图：自祁山南进，据守武都武街、阴平桥头，阻止姜维自西而东及蜀军自东而西。

东路军：主帅镇西将军假节都督关中诸军事关内侯钟会。

将领：长史杜预，护军胡烈，参军爰倩、皇甫闿，司马夏侯咸，前将军李辅，将军荀恺、句安、王买、魏兴太守刘钦。

兵力：十二万。

兵种：步骑混编正规军。

作战意图：自长安、魏兴出发，先攻取汉中，然后南下灭蜀。

八月，东路军兵发洛阳，司马昭亲自陈师送行。

九月，钟会大军抵达长安，乃分军从子午谷、骆谷、斜谷三道南进。牙门将许仪（许褚之子）率一部先锋奉命开道，却在路过一座桥的时候因为战马陷坑而稍稍延误了行军。

这本是不可力抗的，但钟会以为，许仪乃是国家重臣之子，杀了他可整肃全军纪律，于是便以许仪延误行军为由将其斩杀。

诸军见皇室宠臣许褚之子许仪只因为一件小事便被斩杀，无不惊惧战栗，全军因此整肃，令行禁止。

与此同时，西路军方面。

邓艾见东路军已从关中南进，遂自狄道南进，使天水太守王颀率万人直奔沓中之东，攻击姜维东部野战营。

使陇西太守牵弘率五千人自洮阳（今甘肃省南部临潭县）向南，攻击沓中正北以牵制姜维之主力兵团。

使金城太守杨欣率五千卒自洮阳之西攻甘松（沓中西），对沓中形成完全包围之势。

邓艾自己则率一万士卒紧随牵弘之后，以寻求战机全歼姜维军。

时姜维在沓中听闻邓艾来攻，又闻钟会已率十二万大军直入汉中，乃紧急引兵东还。

邓艾见此便知其意图，遂命杨欣放弃甘松，改全力追击姜维，势必拖到自己到来。

杨欣得令以后迅速行动，以无与伦比的机动力在强川口（沓中东南）追上了姜维主力，并即对其发动了凶猛的攻势。

姜维知道杨欣的作战意图，所以无心恋战也不敢恋战，便只能牺牲一大部分殿后军狼狈而逃。

就在姜维即将逃到阴平桥之时，却见诸葛绪已率将近三万军队堵在了阴平桥。

现在后有追兵，士兵又士气低迷，姜维哪里敢强攻阴平桥，便只能向北从孔幽谷直奔武街，意图夺取武街以后由北道绕路而走，同时派出斥候部队监视诸葛绪的一举一动。

诸葛绪也是一名情报工作做得比较到家的将领，所以姜维北走不久便已知晓。当时，诸葛绪将所有的部队都堵在了阴平桥上，武街无人驻守，所以当他听闻姜维的动向以后大惊失色，当即便率全军直往武街支援，却没有料到，一些躲在远处的"百姓"已经将他们的一举一动全看在了眼里。

时，姜维刚刚往北三十里，听斥候来报以后立即命全军以不要命的速度往阴平桥疾奔，终于赶在诸葛绪回援之前渡过了阴平桥。可以说，诸葛绪这一次完全是被姜维耍了。

时成都方面也知道了魏军本次的行动，乃遣右车骑将军廖化督军自剑阁沿白龙江西上以援沓中，正好在阴平桥一带碰到了姜维，姜维方知成都亦另遣左车骑将军张翼及辅国大将军董厥督军赴阳安关驻守。

见此，姜维命廖化率本部兵马驻守阴平桥以拒诸葛绪及邓艾，自己则率大军往阳安关以迎击钟会。

再看魏东路军，钟会东路大军除魏兴太守刘钦至子午谷南口以外，其余大军皆自长安由子午谷、骆谷、斜谷以及阳平道数道平行进入汉中。

蜀国则由监军王含率五千人守乐城，护军蒋斌率五千人守汉城，将军傅佥、蒋舒等人则率两万人守阳安关。

数日以后，魏东路大军进入汉中，钟会祭拜诸葛亮之墓以后立即率军同时对乐城、汉城及阳安关进行地毯式攻击。

对魏军来说，乐城及汉城还好说，不过孤城而已，拿下只在旦夕，只有阳安关，这个易守难攻的险关，实为钟会灭蜀的头一道险关。

可令钟会万万没想到的是，阳安关这个有大军驻守的险关，偏偏成为自己最先攻克的关卡，并且不费一兵一卒。

怎么回事儿呢？阳安关守将之一的蒋舒原本为武兴大督，因为政绩不佳被调到阳安关守关。蒋舒因此大恨，再加上蜀国和魏国实力相差悬殊，所以便私通钟会，定下窝反之计。

钟会见此大喜，遂命胡烈率前军堵门，意图接应蒋舒。

那天，蒋舒找到了傅佥，并正气凛然地和其道："傅将军，今贼兵至，正是我等建功立业之时，可你为何要死守关卡而不进攻呢？"

傅佥："说的什么话？敌我双方实力相差悬殊，就这么杀出去不是作死吗？况且朝廷严令死守之策，我等为何要白白送死？"

听毕，蒋舒睐着他那死鱼眼睛对傅佥阴狠道："这么说，将军您是铁定不主动出击了？"

傅佥："自然！"

蒋舒："好！将军以保全为功，我以杀敌为志，既如此！那我们便各行其志！"

未等傅佥再行劝解，蒋舒便掉头而去，并在一个时辰后率忠于自己的士兵杀出了阳安关。

就在大军刚出阳安关，未等大门紧闭之时，蒋舒却突然倒戈相向，率军反杀回了阳安关中，与关内蜀军搏杀在一起。

早就等候在前的胡烈见大计已成，当即率军杀进了阳安关中。

因为双方实力相差悬殊，又因为蜀军完全没有防备蒋舒，所以一开始便陷入了绝对的被动，傅佥亦格斗而死。

因此，从魏军围困阳安关到攻陷此关，仅用两日而已。

阳安关被攻陷的同时，姜维所部刚从阴平桥东行，突闻阳安关失守，张翼和董厥之军亦自朝天岭南退，便急令廖化放弃阴平桥，和自己共同退往白水关（今四川省北广元市昭化区）。

而就在姜维到达白水关之时，又碰到了前来会合的张翼和董厥，姜维见局势已恶劣至极，断定白水关也必会受到钳击，所以只能在无奈之下率众退往蜀汉第一险关——剑阁，意图凭借剑阁之巨险抵抗钟会的进攻。

数日后，钟会大军到达剑阁，钟会本想直接对剑阁发动攻势，但见剑阁那如同天关一般的地利（《读史方舆纪要》"凭高据险，界山为门，蜀境之巨防也"）就有点儿尿了，遂代魏而发《讨蜀檄文》，意图以攻心之策夺取剑阁（翻译过来要上千字，略）。

又是数日以后，钟会见剑阁根本没有内乱的苗头，乃致信于姜维道："公侯有文武之能，迈世之略，功济巴汉，声畅华夏，远近莫不仰慕你的威名。每当想起你我同为魏臣那段时间，我的内心都久久不能平静，我想，如果你现在没有在蜀国的话，你我二人将会有吴札、郑乔那样的感情吧。"

钟会这封信什么意思？就是想试探姜维真正的想法，更想不战而下剑阁这座雄关。

可书信寄出去以后迟迟不见姜维答复，这使得钟会绝了继续劝降姜维的想法，乃开始对剑阁展开攻势。

不过剑阁为蜀国巨防，又有大兵屯驻，根本不是一天两天就能攻下的，所以两方便陷入了对峙之局。

我们再看西路邓艾军。

那邓艾由沓中追姜维至阴平桥之时，姜维已经南去，进而与钟会对峙于剑阁。因为剑阁之险要根本无法攻克，又因为魏国远征蜀国属于长途作战，如果时间拖得太长很可能粮草有所不济。因此，开战之前唯一的强硬派钟会不想再在蜀国耗下去了，因此请命撤军回洛阳。

时邓艾正在阴平桥简选精锐，欲与中路军进袭阴平道而逼成都，却突闻钟会将要撤兵，因此第一时间致信于司马昭曰："现在蜀贼已经完全没了锋芒，应当趁势消灭他们，而不是寻求什么'万全之策'，我军从阴平道可以经过汉时的德阳亭直奔涪县，从剑阁西面百余里绕道而行，离成都只有三百余里，一旦走出阴平道，我们就会突然进入蜀国的腹心地区。那时，剑阁守军一定会回头赶赴涪县增援。如此，钟会的军队便可以循道向西南前进。若剑阁的守军不去增援，那么涪县就会为我所破，成都危矣。兵法有云：'攻其不备，出其不意'，如果大将军能按照下官的办法行事，蜀国必可灭之！"

（注：阴平道以地居摩天岭之阴得名，为原广汉郡北道都尉治地，次于县邑，内有夷族之阴平道。其地居岷山之东，摩天岭之北，隔塞雍梁，乃极险塞之地，除了有经验的山民外，其他不熟悉路况的人走很有些性命之危。《方舆胜览》云："自文州（今甘肃省最南端之文县）塘岭（青塘岭）入龙州（今四川省西北平武县略东南），其间有一百五十里之道，自北而南者，右肩不得易所负。"《华阳国志》云："自景谷有步道经江油（今四川省江油市）出涪，邓艾入蜀所经也。"）

邓艾的能力有目共睹，从出道一直到现在，这名强悍的统帅就从来没有失败过，所以司马昭对他的信任更胜钟会，遂批准邓艾之议，并命使者以八百里加急之速回复了邓艾。

邓艾得到了司马昭的首肯以后便欲携西、中两军共出阴平道。可相对来讲，中路军主帅诸葛绪更看好钟会的前途，愿意和他交好，所以便以司马昭并没有命令中路军南进为由拒绝了邓艾的请求，之后也不和邓艾打招呼，便率军前往投奔钟会去了。

可不料钟会野心极大，想要在平定蜀国之前专控魏军三路，所以上表洛阳，诬陷诸葛绪畏敌不进，请求司马昭能将诸葛绪抓回去。

司马昭呢？还是那句话，他不是不知道钟会心里那点儿小阴谋，但说实话，人家司马昭有的是对付钟会的办法，根本没拿他当盘儿菜，所以一切以灭蜀为主。在灭蜀以前，他钟会不管提出什么要求司马昭都会尽力满足。

因此，司马昭当即将诸葛绪召回了洛阳。

当时，诸葛绪心中万马奔腾，强行问候了钟会十八代亲人，并且在一段时间内闷闷不乐，可四个多月以后，诸葛绪笑了，因为钟会如果真的接纳了他的话，那他的后果……

好了不扯没用的了，我们继续说。

吞了诸葛绪的军队以后，再加上沿路收服的各地俘虏，现在钟会的部队已经接近二十万，其兵力是姜维的三倍有余。可那剑阁之险让钟会无比崩溃，因为虽然有兵力上的优势，但剑阁只凭借一个"险"字，就无法让钟会顺利进入蜀中，哪怕他拥有再多的军队。

反观邓艾西路军。

公元263年十月，邓艾亲率一万精锐携带爬山辟路的工具在前，使其余两万余人负粮在后，自阴平沿河谷向东南行，自溯谷道上摩天岭，走无人之地七百余里。

其间此军凿山通道，造作桥阁，山高谷深，极致艰难。并且因为道路太过于难走，邓艾的行军节奏又太快，使得粮运不及，人人衣破肤伤士气低迷。可邓艾充耳不闻，依然带着大军狂飙于前，将运粮队伍远远地甩在了身后。

十月中旬，不知已经走了多远，邓艾军突然进入了一片庞大山区，此山区道路更加崎岖，上下坡起伏不定，并且前无人烟，后军不继，因此众人大惧，不敢下山往那片让人无比绝望的山区。

在这种情况下，如果邓艾没有其他的手段，就是硬逼着士兵们下山的话，很有可能因此兵变，所以这是一个非常难的难题。

但邓艾一丁点儿的废话都没有，直接用毛毯将自己裹了起来，然后躺在地上，在毛毯的包裹下叽里咕噜从山上滚了下去。

众人被邓艾这种如同"莽夫"一般的做法给惊呆了。纷纷在山上观看，想要看看邓艾到底摔没摔死。可当邓艾滚到山下以后，扒开毛毯站了起来，然后好像没事儿人一样，继续向前行进。

众人见主帅都已经将事做到了如此程度，哪里还敢再留？便只能随邓艾"攀木缘崖，鱼贯而进"。

结果在邓艾的带领下，这些士兵只短短一天便走出山区，行进至景谷，并将部队集中在了朵阳坝（今四川省北大门之广元市青川县再北十里处）。

此时的魏军已经是筋疲力尽，又饿又渴，所以在饮得青川之水后只稍有振奋。见此，邓艾知道如果再不让这些士兵们吃些东西的话，他们也许挨不到目的地便要被活活饿死。

于是，邓艾带着他们缓步前行，搜索附近的村子以抢劫食物。

可就在搜寻途中，邓艾突见下游十余里处有青烟数十缕。见此，一众士兵大喜，以为是蜀人的村落，于是在邓艾的领导下如疯似癫便往下游狂奔。

可到地方以后才知道，这根本就不是什么百姓的村落，而是蜀军一支五千人的部队驻扎地。

不过这也无所谓，反正不管是百姓还是军队，只要有粮食就行，再说了，擒获蜀军将领以后还能知道他们为什么走到这荒无人烟的地方，正是一举两得。

于是，邓艾立即带领一众士兵对蜀军发动了袭击。

因为蜀军根本没有想到魏军会出现在这里，所以没有一点儿防备，当即便被魏军打得崩溃，不但军粮被抢夺一空，蜀将田章更是被邓艾生擒。

最后通过逼问，邓艾才得知，原来这五千士卒就是蜀国为了防止邓艾从小路袭击而设置的守备军。可因为田章根本不相信邓艾会从如此难行的道路攻伐，这才行军缓慢且不设警戒。

当时，这五千蜀军已经全部被魏军生擒，并且他们忠于田章，愿随田章生死，再加上田章熟悉蜀地，可做开路先锋，所以邓艾将自己的战袍披在了田章的身上，并向田章承诺，只要肯投降于他，他便愿灭蜀之后分给田章大功。

田章见邓艾已经行进到如此程度，魏兵又逼压甚紧，料定蜀国必灭，因此投降了邓艾，率领手下将官成为邓艾的先锋。

（注：《三国志·钟会传》载："系会遣将军田章等从剑阁西径出江油，未知百里，章先破蜀伏兵三校，艾使章先登，遂长驱而前……"这个大家不必当真，为什么？因为这不过是姜维投降钟会后钟会虚报以分邓艾功劳的卑劣行为，而陈寿不懂战争，故采《魏书》之言而疏于证实而已。）

这之后，蜀军再无防范，邓艾遂率军自景谷青川越龙门山而突至江油。

时江油守将马邈和之前的田章一样，根本没想到邓艾会突然杀到，所以在全无防备之下为邓艾所擒，遂率众降于邓艾。

至此，邓艾现在可用于战斗之兵已接近两万，算上后方两万众，其总兵力已经将近四万。

休整一段时间以后，邓艾再次率军出征，以极快的速度从江油南行，相继经马阁山、天柱山而到达蜀国的中心地带。

直到这时，刘禅才知道敌人已经杀到了自己的腹地。

见此，刘禅慌忙致信于正在涪城附近的卫将军诸葛瞻，让他无论如何要挡住邓艾的进军，不然蜀国危矣。

按说，在这种十万火急的情况之下，诸葛瞻应该立即行动才对，可见此信以后，不知为何，诸葛瞻竟然屯军于涪亭不进。

尚书郎黄崇见此大急，因此急谏诸葛瞻，让其赶紧向前进军，分别占据险要以拒邓艾之军，绝不能让魏军进入平原地带。

黄崇说得句句在理，但诸葛瞻呢？只是不断地犹豫，就是不动地方。（注：史料未载其因何而犹豫。）

结果几日以后，邓艾率军顺利渡过重重险要，杀到涪亭诸葛瞻军前。

论将领能力，诸葛瞻根本无法和邓艾相提并论，论士兵数量，诸葛瞻也无法和邓艾比较。所以，诸葛瞻输得很快、很惨，不说一触即溃也差不了多少。

由是，诸葛瞻再无法进驻涪城，只能连夜退守绵竹（今四川省成都市东北）以拒邓艾。

战胜诸葛瞻以后，邓艾直率大军往绵竹而去。

邓艾认为，现在诸葛瞻已经丧失了主力部队，力量大大地削弱，估计也是心理防线最为薄弱之时，于是便致信于诸葛瞻，希望他能投降自己，并向诸葛瞻承诺，只要他肯投降自己，自己必上表诸葛瞻为魏国琅邪王。

可让邓艾没有想到的是，诸葛瞻非但不向邓艾投降，还斩杀了使者以示自己的决心。

这之后，诸葛瞻于绵竹之外陈兵列阵（是不是傻），誓要和邓艾在原野决一生死。

见此，邓艾乃命其子邓忠及师纂分别率两千众攻击蜀军两翼，自己则亲率主力于正面紧紧盯住蜀军大阵，却始终不出一兵一卒。

双方就这样战在一起，但因为二将麾下兵力不足，所以没交战多长时间便退了回来，并声称凭自己的力量无法打败蜀军。

岂料邓艾听后大怒，竟直接对二人吼道："存亡就在这一场战斗了，怎能将失败归罪于战力不足？你们兵力不足，难道诸葛瞻就很强大吗？本帅再给你们最后一次机会，现在！马上！给我杀进敌军两翼，打乱敌军阵形，如果不能达成任务，我必杀你二人，绝不姑息！"

看着邓艾阴冷的表情，听着邓艾杀气腾腾的话语，邓忠和师纂知道，邓艾不是在和自己说着玩，而是真对自己动了杀心。

所以，二人再次率众杀了回去。

这一次，二人直接冲到了最前线，和士兵一起奋勇杀敌，终是靠着不要命的精神冲破两翼的防御。

诸葛瞻见此，只能临时变阵，增强两翼之战力。

那邓艾等的便是这个良机，其见蜀军已露出破绽，直接率主力冲杀而上，配合两翼从三方向蜀军发动了凶猛的攻势。

一个时辰以后，在邓艾的凶猛打击下，蜀军已经完全被动，面临彻底失败不过时间而已。

诸葛瞻的手下都劝诸葛瞻赶紧撤退，诸葛瞻却悲愤地道："我诸葛瞻于外不能制衡姜维，于内不能除掉黄皓，让二人将一个好好的国家平白祸害成这个样子。带兵还因为拖延不进而丧失了先机，让邓艾捡了一场胜利，有此三宗罪的我，还有什么面目回去面圣？就这样吧，马革裹尸也是一个好归宿。"

就这样，诸葛瞻誓死不退，率蜀军一直和魏军搏杀到死。

而尽歼诸葛瞻蜀军以后，蜀中已再无能阻挡邓艾步伐的军队，所以邓艾顺利从绵竹进军到了雒城（今四川省广汉市，距离成都不过二十四公里）。

成都方面，早在魏军灭蜀战争发动之前，姜维就已经嗅到了危险，所以致信于刘禅，让他早早防备，可刘禅因为被黄皓忽悠，没能及时调度。直到邓艾出阴平道，连破蜀军以后，成都的百姓这才知道局势的恶劣，同时知道，这城守不住了，于是纷纷自相扰扰，移家山野，官府根本无法制止。

邓艾破诸葛瞻而移军雒城之后，这种情况更加严重，越来越多的百姓移家山野，如果任由这种情况持续的话，相信还没等和魏军交战成就会变成一座空城。

刘禅见此大急，赶紧叫黄皓给自己想一个好办法，可黄皓和赵高一样，只不过是一个精于阴谋算计的死太监，哪里懂得什么国家大事？所以直接"哑火"。

刘禅无奈，只能紧急召开朝会，让群臣想想办法。

有人认为蜀国和吴国是盟友，所以应该投奔吴国。

有人认为南中有七郡，其地易守难攻，应该向南迁徙。

刘禅不知具体应该采取哪一条策略，一时间陷入了彷徨。

可就在这时，光禄大夫谯周突然站出来道："自古以来，没有寄居别国的天子，如此，不就相当于向吴国投降了吗？实为名存实亡也！而且治理国家从来没有什么不同，不过就是大国吞并小国，这是形势发展的自然趋势，不可逆。从这一点来看，魏国有很大的可能吞并吴国，而吴国却绝不可能吞并魏国。所以同样是称臣，对小国称臣就不如对大国称臣，因为您投降魏国只会遭受一次侮辱，而如果投降吴国的话，您一定会遭受两次侮辱，并且以后都不能善终。"

刘禅："那往南中迁徙怎么样？"

谯周："向南方大迁徙这种大型行动必须早早计划，提前较长时间就做好准备，如此才能成功。而现在呢？灾祸就在眼前，百姓们还纷纷逃至山野间，我们就是到了南中又有什么发展？再者说，所谓'人心难测'，现在灭亡只在旦夕，每个人都有自己的小心思，所以陛下您哪怕要迁徙南中都不一定能安全到达目的地呀。"

这时，一名大臣突然站出来道："如今邓艾已经不远，魏军也已经完全占据了主动。在这种情况下投降，他会接受吗？"

谯周微笑道："现在吴国还没有投降魏国，所以形势迫使他们不得不接受我们的投降，接受了也不得不以礼相待。如果陛下投降了魏国，而魏国最终不划分土地给陛下的话，那么我谯周便请求只身前往洛阳，用古代的大义来与他们争论，保证会让陛下能够拥有相当的权益。"

话毕，场中众人频频点头，好像都赞同了谯周的建议，刘禅却依然想要进入南中，因此犹豫不决。

见此，谯周再谏道："陛下，南中乃偏远蛮荒之地，此地民心叵测，时常不缴纳赋税，还有多次造反的记录。当初是因为诸葛丞相以武力相逼，他们才暂时性顺从。如今我们已经再没有能够制衡他们的实力，试问他们如何会接纳我们？就怕陛下前脚到了南中，后脚就会被南中的刁民迫害，还请陛下三思！"

这话一说，刘禅吓得直接站了起来，在原地踱步许久，这才哀叹一声道："唉……既如此，那便降了吧。"

"不可！"

就在刘禅打算派人将"玉玺"献给邓艾进而投降之际，刘禅之子，北地王刘谌却突然站出来吼道："父皇乃一国至尊，应当生为国君，死为社稷。大不了您我父子二人背水一战城破而亡罢了，怎能投降国贼做那被万世唾骂之人！"

话毕，刘谌就那样用炙热的双眼看着刘禅，可刘禅只是冷冷道："我意已决，无复多言，退下！"

就这样，刘禅遣侍中张绍为使，捧着玉玺向邓艾投降去了。

当天，北地王刘谌拉着自己的妻子和儿女一起去了蜀汉昭烈皇帝刘备的祭庙前，他对刘备的雕像一拜再拜，哭诉着自己的不甘，然后一刀一刀将自己的妻子和儿女们全砍死了。最后，看着满地的"血肉"，刘谌流下了悲愤的"血泪"进而愤然自杀。

次日，蜀国侍中张绍到达邓艾处，献上了蜀国的玉玺，然后卑微地表达了刘禅的臣服之念。

邓艾见此大喜，当即表扬了刘禅的识时务，并向刘禅保证，自己一定会将刘禅的功劳上报洛阳，让刘禅等待中央的赏赐。

刘禅见此更是喜不自胜，当即遣使往剑阁，让姜维赶紧投降魏军，并遣尚书郎李虎把士民户口簿转交邓艾。

公元263年十一月，邓艾率军到达成都城北，后主刘禅亲率太子、诸王以及群臣六十多人，分别将手捆绑于后，并拉着棺木走到邓艾军前。

见此，邓艾赶紧解开刘禅等人身上的绳索，并将其邀进营中，做热情款待，同时当场宣布任刘禅为魏国骠骑将军、太子奉车、诸王驸马都尉。

至于蜀国实权官员，特别是那些在本地拥有庞大力量的官员，邓艾基本上全都安排在了自己的手下，给予其重用。

因此，我不得不问一句，邓艾想要做什么？

这之后，邓艾率大军进入成都，并约束将官不准掠夺百姓，所以成都秋毫无犯，治安甚至要比魏军进城之前还要好。

因此，那些之前逃往山野的百姓全都返回了成都，成都在数日间恢复了往日的繁荣，大家也都盛赞邓艾的贤德，使得邓艾在很短的时间威震蜀汉。

由是，历经二主四十二年之蜀汉灭亡，魏国共得蜀汉二十八万户、九十四万口、甲士十万两千、吏四万、米四十万斛、金银两千斤、蜀锦及丝绸二十万匹。

好了，邓艾就先说到这里，我们再来看姜维方面军。

一个月以前，姜维闻听诸葛瞻已败，料定成都挡不住邓艾的进攻，便率军东入巴中，准备观察成都的举动再行动作。

姜维撤退以后，钟会顺利越过剑阁长驱往涪，并分遣胡烈、田续、庞会率军追击姜维。可就在姜维即将和庞会等魏军交锋之时，刘禅的投降诏书传至军中。

现在成都已降，国家再无战力，姜维无法用一军而击四方，所以只能命令士兵放下兵器，并亲往钟会处投降。

而当投降的信息传到全军以后，姜维所部的士兵无不愤慨，甚至纷纷抽出宝刀劈砍地上的石头。由此可见，此时姜维军的战斗意志还是非常强的。

这之后，钟会厚待姜维至极，出则同车，坐则同席，以为征蜀官皆为天下英才，却无一人能出姜维其右。

公元263年十二月，洛阳方面任命征西将军邓艾为太尉，增食邑两万户。任钟会为司徒，增加食邑一万户。

同月，邓艾对这天下局势有了新的想法，于是致信司马昭道："兵有先声而后实者，如今我方刚刚平定蜀国，士气正盛，这时候去攻击吴国，吴人必定惊恐，此为一举灭吴之绝佳时机。但经过数月征讨蜀国，将士们已经疲惫，所以不能立即用兵，应该暂缓一些时日。我想留下陇右兵两万人、蜀兵两万人，在这里煮盐炼铁，以备军事农事之用。同时制作舟船，预先为顺流攻吴做准备。然后派出使者，往吴国发出最后警告，我想，就现在这种形势，吴国甚至有可能不战而降。因此，我们现在最应该做的便是厚待刘禅以招降孙休。那么具体要怎么做呢？我们可以封刘禅为扶风王，赐给他资财，供给他左右侍奉之人。扶风郡有董卓坞，正好可以作为刘禅的官府，再赐给他儿子以公侯爵位，以郡内的县为食邑，以此来显示因归顺所受到的恩宠。最后，我们可以开放广陵、城阳两郡作为封国以等待吴人归顺，这样他们就会又畏惧我们的威严，又感激我们的恩德，望风而降的概率也就大大地增加了。"

那邓艾自从灭掉蜀国以后，在蜀国的声望是一日强过一日，所以让司马昭深深忌惮。如今，又有了如此大的图谋，司马昭就对其更加忌惮了。

于是，其遣监军卫瓘去"警告"邓艾，让他不管做什么都要先得到中央的批准，不然不准妄自行动。因为司马昭是绝对不能让邓艾再平定吴国了。因为现在的邓艾司马昭还能制衡，而一旦让他平定吴国以后，将再无法制衡。所以，司马昭才给了邓艾如此的"警告"。

可让司马昭万万没有想到的是，邓艾非但没有半点儿"觉悟"，反倒指着卫瓘严厉道："本帅受命出征，奉行晋公（时司马昭已经被重新封为晋公）的命令。现在首恶已经归服，安抚刚刚依附的人难道不是最合乎权益的计策吗？如今的大魏，国土南至南海，东接吴国，所以应该趁此时机，最快使国家完成统一。如果一切事情要等待中央的命令，那就必然延误战机。《春秋》言：'大夫出国在外，如果有可以安社稷、利国家之事，那么自行决断也是可以的。'如今吴国虽然尚未归附，却是全国震恐，所以必须在其重树信心之前将其消灭。本帅虽然没有古人的节操，但也终究不会自我疑惑而损害了国家的利益。回去告诉晋公，我邓艾会看着办的。"

本节参《三国志·魏书》《资治通鉴》《中国历代战争史》《晋书》《读史方舆纪要》《华阳国志》《方舆胜览》《汉晋春秋》

3.17　一将功成万骨枯，胜败到头终成空

卫瓘还能说什么？还敢说什么？无奈的他只能准备返回洛阳，将邓艾的态度汇报司马昭。

可就在他刚刚走出成都之时，钟会的手下前来邀请卫瓘，想和他详细地说一下邓艾的事情。

原来，早在钟会收降姜维之时，姜维便已经看出了钟会有反魏之意，于是试探道："听说您自从出道以来，计策就从来没失误过，而晋的运道之所以能够昌隆，也全都是依赖于您的力量。如今，您又平定了蜀国，威德震世，百姓们争相歌颂您的功劳，主上也畏惧您的谋略，您还想安然而归吗？何不效法陶朱公范蠡泛舟湖上，从此远离是非，以保全自己的功名和性命呢？"

话毕，姜维不再多言，就那么默默看着钟会。而钟会呢？默然看了一会儿姜维以后道："你说的这些都太远了，我不能听从，而且从现在的形势来看，事情还没有到'那一步'，不是吗？"

听毕，姜维微微一笑，然后拱手对钟会作心悦诚服状："'其他'的事情凭您的指挥和力量都能做到，既如此，就用不着我再多言了。"

嗬！这两个老狐狸，一个想要利用忠于姜维的蜀兵来造反，一个想要利用钟会来复国，总之各有心思，没有一个省心的。不过起码在大事开始之前，这两个人还算是"同一阵线"并"相交莫逆"的。

那么要如何才能成功造反呢？

首先必须铲除的便是现在蜀中如日中天的邓艾。因为邓艾不除，他们什么阴谋都干不起来。所以当钟会听闻邓艾和卫瓘闹得很不愉快的消息以后，第一时间便将卫瓘请到了大营。然后，他便与卫瓘联名洛阳，向司马昭汇报了邓艾意图谋反的消息。

这还不算，为了让事情能够万无一失，钟会还在剑阁拦截了邓艾的奏章和上报事情的书信，并篡改了其中的话，让其言辞变得狂傲，更加深了司马昭和邓艾之间的仇恨值。

于是，公元264年二月一日，司马昭一面下令钟会和卫瓘用囚车将邓艾押回洛阳，一面集结大军于洛阳西部，看样子是有防止钟会为邓艾所败、前往增援之可能。

见此，邵悌前来拜见司马昭，并劝谏道："晋公，钟会所统领的兵力是邓艾的五六倍，所以只让钟会去攻击就可以了，哪里还用劳烦您出征？"

司马昭笑着对邵悌道："你难道忘了之前我是怎么和你讨论钟会的吗？就这种白眼狼，我怎么可以不做防备？不过尽管如此，我们所说的事情也不可宣扬。我自当以信义待人，不可落人口实。所以，在钟会还没有进一步的行动以前，我们只需要做好防备措施就可以了，我这么说你可明白？"

邵悌起初一愣，反应过来以后频频点头，不复多言。

于是，司马昭"带着"曹奂西征，并先使护军贾充持节督诸军占据汉中，将邓艾和钟会所部死死堵在了蜀中。

再看钟会。

这货得到司马昭的命令以后立即带兵往成都而去。就在即将到达成都近郊之时，钟会却停下了脚步，并令卫瓘率千人先行进入成都擒拿邓艾。

为什么呢？因为邓艾统兵打仗的能力非常强悍，钟会虽然在兵力上强过邓艾，但也不想损失太多兵力，所以才让卫瓘先一步进入成都。

因为凭邓艾的性格，他是百分之百不会遵从卫瓘那种无理的要求，并铁定会将卫瓘斩杀。而卫瓘是三军之监，代表的是朝廷，更代表司马昭。所以一旦邓艾将卫瓘杀掉，自己便将出师有名，弄死邓艾也就更有把握了一分。

再者说，邓艾为魏国战神，也是钟会唯一惧怕之人，同时是自己诬陷之人，所以他更不能让邓艾活着回到洛阳，不然万一等自己造反以后，司马昭再用邓艾来攻击自己怎么办？

基于此，钟会必须让邓艾去死，那么就只能先牺牲那个可有可无的卫瓘了。

可卫瓘最终死了吗？答案当然是不。

就在钟会将命令传达给卫瓘之后，卫瓘就洞穿了钟会的那点儿小心思，但又不能违抗钟会的命令，便只能于深夜偷偷到达成都，并在进入成都以后密信于邓艾麾下诸将，让他们在天明以后速来相见。

那些将领不敢违抗卫瓘的命令，只能在鸡鸣后前来相见。只有不知情的邓艾父子还在睡着大觉。

见此，卫瓘赶紧率众绕过众将，直奔邓艾府中。

邓艾父子不知死期将近，还在睡梦之中，所以就这样被卫瓘装进了囚车。

此事很快便传到了那些被骗的将领耳中。他们一听邓艾被擒，那是气得怒发冲冠，一个个撸胳膊挽袖子，抽起首环刀便直奔卫瓘而去，没多长时间便将卫瓘和他那一千来人堵在了临时营房之中。

当时，卫瓘手下那些将官都吓坏了，认为必死无疑。卫瓘却和没事人一样走了出来，并和颜悦色与邓艾手下的那些将领道："这次捉拿征西将军完全是奉了晋公的命令，而不是我个人的意愿。征西将军，那是我所崇拜的英雄，我怎么可能会害他呢？相信晋公也是受了小人的迷惑才会行此糊涂之举。各位放心，等回到洛阳以后，我一定会启禀晋公，让他释放征西将军，并将其官复原职。"

众人见卫瓘不似作假，又怕真的惹急了司马昭会给家人造成灾祸，这才没有再行劫持之举。

数日以后，钟会到达成都，无奈的他将邓艾的囚车送走以后便全并其军，于是下定决心阴谋反叛。

（注：庞德之子庞会亦于此时随钟会进入成都，入城后，庞会不管别的，带

人便杀进了关氏族中，将关氏满门杀尽。）

当时，钟会的计划是这样拟定的。

第一步，命姜维率五万人出斜谷为前驱，往长安进逼，自己则率主力大军随后而进。

第二步，到达长安以后不必强攻其城，只需要分出少量士兵将其围住，然后让骑兵从陆路走，步兵从水路走，顺流从渭水进入黄河，如此，五日便可抵达孟津。

第三步，步兵和骑兵会师于洛阳，然后攻下洛阳，杀掉司马昭进而取代其位，夺得天下。

以上，便是钟会的全盘计划。可就在钟会即将行动之时，突然收到了司马昭给他寄来的信件，其内容如下："士季啊，我恐怕姜维不会甘心就这样归顺我们，恐怕他造反，所以现已遣中护军贾充率领步骑一万进入斜谷，并驻扎乐城，我呢，则亲率十万大军驻扎长安准备来帮你，估计不过几日我们就能相见了。"

见过此信后，钟会大惊失色，因此急招姜维等诸多亲信道："如果只取邓艾，晋公一定不会如此大动干戈。现今其带重兵前来，必是对我有所怀疑。如此，便应迅速发难。如果事情成功了，我们就能够夺得天下，失败了，也可以退守蜀汉，做一个刘备一样的人。"

就这样，造反之事议定，钟会乃于次日将所有的护军、郡守、牙门骑督及以上的官员都请了来，并假造太后遗诏当众宣布要起兵废掉司马昭，开始授官任职，让所亲信的人来带领诸军。又将所请来的群官都关在益州各官署的屋中，且关闭城门官门，派重兵把守。

卫瓘见钟会已经露出了獠牙，乃诈称病重，希望出来住在外面的官舍。

因为之前卫瓘和自己一起陷害邓艾，钟会对卫瓘还是非常放心的，于是答应了他，对他无所顾忌。

次日，就在钟会即将北上对贾充发动攻击之时，他的图谋却被一个人破坏了。这个人是谁呢？他就是姜维了。

姜维认为，既然司马昭已经有了防备，那么钟会本次的军事行动十有八九是要败，如此，蜀中必成钟会囊中之物，自己就再无复蜀之希望了。既如此，倒不如率先行动，撺掇钟会杀掉北方诸将，造成魏军内乱，自己再趁机杀掉钟会，重立刘禅为皇进而光复蜀汉。

基于此，姜维立即找到了钟会，并对其道："大人，据我所知，北方诸将皆为司马昭之死忠，带着他们前往攻击洛阳，恐怕会有兵变的危险。不如在行大事之前将这些人全都杀死。如此，才可全无顾忌向北攻伐。"

钟会认为姜维之言很有道理，当即便答应了他，可事后又觉得这么做有点儿不妥，所以开始犹豫，一时间不知该如何是好。

可就在钟会犹豫的这段时间，大事终是失败了，钟会和姜维也都落了一个不得好死的下场。

钟会帐下有一个很亲近的人叫丘建，他本属胡烈帐下，因为钟会喜爱并信任他，这才收为心腹。可丘建对胡烈还有"旧情"，不想让他就这么死去，便请求让一名亲兵给胡烈送去了一些肉食，却将姜维的"建议"透露给了胡烈。

胡烈因此和那亲兵说："回去告诉我儿子，就说丘建已经秘密给我透露了消息，钟会早就挖好了一个大坑，打算将我们这些北方的将领全部坑杀，所以务必让他来救！"

那亲兵是胡烈的心腹，当即应允，便将此事告诉了正驻兵在外的胡渊。

胡渊闻听钟会要杀自己老爹，当即大怒，便引其父兵马杀向成都官府之中。

一开始，只有胡渊一队人马杀向官府，但只不到一个时辰的时间，各军也都呐喊着冲了出来，疯狂向官府奔杀而去。

（注：因卫瓘从中撺掇，暗将此事传到诸军。）

当时，钟会正在和姜维分发铠甲，准备对胡渊所部进行打击，却突闻成都的军队差不多都发生了暴乱。钟会一时慌了，不知如何是好，于是急问姜维道："现在所有的士兵都杀向这里，我们应该怎么办才好？"

姜维只犹豫一瞬，然后便凶狠道："现在官城四面被围，我们一点办法都没有了，只能杀出一条血路，这样兴许还有一线生机。"

就这样，钟会、姜维带领着将近千人奋勇向外冲杀。可暴乱的士兵实在太多，如蚁群一般疯狂向钟会涌去。

一个、两个、十个……数百个。到最后，只剩下姜维拉着钟会死命向外冲杀，在连续杀死了五六名士兵以后终于因为寡不敌众而被格杀。

而钟会，则更加不堪，他甚至连一名士兵都杀不死便被一拥而上的魏兵分尸了。

就这样，看似成为最终胜利者的钟会被轻易抹杀，甚至死在了邓艾的前面。

好了，钟会、姜维这些人全都被杀死了，那么正在囚车中往洛阳而去的邓艾又会是什么样的结局呢？

其实早在成都暴乱开始之时，邓艾的那些老部下便已经冲出城去，并把邓艾救出迎了回来。

可这事儿传到卫瓘耳中就不是那么回事儿了（邓艾囚、钟会死，刺史的监军卫瓘已经成了成都最大的官员，所以三军皆为卫瓘所统）。

卫瓘认为，邓艾现在已经对魏国有了相当的恨意，一旦让邓艾成功返回成都，势会再反魏国。最重要的是，邓艾之所以陷入如今的境地，几乎都是自己和钟会一手促成的，所以一旦邓艾返回成都，那自己的地位和生命也就危险了。

因此，卫瓘绝不能让邓艾成功返回成都。

于是，其遣田续率军赶在邓艾返回成都之前将其堵在了绵竹之西，并在一番搏杀之后斩邓艾父子于三造亭。

至此，蜀中再无异心者，益州真正被为国所统。

本节参《三国志》《资治通鉴》《晋书》《华阳国志》《世说新语》

终章　一统

1 "乐不思蜀"

公元264年三月十九日，随着蜀国彻底为魏国所并，晋公司马昭的声望也达到了人生的巅峰。

傀儡皇帝魏元帝曹奂无奈，只能封司马昭为晋王，并增加其封邑十个郡。

司马昭，还差一个等级就要登上那梦寐以求的九五之尊。

同月，得司马昭命令，刘禅携全家迁徙洛阳，临行时十分仓促狼狈，刘禅原来的大臣们更是一个随行者都没有，只有秘书令郤正和殿中督张通舍弃妻儿老小随刘禅往洛阳而行。

刘禅呢？更是仰仗着郤正的引导和帮助才能使自己的言谈举止合乎礼仪，所以他仰天长叹，直到这时候才知道，有时候有尊严地死要比憋屈地活着更加简单（慨然叹息，恨知正之晚），而刘禅虽然千般不愿，但最后他依然选择了憋屈地活着。

二十七日，刘禅到达洛阳。这一路上，刘禅都是愁容满面，更是时常感慨自己的无用。可进入洛阳以后，刘禅立马换了一副二世祖的表情，好似见到什么都新鲜，见到什么都高兴，没有一点儿亡国之君的样子。

晋王司马昭接见了刘禅，封刘禅为安乐公，并亲自作陪，与刘禅一起饮宴。

席间，看着魏国人所跳的蜀国歌舞，随同刘禅一起来的随从们无不潸然泪下，只有刘禅一个人嬉笑自若，还连番拍手叫好。

晋王司马昭见刘禅如此，不无鄙视地对一旁贾充道："看到了吗？一个人竟然可以无情到如此程度。这样的君主，哪怕是诸葛亮复生又能改变得了什么？"

就这样，刘禅躲过了司马昭的第一次试探。

本以为司马昭不会再召唤自己觐见，岂料数日以后，司马昭却再召刘禅饮宴，并在酒过三巡以后借机道："我说安乐公啊，你现在还想念蜀国吗？"

刘禅听此话后连犹豫都没有，当即便豪饮一杯，然后哈哈大笑道："在这里能如此快活地生活，我怎么还会想念蜀国呢？哈哈哈哈！"

就这样，刘禅躲过了司马昭的第二次试探。

回到府中以后，郤正却和刘禅一本正经地道："如果晋王以后再问您是不是想念蜀国，您就要哭着说：'祖先的坟墓都在岷、蜀，我心常常悲痛，没有一天不思念的。'然后就闭上眼睛，作悲痛状。"

见郤正如此说话，刘禅吓了一跳（这难道是想要弄死我不成），可见郤正一副高深莫测的表情，又想起他最后一句话，聪明的刘禅会意地笑了。

果然，数日以后，晋王司马昭还是不怎么放心刘禅，因此再召刘禅入宫询问他是否思念蜀国。刘禅呢，就按照郤正教他的那样说了，并且装的模样和郤正一模一样，最重要的是在说完了以后紧紧闭上了双眼，作悲痛欲绝状。

司马昭一开始脸色非常不好看，以为刘禅终于露出了他的本色，可当其看到刘禅紧闭的双眼以后，却噗地一下笑了出来，然后强忍着笑对刘禅道："我说你，怎么说话的内容和表情都这么像郤正呢？"

这话一说，刘禅"一愣"，然后装作吃惊地捂嘴道："咦？晋王怎么知道？这就是郤正教我说的话呀！"

见刘禅如此白痴的表情，司马昭和左右大臣都笑得前仰后合，自认为聪明的司马昭从此以后也再没找过刘禅的麻烦，刘禅因此得以善终。

公元264年五月，晋王司马昭上表恢复旧五等爵（公侯伯子男），并封了骑都尉以上六百多人爵位，大肆收买人心，以表明即将改朝换代。

同月，司马昭追任司马懿为晋宣王，司马师为晋景王。

七月，司马昭开始大肆修改魏国礼仪、法律及官场制度，加速去除魏国原有文化。

同月，吴景帝孙休病重，甚至口不能言，就用手书召丞相濮阳兴（复姓"濮阳"）入宫。

濮阳兴入宫以后，孙休拉着孙霅的手，并将其交到濮阳兴手中，其意不言自明，就是让濮阳兴以后对孙霅多加照顾。

可是濮阳兴呢？可以说是让孙休失望了。

公元264年七月，孙吴之明主，吴景帝孙休去世，死时年仅二十九。

本来，按照孙休的意愿，是应该立孙霅为吴国新主的。可就在孙休死去没几天，魏国便对吴国发动了试探性进攻（消息不可能这么快传到魏国，所以这一切应该是巧合），国家南部边境又不断发生暴乱，所以国内十分恐慌，不管是老百姓还是朝中官吏都想让一名年长的君主担任皇帝。

吴国左典军万彧和孙皓私交甚善（注1：孙吴有中、左、右三典军，主管宿卫禁军，权力很大，在中央有很高的话语权。注2：孙皓乃吴大帝孙权之孙，废太子孙和之子），想要借此机会让其上位，所以在朝中声称"孙皓的才识和明断能力可以和长沙桓王孙策相提并论，同时十分好学，能奉公守法，很有景帝孙休的风范"。

不得不说，孙皓这个人虽然内心残忍变态，但表面上做戏的功夫真的能和影帝司马懿抗衡一下，所以朝中大臣皆赞同万彧的观点，乃迎孙皓为吴国的第四任皇帝，也是最后一任皇帝。

本节参《三国志》《资治通鉴》《晋书》

2 曹魏灭，西晋生

公元264年八月，晋王司马昭推其子中抚军司马炎辅佐相国事务。这也就是说，司马炎从此要辅佐司马昭的工作，其职责已经等同于一个国家的太子。所以，司马炎从此开始便可以说是司马昭第一顺位继承人了。

九月一日，司马昭再推司马炎为抚军大将军，掌大部军权。司马望（司马孚次子，司马懿侄子）为骠骑将军，掌部分军权。

同月，吴主孙皓贬太后为景皇后，追赠死去的父亲孙和为文皇帝，尊母亲何氏为真正的太后。

刚刚继位的时候，吴主孙皓发布诏书，体恤士民百姓，并打开仓库来赈济灾民，放年长的宫女让她们回到家乡嫁人，甚至连饲养在御花园中的禽兽也都被放回了山林。

当时，人们交口称赞孙皓，称他是吴国百年难得一遇的明主。可一直到本年十月，距离孙皓登基还没到半年，这货便开始原形毕露。

从这个月开始，孙皓逐渐变得骄横淫乱，残暴嗜杀，沉迷酒色，有时候甚至一连好几天不过问政事。全国上下因此大失所望，濮阳兴等实权者也开始后悔不已，称自己愧对了孙休的信任。

十一月，濮阳兴后悔之事传到了孙皓耳中，孙皓乃将其诛杀，并全屠其三族。因此，吴国哪怕是有些抱负的官员也不敢在孙皓面前行劝谏之举了。

公元265年二月，有灵龟进献于曹魏朝廷，最后却被送到了相国府中。

同月，晋王司马昭再赏军界诸将，并给魏的士兵大涨工资，让其工资水准远远高于应有的水平，虽然这样会对国家的经济造成一定的打击，却能将军权和军心牢牢地掌握在自己的手中。如此，哪怕自己改朝换代抑或"改变些什么"也不会有人再敢管制自己了。

五月，大概是因为某些压力吧，魏元帝曹奂给予了晋王司马昭特别的礼遇，并允许司马昭的王妃称作王后，允许世子司马炎改称太子。

七月，吴主孙皓杀了吴景帝孙休的皇后，并将孙休四个儿子中两个年龄最大的杀死了。

九月，晋王司马昭去世，太子司马炎继位，是为魏国之晋王、相国、大将军，代司马昭掌魏之军政。

同月，司马炎埋葬了司马昭，下令宽缓刑罚并赦免罪人，安抚百姓并减轻徭役，同时实施了一系列的善政，使得魏国政治清平，百姓安居乐业，和此时的吴国形成了鲜明的对比。所以当时有很多魏国老百姓在这一段前后不约而同地说一句话，那就是："这天下，就快要太平了。"

同月，吴国西陵督步阐（步骘之子）上表，请求孙皓将国都从建业重新迁徙至武昌，如此，在面对魏国军团的时候国都就不用处在第一线，而是在后方指挥作战了，同时能防止蜀地方向魏军的侵袭，正是一石二鸟之计（实际上就是怕了，不想直面魏国而已）。

孙皓觉得有些道理，遂纳之，并在迁徙武昌之后命御史大夫丁固、右将军诸葛靓（诸葛诞之子）镇守建业。

十月，一切准备已就绪，吴国开始从建业迁都至武昌，沿途皆用扬州之民供给，使得地方百姓深为疾苦。大家憎恨孙皓无道，更恨吴国不敢和魏国作正面交锋，所以作童谣以讥讽之。（宁饮建业水，不食武昌鱼。宁还建业死，不止武昌居。）

十一月，大宛、康居等西域城邦国再献贡品于洛阳。不过这一次的贡品并没有送到皇宫，而是直接送到了相国府。这也就是说，现在国外诸国已经认可了晋国才是中原的合法统治单位。

十二月，魏元帝曹奂受到极大压力，在万般无奈之下终于将皇位禅让给了晋王司马炎。

至是，曹魏灭亡，共历四十五年五帝（从曹丕称帝算起），晋朝则取代曹魏，成为天下最强大的国家。

同时，中华五千年最让人无语的统一王朝，晋朝也就此诞生。

公元265年十二月十六日，晋武帝司马炎宣布大赦天下，改年号泰始。

十七日，晋武帝尊奉曹奂为陈留王，将其官室安排在了邺城，并将魏国诸宗室都降为侯爵，同时尊晋宣王司马懿为晋宣帝，晋景王司马师为晋景帝，晋文王司马昭为晋文帝。还尊王太后为皇太后，叔祖司马孚为安平王，叔父司马干为平原王（司马懿第五子），司马亮为扶风王（司马懿第四子），司马伷为东莞王（司马懿三子），司马骏为汝阴王（司马懿第七子），司马肜为梁王（司马懿第八子），司马伦为琅邪王（司马懿第九子），司马攸为齐王（司马昭之子，晋武帝之弟），司马鉴为乐安王（司马昭第六子，晋武帝之弟），司马机为燕王（司马昭第七子）。

最后，晋武帝开始大幅度改官任职，因为人数太多，在这就不详述了，不过一朝天子一朝臣而已。我主要说的是，晋武帝几乎将所有的大权分给了自己的族人，也就是宗室。

晋武帝认为，曹魏之灭亡，其主要原因便是曹魏后期大权旁落，而曹氏宗室又没有相当权力，所以他大封宗室，使得晋朝成为司马氏的一个"家"。

他认为，这样的话，以后司马氏就不会被其他"外姓"取代了。

呵呵，我想晋武帝一定是没怎么好好读过《汉书》，因为如果事情真的像他想象的那般简单的话，汉景帝当初就不会那么火急火燎地削藩了，西汉也不会出现什么劳什子的七国之乱了。等着吧，晋武帝马上就会尝到这个苦果，虽然到时候他已经看不到了，西晋却是因为他这个愚蠢的举动而最终招致灭亡。

好了，后话就暂时说到这，我们还是继续正文。

本节参《三国志》《资治通鉴》《晋书》

3　何为孝

公元266年六月，已故司马昭之丧期至，晋国臣民都遵从汉文帝以后之习惯（汉文帝之后为三日，之前为三年），服丧三日。

可三日葬礼结束以后，晋武帝只是去除了丧服，但仍然戴白冠，吃素食，哀伤如同丧期一般。

八月，晋武帝依然哀伤无比，并且将丧服重新穿上，群臣因此上奏劝解，恐怕晋武帝因为哀伤过度而损害身体。

晋武帝却说："汉文帝不使天下的臣民都为他悲伤，而改三年之丧期为三天，这算是帝王谦逊的最高点了。可我思念先王，心中常常悲伤，怎能不穿戴丧服呢？所以朕决定，国家可以不按照汉文帝以后的制度行事，而改为随意实行这之前的三年之丧。"

这话一说，尚书令裴秀吓坏了，丧期这东西不过是一个祭奠死人的仪式而已，差不多就行了，当初汉文帝为什么要取消三年丧期？还不是因为那会影响国家的运转吗？如今，看晋武帝这个意思有意重启三年丧期这个无解的玩意儿，裴秀当然吓坏了，所以赶紧站出来道："陛下之前已经除去了丧服，现在却重新穿上。这样做于礼没有依据，只能乱带节奏。试问，如果君王穿戴丧服而臣下却不穿，做臣子的心中怎会安稳？而如果没有任何法律上的约束，只凭人民随意用丧礼、丧制，那么国家的礼仪不就崩坏了吗？"

晋武帝感觉此话很有道理，便除下了丧服，并且不再提让其他人穿戴丧服之事。

可几日以后，晋武帝再次将丧服穿到了身上。

这晋武帝是要干什么？

见此，群臣再谏晋武帝，希望他能将丧服脱掉。晋武帝却正义凛然道："每当朕想念先人却又没有穿戴丧服的时候，心中都感到沉痛万分，不要说吃食稻米穿戴锦绣，甚至活我都不想活了。所以，这样只能增加朕的痛心却不能缓解朕的哀伤。朕本生于儒者之家，礼法传承已久，何至于一时间便对自己的父亲改变这种情感呢？你们不要再说了，我不逼迫你们服从古人三年丧期，但你们也不要强迫朕只服丧三日。"

就这样，没人再敢让晋武帝脱下丧服，晋武帝就这样穿着丧服，吃着素食度过了三年。

北宋司马光说："上自天子，下至平民百姓，每个人都要服丧三年，这是真正的礼经所规定的，百世不可改变。汉文帝以自己的意思为天下之意，他不守成规，改变古制，败坏礼法，断绝父子之间的恩情，毁坏君臣之间的情义，使后世帝王不能真诚专一于哀悼先人的感情，而群臣谄媚、奉承，却没有人对汉文帝加以改正。到了晋武帝，唯独以自己的天性加以纠正并实行，可称非凡之贤君。而裴秀等辈，不过是粗鄙平庸之臣，习惯于常规，蔑视于旧法，不能够承顺晋武帝的美意，真是可惜，可叹！"

　　我说："上自天子，下至平民百姓，每个人都要服丧三年，这真是毁灭社稷的愚蠢之举。上位皇帝死了，太后死了，你服丧三年，这时候敌军来攻击你怎么办？眼睁睁看着敌人寇掠你的人民而不为所动？等服丧之后再行报仇之举吗？你可对得起人民？对得起国家？中位大臣家人死了要回乡服丧三年，朝廷要如何运转？派那些没有底子没有经验的新人来上任吗？还是等那些大臣服丧回来以后再继续任职？下位百姓有很多工作，有很多农活，经济也不是那么太好，尤其是在三国末期这种百废待兴的时候，不让他们抓紧努力地去干活振兴国家的农业、经济，难道还让他们陪着死人一天到晚地哭泣三年吗？因此，汉文帝废除了这个三年丧期，因此，西汉有了文景之治，因此，后世诸多明君皆以汉文帝为楷模。因此，汉文帝主张以不忘亲人的心丧为主，主张在父母活着的时候多多尽孝为主。什么？你说汉文帝不孝？那就请你好好查一下汉文帝是如何孝顺他的母亲的吧，看看历代皇帝中有几个孝顺会超过汉文帝的。汉文帝败坏礼法？晋武帝非凡贤君？晋武帝如果是非凡贤君，他会将所有的大权集中到他司马家手中？晋武帝如果是非凡贤君他能在晚年腐化朝廷，公开卖官？晋武帝如果是非凡贤君，他会在后宫养一万多个老婆？晋武帝如果是非凡贤君，到他晚期之时晋朝能贪污严重？晋朝能斗富成风？汉文帝如果是一个礼法败坏的皇帝，他能一辈子只穿一件龙袍？节省得连一个露台都不舍得修建？他汉文帝如果礼法败坏，他能宽俭待民？他能减轻刑罚？他能以民为本？他能减少各种赋税？他能让文帝时期的税收为三十税一？他能让西汉耸立于世界之巅二百一十年？他能让大汉永远不受外族欺负？而西晋才多少年？嗨，五十年，并且五十年以后整个北方和巴蜀都被异族占了，只剩下东晋苟延残喘罢了。这样的一个君主，这样的一个朝代，如何能与汉文帝相提并论？如何能与汉朝大厦相提并论？司马公啊，也许看着你的《资治通鉴》又如此反驳你的言论我是不太地道，但有的时候真不得不说，'这缸可以乱砸，但话真的不能乱说'。"

　　　　　　　　　　　　　　　　　　本节参《三国志》《资治通鉴》《晋书》

4 这才是昏君

公元266年八月，吴主孙皓改年号宝鼎，并任命陆凯为左丞相（陆逊的侄子，陆抗的族兄），万彧为右丞相。

吴主之残暴越发严重。他憎恨别人和他对视，凡有和其对视者，非死即残。所以每到吴国朝会之时，左右大臣都低着头，哆嗦在原地，没有一个人敢抬头看他，更没有一个人敢献什么言，谏什么话，所以君臣之间形如陌路，大家都只是各扫门前雪，等着晋国来灭罢了。

见此，左丞相陆凯直勾勾盯着孙皓痛声道："君臣之间没有不相识的道理，这种情况如果长此以往，必形同陌路，到时，只要发生一些意料不及的事情，国家便将停止运转，大难也就会随之来临。所以，还请陛下能放宽对于臣子的要求。"

孙皓虽然昏君一枚，但对陆氏一族有着非常的好感，对于那些有能力的陆氏族人也愿意放心任用。而陆凯，就属于有能力的那种人。

因此，孙皓在陆凯的直视下当即应允。

可几日以后呢？再有人和孙皓对视他依然很不开心，所以这之后，吴国君臣之间越发形同陌路。

当时，吴主孙皓居住在武昌，因为在上游，所以扬州各地往武昌运送物资都非常辛苦，再加上孙皓铺张浪费无度，这便使得运送物资的频率屡屡增加，国家和人民因此穷困匮乏。陆凯见此再次上书曰："陛下，如今四州边境没有战事，属于难得的平静时期，陛下应当致力于休养民力，积蓄财富，以应对后面即将发生的战争。可陛下您呢？越发穷奢极欲。如此下去，还没等爆发战争百姓就已筋疲力尽，国库空虚，如此，国家还能拿出什么来抵挡晋国的攻击？我深深为此感到忧虑。从前汉室衰微，三家鼎立，如今刘、曹两家皆已灭亡，都被晋占领，只剩下我们一家而已，您觉得，距离晋国对我们发动灭国之战还能远吗？这是刚刚发生不久的危机预兆，难道陛下看不到吗？我愚笨无知，不想说什么其他的，只想为陛下珍惜国家而已。武昌地势高险，土质瘠薄，多山多石，是非常适合防守的地方，并非称王的大都邑，您难道没有听说过吗？现在扬州的民谣都在唱'宁饮建业水，不食武昌鱼。宁还建业死，不止武昌居'。由此来看，我们的百姓是不支持陛下您迁都的。我已经算过了，现在国家的库存已经不足一年之用，百姓更有离散的怨言，我们国家这棵大树已经渐渐枯萎，而地方的官吏们却还在苛责催逼百姓，没有一个人去体恤他们的难处。您自己想一想，这样下去国家还能维持吗？当初大帝当政的时候，后宫的女子以及各种纺织工人才不到一百。可自从大帝以后一直到现在，后宫的女子已经增加到了一千人，这就使得国家资产耗费得更加严重。另外，您身边的近臣大多没有什么才能，他们唯一的能耐便是结成党派相互扶持，并陷害忠良排除异己。这样下去，国家如何才能有人才？这样下去，我们吴国还能维持多长时间？因此，我希望陛下能减省、停止各种劳役，免去诸多苛刻的骚扰，清理、减少宫中的女子，严格选拔官吏，那么就会使民心重新归附，国家也就长久安定了。"

一般的情况下，像这么长的折子我是从来不详写出来的，统统略过，可这个折子真的不能略过去，因为它满满的是吴国现在最需要做的紧急之事。

可孙皓呢？非但没有照做，还对陆凯这种"粗暴直言"非常愤慨，不过碍于陆凯名声大，又碍于他是真的为国家着想，这才没处理他。

而孙皓的态度也不知通过什么途径传到了陆凯的耳中，他本想再劝，可朝中众人都劝陆凯不要再激怒孙皓了，不然哪怕孙皓信任他，他的结果也一定是非常悲惨的，他不为自己着想，难道还要眼睁睁看着自己的家人为孙皓所杀吗？

听此，陆凯一声长叹，这以后便再也没对孙皓进什么言献什么策了。

公元266年十月，吴国永安（今浙江省德清县武康镇）人施旦因为孙皓暴政而起兵造反。他率千人劫持了孙皓的庶弟、永安侯孙谦，然后以孙谦的血统为借口率数千人往建业方面进军。

当其到达距离建业只有三十里左右的时候，其兵力已经超过了一万之数。可施旦并没有立即攻城，而是打算先礼后兵，遂遣使往建业，希望诸葛靓和丁固能够无条件投降自己，意图不战而屈人之兵。

可诸葛靓和丁固根本不理施旦，直接便将使者斩杀了。

为什么会这样呢？难道建业的守兵要大大地超出施旦吗？

非也！有一句话叫"科技就是力量，装备就是王道"，这句话不管是在现代还是古代都是适用的。当时，身在建业的守军全都是吴国的正规军，不管身上的铠甲还是手中的武器全都是当时最先进的。

而施旦的农民军呢？基本上是一些没有精良装备的新兵蛋子。所以诸葛靓和丁固根本就没将施旦的军队放在眼里，甚至连守城的心情都欠奉，直接便出动全军对施旦的"农民军"发动了攻击。

结果，吴军一砍一个，施旦军却好几下子才能弄伤一个吴军士卒，所以交战没多长时间施旦军便行溃散，孙谦更是在行阵之中被生擒活捉。

丁固不敢擅自杀他，就将其关押，然后将此事汇报了孙皓，等待他的定夺。

孙皓呢？那是干脆利落得很，根本不管孙谦是不是被逼的，直接便下令建业方面，将孙谦的妻子儿女全都杀死了。

同时，因为扬州各地的百姓痛恨孙皓，孙皓还称呼本国扬州的百姓为扬州贼，在杀掉施旦的妻子儿女以后还让士兵在建业城中大喊"天子派荆州兵打败了扬州贼"。使得扬州百姓更加痛恨孙皓。

本节参《三国志》《资治通鉴》《晋书》

5　秃发之乱

公元266年十一月，倭国遣使拜见晋朝，并献上了相当的贡品。

十二月，吴主孙皓不厌其烦地又将国都从武昌迁徙回建业（注：迁都是一件非常耗财耗力的事情，一般明主在没有必要的情况下不会轻易迁都）。

而在归往建业的过程中，孙皓还要求宦官们走遍吴国州郡，为他挑选良家妇女充实后官。

同时，孙皓创造了一种新的制度，那就是从今以后，只要是两千石大臣家里的女儿，每年都要向中央申报姓名和年龄，并且到了十五岁的时候就要入官进行考察，只要长得稍微有点儿姿色都要充实后官，只有那些长相不过关的人才能回乡出嫁。

这样做有两点好处：

第一，可以将吴国的大官们都绑在自己身边。

第二，当然也是最重要的，那便是可以满足孙皓那无休止的淫欲。

因此，在孙皓回到建业之后，其后官团队已经狂增至数千人之众，中央财政支出也大大地增加了。

最后，这些多出去的压力全都集中在了老百姓的身上（增加税收）。因此，吴国百姓越发憎恨孙皓，不知多少人私下想要让晋国早早统一天下。

同月，随着晋朝经济、农业的稳定发展，又因为屯田制度在现在这种情况下已经不太适用，晋武帝乃废屯田官，改占田制，如光武故事。

同月，孙皓在建业又开始大规模翻修宫殿，致使吴国财政进一步紧缩，民力浪费，百姓因此苦不堪言。

公元267年正月，晋武帝任其子司马衷为太子，确定了继承之人。

九月，晋武帝先是增加了百官的俸禄，然后下诏全国，从此禁止星气、图谶之迷信学说。

同月，吴主孙皓受巫者蛊惑，率领庞大的车队向东迎接其父孙和的灵魂至明陵。

当时，孙皓派去的领神使者络绎不绝，每天都对着空气敬问日常起居。巫者更是声称见到了孙和，将其形容得和活人一样。

孙皓又惊又喜，因此每日在东门外迎拜，就和一个神经病一模一样。

而等将孙和的神灵"迎进祖庙"以后，又在七日之内祭祀了三次，并且每次都要安排各类歌舞艺人白天黑夜地表演，美酒大肉从早到晚没有断过。所以当时的吴国百姓痛骂，晋人嘲笑，怎一个丢人了得。

同月，晋武帝为了增进和鲜卑拓跋部之间的关系，遂将现在还在洛阳的人质——拓跋力微之子拓跋沙漠汗遣返回国。

因此，拓跋部和晋朝之间的感情得以进一步加深。

四月，晋武帝的母亲去世，安葬完毕，晋武帝依然没有除掉一身丧服，还是和祭拜司马昭一样，将丧期坚持了整整三年。

十月，不知道孙皓是喝多了还是脑袋不清醒，总之在这个月他动用三路大军，分别对江夏、襄阳、合肥发动攻击。结果，三路全败，吴军狼狈而逃。

公元269年正月，晋武帝开始大力打压商人，尤其是那些游商小贩，有很多人被沉重的赋税压得抬不起头，因此转回田地开始务农。

同月，孙皓立长子孙瑾为皇太子，确立了吴国的继承人。

二月，晋分雍州、凉州、梁州部分土地设置秦州，并任命胡烈为秦州刺史。

当初，邓艾在西北坐镇之时，曾将数万投降了的鲜卑人安置在雍州、凉州间和汉人杂居，所以这一带的居民都是混血之人，是一群不安定分子，朝廷担心此地日久生变，这才让在西部素有威名的胡烈来镇守安抚。

同月，随着晋朝经济、农业日益发展，巴蜀之地逐渐稳定，晋武帝遂有灭吴之念，于是命尚书左仆射羊祜统领荆州诸军镇守襄阳。

任命征东大将军卫瓘统率青州诸军镇守临淄。

任命镇东大将军、东莞王司马伷统徐州诸军镇守下邳。

至是，三州之军整日演兵讲武，随时有大举灭吴之可能。

公元270年四月，晋之三军未动，杀气便已向南而去。

貌似感受到了北方晋国那铺天盖地的杀气，孙皓害怕了，遂以陆逊之子——孙吴末期之战神陆抗为大都督，统率全吴国之军准备应对接下来晋国给出的挑战。

就在晋国准备灭吴，进而一统天下之时，晋国西北却突然爆发了巨大的祸乱，致使晋国灭吴之举延后。

那么这个巨大的祸乱是什么呢？

它源自一个人，一个叫秃发树机能的鲜卑男人。

秃发树机能，河西鲜卑秃发族族长秃发寿阗之孙。

秃发树机能在很小的时候便勇武非常，很得周围部落敬畏，秃发寿阗更是认为秃发树机能有带领秃发种部振兴的可能，所以在很早就放弃了自己的儿子，转而让孙子秃发树机能来担任秃发部的继承人。

果然，秃发寿阗死后，秃发树机能顺利地继承了秃发部首领之位，并且，整个部落没有一个人反对这件事，全都真心实意地尊秃发树机能为主。

当时，河西、陇西一带连年大旱，民不聊生，秦州地区又胡、汉混杂，所以暴力抢夺之事经常发生。晋武帝怕秦州造成更大的动乱，遂遣素有威名的胡烈坐镇。

可让晋武帝万万没有想到的是，胡烈到任以后，尽是用些高压政策来对付这些少数民族，根本不把他们当人看。

胡烈认为，这些少数民族中战斗力最高的便是鲜卑诸种，所以驻大兵于高平川（今宁夏回族自治区固原市清水河流域）及麦田一带的"河西鲜卑"聚居地（今甘肃省白银市靖远县和中卫市交界地），意图用武力来压迫那些鲜卑种部，让他们不敢造反作乱。

可这种做法不但没能很好地控制住局势，反而加剧了河西鲜卑和晋朝之间的仇恨。

因此，在公元270年六月之时，也就是晋朝要对吴国大举用兵的前夕，秃发树机能突然暴起，率其种部士兵在秦州境内一通抢劫寇掠。

秦州刺史胡烈闻听此事以后大惊，当即率军前往攻击，并与秃发树机能战于万斛堆（今宁夏回族自治区固原市境内）。

　　按说，不管是兵力还是装备，秃发树机能都要远远逊于胡烈才是，可不知道为什么（史料中没有哪怕一丝的记录，我大胆预测应该是胡烈轻敌而被秃发树机能埋伏了），胡烈所统率的晋军偏偏败给了秃发树机能，并且败得极惨，甚至胡烈都死于乱军之中。

　　胡烈一死，整个秦州指挥系统失灵，秃发树机能便更加肆无忌惮，乃率众一举攻下高平，并以此为根据地，准备四面出击。

　　扶风王司马亮闻此立即遣将军刘旂率众前往讨伐，可刘旂率军来到以后畏惧已经拥有晋军装备的秃发树机能（战利品及高平武器库中装备），所以迟迟不敢进攻，最后甚至吓得撤退了（史料未载其到底看到了什么）。

　　晋武帝闻听此事以后极为愤怒，当时便下令要斩下刘旂的脑袋。

　　司马亮却上书求情道："选将调度都是我的责任，这和刘旂没有什么关系，还请陛下能够饶恕刘旂。"

　　见此信后，晋武帝冷冷一笑，然后下诏道："罪责，总需要有人来承担，既然你不想让刘旂来承担责任，那这个责任就由你来承担吧。"

　　于是，司马亮被免去了所有官职。

　　这之后，为免秃发树机能继续祸乱西部，晋武帝乃于第一时间命尚书石鉴为安西将军，都督秦州诸军事，并与奋威将军田章共同率大军西征秃发树机能。

　　可哪怕这样，晋军依然无法战胜秃发树机能，还在交战不久以后陷入了被动的局面。

　　见此，晋武帝又命汝阴王司马骏为镇西大将军，都督雍、凉之军坐镇关中，一面防止秃发树机能继续为祸西部，一面找寻机会彻底解决这个"叛胡"。

　　可一年过去了，司马骏依然没能平定秃发树机能，甚至无法占据主动，反倒让秃发树机能联合了氐、羌、匈奴等族中部落共同反晋。

　　所以一时间，晋朝边境烽火遍布，晋武帝怎一个头疼了得？

　　公元271年正月，匈奴右贤王刘猛叛晋出塞，掠夺并州。

　　四月，秃发树机能联合北地胡（北地郡周围的匈奴人）攻击金城，并在青山击杀凉州刺史牵弘，而司马骏，并没有什么太好的应对之法。

　　同月，吴人刁玄伪造谶文，声称"紫色的车盖、黄色的旗帜出现于东南方。这是上天的启示，说明荆、扬之主一旦出征，必会得到天下"。

　　当时，上自国家宰相，下至黎民百姓，他们全都认为这个什么刁玄在犯傻，因为就当时的情况，吴国能守住晋国的进攻就烧高香了，还要主动向北去攻击晋国？

就在全国人都痛骂这个傻瓜的时候，有一个更傻的货却对刁玄之言信奉不已，这个人是谁呢？

孙皓。

本月，孙皓带着太后、皇后、后宫数千人及庞大的部队向北行进，意图一举而定天下。

当时，满朝文武急谏孙皓，劝他不要犯傻，孙皓却一意孤行，一定要向北统一天下。

就在孙皓兵出华里，要往北行那自取灭亡之道时，一名士兵的话却改变了孙皓的行程，让吴国又多活了几年。

一天黄昏，正是吴兵扎营用餐之时，当时的营地里却是一片死寂，没有一名士兵往自己的嘴里塞东西，反倒黑着脸坐在原地，因为他们都知道，这一条送死的路走下去，自己九成九就回不来了。

而就在这种气氛"压缩"到极点之际，一名士兵突然暴吼了一声："谁会去打这种送死的战争！如果真的碰到敌军，我立马就倒戈！"

这话如果在平时说，估计这名士兵当场就会被擒杀，可如今，没有一个人对他动武，反倒有越来越多的士兵跟着附和。

由是，这种声音越传越广，士兵们的情绪越来越激烈。

逐渐地，全军的氛围都变了，由一开始的寂静变得吵闹，再由吵闹变得寂静。而这，就是兵变的征兆。

随军将领见此大惊，赶紧拜见孙皓，将此情况如实说明，并几乎死谏孙皓，让他赶紧回去建业，不然将有大祸降临。

孙皓好像也感到了问题的严重性，出奇地没有再说什么，而是带军队回去了。

七月，鲜卑秃发树机能越发猖狂，整个西部地区无人能制其锋，晋武帝无奈，只能再遣贾充往西部安抚。

可贾充虽然诡谋屡出，政绩卓越，但他并不是一个带兵打仗的人才，晋武帝为什么还要他总管西部军事呢？

侍中、尚书郎、车骑将军贾充，自司马昭时就受到司马氏宠爱，为司马昭身边的心腹。晋武帝能够成为太子，贾充也出力不少，所以更受晋武帝喜爱。

贾充虽然政绩卓越，谋略奇出，却虚伪谄媚，还与太尉、太子太傅荀顗，侍中、中书监荀勖，越骑校尉冯䄂结为朋党，他们在晋武帝面前相互吹捧，并帮助团队排除异己，只要谁得罪了三人中任何一人，都有被贬往地方之可能。

所以，朝野上下的官员都非常憎恨他们，欲除之而后快。

不过因为三人的"防御"太过坚固，大家一直没有机会罢了。

可近一段时间秃发树机能崛起，地方官员不能制，这就给了朝中大臣们绝好的机会。

为什么呢？

之前我已经说了，贾充别的厉害，但统领大军行军打仗是废物一个，因此，让他去攻击秃发树机能就是送死。

而一旦贾充失败则必将被处罚，且这种处罚最次也贬到地方。

同时，贾充是这三人党的首领，所以一旦他被贬走，这三人党也就树倒猢狲散了。

于是，众人都准备完毕，就等晋武帝给他们一个机会而已，而这个机会，很快就来了。

本节参《三国志》《资治通鉴》《晋书》

6　败亡之种——贾南风

公元271年秋，晋武帝满脸黢黑在朝堂上和文武百官道："诸位，现在西部大乱，秃发树机能无人能挡，之后的事情应该如何处理，还请诸位拿出个章程。"

这话一说，朝中大臣忽地振奋异常，然后，几乎连考虑都没有，侍中任恺第一个站出来道："这些异族人勇猛非常，想要平定他们，使用武力并不是最好的手段。我想，只有派出一位德高望重、富有才智并在我朝身居高位的人才可以胜任。"

晋武帝来了兴趣："哦？那你觉得谁才能担任此职呢？"

任恺："贾尚书文武双全，在我朝德高望重，此重任非其莫属！"

话毕，未等贾充反驳，很多大臣便站出来附议。

晋武帝亦觉得此提议甚有道理，便将此事议定。

于是，悲催的贾充被任命为统领秦州、凉州诸军事，但京中官职依然在身。

贾充对此很是忧虑，因此整日闷闷不乐，却没有"遁走"之法，便只能硬着头皮上了。

八月，晋武帝分益州南中地区的四个郡为宁州。

九月，蜀汉后主刘禅于洛阳老死，享年六十有四。

十一月，贾充将要往西赴任，当时，很多公卿大臣在夕阳亭为他饯行，这里面有和他关系好的，也有和他关系不好的。但不管关系如何，贾充都会笑呵呵地对其招呼。可细心人一眼就能看得出来，贾充根本就是心不在焉，因为他的眼睛一直在往四周欻欻，好像是在寻找什么人一般。

不一会儿，贾充找到了他的目标，于是撇下众人，直奔三人党中的荀勖而去。

见到荀勖以后，他赶紧拉着荀勖的手并悄然道："我的老弟啊，这段时间你到哪去了？现在正是为兄生死存亡之时，你可无论如何要想个办法救救为兄啊！"

荀勖微笑着以家常一般的口吻小声说着不是家常的话："贾兄莫慌，之前不去见您不是怕给自己找麻烦嘛，也不是没有办法，而是隔墙有耳，不可言明罢了。您身为陛下身边近臣，如今却被一群废物控制，这确实让人气愤！但此次之行，又是陛下钦定，实在不能更改。所以，现在的办法只有让你的女儿和太子成亲。如此，在成为皇亲国戚的身份以后才能够合理地留在洛阳！"

一听这话，贾充双眼一亮，可一想自己那些女儿的"尊容"，贾充那明亮的双眼又暗淡了，于是道："我那几个女儿你又不是不知道，她们哪里能配得上太子呢？唉……"

荀勖："贾兄不必妄自菲薄，皇室的婚姻，外貌只能占一小部分而已，您如果相信我，那就将这件事交给我来办。"

贾充知道，在三人党中，就属荀勖这小子鬼主意最多，所以拉着他的手激动道："好，那这事儿就拜托贤弟了，我会将日程再拖上一拖，还望贤弟尽力。"

就这样，贾充拖延了前往西北的日程，而荀勖呢？则第一时间找到了冯统并对其道："贾公是你与我的依靠，一旦贾公外出，你我二人必将失去现在的权势。如今，太子的婚事还没有定下来，陛下虽然有心卫瓘之女，但也不是没有机会，你我二人不如一起出一把力，将贾公之女捧上去，如此大恩，贾公定终生不忘，到时你我二人便再无忧患矣！"

话毕冯统连连点头，遂与荀勖共往贾府，和贾充整整商议了一个晚上，才想出一个最为简单却又行之有效的办法。

什么办法？当然是打通后宫的关系。

次日，贾充的妻子郭槐携重礼贿赂了晋武帝最爱的女人——杨皇后，希望杨皇后能让晋武帝允许贾充的女儿成为太子妃。

史料没有记载郭槐给杨皇后送了什么，但杨皇后确实收了礼物就把事儿办了。

当时的情况是这样的，杨皇后到了晋武帝处便开始夸奖贾充，并希望晋武帝能让太子娶贾充的女儿为妃子。

晋武帝却皱着眉头道："这怕是不太合适吧？据我所知，这卫氏的种既贤又能，男的英俊女的貌美，而且身材修长皮肤白洁。可贾氏的种呢？说句不中听的话，这帮人不管是男是女，一个个全都嫉妒成性并且容貌丑陋，还身材矮小皮肤如黑炭，把这种人嫁给太子，这……这简直不可理喻嘛！"

这话一说，杨皇后可不乐意了，当即纠正了晋武帝的"错误"，并说贾充的女儿怎么怎么漂亮，怎么怎么贤惠，直把晋武帝忽悠得头昏脑涨。

就在晋武帝半信半疑之时，身在一旁荀勖和冯𫄧也连忙帮腔，疯狂地夸赞贾充的女儿，这就使得晋武帝改变了原来的想法，终是让太子司马衷娶了贾充的女儿——贾南风。

（注：贾充的那帮大闺女一个比一个丑，其实最开始贾充是想让小女儿嫁给司马衷的，毕竟她和那几个姐姐相比简直就是仙女，可临嫁之时，因为这小女孩岁数太小，个子太矮，贾充这才让长相奇丑的贾南风替代为太子妃。）

而贾充呢，也终于因为女儿的婚事而没往西北平定秃发树机能，算是躲过了一劫。

本节参《晋书》《资治通鉴》《三国志》

7 贾充掌权

公元272年正月，晋武帝通过和一众参谋、将军之间的讨论，认为周围异族之敌中，要数秃发树机能最为难缠，而秃发树机能为什么到现在还没有被消灭呢？除了他拥有强悍的战斗力以外，其侧翼"盟友"也给了他很大的帮助。

因此，在彻底消灭秃发树机能以前，晋武帝决定首先铲除掉其侧翼盟友——匈奴右贤王刘猛。

于是，在本月，晋武帝遣监军何桢率数万正规军猛攻刘猛。

刘猛在最开始和何桢交手了几次，但因为双方装备差距太大，所以刘猛不是对手，便只能采用游击战的方式拖延何桢。

何桢觉得这样继续下去不是办法，遂以重利贿赂刘猛左部帅李恪。

最终，李恪经不住诱惑，刺杀了刘猛并率军投降晋军。

至是，匈奴右贤王之乱算是被彻底平定了。

二月，司马炎太子司马衷正式纳贾充之女贾南风为太子妃。

贾南风外貌丑陋、精于设计陷害，再加上有贾氏为靠山，所以太子府中不管是太子司马衷还是其他妃子都非常害怕贾南风，可以说，贾南风刚刚进入太子府便已经主宰了今后的晋氏江山。

同月，晋武帝和右将军皇甫陶不知因为何事在朝堂上争论了起来，据说那天皇甫陶一点儿面子都没给晋武帝留，气得晋武帝在龙椅上直打哆嗦。

散骑常侍郑徽见此，直接站了出来，要以大逆不道的罪名给皇甫陶定罪，可正在生气的晋武帝听闻此话以后停止了发抖，反而阴冷地看着郑徽，以极为不善的口吻道："你小子知道朕最怕得不到什么吗？"

郑徽："这……臣不知。"

晋武帝："朕最怕的就是听不到逆耳的忠言。皇甫陶虽然言辞激烈，但每一句都是为了国家。这种人，哪怕将朕气死又能如何？反倒是你，身为朕的常侍，却只知道溜须拍马陷害忠良，我要你何用啊？"

就这样，晋武帝免去了郑徽的官职，得到了满朝士人的赞赏。

三月，吴主孙皓任大都督陆抗为大司马，继行大督之职，执掌全国兵马。

七月，以太子妃贾南风的关系，晋武帝再升贾充为司空，并将其侍中、尚书令、领兵职务保留。

贾充进一步的高升，使得三人党越发主动，而以任恺为首的"清流党"则开始陷入被动的局面。

因此，任恺开始用软硬兼施的手段拉拢朝中的中立派，意图以极端的手段增强"清流党"在朝中的力量。

一而再再而三！这不知死活的任恺总要找自己麻烦，总要置自己于死地。这一回，贾充怒了，于是采取了同样的办法来增强三人党的力量，势必要和"清流党"决一死战。

一时间，朝中官吏都开始依附靠山，两党中人已势如水火。

一段时间以后，晋武帝了解了这种情况，于是同时招来了贾充和任恺，在式乾殿宴请他们，并在酒过三巡以后和颜悦色地劝解二人道："朝廷应该是一个统一的整体，大臣之间要和睦相处，朕不希望看到同为一朝的官员相互争斗、陷害，你们明白吗？"

听毕，二人点头称是，可自此以后更加肆无忌惮（因为晋武帝没有责罚二人，所以二人以为晋武帝就是要纵容他们两党斗争，以达到朝中的平衡）。

一段时间以后（具体时间未知），贾充和其党羽推荐任恺为吏部尚书，此举表面上是要升任恺之官，实际上却是要将其支离晋武帝身边。

晋武帝不知贾充的真实意图，还以为两人的关系真的变好了，于是便行恩准。

可一段时间以后，随着晋武帝和任恺见面的时间越来越少，晋武帝对任恺的依赖感也就淡了。

"三人党"借此开始对任恺各种陷害，最终，晋武帝听信谗言，将任恺罢官，使其赋闲在家。

因此，贾充和其"三人党"逐渐主导了朝中的政事。

八月，吴主孙皓突然在毫无征兆的情况下召昭武将军、西陵大督步阐入京。

步阐一族世代居住在西陵，和中央一直相安无事，如今突然被召，自以为是孙皓这昏君听信了谗言要弄他，所以非常害怕，便在本年九月投降了晋国，并派侄子步玑、步璿前往洛阳去充当人质。

晋武帝听闻步阐投降的消息以后特别高兴，当即封步阐为西陵大督、卫将军、开府仪同三司、侍中兼交州牧、宜都公。

十月，步阐背叛吴国的消息传到了陆抗那里，陆抗不敢拖延，立即派将军左奕、吴彦等前往讨伐。

晋武帝亦做出应对，分别遣荆州刺史杨肇、巴东监军徐胤率本部兵马支援西陵，另遣车骑将军羊祜攻击江陵，以达围魏救赵、分吴之兵的效果。

见此，身在江陵的陆抗立即命令左奕、吴彦于西陵周围筑造高耸围墙。

如此，外可抵抗晋军，内可防御步阐。

这还不算，陆抗还白天黑夜地催逼筑围，要求士兵必须在最短的时间完成任务，那着急的样子，就好像敌人已经来到眼前一样。

当时，西陵的吴军已经累得上气不接下气，所以军中怨声载道，诸多将军也因此向陆抗建言道："大人，当前三军刚刚出征，锐气正盛，所以急攻步阐，在晋军前来之前拿下西陵才是最好的办法，何必去做那筑围之事，在开战以前就使士兵疲惫呢？"

陆抗："西陵城所处之地易守难攻，城内粮草丰足，各种防御设施、器械都十分精良，再加上晋国援军即将到来，城内士气定然高涨，根本不是短时间能够攻破的。试问，如果敌人援军前来的时候，我军狂攻数日还未能下西陵，会产生什么后果？必会被两面夹击，进而全军覆没。所以，我们必须做好万全的准备，这样才能成功将西陵收复。"

就这样，围攻西陵之吴军再次拼命筑围。可没几天以后，士兵的情绪又不对了，于是前线诸将再次请战。

陆抗见围墙已经筑得差不多了，便允许士兵攻城，但有言在先，那就是给他们一日时间，如果连一座城门都破坏不了就再回去筑围。

于是，吴军对西陵发动了疯狂的攻击。

可结果就像陆抗说的那样，别说破坏一座城门了，就连一片墙皮子都没能抠下来，因为西陵的城防实在是太坚固了。

基于此，吴军再无怨言，转而专心致志地筑围，终于在晋军前来之前将围墙筑造完工。

本节参《晋书》《资治通鉴》《三国志》

8　惺惺相惜？

公元272年十月末，晋三军即将抵达目的地，尤其是羊祜的五万大军，已经距离江陵越来越近。可就在这生死存亡之际，三军之帅，陆抗却要率主力兵团移军西陵，陆抗麾下的将领都认为江陵的作用要重于西陵，所以皆劝陆抗不要移军，陆抗却道："江陵城高墙厚，粮食充足，驻兵亦重，没什么可以担忧的。哪怕敌人得到了江陵也不会持久，很快便会被我夺回。可如果晋军占据了西陵，那么南山的众多夷族就都会动摇骚乱。这样的话，祸患就不可估量了，所以江陵可以丢，西陵绝对不能丢!"

就这样,陆抗率主力兵团向西而行,并在十一月先晋兵一步到达西陵。

到达西陵以后,陆抗先是命公安大督孙遵沿着南岸往江陵方向游击羊祜,让羊祜不能专心攻城,然后令水军都督留虑抵抗徐胤。自己则亲率主力凭长围与杨肇对抗。

最开始的时候,杨肇还象征性地对陆抗发起过几次攻击,但因为每次攻击都占不到半点儿便宜,所以杨肇便不再进攻,而是和陆抗形成了对峙的局面。

可就在双方打算展开长期对峙的时候,陆抗军中将领俞赞却背叛了吴国,转而投到杨肇的军中。

陆抗因此连夜急招各军将领,并和他们语重心长地道:"俞赞是军中的老将军了,对我军的方方面面都十分了解。而我军最弱的环节在哪里?便是那些夷兵驻守的地方!那些夷兵是临时召集,对我吴国并不忠心,而且训练不足,很容易被击溃。俞赞对此非常了解,一定会将夷兵的驻守地点告诉晋军,本帅可以料定,明日拂晓之时,便是晋军总攻之际!"

基于此,陆抗连夜大换防,用军中最精锐的战士替换了原来夷兵守备的位置。

而事情果然如陆抗所料,次日拂晓,杨肇将所有战力集中于一点,对原来夷兵驻守的壁垒发动如同雷霆一般的进攻。

可吴军早有准备,未等晋军冲杀上来,密集如蝗的箭雨便射向晋军,使得晋军在冲上壁垒之前便损失惨重。

可杨肇依然没有发现事情的异常,还是不断令大军攻击。

就这样,一名又一名晋兵死于战场,一名又一名晋兵从壁垒上栽落。而壁垒上的吴军则一个个如同九幽恶魔,不停挥舞着手中的钢刀向下疯砍。那装备,那动作,那说话行走的方式,不管从哪一点都看不出是夷人士兵。

直到这时,杨肇才知道自己中计了,于是赶紧鸣金收兵。

可陆抗怎么会放过如此痛打落水狗的机会?他见敌军已崩溃,当即令全军反扑,于是,晋军大溃。

公元272年十二月,晋将杨肇再也挡不住陆抗的进攻,只能仓皇北逃,陆抗想追击杨肇,进而将其部队全歼,可担心自己出主力追击杨肇之时步阐随后出击,将自己的壁垒全部摧毁,便通告全军后播动总攻击的战鼓,可实际上只出动轻军追击杨肇。

杨肇不知是计,以为陆抗出动主力大军对自己进行追击,所以更加仓皇地逃窜，整个晋军根本无纪律可言，更没有人去看追击自己的吴军到底是不是主力，就由得后方吴军不断砍杀。

结果，晋军相互踩踏而死、掉入大河而死以及被吴军砍死的士兵不计其数，几乎被全歼。而步阐以为陆抗全军追击杨肇，也出动主力兵团攻击壁垒，意图毁之。

可就在步阐之军接近吴军壁垒之时，无数的吴兵从四面八方冲向步阐，并直接将步阐之军击溃。步阐眼见中计，不敢久留，只能弃军逃回西陵。至于其他士兵，尽皆被吴军生擒。

就这样，西陵只剩下了一个空壳子，再无抵抗吴军之可能。

晋武帝见此情况，料定西陵无法再救，便行弃之，并令其他两路大军撤回原地。

同月，陆抗攻陷西陵，将所有参与本次叛乱的将领全部族诛，西陵之乱得以平定。

平定西陵以后，吴主孙皓并没认为这是陆抗的功劳，只以为自己得到了上天的保护，所以立即请来术士，让他为自己占卜凶吉，看看是否能得到天下。

结果术士一通跳大神以后，不无兴奋地对孙皓道："陛下，大吉！大吉！神明说，陛下很快就能入主中原，平定天下了！"

妥了，这话一说，孙皓更是放心了，认为平定天下就是上天强加给他的事情，不管自己以后是否努力处理政事都将完成这件伟大的事情。所以从此以后，孙皓更加不理政事，满心是吃喝玩乐，统一天下。

公元273年正月，晋国车骑将军，正驻军于襄阳的羊祜开始频繁与吴国大司马陆抗接触，双方信中推心置腹，简直和结拜兄弟一般。

吴主孙皓因此而怒，遂对陆抗起疑。

那么这是怎么回事儿呢？难倒陆抗真的有背叛吴国的可能吗？

答案当然不是这样。

话说那羊祜撤回襄阳以后，便开始使用以德服人的战略来使吴人屈服。他是怎么做的呢？

1.每次和吴国作战，或者抢夺吴国物资，都要大张旗鼓地约定日期，从来不突然袭击。

2.每次麾下将帅有出"阴谋诡计"者，羊祜从来不听从，甚至用美酒给其灌得说不了话。

3.晋军进入吴境以后，如果没有粮了，羊祜会允许士兵借，但在回到领地以后一定会派人再将借来的军粮成倍送回去。

4.羊祜喜欢打猎，但每次打猎都在晋国的边境，从来不会到吴国边境去。有时候吴国猎户不小心进入了晋国边境，误杀了晋国的野兽，羊祜还会将野兽送到猎户手中去。

基于以上，吴国边境不管是百姓还是士兵都很佩服羊祜的"心胸"，认为他是一个伟大的将军。

这人心，也就逐渐向晋国那边去了。

陆抗感觉不好，赶紧采用应对之法。

他首先严令士兵不得抢夺百姓财物，然后又出台了很多利于百姓的政策。更狠的是，陆抗还给羊祜送上了美酒佳肴，感谢他对"自己人民"这一段时间的照顾。

而羊祜呢？根本没有半点儿生疑，大口喝着陆抗送的酒，大口吃着陆抗送的肉。

还有一次，陆抗病了，这厮竟然给羊祜写了一封信，声称能治疗自己这种病的药南方没有，只有北方才出产，希望羊祜能给他弄点儿，不然自己就死了。

羊祜没二话，直接弄了药给送过去。

当时，陆抗手下的将领都劝陆抗不要吃，陆抗却是半点儿怀疑没有，拿起来就吃。

而羊祜果然没有用什么下作的手段，陆抗吃了药以后就好了。

这事儿不管是当时还是现在都非常有名，世人皆说这二人是英雄惜英雄。可在我看来，其实就是两个老狐狸在相互钩心斗角。而这为的，便是占到人心的便宜。

本节参《晋书》《资治通鉴》《三国志》

9 过渡

那晋武帝起码现在还算是个明君，所以根本没有怀疑羊祜，反倒由着他在南面弄。

可孙皓就不行了，这千年第一大昏君一见陆抗和羊祜打得火热，当时就不乐意了，认为陆抗有通敌的嫌疑，所以遣使者往陆抗处，可人家陆抗一段话就把使者打发了，并且让孙皓没了脾气，从此对陆抗更加放心。

"你回去告诉陛下，这个天下，一邑一乡都不可以不讲信誉，更何况是大国？之前羊祜已经对我吴国百姓广施恩泽，如果我不回应，那不正彰显了羊祜的恩德，使我吴国人心不附吗？"

三月，吴主孙皓命大司马陆抗兼任荆州牧，对其大大地放心。

同月，晋武帝任司马祗为东海王。

四月，因为吴主孙皓喜欢听好听的话，喜欢各种福瑞，所以吴国有越来越多的神棍于建业宣传福瑞，招摇撞骗，为的就是能在孙皓面前表现一番，进而换来那享之不尽的荣华富贵。

面对漫天飞舞的福瑞，孙皓别提有多开心了，因此走路都开始飘了，其侍中韦昭却对此嗤之以鼻，可碍于孙皓的疯癫昏庸，他也不好多说。

可有的时候，你不想惹麻烦，麻烦经常会主动找上你。

一天，韦昭正随同孙皓行走，孙皓嘎嘣一下就来了一句："韦爱卿啊，对于我吴国现在频频出现的福瑞，你有什么感觉呢？"

也许是憋了太长时间，也许是一时糊涂，没能反应过来，韦昭直接便回道："福瑞这东西只不过是骗人的把戏，就好像垃圾一样不值一提，这有什么可高兴的？"

这话一说，孙皓当时脸就黑了。韦昭知道孙皓的德行，也知道他这种表情就是要杀人了，于是赶紧给孙皓跪下，并以年老为由请求告老还乡。

孙皓却坚决不许其辞职，不知何意。

这之后，韦昭越发害怕，生怕孙皓会在哪天随便找个借口将自己给咔嚓了，于是称病在家，从此不敢上朝。

孙皓却不想就此放过韦昭。几日以后，孙皓宴请满朝文武，并发出圣旨，不管平时喝不喝酒的，今天最少也要喝它个七升。

韦昭当时万般无奈，只能前来赴宴，但不敢喝酒（不然生病之事不就露馅儿了嘛），只能以生病为由以茶代酒。

最开始，孙皓也不强逼，可酒过三巡以后，这小子不知道是喝多了犯浑还是刻意为之，总之要求韦昭必须喝酒。

韦昭无法，只能略饮。

几个时辰后，酒宴结束，孙皓的兴致却没有结束。他命人撤掉酒宴以后便开始玩起了自己最爱的游戏。

这个游戏是什么呢？就是要求朝中大臣相互揭露隐私取乐，如果有隐私太过变态的，孙皓当场杀之，如果有无法揭露他人隐私的，孙皓也当场杀之。

所以当听闻孙皓又要玩起这个变态游戏时，朝中大臣都非常害怕。

可还好这些大臣都有分寸，揭发得"中规中矩"，一开始并没玩儿出什么人命。可到韦昭之时，事情发生了异变。

韦昭认为，不顾脸面的诽谤、中伤他人，会使人怨恨，从而使得群臣之间出现不和，甚至争斗，这并不是好事，所以没有揭发别人隐私，只不过以书籍中的经典发难质问罢了。

孙皓正愁找不到机会弄死韦昭，如今终于让他逮住了机会，岂能放弃？所以直接以韦昭抗命为由将其扔到了监狱，并在没几日以后将其杀害了。

由是，江东士人痛恨孙皓已经到了一种无以复加的程度。

六月，东海王司马祗去世。

七月，晋武帝突然下诏，挑选公卿以下人家的女子进入洛阳补充六宫，如果有隐藏不送的，直接以大不敬论处。

同时，在挑选结束前，禁止天下婚嫁。

最开始的时候晋武帝是让杨皇后替自己挑选美女的，可杨皇后嫉妒那些长得比自己漂亮的女人，所以挑选的女人都是些体态优美，但长相普通的。

晋武帝因此而怒，不顾廉耻地亲自挑选，因此为天下君子所讥笑。

九月，吴主孙皓将自己的十一个子侄都封了王，并且给每个王配兵三千，大赦天下。

十月，吴主孙皓的宠妾派人到市集到处抢夺财宝，完全无视国家律法纲典。司市中郎将陈声看不惯这种恶行，依法处治了那些抢夺他人财物的走狗。

宠妾闻言大怒，便往孙皓处狼哭鬼嚎。

结果，孙皓命人用一把烧红的铁锯活生生将陈声的头颅割了下来，并把他的身躯碾碎扔到了四望山下。

此恶劣至极的行为让吴国臣民彻底寒了心，甚至孙皓身边的亲信都对孙皓彻底地失望。为什么？因为陈声就是孙皓身边的亲信之一。而他的性命，还比不上一个小妾的一句话。

公元274年三月，半年前，晋武帝挑选了成千女子进宫，可不知道是他这么短的时间都玩儿了个遍还是怎么的，总之，在这个月，晋武帝再次下诏，让洛阳清白人家及小将吏家将自己未出嫁的女儿全都送到宫中供他挑选。

几日以后，洛阳五千家父母领着自己的女儿前往皇宫。据说入宫那天，母女因为分别而哭号之声甚至传到了宫外。晋武帝司马炎也因此为天下士人所不齿。

四月，晋武帝越发为晋室江山担心，因为怎么看自己的太子都是一个智障，实在没有能力统领一个国家，所以，便有了替换太子的想法。

可就在这个时候，杨皇后劝道："陛下，不管是民间小家，还是我们皇室大家，选择继承人都不是看才能和贤德，而看是否是长子。废长立幼为取乱之道，这句话我一个妇人都知道，陛下您不会不知道吧？"

晋武帝想想也是，再加上现在"三人党"全都依附司马衷，所以这个太子虽然不够聪明，但羽翼已成，也不好轻易废黜，这事儿便就搁置了。

而西晋灭亡的种子，也从此刻开始发芽。

本节参《晋书》《资治通鉴》《三国志》

10　一拖再拖

公元274年七月，晋武帝的最爱——杨皇后去世，晋武帝很伤心。可几日以后，他的伤心便荡然无存，取而代之的却是无比的振奋。

因为就在这个月，吴国的顶梁柱，最后的战神陆抗病情急剧加重，不几日的时间便口不能言，脚不能走。

他料想时日无多，便在死前上奏于孙皓道："陛下，西陵是国家的屏障，地势既处于上游（对吴而言是上游，对晋而言是下游），又与敌人的领土接壤，如果敌人顺流而下，那么就如同星驰电掣一般。到那时，主力军团如果不能第一时间前来营救就危险了。这是关乎国家安危的关键，不是小小的祸患。我的父亲（陆逊）从前在西部边境时曾经上言朝廷：'西陵是国家的西大门，虽然容易防御，但也容易丧失（说容易防御是因为地理易守难攻，说容易丧失是因为对敌国地处下游，敌人很快便能杀到，容易被打一个措手不及）。假如守不住的话，那就不是失去一个郡那么简单的了，估计连荆州也保不住。因此，如果西陵有了忧患，就要竭尽国家的力量去争夺它。'臣过去曾经请求在西陵驻守三万精锐，但没能被批准。可自从步阐事件以后，我方兵力越发减少。现在我统率着千里方圆之地，对外要抵御强大的敌人，对内又要安抚各蛮族，可手中的士兵呢？上上下下连预备兵都算上也不过几万而已，并且这些士兵已经疲惫，士气很低，根本无法应对突发而来的状况。我认为，诸王年幼，不用给他们配备如此多的兵马，可以省去一部分来防止敌人对西陵方向进行攻击。另外，现在宫中宦官太多，有很多宦官一天天根本没有事情做，陛下可以让他们前来战场，再用牢狱之中的罪人也奔赴西部战线。如此，西部战线的部队就能达到八万，还能节省宫中的开销，这样就万无一失，我就算是死也能瞑目了。可如果不这样做，西部局势就危险了，还请陛下能够恩准。"

陆抗所说皆为肺腑之言，可孙皓并没有采纳他的意见。

就这样，陆抗没能等来孙皓的批准便离开了人世，而继承陆抗军队的分别是陆晏、陆景、陆玄、陆机和陆云（皆陆抗之子）。

可他们只善于文章诗赋，对于行军打仗并没有继承父亲和爷爷的基因。

所以，从此刻开始，吴国的灭亡进入了倒计时的状态。

八月，晋朝重新颁布守丧三年之法。

公元275年正月，秃发树机能的势力已经由凉州金城郡更向西北发展，意图将整个西北异族皆归于自己麾下，进而刮起血腥旋风，彻底推翻晋朝的统治。

晋武帝因此寝食难安却不能治。

同月，吴国中书令——三朝元老贺邵被孙皓活活折磨致死，使得满朝悲愤却无人敢于言语。

原因：贺邵劝孙皓"改邪归正"孙皓不听，还记恨贺邵，所以就找个借口将其残杀了。

六月，鲜卑拓跋部大人拓跋力微遣其子拓跋沙漠汗往洛阳上贡，意图进一步深化和晋朝之间的关系，如此，便能在本来就强大的基础上更加强大。

晋武帝本来没想那么多，毕竟现在西北秃发树机能猖狂无敌，能少一个敌人就是一个。

卫瓘却不这样想。

他认为，一只冲人乱吼的狗不必惧怕，因为他会让人有所防备，而这人一旦有了防备，那狗无论多么厉害都伤不到人了。只有那种成天在你面前点头哈腰的猛犬才最为可怕。因为你不知道这猛犬的危险，还总是给他喂好吃的，让他更加强壮。等有一天，这头猛犬突然发疯，你就是想制止也制止不了了，他会一口将你的脖子咬断，让你直接丧命。

在卫瓘眼里，拓跋部便是这种极为危险的猛犬。

所以，他建议晋武帝将拓跋沙漠汗暂时留在洛阳，然后由他在边境通过大量的金钱来离间拓跋力微、拓跋沙漠汗以及拓跋各部之间的关系。

晋武帝对于卫瓘的才能是相当肯定的，所以只看了一眼奏书便大印一挥，同意了。

公元276年正月，司空、尚书令、侍中贾充在朝廷已进一步坐大，不但朝中大部官员唯其马首是瞻，甚至自己的儿子都成了皇帝姑爷。

晋武帝怕百年之后儿子制不住贾充，乃将其兵权全部收回，但地位依然不变。

七月，随着吴主孙皓越发狂暴奢靡，越来越多的百姓开始在吴国境内造反，很多地方太守感觉吴国早晚要完蛋，便开始投降晋朝。

同月，孙皓各种血腥平叛，各种杀功臣，各种迷信。

八月，晋武帝任命何曾为太傅，陈骞为大司马，贾充为太尉（没有兵权的太尉），齐王司马攸为司空。

十月，晋武帝用汝阴王司马骏为征西大将军，羊祜为征南大将军，并允许二人设立幕府，征召属员，且享受仪同三司待遇。

同月，征南大将军羊祜上表晋武帝，声称此时正是一举灭掉吴国的最佳时机，绝不可错过。

晋武帝对此提议甚为赞同，便召开廷议商讨。

当时，大多数朝臣不建议晋武帝现在对吴国发动总攻，其原因无外乎西北的定时炸弹秃发树机能，晋武帝甚感有理，因此没有第一时间答复羊祜。

羊祜知道晋武帝的顾忌，于是再上言道："平定了吴国就相当于平定了天下，平定了天下就相当于我们再无后顾之忧。而到了那个时候，周边胡人哪里还敢再与我们晋朝对抗？所以，现在唯有以最快的速度平定吴国才是王道。人这一生，不能两全其美的事情十之八九，所以凡事都有危险，凡事都需要果断去搏、去拼，怎能尽想那两全其美之事呢？"

看着羊祜这封奏折，晋武帝的内心久久不能平静，更倾向于闪电伐吴。

可当时，因为秃发树机能给晋朝造成的压力实在太大，所以整个晋朝廷，除了羊祜、杜预、张华和晋武帝以外，便再无人赞成此时伐吴。

因此，伐吴之事还是被拖了下来。

本节参《晋书》《资治通鉴》《三国志》

11 决定伐吴

公元277年正月，东夷二十余国先后到洛阳献上了本国的贡品并朝拜晋武帝，宣誓从此以晋朝马首是瞻，可晋武帝现在要的并不是别人的朝拜，而是秃发树机能赶紧灭亡。

怒了，晋武帝现在是真的怒了，就因为这个秃发树机能，使得自己无法完成统一天下的大愿，就是因为秃发树机能，使得自己一天天茶不思饭不想，秃发树机能秃发树机能！全都是因为这个秃发树机能！至于此，晋武帝竟然在朝堂上大声咆哮："谁能现在弄死秃发树机能，他便是我司马炎的恩人！"

基于此，朝中一不知名的官员向晋武帝推荐一人，一原本在曹魏，后投孙吴，后又投魏、晋的三国末期第一猛将——文鸯。

文鸯跟随其父文钦有过多次叛变的记录，晋武帝认为这种人骨子里便流淌着反复之血，所以不愿重用。但现在局势就是这样，只要能尽快平定秃发树机能，不要说文鸯这种晋武帝自认为反复的将领，哪怕就是曹操重新从土里爬出来他也得用！

因此，晋武帝命文鸯为帅，准备主动出击，攻击秃发树机能。

公元277年三月，各部已准备就绪，文鸯遂率凉、秦、雍三州之兵前往征伐秃发树机能。

文鸯，三国末期第一猛将，不仅武力超群，统兵作战的水平也相当高超。更重要的是，其麾下三州之兵皆为西北精锐，战斗力可算是非常厉害。

秃发树机能，他的能力如何？能把晋武帝打得茶不思饭不想，相信我也不用多做介绍了。而其聚集整个西北的异族，其战斗力也绝对不下文鸯。不用说，这场战役铁定是火星撞地球，神仙打架！

但不知道为什么！史书没有记载这场战役的丝毫过程，只说文鸯大胜，且降胡二十万口。其他至于损失多少、杀敌多少则无一字记载。

本次大胜，虽然使秃发树机能的实力大减，但没有将其生擒，也无力继续向北追击，晋武帝还怕文鸯再起什么歪心思，便只能命其班师回朝。

七月，晋武帝令所有在京诸侯王即刻奔赴封地，并颁布封地驻兵三等制。分别为一等国（大国）编制五千人，二等国编制三千人，三等国编制一千五百人。

十二月，卫瓘对拓跋部的分裂行动已经完毕，又见拓跋力微病重，便上书晋武帝，声称已经可以将拓跋沙漠汗放回去了。

晋武帝没有多说，当即"释放"了拓跋沙漠汗。

可以回家了，拓跋沙漠汗当然高兴，可还没等拓跋沙漠汗回到拓跋部，拓跋部的那些首领便纷纷找到拓跋力微，并向其献拓跋沙漠汗之谗言。

拓跋力微如今已经一百零四岁了，开始神志不清，竟然真的听信了谗言，将文武双全的拓跋沙漠汗杀死了。

可一段时间以后，拓跋力微回光返照，大脑格外清醒，当即悔恨自己之前的行为，时常痛哭过后大发雷霆。

之前献谗言的那些首领见此无不吓得神魂乱颤，生怕拓跋力微会将他们治罪。

而就在这最为敏感的时期，收了卫瓘贿赂的乌桓王库贤突然找到了拓跋部的各个部落首领，并对他们道："你们大概还不知道吧，大人恨你们之前献谗言杀了他的长子，现在磨刀霍霍地要将你们的长子全都杀死呢！这还不算，据说，在让你们尝过丧子之痛以后还要将你们都弄死，你们不赶紧想办法，难道还等着大人请你们吃饭吗？"

那些部落首领一听这话，一个个无不吓得惊慌失措。

结果第二天，便有部落的首领带着自己的部落远逃他乡，而且这种情况越来越严重，只几日时间便走了许多部落。

眼见好不容易打下来的天下在瞬时之间分崩离析，拓跋力微一口气儿没喘上来，嘎嘣，死了！

由是，由弱转强的拓跋种部再次衰弱了下去。

同月，就在秃发树机能大败，鲜卑拓跋种部衰弱以后，西北杂胡、鲜卑及五溪蛮皆遣使往洛阳内附，使得晋朝的权威更加巩固。

公元278年六月，征南大将军羊祜病重，上书请求能够进入洛阳和晋武帝一叙。

晋武帝允许。

到了洛阳以后，羊祜已经病得无法行走，晋武帝便允许他乘坐车子上殿并不用行礼。

做了简单的礼拜动作以后，羊祜便单刀直入："陛下，孙皓凶残暴虐已经到达了极点，早晚为人所杀。如果我们现在行动，可以不战而胜，可如果再拖延下去，恐怕孙皓马上就会死亡。到时候，吴人如果立一名贤明的君主，那么我们哪怕有百万之众，怕是也无法窥伺长江了，还请陛下速速决定。"

听毕，晋武帝陷入了久久的沉思，在决定是否攻击吴国的时候，他脑子里出现了秃发树机能的身影，但他同时知道，这真的是攻击吴国最好的机会了。

于是，在经过漫长的思考以后，晋武帝还是决定不管秃发树机能，直接对吴国发动总攻。

于是，晋武帝道："既然羊公如此说，那朕灭吴便是！可……不知羊公能否带病指挥全军呢？"

羊祜摇了摇头道："攻取吴国不一定非要我去，我也不敢居于名利之间，陛下自行选择便可。不过这都不是重要的，就现在的吴国，您不管派谁去都是能战胜的。重要的是，攻取吴国以后，一定要派遣贤德且能力出众的人管理，如此方可彻底安定天下。"

就这样，晋武帝终于决定攻击东吴，并开始在南部边界大量集结士兵。

（注：羊祜死于本年十一月，死后杜预代其职权。）

可就在晋武帝终于要对吴国发动灭国之战时，那让晋武帝恨得咬牙切齿的秃发树机能又开始上蹿下跳了。

12　秃发之乱（终）

话说文鸯在之前没有彻底消灭秃发树机能便被朝廷召回，所以秃发树机能的有生力量得以保存，只不过暂时安静片刻恢复元气罢了。

直到公元278年，恢复了元气的秃发树机能再次对凉州发动攻击，并在武威大破晋军，全歼晋朝在凉州的有生力量。

此战过后，秃发树机能再无顾忌，于是在凉州境内纵横驰骋，简直无人能敌。

公元279年正月，秃发树机能全定凉州，成为晋朝最大的威胁。其威胁指数甚至要高过现在的吴国很多倍，所以晋武帝再次停止了对吴国的征伐，并在朝会上痛声喝道："再说一遍！谁能为朕消灭这个叛胡谁就是朕的恩人！"

可哪怕这样，依然没有人敢主动请缨去攻击秃发树机能。

见此，晋武帝满心的叹息（怎么办？难道还要朕起用文鸯吗？上一次的事情文鸯一定会痛恨朕，如果再起用他，这可怎么办），可就在他想再次起用文鸯之时，一个声音突然暴响在大殿之中："末将愿率本部兵马消灭秃发树机能，荡平凉州异族！"

这话一说，满堂皆用惊叹无比的目光看向此人，因为他们实在无法相信，在现在这个秃发树机能最为猖狂的时候，还有谁敢放如此狂言？

那么这个人是谁呢？他便是晋朝优秀的兵器科学家、军事家——马隆。

马隆，字孝兴，A$^+$级军事统帅，泰山郡奉高县（今山东省泰安市岱岳区范镇故县村）人，自幼智勇兼备，果断过人，好立名节，是一位能力与正义感爆棚的中二少年。

起初，马隆在兖州担任武官，再后来，因为个人能力和贤德的名声而被升任武猛从事。

晋朝成立以后，晋武帝无数次想要灭掉吴国，便下诏州郡推荐一些强壮勇猛、并有带兵作战才能的人到洛阳报到。马隆就这样被推荐到了洛阳，后被任命为六品官司马督。

公元278年，马隆上奏朝廷，称文鸯并没有一举消灭秃发树机能，秃发树机能一定还会反扑，而凉州刺史杨欣一向和异族处得不怎么融洽，最后必为秃发树机能所败，所以请求晋武帝能够改换凉州刺史。

一个小小的六品官员，他怎么能？他怎么敢？他怎么够资格让皇帝改任封疆大吏呢？

看过这封奏折以后，晋武帝对这个叫马隆的中二哭笑不得，当即将他的折子扔到了一旁，但记住了马隆这个中二狂人。

可结果呢？不几日的工夫，马隆话音刚落，秃发树机能便杀了回来，并干死了杨欣，毁掉了晋朝在凉州的驻军，进而全并凉州。

到这，晋武帝慌了，并对之前没有听从马隆的话深深悔恨。

为了表示自己的歉意和诚意，晋武帝给马隆升了官，并允许他上朝议事。

其实最开始的时候，马隆并没想主动请缨，可晋武帝愤怒地问完了以后左右无声。当马隆确认再无人请命出战以后这才毛遂自荐，请求领兵前往攻击秃发树机能。

那晋武帝虽然知道马隆，但没有见过他，所以一见英气勃发的马隆便疑惑道："你是……"

马隆："末将马隆！"

晋武帝："哦？是你！那……你需要多少士兵呢？"

马隆："雄兵四千！荡平凉州！"

这话一说，整个大殿之中倒吸一口凉气，在场的大臣几乎都用一种看怪物的眼神看着马隆。

晋武帝也在一时间几乎不敢相信自己的耳朵，于是又问了一遍，而在得到马隆的确认以后，晋武帝长长地呼了一口气，然后用手势制止正要对马隆呵斥的大臣继续道："都要些什么兵？"

马隆："中军兵！不过士兵必须我自行选择！"

晋武帝沉默一瞬："好！朕答应你！并封你为讨虏护军，武威太守！只等你凯旋！"

就这样，马隆在洛阳精挑细选了三千五百名大兵，这些士兵可不是一般的士兵，他们全都是洛阳中军兵中最为精锐的战士，人人身经百战，人人能拉动约二百三十公斤的大弩和二十八公斤的弓。

这还不算，晋武帝还给了马隆最精良的武器和甲胄，并给他的部队预支了三年的战争军需品，可以算是仁至义尽了。

可哪怕这样，马隆就能战胜秃发树机能了吗？要知道，那可是现在晋朝西北最强悍的存在，是晋武帝出动几万正规军都要心发颤的存在。

数日后，马隆终于出兵西行，并在很短的时间到达武威以东的温水。

因为现在自己和晋朝正处于绝对的交战状态，所以秃发树机能的警戒级别非常高，很快便发现了这支装备精良的队伍。

按说，秃发树机能的部队人数是马隆的好几倍，正应该一鼓作气将其消灭，可这个鲜卑人是一名非常谨慎的将帅。见晋军如此，料定事出反常必有妖，于是没有贸然进攻，而是占据晋军必经之路的各个险要，准备以远程作战的方式活活耗死晋军。

可这种战术早在马隆意料之中。为了应付这些箭术高超的马背民族，马隆特意发明了一种类似于武刚车的战争车辆，其名为扁箱车。

这种扁箱车要比武刚车更加庞大夸张。虽然构造图没能流传下来，不过史书载其车中有房，房中有孔，士兵可以在四方保护之下随意向外射击而不必担心被射到。再加上这三千五百人皆为晋朝极精锐之士，个个手中持有劲弩强弓，所以只有他们射敌人的份儿，没有敌人射他们的份儿。

类似于匈奴、鲜卑这些马背民族，除了骑射和突击那一下这两个长处，他们什么都不是。

基于此，马隆采用忍者神龟战术一路推进，兵锋直指各个部落。

而一旦让这些晋朝大兵进入自家部落，那必会是一场血腥屠杀。所以，秃发树机能率一万多骑兵拼了命地阻挡马隆。但无一例外，冲上来的都被马隆躲在车中的晋兵无情射杀（时火矢技术还没有传到异族，不然绝不会如此被动），没等马隆进入各个部落便损失数千人之多。

见此，秃发树机能毫无办法，只能无奈地跟随在晋军身后。

眼见马隆距离各个部落越来越近，一些本来归顺了秃发树机能的鲜卑部落首领忍不住了。他们纷纷跑去向马隆投降，并往洛阳上交了人质，宣誓永不再反叛晋朝的统治，只求马隆的部队越过本方部落之时能够手下留情，不要赶尽杀绝。

见此，晋武帝于朝堂上狂笑，当即封马隆为宣威将军，并趁热打铁，再从西北派遣援兵帮助马隆，且命令所有部队必须听从马隆的命令，心甘情愿地辅助他。

就这样，一个又一个部落投降了晋朝，只短短旬月间便有一万多部落前来投降。

公元279年十二月，马上就要变成光杆司令的秃发树机能再也忍不了了。因为他知道，如果继续拖延下去，西北将再无其立足之地。而在这种情况下，想要东山再起无异于痴人说梦。

因此，被逼到绝路的秃发树机能遂于本月和马隆展开了决战。

结果，秃发树机能全军覆没（过程无载），他本人也死在了这次战役。凉州在秃发树机能死后也重新归于晋朝的统治，西北异族在短期之内再也没有反抗过晋朝。

好了，持续九年的秃发之乱终于尘埃落定，吴国，再也没人救得了你了。

本节参《晋书》《资治通鉴》《三国志》

终灭吴

公元279年十一月，晋武帝起六路大军全面灭吴，其任太尉贾充为大都督，冠军将军杨济为副，统一指挥六路大军行进。

至于六路大军编制，则如下所述：

第一路统帅为镇军将军、琅邪王司马伷，作战意图为出涂中攻堂邑进而兵压建业。

第二路统帅为安东将军王浑，作战意图为出合肥后分三路攻濡须、高望、皖城、寻阳及牛渚，断建业之左翼后兵压建业。

第三路统帅为建威将军王戎，作战意图为出江夏攻邾及蕲春，大会师后兵压建业。

第四路统帅为平南将军胡奋，作战意图为出江夏攻夏口、武昌，大会师后兵压建业。

第五路统帅为镇南大将军杜预，作战意图为出襄阳攻江陵，攻下江陵后往夏口奔建业。

第六路统帅为龙骧将军王濬，作战意图乃率军从蜀地出发向东攻伐，拿下建平以后受杜预节度一路向东。

以上，便是本次攻伐的总作战大纲。

综观晋国此次灭吴行动，可谓空前的、超大面积的，真正做到了从东到西、"铺天盖地"的军事行动。

那么晋武帝能够成功灭吴、完成以统一天下的终极抱负吗？

我只能用四个字来形容——"摧枯拉朽"。

首先，江北方面：

公元280年正月，琅邪王司马伷率徐州军数万自下邳南走涂中（今安徽省滁州市中心辖区，即琅琊区、南谯区），至涂中后，司马伷立即遣其相刘弘率军逼江，死死牵制住东部吴军，让其无法相互救援。

江西方面：

同月，安东将军王浑率扬州军十余万自寿春分向横江（今安徽省和县西南渡口处——王浑主力指向于此）、寻阳（今湖北省东部黄梅县以北）进击。

二十五日，扬州军占据高望城（今江苏省南京市浦口区西南），歼吴将李纯、俞恭，斩获甚多。

同日，另一方面扬州军亦攻破寻阳、濑乡，擒吴将孔忠、周兴等五将。

于是，江西方面之诸多吴将皆惧而降晋。

二月，吴主孙皓感江西方面危机，乃遣其丞相张悌督丹阳太守沈莹、护军孙震、副军师诸葛靓率吴军三万渡江迎战。

当张悌之吴军到达牛渚（今安徽省当涂县西北二十里，一名采石）之时，沈莹向张悌建议道："晋军在蜀地训练水军已经有很长时间了，我军上游部队素来对蜀地没有戒备，名将又都已经过世，现在的地方将领不过是一群年少气盛的新人，如此，我恐怕地方抵挡不住从蜀地而来的晋军。因此，我们应该集中力量以逸待劳，以充沛的精力等待敌军完成会师以后用牛渚之险以防反之法打败敌人！如此，长江以北的地区就太平了。可如果现在渡江与晋军大战，胜利了只不过解一时之险，失败了就全完了。"

沈莹的办法是消极的，但现在的晋军已经占据了天时、人和，如果吴军连地利都抛弃的话，那么真就没有半点儿胜利的希望了。

所以，沈莹这个办法也是没有办法中的办法了吧。

张悌却悲切地道："现在看来，吴国的灭亡已是必然，这不管是聪明人还是愚笨人都能看得出来，只不过时间早晚罢了。而我们这些做臣子的，哪怕要死也要光荣地战死在沙场，而不是被人生擒，憋憋屈屈地死！如果任由晋军会师到牛渚，我恐怕军队恐慌，不能再整肃起来。不如趁敌人还没有完成会师，渡江和其决一死战！如果最后真的败亡，那就是为了国家而死，也不会有什么遗憾，还会在史书上留下厚重的一笔！假如能够取胜，那么敌军势必溃逃，我军声势便会倍增，然后乘胜向南进军，在半路迎击敌人。如此，不愁敌人不破！可如果依了你的计策，恐怕士兵到时便会四散奔逃，到时候我们只能眼看着等死，这难道不是最大的耻辱吗？"

话都已经说到了这个份儿上，沈莹还有什么可说的？得，那就干吧！

三月，张悌率全军渡河而进，意图寻得王浑之主力决战。

当时，王浑主力前军（约七千人）刚刚到达杨荷（今安徽省和县北二十里），即遭遇张悌吴军。

张悌见此，立即率大军对晋军合围，意图围而歼之。

王浑前军统帅张乔认为主力军未到，自己的七千人马必定不是吴军的对手，乃遣使往张悌处请降。

诸葛靓见晋军此举料定其为诈降，所以急谏张悌将此七千晋军全部屠杀，不可收容至军中。

张悌却道："强敌就在眼前，这时候能增加一点兵力便是一点，况且杀降不祥,我怎能做出如此事情?不如就让这些人充当我们的后军,如此还能为我们壮大声势。"

一听这话,诸葛靓大惊,当即劝道:"这万万不可!张乔向我们投降,其主要原因还是晋军主力未到,一旦王浑主力前来,张乔必定临阵倒戈,到那时,我军便将陷入万劫不复的境地,还请丞相您三思!"

诸葛靓说得很是有理,可张悌就是一个门外汉,外加一心求死,所以哪怕诸葛靓再三劝说,他也是一个字都听不下去了。

就这样,张悌带着这七千定时炸弹便直奔王浑而去。

次日,吴军越杨荷而进至版桥(距离杨荷不远),正好遭遇了王浑主力两部人马(司马孙畴之军及扬州刺史周浚之军)。张悌二话不说,挥军便直冲二部阵营。可不管是孙畴还是周浚,他们都是久经战阵的合格统帅,见吴军冲来后并没有慌张,而是镇定布防守大阵以磨吴军锐气。

果然,随着吴军三冲晋军而不动,吴军开始疲惫,士气也逐渐降低,张悌见此,便令大军回撤。

可就在吴军回头之际,孙畴和周浚擂响了总攻战鼓,晋军见此立即对撤退的吴军发动猛烈反扑。

此时的吴军已经疲惫不堪士气低迷,所以一触即溃,将帅禁之不能止。

而就在这要了命的关头,张乔亦率本部"降军"突然反戈而上,使得吴军败上加败。

至此,吴三万精锐全军覆没(死七千八,俘近万,其余皆逃往乡里,从此不再为吴卖命),张悌、沈莹亦死于乱军之中。

此消息很快便传到四方,整个吴国因此大震。王浑遂引军而进临大江,以待第六路统帅王濬。

武昌江夏方面:

公元280年正月,晋第三路统帅王戎自项城越大别山南进,以攻吴国武昌、江夏二郡的江北诸地。

结果,未等王戎开打,这些地方就全都投降了晋军,所以王戎得以在全无后顾之忧的情况下隔江而面武昌。

江陵方面:

公元280年正月,晋军第五路统帅杜预率荆州之军直攻江陵,可江陵太守伍延拼死反抗,使得杜预未能在最短的时间攻破江陵。

二月一日,晋第六路统帅王濬已攻破丹阳(秭归东),杜预见此,乃遣参军樊显、尹林、邓圭及襄阳太守周奇率军循江西北，以策应王濬之军。

五日，王濬在杜预的策应下连克荆门、夷道两大险要之地。吴都督孙歆见此，乃自大本营乐乡（今湖北省松滋市东）率军迎击王濬。

而杜预呢？他见缝插针，见孙歆已远离乐乡，乃遣牙门将周旨、管定、伍巢等将率八百特种兵趁夜渡江袭击了乐乡。

同时，杜预料定孙歆必败，于是命周旨在去乐乡以后率军埋伏在乐乡之外的小道以袭孙歆。

再看孙歆方面，因为孙歆根本没想到杜预的行动会如此之快，所以在乐乡没有半分防备，大本营就这样被杜预轻轻松松地吃掉。

王濬见此，乃率军急攻孙歆。孙歆因为大本营被晋军吃掉，所以军无战心，士气很低，因此交战没多一会儿便为王濬所败。

孙歆无奈，只能率残军急往乐乡，意图夺回乐乡以后以防反之法对付王濬。

可就在孙歆路过那"乡间小道"之时，周旨之伏兵突然杀出，孙歆军士气低迷、全无防备，又因为不知伏兵有多少，所以一触即溃。

八日，在全歼孙歆所部吴军以后，王濬继续向东进军，并于长江中大破吴水军，斩杀水军都督陆景。

至此，江陵一带已再无阻挡王濬之军。王濬遂引军和杜预一起围攻江陵。

时江陵之兵本就处于弱势，又见周围吴军皆为晋军所灭，因此士气衰落，遂为晋军所破。

而在江陵被攻陷的同时，晋军第四路统帅胡奋又破公安，所以杜预率主力安定襄阳地区，另命王濬率本部兵马前往攻武昌。

时武昌、江夏太守正与第三路晋军对峙，闻襄阳被吃掉，一个个惊得不行，遂有投降之念。

而就在这时，王濬又率水路八万大军（王濬本无八万人，得杜预部分兵力以后增至八万）急奔武昌。

见此，武昌、江夏太守皆知吴国必灭，再无生还可能，遂献城投降于王濬。

兵不血刃得此二城以后，王濬并没有半点儿停留，而是不等大军会师便率八万大军往建业疾驰而去（抢功）。

当王濬之军到达三山（今江苏省南京市西南五十里）之时，吴主孙皓大惊，遂遣游击将军张象率万人前往阻击，可孙皓太不得人心，再加上现在吴国败局已定，吴人相信，哪怕孙策再生也挽救不了此等败局。所以与其光荣地死去，还不如憋憋屈屈地活着。

于是，张象直接带着一万多名士兵投降了王濬，王濬之第六路晋军至此已增至九万。

据史料所载，这时候的六路军兵甲满江，旌旗蔽天，威势甚盛，吴人大惧。

当然了，吴主孙皓更是畏惧，于是紧急召来将军陶濬，询问他有什么办法能够打退王濬的军队。

陶濬思考了一会儿和孙皓道："王濬虽然兵强马壮，但其船只大部分是由蜀地带出来的小船，在江面并没有优势。而我建业多为大型战船，足以在江面将敌军消灭。所以，臣请陛下将剩下的两万士兵全都交给臣，让臣率领着两万士兵乘坐大型战船消灭王濬。"

事已至此，好像除了相信陶濬的话再没有别的出路。

因此，孙皓将建业最后仅剩下的两万士兵交给了陶濬，并允许陶濬带着大型船只阻击王濬。

可就像张悌之前说的那样，吴国的灭亡已经是大势所趋，这不管是聪明人还是愚人都能看出来，所以最后那两万多吴兵不想白白送死，便在当天夜晚带着家人逃走了，甚至没有一个人愿意继续为孙皓卖命。

由是，建业再无军队，孙皓真正地成了光杆司令一个。

时王浑、司马伷及王濬都已经逼近了建业，孙皓见再无胜利可能，便只能同时遣使往三人处宣布投降。

十五日，收到投降信件的王濬为了争夺功劳，率军队拼了命地往建业疾奔。王浑见此，赶紧遣使往王濬处，希望王濬能等待自己，和自己共同进入建业。

可这等天大的功劳怎么可能便宜了他人？

因此，王濬没去等待王浑，而是继续率军往建业方向飞奔。

公元280年三月，王濬率九万大军进入石头，吴主孙皓带领群臣，携带棺材、户籍统计资料，反绑着双手至王濬军营前投降。

至此，吴国灭亡，共四帝五十九年，晋国统一天下，得吴四州、郡四十二、县三百一十三、户五十二万三千、口二百三十万、吏三万两千、兵二十三万、米二百八十万斛、战船五千、后宫佳丽五千，终于结束了九十余年的战乱纷争。

此时，全国人口只剩下一千六百多万，不及东汉桓帝时的一半，但不管怎么说，战争终于结束了。那么等待着全国人民的将会是幸福的未来吗？

真正的大暗黑时代，即将来临！

本节参《晋书》《资治通鉴》《三国志》《襄阳记》

后 记

转眼间，研究历史已经有小半辈子了，而因为《三国演义》从三国开始研究历史的我，对于三国这段历史虽不能算非常"资深"，但也绝不能说没有研究。我心中这本书的读者主要是那些想要更深剖析正史的读者，还有那些忙碌了一天想要好好放松一下的人。所以我基本坚持正史+轻松白话的方式，试图把三国时代写得全面"真实"但又不失风趣。写作是非常非常累的，尤其是满满都是文言文的正史。有的时候，我甚至连睡觉的时候脑中都会不自觉地出现那些让我迷糊的文言文。但如果这一切都是兴趣使然，那么就是另一回事儿了。

我是一个教师，教师总是不断向学生展示极具希望的新开垦地，鼓励他们创新，鼓励他们科研。所以我更加具备这种精神。在写这部《这才是三国》期间，有一些话题史书上没有给出深入剖析，而我便会通过种种史料来寻找这些人或事的片段，再将他们总结在一起，通过真正历史的大汇集，来让各位读者看到真正的人和真正的事。比如刘备到底是个什么样的人？曹操是不是真是个奸雄？他的初衷难道真是坏的吗？或者孙权到底有多么阴险？人人称赞的姜维到底是如何祸害蜀汉的，等等。书中写出的这些人或者这些事，都是参考了无数史料才总结出来的，真的是辛苦并快乐着。

《三国演义》是一部传世之作，它甚至已经成为我们中华民族历史图腾一般的书籍，但我又不得不说，《三国演义》中很多情节都是演义的，比如历史上真的有貂蝉吗？桃园三结义、温酒斩华雄、三英战吕布、过五关斩六将、诛文丑，这都是真实存在的吗？单刀赴会到底是关羽赴鲁肃还是鲁肃赴关羽？草船借箭到底是诸葛亮借曹操还是孙权借曹操？曹操手下的谋主究竟是谁？刘晔？他在正史里可能连个人物都算不上。再或者官渡之战袁绍真的是拥有好几十万人吗？赤壁之战曹操真的是率领百万大军吗？

因为《三国演义》的重要历史地位，它成为有关三国时期历史最受欢迎的读物之一，不可避免地，一部分读者可能会将演义和正史混淆。而我写历史，第一是兴趣使然，第二便是想给读者朋友们展示和演义具有同样趣味性的正史。

基于以上原因，我开始写书。我是一个有家的人，要上班，要管孩子，时间真的是少之又少，哪怕有那么一丁点儿的时间我都会去写文章。很累，很疲惫，很多时候都到了筋疲力尽的程度，但我还是坚持了下来，一是兴趣使然，二也是因为得到了太多人的支持，让我知道，哪怕再累也要将我的书写完，因为我要对得起他们。

在本书完成之际，我要感谢我身边所有的人，我的同事，我的家人，我的学生，还有我那些可爱的读者们，我可以肯定，没有你们，我百分之百坚持不下去。

最后，我更想感谢中国文史出版社及刘夏编辑，如果没有她赏识，我的这个梦想也许要延后好几年，甚至无法达成。

总之，所有帮助过我的人，请允许我再次对你们说一声："谢谢"，还请继续支持我今后的作品。